Aral
Auto-Reisebuch

Frankreich
Für Reise Urlaub
Freizeit Wochenende

Kartographischer Verlag Busche GmbH · 46 Dortmund

Inhaltsverzeichnis

Aral Auto-Reisebuch Frankreich

Übersichtskarte Frankreich
Innenseite des
vorderen Buchdeckels

Vorwort und Hinweise zur Benutzung	**5**
Allgemeine Reiseinformationen	**7**
Hinweise für Autofahrer	**8**

Touristikkartenteil

Erläuterungen zum Touristikkartenteil	**9**
Übersicht der Touristikkarten von Frankreich	**10**
45 doppelseitige Touristikkarten von Frankreich im Maßstab 1 : 500000	**12**
Touristisches Mini-Lexikon Übersichtskarte mit Auswahl der bedeutendsten Städte und Sehenswürdigkeiten	**102**
Übersichtskarte der Departements und Provinzen	**104**

Touristiktextteil   105

Frankreich von A–Z mit Beschreibungen der Orte, Städte und Sehenswürdigkeiten in alphabetischer Reihenfolge. Mit farbigen Abbildungen sowie Sonderkarten und Stadtplänen.

Reisen und Verkehr   362

Geschichte, Land und Leute, Kunst und Kultur, Allgemeine Informationen, Essen und Trinken, Verzeichnis der regionalen Fremdenverkehrsämter, Verkehrszeichen

Ortsverzeichnis   375

Entfernungstabelle
Innenseite des
hinteren Buchdeckels

Französische Originalausgabe „Guide des voyages Bordas LA FRANCE" von Pierre Cabanne.
© Bordas, Paris.
Die deutsche Ausgabe erscheint in der Übertragung von Kurt Dörnemann (Bochum).

Alle Angaben sind sorgfältig überprüft worden, sie erscheinen jedoch ohne Gewähr.

Für Hinweise auf Veränderungen und Ergänzungen ist die Redaktion dankbar.

2. Auflage 1984
© Verleger: Kartographischer Verlag Busche GmbH,
Kaiserstraße 129, 4600 Dortmund 1,
für die deutschsprachigen Länder.
Gesamtherstellung: Fritz Busche Druckereiges. mbH., Dortmund.
ISBN 3-88584-057-X

Vorwort und Hinweise zur Benutzung

Das Aral Auto-Reisebuch Frankreich – bereits in der zweiten überarbeiteten Auflage – will ein Wegweiser sein, ein Begleiter in der Hauptstadt Paris und ein Führer zu Frankreichs Städten und Dörfern, Kathedralen, Schlössern und Museen, zu den Flüssen, Tälern, Gebirgen und Gestaden am Mittelmeer, Atlantik und Ärmelkanal. Es will helfen ein Land gut kennenzulernen, von dessen Geschichte noch vieles zeugt: prähistorische Wohnhöhlen, keltische und gallische Siedlungen, Bauten und Funde aus den römischen, merowingischen und karolingischen Epochen, romanische und gotische Kirchen, Feudalburgen, Schlösser der Renaissance und des Barock sowie die Fülle künstlerischer Leistungen späterer Jahrhunderte.

Außer diesen Schöpfungen des menschlichen Geistes, in denen sich Geburt, Entwicklung und Entfaltung der abendländischen Kultur widerspiegeln, bieten dem Reisenden die sehr unterschiedlich gestalteten Landschaften Frankreichs Bilder von Eigenart und Schönheit. So, die dunkle, wilde Bretagne mit ihren strengen Bildwerken der Kalvarienberge und die heiter-grüne Normandie mit schlanken Kirchen und ockergelben Stränden, so die helle, behaglich an Renaissanceschlössern vorüberziehende Loire und die endlosen Weinfelder um Bordeaux, die weißen Bergwelten des Mont-Blanc und der Pyrenäengletscher oder die Felsenspitzen und Talschluchten im gleißenden Licht der Provence.

Das Buch vermittelt aber nicht nur einen Zugang zu den aus Geschichte, Kultur und Landschaft gewachsenen Reizen Frankreichs. Es informiert auch über die Geschichte, Land und Leute, Kunst und Kultur – sowie über die Gastronomie der Bevölkerung im Land zwischen Maas und Mittelmeer. Es enthält Beschreibungen von mehr als 3500 Städten und Orten, besonderen Bauwerken und Naturdenkmälern. Dabei wird der Leser nicht nur auf die bedeutenden Erscheinungen im Land aufmerksam gemacht. Er wird auch auf weniger bekannte natürliche, künstlerisch wertvolle oder kuriose Sehenswürdigkeiten verwiesen, die abseits der großen Straßen liegen. Außerdem enthält das Aral Auto-Reisebuch Frankreich Empfehlungen für Ausflüge, Rundfahrten von den Ausgangspunkten der beschriebenen Städte. Im Touristiktextteil, den über 500 Farbfotos illustrieren, sind rund 50000

Einzel-Hinweise auf bemerkenswerte Ziele in den Städten, Dörfern und Landschaften enthalten, einschließlich der Vermerke von Ferienorten und Sportgebieten.

Einer schnellen Übersicht zur Reiseroutenplanung dient die Übersichtskarte auf der Innenseite des vorderen Buchdeckels sowie auf den Seiten 10 und 11 innerhalb des Touristikkartenteils (Seiten 9–104 mit den Teilkarten Nr. 1–45). Die Planquadrate mit Numerierung ermöglichen ein rasches Auffinden der jeweiligen Teilkarten. Die numerierten Pfeile an den Rändern der Teilkarten verweisen auf die Anschlußkarten.
Sämtliche gelbunterlegten Zielpunkte (Orte, Städte, Landschaften und einzelne Sehenswürdigkeiten) sind im Touristiktextteil „Frankreich von A–Z" (Seiten 105–361) aufgeführt und beschrieben.

Die im Touristiktextteil alphabetisch aufgeführten Zielpunkte wiederum sind mit Teilkarten-Nummern einschließlich Planquadratangaben versehen und somit auch im Touristikkartenteil (Seiten 9–104, Teilkarten Nr. 1–45) sofort auffindbar.

Alle Angaben wurden vor Drucklegung nochmals weitgehend überprüft. Trotzdem ist nicht auszuschließen, daß sich in der Zwischenzeit Änderungen ergeben haben. Für entsprechende Hinweise sind Verlag und Redaktion dankbar.

Allgemeine Reiseinformation

Reisezeit: Frankreich verfügt über geeignete Reisegebiete für jede Jahreszeit. Paris ist während der ganzen Jahreszeit besuchenswert. *Frühling:* Normandie, Loire, Elsaß, Provence, Riviera, Korsika. *Sommer:* Vornehmlich Alpen, Pyrenäen, Kanal-, Atlantik- und Mittelmeerküste sowie Korsika. *Herbst:* Elsaß, Burgund und Mittelmeerküste. *Winter:* Alpen, Pyrenäen, Elsaß und Zentralmassiv; Riviera.

Einreise: Für den Aufenthalt bis zu 3 Monaten genügt für die Einwohner der Bundesrepublik Deutschland und Westberlin ein gültiger Personalausweis. Bei längerer Aufenthaltsdauer sind Reisepaß und Visum erforderlich. Kinder unter 15 Jahren benötigen einen Kinderausweis (ab 10 Jahren mit Lichtbild) oder Eintragung im Paß der Eltern.

Mitnahme von Hunden und Katzen: Ursprungs- und Gesundheitszeugnis, höchstens 3 Tage vor der Reise ausgestellt und eine Erklärung, daß im Heimatland seit 3 Jahren keine Tollwut geherrscht hat, oder ein Tollwut-Impfzeugnis (mindestens 1 Monat und höchstens 6 Monate alt), oder ein Gesundheitszeugnis, wenn der Hund jünger als 3 Monate bzw. die Katze jünger als 6 Monate ist.

Hotels: Die Hotels in Frankreich sind durch das staatliche „Commissariat Général au Tourisme" in folgende Kategorien klassifiziert:
4 Sterne L. Luxushotel
4 Sterne Hotel größten Komforts
3 Sterne Hotel mit großem Komfort
2 Sterne Hotel mit gutem Komfort
1 Stern Hotel mit durchschnittlichen Komforts
Wenn ein NN dabeisteht, bedeutet das „nouvelles normes" und besagt, daß das Hotel neu oder entsprechend renoviert ist. Zahlreiche Hotels haben sich zu Vereinigungen oder Ketten zusammengeschlossen. Darüber hinaus gibt es die Hotelvereinigung „Logis de France et Auberges Rurales", die in 90 Départements etwa 3500 Häuser umfaßt, die überwiegend der 1–2 Sterne-Kategorie angehören. Es handelt sich hierbei meist um Familienbetriebe, die sich mit staatlicher Unterstützung modernisiert haben und deshalb einer Kontrolle unterliegen. Die vorgenannten Unterkunftsverzeichnisse erhalten Sie beim Amtlichen Französischen Verkehrsbüro France.

Restaurants: In Frankreich ist vom einfachsten Bistrot bis zum Luxusrestaurant alles vertreten. Die Restaurants de Tourisme sind wie die Hotels ausgesucht, überwacht und durch das blau-weiß-rote Schild gekennzeichnet. Auch hier bezeichnen Sterne die jeweilige Kategorie:
4 Sterne Luxusrestaurant
3 Sterne ausgezeichnetes Restaurant
2 Sterne sehr gutes Restaurant
1 Stern gutes Restaurant
Jedes Restaurant de Tourisme muß täglich ein „Menu touristique" anbieten, das aus Vorspeise, Hauptgericht mit Beilagen, Käse und Dessert besteht. Der Gast kann aber auch selbstverständlich „à la carte" essen, was allerdings – wie überall – teurer ist.
„Buffet de Gare" sind die französischen Bahnhofsgaststätten, die manchmal sehr bescheiden, oft auch berühmt wegen ihrer guten Küche sind.
„Les Routiers" heißen die französischen Fernlastfahrer und nach ihnen die Restaurants, die am Rande von Autobahnen und Nationalstraßen liegen und auf den Besuch von Autofahrern eingerichtet sind. Man ißt dort sehr einfach und billig.
„Brasserie" nennen sich viele Restaurants in Frankreich. Oft sind es Zweitrestaurants von Hotels. Dort bekommt man vor allem auch kleine Gerichte, und zwar zu jeder Tageszeit.
„Libre-Service" sind die auch in Deutschland bekannten Selbstbedienungs-Restaurants. Man findet sie in allen Großstädten Frankreichs. Sie sind preiswert und haben eine reichhaltige Auswahl an einfachen Gerichten. Wissen sollte man, daß ...
in Frankreich zwischen 12 und 14 Uhr und zwischen 19 und 21 Uhr gegessen wird. Da die Franzosen eher die Zeit ab 13 und 20 Uhr wählen, ist es dann voller in den Restaurants. In Großstädten und Reisezentren halten Restaurants allerdings zu jeder Tages- und Nachtzeit Mahlzeiten bereit;
es in der Provinz oft einheimische Landweine gibt, die genauso gut sind wie die bekannten Sorten und dabei billiger;
die Auswahl an Suppen gering ist, weil die Franzosen sie selten und nur abends essen;
die Franzosen auch abends warm essen. Kalte Platten sind deshalb so klein, weil sie nur als Vorspeise gedacht sind;
das Frühstück in Frankreich karg ist. Nur in ausgesprochenen Reisezentren kann man in gewohnter Weise frühstücken;
man in Frankreich unter „Légume" nicht nur Gemüse versteht, sondern auch andere Beilagen wie Kartoffeln, Nudeln, Reis;
der Kaffee jede Hauptmahlzeit in Frankreich abschließt, und man daher keine Kaffeepause am Nachmittag kennt.

Camping und Caravaning: Wildes Zelten wird in Frankreich – mit Ausnahme von Korsika – toleriert; besser ist aber, wenn man sich die Sondererlaubnis des Eigentümers (privat und Gemeinde) besorgt. Es gibt aber überall in Frankreich eingerichtete Campingplätze. Sie sind wie die Hotels und Restaurants in Kategorien eingeteilt: 4 Sterne, 3 Sterne, 2 Sterne, 1 Stern. Danach richtet sich der Preis.

Währung: Die Währungseinheit ist der französische Franc (FF) = 100 Centimes (C). Es gibt Banknoten im Wert von 500, 100, 50 und 10 Francs, ferner Münzen zu 20, 10, 5 und 1 Francs sowie 50, 20, 10, 5, 2 und 1 Centimes. Zur Zeit entsprechen 100 FF = ca. 33,30 DM, 1 DM = ca. 3,– FF.

Devisen: Zahlungsmittel in französischer und fremder Währung können unbeschränkt eingeführt werden. Die Ausfuhr französischer Francs ist auf 5000 FF begrenzt. Die Ausfuhr von ausländischen Banknoten über den Betrag von 5000 FF hinaus ist erlaubt, falls die bei der Einreise unterzeichnete und vom Eingangszollamt bescheinigte diesbezügliche Erklärung vorgelegt wird. Reise- und Euroschecks werden bei allen französischen Banken eingelöst. Ausländische Banknoten können bei allen Banken und Wechselstuben zum offiziellen Tageskurs umgetauscht werden.

Zollbestimmungen: Bei der Einreise dürfen von Personen über 15 Jahre zollfrei eingeführt werden: 2 Fotoapparate mit 24 Filmen, 1 Schmalfilmkamera mit 10 Filmen, 2 Jagdgewehre mit je 100 Patronen, 1 Kinderwagen, 1 Zelt, 1 Campingausrüstung, 1 Anglerausrüstung, 1 Feldstecher, 2 Tennisschläger, 2 Paar Skier, 1 Plattenspieler, 1 Kofferradio, 1 Schreibmaschine, 1 Tonbandgerät oder 1 Kassettenrekorder, 1 Taschenrechner; ferner 300 Zigaretten oder 75 Zigarren bzw. 400 Gramm Tabak, 1,5 Liter Spirituosen, 3 Liter Wein, 750 g Kaffee oder 300 g Kaffee-Extrakt, 150 g Tee oder 60 g Tee-Extrakt.

Krankenversicherung: Stationäre Behandlung in öffentlichen Krankenhäusern ist möglich bei Vorlage des Formulares E 111, das bei den deutschen Krankenkassen erhältlich ist. Privatärztliche Behandlung erfolgt in den meisten Fällen nur gegen sofortige Bezahlung. Die Kosten werden von den Krankenkassen in Deutschland zu den dort üblichen Kostensätzen erstattet.

Hinweise für Autofahrer

Allgemeine Tips: Wenn möglich die Hauptferienzeiten der Franzosen meiden, d. h. die Monate Juli und August. Die Franzosen nehmen meist kalendermonatsweise Urlaub, so daß die Verkehrsverhältnisse Ende Juli/Anfang August (wenn ein Teil heimkommt und der andere in den Urlaub fährt) ein flüssiges Fahren fast unmöglich machen.

Die französische Verkehrspolizei achtet besonders darauf, daß der durchgehende gelbe und weiße Streifen nicht überfahren wird sowie auch auf Geschwindigkeitsbegrenzungen.

Für Autofahrer, die es eilig haben, ein Tip: Sie sollten auf das Mittagessen verzichten, da zu der Mittagszeit, wenn ganz Frankreich zu Tisch sitzt, die Straßen fast frei sind.

Wer trotzdem unterwegs essen möchte, ist am besten in den Fernfahrergaststätten „Routiers" bedient.

Der Landwein der jeweiligen Gegend (Vin du Pays) ist preiswerter als der Wein einer anderen Weinlandschaft; ein „Menu touristique" ist billiger als „à la carte" zu essen.

Franzosen sind Individualisten und mischen sich als solche in anderer Leute Angelegenheiten nie ein. Wenn man etwas von Ihnen braucht, sei es Informationen, Pannenhilfen oder was auch immer, muß man sie ansprechen. Sie sind in diesem Fall fast immer sehr hilfsbereit.

Das Trinkgeld ist in französischen Restaurants, Cafés usw. inzwischen fast überall inbegriffen. In Zweifelsfällen den Ober fragen (dies ist durchaus üblich). Ist das Trinkgeld nicht inklusive, sollte man der Rechnung 10–15% hinzufügen.

Ein Tip für Touristen, die in der Hauptreisezeit ans Meer fahren und nichts reserviert haben: ca. 20 km hinter den Küsten ist immer ein Zimmer zu finden; von dort aus kann man in aller Ruhe auf die Suche nach dem endgültigen Quartier am Meer gehen.

Generell ist der Urlaub im Inneren Frankreichs preiswerter als in den Küstenorten und natürlich auch ruhiger.

Kraftfahrzeugpapiere: Kraftfahrer benötigen beim Grenzübertritt für ihr Fahrzeug (auch mit Wohnwagen) lediglich die heimatlichen Zulassungspapiere und den Führerschein. Das Fahrzeug muß an der Rückseite das Nationalitätszeichen tragen. Die Mitnahme der grünen Versicherungskarte ist nicht vorgeschrieben, wird jedoch empfohlen.

Verkehrsvorschriften: Die Verkehrsvorschriften sind ähnlich wie in der Bundesrepublik. Fahrer, die ihren Führerschein noch kein Jahr besitzen, dürfen höchstens 90 km/h fahren. Diese Bestimmungen gilt auch für Touristen. In Städten und Ortschaften gilt weitgehend die Vorfahrtsregel rechts vor links (jedoch links vor rechts im Kreisverkehr). Auf freier Strecke haben die Benutzer der Hauptverkehrsstraßen (route à grande circulation) und der mit „passages protégés" gekennzeichneten Streckenabschnitte Vorfahrt. Höchstgeschwindigkeit in geschlossenen Ortschaften 60 km/h, auf Landstraßen 90 km/h (bei Nässen 80 km/h), auf autobahnähnlichen Straßen 110 km/h (bei Nässe 80 km/h), auf Autobahnen 130 km/h (bei Nässe 100 km/h; auf fast allen Teilstrecken wird eine Gebühr erhoben). Das Anlegen von Sicherheitsgurten ist Pflicht, ausgenommen in den Städten tagsüber. Nachts sollte in gut beleuchteten Ortschaften nur mit Standlicht gefahren werden.

Parken: In Paris sind besonders blaue Zonen (zones bleues) durch Schilder gekennzeichnet; dort ist Parken nur mit Parkscheiben (1 Stunde) zulässig, die vom Verkehrsbüro und der Polizei ausgegeben werden. Auch in anderen Städten sind blaue Zonen vorhanden. In der „grauen Zone" von Paris sind Automaten für Parkgutscheine aufgestellt, bei denen die Scheine von Montag bis Freitag gelöst werden müssen. Der Parkschein muß hinter der Windschutzscheibe von außen ablesbar angebracht werden.

Unfall: Bei Verkehrsunfällen mit Personenschaden besteht Meldepflicht bei der Gendarmerie. Bei Unfällen mit größerem Sachschaden empfiehlt es sich, einen bei Gericht zugelassenen Sachverständigen (Huissier) hinzuzuziehen.

Notruf für ganz Frankreich: Polizei 17, Feuerwehr 18.

Pannenhilfe: Der französische Touring Club de France (TCF) unterhält einen Pannendienst. Nähere Auskünfte über den deutschsprachigen Notrufdienst in Paris, Telefon (01) 5021400. Französische Automobilclubs: Touring Club de France (TCF), Paris – 16e, 65, avenue de la Grande-Armée, Telefon (01) 5533959. Automobile Club de France, Paris-8e, 6, place de la Concorde, Telefon (01) 2653470.

Autoreisezüge: Die Tageszüge haben Sitz- und Speisewagen, die nachts fahrenden Züge führen Schlaf- oder Liegewagen mit. Es ist ratsam, sich frühzeitig über Abfahrtszeiten und Streckenführungen zu informieren, da diese sich saisonbedingt ändern. Genaue Auskünfte, auch über Beförderungspreise, geben die Fahrkartenausgaben und Verkaufsagenturen der Deutschen Bundesbahn und die Geschäftsstellen der Automobilclubs.

Auskünfte in der Bundesrepublik: Amtliches Französisches Verkehrsbüro France, 6000 Frankfurt, Kaiserstraße 12; 4000 Düsseldorf, Berliner Allee 26; 2000 Hamburg 1, Alstertor 21.

Diplomatische Vertretungen in Frankreich

BOTSCHAFT:
F 75008 Paris, 13–15 Avenue Franklin D. Roosevelt, Tel. 3593351.

GENERALKONSULATE:
F 33200 Bordeaux, 377, Bd. du Président Wilson, Tel. 086020.
F 59046 Lille, 22, Place du Maréchal Leclerc, Tel. 938463.
F 69458 Lyon, 33, Boulevard des Belges, Tel. 8935473.
F 13295 Marseille, 338, Avenue du Prado, Tel. 776090.
F 54000 Nancy, 15, rue de Buthégnémont, Tel. 961243.

KONSULATE:
F 74290 Veyrier du Lac (Annecy), Villa Livonia, Tel. 448361.
F 62200 Boulogne-sur-Mer, 7–11, rue de Verdon, Tel. 315812.
F 29200 Brest, 10, rue Alain Fournier, Tel. 443559.
F 59140 Dunkerque, 6, rue Beaumont, Tel. 659913.
F 76600 Le Havre, 7 bis, rue Maréchal Galliéni, Tel. 211021.
F 06006 Nice, 44, rue Rossini, Telefon: 873526.
F 76007 Rouen, 27, rue Mustel, Tel. 884488.
F 67000 Strasbourg, 15, rue des Francs Bourgeois, Tel. 326186.
F 31000 Toulouse, 37, rue des Marchands, Tel. 526492.

Diplomatische Vertretungen in der Bundesrepublik

BOTSCHAFT:
5300 Bonn-Bad Godesberg, Kapellenstr. 1a, Tel. 362031

GENERALKONSULATE:
1000 Berlin 15, Kurfürstendamm 211, Tel. 8818145/6
4000 Düsseldorf, Cäcilienallee 3, Tel. 494021
6000 Frankfurt am Main, Zeppelinallee 23, Tel. 776041
2000 Hamburg 13, Pöselordorfer Weg 32, Tel. 441407
8000 München, Möhlstraße 10, Tel. 475016/7
6600 Saarbrücken, Johannisstraße 2, Tel. 30626
7000 Stuttgart, Heidehofstraße 31, Tel. 461046/7/8

KONSULATE:
2800 Bremen, Marcusallee 3, Tel. 236685/6
7800 Freiburg im Breisgau, Lessingstraße 13, Tel. 72383/4
6500 Mainz, Kaiserstraße 39, Tel. 64603/4

TELEFONISCHE DURCHWAHL:
von Deutschland nach Frankreich 0033
(die erste „0" der Ortsvorwahl entfällt bei Auslandsgesprächen);
von Frankreich nach Deutschland: 1949

Touristikkartenteil · Touristmap section · Cartes touristique
Zeichenerklärung · Legend · Légende

Autobahn und Anschlußstelle / Motorway and point of access / Autoroute avec acces	Stausee / Reservoir / Lac de barrage
Autobahn im Bau / Motorway under construction / Autoroute en construction	Wasserfall / Waterfall / Cascade
Autobahn projektiert / Motorways planned / Autoroute en projet	Autofähre / Car ferry / Bac pour automobile
Internationale Fernstraße / International throughroute / Grande liaison	Schiffsverbindungen / Ship line / Relations maritimes
Regionale Fernstraße / Regional throughroute / Liaison régionale	Staatsgrenze – Zollstation / Boundary – customs / Frontière – poste de douane
Hauptverbindungsstraße / Main road / Route secondaire	Departementsgrenze / State boundary / Limite de département
Verbindungsstraße / Connecting road / Autre route	Departementsnummer / Department number / Code départemental
Straßentunnel / Road tunnel / Tunnel routier	Großstadt / Metropolis / Ville importante
Entfernung in km bei der Autobahn / Distance in km by motorway / Distance en km par l'autoroute	Stadt / Town / Ville moyenne
Entfernungen in km / Distances in km / Distances en km	Ortschaft oder Dorf / Town or village / Localité ou lieu dit
Amtliche Straßennummern / Official road numbers / Numéros des routes	Leuchtturm / Lighthouse / Phare
Eisenbahnlinie / Railway / Voie ferrée	+744 Gipfelhöhe in Metern / Ceiling in meters / Altitude en mètres
Eisenbahntunnel / Railroad tunnel / Tunnel ferroviaire	⊢1250 Paß / Pass / Col
Seilschwebebahn, Skilift / Cablelift, Skilift / Téléférique, Téléski	Wald / Forest / Forêt
Kanal / Channel / Canal	Gletscher / Glacier / Glacier

ROUEN	Der Name auf gelbem Grund gibt an, daß die Stadt/Sehenswürdigkeit im Touristiktextteil näher beschrieben wird.	A name printed on a yellow background indicates that a describtion of the city/attraction is to be found in the dictionary. / Le nom sur fond jaune indique une ville/un site faisant l'objet d'une description détaillée dans le dictionnaire alphabetiquè.

 Abtei · Kirche · Kapelle / Abbey · Church · Chapel / Abbaye · Église · Chapelle

 Schloß / Castle / Château

 Ruine / Ruin / Ruines

 Einzelsehenswürdigkeiten / Single attractions / Sites

 Festung / Fort / Fort

 Thermalbad / Thermal bath / Station Thermale

 Kalvarienberg / Calvaire / Calvaire

 Soldatenfriedhof / Military cemetery / Cimetière militaire

 Flugplatz / Airfield / Aérodrome

 Flughafen / Airport / Aéroport

Maßstab · Scale · Echelle 1 : 500 000

5 0 5 10 15 20 25 km

1 cm = 5 km

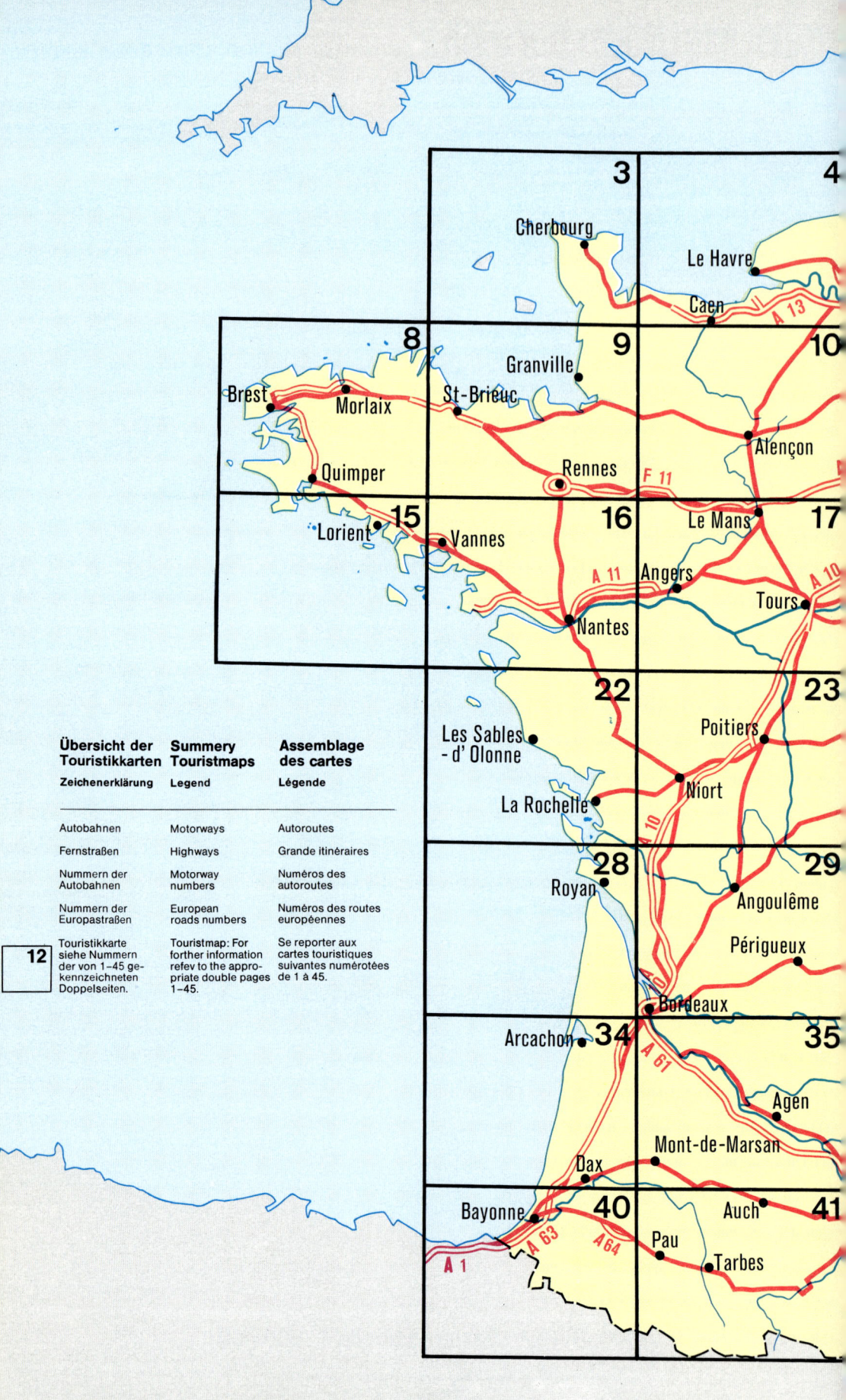

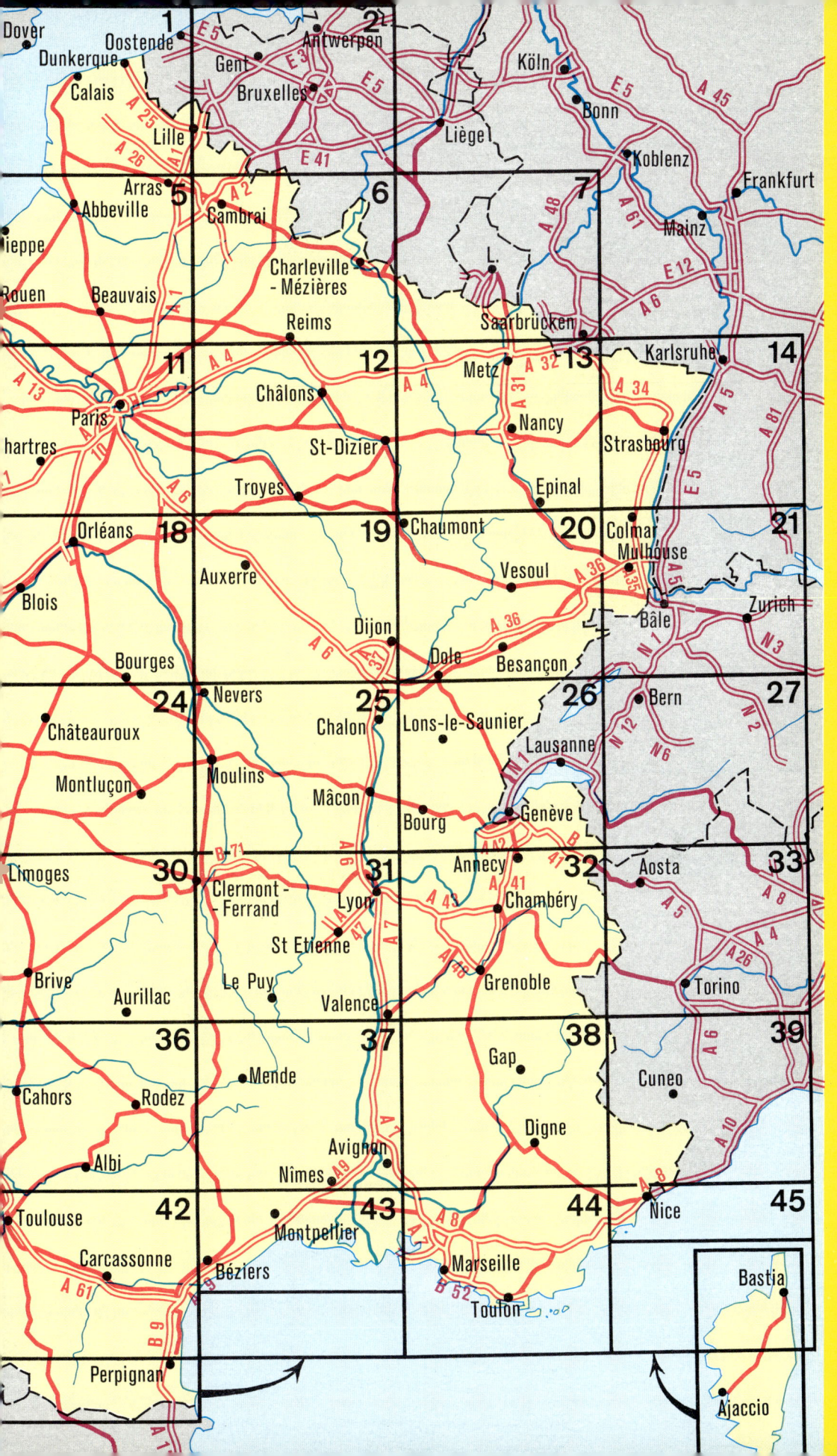

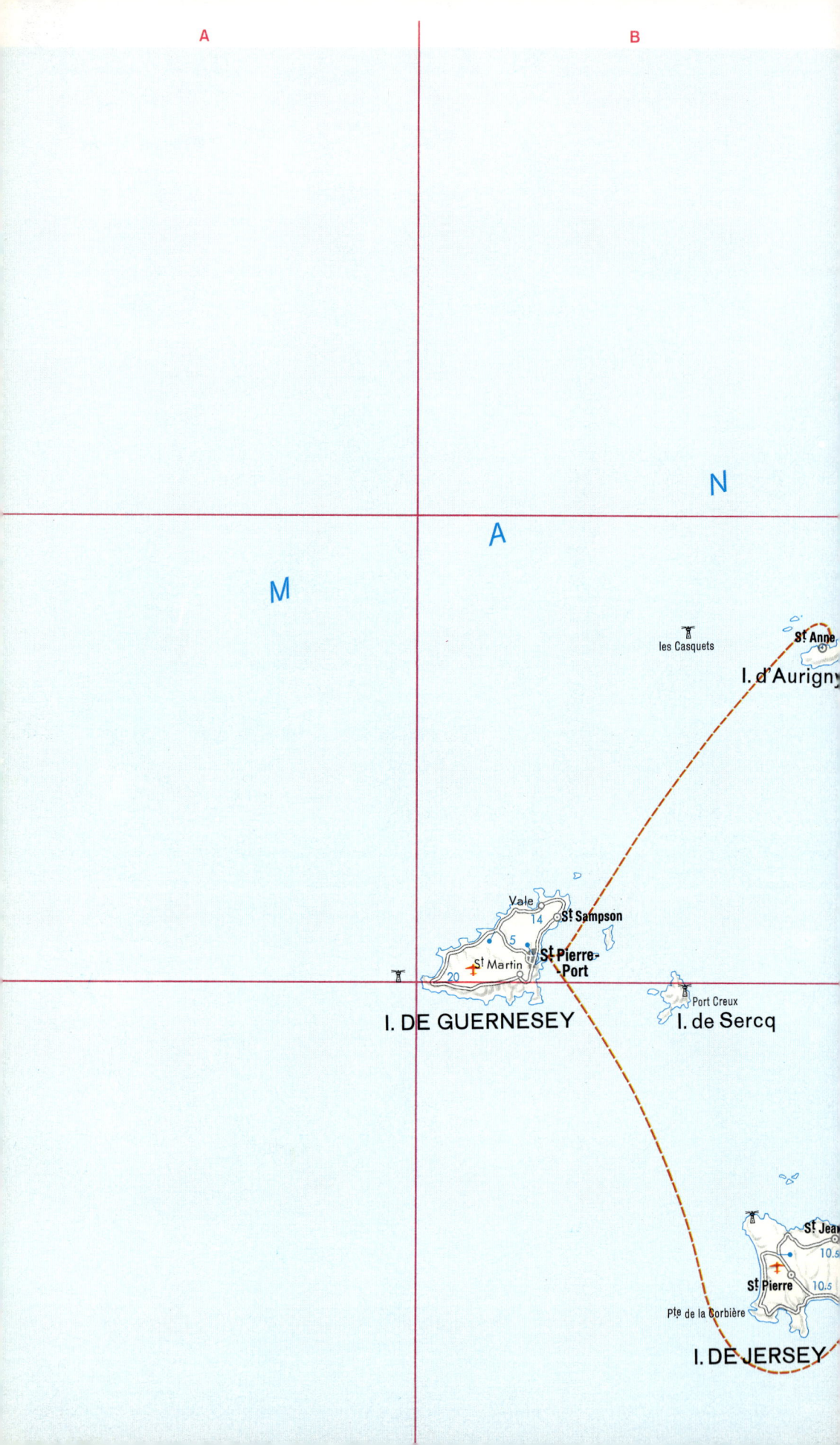

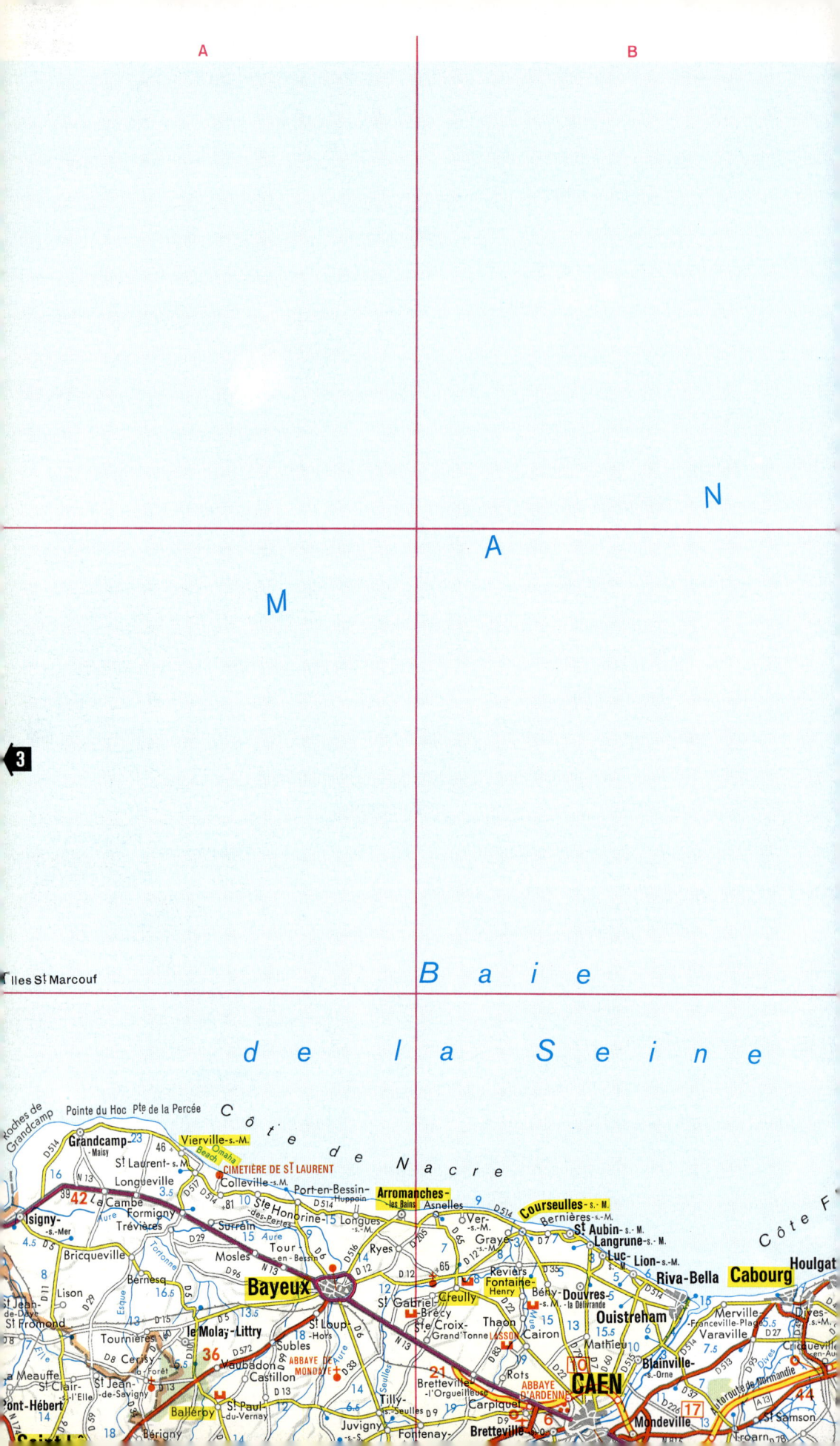

C
D
Arras
Amiens
Doullens
Albert
Péronne
Bapaume
Roye
Montdidier
Breteuil
Noyon
Ham
Beauvais
Clermont
Compiègne
Creil
Senlis
Crépy-en-Valois
Pierrefonds
Frévent
Auxi-le-Château
Corbie
Villers-Bretonneux
Moreuil
Ailly-s.-N.
Picquigny
St Sauveur
Naours
Saint Just-en-Chaussée
St Martin-aux-Bois
Nesle
Chaulnes
Longueau
Boves
Dury
Conty
Lucheux
Acheux-en-Amiénois
Mailly-Maillet
Thiepval
Hédauville
Beauval
Beauquesne
Villers-Bocage
Vitry-en-Artois
Lécluse
Ecourt-St Quentin
Croisilles
Boyelles
Dainville
Marœuil
Monchy-le-Preux
Rethondes
Verberie
Pont-Ste Maxence
Estrées-St-Denis
Rémy
Liancourt
Mouy
Noailles
Méru
Nogent-s.-O.
Montataire
St Leu-d'Esserent
Ressons-sur-Matz
Ribécourt-Dreslincourt
Longueil-Annel
Attichy
Béthisy-St-Pierre
Moislains
Combles
Bouchavesnes-Bergen
Rosières-en-Santerre
MÉMORIAL BRITANNIQUE
MÉMORIAL AUSTRALIEN
CLAIRIÈRE DE L'ARMISTICE
ABBAYE D'OURSCAMPS
ABB. DU GARD
FOLLEVILLE
BEAUVAIS-TILLÉ
Forêt de Compiègne
Forêt d'Halatte
CHAMPLIEU
RARAY
6

C
D
Merbes-le-Château
Thuin
Gozée
Ham
Tarcienne
Gerpinnes
Mettet
Graux
Furnaux
Denée
Bioul
Yvoir
Evrehailles
Spontin
Ciney
Ragnies
Hanzinne
Annhée
Dorinne
Sovet
Fontaine
Leers-et-Fosteau
Somzée
Oret
Ermeton-sur-Biert
ABBAYE DE MAREDSOUS
CHÂTEAU DE MONTAIGLE
CHÂTEAU DE POILVACHE
TOUR DE SÉRONSARD
Thuillies
Berzée
Laneffe
Morialmé
Stave
Falaën
Sommière
Bouvignes
Thynes
Leignon
Thirimont
Strée
Thy-le-Château
Sorinnes
Achêne
Clermont
Mentêne
Chastrès
Fraire
Florennes
Flavion
Onhaye
Dinant
Foy-N.-Dame
Haid
ABBAYE
Bersillies-l'Abbaye
Castillon
Fontenelle
Walcourt
Corenne
FREYR
GROTTES
Celles
Chevetogne
Beaumont
Boussu
Silenrieux
St Aubin
Anthée
Hastière-Lavaux
WALZIN
VÊVES
Custinne
Sivry
Yves-Gomezée
Daussois
Rosée
Leugnies
Barbençon
Erpion
Philippeville
Gochenée
Falmignoul
Ardenne
Mont-Gauthier
Grandrieu
Renlies
Soumoy
Surice
Mesnil-St Blaise
Samart
Villers-le-Gambon
Agimont
Heer
Houyet
Hestrud
Cerfontaine
Senzeille
Wanlin
Ciergnon
Sautour
Rance
Froid-Chapelle
Romerée
Givet
Feschaux
GROTTE DE NICHET
Baronville
Roly
Villers-en-F.
Gimnée
Focant
Ave-et-Auffe
Forêt
Bois de Chimay
CENTRALE ATOMIQUE
Fromelennes
Beauraing
Lavaux-Ste Anne
Eppe-Sauvage
Matagne
Aubrives
Fagnolle
Mazée
Winenne
Pondrôme
Wellin
Mariembourg
Vireux-Wallerand
Honnay
Halma
Lac de Virelles
CIRCUIT AUTOMOBILE
Frasnes
Nismes
Olloy-s.-Viroin
Felenne
Vonêche
Froidfontaine
Aublain
Meuse
Ohain
Macon
Chimay
Couvin
Forêt de Nismes
Vencimont
Momignies
Villers-la-Tour
Gonrieux
Oignies
Hargnies
Bourseigne-Neuve
Forges
Baileux
Haut-Fays
Gembes
Redu
Brûly-de-Pesche
Seloignes
Haybes
Fumay
Willerzie
ABBAYE DE SCOURMONT
Brûly
Porcheresse
Macquenoise
Gedinne
Riezes
Cul-des-Sarts
Gué d'Hossus
Graide
Revin
Houdremont
Bièvre
Framont
Saint-Michel
Regniowez
Rocroi
Laifour
LES DAMES DE MEUSE
Linchamps
Paliseul
Petit-Fays
Signy-le-Pt
ROCROI-REGNIOWEZ
Les Hautes-Rivières
Carlsbourg
Bourg-Fidèle
Monthermé
Bohan
Vresse
Etéignières
Les Mazures
Rocher
Château-Regnault
Bellevue
Maubert-Fontaine
Sécheval
Rochers
Bogny-s.-M.
Mogimont
Auge
Auvillers-les-Forges
Rimogne
Renwez
Alle
Rochehaut
Aubenton
Champlin
Gespunsart
Noirefontaine
Lonny
Tournes
Pussemange
Bohassart
Corbion
Dohan
Rumigny
ABBAYE DE BONNEFONTAINE
Nouzonville
Bouillon
Iviers
Aouste
Aubigny-les-Pothées
Rouvroy-s.-Audry
Blanchefosse-et-Bay
Charleville-Mézières
Brunehamel
Liart
Marlemont
Lépron-les-Vallées
Clavy-Warby
Vrigne-aux-B.
St Menges
Archon
La Chapelle
Warnécourt
Le Fréty
Thin-le-Moutier
Vivier-au-Court
Givonne
Rozoy-s.-S.
Mainbressy
Signy-l'Abbaye
Mondigny
Sedan
Francheval
Flize
Balan
Bazeilles
Messincourt
Boulzicourt
Dom-le-Mesnil
Noyers
Douzy
Sachy
Chaumont-Porcien
Draize
Dommery
Launois-s.-Vence
Poix-Terron
Villers-le-Tilleul
Remilly-Aillicourt
Givron
Wagnon
Villers-devant-Mouzon
Seraincourt
Wasigny
Raucourt-et-Flaba
Mouzon
Hannogne-St Rémy
Novion-Porcien
Faissault
Mazerny
Vendresse
Bouvellemont
Chémery-s.-Bar
Moulins-St-Hubert
Banogne-Recouvrance
Sery
Saulces-Monclin
Le Chesnois-Auboncourt
08
Louvergny
Sauville
Stonne
St Fergeux
Ecly
Tourteron
Les Grandes-Armoises
Beaumont-en-Argonne
Château-Porcien
Novy-Chevrières
Lac de Bairon
Tannay
Amagne
Charbogne
Rethel
Le Chesne
Brieulles-s.-B.
Sommauthe
Forêt de Belval
Taizy
Acy
Gomont
Aisne
Givry
Semuy
Blanzy-la Salonnaise
Avançon
Biermes
Seuil
Attigny
Voncq
Châtillon-s.-B.
Beauclair
Asfeld
Perthes
Vandy
Nouart
St Loup-Champagne
Tagnon
Ménil-Annelles
Saulces-Champenoises
Coulommes-et-Marqueny
Quatre-Champs
Germont
Bar-les-B.
Buzancy
Monfigny-devant-Sassey
Roizy
Vrizy
Poilcourt-Sydney
Bergnicourt
Ville-s.-Retourne
Pauvres
Chestres
Briquenay
Villers-devant-Dun
Le Châtelet-s.-Retourne
La Croix-aux-Bois
Rémonville
Boult-s-Suippe
Juniville
Mt-St-Remy
Mazagran
Vouziers
Bazancourt
Leffincourt
Bourcq
Falaise
Bantheville
Isles-s.-Suippe
Cauroy
Machault
Contreuve
Grandpré
Cunel
Aussonce
La Neuville-en-Tourne-à-Fuy
St Morel
St Juvin
Agron
St Masmes
Pontfaverger-Moronvilliers
St Etienne-à-Arnes
Monthois
Senuc
Sommerance
Romagne-Gesnes
Cim. Américain
Nantillois
Liry
Fléville
Witry-les-Reims
Bétheniville
Montcheutin
Lançon
Châtel-Chéhéry
Montfaucon
Epoye
MÉMORIAL AMÉRICAN
Manre
Séchault
Condé-les-Autry
Charpentry
Cernay-les-R.
St Martin-l'Heureux
Binarville
Beine-Nauroy
Dormoise
Sommepy-Tahure
Cernay
Ste Marie-à-Py
Varennes-en-Argonne
7
2
12
1
2
3

C
D
1
2
3
Schnee-Eifel
Schönberg
Auw
Reuth
Steffeln
Olzheim
Hillesheim
Basberg
Strohheich
Oberehe
Kelberg
Boxberg
Dockweiler
Hörschhausen
Lierstall
Kaisersesch
Düngenheim
Kehrig
Hambuch
Laubach
Landkern
Karden
Pommern
Mosel
Cochem
Klotten
Büchel
Alflen
Ulmen
Schönbach
Daun
Rengen
Kirchweiler
Pelm
Gerolstein
Bewingen
Scheuern
Büdesheim
Willwerath
Sellerich
Großlangenfeld
Prüm
Wallersheim
Kopp
Habscheid
Niederprüm
Pittenbach
Schönecken
Mürlenbach
Birresborn
Oberstadtfeld
Wallenborn
Mehren
Totenmaar
Pronsfeld
Lünebach
Seiwerath
Weidenbach
Bleckhausen
Eckfeld
Gillenfeld
Driesch
Lutzerath
Faid
Ernst
Bruttig-Fankel
Beilstein
Ellenz-Poltersdorf
Strotzbüsch
Bremm
Nehren
Senheim
Meisburg
Bettenfeld
Manderscheid
Laufeld
Kennfus
St. Aldegund
Alf
Neumerl
Grenderich
Merl
Zell
Lasel
Balesfeld
Waxweiler
Steinborn
Hontheim
Bad Bertrich
Krautscheid
Ober-Weiler
Seffern
Malberg
Kyllburg
Oberkail
Schwarzenborn
Hasborn
Schladt
Pünderich
Bengel
Briedel
Jucken
Bickendorf
Badem
Gindorf
Großlittgen
Minderlittgen
Bausendorf
Neuerburg
Rittersdorf
Dudeldorf
Spangdahlem
Landscheid
Wittlich
Kröv
Enkirch
Sinspelt
Oberweis
Bitburg
Binsfeld
Wengerohr
Platten
Zeltingen-Rachtig
Starkenburg
Traben-Trarbach
Grüne Strasse
Mettendorf
Obersgegen
Bettingen
Messerich
Röhl
Herforst
Dreis
Salmrohr
Speicher
Osann-Monzel
Lieser
Graach
Irmenach
Bernkastel-Kues
Körperich
Wolsfeld
Zemmer
Heidweiler
Krames
Mülheim
Hirschfeld
Longkamp
Holsthum
Naturpark
Südeifel
Biesdorf
Niederweis
Schleidweiler-Rodt
Hetzerath
Nieder-emmel
Monzelfeld
Wintrich
Hinzerath
Reisdorf
Beaufort
Bollendorf
Eisenach
Minden
Welschbillig
Kordel
Föhren
Quint
Bekond
Klüsserath
Neumagen-Dhron
Trittenheim
Merscheid
Gonzerath
Idar-
wald
Bischofsdhron
Morbach
Bruchweiler
Kempfeld
Grundhof
Gorges
Medernach
Berdorf
Suisse Luxembourgeoise
Echternach
Rosport
Ralingen
Newel
Ehrang-Pfalzel
Ruwer
Schweich
Mosel
Mehring
Longuich
Fell
Horath
Gutenthal
Berglicht
Sensweiler
Allenbach
Thalfang
Wintersdorf
Larochette
Consdorf
Heffingen
Hersberg
Zewen-Oberkirch
TRIER
(TRÈVES)
Waldrach
Osburger Hochwald
Malborn
Schwollen
Radio Luxembourg
Biwer
Junglinster
Gonderange
Grevenmacher
Wasserliesch
Konz
Pluwig
Reinsfeld
Thiergarten
Birkenfeld
Roodt-s.-S.
Nittel
Wiltingen
Oberemmel
Hermeskeil
Brücken
Kell
Schwarzwalder Hochwald
Niederanven
Beyren
Luxembourg-Findel
Sandweiler
Wormeldange
Saarburg
Beurig
Zerf
Sötern
Nohfelden
Otzenhausen
Türkismühle
Wadrill
Kastel
Moutfort
Serrig
Kirf
Remich
Sinz
Freudenburg
Weiskirchen
Wadern
Primstal
Selbach
Reitscheid
Nennig
Aspelt
Mondorf-les-Bains
Frisange
Oberleucken
Britten
Losheim
Niederlosheim
Hasborn
Theley
Oberthal
St. Wendel
Tholey
Borg
Orscholz
Mettlach
Neukirchen
Evrange
Remerschen
Perl
Büschdorf
Besseringen
Bachem
Limbach
Steinbach
Alsweiler
Marpinger
Niederlinxweiler
Urexweiler
Beyren-lès-Sierck
Apach
Mensberg
Manderen
Schwemlingen
Hilbringen
Brotdorf
Merzig
Reimsbach
Schmelz
Thalexweiler
Ottweiler
Roussy-le-Village
Sierck-les-Bains
Waldwisse
Mondorf
Hüttersdorf
Düppenweiler
Lebach
Dirmingen
Eppelborn
Hüttigweiler
Wemmetsweiler
Wiebelskirchen
Cattenom
Uchtelfangen
Schiffweiler
Illingen
Beckingen
Rehlingen
Dieffen
Nalbach
Eiweiler
Wiesbach
Merchweiler
Heiligenwald
Reden
Neunkirchen
Friedrichsthal
Königsmacker
Basse-Ham
Laumesfeld
Colmen
Neunkirchen-lès-Bouzonville
Siersburg
Dillingen
Saarwellingen
Schwarzenholz
Heusweiler
Quierschied
Holz
Sulzbach
Furpach
Spiesen
Elversberg
Yutz
Veckring
Bibiche
Wallerfangen
Saarlouis
Schwalbach
Köllerbach
Riegelsberg
Kédange-s.-Canner
Dalstein
Metzervisse
Hombourg-Budange
Schreckling
Ensdf.
Püttlingen
St. Ingbert
Rohrbach
Guénange
Bouzonville
Bous
Völklingen
Altenkessel
Dudweiler
Hassel
Mondelange
Bousse
Ebersviller
Bisten
Wadgassen
Hagondange
Aboncourt
Merten
Überherrn
Ludweiler-Warndt
Scheidt
Biesingen
Flévy
Bettelainville
Beftange
Téterchen
Petite-Rosselle
Gersweiler
SAARBRÜCKEN
Talange
Maizières-lès-Metz
Vigy
Charleville-sous-Bois
Coume
Boulay
Creutzwald-la-Croix
Grossrossein
Forbach
Fechingen
Ormesheim

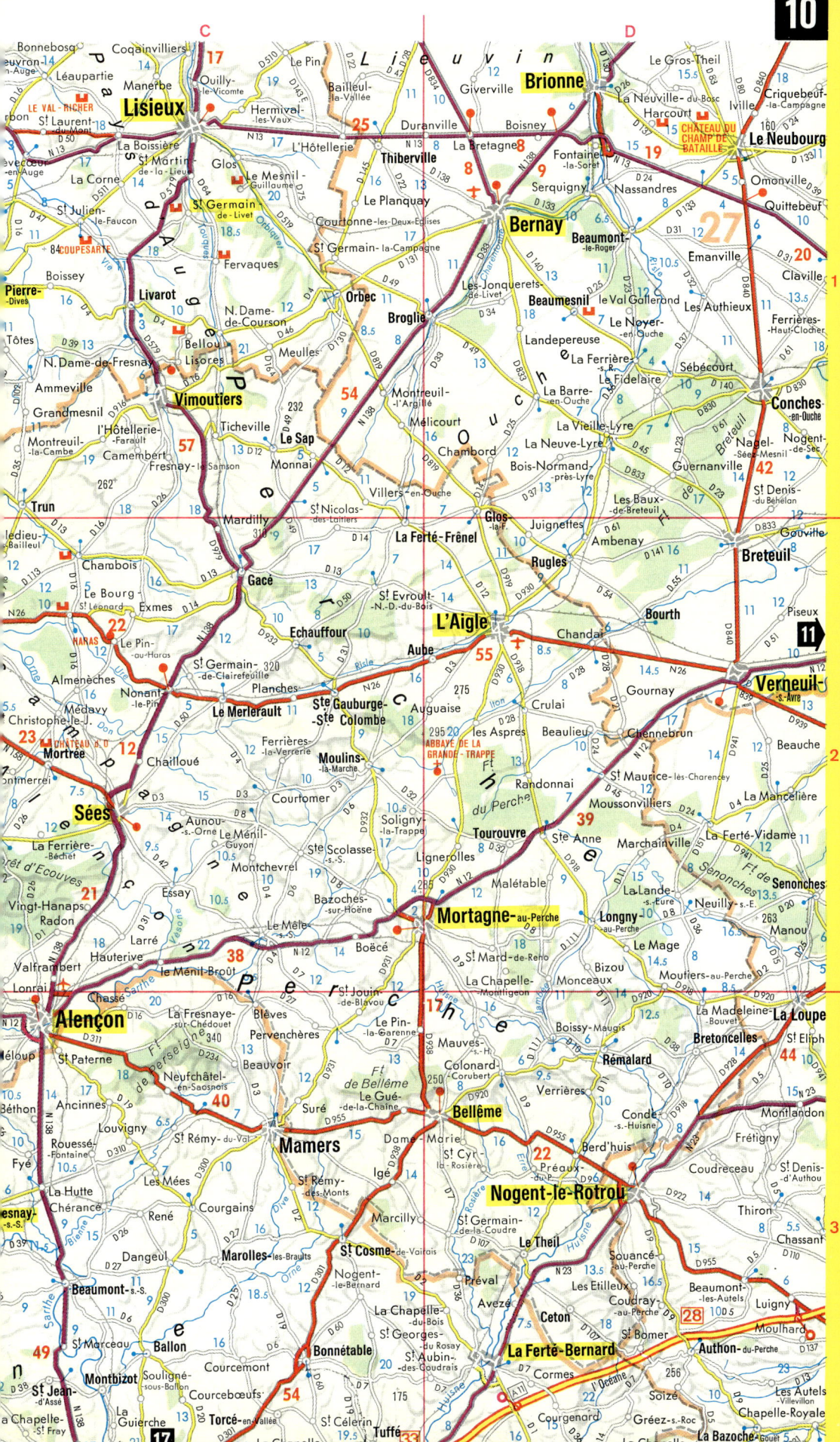

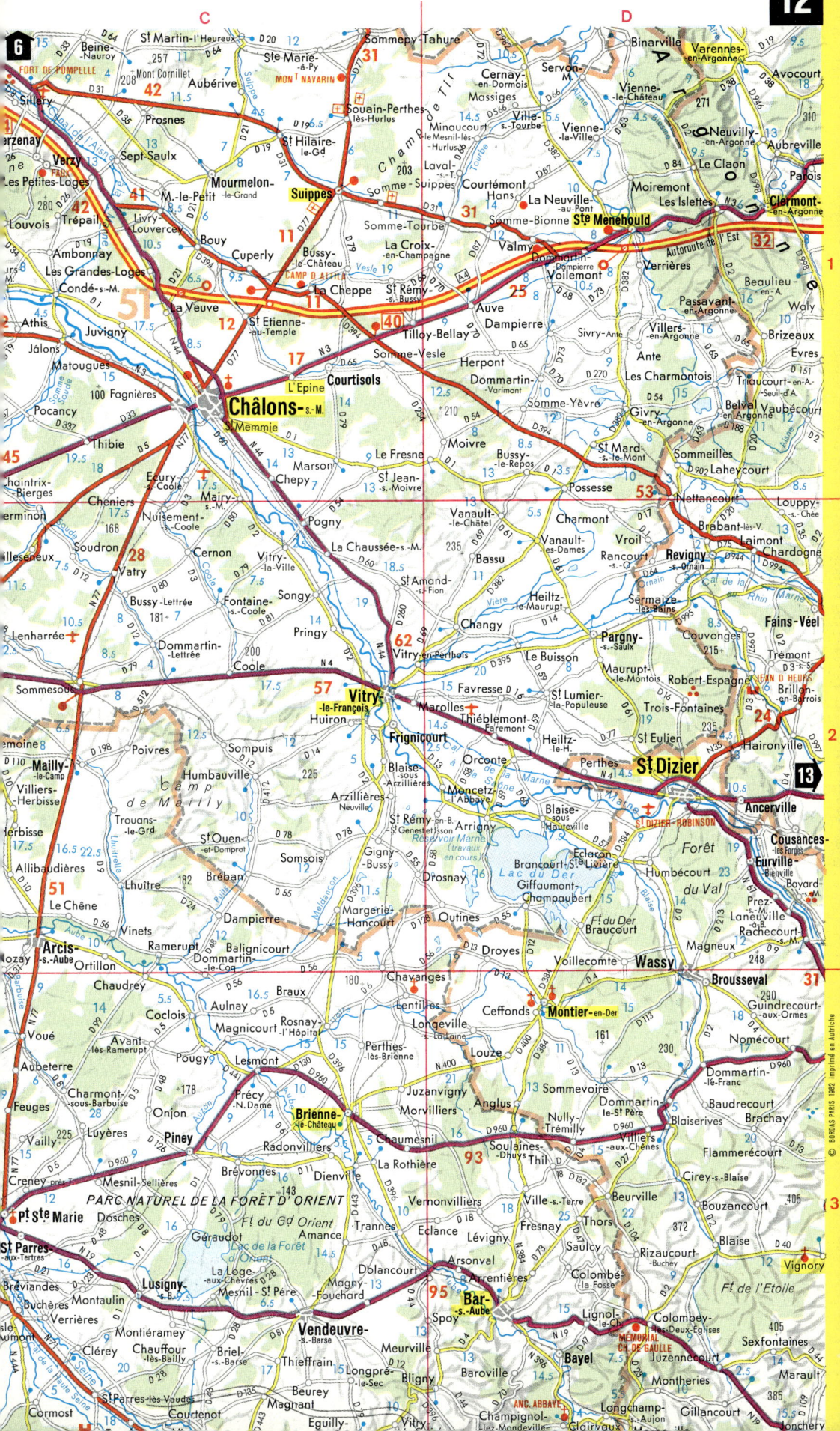

C
D
SAARBRÜCKEN
Ludweiler-Warndt
Petite-Rosselle
Grossrosseln
Forbach
Fechingen
Ormesheim
Wittersheim
Reinheim
Creutzwald-la-Croix
Coume
Boulay-Moselle
Charleville-sous-Bois
Vigy
Malroy
Carling
l'Hôpital
Freyming-Merlebach
Grosbliederstroff
Habkirchen
Neunkirch-les-S.
Bliesbruck
Porcelette
Condé-Northen
Boucheporn
les Etangs
Varize
Courcelles-Chaussy
Hombourg-Haut
Farébersviller
Hundling
Sarreguemines
METZ
St Julien-lès-M.
Fouligny
Guinglange
St Avold
Zetting
Sitzheim
Hambach
Puttelange-aux-Lacs
Achen
Pange
Courcelles-s.-N.
Magny
Sorbey
Elvange
Chanville
Faulquemont
Vahl-Ebersing
Lixing-lès-St Avold
Barst
Herbitzheim
Oermingen
Verny
Beux
Rémilly
Arriance
Many
Guessling-Hemering
Hellimer
Sarralbe
Grostenquin
Han-s.-Nied
Luppy
Solgne
Brulange
Landroff
Bérig-V.
Francaltroff
Keskastel
Sarre-Union
Diemeringen
Insming
Altwiller
Harskirchen
Bermering
Albestroff
Lucy
Baronville
Morhange
Munster
Raucourt
Liocourt
Oron
Conthil
Bénestroff
Marimont-lès-Bénestroff
Gungwiller
Drulingen
Nomeny
Delme
Mittersheim
Wuisse
Basing
Lemoncourt
Fénétrange
Gerbécourt
Loudrefing
Hirschland
Rauwiller
Arraye-et-Han
Hampont
Berthelming
Jeandelaincourt
Château-Salins
Dieuze
Belles Forêts
Armaucourt
Leyr
PARC DE LORRAINE
Haraucourt-s.-S.
Marsal
Guermange
Sarraltroff
Lixheim
Pettoncourt
Brin-s.-S.
Amance
Moyenvic
Gelucourt
Champenoux
Vic-s.-S.
Azoudange
Haut-Clocher
Moncel-s.-Seille
Lezey
Sarrebourg
Champigneulles
Malzéville
Erbéviller-s.-Amezule
Arracourt
Maizières-lès-Vic
Arzviller
Niderviller
Réméréville
Lagarde
Héming
Maxéville
St Max
NANCY
Cerville
Serres
Parroy
Moussey
Réchicourt-le-Château
Lorquin
Walscheid
Bosserville
Valhey
Abreschviller
Laneuveville-devant-Nancy
Haraucourt
St Georges
Hattigny
Varangéville
Einville-au-Jard
Ft de Parroy
Avricourt
Fléville
St Nicolas-de-Port
Crévic
Emberménil
Ft d'Abreschviller
Dombasle-s.-M.
Lunéville
Gondrexon
Blâmont
Richardménil
Rosières-aux-Salines
Marainviller
Cirey-s.-Vezouze
Turquestein-Blancrupt
Thiébauménil
Bénaménil
Barbas
Flavigny-s.-M.
Dameleivières
Domèvre-s.-V.
Val-et-Châtillon
Blainville-sur-l'Eau
Xermaménil
Ogéviller
St Clément
Brémenil
Raon-sur-Plaine
Col du Donon
Crèvechamps
Ceintrey
Montreux
Montigny
Angomont
Fraimbois
Hablainville
Méhoncourt
Gerbéviller
Azerailles
Badonviller
Bayon
Moyen
Pexonne
Allarmont
Mervillers
Pierre-Percée
Tantonville
Virecourt
Rozelieures
Magnières
Baccarat
Neufmaisons
Celles-s.-Plaine
Roville-devt-B.
Haroué
Mattexey
Essey-la-Côte
St Pierremont
Bertrichamps
Ft de Senones
Gripport
St Germain
Raon-l'Etape
Senones
Chamagne
Damas-aux-B.
Ménil-s.-Belvitte
Diarville
Ft de Charmes
Haillainville
Roville-aux-Chênes
St Benoit-la-Chipotte
Moyenmoutier
Charmes
Rehaincourt
Romont
Etival-Clairefontaine
Bourg-Bruche
Saales
Bettoncourt
Moriville
Rambervillers
Jeanménil
Vincey
Portieux
Ft de Rambervillers
Provenchères-s.-Fave
Châtel-s.-M.
Vomécourt
Autrey
Nompatelize
St Dié
Gugney-aux-Aulx
Villers
Mirecourt
Bettegney-St Brice
Nomexy
Padoux
Ste Hélène
Ft de Mortagne
Wisembach
Mattaincourt
Velotte-et-Tatignécourt
Girmont
Girecourt-s.-Durbion
Les Rouges-Eaux
La Croix-aux-Mines
Racécourt
Mazeley
Thaon-les-Vosges
Sercœur
Grandvillers
Brouvelieures
Dompaire
Longchamp
St Léonard
Darnieulles
Dogneville
Aydoilles
Bruyères
La Houssière
Fraize
Le Bonhomme
Begnécourt
Hennecourt
Golbey
Deyvillers
Charmois-devant-Bruyères
Deycimont
Corcieux
Col du Bonhomme
Ville-s.-Illon
Girancourt
Epinal
Gerbépal
La Rue
St Laurent
Granges-s.-Vologne
Lerrain
Arches
Chenimenil
Col de Martimpré
le Valtin
DEFILÉ DE STRAITURE

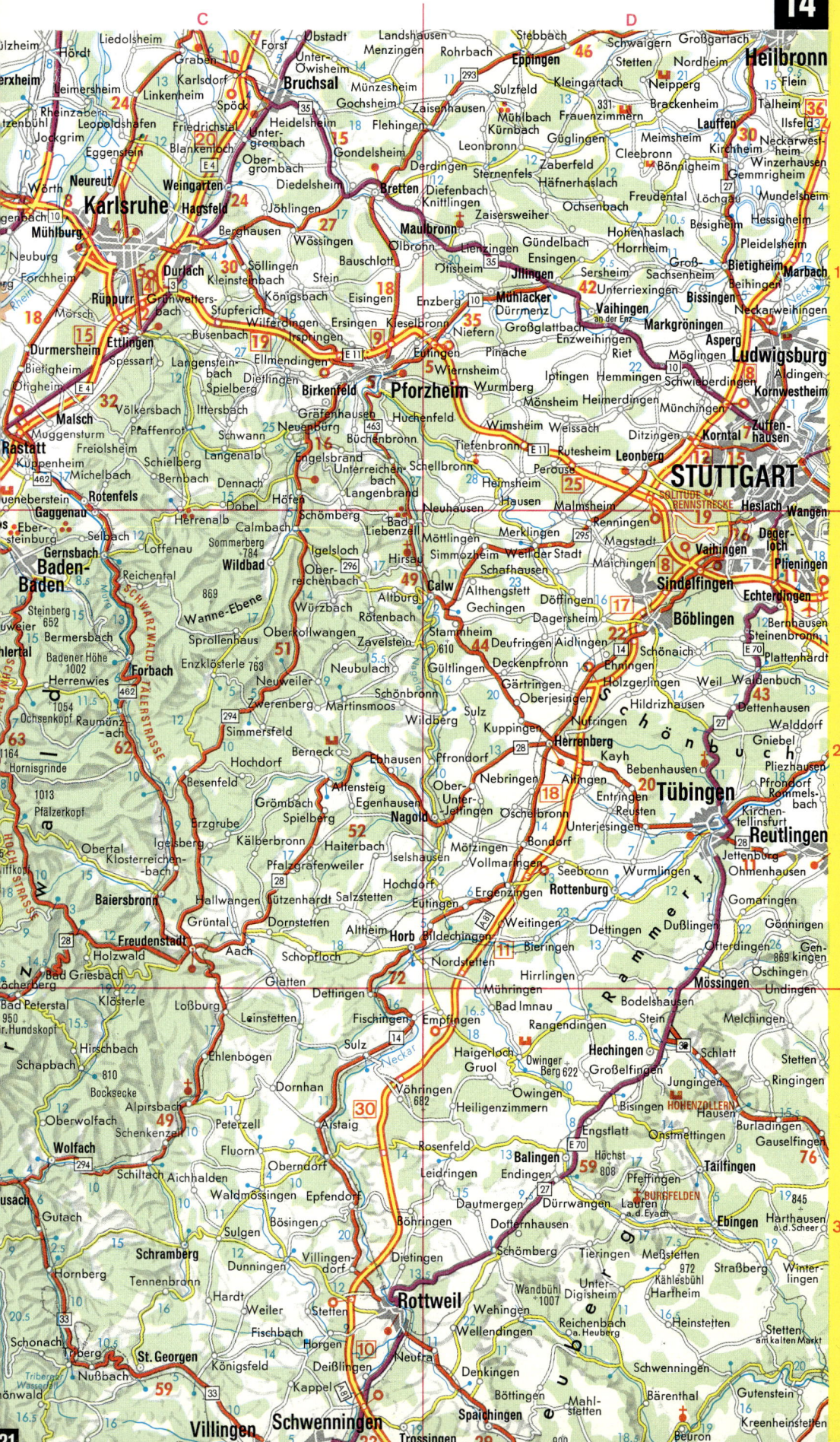

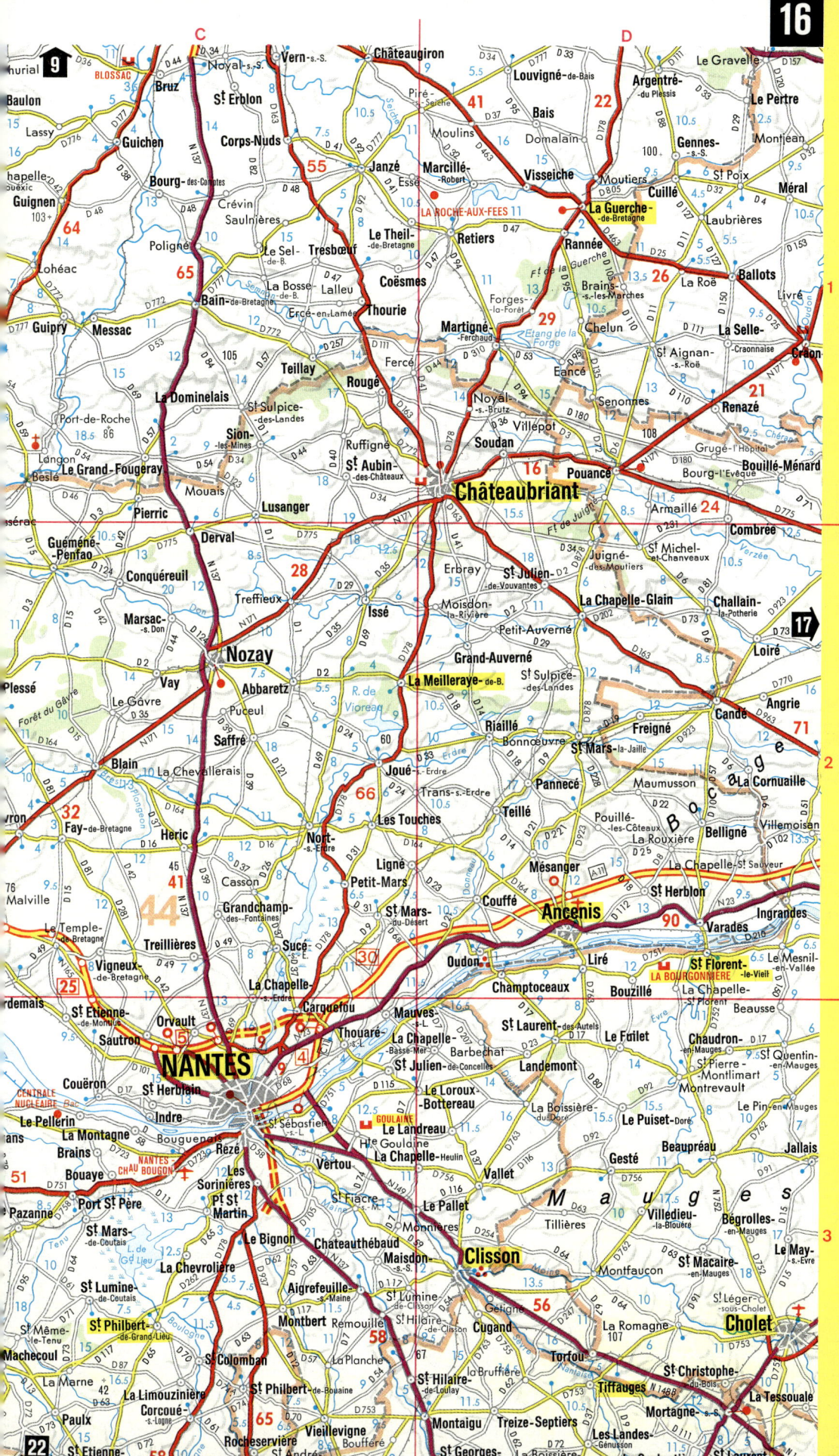

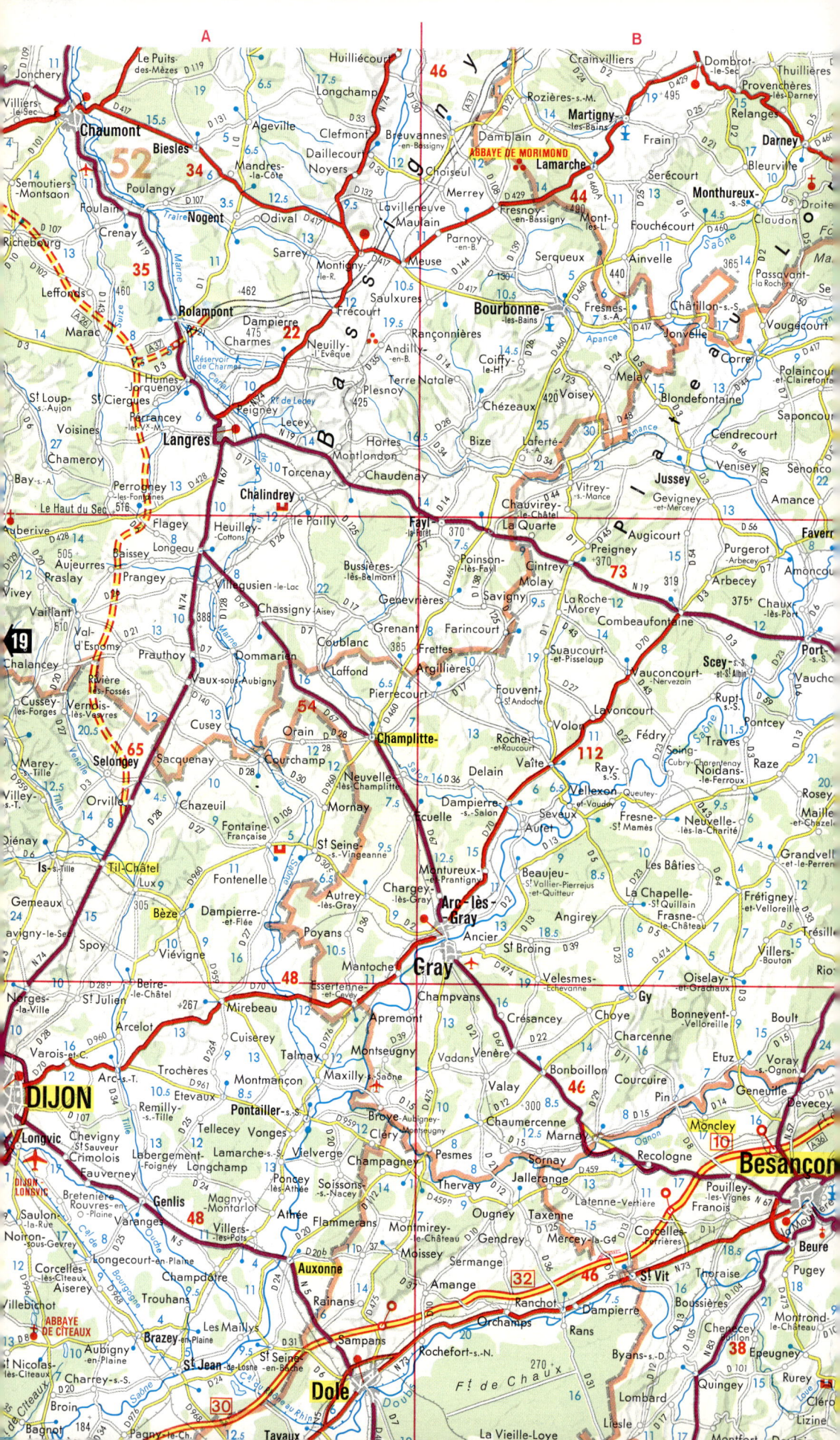

C
D
13
21
26
1
2
3
St Laurent
Arches
Pouxeux
Cheniménil
Granges-s.-Vologne
Tendon
Eloyes
Le Tholy
Gérardmer
Xonrupt-Longemer
Le Valtin
Col de la Schlucht
Soultzeren
Stosswihr
Muhlbach-s.-Munster
Le Hohneck
Sondernach
Dounoux
Uzemain
Hadol
Xertigny
Escles
Charmois-l'Orgueilleux
Vioménil
Hennezel
Harsault
Hautmougey
Bains-les-Bains
La Chapelle-aux-Bois
Bellefontaine
Remiremont
St Amé
Ft de Fossard
Vagney
Rochesson
La Bresse
Wildenstein
Ft de Cornimont
Cornimont
Saulxures-s.-M.
Ventron
Kruth
Markstein
Fellering
Oderen
Urbès
Goldbach-Altenbach
St Amarin
Moosch
Willer-s.-T.
Bitschwiller-les-Thann
Thann
Fontenoy-le-Château
Plombières-les-Bains
Aillevillers-et-Lyaumont
Le Val-d'Ajol
Rupt-s.-M.
Ferdrupt
Ft de Longegoutte
Petit Drumont
Bussang
St Maurice-s.-Moselle
Le Thillot
Château-Lambert
Ballon d'Alsace
LAC D' ALFELD
Rimbach-près-Masevaux
Oberbruck
Sewen
Masevaux
Lauw
Guewenheim
Corbenay
Fougerolles
La Longine
St Loup-s.-Semouse
Anjeux
Jasney
St Rémy
Cuve
Fontaine-lès-Luxeuil
Raddon-et-Chapendu
Faucogney-et-la-Mer
Servance
Ballon de Servance
Ft de Saint-Antoine
Belfahy
Ternuay-Melay-et-St Hilaire
Froideconche
LUXEUIL - ST SAUVEUR
Luxeuil-les-Bains
Conflans-s.-L.
Breuches
Ecromagny
Villedieu-en-Fontenette
Baudoncourt
Meurcourt
Breurey-lès-Faverney
Citers
Lantenot
Brotte-lès-Luxeuil
Mélisey
Fresse
Plancher-les-Mines
Giromagny
Rougemont-le-Château
Etueffont
Anjoutey
Sermamagny
Plancher-Bas
Mailleroncourt-Charette
Provenchère
Flagy
St Germain
Malbouhans
Ronchamp
Champagney
Saulx
Auxon
Charmoille
Lure
Roye
Clairegoutte
Echavanne
Evette-Salbert
Valdoie
Roppe
Fontaine
Traubach
Valdieu-Lutran
Bessoncourt
Foussemagne
Belfort
Montreux-Vieux
Manspach
La Chapelle-sous-Rougemont
Sopp-le-B.
Pomoy
Calmoutier
Château-Grenouille
Mollans
Vy-lès-Lure
Lyoffans
Belverne
Ft du Chérimont
Vaivre-et-Montoille
Frotey-lès-V.
Vesoul
Noroy-le-Bourg
Arpenans
Le Val-de-Gouhenans
Ft de Granges
Athesans-Etroitefontaine
Bavilliers
Luze
Sevenans
Moval
Brebotte
Vellescot
Suarce
Borey
Héricourt
Châtenois-les-Forges
Grandvillars
Lepuix-Neuf
Villersexel
Saulnot
Secenans
Aibre
Morvillars
Joncherey
Delle
Faverois
Vellefaux
Dampierre-s.-Linotte
Esprels
St Ferjeux
Arcey
Montbéliard
Sochaux
Fêche-l'Eglise
Audincourt
Boncourt
Filain
Thieffrans
Fallon
Courchaton
Bavans
Beaucourt
Seloncourt
Courtemaîche
Rougemont
Quenoche
Montbozon
Uzelle
L'Isle-s.-le-D.
Médière
Valentigney
Hérimoncourt
Loulans-les-Forges
Mésandans
Soye
Colombier-Fontaine
Mathay
Mandeure
Abbévillers
Fahy
Courchavon
Porrentruy
Avilley
Rognon
Villars
Neuvelle-lès-Cromary
Rigney
Cendrey
Clerval
Pont-de-R.
Mambelin
Pierrefontaine-les-B.
Blamont
Damvant
Chevenez
Montancy
Villars-lès-Blamont
Brémoncourt
Moncey
La Bretenière
Glainans
Lomont
Vellerot-lès-Belvoir
Noirefontaine
Chamesol
Vaufrey
Glère
Chaudefontaine
Baume-les-Dames
Chazot
Valonne
Pont-les-Moulins
Rahon
St Hippolyte
Indevillers
Roulans
Marchaux
Brétigney-N.-Dame
Vellevans
Lanans
Froidevaux
Trévillers
Montfaucon
Laissey
Champlive
Sancey-le-Gd
Goumois
Saignelégier
Roche-lez-Beaupré
St Juan
Passavant
Belleherbe
Damprichard
Glamondans
Aïssey
Landresse
Laviron
Battenans-Varin
Maîche
Le Noirmont
Nancray
Orsans
Chamesey
Charquemont
Les Breuleux
Saône
Bouclans
Gonsans
Villers-Chief
Frambouhans
Naisey-les-Granges
Pierrefontaine-les-Varans
La Sommette
Courtelary
Les Bois
Mamirolle
Trépot
Verrières-du-Grosbois
L'Hôpital-du-Grosbois
Vercel-Villedieu-le-Camp
Domprel
Consolation-Maisonnettes
Fournet-Blancheroche
Villeret
St Imier
Tarcenay
Le Luhier
Le Russey
Le Chasseral
CIRQUE DE CONSOLATION
Loray
Avoudrey
Etalans
Valdahon
Orchamps-Vennes
Narbief
Méréy-sous-Montrond
Ornans
Saules
Fuans
La Chenalotte
Le Pâquier
Vernierfontaine
Montgesoye
Nods
SAUT DU DOUBS
La Chaux-de-Fonds
Lignières
Les Fins
Villers-le-Lac
Les Brenets
Vue des Alpes
Dombresson
Longemaison
Le Locle
Le Landeron
Chantrans
Lods
Morteau
La Sagne
Cornaux
Doubs
Saône
Moselle

C
D
4
1
2
3
Villingen
Schwenningen
Trossingen
Spaichingen
Tuttlingen
Beuron
Messkirch
Bad Dürrheim
Donaueschingen
Hüfingen
Geisingen
Immendingen
Emmingen
Neuhausen
Liptingen
Stockach
Engen
Hegau
Eigeltingen
Aach
Volkertshausen
Ludwigshafen
Sipplingen
Bodman
Singen
Radolfzell
Allensbach
Reichenau
Neustadt
Titisee
Löffingen
Blumberg
Bonndorf
Stühlingen
Schaffhausen
Neuhausen
RHEINFALL
Jestetten
Erzingen
Diessenhofen
Stein a. Rh.
Steckborn
ARENENBERG
Ermatingen
Feuerthalen
Waldshut
Tiengen
Koblenz
Zurzach
Eglisau
Bülach
Kaiserstuhl
Frauenfeld
Weinfelden
Wil
Winterthur
Kloten
Bassersdorf
Wallisellen
Dübendorf
Baden
Wettingen
Brugg
VINDONISSA
HABSBURG
Lenzburg
Wohlen
Bremgarten
Dietikon
Schlieren
ZÜRICH
Uster
Wetzikon
Hinwil
Rüti
Wald
Rapperswil
Uznach
Küsnacht
Thalwil
Meilen
Horgen
Stäfa
Wädenswil
Adliswil
Affoltern
Lachen
Siebnen
Baar
HÖLLGROTTEN
Zug
Cham
Sursee
Hochdorf
Sempach
Oberägeri
Einsiedeln
MORGARTEN
Küssnacht
Astrid-Kap.
Hohle Gasse
Arth
Goldau
Rigi
Luzern
Horw
Weggis
Gersau
Brunnen
Schwyz
Hergiswil
Näfels
Nieder-urnen
Glärnisch
Vierwaldstätter See
Zuger See
Hallwiler See
Sempacher See
Baldegger See
Bodensee
Untersee

16
C
D
23
1
2
3
Montaigu
Vieillevigne
Rocheservière
Corcoué-s.-Logne
St Etienne-de-Mer-Morte
Touvois
Legé
Mormaison
St Georges-de-M.
L'Herbergement
Chavagnes-en-Paillers
Les Landes-Génusson
La Gaubretière
St Laurent-s.-S.
Mt des Alouettes
Beaurepaire
Les Herbiers
Les Epesses
Froidfond
Falleron
Les Brouzils
La Rabatelière
St Fulgent
Les Lucs-s.-Boulogne
St Christophe-du-Ligneron
Beaufou
St Denis-la-Chevasse
Chauché
Mesnard-la-Barotière
Vendrennes
Ardelay
St Michel-Mont-Mercure
La Flocellière
Palluau
Saligny
Boulogne
Belleville-s.-Vie
La Chapelle-Palluau
Le Poiré-s.-Vie
Mouchamps
Le Boupère
Pouzauges
Apremont
Aizenay
Les Essarts
Rochetrejoux
La Merlatière
Dompierre-s.-Yon
Ste Cécile
St Prouant
Coëx
La Genétouze
St Vincent-St.
St Germain-de-Princay
Moilleron-le-C.
La Ferrière
St Martin-des-N.
Chavagnes-les-Redoux
La Chapelle-Hermier
Beaulieu-sous-la-R.
85
La Roche-s.-Yon
Chantonnay
Mouilleron-en-Pareds
Martinet
Venansault
La Chaize-le-Vicomte
St Hilaire-le-Vouhis
St Julien-des-Landes
St Georges-de-P.
Bazoges-en-Pareds
La Mothe-Achard
Bournezeau
St Philbert-du-Pont-Charrault
La Jaudonnière
Ste Flaive-des-Loups
Les Clouzeaux
La Limouzinière
Vaire
La Caillère
Thouarsais-Bouildroux
La Chapelle-Achard
Nesmy
Thorigny
Aubigny
St Florent-des-B.
St Martin-Lars-en-Ste H.
St Mathurin
Chaillé-sous-les-Ormeaux
Les Pineaux
St Sulpice-en-Pareds
Nieul-le-Dolent
St Cyr-des-Gâts
Ste Foy
La Boissière-des Landes
St Juire-Champgillon
Grosbreuil
La Chapelle-Thémer
Mareuil-s.-L.-Dissais
Moutiers-s.-le Lay
Ste Hermine
Les Sables-d'Olonne
St Avaugourd-des-Landes
St Jean-de-Beugné
St Valérien
Bourneau
Poiroux
St Vincent-s.-Graon
Le Champ-St-P.
St Etienne-de-Brillouet
Les Moutiers-des-Mauxfaits
La Bretonnière
Pouillé
L'Hermenault
Ste Gemme-la-Plaine
Talmont-St Hilaire
Avrillé
COURT D'ARON
Nalliers
Petosse
Pissotte
St Hilaire-la-Forêt
St Cyr-en-Talmondais
Pte du Payre
Jard-s.-M.
Longeville
Curzon
Lairoux
Luçon
Mouzeuil-St Martin
Fontenay-le-Comte
St Vincent-sur-Jard
St Benoist-s.-Mer
St Denis-du-Payré
Moreilles
Le Langon
Auzay
Angles
Moricq
Triaize
Chaillé-les-Marais
Velluire
Fontaines
Grues
Champagné-les-M.
Ste Radegunde-des-Noyers
Doix
Le Gué-de-Velluire
Vix
Pte du Groin-du-Cou
La Tranche-s.-M.
St Michel-en-l'Herm.
Le Sableau
Marais Poitevin
L'Ile-d'Elle
Maillé
La Faute-s.-Mer
L'Aiguillon-s.-Mer
46
Pertuis Breton
Marans
Pointe d'Arçay
Anse de l'Aiguillon
Charron
Taugon
La Ronde
Phare des Baleines
Les Portes
Pte du Fier
Pte de l'Aiguillon
Esnandes
Sérigny
Pte du Grouin
Fier d'Ars
Courçon
Ars-en-Ré
Loix
St Martin-de-Ré
Villedoux
Longèves
Ferrières
La Couarde
La Flotte
Nieul-s.-Mer
St Xandre
Nuaillé-d'Aunis
St Sauveur-d'Aunis
Ile de Ré
Le Bois Plage-en-Ré
L'Houmeau
Dompierre-s.-M.
Vérines
Benon
Rivedoux-Plage
La Pallice
Bourgneuf
Ste Soulle
Fontpatour
Bouhet
Ste Marie-de-Ré
La Rochelle
Vouhé
Aytré
Aigrefeuille-d'Aunis
Chambon
Pertuis d'Antioche
Angoulins
Pte du Chay
Croix-Chapeau
Forges
Salles-sur-M.
Châtelaillon-Plage
Le Thou
Landrais
La Fondelay
St Germain-de-Marencennes
Pointe de Chassiron (Phare)
St Denis-d'O.
Ciré-d'Aunis
Ardillières
Ile d'Aix
Muron
Ile d'Oléron
Genouillé
St Georges-d'O.
Fort Boyard
Fouras
Aunis
Breuil-Magné
Boyardville
Ile Madame
Charente
Lussant
St Pierre-d'O.
Rochefort
St Nazaire-sur-Ch.
Bac
St Coutant-le-Grand
La Cotinière
Soubise
Tonnay-Charente
Dolus-d'O.
St Froult
La Rémigeasse
Le Château-d'Oléron
Moëze
Plage du Vert-Bois
Ors
Bords
Trizay

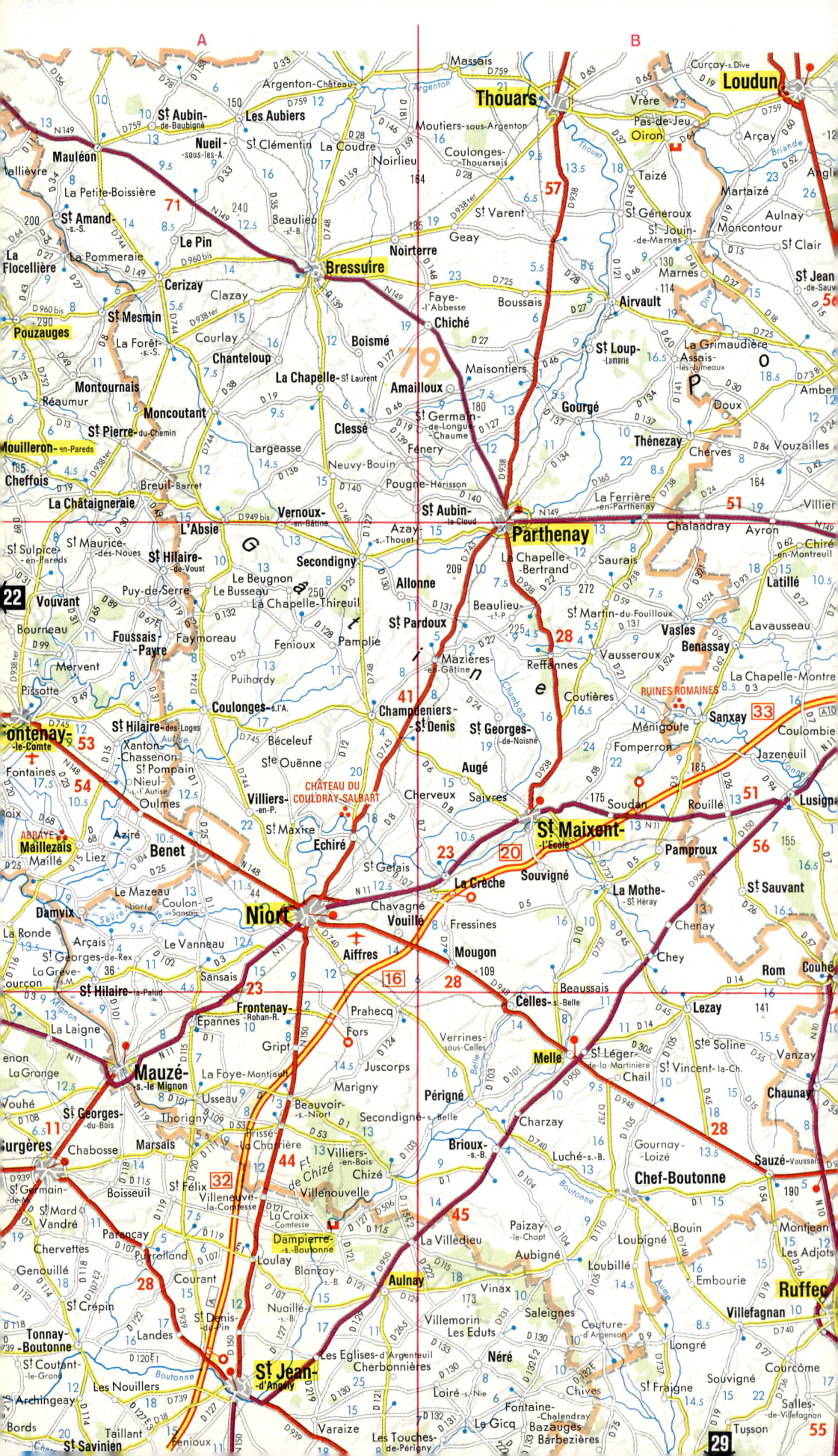

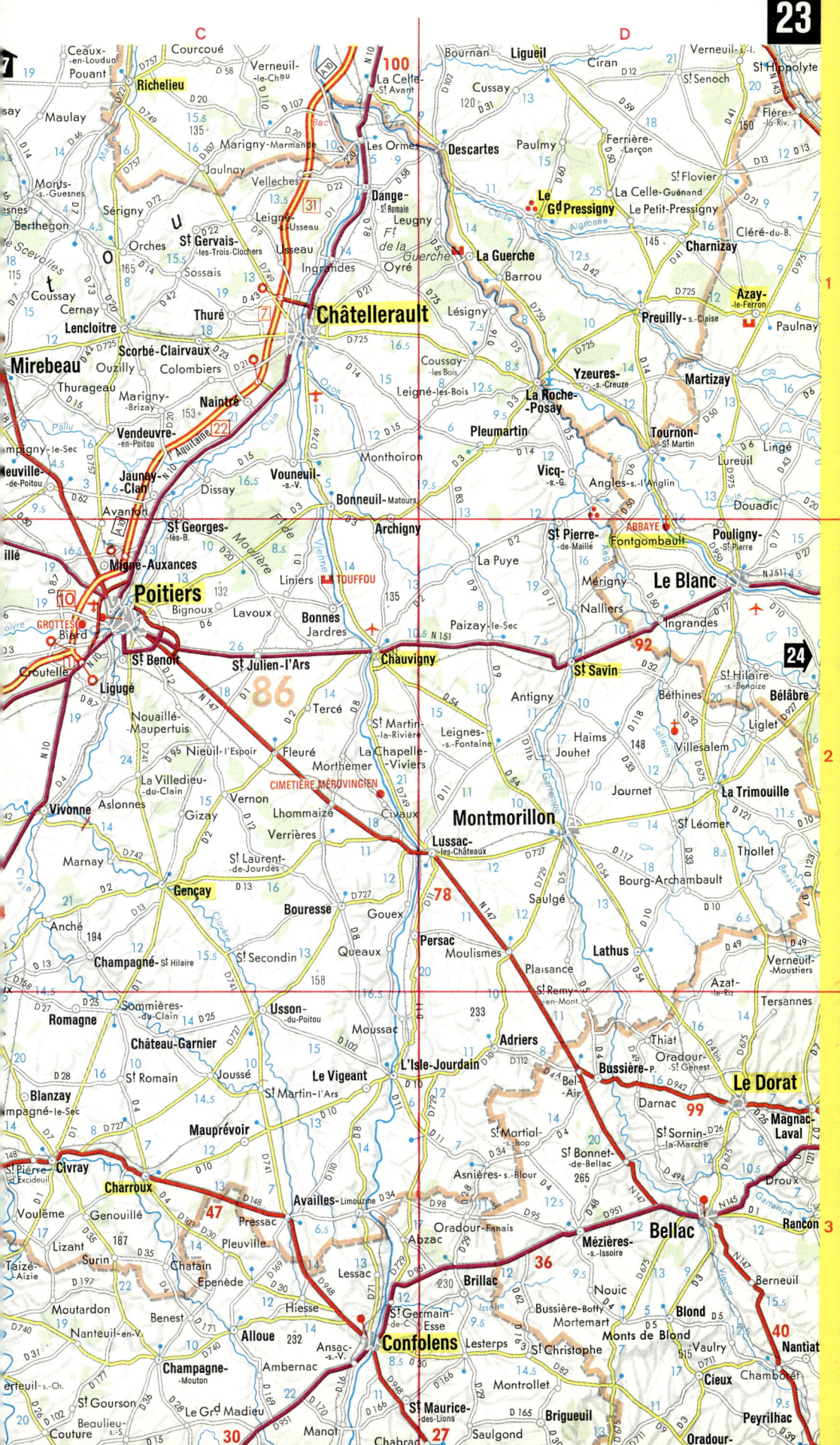

C
D
BOURGES
Moulins-s.-Y.
Farges-en-S.
Baugy
Garigny
Pouges-les-Eaux
Ste Thorette
La Chapelle-St U.
Villequiers
Mornay-Berry
Jouet-s.-l'Aubois
Cours-les-B.
Savigny-en-Septaine
Soye-en-Septaine
Avord
Menetou-Couture
Torteron
Fourchambault
Villeneuve-s.-C.
Trouy
Crosses
Bengy-s.-Craon
Nérondes
Chârost
St Florent-s.-Cher
Plaimpied-Givaudins
St Just
Jussy-Champagne
Raymond
Cuffy
Civray
Lissay-Lochy
Vornay
Ignol
Le Chautay
St Caprais
Vorly
Cornusse
La Guerche-s.-l'Aubois
Lunery
Osmery
Ambroix
Lapan
Levet
St Germain-des-Bois
Lugny-Bourbonnais
Ourouer-les-Bourdelins
Germigny-l'Exempt
Apremont
Ft de Thoux
Bussy
Blet
Saincaize-Meauce
Mareuil-s.-A.
Dun-s.-Auron
Chalivoy-Milon
Grossouvre
Châteauneuf-s.-Cher
Chavannes
Contres
Vereaux
Neuvy-le-Barrois
St Baudel
Ft de Maulne
Sagonne
Mars-s.-A.
Venesmes
St Loup-des-Chaumes
Uzay-le-Venon
Thaumiers
Givardon
Mornay-s.-A.
Sancoins
Chezal-Benoît
Chambon
Le Pondy
Bannegon
St Pierre-le-Moûtier
Vallenay
Arpheuilles
Neuilly-en-Dun
Bruère-Allichamps
Meillant
Cal de Berry
Château-s.-Allier
Livry
Lignières
Farges-Allichamps
St Aignan-des-Noyers
ABBAYE DE NOIRLAC
St Amand-Montrond
Bessais-le-Fromental
Lurcy-Lévis
Le Veurdre
St Hilaire-en-Lignières
Morlac
Orval
Charenton-s.-C.
Ainay-le-Ch.
Valigny
Pouzy-Mésangy
Marçais
Drévant
Coust
St Léopardin-d'Augy
Rezay
St Pierre-les-Bois
St Bonnet-Tronçais
Ft de Tronçais
Couleuvre
Limoise
Maisonnais
Le Châtelet
Ardenais
Ainay-le-Vieil
Vicq-Exemplet
Tronçais
Franchesse
Urçay
Cérilly
St Plaisir
Beddes
Saulzais-le-Potier
Meaulne
Theneuille
Bourbon-l'Archambault
St Maur
St Christophe-le-Chaudry
Epineuil-le-Fleuriel
Le Brethon
Le Vilhain
Châteaumeillant
Culan
Vesdun
St Vitte
Ygrande
Vallon-en-Sully
Louroux-Bourbonnais
St Saturnin
Hérisson
CHAU
Sidiailles
St Désiré
Vieure
Gipcy
Chazemais
St Hilaire
Meillers
Viplaix
Courçais
Cosne-d'Allier
Buxières-les-Mines
St Priest-la-Marche
Mesples
Audes
Reugny
Louroux-Hodement
Préveranges
Estivareilles
Neuville
Tronget
La Chapelaude
Chavenon
St Sauvier
Bizeneuille
Le Montet
Archignat
St Victor
Deneuille-les-Mines
Villefranche-d'Allier
Chappes
Leyrat
Huriel
Deux-Chaises
Boussac
Treignat
Domérat
Désertines
St Angel
Montluçon
Chamblet
Bézenet
Voussac
Toulx-Sainte-Croix
Quinssaines
Doyet
Soumans
Lamaids
Montmarault
Malicorne
Néris-les-Bains
Commentry
Hyds
Blomard
Domeyrot
Viersat
Teillet-Argenty
St Genest
Trois-Fonds
Bort-St Georges
Villebret
Monestier
Parsac
Lépaud
Budelière
Durdat-Larequille
Lapeyrouse
Mazirat
Louroux-de-Bouble
Forêt des Colettes
Gouzon
Chambon-s.-Voueize
Evaux-les-Bains
Chambonchard
La Crouzille
Ars-les-Favets
Montaigut
Echassières
Bellenaves
St Loup
Marcillat-en-Combraille
St Eloy-les-Mines
Lalizolle
St Julien-le-Châtel
Sannat
Vicq
Chouvigny
Fontanières
Château-s.-Cher
St Hilaire
Pionsat
Menat
Ebreuil
GORGES DE LA SIOULE
Peyrat-la-Nonière
Teilhet
PONT DE MENAT
Mainsat
Charron
St Maurice-près-Pionsat
Gouttières
St Pardoux
Montel-la-Donne
Espinasse
St Gervais-d'Auvergne
Blot-l'Eglise
Auzances
Châteauneuf-les-Bains
Jozerand
St Amand
Dontreix
St Priest-des-Champs
VIADUC DES FADES
Charbonnières-les-Vieilles
Aubusson
Bellegarde-en-Marche
Le Compas
Charensat
BARRAGE
N 76
N 144
N 145
N 151
N 71
D 976
25
1
2
3
18
71
67
68
94
62
65
74
61
75

C D

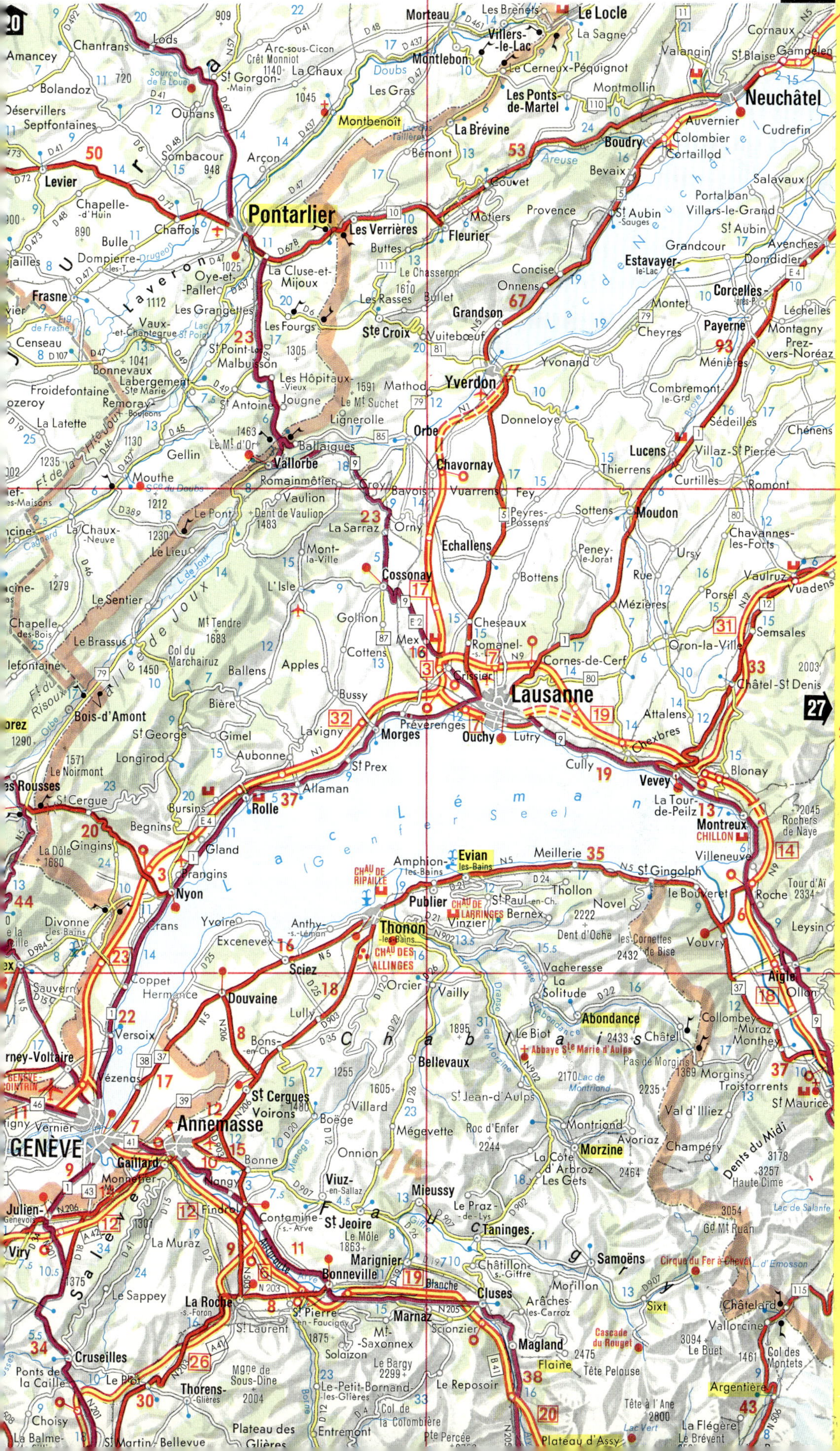

Pontarlier
Neuchâtel
Le Locle
Morteau
Les Brenets
Villers-le-Lac
Montlebon
La Sagne
Valangin
St Blaise
Cornaux
Gampelen
Le Cerneux-Péquignot
Montmollin
Les Ponts-de-Martel
La Brévine
Montbenoît
Les Gras
La Chaux
Arc-sous-Cicon
Crêt Monniot
St Gorgon-Main
Lods
Chantrans
Amancey
Bolandoz
Déservillers
Septfontaines
Ouhans
Source de la Loue
Sombacour
Arçon
Levier
Chapelle-d'Huin
Bulle
Chaffois
Dompierre-les-T.
Frasne
Vaux-et-Chantegrue
Les Grangettes
Oye-et-Pallet
La Cluse-et-Mijoux
Les Verrières
Buttes
Fleurier
Môtiers
Couvet
Bémont
Boudry
Auvernier
Colombier
Cortaillod
Bevaix
Areuse
Provence
St Aubin-Sauges
Portalban
Villars-le-Grand
St Aubin
Cudrefin
Salavaux
Avenches
Domdidier
Grandcour
Estavayer-le-Lac
Corcelles-près-P.
Payerne
Léchelles
Montagny
Prez-vers-Noréaz
Ménières
Montet
Cheyres
Concise
Onnens
Grandson
Le Chasseron
Bullet
Les Rasses
Ste Croix
Vuiteboeuf
Yverdon
Yvonand
Combremont-le-Grd
Sédeilles
Chénens
Donneloye
Lucens
Villaz-St Pierre
Thierrens
Curtilles
Romont
Moudon
Chavannes-les-Forts
Ursy
Rue
Vaulruz
Vuadens
Porsel
Mézières
Semsales
Oron-la-Ville
Châtel-St Denis
Attalens
Blonay
Vevey
La Tour-de-Peilz
Montreux
Chillon
Villeneuve
Rochers de Naye
Roche
Tour d'Aï
Leysin
Aigle
Ollon
Chexbres
Cully
Lutry
Lausanne
Ouchy
Pully
Crissier
Romanel-s.-L.
Cheseaux
Cornes-de-Cerf
Bottens
Peney-le-Jorat
Sottens
Peyres-Possens
Fey
Echallens
Vuarrens
Chavornay
Orbe
Bavois
Orny
La Sarraz
Cossonay
Croy
Romainmôtier
Vaulion
Dent de Vaulion
Vallorbe
Ballaigues
Lignerolle
Le Mt Suchet
Mathod
Jougne
Les Hôpitaux-Vieux
Les Fourgs
Malbuisson
St Point-Lac
St Antoine
Labergement-Ste Marie
Remoray-Boujeons
Bonnevaux
Froidefontaine
Censeau
Rozoy
La Latette
Mouthe
Gellin
Le Mt d'Or
Ft de la Hte Joux
Le Pont
Le Lieu
La Chaux-Neuve
L. de Joux
Le Sentier
L'Isle
Mont-la-Ville
Gollion
Mex
Cottens
Mt Tendre
Le Brassus
Col du Marchairuz
Vallée de Joux
Ballens
Apples
Bussy
Bière
Bois-d'Amont
Ft du Risoux
St George
Gimel
Longirod
Aubonne
Lavigny
Morges
Préverenges
St Prex
Allaman
Rolle
Bursins
Le Noirmont
Les Rousses
St Cergue
La Dôle
Gingins
Begnins
Gland
Prangins
Nyon
Divonne-les-Bains
Crans
Coppet
Hermance
Versoix
Ferney-Voltaire
Genève-Cointrin
Genève
Vernier
Gaillard
Annemasse
Monnetier
Nangy
Bonne
Findrol
St Julien-en-Genevois
Viry
Salève
La Muraz
Le Sappey
La Roche-s.-Foron
Cruseilles
Ponts de la Caille
Le Plot
Thorens-Glières
Choisy
La Balme-
St Martin-Bellevue
Plateau des Glières
Mgne de Sous-Dine
Entremont
St Laurent
St Pierre-en-Faucigny
Bonneville
Contamine-s.-Arve
St Jeoire
Le Môle
Marignier
Cluses
Marnaz
Scionzier
Mt-Saxonnex
Solaizon
Le Bargy
Le-Petit-Bornand-les-Glières
Col de la Colombière
Le Reposoir
Pte Percée
Magland
Flaine
Tête Pelouse
Plateau d'Assy
Arâches-les-Carroz
Morillon
Samoëns
Sixt
Cascade du Rouget
Cirque du Fer à Cheval
Le Buet
Vallorcine
Col des Montets
Argentière
Le Châtelard
La Flégère
Le Brévent
Lac Vert
Tête à l'Ane
Taninges
Châtillon-s.-Giffre
Mieussy
Le Praz-de-Lys
Viuz-en-Sallaz
Onnion
Boëge
Villard
Voirons
St Cergues
Bons-en-Ch.
Douvaine
Sciez
Excenevex
Yvoire
Anthy-s.-Léman
Thonon-les-Bains
Chau des Allinges
Chau de Ripaille
Amphion-les-Bains
Evian-les-Bains
Publier
Chau de Larringes
Vinzier
Bernex
St Paul-en-Ch.
Meillerie
Thollon
Novel
St Gingolph
Le Bouveret
Vouvry
Dent d'Oche
Les Cornettes de Bise
Vacheresse
La Solitude
Abondance
Châtel
Le Biot
Abbaye Ste Marie d'Aulps
Bellevaux
Vailly
Orcier
Lully
St Jean-d'Aulps
Mégevette
Roc d'Enfer
Montriond
Lac de Montriond
Morzine
Avoriaz
Les Gets
La Côte d'Arbroz
Pas de Morgins
Morgins
Troistorrents
Collombey-Muraz
Monthey
Val d'Illiez
Champéry
Dents du Midi
Haute Cime
Lac de Salanfe
Gd Mt Ruan
L. d'Emosson
St Maurice
Chablais
Faucigny
Lac de Neuchâtel
Lac Léman
Lac de Genève
Lac de Joux
Doubs
Orbe
Broye
Dranse
Arve
Giffre
27

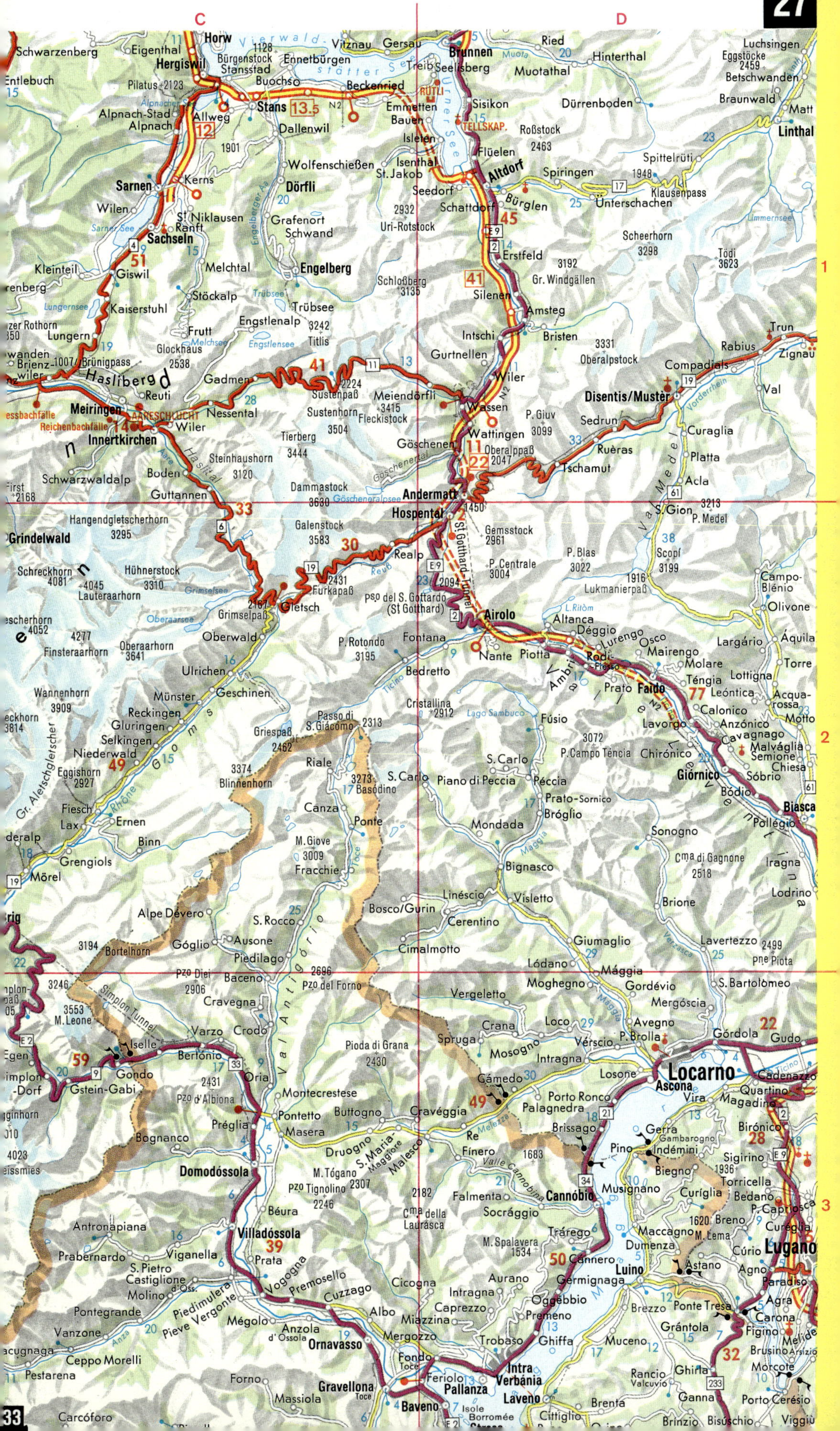

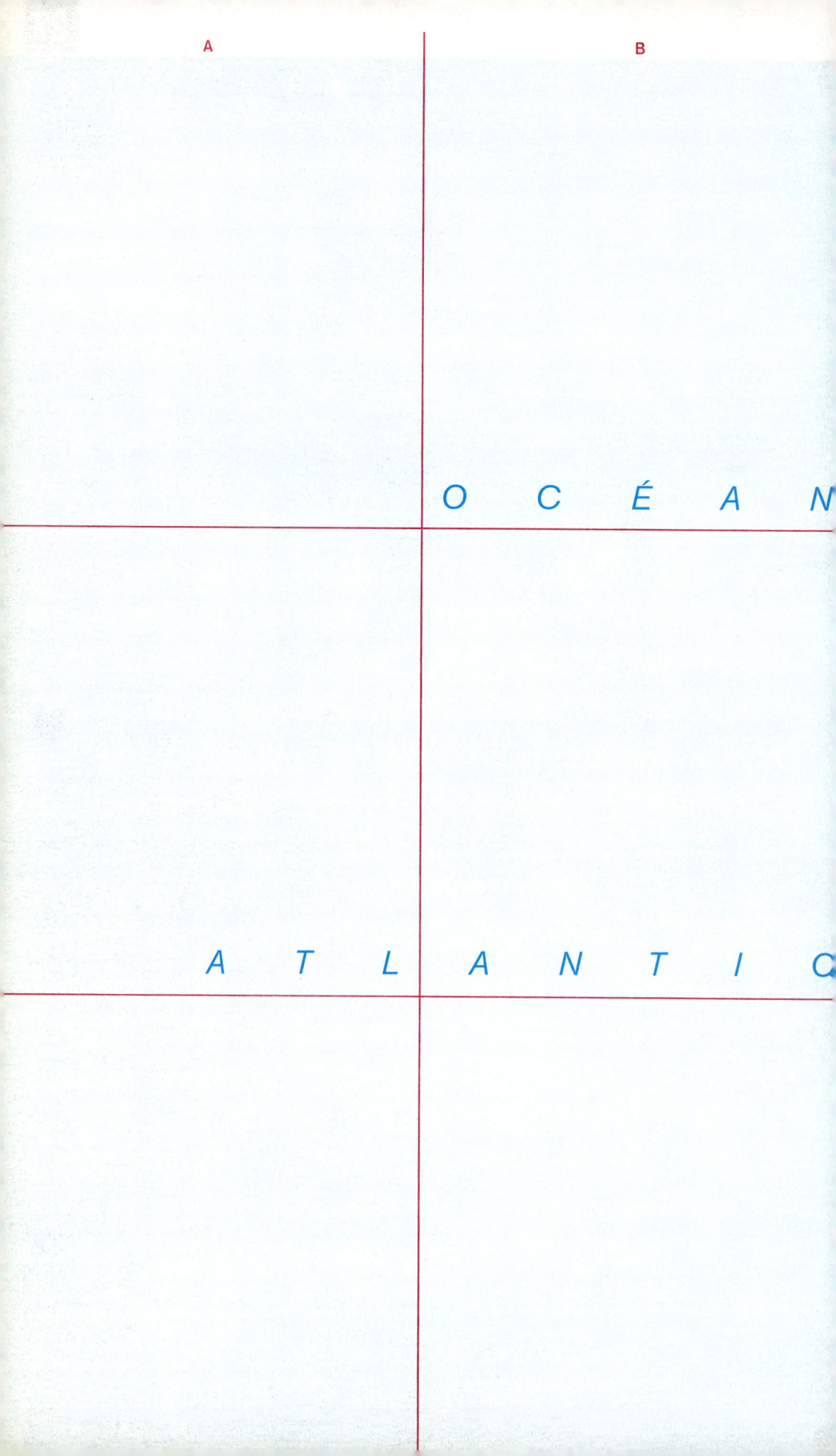

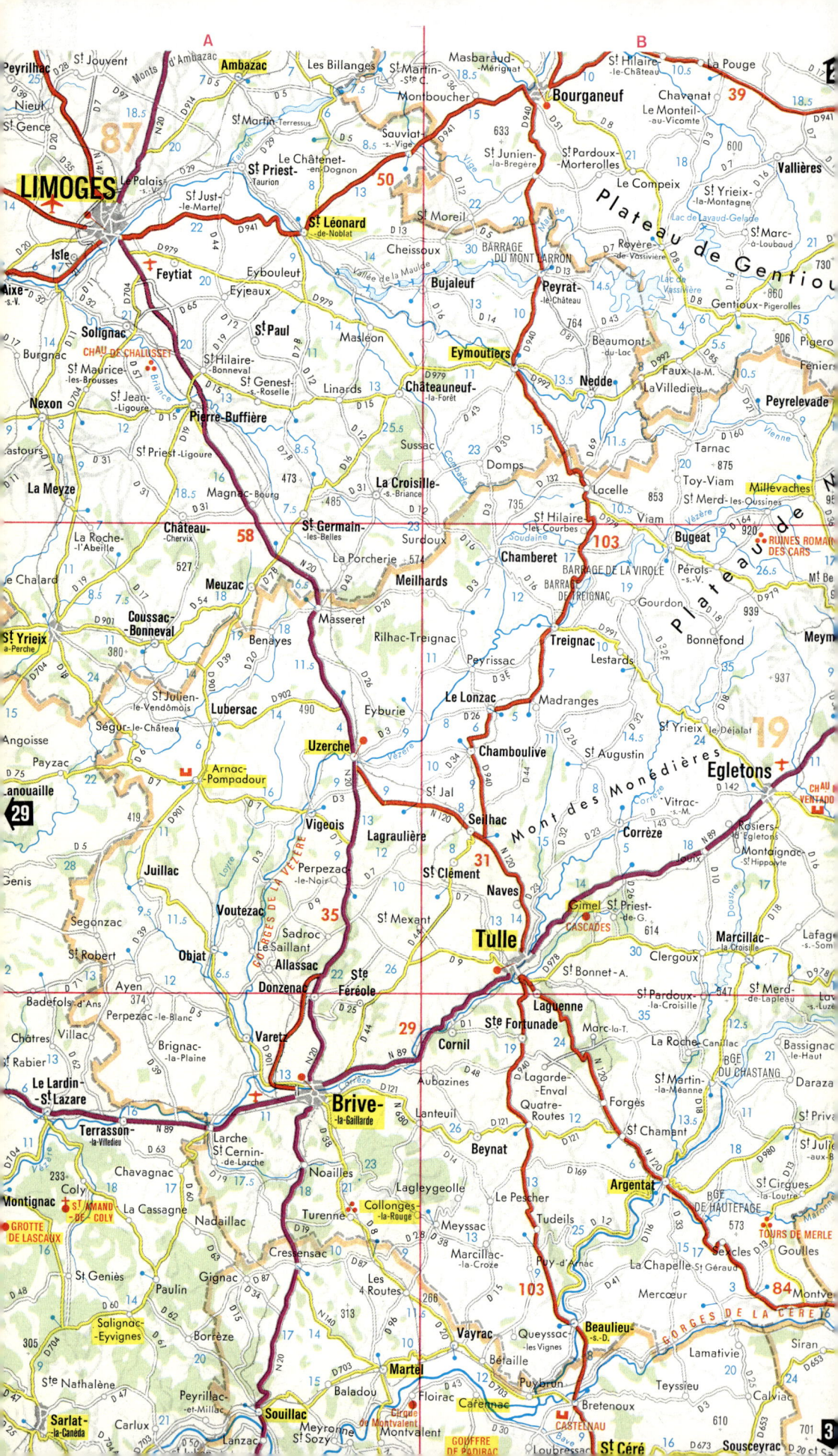

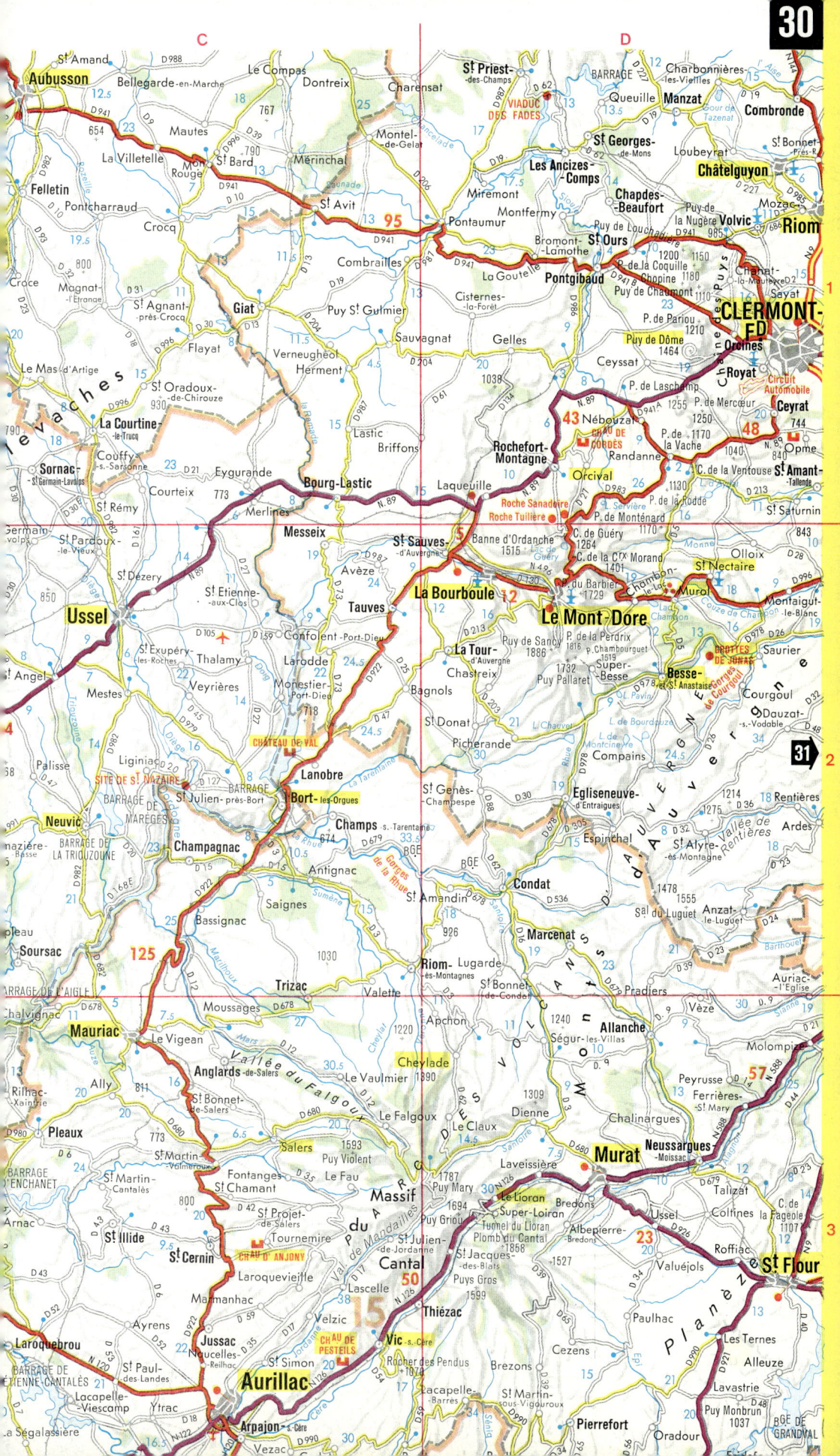

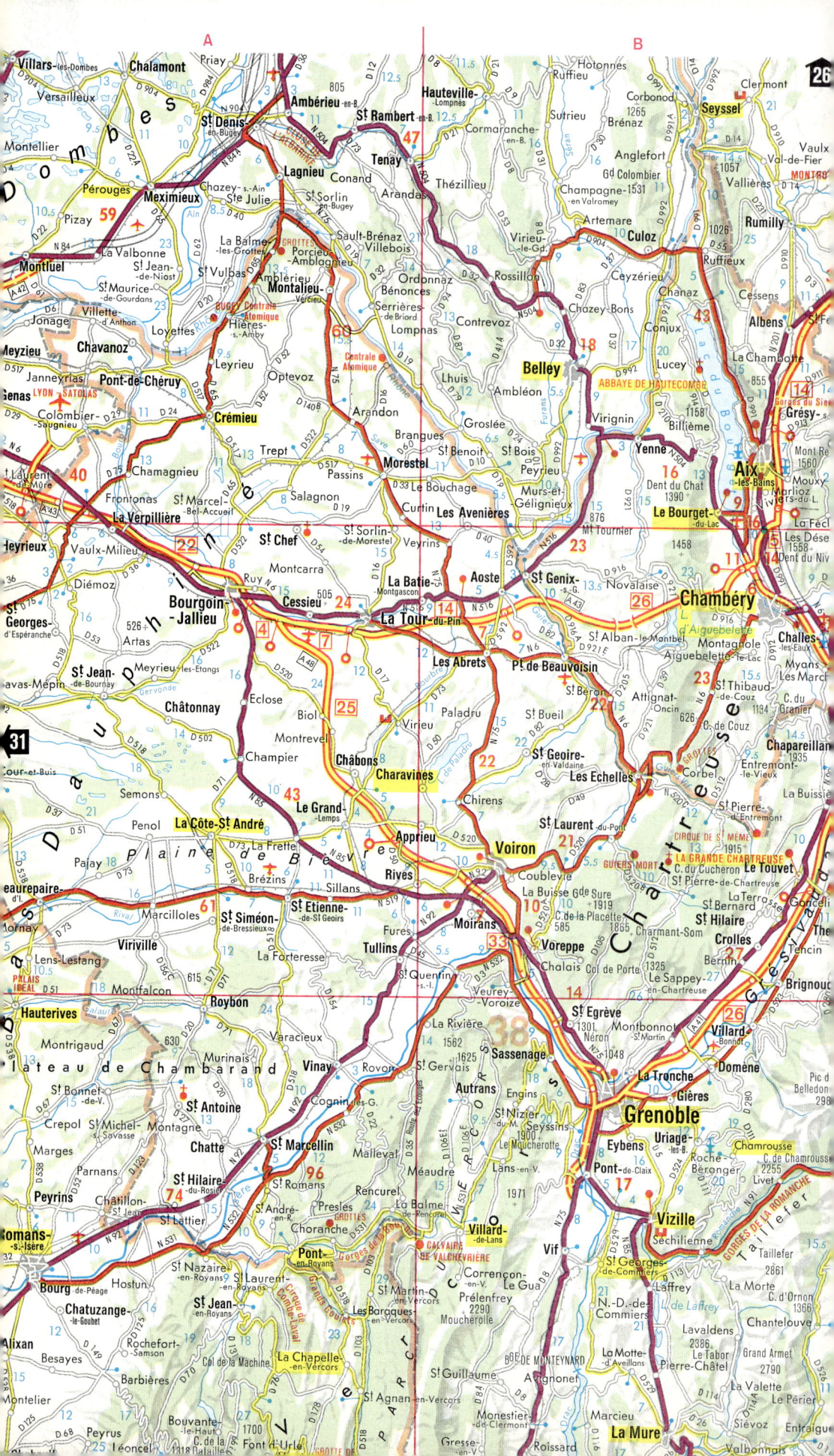

C D

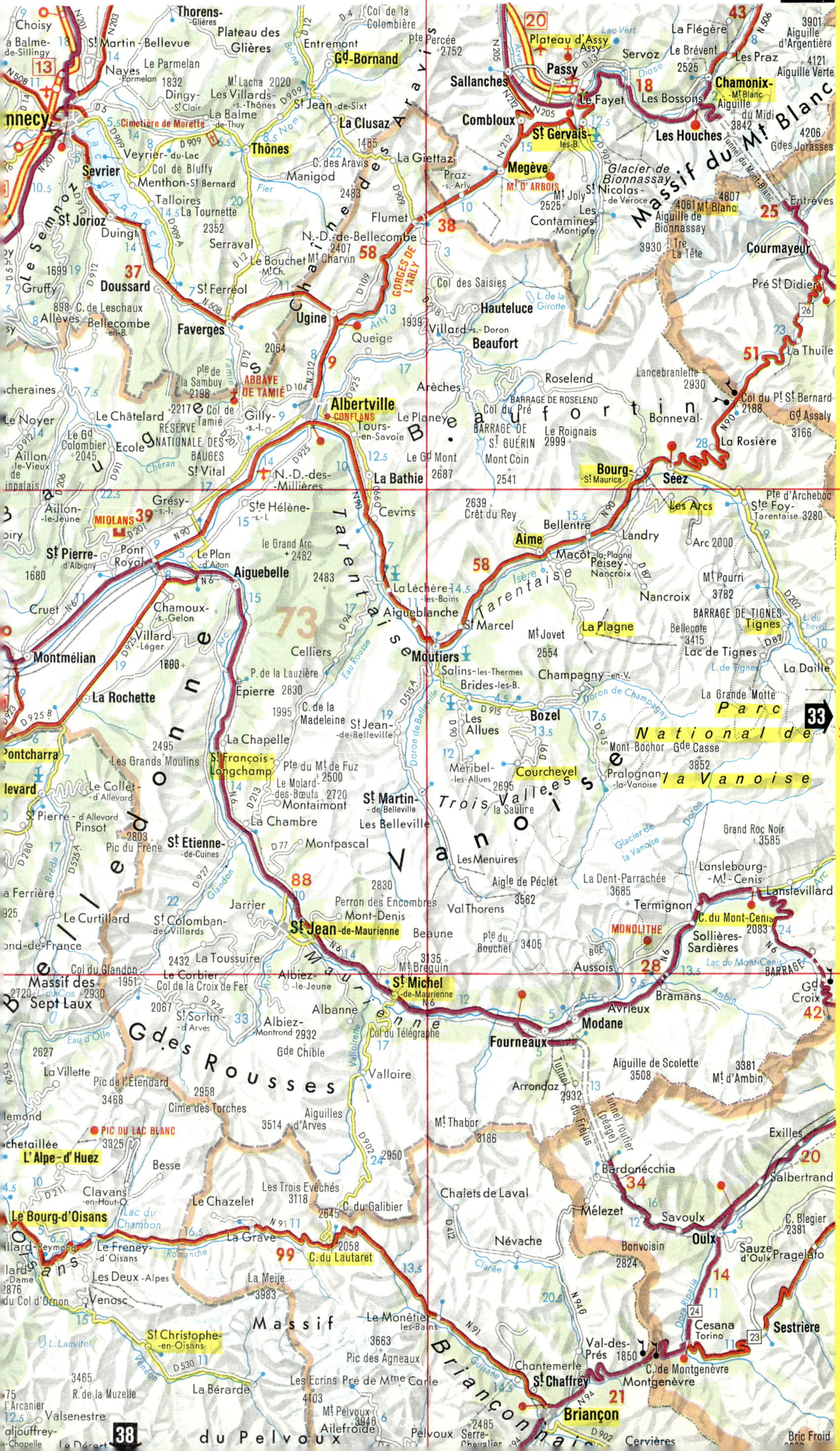

Choisy
Thorens-Glières
Plateau des Glières
Col de la Colombière
Pte Percée 2752
Entremont
Gd-Bornand
St Martin-Bellevue
Naves
Le Parmelan
Annecy
Cimetière de Morette
Dingy-St Clair
Les Villards-s.-Thônes
La Balme-de-Thuy
St Jean-de-Sixt
La Clusaz
Thônes
Veyrier-du-Lac
Sevrier
Menthon-St Bernard
Col de Bluffy
Talloires
La Tournette 2352
Manigod
C. des Aravis
La Giettaz
Chaîne des Aravis
Le Semnoz
St Jorioz
Duingt
Serraval
Le Bouchet-Mt Ch.
N.-D.-de-Bellecombe
Mt Charvin 2407
Flumet
Gorges de l'Arly
Doussard
Gruffy
St Ferréol
Faverges
Ugine
Queige
C. de Leschaux
Allèves
Bellecombe-en-B.
Abbaye de Tamié
Pte de la Sambuy 2198
Col de Tamié
Albertville
Conflans
Le Châtelard
Gilly-s.-I.
Tours-en-Savoie
Réserve Nationale des Bauges
Ecole
Le Gd Colombier 2045
Aillon-le-Vieux
St Vital
N.-D.-des-Millières
La Bathie
Le Gd Mont 2687
Grésy-s.-I.
Aillon-le-Jeune
Miolans
Ste Hélène-s.-I.
Cevins
St Pierre-d'Albigny
Pont Royal
Le Plan d'Aiton
Aiguebelle
Le Grand Arc 2482
Tarentaise
Cruet
Chamoux-s.-Gelon
Villard-Léger
Montmélian
La Rochette
Celliers
P. de la Lauzière
Epierre
C. de la Madeleine
St Jean-de-Belleville
La Chapelle
Les Grands Moulins
St François-Longchamp
Pte du Mt de Fuz 2500
Le Molard-des-Bœufs 2720
Montaimont
La Chambre
Pontcharra
Le Collet-d'Allevard
Allevard
St Pierre-d'Allevard
Pinsot
Pic du Frêne 2803
St Etienne-de-Cuines
Montpascal
Belledonne
La Ferrière
Le Curtillard
St Colomban-des-Villards
Jarrier
St Jean-de-Maurienne
Perron des Encombres
Mont-Denis
Col du Glandon
Le Corbier
La Toussuire
Col de la Croix de Fer
Albiez-le-Jeune
St Sorlin-d'Arves
Albiez-Montrond
Albanne
Maurienne
Massif des Sept Laux
Gdes Rousses
Gde Chible
Col du Télégraphe
Valloire
La Villette
Pic de l'Etendard 3468
Cime des Torches
Aiguilles d'Arves 3514
Pic du Lac Blanc 3325
L'Alpe-d'Huez
Besse
Clavans-en-Haut
Lac du Chambon
Le Chazelet
Les Trois Evêchés 3118
C. du Galibier
Le Bourg-d'Oisans
Le Freney-d'Oisans
La Grave
C. du Lautaret
La Meije 3983
Les Deux Alpes
Venosc
Massif
St Christophe-en-Oisans
La Bérarde
Le Monêtier-les-Bains
Pic des Agneaux 3663
Les Ecrins 4103
Pré de Mme Carle
Mt Pelvoux 3946
Ailefroide
Pelvoux
du Pelvoux
Valsenestre
R. de la Muzelle
Plateau d'Assy
Passy
Sallanches
Combloux
St Gervais-les-B.
Le Fayet
Servoz
Les Bossons
Chamonix-Mt Blanc
La Flégère
Le Brévent 2525
Les Praz
Aiguille d'Argentière 3901
Aiguille Verte 4121
Aiguille du Midi 3842
Les Houches
Gdes Jorasses 4206
Massif du Mt Blanc
Tunnel du Mont-Blanc
Megève
Mt d'Arbois
Praz-s.-Arly
Glacier de Bionnassay
Mt Joly 2525
St Nicolas-de Véroce
Les Contamines-Montjoie
Mt Blanc 4807
Aiguille de Bionnassay 4061
Entrèves
Courmayeur
Tré la Tête 3930
Pré St Didier
La Thuile
Col des Saisies
Hauteluce
L. de la Girotte
Villard-s.-Doron
Beaufort
Arèches
Roselend
Barrage de Roselend
Col du Pré
Beaufortin
Barrage de St Guérin
Le Roignais 2999
Mont Coin 2541
Lancebranlette 2930
Col du Pt St Bernard 2188
Gd Assaly 3166
Bonneval
La Rosière
Bourg-St Maurice
Séez
Les Arcs
Ste Foy-Tarentaise
Pte d'Archeboc 3280
Crêt du Rey 2639
Bellentre
Aime
Landry
Arc 2000
Mâcot-la-Plagne
Peisey-Nancroix
Mt Pourri 3782
Nancroix
La Léchère-les-Bains
Aigueblanche
St Marcel
Mt Jovet 2554
La Plagne
Barrage de Tignes
Tignes
Bellecote 3415
Lac de Tignes
Moutiers
Salins-les-Thermes
Brides-les-B.
Champagny-en-V.
La Daille
La Grande Motte
Les Allues
Bozel
Parc National de la Vanoise
Mont Bochor
Gde Casse 3852
Méribel-les-Allues
Courchevel
Pralognan-la-Vanoise
Trois Vallées
La Saulire
St Martin-de-Belleville
Les Belleville
Vanoise
Grand Roc Noir 3585
Les Menuires
Aigle de Péclet 3562
La Dent-Parrachée 3685
Lanslebourg-Mt-Cenis
Lanslevillard
Val Thorens
Termignon
C. du Mont-Cenis 2083
Monolithe
Sollières-Sardières
Beaune
Pte du Bouchet 3405
Aussois
Lac du Mont-Cenis
Mt Bréguin
St Michel-de-Maurienne
Bramans
Avrieux
Modane
Gde Croix
Fourneaux
Aiguille de Scolette 3508
Mt d'Ambin 3381
Arrondaz 2932
Tunnel du Fréjus
Tunnel routier (péage)
Mt Thabor 3186
Exilles
Bardonécchia
Salbertrand
Chalets de Laval
Mélezet
Savoulx
C. Blegier 2381
Bonvoisin 2824
Oulx
Sauze d'Oulx
Pragelato
Névache
Cesana Torino
Sestrière
Val-des-Prés
C. de Montgenèvre 1850
Montgenèvre
Chantemerle
St Chaffrey
Briançon
Briançonnais
Serre-Chevalier 2485
Cervières
Bric Froid
33
38

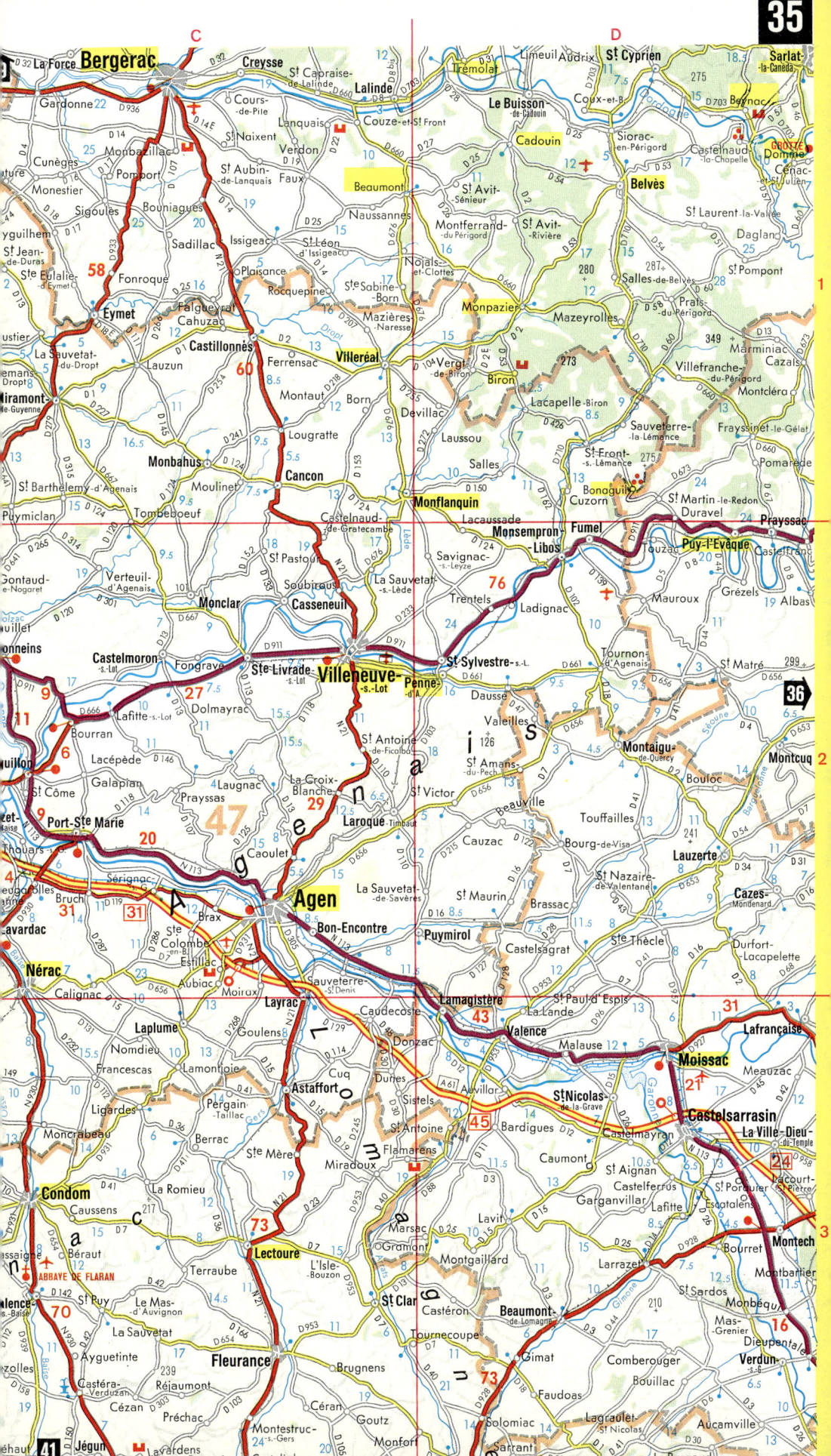

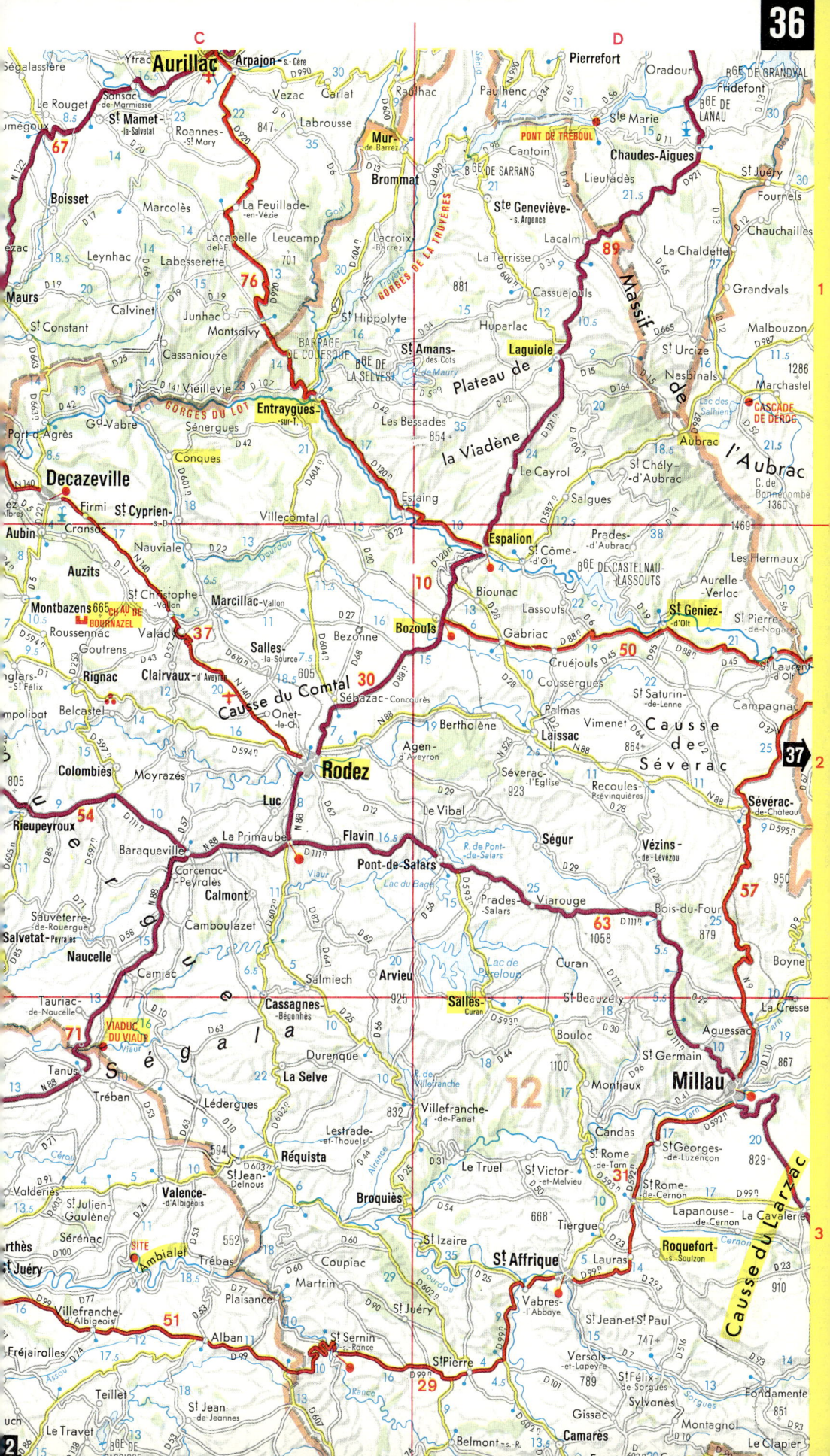

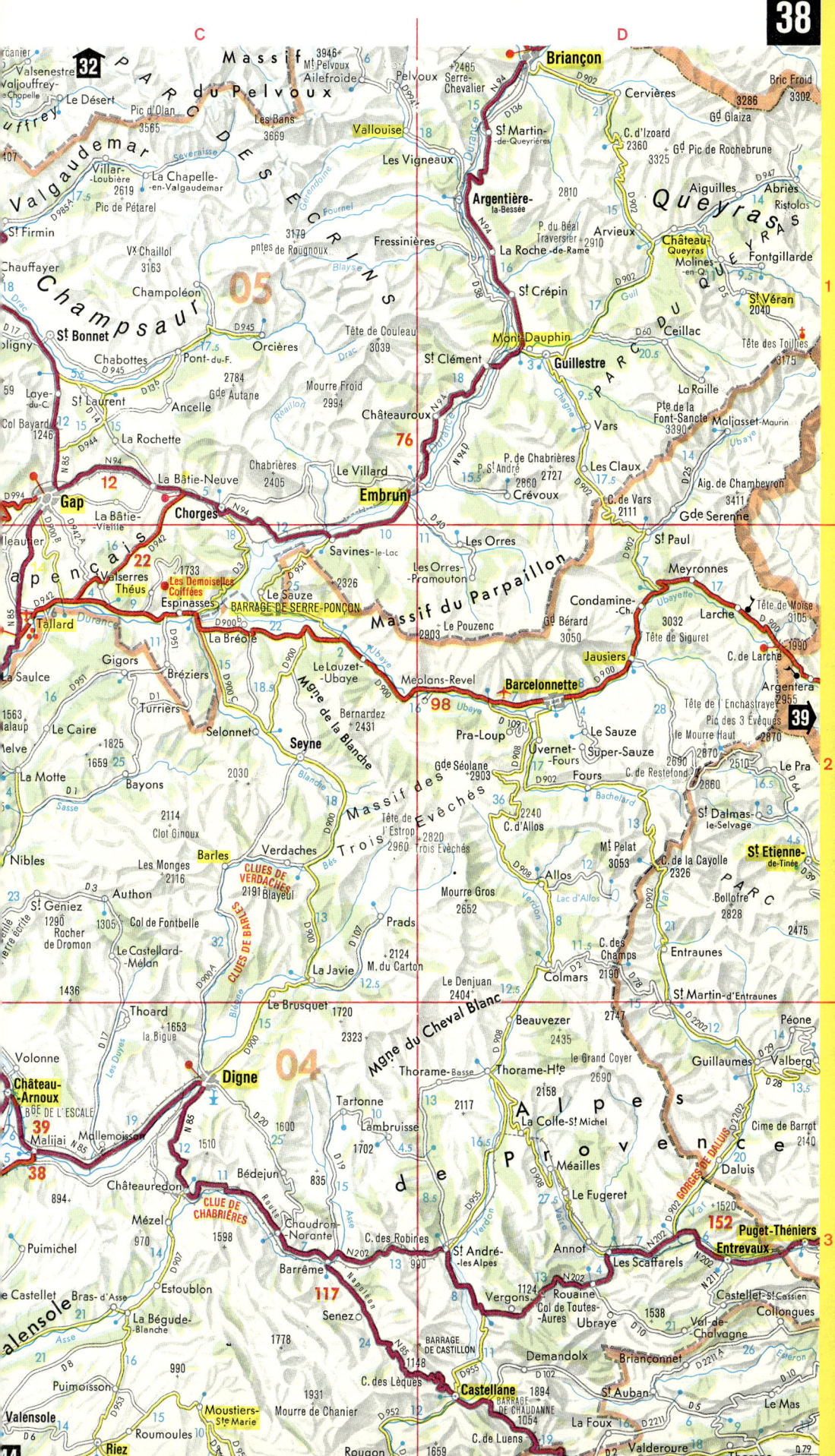

C D

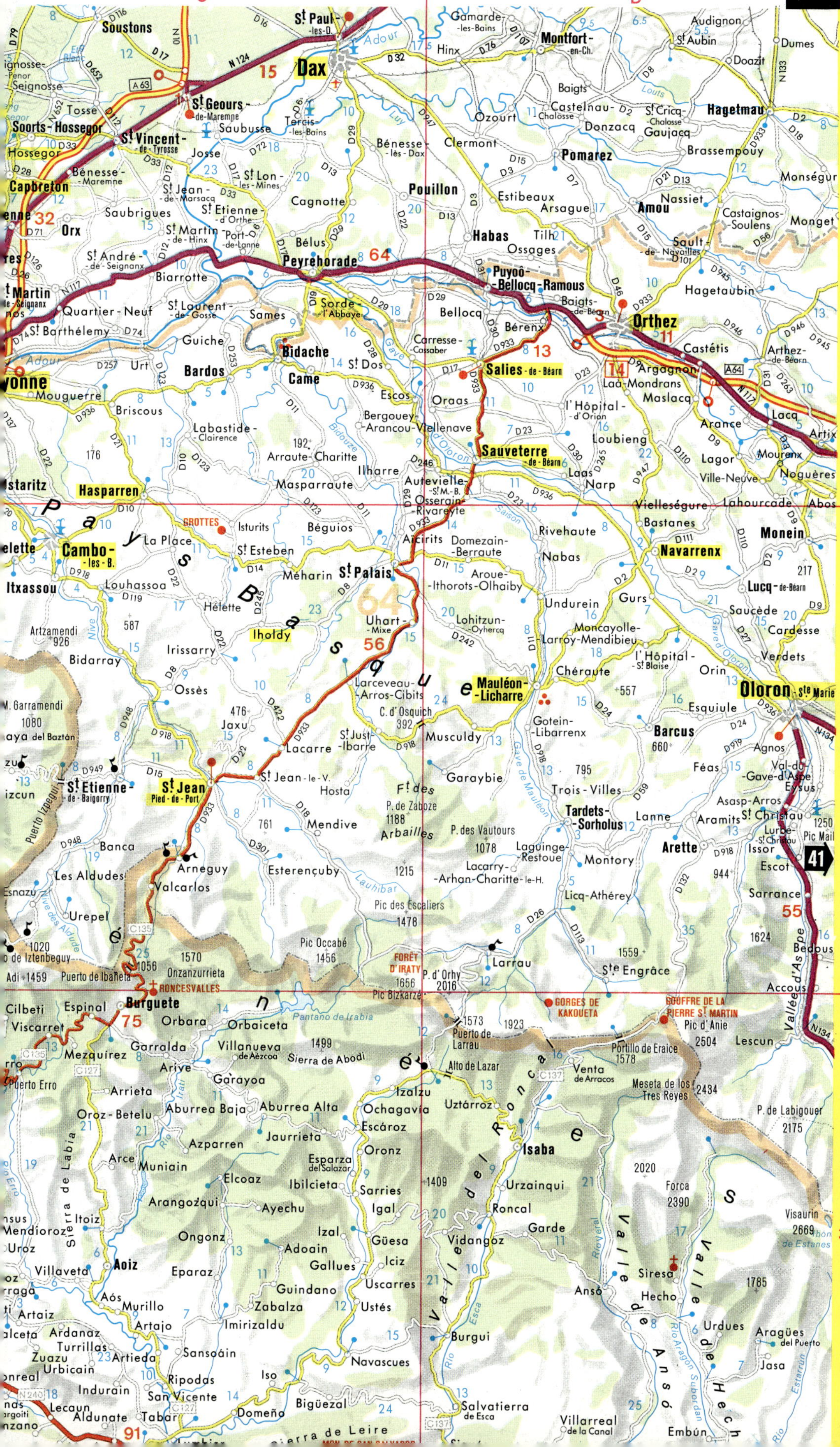
Soustons
St Paul-les-D.
Dax
Gamarde-les-Bains
Montfort-en-Ch.
Audignon
St Aubin
Dumes
Doazit
Hinx
Adour
St Geours-de-Maremne
Seignosse
Tosse
Soorts-Hossegor
Hossegor
St Vincent-de-Tyrosse
Saubusse
Tercis-les-Bains
Baigts
Castelnau-Chalosse
St Cricq-Chalosse
Hagetmau
Ozourt
Donzacq
Gaujacq
Josse
Bénesse-lès-Dax
Clermont
Brassempouy
Capbreton
Bénesse-Maremne
St Lon-les-Mines
Pomarez
Monségur
St Jean-de-Marsacq
Cagnotte
Pouillon
Estibeaux
Arsague
Amou
Nassiet
Saubrigues
St Etienne-d'Orthe
Castaignos-Soulens
Monget
Orx
St Martin-de-Hinx
Port-de-Lanne
Habas
Tilh
Ossages
Bélus
Sault-de-Navailles
St André-de-Seignanx
Peyrehorade
Biarrotte
Puyoô-Bellocq-Ramous
St Martin-de-Seignanx
Quartier-Neuf
St Laurent-de-Gosse
Sames
Sorde-l'Abbaye
Bellocq
Baigts-de-Béarn
Hagetaubin
Orthez
St Barthélemy
Bérenx
Castétis
Arthez-de-Béarn
Guiche
Bidache
Carresse-Cassaber
Came
Urt
Bardos
St Dos
Salies-de-Béarn
Argagnon
Lacq
Artix
Mouguerre
Laà-Mondrans
Maslacq
Escos
Oraas
Arance
Briscous
Bergouey-Viellenave
Arancou
l'Hôpital-d'Orion
Mourenx
Noguères
Labastide-Clairence
Sauveterre-de-Béarn
Loubieng
Lagor
Arraute-Charitte
Ilharre
Laàs
Ville-Neuve
Hasparren
Masparraute
Autevielle-St M.-B.
Narp
Osserain-Rivareyte
Viellesegure
Lahourcade
Abos
Bastanes
Monein
GROTTES
Isturits
Béguios
Aïcirits
Domezain-Berraute
Rivehaute
Cambo-les-B.
La Place
St Esteben
Nabas
Navarrenx
Meharin
St Palais
Aroue-Ithorots-Olhaiby
Itxassou
Louhassoa
Hélette
Lucq-de-Béarn
Uhart-Mixe
Lohitzun-Oyhercq
Undurein
Gurs
Saucède
Cardesse
Artzamendi
Bidarray
Irissarry
Iholdy
Moncayolle-Larrory-Mendibieu
l'Hôpital-St Blaise
Verdets
Orin
Chéraute
Ossès
Larceveau-Arros-Cibits
Mauléon-Licharre
Oloron-Ste Marie
M. Garramendi
Jaxu
C. d'Osquich
Gotein-Libarrenx
Esquiule
Barcus
St Just-Ibarre
Musculdy
Agnos
Lacarre
Féas
St Etienne-de-Baigorry
St Jean-Pied-de-Port
St Jean-le-V.
Garaybie
Trois-Villes
Val-du-Gave-d'Aspe
Eysus
Hosta
Ft des Arbailles
P. de Zaboze
Asasp-Arros
Tardets-Sorholus
Lanne
Aramits
St Christau
Lurbe-St Christau
Mendive
P. des Vautours
Laguinge-Restoue
Montory
Arette
Issor
Pic Mail
Escot
Banca
Arneguy
Esterençuby
Lacarry-Arhan-Charitte-le-H.
Les Aldudes
Valcarlos
Lauhibar
Licq-Athérey
Sarrance
Urepel
Pic des Escaliers
Bedous
Pic Occabé
Larrau
Ste Engrâce
Accous
Puerto de Ibañeta
Onzanzurrieta
FORÊT D'IRATY
P. d'Orhy
RONCESVALLES
Pic Bizkarzé
GORGES DE KAKOUETA
GOUFFRE DE LA PIERRE ST MARTIN
Pic d'Anie
Lescun
Cilbeti
Espinal
Burguete
Orbara
Orbaiceta
Pantano de Irabia
Puerto de Larrau
Portillo de Eraice
Viscarret
Garralda
Villanueva de Aézcoa
Sierra de Abodi
Mezquíriz
Arive
Garayoa
Alto de Lazar
Venta de Arracos
Meseta de los Tres Reyes
Puerto Erro
Arrieta
Izalzu
Uztárroz
Ochagavía
P. de Labigouer
Oroz-Betelu
Aburrea Baja
Aburrea Alta
Escároz
Jaurrieta
Isaba
Azparren
Oronz
Esparza del Salazar
Arce
Muniain
Elcoaz
Ibilcieta
Sarries
Urzainqui
Forca
Arangozqui
Ayechu
Igal
Roncal
Sierra de Labia
Visaurin
Mendioroz
Itoiz
Ongonz
Izal
Güesa
Vidangoz
Garde
Uroz
Adoain
Gallues
Iciz
Villaveta
Aoiz
Eparaz
Siresa
Guindano
Uscarres
Ansó
Hecho
Aós
Murillo
Zabalza
Ustés
Artaiz
Artajo
Imirizaldu
Ardanaz
Urdues
Aragües del Puerto
Turrillas
Zuazu
Artieda
Sansoáin
Navascues
Burgui
Jasa
Urbicain
Ripodas
Iso
Indurain
San Vicente
Lecaun
Aldunate
Tabar
Domeño
Bigüezal
Salvatierra de Esca
Villarreal de la Canal
Embún
Sierra de Leire
Pays Basque
Navarre
Valle del Roncal
Valle de Ansó
Valle de Hecho
Vallée d'Aspe
41
1
2
3

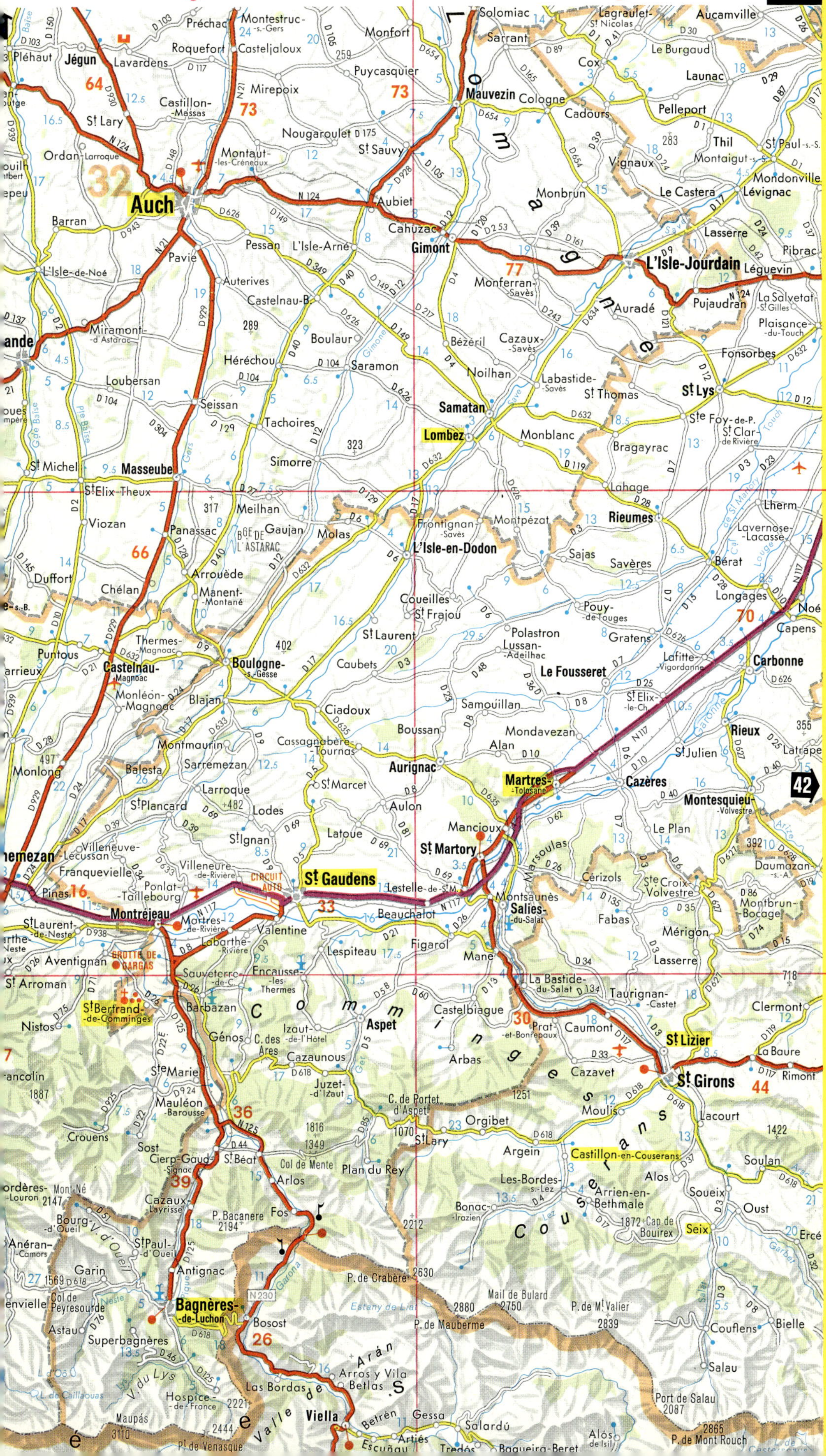
C
D
1
2
3
42
Préchac
Montestruc-s.-Gers
Monfort
Solomiac
Lagraulet-St Nicolas
Aucamville
Jégun
Lavardens
Roquefort
Castéljaloux
Puycasquier
Sarrant
Le Burgaud
Mirepoix
Mauvezin
Cologne
Cox
Launac
Castillon-Massas
Pelleport
St Lary
Nougaroulet
St Sauvy
Cadours
Thil
St Paul-s.-S.
Ordan-Larroque
Montaut-les-Créneaux
Montaigut-s.-S.
Vignaux
Mondonville
Auch
Aubiet
Monbrun
Le Castera
Lévignac
Barran
Pessan
L'Isle-Arné
Cahuzac
Gimont
Lasserre
Pibrac
L'Isle-de-Noé
Pavie
Monferran-Savès
L'Isle-Jourdain
Léguevin
Auterives
Castelnau-B.
Pujaudran
La Salvetat-St Gilles
Aurade
Plaisance-du-Touch
Miramont-d'Astarac
Boulaur
Bézéril
Cazaux-Savès
Fonsorbes
Hérechou
Saramon
Noilhan
Labastide-Savès
St Thomas
St Lys
Loubersan
Seissan
Samatan
Ste Foy-de-P.
St Clar-de-Rivière
Tachoires
Lombez
Monblanc
Bragayrac
Simorre
St Michel
Masseube
St Elix-Theux
Lahage
Meilhan
Lherm
Viozan
Panassac
Gaujan
Molas
Frontignan-Savès
Montpézat
Rieumes
Lavernose-Lacasse
L'Isle-en-Dodon
Sajas
Savères
Bérat
Duffort
Arrouède
Chélan
Manent-Montané
Longages
Noé
Coueilles
St Frajou
Pouy-de-Touges
Capens
Puntous
Thermes-Magnoac
St Laurent
Polastron
Gratens
Lussan-Adeilhac
Lafitte-Vigordanne
Carbonne
Castelnau-Magnoac
Boulogne-s.-Gesse
Caubets
Le Fousseret
Monléon-Magnoac
Blajan
Ciadoux
Samouillan
St Elix-le-Ch.
Boussan
Mondavezan
Rieux
Latrape
Montmaurin
Cassagnabère-Tournas
Alan
Monlong
Balesta
Sarremezan
Aurignac
Martres-Tolosane
Cazères
St Julien
Larroque
St Marcet
Montesquieu-Volvestre
St Plancard
Lodes
Aulon
Le Plan
Latoue
Mancioux
St Ignan
St Martory
Lannemezan
Villeneuve-Lécussan
Franquevielle
Villeneuve-de-Rivière
Ponlat-Taillebourg
Circuit Auto
St Gaudens
Lestelle-de-St M.
Cérizols
Daumazan-s.-A.
Pinas
Montréjeau
Montsaunès
Salies-du-Salat
Ste Croix-Volvestre
Montbrun-Bocage
St Laurent-de-Neste
Mazères-de-Rivière
Valentine
Beauchalot
Fabas
Mérigon
Aventignan
Labarthe-Rivière
Lespiteau
Figarol
Mane
Lasserre
Grotte de Gargas
St Arroman
Sauveterre-de-C.
Encausse-les-Thermes
La Bastide-du-Salat
Taurignan-Castet
Clermont
St Bertrand-de-Comminges
Barbazan
Aspet
Castelbiague
Prat-et-Bonrepaux
Caumont
St Lizier
Nistos
Génos
C. des Ares
Izaut-de-l'Hôtel
Cazaunous
Arbas
Cazavet
St Girons
La Baure
Rimont
Ste Marie
Juzet-d'Izaut
C. de Portet d'Aspet
Mauléon-Barousse
Orgibet
Moulis
Lacourt
Crouens
Sost
Cierp-Gaud
St Béat
Col de Mente
St Lary
Argein
Castillon-en-Couserans
Soulan
Plan du Rey
Arlos
Les-Bordes-s.-Lez
Alos
Cazaux-Layrisse
Arrien-en-Bethmale
Soueix
Oust
P. Bacanere
Fos
Bonac-Irazien
Cap de Bouirex
Seix
Ercé
Bourg-d'Oueil
Anéran-Camors
St Paul-d'Oueil
Antignac
Garin
P. de Crabère
Col de Peyresourde
Bagnères-de-Luchon
Mail de Bulard
P. de Mauberme
P. de Mt Valier
Bielle
Astau
Superbagnères
Bosost
Couflens
Salau
Arros y Vila
Betlas
Las Bordas
Hospice-de-France
Port de Salau
Maupás
Viella
Betrén
Gessa
Salardú
Alòs de Isil
P. de Mont Rouch
P. de Venasque
Artiés
Escuñau
Tredós
Baqueira-Beret
Lomagne
Comminges
Couserans
Valle de Arán

C
D
1
2
3
43
43
Le Travet
St Jean-de-Jeannes
BGE DE RASSISSE
St Sever-du-Moustier
Belmont-s.-R.
Gissac
Camarès
Montagnol
Le Clapier
Ceilhes-de-Rocozels
Fayet
Cenomes
Mounès-Prohencoux
Tauriac-de-Camarès
St Pierre-de-Trivisy
Le Masnau-Massuguiès
CHAU
Viane
Brusque
Avène
Montredon-Labessonnié
Moulin-Mage
Arnac-s.-Dourdou
Mélagues
Truscas
Vabre
Lacaune
La Trivalle
Murat-s.-Vèbre
Le Bouquet-d'Orb
Graissessac
Roquecourbe
Lacrouzette
Ferrières
Castelnau-de-Brassac
Nages
BGE DE LADUZAS
Plaisance
Burlats
Sidobre
Brassac
Lamontélarié
La Salvetat-s.-A.
Cambon-et-Salvergues
Parc Naturel du Caroux
St Gervais-s.-Mare
La Tour-s.-Orb
Bédarieux
Mts de Lacaune
La Fontasse
Le Bez
BGE DE LA RAVIEGE
Fraisse-s.-A.
Villemagne
Lamalou-les-B.
Hérépian
Castres
Boissezon
Le Rialet
Anglès
Le Soulié
PARC DU HAUT LANGUEDOC
Mts de l'Espinouse
Le Poujol-s.-Orb
Caussiniojouls
Lagarrigue
C. du Cabaretou
Olargues
Vieussan
Le Vintrou
St Etienne-d'Albagnan
St Nazaire-de-Ladarez
Pont-de-Larn
Mazamet
Aussillon
Rouairoux
Labastide-Rouairoux
St Pons
Riols
Berlou
Roquebrun
St Amans-Valtoret
St Amans-Soult
Courniou
St Geniès-le-Bas
Noire
Albine
Pic de Nore
Lacabarède
Pierrerue
Cessenon
St Chinian
Pradelles-Cabardès
Peyrefiche
Rieussec
Assignan
Cébazan
Murviel-lès-Béziers
Lespinassière
Ferrals-les-Montagnes
St Jean-de-Minervois
Villespassans
Cazouls-lès-Béziers
Mas-Cabardès
Citou
Minerve
Puisserguier
Cruzy
Lignan-s.-O.
Cuxac-Cabardès
GROTTE
Cabrespine
St Julien-des-M.
Quarante
Maureilhan
Aigues-Vives
Capestang
Lastours
Limousis
Caunes-Minervois
Cesseras
Azillanet
Bize-Minervois
Montady
La Livinière
Siran
Villeneuve-Minervois
Rieux-Minervois
Peyriac-Minervois
Azille
Olonzac
Pouzols-M.
Ouveillan
OPPIDUM D'ENSERUNE
Nissan-lez-Enserune
Villegly
Conques-s.-Orbiel
Laure-M.
Minervois
Pezens
Villegailhenc
Homps
Roubia
Ventenac-d'Aude
Sallèles-d'Aude
Cuxac-d'Aude
Lespignan
Laredorte
St Marcel-sur-A.
Marcorignan
Coursan
Carcassonne
Trèbes
Puichéric
Lézignan-c.
Salles-d'Aude
Marseillette
Villedaigne
Narbonne
Fleury
Barbaira
St Couat-d'A.
Vinassan
Lavalette
Capendu
Moux
Ornaisons
Bizanet
St Pierre-s.-Mer
Palaja
Fontcouverte
Montagne de la Clape
Leuc
Monze
Ferrals-les-Corbières
Narbonne-Plage
Villefloure
Fabrezan
Montlaur
Bages
Rouffiac-d'Aude
Mas-des-Cours
Ste Marie
ABBAYE DE FONTFROIDE
CHAPELLE DES AUZILS
Ladern-s.-Lauquet
Serviès-en-Val
Lagrasse
Thézan-des-Corbières
Montséret
Gruissan
St Hilaire
Labastide-en-Val
St Laurent-de-la-Cabrerisse
Peyriac-de-Mer
Gruissan-Plage
St Pierre-des-Champs
Donos
Coustouge
Portel-des-C.
Buc
Talairan
Sigean
Caunette-s.-Lauquet
Corbières
Villardebelle
Villerouge-Termenès
Port-la-Nouvelle
Alet-les-Bains
Montjoi
Vignevieille
CHAU DE TERMES
Albas
Durban-Corbières
Valmigère
Villeneuve-les-Corbières
Fraissé-des-Corbières
Serres
Arques
Mouthoumet
Davejean
Laroque-de-Fa
Les Cabanes-de-Lapalme
St Jean-de-Barrou
Auriac
Maisons
La Franqui-Plage
Cap Leucate
Leucate
Rennes-les-Bains
Treilles
Massac
Leucate-Plage
Tuchan
Bugarach
Soulatgé
CHAU DE PEYREPERTUSE
Les Cabanes de Fitou
Roussillon
Opoul-Périllos
Cubières-s.-Cinoble
GORGES DE GALAMUS
Duilhac
Padern
Paziols
Port-Leucate
St Louis-et-Parahou
CHAU DE QUERIBUS
Vingrau
FORT
Caudiès-de-Fenouillèdes
Fenouillèdes
Salses
Étang de Leucate
LYDIA
Puilaurens
St Paul-de-Fenouillet
Maury
Tautavel
Port-Barcarès
Grau-St Ange
Estagel
Le Barcarès
Gincla
Montfort-s.-Boulzane
Ansignan
Plaine du Roussillon
Rivesaltes
St Laurent-de-la-Salanque
Latour-de-France
Baixas
Pia
Rabouillet
PERPIGNAN-RIVESALTES
Bompas
Sournia
Ste Marie
Perpignan

C
D
Riez
Roumoules
Montagnac-Montpezat
Les Salles-s.-V.
Allemagne-en-Provence
Aiguines
La Palud-s.-V.
Rougon
Trigance
GRAND CANYON DU VERDON
CORNICHE SUBLIME
CANYON DE L'ARTUBY
Bauduen
Plan de Canjuers
Baudinard-s.-Verdon
Quinson
Régusse
Moissac-Bellevue
Montmeyan
Vérignon
La Barre
La Cabrière
Aups
Ampus
Montferrat
Villecroze
Le Logis
Tavernes
Barjols
Salernes
Cotignac
Lentier
Draguignan
Flayosc
Entrecasteaux
Châteauvert
Correns
Lorgues
Trans-en-Provence
Les Arcs
ABBAYE DU THORONET
Carcès
Le Thoronet
Taradeau
Vidauban
Le Val
Vins-s.-Caramy
Cabasse
Les Muraires
Provençale
Le Cannet-des-Maures
Brignoles
Le Luc
La Celle
Montagne de la Loube
Flassans-s.-Issole
Besse-s.-I.
Roquebrussanne
Garéoult
Forcalqueiret
Gonfaron
Rocbaron
Carnoules
Pignans
N. DAME DES ANGES
Puget-Ville
La Sauvette
C. de la Fourche
Méounes-lès-Montrieux
Cuers
Collobrières
CHARTREUSE DE LA VERNE
Pierrefeu-du-Var
Solliès-Pont
Massif des Maures
Laquina
La Farlède
Valette-
La Crau
La Londe-les-Maures
Bormes-les-Mimosas
Le Lavandou
Les Bormettes
La Garde
OULON
Hyères
Carqueiranne
Hyères-Plage
Cabasson
FORT DE BRÉGANÇON
C. Bénat
Rade de Bormes
Rade d'Hyères
Cépet
G. de Giens
La Capte
Giens
Presqu'île de Giens
Phare du Grand-Ribaud
Iles d'Hyères
Porquerolles
I. de Porquerolles
Cap d'Arme
I. de Port-Cros
Port-Cros
PARC DE PORT-CROS
I. du Levant
Phare du Titan
Le Grand Avis
Héliopolis
C. de Luens
La Foux
Valderoure
Thorenc
Andon
Le Logis-du-Pin
La Bastide
C. de Valferrière
Mgne de Lachens
Escragnolles
St Lambert
St Vallier-de-Thiey
Cabris
Comps-s.-A.
Les Plans
Mons
Brovès
Seillans
St Cézaire-s.-Siagne
Bargemon
Fayence
Callian
Callas
BARRAGE DE ST CASSIEN
Tanneron
Bagnols-en-Forêt
Mont Vinaigre
Pic de l'Ours
Esterel
La Motte
Le Muy
ROCHERS DE ROQUEBRUNE
Puget-s.-Argens
Roquebrune-s.-Argens
Fréjus
St Raphaël
Valescure
Agay
Boulouris
C. du Dramont
G. de Fréjus
St Aygulf
C. de Gratteloup
Les Issambres
Val d'Esquières
Plan-de-la-Tour
Ste Maxime
La Garde-Freinet
Les Mayons
Beauvallon
Port-Grimaud
Grimaud
G. de St Tropez
St Tropez
Cogolin
La Foux
Gassin
Plage de Tahiti
Plage de Pampelonne
Ramatuelle
C. Camarat
La Môle
La Croix-Valmer
C. Cartaya
Cavalaire-s.-M.
C. Lardier
Rayol-Canadel-s.-M.
Cavalière
C. Nègre
83
45
E R R A N É E

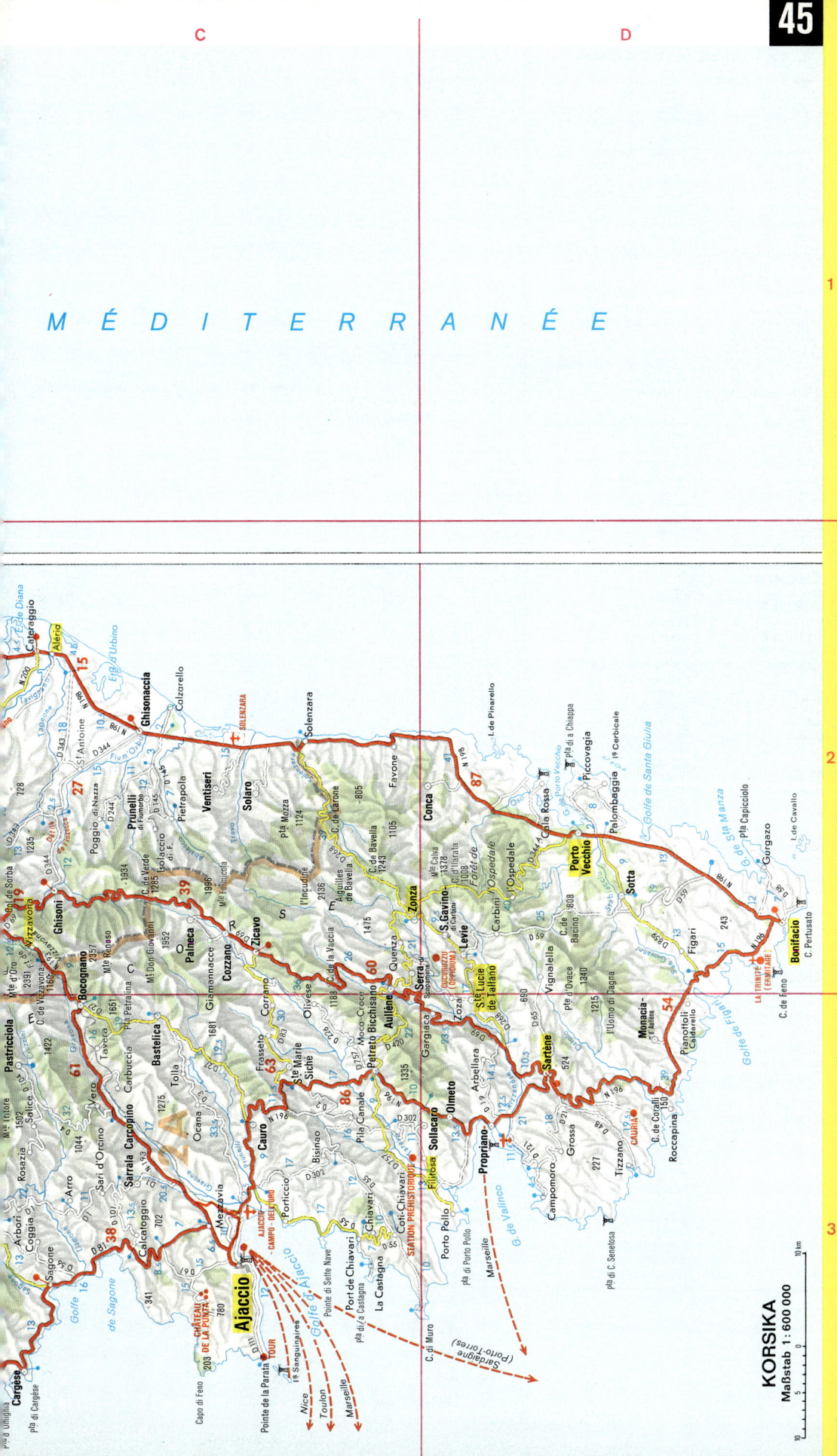

Touristisches Mini-Lexikon

Kirchliche Bauten

Abbatiale	Abteikirche
Abbaye	Abtei
Anc. Abbaye	Ehemalige Abtei
Basilique	Basilika
Calvaire	Kalvarienberg
Cathédrale	Kathedrale, Dom
Chartreuse	Kartause
Cloître	Kreuzgang, Klostergang
Couvent	Kloster
Église	Kirche
Jubé	Lettner
Retable	Altaraufsatz

Profanbauten

Avenue	Allee, Prachtstraße
Barrage	Staudamm, Talsperre
Boulevard	Breite Hauptstraße
Château, Chât.	Schloß, Burg
Cimetière	Friedhof
Hôtel	Adelshaus, vornehmer Wohnbau
Hôtel de Ville	Rathaus
Maison	Haus
Mémorial	Gedenkstätte/Mahnmal
Mont	Denkmal
Moulin	Mühle
Musée	Museum
Phare	Leuchtturm
Place	Platz
Porte	Pforte, Tor
Rue	Straße
Tour	Turm
Fort, Forteresse	Festung

Landschaft

Aven	Abgrund
Belvedere	Aussichtspunkt
Butte	Hügel
Calanque	Steilbucht
Cascades	Wasserfall
Causse	Kahle Kalkstein-Hochebene
Chaos	Felsenmeer
Cirque	Talkessel
Cluse	Schlucht
Col	Pass
Corniche	Höhenstraße, felsige Uferstraße
Défilé	Engpaß
Étang	Kleiner See, Teich
Fontaine	Springquelle
Forêt	Wald
Gorge	Schlucht, Engpaß
Gouffre	Abgrund
Grotte	Höhle
Jardin	Park
Jardin à la francaise:	Kunstvoll nach geometrischen Gesetzen gegliederter Garten/Park, der von seiner natürlichen Umgebung getrennt ist.
Lac	See
Mégalithe	prähistorisches Denkmal
Menhir	prähistorische Steinsäule
Mont	Berg
Montagne	Berg, Gebirge
Ossuaire	Beinhaus
Pic	Gipfel
Rocher	Felsen
Signal	Bergspitze
Son et lumière	Veranstaltung, bei der mit Beleuchtung und Musik, bisweilen auch mit Darstellern in Kostümen, historische Bauten zur Schau gestellt werden.
Source	Quelle
Souterrain	unterirdisches Gewölbe
Table d'Orientation	Orientierungstafel
Vallée	Tal

Auswahl der bedeutendsten Städte und Sehenswürdigkeiten in Frankreich

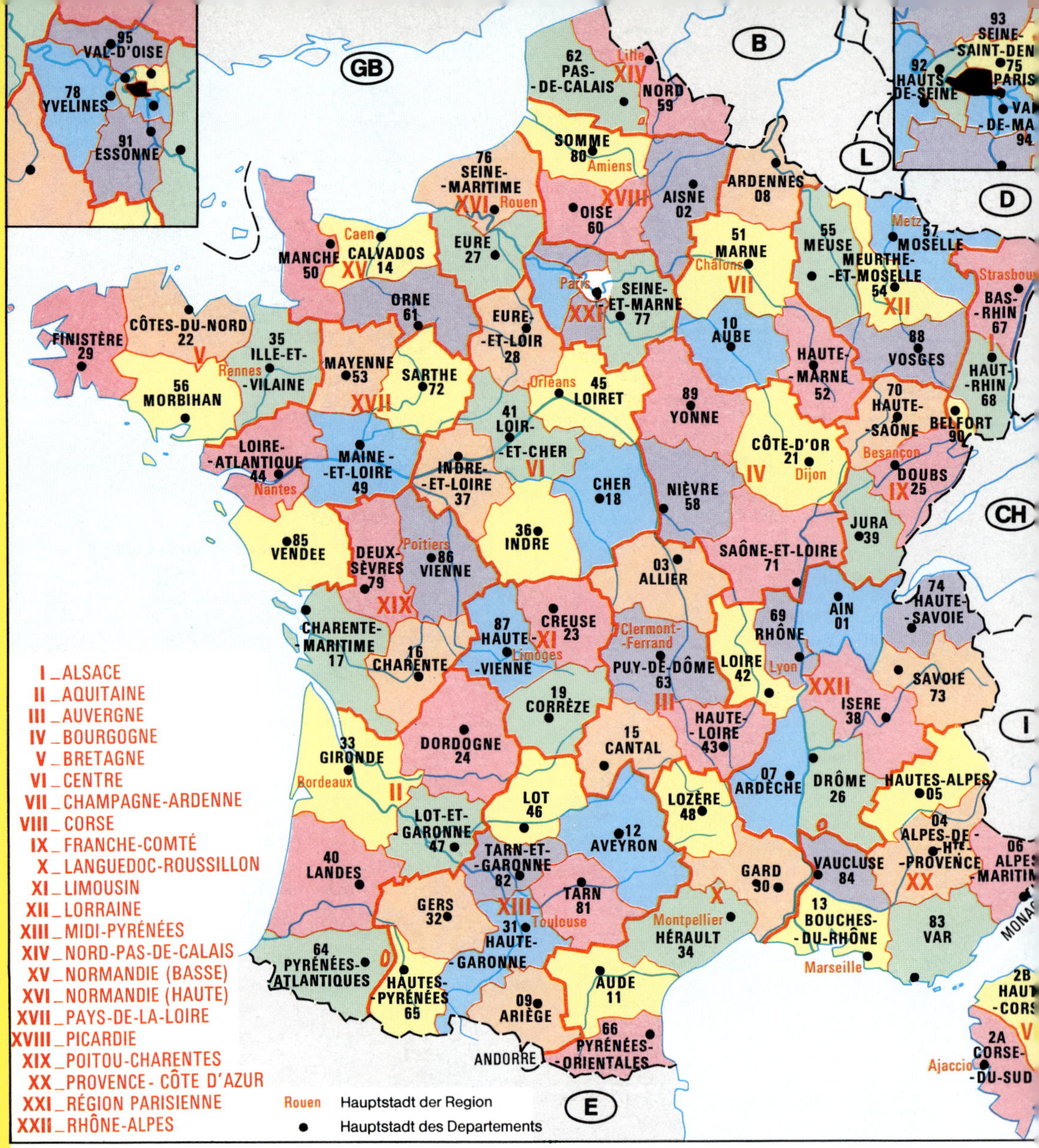

Frankreich mit seinen Departements und Verwaltungsbezirken.

I — ALSACE
II — AQUITAINE
III — AUVERGNE
IV — BOURGOGNE
V — BRETAGNE
VI — CENTRE
VII — CHAMPAGNE-ARDENNE
VIII — CORSE
IX — FRANCHE-COMTÉ
X — LANGUEDOC-ROUSSILLON
XI — LIMOUSIN
XII — LORRAINE
XIII — MIDI-PYRÉNÉES
XIV — NORD-PAS-DE-CALAIS
XV — NORMANDIE (BASSE)
XVI — NORMANDIE (HAUTE)
XVII — PAYS-DE-LA-LOIRE
XVIII — PICARDIE
XIX — POITOU-CHARENTES
XX — PROVENCE-CÔTE D'AZUR
XXI — RÉGION PARISIENNE
XXII — RHÔNE-ALPES

Rouen Hauptstadt der Region
• Hauptstadt des Departements

Die Provinzen Frankreichs

Die nebenstehende Karte zeigt die Aufteilung der Provinzen Frankreichs bis 1789. Die geographischen Grenzen entsprechen heute nicht mehr dem früheren Verlauf, jedoch stellt jede der alten Provinzen noch immer das Kernland einer Region dar.

Touristiktextteil · dictionary of sites · dictionnaire des sites

Frankreich von A – Z mit Beschreibungen der Orte, Städte und Sehenswürdigkeiten in alphabetischer Reihenfolge sowie Hinweis auf die Lage im Touristikkartenteil.

Beispiel: **Abbeville** 5/B 1
Sie finden Abbeville innerhalb des Touristikkartenteils (Seiten 9 – 104) auf der Kartendoppelseite Nr. 5 im Planquadrat B 1.

Hinweis: Eine halbfette Auszeichnung mit Sternchenmarkierung (z. B. **Baie de Somme***) im Text verweist auf eine ausführliche, separate Beschreibung im Touristiktextteil

Hinweis: In Frankreich sind sämtliche staatlichen Museen und Schlösser fast generell dienstags geschlossen; darum sind auch nur davon abweichende Besuchszeiten aufgeführt (◻ = geöffnet, ◼ = geschlossen).

France from A – Z with descriptions of towns, cities and sites of interest in alphabetical order as well as an indication of its placement in the part of maps of sites.

Example: **Abbeville** 5/B 1
You will find Abbeville within the part of maps of sites (pages 9 – 104) on the double-page map No. 5, map square B 1.

Hint: The semi-bold face indication with asterisk marking (e.g. **Baie du Somme***) within the text area indicates a description in the dictionary of sites.

Hint: Generally in France all publik museums and castles are closed on Tuesdays, therefore only the visiting hours which do not follow this rule, have been mentioned (◻ = open, ◼ = closed).

La France de A à Z, avec descriptions des lieux, villes et curiosités, par ordre alphabétique, ainsi qu'indication sur la situation dans le «dictionnaire des sites».

Exemple: **Abbeville** 5/B 1
Vous trouverez Abbeville dans le dictionnaire des sites (pages 9 – 104) sur la page double n° 5 dans le carré B 1.

Indication: Les noms en caractères demigras et suivis d'un astérisque dans le texte, font l'objet d'une description particulière dans le dictionnaire des sites.

Indication: En France, tous les musées et châteaux appartenant à l'Etat sont généralement fermés le mardi. Seules les heures d'ouverture de ceux qui ne respectent pas cette règle sont indiquées (◻ = ouvert, ◼ = fermé).

Abbeville 5/B 1
Château de Bagatelle: Ein elegantes Lustschloß aus dem 18. Jh.
Saint-Vulfran: Ein ehemaliges Stift aus dem 15./16. Jahrhundert mit reichem Fassadendekor. Die Gestaltung der Türen stammt von Meistern aus der Picardie.

Abbayes normandes (route des)
Rundfahrt zu den Normannischen Abteien 5/A 3; 4/D 3
Die „Route des abbayes normandes" führt von **Rouen*** (D 982) durch den Wald von Roumare nach 11 km zum Ort Saint-Martin-de-Boscherville mit der Abteikirche Saint-Georges: Ein schönes Beispiel für normannisch-romanische Baukunst (Mitte 12. Jh.); der Kapitelsaal entstand im Jahre 1170. Über die D 982 weiter nach **Duclair:** Kirche mit Teilen aus romanischer (Schiff, 11. Jh.) und gotischer Zeit (Chor 14. Jh.). Die Seitenpforte stammt aus der Renaissance. Über die D 982 und D 143 erreicht man nach 8 km **Jumièges***. Von dort wieder auf der D 982 in nordwestl. Richtung, bis zu einer kleinen Straße, die rechts ab nach 1,5 km zur Abtei **Saint-Wandrille*** führt.

Saint-Martin-de-Boscherville: *Der Kapitelsaal der Abtei öffnet sich zum Kreuzgang hin mit drei Gewölbebögen. Sie ruhen auf Pfeilern, deren Schmucksäulen figürlich verzierte Kapitele besitzen.*

Musée: Boucher de Perthes (Vorgeschichte, Archäologie, Malerei usw.)
Moulin de Saint-Maxent (13 km südwestl.): Sehenswerte Mühle.
Baie de Somme* (26 km nordwestlich).

L'Aber-Wrac'h 8/B 1
Kleiner Fischerhafen und Badeort an der Mündung des Flusses L'Aber-Wrac'h mit einem Wassersportzentrum und einer Segelschule. Sehr einsam gelegen, umgeben von Klippen und zahlreichen Inseln.

Récollets Notre-Dame-des-Anges: Ruinen eines im 16. Jahrhundert gegründeten Klosters.
Château de Kerouartz (7 km südöstl.): Ein sehenswertes Schloß aus dem 17. Jh. mit Terrassengärten.
Phare de la Vierge: Höchster Leuchtturm Europas mit 75 m Höhe vor der Halbinsel Sainte-Marguerite. Die im Nordosten liegende Küste von Saint-Michel zählt zu den unberührten Teilen der „Côte des Abers". Siehe **Saint-Renan***.

Abondance 26/D 3
Ein Sommer- und Winterkurort. Die Abteikirche aus dem 13. Jh. hat einen sehr schönen Kreuzgang aus dem 14. Jh. mit restaurierten Fresken vom Ende des 15. Jh. In den anliegenden Bauten des 17. Jahrhunderts befindet sich ein Museum für sakrale Kunst.
Chapelle d'Abondance (11,5 km östlich): Eine Kapelle unterhalb der Gipfel der „Cornettes de Bise" (2 438 m).
Châtel d'Abondance (14 km östlich): Wintersportort nahe der französisch-schweizerischen Grenze. Im Sommer führt eine Kabinenbahn zum 1790 m hohen Pic de Morclan mit großartigem Rundblick.

Agde 43/A 2
Cathédrale Saint-Étienne: Die Kathedrale wurde aus schwarzem Vulkangestein erbaut und im 12. Jahrhundert befestigt.
Musée: Im Museum befinden sich aus dem Meer geborgene Ausgrabungsfunde (u. a. viele Amphoren) sowie eine volkskundliche Sammlung der Region.
Bootswettkämpfe: In der ersten Augustwoche finden Wettkämpfe statt, bei denen die Gegner versuchen, sich gegenseitig von den Booten zu stoßen.
Cap d'Agde (7 km südöstl.): Ein neu entstandener Ferienort mit einem Jachthafen und schwarzem Sandstrand (FKK-Zentrum).
Grau-d'Agde (4 km südwestlich): Ein kleiner Fischerhafen mit der Kapelle de l'Agenouillade (17. Jh.) in einem Kiefernwäldchen.

Agde: *Am Ufer des Hérault ragt die aus dunklem Lavagestein erbaute Kathedrale Saint-Étienne, die einst auch eine Festung war, mit ihren wuchtigen Viereckturmen und zinnengekrönten Wehranlagen empor.*

L'Aigle: *Der spätgotische Turm der Kirche Saint-Martin ist reich geschmückt mit Statuen.*

Lac d'Aiguebelette   32/B 2
Der von Norden nach Süden verlaufende, 4 km lange See ist sehr fischreich; Hechte, Barsche und Forellen sind zu fangen. An den Ufern des Sees, der überragt wird vom Berg Montagne de l'Épine, liegen mehrere Erholungsorte: Saint-Alban, Lépin-le-Lac, Aiguebelette und La Combe-du-Lac. Seerundfahrt: 17 km. Im Westen befinden sich Berge mit dem Col de la Crusille (582 m hoch), im Süden schließt sich der Berg Mont Grelle an. Östlich vom See liegt der Col de l'Épine; von hier aus sehr schöne Aussicht.

Agen   35/C 2
Cathédrale Saint-Caprais: Mit romanischem Chor und Querschiff sowie gotischem Langschiff. Sehenswerte Kapitelle mit geschichtlichen Darstellungen aus der romanischen Epoche.
Musée: Das Museum ist in drei Adelshäusern aus dem 16. Jh. untergebracht. Es besitzt 5 Werke von Goya sowie Sammlungen französischer und ausländischer Keramik. Bedeutend ist die „Vénus du Mas" (Venus aus dem Landhaus) aus griechischem Marmor (5.Jh.v.Chr.).
Aubiac (9 km südöstl.): Interessante romanische Kirche aus dem 12. Jh. Der viereckige Chor mit drei angegliederten Kapellen, wird von einem Laternenturm überragt.

Château d'Estillac: Der bemerkenswerte Festungsbau stammt aus dem 13./16. Jh. Die Küchenräume liegen in Gewölben; einige Zimmer sind im Stil der Entstehungszeit eingerichtet. Besichtigung nur Sonntag nachmittags.
Moirax (9 km südlich): Romanische Kirche mit viereckigem Chor und Kuppeldach. Das geschnitzte Chorgestühl und die Wandtäfelungen sind aus dem 17. Jh.

L'Aigle   10/D 2
Die Kirche stammt aus dem 15./16. Jh. Daneben stehen der spätgotische „Tour de l'Horloge" (Uhrenturm), reich dekoriert mit Skulpturen, sowie ein viereckiger, romanischer Turm. Im Schloß aus dem 17. Jh. befindet sich ein Museum mit einer Modelldarstellung der Normandieschlacht vom Juni 1944.
Forêt de la Trappe (13 km südlich): Wald und Zisterzienserabtei „La Grande Trappe".

Aigues-Mortes   43/C 1
Zwischen einsamen Seen und Salzsalinen wirkt die Stadt mit ihren Wehrmauern, 20 Türmen und 11 Stadttoren aus dem 13. Jh. wie eine Erscheinung des Mittelalters. Durch die „Porte de la Gardette" innerhalb der in Viereckform angelegten Stadtmauer gelangt man in den alten Ortskern.
Tour de Constance: Ein riesiger zylinderförmiger Turm, auf dessen Plateau ein Wachtturm steht. Im Turminneren befinden sich der Saal der Garden und der Saal der Ritter. Vom Turm hat man einen herrlichen Rundblick auf Aigues-Mortes und die Umgebung. Im Sommer zu besichtigen.
Tour Carbonnière (3,5 km nördl.): Beobachtungsturm aus dem 13. Jh.
Le Grau-du-Roi (6 km südwestl.): Ein reizvoller alter Fischerhafen.

Agen: *Die romanische Chorhaube ist einer der schönsten Teile der Kathedrale Saint-Caprais. Drei Kapellen mit Arkadenskulpturen sind in die Apsis eingegliedert und bilden die markantesten Elemente der Architektur.*

La Grande-Motte*(15 km südwestl.).

Ailly-sur-Noye 5/C 2
In der Kirche aus dem 19. Jh. befindet sich ein Grabmal aus dem 15. Jh. mit den ruhenden Gestalten von Jean de Luxembourg († 1466) und dessen Gemahlin. Die Christusfigur (ecce homo) aus dem 16. Jh. ist farbig bemalt.

Folleville (16 km südl.): Die Kirche besitzt einen herrlichen spätgotischen Skulpturenschmuck sowie Gräber mit liegenden Figuren von Raoul de Lannoy und dessen Gemahlin aus dem 16. Jh. Die Schloßruinen stammen aus dem 15. Jh.
Breteuil-sur-Noye (18 km südlich): Reste einer alten Abtei aus dem 16. und 18. Jahrhundert.

Aime 32/D 2
Basilique Saint-Martin: Die Basilika aus dem 11./12. Jh., jetzt Museum, ist ein hervorragendes Beispiel für die vorromanische und romanische Architektur in Savoyen. Im Innern Teile eines gallo-römischen Bauwerkes und einer Kirche mit Krypta aus dem 5./6. Jh.
La Plagn (19 km südlich): Von hier aus Ausflüge in die Tarentaise.

Ainay-le-Vieil 24/C 2
Château: Das Schloß, auch „Carcassonne des Berry" genannt, wirkt mit seinen 9 Wehrtürmen und den Mauern aus dem 14. Jh. zunächst wie eine mittelalterliche Festung. Aber die Wehranlagen umschließen eine Gruppe eleganter Wohnbauten, in deren Konstruktionen spätgotische und auch Renaissance-Teile ineinander übergehen. Sehenswert sind die Renaissance-Kapelle und der Grand Salon mit Kamin. Der Wehrgang bietet reizvolle Ausblicke auf den Schloßgraben und die zinnenbewehrten Burgtrakte.

Drevant (4,5 km nordwestlich): Mit Überresten römischer Bauten (Theater, Thermen, Tempel).

Aire-sur-l'Adour 41/A 1
Die kleine Stadt im Grenzgebiet des Armagnac ist berühmt wegen ihrer im Winter stattfindenden „Marchés gras", Märkte für Gänse- und Entenleber zur Pastetenherstellung. Die Kathedrale aus dem 15. – 18. Jh. besitzt eine Innenausstattung aus dem 18. Jahrhundert.
Mas d'Aire (2 km südlich): Mit der **Église Sainte-Quitterie:** Die Kirche hat ein schönes gotisches Portal und interessante Kapitelle. In der Krypta steht ein herrlicher Marmorsarg aus der Merowingerzeit (4. Jahrhundert).

Aire-sur-la-Lys 1/C 3
Ein befestigter Ort mit vielen alten Häusern aus dem 17./18. Jh. Sehenswert sind das Gerichtshaus, die Kirchen Saint-Pierre (Gotik, Renaissance) und Saint-Jacques (17. Jahrhundert).

Aix-en-Provence 44/A 1
Die alten Stadtviertel der Kunststadt Aix-en-Provence haben noch das vornehme und elegante Aussehen früherer Zeiten. Der Cours Mirabeau, im Schatten von Platanen und gesäumt von Adelshäusern, ist die stets von promenierenden und geschäftigen Menschen erfüllte Hauptstraße im Zentrum.
Kathedrale Saint-Sauveur (Rue Gaston-de-Saporta): Berühmt sind die mit Reliefschmuck versehenen Türen vom Anfang des 16. Jh. Sehenswert sind im Innern das großartige Triptychon „Der brennende Dornbusch" von Nicolas Froment, ein um 1476 geschaffenes Meisterwerk provenzalischer Schule sowie die Brüsseler Teppi-

Aigues-Mortes: Beim „Tour de Constance" beginnt man am besten den Rundgang auf der Stadtmauer; auf ihm stand einst ein Leuchtturm.

Ainay-le-Vieil: Im mittelalterlichen Schloß befindet sich ein Renaissance-Wohnbau mit diesem eleganten Treppenturm.

Aix-en-Provence: *Auf dem „Cours Mirabeau" mit seinen schönen im Schatten von Platanen liegenden Adelshäusern spendet einer von mehreren Brunnen Wasser, das eine Wärme von 34 Grad erreicht.*

Aix-en-Provence: *Das Château de Vauvenargues steht hoch über dem Tal des Infernat, gegenüber den Berghöhen von Sainte-Victoire. Picasso, der hier lebte, hat das Schloß mit vielen Arbeiten geschmückt.*

che. Die Taufkapelle mit acht von korinthischen Kapitellen gekrönten römischen Säulen stammt aus dem 5. Jh. Neben der Kathedrale befindet sich der romanische Kreuzgang aus dem 12. Jahrhundert.
Église Saint-Jean-de-Malte (Rue Cardinale): Die Kirche aus dem 13./14. Jh. steht neben dem alten Prior-Wohnsitz des Malteserordens, in dem jetzt das Musée Granet untergebracht ist.
Église Sainte-Marie-de-la-Madeleine (Place des Prêcheurs): In der Kirche aus dem 17. Jh. betrachte man das berühmte Triptychon der Verkündigung (15. Jh.).
Place Quatre Dauphins: Mit einem hübschen Brunnen, umgeben von schönen alten Häusern.
Place Albertas: Der in Halbmondform angelegte Platz mit sehr schönen Palästen aus dem 18. Jh. wird an Sommerabenden angestrahlt.
Hôtel-de-Ville (Place de l'Hôtel-de-Ville): Neben dem aus dem 17. Jh. stammenden Rathaus erhebt sich der Tour de l'Horloge (Uhrenturm) aus dem 16./17. Jh.
Musée Granet (Rue Cardinale): Eines der größten Museen in Frankreich mit einer reich bestückten archäologischen Sammlung (Skulpturen) und Gemälden von italienischen, holländischen (Rembrandt), flämischen (Rubens, van Dyck) sowie französischen Meistern des 18. und 19. Jahrhunderts (Ingres, Géricault, Delacroix, Granet); Graphik-Saal mit Zeichnungen von Cézanne.
Musée Paul-Arbaud (Rue du 4-Septembre): Das Museum (Di., Do., Sa. nachmittags geöffnet) zeigt Volkskunst, provenzalische Malerei und Mundartliteratur.
Musée des Tapisseries (Rue Gaston-de-Saporta): Museum für Wandteppiche und Wandbekleidungen im ehemaligen Haus des Erzbischofs, einem Bau aus dem 17./18. Jahrhundert.
Musée du Vieil-Aix (Rue Gaston-de-Saporta): Museum von Alt-Aix im Patrizierhaus l'Hôtel d'Estienne de Saint-Jean. (Montags geschlossen.)
Musée d'Histoire naturelle (Rue Espariat): Das Naturkunde-Museum mit herrlichen Sammlungen im Patrizierhaus Hôtel Boyer d'Eguilles aus dem 17. Jh.
Pavillon de Vendôme (Rue Célony): Das Palais aus dem 18. Jahrhundert ist als Museum eingerichtet und mit Möbeln der damaligen Zeit ausgestattet.
Pavillon Paul-Cézanne (Av. P. Cézanne): Das Atelierhaus von Cézanne (montags geschlossen).
Fondation Vasarely (2 km westl.): Eine Bautengruppe, geschaffen nach Plänen des Künstlers 1973 – 76. Museum u. Studienzentrum.
Les Milles (6 km südwestlich): Sehenswert ist das Schloß von Lenfant aus dem 18. Jh. in einem sehr schönen Park.
Oppidum d'Entremont (3 km nördl.): Einst Hauptsiedlung der keltischen Salier, die 123 v. Chr. zerstört wurde. Die hier entdeckten Skulpturen befinden sich jetzt im Musée Granet.
Château Vauvenargues (12 km nordöstlich): Das aus dem 17. Jh. stammende Schloß gehörte Picasso. Sein Grab auf der Terrasse ist nicht zu besichtigen.
Montagne Sainte-Victoire (17 km östlich): Über Le Tholonet mit dem Schloß Gallifet (18. Jh.) nach Puyloubier mit einem Museum der Fremdenlegion; von dort aus Aufstieg in die Gebirgskette.

Aix-les-Bains 32/B 1
Berühmtes Thermalbad und Erholungsort am See Lac du Bourget. Das Hôtel de ville (Rathaus) befindet sich im ehemaligen Schloß (Anfang des 16. Jh.).
Musée lapidaire: Das Museum für Skulpturen und Bruchstücke ist in den Restbauten eines römischen Diana-Tempels aus dem 2./3. Jh. eingerichtet worden. Der Bogenbau „L'arc de Campanus" (3. oder 4. Jh.) war ein Grabmal.
Musée Faure: Das Museum besitzt eine sehr schöne Sammlung von Werken der Maler Corot, Degas, Cézanne und anderen Impressionisten.
Mont Revard (22 km östl.): Ein Bergmassiv.
Gorges du Sierroz (5 km nördlich): Eine romantische Schlucht, die man mit dem Boot oder zu Fuß durchwandern kann; ein 300 m langer Galeriegang führt zum unterirdischen Wasserfall von Grésy.

Ajaccio 45/C 3
Die „Kaiserstadt" Ajaccio liegt, von Bergen umgeben, an der Nordseite einer 14 km tief ins Land einschneidenden Bucht. Im Ort steht das Haus Maison Bonaparte, in dem Napoleon geboren wurde. (Nur Sonntag nachmittags geschlossen.)
Musée napoléonien: Das Napoleonmuseum befindet sich im 1. Stockwerk des Rathauses (Hôtel de ville).
Musée Fesch: Das ebenfalls im Rathaus eingerichtete Fesch-Museum besitzt eine bedeutende Sammlung italienischer Malerei vom 14. bis 18. Jh.: Botticelli, Cosimo Tura, Tizian, Veronese, etc. Hier befindet sich auch die Chapelle Impériale (Kaiserliche Kapelle), 1858 gebaut; in der Krypta liegt das Grab der Familie Bonaparte.
Cathédrale: Die Kirche ist ein Kuppelbau in venezianischem Stil aus dem 16. Jahrhundert.
Place Austerlitz: Mit einer Grotte und Denkmal für Napoleon, von dem ein zweites Denkmal auf dem Platz Place de Gaulle steht; ein Reiterstandbild des Kaisers, der von seinen vier Brüdern umgeben ist.
Pointe de la Parata (12 km westlich): Landzunge, die man über das Nordufer des Golfs erreicht (mehrere schöne Strände). Auf der Landzunge erhebt sich ein steiler, 60 m hoher Felsen mit einem Turm, von dessen Plattform man eine herrliche Aussicht hat.
Château de la Punta (13 km nördlich): Ein Schloß vom Ende des 19. Jahrhunderts.

Albert 5/D 1
Basilique Notre-Dame-de-Brebières: Die Basilika wurde zu Ausgang des 19. und Beginn des 20. Jh. gebaut. Auf der Spitze ihres 70 m hohen Glockenturms steht eine vergoldete Madonna. Überall in der Umgebung gibt es zahlreiche Denkmäler und Friedhöfe, Erinnerungsstätten an den Weltkrieg 1914/1918.
Pozières (7 km nordöstlich): Britischer Friedhof und ein Denkmal für die 14 960 Soldaten, die als Vermißte der Sommeschlacht 1916/1918 gezählt wurden.
Thiepval (7 km nördlich): Britisches Ehrenmal, französisch-englischer Friedhof.
Beaumont-Hamel (7,5 km nördl.): Neufundländischer Gedenkpark; Frontgräben sind noch erhalten.

Albertville (siehe Conflans*).

Albi 36/B 3
Eine der an schönen Kunstwerken reichsten Städte Frankreichs.
Cathédrale Sainte-Cécile: Die Kirche, deren ungeheures Schiff aus Ziegelsteinen die alten Stadtviertel oberhalb des Tarn beherrscht, ist ein herrliches Beispiel südfranzösischer Gotik (Ausgang 13. Jh., Ende 15. Jh.). Ihr Wehrturm hat eine Höhe von 78 m. Man betritt die Kathedrale durch einen spätgotischen, reich geschmückten Portalvorbau (Beginn 16. Jh.), genannt „Baldaquin". Im Innern steht ein herrlich aus Stein gearbeiteter Lettner, der größte in Frankreich (um 1500 geschaffen), durch dessen Mittelpforte man in den Kapitel-Chorraum geht, der mit Schnitzereien versehenes Gestühl besitzt. Um den Kapitelraum legt sich eine steinerne, bildhauerisch kostbar verzierte Umfassung. An deren Außenwand stehen viele bemalte Statuen von Propheten und Personen des Alten Testaments. Hinter dem Hauptaltar, auf der Rückwand, sieht man das auf Stein gemalte Bild „Das letzte Gericht" (Ende 15. Jh.). Die Kapellen und Gewölbe sind reich dekoriert. (Führungen durch die angestrahlten Innenräume im Sommer allabendlich.)
Palais de la Berbie: Dieser ehemalige Sitz des Erzbischofs, eine mächtige Festung aus dem 13., 14. und 15. Jh., besitzt Räume aus dem 17. Jh. und eine Kapelle aus dem 13. Jh. Hier befindet sich auch das Toulouse-Lautrec-Museum.
Musée Toulouse-Lautrec: Zu sehen sind mehr als 800 Werke des Malers, der im Hôtel du Bosc im Albi geboren wurde, sowie Werke zeitgenössischer Kunst.
Terrassengärten über dem Tarn: Sie bieten herrliche Sicht auf Fluß und Brücken der Stadt, die im Sommer durch „Son et Lumière" (Musik- und Licht-Schau) reizvoll präsentiert wird.
Collégiale Saint-Salvi: Die Stiftskirche (12. bis 15. Jh.) hat romanische Kapitelle und einen Kreuzgang aus dem 13. Jahrhundert.
Maison Enjalbert, Hôtel Reynès: Interessante Wohnbauten.

Alençon 10/C 3
Église Notre-Dame: Die Kirche (15. bis 18. Jh.) besitzt einen schönen spätgotischen Portalvorbau aus dem Beginn des 16. Jh.
Maison d'Ozé: In diesem Haus aus dem 15. Jh. befindet sich das Regionalmuseum für Geschichte, Kunst und Archäologie.
Hôtel-de-ville (Rathaus): Hier ist das Musée des Beaux-Arts (Kunstmuseum) eingerichtet; es hat Gemälde (17. bis 19. Jh.) und Säle, die hervorragende Spitzenarbeiten zeigen. (Montags geschlossen.)
École dentellière: Schule zur Spitzenherstellung, mit Ausstellungsräumen und Verkauf.
Schloßruinen: Reste eines Bauwerks aus dem 14./15. Jh. stehen beim „Palais de Justice".
Forêt de Perseigne (11 km südöstlich): Hier befinden sich das romantische Tal „Vallée d'Enfer" und der Zoo von Saint-Rémy-du-val (geöffnet April bis November).
Les Alpes mancelles (20 km südwestl.): Zu erreichen über den „Mont des Avaloirs", die Straße Corniche du Pail und Saint-Cénerile-Gérei (mit alter romanischer Kirche) sowie Saint-Léonard-des-Bois.

Aleria 45/C 2
Auf einem weiten Plateau sind hier die Unterbauten einer zuerst griechischen, dann römischen Stadt der Antike freigelegt.
Musée Jérôme-Carcopino: Das im Fort de Matra eingerichtete Museum zeigt die bei den Ausgrabungen entdeckten Funde, die für Kunst und Geschichte Korsikas wie des weiteren Mittelmeerraums von großer Bedeutung sind.
Étang de Diana (3 km nördlich): Im See liegt eine Austerschaleninsel aus römischer Zeit.
Gorges de Tavignano (nordwestlich): Schluchten (siehe **Corte***).
Gorges du Fium Orbo (22 km westlich): Engpaß der Inzecca mit Straße nach Ghisoni und **Vivario***.

Alès 37/B 3
Bei einer umfangreichen Modernisierung der Stadt wurden die alten Viertel hinter der Kathedrale Saint-Jean (18. Jh., im Innern zahlreiche Bilder) zerstört. Schöne Bosquet-Gärten rund um das von Vauban erbaute Fort.
Musée: Das Heimatmuseum befindet sich in dem von einem Park umgebenen Schloß Château du Colombier (Ostern bis Nov.).
Salindres (11 km nordöstlich): Hier

Albi: Die Kathedrale Sainte-Cécile erhebt sich wie ein herrliches Schiff aus roten Steinen über der Stadt, gleichsam ein Symbol für die blutigen Kämpfe des Albigenser Aufstands gegen die Papstmacht. Der Portalvorbau („le Baldaquin") stellt mit seinem weißen Gestein und dem reichen Schmuckwerk einen großartigen Kontrast dar.

Alise-Ste.-Reine: Vercingetorix ließ, um Cäsar Widerstand leisten zu können, die Stadt Alesia mit einem doppelten Mauerring umgeben.

steht das Château de Rousson, ein Schloß aus dem Anfang des 17. Jahrhunderts.
Mas Soubeyran (16 km südwestl.): Das Haus enthält das „Musée du Désert" Museum zur Erinnerung an den Hugenottenaufstand im 17. Jh.
Grottes de Trabuc-Mialet (3 km nordwestl. vom Mas Soubeyran): Höhlen, erleuchteter Rundgang, im Cévennen-Nationalpark.

Alise-Ste.-Reine 19/C 2

Auf dem Gipfelplateau des Mont Auxois (428 m) hat sich wahrscheinlich, wie Ausgrabungsfunde bezeugen, die befestigte Stadt Alésia befunden, mit deren Eroberung Cäsar im Jahr 52 vor Chr. den Gallierfürsten Vercingetorix vernichtend schlug. Eine Kolossalstatue des gallischen Heerführers steht weithin sichtbar auf dem Plateau. Zu sehen sind Reste der gallischen Befestigungen, eine dreischiffige Basilika, Tempel, ein Bau mit Krypta, gallo-römische Häuser und Läden, eine christliche Basilika aus dem 5. bis 8. Jh., Nekropole (Totenstätte), die Kirche Saint-Léger, Brunnen Sainte-Reine und Funde aus dem Gallierdorf d'Encuriot.
Musée: Im Museum werden die bei den Ausgrabungen entdeckten Funde gezeigt.
Château de Bussy-Rabutin* (5 km nördlich).
Flavigny-sur-Ozerain* (8 km südöstlich).

Allevard 32/C 2

Der Thermalkurort in schöner Alpenlandschaft (475 m Höhe) verfügt über mannigfaltige Badeeinrichtungen, ein Casino und einen herrlichen Park.
Chartreuse de Saint-Hugon (11 km nordöstlich): Von diesem Karthäuserkloster stehen noch malerische Ruinen in einem schönen Waldgelände (Privatbesitz).
Le Collet-d'Allevard (10 km östlich): das 1450 m hoch gelegene Wintersportzentrum mit herrlichen Aussichten nach allen Seiten erreicht man über die Route du Collet, die D 525 A und die D 109 (reizvolle Landschaftsbilder).
Brame-Farine (11,5 km westlich): langer Bergkamm, der in 1210 m Höhe das Tal des Bréda vom Grésivaudan trennt und einen großartigen Panoramablick bietet.
Le Curtillard (17 km südlich): Erholungsort im Sommer und Winter, 1012 m. Vom Châlet-Hôtel „Fond-de-France" (1 105 m) kann man über einen Bergpfad in 3 1/2 Std. emporsteigen nach Sept-Laux (2 187 m), einem weiten Plateau mit 7 Seen.

Les Alpilles 43/D 1

Diese Kette von Kalksteinbergen im Herzen der Provence zwischen **Avignon*** und **Arles*** ist reich an Sehenswürdigkeiten und vielfältig interessanten Orten. Vorschläge für zwei Ausflugsfahrten: 1) Man fährt von **Saint-Rémy*** im Westen nach Saint-Étienne du Grès, reizvolle romanische Kapelle **Saint-Gabriel*** und nach Fontvieille (die Abtei von **Montmajour*** besuchen); im Süden sieht man die mächtigen Ruinen der gallisch-römischen Aquädukte von Barbegal und la Meunerie. Über **Maussane*** nach **Les Baux***, dann geht die Strecke mit der D 5, die die Alpilles durchquert, vorbei an Les Antiques (Ausgrabungen) und Glanum zurück nach Saint-Rémy. – 2) Von Maussane aus in östlicher Richtung über die D 78 bis Destet, wo die D 24 am Landhaus Mas de Monfort vorbei zum Dorf Eygalières führt, das wunderschön am Berghang liegt (mit zwei Kapellen); 1,5 km weiter nördlich liegt das Haus Mas de la Brûne (Renaissance), jetzt ein Hotel. 1 km östlich steht die Kapelle Saint-Sixte (12. Jh.), ein typisch provenzalischer Bau, von Zypressen umgeben. Von Eygalières fährt man nach Orgon, mit einer Kirche aus dem 14. Jh. und Kapellen aus dem 17. Jh. Die Ruinen eines Schlosses und die Kapelle Notre-Dame-de-Beauregard überragen die Häuser.

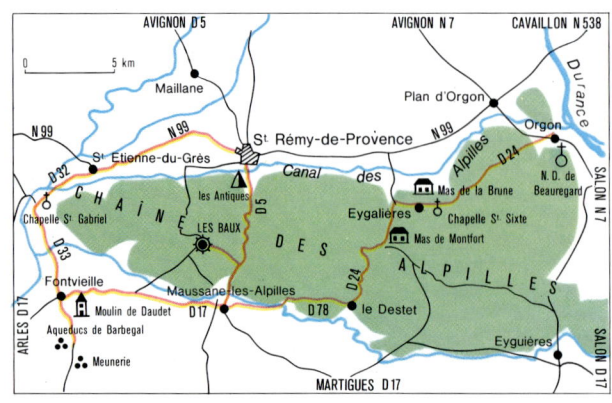

Alouettes 22/D 1
Auf diesem Plateau, einem der höchsten Punkte der Gâtine-Höhen, stehen drei Windmühlen, ein Kalvarienberg und eine neugotische Kapelle im „Troubadour"-Stil (1823). Der Platz war eine der Hauptstätten im Aufstand der „Chouans" gegen die neuen Mächte der Französischen Revolution von 1789.
Les Herbiers (2,5 km südlich): Im hügeligen Land des Bocage erhebt sich hier die aus Granit gebaute Stiftskirche Saint-Pierre (15. Jh.).
La Grènetière (7 km südwestlich): Man besuche Reste der Abteikirche Notre-Dame (12. Jh.) und der Klosterbauten (Teile einer romanischen Galerie des Kreuzgangs mit gezimmerter Überdachung, Kapitelsaal, Schlafsaal).
Château du Puy-du-Fou (10 km östlich): Schloß aus dem Ende des 16. Jh.; im Hof befindet sich ein reizender Renaissancepavillon.

Alpe-d'Huez 32/C 3
Der Sommer- und Wintersportplatz von Weltruf, 1 860 m hoch gelegen, ist berühmt wegen seiner schönen Lage und seines Sonnenreichtums. Bedeutender Ausgangspunkt für Bergbesteigungen, vor allem im Gebiet des „massif des Grandes-Rousses".
Pic du Lac Blanc (5 km nordöstl.): Auf den Berg führt eine Seilbahn (Höhe: 3 350 m); zum Lac Blanc geht es mit Sessellift und von dort 30 Minuten zu Fuß zum Dôme des Petites Rousses.
Oz (10 km nordöstl.): Von diesem Platz, 830 m hoch auf einem Bergvorsprung gelegen, steigt man auf zum Pic de l'Étendard (3 468 m).
Bourg-d'Oisans* (10 km südwestl.): Ausgangsort für Bergwanderungen.

Amance 13/C 2
Der Ort liegt zwischen dem Petit-Mont d'Amance (379 m) im Westen und dem Grand-Mont d'Amance (410 m) im Osten. Er hat eine elegante Kirche aus dem 15. Jh. Vom Grand-Mont herrlicher Ausblick.
Laître-sous-Amance (1 km südl.): Die interessante Kirche aus dem 16. Jh. hat noch romanisches Mauerwerk und ein Portal (12. Jh.) aus romanischer Zeit.

Ambazac 24/A 3
Die Kirche, gebaut im 12. und 15. Jh., besitzt zwei Meisterwerke: einen Reliquienschrein in Form einer Kirche (Ende 12. Jh.), eine Goldschmiedearbeit, bei der die Kupferteile mit Email- und Edelsteinzierrat geschmückt wurden, sowie eine byzantinische Dalmatika (liturgisches Gewand) aus dem 12. Jh.
Saint-Sylvestre (6 km nördlich): In der Kirche gibt es ein Reliquiar des Heiligen Julian (vergoldetes Silber) aus dem 13. Jh. und ein Kopfreliquiar des Heiligen Étienne de Muret aus getriebenem Silber (15. Jh.).
Abbaye de Grandmont (2 km nordöstlich): Abteiruinen.
Compreignac (13 km nordwestlich): Die Kirche (12. und 15. Jh.) ist bezeichnend für den Typ befestigter Kirchen im Limousin.

Ambialet: Das alte befestigte Dorf, dessen Häuser sich an einen schmalen Felsgrat klammern, zieht sich über die ganze Halbinsel hin, die hier durch eine der engsten Flußschleifen des schönen Tarn-Tales gebildet wird.

Ambert 31/B 2
Sehenswert sind die Kirche (Ende 15. Jh.), Häuser aus dem 15. und 16. Jh. und das Hôtel de ville (Rathaus) in Form eines Rundbaues.
Moulin Richard de Bas (4 km östlich): In der Papiermühle wird Papier noch mit der Hand hergestellt. Ein papiergeschichtliches Museum informiert die Besucher.
Valcivières (48 km östl.): Durch die Berge des Livradois und Forez kommt man zu diesem Ort, der in einem runden, an Quellbächen reichen Talgrund zwischen bewaldeten Bergen liegt.
Montbrison* (46 km östl.): Zu erreichen über den Paß „Col de la Croix-de-l'Homme mort" (1156 m), herrlicher Blick auf das Bassin du Forez, die Berge des Lyonnais, das Massiv du Pilat und die Cévennen.
Arlanc (16 km südl.): Sehenswert ist das Museum für handgearbeitete Spitzen und die romanische Kirche Saint-Pierre.

Ambialet 36/C 3
Über dem Dorf, das auf einem schmalen Bergvorsprung in einer Schleife des Tarnflusses erbaut wurde, erheben sich auf mehreren Ebenen die Ruinen eines Schlosses, die romanische Kirche und, auf dem Berggipfel, das ehemalige Kloster Notre-Dame-de l'Oder.

Ambierle 25/B 3
Die Kirche aus dem Ende des 15. Jh. besitzt ein bemerkenswertes Werk aus der Zeit ihrer Entstehung: einen dreiteiligen Altaraufsatz, geschnitzt und in Beaune bemalt. Das Tafelwerk ist in flämischem Stil gearbeitet; Chorgestühl und Glasfenster sind aus dem 15. Jahrhundert.
Musée forézien: Das heimatkundliche Museum zeigt Zeugnisse für das bäuerliche und handwerkliche Leben der Region.
Saint-Haon-le-Châtel (6 km südlich): In diesem einst befestigten Ort sollte man eine Fahrt in das Land der Rosé-Weine beginnen. Hier stehen Häuser aus dem 15. Jh. und aus der Renaissance sowie eine ehemalige Propstei. In der Kirche (12. bis 17. Jh.) sieht man die für diese Region typische Ausstattung mit Statuen und Altarbildern volkstümlicher Art.
Saint-André-d'Apchon (8 km südl.): Die Kirche aus dem 16. Jh. hat schöne Renaissance-Fenster.
La Pacaudière (10 km nördl.): Der „Petit-Louvre" genannte Bau war im 16. Jh. Poststation; 1 km östl. davon Crozet, einst befestigter Marktflecken, mit Wehrturm (12.Jh.).

Amboise 17/D 2
Das hoch über der Stadt aufragende Schloß ist eine der schönsten und ältesten königlichen Residenzen im Loiretal. (Im Sommer

Amiens

„Son et Lumière", Musik- und Licht-Schau.) Vom mächtigen Turm „Tour des Minimes" flankiert, birgt das elegante Schloß aus dem Ende des 15. Jh., das im Innenbereich jene eigenartige Rampentreppe hat, die zu Pferd erstiegen wurde, in der ersten Etage den Ständesaal. Am Rand der Terrasse steht die Kapelle Saint-Hubert: ein Kleinod der Spätgotik (Ende 15. Jh.) mit Portalvorbau (Skulpturen) und schöner Innendekoration.

Couvent des Minimes: Die eigenartigen unterirdischen Gewölbe der Abtei der Minderen Brüder (genannt „Kornkammern Cäsars") in der Stadt stammen aus dem 16. Jh.

Église Saint-Denis: Die Kirche im romanischen Stil des Anjou (12. Jahrhundert) hat Kapitelle mit figürlichen Darstellungen.

Musée de la poste: Das im Hôtel de Joyeuse (16. Jh.) untergebrachte Postmuseum bietet Dokumentationen über Postmeister, Postillons und Postkutschen.

Max-Ernst-Brunnen: Auf der Promenade du Mail steht ein monumentaler Brunnen des Malers Max Ernst (1968).

Clos-Lucé: In diesem Landhaus aus dem 15. Jh., 600 m vom Schloß entfernt, hat Leonardo da Vinci seine letzten Lebensjahre verbracht (er starb hier 1519). Modelle von einigen Erfindungen, die IBM nach seinen Skizzen angefertigt hat, sind hier ausgestellt (Januar ⊠).

Pagode de Chanteloup (3 km südwestlich): Das Werk der China-Mode des 18. Jh., erbaut 1775 für Choiseul, Minister Ludwig XV., einziger erhaltener Teil eines prächtigen Schlosses, steigt 44 m hoch, in 6 Stockwerken, die sich nach oben verjüngen. Von der Spitze schaut man über das Loiretal und den Wald von Amboise.

Amiens 5/C 2

Berühmt ist die Kathedrale in der Hauptstadt der Picardie. Man sollte aber nicht versäumen die „Hortillonnages" zu besuchen, die von Kanälen (rieux) durchzogenen Anlagen von Gemüsegärten.

Cathédrale Notre-Dame: Die Kirche (13. bis 15. Jh.) ist einer der schönsten gotischen Dome Frankreichs. Die Fassade ist mit einer ganz ungewöhnlichen Fülle von Statuen geschmückt, darunter am Hauptportal die berühmte Christusfigur „Beau Dieu d'Amiens" sowie Propheten- und Apostelgestalten. Das linke Portal ist dem Heiligen Firmin gewidmet, das rechte der Mutter Gottes (Bilder aus dem Marienleben). Auf dem Mittelpfeiler des südlichen Querschiffs steht die vielgenannte „Vierge dorée" (Goldene Jungfrau). Das Schiff, 145 m lang, ist mit 42,30 m Höhe eines der höchsten in Frankreich. Besonders sehenswert sind die 110 herrlichen Chorstühle mit Holzschnitzereien des 16. Jh. sowie der Chorabschluß (15./16. Jh.).

Hôtel des Trésoriers de France: Im „Haus der Schatzmeister" aus dem 17. Jh. befindet sich das Museum für Kunst und Geschichte.

Musée de Picardie: Archäologische Sammlung u. Werke früher pikardischer Meister des 15./16. Jh.

Abbaye des Prémontrés Saint-Jean: Ehemalige Prämonstratenser-Abtei mit klassizistischem Kreuzgang aus dem 17. Jh.

Alte Vogtei (bailliage): Der in spätgotischem Stil geschaffene Bau, verziert mit Renaissancemedaillons, sowie das Haus „Maison du Sagittaire" von 1591, mit schön dekorierter Fassade, sind noch besonders sehenswert.

Parc zoologique de la Hotoie: In der schon im 17. Jh. geschaffenen Anlage wird ein bedeutender Bestand von Tieren und Wasservögeln gehalten.

Ancenis 16/D 2

Die malerische kleine Stadt mit altertümlichen Häusern (Rue du Château, Rue des Tonneliers, Basse-Grande-Rue, Place des Halles) hat ein Schloß aus dem 15./16. Jh. Besichtigung 1.7.–31.8.

Champtoceaux (9 km westlich): Der Ort liegt wunderschön oberhalb der Loire und ihren Inseln; von der Promenade du Champalud, hinter der Kirche, hat man eine weite Rundsicht.

Oudon (9 km westlich): Mit schönem Wehrturm aus dem 14./15. Jahrhundert.

Ancy-le-Franc 19/C 2

Eines der schönsten Renaissanceschlösser in Burgund. Das 1555 nach den Plänen des Italieners Serlio errichtete Bauwerk von großer Einfachheit besteht aus vier Gebäudetrakten, die durch Eckpavillons verbunden sind. Der quadratische Innenhof ist ausgestattet mit Pfeilern verschiedener Stilformen, die als Einfassung für Nischen und schwarze Marmortafeln dienen. Die Wohnräume zeugen mit Pracht und Raffinement der Einrichtung für die Anregungen der zweiten, von Italien beeinflußten Renaissance.

Amboise Von der Spitze der Pagode de Chanteloup (oben) hat man eine schöne Aussicht.

Amboise: Das Schloß mit seinem mächtigen Turm „Tour des Minimes", auch Turm der Ritter genannt, hat eine in Windungen emporführende Treppenrampe (links).

Les Andelys 5/A 3
Siehe **Château-Gaillard***

Andilly 20/A 1
Bedeutende gallo-römische Siedlung. Eine „mansio" (Gebäudeanlage), die als Raststätte für Handelstreibende, Pilger, aber auch zur Freizeitgestaltung diente (1./2. Jh.), sowie Thermen, wurden hier ausgegraben. In einer merowingischen Gräberstadt fand man Waffen, Werkzeug und andere Gegenstände, die in einem Museum gezeigt werden.

Andlau 14/A 3
Ein typisches Elsässer Dorf, mit einer Kirche aus dem 17. Jh. Sie besitzt einen romanischen Portalvorbau mit eigenartigen Skulpturen in archaischem Stil: die Schöpfung und das Paradies; über ihnen Christus zwischen den Aposteln Petrus und Paulus, dazu Jagdszenen. Der Innenraum, von romanischer Anlage, wurde im 17. Jh. umgestaltet. Die Krypta stammt aus dem 11. Jh. Außer alten Häusern sind noch Klosterbauten aus dem 17. und 18. Jahrhundert zu sehen.
Hohwald (9 km westlich): Zu diesem Erholungsgebiet inmitten herrlicher Wälder kommt man durch die Andlau-Schlucht über die N 425.

Andorra 43/A 3
Nach Andorra gelangt man über die N 20, die den Port d'Envalira überquert 2407 m, weite Rundsicht). Das Berghaus von Envalira ist Ausgangspunkt für zahlreiche Ausflüge zum Cirque des Pessons, einem Kessel im Berggebiet, dessen 42 Seen durch Wildbäche miteinander in Verbindung stehen, sowie zur Crête des Pessons (2 500 – 2 800 m).
Soldeu (18,5 km nordöstl.): Dieser Wintersportplatz (Sesselbahn, Skilift) bietet gleichfalls viele Ausflugsmöglichkeiten.
Sant Bartomeu: Eine der typischen kleinen romanischen Kapellen Andorras; im Innern Beispiele der eigenartigen Volkskunst.
Sant Joan de Casellas (12 km nordöstl.): Über die Straße entlang dem Valira del Orien erreicht man die auf einem Steilhang erbaute Kapelle; interessante Kunstwerke im Innern.
Canillo (11,5 km nordöstl.): Von hier geht es zur Kapelle Notre-Dame-de-Méritxell (13. bis 18. Jh.), in der ein barocker Altar und die vielbesuchte Madonna von Méritxell stehen. Die Straße führt weiter über die Valira-Schlucht empor zum grünen Tal von Encamp.
Andorra-la-Vella (Hauptstadt): In der Hauptstadt der Republik sind eine romanische Kirche und die Casa de la Vall (Haus des Tals, 16. Jahrhundert), Sitz der Regierung, zu besichtigen.
El Serrat (16 km nördl.): Ausgangspunkt für Bergbesteigungen.
Santa Coloma (2 km südlich): Im Ort steht eine vorromanische Kirche mit zylindrischem Glockenturm. Im Innern ist die „Vierge des Remèdes", ein Gnadenbild der Madonna aus dem 12. Jahrhundert zu sehen.

Anduze 37/B 3
Das alte Festungsstädtchen mit engen, krummen Gassen hat einen Uhrturm (1320) und ein Schloß aus dem 16./17. Jahrhundert.
Park von Prafrance (2 km nördl.): Ein Park mit exotischen Bäumen und einer herrlichen 400 m langen Allee mit Mammutbäumen.
Musée du Désert (8 km nordwestl.): Das Museum zur Geschichte des hugenottischen Widerstandes im 17. Jh. ist im Mas Soubeyran untergebracht.

Anet (Château d') 11/A2
Von dem prachtvollen Renaissanceschloß, das Philibert Delorme für Diane de Poitiers, die Favoritin Heinrichs II., gebaut hat, sind nur noch das monumentale Portal mit der liegenden Diana (geschaffen von Benvenuto Cellini, Original im Louvre) vorhanden sowie die Eingangsfront und die Kapelle mit Bas-Reliefs von Jean Goujon.

Angers 17/A 2
Die einstige Hauptstadt des Anjou ist eine Stadt der Künste mit interessanten Kirchen, Museen und vielen Sehenswürdigkeiten.
Schloß: Der mächtige Feudalbau, flankiert von 17 Türmen, erhebt sich beherrschend über dem Maine-Fluß und über dem Altstadtviertel. Sehenswert sind im Innenhof die Kapelle Sainte-Geneviève (Anfang 15. Jh.) mit großzügig ausgearbeitetem Gewölbe (Schluß-Steine) und die Königlichen Gemächer. Die Grande Galerie wurde 1954 gebaut, um den berühmten Bildteppich „Die Apokalypse", ein Meisterwerk mittelalterlicher Wirkkunst, zeigen zu können. In den Gouverneursräumen (15. – 18. Jh.) sind Teppiche aus dem 15., 16. und 17. Jahrhundert zu sehen.
Musée des Tapisseries: Das im Schloß untergebrachte Museum für Wandteppiche ist das reichste seiner Art auf der Welt.
Cathédrale Saint-Maurice: Die Kirche (12./13. Jh.) hat ein schönes Langhaus, das breiteste aller französischen Kathedralen, und eine reizvolle Ausstattung mit Fenstern aus dem letzten Drittel des 12. Jh. Domschatz. Besichtigung 1.7.-31.8.
Hôpital Saint-Jean: Das auf dem rechten Maine-Ufer gelegene Hospital aus dem 12./13. Jh. ist einer der schönsten Spitalbauten des Mittelalters. Hier ist heute ein archäologisches Museum untergebracht. Im großen Krankensaal ist der „Chant du Monde" zu besichtigen, eine Folge von 10 Wandteppichen von Lurçat (80 m lang). Der Kreuzgang hat Galerien aus dem 12. Jh. und aus der Renaissance. Im Keller des ehemaligen Kornhauses Saint-Jean wurde ein Wein-Museum eingerichtet.
Maison d'Adam: Ein Haus aus dem 15. Jh., aus Holz und Ziegelsteinen, mit geschnitzten Konsolen. Die ehemalige Bischofswohnung (évêché) hat noch Bauteile aus dem 11. und 12. Jh. und einen großen Synodalsaal. Gegenüber stehen zwei Fachwerkhäuser aus dem 15. und 16. Jahrhundert.
Logis Barrault: In dem Palais aus dem Ende des 15. Jahrhunderts ist das Musée des Beaux-Arts (Museum für Plastik und Malerei) und die Galerie David d'Angers.
Musée Turpinde-Crissé: Das im „logis Pincé", einem Renaissancebau eingerichtete Museum hat archäologische Sammlungen, Säle mit Renaissance-Kunst, chinesischer und japanischer Kunst sowie eine Graphik-Sammlung.
Quartier de Cité: Ein interessanter Stadtteil zwischen Kathedrale und Schloß mit zahlreichen alten Häusern an Place du Ralliement.
Quartier de la Doutre: Hier befinden sich mehrere Häuser aus Holzplanken, vornehmlich bei der Kirche de la Trinité (Ende 11. Jh.), schöne romanische Pforten. Eine Treppe führt hinunter in die Krypta von Notre-Dame-du-Ronceray, eine ehemalige Abteikirche.
Place de la Laiterie: Hier stehen

Amiens: *Eine der schönsten Plastiken im Chorumgang der Kathedrale ist die Darstellung der Gefangennahme und des Martyriums des Heiligen Firmin (Ende 15. Jh.).*

Angers: *Zwei der siebzehn Türme des Feudalschlosses (oben).*

Angers: *Das Maison d'Adam, die ehemalige Bischofswohnung.*

Angoulême: *Die Chorhaube der Kathedrale Saint-Pierre (unten).*

sehenswerte Adelshäuser (15. bis 18. Jahrhundert).
Les Ponts-de-Cé (6 km südlich): Bemerkenswert: die Kirche aus 12. und 15. Jh. und der fünfeckige Wehrturm eines Schlosses aus dem 15. Jahrhundert.
Château du Plessis-Macé (16,5 km nordwestlich): Das Schloß aus dem 15. Jh. mit Ringmauer, von Türmen flankiert, ist ein eleganter Herrensitz aus der Renaissance. Die Kapelle stellt ein meisterliches Werk in spätgotischem Stil dar.
Château de Brissac* (9 km südöstlich).
Château de Serrant* (16,5 km südwestlich).

Angoulême 29/B 1

Von der Stadt, die auf einem breiten Felsenberg erbaut wurde, hat man nach allen Seiten Ausblicke auf eine unendlich weite Landschaft. Die schönsten Eindrücke bekommt man bei einem Spaziergang auf den mit Türmen und Bastionen versehenen Stadtwällen. Besonders malerisch, mit interessanten Herrenhäusern, sind in Alt-Angoulême die Straßen: Rue du Beaulieu, Rue du Soleil, Rue de Turenne, Rue Francois-Ier. Die alten Türme Tour Lusignan (13. Jahrhundert) und Tour de Valois (15. Jahrhundert) sind die einzigen Reste des früheren Grafenschlosses.
Cathédrale Saint-Pierre: Die Kirche aus dem Anfang des 12. Jh. hat eine im 19. Jh. stark restaurierte romanische Fassade mit geometrischen Mustern; 75 Statuen und Reliefs füllen Bogen und Medaillons.
L'Évêché: Der ehemalige Bischofssitz (12. bis 15. Jh.) dient heute als städtisches Museum.
Musée de la Société archéologique de la Charente: Museum der „Gesellschaft für Archäologie"
Vallon des Eaux-Claires (5 km südöstlich): Über Puymoyen (mit Kirche aus dem 13. Jahrhundert) erreicht man dieses Tal, dessen steile Felsen von Grotten und Höhlen durchsetzt sind.
Saint-Michel-d'Entraygues (4 km westlich): Eine schöne achteckige romanische Kirche mit Kuppel und 8 Absiden.
Abbaye de la Couronne (8 km südwestlich): Es stehen noch Reste der Abtei (Privatbesitz) und Ruinen der Abteikirche aus dem 12./13. Jh., die man besichtigen kann.
Saint-Amant-de-Boixe (17 km nördlich): Die Kirche mit romanischem Schiff und gotischem Chor zeigt interessante Wandmalereien aus dem Anfang des 14. Jh.
Château de la Rochefoucauld (22 km nordöstlich): Durch den Wald Forêt de Braconne kommt man zu diesem Schloß, einem weitläufigen Festungsbau in Viereckform, von Türmen aus dem 12. bis 16. Jh. flankiert. Die zwei Flügelbauten (Renaissance) haben zur Innenhofseite drei Etagen eleganter Galerien.

Anjony (Château d') 30/C 3
Die mit einem Bergfried und vier Ecktürmen versehene Burg aus dem 15. Jahrhundert beherrscht das Tal der Tournemire. Der „Salle des Preux" (Heldensaal) ist ausgemalt mit Fresken (16. Jahrhundert), die die Legende der Neun Helden darstellen. In der Kapelle (Ende 15. Jahrhundert) sieht man Fresken mit Passionsszenen.
Saint-Cernin-du-Cantal (4 km westl.): Romanische Kirche mit Holztäfelungen aus dem 15. Jh.

Annecy 32/C 1

Die Stadt am nördlichen Ende des Lac d'Annecy überragt ein Schloß, türmebewehrt, eine Festung aus dem 12., 14. und 15. Jh. mit sehr schönen Wohnräumen (16. Jh.) und Sälen, in denen ein Museum archäologische Sammlungen, Skulpturen und heimatkundliche Gegenstände zeigt. Unterhalb des Schlosses, in Alt-Annecy, stehen Herren- und Bürgerhäuser malerisch im Gewirr von Straßen mit Bogengängen und Kanälen.
Cathédrale Saint-Pierre: Die alte Franziskanerkirche stammt aus dem 16. Jahrhundert.
Palais de l'Isle: Eine Gruppe von Bauten des 12. bis 16. Jh. auf einer Insel im Canal du Thiou.
Hôtel de ville (Rathaus): Hier befindet sich ein kleines gallo-römisches Museum.
Jardin public: Der Stadtgarten wurde in Terrassenform auf den See hinausgebaut; gegenüber liegt die Schwaneninsel.
Kloster und Basilika Saint-François-de-Sales (1 km südlich): Das neue „Kloster der Visitation" und die Basilika Saint-François-de-Sales (1930) besitzen Reliquienschreine des Heiligen und der Heiligen Johanna von Chantal.
Château de Montrottier (11 km westlich): Nahe den Schluchten Gorges du Fier steht diese Burg aus dem 13./14. Jh. mit Sammlungen von Waffen und Keramik.
Rumilly (17 km südwestlich): Ein altes Städtchen mit vielen Bürger- und Adelshäusern des 16. und 17. Jh. und einer Brücke des 16. Jh.
Circuit du Semnoz: Über die D 41 nach Süden laufend, bietet diese Höhenstraße herrliche Aussichten.
Thorens-Glières (14 km nordöstlich): Schloß des 15. Jh., bedeutende Bilder- und andere Kunstsammlungen.
Menthon-Saint-Bernard (9 km südöstl.): Erreichbar über die schöne Uferstraße am See, mit einem Schloß (13. bis 15. Jh.).
Talloires (12,5 km südöstl.): In dem netten Erholungsort am See befindet sich eine alte Benediktinerabtei (11. Jh.), die zu einem Hotel umgebaut wurde.

Annonay 31/D 3
Sehenswert: Das Schloßviertel, die alten Stadttore, die schmalen Gassen, die vielen alten Häuser und das Museum der Rhôneschiffer.
Musée vivarois: Archäologie, Geschichte und Folklore; Erinnerungen an die Gebrüder Montgolfier.
Defilé des Fouines: In den engen Felsentälern der Deûme reihten sich Weberfabrik an Weberfabrik.
Champagne (8 km ostnordöstlich): Bemerkenswerte romanische Kirche mit zwei Kuppeln, Skulpturen im Giebelfeld des Westportals.
Serrières (15 km nordöstl.): Die Altstadt ist amphitheatralisch angelegt, unterhalb eines Hügels, mit herrlicher Rundsicht.

Antibes 45/A 1
Reizvolle alte typische Mittelmeerstadt. Ihre engen Gassen, ihr Markt, die bunten Häuser, der Hafen, das Schloß und die Stadtmauern über dem Meer bieten malerische Bilder. Der Yachthafen in der Bucht von Saint-Roch wird überragt vom stattlichen Fort-Carré aus dem 16. Jh.
Musée Picasso: Das Picasso-Museum befindet sich im Château Grimaldi. In der trotzigen Burg aus dem 16. Jh. mit einem viereckigen Turm aus dem 14. Jh. ist eine ausgesuchte Gruppe von Werken des Malers zu sehen; außerdem sind Säle mit heimatkundlichen Sammlungen und Werken zeitgenössischer Kunst zu besuchen.
L'Église: Die ehemalige Kathedrale (17. Jh.) neben dem Schloß hat romanische Bauelemente und im Innern das interessante Altarbild „retable du Rosaire" (Nizza-Schule, Anfang 16. Jh.).
Promenade Amiral-de-Grasse: Der Weg hinter Kirche und Schloß, auf alten Wehrmauern angelegt, bietet prachtvolle Ausblicke auf die Küste, auf **Nice*** (Nizza) und die Alpengipfel.
Bastion Saint-André: Hier befindet sich ein Museum, in dem Funde von Ausgrabungen und Taucherexpeditionen ausgestellt sind.

Cap d'Antibes: Eine Rundfahrt führt von Antibes über den Strand von Salis, vorbei an der pointe Bacon zum phare de la Garoupe (Leuchtturm). In der Kapelle (13./14. Jh.) befindet sich eine Sammlung von Votivgaben. Der Turm „Tour du Graillon" birgt ein Marine-Museum und eine Erinnerungsstätte an Napoleon. Die ehemalige route des Sables (Strandstraße) führt dann nach **Juan-les-Pins*** und Golfe-Juan.

Apt 38/A 3
Église Sainte-Anne: Die ehemalige Kathedrale (12. Jh. und 14. Jh.) besitzt im Innenraum zahlreiche sehenswerte Kunstwerke (Krypten 7. u. 12. Jh., Kirchenschatz).
Musée: Das Museum befindet sich in einem schönen Palais des 18. Jh. und hat einen ansehnlichen Bestand an Apothekengefäßen, Fayencen, an Werken sakraler Kunst und an Ausgrabungsfunden.
Saignon (4 km südöstlich): Romanische Kirche, ehemalige Abtei Saint-Eusèbe (romanische Kapelle); in der Nähe: Tal des Coulon und der Berg „Grand Lubéron" (1125 m, Aufstieg in 2 Stunden).
Montagne du Lubéron* (15 km südl.): Über die wildromantische D 113 fährt man 7,5 km bis Buoux; 2 km weiter sieht man die Ruinen des ehemaligen Fort de Buoux und Überreste der Priorei Saint-Symphorien.
Saint-Saturnin-d'Apt (9km nördl.): Oberhalb des Ortes liegen Schloßruinen mit einer romanischen Kapelle.

Arbois 26/B 1
Hier steht das Vaterhaus von Louis Pasteur, in dem der spätere große Wissenschaftler seine Kindheit verbrachte, jetzt ein Museum.
Église Saint-Just: Die romanische Kirche besitzt noch archaische Bauelemente.
Reculée des Planches (6 km südöstl.): Steile Felsen, die ein Halbrund bilden, bieten hier ein grandioses Landschaftsbild; aus den Planches-Höhlen fließen die Quellwasser der Cuisance hervor. (Besonders von April bis Oktober.) **Cirque du Fer à Cheval** (8 km südöstl.): Über dem kleinen, alten Dorf „La Châtelaine" ragen die Ruinen einer Burg aus dem 11. Jh. empor.

Arcachon 34/C 1
Seebad und Kurort am Südrand des Bassin d'Arcachon. Oberhalb der Sommerstadt am Wasser mit schöner Uferstraße, Kasino, Aquarium und Museum, befindet sich die Winterstadt, mit vielen Villen und Landhäuschen im Walde verstreut.

Anjony: Der massive Bau des Schlosses steht auf einem Felsen und beherrscht das Tal der Tournemire, ein beliebtes Ausflugsziel.

Annecy (links): Die alten Häuser unterhalb des turmbewehrten Schlosses spiegeln sich im stillen Wasser des Thiou-Kanals.

Antibes (unten): Ein Blick in die Altstadt, bei Kirche und Schloß.

Arcachon: *Die Dune du Pilat bei Pyla-sur-Mer am Rand der Wälder des Gebiets der „Landes" (oben). Der Moorsee (5 750 ha) von Cazaux und Sanguinet (links).*

Im westlichen Stadtgebiet liegen der Parc Péreire und der Strand (Plage des Abatilles); im Osten ist der Fischerhafen.
Cap-Ferret (63 km nordwestl.): Zu dieser Landspitze kommt man entweder mit dem Wagen über Taussat, Andernos und Arès oder zu Schiff (Überfahrt 40 Min.).
Pyla-sur-Mer (9 km südlich): Über Le Moulleau fährt man zur Dune du Pilat, der höchsten Düne Europas (105 m), die man bis zum Gipfel ersteigen kann (sehr mühsam).
Cazaux (18 km südl.): Ein Harzsucher-Dorf nördlich des Moorsees „Étang de Cazaux et de Sanguinet" (Bootsvermietung sowie Segeln, Schwimmen, Fischen, Camping).
Naturschutzpark: Der „Parc naturel régional des Landes de Gascogne" erstreckt sich über ein Gebiet von 206 000 ha zwischen Arcachon und **Mont-de-Marsan*** (siehe: **Sabres***).
Heide-Landschaften: Die abwechslungsreiche, von Heideflächen durchsetzte Landschaft der „Landes" erlebt man sehr eindrucksvoll bei einer Fahrt über die D 83 bis Biscarosse-Plage.

Arc-et-Senans 26/B 1
Eine der originellsten architektonischen Schöpfungen des 18. Jh. Die königlichen Salzwerke von Chaux wurden von Claude Nicolas Ledoux in kreisförmiger Bauweise als „ideale Industriestadt" angelegt. Allerdings hat man nur einen Teil ausgeführt, von 1775 bis 1779. An den monumental gestalteten Eingang, Mitte eines Halbkreises, schließen sich zu beiden Seiten die Häuser der Arbeiter und Beamten an. Im Zentrum des ganzen Komplexes steht der Pavillon des Direktors, inmitten von Salzkammern; dahinter liegen die Stallungen.
Forêt de Chaux (3 km nordwestl.): 20 000 ha großes Waldgebiet.

Les Arcs 32/D 2
Das bedeutende Wintersportzentrum wurde in neuerer Zeit geschaffen (zu erreichen über Bourg-Saint-Maurice). Ein interessantes Beispiel für moderne alpine Architektur. Über drei Stationen geht es vom Isère-Tal empor zum Mont Pourri: Arc-1600, Arc-1800, Arc-2000.
Fort de la Plate (11 km nördlich): Man gelangt von Bourg-Saint-Maurice zu diesem Aussichtspunkt (1 995 m); weite Rundsicht.

Argelès-Gazost 41/B 3
Bade- und Ferienort. Um den Turm „Tour Mendaigne" lagert sich, stufenweise ansteigend, die malerische Altstadt. Eindrucksvoll: die Schlösser Vieuzac (Wehrturm, 16. Jh., nördlich) und Ourout (15./16. Jh. südlich).
Saint-Savin (3 km südlich): Die im 14. Jh. befestigte Ortskirche, einst Benediktinerabtei (12. Jh.), hat ein romanisches Portal mit skulpturengeschmücktem Giebelfeld. Im Kapitelsaal befindet sich ein kleines Museum mit sakraler Kunst; von der Terrasse weiter Rundblick.
Arrens (12 km südwestlich): Ein Zugang zum Naturschutzpark „Parc national des Pyrénées occidentales". Die Kirche aus dem 15. Jh. hat eine zinnenbewehrte Ringmauer; 500 m weiter die Kapelle von Pouey-Laün (18. Jh.) mit reichen Holzschnitzereien im Innern. Im Hochtal von Arrens sind schöne Ausflüge zu machen; Ausblicke auf den Balaïtous (3 146 m) und den Néous-Gletscher.

Arc-et-Senans: *Der Salz-Pavillon; die Schönheit des Gesteins wird durch die Architektur betont.*

Argelès-Gazost: Einst ein wichtiges religiöses Zentrum des Bigorre, jetzt ein hübscher Wohnort mit einer interessanten Abteikirche.

Argentan 10/B 2
Église Saint-Germain: Die Kirche (15. bis 17. Jh.) wird von zwei Türmen überragt (17. Jh. und Renaissance); sie hat ein sehr schönes Seitenportal (15. Jh.).
Château: Das Schloß aus dem 14. Jh. mit zwei viereckigen Seitentürmen hat noch einen Wehrturm aus dem 12. Jh.
Église Saint-Martin: Die Kirche wurde in spätgotischem Stil zu Anfang des 16. Jh. erbaut. In der Benediktinerabtei kann man eine Ausstellung und Vorführung des „point d'Argentan" (Spitzen-Herstellung) sehen, eine Spezialität der Nonnen.
Écouché (9 km westlich): Sehenswerte Renaissancekirche; im nahen Orne-Tal liegen, nach Putanges zu, die reizvollen Landschaften von Mesnil-Glaise und der Orne-Schleife.
Haras du Pin (14 km östl.): Schloß und Stallungen aus dem 18. Jh.
Saint-Christophe-le-Jajolet (10 km südlich): Wallfahrt am letzten Sonntag im Juli (Segnung der Wagen); – 1 km südlich: Château de Sassy aus dem 18. Jh. mit Terrassen in drei Etagen.

Argentat 30/B 3
Eine alte kleine Stadt, in Stufen oberhalb der Dordogne erbaut. Besonders pittoresk der Teil „quartier de l'Escondamine". Am Hafen, entlang der Dordogne, befinden sich alte Häuser mit Terrassen und Holzbalkons.
Saint-Chamant (6 km nordwestlich): Die Kirche hat ein romanisches Portal und einen Glockenturm aus dem 15. Jh.
Gorges de la Dordogne (5 km nordöstl.): Dordogne-Schlucht mit Château du Gibanel, einem Schloß aus dem 13./19. Jh., jetzt Hotel.
Barrage de Chastang (13 km nordöstlich): Talsperre, 85 m hoch und 300 m lang.
Barrage de Hautefage (8 km südöstlich): Die Maronne bildet ein weites, sich über 7 km erstreckendes Wassernetz. 13 km östlich erscheinen dann in einer Flußschleife inmitten üppiger Vegetation die „Tours de Merle", eine Gruppe von Turmruinen aus dem 12 bis 15. Jh. in wildromantischer Umgebung.

Argentière 26/D 3
Ein Ferienort, Wintersportplatz und Ausgangsort für Bergbesteigungen.
Le Tour (4 km nordöstlich): Talstation des Kabinenlifts zum Col de Balme: Erste Station ist Charamillon in 1 850 m Höhe, von dort geht es weiter bis zum Grenzpaß von Balme (2 190 m). Von hier aus genießt man ein weites Panorama.
Seilschwebebahnen: Nach Lognan und den Grands-Montets; von Lognan zum Croix de Lognan (1 972 m), und dort zur Aiguille des Grands-Montets (3 260 m, großartiger Rundblick).

Argenton-sur-Creuse 24/A 2
Malerische, schiefergedeckte Häuser mit Bogengängen und Galerien säumen das Ufer der Creuse; auf sie hat man eine besonders schöne Sicht von der Brücke Pont Vieux. Einen Besuch lohnen die Kapellen Saint-Benoît (15./16. Jh.) und Notre-Dame (15. Jh.).
Saint-Marcel (2 km nördlich): Der Ort befindet sich auf dem Platz einer gallo-römischen Siedlung, von der zahlreiche Bautenreste freigelegt wurden (Thermen, Amphitheater, Nymphäum, usw.). Die Kirche (12. und 14. Jh.) hat eine romanische Krypta und Wandmalereien aus dem 16. und 17. Jh.

Argent-sur-Sauldre 18/C 2
Château: Das Schloß aus dem 15. Jh. steht wuchtig, mit dicken runden Türmen in der Parklandschaft.
Blancafort (8 km südöstlich): Ein Schloß (15. Jh.) mit viereckigem Wehrturm und Pavillons aus dem 17. Jh. (Besichtigung März – Nov.).

Arlempdes 37/B 1
Das befestigte Dorf von eigenartigem Aussehen liegt, überragt von den Ruinen eines Feudalschlosses (12. bis 15. Jh.), hoch über wilden Schluchten der Loire. Der Ort, einer der interessantesten im Velay, besitzt eine kleine romanische Kirche mit säulengeziertem Portal und einem Mauerturm mit vier Arkaden.

Arles 43/D 1
Eine der an römischen und mittelalterlichen Bauten reichsten Städte Frankreichs.
Place de la République: An diesem Platz, in dessen Mitte ein römischer Obelisk steht, liegen das stolze Hôtel de ville (Rathaus) aus dem Ende des 17. Jh. mit Belfried von 1555 und das „musée lapidaire païen" (Museum für vorchristliche Skulpturen und Bruchstücke) mit

Argent-sur-Sauldre: Das Schloß von Blancafort, erbaut aus rosafarbenen Ziegeln, erscheint vor dem Besucher mit seinen spitzen Runddächern auf den Türmen und seinem „à la française" angelegten Garten wie ein Bild aus einem Märchenbuch.

Arles-sur-Tech

Arles: Der achteckige, zweistöckige Glockenturm von Saint-Honorat (Église des Alyscamps) ist der bedeutendste romanische Turm der Provence (links). In der Arena (Les Arènes) finden oft Stierkämpfe statt (oben).

einem großen Bestand an gallo-römischen Objekten.
Église Saint-Trophime: Das Portal der Kirche aus verschiedenen Bauepochen (11. – 15. Jh.) ist ein Meisterwerk romanischer Kunst. Im 20 m hohen und schmalen Innern gibt es viele Kunstwerke zu sehen. Man beachte den Kreuzgang (Eingang Hôtel de Ville). Die nördliche und die östliche Galerie sind romanisch (2. Hälfte des 12. Jh.). Die Eckpfeiler tragen in Relief-Form gearbeitete Apostelfiguren, nach antiker Art gestaltet. Prachtvolle Figurenkapitelle; die südliche und die westl. Galerie sind gotisch (14. Jh.).
Les Arènes: Das Amphitheater, zu Anfang des 3. Jh. auf einer Fläche von 12 000 qm erbaut, konnte auf seinen Stufen 26 000 Zuschauern Platz geben. Es wurde im Mittelalter zur Festung umgebaut, von der noch drei Türme stehen.
Théâtre antique: Das antike Theater, zum großen Teil zerstört, hat einen Halbdurchmesser von rund 104 m; es stehen noch zwei schöne korinthische Säulen.
Remparts romains: Die Reste der römischen Stadtmauer aus dem 1. Jh. befinden sich am Boulevard Émile-Combes.
Museon Arlaten: Das von Frédéric Mistral gegründete, im schönen Palais Laval-Castellane (Anfang 16. Jh.) untergebrachte Museum zeigt provenzalische Kunst und volkskundliche Sammlungen. In der Kapelle sind Funde aus frühchristlicher Zeit zu sehen (bedeutende Sammlung von Steinsärgen); Zugang zu den unterirdischen römischen Säulengängen, 110 m lang, 76 m breit.

Musée Réattu: Im Museum Réattu, eingerichtet in der ehemaligen Priorei des Malteserordens, sind Gemälde des 17. und 18. Jh. sowie eine Sammlung zeitgenössischer Kunst (Picasso) zu sehen.
Palais de la Trouille: Restbauten der Constantin-Thermen aus dem Anfang des 4. Jh.
Les Alyscamps: Die Gräberallee ist das einzige Zeugnis für eine römische Totenstätte; sie führt zur Kirche Saint-Honorat (12. Jh.) mit Kapellen aus dem 15. bis 17. Jh.
Trinquetaille: In diesem Vorort wurden am rechten Rhôneufer Teile eines römischen Handelsviertels aus dem 1. Jh. freigelegt.
Abbaye de Montmajour* (4 km nordöstlich).
Saint-Gilles* (15 km südwestl.) und **La Camargue***.

Arles-sur-Tech 43/C 3
Abbatiale Sainte-Marie: Die Abteikirche Sainte-Marie (11. Jh.) ist eine der ältesten Kirchen des Roussillon; das Portal war Teil einer früheren Kirche (9. Jh.). An der Fassade Skulpturen des 11. Jh.; zur Linken ein Sarkophag aus dem 4. Jh., das sogenannte „Heilige Grab". Im Innern Altartafel aus der Mitte des 17. Jh. und zwei silberne Büsten-Reliquiare (15. Jh.). (Nachfragen in d. Sakristei.) Gotischer Kreuzgang (13. Jh.). Kapitelle mit stilisiertem Blattwerk.
Montferrer (7,5 km südwestl.): Romanische Kirche; schöne Aussichten auf Vallespir und den **Mont Canigou***.
Serralongue (15 km südwestl.): Zu erreichen über die D 115 im Tech-Tal über den Pas du Loup und das obere Vallespir. Serralongue hat eine romanische Kirche (Portal mit Türbändern und signierter Verriegelung); vom Pas du Loup erreicht man via D 3, nach 9 km in südlicher Richtung, zuerst den Ort Saint-Laurent-de-Cerdans, dann Coustouges (20 km südl.): Ort mit romanischer Kirche (12. Jh.).

Arnay-le-Duc 19/C 3
Altes Städtchen auf einem Felsenvorsprung über dem Arroux. Kirche Saint-Laurent (15./16. Jh.) mit bemerkenswerter Kassettendecke der Renaissance; das Schiff hat ein Tonnengewölbe „à la Philibert Delorme". Hinter dem Chor der Turm „Tour de la Motte-Forte" (15. Jh.). Schöne alte Häuser, darunter das Manoir de Sully (16. Jh.).
Maizières (7 km westlich): Römische Thermalquelle, Kurhaus.

Aven Armand 37/A 2
Hier gibt es eines der größten Wunder der Natur in den Causses zu besichtigen: einen 200 m tiefen höhlenartigen Abgrund, der 1897 entdeckt und dann erschlossen wurde. Man gelangt zum Eingang mit einer elektrischen Bergbahn. In der großen Halle der Höhle steht man vor dem „Urwald", einer Gruppe von mehr als 400 Stalagmiten, deren höchster 30 m mißt. Die Höhle kann von Palmsonntag bis zum September besucht werden.

Arques-la-Bataille 5/A 2
Die Kirche in spätgotischem Stil besitzt einen prachtvollen Lettner von 1540 und einen reich gearbeiteten Chorabschluß. Die Ruinen eines ehemaligen Schlosses der Herzöge der Normandie stehen mit Überresten der Kapelle und des Wehrturms (13. Jh.) hoch auf einem schmalen Felsenvorsprung.
Forêt d'Arques (2 km nordöstlich): Der 972 ha große Wald von Arques hat besonders schöne Buchenhaine; Denkmal der Schlacht von Arques (1589).

Arras 5/D 1
Grand-Place und Place des Héros: Der Große Platz und der Heldenplatz, auch „Kleiner Platz" genannt, bieten ein gutes Beispiel für den flämischen Städtebau im 17. Jh. Das Hôtel de ville (Rathaus) und der Belfried wurden 1918 nach ihrer ursprünglichen Gestalt (15./16. Jh.) wiederaufgebaut. Die Zitadelle stammt aus dem 17. Jh.
La basse-ville: Die Unterstadt, mit dem Zentrum Place Victor-Hugo, ist ebenfalls ein interessantes Zeugnis des Bauweise des 17. Jh.
Abbaye de Saint-Vaast: Die Abtei Saint-Vaast ist die größte Klosteranlage des 18. Jh. in Frankreich; die zur Kathedrale gewordene Abteikirche besitzt zahlreiche Kunstwerke. Die Klostergebäude beherbergen das Museum; dort sollte man vor allem den „kleinen Kreuzgang", genannt „Cour du Puits", bewundern (romanische und gotische Skulpturen, Grabtafeln, 12./16. Jh.). Sehenswert auch das Refektorium und der große Kreuzgang. Im Innern: Plastiken des Mittelalters, Malereien des 16. bis 19. Jahrhunderts (zwei wertvolle dreiteilige Altarbilder von Jean Bellegambe) sowie eine Porzellansammlung u. moderne Kunst.
Notre-Dame-des-Ardents: Moderne Kirche.
Notre-Dame-de-Lorette* (13 km nördlich).

Arreau 41/B 3
Bedeutendster Ort im Aure-Tal. Außer alten Häusern aus dem 15. und 16. Jh. (Maison Valencia-Labat, Maison des Lys) verdienen die Kirchen Église Notre-Dame (15./16. Jh.) und Église Saint-Exupère (mit romanischem Portal und Turm aus dem 11. Jh.) besondere Beachtung.
Jézeau (2 km östl.): Der Flecken besitzt eine Kirche mit Bauteilen aus dem 12. und 16. Jahrhundert.
Saint-Lary (12 km südl.): Zu diesem Wintersportplatz gelangt man mit der D 929 durch das obere Tal der Neste d'Aure, die zum Nationalpark der westlichen Pyrenäen gehört, und über den Ort Cadéacles-Bains, wo es eine Kirche aus dem 16. Jh. mit romanischer Pforte zu sehen gibt.
Lac de Cap-de-Long (25 km südwestl.): Der See liegt auf einer Höhe von 2 160 m in einer großartigen Bergwelt unter dem Néouvielle (3 092 m).

Arromanches-les-Bains 4/B 3
Bei diesem Fischerhafen und Badeort richteten die Alliierten am 6. Juni 1944 den Hafen Winston ein, der mit seinen Anlagen von 12 km Länge die Landung von mehr als 1 Million Soldaten und zahllosen Tonnen Material erlaubte (20 000 täglich).
Musée du Débarquement: Das Museum der Invasion zeigt Dioramas, Modelle, Pläne, Reliefs, Filme der Invasion vom Juni 1944.

Ars-sur-Formans 25/D 3
Vielbesuchter Wallfahrtsort (vornehmlich am 4. August) des „Pfarrers von Ars", des Heiligen Jean-Baptiste-Marie Vianney. Sein Pfarrhaus und seine bescheidene ländliche Kirche sind erhalten; vor letztere hat man allerdings eine pompöse Basilika in Rotundenform gesetzt. In ihr steht der vergoldete Bronzesarg des Heiligen. Weitläufige Unterkirche aus Beton (1959 bis 1961 geschaffen).
Château de Fléchères (8 km nordwestlich): Das Schloß ist ein gutes Beispiel für die Architektur der Herrensitze im 17. Jh. und hat schöne Innenräume mit kostbaren

Arras: Der 75 m hohe Belfried des Hôtel de ville (Rathaus), nach 1918 in der ursprünglichen Form wieder errichtet, hat ein berühmtes Glockenspiel aus moderner Zeit.

Möbeln und bemalten Decken. (Besichtigung im Sommer).

Asnières 11/C 1
Pittoresker Hundefriedhof auf der Insel „Île des Ravageurs"; über 100 000 Tiere liegen hier begraben.
Château de Saint-Ouen (4 km südöstl.): Das interessante Schloß ist eines der seltenen Zeugnisse für den Baustil der Restaurationszeit (nach 1845). Bemerkenswerte Empfangsräume. Kleines Museum.
Courbevoie (3 km westl.): Hier zeigt das Museum Roybet-Fould heimatkundliche Sammlungen und eine schöne Kollektion von Werken des Bildhauers Carpeaux.

Asnières-sur-Vègre 17/B 1
Ein reizendes Dorf am rechten Ufer der Vègre, mit einer schönen Brücke des 14. Jh., auch einer romanischen Kirche (11. Jh.) mit gotischem Chor und kostbaren Wandmalereien aus dem 12. Jh. – 14. Jh.
Château de Verdelles (3 km nördlich): Ein Schloß mit dem Aussehen einer Feudalburg, obwohl es erst gegen Ende des 15. und zu Anfang des 16. Jh. erbaut wurde.
Abbaye de Solesmes* (7 km südwestlich): Abtei.

Assy (plateau d') 32/D 1
Luftkurort in 1 032 m Höhe in einer grandiosen Berglandschaft.

Assy: Die Front der Kirche Notre-Dame-de-Toute-Grâce schmückt ein Mosaik mit Motiven aus der Lauretanischen Litanei von Fernand Léger.

Aubigny-sur-Nère: *Château de la Verrerie, ein Schloß, das die Stuarts am Ufer der Nère erbauten.*

Église Notre-Dame-de-Toute-Grâce: Die Kirche Notre-Dame-de-Toute-Grâce (1950 errichtet) war eines der ersten Zeugnisse moderner Wiedergeburt sakraler Baukunst (Architekt Novarina). In ihr sind Werke zu sehen von Lurçat (großer Wandteppich im Chor), Rouault, Bazaine, Chagall, Bonnard und Matisse. In der Eingangsfront ein monumentales Mosaik von Fernand Léger.
Lac Vert (7,5 km östl.): Der 1 368 m hoch gelegene See ist ein beliebtes Ausflugsziel.

Aubenas 37/C 1
Das Schloß ist eine massive Burg des 12. bis 15. Jh., umgebaut im 17./18. Jh., von vier Türmen und einem Wehrturm flankiert. Der Innenhof (Renaissance) ist von durchgehenden, übereinander gelagerten Galerien umgeben. In den Salons befinden sich sehenswerte Täfelungen des 18. Jh.
Chapelle Saint-Benoît: Diese Kapelle, ein sechseckiger Bau des 18. Jh., birgt das monumentale Grabmal des Marschalls d'Ornano und seiner Frau (1632).
Hochtal der Ardèche (7 km nordwestl.): siehe **Vals-les-Bains***.
Mittleres Ardèche-Tal (34 km südl.): siehe **Vallon-Pont-d'Arc***.
Villeneuve-de-Berg (17 km südöstl.): Ehemalige Festungsstadt mit alten Häusern und adligen Wohnsitzen mit Renaissance-Türmchen.
Mas du Pradel (4 km nördl.): Hier befindet sich ein Museum zur Erinnerung an Olivier-de-Serres (bekannter Agronom des 16. Jh.).
Mirabel (7 km nördl.): Einst befestigtes Dorf mit mächtigem Hauptturm und türmebewehrter Mauer.

Aubeterre
-sur-Dronne 29/B 2
Der alte Ort wird von einem Kreidefelsen überragt, der das Dronne-Tal beherrscht und die Ruinen eines Schlosses trägt (14./15. Jh.).
Église Saint-Jean: Die Kirche aus dem 12. Jh., ein monolithischer, aus dem Felsen herausgehauener Bau weist eine Einsiedelei aus dem 6. Jh., eine Nekropole mit Totenstätten im Felsen und in einer Apsis ein monolithisches Reliquiar auf.
Église Saint-Jacques: Eine Kirche (12. Jh.) mit sehr schöner romanischer Fassade und Figurenkapitelle.
Bonnes (4 km südl.): Mit einem Schloß aus dem 16. Jh. In der Kirche (12. – 15. Jh.) befindet sich ein Taufbecken aus dem 12. Jh.
Saint-Aulaye (9 km südl.): Romanische Kirche (12. Jh.).

Aubigny-sur-Nère 18/C 2
Das Schloß der Stuarts (15./16. Jh.) ist umgeben von Gartenanlagen aus dem 17. Jh.
Église Saint-Martin: In der Kirche Saint-Martin (12., 13., 15. Jh.) kann man interessante Kunstgegenstände sehen: Statuen, Zeremonialstäbe, etc.
Häuser mit Holzwänden: Die für das Sologne-Gebiet typischen Bauten aus dem Anfang des 16. Jh. sind noch zahlreich vorhanden.
Château de la Verrerie (11 km südöstl.): Das Schloß aus dem 15./16. Jh. liegt am Ufer eines kleinen Sees (Besichtigung. Jeden Tag von Februar bis Dezember). Elegante Renaissance-Galerie mit medaillonverzierten Arkaden. Die Kapelle stammt aus dem 15. Jh.

Aubrac 36/D 1
Kleiner Erholungsort, gutes Standquartier für Ausflügler. Mit den Ruinen eines Hauses der Ordensritter, die im 12. Jh. Wallfahrer nach Santiago-de-Compostella begleiteten.
Nasbinals (8 km nordöstlich): Sehenswert ist die romanische Kirche.
Saint-Urcize (12,5 km nördlich): Kirche mit Chorumgang aus dem 12. Jh. (Langhaus 13./14. Jh.) und ungewöhnlichem Glockenturm.
Chaudes-Aigues (22,5 km nördlich): Ein Thermalbad mit sehr altem Heißwassersystem; Kirche mit Bauteilen aus Gotik und Renaissance.
Massif de l'Aubrac (13 km nordöstl.): Vorbei am See „Lac des Salhiens", am Wasserfall Cascade de Déroc über den Paß „Col de Bonnecombe" nach Saint-Germain-du-Teil und La Canourgue (siehe **Marvejols***).
Espalion* (27 km südwestlich).

Aubusson 30/C 1
Der Ort ist das Zentrum der französischen Teppichwirkerei, malerisch im Tal der Creuse gelegen. Im Hôtel de ville (Rathaus) und in der Maison du Vieux-Tapissier (einem Bau des 15. Jh., in dem eine rekonstruierte alte Werkstatt in Betrieb gezeigt wird) sind ständig Ausstellungen von Teppichen zu sehen. Der Ort besitzt noch zahlreiche alte Häuser und Ruinen eines Schlosses.
Felletin (10 km südlich): Das aus Granitstein gebaute Städtchen ist ebenfalls ein Hauptort der Teppichwirkerei. Es hat mehrere gut erhaltene Häuser des 16. Jh. und die Kirchen: Église du Moûtier (12. – 15. Jh.) und Église Notre-Dame-du-Château (15./16. Jh.).

Auch 41/C 1
Eine monumentale Treppe von 200 Stufen, über der die Statue des Musketiers d'Artagnan hoch emporragt, verbindet die Unterstadt am Gers mit der Oberstadt, auf deren Anhöhe die Kathedrale Sainte-Marie (Ende 15., 16., 17. Jh.) steht.
Cathédrale Sainte-Marie: Im Chor der Kirche ein sehenswertes Chorgestühl mit 113 geschnitzten Sitzen, das zu den schönsten Frankreichs gehört. Chorabschluß in Stein und Marmor (Anfang 17. Jh.); steinerne Grablegungsgruppe mit 12 Figuren (Anfang 16. Jh.); in den Kapellen der Apsis Renaissance-Fenster. Im alten Stadtviertel unterhalb der Kathedrale stehen viele

Auch: *Die Stadt war schon zu römischer Zeit ein wichtiger Verkehrspunkt. Sie liegt, amphitheatralisch gebaut, an den Hängen des Gers-Tales. Im Hintergrund sieht man die Kathedrale Sainte-Marie.*

alte Häuser an den „pousterles" genannten engen Straßen.
Musée d'Art et d'Archéologie: Das Museum für Kunst und Archäologie hat einen schönen Bestand an peruanischer Keramik und Gegenständen aus vorkolumbianischer Zeit.
Mirande (18 km südwestl.): Hier gibt es ein hübsches „Musée des petits maîtres", ein Museum mit italienischen Primitiven aus dem Ende des 19. Jh.
Jegun (18 km nordwestl.): Interessante romanisch-gotische Kirche.
Lavardens (20 km nordwestl.): Befestigter Ort auf einem Vorgebirge, auf dessen Höhe ein großes Schloß (16./17. Jh.) steht.

Audierne 8/B 3
Der bedeutende Fischerhafen liegt an der Mündung des Goyen.
La Chaumière: Rekonstruktion einer bretonischen Wohnung aus dem 17./18. Jh. (Bes. im Sommer.)
Chapelle de Saint-Tugen (4,5 km westlich): Die Kapelle aus dem Beginn des 16. Jh. ist mit wertvoller Einrichtung versehen.
Pont-Croix (6 km nordöstl.): In der kleinen alten Stadt steht die Kirche Notre-Dame-de-Roscudon, mit einem schönen Schiff aus dem 13. Jh. und einem herrlichen schlanken Turm von 67 m Höhe (bretonische Wallfahrt am 15. August).
Pointe du Raz* (15 km westl.).

Aulnay -de-Saintonge 23/A 3
Die Kirche aus dem 12. Jh., ein Meisterwerk der romanischen Kunst dieser Gegend, ist von einem schlichten Friedhof umgeben. Die Dachhaube, über der sich der Glockenturm erhebt, ist der schönste Bauteil. Beachtenswert der bildhauerische Schmuck der Fenster, der Hauptapsis und der Portale. Im Innern Kapitelle mit figürlichen Szenen.
Château de Dampierre-sur-Boutonne* (7 km nordwestlich).

Aulnay: Kapitell auf einer der Säulen rechts am Portal des südlichen Querschiffs der Kirche.

Aulus-les-Bains 42/A 3
Thermalbad und Wintersportplatz (Aulus-Col de la Trappe und Guzet-Neige) in reizvoller Lage, umgeben von Wäldern und zahlreichen herrlichen Wasserfällen (Cascade d'Arse, Cascade de Fouillet).
Seix* (21 km westlich).

Auray 15/D 1
Kleine alte Stadt. Das Quartier Saint-Goustan auf dem linken Ufer des Loch bietet noch das Aussehen früherer Zeiten mit Häusern aus dem 15. Jh. und der Kirche Saint-Goustan (Portalvorbau aus dem 16. Jahrhundert).
Église Saint-Gildas: Die auf dem rechten Ufer gelegene Kirche ist ein Bau, bei dem sich Elemente der Gotik und Renaissance in kurioser Weise mischen. Chapelle du Père Éternel: Kapelle aus dem 17. Jh.
Promenade du Loch: Von hier aus sehr schöne Aussichten.
Saint-Avoye (4 km südöstlich): Ein malerischer Ort mit einer Kapelle aus der Mitte des 15. Jh., sehenswertes Gebälk und geschnitzter Renaissance-Lettner.
Locmariaquer (13,5 km südl.): Berühmte Steine der Megalith-Kultur (Pierre de la Fée) und ein gigantischer Menhir (20,30 m), der heute zerstört ist, sind zu sehen. Mit Motorbooten kann man den Golf von **Morbihan*** und die Auray-Buchten befahren.
Belz (14 km westlich): 1,5 km westlich der Ortschaft: Saint-Cado mit einer auf der äußersten Spitze einer Halbinsel in der Etel-Ufer stehenden Kapelle. Die Chapelle Saint-Cado, zum Teil romanisch, hat einige sehenswerte Kunstwerke.

Aurillac 30/C 3
In der alten Stadt gruppieren sich um das Hôtel de ville (Rathaus) Häuser aus früheren Jahrhunderten (maison des Consuls, 16. Jh., Rue du Collège).
Abbatiale Saint-Géraud: Die ehemalige Abtei (14./15. Jh.), wurde im 17. und 19. Jahrhundert in gotischem Stil erneuert. In der Kapelle Saint-Géraud (15. Jahrhundert) sind romanische Kapitelle und ein Reliquienschrein des Heiligen zu sehen.
Château Saint-Étienne: Das Schloß mit Wehrturm (11. Jh.) und Bauten aus 16. und 17. Jh. ist heute Sitz einer Technischen Hochschule. Von der Terrasse hat man eine schöne Aussicht.
Musée Rames: Das Museum hat erdkundliche und prähistorische Sammlungen (regionaler Bestand).
Musée de Peinture H. de Parieu: In dem Museum befinden sich Gemälde vom 18. Jh. bis 20. Jh.
Pas de Peyrol (41 km nordöstlich): Über eine herrliche Strecke auf der D 17 zu erreichen: durch das Tal der Jordanne und das Tal Mandail-

Aurillac: Der Puy Mary, gesehen aus einem der grünen Täler im vulkanischen Gebiet der Auvergne.

les, über Bellia, Lascelle (Kirche, 12. Jh.). Vom Pas de Peyrol Aufstieg zum Puy Mary (1 787 m) in 30 Minuten; weiter Rundblick.

Autun 25/C 1
Cathédrale Saint-Lazare: Die Kathedrale aus dem 12. Jh. gehört zu den bedeutenden Werken sakraler Baukunst. Im Giebelfeld des Hauptportals eine Darstellung des „Letzten Gerichts", ein meisterliches Werk burgundisch-romanischer Bildhauerei; es ist von Gislebert signiert, der auch die Kapitelle und das Nord-Portal im Querschiff geschaffen hat; in der dritten der nördlich gelegenen Kapellen das Martyrium des Heiligen Symphorien, gemalt von Ingres (1834).
Musée Rolin: Das im Hôtel Rolin eingerichtete Museum besitzt außer Sammlungen von prähistorischen, gallo-römischen und mittelalterlichen Kunstwerken und Gegenständen (romanische Statuen des zerstörten Grabes von Saint-Lazare) auch eines der schönsten Werke der französischen Malerei des 15. Jh. „La Nativité" (Christgeburt) des Maître de Moulins.
Musée lapidaire: Skulpturenmuseum in der ehemaligen Kapelle Saint-Nicolas (12. Jh.).
Römische Festungsmauern: Die Porte d'Arroux und die Porte Saint-André (beide 3. Jh.) sind Teile der alten römischen Stadtbefestigung. Zu sehen sind auch Ruinen des röm. Theaters.
Sully (16,5 km nordöstlich): Das Schloß (16. Jh.) stellt mit seinen Gartenanlagen (Besichtigung) und den Wirtschaftsgebäuden ein großartiges Beispiel für die burgundische Renaissance-Baukunst dar.

Autun: Zu Füßen der Kathedrale Saint-Lazare stehen noch zahlreiche Zeugen für die Geschichte der Stadt. Ruinen aus der römischen Besatzungszeit und Bauwerke des Mittelalters mischen sich da in eindrucksvoller Weise.

Im Wald südlich von Sully pittoreske Ruinen des Val-Saint-Benoît (13. Jh.) mit Kapelle (15. Jh.).
Château-Chinon* (37 km nordwestlich).

Auvers-sur-Oise 11/C 1
Das für die Ile-de-France typische Dorf wurde bekannt durch die Maler Daubigny, Cézanne, Pissarro und andere sowie vor allem durch Van Gogh, der sich hier im Mai 1890 einlogierte. Hier nahm er sich das Leben und liegt auf dem Friedhof neben seinem Bruder Théo begraben.
Place de la Mairie: An diesem Platz steht die Auberge Ravoux, in der Van Gogh starb; sie führt heute seinen Namen. Im Stadtpark eine Statue des Malers, geschaffen von Zadkine (1961).
Église: Der imposante Kirchenbau stammt aus dem 12./13. Jh.

Auxerre 19/B 1
Cathédrale Saint-Étienne: Die Kirche (13. bis 16. Jh.), gotischer Stil der Champagne, besitzt in der Front drei schön skulptierte Portale. Der Innenraum, vor allem der Chor, ist von vollendeter Harmonie der Linienführung; herrliche Gruppe von Fenstern aus dem 13. Jh. In der Krypta (11. Jh.) Fresken des 11. Jh.
Abbatiale Saint-Germain: Die Abteikirche aus dem 13./14. Jh. hat Kryptagewölbe (11. Jh.), mit Mauerbildern (Leben des Heiligen Étienne), die zu den ältesten Frankreichs zählen (um 850). In den Abteigebäuden sind auch ein „Musée lapidaire" (Skulpturen-Museum) und das Museum Leblanc-Duvernoy. Zu sehen sind alte Malerei, Plastik, Wandteppiche.
Alte Häuser: In der Rue de l'Horloge, Place Charles-Surugue, Place Robillard, Rue de Paris, Rue Sous-Murs und in der Rue Joubert.
Gy-l'Évêque* (9,5 km südlich).
Escolives-Sainte-Camille* (13,5 km südlich).

Auxerre: Die Kathedrale Saint-Étienne ist berühmt durch ihre Fenster und Skulpturen.

Saint-Bris-le-Vineux (7 km südöstlich): Mit einer Kirche aus dem 13. Jh. (Renaissance-Einrichtung).
Cravant (19 km südöstl.): Im Ort, am Zusammenfluß von Cure und Yonne, befindet sich eine Kirche (teils 15. Jh. teils Renaissance). Von hier fährt man durch das schöne Yonne-Tal auf der linken Uferseite nach Mailly-le-Château, mit einer gotischen Kirche, überquert die Yonne (Brücke 15. Jh.) und gelangt, vorbei an den „Rochers du Saussois" (Bergsteigerschule), nach Châtel-Censoir.
Châtel-Censoir (42,5 km südöstl.): Das Stift Saint-Potentien besitzt einen schönen romanischen Chor (11. Jh.), zwei Renaissance-Portale, archaisch-romanische Kapitelle, eine Sakristei aus dem 13. Jahrhundert, und einen Kapitelsaal aus dem 12. Jahrhundert.
Château de Faulin (49,5 km südöstlich): Das Schloß mit türmebewehrten Mauern (14./15. Jh.) ist von Gräben umgeben.

Auxonne 20/A 3
Église: Einst befestigter Ort an der Saône. Die Kirche (13. und 14. Jh.), burgundische Gotik, hat einen romanischen Turm und einen Renaissance-Eingangsvorbau.
Arsenal: Ehemaliges Waffen-Lagerhaus (Ende des 17. Jh.).
Place d'Armes: Mit dem gotischen Hôtel de ville (Rathaus), erbaut aus Ziegelsteinen (Ende 15. Jh.). In der Platzmitte Denkmal Napoleons, der in Auxonne von 1788 bis 1791 als Artillerieleutnant Dienst tat und dem ein Museum gewidmet ist.
Chateâu: Von dem großen Schloß (15. und 16. Jh.) stehen noch Baureste und 5 dicke Türme.
Saint-Jean-de-Losne (18 km südwestlich): Die Kirche (15. und 16. Jh.) hat ein interessantes Portal und im Innern eine prachtvolle Kanzel aus rotem Marmor mit Statuen (Anfang 17. Jh.).
Montmirey-le-Château (13 km nordöstlich): Großes Ruinenfeld eines Feudalschlosses, das gegen Ende des 15. Jh. zerstört wurde.
Pesmes (20 km nördlich): Mit bemerkenswerter Kirche (13. und 14. Jh.). Im Innern die Chapelle d'Andelot mit prunkvoller Renaissance-Ausstattung und Grab mit Figuren der Brüder d'Andelot (16. Jh.). Die Kapelle Saint-Sépulcre hat reichen Skulpturenschmuck.

Auzon 31/A 2
Einst Festungsplatz auf einer Felsenspitze. Die romanische Kirche hat einen großen arkadengezierten Vorbau (Ganivelle), der von zwei reich mit Skulpturen versehenen Treppen eingefaßt und mit schönen Kapitellen (figürliche Szenen) geschmückt ist. Im Innern befindet sich eine Holztribüne und eine Kapelle mit 2 Stockwerken (14. Jh.), die mit eigenartigen Malereien dekoriert ist. Zahlreiche Kunstwerke. Im oberen Kapellenraum sehenswerte Fresken.

Avallon 19/B 2

Die auf einem Granitfelsen erbaute, einst wehrhafte Stadt, hat ihr altertümliches Aussehen bewahrt. Es sind noch viele interessante alte Häuser zu sehen. Vom Parc des Chaumes hat man einen schönen Blick auf die Stadt.

Église Saint-Lazare: Die Kirche, in burgundisch-romanischem Stil (Mitte 12. Jh.), hat zwei besonders schöne Portale, bildhauerisch kostbar gestaltet. Am mittleren, weitgehend zerstörten Portal steht noch eine Säule mit Figur (Prophet).

Porte de l'Horloge: Das Uhr-Tor, überragt von einem Turm aus dem 15. Jh., ist der Überrest einer Burg und hat neben sich ein Türmchen, aus dem man in den Ratsherrensaal (15. Jh.) gelangt.

Vallée du Cousin (4 km westl.): Das Cousin-Tal führt von Westen nach Osten über Pontaubert (Kirche, burgundisch-romanisch) nach Cussy-les-Forges.

Marrault (9 km südöstlich): Ein Ort mit einer alten Bauernkirche.

Montréal (12 km nordöstl.): Festungsort auf einem einzeln dastehenden Berg. Die schöne Kirche (12. Jh.) besitzt ein herrliches, reichgeschnitztes Chorgestühl (16. Jh.) sowie einen großen Altaraufsatz aus Alabaster (engl. 15. Jh.).

Le Morvan* (30 km südlich).

Avesnes-sur-Helpe 6/B 1

Einst ein befestigter Ort, der sich am linken Uferhang der „Helpe majeure" befindet.

La Grand-Place: Der Hauptplatz wird gesäumt von alten Häusern mit hohen Schieferdächern.

Hôtel de ville: Das Rathaus aus blauen Steinen von Tournai (18. Jh.) und das Stift Collégiale Saint-Nicolas (16. Jh.) sind besonders sehenswert.

Spezialität: Boulettes d'Avesnes (Käsegericht).

Le Quesnoy* (30 km nordwestl.)

Avignon 37/D 3

Palais des Papes: Der Papstpalast, zugleich Festung und Residenz, stellt das wertvollste Bauwerk der Stadt dar, die einer der schönsten Kunstplätze Frankreichs ist. Er gliedert sich in das „Palais de Benoît XII" (oder Palais Vieux) aus der Mitte des 14. Jh. im Nordabschnitt und den Bautenkomplex des „Palais de Clément VI" (oder Palais Neuf) im Südabschnitt, der reicher ausgestattet und eleganter gebaut wurde. Zwischen beiden Gebäudegruppen liegt der Cour d'honneur, der Ehrenhof, in dem die Hauptaufführungen der Festspiele von Avignon stattfinden.

Palais Vieux: Im Flügelbau „l'aile du Consistoire" befinden sich der gewaltige Raum des „Salle du Consistoire" (Wandteppiche. 18. Jh.) und darüber der „Grand Tinel", Festsaal, 48 m lang, in dem die

Avallon: *Ein altes Adelshaus.*

Fresken von Simone Martini aus der Portalhalle der Kathedrale ausgestellt sind. Die beiden übereinander liegenden Kapellen im Turm „Tour Saint-Jean" sind geschmückt mit Fresken von Matteo Giovanetti de Viterbe (14. Jh.). Auch das Zimmer des Papstes, im Turm „Tour des Anges", und das sogenannte Hirsch-Zimmer (chambre du Cerf) im Turm „Tour de la Garde-Robe", sind mit sehr schönen Fresken (Jagdbilder und ländliche Szenen) dekoriert.

Palais Neuf: Im Neuen Palast ist die Kapelle Clémentine, auch Grande Chapelle genannt, mit einem gewaltigen, 15 m breiten und 19 m hohen Schiff, durch eine Treppe (Grand Escalier) verbunden mit dem Saal der „Grande Audience", der 52 m lang und in zwei Schiffe gegliedert ist.

Le Petit Palais: Dieser ehemalige Bischofssitz (14. und 15. Jh.) steht an einem weiten Platz vor dem Papstpalast, in dem Bau befindet sich ein Museum für Malerei und Skulpturen vom Mittelalter bis zur Renaissance: darunter 350 Gemälde aus der Sammlung Campana (Italienische Schulen vom 13. bis zum 16. Jh.) und aus dem Musée Calvet (Schule von Avignon). – Am großen Platz ebenfalls: Hôtel des Monnaies, mit einer reich gezierten Fassade (17. Jh.).

Cathédrale Notre-Dame-des-Doms: Die romanische Kirche wurde im 14. und 17. Jh. umgebaut (in der Sakristei merkwürdiges Grab von Johannes XXII, Mitte 14. Jh.). Sie steht auf dem Doms-Felsen, dessen Plateau in einen Garten verwandelt wurde. Von hier hat man einen herrlichen Blick auf das Rhônetal, auf **Villeneuve-lès-Avignon***, die Berge der **Alpilles*** und auf den **Mont Ventoux***.

Pont Saint-Bénézet: Die über die Rhône führende berühmte Brücke „Pont d'Avignon" (12. Jh.) mit einer romanischen Kapelle.

Sehenswerte Kirchen: Saint-Agricol (14. Jh.) mit schönem Renaissance-Altarwerk (Doni). – Saint-Pierre (14. bis 16. Jh.) mit Pforten, deren Türflügel besonders reich geschmückt sind (Renaissance) und mit einem schönen Chor im Innenraum, der mit Täfelungen gut ausgestattet ist. – Saint-Symphorien (17. Jh.), Fassade aus dem 15. Jh. – Saint-Didier (14. Jh.) im Stil der Mittelmeer-Gotik. Im Innern: bedeutender Altar „Notre-Dame-du-Spasme" (Ende 15. Jh.), eines der ersten Renaissance-Werke in Frankreich mit Fresken aus dem 14. Jh. in der Kapelle gegenüber dem Eingang. Die Kapelle „chapelle des Pénitents Noirs" hat eine besonders üppig dekorierte Fassade (18. Jh.).

Quartier de la Banasterie: Hinter Notre-Dame-des-Doms sind viele Adelshäuser und vornehme Bürgerbauten zu sehen.

Quartier des Halles: Reizvolle Bauten in der Rue du Vieux-Sextier (Fassaden Ludwig XV.), Rue Rouge und Place du Change.

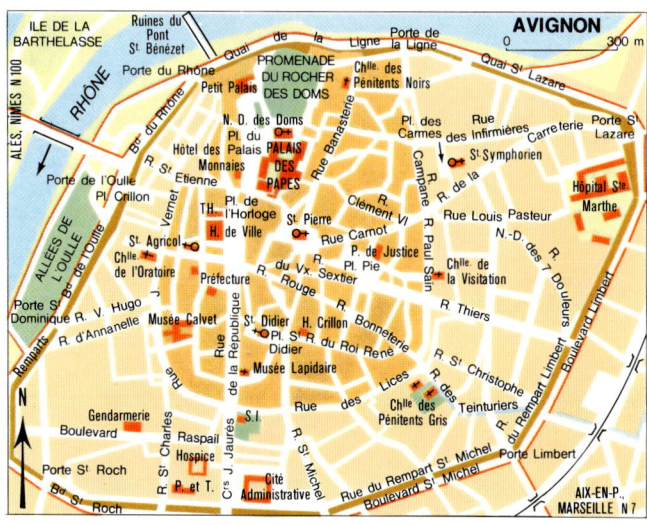

Avioth

Avignon: Der Papstpalast ist eines der berühmten Bauwerke der Welt. Das alte Viertel „La Balance", zu seinen Füßen, wird wiederhergestellt.

Quartier des Cordeliers: In der Rue des Teinturiers sind im Sorgue-Kanal Mühlenräder der ehem. Färberei zu sehen.
Quartier des Fusteries: Zahlreiche Adelshäuser (17. und 18. Jh.) in der Rue de la Petite-Fusterie. Auch in der Rue Joseph-Vernet reihen sich schöne alte Patrizierhäuser und viele prächtige Adelshöfe aneinander.
Musée Calvet: In diesem Museum, das zu den besten Frankreichs zählt, sind vor allem sehenswert: Die Säle mit Gemälden (Primitiv-Werke aus Avignon, mehrere Bilder von Joseph Vernet, Hubert Robert), dann Salons im Stil Ludwig XV., Bilder des 19. und 20. Jh., eine bedeutende Sammlung von Kunstschmiedearbeiten, sowie prähistorische Funde.
Musée lapidaire: Dieses Skulpturen-Museum ist in der ehem. Kapelle des Collège (17. Jahrhundert) eingerichtet.
Villeneuve-lès-Avignon* (2,5 km nordwestlich): Jenseits der Rhône-Insel „île de la Barthelasse".

Avioth 7/A 3
Dieses kleine Dorf besitzt eine wunderschöne Kirche (14. und 15. Jh.) mit sehr elegantem Skulpturenschmuck. Im Chor, der durch einen steinernen Chorabschluß aus dem 15. Jh. begrenzt ist, befindet sich ein pyramidenförmiges Tabernakel mit thronender Madonna aus dem 15. Jh. Neben der Kirche, bei der Kirchhofspforte, die „Recevresse", ein kleines hexagonales Bauwerk mit drei Etagen (einmalig in Frankreich), das für die Aufnahme von Pilgergaben bestimmt war.

Avranches 9/D 2
Hauptsehenswürdigkeit der Stadt ist der Jardin des Plantes (Botanischer Garten); von der Terrasse ein herrlicher Blick über die Bucht zum Kloster **Mont-Saint-Michel*** sehr schöner Blick auch vom Platz Daniel-Huet oder von dem erhöhten Platz bei der Sous-préfecture.
Musée: Im ehemaligen Bischofspalast (Palais épiscopal) ist ein Museum, das die berühmte Sammlung der Handschriften von Mont-Saint-Michel zeigt.

Ax-les-Thermes 42/B 3
Das Thermalbad in einem Bergkessel ist im Sommer Startort für Bergwanderungen, dazu ein Wintersportplatz mit entsprechenden Einrichtungen auf dem Plateau du Saquet (südlich, über die N 20, Kabinenbahn, Sesselbahn Des Campels). Vom Plateau ungefähr 1stündiger Anstieg zum Berg „Tute de l'Ours" (2 259 m); herrlicher Rundblick.
Col de Chioula (11 km nördl.): 1507 m hoch, weites Panorama. Von hier geht es über den Col de Marmare auf die Route des Corniches, sehr kurvenreich, aber malerisch und weiter über den col des Sept-Frères und die D 20 zu den Schluchten der Gorges du Rebenty.
Orlu (4,5 km südöstl.): Ein mächtiger 300 m herabstürzender Wasserfall („Cascade de Groles") liegt in der Nähe. Von Orlu führt ein Pfad zu dem See Lac de Naguilles und zur „Barrage d'Orlu-Naguilles", einem Stauwerk in herrlicher Lage.
L'Hospitalet-près l'Andorre (18 km südl.): Zu diesem 1 436 m hoch gelegenen Platz gelangt man über die N 20 (entlang dem Ariège-Tal), über Merens-les-Vals.
Col de Puymorens (29 km südl.): Von diesem 1 915 m hoch gelegenen bedeutenden Wintersportort führt die N 20 hinab nach Porta, dem Ausgangspunkt für einen Aufstieg zum Pic Carlit (2 921 m).

Azay-le-Ferron (Château de) 23/D 1
In dem von Gärten in französischem Stil umgebenen Schloß mit Bauten aus dem 15. bis 18. Jh. ist eine ansehnliche Ausstattung der Räume mit Möbeln aus mehreren Jahrhunderten (16. bis 19. Jh.) zu besichtigen.
Mézières-en-Brenne* (12 km südöstlich).
Preuilly-sur-Claise (12 km westl.): Romanische Kirche (11./12. Jh.), vornehme Häuser (16./17. Jh.); auf einem Hügel die Ruinen eines Schlosses und der Kollegialkirche Saint-Melaine aus dem 12. Jh.
Boussay (16 km westlich): Das Schloß (17./18. Jh.) mit Türmen aus dem 15. Jh. und die Gräber in der Kirche sind sehenswert.

Azay-le-Rideau (Château de) 17/C 3
Sehr schön zwischen Grünanlagen und Wasserflächen gelegen, erhebt sich in der Landschaft dieses zu Beginn des 16. Jh. erbaute Schloß (noch im feudal-gotischen Stil geschaffen). Es hat Innenräume, die im Geschmack der Renaissance eingerichtet sind. (Im Sommer: „Son et Lumière", Musik- und Licht-Schau.)
Église Saint-Symphorien: Die im 12. und 14. Jh. gebaute Kirche besitzt eine karolingische, ungewöhnlich gearbeitete Fassade, geschmückt mit 14 archaischen Statuen, verteilt auf 2 Etagen.
Château de Saché (6,5 km östlich): In diesem Schloß (erbaut im 16. und erneuert im 18. Jh.) schrieb Balzac mehrere Romane (sein Zimmer kann besucht werden). Kleines, Balzac gewidmetes Museum.
Manoir de Yonne (8,5 km nordöstl.): Herrensitz, ein hübscher Bau aus dem Ende des 16. Jh. mit hohen Schieferdächern und skulptierten Dachluken.
Villaines-les-Rochers (6,5 km südöstlich): ein malerisches Korbflechter-Dorf, in dem ständig Ausstellungen stattfinden.

Azay-le-Rideau: Im Château de Saché, dessen Fenster sich zum Indre-Tal öffnen, lebte Balzac.

Baccarat   13/D 3
Die Kristallwaren des Ortes, seit 1764 hergestellt, sind berühmt.
Musée du Cristal: Ein Kristallmuseum zeigt alte und moderne Stücke.
Église: Die Kirche ist eine eigenwillige Schöpfung heutiger Sakralarchitektur (1957).

Bagnères-de-Bigorre   41/B 2
Thermalbad und Sommerfrische. Die alte Stadt hat viel von ihrem Aussehen in früheren Zeiten bewahrt, vor allem in der Rue de Thermes (Reste eines Klosters aus dem 12. Jh.), in der Rue de l'Horloge (Tour des Jacobins, Turm des 15. Jh.), Rue und Place Vieux-Moulin (Maison dite de Jeanne d'Albret, Renaissancehaus). Die Kirche Saint-Vincent entstand im 15./16. Jahrhundert.
Musée Salies: Das Museum zeigt eine Sammlung alter Gemälde, archäologische Funde und Münzen.
Mont Bédat: Der Aufstieg zu diesem Berg (863 m hoch) dauert eine Stunde; schöner Ausblick.
Abbaye de l'Escaladieu (13 km nordöstlich): Die aus dem 12. Jh. stammende Kirche der alten Abtei, im 17. Jh. ausgebessert, ist zum Teil verfallen; Kapitelsaal 12. Jh.
Château de Mauvezin (3,5 km östlich): Die Burg aus dem 13./14. Jh., einst Festung von Gaston Phébus, herrlich gelegen, kann im Sommer besichtigt werden; im Bergfried gibt es ein kleines Museum.
Sainte-Marie-de Campan (12 km südl.): Man erreicht den Ort über Beaudéan und Campan, dessen Kirche aus dem 16. Jh. schöne Holzvertäfelungen aus dem 18. Jh. besitzt. Die Straße N 618 teilt sich hier in zwei Strecken: südöstlich geht es an den Marmorbrüchen von Payolle vorbei zum Col d'Aspin (1 489 m) und nach **Arreau***; südwestlich zum Pic du Midi de Bigorre.
Pic du Midi de Bigorre (35 km südl.): Der Weg führt über Sainte-Marie-de-Campan nach La Mongie, einem Wintersportplatz in 1800 m Höhe, weiter zum Col du Tourmalet (2 115 m) und von dort zum Pic du Midi (Gipfelhöhe: 2865 m). Hier liegt unterhalb des Fernsehturms eine Aussichtsterrasse mit herrlichem Blick.

Bagnères-de-Luchon   41/C 3
Durch das Zentrum des Thermalbades ziehen sich, über 600 m hin, die Etigny-Alleen. Im Südteil enden sie im Parc Quinconces. Die Altstadt um die neuromanische Kirche hat noch den Charakter eines Pyrenäendorfes. Eine Bergbahn führt vom Parc Quinconces empor zur Terrasse La Chaumière (780 m).
Montauban (1,5 km östlich): Im Ort gibt es eine Kirche aus dem 13. Jh. mit romanischer Krypta; schöne Wasserfälle.
Église Saint-Aventin (6 km nordwestlich): Eine sehenswerte Kirche aus dem Ende des 11. Jh. mit zwei viereckigen Glockentürmen, einem Portal mit Figurenkapitellen und skulptiertem Giebelfeld. Sie besitzt romanisches Taufgerät und einen Altar aus dem 13. Jh.
Superbagnères (18 km südwestl.): Der 1 800 m hoch und herrlich gelegene Wintersportort ist auch Ausgangspunkt für viele Ausflüge, z. B. zu den Seen von Espingo und Oô.
Hospice de France (10,5 km südöstlich): Zu diesem 1 385 m hoch gelegenen Platz gelangt man durch das Tal der Pique und über die Route de l'Hospice; von hier kann man zum Port de Vénasque (2448 m) und Port de la Picarda gelangen.
Viella (34 km südöstlich): Der Hauptort des Gebiets Val d'Aran, von dem ein Teil auf spanischem Boden liegt. Die Fahrt in diese spanische Stadt geht über den Col du Portillon.

Bagnoles-de-l'Orne   10/B 2
Zusammen mit Tessé-la-Madeleine ist der Ort ein bedeutendes Thermalbad im felsigen, bewaldeten Vée-Tal.
Forêt d'Andaine (8 km nordwestl.): Der Wald liegt im Naturpark Normandie-Maine.
Château de Lassay* (17 km südwestlich).

Bagnols-sur-Cèze   37/D3
Im Hôtel de ville (Rathaus) ist ein Museum für Kunst des 19. und 20. Jahrhunderts eingerichtet. Zu sehen sind Werke von Renoir, Berthe Morisot, Pissarro, Signac, Van Dongen, Matisse, Marquet, Bonnard, Maillol, u. a. Im südlichen Stadtteil stehen bemerkenswerte moderne Wohnbauten.
Marcoule (6 km östlich): Atomzentrum. In einem Pavillon kann man Dokumentationen einsehen.
Goudargues (17 km nordwestlich): Hier stehen die Reste einer Abtei mit romanischer Kapelle und Kirche; die Pfarrkirche wurde im 12. Jh. gebaut. In der Umgebung sind (in Richtung auf Barjac zu) sehr schöne Quellen und die prächtigen Schluchten der Cèze zu besuchen.

Bailleul   1/D 2
Die Stadt wurde im ersten Weltkrieg zerstört. Aber heute hat sie, nach einem Wiederaufbau, wieder ihren wehrhaften Stadtturm (beffroi), von dem man einen herrlichen Rundblick hat auf ihre Kirchen sowie ihre Häuser aus gelben Steinen nach flämischer Art.
Musée Benoît-de-Puydt: Das Museum besitzt schöne Sammlungen von Keramikarbeiten, flämischen Wandbehängen und Spitzen.

Balleroy (Château de)   4/A 3
Ein schöner Schloßbau im Stil Ludwig XIII., prachtvoll eingefaßt von Flachbauten, Pavillons und Fahrwegen. (Mittwoch geschlossen). Die Innenräume sind reizvoll ausgestattet und möbliert.
Museum: Im Schloß befindet sich das einzige Museum der Welt, das über die Luftfahrtgeschichte mit Ballons und Luftschiffen eingehend informiert.

Bandol   44/B 2
Der Badeort liegt hübsch an einer Meeresbucht, am Fuß hoher, mit Buschwerk bewachsenen Berghänge. Gegenüber sieht man (mit Motorbooten alle 30 Minuten erreichbar) die Insel Bendor (Île de Bendor). Sie ist Privateigentum, aber ausgebaut zum Touristen-Treffpunkt mit Zentren für kulturelle und sportliche Veranstaltungen. Ein Musée de la Mer (Museum für Meereskunde) und ein Musée du Vin (Wein-Museum) gehören zu den besonderen Attraktionen der Insel.

Baie de Somme   5/B 1
Bei Ebbe erscheinen in der Somme-Bucht riesige Sandbänke, die zusammen mit den weiten, nur bei Springfluten vom Wasser bedeckten Gebieten eine ins Grenzenlose sich verlierende Uferlandschaft bilden. Sie dient den Meeresvögeln als Nist- und Brutstätte, wird zum Teil aber auch als Weideland für Schafe genutzt. An den zahlreichen Kanälen wandern die Angler entlang. Mit dem Kanu oder von Jagdhütten aus wird Wassergeflügel gejagt. – Man kann die Bucht zu Fuß durchwandern von **Saint-Valéry-sur-Somme*** bis **Crotoy*** (zwischen zwei Fluten). Die direkte Entfernung beträgt 3 km, man braucht etwa eine Stunde. – Im Park von Marquenterre, westlich von **Rue***, am Rand der Bucht, kann man Meeres- und Sumpfvögel der ganzen pikardischen Küste sehen. Hier gibt es überall in den Dünen und auf den salzreichen Wiesen Aussichtspunkte und Türme zur Beobachtung.

Le Brusc (10 km südlich): Im Süden der Bucht von Sanary liegt dieser Ort mit besonders schöner Umgebung.
Ile des Embiez (10 km südl.): Die Insel ist ein Zentrum des Motorboot-Sports.
La Cadière-d'Azur (7,5 km nördl.): In dem alten provenzalischen Dorf auf einem felsigen Hügel befindet sich eine interessante Kapelle der Büßermönche mit Kunstwerken und Mobiliar für die Liturgie aus dem 18. Jahrhundert.
Le Castellet (24 km nördl.): Das pittoreske, einst befestigte Dorf auf dem Gipfel eines Felsens bietet weite Sicht nach allen Seiten.
Saint-Cyr (9 km nordwestlich): Ein Badeort. 2 km von ihm entfernt liegt der Ort Les Lecques mit dem „Musée de Tauroentum", einem Museum mit Mosaiken aus dem 1. Jahrhundert und Gegenständen aus gallo-römischer Zeit.
La Ciotat (7 km westl. von Saint-Cyr): Bedeutende Werftanlagen.

Banyuls-sur-Mer 43/D 3

Ein Fischerhafen und Badeort. Das Wohnviertel der Fischer klettert mit kleinen bunten Häusern am Berg der Pointe Doune empor. Im Laboratoire Arago besteht ein reichhaltiges Aquarium mit Mittelmeerfauna. Vom Ufer geht ein Molendamm zur Insel Ile Grosse, auf der ein Totenmal von Maillol steht. – Berühmt ist der Wein „vin de Banyuls".
Collioure* (10 km nordwestlich): Ein reizvoller Fischerhafen.
Mas Maillol (3,5 km südwestlich): Über Puig-del-Mas kommt man zu dem Landhaus, in dem der Bildhauer Maillol gelebt hat († 1944). Über seinem Grab erhebt sich die Statue „La Mediterranée" (Das Mittelmeer).
Cerbère (10 km südl.): Französischer Grenzort, Zollstation.

Barbezieux 29/B 2

Dem Bild dieser kleinen Stadt verleihen die Kirche Saint-Mathias (Schiff 11. Jh., Front 18. Jh.) und das Schloß aus dem 15. Jh., in dem das Museum und ein Theater untergebracht sind, seinen eigentümlichen Reiz.
Blanzac (15 km östlich): Front und Portal der Kirche aus dem 12./13. Jahrhundert sind besonders elegant gearbeitet. 3 km nördlich der Stadt steht das Herrenhaus „Manoir du Maine-Giraud", in dem Alfred de Vigny lebte.
Château de la Mercerie (30 km nordöstlich): Das über Blanzac zu erreichende Schloß ist eine Kuriosität. Es wurde von 1930 an als sehr freie Nachahmung des Versailler Schlosses „Le Grand Trianon" erbaut. Die weitläufige, mehrere Gebäude umfassende Anlage (zu besuchen nachmittags) liegt in einer 400 ha großen Domäne, die einen Baumgarten besitzt.

Ballon d'Alsace 20/D 1

Eine außerordentlich malerische Straße ist die N 465, die von **Belfort*** aus in Serpentinen durch das Tal der Savoureuse über Giromagny in die Höhe führt, zuerst durch Waldungen und felsenreiche Landschaften, dann durch weites Wiesengelände. Vom Sattel Col du Ballon (1 178 m) geht man in 10 Minuten zum Ballon d'Alsace (1 242 m), von dem man einen großartigen Ausblick nach allen Seiten hat. Zwei Straßen führen hinab: die N 465 (weiter nach Norden) am Denkmal für Minensucher (Monument des Démineurs) vorbei, über Le Plain du Canon nach Saint-Maurice-sur-Moselle, und die D 466 (nach Südosten) vorüber am Lac d'Alfeld, einem der schönsten Seen in den Vogesen, und am Lac de Sewen, nach Kirchberg, Niederbruck, wo eine Kolossalstatue der Madonna von Bourdelle steht, nach Masevaux.

Montmoreau (29 km südöstlich): Der Ort hat ein Schloß aus dem 15. Jh. (mit romanischer Kapelle aus dem 12. Jh.) und eine einschiffige romanische Kirche aus dem 12. Jh. mit einem Kuppeldach und einer reich skulptierten Pforte.

Barbizon 11/D 3

Das Dorf, in dem zwischen 1830 und 1850 Maler die „Schule von Barbizon" entwickelten, ist heute ein hübscher Wohnort und ein Touristenziel. Die Häuser von Millet und Théodore Rousseau haben ihr äußeres Aussehen fast unverändert bewahrt; in den Räumlichkeiten ist nichts Besonderes zu sehen. Das gilt auch für die alte Schenke von Père Ganne, die einst von vielen Malern ausgeschmückt wurde.
Fontainebleau* (9 km südöstl.): Durch den sehr schönen Hochwald von Bas-Bréau erreicht man Stadt und Schloß.
Chailly-en-Bière (4 km nördlich): In diesem Ort, der eine Kirche aus dem 13./14. Jahrhundert hat, liegen Millet, der in der Umgebung sein berühmtes Bild „Angelus" gemalt hat, und Théodore Rousseau auf dem Friedhof begraben.
Fleury-en-Bière (6 km östlich): Hier sind eine romanische Kirche und ein Schloß aus dem 16. Jh. (mit gewaltigem Seitenturm und Wassergräben) zu besichtigen.

Barcelonnette 38/D 2

Die Stadt in den Bergen, 1 133 m hoch gelegen, bietet noch den Anblick eines mittelalterlichen befestigten Orts. Im Zentrum (Place Manuel) steht ein Glockenturm aus dem 15. Jahrhundert (La Tour Cardinalis).
Musée Chabrand: Das Museum zeigt eine Sammlung mit Vögeln aus ganz Europa.
Villas des Barcelonnettes: Man beachte diese prunkvollen Häuser von Einwohnern der Stadt, die in Mexiko ein großes Vermögen erwarben.
Le Sauze (4 km südöstlich): Zu diesem Kurort gehört der Wintersportplatz Super-Sauze (1 500 m).
Colmars (42 km südl.): Diesen Kurort und Wintersportplatz (1 259 m) erreicht man über den Col d'Allos (2 250 m), über La Foux und Allos.
Col de la Cayolle (30 km südöstl.): Zu dem 2 326 m hoch liegenden Paß kommt man durch das Tal von Bachelard und Fours; vom Paß führt die Strecke hinab durch das Tal des Var nach Entraunes über Saint-Martin-d'Entraunes (1 055 m) und Guillaumes, von wo man zum Wintersportplatz Valberg (1 700 m) fahren kann.

Barèges 41/B 3

Das Thermalbad, auch ein bekannter Wintersportplatz, liegt auf einer Höhe von 1 240 m an der Strecke zum Tourmalet-Massiv. Zahlreiche Seilbahnen und Sessellifte erleichtern Bergwanderungen zu den Höhen ringsum.
Pic d'Ayré (3 km südlich): Zum Plateau auf dem Gipfel in 2 418 m Höhe fährt eine Bergbahn.
La Laquette (2 km östlich): Auf die Berghöhe (1 715 m) führt eine Kabinenbahn.
Col du Tourmalet (11 km östlich): Dieser Paß ist mit 2 115 m der höchste in den Pyrenäen; 5,5 km nördlich befindet sich der Pic du Midi de Bigorre.
Luz-Saint-Sauveur* (7,5 km südwestlich).

Barfleur 3/D 2

Der Fischerhafen und Badeort liegt im äußersten Nordosten der Cotentin-Halbinsel, an einer wilden, felsigen, fast immer von Wind überbrausten Küste. Die Häuser, aus Granitsteinen gebaut, stehen rings um eine kleine Bucht. Die Kirche stammt aus dem 17. Jh. Auf der Pointe de Barfleur (4 km nördlich) befindet sich der Phare de Gatteville (Leuchtturm).
Réville (8 km südlich): Die Kirche mit romanischen und spätgotischen Teilen steht auf einer Erhöhung und ist umschlossen von einem ländlichen Friedhof.
Saint Vaast-la-Hougue (11 km südl.): Von diesem Fischerhafen auf einer Halbinsel führt ein Damm zu einem Fort von Vauban.

Bar-le-Duc 13/A 2

Die rührige Stadt, deren Johannisbeerkonfitüren berühmt sind, hat

noch schöne Zeugen ihrer Vergangenheit. Die Oberstadt (ville haute) wird überragt vom Château-Neuf, einem Bau aus dem 16./17. Jh., in dem das Musée du Barrois (Regionalmuseum) untergebracht ist. In der Rue des Ducs-de-Bar stehen zahlreiche Adelshäuser mit schmuck gestalteten Fassaden. Die Unterstadt (ville basse), der alte Ortskern, besitzt vor allem in der Rue du Bourg schöne Häuser aus dem 17./18. Jh.
Église Notre-Dame: Die Kirche im Altstadtviertel stammt aus dem 13./14. Jahrhundert.
Collège Gilles de Trèves: Um den Hof dieses ehemaligen Stifts liegen stattliche Bauten aus dem 16. und 17. Jahrhundert.
Église Saint-Antoine: Die Kirche aus dem 14. und 15. Jh. ist zum Teil über einem Kanal erbaut. Im Innern sind Fresken aus dem 14. und 15. Jh. zu besichtigen.
Église Saint-Étienne: In diesem Kirchbau aus dem 14. Jh. ist ein Meisterwerk aus dem 16. Jh. zu bewundern: die Figur „Squelette" des Bildhauers Ligier Richier über dem Mausoleum für das Herz von René de Chalon.
Verdun* (56 km nordöstl.): Die Straße von Bar-le-Duc nach Verdun erhielt nach dem Weltkrieg 1914 – 1918 den Namen „Voie sacrée" (Geheiligte Straße).
Ligny-en-Barrois (16 km südöstl.): In der kleinen alten Stadt zeugt nur noch das Tor „Porte Dauphine" (Mitte 18. Jh.) für die prächtigen Anlagen, mit denen König Stanislas von Polen, Herzog von Lothringen, den Ort einst verschönert hat. In der Kirche Notre-Dame (12. bis 17. Jh.) befindet sich die Kapelle von Pierre de Luxembourg (†1387), genannt „Le bienheureux" (Der Glückliche).

Barles 38/C 2
Ein kleines Dorf am Berghang an der Strecke von **Digne*** nach Seyne.
Les clues de Barles: Die Berge im Süden des Dorfes sind wildzerklüftet. Steil hochschießende Felswände engen gleichermaßen das Wildwasser wie die Straße ein.
La clue de Verdaches: Die Landschaft zwischen Barles und Verdaches ist reicher an Wiesengrün und Buschwerk.
Seyne-les-Alpes (22,5 km nordöstl.): Die romanische Kirche des Ortes (mit gotischen Portalen) gehört zu den schönsten ihrer Art in dieser Gegend. Die Zitadelle stellt einen für die Festungsarchitektur des 17. Jahrhunderts charakteristischen Bau dar.

Barneville-Carteret 3/C 3
Carteret ist ein kleiner Hafen mit nettem Strand an der Mündung der Gerfleur. Man kann eine schöne Wanderung auf einem Bergpfad

Barneville-Carteret: Felsen aus Schiefergestein oberhalb des Strandes; auf einem Weg der Zöllner kann man an der Steilküste entlanggehen.

über die Schieferfelsen rund um Cap de Carteret unternehmen, auf deren Höhe ein Leuchtturm steht.
Portbail (8,5 km südöstlich): 150 m entfernt von der Kirche Notre-Dame (11. Jh.) sind hier die Reste eines frühchristlichen Baptisteriums, eine hexagonale Anlage aus dem 6./7. Jh., zu besichtigen.

Barr 14/A 3
Das Lustschloß „La Folie Marco" aus der Mitte des 18. Jh. steht noch da wie zu seiner Entstehungszeit. In seinen Räumen werden schöne Kollektionen von alten Möbeln, Fayencen, Elsässer Porzellan und Zinnwaren gezeigt.
Château de Truttenhausen (3 km nordwestlich): Das Schloß entstand um die Mitte des 18. Jh.

Barre -des-Cévennes 37/B 2
In diesem malerischen Dorf sind die „Priorale de l'Assumption-Notre-Dame", eine Kirche romanischen Ursprungs (12. Jh.) und ein Feudalschloß zu sehen.
La Corniche des Cévennes*: eines der schönen Ausflugsziele, die man von Barre erreichen kann.
La Valfrancesque (17 km südöstl.): Das auch „Vallée française" genannte Tal bietet höchst reizvolle Bilder mit dem Farbenspiel von schwärzlichem Schiefergestein und grünem Buschwerk.

Bar-sur-Aube 12/D 3
Église Saint-Pierre: Die sehenswerte Kirche wurde im Stil naiver burgundischer Gotik gegen Ende des 12. Jh. errichtet und besitzt eine interessante Holzgalerie aus dem 14. Jahrhundert.
Église Saint-Maclou: Die Kirche, gebaut zu Ende des 12. bis 15. Jh., ist nicht mehr gut erhalten, verdient aber trotzdem einen Besuch.
Bayel (7 km südöstlich): In der Kirche sind zwei meisterliche Arbeiten der Bildhauerkunst der Champagne zu sehen: eine Hl. Jungfrau mit dem Kind (Anfang 14. Jh.) und die Pietà des Maître de la Sainte-Marthe (Anfang 16. Jh.).
Clairvaux (14 km südöstl.): Die ehemalige Abtei ist ein Zuchthaus geworden. Man kann nur die Kapelle Sainte-Anne besichtigen und die Front des Cour d'honneur aus dem 18. Jh. (Innenhof) betrachten.
Colombey-les-Deux-Églises* (15 km östlich): General de Gaulle, der im Landhaus „La Boisserie" (Besichtigung) starb, liegt hier auf dem Friedhof begraben. In der Nähe wurde ein 44 m hohes Lothringerkreuz aus rosa Granit errichtet.
Forêt d'Orient (25 km westlich): Ein großer Naturpark. Siehe auch **Brienne-le-Château***.

Bassoues 41/B 1
Ein großartiger viereckiger Bergfried aus dem 14. Jh., 38 m hoch, erhebt sich in der alten Festung der Erzbischöfe von Auch über dem Dorf, einem kleinen Ort auf einem Hügel. Das Schloß zählt zu den am besten erhaltenen Bauwerken im Midi. Die einfallsreiche Konstruktion und die behagliche Inneneinrichtung zeugen vom höchsten Stand damaligen Komforts; besonders schön sind einige Säle mit gewölbten Decken.
Église Notre-Dame: Die Kirche wurde im 14. Jh. gebaut. Außer ihr sind ein Hallenbau aus Holz und viele alte Häuser sehenswert.
Basilique Saint-Fris: Auf dem Friedhof erhebt sich diese Basilika (16. Jh., neu gebaut zu Ende des 19. Jh.). Unter ihrem Chor steht in einer großen Krypta der Sarkophag des Heiligen Saint-Fris.

Bastia 45/A 2
Die lebendige Stadt ist das wirtschaftliche Zentrum Korsikas. Der Platz Saint-Nicolas führt 300 m weit am neuen Hafen entlang. Oberhalb des alten Hafens liegt die Altstadt mit engen, krummen Straßen. Die

Bastia: *Der malerische alte Hafen. Über den Häusern und engen Straßen erhebt sich die strahlende Front der Kirche Saint-Jean-Baptiste.*

Les Baux-de-Provence: *Eine der eindrucksvollsten Ortschaften in der Provence. Die hellen Ruinen verschwimmen im Schimmer der Felsen.*

Les Baux-de-Provence: *Zahlreiche Adelshäuser sind, wie diese Treppe, reizvoll mit dekorativem Bildhauerschmuck der Renaissance versehen.*

bedeutendsten Bauwerke sind die prunkreiche Église Saint-Jean-Baptiste, eine im 17. Jh. gebaute, im 18. Jh. mit Schmuckwerk versehene Kirche und die Kapelle „Chapelle de la Conception" (Anfang 17. Jh.). Auf einem Bergvorsprung südlich der Stadt thront die Zitadelle in ihrem Festungsgürtel.
Musée d'Ethnographie corse: Das Museum für Tiefsee-Archäologie ist im ehemaligen Palast des genuesischen Gouverneurs (14./15. Jh.) untergebracht (So. ⊠).
Cathédrale Sainte-Marie: In den Bau der Kathedrale aus dem 17. Jh. ist die Chapelle Sainte-Croix (15. Jh.) eingegliedert, eine Kapelle, in der „Le Christ des Miracles" (Christus der Wundertäter) verehrt wird.
Bastia-Plage (6 km südlich): Ein bedeutendes Touristenzentrum.
Cap Corse* (50 km nördlich): Ausflugsziel.

La Bastie d'Urfé
(Château de) 31/B 1

Das bemerkenswerteste Renaissancegebäude im Forez-Gebiet. Im Innenhof befindet sich eine zweistöckige Galerie nach italienischem Geschmack. Im Erdgeschoß des Haupthauses befindet sich eine bizarre Grotte aus Kieselsteinen und Muschelwerk mit den Reliefs mythologischer Gestalten. Im ersten Stockwerk sind schön bemalte Decken sowie Möbel und Wandteppiche aus dem 16./17. Jh. zu beschauen.
Château de Goutelas (9 km südwestl. über Boën): Das Schloß aus dem Ende des 16. Jh. liegt auf einer Terrasse, von der der Blick weithin über die Ebene des Forez geht. (Besichtigung nachmittags in der Saison außer Mittwoch).

La Bastide
-Puylaurent 37/B 1

Ein typischer Ferienort im Grünen.
Saint-Laurent-les-Bains (8 km östlich): Über die D 4, auf dem Kamm der Cévennen, gelangt man durch eine herrliche Landschaft zu diesem kleinen Thermalbad auf einer Höhe von 850 m. Von hier geht es nach Notre-Dame-des-Neiges in einem Bergtal (Sonntag ⊠).

Batz (Île), siehe **Roscoff*** 8/C 1

La Baule 16/B 2

Eines der am stärksten besuchten Seebäder am Atlantik. Am Uferdamm reiht sich eine endlose Kette von Hotels und Villen. Der Ortsteil La Baule-les-Pins ist in den wunderschönen Pinienwald des Bois d'Amour eingebettet.
Le Pouliguen (3 km westlich): Am Hafenkai des Ortes drängen sich alte malerische Häuser; Strand.
Batz-sur-Mer (6 km westl.): Über die Küstenstraße Corniche de la Grande-Côte kommt man zu diesem alten Handelsplatz für See-

Bavay: *Die Säulen mit ihren Bögen, auf denen einst die Galerien mit den Warenlagern der Händler ruhten, erinnern an die Römerstadt.*

salz. Über der aus Granit gebauten Kirche Saint-Guénolé (15./16. Jh.) steigt ein 60 m hoher Turm empor.
Le Croisic (10 km nordwestl.): Im Ort, vornehmlich am Hafen, stehen schöne Häuser des 17. und 18. Jh. Der kleine Bau des Château d'Aiguillon aus dem 16. Jahrhundert beherbergt das Bürgermeisteramt und ein Schiffahrtsmuseum. Die Kirche Notre-Dame-de-Pitié aus Granit stammt aus dem 15. Jh.
Saillé (4 km norwestlich): Von hier geht die D 92 durch salzhaltige Sümpfe nach La Turballe, einem Hafen der Sardinenfischer.

Baume-les-Messieurs
(Abbaye de) 26/B 1
Von der im 6. Jahrhundert gegründeten Abtei steht unter Gebäuden aus dem 15./16. Jh. noch eine herrliche romanische Kirche aus dem 12. Jh. Ihre Fassade aus dem 15. Jh. ist mit Statuen aus der Burgundischen Schule geschmückt. Das Schiff (12./13. Jh.) ist zum Teil mit Grabplatten ausgelegt. Im Chor (13./15. Jh.) steigt über dem Hauptaltar ein herrliches, geschnitztes und bemaltes Flügelaltarbild in flämischem Stil empor. In der Chapelle de Chalon, links vom Chor, steht eine bemerkenswert gearbeitete Stein-Skulptur von Saint-Paul (15. Jh.). Gräber der Familie Chalon.
Cirque de Baume (3 km südl.): Ein Talgrund inmitten großartiger, hochaufschießender Felsen, in denen zahlreiche Grotten zu sehen sind.

Les Baux
-de Provence 43/D 1
Die einstige Festung, heute zerfallen, liegt auf einem kahlen Felsenmassiv der **Alpilles***, einem 900 m langen und 200 m breiten Berggrat. Es stehen noch mehrere Renaissance-Häuser, so das Hôtel de Manville (Rathaus, Museum) in der Grande Rue, das Maison Porcelet (Place de l'Élise), der Herrensitz Manoir de la Tour de Brau (14. Jh.), in dem das Musée lapidaire (Skulpturenmuseum) untergebracht ist.
Église Saint-Vincent: In dieser aus dem 13./15. Jh. stammenden Kirche wird in der Christgeburtsnacht das eigentümliche Fest der „Pastrage" gefeiert, bei dem die Schäfer mit der Weihegabe eines Lamms erscheinen.
Schloßkomplex: Der gesamte Bereich wird beherrscht von den gewaltigen Ruinen der Feudalburg, von dem ungeheuren Wehrturm aus dem 13. Jh., dem Bild mehrerer anderer Türme, von den Resten der Katharinenkapelle. An einer Felswand ist ein seltsames Relief zu sehen: die Darstellung der Drei Marien. Unterhalb von Les Baux liegen das felsige Tal „Val d'Enfer" und zahlreiche Grotten und Höhlen, die einst bewohnt waren.
Fontvieille (9 km südwestlich): Hier erreicht man „Le moulin de Daudet" (die Mühle Daudet's); siehe Abbaye **Montmajour***; 2 km südlich von Fontvieille befinden sich die römischen Aquädukte von Barbegal und Meunerie.
Saint-Rémy-de-Provence* (9 km nordöstlich).

Bavay 2/B 3
Ausgrabungen haben hier die Reste der römischen Stadt Bagacum an das Licht gebracht, eine weiträumige Anlage (Mitte des 2. Jh.) mit einer rechteckig gezogenen Stadtmauer, in deren Schutz zahllose Läden lagen. Mit einem Archäologischen Museum.

Bayeux 4/A 3
Zu den sehenswerten alten Gebäuden gehören eine alte Renaissancekapelle, octogonal, mit sehr schöner Decke, und sehenswerte Adelshäuser wie: Maison du Gouverneur (16. Jh.), Maison de Bayeux (14./15. Jh.), Hôtel de Fresne (15./16. Jh.).
Cathédrale Notre-Dame: Die Kirche ist eines der schönsten Beispiele für die normannische Gotik. Die spitzen Fronttürme erheben sich 75 m hoch, der Turm im Zentrum ist 80 m hoch. Der Kirchenschatz und der Kapitelsaal verdienen eine Besichtigung. (Beim Sakristan melden.)
Évêché: Im ehemaligen Bischofshaus und Priesterseminar sind das Museum „Musée Baron-Gérard" und das Gericht untergebracht.
Tapisserie de la Reine Mathilde: Den berühmten Wandteppich der Königin Mathilde findet man in dem ehemaligen Priesterseminar (18. Jh.). Das zu Ende des 11. Jh. geschaffene Werk ist eigentlich eine gestickte Bildergeschichte. Auf dem 69,55 m langen und 50 Zentimeter breiten Teppichband wird die

Bayeux: *Der Wandbehang, die berühmte „Tapisserie", ist wahrhaft „gezeichnete Geschichte". Die Engländer tragen da Schnurrbärte, und die Normannen haben den Nacken kahl geschoren.*

Bazas: *Château de Roquetaillade, Schloß aus dem 14. Jh.*

Beaucaire: *Der Bergfried ist der einzige erhaltene Teil der Burg.*

Eroberung Englands durch die Normannen erzählt.
Argouges (7 km nordwestlich): Das befestigte Herrenhaus Manoir d'Argouges, mit Resten von Wällen und Wassergräben, ist ein eleganter Wohnsitz der Renaissance.
Saint-Loup-Hors (1,5 km südwestlich): Die Kirche, erbaut vom 12. bis 14. Jh., hat einen herrlichen romanischen Turm.
Abbaye de Mondaye (9 km südlich): Die im 12. Jh. gegründete Abtei, deren heutige Bauten aus dem 17./18. Jahrhundert stammen, besitzt eine Kirche aus dem 18. Jahrhundert mit einer sehr seltenen Gesamtausstattung in klassisch-normannischem Stil.

Bayonne 40/C 1
In der einst wehrhaft befestigten Stadt sind noch Quais, Straßen und Wälle aus alter Zeit zu sehen.
Cathédrale Sainte-Marie: Die Kathedrale aus dem 13./14. Jh. mit Spitztürmen aus dem 19. Jh. hat einen Kreuzgang aus der Mitte des 13. Jh. Im Viertel um die Kathedrale gibt es viele alte Straßen mit sehenswerten Häusern.
Musée basque: Das Museum in einem Haus aus dem 16. Jh. ist mit hochinteressanten Zeugnissen zu Geschichte und Leben des Baskenlandes gefüllt: Rekonstruktionen von Wohnräumen, Handwerkerläden. Säle, die über Tanz, Theater, Pelota-Spiel, über Traditionen und Bräuche der Region informieren. (Kein Besuch an Sonn- und Feiertagen.)
Musée Bonnat: Im Museum befindet sich die umfangreiche Bildersammlung des Bayonner Malers Leon Bonnat, mit Werken von Van Dyck, Rubens, Rembrandt, Greco, Ingres, Degas und Goya.
Barre de l'Adour (6 km nordwestlich): Ein Stauwerk an der Adourmündung, das 1967 durch einen Damm von 1100 m Länge mit einer Landzunge an der Nordseite des Flusses verbunden wurde.
Biarritz* (8 km westlich): Seebad.
La Croix de Mouguerre (7 km südöstl.): Von diesem Aussichtspunkt führt die „Route Impériale des Cimes" auf sehr kurvenreicher Strecke in die Berge, wobei es immer wieder herrliche Ausblicke auf die Pyrenäen gibt. Siehe auch **Hasparren***.

Bazas 35/B 2
Hoch über der Stadt, die auf einem Bergvorsprung über dem Tal erbaut wurde, erhebt sich die stattliche Kathedrale Saint-Jean-Baptiste (13./14. Jh.). Sie hat besonders schöne Portale (13. Jh.).
Place de la République: Der Platz ist umgeben von Häusern mit Arkaden (15./16. Jh.). Aus dem Garten des ehemaligen Bischofssitzes (Évêché), der bis auf die Wälle hinabreicht, hat man einen weiten Rundblick über das Beuve-Tal.
Mazères (11 km nordwestlich): Château de Roc – Taillade. Das Schloß aus dem Anfang des 14. Jh. ist im 19. Jh. von dem Architekten und Schriftsteller Viollet-le-Duc restauriert und dabei zu einer kuriosen mittelalterlichen Anlage ausgebaut worden. (Besuch: in den Osterferien, und vom 15. Juni bis 15. Okt. täglich; sonst an Sonn- und Feiertagen.)
Uzeste (10 km westlich): Hier steht eine gotische Kirche mit skulptiertem Portal; im Innern liegt das beschädigte Grab Clemens V. († 1314).
Gorges du Ciron (12 km südwestl.): Schluchten im Tal des Ciron mit Ruinen von Schlössern.

Beaugency: *Die nukleare Forschungsstation Saint-Laurent-des-Eaux auf einer künstlichen Insel.*

Beaucaire 43/D 1
Das festungsartige Schloß mit dem mächtigen dreieckigen Wehrturm wurde im 13./14. Jh. auf einem steilen Felsen erbaut. Es steht weithin sichtbar über der Rhône.
Église Notre-Dame-des-Pommiers: Die Kirche aus dem Anfang des 18. Jh. trägt an ihrer Außenwand einen romanischen Fries, bei dem der Bildhauer Szenen aus der Passion dargestellt hat.
Musée du Vieux-Beaucaire: Das in einem Haus des 15. Jh. untergebrachte Heimatmuseum zeigt Zeugnisse für Leben und Sitten der Provence in früheren Zeiten.

Beaugency 18/B 1
Die anmutige kleine Stadt am Ufer der Loire hat eine malerische Brücke mit 22 Bögen. Im Altstadtviertel gibt es viele Erinnerungen an die Vergangenheit. Zu den sehenswerten Bauten zählen der Donjon (Wehrturm), auch Tour de César genannt, der aus dem 11. Jh. stammt, das Schloß aus dem 15. Jh., der Tour Saint-Firmin (Turm) aus dem 16. Jh. und die Église Notre-Dame, einst Abteikirche, aus dem 12. Jh. In der Rue du Puits-de-l'Ange steht das Haus Maison des Templiers mit romanischer Front (12. Jh.). Am Quai befinden sich noch Abteigebäude aus dem 18. Jahrhundert.
Meung-sur-Loire (7 km nordöstlich): Hier bilden das Schloß aus dem 17./18. Jh. (mit Teilen aus dem 13. Jh.) und die schöne Kirche Église Saint-Liphard (11. – 13. Jh.) eine sehr reizvolle Bautengruppe.
Saint-Laurent-des-Eaux (9 km südwestlich): Nuklearstation.
Château de Talcy* (16 km westl.).

Beaulieu-sur-Dordogne 30/B 3
Église: Die einstige Abteikirche der Benediktiner ist im Stil der Romanik des Limousin erbaut. Sie hat ein mit Skulpturen versehenes Portal, das eines der schönsten romanischen Werke im Languedoc ist. Das Giebelfeld enthält eine Darstellung des letzten Gerichts. In der Kirche sind ein reich geschnitztes Chorgestühl aus dem 18. Jh. und ein wertvoller Kirchenschatz zu besichtigen.
Chapelle des Pénitents: Die Kapelle der Büßermönche aus dem 12. und 15. Jh. und Häuser aus dem 14. und 15. Jh. verdienen besondere Beachtung.
Bretenoux (8 km südlich): Das Schloß Château de Castelnau, nach 2 km von diesem Ort erreichbar, ist eine sehr schöne mittelalterliche Festung mit einem Turm von 62 m Höhe.

Beaumont-du-Périgord 35/C 1
An die Befestigung des Ortes im 13. Jh. erinnern Reste von Wällen, Tore und die von vier Türmen geschützte, mit einem Umgang für Wachen versehene Wehrkirche.
Château de Bannes (3 km nördlich): Das Schloß ist ein Festungsbau des 16. Jh., mit Türmen und wehrhaften Zinnen ausgestattet und mit einer Zugbrücke versehen. (Keine Besichtigung).
Couze-et-Saint-Front (7 km nordwestlich): Die Kirche stammt aus dem 11./12. Jahrhundert. Hier sind auch Höhlenwohnungen zu besichtigen.

Beaune 25/D 1
Diese Stadt der Kunst umgibt ein Gürtel von Wällen mit dicken Wehrtürmen. Viele sehenswerte Wohnbauten aus dem 15. und 16. Jh. findet man vor allem in Alt-Beaune.
Hôtel-Dieu: Das Hospital aus der Mitte des 15. Jh. ist ein hervorragendes Beispiel für Architektur und dekorative Kunst der flämischen Gotik. Die Hauptsehenswürdigkeiten sind der Innenhof mit Brunnen, Holzgalerie, bunten Giebeln, der große Krankensaal (72 m lang) sowie die Küche (Besichtigung mit Führung) und die Apotheke aus dem 18. Jahrhundert.
Musée: Das Stadtmuseum besitzt ein Meisterwerk flämischer Malerei des 15. Jh. „Das letzte Gericht" von Rogier Van der Weyden.
Collégiale Notre-Dame: In dieser Kirche, gebaut im Stil burgundischer Romanik, sind Mauerbilder aus dem 15. Jh. zu sehen. Im Chor sind großartige flämische Wandteppiche (15. Jh.) mit der Darstellung des Lebens der Hl. Jungfrau ausgestellt.
Musée du vin: Ein gut ausgestattetes Weinmuseum befindet sich im ehemaligen Hôtel des Ducs de Bourgogne.
Weinbaugebiet (10 km süd-südwestlich): Über die N 74 und die D 973 fährt man (am besten im Herbst) zu den berühmten Weinlagen von Pommard, Volnay, Meursault, Chassagne-Montrachet.
Château de la Rochepot (16 km südwestl.): Das Schloß aus dem 11. Jh. wurde im 15. Jh. ausgebaut und im 19. Jh. restauriert. Es hat beson-

Beaulieu-sur-Dordogne: Giebelfeld im Mittelportal der Kirche Saint-Pierre. Christus empfängt am Tag des letzten Gerichts die Erwählten.

Beaune: Der Innenhof des Hôtel-Dieu, eines Krankenhauses, dessen Aussehen und Nutzung sich seit Jahrhunderten nicht geändert haben.

ders schöne Seitentürme, deren Hauben mosaikartig mit glasierten, bunten Dachziegeln bedeckt sind.
Abbaye de Citeaux (18 km ostnordöstlich): Abtei. Siehe **Nuits-Saint-Georges***.

Beauregard
(Chateau de) 18/A 2
Das Schloß, erbaut im 16. Jh., wurde im 17. Jh. restauriert und vergrößert. Es ist bekannt durch seine großartige Porträt-Galerie aus dem Anfang des 17. Jh., in welcher die Bilder von 363 historischen Persönlichkeiten hängen. Der Raum „Cabinet des Grelots" ist getäfelt mit geschnitzten, vergoldeten Eichenholzarbeiten, sowie zusätzlichen Malereien auf Holz aus dem 16. Jahrhundert.
Fougères-sur-Bièvre* (12,5 km südwestlich).

Beauvais 5/C 3
Die Stadt wurde nach dem Krieg wiederaufgebaut. Über ihren Dächern erhebt sich die herrliche Kathedrale Saint-Pierre.
Cathédrale Saint-Pierre: Von dieser Kirche ist das 13./14. Jh. nur der Chor vollendet worden. Er ist mit 48,20 m unter der Wölbung der höchste Chor, der je konstruiert wurde. Die spätgotischen Fassaden des Querschiffs sind prunkvoll geschmückt. An das Querschiff lehnt sich die „Cathédrale primitive" aus dem 10. Jh. Im Innern sind zu bewundern: Fenster aus dem 13., 14. und 15. Jh., viele schöne Wandteppiche aus dem 15., 16. und 17. Jh., dazu die Gegenstände im Kirchenschatz.
Palais épiscopal: Im ehemaligen Bischofspalast aus dem 15. Jh., der ein mächtiges Wehrtor aus dem 14. Jh. einschließt, sind heute das Gericht (Palais de justice) und ein Museum untergebracht, in dem interessante Malerei des 16. Jahrhunderts zu sehen ist.
Église Saint-Étienne: Die Kirche im Südteil der Stadt hat romanische und gotische Bauteile. Ihr Chor ist spätgotisch, die Kirchenfenster stammen aus dem 16. Jh.

Bec-Hellouin
(Abbaye du) 4/D 3
Kennzeichen der im 11. Jh. gegründeten Abtei der Benediktiner ist der mächtige Turm Saint-Nicolas (15. Jh.). Kreuzgang und Refektorium sowie ein monumentales Treppenhaus wurden im 17. Jahrhundert gebaut.
Musée des voitures: Im Ort selbst befindet sich ein Oldtimer-Museum.

Bego (Mont) 39/B 3
Siehe **Vallée des Merveilles***.

Belfort 20/D 2
In der Stadt, die von der Savoureuse durchflossen wird, besucht man das Hôtel de ville (Rathaus) aus dem Ende des 18. Jh., die Église Saint-Christophe, eine Kirche des 18. Jh., und das Musée, ein Museum der Archäologie der Region. Der Koloß des berühmten Löwen von Belfort, den Bartholdi gemacht hat, 22 m lang und 11 m hoch, lehnt sich an den Felsen, auf dem die Zitadelle steht. Am nordöstlichen Rand der Stadt befindet sich die Festungsanlage von Vallon, die vom Fort de la Justice und Fort de la Miotte eingefaßt wird.
Bas-Evette (7,5 km nordwestlich): See und Schwimmstadion.

Bellegarde
-sur-Valserine 26/B 3
Die Stadt ist ein vielbesuchter Ausflugsort. Von hier geht es in das Tal der Valserine.
Vallée de la Valserine (3,5 km nordwestlich): Der Fluß Valserine verschwindet hier zwischen Felsen und Kalksteinbarrieren und bahnt sich durch Felslöcher und Höhlen seinen weiteren Weg; nach 15 km, nördlich, beginnt dann das Défilé de Sous-Balme, eine Flußenge mit Bildern von wilder Schönheit.
Lelex (29 km nordöstl.): Der Wintersportplatz und Ferienort liegt in 898 m Höhe. Von hier geht es über Mijoux zum Col de la Faucille (1 323 m), mit herrlicher Sicht auf das **Montblanc***-Massiv.
Barrage de Génissiat (14 km südlich): Über Billiat erreicht man das Stauwerk, ein Meisterwerk moderner Technik, gebaut 1937 bis 1947.
Défilé de l'Écluse (12 km östlich): Die herrliche Schlucht trennt den Bergzug Le Grand Crêt d'Eau (1 624 m) von den Höhen des Montagne de Vuache (1 111 m).

Bellême 10/D 3
Das malerische alte Städtchen liegt auf einem Bergvorsprung. Ein wehrhaftes Tor aus dem 15. Jh., genannt „le porche", eingefaßt von zwei Türmen, ist der letzte Bauteil eines Schlosses des 15. Jh. An der Rue Ville-Close stehen viele vornehme Häuser aus dem 17. und 18. Jh., erwähnenswert besonders Nr. 26 „Hôtel de Bansard des Bois".
Saint-Cyr-la Rosière (10 km südöstlich): In der Kirche aus dem 17. Jh. befindet sich eine sehenswerte Grabanlage. 500 m südlich der Kir-

---

Belle-Île-en-Mer 15/D 2
Dies ist die bedeutendste der bretonischen Inseln. Die kleine Festungsstadt Le Palais wird beherrscht vom Bild einer mächtigen Zitadelle aus dem Ende des 16. Jh., die von Vauban ausgebaut wurde und in der sich ein Historisches Museum befindet. 1 km südöstlich liegt der Strand von Ramonette, 6,5 km nordwestlich der nette Fischerhafen Sauzon. Interessante Ausflugsziele sind: von Sauzon 2 km nordwestlich die Pointe des Poulains, eine Landzunge mit dem Fort Sarah-Bernhardt (herrliche Weitsicht) sowie 2,5 km südwestlich die Grotte de l'Apothicairerie, eine der ungewöhnlichsten Schöpfungen der Natur in der Bretagne. Sehr malerisch liegen auch Le Grand Phare, (Leuchtturm), die Aiguilles de Port-Coton (im Süden), Port de-Goulphar. Der Strand und die Felsenküste bei Port-Donnant sind wie der gesamte übrige Teil der Insel in diesem Abschnitt von einer wilden, großartigen Schönheit.

Belfort: *Der berühmte Löwe aus rotem Vogesen-Sandstein wurde zur Erinnerung an die Verteidigung der Stadt im Krieg von 1870 geschaffen.*

Belval (Forêt de) 6/D 3
Vom Ort Belval fährt man in dieses Waldgebiet südlich von **Sedan***. Darin liegt der Bois des Dames, ein Wildpark mit zahllosen Teichen. Man kann eine Rundfahrt durch das Gelände über 6,5 km machen, und dabei an vier Plätzen halten. Besonders empfiehlt sich der Halteplatz auf dem Damm beim Grand-Étang. Auch von zwei erhöhten Aussichtspunkten lassen sich Tiere, Wildenten, Reiher, Bisons, Elentiere, Hirsche, Rehwild, Wildschweine, Mufflons beobachten.

che steht der Landsitz Manoir de l'Angenardière, ein feudaler Bau aus dem 15./16. Jh., und 1 km weiter östlich die Église Sainte-Gauburge, eine gotische Kirche, die man in ein Regionalmuseum umgewandelt hat.
Colonard-Corubert (8 km nordöstlich): Der Adelssitz Manoir de Courboyer (15. Jh.) mit rundem Wachturm und kleineren Wehrtürmen ist ein Beispiel für den Herrenhausbau im Perche-Gebiet.

Belley 32/B 1
Die Stadt besitzt mit der neugotischen Kathedrale Saint-Jean aus der Mitte des 19. Jh. (der Chor wurde zu Anfang des 15. Jh. erbaut) eine Kirche, in der sich Rosettenfenster aus dem 14. und 15. Jh. befinden.
Palais épiscopal: Der Bischofspalast wurde 1775 durch den berühmten Baumeister Soufflot errichtet.
Fort de Pierre Châtel (8,5 km südlich): Die Festung auf einem Felsen, 180 m über der Rhône, kann nicht besucht werden.
Yenne (12 km südöstl.): Der Ort hat eine interessante Kirche mit einer Front aus dem 12. Jh. Sie zeigt schöne Bildhauerarbeiten am Portal und an der Kirchendecke.

Belvès 35/D 1
Der malerische alte Ort liegt auf einem Hügel oberhalb des Tals der Nauze. Die Kirche (14. und 16. Jh.), der Wehrturm (15. Jh.), alte hölzerne Hallen und zahlreiche gotische Häuser und Renaissancebauten sind Zeugen aus der Vergangenheit der Stadt.

Bénévent-l'Abbaye 24/B 3
Bemerkenswert ist die romanische Kirche, einst Abteikirche, aus dem 12. Jh. Sie hat zwei Glockentürme und Kuppeldächer.
La Grand-Bourg (6 km nördlich): Die Kirche aus dem 12. und 16. Jh. hat eine Kanzel an der Außenmauer und am Nordportal Kapitelle mit figürlichen Darstellungen. Im Kirchenschatz sind schöne Reliquiare zu sehen.

Bergerac 29/C 3
Im Hôtel de ville (Rathaus) gibt es ein in seiner Art einzigartiges Tabakmuseum. (Geschlossen Sonntag und Montag morgens.)
Château de Guarrigue (3 km nordwestlich): Das Schloß, ein kurioses Gemisch aus Elementen von Gotik und Renaissance, erbaut durch den Tragöden Mounet-Sully, ist heute ein Hotel.
Château de Monbazillac (6 km südlich): Der großartige Schloßbau aus dem 16. Jh., mit vier Seitentürmen, Pecherkern und schön gezierten Dachluken, schaut weithin über die Weinfelder ringsum.

Bergues 1/C 2
Die pittoreske flämische Stadt hat noch Wassergräben und Festungswälle aus dem 17. Jh. An die wehrhafte Vergangenheit erinnern auf der Grande Place vor allem der Stadtturm (54 m hoch), der nach 1944 neu gebaut wurde.
Musée: Das Museum im Haus Mont-de-Piété (17. Jh.) zeigt flämische und französische Malerei aus dem 15. bis 17. Jh.
Interessante Bauten: Die Reste einer Abtei des 11. Jh., ein monumentales Tor des 18. Jh., und zwei Türme sind sehenswert.
Hondschoote (13 km östlich): Das Rathaus (Hôtel de ville), ein Bau spanischer Renaissance (1606), eine Hallenkirche und die „Nordmolen", eine der ältesten Windmühlen Europas aus dem 12. Jh. verdienen eine Besichtigung.

Bernay 10/D 1
Église Sainte-Croix: Die Kirche, in der interessante Kunstwerke zu sehen sind, wurde im 14. und 15. Jh. gebaut. Die Basilika Notre-Dame-de-la-Couture wurde im 15. Jh. gebaut.
Abbaye: In den Gebäuden der ehemaligen Abtei (17. Jh.) sind das Rathaus, die Post und Gerichtsabteilungen untergebracht; die Abteikirche stammt aus dem 11. Jh. In einem Wohnteil der Abtei ist ein Museum eingerichtet.
Chapelle de l'hospice: Die alte Krankenhaus-Kapelle (15./16. Jh.) und interessante Häuser früherer Zeiten sind bemerkenswert.
Château de Broglie (11 km südwestlich): Das Schloß aus dem 18. Jh. kann nicht besichtigt werden.
Château de Beaumesnil (13 km südöstlich): Auch dieses Schloß aus dem 17. Jh., eines der stattlichsten in der Normandie, kann man nicht betreten.

Besançon 20/B 3
Die Hauptstadt der Franche-Comté liegt in einer Schleife des Doubs. Über ihr erheben sich im Norden das Fort Griffon mit seinen Verteidigungsanlagen und im Südosten die Zitadelle, ein machtvolles Bauwerk von Vauban.
Cathédrale Saint-Jean: In der vom 12. bis 14. Jh. gebauten Kirche gibt es viele Kunstwerke, darunter die berühmte „Vierge aux Saints" (Jungfrau mit Heiligen) des Malers Fra Bartolommeo (Anfang 16. Jh.).
Römische Bauten: Das Tor Porte Noire (2. Jh.) und der „Square archäologique" erinnern an die Römerzeit.
Grande Rue: In dieser Straße ist der Bau Nr. 138 das Geburtshaus von Victor Hugo. Prachtvoll ist das Palais Granvelle (Renaissance, Mitte des 16. Jh.) mit einem viereckigen Innenhof, der von Arkaden umgeben wird. Hier ist das Musée d'histoire (Geschichtliches Museum) untergebracht.
La préfecture: Der Bau aus dem Ende des 18. Jh. ist ein schönes Werk neo-klassischer Architektur.

Besançon: Victor Hugo nannte sie „die alte spanische Stadt". Der Fortschritt veränderte auch sie; doch sie hat noch viele Zeugen ihrer Vergangenheit. Links unten: Die runden Türme der Porte Rivotte.

Beynac: *Bei La Roche-Gageac zieht der Fluß ruhig vorüber (oben). Wie ein Adlerhorst hockt auf einem Felsen dieses stolze Schloß über dem Flußtal. Der Blick auf das Bauwerk gehört zu den schönsten Erlebnissen einer an Überraschungen reichen Dordogne-Fahrt (unten).*

Hôpital Saint-Jacques: In diesem Hospital gibt es eine prachtvolle Gitterwand aus dem 18. Jahrhundert und eine elegante Kapelle im Stil Ludwig XV.
Musée des Beaux-Arts: Das Kunstmuseum, kürzlich modernisiert, hat einen der reichsten Bestände Frankreichs. Da sind archäologische Kollektionen, sodann Bilder und Skulpturen aus der flämischen Schule, der deutschen (Cranach), italienischen (Tintoretto, Tizian, Bellini) und aus der französischen Kunst des 17. Jh. (La Tour) wie des 18. Jh. Sehr gut auch eine Gruppe mit Bildern von Fragonard, Boucher, Hubert Robert. Ferner: ein Saal mit Arbeiten von Courbet und schließlich noch Räume mit Gemälden zeitgenössischer Maler wie Bonnard, Matisse, Picasso und Signac.
Quartier de Battant: Über die Brücke Pont Battant kommt man auf das rechte Ufer des Doubs, in das ehemalige Stadtviertel Battant, das von Vauban in eine gewaltige Festungsanlage umgebaut wurde. Die Kirche Sainte-Madeleine in diesem „Quartier" stammt aus dem 18. Jh. Auf dem rechten Doubs-Ufer befinden sich auch das Casino und die Bäder von La Mouillère (salzhaltige Quellen).
Plateau de Brégille (östlich): Auf diesen Aussichtspunkt, von dem man einen sehr schönen Blick auf Besançon hat, kann man mit der Bergbahn fahren.
Beure und Bout-du-Monde (4,5 km südlich und 30 Minuten zu Fuß): In einem eigenartigen Halbkreis stehen hier Felstürme; von der alten Abtei „Abbaye de Gouailles" im 12. Jh. gegründet, sind noch Reste zu sehen.

Béziers: *Der Orb fließt still unter der alten Brücke dahin, vorbei an der Stadt, über der sich die Kathedrale Saint-Nazaire in den Himmel hebt. Die Stadt ist ein bedeutendes Zentrum des Weinhandels.*

Besse
-en-Chandesse 30/D 2
In der malerischen alten Kleinstadt stehen an den engen Straßen Häuser aus schwarzem Lavagestein. In der Rue de la Boucherie sind noch die steinernen Verkaufsbänke der alten Fleischereien zu entdecken.
Maison de la reine Margot: Das Herrenhaus aus dem 15./16. Jh. mit Treppentürmchen und schön skulptierten Pforten wird als „Haus der Königin Margot" bezeichnet.
Église Saint-André: Die ehemalige Stiftskirche hat ein romanisches Schiff aus dem 11. Jh. und eigenartige Kapitelle mit Figuren.
Super-Besse (8 km westl.): Dieser Wintersportplatz liegt in 1 300 m Höhe in den Bergen des „Cirque de la Biche".

Bétharram
(Notre-Dame-de) 41/A 2
Die Kirche aus dem 17. Jh. in Lestelle-Bétharram ist eine Wallfahrtsstätte zur Verehrung der Hl. Jungfrau. Das Innere ist im Stil der Bauepoche schön ausgeschmückt. Das Kloster aus dem 17. Jh. und die moderne Kapelle Saint-Michel-Garicoïts, die einen Reliquienschrein des Heiligen bewahrt, werden ebenfalls viel besucht.
Grottes de Bétharram (3,5 km südöstlich): Von den oberen Grotten führt eine Treppe mit 270 Stufen 80 m tief hinab in die unteren Räume und zum unterirdischen Fluß, den man mit dem Boot über eine Strecke von 300 m befahren kann.

Béthune
1/D 3
Die Stadt wurde einst nach Art des Festungsbaumeisters Vauban zur Verteidigung hergerichtet. Sehenswert sind der Grand-Place und der Wehrturm (14. Jh.).

Beynac-et-Cazenac
35/D 1
Ein steiler Felsenberg, der 150 m hoch über der Dordogne emporragt und das Stadtbild von Beynac beherrscht, trägt ein stattliches Schloß, dessen Teile im 13., 14. und 16. Jh. erbaut wurden (Besuch März bis Nov.). Die Pfarrkirche ist eine Kapelle aus dem 13./14. Jh.
Manoir de Fayrac: Ein Herrensitz aus dem 15./16. Jh. am gegenüberliegenden Ufer der Dordogne.
Château de Maqueyssac (2 km südöstlich): Ein Schloß aus dem 18. Jh. Südöstlich von ihm, auf dem linken Ufer der Dordogne, sieht man das Schloß des Milandes.
Château des Milandes: In diesem Renaissancebau (mit Kapelle aus dem 15. Jh.) richtete Josefine Baker ihr Heim für eine internationale Kindergemeinschaft ein.

Bèze
20/A 2
Der Ort war im 13. Jh. befestigt. Der unterirdische Quellfluß Bèze tritt hier zutage. Bei der ehemaligen Abteikirche, die im 18. Jh. erneuert wurde, stammt das von einem Glockenturm überragte Querschiff aus dem ersten romanischen Bau.
Fontaine-Française (11 km nordöstlich): Das Schloß und seine Umgebung sind in nobler klassischer Linienführung gestaltet: mit schönen Gärten in französischem Stil und einem weiten Park.

Béziers
43/A 2
Mittelpunkt der Stadt sind die Paul-Riquet-Alleen. Sie enden am Theater, einem der seltenen Bauwerke der Restaurationszeit (1844). Besonders malerisch sind das „Plateau des Poètes", sowie der Stadtgarten mit dem Titanenbrunnen.
Cathédrale Saint-Nazaire: Die Kirche aus dem 13./14. Jh. ragt über der Altstadt empor. Sie hat eine romanische Krypta. Vor der wehrhaften Westfassade liegt eine Terrasse, von der man eine herrliche Rundsicht hat.
Musée lapidaire: Ein Museum für Skulpturen und Bruchstücke ist im Kreuzgang aus dem 14. Jahrhundert untergebracht.
Musée des Beaux-Arts: Hier sind italienische, deutsche und französische Maler vom 14. bis 19. Jahrhundert vertreten.
Musée du Vieux-Biterrois: Heimatmuseum mit archäologischer Unterwasserfunde-Sammlung.
Musée du Vin: Das Wein-Museum
Ensérune* (13 km westlich).

Biarritz
40/B 1
Bei einer Wanderung über die Uferpromenade schaut man auf berühmte Sehenswürdigkeiten der Stadt, so Miramar, dann die kleine Felsenbucht des Port-Vieux (alter Hafen), die Esplanade-Bauten (in denen das Meeresmuseum und das Aquarium eingerichtet sind), ferner den Felsen der Vierge, den Fischerhafen und den Hauptstrand (Grande Plage). Weiter im Nordosten liegen das Hôtel du Palais, die ehemalige Residenz Napoleons III., sowie die Landzunge Saint-Martin mit dem Leuchtturm. Rund um die einfache Kirche Saint-Martin aus der Mitte des 16. Jahrhunderts liegt das alte Dorf mit vielen malerischen Winkeln.
Lac Mouriscot oder **Lac de la Négresse:** Zu dem von schönen Rasenflächen und kleinen Gehölzen umgebenen See kommt man über die Avenues Kennedy und Bois-de-Boulogne.
Barre de l'Adour (7,5 km nordöstlich): Über La Chambre d'Amour und den Wald Bois de Chiberta gelangt man zu diesem Stauwerk.
Bayonne* (8 km östlich):
Saint-Jean-de-Luz* (15 km südwestlich)

Bienassis
(Château de) 9/B 2
In den herrlichen Schloßbau aus rosafarbigem Granit (16./17. Jh.) tritt man ein durch ein Vorhaus mit Türmchen, das eingegliedert ist in eine zinnengeschmückte Mauer zwischen zwei Pavillons. Die Innenräume sind sehr schön eingerichtet. (Keine Besichtigung am Sonntag.)
Val André (6,5 km westl.): Besuchenswert sind der schöne, 2 km lange Strand und die Landzunge Pointe de Pléneuf.
Cap d'Erquy (8 km nördlich): An der Küste und am Kap sind die steilen Felsen aus malvenfarbigem Gestein besonders sehenswert.

Billom
31/A 1
In der kleinen Stadt bestand vom 13. bis 16. Jh. eine Universität. Einige alte Häuser aus früheren Jahrhunderten befinden sich in der Rue des Boucheries. Das „Maison de l'échevin", ein Haus aus dem 16. Jh., und der Wehrturm zeugen noch für die Vergangenheit.
Église Saint-Cerneuf: Die Kirche auf dem linken Ufer des Angaud, eingeschlossen in ein Altstadtviertel, verfügt über einen romanischen Chor (13. Jh.), der zu den ältesten der Auvergne gehört und über einer Krypta erbaut wurde.
Glaine-Montaigut (6 km nord-nordöstlich): Hier steht eine romanische Kirche (11. Jh.) mit schönen Kapitellen im Chor (12. Jh.).
Château de Mauzun (10 km südöstlich): Von den Ruinen des mächtigen, aus dem 12. bis 16. Jh. stammenden Schlosses, das mit 14 Türmen versehen war, hat man eine großartige Aussicht in die Landschaft.

Biot
45/A 1
Die Kirche besitzt zwei sehenswerte Altarwerke der Nizzaer Schule des 15. Jahrhunderts.

Biot: Die Front des Fernand-Léger-Museums ist belegt mit einem Mosaik aus Keramik über das Thema Sport. Seine kräftigen Farben, typisch für den Künstler, bilden einen starken Kontrast zur herben Landschaft.

Musée Fernand-Léger: Im 2 km entfernt liegenden Haus „Mas Saint-André" zeigt das Fernand-Léger-Museum einen Überblick über das Gesamtschaffen des Künstlers: Bilder, Wandteppiche, Skulpturen, Keramik.

Notre-Dame-de-Brusc (3 km nordwestl.): Die Kirche aus dem 11. Jh. wurde über einem frühchristlichen Heiligtum erbaut, dessen Baptisterium jetzt freigelegt wurde. Ausgrabungen förderten auch prähistorische Gegenstände und die Spuren einer römischen Totenstätte zutage.

Biron
(Château de) 35/D 1

Das Schloß ist eine gewaltige Anlage mit Bauten aus verschiedenen Epochen, vom 11./12. bis zum 18. Jh. Es liegt 236 m hoch. Von seiner Höhe hat man Aussichten in eine unendlich weite Landschaft. Der Hauptteil der Türme und Wehrmauern wurde im 15. Jh. gebaut; die Wohnbauten entstanden in der Renaissance, im 17. und 18. Jh. Die Kapelle (15./16. Jh.) ist in zwei Etagen gegliedert und enthält zahlreiche, mit Skulpturen geschmückte Gräber.

Lacapelle-Biron (4 km südlich): Von hier geht es zu den Schluchten Gorges de Gavaudun.

Biville 3/C 2

Das Dorf liegt auf einem Plateau, von dem man über die endlosen, rauhen Sandufer der Bucht von Vauville hin schauen kann. In der Kirche steht der Marmorsarkophag eines Heiligen, des „Bienheureux Thomas Hélie" († 1257), ein Ziel für Pilgerfahrten.

Flamainville (16,5 km südlich): Das Schloß aus der Mitte des 17. Jh. gruppiert sich mit Granitbauten um einen Cour d'Honneur (Innenhof). Zu besuchen ist nur der Park mit zahllosen Teichen und Bassins. Vom Schloß führt ein schöner Weg zum Cap de Flamainville.

Blasimon 35/B 1

Église Saint-Nicolas: Die ehemalige Abteikirche aus dem 12./13. Jh. hat eine schöne romanische Front mit einem Glockenturm. Das romanische Portal gehört zu den eindrucksvollsten seiner Art in dieser Gegend. Im bildhauerischen Zierrat sieht man eine Jagdszene, Engel mit den Werkzeugen der Passion sowie Darstellungen der Laster und Tugenden. Von der alten Abtei stehen noch Ruinen des Kapitelsaals und des Kreuzgangs aus der Mitte des 12. Jahrhunderts.

Moulin de Labarthe (2 km nördlich): Die in romantischer Landschaft stehende Mühle wurde im 14. Jh. wehrhaft ausgebaut.

Sauveterre-de-Guyenne (6,5 km südlich): Ein typischer Herrensitz aus dem Ende des 13. Jh.

Blois: Der Treppenbau im Flügel „François I." ist mit Salamandern und Monogrammen verziert.

Blaye 29/A 3

Auf einem Felsenplateau hoch über der Gironde liegt im Westen des Ortes eine Zitadelle aus dem 17. Jh. Man kommt durch zwei mächtige Tore in den Festungsbereich. Er ist eine richtige kleine Stadt, in der das Maison du Commandant d'Armes, ein Haus, in dem ein Museum für Geschichte und Volkskunst untergebracht ist, sowie Ruinen einer gotischen Burg, der Waffenplatz (Place d'Armes), das Kloster der franziskanischen Minderbrüder aus dem 17. Jh. und der Turm „Tour de l'Aiguillette" die interessantesten Bauwerke darstellen.

Bourg (14 km südöstlich): Der Ort liegt sehr reizvoll auf einem Berghang über der Dordogne. Die Oberstadt wird von einer Zitadelle aus dem 17. Jh. überragt.

Pair-non-Pair (20 km südöstlich): Hier ist eine prähistorische Höhle zu besichtigen.

Blesle 31/A 2

Dies ist eines der hübschesten Auvergnestädtchen. In der romanischen Kirche Saint-Pierre aus dem 10./11. Jh. gibt es eine Schatzkammer mit interessanten Objekten. Der Glockenturm Saint-Martin stammt aus dem 14. Jh. Es stehen noch Stadtmauern und der Wehrturm aus dem 13. Jh.

Cour de l'abbaye: Der ehemalige Hof einer Abtei, heute Place de la Mairie, ist von Bauten aus dem 15. Jh., einst Wohnungen von Stiftsdamen, umgeben. In einem Abteibau des 18. Jh. logiert das Bürgermeisteramt.

Gorges de l'Allagnon (12 km nördlich): Schluchten mit den Orgelfelsen von Babory.

Blois 18/A 2

Das Schloß, das die Loire beherrscht, wurde in vier Hauptetappen gebaut: im 13. Jh., im 15. Jh., in der Renaissance und im 17. Jh. Im Sommer veranstaltet man hier „Son et Lumière", Musik- und Licht-Spiele. Man betritt den Inneren Hof (Cour d'Honneur) durch den Flügelbau Ludwig XII., der gegen Ende des 15. Jh. in Ziegeln und Mauersteinen aufgeführt wurde. Im Nordteil verbindet der Große Ständesaal den Trakt Ludwig XII. mit dem Flügelbau von François I. (16. Jh.), der von Bildhauern reich geschmückt wurde und besonders berühmt ist durch die herrlich gezierte Treppe in einem achteckigen Turm. Der Innenhof wird nach Westen abgeschlossen durch den Trakt von Gaston von Orléans. Er wurde in klassischem Stil um die Mitte des 17. Jh. errichtet. Die Kapelle Saint-Calais (Anfang des 16. Jh.) fügt wie die „Galerie de Charles d'Orléans" in den Bau Ludwig XII. ein.

Innenräume: Im Innern des Schlosses befinden sich auf der ersten Etage des „François I."-Flügels die Zimmer der Königin und auf der 2. Etage die von „Henri III.", in denen der Herzog von Guise 1588 ermordet wurde. Im Flügel Ludwig XII. gibt es ein Museum für Sakralkunst und ein Kunstmuseum.

Kirchen in der Stadt: Die Église Saint-Nicolas, einst Abteikirche, besteht aus romanischen und gotischen Bauteilen. Die Cathédrale Saint-Louis wurde im 18. Jh. in gotischem Stil erneuert; unter dem Chor eine große Krypta (10./11.Jh.).

Évêché: Im ehemaligen Bischofspalast aus dem 18. Jh. logiert die Stadtverwaltung; vor ihm erstrecken sich Gärten in zwei langen Terrassen.

Place de l'Ave-Maria: Um diesen Platz gruppiert sich die Altstadt, in deren Straßen viele Häuser aus dem 15. und 16. Jh. stehen. Besonders schön sind in der Rue Saint-Honoré zwei Renaissancebauten: Hôtel d'Alluye (Anfang 16. Jh.) und Hôtel Denis-Dupont (Anfang 16. Jh.).

Musée Robert Houdin: Das Museum erinnert an den berühmten Zauberkünstler.

Saint-Saturnin: Der alte Friedhof mit Grabmalen aus dem Beginn des 16. Jh. und einem Skulpturenmuseum befindet sich auf dem linken Ufer der Loire.

Châteaux de Beauregard*, Cheverny* (3 u. 9 km südöstlich).

Château de Chambord* (16 km östlich).

Bonaguil
(Château de) 35/D 1
Die mächtigen Überreste dieser gewaltigen Feudalfestung stellen ein einzigartiges Beispiel für den Bau militärischer Anlagen zu Ausgang des 15. und Beginn des 16. Jh. dar. (Besichtigung März bis Okt., Licht-Spiele im Sommer). Das weitläufige Schloß hat 13 Türme.

Bonifacio 45/D 2
Die alte Stadt liegt auf einem Vorgebirge an der Küste. An den zahllosen kleinen Straßen stehen hohe schmale Häuser, oft auf dem Rand der steil ins Meer abstürzenden Felswände.
Sehenswerte Kirchen: Der Bau Église Sainte-Marie-Majeure stammt aus dem 12./13. Jh., die Kirche Saint-Dominique ist ein Werk der Gotik (13./14. Jh.).
Maison du comte Cattacciolo: Dieses Renaissancehaus und, gegenüber, der Bau Maison Passano, in dem Napoleon 1795 gewohnt hat, verdienen eine Besichtigung.
Zitadelle: Auf der Westspitze des Bergvorsprungs erhebt sich die Zitadelle, ein Quartier der Fremdenlegion. (Keine Besichtigung).
Hafenbereich: Ein alter gepflasterter Weg führt hinab zum Hafen. Abseits vom Bergfelsen liegt in einem tiefen Meereseinschnitt das Viertel der Seeleute. Hier ist in einer großen Grotte ein Meeres-Aquarium eingerichtet worden.
Cap Pertusato (5 km südlich, dann 45 Minuten zu Fuß): Vom Kap, auf dem ein Leuchtturm steht, hat man einen herrlichen Blick über Bonifacio und die Meerenge vor Sardinien. (Ganzjährig geht täglich ein Schiff nach Sardinien.)

Boquen (Abbaye de) 9/B 3
Die im 12. Jh. am Nordrand des Waldes von Boquen gegründete Abtei wurde 1936 wieder von Mönchen übernommen. Man kann die Abteikirche (72 m lang) mit einem Chor aus dem 14. Jh. sowie Reste des Kapitelsaals aus dem 12. Jh. besichtigen.

Bordeaux 29/A 3
Herz der einstigen Hauptstadt der Aquitaine ist der Theaterplatz (Place de la Comédie). Hier steht das Grand-Théâtre, in neo-klassischem Stil, zu Ende des 18. Jh. erbaut. Links von ihm ist der riesige Platz Quinconces mit einem Denkmal für die Girondisten. Zur Rechten, hinter dem Quai Maréchal-Lyautey, kommt man zum Börsenplatz (Place de la Bourse), einer großen Architekturschöpfung des 18. Jh. In einem Bau befindet sich das Marinemuseum.
Quartier de la Cathédrale: Im Viertel um die Kathedrale Saint-André (im wesentlichen gotisch, 14./15. Jh.) stehen der 48 m hohe Turm Pey-Berland aus dem 15. Jh. und, hinter der Kirche, das mächtige Hôtel de ville (Rathaus), einst Palais de Rohan, aus dem Ende des 18. Jh. Die einen Garten umschließenden Flügelbauten beherbergen im Südtrakt das Musée d'Aquitaine (Museum der prähistorischen und gallo-römischen Archäologie) und im Nordbau das Musée des Beaux Arts (Kunstmuseum). Ein Kunstgewerbemuseum (Musée des Arts décoratifs) ist in einem hübschen Adelshaus des 18. Jh. untergebracht.
Bedeutende Kirchen: Église Saint-Seurin (12. Jh.), mit Portalhalle und Krypta aus dem 11. Jh., Église Saint-Michel (15. Jh.) mit eigenartigem Mumienkeller unter dem Glockenturm (keine Besichtigung), und Église Sainte-Croix (12./13. Jh.) mit romanischer Front.
Palais Gallien: Diesen Namen gab man dem restlichen Mauerwerk eines römischen Amphitheaters aus dem 3. Jahrhundert.
La Grosse-Cloche: Der gewaltige Glockenturm aus dem 13./14. Jahrhundert ragt empor über der Rue Saint-James.
Château-Margaux (27,5 km nordwestl.): Das Schloß in neo-klassischem Stil ist im Empire-Stil eingerichtet.
Château Mouton-Rothschild (50 km nordwestl.): Hier besteht ein

Bonifacio: Hoch auf einem Kalksteinfelsen, der häufig über die Meeresfläche hinausragt, zieht sich die Kette der alten Häuser entlang.

Bordeaux: Die Kathedrale Saint-André ist mit ihren Bogenpfeilern, spitzen Türmchen und strahlenden Kapellen ein schönes Werk der Gotik.

Bormes

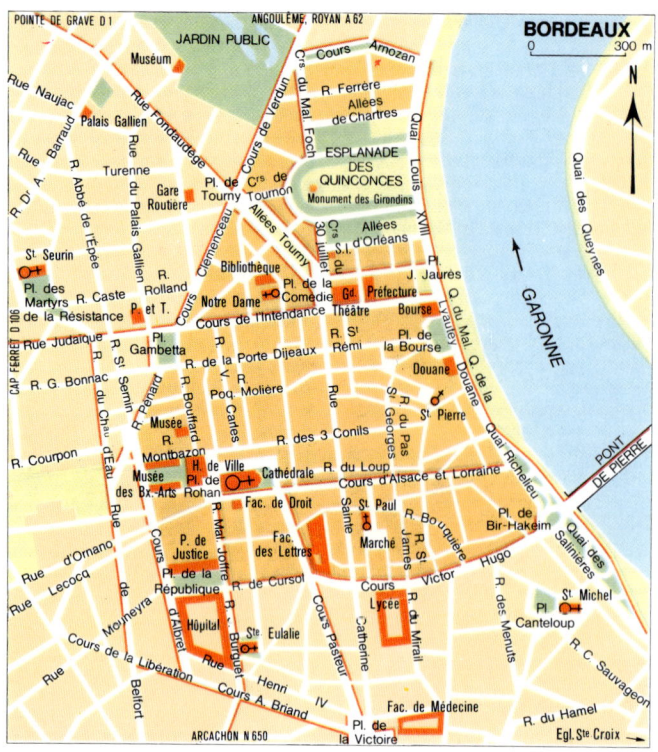

Bort-les-Orgues: *Die Orgelpfeifen der Basaltfelsen.*

interessantes Wein-Museum; auf Wunsch ist auch die Kunstsammlung von Baron Philipp de Rothschild zu besichtigen.
Pauillac (48 km nordwestl.): Hier ist das Schloß Château-Lafite, im 15., 17. und 18. Jh. gebaut. Es kann besucht werden.

Bormes
-les-Mimosas 44/C 2
Das am Fuß der Maures-Berge gelegene Dorf ist mit seinen engen Straßen und Gassen, den zahlreichen Toren und Gewölbegängen voller malerischer Winkel. Vom höher gelegenen Schloß „Château des seigneurs de Fos" (12./13. Jh.) hat man eine herrliche Fernsicht.
Fort de Brégançon (9,5 km südlich): Der Herrensitz aus dem 16. Jh. ist die Sommerresidenz des Präsidenten der Republik.
Collobrières* (15 km nördlich): Die alte Stadt ist durch den Dömänenwald des Dom und über den Col de Babaou zu erreichen.
Col du Canadel (15 km östlich): Den Bergpaß im Herzen des Maures-Massivs erreicht man von Bormes her über eine Höhenstraße, die zunächst zum Col de Caguo-Ven führt.

Bort-les-Orgues 30/C 2
Der kleine Ort an der Dordogne hat eine besondere Sehenswürdigkeit: 3 km stromabwärts ragt die Felsengruppe der „Orgues de Bort" empor, eine Reihe von ungeheuren Säulen aus vulkanischem Gestein.
Barrage de Bort (2 km stromaufwärts): Das Stauwerk an der Dordogne (120 m hoch) erlaubt im Sommer Bootsfahrten zum **Château de Val***
Mauriac* (29 km südwestl.): Zu dieser Stadt gelangt man über Champagnac und, vor Sérandon nach links abbiegend, durch die Dordogne-Schluchten, dann über die D 682, die zum Übergang über die Dordogne bei Saint-Projet führt.
Site de Saint-Nazaire (8 km westl.): Von dem Berggipfel, mit Standbild des Heiligen und Kalvarienberg, hat man einen herrlichen Blick auf den Zusammenfluß von Dordogne und Diège.

Bouges
(Château de) 24/B 1
Das Schloß aus der Mitte des 18. Jh., genannt „Le Petit Trianon berrichon", liegt in einem Park, umgeben von Gärten in französischem Stil. Es besitzt eine schöne Sammlung von Möbeln aus dem 18. Jh., darunter einige sehr kostbare Stücke. In den Wirtschaftsgebäuden aus dem 18. Jh. sind große Stallungen mit Kollektionen von Sätteln, Rüstungen, Pferdegeschirr und Wagen von 1900 zu sehen.
Levroux (12 km südwestlich): Die Kirche Saint-Sylvain wurde im 13. Jh. auf gallo-römischen Mauerresten erbaut.

Boulogne-
Billancourt 11/C 2
Jardins Albert-Kahn: Diese eigenartigen Gartenanlagen mit Vogesenwald, Englischem Garten, Japanischem Garten, mit Obstgarten und Rosarium sind jeden Tag zu besichtigen. Musée Paul Landowski. Musée Paul Marmottan: Napoleonische Bibliothek.

Boulogne-sur Mer 1/B 2
Frankreichs Haupthafen für Fischerei ist auch ein wichtiger Handelshafen. Die Oberstadt umschließt

Bormes-les-Mimosas: *Die kleine, für die Provence typische Stadt liegt gleich nahe zu den Wäldern des Dom wie zum Meer.*

eine von vier Toren durchbrochene, mit Türmen versehene Wehrmauer.
Place Godefroy-de-Bouillon: An diesem Platz im Zentrum der Altstadt stehen das Hôtel de ville (Rathaus) aus dem 18. Jh., der Bau des Hôtel des Androuins (18. Jh.) und ein gotischer Wehrturm.
Basilique Notre-Dame: Die Basilika mit einer Krypta aus dem 11. Jahrhundert ist eine berühmte Marien-Wallfahrtsstätte.
Musée: Im Museum sind Erinnerungen an Napoleon und eine Sammlung griechischer Vasen ausgestellt.
Colonne de la Grande Armée (5 km nördlich): Die 1841 geschaffene Gedenksäule ist 53 m hoch.
Château de Pont-de-Briques (5 km südlich): In diesem Schloß aus dem 18. Jh. wohnte Napoleon, woran noch heute ein kleines Museum erinnert.

Bourbon-Lancy 25/B 2
Die alte Stadt, heute ein Thermalbad, klettert an einem Hügel empor. Sie hat noch Häuser aus früheren Zeiten, ein Stadttor und einen Uhrturm. In der Kirche Saint-Nazaire (11./12. Jh.) sind in einem kleinen Museum heimatkundliche Sammlungen zu sehen.
Château de Saint-Aubin-sur-Loire (6 km südlich): Das in der zweiten Hälfte des 18. Jh. errichtete Schloß, eine noble klassische Architektur, hat auch sehr schöne Innenräume, die mit Wandteppichen und Holztäfelungen dekoriert und ausgezeichnet möbliert sind.

Bourbon -l'Archambault 24/D 2
Die Quellen des Thermalbades sind seit dem Altertum bekannt. Es stehen da eindrucksvolle Ruinen des im 14. Jh. erneuerten Schlosses. Von ihm ragen im Norden noch drei schöne runde Türme (von einst 24) empor und zeugt im Süden der mächtige Turm Quiquengrogne, über dem sich ein moderner Stadtturm erhebt.
Église Saint-Georges: Die romanische Kirche aus dem 12. Jh. wurde im 15. und 19. Jh. vergrößert. In ihr sind Kapitelle und Statuen aus dem 15. und 16. Jh. zu finden.
Moulin fortifié: Eine wehrhaft ausgebaute Mühle aus dem 14. Jh. findet man am Ufer eines Teichs.
Saint-Menoux (9 km östlich): Die ehemalige Benediktinerabtei aus dem 12. Jh. zählt zu den schönsten Kirchen des Bourbonnais.

La Bourboule 30/D 2
Der Thermalkurort und Wintersportplatz liegt 850 m hoch. (Siehe auch **Le Mont-Dore*)**
Banne d'Ordanche (7 km nördl.): Über Murat-le-Quaire, dann einen Fußweg entlang, gelangt man auf diese Höhe (1 515 m) mit einem herrlichen Ausblick über das Vulkangebiet der Auvergne und das Dordognetal.
Roche Vendeix (4,5 km südöstlich, dann Bergpfad): Vom 1 130 m hohen Berg hat man eine sehr schöne Aussicht.
Plateau de Charlannes (7 km südlich): Auf gezeichneten Pfaden kommt man zu diesem 1 250 m hoch gelegenen Plateau. Weite Ausblicke auf die Berge Monts Dore und Monts du Cantal.

Bourdeilles
(Château de) 29/C 2
Das Schloß, auf einem Bergvorsprung errichtet, hat zwei klar unterscheidbare Baukomplexe: die Burg aus dem 14. Jh. mit Wehrmauern und einem 34 m hohen, achteckigen Bergfried und das Renaissancehaus, in dem sich ein Marmorsaal (Speiseraum) und das „vergoldete Zimmer" befinden.

Le Bourg -d'Oisans 32/C 3
Das Zentrum der Oisans-Region ist ein beliebter Startplatz für Ausflüge.
Massif des Grandes-Rousses (20 km nordöstl.): Die „Route des grands Col" (große Pässe-Fahrt) um dieses Bergmassiv führt am Stauwerk „Barrage du Chambon" (126 ha), einem mächtigen Bauwerk von 90 m Höhe und 294 m Länge (1927 bis 1935 gebaut) vorbei, geht dann entlang an der Romanche, wobei in den Bergwänden zahlreiche, von Gletschern gespeiste Wasserfälle zu sehen sind, bis nach La Grave, einem bedeutenden Bergsteiger-Ort am Fuß des Berges La Meije.
L'Alpe-d'Huez* (14 km nordöstl.).
La Grave (29 km östl.): Das Bergdorf besitzt eine Kirche aus dem 12. Jh., die von einem Kirchhof eingefaßt wird, und eine Kapelle der Büßermönche (17. Jh.). Von hier geht die Fahrt zum Col du Galibier, nach **Saint-Michel-de-Maurienne** und **Saint-Jean-de-Maurienne***, zu den Pässen Col de la Croix-de-Fer und Col du Glandon, bis Rochetaillée.

Bourg-en-Bresse 26/A 3
Fährt man von Bourg über die N 75 hinaus, so kommt man zur Kirche und zum Kloster von Brou, erbaut im 16. Jh. Die Kirche ist ein wahres Schatzkästchen aus Stein. Der Chor mit 74 reich geschnitzten Eichenholzstühlen und Fenstern in strahlenden Farben ist vom Schiff

Boulogne: *Die Seestadt hat einen der lebendigsten Häfen Frankreichs.*

Bourdeilles: *Die Dronne und ihre gotische Brücke vor dem Schloß.*

Bourges

durch eine reich mit Skulpturen gezierte Wandung in spätgotischem Stil getrennt. Im Chor sind die prachtvoll gemeißelten Gräber von Philibert dem Schönen, Herzog von Savoyen, seiner Frau Marguerite von Österreich und seiner Mutter Marguerite von Bourbon. Die Klosterbauten sind um drei Kreuzgänge gruppiert. In ihnen befindet sich heute das Heimatmuseum Musée de l'Ain.
„Les septs joies de la Vierge": Das Bildwerk „Die sieben Freuden der Hl. Jungfrau" auf dem Altar ist eine flämische Arbeit aus dem 16. Jahrhundert.

Bourges 18/C 3
Die Stadt ist einer der an Kunst reichsten Plätze Frankreichs.
Cathédrale Saint-Étienne: Die Kathedrale hat in der Front fünf Portale, die zu den Meisterwerken gotischer Bildhauerei gehören. Der Kirchenraum hat ein besonders schönes Ensemble von Fenstern in roten und blauen Farbtönungen (13. Jh.). In der Krypta aus dem 12. Jh. (So. morgens u. Di. ⊠) sieht man Fragmente des Lettners aus dem 13. Jh., das Marmorbildnis in liegender Haltung des Herzogs von Berry (15. Jh.) und Fenster aus dem 14. Jh.
Sehenswerte herrschaftliche Bauten: Das Hôtel Jacques-Coeur, einer der schönsten gotischen Profanbauten, das Hôtel Cujas (Renaissance, Anfang 16. Jh.), in dem das Berry-Museum untergebracht ist, das Hôtel Lallemant (Ende 15. Jh.), in dem sich archäologische u. regionale Sammlungen befinden, sowie das Maison des Echevins und Häuser am Platz Gordaine, in den Straßen Rue Mirebeau, Rue Pelvoysin und in der Rue des Arènes, die zur Kirche Saint-Pierre-le-Guillard aus dem 13. Jahrhundert (mit Kapellen aus dem 15. Jh.) führt.
Mehun-sur-Yèvre (16 km nordwestl.): Es existieren noch die Ruinen des Schlosses von Herzog Jean de Berry aus dem 14. Jh. und eine romanische Kirche.
Château de Bois-Sir-Amé (10 km südlich): Zu sehen sind die Ruinen des Schlosses, in dem einst Agnès Sorel, die schöne Geliebte von Charles VII., lebte.

Bourget-du-Lac 32/B 1
Der See von Bourget lädt ein zum Strandleben und zum vielseitigen Wassersport.
Église: Die Kirche, in der sich eine karolingische Krypta befindet, wurde im 13. und 15. Jahrhundert gebaut. Rings um den Chor zieht sich ein schöner Steinfries mit Darstellungen von Szenen aus dem Evangelium.
Château prieuré: Der alte Priorsitz hat eine Kreuzgang-Galerie mit zwei Etagen.

Bourg-en-Bresse: Die graziöse, mit gezierter Gebärde sich neigende Figur ist eine der zehn Statuetten, Sybillen oder Tugenden, die am Grab Philipp des Schönen in der Kirche von Brou stehen. Idyll im Zoologischen Garten der Dombes-Landschaft (ganz oben).

Seerundfahrt: Die Rundfahrt führt über die **Abbaye d'Hautecombe***, Conjux, den Kanal de Savières, nach **Aix-les-Bains***.

Bourgonnière
(Château de) 16/D 2
Innerhalb der Schloßanlage aus dem 19. Jh. stehen vom alten Schloß (15. Jh.) noch ein zylindrischer Turm und ein Wehrturm mit Pecherkern. Die Kapelle ist ein Schmuckstück der Renaissance, an den Außenwänden mit Muschelwerk und heraldischem Dekor verziert. Auch das Portal ist besonders schön skulptiert. Der Innenraum mit gewölbtem Schiff ist ebenfalls prächtig ausgestattet. So gibt es Altarwerke in italienischem Geschmack (Anfang 16. Jh.) und eine Herrenbank mit groteskem Zierwerk zu sehen.
Bouzillé (2 km südwestlich): Bei diesem Ort liegt das Schloß de la Mauvaisinière, ein Bau im Stil Louis XIII., umgeben von Wassergräben.

Bourg-Saint-Andéol 37/D 2
In der bemerkenswert gestalteten romanischen Kirche steht der im 12. Jh. gemeißelte Sarkophag des Heiligen Saint-Andéol, eines Märtyrers aus dem III. Jh. Die Chapelle Saint-Polycarpe an der Seite der Kirche ist die merowingische Krypta einer ehemaligen Kirche.
Palais des Évêques: Im ehemaligen Palast der Bischöfe von Viviers mit einer schönen gotischen Front zur Rhône hin, ist heute ein Internat eingerichtet.
Hospice: Dieser alte Klosterbau besitzt einen Kreuzgang aus dem 15. und 17. Jh. und eine schön ausgestattete Kapelle aus dem 16. Jh.
Fontaine de Tournes: Über diesem Brunnen sieht man ein monumentales Relief aus dem 2. Jahrhundert, das den Gott Mithras beim Stieropfer zeigt.

Bournazel
(Château de) 36/C 2
Der herrliche Renaissancebau ist nur von außen zu besichtigen. Drei Türme aus dem 15. Jh. geben den Rahmen für die schöne Front, bei der dorische und ionische Säulen übereinander angebracht sind. Der Nordflügel stammt aus der ersten, der Ostflügel aus der zweiten Renaissance. Der von der Antike inspirierte ornamentale Schmuck ist von ungewöhnlicher Qualität.

Bramabiau 37/A 3
Der Fluß Bonheur, der am Fuß des Berges l'Aigoual entspringt, verschwindet im Mergelboden und schießt nach einem 700 m langen unterirdischen Weg erneut empor in einem phantastisch aussehenden Talgrund zwischen Felsen, genannt „L'Alcôve". Der hierbei entstehende Lärm erinnert an das Brüllen eines Ochsen: „bramabiau". Besuche von Ostern bis Mitte Oktober, je nach Wasserstand.

Bourges: Die Türmchen der Kapellen und die originelle Dachhaube verbinden sich mit den Pfeilern zu einer harmonischen Architektur.

Boussac 24/C 2
Château: Das auf einem Felsenberg errichtete Schloß (15./16. Jh.) wird von kräftigen Seitentürmen geschützt. Sehenswert der große Saal der Garden mit einem monumentalen Kamin sowie Wandteppichen und Möbeln.
Église: Die Kirche stammt aus dem 13./15. Jahrhundert.
Pont de la Petite-Creuse: Von dieser Brücke hat man einen besonders schönen Blick auf den Ort.
Pierres-Jaumâtres (6 km südlich): Hier stehen kolossale, phantastisch aussehende Granitfelsen auf einer kahlen Höhe von 595 m (Gipfel des Mont Barlot); **Toulx-Sainte-Croix** (11 km südlich): Auf einem Granithügel in 665 m Höhe sind hier die Reste eines römischen, befestigten Ortes zu sehen. In dem malerischen Dorf findet man eine romanische Granitkirche (12. Jh.) mit einem einzeln stehenden Glockenturm, in dem Sarkophage stehen, sowie einen 23 m hohen Funkturm.

Bozouls 36/D 2
Der tiefe Einschnitt (Trou de Bozouls), den der Dourdou in den roten Sandstein gegraben hat, gehört zu den größten Sehenswürdigkeiten der Causses-Berge. Der Ort, dessen Häuser zum Teil an steilen Abhängen stehen, hat sein mittelalterliches Aussehen bewahrt.

Bréhat (Île de) 9/A 1
Zu dieser Insel gelangt man in zehn Minuten mit Motorbooten von der Landzunge Pointe de l'Arcouest aus. Die „Insel der Blumen und rosigen Felsen" besitzt eine von vielen Meereseinschnitten ausgezackte Küstenlandschaft. Klippen und rote Granitfelsen bilden einen malerischen Gegensatz zur mittelmeerischen Vegetation. Im Ort Bréhat steht eine schöne gotische Kirche. Der Leuchtturm „Phare du Paon" erhebt sich über einem chaotischen Gewirr rosafarbiger Felsen. Sehr schön ist eine Rundfahrt um die Insel.

Église: Die romanische Kirche aus dem 12. Jh. besitzt Kapellen aus dem 15. und 16. Jh.

Brantôme 29/C 2
Die Stadt, einer der interessantesten Orte des Périgord, breitet sich auf einer Insel zwischen zwei Armen der Dronne aus. In den nahen Felsen gibt es zahlreiche Höhlen.
L'abbaye bénédictine: Die alte Benediktinerabtei (im 18. Jh. mit einem herrlichen Treppenhaus wieder aufgebaut) überragt ein alleinstehender Glockenturm (Kurioses Museum); nahe der Pfarrkirche aus dem 12./13. Jh. sind noch Reste eines Kreuzgangs mit einer hübschen Galerie (Ende 15. Jh.) und der Kapitelsaal zu sehen.
Pavillon Renaissance: Der Bau steht am Ende der „Promenade des Terrasses" bei einer Brücke aus dem 16. Jh., von der man einen schönen Blick auf die Abtei hat.
Château de Bourdeilles* (11 km südwestlich).
Dolmen de la Pierre-Levée (1 km östlich): Steinzeitmegalith.
Champagnac-de-Belair, Villars (12 km nordöstlich): Von hier gelangt man nach weiteren 4 km in nordöstlicher Richtung zu schönen Höhlen mit Versteinerungen, Malereien und Zeichnungen aus prähistorischer Zeit. (Im Sommer täglich zu besichtigen.) 1 km nordwestlich von Villars steht das Schloß Château de Puyguilhem, ein eleganter Renaissancebau. 8 km östlich von Villars findet man in Saint-Jean-de-Côle eine romanische Kirche vom Ende des 11. Jh. mit schönen Kapitellen, Holztäfelungen und Gestühl aus dem 16. Jh.
Nontron (22 km nördlich): Das malerisch auf einem zerklüfteten Bergvorsprung gelegene Städtchen ist Ausgangsort für schöne Ausflüge, etwa zum „Pierre branlante" von Saint-Estèphe (einem mächtigen Stein auf winziger Grundfläche) oder zum Wasserfall von Chalard.

Brasparts 8/C 2
Die Stadt hat einen bedeutenden Sakralbau: Die Kirche aus der Mitte des 16. Jh. ist mit einem schönen Portalvorbau der Renaissance versehen, den zahlreiche Statuen zieren. Interessant ist auch der Kalvarienberg.
Montagne Saint-Michel (6 km nördlich): Vom 380 m hohen Berg hat man einen weiten Rundblick über die Landschaft der Monts d'Arrée und der Montagnes Noires; der nahe Naturpark **Parc d'Armorique*** umfaßt 70 000 ha. Auf der Domäne Menez-Meur liegt das Informationszentrum für den Park.
Route du Faou (15,5 km nordöstlich): Die Straße führt westlich des Montagne Saint-Michel, als eine der schönsten Strecken in der Bretagne, durch die Berge d'Arrée über

Saint-Rivoal und den Wald Forêt du Cranou nach Rumengol.

Bressuire 23/A 1
Église Notre-Dame: Die romanische Kirche mit gotischem Chor vom Ende des 16. Jh. hat einen bemerkenswerten Renaissance-Glockenturm, 56 m hoch.
Schloßruinen: Reste eines Schlosses aus dem 11. und 15. Jh. mit Wehrmauern und Türmen.
Argenton-Château (17 km nördlich): Die Kirche besitzt ein romanisches, reich skulptiertes Portal; 2,5 km nordöstlich des Ortes stehen die Ruinen des Schlosses d'Ébaupinay (15. Jahrhundert) aus rosa Granit.

teikirche aus dem 13. Jh., mit einem Portal aus dem 14. Jh. und der Kapelle Notre-Dame-des-Grâces.
Gouesnou (8 km nördl.): Eine der schönsten Kirchen der Region (Anfang des 17. Jh.) mit einem reizvollen Portalvorbau an der Nordseite.

Briançon 32/D 3
Die höchste Stadt Europas, einst ein befestigter Platz auf einer Höhe von 1 326 m, ist noch heute eingeschnürt in die von Vauban konstruierten Festungswälle und sieht so aus wie im 17. Jh. Zwischen den Toren „Porte de Pignerol" und der „Porte d'Embrun" erstreckt sich die Altstadt mit einem Gewirr enger Straßen, das von der Grande-Rue

Col d'Izoard (21,5 km südöstl.): Zu diesem 2 360 m hoch gelegenen Bergpaß kommt man durch die Schlucht von Cerveyrette und über Cervières; nach dem Paß durchquert die Straße die Felsen von Casse Déserte und erreicht hinter der Abzweigung nach Arvieux die Straßenkreuzung von Esteyère; nach Osten geht es von hier zum **Château-Queyras***, ins Tal des Guil und ins Queyras-Gebiet; nach Südwesten zu den engen Schluchten des Guil und weiter bis Guillestre und zum **Mont Dauphin***.

Brie-Comte-Robert 11/D 2
Église Saint-Étienne: Die Kirche aus dem 13. Jh., erneuert im 15.

Briançon: *Das Bild der höchstgelegenen Stadt Europas bestimmen die Türme der Kirche Notre-Dame, die Vauban zu Beginn des 17. Jahrhunderts erbaut hat. Im Hintergrund, das Panorama der Alpen.*

Brest 8/B 2
Der Hauptkriegshafen Frankreichs hat eine Reede, die zu den schönsten der Welt gehört. Die Altstadt ist 1944 zerstört worden. Doch das Schloß, eine mächtige Festungsanlage, erhebt sich immer noch hoch über Hafen und Stadt. Der Donjon (Wehrturm) und das Musée naval (Schiffahrtsmuseum) verdienen einen Besuch. Auf den alten Festungswällen von Vauban wurde die Straße Cours Dajot angelegt, die zum Jardin Kennedy führt.
Musée des Beaux-Arts: Im Museum sind interessante Stücke der italienischen Schule des 17./18. Jh. neoklassizistische Malerei (Ende 18.–19. Jh.) und Werke der Schule von Pont-Aven zu sehen.
Musée du Vieux-Brest: Das Brester Heimatmuseum ist in einem Turm aus dem 14. Jh. untergebracht (Tour de La Motte-Tanguy).
L'estuaire du Conquet (24 km westl.): Flußmündung.
Pointe Saint-Mathieu (28 km westl.): Auf der Landzunge stehen die Ruinen einer weiträumigen Ab-

mit dem Bach „Gargouille" durchquert wird.
Église Notre-Dame: Die ebenfalls von Vauban gebaute Kirche liegt im Bereich der Befestigungsanlagen.
„La France" von Bourdelle: Die Kolossalstatue des berühmten Bildhauers steht auf der oberen Plattform der Zitadelle.
Serre-Chevalier-Chantemerle (6 km westlich): Der bedeutende Wintersportplatz ist mit Liften, Sesselbahnen und Schulen für Skiläufer und für Bergsteiger sehr gut ausgerüstet. Die höchste von hier erreichbare Station liegt auf einer Höhe von 2 483 m.
Col du Lautaret* (28 km nordwestlich): Der Weg zu diesem Paß führt durch das Tal der Guisane und über Le Monétier-les-Bains.
Montgenèvre (12 km nordöstlich): Ein Wintersportplatz an dem Col de Montgenèvre (1 854 m hoch). Von hier führt eine Kabinenbahn zum Gipfel der Crête du Chalvet (2 630 m); hinter dem Paß liegen die französische und die italienische Zollstation.

und 16. Jh., hat noch Fenster aus dem 13. Jh. (hinter dem Hochaltar aus dem 15. und 16. Jh.). Ein Grab aus dem 13. Jh. befindet sich auf der Nordseite.
Hôtel-Dieu: Das ehemalige Hospital hat eine Kapelle mit gotischer Front.

Brienne-le-Château 12/C 3
Das Schloß (18. Jh.) wirkt sowohl ernst, stolz, wie elegant. (Es ist nicht zu besichtigen; psychotherapeutisches Sanatorium.)
Musée Napoléon: Ein Napoleon-Museum ist im ehemaligen Kloster der „Minderen Brüder" eingerichtet. Der Bau diente einmal als Militäranstalt; in ihr wurde Napoleon erzogen (1779 bis 1784).
Brienne-la-Vieille (2,5 km südlich): Die Kirche mit einem romanischen Portal hat ein Hauptschiff aus dem 12. Jahrhundert; der Chor und das Querschiff stammen aus dem 16. Jahrhundert.
Forêt d'Orient (16 km südwestl.): In diesem Naturpark gibt es zahlreiche Teiche und einen großen

Brière: Strohgedeckte Häuser dieser Art kann man beim Durchstreifen der eigenartigen Landschaft vielerorts entdecken.

Brière (Naturpark) 16/A 2; 16/B 2
Dieses Gebiet zählt zu den ungewöhnlichsten Landschaften Frankreichs. Auf seinen 44 000 ha liegen Sümpfe, Steppen, Torflager – 15 000 ha im Bereich der Grande Brière –, zwischen denen hier und dort einsame, auf Granitinseln gebaute Siedlungen stehen; sie sind durch ein Kanalnetz von 100 km Länge miteinander verbunden. Von **Guérande*** führt die Straße D 51 nach Saint-Lyphard und nach La-Chapelle-des-Marais, von wo die D 50 in südöstlicher Richtung über Camerun und Kerfeuille die Grande Brière durchquert. Der Flecken Saint-Joachim auf der schmalen Pendille-Insel ist durch eine 1 km lange Straße mit der Fedrun-Insel und deren Dorf verbunden. Ökol. Museum von Kerhinet (Dorf und bäuerl. Einrichtungen).

künstlichen See, der Gelegenheit zum Fischen und für Wassersport bietet; dazu ein Strand und (am Nordwestufer) ein Vogel-Reservat.
Mesnil-Saint-Père (30 km südwestl.): In diesem Ort am Lac de la Forêt d'Orient befinden sich ein Strand, Bootsanlegestellen, Segelschulen und andere Einrichtungen für den Wassersport.
Montreuil-sur-Barse (34 km südwestl.): Reitsportzentrum.

Brignoles 44/C 2
Hoch über der Altstadt mit ihren vielen engen Gassen ragt das zerstörte Schloß der Grafen der Provence empor.
Église Saint-Sauveur: Die Kirche wurde im Stil provenzalischer Gotik erbaut und stammt aus dem 15./16. Jahrhundert.
Musée du Pays brignolais: Das Museum besitzt mit dem Sarkophag de la Gayole (3. Jh.) das älteste christliche Kunstwerk aus der Zeit Galliens.
Abbaye de La Celle (2,5 km südwestlich): Von der ehemaligen Abtei existieren noch die romanische Kirche und Klosterbauten aus dem 17. Jh. sowie Reste des Kapitelsaales und des Kreuzganges.

La Brigue 39/B 3
An den schmalen Straßen des reizenden Alpenfleckens stehen Häuser aus dem typisch grünen Stein dieser Gegend.
Église Saint-Martin: Die zu Beginn des 13. Jh. gebaute Kirche besitzt einen Glockenturm in lombardischem Stil. In der Kapelle „Chapelle des Lascaris" sind das Altarbild Notre-Dame-des-Neiges (Anfang 16. Jahrhundert) und das Bild der Geburt Christi von Louis Brea (Nizza) sowie andere Kunstwerke zu sehen.
Notre-Dame-des-Fontaines (5 km nordöstlich): Auf einer Höhe von 866 m wurde die Kirche über sieben periodisch sprudelnden Quellen erbaut. Das Innere der Kapelle ist ganz ausgeschmückt mit Wandmalereien, die von Jean Canavesio gegen Ende des 15. Jh. geschaffen wurden: Szenen des Lebens und der Passion Christi.

Brionne 10/D 1
Die Kirche aus dem 14./15. Jh., über der sich die Ruine eines viereckigen, typisch normannischen Wehrturms aus dem 12. Jahrhundert erhebt, birgt eine Reihe sehenswerter Kunstwerke aus der Abtei **Bec-Hellouin***.
Harcourt (6 km südöstl.): Hier sind ein Feudalschloß (14. Jh.), das im 17. Jh. erneuert wurde, und ein Arboretum (Baumgarten mit exotischen Gewächsen) zu besichtigen. (Nachmittags in der Saison ☐).

Brioude 31/A 2
Basilique Saint-Julien: Die Basilika ist eine der schönsten romanischen Kirchen der Auvergne; besonders reizvoll sind die Kapitele mit szenischen Darstellungen im Hauptschiff und in den Seitenschiffen. In einer Kapelle der Tribüne sind Wandmalereien aus dem 12. Jh. zu sehen und im linken Seitenschiff gibt es Darstellungen von Christus als Aussätzigem (15. Jh.) und von der gebärenden Muttergottes (14. Jh.).
Lavaudieu (9 km südöstlich): Von der ehemaligen Benediktinerabtei stehen noch die Kirche, mit Fresken aus dem 14. Jh. (im Schiff), und der zweistöckige romanische Kreuzgang aus dem 12. Jh.

Brissac (Château de) 17/A 2
Bei Brissac-Quincé liegt dieser großartige Bau aus dem 17. Jh., eines der schönsten Schlösser im Anjou. Der östliche Flügelbau mit

Brignoles: Die Hügel rings um das wichtige Weinbaugebiet zeigen alle Kennzeichen der provenzalischen Landschaft, hier ein Bauxit-Steinbruch.

Brissac: *Der Marchall de Cossé, Herzog von Brissac, hat diesen mächtigen und eleganten Herrensitz bauen lassen.*

zwei Türmen aus dem 15. Jh. besitzt einen Kuppelbau im Stil des Henry IV., der mit Renaissance-Zierrat geschmückt ist. Die prächtig ausgestatteten Innenräume enthalten viele Kunstgegenstände.

Brive-la-Gaillarde 30/A 3
Die alte Stadt wird umfaßt von Boulevards, die man auf den ehemaligen Stadtwällen angelegt hat.
Église Saint-Martin: Die romanische Kirche ist mit einem schönen Schiff aus dem 14. Jh. ausgestattet.
Musée Ernest-Rupin: Das Museum hat eine Sammlung von prähistorischen, gallo-römischen und mittelalterlichen Funden und Gegenständen, außerdem einen Besitz von Gemälden aus dem 16. Jh. bis 19. Jahrhundert (So. ⊠).
Grotte de Saint-Antoine-de-Padoue (1,5 km südlich): Die Grotte und Kirche sind Wallfahrtsstätten.
Aubazine (13 km östlich): Im Innern der romanischen Kirche aus dem 12. Jh. befinden sich das Grab von saint Étienne d'Obazine (13. Jh.) und ein Schrank aus dem 12. Jh., der wohl das älteste Möbelstück Frankreichs ist.
Donzenac (11,5 km nördlich): Die romanische Kirche besitzt kostbare Kunstwerke, darunter ein Reliquiar und eine emaillierte Kapsel aus dem 13. Jahrhundert.
Allassac (6 km nordwestlich): Von den Befestigungsanlagen früherer Zeit zeugen noch die Wehrkirche aus dem 12. Jh., der Tour de César (Turm) aus dem 9./12. Jh. und einige Mauerreste.

Brouage 28/D 1
Die kleine Stadt, die von Festungsmauern nach dem System Vaubans umschlossen ist (auch genannt das „Aigues-Mortes der Saintonge") war einst ein blühender Hafen. Heute ist sie von Sumpf- und Weideland umgeben. (Im Sommer wird sie mit „Son et Lumière", einer Musik- und Licht-Schau, reizvoll vorgestellt.) Besonders sehenswert sind die Stadtwälle mit 7 Bastionen, der Pulverturm (La poudrière) und das Vorratshaus vom Ende des 17. Jh. sowie die Kirche Saint-Pierre.
Moëze (6 km nordöstlich): Auf dem Friedhof steht ein merkwürdiger Kalvarienberg der Renaissance „Croix hosanniére", genannt „Temple de Moëze".

Bruniquel 36/A 3
Das malerische, alte Städtchen ist auf einem Felsen über dem Aveyron um ein Schloß entstanden, das im 12. bis 14. Jh. gebaut wurde. In einem weitläufigen Gebäude des rechten Schloßbereichs steht die Kapelle aus dem 12. Jh. Der Wohnbau besitzt eine schöne Renaissancegalerie in italienischem Stil, von der man eine herrliche Aussicht hat.
Penne (5 km nordöstl.): Ein malerisches altes Dorf mit Burgruinen.
Saint-Antonin-Noble-Val (23,5 km nordöstl.): Das Rathaus (Hôtel de ville) ist eines der sehr seltenen Profangebäude aus romanischer Zeit (12. Jh.). Hier sind auch interessante alte Häuser (Maison de l'Amour, Hôtel Vaissière, 18. Jh.) und ein kurioses Gerberviertel zu besichtigen.
Varen (39 km nordwestl.): Der Ort hat noch viel Mittelalterliches in seinem Aussehen: mit den Fachwerkhäusern um die romanische Kirche und dem kleinen Herrensitz (Château prieural) aus dem 14./15. Jh.

Le Bugue 29/D 3
Grotte de Bara-Bahau: Die Höhle mit prähistorischen Zeichnungen ist von Palmsonntag bis zum 30. September und an den Oktober-Sonntagen zu besuchen.
Gouffre de Proumeyssac (3 km südlich): In diesem 50 m tiefen Felsengrund sind sehr schöne Versteinerungen zu sehen.
Vallée de la Vézère: Die Täler der Vézère und der Dordogne sind beliebte Ausflugsziele.

Bussière
(Château de la) 18/D 2
Die Schloßanlage aus dem 16. Jh. ist auf drei Seiten von Wassergräben umgeben, die mit einem See in Verbindung stehen. Die Küche und die Wäscherei sind im ursprünglichen Zustand erhalten.
Musée de la Pêche: In den inneren Räumen ist ein Museum der Süßwasser-Fischerei untergebracht, und in den Kellergewölben befinden sich Aquarien mit Fluß- und Teichfischen.
Châtillon-Coligny (12 km nordöstlich): Von dem alten Schloß am Loing stehen noch Terrassenbauten, die Orangerie aus dem 16. Jh. und ein monumentaler Brunnen, den Jean Goujon erbaut haben soll. In der Kirche sind einige interessante Bilder aus dem 17. Jahrhundert zu sehen.
Rogny (11 km östlich): Hier sind die sieben Schleusen aus dem 17. Jh. beachtenswert.

Bussy-Rabutin
(Château de) 19/C 2
Das großartige, turmbewehrte Bauwerk aus dem 16. und 17. Jh. zeigt in den Innenräumen noch die Ausstattung mit mythologischem oder allegorischem Schmuckwerk aus dem 17. Jh. Da gibt es den Saal der Wappensprüche (Salle des Devises), den Raum der großen Kriegshelden (Salons des Grands Hommes de Guerre), das Zimmer von Madame de Sévigné, geziert mit den Porträts von 36 Frauen (darunter mehreren königlichen Mätressen), sowie den „Tour Dorée" (Turm) mit einer bedeutenden Sammlung von Bildern des 17. Jh. und eine Bibliotheksgalerie mit zahlreichen Porträts.
Alise-Sainte-Reine* (3,5 km südwestl.): Alésia.
Flavigny-sur-Ozerain* (10 km südlich).

Bruniquel: *Von den Schloßruinen auf einem senkrecht abfallenden Felsen, 100 m über dem Aveyron-Fluß, bietet sich eine herrliche Fernsicht.*

Cabourg 4/B 3
Die Stadt besitzt einen der elegantesten Strände der „Côte fleurie" (Blumenküste). Besonders schön ist die Promenade auf dem nach Marcel Proust benannten Quai. Reizvoll wurde die Stadt auch durch ihre Struktur: Den Ort legte man unter Napoleon III. nach einem klar gegliederten und fächerförmigen Grundriß um den Kasinoplatz an.

Dives-sur-Mer (1 km südöstl.): Die Gemeinde, von Cabourg durch die Dive getrennt, hat eine Kirche aus dem 14./15. Jh. und eine Markthalle (Holzbau) aus dem 15./16. Jahrhundert.

Houlgate (4 km nordöstl.): Von diesem Ort sind zahlreiche Ausflüge möglich zur Felsenküste von Vaches-Noires, von Villers-sur-Mer und Blonville-sur-Mer.

Deauville* (19 km nordöstlich).

Cadillac 35/A 1
Über dem rechten Garonne-Ufer liegt diese im 13. Jh. befestigte, in Rechteckform angelegte Siedlung. Das imposante Schloß der Herzöge von Épernon, gegen Ende des 16. Jh. und zu Beginn des 17. Jh. gebaut, wurde schon 1630 als einer der schönsten Bauten in Frankreich erwähnt. In den Innenräumen sind schön bemalte Decken und hervorragend gearbeitete Kaminverkleidungen aus verschiedenfarbigem Marmor zu sehen.

Église Saint-Blaise: In der Kirche aus dem 15. Jh. befindet sich die Grabkapelle der Herzöge d'Épernon (1606), deren prunkvolles Mausoleum während der großen Revolution zerstört wurde.

Château de Bénauge (6 km nordöstlich): Von dieser mächtigen Schloßanlage stehen noch Ruinen aus dem 14., 15., 17. und 18. Jh.

Cadouin 35/D 1
Der einzige Überrest der berühmten, 1116 gegründeten Zisterzienserabtei ist die Kirche aus der Mitte des 12. Jh. im Stil der Romanik, des Poitou. Man verehrte hier ein 1934 als Fälschung erklärtes „Schweißtuch der Veronika". Der elegant verzierte Kreuzgang (15./16. Jahrhundert) hat besonders bemerkenswerte Pforten und Gewölbe-Abschlußsteine.

Saint-Avit-Sénieur (6 km südwestlich): Die imposante Wehrkirche stammt aus dem 12./13. Jh.

Caen 4/B 3
In der Stadt zeigt sich das Schloß, freigelegt durch die Zerstörungen von 1944, als weitläufige, mächtige Festung aus dem 11., 14. und 15. Jh. Innerhalb des Mauergürtels stehen die Kapelle Saint-Georges (12. – 15. Jh.) und ein Bergfried aus dem 12./13. Jh. Im Festungsbereich liegen auch die Museen: Das „Musée des Beaux-Arts" zeigt frühe Kunst der Flamen und Italiener sowie italienische und französische Malerei vom 16. bis 18. Jh., Fayencen, dazu in einem Holzschnitt- und Kupferstichkabinett rund 60 000 Arbeiten, und das „Musée de Normandie" stellt heimatkundliche Sammlungen aus.

Abbaye aux Dames: Die auch „Église de la Trinité" genannte Kirche von Ende des 11. Jh. ist ein schönes Werk der Romanik.

Abbaye aux Hommes: Die ebenfalls aus dem 11. Jh. stammende, auch als „Église Saint-Étienne" bezeichnete Kirche besitzt eine dreistöckige Apsis, verstärkt durch Strebbögen aus dem 13./14. Jh.

Église Saint-Pierre: In der Kirche mit einem Turm aus dem 13./14. Jh. ist der Chorumgang aus dem 16. Jh. besonders sehenswert.

Église Saint-Sauveur: In dieser Kirche werden die beiden nebeneinanderliegenden Schiffe aus dem 14. und 15. Jh. durch zwei polygonale Apsiden abgeschlossen, von denen die eine in spätgotischem, die andere im Stil der Renaissance ausgeführt ist.

Weitere Sakralbauten: Die Ruinen der Kirche Vieux-Saint-Étienne (13./14. Jh.) stehen malerisch in einer Gartenanlage, die der Kirche Saint-Nicolas (Ende 11. Jh.) in einem romantischen Friedhof.

Hôtel d'Escoville: Der Innenhof des schmucken Renaissancehauses ist reich mit eleganten Bildhauerarbeiten geziert.

Interessante Wohnbauten: Im Stadtviertel Vieux-Saint-Sauveur entdeckt man bemerkenswerte alte Häuser, so das Hôtel de Colomby (17. Jh.), Maison des Quatrans (14. bis 16. Jh.).

Caen: Am Rathausgarten erhebt sich die reich gegliederte romanische Kirche Abbaye aux Hommes.

Château de Bénouville (10 km nord-nordöstlich): Das mächtige Schloß aus dem 18. Jh. ist ein Werk des Architekten Ledoux.

Abbaye d'Ardenne (4,5 km nordwestlich): Der alte Abteibereich mit Kirche, Pförtnerhaus und einer Scheune aus dem 13. Jahrhundert ist heute mit zwei bäuerlichen Anwesen belegt.

Château de Lasson (10 km nordwestl.): Das Renaissanceschloß mit elegant verzierter Front kann besichtigt werden.

Thaon (13 km nordwestl.): Hier liegt eine nicht gut erhaltene romanische Kirche (11. Jh.) in einer durch Baumgruppen und Bäche malerisch wirkenden Landschaft. 2 km von ihr entfernt das Schloß: Château de Fontaine-Henry.

La Délivrande (13 km nördlich): Die im 19. Jh. gebaute neugotische Basilika Notre-Dame ist eine vielbesuchte Wallfahrtsstätte. Der Ort ist auch Ausgangspunkt für einen Besuch von **Courseulles*** mit den Stränden, an denen die Alliierten im Juni 1944 landeten.

Cagnes-sur-Mer 45/A 1
Über der Altstadt, die auf einem sehr steilen Hügel erbaut wurde, erhebt sich das ehemalige Schloß der Grimaldi (14. bis 17. Jh.), in dem jetzt das Museum untergebracht ist. Besonders hübsch ist der „Patio", zwei Etagen mit Galerien.

Musée de l'Olivier: Das Museum zeigt ältere Kunst im Erdgeschoß; in den oberen Sälen ist neue mittelmeerische Kunst ausgestellt. Im großen Festsaal (1. Stock) sind eine mächtiger Kamin sowie eine „Trompe-l'œil"-Decke von Carlone (17. Jh.) zu sehen, die den Sturz des Phaëton darstellt.

Domaine des Colettes: Auf dem Gutsgelände liegt das Haus des Malers Renoir (vormittags und dienstags geschlossen) mit dem Ölbaumgarten, der auf vielen seiner Bilder zu sehen ist. Renoirs Atelier blieb unverändert erhalten.

Cahors 36/A 2
Die Altstadt zwischen Boulevard Gambetta und Lot ist besonders malerisch.

Cathédrale Saint-Étienne: Die Kathedrale ist eine der originellsten Kuppelkirchen des Südwestens. Das romanische Langhaus wurde im 13. Jh. durch gotische Kapellen und im 14. Jh. durch eine neue Fassade vergrößert. Das romanische Nordportal zeigt im Giebelfeld eine Himmelfahrt-Darstellung aus dem 12. Jh., eine meisterliche Arbeit der Bildhauer des Languedoc. In der ersten Kuppel und im Chor sind Fresken aus dem 14. Jh. Südlich der Kathedrale liegen ein Kreuzgang und der Bau des ehemaligen Erzdiakonats Saint-Jean aus dem 16. Jh.

Alte Häuser: Sie stehen vor allem

Cahors: Über den Lot führt die sehr schöne Brücke Pont Valentré mit drei Türmen und sieben Bögen.

Calvi: Die genuesische Zitadelle „Ville-Haute" liegt auf einem ins Meer vorspringenden Felsen.

im Viertel um die Kathedrale und im „Quartier des Bedernes".
Palais Duèze: Der Herrensitz (14. Jh.) wird überragt von mehreren Türmen: Tour Jean-XXII., Barbacane (15. Jh.) und Tour Saint-Jean, genannt „Turm der Gehenkten".
Musée municipal: Das städtische Museum zeigt Sammlungen zur Vorgeschichte, romanische und gotische Skulpturen sowie Gemälde. (Besichtigung von Ostern bis Okt.).
Pont Valentré: Die herrliche befestigte Brücke aus dem 14. Jh. ist mit ihren drei Türmen ein hervorragendes Beispiel für die Wehrbaukunst des Mittelalters.
Täler des Lot und des Célé: Die nordöstlich gelegenen Täler sind vielbesuchte Ausflugsziele. Siehe auch **Saint-Cirq-Lapopie***, **Pech-Merle***, **Luzech***.

Cajarc 36/B 2
Das alte Städtchen ruht in einem von rötlichen Felsen umrahmten Talkessel. Sehenswert sind die Reste einer Burg (13./14. Jh.), einige alte Häuser und (700 m nördlich des Orts) der Wasserfall „Cascade de la Cogne".
Gouffre de l'Anthouy (4 km südl.): Eine eigenartige Höhle; eine zweite Höhle befindet sich 3 km weiter südlich, die „Gouffre de l'Oule".
Cénevières (13 km südöstl.): Das Schloß, erbaut im 13., 15., und 16. Jh., erhebt sich hoch auf einem Steilfelsen über dem linken Ufer des Lot.

Calacuccia 45/B 3
Der von Kastanienwäldern umgebene Ort im Niolo (Tal des Golo) drängt sich mit seinen alten Häusern und schmalen Gassen um die Kirche.
Église Saint-Pierre-et-Paul: In dieser Kirche ist eine hölzerne Christusfigur zu sehen, die mit ergreifendem Realismus gestaltet ist.
Barrage de Calacuccia (1 km nordöstlich): Um den Stausee des Golo am Ausgang der Schlucht von „Scala di Santa Regina" kann man eine Rundfahrt machen.
Monte Cinto (8 km nordwestlich). Der Berg ist 2 710 m hoch.
Casamaccioli (5 km südwestl.): Ein malerisches, kleines Dorf.

Calais 1/B 2
Calais-Nord, die eigentliche Seestadt, mußte nach 1945 neu aufgebaut werden. Sie umfaßt den Hafen, die Docks und eine völlig neue Stadt, die von der Zitadelle aus der Mitte des 16. Jh. überragt wird. Calais-Süd (oder Saint-Pierre) ist das Industrie- und Handelszentrum. Hier steht auf dem Platz des Unbekannten Soldaten (Place du Soldat-Inconnu) die berühmte Bronzegruppe von Rodin „Die Bürger von Calais" (1895). Das Rathaus im Stil der flämischen Renaissance wurde 1910 – 1922 wiederaufgebaut. – Der Strand gilt als einer der schönsten in Nordfrankreich.

Calvi 45/B 3
Die Zitadelle mit der Oberstadt ragt, umgeben von Mauern aus dem 13. bis 16. Jh., auf einem ins Meer auslaufenden Felsenberg empor.
Église Saint-Jean-Baptiste: Die Kirche aus dem 16. Jh. enthält zahlreiche Kunstwerke.
Oratoire Saint-Antoine: In dem vom Ende des 15. Jh. stammenden Bau sind Kostbarkeiten religiöser Kunst aus der Balagne zu sehen, darunter Kultgegenstände des 15. bis 18. Jahrhunderts und prachtvolle Kirchengewänder.
Chapelle Sainte-Marie: Die Kapelle aus dem 14. Jh., die in dem bunten Hafenviertel der Unterstadt (Ville basse) steht, zeigt noch Reste einer Basilika des 4. Jahrhunderts.
Grotte des Veaux-Marins: Die Meeresgrotte ist durch eine Bootsfahrt von 3 Stunden Dauer (hin und zurück) zu erreichen.
La Balagne (20 km östlich): In der Landschaft La Balagne gibt es zahlreiche interessante Kirchen, so die von Calenzana (Stiftskirche des 18. Jh.), Montemaggiore (eine große Barockkirche), die Église Saint-Rainier (romanisch, aus schwarzem und weißem Granit).

Cambrai: Vor der hohen Barockfassade der „Chapelle du Séminaire" steht die Statue des Schriftstellers und Philosophen Fénelon.

Corbara (24 km nordöstl.): In dem pittoresken, fächerförmig an den Berg gelehnten Dorf verdienen die „Église de l'Annonciation" (18. Jh.), die Ruinen der Burgen de Guido und de Corbara sowie – 1,5 km entfernt – ein Dominikanerkloster einen Besuch.
L'Île Rousse* (24 km nordöstl.).
Algajola (15 km nordöstl.): Das alte befestigte Städtchen mit einer mächtigen Zitadelle aus dem 17. Jahrhundert hat einen sehr schönen Strand.

Camaret-sur-Mer 8/A 2
Der Ort liegt herrlich an der Westspitze der Halbinsel von Crozon. Sein Hafen wird von einem 600 m langen natürlichen Damm des „Sillon" geschützt, auf dem die Kapelle Notre-Dame-de-Rocamadour (16. Jahrhundert) steht.
Musée: Ein Museum für Geschichte und Seefahrt befindet sich im Turm „La Tour de côte Vauban" vom Ende des 17. Jh.
Pointe du Toulinguet (2 km westlich): Kennzeichen der Landzunge sind eigenartige rötliche Felsen.
Lagadyar (1 km westlich): Hier stehen Reihen von 143 Menhiren aus weißem Quarzit.
Pointe de Pen-Hir (3 km südwestlich): Das 70 m hohe Vorgebirge ist eine der eindrucksvollsten Landschaften der Bretagne; in der Tiefe stehen die Felsenklippen des „Tas-de-Pois".
Roscanvel (15 km nordöstlich): Die befestigte Halbinsel schützt die Einfahrt zum Hafen von **Brest***. Am Nordende liegt die schöne „Pointe des Espagnols" (Landzunge).

Cambo-les-Bains 40/C 1
Der ländlich gebliebene untere Ortsteil wird durch die Nive vom höher gelegenen Stadtkern getrennt, in dem die Hotels und Villen liegen. An der Straße nach **Bayonne*** steht die prunkvolle Villa „Arnaga", die Edmond Rostand in baskischem Stil erbauen ließ. Sie ist heute ein Museum und wird von prächtigen Gärten „à la française" umgeben.
Espelette (5,5 km westlich): Die Kirche und der Friedhof sind typisch baskisch.
Itxassou (4,5 km südlich): Der Ort, ebenfalls typisch baskisch, liegt am Eingang des „Pas de Roland" genannten Engpasses. Die Straße führt weiter nach Louhossoa (mit einer baskischen Kirche) und nach Bidarray, das in einem felsigen Talkessel liegt.

Cambrai 6/A 1
In der Kathedrale Notre-Dame befindet sich das Grab des Schriftstellers Fénelon. Die „Chapelle du Grand Séminaire", vormals Kapelle des Jesuitenkollegiums und jetzt ein Museum für sakrale Kunst, zeigt am Platz Saint-Sépulcre eine hohe, reich verzierte Barockfassade.

Camargue (Regionaler Naturpark) 43/C 1
Das 85 000 ha große Reservat umfaßt die Grande Camargue, d. h. die vom Rhône-Delta und dem See „Étang de Vaccarès" gebildete Insel, und die Petite Camargue. Die Camargue, ein wahres Vogelparadies, dient den „Manades", den Herden von halbwilden Pferden, als Weide, die von „Gardians" (Wächtern) betreut werden. 35 000 ha des ganzen Gebiets sind bebaut; es gibt hier vor allem große Reisfelder. Im engeren zoologischen und botanischen Schutzraum (15 000 ha) liegt der „Étang de Vaccarès". (Der Zutritt ist hier nur Spezialisten, Forschern, gestattet.) Man kann über mehrere Anfahrten in die Camargue gelangen. 1. Von **Arles*** über Albaron nach Méjanes, einem Touristendorf, das einen Stierkampfplatz hat; hier kann man Pferde mieten. – 2. Von **Saintes-Marie-de-la Mer*** über den Seedeich (sehr schlechte Fahrbahn) zum Leuchtturm „Phare de la Gacholle" und nach Salin-de-Badon, weiter nördlich, am „Étang de Vaccarès" entlang, nach Villeneuve, von dort nach Méjanes und nach Albaron. – 3. Von Albaron über Méjanes und Mas de Cacharel nach **Saintes***. – 4. Von Saintes nach **Aigues-Mortes***, entweder über die D 38, Le Grand Radeau und Le Bac du Sauvage zur D 85, die nach Sylvéréal an dem Petit-Rhône führt. In diesem Raum, am linken Ufer des Petit-Rhône, zwischen den Straßen D 85 und N 570, hat das Leben in der Camargue die interessanten Formen früherer Zeiten am besten bewahrt.

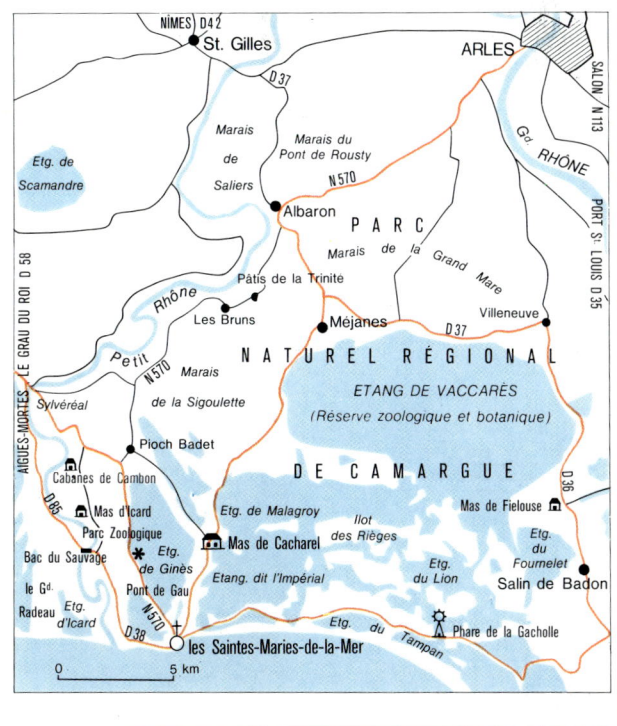

Église Saint-Géry: Die Chorschranke in dieser Kirche ist ein prachtvolles Renaissance-Werk aus rotem und schwarzem Marmor mit zahlreichen Reliefs und Statuen. In der Kirche hängt das Rubensgemälde „Grablegung".
Wehrbauten: Von den Befestigungswerken früherer Jahrhunderte existieren die Stadttore „Porte Notre-Dame" vom Beginn des 17. Jh. und „Porte de Paris" (Ende 14. Jh.) sowie die Zitadelle aus dem 16. Jh., die von Vauban erweitert wurde. Erwähnenswert sind die sehr schönen, 12 ha großen Gartenanlagen.
Abbaye de Vaucelles (12 km südlich): Die Ruinen der Abtei stammen aus dem 12., 13. und 17. Jh.

Cancale 9/C 2
Der Fischerhafen wurde bekannt durch seine Austern.
Église Saint Méen: Vom Turm der Kirche hat man eine großartige Fernsicht.
Maison des Bois sculptés: Dieses Haus der Holzschnitzereien enthält naive, allegorische oder volkstümliche Figuren und Gruppen, die vom Abbé Quémerais im 19. Jh. hergestellt wurden.
Pointe de Crolles: Der Platz gewährt einen besonders schönen Blick auf den Hafen (Port de la Houle), den Felsen von Cancale und die kleine Insel „Des Rimains", die ein Fort von Vauban trägt.
Pointe du Grouin (2 km nördlich): Von hier ist die Küste des Cotentin bis Cap Fréhel zu überschauen.

Cannes 45/A 1
Die Stadt, in günstiger Lage an einer Reede gelegen, hat mit dem breiten „Boulevard de la Croisette", der mit großen Hotels und Luxusläden an der Küste entlang verläuft, ihre wichtigste Verkehrsader. Über dem Hafen steigt die Altstadt „Le Suquet" an den Hängen des Mont-Chevalier empor. Cannes' Blumenmarkt gehört zu den schönsten der Küste. In Super-Cannes, wo man einen herrlichen Blick über die ganze Küste und über die Voralpen hat, kann man mit dem Lift zum Observatorium hinauffahren.
Église Notre-Dame-de-l'Espérance: In der Kirche (16./17. Jh.), die in „Le Suquet" liegt, sind einige bemerkenswerte Kunstwerke zu besichtigen. Bei Notre-Dame stehen eine romanische Kirche in ländlichem Stil und der Wehrturm „Tour du Suquet".
Musée de la Castre: Das Museum zeigt archäologische Sammlungen aus Mittelmeerländern, aus dem Nahen und Mittleren Osten, aus Ägypten, dem Fernen Osten u. a.
Îles de Lérins* (5 km südöstl.): Zu diesen Inseln, auf denen es im Sommer Musik- und Lichtschauspiele gibt, fährt man mit dem Schiff vom Hafen in Cannes ab.

Canigou (Mont) 43/C 3
Der Aufstieg zum Canigou (2 785 m), einem schönen isoliert stehenden Berg von Pyramidenform, wird meist von Vernet-les-Bains aus unternommen. (Von diesem Ort erreicht man nach 2,5 km Fahrt die Abtei „Abbaye de **Saint-Martin-du-Canigou**"*.) Für den Ausflug zum Canigou, einem der eindrucksvollsten Berge in den Pyrenäen, muß man etwa einen Tag ansetzen. Die Straße, die von Vernet zum Châlet-Hotel „des Cortalets" (2 175 m hoch gelegen) führt, kann nur im Sommer befahren werden und ist recht schwierig; über 21 km verläuft sie schmal, steil und in zahllosen Haarnadelkurven. In Vernet, Prades oder am Col de Millères (850 m) können Jeeps gemietet werden. Vom Col de Millères erklimmt die Straße die „Escala de l'Ours", deren Steilhänge zur Schlucht des Taurinya hin abfallen. Sie durchquert dann den Wald von Balatg, wo auf einer Höhe von 1 600 m ein Forsthaus steht, in dem man Unterkunft bekommen kann. Vom Chalet-Hôtel „des Cortalets" geht es dann zu Fuß auf den Canigou, zu dessen Gipfel mehrere Bergpfade führen.

Cap Corse 45/A 2
Man kann hier 120 km über eine Küstenstraße fahren und erlebt dabei: **Bastia***, Erbalunga (beim nahegelegenen Castello steht die Kirche Santa Maria della Nevi aus dem 9. Jh. mit Fresken aus dem 14. Jh.), Rogliano (mit Ruinen von drei Burgen und einem Kloster), Ersa (einem Ort, von dem man zur Spitze des Kaps, nach Barcaggio und zur kleinen Insel „de la Giraglia" gelangen kann). In Centuri sind bemalte Häuser mit Dächern aus grünem Serpentinstein zu sehen, in Pino eine Barockkirche. Über Canari mit den Kirchen Santa-Maria (12. Jh.) und Saint-François geht es nach **Saint-Florent***.

Cancale: Die Felseninsel gegenüber der wild zerklüfteten Landzunge „Pointe du Grouin" ist ein Vogelschutzgebiet.

La Canonica: Streng und zugleich elegant erhebt sich die alte Kathedrale in den Himmel. Vorn: Reste einer frühchristlichen Kathedrale.

Carcassonne: Die „Cité" ist mit zwei Ringmauern und 52 Türmen eine einzigartige Stadtbefestigung.

La Canonica 45/B 2
In dieser Stadt steht die wertvollste romanische Kirche Korsikas (Anfang 12. Jh.). Ihr rechteckiges Langhaus wird in polychromem Marmor ist in drei Schiffe von äußerst einfacher Form gegliedert. Die Bildhauerarbeit am Westportal ist vom romanischen Stil Norditaliens beeinflußt. Nahe der Kirche (50 m südl.) kann man den Unterbau einer frühchristlichen Kathedrale aus dem 4./5. Jh. mit einer Taufkapelle sehen.

San Parteo: Die Apsis dieser romanischen Kirche vom Anfang des 11. Jh. ist mit bemerkenswerten Skulpturen verziert.

Carcassonne 42/C 2
Die Altstadt (Cité) von Carcassonne ist die bedeutendste der in Europa noch bestehenden mittelalterlichen Festungsstädte. Im vergangenen Jahrhundert hat Viollet-le-Duc sie restauriert. Die Stadt wurde in römischer, danach in westgotischer Zeit (5. Jh.) errichtet und in der fränkischen Epoche (8. Jh.) sowie im 12./13. Jh. weiter ausgebaut. Zwei elliptisch angelegte Ringmauern, 50 Türme und fünf große Schießscharten sowie das befestigte, gräfliche Schloß sind die Hauptteile der mächtigen Festungsanlage, die jeden Tag mit einer Lichtschau effektvoll präsentiert wird. Das Schloß hat ein archäologisches Museum aufgenommen.

Basilique Saint-Nazaire: In der Basilika mit romanischem Langhaus (11. Jh.), Querschiff und Chor aus der Gotik (13./14. Jh.), geschmückt mit 22 Statuen und Fenstern aus dem 14./15. Jh., befinden sich bedeutende Grabmale: Von Pierre de Rochefort (14. Jh.), von Simon de Montfort (13. Jh.) und von Bischof Radulphe (13. Jh.).

Église Saint-Vincent: Die Kirche im mittelmeerischen Stil der Gotik vom Anfang des 14. Jh. steht in der vom Heiligen Ludwig 1247 gegründeten Unterstadt (Ville basse).

Cathédrale Saint-Michel: In der Unterstadt erhebt sich über den Dächern die Kathedrale Saint-Michel, erbaut gegen Ende des 13. Jh. Ihr kostbarer Kirchenschatz ist im Sommer zu besichtigen.

Musée des Beaux-Arts: Das Kunstmuseum zeigt französische und niederländische Malerei des 17./18. Jh. (Chardin) sowie Werke von Surrealisten wie Masson, Dali und Max Ernst.

Châteaux de Lastours (16 km nördlich): Reste von Burgen der Herren von Cabaret.

Saint-Hilaire-de-l'Aude (18 km südlich): In der Abteikirche (Ende des 12., Anfang des 13. Jh.) befindet sich der Sarkophag des Heiligen Hilarius (11. Jh.).

Moux (27,5 km östlich): In romantischer Umgebung steht hier die Kapelle mit dem Grab des Dramatikers Henry Bataille (1922).

Saissac (24 km nordwestl.): Von der Burgruine aus dem 14. Jahrhundert hat man eine herrliche Aussicht auf die Pyrenäen.

Bassins de Lampy (30 km nordwestl.): Siehe **Sorèze***.

Haute Vallée de l'Aude: Durch das obere Tal der Aude kann man einen schönen Ausflug machen, und zwar in südlicher Richtung über **Limoux***, Alet-les-Bains, Couiza, **Quillan***, durch die Schluchten „Gorge de Pierre-Lys" und „Gorge de Saint-Georges" sowie „Gorge de l'Aude" zu den Capcir-Bergen.

Carennac 30/B 3
Das reizende Städtchen entstand um eine Benediktinerabtei in der einst Fénelon residiert hat. Es besitzt eine romanische Kirche aus dem 12. Jh., an deren Portal ein schön gemeißeltes Giebelfeld zu sehen ist. Im Innern steht die Plastik einer „Grablegung" aus dem 16. Jh.

Carennac: Die Grablegung, ein ausdrucksvolles Werk des 16. Jh.

Carnac 15/D 2

Inmitten einer wilden Heidelandschaft erheben sich bei Carnac die Reihen der Menhire, ein einmaliges Zeugnis aus der Jungsteinzeit (3000 – 1800 v. Chr.). Zu unterscheiden sind drei Hauptgruppen: Die Stein-Reihen von Le Ménec, mit 1099 Menhiren die eindrucksvollste Gruppe, die Steine von Kermario (1029 Menhire) und die Reihen von Kerlescan (594 Menhire).
Tumulus Saint-Michel: Der Hügel von Saint-Michel, auf dem eine Kapelle steht, enthält mehrere Grabkammern, die man täglich in der

Carnac: Die berühmten Reihen von Menhiren (Großsteinen), deren Bedeutung, mit dem Sonnenkult verbunden, nicht völlig enträtselt ist.

Saison besichtigen kann; sehenswert sind auch die Grabhügel (Tumuli) von Le Moustoir und Kercado.
Kirche: Im Ort Carnac steht eine interessante Kirche aus dem 17. Jh., deren Portal von einem kuriosen Baldachin überspannt wird.
Musée Milu-Le Rouzic: Museum mit prähistorischen Sammlungen.
Carnac-Plage (1,5 km westlich): Ein Küstenbadeort mit Strand.
Abteien (4 km nördlich): In den Abteien Saint-Michel und Sainte-Anne de Kergonan wird der Gregorianische Chorgesang gepflegt.
La Trinité-sur-Mer (4 km östlich): Der Fischerei- und Sporthafen hat einen guten Strand.

Carpentras 38/A 3

Die provenzalische Stadt, einst Mittelpunkt des Comtat Venaissin, ist reich an schönen Bauten. Eine besondere Bonbonspezialität sind die „Berlingots"
Cathédrale Saint-Siffrein: Die Kirche im Stil der Mittelmeergotik (15./16. Jh.) steht im Zentrum (Place du Palais). Am Südportal gibt es eine kuriose Skulptur „Boule aux rats" (Rattenkopf-Kugel). Innen birgt eine Kapelle die Reliquien des Heiligen Siffrein und von „Saint Mors". Der Chor hat Glasfenster aus dem 15. Jh. und eine monu-

mentale Gloria-Skulptur aus vergoldetem Holz.
Palais de Justice: Die Fassade des Justizgebäudes, vormals ein Bischofspalast (17. Jh.), ist eine verkleinerte Kopie der Front des Farnèse-Palastes in Rom. Im Innenhof steht ein römischer Triumphbogen.
Synagogue: Die Synagoge aus dem 18. Jh. gilt als die älteste Synagoge Frankreichs.
Museen: Das „Musée Sobirats", ein Kunstgewerbemuseum, ist in einem Palais aus dem 18. Jh. untergebracht, das „Musée lapidaire", Skulpturenmuseum, in der Chapelle de la Visitation (17. Jh.) und das „Musée des Beaux-Arts" mit Malerei des 17., 18. und 19. Jh. in einem neueren Bau.
Hôtel-Dieu: Das Hospital aus der Mitte des 18. Jh. liegt im Südteil der Stadt. Es hat eine giebelgeschmückte Fassade, die mit Balustraden und Feuertöpfen versehen ist. Interessant sind die mit Affendarstellungen dekorierte Apotheke, die eine Sammlung von Apothekertöpfen und Fayencen aus dem 16./17. Jh. besitzt, und eine elegant ausgestattete Kapelle (So. ✉).
Beaumes-de-Venise (12 km nördl.): Mit der romanischen Kapelle Notre-Dame-d'Aubune.
Dentelles de Montmirail (14 km nördlich): Eigentümlich gezackte, durch Erosion geformte Felsengebilde.

Carrouges
(Château de) 10/B 2

Das Schloß ist eine auf einem Viereck errichtete, ausgedehnte Festungsanlage, die im 15., 16. und 17. Jh. geschaffen wurde. Wassergräben, Türme und ein Bergfried aus dem 14. Jh. bestimmen sein Erscheinungsbild. Im Torhaus (châtelet, 16. Jh.) ist stets eine Ausstellung von Kunsthandwerk aus der Unteren Normandie zu sehen.

Cassel 1/C 2

Die typisch flämische Stadt steht auf der Höhe des Mont Cassel. Das Zentrum, La Grand-Place, ist von alten Giebelhäusern umgeben. Besondere Beachtung verdienen das Hôtel d'Halluin (Ende 18. Jh.) und das Hôtel de la Noble Cour (16./17. Jh.), in dem ein Heimatmuseum flämische Möbel, Fayencen und Porzellan präsentiert.
Monument aux trois Batailles: Auf dem Schloßhügel stehen das „Denkmal der drei Schlachten von Cassel" mit dem Reiterstandbild von Marschall Foch sowie eine restaurierte Windmühle (18. Jh.)
Steenworde (8 km östlich): La Grand-Place im Ortszentrum mit seinen hübsch bemalten Häusern sehenswert; ebenso auch zwei gut erhaltene Windmühlen.
Esquelbec (13 km nordwestlich): Hier findet man einen Schloßbau des 17. Jh. und eine Hallenkirche des 16. Jh. mit sehr eigenartig gestalteten Beichtstühlen.

Cassis 44/B 2

Der belebte provenzalische Fischerhafen erstreckt sich am Rand einer von Bergen eingefaßten Bucht. Die Altstadt, im 18. Jh. nach einem geometrischen Grundriß gebaut, und der Baragnon-Platz (Place Baragnon) sind besonders malerisch. Städt. Museum.
La Ciotat (10 km südöstl.): Zur Halbinsel fährt man 14 km über die Bergstraße „Route de la Corniche". Siehe **Bandol***.
Les Calanques: Ein Besuch dieser tief zerklüfteten Felsenbuchten ist sehr zu empfehlen. Grün markierte Fußwege führen zu den Meereseinschnitten von Port Miou, Port-Pin und Port d'En-Vau.

Castellane 38/D 3

Die kleine Stadt, typisch provenzalisch, liegt an der Route Napoléon

Carpentras: Die romanische Kapelle Notre-Dame d'Aubune in Beaumes-de-Venise.

Cassis: En-Vau, die schönste der Felsenbuchten (Calanques); zu ihr führt ein Waldweg herab vom „Col de la Gardiole".

Castres 42/C 1
Die Stadt bietet zwei besondere Attraktionen: die Agout-Ufer, deren alte Häuser im Sommer angestrahlt werden, und das Goya-Museum.
Musée Goya: Im Besitz des Museums sind zwei Porträts und ein Selbstbildnis des Malers, sowie dessen an Ausmaß größtes Bild, die „Philippinische Junta", dazu sein gesamtes graphisches Werk; in anderen Sälen wird spanische Kunst des 15. bis 19. Jh. gezeigt.
Musée Jaurès: Das ehemalige Bischofspalais, heute Rathaus, wurde von Mansart in der Mitte des 17. Jh. geschaffen und ist von Gärten „à la française" umgeben.
Chartreuse de Saix (6 km südwestl.): Ein Karthäuserkloster aus dem 16. Jh. mit einer Ringmauer.

Castries (Château de) 43/B 1
Das imposante Schloß aus dem 16./17. Jh. mit den Le Nôtre zugeschriebenen Gärten „à la française" kann im Sommer besichtigt werden (geschlossen montags und von Dezember bis März). Der Renaissanceflügel enthält den 32 m langen „Saal der Stände des Languedoc" mit prächtigen Bildteppichen und bedeutenden Sammlungen von Porzellan und alten Bucheinbänden. Besonders prunkvoll sind die Empfangsräume. Ein nahezu 7 km langer Aquädukt leitet das Wasser der Fontgrand-Quellen ins Schloß.

Le Cateau 6/A 1
Musée Henri Matisse: Im Rathaus am Grand-Place wurde ein Museum für Henri Matisse, der hier geboren wurde, eingerichtet (geöffnet: nachmittags, samstags und sonntags).
Palais des archevêques: Das frühere Palais der Erzbischöfe von Cambrai (18. Jh.) ist von Gärten „à la française" umgeben.
Église Saint-Martin: Die Kirche der ehemaligen Benediktinerabtei aus dem 17. Jh. hat eine reich dekorierte Barockfassade.

Caudebec-en-Caux 4/D 3
Église Notre-Dame: Die spätgotische Kirche aus dem 15./16. Jh. besitzt einen prächtigen 54 m hohen Turm mit Pfeilspitze. In der „Chapelle de la Vierge" ist der Abschlußstein im Kapellengewölbe ein 4,30 m langer Säulenblock.
Maison des Templiers: Im Haus der Templer aus dem 13. Jh. befindet sich ein Heimatmuseum.
Yvetot (12 km nördlich): Hier steht eine ungewöhnlich gebaute, moderne Rundkirche (1955).

Cauterets 41/B 3
Das 935 m hoch gelegene Thermalbad mit einem Kasino ist zugleich ein Wintersportort. Es ist umgeben von fast immer schneebedeckten Berggipfeln.

am Fuß des „Roc", einer gigantischen Felsenklippe. Hinter der Kirche beginnt ein Weg, der an den Resten der mittelalterlichen Stadtmauer mit einem Turm vorbei zu der Kapelle „Notre-Dame-du-Roc" führt. Von hier prächtiger Blick auf die Stadt und ihre Umgebung.
Barrage de Castillon (6,5 km nordöstl.): Ein Stausee am Verdon.
Annot (30 km nordöstl.): Das Städtchen inmitten wildzerklüfteter Felsengruppen erreicht man über den „Col de Toutes-Aures", über Les Scaffarels und über die Straße zum Paß „La-Colle-Saint-Michel".
Gorges du Verdon* (25 km südwestl.): Sehenswerte Schluchten.
Senez (18 km nordwestlich): In der um 1200 gebauten Kathedrale, einem schönen Beispiel provenzalischer Romanik, sind im Langhaus prachtvolle Wandteppiche aus dem 16. und 18. Jh. zu besichtigen.

Castillon
-en-Couserans 41/D 3
Oberhalb des Dorfes liegt ein tannenbestandener Hügel, auf dem ein Kreuzweg zur romanischen Kapelle Saint-Pierre führt, die einst befestigt war und ein schönes Portal mit zierlichen Marmorsäulen besitzt.
Audressein (1 km nördlich): Die originelle gotische Kirche Notre-Dame-de-Tramezaygues hat einen flachen Glockenturm mit drei Arkaden und ein Portal mit drei Eingängen. Sie wurde im 14., 15. und 16. Jh. erbaut und enthält Fresken des 15. und 16. Jahrhundert.
Vallée de Bethmale (8 km südlich): In dieses Tal gelangt man über Bordes-sur-Lez und Arrien. Es ist eines der Pyrenäentäler, die alte Traditionen am besten bewahrt haben. Interessant ist das Himmelfahrtsfest, das jährlich am 15. August in Ayet stattfindet.
Vallée du Lez (10,5 km südwestl.): Von Bordes-sur-Lez am Fuß des „Pic du Midi de Bordes" (1 785 m) kommt man in diesem Tal südöstlich über die D 4 in das Dorf Sentein. Die Ortskirche, erbaut im 15./16. Jahrhundert hat einen romanischen Glockenturm.

Lac de Gaube (10 km südwestlich): Über Pont d'Espagne mit einem großen Wasserfall kommt man zu diesem schön gelegenen See.
Turon de Saca (5 km nordwestlich): Der Berg wird mit einer Seilbahn über zwei Stationen erreicht, dann geht es zur dritten Station „Soum de Monné" auf einer Höhe von 2 724 m.
Col de Riou (5 km östlich): Der Bergpaß liegt auf 1 949 m Höhe.

Cavaillon 38/A 3
Die kleine typisch provenzalische Stadt ist ein Zentrum des Melonenanbaus.
Synagogue: Die Synagoge, erbaut 1772 bis 1774, ist mit ihrem Täfelwerk und mit den Schmiedeeisen- und Gipsdekors charakteristisch für die handwerkliche Kunst dieser Gegend. Ein kleines Museum ist den vier jüdischen heiligen Gemeinschaften der Provence (Avignon, Carpentras, Cavaillon und L'Isle-sur-la-Sorgue) gewidmet.
Église Saint-Véran: Die im 12./13. Jh. in reinem Stil provenzalischer Romanik erbaute Kirche wurde im 14. und 18. Jh. erweitert. Sie zeigt im Innenraum reiche Täfelungen und Malereien des 17. Jh. Der Kreuzgang ist romanisch.
Musée archéologique: Ein archäologisches Museum befindet sich in der Kapelle des ehemaligen Hospitals. Sehenswert sind die Reste eines römischen Triumphbogens mit zierlichem Schmuckwerk. Im Stadtgebiet sind die Reste einer römischen Siedlung (Oppidum) zu finden.
Lubéron* (10 km südöstlich):

Caylus 36/B 2
Die kleine Stadt erstreckt sich, wie ein Amphitheater angelegt, unterhalb eines Hügels mit den Ruinen eines Schlosses aus dem 14./15. Jh. In der Kirche aus dem 14. Jh. befindet sich eine große Christusfigur aus Holz, die Zadkine geschaffen hat (1954).
Abbaye de Beaulieu (7 km südöstlich): Die Abtei hat ein wunderschönes, stilreines Langhaus der Zisterzienserzeit aus der Mitte des 12. Jh. In den angrenzenden Gebäuden hat man ein Zentrum für zeitgenössische Kunst eingerichtet, in dem im Sommer Ausstellungen stattfinden.
Château de Cornusson (3 km nördlich): Die mächtige Festung aus dem 16. Jh. ist mit doppelter Ringmauer und mehreren Türmen versehen.

Céret 43/D 3
Musée d'Art moderne: Das Museum besitzt Werke von Picasso, Braque, Matisse, Max Jacob, Marquet, Juan Gris, Chagall, Derain, Dufy u. a.
Amélie-les-Bains (8 km südwestlich): Der Badeort ruht in einer schönen Parklandschaft und ist Ausgangspunkt für Wanderungen zu den „Gorges du Mondony" (Schluchten), nach Palalda, einem typisch katalanischen Dorf, und nach Montbolo, das 576 m hoch über dem Tal des Tech liegt.
Pic de Fontfrède (8,5 km südlich): Von dem 1 094 m hohen Berg hat man eine herrliche Fernsicht auf das französische und spanische Katalonien.
Le Boulou (8,5 km nordöstlich): Die Kirche mit einem romanischen Portal besitzt eine Altartafel aus dem 17. Jh. und Kapitelle mit figürlichen Szenen.
Saint-Martin-de-Fenollar (8 km östl.): In der „La Mahut" genannten Kirche sind originelle romanische Wandmalereien vom Anfang des 12. Jh. zu sehen, die in einem primitiven, ungebärdigen Stil Szenen aus dem Leben Christi darstellen.

Cerisy-la-Forêt 4/A 3
Die Abteikirche aus dem 11. Jh. ist eines der schönsten romanischen Bauwerke in der Normandie. Im Chor stehen 44 Chorstühle vom Anfang des 15. Jh., ein Chorpult aus dem 18. und Statuen aus dem 15. und 16. Jh. Nahe den Klosteranlagen befindet sich ein Wohnbau aus dem 13. Jh. und eine elegante Kapelle aus dem 15. Jh.
Littry-la-Mine (6 km nordöstlich): Hier besteht ein eigenartiges kleines Museum mit Informationen über die ehemalige Kohlengrube von Littry.

Châalis (Abbaye de) 11/D 1
Die Ruinen der Abteikirche aus dem 13. Jh. und die Kapelle des Abts (sie wurde im 16. Jh. mit Malereien versehen, welche die Ausschmückung der Sainte-Chapelle in Paris nachahmen) sind die Restbauten der Zisterzienserabtei aus dem 12. Jh. Ein großes Gebäude aus dem 18. Jh. beherbergt ein Museum.
Musée: Das Museum präsentiert schöne Sammlungen von antiken Gegenständen, von Gemälden und Kunstobjekten, vornehmlich der italienischen Renaissance und der französischen Schule des 18. Jh. sowie Erinnerungen an J. J. Rousseau. (Von März bis Ende Okt., So., Mo., Mi. u. Sa. nachmittags ☐).
Forêt d'Ermenonville (2 km westl.): Wald mit Zoo von Jean Richard (von April bis Nov. ☐).

Chablis 19/B 1
Die Stadt ist das Zentrum der niederburgundischen Weingegend (Weißweine); zahlreiche alte Häuser sind erhalten.
Église Saint-Martin: Am Seitenportal dieser zu Anfang des 13. Jahrhunderts gebauten Kirche sind noch Türbänder aus dem 13. Jahrhundert und Hufeisen zu sehen, die man als Votivgaben dem Heiligen Martin stiftete.
Courgis (7 km südwestlich): In der Kirche befinden sich Wandmalereien aus dem 16. Jh., die die „Geschichte von den drei Toten und den drei Lebenden" illustrieren.
Ligny-le-Chatel (9 km nördlich): siehe **Pontigny***.
Tal des Serein: (15 km nordwestl.): Das Flußtal ist besonders reizvoll. Siehe auch **Noyers***.

Chabotterie (La)
(Château de) 22/C 1
In diesem Landschloß, das gegen Ende des 16. und zu Beginn des 17. Jh. befestigt wurde, ist Charette, der Führer der Vendée-Rebellen gegen die Französische Revolution, 1796 gefangengenommen und bis zu seiner Erschießung eingesperrt worden. Jetzt besteht hier ein Museum mit Erinnerungen an den Bürgerkrieg in der Vendée.

La Chaise-Dieu 31/B 2
Das auf einer Höhe von mehr als 1 000 m gelegene Städtchen wird von der mächtigen Abteikirche Saint-Robert aus dem 14. Jh. überragt. Im Innern des Gotteshauses gibt es einen sehr eindrucksvollen, mit 156 geschnitzten Chorstühlen (Ende des 14. Jh.) ausgestatteten Chor für die Mönche, mit flämischen Bildteppichen aus dem 16. Jh. und dem Grab von Papst Clemens VI. Am nördlichen Chorabschluß befindet sich ein berühmtes Fresko des 15. Jh. mit Totentanzdarstellungen. Der Lettner mit drei Bögen und ein monumentales Orgelgehäuse, das von vier Karyatiden gestützt wird, sind weitere bemerkenswerte Werke in diesem Teil der Kirche.

Chalons-sur-Saône 25/D 1
Cathédrale Saint-Vincent: Die alte Kathedrale (12. bis 15. Jh.) hat einen Kreuzgang aus dem 14./15. Jahrhundert.
Musée Niepce: Das Museum

Cévennes (Corniche des) 37/B 3
Die Cévennen-Fahrt beginnt südlich von Florac auf der N 107; nach 5,5 km geht es weiter auf der D 583 über Saint-Laurent-de-Trèves und den „Col du Rey" (992 m); hier zweigt die D 9 ab, eine Touristenstrecke, genannt „Corniche des Cévennes", die hinter dem „Col de Faïsses" (1026 m) die „Causse de l'Hospitalet" überquert und dann über Le Pompidou Saint-Roman-de-Tousque erreicht, ein malerisches Dorf in sehr schöner Lage (700 m). Die Straße führt über mehrere Pässe und dann in zahlreichen Schleifen durch Tannenwälder hinunter nach Saint-Jean-du-Gard.

Châalis: *Die eindrucksvollen Ruinen der Abteikirche lassen noch die Pracht erkennen, mit welcher die Zisterzienser hier zu Beginn des 13. Jh. zum ersten Mal ein Bauwerk in gotischem Stil aufführten.*

Cauterets: *Auf einer Höhe von 1 728 m liegt der See Lac de Gaube (mit einer Wasserfläche von 17 ha) in wildromantischer Gegend am Fuß des Vignemale.*

Chablis: *Das „goldene Tor Burgunds", die Porte d'or nennt man die friedliche kleine Stadt, in der man auf dem belebten Markt die berühmten Weißweine kauft.*

Châlons-sur-Saône: *Der gotische Kreuzgang der Kirche Saint-Vincent mit einem alten Ziehbrunnen.*

Châlus: *Von dieser mächtigen Mauer flog der Pfeil herab, der König Richard Löwenherz tötete.*

Chalain (Lac de) 26/B 2
Der von steilen Felswänden eingefaßte See ist der größte und schönste in diesem Landesteil. Er wird durch die unterirdischen Abflüsse des „Lac de Narlay" gespeist und ergießt sich durch den „Bief d'Œuf" in den Ain. Die im See entdeckten Überreste einer Pfahlbausiedlung sind im Museum von **Lons-le-Saunier*** ausgestellt. Einen Besuch verdienen auch die Seen „Lac de Chambly" und „Lac du Val", die südöstl. (10 km) vom Chalain-See liegen, sowie die „Cascades du Hérisson" (Wasserfälle), vor allem „L'Éventail" (der Fächer) und „Le Grand Saut" (großer Sprung), auch der Berg Pic de l'Aigle.

„Maison de la Photographie" ist in einem Hôtel des 18. Jh. eingerichtet.
Musée Denon: Dieses Museum in einem ehemaligen Kloster aus dem 18. Jh. zeigt prähistorische, galloromänische und mittelalterliche Sammlungen, sowie Malerei aus dem 16./17./19. Jh.
Côtes de Beaune* (25 km nördlich). Tournus, Macôn (28 u. 56 km südlich). – Siehe auch **Villefranche-sur-Saône*.**

Châlons-sur-Marne 12/C 1
Cathédrale Saint-Étienne: Die Kathedrale aus der 2. Hälfte des 13. Jh. besitzt eine wundervolle Gruppe von Glasfenstern des 13., 14. und 16. Jahrhundert.
Église Notre Dame-en-Vaux: Der Sakralbau ist eine der schönsten Kirchen des 12. Jh. in der Champagne. Besonders bemerkenswert sind die Fenster aus dem 16. Jh. und der aus zahlreichen Fragmenten wiederhergestellte Kreuzgang (Ende des 12. Jh.) mit 52 Statuen und sehenswerten Kapitellen.
Musée municipal: Das Museum zeigt Skulpturen, archäologische Funde und eine Kollektion hinduistischer Gottheiten (16./17. Jh.).
Musée Garinet: Salon-Einrichtungen aus verschiedenen Epochen (Louis XVI., Directoire, Restauration) sind sehenswert.
Notre-Dame de l'Épine* (8 km nordöstlich).

Chambéry: *Berühmt sind die Elefanten dieses ungewöhnlich gestalteten Brunnens in der Stadt.*

Châlus 29/D 1
Die Burg wurde gegen Ende des 11. Jh. erbaut. Von der Festung, vor der Richard Löwenherz starb, ist noch ein Bergfried erhalten, der das Dorf überragt.
Château de Brie (8,5 km nordwestlich): Das Schloß aus dem 15. Jh., mit schönen Möbeln aus der Epoche Louis XVI. ausgestattet, ist von April bis Oktober sonntags zu besuchen.
Dournazac (6,5 km südwestlich): Von diesem Ort mit einer romanischen Kuppelkirche und den Ruinen einer alten Propstei führt eine Straße in das Tal der Petite-Dronne, wo das Schloß Montbrun (12. und 15. Jh.) steht, ein stolzer, mit Türmen bewehrter Bau.

Chambéry 32/B 2
Das Bild der Hauptstadt Savoyens wird beherrscht vom herzoglichen Schloß aus dem 14./15. Jh., das im 18. Jh. erweitert wurde (So. ⊠). Die gotische „Sainte-Chapelle" mit Verglasungen aus dem 16. Jh. (Glockenspiele) und der Turm „Tour de la Trésorie" aus dem 14. Jh. sind besonders sehenswerte Teile der Schloßbauten.
Cathédrale Saint-François-de-Sales: Die Kathedrale aus dem 15./16. Jh. besitzt einen wertvollen Kirchenschatz.
Saint-Pierre-de-Lemenc: In die-

ser Kirche auf dem Lemenc-Hügel befindet sich in der Krypta eine sechseckige karolingische Taufkapelle mit sechs antiken Säulen.
Fontaine des Éléphants: Der merkwürdige Elefantenbrunnen, ein volkstümliches Wahrzeichen der Stadt, wurde um die Mitte des 19. Jh. zur Erinnerung an den Grafen de Boigne errichtet, der in Indien gelebt hat.
Musée des Beaux-Arts: Im Museum sind Werke der französischen, italienischen und holländischen Schulen.
Couvent des Franciscains: Werke savoyardischer Meister.
Les Charmettes (2 km südlich): Auf diesem Gut lebte J. J. Rousseau bei Madame de Warens.

Chambord
(Château de)   18/A 2

Das größte aller Loire-Schlösser liegt inmitten weitläufiger Wälder, die auch einen nationalen Jagdpark von 5 500 ha Fläche einschließen (4 500 ha Wald; 620 ha sind dem Publikum zugänglich). Der Renaissancebau von königlicher Pracht wurde zu Anfang des 16. Jh. begonnen, und zwar nach dem Plan einer Feudalburg, mit einem Bergfried und vier Rundtürmen sowie einer Wehrmauer. Er wurde dann zu einem Fürstensitz erweitert. Im Bergfried geht die berühmte doppelläufige Wendeltreppe empor, die in 32 m Höhe von einer Laternenkuppel bedeckt ist. Diese erhebt sich über Balkonen, Terrassen und Dächern, auf denen über 360 reichverzierte Kamine, Türmchen und Giebel emporstarren.
Appartements Ludwig XIV.: Die Gemächer im ersten Stockwerk sind reich mit Möbeln, Wandteppichen und Porträts ausgestattet. Im Nordostturm die Räume Franz I.

Chambord: *Eines der prächtigsten Loire-Schlösser. Seine reich geschmückten Kamine, Giebel und Türme zeugen von der Phantasie und dem technischen Können der Renaissance-Architekten.*

Chamonix   32/D 1

Der bedeutende Bergsteiger- und Wintersportort liegt in einem Tal auf beiden Ufern des Arve, umgeben von Berggipfeln, die alle vom Mont-Blanc (4 807 m) überragt werden.
Montenvers (4 km nordöstl.): Auf die Höhe von 1 909 m fährt man in 20 Minuten mit einer Zahnradbahn. Oben hat man eine herrliche Ausblick auf die Gletschermassen des „Mer de Glace". Eine Bahn führt hinab zur „Grotte de la mer de Glace" (Eisgrotte).
Planpraz (2 km nordwestl.): Zu diesem 2 000 m hoch gelegenen Platz führt eine Seilbahnfahrt, die prachtvolle Fernsichten beschert; man kann auch bis Le Brévent fahren (2525 m).
La Flégère (4,5 km nördl.): Mit einer Seilbahn geht es auf eine Höhe von 1 930 m; der Kabinenlift des „Index" führt bis auf die Höhe von 2 930 m am Fuße der „Aiguilles Rouges".
Aiguille du Midi (5 km südöstl.): Höchste Luftseilbahn der Welt. Am „Plan de l'Aiguille" steigt man um und erreicht danach in einem einzigen Zug die Höhe von 3 790 m. Von der Bergstation bringt ein Lift die Besucher auf den höchsten Punkt (3 842 m). Durch eine Galerie gelangt man zum Kabinenlift „Vallée Blanche", der zur „Pointe Helbronner" führt (3 452 m). Von dort kann man mit der Seilbahn am „Col du Géant" nach Courmayeur in Italien hinabfahren.
Les Bossons (3,5 km südl.): Vom Dorf „Les Bossons" (1 012 m) kann man mit dem Sessellift auf eine Höhe von 1400 m fahren; eine Eishöhle mit durchsichtigen Wänden lohnt einen Besuch.
Les Houches (7,5 km südl.): Eine Luftseilbahn nach Bellevue (1 790 m) führt zu einem Plateau mit einem Aussichtspunkt, von wo ein Sessellift zum „Col de Voza-Prarion" führt.
Tunnel du Mont-Blanc: Von Chamonix erreicht man auf der Schnellstraße „Les Pèlerins" (1 274 m hoch), die Stelle, an der die Zufahrtstraße zu einem Tunnel abzweigt, der die längste unterirdische Straße der Welt ist (11,6 km lang). Er endet auf einer Höhe von 1 381 m in Italien (Benutzungsgebühr).

Champagnole   26/B 1

Von diesem Ferienort besucht man die Wälder von „La Fresse" und „La Joux" mit den schönsten Tannenforsten Frankreichs (230 Jahre alte Tanne „Président").
Nozeroy (10,5 km nordöstlich): In dem eigenartig befestigten Dorf des „Val de Mièges" stehen eine Kirche aus dem 16. Jh., ein Uhrturm und Ruinen einer Feudalburg; südlich des Orts liegen die unterirdische Quelle des Ain und die Mühle von „Le Saut".

Chamonix: *Die Schwebebahn zum Berg „Aiguille du Midi" ist die höchstgelegene der Welt. Sie führt durch die unvergleichliche Bergwelt des Mont-Blanc-Massivs auf eine Höhe von 3 842 m.*

Champ-de-Bataille
(Château du) 10/D 1
Das Schloß, eines der originellsten in der Normandie, besteht aus zwei gleichen, parallel angeordneten Gebäuden aus dem 17. Jh. Sie sind durch Portiken zu einer großartig wirkenden Architekturgruppe zusammengeschlossen. Die Innenräume hat man mit Mobiliar und Kunstgegenständen reizvoll ausgestattet. Besichtigung im Sommer, Di. und Mi. ⊠.
Le Neubourg (4,5 km südöstl.): Die Stadt, in der eine Kirche aus dem 16. Jh. steht, hat einer weiten Ackerlandschaft ihren Namen gegeben. In dieser Landschaft gibt es viele interessante Landkirchen und Herrensitze wie den Bourg-Achard, Boissey-le-Châtel mit dem Schloß „Château de Tilly".

Champlitte
-et-le-Prélot 20/A 2
Der Ort besitzt eine klassizistische Kirche (Ende des 18. Jh.), in der eine Anzahl von Statuen im burgundischen Stil des 15. Jahrhunderts zu finden sind.
Château de Toulongeon: Im Schloß (16. Jh.) ist heute das Departemental-Museum für Geschichte und Volkskunde mit Salons des 18. Jh. und heimatkundlichen Sammlungen eingerichtet.

Champs
(Château de) 11/D 2
In diesem zugleich würdevoll und elegant wirkenden Bau vom Ende des 17. Jh. hat Madame de Pompadour gelebt. Innen ist eine Folge prachtvoller Räume (18. Jh.) um einen großen ovalen Salon gruppiert.
Chelles (5 km nördl.): In dem Ort, der schon in prähistorischer Zeit besiedelt und auch in merowingischer Zeit eine bedeutende Siedlung war, gibt es das „Musée Alfred Bonno" mit Dokumentationen zur Heimatgeschichte.

Chamrousse 32/B 3
Der vielbesuchte Wintersportort, an dem die Olympischen Winterspiele 1968 stattfanden, liegt auf mehreren Terrassenebenen verteilt (zwischen 1 450 m und 2 255 m Höhe). Ganz oben ist die Bergstation der Seilbahn zum Berg „Croix de Chamrousse", der einen weiten Rundblick bietet.
Uriage (19 km westlich): Das Thermalbad wird von bewaldeten Bergen umgeben (Forêt de Prémol, Forêt de Saint-Martin). – Siehe auch **Grenoble***.

Chantilly
(Château de) 11/C 1
Von den Bauten des 16. Jh. steht nur noch das „Petit-Château" innerhalb der gegen Ende des 19. Jh. im Stil der Neo-Renaissance gebauten Schloßanlage.
Musée Condé: Das im Schloß befindliche Condé-Museum ist vor allem bekannt durch die „Galerie des Clouet" (Bildnisse des 16. Jh.), das „Santuario" (mit zwei Werken von Raffael und 40 Miniaturen von Fouquet), das Edelsteinkabinett und die „Grande Galerie" (Gemälde des 16. bis 19. Jh.).
Petit-Château: Im Schlößchen sind prunkvolle, in Weiß und Gold gehaltene Räume des Herzogs von Bourbon (18. Jh.) mit einem „Affen-Salon" und einer Galerie mit Darstellungen des fürstlichen Lebens („Actions de Monsieur le Prince"). Der Altar in der Kapelle stammt von Jean Goujon.
Schloßpark: Im Park, der im Sommer mit Musik- und Lichtspielen beim Schloß besonders reizvoll in Szene gesetzt wird, gibt es das „Musée du Jeu de Paume", ein Bauwerk aus der Mitte des 18. Jh., sodann den kleinen Garten „La Cabotière" mit dem hübschen Haus „Maison de Sylvie" (1684) und dem Dörfchen „Le Hameau" vom Ende des 18. Jh; es ist älter als die gleiche Anlage im Trianon (Versailles).
Grandes Écuries: Die großen Stallungen beim Schloß gelten als hervorragende Architektur des 18. Jh.
Senlis* (10 km östlich).
Saint-Leu-d'Esserent* (4 km nördlich).

Chantilly: Der Pseudo-Renaissancebau des Herzogs von Aumale (19. Jh.) umschließt das Schlößchen (Petit-Château) aus dem 16. Jh.

Chaource 19/C 1
Église: Die Kirche, erbaut 13. bis 14. Jh., besitzt eine berühmte Skulpturengruppe „Mise au tombeau" (Grablegung) aus der Schule von Troyes mit acht Figuren (geschaffen 1515) sowie mehrere einzelne Statuen und andere Kunstwerke des 16. und 17. Jh. Im Ort sind die alten Häuser mit Holzpfeilern bemerkenswert.
L'Isle-Aumont (15 km nördlich): Die Kirche hat zwei Schiffe, eines aus dem 12./13. Jh., das andere aus dem 15./16. Jh., dazu einen Chor aus karolingischer Zeit (10. Jh.). Die behauenen Steinsarkophage (5. bis 9. Jh.) stammen aus einer nahen Gräberstätte.
Rumilly-lès-Vaudes (11,5 km nordöstlich): In der Kirche aus dem 16. Jh. findet man einen interessanten Altaraufsatz mit Darstellungen von Passionsszenen (16. Jh.).

La Chapelle
-d'Angillon 18/C 3
Château de Béthune: Vom Schloß stehen noch Gebäude aus dem 15. und 16. Jh. und ein Bergfried des 11. Jahrhunderts.
Abbaye de Loroy (7,5 km südlich): Durch den Wald von Saint-Palais kommt man zu den sehenswerten Abtei-Ruinen mit einer Kirche aus dem 13. Jahrhundert und Klostergebäuden (mit Kreuzgang) aus dem 17. Jahrhundert.
Henrichemont (11 km südöstlich): Der Bau der 1608 nach einem konzentrischen Grundplan begonnenen Stadt wurde nie vollendet. Sie zeigt sich heute als Ort mit weiten Zentralplatz, von dem acht gerade Straßen ausgehen.
La Borne (14 km südöstl.): Der Flecken ist ein Mittelpunkt der Steingut-Töpferei; in den Ateliers sind ständig Ausstellungen.
Nançay (21 km westlich): Hier liegt ein Radio-Astronomisches Forschungsinstitut mit großem Radioteleskop.

La Chapelle
-en-Vercors 32/A 3
Die 1944 umkämpfte Ortschaft wurde nach der Zerstörung wiederaufgebaut.
Les Barraques-en-Vercors (5 km südlich): Durch die enge Schlucht der „Grands Goulets" fährt man über die gespenstisch in den Felsen gehauene Straße D 518.
Grotte de la Luire (9 km südlich): Die geologische Sehenswürdigkeit „Salle Decombaz" ist eine 80 m hohe Höhle.

Forêt de Lente (15 km westlich): Siehe **Vassieux-en-Vercors***.

Charavines
-les-Bains 32/B 2
Der Ferienort liegt wunderschön in 800 m Höhe am Südufer des fischreichen Sees „Lac de Paladru" (390 ha, 5,5 km lang). Er hat mehrere Strandbäder.

Pfahlbausiedlungen: Spuren von Pfahlbausiedlungen sind bei „Les Grands-Roseaux" und „La Neyre" zu besichtigen.

Seerundfahrt: Von Charavines führt diese über Pagetière, am Westufer entlang, nach Paladru und Coletière.

Silve-Bénite (4 km nordwestlich): Von einer im 12. Jh. gegründeten Kartause stehen hier noch einige Bauteile mit einem großen Kreuzgang und dem Priorhaus.

La Charité
-sur-Loire 18/D 3
In der kleinen Stadt befinden sich noch Teile der ehemaligen romanischen Abteikirche Sainte-Croix-Notre-Dame aus dem 11./12. Jh. Im herrlich emporschwingenden Chor sind merkwürdige Bildkapitelle nach byzantinischem Vorbild zu sehen. Das Querschiff und ein viereckiger Turm mit zugemauertem Portal, die Ruinen von Klostergebäuden, darunter eine Abtswohnung aus dem 15. Jh. und die Priorei vom Anfang des 16. Jh. sind außerdem bemerkenswerte Zeugen der Vergangenheit.

Musée lapidaire: Das regionale Museum für Steinskulpturen zeigt interessante Bestände.

Loire-Brücke: Besonders malerisch ist die alte Loire-Brücke, die mit zehn Bögen den Fluß überquert.

Charleville-Mézières 6/D 2
In Mézières steht die schöne spätgotische Kirche „Basilique Notre Dame-de-l'Espérance", eine Wallfahrtsstätte zur „Schwarzen Jungfrau". In Charleville ist das Zentrum, Place Ducale, eine charakteristische Anlage des Städtebaus im 17. Jahrhundert.

Musée Arthur Rimbaud: Das Museum zur Erinnerung an den Dichter, der im Hause Rue de Thiers Nr. 12 geboren wurde, befindet sich in einer ehemaligen Mühle des Herzogs (17. Jh.). Hier ist auch das Heimatmuseum „Musée d'Ardenne" untergebracht.

Monthermé (21 km nördl.): Den Ort in einer schönen Felsenlandschaft (mit einer Wehrkirche aus dem 12. bis 15. Jh. und einem romanischen Taufstein) erreicht man über die D 1 auf dem linken Maasufer vorbei an Nouzonville und Braux, wo die Straße den Fluß überquert, entlang der merkwürdigen Felsgruppe „Quatre-Fils-Aymon" (Vier Haimonskinder).

Vallée de la Semoy (25 km nordöstl.): Im Semoy-Tal sind herrliche Waldlandschaften zu durchfahren.

Laifour (31 km nördl.): Der Ort liegt zu Füßen der gewaltigen Felswand der „Dames de Meuse", die steil und hoch über dem Flußtal emporsteigt.

Rocroi* (28,5 km nordwestl.).

Charlieu 25/C 3
Abbaye bénédictine: Die noch erhaltenen Teile der ehemaligen Benediktinerabtei sind einen Besuch wert, namentlich das Portal der Stiftskirche, ein meisterliches Werk der Bildhauerei burgundischer Romanik (12. Jh.). Unter dem Portalvorbau liegt eine Pforte aus dem 11. Jh., deren Giebelfeld mit Skulpturen geschmückt ist. Interessant sind auch der Kreuzgang (Ende 15. Jh.), der Kapitelsaal, die Kapelle und die Abtswohnung aus dem 16. Jh. 500 m östlich von diesen Bauten liegt noch ein trapezoidaler Kreuzgang der „Cordeliers" (Franziskaner) aus dem 14./15. Jh.

Alte Häuser: Besondere Aufmerksamkeit verdienen die Bauten „Maison des Armagnacs" (13. Jh.) und „Maison des Anglais" (16. Jh.).

Iguerande (13 km nordwestlich): Die Kirche aus golden leuchtendem Stein stammt aus dem 12. Jahrhundert.

Semur-en-Brionnais (24 km nördl.): Die Kirche mit einem sehr schönen Glockenturm wurde im Cluniazenserstil errichtet. Es ist nicht weit zum Bergfried (9. Jh.) des Schlosses „Saint-Hugues".

Anzy-le-Duc (21 km nordwestl.): Der Ort hat eine der schönsten Kirchen dieser Gegend, mit einem skulpturenreichen Portal und einem polygonalen Glockenturm mit Fensterreihen in drei Etagen.

Bois-Sainte-Marie (26 km nordöstlich): Die Kirche mit einer Kuppel und einem viereckigen Turm wurde im 12. Jh. erbaut.

Châteauneuf-sur-Sornin (9 km nordöstl.): Hier sind ein Schloß mit Bauteilen aus dem 16. Jh. in waldiger Umgebung sowie eine romanische Kirche aus der Mitte des 12. Jh. zu besichtigen.

La Bénissons-Dieu (12 km westlich): Die Reste einer Zisterzienserabtei stammen aus gotischer Zeit (12. Jahrhundert).

La Clayette (22 km nord-nordöstlich): Das Schloß aus dem 14. Jh., das stark restauriert wurde, hat noch Wirtschaftsgebäude und eine

La Charité-sur-Loire: *Die Kirche Notre-Dame zeigt sehr schön die burgundische, romanische Architektur.*

Charroux: *Die Fassade von Saint-Nicolas in Civray ist mit traditionellen Motiven des Poitou versehen.*

Chartres: *Die Türme der Kathedrale überragen die Stadt. Am Portal „Portail Royal" steht die links unten abgebildete Figur; die linke Pforte des Nordportals ziert die Gruppe „Verkündigung und Heimsuchung".*

befestigte, versteckte Ausfallpforte der ursprünglichen Anlage.

Charroux 23/C 3

Es stehen noch bedeutende Bauteile der unter Karl dem Großen gegründeten Abtei Saint-Sauveur. Der polygonale Vierungsturm der Kirche aus dem 11. Jh. ist außer Dienstag zu besichtigen. In einem Bau des 15. Jh. sind Skulpturen des 13. Jh. ausgestellt, die am Hauptportal standen, sowie zwei Reliquiare des 13. und 14. Jh.

Civray (11 km westlich): Die romanische Kirche Saint-Nicolas aus dem 12. Jahrhundert hat einen bemerkenswerten Skulpturenschmuck an der Fassade und im Chorumgang.

Chartres 11/A 3

Cathédrale Notre-Dame: Bei diesem Meisterwerk gotischer Baukunst ist nur die Fassade großenteils romanisch (2. Hälfte des 12. Jh.). Das dreifache Portal in der Front (Verklärung Christi) zählt mit den berühmten säulenförmigen Statuen zu den schönsten Beispielen der Bildhauerkunst der Romanik. Die Fassaden des Querschiffs haben ebenfalls dreifache Portale. Die Figuren am Nordportal (um 1230) zeigen Szenen aus dem Alten Testament, die am Südportal (1225 bis 1250) solche aus dem Neuen Testament. Herrlich sind die Glasfenster aus dem 12./13. Jh. Am Chorabschluß, geschaffen im 16. Jh., werden in 41 Hochreliefs mit rund 200 Figuren Ereignisse aus dem Leben Christi und seiner Mutter dargestellt. Die Chapelle Saint-Piat (14. Jh.) beherbergt den Kirchenschatz. Die Krypta aus dem 11. Jh., die größte in Frankreich, enthält eine zweite Krypta (9. Jh.).

Musée des Beaux-Arts: Das Kunstmuseum im ehemaligen Bischofspalast besitzt eine seltene Sammlung von Email-Arbeiten und Wandteppichen des 16. Jh. Di. ◨.

Sehenswerte Bauten: Zu ihnen gehören vornehmlich das Haus „Maison canoniale" mit Fenstern aus dem 13. Jh., gegenüber dem Nordportal der Kathedrale, sodann der dreischiffige Kellerbau des Kapitels aus dem 13. Jh. (in der Rue du Cardinal-Pie) und das elegante

Türmchen „Escalier de la reine Berthe" (16. Jh.), 35 Rue des Écuyers, dazu in der Rue du Cheval-Blanc die Adelsbauten „Hôtel Collin-d'Harleville" und „Hôtel de Champrond" (16. Jh.).
Église Saint-Pierre: Die Kirche aus dem 12./13. Jh. besitzt einen viereckigen Turm aus dem 10./11. Jh. und mehrere bemerkenswerte Glasfenster des 14. und 16. Jh.
Malerische Winkel: Hinter der Kirche Saint-André (12. Jh., säkularisiert) ziehen sich am rechten Ufer der Eure die Straßen Rue de la Tannerie und Rue de la Foulerie (ehem. Gerberei und Walkerei) hin. Sie bieten mit Waschhäusern und alten Wohnbauten farbige Bilder.
Maison «Picassiette»: In der Nähe des Friedhofs Saint-Chéron ist das originelle Haus von Raymond Isidore, auch „Picassiette" genannt, zu besichtigen.
Saint-Martin-au-Val (1,5 km südöstlich): In der Krypta der Kirche aus dem 11. Jh. kann man noch Spuren einer älteren merowingischen Kirche sehen.
Château Maintenon* (19 km nordöstlich).
Illiers-Combray* (25 km südwestlich).
Châteaudun* (44 km südlich).

Château-Arnoux 38/C 3
Über der Ortschaft mit ihrer Kirche aus dem 17. Jh. erhebt sich eine malerische Burg, die gegen Ende des 14. Jh. errichtet wurde.
Saint-Auban (4 km südwestlich): Von der Aussichtsterrasse „Belvedere" der E. D. F. (Staatliche Elektrizitätswerke) sieht man über die Anlagen von „L'Escale" mit ihrem bewegbaren Brückendamm und einem Durance-Staudeich von 445 m Länge.
Peyruis (10 km südwestlich): Die romanische Kirche Saint-Donat wurde im 11. Jh. erbaut.
Vallée de la Bléone (10 km südöstlich): Durch das schöne Bléone-Tal führt die N 85 nach **Digne***.

Châteaubriant 16/D 1
Die Ruinen der Feudalburg, genannt „Vieux-Château", mit einem Tor aus dem 13. Jh., einer Kapelle aus dem 12./13. Jh. und einem Wohnbau aus dem 15. Jh. werden überragt von einem enormen quadratischen Bergfried.
Château-Neuf: Das neuere Renaissanceschloß ist durch eine Galerie mit einem zweistöckigen Pavillonbau verbunden, der heute das Gericht und die Bibliothek beherbergt. Tägliche Besichtigung.
Église Saint-Jean-de-Béré: Die Vierung im Innern dieser Kirche vom Ende des 11. Jahrhunderts besteht aus rotgrauem Sandstein („Roussard").
Pouancé (16 km östlich): Die Ruinen der mächtigen Burg Saint-Aubin (13./14. Jh.) ragen mit elf Türmen über dem Moorsee von Saint-Aubin empor.
Étang de Tressé (17 km östl.): Teichsee.

Château-Chalon 26/B 1
Das Dorf schwebt wie ein Adlerhorst auf einer Felskuppe, an deren Fuß die Weinberge liegen, denen der Ort als Anbauplatz des „Vin jaune" (gelber Wein) seinen Ruf verdankt. Ein Stadttor, Trümmer eines Schlosses und eine schlichte Kirche beleben das Ortsbild.
Belvédère (6 km östlich): Der Aussichtspunkt bietet einen schönen Blick auf den „Cirque de Ladoye" (Felsenkessel).

Château-Chinon 19/B 3
Der Ort ist ein bedeutendes Touristenzentrum für Ausflüge in das **Morvan***-Gebiet.
Calvaire: Der 609 m hoch liegende Kalvarienberg ist auf dem Gelände einer gallischen Siedlung und einer Feudalburg errichtet worden.
Mont Beuvray (21 km südlich): Auf diesem Berg liegt noch Mauerwerk der alten Galliersiedlung Bibracte.
Mont Prénelay: Am Berg befindet sich das Quellgebiet der Yonne.
Belvédère „Notre-Dame-de-l'Aillant" (20,5 km östlich): Den Aussichtsplatz mit herrlicher Fernsicht erreicht man über Anost.
Stauseen (22 km nordöstlich): Auf der D 37 kommt man zum „Réservoir de Settons"; 18 km nördlich von Château Chinon liegt der Stausee von Pannesière-Chaumard.

Châteaudun 18/A 1
Das Schloß, erbaut vom 12. bis 16. Jh., gleicht von außen einer Burgfeste, aber die innere Einrichtung ist die einer eleganten Fürstenresidenz. Links vom Schloßeingang stehen ein 46 m hoher runder Bergfried aus dem 12. Jh. und die spätgotische Kapelle „Sainte-Chapelle" (Mitte 16. Jh.) mit schönen Statuen aus dem 15. Jh.
Kirchen: In der Altstadt am Fuß des Schloßberges findet man drei Kirchen von Rang: Église Saint-Valérien (12./13. Jh.), Église la Madeleine (romanisch, 12. Jh.) und Saint-Jean-de-la Chaîne (11. bis 15. Jh.). Nur noch die Fassade steht von der Église Notre-Dame-du-Champdé (Ende 15. Jh.).
Lutz-en-Dunois (7 km östlich): In der romanischen Kirche sind Mauermalereien aus dem 12./13. Jh.
Bonneval (4 km nördlich): In diesem einst befestigten Ort am Loir liegen die Abtei Saint-Florentin (kein Eintritt), die Ruinen einer Stiftskirche aus dem 12. Jh. und die gotische Kirche Notre-Dame aus dem 13. Jh.
Cloyes-sur-le-Loir (13 km südwestl.): Von diesem im Loir-Tal gelegenen Ort kann man schöne Fahrten bis nach **Vendôme*** unternehmen.

Château-Gaillard 5/A 3
Die mächtigen Burgruinen, die beherrschend auf einem Hang über der Seine und dem Ort Les Andelys (besonders „Le Petit-Andely") stehen, sind Teile eines Schlosses, das Richard Löwenherz gegen Ende des 12. Jh. erbauen ließ. Mittelpunkt der Feste ist ein zylindrischer Wehrturm, um den zwei mächtige Ringmauern gezogen sind. Vom Bergplateau ist die Burg durch einen breiten Graben getrennt. Die zweite (äußere) Ringmauer ist nochmals von einem Graben umgeben. Ein dreieckiges Vorwerk liefert eine weitere Verteidigungsmöglichkeit. Die Festung ist vom 15. März bis 15. Oktober zu besichtigen; geschlossen Dienstag und Mittwoch nachmittags.
Gotische Kirche: Im Ortsteil Le Grand-Andely gibt es eine schöne

Château-Gaillard: *Die Ruinen einer mächtigen Burgfeste aus dem 12. Jh. beherrschen den Ort Les Andelys und das Seine-Tal.*

gotische Kirche mit einer Fassade, die drei Portale hat, und zwei Seitentürme. Sehenswert sind das Orgelgehäuse und die Glasfenster aus dem 16. Jh.

Château-Gontier 17/A 1
In der Altstadt, die stufenweise am rechten Ufer der Mayenne emporklettert, stehen zahlreiche interessante Häuser aus dem 16., 17. und 18. Jh. Eine schöne Aussicht hat man von der „Promenade du Bout-du-Monde".
Église Saint-Jean: In der romanischen Kirche aus dem 11./12. Jh. sind Reste von Wandmalereien des 12. Jh. zu sehen.
Château de Saint-Quen (7 km südwestlich): Das Schloß mit einem prächtigen quadratischen Turm wurde im 15. und 16. Jh. erbaut.
Château du Bois-Mauboucher (17 km südl.): Das im 15., 17. und 19. Jh. errichtete Schloß liegt besonders schön am See in einer Waldlandschaft.

Châteauneuf -du-Faou 8/C 3
Der Ort, ein Ausgangspunkt für Ausflüge in die Bergwelt „Montagnes Noires", ist auch bei Anglern sehr beliebt, die von hier aus auf Fischfang gehen.
Laz (8 km südlich): Hier beginnt die Höhenstraße „Route des crêtes" (D 41), von der man sehr schöne Fernblicke genießen kann.
Forêt du Laz (5 km südlich): Bei diesem Wald liegt die Domäne von Trévarez-en-Saint-Goazec, ein Park von 74 ha mit markierten Waldwegen, Rhododendron- und Azaleenplantagen.

Château-Queyras 38/D 1
Die Ortschaft wird beherrscht vom Fort Queyras (Bes. im Sommer), das von Festungsbaumeister Vauban angelegt und im 19. Jh. ausgebaut wurde. Der 16 m hohe Wehrturm stammt aus dem 13. Jh. Die Gemeinde liegt mitten in einem Naturpark, in dem Wintersporteinrichtungen geschaffen werden.
Sommet Bucher (11 km südlich): Zu diesem Gipfel auf 2 260 m Höhe führt eine strategische Straße.
Saint-Véran* (11 km südöstl.): Die Fahrt zum 2127 m hoch gelegenen „Belvédère du Cirque" am Viso-Berg geht durch das Tal des Guil nach Aiguilles, einem hübschen Kurort, dann über Abriès (mit einer romanischen Kirche) und L'Echalp, das bereits 1 677 m hoch liegt.
Mont-Dauphin* (24 km südwestlich): Zu dieser Stadt gelangt man durch das wildromantische Guil-Tal, über Guillestre.

Châteauroux 24/B 1
Église Saint-Martial: Die Kirche hat einen schönen Chor aus dem 13. Jh., ein Langhaus aus dem 15. Jh. und einen Glockenturm der Renaissance.
Musée Bertrand: Das Bertrand-Museum (montags geschlossen) zeigt Erinnerungen an Napoleon I. und General Bertrand sowie ältere und moderne Gemälde, dazu Dokumentationen über Persönlichkeiten aus dieser Landschaft (George Sand) und Heimatkunst.
Forêt de Châteauroux: Im Süden der Stadt gelegen; man kann in diesem schönen Waldgebiet Spaziergänge unternehmen.
Déols (2 km nördlich): Von der bedeutenden Abtei des 10. Jh. am rechten Ufer der Indre blieb nur ein romanischer Glockenturm erhalten. In der Kirche, gebaut im 12. und 15. Jh., befinden sich zwei merowingische Krypten mit dem Grab des Heiligen Ludre.

Château-Thierry 12/A 1
Der Fabeldichter La Fontaine wurde hier geboren. Sein Geburtshaus, ein hübscher Wohnbau des 16. Jh., dient heute als Museum.
Sehenswerte Bauten: Zu ihnen gehören die Kirche Saint-Crépin (15./16. Jh.), Burgmauern auf einem Hügel, in der Stadt das Tor „Porte Saint-Jean" (14. Jh.) mit zwei Türmen und das Tor „Porte Saint-Pierre" sowie der Turm „Balhan" (15./16. Jh.).
Gedenkstätten des 1. Weltkriegs (4 km westlich): Die Höhe 204 mit einem amerikanischen Denkmal und (10 km weiter nordwestlich) „Bois Belleau" mit deutschem und amerikanischem Soldatenfriedhof (2 300 Gräber).

Châtelguyon 30/D 1
In diesem sehr bekannten Mineralbad trennt ein Platz (Place Brosson) die Bäderstadt mit Kasino, großen Thermen, Park und Sportanlagen, von einem alten Ortsteil, über dem sich ein Kalvarienberg erhebt. In der Umgebung sind schöne Spaziergänge in mehreren Flußtälern zu machen.
Château de Chazeron (3 km westlich): Das vom 13. bis 15. Jh. erbaute Schloß ist nicht zu besichtigen. Es wird im Sommer durch eine Musik- und Licht-Schau („Son et Lumière") zu einer Attraktion.
Château de Davayat (7 km nordöstlich): Der Herrensitz im Stil Louis XIII. ist umgeben von Gärten „à la française". In den Schloßräumen sind interessante Sammlungen und Einrichtungen zu besichtigen. Im Dorf steht ein 4,66 m hoher Menhir.

Châtellerault 23/C 1
Das Haus, in dem der Philosoph und Mathematiker Descartes gewohnt hat, ein Bau aus dem 16. Jh. (Rue Bourbon 162), ist heute ein Museum. Von der ehemaligen Burg ist nur ein turmbewehrter Flügelbau erhalten, in dem ein kleines Heimatmuseum eingerichtet wurde.

Pont Henri IV.: Die Brücke mit zwei Türmen überspannt mit neun Bögen den Fluß (Anfang 17. Jh.).
Château de Scorbé-Clairvaux (10 km westlich) Im 15. und 16. Jahrhundert entstand dieses Schloß, das von Gräben umgeben ist und über prachtvolle Nebengebäude aus dem 17. Jahrhundert mit einer Orangerie und einem Taubenhaus verfügt.

Châtel-Montagne 25/B 3
Die majestätische romanische Kirche ist ein Granitbau in reinem Auvergne-Stil des 12. Jh. Besonders bemerkenswert ist der zweistöckige Fassaden-Vorbau mit dreiteiligem Rundbogen-Portikus. In der Stadt stehen mehrere Häuser des 15. Jh. mit Türmchen.
Puy du Roc: Ein 644 m hoher Aussichtspunkt nahe der Stadt.
Le Mayet-de-Montagne (6km südlich): Der Ort ist Ausgangspunkt für Ausflüge in die Berge „Monts de la Madeleine" mit ihren Heide-, Hochmoor- und Waldlandschaften.

Châtillon-sur-Indre 24/A 1
Église Notre-Dame: Die Kirche aus dem 11./12. Jh. besitzt ein Portal mit ganz ungewöhnlichen Bildkapitellen.
Donjon: Ein zylindrischer Bergfried aus dem 11. Jahrhundert ist der bedeutendste erhaltene Bauteil einer Burg. Freizeiteinrichtungen.
Palluau-sur-Indre (13 km südöstlich): Im Ort steht ein eindrucksvolles Schloß (12. und 15. Jh.) mit dem schönen Turm „Philippe-Auguste" und einer Kapelle, die mit Fresken aus dem 15. Jh. dekoriert ist. In der Kirche Saint-Laurent (romanisch) sind Fresken aus dem 12. Jh. erhalten, darunter eine berühmte „Madonna mit Kind"-Darstellung.
Château d'Argy (21 km südöstlich): Das Wahrzeichen dieses Schlosses (15./16. Jahrhundert) ist ein wuchtiger, von Türmchen flankierter Bergfried. Der Innenhof mit einer eleganten zweistöckigen Galerie stammt vom Ende des 15. Jahrhunderts.

Châtillon-sur-Seine 19/C 1
Musée: Das in dem Renaissancehaus Philandrier eingerichtete Museum ist ein Hauptanziehungspunkt dieser kleinen Stadt. In ihm ist die wundervolle Vase von Vix aus dem 6. Jh. vor Christus (1,64 m hoch, 208 kg schwer) ausgestellt, die 1953 am Mont Lassois in der Grabkammer einer gallischen Frau gefunden wurde und zweifellos einer griechischen Werkstatt in Süditalien entstammt. Das Meisterwerk der Antike gehört zum „Trésor de Vix" (Schatzfund), der noch Schmuckstücke, Teile eines Prunkwagens, Gegenstände aus Gold und Bronze enthält.
Église Saint-Vorles: Die Kirche ist ein wichtiges Zeugnis der frühen

romanischen Kunst des ausgehenden 10. Jh. – 500 m östlich von ihr entspringt die Quelle der Douix.
Mont Lassois (7 km nördlich): Am Fuß dieses Hügels, auf dem die kleine romanische Kapelle Saint-Marcel (12. Jh.) steht, wurde der „Schatz von Vix" gefunden.
Mussy-sur-Seine (15 km nördlich): Die sehenswerten Bauten in diesem Ort sind die Kirche (13. und 15. Jh.) mit einem schönen Grabmal aus dem 13. Jh., Statuen aus dem 14./15. Jh. und einer Pietà vom Anfang des 16. Jh. sowie ein Schloß der Fürstbischöfe von Langres aus dem 15. bis 18. Jh., in dem jetzt die Stadtverwaltung amtiert.
Forêt de Châtillon (15 km südöstlich): Ein schöner Domänenwald, in dem die Ruinen einer im 12. Jahrhundert gegründeten Zisterzienserabtei liegen.

Sarzay (9 km nordwestlich): Hier steht eine mächtige Feudalburg des 13. Jh., die von vier runden Türmen mit Pechnasen flankiert wird und im Sommer durch Musik- und Licht-Spiele („Son et Lumière") viele Besucher anzieht.
Nohant (6 km nördlich): Das Schloß, in dem George Sand gewohnt hat, ist bis heute unverändert geblieben.
Vic (8 km nordwestl.): In der Kirche befindet sich eine bemerkenswerte Folge von Fresken aus dem Anfang des 12. Jahrhunderts.
Lignières (25 km nordöstlich): Das schöne Schloß des 17. Jh. wurde von François Le Vau errichtet.
Châteaumeillant (17 km östlich): Im Ort steht die schöne romanische Kirche Saint-Genès (1. Hälfte des 12. Jh.) und 5,5 km weiter nordöstlich die romanische Kirche Saint-Jeanvrin, in der sich das Grabmal des François de Blanchefort mit Gestalten von Trauernden (aus der Mitte des 16. Jh.) befindet.
La Motte-Feuilly (10 km südöstlich): In der Kirche aus dem 15./16. Jh. liegt das Grabmal für Charlotte d'Albret, Gemahlin von Cesare Borgia († 1514), die in der Burg aus dem 14./15. Jh. gewohnt hat.
Sainte-Sévère-sur-Indre (14,5 km südl.): In diesem alten befestigten Städtchen sind ein Schloß aus dem 18. Jh. und Ruinen eines Bergfrieds aus dem 13. Jh. zu sehen.
Neuvy-Saint-Sépulcre (18 km westlich): Die Rundkirche aus dem 11./12. Jh. ist nach dem Vorbild der Grabeskirche in Jerusalem gebaut.

Chaumont 20/A 1
Die ehemalige Hauptstadt der Grafen von Champagne erhebt sich auf einem Plateau zwischen zwei Tälern. Das Stadtbild wird mitbestimmt durch einen herrlichen Viadukt. Malerische Gassen mit alten Häusern prägen die Altstadt.
Église Saint-Jean-Baptiste: Die Kirche aus dem 13. und 16. Jh. besitzt eine Anzahl wertvoller Kunst-

Chaumont-sur-Loire: *Ein herrlicher Park mit hundertjährigen Zedern gibt dem schönen Schloß den Rahmen.*

Chausey (Îles) 9/C 1
Zu den Inseln fährt man von **Granville*** während der Saison täglich. Die Bootsfahrt (16 km) dauert eine Stunde. Der Archipel aus Granitgestein umfaßt bei Ebbe mehr als 300 Inselchen. Bewohnt ist nur die „Grande Île" (Große Insel), und zwar von z. Z. 55 Einwohnern. Das Dorf besteht aus mehreren Häusern, einem Hafen, einer Schule und der Kapelle der Fischer. Am Südostende der Insel liegen ein verlassenes Fort und ein Leuchtturm. Außerdem sind auf der Insel noch die Ruinen eines im 14. Jh. gegründeten Franziskanerklosters.

werke, darunter eine „Grablegung" aus dem 15. Jh. mit elf realistisch gestalteten Figuren.
Bergfried: Am „Palais de Justice" ragt noch der viereckige Bergfried (12. Jh.) des Schlosses der Grafen von Champagne empor. In diesem „Tour Hautefeuille" ist ein Museum.

Chaumont-sur-Loire (Château de) 18/A 2
Das Schloß steht mit seinen vier wuchtigen Rundtürmen am linken Ufer der Loire. Spätgotisch sind der Westflügel und der Turm „Tour d'Amboise", die übrigen Bauten stammen aus der Renaissance. Die Räume, in denen Diane de Poitiers und Katharina de Medici gewohnt haben, sind zu besichtigen.

La Châtre 24/B 2
Die am linken Ufer der Indre terrassenförmig angelegte Stadt hat malerische alte Ortsteile mit bunten Häusern aus vergangenen Jahrhunderten.
Musée George Sand: Ein Museum, das die Erinnerung an die Schriftstellerin George Sand wachhält, ist in einem Wehrturm aus dem 15. Jh. untergebracht.

Chauvigny 23/C 2
Auf den Bergvorsprüngen über der malerischen kleinen Stadt liegen die Ruinen von fünf Burgen: Château baronnial (mit einem Bergfried aus dem 12. Jh.), Château d'Harcourt (13. und 15. Jh.), Château de

Montléon (12. und 15. Jh.), Château de Gouzon und „Tour de Flins".

Église Saint-Pierre: Die Kirche in der Oberstadt stellt ein markantes Beispiel der romanischen Baukunst des Poitou dar. Man beachte besonders die Apsis und die sehr bekannten expressiv realistischen Bildkapitele im Innern.

Église Notre-Dame: Die romanische Kirche in der Unterstadt stammt aus dem 11. und 12. Jahrhundert und besitzt noch sehenswerte Fresken aus dem 14. Jh.

Château de Touffou (7,5 km nordwestlich): Über die Ortschaft Bonnes (mit zwei romanischen Kirchen) kommt man zu der Höhe oberhalb der Vienne, auf der dieses Schloß steht (erbaut im 12., 13. und 16. Jh.). In den Innenräumen befindet sich ein Zimmer, genannt „Chambre des Quatre-Saisons", das mit Fresken des 16. Jh. versehen ist. (Besichtigung im Sommer).

Civaux (18 km südlich): In dem Ort am linken Ufer der Vienne steht eine Kirche (10. bis 12. Jh.) mit einer Apsis aus dem 11. Jh. und einem interessanten merowingischen Friedhof.

Chavaniac-La Fayette
(Château de) 31/B 3

Das Schloß vom Beginn des 18. Jh. ist das Geburtshaus des Generals La Fayette (1757 – 1834); es beherbergt das dem General gewidmete Museum.

Chenonceaux
(Château de) 17/D 3

Das wunderschöne Schloß ist quer über dem Cher-Fluß angelegt. Vom rechten Ufer her erblickt man zunächst den runden Bergfried aus dem 15. Jh. mit dem Garten der Diane de Poitiers zur Linken und dem Garten der Katharina de Medici zur Rechten, dann den Bau des Thomas Bohier (1513 bis 1521). Die große Galerie, die sich an dessen Südfront anschließt, baute Philibert Delorme. Die zwei Stockwerke ruhen in einer Länge von 60 m auf einer Brücke mit fünf Bögen über den Cher. Die Innenräume sind im Renaissancestil möbliert und dekoriert.

Montrichard (9,5 km östlich): Im Stadtteil Faubourg de Nanteuil stehen außer einer romanischen Kirche noch schöne alte Häuser wie das „Maison de l'Ave Maria" mit drei Giebeln (16. Jh.) und der Bau der „Chancellerie" (15. Jh.). Die Burgruine über der Stadt hat einen wuchtigen Bergfried aus dem 12. Jh.

Château du Gué-Péan (10 km östlich): Siehe **Gué-Péan***.

Cherbourg 3/C 2
Ein bedeutender Handels- und Yachthafen mit einem Marine-Arsenal.

Église de la Trinité: Die Kirche erhebt sich auf einem großen Platz mit dem Denkmal Napoleon I.

Musée Thomas-Henry: In der Gemäldesammlung des Museums gibt es eine schöne Kollektion von Werken des Malers Millet.

Parc Emmanuel-Liais: Der Park verfügt über sehenswerte exotische Bäume und Pflanzen.

Pointes de Querqueville und d'Urville-Nacqueville: Zwei Landzungen, in deren malerischen Landschaften sich ein reizender Landsitz („Manoir") aus dem 16. Jh. befindet.

Château de Tourlaville (4 km östlich): Von Wassergräben umgebenes Renaissanceschloß in einem Park mit exotischen Bäumen.

Megalithisches Denkmal beim Flugplatz (12 km östlich): 16 m lang ist das „Allée couverte" genannte Monument aus der Steinzeit.

Cheverny
(Château de) 18/A 2

Die Einfachheit des Außenbaus dieses Schlosses steht in starkem Kontrast zur reichen Dekoration der Innenräume. Der rechteckige Zentralbau der gesamten Anlage ist durch Flügeltrakte mit zwei geräumigen quadratischen Pavillons verbunden. Die Zimmer sind prunkvoll geschmückt und möbliert, namentlich im ersten Stockwerk, aus dem eine steinerne Treppe zu den königlichen Gemächern führt. Deren Hauptsehenswürdigkeit ist das Schlafzimmer des Königs.

Musée de l'Équipage: Ein Museum der Jagdausrüstungen von Cheverny mit mehr als 2 500 Jagdtrophäen befindet sich in den Wirtschaftsbauten.

Château de Villesavin (9 km nordöstlich): Das hübsche Renaissanceschloß wurde 1537 gebaut.

Château d'Herbault (13,5 km nordöstlich): Dieser Renaissancebau wurde im 19. Jh. ausgebaut; er bietet mit den schachbrettartig aufgelegten Ziegeln, die mit weißem Tuffstein und dem grauen Schieferglanz der Dächer gut kontrastieren, einen reizvollen Anblick.

Chevreuse 11/B 2
Die Ruinen des Schlosses „Château de la Madeleine" und der mächtige Bergfried des 12. Jh. bestimmen das Stadtbild. Die Kirche besitzt einen romanischen Glockenturm. Der Markt hat noch seinen dörflichen Charakter behalten.

Chauvigny: *Über die Burganlagen steigt der romanische Glockenturm von Saint-Pierre empor; die Oberstadt liegt auf einer Felsenspitze.*

Chenonceaux: *Das Kleinod der Renaissance bezaubert nicht nur durch eigenen Reiz, sondern auch durch die Harmonie von Bau und Landschaft.*

Cherbourg: In dem nach dem Krieg von 1939/1945 wiederaufgebauten Hafen liegen Yachten und Fischerboote nebeneinander.

Vallée du Rhodon (5 km nördl.): Durch das Tal des Rhodon fährt man nach Saint-Lambert und zu den Ruinen von Port-Royal des Champs.
Dampierre* (4 km westlich): Südwestlich von Dampierre gelangt man nach „Les Vaux de Cernay".
Château de Breteuil (5 km südwestlich): Um das im Stil Ludwig XIII. erbaute Schloß liegen wunderschöne Gärten, in denen botanische Führungen stattfinden. Darstellungen der Geschichte durch Wachsfiguren.
Ausflugsziele im Osten der Stadt: Saint-Rémy-lès-Chevreuse, das Tal der Yvette, Tal der Mérantaise, Gif, Bures, Orsay.

Cheylade 30/D 3
Église: Die drei Schiffe der im 16. Jahrhundert gebauten Kirche sind mit 1 428 Tafeln aus Eiche verschalt, die mit Blumen und Tierdarstellungen verziert wurden (18. Jh.).
Maison de la construction: Ein Haus der regionalen Baukunst.
Apchon (5 km nordwestlich): Das Dorf wird von zwei Wällen aus Vulkangestein umschlossen, von denen einer die Ruine einer Burg trägt. Es ist Ausgangsort für die Wallfahrt zur „Chapelle de la Font-Sainte", 5,5 km entfernt, auf einer Höhe von 1 250 m.
Riom-ès-Montagnes (10 km nördlich): In dem alten Flecken steht von einer früheren Abtei noch die romanische Kuppelkirche Saint-Georges (11./12. Jh.) mit einem Portikus des 13. und einem Turm des 14. Jh.
Château Saint-Angeau (8 km nordöstlich): Nicht weit von der Schloßanlage des 19. Jh., in der ein Turm aus dem 15. Jh. aufragt, liegen die kleinen Seen „Lac des Bondes" und „Lac de Roussilhou".

Chinon 17/C 3
Die Schloßanlage, deren eindrucksvolle Überreste ein 400 m langes Gelände auf dem steilen Felsen über der Stadt bedecken, besteht aus drei Festungen, die durch tiefe Wallgräben voneinander getrennt sind. Im Osten steht das zerstörte Fort Saint-Georges. Den mittleren Bereich füllt das „Château du Milieu" mit dem 35 m hohen Uhrturm (12. bis 14. Jh.) aus, mit dem „Musée Jeanne-d'Arc" (Museum) und den Königlichen Gemächern aus dem 12., 14. und 15. Jh. sowie dem Turmbau „Tour du Trésor" (12. Jh.). Im Westen liegt die Burg „Château de Coudray" mit den mächtigen Türmen „Tour de Boissy", „Tour du Moulin" und dem runden, 25 m hohen Bergfried. Von den Südmauern hat man einen herrlichen Blick auf Chinon und das Tal der Vienne.
Alte Häuser: Bei einer Wanderung durch das sehr alte, malerische Chinon, das von der Rue Voltaire durchquert wird, kann man viele schöne Häuser des 15., 16. und 17. Jahrhunderts entdecken. „Maison des Etats-Généraux" aus dem 15. Jahrhundert. Musée du Vieux Chinon: Heimatmuseum.
Grand-Carroi: Die große Kreuzung ist von alten Fachwerkbauten des 15. Jh. umgeben („Maison

Cheverny: In der äußeren Linienführung der Architektur ist dieses Schloß streng gegliedert, die Innenräume sind prunkvoll gestaltet.

Chevreuse: *Die Ruinen der Festung „Château de la Madeleine" mit dem Bergfried; von der Höhe hat man eine herrliche Fernsicht.*

Chinon: *Das Bild der Stadt am Ufer der Vienne wird von den Ruinen der drei Festungen bestimmt, die auf dem Felsen eine Fläche von 4 ha bedecken und einst die Herrschaft über das Flußtal sicherten..*

Rouge" aus Holz und Backsteinen). Sie war im Mittelalter das Zentrum der Stadt.

Kirchen: Das Langhaus der „Église Saint-Maurice" ist in reinstem Anjou-Stil des 12. Jh. gebaut. Die Église Saint-Étienne (spätgotisch, 15. Jh.) hat eine bemerkenswerte Westfassade und die Église Saint-Mexme (nur in Einzelteilen erhalten) zeigt noch ein Langhaus des 10. Jahrhunderts und eine von zwei Türmen flankierte Vorhalle des 11. Jahrhunderts.

Sainte-Radegonde: In dieser Höhlenkapelle (6., 10. und 12. Jh.) sind schöne Wandmalereien des 12. Jh. mit Szenen einer königlichen Jagd zu sehen.

Manoir de la Devinière (7 km südwestlich): Der Landsitz ist das Geburtshaus von François Rabelais (1494–1553), an den ein kleines Museum erinnert. Von hier kommt man auch zum „Château du Coudray" (15. Jahrhundert) inmitten der hübschen Landschaft, in der Rabelais die wichtigsten Handlungen seines bekannten Romans „Gargantua und Pantagruel" spielen läßt.

Avoine (8 km nordwestlich): Von dem am linken Ufer der Loire gelegenen Ort kommt man nach Avoine-Chinon, wo sich das erste Atomkraftwerk Frankreichs befindet, das 1962 seine Produktion begann. Auf einer Aussichtsterrasse ist ein kleines Museum, in dem man sich über die Arbeit des Werkes informieren kann.

Cravant-les-Coteaux (8 km östlich): In der schlecht erhaltenen Kirche (10., 11. und 12. Jahrhundert) sind Säulen aus merowingischer Zeit und ein Schiff aus karolingischer Zeit zu sehen.

Cholet 16/D 3

Rund um den Platz Travot im Zentrum der Stadt gruppieren sich Theater, Rathaus und die neugotische Kirche Notre-Dame (19. Jh.).

Megalithen: In der Umgebung stehen mehrere Großsteine wie „Pierre-du-Diable" (1 km südwestlich), der „Menhir du Grand-Champ" und der „Dolmen Guil-au-Boin" (2 km westlich).

Barrage de Ribou (4 km südöstlich): An diesem Stausee befindet sich ein Strandbad, das mancherlei Sportmöglichkeiten bietet.

Mortagne-sur-Sèvre (10 km südwestlich): Hier findet man die Reste einer Festung mit Terrassengärten und Schloßruinen aus dem 14. und 15. Jahrhundert.

Saint-Laurent-sur-Sèvre (6 km südöstlich): In der modernen Basilika liegen die Gräber von Saint-Grignion-de-Montfort († 1716) und von Schwester Marie-Louise de Jésus.

Bégrolles (9,5 km nordwestlich): Von hier geht es zur ehemaligen Benediktinerabtei Belle-Fontaine (gegründet im 11. Jh.), die heute von Trappisten bewohnt wird.

Clairvaux-les-Lacs 26/B 2

Der Ferienort hat eine Kirche mit schön geschnitzten Chorstühlen aus dem 15. Jh. und bemerkenswerten Gemälden aus dem 17. Jh.

Lac de Clairvaux (300 m südlich): Neben dem Großen See mit Strandbad und Bootsvermietungen gibt es einen Kleinen See am Fuß der „Butte de la Rochette", auf deren Höhe (611 m) eine Burgruine steht.

Bonlieu (11 km nordöstlich): Der Ort und der See „Lac de Bonlieu" sind von Tannenwäldern umgeben. Von hier kann man schöne Ausflüge zu den „Cascades du Hérisson" (Wasserfälle) und zum Seengebiet von **Chalain*** unternehmen.

Clamecy 19/A 2

Das alte Clamecy lohnt einen langen Spaziergang. Malerische Straßen mit alten Häusern des 15. Jh. („Maison du Tisserand") und 16. Jh. („Hôtel de Bellegarde" mit Museum) liegen rings um die Kirche Saint-Martin aus dem 13./14. Jh.

Église de Bethléem: Die mittelmäßige Bethlehem-Kirche, erbaut 1927, erinnert an die Epoche, in der Clamecy zur Zeit der türkischen Besatzung von Bethlehem (12. bis 18. Jh.) der Sitz des Bischofs von Bethlehem war.

Varzy (16 km südwestlich): In der Stadt stehen eine schöne gotische Kirche mit einem Triptychon der heiligen Eugenie von 1537 und mehrere alte Häuser, so das „Maison Guiton" aus dem 15. Jh. und das „Hôtel des Échevins" aus dem 15./16. Jh. Stadtmuseum.

Clécy 10/B 1

Die große Ortschaft ist ein beliebter Ausgangspunkt für Ausflügler in die „Normannische Schweiz" (Suisse Normande) mit ihren malerischen Landschaften.

Ziele für Spaziergänger: Im Norden wandert man etwa zum „Manoir de Placy", einem Herrensitz des 16. Jh. mit kleinem Museum, oder zum Aussichtspunkt „Pain de Sucre", im Südosten nach „Croix de la Faverie" mit Aussichten auf die „Rochers des Parcs", die Ufer der Orne und die Brücke „Pont du Vey". Im Südosten geht es in den bergigsten Teil der Landschaft, genannt „Roche d'Oëtre".

Le Claps 38/A 1

An der Ausfahrt von Luc-en-Diois (siehe **Die***) führt die N 93 unter dem Viadukt von Claps hindurch, einem Metallbauwerk von 210 m Länge und 60 m Höhe. Man kommt dann zum eigentlichen Bereich des „Claps", einem phantastischen Chaos von Felsbrocken, zwischen denen die Drôme fließt. Die Straße verläuft hier als Höhenstraße oberhalb der eigenartigen Tal-Landschaft und bietet den Benutzern immer wieder interessante Aussichten.

Thury-Harcourt* (10 km nördlich).
Château de Pontécoulant (10 km westlich).

Clères (Château) 5/A 2

Die Burg aus dem 13./14. Jh. mit einem Wehrturm aus dem 12. Jh. (im 19. Jh. stark umgebaut) liegt in einem schönen Zoologischen Garten. Hier besteht auch ein Automobilmuseum mit einer Sammlung von fahrbereiten Wagen, deren ältester aus dem Jahr 1876 stammt. Eine weitere Sammlung zeigt Wagen und Maschinen, die am Kampf um die Normandie teilgenommen haben.

Clermont-en-Argonne 12/D 1

Église Saint-Didier: Die Kirche des Ortes, von dem man schöne Ausflüge in die Wälder des „Forêt d'Argonne" machen kann, wurde im 16. Jh. gebaut. Sie hat zwei Renaissanceportale.
Les Islettes (6 km westlich): Von hier führt die D 2 weiter südlich zum Tal der Biesme (Route de la Haute-Chevauchée), dann zur „Ermitage de Saint-Rouin", einer Kapelle in reizvoller Umgebung (im Wald von Beaulieu) bei der Quelle der Biesme.

Clermont-Ferrand 31/A 1

In der Hauptstadt der Auvergne hat das alte Viertel zwischen der Kathedrale und der Kirche „Notre-Dame-du-Port" viel vom Aussehen in früheren Zeiten bewahrt. Da gibt es zahlreiche Häuser aus dem 16., 17. und 18. Jh., so in der Rue du Port, Rue Pascal, Place und Rue du Terrail, Rue des Chaussetiers (besonders reizvoll Nr. 3, „Maison de Savaron", Anfang 16. Jh., mit Treppenturm und drei gotischen Galerien).
Musée du Ranquet: Das im ehemaligen „Hôtel de Fontfreyde" aus dem 16. Jahrhundert eingerichtete Heimatmuseum zeigt Dokumentationen zum Leben und Werk von Pascal.
Cathédrale Notre-Dame: Die Kathedrale, die im 13./14. Jh. aus dem schwarzen Stein von Volvic gebaut wurde, gilt als schönstes gotisches Bauwerk der Auvergne. Die Turmspitzen und die Front wurden im 19. Jh. ergänzt. Von besonderem Rang sind im Innern die Fresken aus dem 13. und 15. Jh. sowie die Glasfenster über dem Chorumgang und in den anliegenden Kapellen.
Notre-Dame-du-Port: Die Kirche aus dem 12. Jh. ist ein schönes Beispiel der romanischen Architektur der Auvergne. Innen sind der massive Chorabschluß und herrliche Bildkapitelle bemerkenswert. In der Krypta aus dem 11. Jahrhundert steht eine vielverehrte Schwarze Madonna.
Musée Bargoin: Das Museum präsentiert eine gute archäologische Sammlung, Skulpturen und Gemälde, vornehmlich aus dem 19. Jahrhundert.
Fontalnes de Saint-Alyre: Die kuriosen, Versteinerungen schaffenden Quellen befinden sich im Nordteil der Stadt.
Montferrand (2 km nordöstlich): Die kleine Stadt, die ihr mittelalterliches Aussehen bewahrt hat, wurde nach einem rechteckigen Grundplan angelegt. An den zwei sich rechtwinklig schneidenden Hauptstraßen, die zu den vier Toren der Stadtmauer führen, stehen zahlreiche Häuser der Gotik und Renaissance. Die Kirche Notre-Dame-de-Prospérité stammt aus dem 13./14. Jahrhundert.
Circuit des Puys (20 km nord-nordöstlich): Die Rundfahrt führt zu erloschenen Vulkanen. (Siehe auch **Puy-de-Dôme***).
Plateau de Gergovie (12 km südlich): Hier steht auf einer Höhe von 700 m ein Denkmal zur Erinnerung des Sieges von Vercingétorix über Cäsar im Jahr 52 vor Chr. Über dem malerischen Dorf Opme ragt das aus schwarzer Lava gebaute ehemalige Schloß der Dauphins d'Auvergne empor. Der mit drei runden Türmen und einem viereckigen Bergfried bewehrte Bau des 12./13. Jh. wurde im 18. Jh. ausgebaut. Zu dem 2 km entfernt liegenden „Château de la Batisse" (18. Jh.) gehören zwei Türme aus dem 15. Jh. Es liegt inmitten schöner Gärten. Besichtigung in der Saison.

Clermont-l'Hérault 43/A 1

Die alte Stadt wird von den Ruinen einer Burg mit einem Bergfried überragt.
Église Saint-Paul: Die gotische Kirche aus dem 13./14. Jh. besitzt eine wehrhaft ausgebaute Front und Apsis.
Abbaye de Cornils (3,5 km nördlich): Zu diesen Ruinen einer Abtei gelangt man über Lacoste, unterhalb des mit einer schönen Aussichtsterrasse versehenen Hügels Belbezé.
Pic des Deux-Vierges (9 km nördlich): Mit einem Anstieg von 40 Minuten zu Fuß gelangt man auf die Höhe von 535 m, auf der die Kapelle Saint-Fulcran steht. Von hier oben wird eine herrliche Fernsicht geboten.

Cléry-Saint-André 18/B 1

Basilique Notre-Dame: In der spätgotischen Basilika befindet sich das Grab Ludwig XI. († 1483) mit einer Statue des knieenden Königs. Sehenswert sind auch die schöne Renaissance-Kapelle „Saint-Jacques" und die „Chapelle de Dunois-Longueville" mit dem Grab des Dunois „Bastard von Orleans", des Mitkämpfers von Jeanne d'Arc.

Clisson 16/D 3

Das Schloß zeigt sich heute als eine Gruppe herrlicher Ruinen. Von einem monumentalen Torbau mit Pechnasen (15. Jh.) kommt man zum östlichen Burgbereich mit Bauten aus dem 13. und 14. Jahrhundert und dann zum Westteil, dessen Restbauten aus dem 15. Jahrhundert stammen.
Église de la Trinité: Um diese Kirche aus dem 12./13. Jh. liegt am rechten Ufer der Sèvre das Altstadtviertel. Eine schöne Sicht auf die Stadt und das Schloß hat man vom Viadukt über die Moine (Straße nach Poitiers).

Cluny 25/D 2

Von der Abtei, einst eine der berühmtesten der Christenheit (heute Kunstakademie) sind nur eine gotische Fassade aus dem 14. Jh., ein ehemaliger Mehlspeicher aus dem 13. Jh. (heute als Skulpturen-Museum benutzt), ein Mühlenturm aus dem 14. Jh. und Gebäude aus dem 18. Jh. zu sehen. (Im Sommer stellt man sie mit „Son et Lumière", einer Musik- und Licht-Schau, vor.)
Abbatiale Saint-Pierre-et-Saint-Paul: Von der im 11./12. Jh. gebau-

Clermont-Ferrand: Am Amboisebrunnen vereinigen sich harmonisch gotische Architektur und Renaissance-Zierat.

Cognac

ten Anlage, die vor der Errichtung des Petersdoms in Rom die geräumigste Kirche der Welt war, existieren nur noch einzelne Teile, und zwar der rechte Abschluß des großen romanischen Querschiffs mit zwei Absiden, der rechteckige 62 m hohe Turm ,,Clocher de l'Eau-Bénite" sowie die ,,Chapelle Bourbon", ein Kapellenbau von wundervoll ziselierter Gotik.
Kirchen: Die ,,Église Saint-Marcel" mit einem romanischen Glockenturm aus dem 12. Jh. und die ,,Église Notre-Dame" (13. Jh.) sind sehenswert.
Musée Ochier: Das Museum, in dem Skulpturen, Goldschmiedearbeiten, Wandteppiche und Fayen-

Cluny: Der Turm ,,Clocher de l'Eau-Bénite" und der Uhrturm gehören zu den Restbauten der einst größten romanischen Abteikirche.

cen gezeigt werden, ist im ,,Palais abbatial" aus dem 15. Jahrhundert untergebracht.
Taizé (10 km nördlich): Hier besteht eine Ökumenische Ordensgemeinschaft, die von Protestanten ins Leben gerufen wurde. In der ,,Église de la Réconciliation" (1962 gebaut) wird protestantischer, katholischer und orthodoxer Gottesdienst gehalten.
Blanot (10 km nordöstlich): In dem noch mittelalterlich aussehenden Dorf mit Häusern aus Lava steht eine Kirche aus dem 11. Jh.
Berzé-la-Ville (12 km südöstlich):

In der ehemaligen Kapelle der Burg ,,Château des Moines" befinden sich romanische Wandmalereien, darunter eine 4 m hohe Christusdarstellung aus dem 12. Jh.
Château de Saint-Point (11 km südlich): In diesem Schloß lebte Lamartine. Siehe unter **Mâcon***.

Cognac 29/A 1

In der Altstadt mit ihren malerischen Gassen stehen mehrere alte Herrenhäuser aus dem 16. und 17. Jh.
Église Saint-Léger: Die Kirche besitzt eine romanische Front mit einer großen Rosette des 15. Jh.
Château des Valois: Von dem alten Schloß, in dem François I. geboren wurde, sind bedeutende Teile aus dem 13., 14. und 16. Jh. erhalten. Aus dem 16. Jh. stammt das dem Schloß gegenüberliegende Stadttor ,,Porte Saint-Jacques".
Musée: Das beim Rathauspark gelegene Museum hat eine ansehnliche Sammlung von Gemälden und kunstgewerblichen Arbeiten.
Église de Châtres (5,5 km ostnordöstl.): Über Saint-Brice gelangt man zu dieser sehenswerten romanischen Kirche mit vier majestätischen Kuppeldächern.
Bourg-Charente (8 km östl.): Die romanische Kirche besitzt ebenfalls ein Kuppeldachwerk.
Abbaye de Bassac (21 km östl.): Von der im Tal der Charente stehenden Abtei im romanischen Stil der Saintonge verdienen die Kirche aus dem 13. Jh., mit einem sehr schönen Turm aus dem 12. Jh. und der imposante Chor der Mönche, mit reich geschmücktem Innenraum, einen Besuch.

Collioure 43/D 3

Das alte, einst befestigte Städtchen, ein von Malern geliebter Fischerhafen an einer von steiler Küste umgebenen Bucht, besitzt in der Kirche ,,Notre-Dame-des-Anges", dem Fort Miradou und dem Schloß bedeutende Bauwerke.
Château royal: Das auch ,,Château des Templiers" genannte Schloß, das im 12. bis 14. Jh. gebaut, im 16. und 17. Jh. erweitert wurde, liegt auf einem Felsenvorsprung, der in die Meeresbucht hinausragt. Zum Verteidigungssystem von Collioure gehörten einst auch das Fort Saint-Elme (im Südosten) und das Fort du Miradou (Militärbezirke, kein Zutritt.).
Église Notre-Dame-des-Anges: Die Kirche bildet zusammen mit den Hafenbauten ein vielgerühmtes Ensemble. In der mit einem runden Turm versehenen Kirche ist eine wertvolle Sammlung von Altartafeln in katalanischem Stil (17. und 18. Jh.) ausgestellt.
Port-Vendres (3 km östl.): Über die N 114 kommt man in das alte Hafenstädtchen, von dem eine Straße mit herrlichen Ausblicken zum Cap und Fort Béar führt.
Banyuls* (10 km südöstl.): Die Fahrt hierher, über die Höhenstraße und den ,,Balcon de Madeloc", vermittelt herrliche Landschaftsbilder.

Collobrières 44/C 2

Der Ort liegt auf einem Hügel bei den Ruinen einer Kirche aus dem 12. bis 16. Jahrhundert.
Chartreuse de la Verne (12 km östl.): Die ehemalige Kartause liegt in einer einsamen Waldlandschaft. Die bedeutenden Klosteranlagen aus dem 12. bis 18. Jh. werden zur Zeit restauriert. (Dienstags keine Besichtigung.)
Notre-Dame-des-Anges (16,5 km nördl.): Über den ,,Col de la Fourche", 536 m hoch, erreicht man die Kapelle auf dem höchsten Punkt des Bergzuges ,,Massif des Maures" (779 m). Neben dem Sakralbau befinden sich Unterkünfte für Pilger und ein kleiner Kreuzgang. Der Platz bietet herrliche Fernblicke. Eine Waldstraße führt hinunter nach Gonfaron (11 km nördl.).
Massif des Maures (10 km südl.): Die Berge sind eine vielbesuchte Ausflugslandschaft. Eine besonders schöne Straße in südlicher Richtung führt nach **Le Lavandou***, mit seinen reizvollen Stränden am Mittelmeer.

Collioure: Kirche, Altstadt und „Fort du Miradou" fügen sich zu einem für das mittelmeerische Roussillon typischen Bild zusammen.

Collonges 30/A 3
Das Städtchen verdankt seinen Beinamen „la Rouge" (die Rote) dem purpurnen Sandstein, aus dem es gebaut ist. Es lohnt einen langen Bummel durch die engen Gassen mit dem holperigen Pflaster, in denen viele Häuser aus dem 15., 16. und 17. Jh. stehen.
Église: Die romanische Kirche und ihr Turm sind mit der für das Limousin typischen Architektur gebaut.
Turenne (10 km westl.): Alte Häuser aus dem 15. und 16. Jh. gruppieren sich malerisch um die eindrucksvollen Ruinen des Schlosses mit zwei Türmen aus dem 13. und 14. Jahrhundert.

Colmar 21/A 1
Die bedeutende Kunststadt bietet dem Besucher sehr viel: mit ihren alten Gassen, den mit Skulpturen und Schnitzereien geschmückten Fachwerkhäusern, mit ihren zahlreichen historischen Bauten und dem Museum.
Musée d'Unterlinden: Das Museum Unterlinden im früheren Dominikanerinnenkloster birgt den berühmten Isenheimer Altar von Grünewald (Anfang des 16. Jh.) und mehrere Gemälde der Rheinischen Schule.
Église Saint-Martin: Im Chor der auch als Kathedrale bezeichneten Kirche aus dem 13./14. Jh. befindet sich die „Madonna im Rosenhag", ein Meisterwerk von Martin Schongauer aus dem 15. Jh.
Église des Dominicains: Die Dominikanerkirche aus gelbem Sandstein besitzt einen Kreuzgang und Glasfenster aus dem 14. Jh.
Maison des Têtes: Das „Kopfhaus" in der Rue des Têtes ist der schönste Renaissancebau der Stadt (Anfang des 17. Jh.).
Rue des Marchands: Hier stehen besonders zahlreich die typischen Fachwerkbauten.
Ançienne douane: Das restaurierte „Alte Zollhaus" ist der Mittelpunkt eines Viertels, in dem ebenfalls viele Häuser aus früheren Jahrhunderten zu sehen sind.
La petite Venise: Klein-Venedig heißt der Bezirk an den Ufern der Lauch zwischen der Brücke „Pont Saint-Pierre" und der Rue de Turenne.
Krutenau: In diesem Stadtbereich, der einmal eine befestigte Insel war, wohnen heute vor allem Gemüsegärtner.
Bürger- und Herrenhäuser: In der Rue de Turenne entdeckt man schöne alte Bürger- und Herrenhäuser, in der Rue de la Poissonnerie alte Schifferhäuser.
Elsässische Feste: Im August findet die Weinmesse, im September das Sauerkrautfest statt.

Combourg
(Château de) 9/C 2
Das prächtige Schloß, in dem der Schriftsteller Chateaubriand einen Teil seiner Kindheit verbrachte, reckt seine massigen Türme über dem alten Dorf am Rand eines kleinen Sees empor.
Musée: In einem Museum werden Erinnerungen an Chateaubriand gezeigt.
Château de Lanrigan (5 km östl.): Schloß aus dem 16. Jahrhundert.

Commercy 13/A 2
Das prachtvolle Schloß aus dem

Collonges: *Die Kirche hat einen Glockenturm mit zwei quadratischen und zwei achteckigen Stockwerken.*

Colmar: *Die Giebelhäuser von typisch elsässischer Art sind reich mit Balkenschnitzwerk geschmückt.*

Compiègne: Das Rathaus ist ein schönes Beispiel bürgerlicher Baukunst zu Ende des 14. Jh. (rechts).
Am Rand des Buchen- und Eichenwaldes liegen die gallo-römischen Ruinen von Champlieu aus dem 2. Jh. (links, oben und unten).

18. Jahrhundert erhebt sich über einem von Wirtschaftsgebäuden eingefaßten Hof, der sich zum „Fer à Cheval" in klassischer Halbkreisform öffnet.
Hôtel de ville: In einem hier untergebrachten Museum sind Keramiken sowie kunstvolle französische und ausländische Elfenbeinarbeiten des 16. bis 19. Jahrhunderts ausgestellt.

Compiègne 5/D 3
Château: Das im 18. Jh. wiederaufgebaute Schloß liegt in einem weitläufigen Park. Die Innenräume sind mit gut zueinander passenden Einrichtungen des Empire und des Second Empire eingerichtet. In den Schloßbauten bestehen ein „Musée du Second Empire" (Museum des Zweiten Empire), ein „Musée de l'Impératrice" (Museum der Kaiserin Eugénie) und ein „Musée de la Voiture" (Automuseum).
Hôtel de ville: Im spätgotischen Rathaus vom Anfang des 16. Jh. befindet sich ein „Musée de la Figurine historique" (Museum für historische Zinnfiguren).
Musée Vivenel: Das Museum im „Hôtel de Songeons" besitzt die wichtigste Sammlung griechischer Vasen außerhalb des „Louvre".

Concarneau: Netze, blau wie der Ozean unter einem heiteren Himmel, zeugen von der Arbeit der Fischer und bilden einen wirksamen Kontrast zur Strenge der Festungsmauern aus dem 14. Jahrhundert.

Forêt de Compiègne (8 km südl. und 5 km östl.): Der 14 500 ha umfassende Wald, den gegen Norden die Wälder von Laigue und Ourscamp fortsetzen, ist mit einem Netz von markierten Spazierwegen versehen. Auf der „Clairière de l'Armistice", etwa 6,2 km nordöstl. des Schlosses, sieht man neben einer Gedenkplatte und einem Standbild von Marschall Foch den (rekonstruierte) Eisenbahnwaggon, in dem am 11. Nov. 1918 der Waffenstillstand unterzeichnet wurde. Weitere Ausflugsziele in diesem Wald sind „Le Vieux-Moulin", ein ehemaliges Holzfällerdorf, die Berge „Mont Saint-Marc" (130 m) und „Mont Saint-Pierre" (141 m), die Weiher von Saint-Pierre, der Flecken Saint-Jean-aux-Bois mit einer Kirche (Anfang des 13. Jahrhunderts), einem Kapitelsaal (Ende des 12. Jahrhunderts) sowie Champlieu, mit gallorömischen Ruinen.

Concarneau 15/C 1
Der von Festungsmauern eingefaßte Stadtbereich „Ville close" ist eine bedeutende Sehenswürdigkeit der Bretagne. Er wurde auf einer Insel von 300 m Länge erbaut, ist versehen mit Wehranlagen, die mit Türmen aus dem 15. Jh., erneuert von Vauban, gespickt sind. Der Zugang erfolgt über eine Brücke vom Platz Jean-Jaurès aus.
Musée de la Pêche: In der „Ville close" befindet sich ein kurioses Fischerei-Museum.
Iles de Glénan (5 km südl.): Zu dieser Inselgruppe, auf der es Segelschulen gibt, fahren im Sommer an jedem Tag die Schiffe.

Condé-en-Brie
(Château de) 12/B 1
Das Schloß aus dem 12. Jh. wurde im 17. und 18. Jh. ausgebaut. Die Innenräume bieten manche Überraschungen, so einen Speise- und Musiksaal mit „Trompe-l'OEil"-Malerei", einen großen Salon von Oudry im Stil Ludwig XV. dekoriert, Bilder des 18. Jh., ein Richelieu-Zimmer und Ateliers der Maler Watteau und Oudry.
Dormans (11 km nordöstl.): Außer einer Kirche mit Teilen aus romanischer und gotischer Zeit sind eine Feudalburg im Stil Ludwig XIII. mit zwei mittelalterlichen Türmen und eine pseudogotische Kapelle im Park zu besichtigen.

Condom 35/C 3
Die ehemalige Kathedrale im gotischen Stil Südfrankreichs (Anfang 16. Jahrhundert) hat ein spätgotisches Portal.
Musée de l'Armagnac: Das Heimatmuseum logiert im 1. Stockwerk der ehemaligen Bischofswohnung.
Abbaye de Flaran (8 km südl.): Das Abteigelände mit einer dreischiffigen Kirche und einem Kreuzgang aus der 2. Hälfte des 12. Jh. ist in der Saison zu besichtigen.
Larressingle* (4 km westl.).
Montréal (15 km westlich): In der Kirche (Anfang des 14. Jahrhunderts) sind Bruchstücke eines römischen Mosaiks aus dem 3. Jahrhundert zu sehen. Die Ruinen der romanischen Kirche Saint-Pierre-de-Genens und, 2 km weiter südwestlich, der Platz Séviac mit ansehnlichen Resten einer prächtigen gallo-römischen Villa auf einer Grundfläche von mehreren ha, sind beachtenswert.
La Romieu (12 km östl.): Das einst befestigte Städtchen hat eine gotische Kirche mit Kreuzgang und Fresken aus dem 14. Jh.

Condé-en Brie: Das im 12. Jahrhundert errichtete, im 17. und 18. Jahrhundert ausgebaute Schloß besitzt Räume, die geschmackvoll im Stil Ludwig XV. möbliert und dekoriert sind.

Conflans 32/C 1
Das Garnisonstädtchen auf einem Felsgrat gegenüber Albertville durchziehen steile Gäßchen, deren alte Häuser durch Arkaden miteinander verbunden sind. Bemerkenswert sind die alten Stadttore „Porte de Savoie" und „Porte Tarine", der Turm „Tour Ramus" (15. Jh.), der Bau „Maison Rouge" (16. Jh.) und auf der „Terrasse de la Roche" der Sarazenenturm („Tour sarrasine").
Fort du Mont (11 km östl.): Der Aussichtspunkt liegt 1 120 m hoch.
Abbaye de Tamié (12,5 km westl.): Die Abtei erreicht man über den 908 m hohen „Col de Tamié". Die Kirche aus dem 17. Jh. ist durch einen hölzernen Lettner in drei Teile gegliedert: Chor der Laienbrüder, Chor der Mönche und Raum der Gemeinde.

Confolens 23/C 3
Die malerische alte Stadt liegt am Zusammenfluß von Vienne und Goire. Von der Brücke Pont-Neuf hat man eine schöne Aussicht, vor allem auf die einst befestigte alte Brücke. In den Straßen und Gassen stehen viele alte Häuser aus dem 15., 17. und 18. Jh.
Priorale Saint-Barthélemy: Die Fassade und das Schiff der romanischen Kirche stammen aus dem 11. Jahrhundert.
Folklore: Im August finden hier Internationale folkloristische Festspiele statt.
Cellefrouin (22 km südwestl.): Die schöne stilrein romanische Kirche Saint-Pierre wurde im 11. Jh. erbaut; auf dem angrenzenden Friedhof steht eine romanische „Totenlaterne".
Saint-Germain-de-Confolens (4,5 km nördl.): In reizvoller Landschaft sieht man hier die Ruinen einer mittelalterlichen Burg und eine romanische Kirche.
Abbaye de la Réau (22 km nordwestl.): Interessant sind die Stiftskirche aus dem 12./13. Jh. mit einem Kapitelsaal (12. Jh.) und Klostergebäuden aus dem 17./18. Jh. (Freitags nicht zu besichtigen.)

Cirque de Consolation 20/C 3
Das Gelände ist eine der größten Naturschönheiten im Jura: ein über 300 m tiefer Talkessel mit den Quellen des Dessoubre und des Lançot. Die Bauten „Notre-Dame-de-Consolation", früher ein Minimenkloster (17. Jh.), beherbergen ein kleines Priesterseminar. Es besitzt eine Kapelle im Stil der Jesuiten mit einem schönen Mausoleum aus weißem und rotem Marmor. Auf einem Bergvorsprung zwischen den Ufergestaden der Flüsse liegt der Aussichtsplatz „Belvédère de la Roche du Prêtre", mit einem herrlichen Blick auf den „Cirque".

Conques 36/C 1
Der alte befestigte Ort, der ein mittelalterliches Aussehen bewahrt hat, erhebt sich im Halbrund, wunderschön gelegen, über dem rechten Ufer der Ouche. Hier gibt es zahlreiche alte Häuser, bedeckt mit Steinen oder Schieferplatten (auch das „Château d'Humières", um 1500 gebaut) und Reste der Wehrmauer, von der auch noch drei Tore vorhanden sind.

Église Sainte-Foy: Die zwischen der Mitte des 11. und dem Ende des 12. Jh. gebaute Kirche gilt als eine der schönsten romanischen Kirchen Frankreichs. Im Giebelfeld des Hauptportals sieht man das „Jüngste Gericht" (um 1140); es zählt zu den Meisterwerken der romanischen Bildhauerei Südfrankreichs. Das sehr geräumige Innere der Kirche ist harmonisch gegliedert. In der einzigen Galerie, die von einem früheren Kreuzgang erhalten blieb, besteht ein Skulpturen-Museum.

Salle du Trésor: Der hier aufbewahrte Kirchenschatz enthält eine ungewöhnliche Sammlung von Goldschmiedearbeiten des 9. bis 15. Jh., darunter die berühmte „Majesté de Sainte-Foy", ein Statuenreliquiar (Ende des 9. Jh.) mit einem Kopf aus dem 5. Jh., sowie das sogenannte „Pépin"-Reliquiar (um 1000), ein Kaiserzeichen „A" für Charlemagne (Karl der Große) (Ende des 11. Jahrhunderts) und ein „Laterne de Saint-Vincent" genanntes Reliquiar vom Ende des 11. Jahrhunderts.

Corbeil-Essonnes 11/C 2
Die Kirche Saint-Spire aus dem 12. und 14. Jh. birgt mehrere Kunstwerke, darunter die liegende Figur des Grafen Haymon (14. Jh.) und

das Grabmal des Jacques Bourgoin (17. Jh.)

Forêt de Sénart (7 km nördl.): In diesem 2 600 ha großen Waldgebiet wurde bei der „Faisanderie", einem ehemaligen Jagdpavillon Ludwig XVI., ein nationales Freilichtmuseum für moderne Plastik (Parc national) eingerichtet.

Corbie 5/C 2
Das 657 gegründete Kloster war im Mittelalter von hoher Bedeutung. Von der gotischen Abteikirche Saint-Pierre (16. bis 18. Jh.) steht noch das Langhaus. Die Stiftskirche Saint-Étienne (13. Jh.) zeigt im Giebelfeld des Portals die Skulptur „Krönung Mariens".

Corbigny 19/B 3
Sehenswert sind die spätgotische Kirche Sainte-Seine aus der Mitte des 16. Jh. und die frühere Benediktinerabtei, die im 18. Jh. wiederaufgebaut wurde.

Conques: Die kleine Stadt an der Pilgerstraße nach Saint-Jacques-de-Compostella war auch eine Wallfahrtsstätte.

Links: ein Bildnis der hier verehrten Heiligen und Schutzpatronin Foy.

Cordes 36/B 3
Das befestigte Städtchen wurde in Pyramidenform auf einem konischen Hügel über dem Tal des Cérou erbaut. In seinen steilen Gassen und Straßen findet man noch viele Bauten aus alter Zeit, so an der Rue Droite das „Maison du Grand-Ecuyer" (14. Jh.), mit skulpturengeschmückter Fassade, das „Maison du Grand-Veneur" (14. Jh.) und das „Maison du Grand-Fauconnier" (jetzt Rathaus).

La halle: Die Markthalle aus dem 14. Jh. verfügt noch über ein gezimmertes Dachgerüst auf 24 achteckigen Pfeilern.

Monestiès-sur-Cérou (15,5 km östl.): Unter den Skulpturen des 15. Jh. in der Kapelle des Hospitals Saint-Jacques befinden sich eine „Grablegung" mit 11 und eine Pietà mit 8 Figuren.

Corps 38/B 1
Die alte Ortschaft an der Route Napoléon ist ein guter Ausgangspunkt für Ausflüge in die Berge.

Barrage du Sautet (4,5 km westl.): Die Talsperre liegt am Eingang der Drac-Schlucht. Eine kühn gebaute Brücke überspannt mit einem einzigen, 86 m langen Bogen den Fluß. Auf einer Strecke von 35 km kann man den Stausee umfahren.

Le Dévoluy (15 km südwestl.): Hinter La Posterle zwängen sich Straße und Wildbach durch eine enge, von hohen Kalksteinfelsen überragte Schlucht, dann gelangt man in das Gebiet des Dévoluy, wo

man von „Les Payas" aus zum Berg Obiou (2 793 m) aufsteigen kann, dem höchsten Gipfel dieser Landschaft. (Der Berg ist nur von Alpinisten zu erklettern.)
Saint-Étienne-en-Dévoluy (23 km südl.): Der Ort liegt in einer von Felswänden umgebenen Talsohle, von der man zum neuen Bergwanderer-Zentrum Super-Dévoluy gelangen kann.
Le Valgaudemar (10 km südöstl.): In dieses Gebiet kommt man mit der Straße nach **Gap***, über Saint-Firmin, dann am rechten Ufer der Séveraisse entlang (wo die Straße in die Schieferfelsen eingehauen ist) bis nach La-Chapelle-en Valgaudemar, einem Bergsteiger-Ort. Von hier führt eine kleine Straße zum prachtvoll gelegenen Berghaus des Gioberney (1 650 m).

Corte 45/B 2
Die Stadt liegt auf einem schmalen, von einer mächtigen Zitadelle (15. Jh.) beherrschten Hügel. Vom Belvedere gegenüber dem alten Schloß hat man eine schöne Sicht auf die Burg, auf den Tavignano und den Nebenfluß La Restonica.
Place Gaffori: Dieser Platz ist das Zentrum von Alt-Corte. Er liegt wie die Kirche „Église de l'Annonciation" (17. Jh.) und das „Palais National" am Fuß der Zitadelle.
Saint-Jean (2,5 km östl.): Die Kirche und ein Baptisterium (Taufkapelle) aus dem 9. und 10. Jh. sind bedeutende Zeugnisse vorromanischer Baukunst.
Gorges de la Restonica (5 km südwestl.): Die Fluß-Schluchten sind insgesamt auf einer Länge von 15 km zu befahren.
Gorges du Tavignano (5 km westl.): Aus der Schlucht steigt man in 6 Stunden 30 Minuten zum „Col de la Rinella" (1 552 m) auf.
Vizzavona (18 km südl.): Ein pittoreskes Dorf oberhalb eines felsigen Talkessels, umgeben von Wäldern. Auf dem von Wildbächen durchzogenen Grund stehen die Ruinen eines genuesischen Forts. Von hier aus kommt man nach Ghisoni und zum engen Tal der Inzecca an der Straße nach Ghisonaccia.

La Côte-St.-André 32/A 2
Hier steht das Geburtshaus von Hector Berlioz, heute ein Museum. Interessante Bauten sind die Markthalle aus dem 16. Jh., die Kirche (12. bis 15. Jh.) und das Schloß (17. Jh.), das als Gymnasium dient.
Château de Bressieux (8 km südl.): Die Schloßruinen stehen auf einem isolierten Hügel. Vom Turm hat man eine großartige Aussicht.
Marnans (18 km südwestl.): Der Ort hat eine interessante romanische Kirche.

Coucy-le-Château 6/A 3
Das alte Festungsstädtchen ruht auf einem Felsenberg, dessen Spitze die imposanten Ruinen eines Schlosses der Herren von Coucy trägt. Von der Mauer um die Stadt (13. Jh.) stehen noch drei Tore, darunter die schöne Bau „Porte de Laon". Im Torhaus „Porte de Soissons" ist ein kleines Museum untergebracht.
Église: Die Kirche des Ortes wurde im 12. bis 14. Jh. erbaut.
Forêt de Coucy (10 km nördlich): Der Wald von Coucy und der sich anschließende Wald von Saint-Gobain sind beliebte Wanderziele der näheren Umgebung.

Coulommiers 12/A 2
Wallgräben, 25 m breit, bezeichnen noch das Rechteck, auf dem hier im 17. Jh. ein Schloß stand. Von der Anlage existieren noch zwei Pförtnerhäuser und der große Park „Des Capucins".
Museum: Ein archäologisches und volkskundliches Museum ist in einer ehemaligen Kapuzinerkapelle aus dem 17. Jh. eingerichtet.
Papiermuseum: Das Museum zeigt im Wirtschaftshaus des Spitals aus dem 12./13. Jh. einen sehr reizvollen Bestand.
Vallée du Grand-Morin (18 km östl.): Eine Fahrt durch dieses Tal gehört mit den Besuchen von La Ferté-Gaucher und **Meaux*** zu den schönsten Ausflügen in dieser Gegend.

Courchevel 32/D 2
Im Gebiet der „Drei Täler" (Siehe auch unter **Moutiers-Tarentaise***) liegt diese Gruppe von drei Wintersportplätzen: „Courchevel 1550", „Courchevel 1650 - Moriond" und „Courchevel 1850". Die vorhandenen Hotel- und Sporteinrichtungen sind von internationalem Rang. Der Kabinenlift nach Les Verdons (2 072 m) und die Luftseilbahn nach Saulire (2 693 m) verbinden Courchevel mit dem Ort Méribel. (Schönes Panorama.)

Courseulles-sur-Mer 4/B 3
Der vielbesuchte Badeort liegt an der Mündung der Seulles.
Château de Fontaine-Henry* (6,5 km südl.).
Riva-Bella (18 km südöstl.): Bei einer Fahrt entlang der Küste, die an einigen Stellen mit kleinen niedrigen Felsen übersät ist, kommt man nach Bernières-sur-Mer (mit einer gotischen und einer romanischen Kirche, auch einem Turm aus dem 13. Jh.), nach Saint-Aubin-sur-Mer, Langrue-sur-Mer, Luc-sur-Mer, Lion-sur-Mer (der Nachbarort „Le Haut-Lion" hat ein Schloß mit einem eleganten Renaissancepavillon) und nach Riva-Bella und Quistreham, das eine Kirche mit romanischem und gotischem Teil hat.

Courtanvaux (Château de) 17/D 1
Das schöne Schloß aus dem 15./16. Jh. erhebt sich nordwestl. von Bessé-sur-Braye auf einer breiten Terrasse. Man kommt zuerst zu einem monumentalen Renaissance-Vorwerk, das von zwei runden Türmen mit reich verzierten Dachfenstern flankiert wird. Die inneren Bauten um den Hof und die gotische Kapelle präsentieren eine Architektur von schöner Geschlossenheit. Der Hauptbau, genannt „Grand Château", hat im ersten Stockwerk eine Reihe von prunkvollen, im 19. Jh. eingerichteten und dekorierten Salons. Zu sehen sind hier auch Erinnerungen an die Familie Montesquiou und den König von Rom (Sohn Napoléons I.).

Court d'Aron (Château de la) 22/C 2
Das Schloß wurde im 19. Jh. neu aufgebaut (Renaissance-Stil) und enthält heute Kunstsammlungen aus verschiedenen Bereichen: Vorgeschichte, römische und mittelalterliche Archäologie, Medail-

Cordes: *In den alten Gassen der kleinen Stadt, die pyramidenförmig aus dem Tal des Cérou emporsteigt, sind gotische Häuser zu sehen.*

Coutances: *Über dem Chor der Kathedrale ragt der achteckige Vierungsturm empor.*

La Couvertoirade: *Der Nordturm der alten Ringmauer wurde im 14. Jahrhundert von den Johannitern erbaut.*

len, Email- und Elfenbeinarbeiten aus Mittelalter und Renaissance, flämische Wandteppiche des 16. Jahrhunderts. Sehenswert sind auch die monumentalen Kamine des 17. Jahrhunderts.

Coutances 9/D 1
Cathédrale Notre-Dame: Die Kathedrale, ein Meisterwerk normannischer Gotik aus dem 13. Jh. ragt mit ihren zwei behelmten, 77 m hohen Türmen über der Stadt empor. Ein Renaissance-Turm, 57 m hoch, steigt über der Vierung aufwärts; er wird gekrönt von einem achteckigen Laternenaufbau, im Volksmund „Le Plomb" (das Blei) genannt.
Église Saint-Pierre: Der mächtige Turm dieser Kirche aus dem 15./16. Jh. hat einen Laternenaufbau von gleicher Bauart.
Stadtpark: Die Gärten sind im Stil des 17. Jh. angelegt.

Coutainville (12 km westl.): Ein Badeort mit einem sehr schönen Sandstrand.
Regnéville-sur-Mer (10,5 km südwestl.): Nahe dem kleinen Hafen- und Badeort stehen die Ruinen einer Burg aus dem 13. Jh.

La Couvertoirade 37/A 3
Der befestigte Ort auf der kahlen Bergebene „Causse du Larzac" war zuerst nur eine Komturei der Templer im 12. Jh., dann ein Sitz der Johanniterritter (im 14. Jh.). Diese ließen eine starke, mit vier runden Türmen und zwei Torwerken versehene Ringmauer um die Bauten ziehen. Die befestigte Kirche, die Festungsruinen und alte, zum Teil zerfallene Häuser aus dem 15. und 16. Jahrhundert verleihen dem Ort sein eigenartiges Aussehen.
Signal de la Covertoirade: Aussichtsplatz.

Crémieu 32/A 1
Die Altstadt drängt sich mit schmalen Gassen und alten Häusern zwischen dem Hospital und dem Schloß „Château delphinal". Die Augustinerkirche aus dem 15. Jh., drei Stadttore und eine Markthalle mit mächtigem Schieferdach aus dem 14. Jh. sowie der Bau einer ehemaligen Augustinerabtei des 16./17. Jh., in dem jetzt das Rathaus (Hôtel de ville) logiert, sind Zeugen der Stadtgeschichte.
Île Crémieu (10 km nördl. und östl.): Diesen Namen führt eine felsenreiche Berglandschaft, in der man die Grotten „Gorges d'Amby" zwischen Hières und Optevoz sowie die „Grotte de la Balme" besuchen sollte.
Schlösser: Im südöstl. Raum liegen zahlreiche Schlösser und Herrensitze wie Mallein, Bienassis, Montiracle, Poisieu sowie die Ruinen von „Château de Ville".

Route des Crêtes 20/D 1; 13/D 3
Diese herrliche Höhenstraße der Vogesen, die im 1. Weltkrieg von großer strategischer Bedeutung war, verläuft über 77 km zwischen dem „Col du Bonhomme" (siehe **Turckheim***) und Cernay. Die „Route des Crêtes" zieht sich über den „Col de Luschpach" (mit Aussichtspunkt) zum „Col du Calvaire", auch „Calvaire de Luschpach" genannt; östlich davon liegen der Stausee „Lac Blanc", auf einer Höhe von 1 054 m, der Aussichtspunkt „Belmont" (1 272 m) und der Stausee „Lac Noir". Man erreicht den „Col de la Schlucht". Vom „Hohneck", dem höchsten Punkt der Straße (1 362 m), hat man einen weiten Rundblick über die Hochvogesen. Die Straße gleitet hinab durch Bergwiesen und steigt wieder empor zum „Rainkopf". Hier hat man eine wundervolle Fernsicht auf das obere Tal der Thur und auf den Wildensteinsee. Interessante Plätze sind weiter der „Col du Herrenberg", der „Col de Hahnenbrunnen" und der „Markstein" (1 200 m), der als Sommerfrische und Wintersportplatz bekannt ist. Die Höhenstraße führt dann, immer oberhalb des Thur-Tales, zum „Grand Ballon" (Großer Belchen) oder „Ballon de **Guebwiller***". Am Fuß der Ruine „Freundstein" vorbei geht die Straße D 431 zum **„Hartmannswillerkopf"*** und dann, in Serpentinen, hinab nach Cernay.

Crépy-en-Valois 5/D 3
Musée de l'Archerie: Das Museum der Bogenschießkunst ist die bedeutendste Attraktion dieser alten Stadt. Es ist im früheren Schloß der Valois untergebracht und zeigt auch eine Sammlung sakraler Kunst.
Église Saint-Denis: Die Kirche besitzt ein romanisches Langhaus und einen Chor aus dem 16. Jh.
Ruinen: Restbauten existieren von der Abtei Saint-Arnould (12. bis 14. Jh.) und von der Kirche Saint-Thomas (12. Jahrhundert).
Vallée de l'Automne: Das Flußtal ist ein schönes Ausflugsziel.

Crest 37/D 1
Das ehemals befestigte Städtchen liegt am Fuß eines Felsens, auf dem ein viereckiger Bergfried von 45 m Höhe (12. Jh.) steht. In der Altstadt mit einem Labyrinth von Gäßchen („violes") und überwölbten Passagen stehen noch zahlreiche alte Häuser.

Forêt de Saou (14,5 km südöstl.): Der schöne Wald erstreckt sich auf dem Grund eines Talkessels.
Drôme-Tal (3,5 km östl.): Zu empfehlen ist ein Ausflug nach **Die***, über Aouste-sur-Sye, Saillans (mit romanischer Kirche), Pontaix und „Le Défilé de Pontaix".
Bourdeaux (38 km südöstl.): Zu diesem Dorf und zum benachbarten Ort Dieulefit kommt man über Saillans mit der engen, aber malerischen Straße D 156 via „Col de la Chaudière" (1 067 m).

Creully (Château de) 4/B 3
Der mittlere Trakt dieses Schlosses aus dem 15. Jh., der von einem Türmchen des 16. Jh. flankiert wird, lehnt sich an einen wuchtigen viereckigen Bergfried.
Saint-Gabriel (2 km westl.): Von der im 11. Jh. gegründeten Priorei stehen noch mehrere Gebäudeteile, so ein mächtiges Tor aus dem 12. Jh., ein großer gewölbter Speisesaal und der Wohnbau des Priors sowie Reste einer Kapelle mit Chor aus dem 11./12. Jh.
Château de Brécy (1,5 km südwestl.): Das Schloß aus der Mitte des 17. Jh. besitzt eine monumentale Eingangspforte mit geschnitzten Eichenflügeln. Sehr schön sind die Terrassengärten.

Le Creusot 25/C 1
Die Stadt ist ein Zentrum der europäischen Metallindustrie.
Château de la Verrerie: Im Schloß aus dem 18. Jh. befindet sich ein Museum, das Dokumentationen zu dem Thema „Mensch und Industrie" zeigt. Montag ⊠.
Étangs de Torcy (4 km südl.): Die Seen mit Strandbädern bieten Möglichkeiten zum Wassersport.
Couches (18 km nordöstl.): Bei diesem Ort steht das Schloß der Margarete von Burgund (15. Jh.) mit einem Bergfried und Türmen aus dem 10. und 13. Jh.

Crozon 8/B 2
Der Ort liegt inmitten der gleichnamigen Halbinsel. In der Kirche ist eine sehr schöne Altartafel aus bemaltem Holz (16. Jh.) zu sehen.
Cap de la Chèvre (10 km südl.): Das Kap erreicht man über Morgat.
Château de Dinan: Eine als „Château" bezeichnete Felsengruppe der Landzunge „Pointe de Dinan".

Culan (Château de) 24/C 2
Das eindrucksvolle Schloß (14./15. Jh.) erhebt sich auf einem Felsen über der Schlucht des Arnon. Seine Wahrzeichen sind drei Türme mit hölzernen Wehrgängen. Die Wohnräume enthalten schönes Mobiliar des 15./16. Jh. und prächtige Teppiche des 15. bis 17. Jh. Von der Terrasse hat man einen sehr schönen Blick auf das Arnontal.

Culan: Über der üppigen Vegetation erhebt sich die mächtige das Tal des Arnon beherrschende Burg mit ihren dicken Rundtürmen.

Cunault: Das Portal der schönen romanischen Kirche zeigt zwischen zwei Engeln eine Darstellung von Maria mit dem Kind (13. Jh.).

Cunault 17/B 3
Église: Die Kirche (11. bis 13. Jh.) zählt zu den bedeutenden und originellen romanischen Bauwerken im Loiretal. Sehr schön ist der Turm. Das Portal der befestigten Westfassade zeigt eine Darstellung der „Verehrung der Jungfrau" aus dem 13. Jh. Im Innern der Kirche gibt es eine außergewöhnlich reiche Gruppe von 223 Bildkapitellen (12. Jh.) zu sehen, dazu Fragmente von Wandmalereien (15. Jh.).
Trèves (1 km östl.): Der Ort hat eine romanische Kirche und einen Bergfried aus dem 15. Jh.
Gennes (3 km nordwestl.): Hier sind mehrere Sakralbauten sehenswert, vor allem die Kirche Saint-Vétérin (12. bis 14. Jh.) mit gezimmerter Vorhalle, Saint-Eusèbe (11./12. Jh.) mit Langhaus aus dem 15. Jahrhundert.
Abbaye de Saint-Maur (7 km nordwestl.): Abtei mit einer Kapelle aus dem 12. Jahrhundert.

Dabo

Dabo 14/A 2
Der Ferienort inmitten weiter Wälder (13 000 ha) bietet viele Möglichkeiten für Ausflüge. Auf dem „Rocher de Dabo", einem bizarr geformten Felsgebilde, steht eine Kapelle (weiter Rundblick).
Nutzkopf (3 km nordöstl.): Der 515 m hohe Berg ist ein beliebter Aussichtsplatz; von ihm geht man zu den Höhlen von Grossthal und ins obere, waldige Tal der Zorn.
Château du Nideck (26 km südl.): Sehenswert sind der Bergfried und ein weiterer Turm einer Burg aus dem 13./14. Jh. sowie ein Wasserfall, der über eine Felswand aus Porphyr herabstürzt.
Niederhaslach (36 km südöstl.): Aus dem 13./14. Jh. stammt die Kirche mit einem eleganten gotischen Portal (Skulpturen im Giebelfeld und Gewände) und Glasbildern aus dem 13./14. Jh. Das Chorgestühl stammt aus dem 18. Jh.

Dampierre
(Château de) 11/B 2
Das Schloß wurde im 17. Jh. von Mansart aus Ziegeln und Steinen erbaut. Man betritt den Schloßbereich durch ein monumentales schmiedeeisernes Tor und einen weiten Ehrenhof. (Besuch: vom 1. April bis 15. Oktober; dienstags geschlossen.). Die Innenräume aus dem 18. Jh. sind in protzigem Luxusgeschmack des 19. Jh. ausgestattet. Im Festsaal hängt das Gemälde „Das Goldene Zeitalter" von Ingres (1843 – 1849).
Oberes Tal der Yvette (2 km westl.): Für Spazierfahrten zu empfehlen. Siehe auch **Chevreuse***.
Levis-Saint-Nom: Die Kirche aus dem 15. Jh. besitzt ein Portal (16. Jh.) und im Innern einige schöne alte Statuen.
Notre-Dame-de-la-Roche (5 km nordwestl.): In der Kapelle der früheren Priorei, die heute als landwirtschaftliche Schule genutzt wird, steht eine Kapelle mit dem ältesten Chorgestühl Frankreichs (13. Jh.). Sehenswert ist auch die im 16. Jh. gebaute Kirche von Le-Mesnil-Saint-Denis, die 1 km nördl. liegt.
Vaux de Cernay*, Les (11,5 km südwestl.).

Dampierre
-sur-Boutonne 23/A 3
Das Insel-Schloß vom Anfang des 16. Jh., ein schöner Renaissancebau, wird eingefaßt von zwei dicken Seitentürmen mit Pecherkern. Die Front des Haupttraktes ist mit zwei übereinander gelagerten Galerien versehen, die durch einen mit Skulpturen geschmückten Fries getrennt sind. Die obere Galerie wird von einer Kassettendecke überdacht, die mit Skulpturenschmuck verziert ist.
Innenräume: Wertvolle Möbel und flandrische Teppiche sind in den Gemächern zu besichtigen.
Aulnay-de-Saintonge* (7 km südöstlich).

Dax 34/C 3
Der Lauf des Adour teilt die Stadt in zwei Bereiche. Auf dem rechten Ufer liegt die Vorstadt „Le Sablar", auf dem linken die Altstadt, in der noch ein Teil der gallo-römischen Stadtmauer steht.
Cathédrale Notre-Dame: Bei der in klassizistischem Stil des 17./18. Jh. errichteten Kirche wurde im linken Querschiff eine Apostelpforte des ersten Bauwerkes (13. Jh.) in die Mauerung einbezogen.
Musée de Borda: Im „Hôtel de Saint-Martin d'Agès" (17. Jh.) ist das Museum Borda mit seinen archäologischen und heimatkundlichen Sammlungen untergebracht.
La Fontaine chaude: Die Thermalquelle war schon den Römern bekannt; sie liefert täglich 2 400 000 Liter 64 Grad heißes Wasser in ein von drei Arkaden umgebenes Bassin.
Saint-Paul-lès-Dax (6 km nordöstl.): Die Kirche besitzt eine Apsis des 12. Jh. und außen einen ungewöhnlichen, romanischen Fries aus dem 11. Jahrhundert.
Saint-Vincent-de-Paul (12 km nordöstl.): Am Geburtsort des Heiligen Saint-Vincent-de-Paul (1581 – 1660) wurde das kleine Bauernhaus „Ranquine" als Kapelle eingerichtet. Unter einer alten Eiche hütete der Heilige seine Herde. Die neo-byzantinische Kirche wurde 1864 gebaut. 5 km weiter nördl. steht in der Kirche Notre-Dame-de-Buglose eine steinerne Madonna, die sehr verehrt wird; nahebei findet sich eine restaurierte Kapelle, in der der Heilige Vinzenz die Messe las.

Deauville 4/C 3
Der berühmte Badeort in der Normandie verdankt seinen Ruf dem mondänen Kurbetrieb, seinen Terrassengärten, der Strandpromenade „Les Planches" und dem Kasino. Die Grand-Hotels „Normandy" und „Royal" sind weltbekannt. Der Strand erstreckt sich auf insgesamt 3 km Länge.
Mont Canisy (4 km südwestl.): Nahe diesem Aussichtspunkt mit den Ruinen des Schlosses Lassay aus dem 17. Jh. liegt ein weitläufiges Golfgelände.
Trouville (2 km östl.): Das Bad am rechten Ufer der Touques ist ruhiger, intimer, als Deauville. Am 1 km langen schönen Strand zieht sich die „Promenade des Planches" entlang. An jedem Morgen wird der Hafen durch einen malerischen Fischmarkt belebt.

Demoiselles
(Grotte des) 37/B 3
Die Demoiselles-Höhlen findet man 6 km vom Ort Ganges entfernt. Von einer Terrasse führt eine Seilbahn zu ihrem Eingang. Die gewaltige Höhlengruppe, deren Haupthalle „Kathedrale" genannt wird, ist mit vielen Tropfsteinsäulen gefüllt.
Demoiselles coiffées (Siehe **Théus***).

Die 38/A 1
Die kleine Stadt ist für ihren „Clairette" genannten, champagnerisierten Weißwein bekannt.

Dieppe: *Die Stadt hat als Badeort, Fischerei- und Handelshafen stets eine besondere Bedeutung gehabt. Ihre Hafenanlagen, vor allem der Quai „Henri IV.", sind immer voller Leben und für Touristen voller Reiz.*

Dijon: Die Front des „Hôtel Aubriot" mit einer Reihung von Rundbögen und Doppelarkaden.

Der Bar-Turm und der Bellegarde-Treppenbau im alten Palast der Herzöge von Burgund.

Die mächtige Moses-Statue bildet ein Hauptwerk am „Puits de Moïse" der Kartause von Champmol.

Cathédrale Notre-Dame: Die Kathedrale (12., 13. und 17. Jahrhundert) hat einen Turmvorbau mit romanischem Portal.
Évêché: Im ehemaligen Bischofspalast sind jetzt das Gericht und das Bürgermeisteramt untergebracht. Die Kapelle besitzt ein schönes Mosaik aus dem 12. Jahrhundert.
Porte Saint-Marcel: Das Tor mit Resten eines römischen Triumphbogens ist in die Wallmauer eingegliedert, von der einige Teile (im Nordabschnitt) aus dem 3. Jahrhundert stammen.
Abbaye de Valcroissant (6 km südöstl.): Die Ruinen der Abtei aus dem 12. Jh. liegen am Weg zum Quellgebiet „Sources du Rays", das man nach einer weiteren Fahrt von 4,5 km und einem kurzen Fußmarsch erreicht.
Dôme du Glandasse (18 km südöstl.): Zu diesem 2 045 m hohen Berg gelangt man über Châtillon-en-Diois, Menée und Cirque d'Archiane, einem herrlichen Kessel zwischen steilen Felsen, aus dem man den Aufstieg beginnt.
Luc-en-Diois (18 km südöstl.): Im Ort findet am 19. September ein malerischer Lavendelmarkt statt.
Lus-la-Croix-Haute (43 km südöstl.): Durch die Schluchten „Gorges des Gas" und über Glandage führt die Straße zu diesem hübschen Ferienort.
Claps* (19 km südöstl.).

Dieppe 5/A 2
Die Altstadt des Fischerhafens, der zugleich Badeort ist, liegt eingeengt zwischen dem Hafenbecken und der Burg (16./17. Jh.), die das Küstenbild beherrscht.
Musée: Das Museum in der Burg hat einen reichhaltigen Bestand an alten Seekarten, an archäologischen Funden, Elfenbeinarbeiten und Gemälden.
Église Saint-Jacques: In der Kirche aus dem 13./14. Jh. gibt es interessante Kunstwerke und die prunkvoll ausgestattete Kapelle des Reeders Jehan Ango († 1551).
Église Saint-Remy: In diesem Bau aus dem 16./17. Jh. sind die Kapellen hinter dem Hauptaltar im Stil der Renaissance dekoriert.
Varengeville* (6 km westl.).
Cité des Limes, bei Puys (3 km nordöstl.): Reste gallo-römischer Wohnstätten und Grabfunde aus gallischer, römischer und merowingischer Zeit.

Digne 38/C 3
Die Unterstadt durchquert der „Boulevard Gassendi", der auf den eigenartigen Brunnen der „Grande Fontaine" zuführt.
Cathédrale Notre-Dame-du-Bourg: Die Basilika vom Anfang des 13. Jahrhunderts gehört zu den imposantesten, romanischen Kirchen der Provence.
Cathédrale Saint-Jérôme: Die Kirche (Ende des 15. Jh.) mit ihrem wehrhaften Glockenturm (16./17. Jh.) erhebt sich hoch über den winkligen Straßen der Oberstadt.
Bains de Digne (3,5 km südöstl.): Das Thermalbad liegt in 650 m Höhe am Fuße einer malerischen Schlucht.
Clue de Chabrières (14 km südl.): Über Châteauredon kommt man ins Tal der Asse, in der diese romantische Felsenenge liegt.

Dijon 19/D 3
Die Hauptstadt von Burgund beherbergt zahlreiche Kunstschätze.
Palais des Ducs de Bourgogne: Der Palast der Herzöge von Burgund ist ein Bauwerk aus dem 14., 15. und 17. Jh. Er war die ehemalige Residenz der Herzöge von Valois. Heute sind in ihm das Rathaus und ein Museum untergebracht. Von den mittelalterlichen Bauten existieren nur noch zwei Türme, darunter der Turm von Phillippe le Bon (14./15. Jh.), zu dessen Spitze man 316 Stufen emporsteigen muß. Die übrigen Gebäude, von Mansart geschaffen, stammen aus dem 17. Jahrhundert.
Musée des Beaux-Arts: Der ungewöhnlich reiche Museumsbezirk umfaßt verschiedene Gebäude des Palastes zum Hof „Cour de Bar" hin, dann die herzoglichen Küchen, den Turm „Tour de Bar", die „Chapelle des Élus" (Kapelle der Erwählten, mit Ausstellungen sakraler Kunst) und den großen gotischen Saal, genannt „Salle des Gardes", in dem die herrlich gemeißelten Gräber von „Jean sans Peur" (15. Jh.) und „Philippe le Hardi" (Ende des 15. Jh.) gezeigt werden. Außerdem sind hier Wandteppiche (15./16. Jh.) und geschnitzte, mit Gold verzierte Holzaltarwerke zu sehen, deren Flügeltafeln von Broederlam gegen Ende des 14. Jh. bemalt wurden. Im Palastmuseum befinden sich ferner Säle mit Bildhauerarbeiten, Gemälden deutscher und flämischer Meister, französische Bilder des 19./20. Jh. und die Sammlung moderner Kunst von Granville.
Museum Magnin: In einem Hôtel-Bau aus dem 17. Jh. stellt dieses Museum Möbel und Bilder aus dem 16. bis 19. Jh. vor.
Archäologisches Museum: Das Museum präsentiert seinen Bestand in der ehemaligen Benediktinerabtei „Abbaye de Saint-Bénigne" aus dem 13. Jh.
Cathédrale Saint-Bénigne: In der Kathedrale aus dem 13./14. Jh. gibt es eine Krypta aus dem 10. Jh.

Église Saint-Michel: Die herrliche Renaissancefront gilt als eine der schönsten Fassaden französischer Kirchen.
Église Notre-Dame: Der Bau im Stil der burgundischen Gotik ist mit einem dreiteiligen Portalvorbau versehen, der reich mit Säulen und Arkaden geschmückt ist.
Place Rude: Von diesem Platz, an dem das Hôtel Jacqueron (15./16. Jh.) und das Haus „Maison du Moulin-à-Vent" (15. Jh.) stehen, geht man in die Rue des Forges und in die Rue de la Verrerie, Rue de la Chouette oder in die Rue de la Préfecture, in denen es viele alte Bürger- und Adelshäuser gibt.
Place Bossuet: Der Platz ist umgeben von Stadtverwaltungsbauten aus dem 17. und 18. Jh.
Palais de Justice: Am Justizpalast, in dem einst das Parlament von Burgund tagte, fällt besonders die Fassade (16. Jh.) auf, ein schönes Beispiel der Renaissancearchitektur. Die nahgelegene „Chapelle du Saint-Esprit" besitzt einen prachtvoll gemeißelten Chorabschluß und den Raum „La Chambre dorée" (Das vergoldete Zimmer, 16. Jh.) mit einer skulptierten und vergoldeten Kassettendecke.
Chartreuse de Champmol: Von der im Jahre 1383 gegründeten Kartäuserkirche ist noch ein Portal zu sehen, das mit fünf sehr ausdrucksvollen Statuen geschmückt ist. Sie stellen die Heilige Jungfrau, Philipp den Kühnen und dessen Gattin sowie ihre Schutzpatrone dar. Im Hof steht der „Puits de Moïse", Brunnen von Claus Sluter (1395 – 1404), ein meisterliches Werk, dessen Figuren in strengem Realismus ausgeführt sind.
Lac artificiel (1,5 km westl.): Der 1964 geschaffene künstliche See mit einem Strand bietet Gelegenheit zum Wassersport.
Talant (2 km westl.): Im Ort befindet sich eine Kirche aus dem 13. Jh.
Val Suzon (13 km nordwestl.): Siehe **Saint-Seine-l'Abbaye***.
Côte de Nuits (11 km südl.): Ein Ausflug in diese Landschaft führt über Fixin, Gevrey-Chambertin und Vougeot. Siehe **Nuits-Saint-Georges***.
Château de Commarin (südwestl.): Schloß vom Ende des 14. Jh. und 17./18. Jh. Besichtigung von Ostern bis zum 1. Nov.

Dinan 9/B 2

Die von einem Wall umgürtete Altstadt mit alten Häusern in engen Gassen gruppiert sich um den „Place des Merciers" und um die Kirche Saint-Sauveur. Die winklige Rue du Jerzual, mit Läden aus dem 15./16. Jahrhundert präsentiert sich in einer Gestaltung, die für die Anlage alter bretonischer Städte charakteristisch ist.
Église Saint-Sauveur: Die spätgotische Kirche (Ende des 15. Jh.), bei der die Fassade und die rechte Seite des Kirchenschiffes noch aus der Romanik stammen, wird überragt von einem Turm (Mitte des 16. Jh.). Im linken Querschiff liegt das Grabmal für das Herz des Konnetabels Bertrand du Guesclin.

Dinan: In den alten Gassen lebt die Erinnerung an den im 14. Jh. berühmten Konnetabel Du Guesclin.

Dinard* (22 km nördl.): Auch mit dem Schiff auf der Rance zu erreichen.
Léhon (1 km südöstl.): Oberhalb des Ortes stehen die Ruinen einer Burg aus der Feudalzeit. In der Kirche aus dem 14./15. Jh. befinden sich Grabstatuen aus dem 13., 14. und 15. Jahrhundert.
Marstempel (8,5 km nördl.): Die Ruinen dieses Mars-Tempels verdienen einen Besuch.

Dinard 9/B 2

Ein vielbesuchter Badeort mit großem Strand und einem Casino gegenüber von Saint-Malo, auf der anderen Seite der Rance-Mündung. Es besteht die Möglichkeit zu schönen Spaziergängen, vom Strand Saint-Énogat bis zur Landzunge „Pointe de la Vicomté" oder zur Landspitze „Pointe du Moulinet". Vom Cap Fréhel hat man sehr gute Fernsichten auf Saint-Malo und die Mündung der Rance. Beliebt sind die Mondschein-Promenaden. Das Meeresmuseum mit Aquarium lohnt einen Besuch.
Dinan* (22 km südl.): Eine Fahrt mit dem Schiff oder mit dem Auto von Dinard in diese Stadt gehört zu den unerläßlichen touristischen Programmpunkten.
Côte d'Emeraude (5 km westl.): Entlang der „Smaragdküste", die man von Dinan aus erreicht, gibt es zahlreiche Orte mit schönen Stränden, etwa Lancieux, Saint-Briac und Saint-Lunaire mit der sehr pittoresken Landzunge „Pointe du Décollé", einem wunderschön gelegenen Platz mit herrlicher Fernsicht. Das alte Dorf von Saint-Lunaire ist ein typisch bretonischer Ort. Hübsch ist auch der Badeort Saint-Énogat.

Dol-de-Bretagne 9/C 2

Cathédrale Saint-Samson: Die Kathedrale im 12. und 13. Jh. aus Granit gebaut, beherrscht das Bild

der alten Bischofsstadt. Am Südteil der Kirche befindet sich ein großer Portalvorbau aus dem 14. Jh. Im Innern besichtige man mit Schnitzereien versehene Chorstühle und das Grab des Bischofs Thomas James (Renaissance).
Musée: Das Museum im „Maison de la Guillottière" (15. Jh.) zeigt eine bedeutende Sammlung von bretonischen Heiligen (holzgeschnitzte Figuren) aus dem 13. bis 18. Jh.
Menhir du Champ-Dolent (2 km südl.): Der Großstein gehört zu den mächtigsten seiner Art in der Bretagne (9 m hoch).
Château de Landal (12 km südöstl.): Über La Boussac kommt man zu dieser Burg am Ufer eines Sees, eine beeindruckende Anlage aus der Feudalzeit, von Wällen umgeben und von Türmen flankiert.
Mont-Dol (3 km nördl.): Der 65 m hohe Granitfelsen wird als Ort des legendären Kampfes zwischen dem Heiligen Michael und dem Satan bezeichnet. Hier stehen eine Kapelle und der Turm „Notre-Dame-de-l'Espérance", von dem man einen weiten Rundblick hat.

Dole 20/A 3
Die Stadt in der Franche-Comté ist reich an alten Bauwerken.
Collégiale Notre-Dame: Die Basilika aus dem 16. Jahrhundert, im spätgotischen Stil ausgeführt, wird überragt von einem 74 m hohen, viereckigen Glockenturm. Im Innern findet man zahlreiche Kunstwerke.
Geburtshaus von Pasteur: Das Haus Nr. 43 in der Rue Pasteur ist jetzt ein Museum. Auch die Gerberei von Pasteurs Vater ist rekonstruiert worden.
Hôtel-Dieu (Krankenhaus): Ein bemerkenswerter Bau aus dem 17. Jh.
Quartier des Tanneaux: Das Gerberviertel zieht sich malerisch, mit zahlreichen alten Häusern, am Kanal entlang.
Collège de l'Arc: Zu dem Bau (Ende des 16. Jh.) gehört eine Kapelle aus dem Jahr 1601, deren Portal im Renaissance-Stil hervorragend verziert ist.
Musée: Ein Museum für Malerei und Archäologie.

Domme 36/A 1
Das Städtchen ruht auf einem schroffen, steil abfallenden Bergvorsprung, der sich über dem Tal der Dordogne erhebt. Der einst befestigte Ort ist nach einem trapezförmigen Grundplan gebaut, der noch Wälle aus dem 13. Jh. und an den schmalen Gassen viele Häuser aus alter Zeit besitzt. Die Stadttore „Porte Delbos" (13./14. Jh.) und „Porte des Tours" (13. Jh.), das Hôtel de ville (Rathaus) aus dem 14. Jh. sowie die malerischen Markthallen mit Holzgalerien und das „Hôtel du Gouverneur" mit seinem runden Seitenturm sind besonders sehenswert.
Grotte de Domme: Der Eingang zu diesen Höhlen befindet sich unter den Markthallen (Besichtigung jeden Tag in der Saison).

Dole: Der Innenhof des „Hôtel-Dieu" mit Balkonen und dem alten Brunnen.

Domrémy -la-Pucelle 13/B 3
Hier steht noch das Geburtshaus von Jeanne d'Arc. In der schlichten Landkirche bewahrt man das Becken, in dem Jeanne d'Arc getauft wurde (1412). 1,5 km vom Ort entfernt, erbaute man nahe bei dem Gehölz, in dem Jeanne ihre Stimmen hörte, eine pompöse Kirche (19. Jahrhundert).
Goussaincourt (5,5 km nördlich): Im Museum erfährt man, wie die Menschen zur Zeit Jeanne d'Arcs lebten.

Domme: *Von dem hübschen Dorf Domme, das 150 m hoch über der Dordogne liegt, hat man diesen Blick.*

Le Dorat

Vaucouleurs (15 km nördl.): Von dieser kleinen Stadt aus, und zwar durch das Tor „Porte de France", verließ Jeanne 1429 ihre ländliche Heimat. Man sieht noch Spuren vom Schloß des Ritters Sire de Beaudricourt und eine Kapelle vom Ende des 13. Jahrhunderts.
Musée: Ein kleines Heimatmuseum erinnert an Jeanne d'Arc und an die Geschichte des Ortes.

Le Dorat 23/D 3
Collégiale Saint-Pierre: Die Stiftskirche Saint-Pierre, ein schönes romanisches Bauwerk, hat einen 60 m hohen Glockenturm und eine Krypta aus dem 11. Jahrhundert.
Wehranlagen: Das Tor „Porte aux Bergères" und die Reste der Stadtmauern zeugen von der alten Befestigung.
Vallée de la Brame: Das Tal der Brame bietet manche landschaftlichen Reize, so die Flußschnellen und die Wasserfälle.
Magnac-Laval (7 km östl.): Die Kirche aus dem 12. Jh. ist am Pfingstmontag Ziel einer besonderen Prozession der „Neuf-Lieues".
Mortemart (23 km südwestl.): Über Bellac, das eine Kirche mit zwei Schiffen (romanisch und gotisch) besitzt, kommt man zu den Ruinen des Schlosses Montemart. Die Kirche wurde zum Teil im 12., zum Teil im 14. Jahrhundert gebaut.

Douai 2/A 3
Das Zentrum der Stadt, „La Grand-Place", wird von dem prachtvollen, im 14./15. Jh. gebauten Wach- und Glockenturm des Rathauses überragt. Auch die Innengestaltung dieses Bauwerks lohnt einen Besuch.
Église Saint-Pierre: Die Kirche, entstanden im 16. und 18. Jh., hat einen großen, einst für Domherren und Parlamentsabgeordnete reservierten Chor.
Musée: Das Museum ist im schönen „Hôtel d'Abancourt-Montmorency" untergebracht, einem Haus innerhalb der alten Karthäuserbauten aus dem 16. bis 18. Jh. Es besitzt schöne Gruppen von flämischen Bildern (darunter ein aus mehreren Holztafeln bestehendes Werk aus der Abtei Anchin), von italienischen Gemälden (Veronese) und von französischer Malerei (David, Courbet, Renoir).
Flines-lès-Raches (14 km nordöstl.): Die gotische Kirche aus dem 13. Jh. mit einem viereckigen Turm aus dem 12. Jh. ist sehenswert.
Étangs de la Sensée (12,5 km südl.): Die Seen bieten Möglichkeiten zum Angeln, Jagen von Wassergeflügel und Kanufahren.

Douarnenez 8/B 3
Der Fischerhafen, in seiner Anlage sehr typisch für die Bretagne, bietet einen bunten, lebendigen Eindruck bei Auslaufen und Heimkehr der Fischerboote. Der neue Hafen im Nordteil der Ortschaft ist ausschließlich für die größeren Fischdampfer reserviert, der im Süden gelegene „Port de Rosmeur" für die Sardinenfischer.
Boulevard Jean-Richepin: Die breite Uferstraße führt am „Plage des Dames" vorbei zu einer Landzunge, vor der, jenseits einer schmalen Fahrrinne, die kleine Insel „Tristan" (mit Leuchtturm) liegt.
Tréboul (2 km nordwestl.): Der Ort auf dem linken Ufer der Pouldavid-Flußmündung, ebenfalls ein Fischerhafen, ist auch ein Badeort mit einem schönen Strand.
Ploaré (1 km südwestl.): Hier steht eine Kirche aus dem 16./17. Jh. mit einem herrlichen 65 m hohen Glockenturm aus dem 16. Jh.
Guengat (10 km südöstl.): Die Kirche mit Fenstern aus dem 15./16. Jahrhundert hat einen wertvollen Kirchenschatz.
Locronan* (10 km östl.).

Douai: In Kostümen des 16. Jh. ziehen die „Fünf Gayants" daher: Vater (7,5 m groß), Mutter (6,5 m) sowie Jacquot, Fillion und Binbin.

Doullens 5/C 1
Die Stadt ist nach einer für das 18. Jh. in der Pikardie charakteristischen Bauweise angelegt. Die bedeutendsten Bauwerke sind die Zitadelle aus dem 17. Jh., in deren Bereich die Burg aus dem 16. Jh. einbezogen ist, und das alte Rathaus von 1406 mit einem viereckigen Wehrturm und einem Glockenturm aus Schiefer.
Kirchen: Von der Kirche Saint-Pierre (13. Jh.) stehen nur noch das Schiff und ein Teil des Querschiffs. Die „Église Notre-Dame" stammt aus dem 15./16. Jahrhundert.
Musée Lombart: Heimatmuseum.
Lucheux (7 km nordöstl.): Das Schloß mit Bauten aus dem 12. bis 16. Jh. und die Kirche Saint-Léger (12. Jh.) mit Spitzbogen-Gewölben verdienen Beachtung.

Dourdan 11/B 2
Der Ort hat den Reiz einer stillen Provinzstadt. Das Schloß aus dem

Douarnenez: In diesem bretonischen Ort ist vor allem die Fischversteigerung („Criée") im „Port de Rosmeur" ein Erlebnis.

13. Jh., von Türmen flankiert und von breiten Gräben eingefaßt, wird überragt von einem mächtigen Wehrturm (Donjon). Die Markthallen stammen aus dem 13. Jh.
Église Saint-Germain: Die im 12./13. Jh. errichtete Kirche wurde im 15./16. Jh. erweitert.
Château du Marais (12 km nordöstl.): Über Saint-Chéron kommt man zu diesem Schloßbau aus dem Ende des 18. Jh., der von schönen Gartenanlagen umgeben ist und im Sommer nachmittags besichtigt werden kann. Museum.
Saint-Arnoult-en-Yvelines (8 km nordwestlich): Die Kirche hat romanische und Renaissance-Bauteile.
Rochefort-en-Yveslines (4 km nordöstl.): Mit einer romanischen Kirche aus dem 12. Jh. und Burgruinen aus dem 11. Jh.

Draguignan 44/C 1
Die Altstadt drängt sich mit winkligen Gassen um den Hügel, auf dem sich der Turm „Tour de l'Hor-

westl.): Romanische Kapelle und Reste gallo-römischer Thermen.
Trans (4,5 km südl.): Hier befinden sich die schönen Wasserfälle der Nartuby, und 5,5 km weiter südl. ist in der Kirche von Arcs (Anfang 16. Jh.) ein Altarbild mit Goldgrund zu besichtigen, das Louis Brea zugeschrieben wird.
Chapelle Sainte-Roseline (14 km südöstl.): Über Arcs erreicht man diese Kapelle, deren Altar und Chorgestühl (17. Jh.) hervorragend gearbeitet sind. Die Fenster haben Bazaine und Ubac geschaffen, das Mobiliar ist von Diego Giacometti. Die Kapelle befindet sich in Privatbesitz; Besichtigung möglich).
Cotignac (35 km westl.): Über Flayosc und Salernes geht es zu diesem malerischen Dorf unterhalb einer mächtigen Felswand, die von zahlreichen Höhlen durchzogen ist.

Dreux 11/A 2
Über die Stadt empor ragt ein imposanter Wehrturm (Gotik und Re-

Jh.) und einer gotischen Kirche (Apsis Renaissance) und Holzhäusern aus dem 15./16. Jh. wird im Sommer angestrahlt.

Dunkerque 1/C 1
Die alte Festungsstadt besteht aus dem ehemaligen Ortszentrum um den Wehrturm (Beffroi), einst Glockenturm, von Saint-Éloi (15. Jh.), der Unterstadt im Süden, und dem Stadtviertel um die Zitadelle (im Nordwesten), das von den Resten der ehemaligen Wehrmauern und Gräben eingegrenzt wird.
Place Jean-Bart: An diesem Platz findet man Turm und Kirche Saint-Éloi (gotisch, mit fünf Schiffen) und zahlreiche Häuser aus Backstein, die nach 1945 wiederaufgebaut wurden.
Musée: Das Museum zeigt holländische, flämische und italienische Malerei. Skulpturengarten von Jean Arp.
Malo-les-Bains (1 km nordöstl.): Der vielbesuchte Badeort hat einen

Draguignan: Wenn die Obstgärten um die Stadt herum in Blüte stehen, merkt man besonders, daß diese Landschaft nicht weit entfernt von der Côte d'Azur am hellen Mittelmeer liegt.

loge" (Ende 17. Jh.) erhebt. Sehenswert sind zwei malerische Plätze: „Place du Marché" mit zwei Brunnen und herrlichen Platanen sowie „Place aux Herbes" mit dem Tor „Porte Romaine".
Musée-bibliothèque: Eine Bibliothek als Museum befindet sich im alten Sommerpalast der Bischöfe von Fréjus.
Pierre de la Fée (1 km nordwestl.): Ein mächtiger Dolmen aus drei vertikal gelagerten Steinen und einem horizontal gelagerten Stein.
Saint-Hermentaire (1,5 km süd-

naissance), auf dem noch ein Glockenturm aus dem 17. Jh. steht. (Aufstieg über 142 Stufen.)
Église Saint-Pierre: Die Kirche (13., 15. und 16. Jh.) hat schöne Fenster aus dem 15. und 16. Jh.
Chapelle Royale Saint-Louis: Die in einem Park auf einer Anhöhe im Nordwesten stehende Kapelle im „Troubadour"-Stil wurde im 19. Jh. gebaut. In der Krypta, mit Fenstern von Ingres, sind die Grabmäler der Familie d'Orléans zu sehen.
Houdan (21 km östl.): Die alte Stadt mit mächtigem Wehrturm (12.

15 km langen schönen Strand mit feinem Sand, der bis nach Bray-Dunes hinübergeht. Auf dem Deich erinnert ein Gedenkstein an die Evakuierung der englischen Truppen im Juni 1940.

Dun-sur-Meuse 7/A 3
Auf einer Anhöhe oberhalb der Maas umschließt die Oberstadt die Kirche Notre-Dame aus dem 14./15. Jh., die im Innern interessante Kunstwerke zeigt. Am linken Maas-Ufer befindet sich der See Lac Vert.

Les Eaux-Chaudes 41/A 3
Das Thermalbad liegt 4 km südl. von Laruns in einer wilden Schlucht, in welcher der Gave d'Ossau fließt.
Parc National des Pyrénées occidentales: Zu diesem im Süden und Osten erreichbaren Gebiet gehören die Berge „Pic du Midi d'Ossau" (2 885 m) und „Pic de la Balaïtous" (3 146 m).
Les Eaux-Bonnes (8 km nordöstl.): Ein Thermalbad und Ferienort, von dem man einen Ausflug zum See „Lac d'Artouste" machen kann; zuerst mit der Seilbahn bis „La Sagette" (1 950 m), von dort mit einer Bergbahn oberhalb des „Gave de Souséou" zum in 2 000 m Höhe herrlich gelegenen Stausee.
Gabas (8 km südl.): Von hier führt die Straße „N 134" bis auf den „Col du Pourtalet" (1 792 m).

Ebersmunster 14/A 3
Abbatiale: Die alte Abteikirche, eine Rekonstruktion des 18. Jh., ist ein ungewöhnliches Werk barocker Architektur. Aus dem in Weiß und Rosa gehaltenen Bau erheben sich drei Zwiebeltürme. Der weite und helle Innenraum, mit Malereien und schönem Mobiliar des 18. Jh. ausgestattet, hat Chorstühle, die von 20 hölzernen Statuen überragt werden, und geschnitzte Beichtstühle. Unter den sieben mit vergoldeten Aufbauten versehenen Altären ist der Hauptaltar eine besonders schöne Barockarbeit. Die Orgel stammt aus dem Jahre 1730.

Ébreuil 25/A 3
Église Saint-Léger: Die ehemalige Benediktiner-Abteikirche (romanisch und gotisch) mit Fresken aus dem 12. und 15. Jh. ist die bedeutendste Sehenswürdigkeit des Städtchens an der Sioule. In ihr befindet sich ein Reliquienkasten des Saint-Léger (Holz und Kupfer) aus dem 16. Jahrhundert.
Hospice: In dem ehemaligen Klostergebäude sind Sammlungen von Stickereien und Apothekertöpfen ausgestellt.
Châteauneuf-les-Bains (28 km südwestl.): Durch die malerischen Schluchten der Sioule, über Chouvigny (mit einem Schloß aus dem 13. Jh.), gelangt man in diesen Ort. Die Landschaft bietet mit Granitfelsen, Klippen, Aussichtspunkten und den romantischen Ruinen eines Schlosses bei Pont-de-Menat viel Sehenswertes.

Écouen 11/C 1
Das Schloß zählt zu den schönsten Renaissance-Schlössern der „Île de France" und soll demnächst ein großes Museum über diese Epoche aufnehmen. (Nicht zu besichtigen.) Das Bauwerk wurde in der Mitte des 16. Jh. errichtet und unter Heinrich II. umgebaut. Es hat einen großen Ehrensaal, dessen monumentaler Kamin mit einem „Victoire" (Siegesmal) von Jean Goujon verziert ist.
Église Saint-Acceul: Die Kirche aus dem 16./17. Jh. besitzt eine schön geschlossene Gruppe von Renaissancefenstern.

Écouis 5/A 3
Collégiale: Die alte Stiftskirche (Anfang des 14. Jh.) ist ein wahres Museum gotischer Bildhauerkunst des 14./15. Jh. Zu sehen sind u. a. die Statue „Notre-Dame-d'Écouis", die ruhende Marmorfigur des Erzbischofs Jean de Marigny, die Gestalten der Heiligen Veronika, Heiligen Agnès sowie ein „Ecce homo" aus Holz, und andere Kunstwerke.

Effiat (Château de) 25/A 3
Das prachtvolle Schloß im Stil Ludwig XIII. ist von Gärten „à la française", die Gartenbaukünstler Le Nôtre geschaffen hat, umgeben. Zu den Innenräumen gehört ein „Grand Salon", der im Dekor des 17. Jh. mit einem wuchtigen Kamin, bemalten Decken und Holztäfelungen ausgestattet ist. Viele schöne Möbel, Wandteppiche und Porträts des 17. und 18. Jh. sind zu sehen.
Chaptuzat (7 km südwestl.): Über Aigueperse mit den Kirchen Sainte-Chapelle (15. Jh.) und Notre-Dame (Apsis und Querschiff aus dem 13. Jh.) erreicht man den Ort mit der Burg Château de la Roche, einer im 12./13. Jh. angelegten, im 15./16. Jh. erweiterten Festung, deren schöne, im 17. Jh. dekorierten und möblierten Innenräume zu besichtigen sind.

Elne 43/D 3
Von der auf einer Anhöhe liegenden Oberstadt hat man weite Ausblicke ins Land. Die Unterstadt ist zum Teil noch von einer Wehrmauer eingefaßt.
Cathédrale Sainte-Eulalie: Die Kathedrale mit Bauteilen vom 11. bis 15. Jh. besitzt einen bemerkenswerten romanischen Kreuzgang aus grauem, blau gemasertem Marmor. Die Südgalerie zeigt herrliche Kapitelle mit phantastischen Tierdarstellungen aus romanischer Zeit.
Argelès-sur-Mer (7 km südöstl.): Von hier aus gelangt man nach Argelès-Plage, das zu dem großen Touristenzentrum von Saint-Cyprien gehört. Siehe **Perpignan***.

Elven (Tours d') 16/A 1
In einem dichten Wald an einem Seeufer liegen die romantischen Ruinen der feudalen Burg Largoët-en-Elven (13./15. Jh.) mit Türmen und Toren sowie dem gewaltigen, achteckigen Wehrturm (Ende des 14. Jh.), der mit 57 m der höchste seiner Zeit war. Die Burgmauern haben eine Stärke von 6–9 Metern.

Embrun 38/C 1
Die Stadt, zum Teil noch von einer Wallmauer umgeben, liegt auf der Steilwand eines Bergvorsprungs hoch über der Durance.
Cathédrale Notre-Dame: Die Kathedrale (Ende des 12. Jh.) gehört zu den bedeutenden Kirchen der Dauphiné. An der Westfassade hat

Elne: Die Kapitelle der Südgalerie im Kreuzgang der Kathedrale gehören mit ihren Tierdarstellungen zu den Meisterwerken katalanischer Romanik.

Rundfahrt zu Sakralbauwerken
(Circuits des Enclos Paroissiaux) 8/B 2; 8/C 2

Von **Landerneau*** aus führt die N 12 in nordöstlicher Richtung nach La Roche, dessen Kirche einen prachtvoll skulptierten Renaissance-Lettner besitzt; das Beinhaus zählt zu den bedeutendsten in der Bretagne. Man fährt weiter nach Lampaul-Guimiliau und **Guimiliau***, wo zwei der besten Kalvarienberge mit zahlreichen Figuren zu sehen sind. Weiter geht es nach **Saint-Thégonnec*** und Pleyber-Christ (mit wertvollem Kirchenschatz). – Eine zweite Rundfahrt, südwestlich von **Landerneau***, über die N 164, führt über La Martyre, Ploudiry, **Sizun***.

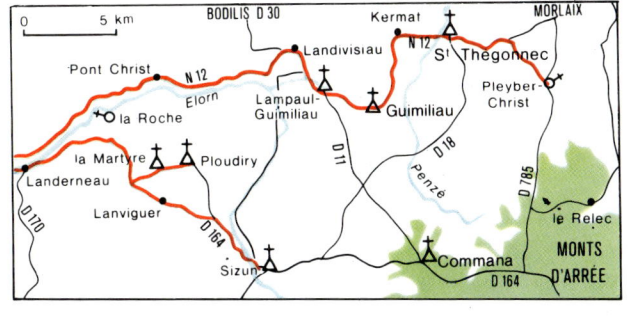

sie eine elegante romanische Pforte, an der Nordseite einen Portalvorbau, genannt „le Réal", aus dem 12. Jh., der von rosafarbenen, mit Kapitellen versehenen Marmorsäulen eingefaßt ist; sie werden von Löwen getragen. Das Kircheninnere mit drei Schiffen und drei Apsiden wirkt besonders reizvoll durch den Wechsel von weißen und schwarzen Steinen. Wertvoller Kirchenschatz. Über dem ehemaligen Wohnbau des Erzbischofs erhebt sich ein Turm aus dem 12. Jh. („Tour Brune").
Barrage de Serre-Ponçon* (10 km südwestl.).

Enghien-les-Bains 11/C 1
Das hübsche Thermalbad (mit schwefelhaltiger Sole) erstreckt sich an einem See, dessen Ufer von zahlreichen Villen, Privathäusern und Hotels gesäumt sind. Kasino und Kurhaus sind bekannt.
Montmorency (5 km nördl.): Der Ort liegt in der Hügellandschaft des Waldes „Forêt de Montmorency" (3 500 ha). Die Renaissancekirche Saint-Martin hat schöne Fenster. Das Haus, in dem J. J. Rousseau gelebt hat, ist heute ein Museum.
Taverny (10 km nordwestl.): Hier gibt es eine sehr schöne Kirche aus dem 13./15. Jh. mit einem eigenartigen Glockenturm aus Holz (15. Jh.) zu sehen. Im Kircheninnern ist ein wundervoll aus Stein gearbeiteter Altaraufbau (Renaissance). Auf der Orgelempore befindet sich eine auf Holztafeln gemalte Darstellung der Reise von Saint-Barthélémy nach Indien (16. Jh.).
Méry-sur Oise (15 km nordwestl.): Das schöne Schloß (16., 17. und 18. Jh.) kann nicht besichtigt werden. Die Kirche stammt aus dem 15./16. Jahrhundert.

Embrun: Im romanischen Vorhallenbau der Kathedrale werden die Marmorsäulen von Löwen getragen, die ein Kind oder ein Tier halten.

Ennezat 31/A 1
Cathédrale du Marais: Die alte Stiftskirche hat romanische und gotische Teile (einige aus Arkose-Sandstein). Chor, Triforium und Seitenkapellen sind aus Volvic-Lava gebaut. Interessant sind auch die romanischen Bildkapitelle und Mauermalereien (15. Jh.).
Thuret (9 km nördl.): Im Innern der im romanischen Stil der Auvergne erbauten Kirche ist eine „Schwarze Madonna" zu sehen.

Enserune
(Oppidum d') 42/D 2
Der wichtige archäologische Ausgrabungsort befindet sich auf einem 700 m langen felsigen Gebirgsvorsprung. Hier gab es Siedlungsbildungen im 6., 5. und 3. Jh. vor Chr. Reste von Häusern mit gepflastertem Boden, mit verputzten und getünchten Wohnungen und Teile von Zisternen und Abflüssen sind noch vorhanden.
Musée: Das Museum zeigt die Funde der Ausgrabungsarbeiten: Keramik, Bronzearbeiten, griechische Vasen, dazu kann man rekonstruierte iberische, griechische und keltische Grabstätten besichtigen. So erhält man einen Eindruck von der Entwicklung des Alltagslebens und der mittelmeerischen Kunst in mehreren Jahrhunderten.
Nissan-lez-Enserune (2,5 km südl.): Gotische Kirche (14. Jh.). Museum: Archäologie, sakr. Kunst.

Entraygues
-sur-Truyère 36/C 1
In der kleinen mittelalterlich aussehenden Stadt am Zusammenfluß von Truyère und Lot steht noch eine gotische Brücke aus dem 13. Jh. Zahlreiche Häuser aus dem 15. und 16. Jh. liegen unterhalb einer Höhe mit den Ruinen einer Feudalburg.
Vallée de la Truyère (6 km nördl.): Staumauer und Talsperrensee.

Puy de l'Arbre (15 km nordwestl.): Aussichtsplatz mit herrlichem Blick auf das Cantal.
Figeac* (72 km westl.): Durch die Schlucht des Lot, über Vieillevie und Grand-Vabre erreicht man diesen Ort, von dem eine Abzweigung nach **Conques*** führt.

Entrevaux 38/D 3
Die ehemalige Festungsstadt sieht noch aus wie im 18. Jh. Sie bildet mit der Zitadelle eine geschlossene Architekturanlage. Man geht durch drei Tore und über drei Zugbrücken in die Festung hinein.
Kirche: Die gotische Kirche mit nur einem Schiff aus dem 16. Jh. besitzt einen prunkvollen Altaraufbau.
Gorges de Daluis (8 km nordwestl.): In den Daluis-Schluchten, die in rote Schieferberge eingeschnitten sind, erlebt man stets wechselnde Landschaftsbilder.

Épernay 12/B 1

Die Hauptstadt des Weinanbaugebiets der Champagne ist Ausgangspunkt für die Ausflüge in die berühmte Rebenlandschaft. Die Häuser der bedeutendsten Produzenten reihen sich an der „Avenue de Champagne" aneinander. Besichtigungen, bei denen man die Herstellung von Champagner beobachten kann, führen durch: „Moët et Chandon", „Mercier" und „Perrier Jouët".
Musée du Champagne: In den Räumen des ehem. Schloß Perier, unter denen der Saal mit Rebenpressen aus dem 18 Jh. besonders sehenswert ist, sind auch Sammlungen zur Frühgeschichte, Archäologie, und eine Galerie der Bildenden Künste untergebracht.
Église: Die Kirche Saint-Vincent-des-Vignes-Blanches (1967 gebaut) wurde nach ungewöhnlichen liturgischen Vorstellungen in Verbindung mit kosmischer Symbolik gestaltet.
Abbaye d'Hautvillers (6 km nordwestl.): In der Abteikirche aus dem 16./17. Jh. reiht sich unter den Kunstwerken auch die Grabplatte von Dom Pérignon (1719), dem „Erfinder" des Champagners.
Montagne d'Épernay (8 km südwestl.): In den Bergen liegen das Schloß Château de Brugny aus dem 16. Jh. (restauriert im 18. Jh.), mit prächtigem viereckigem Bergfried sowie die Wälder von Boursault, Enghien und Vassy.
Vertus* (19 km südl.): Die Fahrt hierher führt durch das Champagne-Land über Pierry, Chavot (mit sehr schönem Aussichtsplatz), Cuis (mit romanischer Kirche), Cramant, Avize, Oger (mit einer Kirche aus dem 12./13. Jh.) und Le Mesnilsur-Oger mit einer Kirche aus dem 12. bis 16. Jahrhundert.

Notre-Dame-de-l'Épine: *Die elegante spätgotische Kirche mit zwei durchbrochenen Turmspitzen; die rechte erreicht eine Höhe von 55 m.*

Épinal: *Die Einführung der Kartoffel in Frankreich, ein Blatt aus dem Druckbilder-Museum.*

Épinal 13/C 3
Basilique Saint-Maurice: Die Basilika stammt aus dem 13./14. Jahrhundert.
Musée international de l'Imagerie: Das internationale Museum für die (fabrikmäßige) Produktion von Druckbildern, das in Épinal hergestellte Werke und volkstümliche Bilder vom 16. Jh. bis zur Gegenwart zeigt, gehört zum „Museum der Vogesen", das mehrere bemerkenswerte Gemälde (so von Rembrandt und G. de La Tour) und ein Graphik-Kabinett besitzt.
Bibliothèque: In der Bibliothek befinden sich kostbar kolorierte Manuskripte aus dem 10. bis 15. Jahrhundert.
Rosengarten: Im Schloßpark besteht ein Rosengarten mit 500 verschiedenen Rosensorten.

Épine (Notre-Dame-de-l') 12/C 1
Die imposante gotische Kirche aus dem 15./16. Jahrhundert steht für sich allein in der weiten Champagne-Landschaft. Die drei Portale in der spätgotischen Front sind mit Skulpturen geschmückt. Im Innenraum hat der Lettner drei Arkaden und zwei Wendeltreppen (15./16. Jahrhundert).

Époisses (Château de) 19/C 2
Das wehrhafte Schloß, erbaut im 14. und 16. Jh., wird eingefaßt von weitläufigen Wirtschaftsgebäuden. Unter den Innenräumen zeigen mehrere Zimmer noch die Ausstattung und das Mobiliar des 17. Jh., darunter der „Grand Salon" mit Porträts aus dem 17. Jh. und das Zimmer der Madame de Sévigné, die in Époisses gewohnt hat, und der Raum „Chambre du roi". Besichtigung von April bis Dez.

Ermenonville 11/D 1
Der Park des Schlosses (18. Jh.), das man nicht besichtigen kann, war in Frankreich eine der ersten Gartenanlagen, die „à l'Anglaise" (in englischem Stil) eingerichtet wurden: mit falschen Ruinen, einem „Altar der Träumerei", einem „Tempel der Philosophie" und einem „Tisch der Mütter".
Forêt d'Ermenonville (6 km nordwestl.): In diesem Wald liegen die Wüstenei „Mer de Sable", der Zoo Jean-Richard und die Abtei von **Châalis***.

Parc de Vallière (7,5 km südwestl.): Den Park erreicht man über die D 607.

Escolives -Sainte-Camille 19/B 2

Hier wurden die Grundmauern von Thermen, die Reste eines Tempels und einer Villa aus gallo-römischer Zeit (1. – 4. Jh.) ausgegraben. Man fand auch Spuren eines merowingischen Friedhofs.
Musée: Das Museum zeigt die Ausgrabungsfunde.
Église: Die Kirche im burgundischen Stil des 12. Jh. besitzt schön ausgearbeitete Kapitelle und übereinandergelagerte Krypten.

Espalion 36/D 2

Der Ort, der zu den reizvollsten Plätzen im Aveyron zählt, entstand bei einem Renaissanceschloß, das hoch über der Brücke aus dem 13. Jh. und den Häusern am Lot emporragt. Heimatkundliches Museum in der Kirche Saint-Jean.
Église de Perse: Auf dem Friedhof steht diese „Kirche nach persischer Art" aus rosa Sandstein (11./12. Jh.). Sie hat ein mit altertümlichen Skulpturen geschmücktes Portal.
Puy de Vermus (2 km südöstl.): Von dem 481 m hohen Berg hat man eine herrliche Fernsicht auf das Tal des Lot, die Berge von Aubrac und die „Causses".
Entraygues-sur-Truyère* (27 km nordwestl.): Den Ort erreicht man auf einer Fahrt durch das Lot-Tal, über Estaing (unterhalb eines von Burgruinen gekrönten Felsens) und über eine Lot-Brücke, die aus dem 13. Jh. stammt.

Les Essarts 22/D 1

Ein wehrhafter Torbau bildet den Eingang zu den Ruinen der Festung aus der Feudalzeit. Der viereckige Turmbau aus dem 11. Jh. enthält schön gewölbte Räume. Im Schloßbereich sind auch Reste eines gallo-römischen Grabhügels zu sehen. Der Park ist sehr weitläufig angelegt.
Château moderne: Das Neue Schloß wurde im 19. Jahrhundert im Troubadour-Stil gebaut.
Église: Die Kirche hat eine dreischiffige Krypta aus dem 11. Jh.

Étampes 11/C 3

Sehenswerte Profanbauten sind: Das Hôtel d'Anne de Pisseleu (Renaissance), „Hôtel Saint-Yon (Anfang 16. Jh.), das „Hôtel de ville" (Rathaus) und das Hôtel Diane de Poitiers (16. Jh.).
Église Notre-Dame-du-Fort: Die Kirche aus der 2. Hälfte des 12. Jh. zählt zu den schönsten Kirchen der Île-de-France. Das um 1150 gearbeitete Südportal hat Säulenstatuen, wie man sie in Chartres findet, und im Innern romanische Kapitelle, Fenster aus dem 16. Jh. und eine Krypta aus dem 11. Jh.

Espalion: *Die alten Häuser mit Holzbalkonen, die sich im Wasser des Lot spiegeln, sind einer der malerischen Reize der kleinen Stadt im Aveyron. Sie ist als Erholungs- und Ausflugsort beliebt.*

Église Saint-Gilles: Eine romanische Fassade aus dem 12. Jh. ziert die im 13., 15. und 16. Jh. errichtete und ausgebaute Kirche.
Église Saint-Basile: Der Bau aus dem 15./16. Jh. hat ein schönes romanisches Portal.
Église Saint-Martin: Neben der Kirche (12./13. Jh.) steht ein schiefer Turm aus dem 16. Jh.
Tour Guinette: Der mächtige Königsturm aus dem 12. Jh., nach einem sehr seltenen Grundplan erbaut, beherrscht das Stadtbild.
Château de Jeurre (7 km nordöstl.): Zu diesem Schloß, in dessen Park kuriose Zierbauten des 18. Jh. stehen, gelangt man über Morigny-Champigny.
Château de Farcheville (11 km östl.): Die Feudalfeste aus dem 13./14. Jh. wird umschlossen von einer zinnengekrönten Wallmauer auf rechteckigem Grundriß.
Chalou-Moulineux: Durch das Chalouette-Tal und am Moulineux-See vorbei gelangt man zum Ort mit einer romanischen Kirche.

Étretat 4/C 2

Der Strand der Ortschaft, die zu den reizvollsten Plätzen dieser Küstengegend zählt, wird von weißen Steilfelsen (60 bis 80 m hoch) begrenzt. Die Steilküste von Aval (im Westen der Deich-Promenade) besitzt ein in das Meer vorspringendes natürliches Felsentor („Porte d'Aval"), vor dem im Meer die berühmte „Aiguille", eine 70 m hohe Felsenspitze aufragt. Zur linken Seite der Promenade erhebt sich die „Manneporte", ein steinerner Bogen von 90 m Höhe.
Monument aux aviateurs Nungesser et Coli: Ein Ehrenmal für die Flieger Nungesser und Coli, bei einem Transatlantikflug 1927 verschollen, steht auf dem d'Amont-Felsen.

Étretat: *Der spitze Felsen „Aiguille" vor der Steilküste erinnert an den vorgeschobenen Wehrturm einer Festungsanlage, zu welcher der natürliche Steinbogen der „Porte d'Aval" gleichsam das Eingangstor bildet.*

Bénouville (4 km nordöstl.): Sehenswert sind die Talschluchten von Saint-Ange und du Curé sowie die Felsnadel Belval.
Criquetot-l'Esneval (8 km südöstl.): 2 km vom Ort entfernt liegt das Schloß Cuverville (18. Jh.), in dem André Gide lebte; er ruht auf dem Friedhof.

Eu 5/A 1
Die Kirche aus dem 12./13. Jh. wurde dem im 12. Jh. wirkenden Heiligen Laurent O'Toole, Primas von Irland, gewidmet. Innen befinden sich mehrere alte Kunstwerke, darunter eine „Grablegung" mit acht Figuren unter einem Baldachin, der gegen Ende des 15. Jh. reich skulptiert wurde. In der Krypta aus dem 12. Jh. sind die Plastiken der ruhenden Gestalten des Heiligen Laurent O'Toole und der Familie d'Artois (13. bis 15. Jh.) zu sehen.
Château: Das im 16. Jh. erbaute Schloß wurde im 19. Jh. restauriert.
Herzogsgrab: In der Kapelle des ehemaligen Hauses der Jesuiten befindet sich ein Grabmonument des 17. Jh. für den Herzog von Guise, der 1588 im Schloß Blois ermordet wurde, und dessen Frau.
Forêt d'Eu (10 km südöstl.): Ein schöner, 9 390 ha großer Wald mit vielen markierten Wegen.

Évaux-les-Bains 24/C 3
Das Thermalbad in einer malerischen Umgebung war schon den Römern bekannt; die Spuren antiker Badeanlagen zeugen davon.
Église Saint-Pierre et Saint-Paul: Die romanische Kirche aus dem 11./12. Jh. besitzt einen Eingangsturm mit fünf Stockwerken, der eine aus dem 13. Jahrhundert stammende, mit Holzplatten belegte pfeilartige Spitze hat.
Chambon-sur-Voueize (5 km westl.): In der hübschen kleinen Stadt, die als Ausgangspunkt für Ausflüge sehr beliebt ist, befinden sich eine römische Brücke über die Voueize und eine schöne romanische Kirche Sainte-Valerie (11./12. Jh.), deren Büstenreliquiar (15. Jh.) und Chorgestühl aus dem 17. Jh. zu besichtigen sind.
Barrage de Rochebut (17 km nördl.): Über Budelière gelangt man zu diesem Stauwerk am Cher inmitten bewaldeter Hügel.

Évian-les-Bains 26/D 2
Der Ort liegt mit zahllosen Gärten, Grünanlagen und breiten blumengeschmückten Straßen prachtvoll am Genfer See. Die Hotel- und Sportanlagen sind von erstem Rang. Reichhaltig ist das Programm für Seerundfahrten.
Bernex (12 km südöstl.): Ausflugsziel „Massif de la Dent-d'Oche".

Évisa 45/B 3
Das Dorf, die „Perle Korsikas", ist auf einem felsigen Berg gebaut, der zwischen zwei Tälern mit Kastanienwäldern liegt. Man kann von hier schöne Wanderungen unternehmen.
Belvédère (3 km nordwestl.): Gute Sicht auf die roten Felsen; nicht weit ist es auch zum Wasserfall und zur Mühle an der Aïtone.
Ota (19 km westl.): Von hier geht es zum „Cirque de la Spelunca", einer Flußenge der Aïtone.
Porto* (22 km westl.).
Corte* (61 km nordöstl.): Über den ostwärts gelegenen Col de Vergio (1 464 m) und durch den Aïtonewald zu erreichen.

Évreux 11/A 1
Die Stadt, die 1940 zur Hälfte zerstört wurde, besitzt noch einige bedeutende Bauwerke.
Cathédrale Notre-Dame: Kathedrale aus dem 13./14. Jahrhundert (bemerkenswert sind Front und Nordportal aus dem 16. Jahrhundert) mit kostbaren Fenstern aus dem 14. Jahrhundert und in Holz gearbeiteten Abschlüssen der Galeriekapellen (Renaissance).
Église Saint-Taurin: Die ehemalige Abteikirche (14./15. Jh.) bewahrt ein Meisterwerk gotischer Goldschmiedekunst: einen Reliquienkasten von Saint-Taurin aus dem 13. Jahrhundert.
Musée municipal: Das städtische Museum im einstigen Wohnsitz des Bischofs (Ende des 15. Jh.) zeigt Sammlungen von prähistorischen, gallo-römischen, mittelalterlichen Funden und Gegenständen sowie Malerei aus dem 17., 18. und 19. Jahrhundert.
Wehranlagen: Der 44 m hohe Wachtturm „Tour de l'Horloge" (1490) und die Stadtwälle, mit ihren Promenaden, zeugen von den alten Befestigungen der Stadt.
Conches (18 km südwestl.): Die Kirche Sainte-Foy aus dem 15./16. Jh. und das Tal des Rouloir verdienen einen Besuch.

Évron 10/B 3
Église: Die ehemalige Abteikirche gehört zu den schönsten gotischen Sakralbauten Westfrankreichs; nur Turm und Hauptschiff sind romanisch. Im Innern kann man Wandteppiche von Aubusson aus dem 17. Jh. und zahlreiche Kunstwerke sehen. Die Kapelle „Notre-Dame-de-l'Épine" an der Nordflanke des Chors stammt aus dem 12. Jh.; in ihr wurden Wandmalereien aus dem 13. Jh. schlecht restauriert. Im Chor ist der „Trésor d'Évron" (Kirchenschatz) zu besichtigen, darunter die kostbare Statue „Notre-Dame-de-l'Épine", in Holz, bedeckt mit Silberplatten (Anfang 13. Jh.).
Château du Rocher (5 km nordwestl.): Das Schloß aus dem 15. Jh. mit einem besonders reichen Skulpturenschmuck an der östlichen Fassade, gehört zu den schönsten Bauwerken seiner Art.
Château de Monteclerc (4 km südwestl.): Ein Schloßbau (Anfang 17. Jh.) mit einer Zugbrücke und mächtigem Torwerk.
Sainte-Suzanne* (7 km östl.).

Eymoutiers 30/B 1
Die alte Stadt in einer Flußschleife der Vienne, mit vielen Häusern aus früheren Jahrhunderten, besitzt eine teils romanische, teils gotische Kirche, deren schöne Fenster aus dem 15. Jh. stammen. Sehenswerter Kirchenschatz.
Lacelle (15 km südwestl.): Von hier geht es hinauf auf das „Plateau limousin", vorbei am See von Saint-Hilaire-les-Courbes und am Stauwerk von Vaud nach Treignac oberhalb des Tals der Vezère.
Peyrat-le-Château (10 km nördl.): Der Ort ist Ausgangspunkt für Fahrten ins Tal der Maulde und zum Stauwerk des „Mont Larron" sowie zum großen See „Lac de Vassivière" (1 000 ha) mit Sportanlagen.
Bourganeuf (30 km nördl.): Außer den Ruinen einer ehemaligen Prio-

Eu: Das Schloß, ein Besitz der Prinzen von Orléans, war eine der Lieblingsresidenzen von Louis-Philippe. Den Garten gestaltete Le Nôtre.

Éze

Évisa: Das Dorf liegt herrlich am Hang eines Bergvorsprungs, der sich über dem Tal des Porto erhebt.

rei des Malteserordens sind die Kirche Saint-Jean (12. bis 15. Jh.) und die Türme Lastic und Zizim (Ende 15. Jh.) erwähnenswert. Von diesem Ort macht man Ausflüge ins Tal des Thaurion.

Les Eyzies-de-Tayac 29/D 3

Die „Wiege der Vorgeschichtsforschung" im Tal der Vézère präsentiert sich in einer großartigen Landschaft mit Kalksteinfelsen, die von Höhlen durchsetzt sind. Das Dorf wird überragt von einem gewaltigen Felsmassiv, vor dem, etwa in halber Höhe des Berges, die Ruinen eines Schlosses aus dem 10./11. Jh. und ein viereckiger Bergfried stehen.

Musée national de Préhistoire: Im prähistorischen Museum wird vor allem über den Fund der Überreste aus der Zeit des Cro-Magnon-Menschen informiert (1868).
Grotte des Eyzies: In dieser Höhle auf dem rechten Ufer der Beune wurden die ersten prähistorischen Felszeichnungen entdeckt.
Tayac (1,5 km südl.): Der Ort hat eine Wehrkirche des 11./12. Jh.
Grotte de Combarelles: Eine Höhle mit sehenswerten prähistorischen Tierzeichnungen.
Abri du Cap-Blanc: Auf dem rechten Flußufer liegt diese Höhle mit einem berühmten Tier-Fries.
Grotte du Grand Roc (2 km nordwestl.): Eine Höhle mit Stalagtiten und Stalagmiten im Vézèretal.
Grotte de Carpe Diem (Laugerie) (9 km nordwestl.): In dieser Höhle sind schöne Versteinerungen zu besichtigen. In Laugerie-Basse und Laugerie-Haute fand man prähistorische Wohnplätze.
Grotte de la Mouthe (2 km südöstlich): Höhle mit Malereien und Zeichnungen.
Grotte de Font-de-Gaume (1,5 km östl.): Die Grotte auf dem linken Ufer des Beune-Tals enthält besonders schöne prähistorische Malereien und Zeichnungen.

Éze 45/B 1

Das Dorf ruht wie ein Adlerhorst auf einer Bergspitze, 427 m über dem Meer. Im malerischen Gewirr der kleinen Straßen und Treppengassen stehen die Kirche „Notre-Dame-de-l'Assomption" (18. Jh.) und die „Chapelle des Pénitents-Blancs" (15. Jh.).
Exotischer Garten: Hier werden viele interessante Gewächse, besonders Kakteen, gepflegt. Ein Pfad führt vom Dorf hinab nach Èze-sur-Mer.

Évreux: Eines der gotischen Fenster in der Apsis der Kathedrale.

Les Eyzies: In den Grotten dieser steilen Kalksteinfelsen entdeckte man zuerst die Zeichnungen von Menschen aus der prähistorischen Zeit.

Falaise 10/B 1
In der mächtigen Burg aus dem 11./13. Jh., die sich auf einem Bergvorsprung hoch über der Stadt erhebt, soll „Guillaume le Conquérant" (Wilhelm der Eroberer) geboren sein. Die mit 16 Türmen bewehrte Feste hat einen mächtigen, rechteckigen Wachtturm (12. Jh.), der über eine Wehrmauer mit dem 35 m hohen Turm „Tour Talbot" (13. Jh.) verbunden ist.
Église de la Trinité: Die Kirche mit Bauteilen aus dem 13., 15. und 16. Jh. hat einen sehr schönen Renaissance-Portalvorbau.
Église Saint-Gervais: Der Sakralbau aus dem 11./13. Jh. (mit einem Hauptturm aus dem 12. Jh.) besitzt einen Chor aus dem 16. Jh.
Noron l'Abbaye (4 km westl.): Im Ort gibt es eine Kirche aus dem 13. Jh. mit romanischem Glockenturm und ein Schloß aus dem 18. Jh.
Auberge du Mont-Joly (9 km nördl.): Von diesem Anwesen, auf dem sehr malerisch das Grab der 1798 verstorbenen Schauspielerin Marie Joly liegt, geht es zur schmalen Schlucht „Brèche du Diable" (Spalte des Teufels) in einer wildromantischen Gegend.

Fanjeaux 42/B 2
In dem alten Dorf auf einem Berg oberhalb der Ebene von Carcassonne mit einer kürzlich restaurierten Kirche aus dem 13. Jh. steht das Haus des Heiligen Dominikus („Maison de Saint-Dominique"). An dem „le Seignadou" genannten Platz hatte Dominikus im Jahr 1206 die Vision, die ihn veranlaßte, unterhalb von Fanjeaux das Kloster „Prouille", Keimzelle des Dominikanerordens, zu bauen. Nur die gegen Ende des 19. Jh. nach römisch-byzantinischer Architektur erbaute Kirche ist zu besichtigen.
Montréal (9 km östl.): Über dem Ort ragt die Stiftskirche Saint-Vincent (14. Jh.) im Stil reiner Mittelmeer-Gotik empor.

Le Faouët 8/C 3
Der für bretonische Dörfer sehr charakteristische Ort ist eine vielbesuchte Wallfahrtsstätte.
Chapelle-Sainte-Barbe (2,5 km nordöstl.): Die spätgotische Kapelle liegt herrlich über dem Tal der Ellé. Man steigt zu ihr über eine gewaltige Renaissancetreppe hinan, die durch einen Bogenweg mit der Andachtskapelle Saint-Michel verbunden ist. (Wallfahrten sind am letzten Sonntag im Juni und am 4. Dezember). Die Brunnenanlage stammt vom Anfang des 18. Jh.
Chapelle Saint-Nicolas (6,5 km nordöstl.): Im Innern der Kapelle befindet sich ein sehr schöner geschnitzter Renaissance-Lettner.
Le Croisty (14 km östl.): Die Kapelle (Ende des 16. Jh.) und das Beinhaus (Renaissance) sind sehenswert.
Abbaye de Langonnet (11 km nordöstl.): In der Abtei (17./18. Jh.) mit einem Kapitelsaal aus dem 13. Jh. ist ein „Museum der Missionen in Afrika" eingerichtet.
Chapelle Saint-Fiacre (2,5 km südl.): Die Kapelle (Ende des 15. Jh.) ist mit einem originellen, typisch bretonischen Giebelturm (mit zwei Treppenstiegen) und einem reich dekorierten Portalvorbau ausgestattet; innen steht ein herrlicher gotischer Lettner, eine wahre „Stickerei in Holz".

Fécamp 4/C 2
Der Fischerhafen ist ein vielbesuchter Badeort.
Église de la Trinité: Die ehemalige Abteikirche, im 12. Jh. im Stil normannischer Gotik erbaut, hat eine ungewöhnliche Größe: das Kirchenschiff ist 127 m lang. In ihm findet man zahlreiche Kunstwerke. Die anliegenden Klostergebäude (18. Jh.) werden heute von der Rathausverwaltung benutzt.
Musée de la Bénédictine: In dem neugotischen Bau (Ende des 19. Jh.) sind interessante Sammlungen (Skulpturen, Email- und Kunstschmiedearbeiten) zu sehen.
Musée et centre des arts: Das Museum im Kunstzentrum zeigt ansehnliche Kollektionen von Zeichnungen aus dem 16./17. Jh. sowie einen archäologischen und ethnographischen Bestand, alte Keramiken.
Château de Bailleul (13 km südöstlich): Ein Renaissanceschloß mit reichen Dekorationen. (Zu besichtigen.)
Valmont (15 km östl.): Von der Kirche, der Ruine einer Abtei, sind ein schöner Renaissancechor und die „Chapelle de la Vierge", ein kostbarer Kapellenbau des 16. Jh., erhalten. Sehenswert ist auch das Feudalschloß (15./16. Jh.) mit Bergfried aus dem 11. Jahrhundert.
Cany-Barville (20 km östl.): Hier stehen eine Renaissance-Kirche (mit interessanten Kunstwerken im Innern) und, außerhalb des Ortes, das Schloß Château de Cany im Stil Ludwig XIII., von Gräften umgeben.

Fénelon
(Château de) 36/A 1
In dem bei Saint-Julien-de-Lampon gelegenen schönen Schloß aus dem 15./16. Jh. wurde der Schriftsteller Fénelon geboren (1651).

Fénétrange 13/D 1
Von den Wehranlagen der im 15./16. Jh. befestigten Stadt stehen

Fécamp: Die klassische Front der Kirche de la Trinité steht wirkungsvoll in Kontrast zum gotischen Kirchenschiff und zum 64 m hohen Turm.

noch das Tor „Porte de France" und ein runder Turm sowie Bauten eines weitläufigen Schlosses aus dem 13. bis 16. Jahrhundert.
Église Saint-Rémi: Die Kirche aus dem 15. Jh. besitzt einen spätgotischen, mit Holzarbeiten aus dem 18. Jh. geschmückten Chor sowie ein eigenartiges Grabmal des Grafen Henri de Fénétrange († 1336).
Sarrebourg (15 km südl.): Im Nordwesten, am Rand des Waldes von Hoff, liegt ein Nationalfriedhof der Gefallenen des Krieges von 1914/1918 (14 000 Gräber).

La Fère 6/A 2

In der ehemaligen Festungsstadt an der Oise gibt es eine Kirche mit Bauteilen aus dem 13., 15. und 16. Jh. und ein Museum („Musée Jeanne d'Aboville"), das alte Malerei verschiedener Künstlergruppen von Nordfrankreich zeigt.
Zoo von Vendeuil (7 km nördlich).
Septvaux (10 km südl.): Mit einer romanischen Kirche.
Saint-Nicolas-aux-Bois (11 km südöstl.): Von der Abtei aus dem 14./15. Jh. stehen nur Ruinen.
Forêt de Coucy (15 km südöstl.): Durch den Wald von Saint-Gobain zu erreichen. Siehe auch **Coucy-le-Château***.

Fère-en-Tardenois 12/A 1

Die Kirche aus dem 15./16. Jh. und die Markthallen mit gezimmertem Dachgestühl aus dem 16. Jh. sind eine Besichtigung wert.
Château de Fère (3 km nördl.): Über die Ruinen des Schlosses ragt ein mächtiger Wachtturm, umgeben von sieben Türmen, empor. Eine Brücke mit sieben Bögen und ein Galeriebau der Renaissance sind weitere bemerkenswerte Bauwerke dieser Anlage, in der ein Hotel eingerichtet wurde.
Villeneuve-sur-Fère (5 km südwestl.): Hier steht das Geburtshaus des Dichters Paul Claudel, das in ein Museum verwandelt wurde.
Oulchy-le-Château (14,5 km westl.): Die Kirche Notre-Dame mit einem Schiff des 11. Jh. sowie einem Querschiff und viereckigem Chor aus dem 12. Jh. zählt zu den bedeutenden Sakralbauten der Gegend.

Ferrette 21/A 2

Einer der reizvollsten Orte im elsässischen Jura. Die Ruinen zweier Burgen aus der Feudalzeit überragen die Oberstadt mit ihren alten Häusern. Im Bürgermeisteramt ist ein kleines archäologisches Museum eingerichtet.
Oltingue (10 km östl.): Mit einem interessanten 1973 gegründeten Bauernmuseum.

La Ferté-Bernard 10/D 3

Église-Notre-Dame-des-Marais: Die prachtvolle Kirche (15./16. Jh.) inmitten malerischer alter Häuser

Fère-en-Tardenois: Zu dem zerstörten Schloß de la Fère führt eine Brücke, die für den Konnetabel Anne de Montmorency gebaut wurde.

La Ferté-Saint-Aubin: Durch die Heide und Kiefernwälder verläuft die Straße „Route des étangs" in der schönen Landschaft der Sologne.

besitzt einen zugleich großartigen und harmonischen Renaissancechor. Die bildhauerische Ausstattung, vor allem bei den Gewölben der Apsis-Kapellen aus dem 16. Jahrhundert, ist ungewöhnlich schön. Die „Chapelle du Rosaire" zeigt sich als ein wahrer Kapellenschrein aus fein gemeißelten Steinen.
Château de Courtangis (7 km südöstl.): Das Schloß bei Courgenard, ein eleganter Herrensitz (Anfang des 16. Jh.), und eine Kirche mit Mauerbildern aus dem 16. Jh., welche die Folterungen in der Hölle zeigen, sind bemerkenswert.
Montmirail (7 km südöstl.): Von der ehemaligen Festungsanlage auf einem Hügel stehen noch ein Teil des Walles, ein befestigter Torbau und das Schloß aus dem 15. Jh. Im Innern der Kirche aus dem 12. bis 16. Jh. ist eine mit dramatischem Ausdruck gestaltete „Grablegung" (17. Jh.) zu sehen.

La Ferté-Milon 12/A 1

Die Ruinen eines Schlosses aus dem 13. Jh. beherrschen das Stadtbild. Sehenswert die Kirchen Notre-Dame (12. Jh., Renaissance) und Saint-Nicolas (15./16. Jh.) mit Kirchenfenstern, Darstellung der Apokalypse.
Racines Wohnhaus. Der Dichter Racine, der in dieser Stadt geboren wurde, verbrachte seine Kindheit im Haus Nr. 14, Rue de Reims.

La Ferté-Saint-Aubin 18/B 2

Die wichtigsten Bauwerke dieser Stadt im Herzen der Sologne sind die Kirche aus dem 12. bis 14. Jh. und ein imposantes Schloß, das im 17. Jh. errichtet und im 19. Jh. ausgebaut wurde. Es liegt, umgeben von Wassergräben, in einem Park.
Chaumont-sur-Tharonne (12,5 km südl.): Vom Ort führt eine kleine Straße zum Zoo von Montevran.
Nouan-le Fuzelier (23 km südöstl.): Von hier kann man über die

Figeac: Im Kapitelsaal der Kirche Saint-Sauveur findet man diese geschnitzten Holztafeln (17. Jh.) mit Darstellungen der Passion (Abendmahl).

schöne „Route des étangs" an mehreren kleinen Seen vorbei nach Saint-Viâtre mit einer interessanten Kirche aus dem 13. Jh. gelangen und dann über La Ferté-Beauharnais, Neung-sur-Beuvron, La Marolle und Yvoy-le-Marron nach Ligny-le-Ribault oder zurück nach Chaumont-sur-Tharonne fahren.

Figeac 36/B 1

Die alte Stadt ist reich an Häusern aus früheren Jahrhunderten. Im „Hôtel de la Monnaie" aus dem 13./14. Jahrhundert ist ein Heimatmuseum untergebracht.
Église Saint-Sauveur: Die Kirche mit romanischen und gotischen Bauteilen hat einen Kapitelsaal aus dem 14./15. Jahrhundert, der in eine Kapelle umgewandelt wurde.
Église Notre-Dame-du Puy: Die romanische Kirche wurde im 16./17. Jahrhundert erneuert.
Peyrusse-le-Roc (20 km südöstl.): Das mittelalterliche Dorf mit den Überresten einer Burg besteht teilweise nur noch aus Ruinen.
Maurs-la-Jolie (22 km nordöstl): In der Kirche aus dem 14. Jh. befindet sich ein Büstenreliquiar von Saint-Césaire aus Holz, mit Kupfer und vergoldetem Silber überzogen, das eine meisterliche Arbeit der Goldschmiedekunst des ausgehenden 12. Jahrhunderts ist.
Château d'Assier (16 km nordwestl.): Der herrliche Renaissancebau wurde im 18. Jh. beschädigt, so daß jetzt nur noch der westliche Flügel steht. Er ist mit Pfeilern versehen, deren Kapitele zu verschiedenen Architekturstilen gehören, und zeigt außerdem schmuckvoll gemeißelte Reliefarbeiten. – Prächtige Renaissancekirche.

Filitosa 45/D 3

Auf diesem Bergvorsprung wurde bereits im 2. Jahrtausend vor Chr. gesiedelt. Kultdenkmale zeugen davon. Mehrere Menhir-Statuen sind bei dem „Monument central" und bei einem auf dem Westgelände stehenden Monument zu besichtigen.
Village torréen: Reste dieser ersten Siedlung liegen innerhalb des Wehrmauer-Ringes.
Museum: Archäologisches Museum im „Hameau"-Weiler Filitosa.

Flaine 26/D 3

Der bedeutende Wintersportort in 1 650 m Höhe wurde in den Jahren 1968 bis 1970 nach den Plänen von Marcel Breuer ausgebaut. Besonders schön ist eine mehrfarbige Plastik von Vasarely plaziert.
Seilbahnen: Die Bahn zu den „Grandes-Platières" führt auf eine Höhe von 2 477 m, die zum „Tête-Pelouse" erreicht 2 350 m.

Flavigny-sur-Ozerain 19/C 2

Diese kleine, sehr malerische Stadt liegt herrlich auf einer Berghöhe, die durch drei Flußläufe von der übrigen Landschaft getrennt ist. Ein Wall umgibt den Ortskern, in dem zwei befestigte Tore (16. Jh.) und interessante alte Häuser an frühere Zeiten erinnern.
Eine Spezialität in dieser Stadt ist der Anis von Flavigny.
Église Saint-Genès: Die Kirche aus dem 13. und 15. Jh. besitzt zahlreiche Statuen aus dem 15./16. Jh., darunter einen sehr schönen „Engel der Verkündigung" aus dem 16. Jh. Das Chorgestühl (Ende des 15. Jahrhunderts) ist versehen mit Schnitzwerk, bei dem satirische und anekdotische Motive verwendet wurden.
Abbaye Saint-Pierre: Von der antiken Abtei sind nur die karolingischen Krypten erhalten. 1960 wurde eine sechseckige Kapelle aus dem 10. Jh., genannt „Notre-Dame-des-Pilliers", entdeckt.
Alise-Sainte-Reine* (4 km nördl.).

La Flèche 17/B 2

Das ehemalige Jesuitenkolleg „Le Prytanée", von Heinrich IV. gegründet, ist in einem imposanten Gebäude des 17. Jh. erhalten. Im Ehrenhof befindet sich die Chapelle Saint-Louis, eine originelle Kapelle im „Jesuitenstil".
Hôtel de Ville: Das Rathaus war im 15. Jh. Sitz der Karmelitermönche.
Chapelle Notre-Dame-des-Vertus: Die hinter dem Friedhof gelegene Kapelle hat ein romanisches Portal und im Innern prächtige Holzarbeiten aus dem 16. Jh.
Parc zoologique du Tertre Rouge (3,5 km südöstl.): Der Zoo und ein naturwissenschaftliches Museum sind täglich geöffnet.
Château de Gallerande (10 km östl.): Das Schloß (15. Jh.) mit vier runden Türmen und einem achteckigen Hauptturm kann nicht besichtigt werden.
Bazouges-sur-le-Loir (7 km westl.): Das Schloß (Anfang des 16. Jh.) wurde im 17. Jh. renoviert.

Filitosa: Eine Menhirstatue aus der Zeit der Megalith-Kultur; die menschliche Form ist erkennbar.

Flers-de-l'Orne 10/A 2

Zum Schloß, das von einem See und von Wassergräben umgeben ist, gehören ein Hauptgebäude aus dem 18. Jh. und ein von Türmen flankierter Flügeltrakt (Ende des 16. Jh.). In den Innenräumen sind das Bürgermeisteramt, eine Bibliothek und ein Museum untergebracht.
Mont de Cerisi (3 km westl.): Auf die Höhe führt ein von riesigen Rhododendronbüschen gesäumter Weg, der zum Wandern einlädt.

Florac 37/A 2

Die Ortschaft liegt sehr schön am Fuße des Felsberges „Causse Méjean". Oberhalb der Stadt stehen die Ruinen einer Burg mit zwei Türmen aus der Feudalzeit. Von Florac aus macht man Ausflüge in die Schluchten des Tarn („**Gorges du Tarn**"*) und in die Cevennen.

Montbrun und **Castelbouc:** Zwei malerische Dörfer am Fuße eines Bergkessels zwischen steilen Felswänden.

Parc national des Cévennes: Alle Straßen in südöstlicher Richtung durchqueren diesen an Fläche größten und am stärksten bewohnten Naturpark Frankreichs.

Sainte-Enimie* (25,5 km nordwestl.): Hierher gelangt man auf einer nordwestl. Route durch die „Gorges du Tarn" über Ispagnac (mit romanischer Kirche und Ruinen eines Benediktinerstifts), Molinès und Château de Rocheblave aus dem 15. Jahrhundert.

Foix 42/A 3

Auf einer Felskuppe erhebt sich die stadtbeherrschende Burg der Grafen von Foix mit ihren drei Türmen, darunter einem herrlichen, 42 m hohen Bergfried.

Musée de l'Ariège: Das Museum im Bergfried zeigt prähistorische Funde, romanische Kapitelle aus dem 12. Jahrhundert und heimatkundliche Dokumentationen.

Cathédrale Saint-Volusien: Die Kirche aus dem 14. Jh. mit romanischer Pforte ist von alten Häusern umgeben, von denen einige mit Holzverkleidungen versehen sind („Place du Mercadal-Dutilh").

Saint-Jean-de-Verges (5,5 km nördl.): Mit einer romanischen Kirche sowie malerischem Friedhof.

Labouiche (6 km nordwestl.): Der unterirdische Fluß (Rivière souterraine de Labouiche) kann mit Booten besucht werden. (Von Ostern bis Allerheiligen.) Zu sehen sind interessante Felsbildungen und Versteinerungen.

Col des Marrous (13 km westl.): Über Serres-sur-Arfet und Burret gelangt man auf einer sehr kurvenreichen Straße zu dieser Paßhöhe (960 m) und ins „Massif de l'Arize".

Tarascon-sur-Ariège* (16 km südl.): Mit Grotte de Niaux (Höhle).

Le Folgoët 8/B 2

Die Wallfahrt zu diesem Ort (7. und 8. September) ist in der ganzen Bretagne berühmt.

Église Notre-Dame-du-Folgoët: Die Kirche aus dem 15. Jh. hat zwei prächtige Türme und schön gemeißelte Portale (hervorragend der westliche Apostel-Portikus, 15. Jh.). Die Figuren aus Granit sind ergreifend gestaltet. Im Innern befindet sich ein spätgotischer Lettner aus Granit, der zu den bedeutendsten gotischen Bildhauerarbeiten in der Bretagne des 15. Jh. zählt.

Foix: Das Schloß mit den drei Türmen, darunter ein mächtiger Donjon und eine doppelte Mauer, fügt sich schön in die Berglandschaft ein.

Brignogan-Plage (13 km nördl.): In diesem großartigen Felsenmeer steht ein 8 m hoher Menhir, genannt „Men-Marz".

Goulven (11 km nordöstl.): Sehenswert sind die gotische Kirche, mit einem schönen Renaissance-Glockenturm, sowie die überdachte Allee von Créac'h-Gallic.

Fontainebleau
(Palais de) 11/D 3

Das Palais setzt sich aus einer Gruppe von Bauten aus dem 16. und 17. Jh. zusammen, die in der Stadtmitte liegen. (Dienstags keine Besichtigung.) Man betritt das Schloß durch den „Cour du Cheval-Blanc" oder „Cour des Adieux", wo Napoleon I. 1814 von der Kaiserlichen Garde Abschied nahm. In diesem Hof liegt die berühmte Hufeisen-Treppe („Fer-à-Cheval").

Die Innenräume: In der ersten Etage sind die Zimmer von Napoleon I., die besonders geschmackvoll eingerichteten Appartements von Marie Antoinette, die Galerie de Diane und die Königlichen Gemächer von Francois I., die von Louis XIV. in prunkvolle Empfangssalons umgewandelt wurden, sowie der herrliche, 30 m lange Ballsaal (unter Franz I. und Heinrich II. geschaffen). Von großer Pracht ist auch die Galerie von Franz I. mit ihren schmuckvollen Holztäfelungen, Skulpturen und Stukkaturen.

Rez-de-Chaussée: Im Erdgeschoß liegen kleinere Zimmer von Napoleon I., von Josefine und Marie-Louise. Im Palast gibt es auch chinesische Salons und das hübsche Theater von Napoleon III. zu sehen.

Park: Zu dessen schönen Anlagen gehören ein Englischer Garten, der Teich „Étang des Carpes" und die Weinlaube des Königs (1730).

Musée militaire: Das Museum zeigt Kunst und Geschichte des Militärwesens.

Avon (2 km östl.): Die eigenartige Kirche besitzt ein vorromanisches Schiff und ein Portal mit Holzvorbau aus dem 16. Jahrhundert.

Fontainebleau: Die großen Fenster des Ballsaales öffnen sich zum Garten, der unter Franz I. und unter Ludwig XIV. angelegt wurde.

Fontainebleau: Am Fuß der Hufeisen-Treppe im Schloßhof „Cour à Cheval" nahm Napoleon I. 1814 Abschied von der Kaiserlichen Garde.

Samois-sur-Seine (12 km nordöstl.): Von dem am linken Seine-Ufer gelegenen Ort kommt man mit der Fähre nach Hericy auf dem rechten Flußufer, wo eine Kirche aus dem 15./16. Jh. und ein Schloß aus dem 17. Jh. stehen. Hier kann man Wassersport treiben.
Moret-sur-Loing* (10 km südöstlich).
Barbizon* (8 km nordwestlich).

Fontaine-de-Vaucluse
Siehe L'Isle-sur-la-Sorgue
38/A 3

Fontaine-Henry
(Château de) 4/B 3
Das Schloß ist ein sehr schöner Renaissancebau. (Zu besichtigen zu wechselnden Öffnungszeiten.) Ein gewaltiges Schieferdach bedeckt den „Grand Pavillon" neben dem ein konisch geformtes, reich verziertes Türmchen steht. Im In-

Forêt de Fontainebleau 11/C 3; 11/D 3
Der Wald erstreckt sich über 25 000 ha, davon sind 17 000 ha Staatsforst. Beim Durchqueren ist das Halten und Abstellen des Wagens nur an den Kreuzungen, direkt am Rand der Forstwege und auf Parkplätzen gestattet. Markierte Ruhe-Zonen dürfen nur Wanderer oder Reiter durchstreifen. Außer den bezeichneten Wegen für Fußgänger, von denen einige schon im 19. Jh. angelegt wurden, gibt es zahlreiche Auto-Rundfahrtstrecken. Im Wald sind auch Anlagen für Kletter- und Bergsteigerschulen vorhanden. Die Route Ronde führt zu den interessantesten Plätzen im Staatsforst.
Hauptstrecken: 1. „Hauteurs de la Solle" und „Tour Dénecourt". In Fontainebleau fährt man über die Route Louis Philippe und die Route du Gros-Fouteau hinaus, dann geht nach rechts die Straße zu den Solle-Höhen (sehr kurvenreich und malerisch) und zur Kreuzung „Croix-d'Augas", dem höchsten Punkt des Waldes (144 m) und zur „Caverne d'Augas". Die „Route de la Reine Amélie" (am „Croix-du-Calvaire" schönes Panorama) führt nach Fontainebleau zurück; ein Abstecher über eine Straße nach links führt zum Turm Dénecourt, der auf einer Felsgruppe errichtet wurde. – 2. „Chaos" und „Gorges d'Apremont". Eine Waldstraße, die eine Fortsetzung der Grande Rue ist, führt zum Hochwald von „Le Bas-Bréau", von wo man nach **Barbizon*** oder zur Schlucht „Gorges d'Apremont" und weiter zum „Chaos" dem Felsenmeer von Apremont gelangt. – 3. Auf der „Route Ronde" kommt man zur Kreuzung „La Croix-de-Franchard", von dort über die „Route-de-Saint-Feuillet" zur Kreuzung bei der Eremitage. Die heute in Trümmern liegende Einsiedelei war einst ein Wallfahrtsort, später ein Versteck von Räubern. – 4. Sehr interessante Kletterpartien kann man in den Schluchten „Gorges de Franchard" unternehmen. Schöne Aussichten hat man in diesem Gebiet vor allem vom „Grand-Point-de-Vue" oder vom „Belvédère Marie-Thérèse". Die Wege sind alle gut bezeichnet und bieten immer wieder schöne landschaftliche Reize.

nern befinden sich schöne Salons im Stil Ludwig XIII. und Ludwig XIV., Keller aus dem 13. Jh. und eine riesige Küche mit drei Feuerstellen sind zu besichtigen. Die Kapelle aus dem 13. Jahrhundert wurde in der Renaissance umgebaut.

Fontenay
(Abbaye de) 19/C 2

Von den Zisterzienserabteien des 12. Jh. ist diese am besten erhalten. Man tritt durch einen Pförtnerbau ein. Um einen Garten liegen dann das Gästehaus, die alte Kapelle für Fremde und die Bäckerei der Mönche. Das Taubenhaus stammt aus dem Jahr 1652. Der Kirchbau aus der Mitte des 12. Jh., nüchtern und harmonisch, ist beispielhaft für den Baustil der Zisterzienser. Neben der Kirche stehen die Bauten mit dem Kapitelsaal, dem Sprechzimmer, ein wunderbarer romanischer Kreuzweg (darüber liegt der Schlafsaal der Mönche). Wärmehalle, Gefängnis, Krankenstube (17. Jh.) und das große Gebäude, in dem Werkstätten wie Schmiede und Mühle untergebracht waren, gehören zu den sehenswerten Anlagen. Die Besichtigung vermittelt einen guten Eindruck über das Leben der Mönche im Mittelalter.

Fontenay-le-Comte 23/A 2

Die Hauptstadt des „Unteren Poitou" ist im Grenzraum zwischen Vendée-Gehölzen und Poitou-Sumpfgelände an beiden Ufern des Vendée-Flusses entstanden. Die Altstadt hat zahlreiche Häuser aus dem 16. und 17. Jh., vor allem in den Straßen Rue du Pont-aux Chèvres, Rue Goupilleau und am „Place Belliard".
Église Notre-Dame: Die Kirche mit schönem Glockenturm aus dem 16. Jh. und einem spätgotischen Portal besitzt im Innern eine hübsche Renaissancekapelle.
Musée vendéen: Ein Heimatmuseum der Vendée-Region.
Château de Terre-Neuve (1 km westl.): Der elegante Herrensitz (16. Jh.) wurde im 19. Jh. renoviert. Er gehörte dem Dichter Rapin. In den Räumen sind Renaissancekamine, Holzschnitzereien des 16. Jh., die aus Chambord stammen, steinerne Kassettendecken und Mobiliar des 18. Jh. zu sehen.
Abbaye de Nieul-sur-Autise* (13 km östl.).

Fontevrault
(Abbaye de)

Die gegen Ende des 11. Jh. gegründete Abtei wird zur Zeit instandgesetzt. Von den ursprünglich vorhandenen fünf Klosterbauten gibt es noch drei. Zur Zeit sind „Saint-Benoît" und der „Grand-Moûtier" geöffnet. Dazu gehört die herrliche romanische Abteikirche aus der ersten Hälfte des 12. Jh., mit nur einem Schiff von 84 m Länge. Interessant sind die Bildkapitelle und die Grabstatuen von Heinrich II. von England († 1189), von seiner Frau Éléonore und ihrem Sohn Richard Löwenherz. Der große Kreuzgang und der Kapitelsaal wurden im 16. Jh. errichtet, aus dem auch die Spitzbögen im Gewölbe des romanischen Speisesaals stammen.
Abtei-Küchen: Zu den berühmten Küchenbauten gehört ein achteckiger Turm, 27 m hoch, mit schmuckvollen Chorkapellen.
Pfarrkirche Saint-Michel: Hier befinden sich mehrere Kunstwerke aus dem Kloster, darunter ein aus Holz gearbeiteter, mit Schnitzereien versehener Hauptaltar.

Fontfroide
(Abbaye de) 42/D 2

Die bedeutende Zisterzienserabtei, die in einem wildromantischen Tal liegt, hat eine romanische Kirche aus dem 12. Jh., die bewundernswert schlicht gebaut wurde. Interessant sind der herrliche Kreuzgang und der Kapitelsaal vom Anfang des 13. Jh. das Armarium (Bibliothek) und die Sakristei, dazu im Gebäude des 13. Jh. die Speise- und Schlafsäle der Gäste und Mönche.

Fontgombault
(Abbaye de) 23/D 2

Die Abteikirche ist ein überwältigendes romanisches Bauwerk aus dem 11./12. Jh. mit einer Länge von 82 m. Neben dem von Benediktinern betreuten Bau von großer Würde, in dem täglich Gregorianische Gesänge erklingen, stehen noch Klosterbauten mit einem Kreuzgang und einem Speisesaal aus dem 15. Jahrhundert.
Angles-sur-l'Anglin (5 km nordwestl.): Der in Form eines Amphitheaters oberhalb des Anglin erbaute Ort liegt unterhalb der Ruinen eines Schlosses (12. und 15. Jh.) in sehr reizvoller Landschaft.

Font-Romeu 43/B 3

Den Luft-Kurort für Sommer- und Winteraufenthalt findet man auf einer Höhe von 1 800 m, hoch über der französischen Cerdagne. Die Sporteinrichtungen des „Lycée climatique" sind von erstem Rang.
Ermitage de Font-Romeu: Zu dieser Einsiedelei in einem Wäldchen gehören Baulichkeiten des 18. Jh. und eine elegant ausgeschmückte Kapelle mit einer „Vierge miraculeuse" (Madonna) aus dem 13. Jahrhundert.

Fontevrault: *Der große Kreuzgang, aus Gotik und Renaissance, und die romanische Abteikirche mit kleinem Glockenturm wird von einem Wehrturm überragt.*

Fontfroide: *Mit einer schönen, strengen Klarheit, ein Beispiel für die Bauweise der Zisterzienser, erhebt sich die romanische Kirche unter der Sonne des Midi.*

Fougères: Victor Hugo und Balzac haben diese Stadt mit ihren mittelalterlichen Festungsanlagen gerühmt.

Superbolquère (2 km östl.): Der Luftkurort breitet sich mit seinen Villen und Chalets, im Wald verstreut, auf einer Höhe von 1 780 m aus.
Odeillo (1 km südl.): Die Kirche mit schönem romanischem Portal besitzt eine Madonna (12. Jh.). – Der 1969 in Betrieb gesetzte Sonnenofen ist nicht zu besichtigen.
Targasonne (4 km westl.): Hier liegt ein aus Granit bestehendes „Felsenmeer".
Angoustrine (8 km südwestl.): In dem malerischen Dorf steht eine romanische Kirche aus Granit (11./12. Jh.), in der Fresken aus dem 13. Jh. zu sehen sind.
Ur (16,5 km südwestl.): Die Kirche mit einer Apsis auf kleeblattförmigem Grundriß stammt aus dem 11. Jh. Bemerkenswert sind im Innern eine byzanthinische Christusfigur und eigenartige Taufbecken.

Forcalquier 38/B 3
Die wichtigsten Sehenswürdigkeiten dieser kleinen malerischen Stadt mit ihren reizvollen alten Ortsteilen sind die ehemalige Kathedrale Notre-Dame (romanisch, gotisch, im 17. Jh. umgebaut) und das Franziskanerkloster, dessen Räume zu besichtigen sind, sowie der Friedhof mit in eigenwilliger Weise gestutzten Buchsbäumen.
Château de Sauvan (6 km südl.): Dieses Schloß (Anf. 18. Jh.) zählt zu den hübschesten Residenzen der oberen Provence. Besichtigung: Ostern bis Allerheiligen.
Montagne de Lure (28 km nördl.): Über Saint-Étienne-les-Orgues führt die D 113 am „Refuge de Lure" (Berghütte) in 1 572 m Höhe vorbei zum „Signal de Lure" (1 827 m), dem höchsten Punkt dieses Gebirges.
Saint-Michel-l'Observatoire (11 km südwestl.): Observatorium.

Fos-sur-Mer 43/D 2
Die alte Ortschaft am Ende der Bucht „Golfe de Fos" besitzt noch Burgruinen aus dem 14. Jh. und eine romanische ländliche Kirche. Das 2 km südl. gelegene Fos-Plage ist ein gewaltiger Industriekomplex, eine der eindrucksvollsten technischen Anlagen in Europa. Man übersieht das Gelände am besten von der „Hauture" und vom Turm „Tour Vigie". Eine Fahrt durch das Industriegebiet macht man vom „Carrefour Valin" zum „Port de Conteneurs", wo sich ein Informationszentrum befindet.

Fouesnant 15/B 1
Der Ort liegt, umgeben von Obstgärten, in einer der grünsten Landschaften der Bretagne. Die romanische Kirche ist sehenswert.
La Forêt-Fouesnant (3 km nordöstl.): Auf dem Kirchengelände steht ein Kalvarienberg aus dem 16. Jh. Im Innern der Kirche sind zahlreiche Kunstwerke zu sehen.
In Port-de-la-Forêt: Großes Freizeitzentrum direkt am Wasser gelegen.
Cap Coz (2,5 km östl.): An der Bucht „Baie de la Forêt" dehnt sich diese sandige Landzunge aus.
Beg-Meil (5,5 km südl.): Das Dorf

Fréhel: Der stille, bezaubernde kleine Hafen des Guildo liegt in reizvoller Gegend am rechten Ufer des Arguenon.

für Vergnügen und Kultur „Renouveau" ist eine der originellsten Architekturschöpfungen unserer Zeit.
Benodet (8 km westl.): Der hübsch gelegene Ort ist mit seinem schönen Strand ein beliebter Platz für Erholung und Wassersport.

Fougères 9/D 3
Das Schloß aus dem 12. bis 15. Jh. ist mit seinen Verteidigungsanlagen (13 Türme und Reste der drei Wehrmauern) ein sehr gutes Beispiel feudaler Festungsarchitektur. Es wird von der Stadt überragt, die auf einem Bergvorsprung über dem Tal des Nançon erbaut wurde.
Musée de la Chaussure: Ein kleines Schuh-Museum befindet sich in einem der Schloßtürme. (Im Dezember und Januar geschlossen.)
Altstadt: Der „Place aux Arbres", an dem das Rathaus (Hôtel de ville) aus dem 14./16. Jh. und die Kirche Saint-Léonard (15./16. Jh.) stehen, sowie besonders das Altstadt-Viertel (Place du Marchix, Rue du Nançon, Rue des Tanneurs und die Rue de la Pinterie, die von der Oberstadt zum Schloß führt) lohnen eine Besichtigung.
Museum: Malerei aus der „Villeon".
Église Saint-Sulpice: Kirche mit Bauteilen aus dem 15., 16. und 18. Jahrhundert.
Porte Notre-Dame: Das Tor bildet einen Durchbruch zwischen zwei Türmen.
Forêt dominiale de Fougères (3 km nordöstl.): In dem 1 660 ha großen Staatsforst mit schönen Buchenwäldern liegen Steine der Megalithkultur, darunter 80 Quarzblöcke in einer eigenartigen Reihung, die „Cordon des Druides" genannt werden.
Pontmain (16 km nordöstl.): Die Basilika Notre-Dame ist eine Wallfahrtskirche.

Fougères
-sur-Bièvre 18/A 2
Die gotische Burg ist ein interessantes Zeugnis für den Festungsbau gegen Ende des 15. Jh. Die im Viereck angeordneten Gebäude umgeben den Innenhof, der eine überdachte Galerie hat. In der teilweise romanischen Kirche ist das geschnitzte Chorgestühl aus dem 16. Jahrhundert.
Pontlevoy (9,5 km südwestlich): In der alten Abtei sind der Chor aus dem 13. bis 15. Jh., das Chorgestühl und der Altaraufsatz aus dem 17. Jahrhundert sehenswert. Die Klosterbauten stammen aus dem 17. Jahrhundert.

Cap Fréhel 9/B 2
An diesem Kap erhebt sich die Steilküste aus rotem Sandstein (ein Pflanzenschutzgebiet) mehr als 70 m hoch über dem Meer. An der Ostseite, unterhalb der Küstenhöhe, steht ein gewaltiger Felsen in Form eines schiefen Turms („Grande Fauconnière"), auf dem die verschiedenen Arten von Meeresvögeln ihre Nistplätze haben.
Fort de la Latte (4 km südöstl): Der mächtige Bau aus rötlichem Gestein thront auf einem Felsenvorsprung. In der Mitte der mittelalterlichen Festungsmauern erhebt sich ein Wehrturm vom Ende des 12. Jh. Gegenüber befindet sich die Landzunge „Pointe de Saint-Cast".
Saint-Cast (21 km südöstl.): Der vielbesuchte Badeort hat einen der besten Strände der Bretagne. Besonders schön ist der Blick auf die Stadt und die Meeresbucht von der „Pointe de la Garde" aus. Von hier macht man Ausflüge zur Kirche Notre-Dame-du-Guildo und zu den Ruinen des Schlosses du Guildo (12 km südl.) sowie zu dem kuriosen Felsenmeer „Les pierres sonnantes": die Felsbrocken klingen, wenn man sie mit einem Stein ihrer Art anschlägt.

Fréjus 44/D 2
Die zur Römerzeit blühende Stadt besitzt noch zahlreiche Bauwerke aus früheren Jahrhunderten. Mitten im Ort liegt die „Cité épiscopale", die Bischofsstadt, ein einst befestigtes Viertel um die gotische Kathedrale Notre-Dame-et-Saint-Étienne (Anfang 8. Jahrhundert).
Cathédrale Saint-Leonce-et-Saint-Étienne: Die äußere Pforte aus dem 16. Jh. hat geschnitzte Renaissanceflügel. Im Innern ist der Altaraufsatz „Retable de Sainte-Marguerite" von J. Durandi (1450 gearbeitet) sehenswert. Das Baptisterium (5. Jh.) stellt ein sehr interessantes Werk frühchristlicher Baukunst dar. Über eine Treppe gelangt man zu einem kleinen Klostergang aus dem 12. Jahrhundert.
Cité romaine: Von der römischen Stadt zeugen noch, über die Stadt verteilt, mehrere Bauten: Reste des Theaters sowie des Aquäduktes, das Tor „Porte d'Orée", eine Mole am Hafen und die „Laterne des Augustus" („Lanterne d'Auguste") sowie die Überreste der Arena.
Quartier de la Tour de Mare (10 km nordöstl.): Auf der N 7, vorbei an einer reichverzierten, buddhistischen Pagode, gelangt man zu diesem neuen Stadtviertel, dessen Kapelle von Jean Cocteau dekoriert wurde.
Mosquée soudanaise (4 km nördl.): Sudanesische Moschee des Militärlagers von Caïs; in der Nähe liegt ein Zoologischer Garten.
Roquebrune-sur-Argens (11 km westl.): In diesem malerischen Dorf steht eine Kirche mit vier schönen Altaraufsätzen aus dem 15./16. Jh. Von der Kirche Notre-Dame-de-la-Roquette hat man einen herrlichen Blick auf das rote Sandstein-Gebirge „Rochers de Roquebrune".
Saint-Raphaël* (3 km östlich).

Fresnay-sur-Sarthe 10/B 3
Bemerkenswert sind die Kirche Notre-Dame aus dem 12. Jahrhundert und die Stadtgärten auf den alten Wällen.

Fréjus: Vom höchsten Punkt der Roquebrune-Berge schweift der Blick über eine Landschaft, die vom Mittelmeer bis zu den Alpen reicht.

Im Zoo von Fréjus kann man mehr als 300 Vogelarten betrachten.

G

Galliac 36/B 3
Im Ort stehen zwei interessante Kirchen: „Saint-Pierre", erbaut im Stil südfranzösischer Gotik, und „Saint-Michel", eine Abteikirche der Benediktiner (10. Jh.). Erwähnenswert sind die zahlreichen alten Häuser mit Arkaden und der Brunnen „Fontaine du Griffoul" aus dem 17. Jh. (Place Thiers).
Musée d'Histoire et de Folklore: Das Heimatmuseum ist im „Hôtel Pierre de Brens", einem Bau vom Anfang des 15. Jh., eingerichtet.
Château de Saint-Géry (12 km südlich): Über Lisle-sur-Tarn kommt man zu diesem schönen Wohnsitz im klassischen Stil des 18. Jahrhunderts, der oberhalb des Tarn liegt. Bemerkenswert ist die Einrichtung der Wohnräume, unter ihnen ein originell ausgestattetes Speisezimmer.
Cahuzac (11 km nördl.): Von diesem Ort fährt man über Andillac zum „Château du Cayla", einem ländlichen Herrensitz, auf dem Eugénie und Maurice de Guérin (Schriftsteller des 19. Jahrhunderts) lebten. Ein kleines Museum erinnert noch heute an sie.
Cadalen (10 km südöstl.): Hier steht eine schöne Kirche aus dem 12./13. Jahrhundert.

Gallardon 11/B 2
Die sehenswerte Kirche, im 12., 13. und 15. Jh. erbaut, hat hölzerne Gewölbe, die im 18. Jh. bemalt wurden. Als „Épaule de Gallardon" (Schulter) wird ein bizarr aussehender Rest des Wehrturms aus dem 12. Jh. bezeichnet. Eine Besichtigung lohnen, ein Holzhaus, dessen Balkenwerk mit Schnitzereien verziert ist, in der Rue Porte-Mouton und der Bau „Le Petit-Louvre" (16. Jahrhundert) in der Rue Notre-Dame.
Château d'Esclimont (5,5 km östl.): Das Schloß aus der Mitte des 16. Jahrhunderts ist von einem anmutigen Park umgeben.

Ganagobie (Prieuré de) 38/B 3
Die Bauten dieser im Jahr 980 gegründeten Priorei liegen herrlich auf einem Plateau, das sich 600 m oberhalb der Durance befindet. Heute wohnen hier Benediktiner.
Église: Die Kirche im romanischen Stil der Provence (12. Jh.) besitzt ein sehr schönes, eigenartig gestaltetes Portal, in dessen Giebelfeld Löwen und Greifen, archaisch gemeißelt, dargestellt sind. Im Innern wird z. Z. ein Mosaik aus dem 10. Jahrhundert restauriert.

Gannat 25/A 3
Église Sainte-Croix: Kirche mit romanischen und gotischen Bauteilen, sehenswerte Bildkapitale.
Musée des Trésors des portes occitanes: Das im Schloß (12.-14. Jh.) befindliche Museum zeigt heimatkundliche Sammlungen der Region des Languedoc und ein wundervolles Gesangbuch aus dem 9. Jh. mit kostbarem Einband aus dem 12. Jh. (zu besichtigen in der Saison).
Charroux (15 km nördl.): Über Jenzat mit seiner Kirche aus dem 11. Jh. gelangt man in dieses malerische Dorf, in dem noch Reste der Befestigungsanlagen, darunter ein Tor und ein Wehrturm aus dem 15. Jh., sowie eine romanische Kirche aus dem 12. Jh. vorhanden sind.
Chantelle (17 km nördl.): Abtei „Saint-Vincent" mit einer Kirche aus dem 12. Jahrhundert.

Gap 38/C 1
Die Kathedrale im neugotischen Stil des 19. Jh. überragt die Stadt.

Musée: Im Museum sind das herrliche Mausoleum für den Konnetabel De Lesdiguières aus dem 17. Jahrhundert und heimatkundliche Dokumentationen zu sehen.
Orcières (35,5 km nordöstl.): Von diesem Ort, den man über Saint-Bonnet-en-Champsaur erreicht, geht es hinauf zum Sommerkurort und Wintersportplatz Orcières-Merlette, der in 1 850 bis 2 650 m Höhe liegt.
La Bâtie-Neuve (19 km südöstl.): Der Ort ist Ausgangspunkt für Pilger, die zur Kirche Notre-Dame-du-Laus wallfahren.

Garabit (Viadukt) 31/A 3
Der 95 m hoch über die Truyère führende Viadukt wurde 1882/1884 von Gustave Eiffel erbaut.
Barrage de Grandval (8 km südwestl.): Vom Stausee an der Truyère kann man zum „Belvédère de Mallet" zwischen Faverolles und Fridefont, einem Platz mit herrlicher Aussicht, gelangen, und von dort zum „Château d'Alleuze".

Gaillac: *Die Stadt, die wegen ihrer Weine berühmt ist, strebt mit ihren alten Häusern und Kirchen an den steilen Hängen des Tarn empor.*

Garabit: *Über der Schlucht der Truyère zieht sich der 564 m lange Viadukt, ein Meisterwerk von Gustave Eiffel, kühn und leicht über den Fluß.*

La Garde-Adhémar 37/D 2
In der alten, teilweise zerfallenen Ortschaft stehen noch Reste von Schloßbauten und eine romanische Kirche mit zwei einander gegenüberliegenden Apsiden.

Gargilesse-Dampierre 24/B 2
Das malerische Dorf, in dem George Sand gelebt hat, lieferte der Schriftstellerin die Umwelt für mehrere Romane. In ihrem ländlichen Haus, dessen früherer Zustand wiederhergerichtet wurde, besteht ein kleines Museum.
Église: Die romanische Kirche aus dem 11./12. Jh. innerhalb der Ruinen eines Schlosses aus der Feudalzeit hat in der Krypta Fresken aus dem 11./15. Jahrhundert.
Barrage d'Éguzon (7,5 km südl.): Auf dem Creuse-Stausee kann man im Sommer bootfahren. In der Nähe befinden sich malerische Dörfer wie Éguzon (mit den Ruinen eines Feudalschlosses) und Crozant am Fuß eines Berges (mit den Ruinen einer Burg aus dem 12./13. Jahrhundert).

Gavarnie 41/B 3
Siehe **Luz-Saint-Sauveur***

Gençay 23/C 2
Über der Ortschaft, die wunderschön am Treffpunkt zweier Flüsse liegt, stehen die mächtigen Ruinen einer Burg aus dem 13./15. Jh.
Saint-Maurice-la-Clouère (1 km östl.): Im Ort am rechten Ufer der Clouère gibt es eine interessante Kirche im romanischen Stil des Poitou, die mit Wandmalereien aus dem 14. Jh. dekoriert ist.
Château de la Roche-Gençay (1 km südl.): Im Schloß (16. und 18. Jh.) befindet sich ein Museum des Ordens der Malteserritter.

Gérardmer 20/D 1
Die Stadt liegt in einer grünen Landschaft, deren Hänge mit Tannen bewaldet sind, am östlichen Ende des Sees von Gérardmer, dem größten See der Vogesen (115 ha). Die nach dem Krieg von 1939/1945 wiederaufgebaute Stadt ist ein guter Ausgangsplatz für Ausflüge (auch für Wintersportler); man fährt bis zur 15 km östl. gelegenen „Station de la Schlucht".
Seerundfahrt: Mit dem Wagen ist der See auf der N 417 zu umfahren. Eine Bootsfahrt von der „Esplanade" dauert 20 Minuten. Man kann den See auch zu Fuß umwandern.
Défilé de Straiture (9 km nordöstl.): Über den 810 m hohen „Col du Surceneux" gelangt man zu dieser Klamm zwischen schön bewaldeten Abhängen.
Colmar* (52 km östlich): Die Stadt erreicht man, vorbei an den verträumten Seen von Longemer und Retournemer und über den Paß „Col de la Schlucht" (1 159 m).

Gorges du Gardon 37/C 3
Von Dions nach Collias fließt der Gardon über eine Strecke von 22 km zwischen steilen Felswänden dahin, in denen es zahlreiche, zum Teil mit Spuren prähistorischer Wohnplätze versehene Höhlen gibt. In Dions lohnen eine Besichtigung des Schlosses („Château de Buissières") mit herrlichen Buchsbäumen und der „Spélunque de Dions", auch „Aven des Espéluques" genannt; das ist ein ovaler Abgrund mit einem Umfang von 400 m und einer Tiefe von 70 m. Führungen durch Grotten und ein Besuch der Reste einer frühgeschichtlichen Siedlung („Oppidum de Marbacum") gehören zum Touristenprogramm. In der Gegend von Collias gibt es viele interessante Höhlen, so die „Grotte Bayol", wo nach Hinweisen auf eine prähistorische Kultstätte geforscht wird und Felsmalereien von Tieren die Höhle schmücken.

Île de Gavrinis 16/A 2
Zu dieser Insel fährt man (1 km) mit dem Schiff von Larmor-Baden aus. (Siehe **Vannes*** und **Morbihan***, Golf.) Sein berühmtes Hünengrab von 8 m Höhe und 100 m Umfang besteht aus Steinen, die auf einer Bodenerhebung aufgehäuft wurden. Das Bauwerk gilt als das undeutbarste Monument aus der Zeit der Megalithkultur. Der Gang, der zur Grabkammer führt, ist mit Spiralmustern und mit anderen Zeichen geschmückt, die in konzentrischen Kreisen eingemeißelt wurden. Die Anlage wird auf die Zeit 2 000 vor Chr. datiert. Auf dem Eiland „Er Lannic" stehen zwei Großstein-Anlagen in Form einer Acht.

Mont Gerbier-de-Jonc 37/C 1
Am Fuß eines kurios gebildeten Felsens, der die Form eines Zuckerhutes hat, entspringt die Loire. Auf einem kleinen Pfad kann man in 45 Minuten zum Gipfel des Berges emporsteigen. Von der Höhe hat man einen herrlichen Fernblick.

Gérardmer: Der größte See der Vogesen (2,3 km lang, 750 m breit, mit einem Umgang von 6 km) liegt herrlich inmitten einer Berglandschaft.

Vom „Col de la Schlucht" führt die reizvolle Höhenstraße **„Route des Crêtes"*** weiter.

Germigny-des-Prés 18/C 1
Die berühmte karolingische Kirche, erbaut 806, mit einem Schiff aus dem 11. Jh., wurde im 19. Jh. stark restauriert. Im Innern ist von dem Apsis-Mosaik aus dem 9. Jahrhundert nur noch ein Fragment zu sehen: eine Darstellung der von vier Engeln umgebenen Bundeslade, aus 130 000 kleinen Steinen zusammengesetzt.
Châteauneuf-sur-Loire (4 km nordwestl.): Im Bürgermeisteramt (Mairie) bei den Restbauten des

Germigny: Die Kirche von karolingischem Ursprung wurde zwar umgebaut, blieb aber einer der ehrwürdigsten Sakralbauten Frankreichs.

Schlosses aus dem 17. Jahrhundert befindet sich ein Museum der Loireschiffahrt.
Église: In der Kirche (12., 13. und 16. Jahrhundert) steht das in theatralischem Barockstil ausgeführte Grabmal für Louis Phélypeaux de la Vrillière († 1681).
Jargeau (10 km nordwestl.): Im Zentrum des Ortes, der mit einem hübschen Strand am linken Loireufer liegt, steht die ehemalige Stiftskirche zwischen den Plätzen des „Grand-Cloître" und des „Petit-Cloître". Sie hat ein karolingisches Schiff, das im 12. Jh. erneuert wurde und einen gotischen Chor aus dem 16. Jahrhundert.
Volksfest: Am 18./19. Oktober findet hier ein pittoresker „Foire aux chats" (Jahrmarkt) statt.

Gex 26/C2
Der Ferienort, zugleich ein Zentrum für Ausflüge, ist seit 150 Jahren Freihandelszone.
Col de la Faucille (11,5 km nördl.): Siehe **Bellegarde*** und **Morez***.
Ferney-Voltaire (9 km südöstl.): Das Schloß, in dem Voltaire von 1760 bis 1778 lebte, enthält noch zahlreiche Erinnerungen an den Dichter-Philosophen.

Gien 18/D2
Im Schloß vom Ende des 15. Jahrhunderts besteht ein Internationales Jagdmuseum mit sehenswerten Jagdtrophäen. Der große Saal hat eine herrliche Holzdecke.
Château de la Bussière* (10 km nordöstlich).

Gimel 30/B2
Die Kirche besitzt einen kostbaren Kirchenschatz, der im Sommer ausgestellt wird. Zu ihm gehören vor allem der prachtvolle Reliquienkasten des Heiligen Étienne vom Ende des 12. Jh., verziert mit Email-Arbeiten des Limousin, sowie das Büstenreliquiar des Heiligen Dumine (vergoldetes Silber, 14. Jahrhundert).
Wasserfälle (1 km westl.): In der Umgebung liegen die berühmten Wasserfälle (Cascades) „Le Grand Saut" (Fallhöhe 45 m) sowie „La Redole" und „La Queue de Cheval", die aus 60 m Höhe in einen Abgrund stürzen.
Étang de Ruffaud (1,5 km nordöstl.): Ein großer Teich in einem Gehölz; mit Bademöglichkeit.

Gisors 5/B3
Das wehrhafte Schloß, dessen imposante Ruinen auf einem Gelände von 3 ha stehen, ist ein bemerkenswertes Beispiel der Festungsarchitektur des 11./12. Jh. Es sind noch der große Wehrturm und die von Türmen flankierte Wallmauer vorhanden. Der innere Burgbereich wurde in eine öffentliche Grünanlage umgewandelt.
Église Saint-Gervais et Saint-Protais: Die Kirche mit Bauteilen des 13. und 16. Jh. hat eine wundervolle, von zwei Türmen eingefaßte Renaissancefassade. Das Nordportal an der linken Seite ist spätgotisch. Im Innenraum mischen sich Elemente der Spätgotik und der Renaissance. Der Chor stammt aus der Mitte des 13. Jh.
Trie-Château (4 km östlich): Se-

Gien: Blickt man vom linken Ufer der Loire auf die Stadt, so sieht man über den Häusern das Schloß und die Kirche Sainte-Jeanne-d'Arc mit dem Turm aus der Zeit von Anne de Beaujeu.

henswert sind hier die Kirche (12., 13. und 16. Jh.) mit einer eleganten romanischen Fassade, das Rathaus (Hôtel de ville) im ehemaligen Gerichtsgebäude (mit romanischen Fenstern) und das Schloß aus dem 17. Jahrhundert. (Kein Eintritt.)

Givet 6/D 1
Über der Grenzstadt ragt das Fort de Charlemont (16. Jh.) empor. In Grand-Givet, dem Ortsteil auf dem linken Maas-Ufer, steht eine von Festungsbaumeister Vauban geschaffene Kirche mit einem herrlichen, eigentümlichen Glockenturm, der die Begeisterung von Victor Hugo erregt hat. Im Stadtteil ,,Petit-Givet" lohnen die Kirche Notre-Dame (Beginn des 18. Jahrhunderts, im Innern schön bearbeitetes Holzwerk) und der Turm ,,Tour Grégoire" (11. Jahrhundert) einen Besuch.
Grotte de Nichet (3 km südöstl.): Höhle, im Sommer zu besuchen.
Chooz (7 km südl.): Hier ist die ,,Centrale nucléaire franco-belge" (Französisch-belgisches Kernkraftwerk); die Anlage kann nach Anmeldung von Gruppen besucht werden.

Gordes 38/A 3
Der malerische Ort strebt mit seinen Häusern an einem Berg empor, auf dessen Höhe die Kirche und das halb der Gotik, halb der Renaissance zugehörige Schloß die Häuser überragen.
Musée Vasarely: Im Schloß besteht seit 1970 das Vasarely-Museum. Es führt mit 1 500 Werken die Entwicklung des Malers vor, der

Gisors: *Das stolze Schloß und sein achteckiger Hauptturm mit schlankem Treppenturm erinnern an die kriegerische Vergangenheit der Stadt.*

zu den wichtigsten Vertretern der kinetischen Kunst gehört.

Gorze 13/B 1
Das bedeutendste Bauwerk des alten Städtchens ist die Kirche, einst Abteikirche. Der Außenbau ist romanisch, das Schiff gotisch (12. bis 13. Jh.). Im Giebelfeld der kleinen Pforte neben dem nördlichen Querschiff sieht man eine eigenartige Darstellung des Jüngsten Gerichts (Ende des 12. Jh.). Im Chor gibt es schöne Holzarbeiten des 18. Jh. Der barocke Wohnbau der Abtei stammt aus dem 17. Jh.

Goulaine
(Château de) 16/C 3
Der schön konstruierte und elegant ausgeführte Bau wurde gegen Ende des 15. Jh. und in der Renaissance erbaut. Die Innenräume (17. Jh.) sind hervorragend eingerichtet. – Malerisch zeigen sich die Sümpfe von Goulaine (1 600 ha).

Gourdon 36/A 1
Alt-Gourdon liegt auf einem runden Hügel, umschlossen von einer kreisförmigen Stadtpromenade (Reste der alten Wälle). Die Häuser werden überragt von der Kirche Saint-Pierre (14./15. Jh.). Im Innenraum birgt sie schönes hölzernes Schmuckwerk (17. Jh.) und Fenster aus dem 14. Jh. Die interessantesten alten Wohnbauten stehen in der Rue de l'Hôtel-de-Ville und Rue Bertrand-de-Gourdon.

Gordes: *Die alte provenzalische Stadt klammert sich mit ihren Häusern an den Hang eines steilen Hügels. Auf ihm stehen die Kirche und ein Renaissanceschloß, erbaut auf den Mauern einer Burg des 13./14. Jh.*

Grand

Grottes de Cougnac (2 km nordwestl.): In den Höhlen sind bemerkenswerte Versteinerungen sowie schwarze und rote prähistorische Malereien zu sehen.

Grand 13/A 3
Von der römischen Stadt Granum sind außer den Überresten eines Amphitheaters (20 000 Plätze) noch Teile des Apollon-Tempels, einer Basilika und der Wehrmauer erhalten. In der Kirche (15. Jh.) befindet sich ein Reliquienkasten des Heiligen Libaire und auf dem Friedhof eine Kapelle dieses Heiligen aus dem 15. Jahrhundert.

Musée: Das Museum zeigt die bei den Ausgrabungen gefundenen Gegenstände und ein herrliches Mosaik, 194 Quadratmeter groß, mit der Darstellung eines Hirten, der von Tieren umgeben ist.

Le Grand-Bornand 32/C 1
Der Sommer- und Winterkurort liegt auf einer Höhe von 950 m, inmitten von Wiesen und Waldungen.

Chinaillon: Ein typisches Savoyer Dorf mit einem Skizentrum.

Le Reposoir (18 km nordöstl.): Von der im 12. Jh. gegründeten Klosteranlage (Karmeliterkloster) kann man den Klosterbau des 17. Jahrhunderts besichtigen.

Grand-Brassac 29/C 2
Die eigenartige Wehrkirche mit drei Kuppeln vom Anfang des 13. Jh. zeigt oberhalb des Nordportals ein bemerkenswertes Relief mit der Darstellung Christi, der Jungfrau Maria und einiger Heiliger.

Grande-Chartreuse (Monastère de la) 32/B 2
Mitten in einem der berühmtesten Waldgebirge Frankreichs verbirgt sich die 1084 gegründete Klosteranlage des Heiligen Bruno. (Kein Eintritt) Die Zufahrtstraße darf von Autos benutzt werden. Parken kann man vor dem Museum („Musée de la Correrie"), das über den Karthäuserorden und das Leben der Mönche informiert.

Saint-Pierre-de-Chartreuse (5,5 km südöstl.): Zu diesem Ort gelangt man über Chambéry, Col du Granier und Saint-Pierre-d'Entremont; eine sehr interessante Strecke. Den Ort kann man auch von Grenoble aus besuchen: über Fort Saint-Eynard, le Sappey-en-Chartreuse und den Paß Col de Porte.

Saint-Laurent-du-Pont (9,5 km nordwestl.): Ein Ausflug in diesen Ort führt über Grenoble nach Saint-Égrève, Proveysieux, und ins Tal des Ténaison, weiter über den Paß „Col de la Charmette" und eine Straße, die streckenweise in den Felsen gehauen ist, hinab in die Senke der „Petite-Vache", von wo man Saint-Laurent nach einer schönen Fahrt erreicht.

La Grande-Motte 43/B 1
Der bedeutendste Wohnkomplex für Urlauber und Touristen im neuen Freizeitraum des Languedoc-Roussillon besteht aus Gruppen von Pyramiden-Hochhäusern, Hotels, Villen, Feriendörfern, Zelt- und Campingplätzen für Wohnwagen. Der Sporthafen hat eine Gesamtfläche von 21 Hektar.

Étangs du Ponant et de Mauguio (10 km westl.): Zwei sehr beliebte und vielbesuchte Seen.

Grand-Pressigny (Château du) 23/D 1
Über der Ortschaft am Hang des Claise-Tals stehen die Ruinen einer Burg, darunter ein 35 m hoher viereckiger Wachtturm aus dem 12. Jh. und eine Wehrmauer aus dem 14. Jh. Im Herrschaftshaus, einem Renaissancebau, ist ein prähistorisches Museum untergebracht.

Musée: Das Museum im Schloß zeigt eine Sammlung geschliffener Feuersteinwerkzeuge, die zu den bedeutendsten der Welt zählt.

Château de la Guerche (7 km südwestl.): Das Schloß, flankiert von Türmen mit Pechnasen, stammt aus dem 15. Jh. Es hat zwei Kelleretagen und unterirdische Speicher sowie Kasematten.

Route des Grands Cols
Siehe **Saint-Michel-de-Maurienne***, **Bourg-d'Oisans*** und **Lautaret***.

Granville 9/C 1
Die obere Stadt liegt, umgeben von Wällen vom Anfang des 18. Jh., auf einem felsigen, steilen Gebirgsvorsprung, der sich beherrschend über dem Meer erhebt. Die alten Straßen und Gassen säumen viele aus Granit erbaute Häuser aus dem 18. Jh. Bei einem Spaziergang über die Stadtwälle genießt man immer wieder herrliche Fernsichten.

Église Notre-Dame: Die Kirche aus Granit wurde im 15., 16. und 17. Jahrhundert gebaut.

Porte des Monts: Das Tor stammt aus dem Jahr 1715.

Musée du Vieux-Granville: Das Heimatmuseum ist im Haus „Logis du Roi" eingerichtet, das sich an das Tor „Grande-Porte" lehnt.

Aquarium marin: Im Ort, von dessen Westspitze man den schönsten Rundblick hat, befindet sich auch ein Aquarium mit Meeresfischen.

Gramat (Causse de) 36/A 1 – 36/B 1
Die weite Hochebene auf Kalksteinboden ist die bedeutendste in den Causse-Bergen des „Quercy"-Gebiets zwischen dem Tal der Dordogne (im Norden) und dem Tal des Lot (im Süden). Sie wird durchzogen von zwei prachtvollen, tiefen Schluchten (Canyons): im Nordabschnitt vom „Canyon de l'Ouysse et de l'Alzou" und im Süden vom „Canyon du Célé". Zwischen diesen breiten, malerischen Einschnitten erstreckt sich die „Braunhie", eine von Höhlen und abgrundtiefen Schluchten durchsetzte Berglandschaft. Besonders interessant sind die Grotten „De Bède", „Des Besaces", „Des Vitarelles", die „Grotte Peureuse" und der Abgrund von Crousate. In Gramat besteht eine Schule für Hundedressur der Polizei (École de dressage de chiens de la Gendarmerie Nationale). Im Sommer, Di. Vorführungen. – Siehe auch unter **Labastide-Murat***, **Rocamadour***, **Souillac*** und **Cahors***.

La Grande-Chartreuse: *Das Kloster, eine Stätte der Stille und des Gebets, liegt mit seinen weitläufigen, schiefergedeckten Bauten in einer einsamen und reizvollen Gebirgslandschaft von ernster Schönheit.*

Donville-les-Bains (3 km nordöstl.): Mit weitem Sandstrand.
Château de Chanteloup (10 km nord-nordöstl.): Das bei Bréhal liegende Schloß im Renaissancestil wurde innerhalb der Festungsmauern einer alten Burg, auf einem Gelände innerhalb eines Teichsees erbaut. (Keine Besichtigung)
Carolles-Plage (11 km südl.): Die Steilküste der Landzunge ragt 74 m hoch über dem Meer empor.
Abbaye de la Lucerne (12 km südöstl.): Von der im 12. Jh. gegründeten Abtei stehen noch die Ruinen der Abteikirche aus dem 12. Jh., sowie ein Kreuzgang und Gebäude aus dem 18. Jahrhundert.

Grasse 45/A 1

Die alte Stadt mit engen krummen Straßen, zwischen denen Treppenaufgänge verlaufen, hat sich seit dem 18. Jh. im Aussehen wenig verändert. Auf einem von Arkadenhäusern des 18. Jh. umgebenen Platz („Place aux Aires") findet ein bunter, lebendiger Markt statt.

Cathédrale Notre-Dame: Die im gotischen Stil der Provence erbaute Kirche (Anfang 13. Jh.) besitzt mehrere bedeutende Bildwerke: das Altarbild des Heiligen Honorat aus der Schule von Nizza (15. Jh.), das Gemälde „Die Fußwaschung" von Fragonard (eines der seltenen religiösen Werke des Malers) und zwei Bilder von Rubens.
Villa Fragonard: Zu sehen sind hier Werke des Malers Fragonard und von Künstlern aus Grasse.
Hôtel de Cabris: Das Museum

La Grande-Motte: *Die eigenwillig konstruierten Pyramidenbauten, deren Spiegelbilder sich mit denen der Boote im Wasser mischen, gehören zum neuen Touristenzentrum des Languedoc.*

zeigt Kunst und Geschichte der Provence (Archäologie, Heimatkunde usw.).
Usines de parfums: Die Parfümfabriken können besichtigt werden.
Grottes de Saint-Cézaire (18 km westl.): Über Cabris gelangt man zu diesen Höhlen, in denen sich die zahlreichen Versteinerungen von der rötlichen Farbe der Felswände wirkungsvoll abheben.
Gourdon (14 km nordöstl.): In dem Dorf, hoch wie ein Adlerhorst über dem Loup, befindet sich eine Burg aus dem 12. – 14. Jh. mit einem Museum (Bestände mittelalterlicher Kunst). Von hier wandert man zur Schlucht des Loup.
Mougins (9 km südöstl.): Das hübsche provenzalische Dorf liegt, vom Gemäuer früherer Wehranlagen umgeben, auf der Spitze eines isoliert stehenden Hügels.

Gravelines 1/C 2
Ein ehemals befestigter Ort mit Wallmauern aus dem 16. und 17. Jahrhundert.
Église Saint-Willibrod: Die spätgotische Kirche mit einem Renaissanceportal ist im Innern mit schön gearbeiteten Täfelungen, Beichtstühlen und einem Orgelgehäuse (17. Jh.) ausgestattet.
Petit-Fort-Philippe (2 km nordwestl.): Der Fischerort an der Mündung der Aa, von dem man schöne Aussichten auf den Kanal und auf „Grand-Fort-Philippe" hat, ist wegen der großen Endivien-Pflanzungen seines Hinterlandes bekannt.

Grenoble 32/B 3
Die Hauptstadt der Dauphiné hat sich seit 1945 stark verändert; besonders durch die Austragung der Olympischen Spiele 1968 in dieser Stadt. Den besten Blick auf den Ort und die Umgebung gewinnt man, wenn man mit der Seilbahn zum „Fort de la Bastille" hinauffährt. Abwärts geht man zu Fuß durch den Park „Guy-Pape" und die Anlagen des „Jardin des Dauphins". Im Parc Paul-Mistral steht der 86 m hohe Aussichtsturm aus Stahlbeton; interessante Neubauten sind noch das „Maison de la Culture" mit Wandteppichen von Le Corbusier und Skulpturen von Marta Pan und Lardera im Innern (1968) sowie das Rathaus von 1967 mit Wandteppichen von Manessier und Ubac, Skulpturen von Hadju.
Cathédrale Notre-Dame: In der Kirche aus dem 12./13. Jahrhundert befindet sich links vom Eingang die „Chapelle des Sept-Douleurs", eine weiträumige Kapelle mit Spitzbögen und Malereien im Innenraum.
Église Saint-André: In dieser Kirche aus dem 13. Jahrhundert steht das Mausoleum des Ritters Bayard, errichtet um 1625.
Altstadt: Sie erstreckt sich zwischen der Kirche Saint-André, „Place de l'Étoile" und „Place Notre-Dame". Das Haus Nr. 14, Rue Jean Jacques Rousseau, ist das Geburtshaus des Romanschriftstellers Stendhal.
Palais de Justice: Die ältesten Teile des Gerichtsgebäudes wurden im 15. Jh. erbaut. Alle Innenräume sind mit prachtvollen Holzschnitzerarbeiten ausgestattet.
Quartier Saint-Laurent: In diesem Stadtteil, mit vielen alten Häusern auf dem rechten Ufer der Isère, steht die Kirche Saint-Laurent aus dem 11. Jh. Die Krypta (Ende 6. Jh.) ist eines der ältesten christlichen Bauwerke in Frankreich.
Musée des Beaux-Arts: Eines der an moderner Kunst reichsten Museen Frankreichs mit Werken von: Matisse, Rouault, Vuillard, Marquet, Bonnard, Picasso, Braque, Delaunay, Mirò, Magnelli, Max Ernst, Soutine, Hartung, Soulages, Poliakoff, Dubuffet u. a. Ebenso bemerkenswert sind die Säle mit alter Malerei: von Zurbaran, Veronese, P. Brueghel, Guardi, Canaletto, Rubens, Delacroix, Courbet. Bedeutend ist die Sammlung mit Zeichnungen aus dem 19./20. Jahrhundert. (Besichtigung jeden Nachmittag, Di ⊠).
Musée Stendhal: Das Museum zeigt Dokumentationen zum Leben und Werk des Dichters.
Musée d'histoire naturelle: Das Naturkundemuseum bietet schöne Beispiele der Alpenfauna und eine Vogelsammlung.
Palais des Sports: Der Sportpalast verfügt über 12 000 Plätze. Die Rennbahn wurde vom Maler Vasarely geschmückt.
Moderne Plastiken: Grenoble ist die einzige Stadt Frankreichs, die Monumentalwerke zeitgenössischer Bildhauer auf Straßen und Plätzen aufstellte, so unter anderem vor dem Bahnhof ein „Stabile" von Calder.
Villard-de-Lans (30 km südwestl.): Über Sassenage (mit Höh-

Grasse: Das Aussehen der alten Stadt, die durch ihre Parfums und ihre Blumen bekannt ist, hat sich seit dem 18. Jh. nicht viel geändert.

len, Wasserfällen) erreicht man diesen Ort im malerischen Gebiet von „Le Vercors".
Bourg-d'Oisans* (49 km südöstl.).

Gréville-Hague 3/C 2
Église: Die ländliche Kirche aus dem 12. bis 16. Jh. ist oft von Millet – geboren im Ort Gruchy – gemalt worden. In ihr steht eine schöne gotische Madonna (Ende 13. Jahrhundert).
Omonville-la-Rogue (6 km nordwestl.): Malerisches Fischerdorf mit einer Kirche aus dem 13. Jahrhundert. Auf der nahen Landzunge von Jardeheu steht eine Seewarte: 6 km westlich von dort befindet sich Port-Racine, der kleinste Hafen Frankreichs in der Bucht von Saint-Martin.

Grignan 37/D 2
Auf einem Hügel oberhalb des Dorfes steht eines der schönsten Schlösser der Provence, das an die berühmte Briefschreiberin Madame de Sévigné (1626 – 1696) erinnert. (Besichtigung von Ostern bis Sep-

Grenoble: *Der Justizpalast, einst „Palais des Dauphins", dann Parlamentsgebäude, besteht aus gotischen Teilen und Renaissancebauten.*

tember.) Besonders elegant ist die dem Ventoux-Berg zugewandte Renaissancefront. Die Westfassade, ebenfalls aus dem 16. Jh., grenzt an den Ehrenhof und ragt über einer Terrasse empor. Das Zimmer von Madame de Sévigné und die anschließenden Räume sind im Stil des 17. Jahrhunderts möbliert und dekoriert.

Église Saint-Sauveur: In der Ortskirche (16. Jahrhundert) mit schönem Schmuckwerk aus Holz und einem Orgelgehäuse (17. Jahrhundert), liegt das Grabmal von Madame de Sevigné.

Musée: Das Museum, eingerichtet in einem Haus aus dem 17. Jh., zeigt Erinnerungsstücke an die Familie de Grignan und an Madame de Sévigné sowie Möbel aus dem 17. und 19. Jh., Wandteppiche und Fayencen.

Groix (Île de) 15/C 1
Siehe **Lorient***.

Gros-Bois
(Château de) 11/C 2
Das Schloß aus dem 16 Jh. wurde im 17. Jh. erneuert. Die Gemächer von Napoleons Marschall Berthier stellen eine Einheit in Dekor- und Mobiliar im Stil der Empire-Zeit dar. Die Gemälde und Skulpturen stammen aus dem 18. und vom Beginn des 19. Jh. Nur der Speiseraum mit steinernem Kamin, bemalter Decke und Fresken von Abraham Bosse, ist noch im Stil Ludwig XIII. gehalten. Besichtigung So. nachmittags.

Gruissan 42/D 3
Das malerische Dorf auf einer Halbinsel zwischen Lagunen wird von einem Sarazenenturm, genannt „Tour Barberousse", überragt.
Gruissan-Plage (2 km südöstl.): Mit eigenartigen Pfahlbauten und Bautengruppen von Feriendörfern, die im Rahmen der Freizeitanlagen an der Küste des Languedoc-Roussillon geschaffen wurden.
Chapelle des Auzils (1,5 km nördl.): Bei der herrlich in einem Kiefernwald gelegenen Kapelle, hoch über dem Meer, liegt ein Seemannsfriedhof.
Coffre-de-Pech-Redon (12 km nördl.): Der 214 m hohe Berg ist die höchste Erhebung in dem doch Kalksteinmassiv der Berglandschaft „Montagne de la Clape", die sich mit einer herben, wilden Schönheit zwischen **Narbonne*** und dem Meer ausdehnt.

Guebwiller 21/A 1
Église Saint-Léger: Die Kirche aus dem 12. Jh. mit romanischem Außenbau hat einen im Stil der rheinischen Gotik gestalteten Innenraum.
Église des Dominicains: Die Kirche aus dem 14./15. Jh. besitzt einen mit Bildern aus dem 15. Jh. und Wandmalereien aus dem 14./15. Jh. gezierten Lettner. Im Chor ist ein kleines lokalgeschichtliches Museum einlogiert.
Église Notre-Dame: Die Kirche aus rotem Sandstein (Mitte 18. Jahrhundert) verfügt über eine schön geschlossene Chordekoration im Stil Ludwig XV.
Murbach (5,5 km westl.): Die Abteikirche aus rotem Sandstein (Ende 12. Jahrhundert) ist zum Teil verfallen, wirkt aber immer noch als ein stolzes Bauwerk der Romanik im Elsaß.
Lautenbach (5 km nordwestl.): Die Abteikirche (11. Jh.) mit einer viereckigen Apsis (15. Jh.) wurde im 18. und 19. Jh. restauriert. Sehr schön ist ihr romanischer und gotischer Portalvorbau.
Grand Ballon (20 km westl.): Der höchste Berg der Vogesen (1 424 m) bietet herrliche Fernsichten. Der See „Lac du Ballon" liegt in einem typischen Gehölz der Vogesenlandschaft.

Guéméné-sur-Scorff 8/D 3
In der Stadtmitte dehnt sich ein langer, schmaler Platz der etwas Gefälle hat. Hier stehen Granithäuser (16., 17. und 18. Jh.). Die Kirche Notre-Dame-de-la-Fosse stammt aus dem 17. Jahrhundert.
Chapelle de Crénénan (2 km nordwestl.): Die Kapelle ist von eigenartigen Steinkammern umgeben. Der Innenraum ist mit Malereien geschmückt, vornehmlich im Dachgestühl, und mit Planken aus dem 17. Jh. versehen, die mit Schnitzwerk verziert sind.
Ploërdut (5 km nordwestlich): In der Kirche mit romanischen Bauteilen (aus dem 12. Jahrhundert) ist ein Beinhaus zu sehen.

Gué-Péan
(Château du) 18/A 3
Der Bau ist eines der elegantesten und am wenigsten bekannten Loire-Schlösser (Besichtigung jeden Tag). Das ehemalige Jagdschloß, ein Viereck-Bau, flankiert von vier Türmen (darunter ein mächtiger Wachtturm), besteht aus Bauten der Renaissance und des 17. Jahrhunderts. Die Innenräume sind mit vielen Wandteppichen und Gemälden dekoriert.
Musée des Archives de France: Ein Museum zur Geschichte der Archive Frankreichs ist im Schloß untergebracht.
Club hippique: Ein Reiter-Klub, bei dem man Pferde mieten kann, logiert in den Wirtschaftsgebäuden.
Saint-Aignan (9 km südöstl.): Das Renaissance-Schloß, das nur von außen zu besichtigen ist, liegt nahe bei den Ruinen einer Feudalburg und einer romanisch-gotischen Stiftskirche, in deren Krypta eigenartige Wandmalereien aus dem 12., 13. und 14. Jahrhundert zu sehen sind.

Guérande 16/A 2
Die Stadt hat mit ihren Wällen aus dem 15. Jh., den acht Türmen und vier wehrhaften Toren, viel von ihrem mittelalterlichen Aussehen bewahrt. Man kann auf den Außenmauern entlanggehen.
Église Saint-Aubin: Die Kirche, die von zahlreichen Häusern aus dem 15., 16. und 18. Jh. umgeben ist, hat Bauteile aus dem 12., 13. und 15. Jahrhundert.
Saillé (4,5 km südl.): Von diesem Ort kann man auf der D 92 nordwestlich die Salzsümpfe bis nach La Turballe durchqueren. Siehe auch **La Baule***.
Château de Careil (5,5 km südöstl.): Die ehemalige Festung (14. Jahrhundert) wurde in der Renaissance zu einem eleganten Herrensitz umgebaut. (Besuch April bis Ende September.)

Guimiliau: Mit mehr als 200 Figuren, deren Gebärden von hoher Ausdruckskraft sind, werden die Hauptszenen der Passion dargestellt.

La Guerche
-de-Bretagne 16/D 1
Das Altstadtviertel besitzt mehrere Häuser auf Pfeilern aus dem 15./16. Jahrhundert.
Église: In der Kirche aus dem 15./16. Jahrhundert sind Kirchenfenster aus dem 16. Jahrhundert und geschnitzte Renaissance-Chorstühle zu besichtigen.
La Roche aux Fées (11 km westl.): Das Felsgebilde besteht aus 41 purpurfarbenen Felsblöcken, die einen 22 m langen, geschlossenen Galeriegang bilden; eine der schönsten „Allées couvertes" in Frankreich.

Guéret 24/B 3
Musée: Das Museum besitzt sehenswerte Sammlungen von Email-Arbeiten aus dem Limousin, dazu mittelalterliche Goldschmiedearbeiten, Keramik und Fayencen (Nevers, Moustiers, Straßburg, Delft) und schöne Wandteppiche aus dem 16. bis 18. Jahrhundert.
Forêt de Chabrières (5 km südl.): In dem schönen Waldgebiet gibt es viele markierte Rundwege, die zu ausgedehnten Spaziergängen einladen.
Saint-Vaury (12 km nordwestl.): Ortschaft unterhalb des Berges „Trois Cornes" (636 m).
Roche (4 km nördl.): Hier hat man einen herrlichen Blick auf die Berge „De la Marche", des Limousin und der Auvergne.

Guermantes
(Château de) 11/D 2
Das prächtige Schloß im Stil Ludwigs XIII., wurde im 18. Jh. vergrößert und verschönert. Die Innenräume sind reich dekoriert. Zu den besonderen Reizen gehört die pompöse, 32 m lange, mit 18 großen Fenstern ausgestattete Galerie, genannt „La Belle Inutile". (Vom 15. März bis 15. November zu besichtigen, an Sonn- und Feiertagen nur nachmittags.)

Guimiliau 8/C 2
Hier steht das schönste Kalvarienberg-Bildwerk der Bretagne: geschaffen gegen Ende des 16. Jh. Mit 200 Figuren wird in 25 bewegten Szenen das Leben Christi dargestellt. Auf dem Pfarrgelände gibt es noch eine Begräbniskapelle und eine Kirche (17. Jh.) mit einem sehenswerten Portalvorbau (Renaissance, Anfang 17. Jh.). Die Taufkapelle im Kircheninnern wurde aus Eiche gearbeitet (17. Jahrhundert).
Lampaul-Guimiliau (3,5 km westlich): Sehenswert sind die spätgotische Kirche mit einem Glockenturm (Ende 16. Jh.) und einem Portalvorbau (Mitte 16. Jh.), der mit Statuen der Heiligen Jungfrau und der Apostel geschmückt ist. Im Kircheninnern sind holzgeschnitzte Altaraufsätze (17. Jh.), schöne Holztäfelungen, eine Kapelle mit Beinhaus und eine Passionsdarstellung aus dem 17. Jh. zu sehen.
Landivisiau (7,5 km nordwestl.): Die moderne, im gotischen Stil erbaute Kirche hat eine Vorhalle aus dem 16. Jh. und einen Glockenturm von 1590; der Brunnen Saint-Thivisiau stammt aus dem 15. Jh.
Bodilis (12,5 km nordwestl.): Die Kirche mit einem Renaissancevorbau besitzt eine interessante Innenausstattung.

Guingamp 8/D 2
Die Stadt hat sich um einen Siedlungskern der Feudalzeit entwickelt. Von ihm sind nur noch die Ruinen einer Burg aus dem 15. Jh. und einige Teile der Wallmauer zu sehen. Die Stadtmitte („Place du Centre") bewahrte einige alte Häuser und den Brunnen „La plomée" (Renaissance).
Abbaye de Sainte-Croix (1 km südl.): Von den Bauten der alten Abtei sind die Ruinen der Kirche aus dem 12. Jh. und ein Haus des Abts aus dem 17. Jh. zu sehen.
Notre-Dame-de-Bon-Secours: In der Kirche (teils Gotik, teils Renaissance) befindet sich eine sehr verehrte „Schwarze Madonna".
Grâces (3 km westl.): Die Kirche Notre-Dame aus dem 16./17. Jh. hat einige Bodenplanken mit hervorragend gearbeiteten karikaturistischen Darstellungen.
Bourbriac (11,5 km südl.): In der Kirche (Romanik, Gotik und Renaissance) befindet sich eine Krypta aus dem 11. Jh. mit Grab und Sarkophag von Saint-Briac.
Châtelaudren (12 km südöstl.): Die Kapelle Notre-Dame-du-Tertre wurde im 14., 15. und 16. Jahrhundert gebaut. Der Chor ist mit insgesamt 96 bemalten Holztafeln (15. Jh.) geschmückt.

Guise
(Château de) 6/B 2
Der einzige Festungsbau Frankreichs, der durch alle Epochen hin die Befestigungen vom 11. Jh. bis zur Renaissance bewahrt hat, kann besichtigt werden.

Gy-l'Évêque 19/A 2
Der Glockenturm (12. Jh.) zwischen Kirchenruinen (13./14. Jh.) soll nach Restaurierung die gotische Skulptur „Le Christ aux orties" aufnehmen (9 rue Saint-Nicolas zu besichtigen).

Haguenau 14/B 2

In der einst befestigten Stadt mit zahlreichen alten Häusern und dem Tor „Porte de Wissembourg" (Anfang 14. Jahrhundert) lohnen zwei Kirchen eine Besichtigung.
Église Saint-Georges: Die Kirche aus dem 12./13. Jh. hat drei romanische Schiffe, die mit gotischen Gewölben gedeckt sind.
Église Saint-Nicolas: In dieser Kirche aus dem 14./15. Jh. befinden sich eine „Grablegung" (Beginn des 15. Jh.), ein Bildwerk des „Gemarterten Christus" (14. Jh.) und elegante Rokoko-Holzschmuckwände.
Musées: Historisches Museum (Vorgeschichte) und elsässisches Museum (Volkskunst).
Forêt de Haguenau (3 km nördl.): Der 13 700 ha große Wald mit 100jährigen Eichen bietet Gelegenheit zu schönen Wanderungen.

Hambye: *Die Ruinen der Benediktinerabtei, von der man hier die romanische Kirche und Klosterbauten sieht, liegen in einer grünen Landschaft.*

Hambye (Abbaye de) 9/D 1

In den Ruinen der Benediktinerabtei steht eine sehenswerte romanische Kirche aus dem 12./13. Jahrhundert. Die Sakristei, den Kapitelsaal, Kunstwerk normannischer Gotik, und den Saal der Toten (mit Mauerbildern), die Küche und den Schlafsaal der Mönche kann man besichtigen.

Hague (Cap de la) 3/C 2

Die flache und sandige Landzunge, die mit Klippen besetzt ist, bildet die äußerste Spitze der Halbinsel „La Hague". Hier befindet sich eine Seewarte.
Goury (1,5 km westl.): Der kleine Hafen und der auf einer Klippe des „Gros du Raz" stehende Leuchtturm bilden die Anziehungspunkte der Gegend.
Auderville (2 km südl.): Von hier führt eine steile Straße, die „Route de la Corniche" auf die Bucht von Ecalgrain (Baie d'Ecalgrain) zu. Dort steht die Seewarte der „Hautes-Falaises" auf einem Bergvorsprung von 100 m Höhe, in dem man viele Höhlen findet. Von oben hat man einen herrlichen Fernblick. Besonders pittoresk erscheint die felsige Landzunge „Le Nez de Jobourg" mit ihren senkrecht aufsteigenden Felswänden. Von Dannery aus befährt man die D 901, die am Atomkraftwerk vorbeiführt, und in Beaumont-Hague endet. In Vauville (südl.) liegt ein Renaissance-Landhaus.

„Le Nez de Jobourg" heißt die pittoreske Felsenspitze, in deren steilen Wänden zahllose Vögel nisten.

Haroué 13/C 3
Das Schloß der Fürsten de Beauvau-Craon aus dem Anfang des 18. Jh. ist ein Meisterwerk klassischer lothringischer Architektur. (Zu besichtigen von April bis November.) In den prunkvollen Gemächern sind reichhaltige Sammlungen von Möbeln, Gemälden und Wandteppichen ausgestellt. Bemerkenswert ist auch das befestigte Kastell.
Vézelise (8,5 km westl.): Hier sind gezimmerte Markthallen aus dem Ende des 16. Jahrhunderts und eine schöne Kirche (15./16. Jahrhundert) mit wertvollen Kunstwerken erhalten geblieben.

Hartmannswillerkopf 21/A1
Das Gelände dieses Berges im Elsaß war 1914/1915 Schauplatz erbitterter Kämpfe. Das mächtige Nationaldenkmal besteht aus einem „Altar des Vaterlandes", der sich über einer Krypta erhebt, deren Pforte von zwei Siegesstatuen des Bildhauers Bourdelle eingefaßt wird. Das Beinhaus ist von drei Kapellen umgeben, von denen die katholische eine Plastik „Madonna mit dem Kind" von Bourdelle birgt. Der Soldatenfriedhof hat 1 260 Gräber. – In 20 Minuten kann man auf einem Pfad zum Gipfel gehen (956 m), von dem man herrliche Fernblicke auf die elsässische Ebene, den Schwarzwald und die Vogesen hat.

Hasparren 40/C 1
Südlich dieser kleinen baskischen Stadt schlängelt sich die D 22 („Route impériale des Cimes") durch die malerische, bewaldete Landschaft zwischen den Tälern der Ourhandia und der Nive.
Grottes d'Oxocelhaya et d'Isturits (11 km südöstl.): Über Isturits gelangt man zu diesen Höhlen, von denen die erste einen großen Saal (20 m breit, 15 m hoch) mit prähistorischen Wandzeichnungen hat; in der Höhle von Isturits sieht man eigenartig geformte, mehrfarbige Versteinerungen.
Labastide-Clairence (8,5 km nordöstl.): Die gotische Kirche, neben der viele alte Häuser stehen, wurde im 17./18. Jh. erneuert. Die Innenausstattung ist typisch baskisch, der Vorhof mit Grabplatten belegt. Der zentrale Platz des Ortes wird von Arkadengängen eingefaßt.
Belloc (11,5 km nordöstl.): Das Benediktinerkloster besitzt eine interessante moderne Kirche, die für den Gottesdienst nach den neuen liturgischen Regeln gebaut wurde.

Hautecombe (Abbaye de) 32/B 1
Die Abtei liegt am westlichen Ufer des Sees „Lac du Bourget". Sie war einst Begräbnisstätte der Herrscherfamilie des Hauses Savoyen. Seit 1922 von Benediktinern bewohnt. In der Kirche aus dem 12. Jh., die im 19. Jh. schlecht restauriert wurde, sind 27 monumentale Grabstätten der Fürsten von Savoyen, mit Statuen und Reliefs zu sehen. Messe und Vesper werden in gregorianischer Form gehalten.

Hautefort (Château de) 29/D 2
Das Schloß (17. Jh.) ist sonntags u. in der Saison zu besichtigen.

Hauterives 32/A 3
Das bekannte „Palais Idéal", das sich ein gewisser „Facteur Cheval" von 1880 bis 1912 geschaffen hat, lohnt einen Besuch. Der wunderlich barocke Bau ist mit zahlreichen Galerien, Grotten und Treppenhäusern versehen. Auf dem Friedhof ist das nicht weniger eigenwillige Grab des Erbauers (1836 – 1924).

Haut-Koenigsbourg (Château du) 14/A 3
Die Ruinen dieses einst aus rotem Sandstein errichteten Schlosses (15. Jh.) wirkten auf einem Felsen sehr malerisch. Daher ließ Wilhelm II. die Burg zwischen 1900 und 1908 vollständig wiederaufbauen, zwar in einer nicht einwandfreien Art und Weise, doch vermittelt die Anlage heute eine gute Vorstellung von der Festungsarchitektur im Rheinland des 15. Jh. Die Inneneinrichtungen sind im deutschen Geschmack mit jener Nachahmung des Mittelalters ausgestattet, die man zu Ausgang des 19. Jh. liebte.
Château d'Oedenbourg (200 m westl.): Ruinen einer Burg.
Burg von Kintzheim (8 km östl.): Auf dem Gelände der Burg aus rotem Sandstein (14. Jh.) ist eine Adler-Warte; im Sommer werden täglich Schauflüge veranstaltet. – Am Eingang des Ortes besteht ein Institut zur Wiederansiedlung der Störche im Elsaß.

Le Havre 4/C 3
Die zu 90 Prozent zerstörte Stadt wurde wiederaufgebaut unter Leitung des Architekten Auguste Perret. Er schuf das Rathaus (Hôtel de

Hautefort: *Das stolze Bauwerk läßt eher an ein Schloß im Tal der Loire als an eine Festung im Périgord denken.*

Haut-Koenigsbourg: *Ein Turm innerhalb der mächtigen Burgbauten.*

Hendaye: *Blick vom Strand auf die Zwillinge ("Deux Jumaux") an der Landzunge "Pointe Sainte-Anne".*

ville), die Kirche Saint-Joseph und bedeutende Bautengruppierungen nach einer hervorragenden, aber starr systematischen Konzeption.
Église Sainte-Honorine: Die ehemalige Abteikirche aus dem 11. – 13. Jahrhundert enthält eine interessante Krypta.
Musée des Beaux-Arts: Das Kunstmuseum, vor dem die monumentale Beton-Plastik des Bildhauers Adam „Signal" steht, hat eine wertvolle Sammlung mit Bildern der Maler Boudin und Dufy.
Musée du prieuré de Graville: Im Vorort Graville-Sainte-Honorine zeigt das Museum eine Sammlung bildhauerischer Arbeiten.
Musée du Vieux-Havre: In diesem Heimatmuseum sind Funde der Archäologie, Glasarbeiten des 16. bis 19. Jh. und Beiträge zur Stadtgeschichte zu sehen.
Hafenrundfahrt: Informationen darüber gibt es im „Syndicat d'Initiative" (Verkehrsbüro).
Panorama: Vom „Fort de Sainte-Adresse", dem Villenviertel von Le Havre, sowie von der Küste bei Ingouville und vom „Cap de La Hève" (mit Leuchtturm) hat man die schönsten Ausblicke.
Montivilliers (8 km nordöstl.): Im Ort steht die Kirche Saint-Sauveur aus dem 11. und 15. Jh. mit zwei romanischen Türmen und einem spätgotischen Portal (15. Jh.).
Harfleur (3 km östl.): Erwähnenswerte Bauten sind die Kirche Saint-Martin (15./16. Jh.) und das Schloß aus der Mitte des 17. Jh., jetzt Rathaus. Von hier kommt man zu dem bei Gommerville, nördl. von St.-Romain-de-Colbosc gelegenen Château de Filières", in dem sich eine bedeutende Sammlung Fernöstlicher Kunst befindet.

Hendaye 40/B 1

Die Stadtteile Hendaye-Plage und Hendaye-Ville stehen durch den Straßenzug „Boulevard Leclerc" in Verbindung. Der Boulevard zieht sich als Küstenstraße entlang der Bucht von Chingoudy vor der Bidassoa-Mündung.
Église Saint-Vincent: Die in Hendaye-Ville, auf einem Hügel liegende Kirche aus dem 16./17. Jh. besitzt eine Altartafel aus dem 17. Jahrhundert und ein Kruzifix aus dem 12. Jahrhundert.
Béhobie (2 km südl.): Unterhalb der französisch-spanischen Zollbrücke liegt im Fluß Bidassoa die Fasaneninsel („Île des Faisans"), auf der 1659 der Pyrenäische Frieden ausgehandelt wurde, durch den das Roussillon und das Artois von Spanien an Frankreich abgetreten wurden.
Urrugne (4 km nordöstl. von Hendaye-Ville): Die Ortskirche aus dem 16. Jh. hat einen imposanten Eingangsturm mit Renaissanceportal und eine prächtige Kanzel mit Figuren (17. Jahrhundert).

Hennebont 15/D 1

Im ehemaligen Festungsbereich der alten Stadt, die im Krieg 1939/1945 stark zerstört wurde, sind in der Grande-Rue noch einige alte Häuser und auch das Tor „Porte du Bro-Erec'h" (15. Jh.) erhalten geblieben.

Église Notre-Dame-du-Paradis: Die spätgotische Kirche stammt aus dem Anfang des 16. Jh.
Abbaye de la Joie: Reste dieser im 13. Jahrhundert gegründeten Abtei mit einem Pförtnerhaus (17. Jahrhundert) und dem Haus des Abts stehen auf dem Gelände eines Gestüts („Les Haras").
Merlevenez (9 km südöstl.): Mit einer romanischen Kirche des 12. Jh.

Hérisson 24/D 2

Das alte Städtchen liegt zu Füßen der Ruinen einer Burg aus dem 14. Jahrhundert am rechten Ufer der Aumance. Zwei Stadttore, Häuser des 15. und 16. Jahrhunderts und der Portalturm einer verschwundenen Stiftskirche erinnern an die Vergangenheit des Orts.
Vallon-en-Sully (10 km nordwestl.): In der Ortschaft am linken Ufer des Cher steht eine eigenartige Kirche aus grauem, gelbem und rotem Sandstein mit einem zweistöckigen Glockenturm.
Forêt de Tronçais (18 km nördl.): Waldgebiet.

Hesdin 1/C 3

Das „Hôtel de ville" (Rathaus) ist mit einer „Bretèche" ausgestattet, einer kleinen Loggia mit Säulen, die reichen Skulpturenschmuck trägt.
Église Notre-Dame: Die Kirche wurde im 16. Jahrhundert erbaut.
Forêt d'Hesdin (3 km nordwestl.): Der Hochwald hat einen dichten und ausgesprochen schönen Buchen- und Eichenbestand.
Azincourt (14 km nördl.): Ein „Kalvarienberg" erinnert an den Tod der

4 000 Ritter in der berühmten Schlacht zwischen Engländern und Franzosen im Jahr 1415.

Honfleur 4/C 3
Die „Lieutenance", ein Beamtenhaus aus dem 16. Jahrhundert, mit welchem das Tor „Porte de Caen" verbunden ist, bestimmt das Bild des alten Hafenbeckens mit den malerischen Kais.
Église Sainte-Catherine: Die Kirche mit zwei Haupt- und zwei Seitenschiffen ist ganz aus Holz konstruiert. Auch der originelle freistehende Glockenturm ist aus Holz.
Musée d'Ethnographie et d'Art populaire: Das Museum in der Kirche Saint-Étienne aus dem 15./16. Jh. und in anliegenden Häusern zeigt Dokumentationen zur Volkskunde der Normandie.
Musée Eugène-Boudin: Das Museum verfügt über eine bedeutende Sammlung von Werken des in Honfleur geborenen Malers Boudin, von Impressionisten und von Malern der Gegenwart.
Côte de Grâce (1 km westl.): Der Küstenstrich liegt fast 100 m hoch über der Seinemündung und bietet herrliche Fernsichten. Zur Kapelle Notre-Dame-de-Grâce (17. Jahrhundert) werden Wallfahrten gemacht.
Deauville* (16 km südwestlich): Hierher gelangt man über die Küstenstraße D 513, durch Vasouy, vorbei an der „Auberge Saint-Siméon", einem Gasthof, der im vergangenen Jahrhundert ein Treffpunkt impressionistischer Maler war, sowie über die Orte Cricquebeuf und Villerville.

Hossegor
Capbreton 40/C 1
Die beiden Ferienorte haben eine herrliche Lage. Die Villen und Hotels von Hossegor ruhen verstreut im Wald zwischen dem See „Lac d'Hossegor" und dem Atlantikstrand. Am Hossegor-See gibt es fünf Strandbäder und zahlreiche Wassersportanlagen. Der alte Fischerhafen Capbreton an der Mündung des Boudigau besitzt ebenfalls einen ansehnlichen Strand und einen Yachthafen.
Labenne (5 km südl.): Von hier geht es zum Badeort Labenne-Océan im Westen und zu dem inmitten von Föhren und Korkeichen gelegenen See „Lac d'Irieu" im Südosten. Die N 10 führt weiter durch Tarnos nach **Bayonne***.
Ausflüge: Von Hossegor wie von Labenne kann man zahlreiche Ausflüge zu den Wäldern und Seen des Gebietes der „Landes" machen.

Hérisson: *Über der Aumance stehen die phantastischen Ruinen des Schlosses aus dem Mittelalter und zeugen für die strategische Bedeutung, die der Ort einst besaß.*

Huelgoat 8/C 2
Die Ortschaft ist einer der sehr romantischen Flecken in der inneren Bretagne. In einem wunderschönen Wald mit Bächen und Felsengruppen kann man abwechslungsreiche Wanderungen zu seltsam geformten Felskuppen, Schluchten, Höhlen und anderen Naturschönheiten unternehmen.
Chapelle Notre-Dame-des-Cieux: Zu dieser Kapelle werden an jedem 1. Sonntag im August Wallfahrten durchgeführt.
Bergwanderungen: Huelgoat ist der beste Ausgangsort für Wanderungen und Ausflüge in die Bergwelt der „Monts d'Arrée" und der „Montagnes Noires".
Saint-Herbot (7 km südwestl.): Die Kapelle aus dem 15./16. Jh. mit einem figurenreichen Portikus aus dem Ende des 15. Jh. ist im Innern mit einer hervorragend gearbeiteten Chorumschrankung aus dem 16. Jahrhundert und mit Glasfenstern aus der Mitte des 16. Jahrhunderts ausgestattet.
Brennilis (9 km westl.): Hier liegen die „Monts d'Arrée" und der Stausee von Saint-Michel.

Hyères 44/C 2
Der anmutige Kurort in geschützter Lage hat am Hügelhang Altstadtviertel, die von steilen Straßen durchquert werden.
Kirchen: Sehenswert sind die „Église Saint-Louis (13. Jh.) mit ihrer Fassade im Stil italienischer Gotik und die „Église Saint-Paul", romanisch und gotisch.
Musée: Das Museum zeigt gute Sammlungen zur Altertumsforschung und Bilder alter Malerei.
Hyères-Plage: Der Badestrand des Ortes, neben dem der Strand von La Capte liegt.
Presqu'île de Giens: Auf der Halbinsel steht eine Burgruine.

Hyères: *Herrliche Pinienwälder und Heidelandschaften säumen den Strand von Porquerolles, einer der anmutigen Inseln der „Îles d'Or".*

Hyères (Îles d') 44/C 3
Zu den auch „Goldene Inseln" (Îles d'Or) genannten Eilanden gelangt man mit dem Boot von **Toulon***, von La Tour-Fondue (in Hyères), von Port-Saint-Pierre, **Le Lavandou*** oder von Cavalaire aus. Die Insel „Île de Porquerolles" ist 1 254 ha groß. An ihrer Nordküste reihen sich die Sandstrände mit Pinien und Heideland aneinander. Die Südküste ist steil und 150 m hoch. Im Innern der Insel sind prächtige Pinienwälder. Das Dorf Porquerolles liegt unterhalb des ehemaligen „Fort Sainte-Agathe" an einer Bucht. Eine herrliche Rundsicht hat man vom 96 m hohen Leuchtturm („Phare") an der äußersten Südspitze. – Die Insel „Île de Port-Cros" (640 ha) ist der einzige Naturschutzpark auf der Welt, der zugleich Land und Meer umfaßt. Markierte Fußwege führen durch das naturkundlich-interessante Gebiet. Das Fischerdorf und die Bucht von Port-Cros sind Ausgangsorte für schöne Wanderungen (zum Strand von La Palu, zur wildromantischen Bucht von Port-Man, zur Landzunge Pointe de la Galère, zum kleinen Fort „De la Vigie", zu den Klippen der Südküste, etc.). Das Unterwasser-Tauchen ist zwar gestattet, wird aber sehr genau überwacht. – Die Insel „Île du Levant" (996 ha) ist ein FKK-Zentrum.

I

Iholdy 40/C 2
Das typisch baskische Dorf hat noch viele alte Häuser mit reich skulptierten Türen.
Église: Die Kirche aus dem 17. Jh. besitzt einen Giebelturm und hölzerne Außengalerien sowie ein mit Bildhauerarbeiten geschmücktes Portal von 1605. Auf dem Friedhof sind Gräber in altbaskischem Stil zu sehen.

L'Île-Bouchard 17/C 3
Sehenswert sind die Ruinen der ehemaligen Priorei Saint-Léonard aus dem Ende des 11. Jh. mit bedeutenden Bildkapitellen im Chor (Darstellungen vom Leben Christi), dann die Kirche Saint-Maurice mit einem Chor aus dem 14. Jh. und drei Schiffen aus dem 15. Jh. sowie einem sechseckigen Glockenturm, und außerdem die Kirche Saint-Gilles auf dem rechten Ufer der Vienne mit zwei Portalen des 12. Jh.
Parçay-sur-Vienne (4,5 km östl.): Hier steht eine Kirche des 12. Jahrhunderts mit schönem, skulpturenreichem romanischem Portal.
Avon-les-Roches (5 km nördl.): Die Säulenhalle der Kirche hat besonders reizvolle Bogenverzierungen und Bildkapitelle.

L' Île Rousse 45/A 3
Die kleine Stadt wurde gegen Ende des 18. Jahrhunderts gegründet. Mit dem Festland sind die feinen Sandstrände der nahen Inseln durch einen Damm, der den Hafen schützt, verbunden.
Speloncato (25,5 km südöstl.): Das Felsennest erreicht man über Belgodère und Ville-di-Paraso.
Forêt de Tartagine (53 km südöstl.): Eines der urwüchsigsten Waldgebiete Korsikas.
Désert des Agriates (20 km nordöstl.): Eine phantastische, einsame Landschaft mit Felskuppen und Wäldern („Maquis").

Illiers-Combray 11/A 3
Die kleine Stadt gilt als der von dem Dichter Marcel Proust in seinem Romanwerk beschriebene Ort „Combray". Hier steht eine Kirche des 14. Jh., deren Holzgewölbe bemalt ist. Erinnerungen an Proust, der in diesem Dorf seine Kindheit verbracht hat, beschwören auch der Bau „La Maison de Tante Léonie" (Besichtigung jeden Nachmittag) und die Grünanlage „Le pré catelan", eine Promenade am Loir-Fluß.
Dangeau (13 km südöstl.): Die se-

Île-Rousse: Die roten Granitfelsen gaben der Stadt ihren Namen. Früher hieß sie „Paolina", nach ihrem Gründer Pascal Paoli.

henswerte romanische Kirche aus dem Anfang des 12. Jahrhunderts besitzt einige schöne Arbeiten volkstümlicher Kunst.
Brou (13 km südl.): Neben der Kirche mit Bauteilen aus dem 12. und 16. Jh. sind hier die Ruinen der Kirche Saint-Romain aus dem 11. Jh. eine Besichtigung wert. Im Sommer werden die Bauten angestrahlt („Son et Lumière").
Château de Frazé (13 km südwestl.): Das Schloß aus dem 14. und 16. Jh. ist von Gärten im Stil „à la française" umgeben. (Samstags und sonntag nachmittags zur Besichtigung freigegeben.)

L'Isle-Adam 11/C 1
Bei diesem hübschen Ferienort an der Oise bildet der Fluß zwei schattige Inseln. Strandbad, Schwimmbad und Wassersport bringen im Sommer viel Leben in die Stadt.
Église Saint-Martin: In der Renaissancekirche mit schönem Portal ist auch die Innenausstattung, vor allem das Chorgestühl mit groteskem Figurenschmuck, bemerkenswert.
Pavillon chinois: Ein exzentrischer Bau aus dem späten 18. Jh.
Forêt: Im 1 500 ha großen Wald, durch den viele Spazierwege führen, liegt die Abtei du Val, im 12. Jahrhundert gegründet. Sie ist nicht zu besichtigen.

L'Isle-sur-la-Sorgue 38/A 3
Zwei Arme des Sorgues-Flusses umfassen die Stadt, deren Straßen mit wundervollen Platanen gesäumt sind.
Église Notre-Dame-des-Anges: Die Kirche (13. Jh.) hat eine prachtvolle Innenausstattung (17. Jh.).

Illiers-Combray: Das Schloß von Frazé, vor dem ein reich geschmücktes Torhaus steht, ist typisch für die Bauweise des ausgehenden Mittelalters.

Hôtel-Dieu: In dem Spital aus der Mitte des 18. Jh. gibt es zahlreiche Kunstwerke und eine Apothekeneinrichtung (18. Jh.) zu sehen.
Fontaine-de-Vaucluse (7,5 km östl.): In dem Ort mit einer kleinen romanischen Kirche besteht im Haus der alten Mairie (Bürgermeisteramt) eine Ausstellung über den Höhlenforscher Norbert Casteret. Auch ein kleines Petrarca-Museum existiert hier. Geht man 10 Minuten am rechten Ufer der Sorgue entlang, kommt man zur malerisch gelegenen „Fontaine". Hier tritt, wie eine Quelle, ein unterirdischer Fluß zutage (besonders nach der Schneeschmelze im Mai).
Saumane (11,5 km nordöstl.): Mit dem „Château du Marquis de Sade". Das Schloß entstand im 15., 16. u. 18. Jh. (keine Besichtigung).

Issoire 31/A 2
Église Saint-Austremoine: Die Kirche aus dem 12. Jh. ist einer der bedeutendsten Sakralbauten der Auvergne. (Das Innere wurde im 19. Jh. völlig neu ausgemalt.) Betrachtet man den Bau von außen, bewundert man vor allem die Chorhaube, die, dreistufig aufgebaut, mit Mosaikarbeiten verziert ist.
Château de Parentignac (4 km südöstl.): Im Schloß (17. Jh.) sind schöne Innenräume und eine Gemäldesammlung. Vom Schloß gelangt man (8 km weiter östl.) nach Usson mit den Ruinen des Schlosses der „Reine Margot" und einer Kirche aus dem 12. – 15. Jh.

Issoudun 24/B 1
Über der Altstadt ragt ein Burghügel mit dem Wehrturm „Tour blanche" (Ende des 12. Jh.) empor.

Issarlès (Lac d') 37/B 1
Der See von 92 ha Umfang liegt mit seiner leuchtend blauen Wasserfläche in einem vulkanischen Krater, 108 m tief. Er ist ein Teil der großen hydro-elektrischen Anlagen von Montpezat. Ein Strand und Gelegenheit zum Wassersport locken viele Besucher an. Reste von Höhlenwohnungen und ein Aussichtsturm (Belvédère) sind Anziehungspunkte für Spaziergänger in dieser Seelandschaft.

Hôtel-Dieu Saint-Roch: Das ehemalige Spital aus dem Anfang des 16. Jh. hat einen großen Krankensaal, der heute als Gemeindemuseum dient. Angebaut ist eine Kapelle, in der zwei fein skulptierte Darstellungen des Stammbaums Jesu aus dem Ende des 15. Jahrhunderts zu sehen sind.
Basilique Notre-Dame-du-Sacré-Cœur: Die Kirche, in der Mitte des vorigen Jh. gebaut, ist mit den Kreuzweg-Stationen und einem Kalvarienberg ein sehr besuchter Wallfahrtsort.
Saint-Ambroix (10 km östl.): Kirche aus dem 15. Jh. und Restbauten der Priorei von Semur (18. Jh.).

Issoire: *Die Kirche Saint-Paul-Saint-Austremoine ist ein prachtvolles Beispiel für die romanische Kunst der Auvergne. Die Bildkapitelle im Chor, die im 19. Jh. nachgemalt wurden, beziehen sich auf die Osterbotschaft.*

J

Canyon de la Jonte 37/A 2
Der großartige Canyon hat rötliche, steile Felswände, die in zwei Stufen zur Höhe emporsteigen. Die in den Felsen eingehauene Straße D 996 bietet immer wieder herrliche Ausblicke. Besonders interessant sind ein eigenartiger Kalksteinfelsen, genannt „Le vase de Sèvres", und die Felsgebilde von Fabié und Curvelié. Eine sehr schöne Sicht über die Canyon-Strecke hat man vom „Belvédère des Terrasses". Bei Le Rozier beginnen die Schluchten **„Gorges du Tarn"***.

Jaulny 13/B 1
Das malerische Dorf liegt unterhalb einer mittelalterlichen Burg. In dem erhaltenen Wohnbau aus dem 15. Jh. sind gut eingerichtete Räume (Saal der Garden, Portraitsaal). Besichtigung von April bis Nov. Man sieht in vielen Zimmern Deckenbalken, die mit Schnitzereien verziert sind, wertvolles zeitgenössisches Mobiliar und ausgezeichnete Schmiedearbeiten.
Thiaucourt: Mit amerikanischen und deutschen Soldatenfriedhöfen.

Jausiers 38/D 2
Das Dorf liegt in einer grünen Talniederung an der Ubaye, einem Nebenfluß der Durance. Die Ubaye bildet hier die Grenze zu den Alpen der Provence.
Église: Die Kirche aus dem 14. Jh. hat einen Glockenturm und eine hölzerne Pforte aus dem 17. Jahrhundert. Das Innere ist im Stil Ludwig XIV. dekoriert.
Condamine-Châtelard (5 km nördlich): Man erreicht den Ort über den „Pas de Grégoire", in einer engen Talschlucht liegend.
Saint-Paul-sur-Ubaye (14 km nördl.): In dieses Bergsteigerzentrum gelangt man mit der D 902 (nördl. durch das Tal der Ubaye, dann durch die Talenge des „Pas de la Reyssole"). Von Saint-Paul kann man zu einem ganz ungewöhnlichen Brückenbau fahren, zum „Pont du Châtelet", 97 m hoch über die Ubaye gespannt.
Saint-Étienne (58 km südöstl.): Die Fahrt in diese Stadt über die kurvenreiche, aber sehr schöne Straße des „Col de la Bonette" (2 802 m) führt über eine der höchsten Routen in Europa.

Nez de Jobourg 3/C 2
Siehe **La Hague***.

Joigny 19/A 1
Die auf dem Ufer der Yonne terrassenförmig angelegte Stadt hat schöne Kirchen und einige Häuser aus dem 15./16. Jahrhundert, die mit Holzplatten belegt sind.
Église Saint-Thibault: In der Kirche (Ende 15., Anfang 16. Jh.) kann man eine Fülle von Kunstwerken anschauen, darunter eine reizvolle „Vierge au sourire" (Lächelnde Maria) aus dem 14. Jahrhundert und kniende Stifter-Figuren von ausgeprägtem Realismus.
Église Saint-Jean: In der Kirche aus der 2. Hälfte des 16. Jh. befindet sich ein skulpturengeschmücktes Grabmal mit der liegenden Gestalt der Adélaïs, Gräfin von Joigny, aus der Mitte des 13. Jahrhunderts.
Église Saint-André: Eine Kirche mit interessanten Skulpturen.
Chapelle Ferrand: Die elegante Grabkapelle der Familie Ferrand (Renaissance) ist eingefügt in das Gerichtsgebäude. Die Apsis hat einen Fries, auf dem Skelette dargestellt sind. Sie tragen Banderolen mit Texten über den Tod.
Forêt d'Othe (5 km nord-nordöstl.): Der Wald kann über die Höhen der „Côte Saint-Jacques" erreicht werden.
La Ferté-Loupière (16 km südwestl.): Die Kirche (12. und 15. Jh.) ist mit Wandmalereien (16. Jh.) geschmückt, unter denen sich ein Totentanz mit 42 Figuren befindet.

Joinville 13/A 3
Das von 1546 bis 1556 erbaute

Jausiers: Das obere Tal der Ubaye, das sich bei Barcelonnette zu einer breiten grünen Senke erweitert, wird von zahlreichen Zuflüssen belebt.

Schloß „Château du Grand Jardin" zeigt sich mit einer eleganten Renaissancefassade und prächtig gestalteten Dachfenstern. Die Kapelle hat eine Kassettendecke.
Église Notre-Dame: In der Kirche des 13. Jh. mit einem schönen Renaissanceportal gibt es ein „Heiliges Grab", Werk des 16. Jh., und einen Reliquienschrein mit einem „Gürtel des Heiligen Josef".
Chapelle Sainte-Anne: Die Friedhofskapelle aus dem 16. Jh. birgt die Gräber der Herzöge von Guise.
Forêt du Val (15 km nordwestl.).
Juzennecourt (48 km südwestl.): Der Ort ist ein beliebtes Ausflugsziel bei einer Fahrt durch das obere Tal der Blaise.

Josselin 16/A 1

Das Schloß, eines der schönsten in der Bretagne, reich an Geschichte, ragt mit seiner Hauptfront aus dem 14. Jh. und drei Türmen über dem Oust-Fluß empor. Im inneren Schloßbereich präsentiert sich der gegen Ende des 15. Jh. von Jean II. de Rohan gebaute Landsitz mit einer spätgotischen Fassade von raffinierter Eleganz. Besichtigungen des Schlosses sind jeden Tag vom 1. Juni bis zum 15. September möglich.
Église Notre-Dame-du-Roncier: Die aus romanischen und gotischen Bauelementen bestehende Kirche enthält das Mausoleum aus schwarzem Marmor des Olivier de Clisson († 1407) und der Marguerite de Rohan, mit weißen Marmorstatuen unter einem reich mit Skulpturen versehenen Baldachin. Eine Buß-Prozession findet am 8. September statt.
Guéhenno (10 km südwestl.): Mit einem prachtvoll gearbeiteten „Kalvarienberg" aus dem 16. Jh., vor dem sich eine Säule mit den Werkzeugen der Passion erhebt.

Jouarre 12/A 1

Von der berühmten, im 7. Jahrhundert gegründeten Benediktinerabtei ist wenig erhalten geblieben. Die heute vorhandenen Gebäude stammen aus dem 18. Jahrhundert. In einem romanischen Turm aus dem 12. Jahrhundert finden jetzt Ausstellungen statt.
Église: Hinter der Pfarrkirche aus dem 15./16. Jahrhundert befindet sich eine Krypta des 7. Jahrhunderts. Sie bewahrt besonders schöne, mit Figurenschmuck versehene Sarkophage, darunter die der Heiligen Telchilde und des Heiligen Agilbert. In den oberen Räumen ist das Regionalmuseum.
La Ferté-sous-Jouarre (3 km nördl.): Hier kann man hübsche Spaziergänge entlang den Marne-Ufern unternehmen.
Saint-Cyr-sur-Morin (6 km südöstl.): Zu dieser anmutig im Grünen liegenden Ortschaft kommt man durch das Tal des Petit-Morin.

Jumièges: Inmitten von Wäldern im Seine-Tal stehen die Ruinen der romanischen Abtei Jumièges, die zu den schönsten der Normandie zählt.

Jouy-en-Josas 11/c 2

Der zum großen Teil noch ländliche Ort drängt sich zwischen den bewaldeten Ufern der Bièvre.
Église: Im Innern der Kirche (13. bis 16. Jh.) betrachte man ein eigenartiges Bildwerk der Madonna mit dem Kind, genannt „La Diège", und ein Chorgestühl aus dem 16. Jh.
Vallée de la Bièvre: In diesem Tal steht im Weiler „Les Metz", in der Rue Victor Hugo, das Haus, in dem Victor Hugo 1835 Juliette Drouet einlogierte. Der Aufenthalt an diesem Platz inspirierte ihn zu seiner Dichtung „Tristesse d'Olympio".
Bièvres (5 km östl.): Der Ort besitzt ein Museum der Photographie.
Moulin de Vauboyen: Die Mühle hat eine moderne Kapelle, die von Villon, Buffet, Dufy und Lurçat ausgeschmückt wurde.

Juan-les-Pins 45/A 1

Erst 1925 wurde der Badeort gegründet, der heute einer der elegantesten und meistbesuchten Plätze an der Côte d'Azur ist. Hier wechseln im Stadtbild Luxushotels, prachtvolle Villen und weitläufige Besitzungen einander ab. Der Ort wird durch die breite Straße des „Boulevard du Président Wilson" und der „Chemin des Sables" mit **Antibes*** verbunden.
Golfe-Juan (4 km westl.): Der über die N 559 erreichbare Ort öffnet sich zum Meer hin. Er hat einen Hafen und einen Strand mit feinem Sand. Eine Säule erinnert hier an die Landung Napoleons, der am 1. März 1815 von der Insel Elba her hier ankam. An diesem Ort beginnt auch die „Route Napoleon".
Musée napoléonien: Napoleonisches Museum.

Jumièges 4/D 3

Die großartigen Ruinen dieser Abtei zeugen noch heute für die Größe und den Glanz, die einmal mit ihrem Namen verbunden waren. Die Fassade der Abteikirche Notre-Dame mit ihren zwei Viereckturmen, die Ruinen des Langhauses, dessen Rundbogen wie durch ein Wunder stehenblieb, und der gotische Chor bilden ein wundervolles Bild. Auch die Kirche „Église Saint-Pierre" (7., 13., 14. Jh.) ist sehenswert.

Kaysersberg 14/A 3

Die alte, von berühmten Weingütern umgebene Stadt hat noch viel von ihrem mittelalterlichen Aussehen bewahrt.
Église: In der Kirche (12.–15. Jh.) mit einem romanischen Portal ist ein herrlicher geschnitzter Altaraufsatz aus dem 16. Jh. zu sehen.
Musée: Das Museum wurde in der Sankt-Michaels-Kapelle, einem zweistöckigen Bau des 15. Jahrhunderts untergebracht.
Sehenswerte Bauten: Besondere Beachtung verdienen das Rathaus im Stil rheinischer Renaissance, das „Haus Brief" (Ende des 16. Jh.), die Wehrbrücke (15./16. Jh.) und das Geburtshaus von Dr. Albert Schweitzer, in dem ein kleines Museum an den großen Arzt erinnert. Oberhalb der Stadt ragen die Ruinen des Schlosses in den Himmel.
Elsässische Weinstraße: Siehe „**Vin d'Alsace**"*.
Sommerberg (südl.): Hier befindet sich eine den Fliegern gewidmete Kapelle.

Kaysersberg: *Die Stadt inmitten ihrer Weinberge, deren Häuser mit den Vorbauten an der Weiss aufragen, hat ein typisch elsässisches Gepräge.*

Kerjean (Château de) 8/B 2

Das Schloß aus der Mitte des 16. Jh. ist halb Festung, halb Renaissancepalast. Es wird von einer mächtigen Wehrmauer, vor der Gräben liegen, umfaßt. Sehr schön sind der mit einem Renaissancebrunnen ausgestattete Ehrenhof und die Kapelle mit geschnitzten Gewölben und Gesimsen. In der Küche findet man gewaltige Kamine. Die Wohnräume sind mit einer ungewöhnlich wertvollen Sammlung bretonischer Möbel geschmackvoll eingerichtet.

Kernascléden 8/D 3

Église: In der Kirche aus dem 15. Jh. befindet sich im Gewölbe und an den Wänden eine Folge von Fresken, die Szenen aus dem Leben Mariens und aus der Kindheit Christi darstellen, darunter sind auch Bilder eines Totentanzes und der Hölle. Das Ganze ist eine der originellsten Schöpfungen mittelalterlicher Malerei.

Pontkallek (3 km südwestl.): Das Schloß Pontkallek (16. und 18. Jahrhundert) besitzt ein elegant dekoriertes Fensterkreuz und Arkadengalerien. Sehr schön ist auch der nahegelegene Wald.

Kerjean: *Dieser mächtige, massive Granitbau liegt heute in einem weiten Park. Er wurde einst durch Wassergräben und eine 12 m dicke Wehrmauer geschützt und war der stolzeste Wohnsitz im Léon-Gebiet.*

Labastide-Murat 36/A 1
Einer der höchsten Bergorte der **"Causse de Gramat"***. Der einfache Gasthof, in dem Napoleons Marschall Murat geboren wurde, hat sich seit dem 18. Jahrhundert kaum verändert. Er wurde in ein Museum umgewandelt.
La Braunhie (11 km nordöstl.): So heißt der von Höhlen und Abgründen durchsetzte, wildeste Teil der Causse-Höhen.
Vaillac (5 km nordwestl.): Eine imposante Feudalburg, fünf Türme.
Montfaucon (5 km nordwestl.): Das ehemalige Priesterseminar dient heute als Sanatorium.
Soulomès (3 km südöstl.): In der ehemaligen Propsteikirche (14. bis 16. Jh.) sind Fresken des 14. Jahrhunderts erhalten.

Labréde
(Château de) 35/A 1
Das schöne Schloß im Herzen der Landschaft, in der der Graves-Wein wächst, präsentiert sich als eine Inselburg; ein unregelmäßiges Vieleck, das von breiten Gräben mit fließendem Wasser umgeben ist. Hier wurde der Philosoph Montesquieu geboren (1689) und hier schrieb er seine wichtigsten Werke. (Besichtigung außer dienstags von Ostern bis Dezember, samstags u. sonntags von Februar bis Ostern). Das Zimmer und die Bibliothek von Montesquieu sind noch in ihrem ursprünglichen Zustand.

Lacaune 42/C 1
In dem Luftkurort und Thermalbad am Gijou sind die Kirche aus dem 17. Jh., Häuser aus dem 16. Jh. und der merkwürdige Brunnen "Fontaine des Pissaïres" (Ende des 14. Jahrhunderts) sehenswert.
Vallée du Gijou (13 km nördl.): Einen Ausflug lohnen in diesem Flußtal der Felsenschlund "Le Gourp Fumant" und in Viane die Ruinen der Burg des Pierre Ségade.
Monts de Lacaune (5 km südl.): Die Berge zeigen den für diese Gegend charakteristischen Wechsel von Granitkuppen, Weiden und Wäldern.
La Salvetat-sur-Agout (20 km südl.): Die Talsperre "Barrage de la Raviège" hat den Agout-Fluß in einen See von 7 km Länge verwandelt, mit einem Strand und Gelegenheit zum Wassersport. Von ihm geht es in südöstlicher Richtung zu den Bergen "Monts de l'Espinouse"; hinter dem Paß "Col du Cabaretou" (640 m) führt die D 907 hinab nach **Saint-Pons***.

Lagrasse 42/C 2
Die Bauten der im 8. Jh. gegründeten Abtei auf dem rechten Ufer des Orbieu stammen aus dem 11. bis 18. Jh. Zu ihnen gehören ein Haus des Abts mit einer Kapelle im ersten Stockwerk, ein Kreuzgang (11. bis 13. Jh.), ein Speisesaal und ein Schlafsaal (14. Jh.). Neben einer Kapelle, einst Abteikirche, aus dem 14. Jh., steht der schlichte Kirchenbau des 10. Jh.
Dorf: Im Dorf, typisch südfranzösisch, sind noch Reste der Befestigungsanlagen und Häuser aus alter Zeit zu sehen. Die Kirche Saint-Michel wurde im 14. Jh. erbaut.
Saint-Martin-des Puits (9,5 km südwestl.): Der Ort hat eine merkwürdige, halb unterirdische romanische Kirche (11./12. Jh.).
Route D 212: Die Straße führt an den Ruinen des Schlosses von Durfort vorbei. Von dort ist (2,5 km südl.) die in Trümmern liegende Katharerburg von Termes (12. Jh.) mit zwei seltsam kreuzförmigen Fenstern zu besuchen.

Laguiole 36/D 1
Das Bergstädtchen in 1 004 m Höhe, am Fuß eines Basaltkegels, ist beliebt als Ferien- und Wintersportzentrum. Einen Besuch lohnen die Kirche aus dem 16. Jh. und ein "Le Fort" genannter Aussichtsplatz.
Château du Bousquet (6 km südwestl.): Das Schloß (15. Jh.) ist von kräftigen Viereckürmen und kleinen Eckürmen geschützt.
Puy du Roussillon (10 km östl.): Ein weites Skigebiet, das sich bis auf eine Höhe von 1 408 m erhebt, erstreckt sich in diesem Gelände.

Lalouvesc 31/C 3
Die Sommerfrische ist auch ein Wallfahrtsort des Heiligen François Régis, dessen Grab sich in der Basilika (19. Jh.) befindet.
Lamastre (27 km südl.): In diesem Ort, den man über die Pässe "Col du Faux" (1 025 m) und "Col du Buisson" (920 m) erreicht, steht im Stadtteil Macheville eine interessante romanische Kirche.
Satillieu (11,5 km nordöstl.): Das alte Städtchen ist wie ein Amphitheater angelegt.

Lamalou-les-Bains 42/D 1
Der Badeort liegt in einem hügeligen und waldreichen Tal des Bitoulet. Er ist als Ausgangsplatz für Ausflüge sehr bekannt.
Église Saint-Pierre-de-Rèdes: Die romanische ehemalige Propsteikirche aus der ersten Hälfte des 12 Jh. hat eine originelle halbrunde Apsis und interessante Portale.
Ermitage de Saint-Michel (4 km südöstl.): Zur einst befestigten Einsiedelei steigt man empor aus den schönen Anlagen des "Parc de la Vernière".
Notre-Dame-de-Capimont (5 km östl.): Die Anhöhe erreicht man in einem Aufstieg von 50 Minuten.
Mont Caroux (13 km westl.): Auf den 1 093 m hohen Berg gelangt man über die sehr unebene "Route de l'Espinouse" und den "Col de Madale" (691 m).
Gorges d'Héric (14 km westl.): Reizvolle Schluchten.

Labrède: *In diesem ungewöhnlich gebauten, von Wassergräben gegen die Umwelt abgeschirmten Schloß hat der Philosoph Montesquieu gelebt.*

Lamballe 9/B 2
Auf dem Hügel Saint-Sauveur erhebt sich die im Stil normannischer Gotik errichtete Kirche Notre-Dame über der Stadt. Im Ort gibt es an sehenswerten Bauten noch die Kirche Saint-Jean aus dem 15. Jh. und die Kirche Saint-Martin (15./16. Jh. mit Teilen aus dem 11. Jh.). Diese besitzt eine ungewöhnliche Vorhalle mit geschnitztem Gebälk und einem Holzdach.
Château de la Hunaudaye (15,5 km östl.): Vom Schloß aus dem 14. Jh. stehen noch einige romantisch aussehende Ruinen.
Manoir du Vaumadeuc (2 km nördl.): Ein Landsitz aus dem 15. Jahrhundert, jetzt ein Hotel.

Landévennec 8/B 2
Die Ortschaft liegt am äußersten Ende einer Halbinsel, umgeben vom Mündungsgebiet der Aulne, am Fuß schöner Felswände. Ihre Kirche aus dem 16./17. Jh. steht am Flußufer.
Abbaye de Landevénnec: Im Süden des Ortes sieht man die Reste der im 5. Jh. gegründeten ehemaligen Abtei. Großartig wirken auch heute noch die Ruinen der im 11./12. Jh. gebauten Abteikirche. Besichtigung vom 1. 6. bis 30. 9. Nicht weit von ihnen entfernt erheben sich die Gebäude der neuen Benediktinerabtei Saint-Guénolé.
Bois du Folgoat (5 km südwestl.): Hier findet man in anmutiger Waldlandschaft die Kapelle Notre-Dame-du-Folgoat.

Langeais
(Château de) 17/C 3
Eines der seltenen ganz aus einem Entwurf geschaffenen Loireschlösser ist dieses um die Mitte des 15. Jh. geschaffene Bauwerk. Das Schloß wird von drei Türmen eingefaßt, von denen der Hauptturm einem Festungsteil gleicht. Die Innenräume des Schlosses sind alle sehr gut möbliert und wirken wie eine auch heute noch bewohnte herrschaftliche Residenz. Im Winter montags ⊠, im Sommer Montag morgens ⊠.
„La Pile" (6 km östl.): So wird das 30 m hohe gallo-römische Bauwerk aus Ziegeln mit vier Pyramidenaufsätzen genannt, dessen Ursprung, Bestimmung und Entstehungszeit unbekannt sind.

Langogne 37/B 1
Die Stadt am Allier breitet sich in einem luftigen Höhental (911 m) aus. Der alte Ortskern ist kreisförmig angelegt. Er wird von sechs dicken Rundtürmen geschützt, zu denen auch der Uhrturm „Porte de l'Horloge" gehört. Die romanische Ortskirche hat eine gotische Fassade (15. Jahrhundert).
Pradelles (9 km nördl.): Die Ortschaft, in mehreren Stufen am Hang eines Basaltplateaus angelegt, zeigt aus alter Zeit die Reste der Wehrmauern und das Tor „Porte Chambaud". Interessant

Landerneau: Auf dem Markt bieten die Fischer und Obstbauern ihre frischen Waren an.

Langeais: Das Schloß hat noch die mächtigen Rundtürme und Verteidigungsanlagen aus alter Zeit.

Landerneau 8/B 2
Die kleine Stadt an der Mündung des Elorn hat mit ihren alten Häusern am Marktplatz und neben der uralten Brücke einen eigenen Reiz. Die Sakralbauten stammen aus der Renaissance (Église Saint-Houardon) und aus dem 16. Jh. (Église Saint-Thomas-de-Cantorbéry).
Pencran (3,5 km südöstl.): Im Ort ist ein sehenswerter, umfriedeter Kirchplatz mit monumentalem Portal, einem Kalvarienberg und einem Beinhaus (1594) zu sehen.
La Martyre (8 km südwestl.): Das Pfarreigelände hat eine Umfriedung mit einem gotischen Triumphtor, über dem ein Kalvarienberg emporsteigt. Die Kirche aus dem 15. Jh. besitzt einen Portalturm aus dem 13. Jahrhundert.

sind auch viele alte Häuser, der Marktplatz mit Holzgalerien und das ehemalige Spital für die Pilger, die nach Compostella zogen. Die N 102 führt von hier (8,5 km östl.) zur „Auberge de Peyrebeille", einem Gasthof, der im 19. Jahrhundert durch die dort von dem Ehepaar Martin begangenen Morde bekannt wurde.
Abbaye de Mercoire (16 km südl.): Über den Ort Cheylard-l'Évêque gelangt man in den Wald und zur Abtei von Mercoire, deren Ruinen aus dem 13. und 18. Jh. in wildromantischer Einsamkeit liegen.

Langres 20/A 1
Die von Wehrmauern umgebene Stadt auf der Höhe eines Bergvor-

sprungs hat noch viel von ihrem Aussehen in alter Zeit bewahrt. Man tritt in den inneren Bereich ein durch das wehrhafte Tor „Porte des Moulins" (17. Jahrhundert). Im Osten steht dann der Turm „Tour Saint-Ferjeux" (Ende des 15. Jahrhunderts) und im Westen der „Tour de Navarre".
Cathédrale Saint-Mammès: Der Bau ist ein Stilgemisch von burgundisch-romanischen und gotischen Bauelementen, zu denen noch eine neo-klassische Fassade aus dem Ende des 18. Jh. hinzu kommt. Der Innenraum wurde in der Renaissance reich mit Holzarbeiten und Wandteppichen dekoriert, aber der romanische Chor blieb unverändert. Besonders prächtig ist die Renaissancekapelle „Chapelle d'Amoncourt".
Ville capitulaire: Um die Kathedrale breitet sich die einst abgeschlossene „Stadt des Domkapitels" mit zahlreichen vornehmen Häusern und dem Domherren-Palais aus. Unter den vielen Aristokratenhäusern gilt das Haus Nr. 20 in der Rue Cardinal Morlot als „Haus der Diane de Poitiers" (Favoritin von König Heinrich II.).
Musée du Breuil de Saint-Germain: Das in einem schönen Palais (Renaissance und 17. Jh.) eingerichtete Museum zeigt interessante Sammlungen von Manuskripten des 13., 14. und 15. Jh., sowie ägyptische, griechische und römische Antiquitäten und außerdem Gemälde des 16. bis 18. Jh.
Musée Saint-Didier: Bedeutende Kollektionen von gallo-römischen Funden und Plastiken der Region.
Stadtrundgang: Ein Weg über die Stadtwälle (mit sehr schönen Ausblicken) dauert immerhin eine Stunde und 20 Minuten.
Château du Pailly (12 km südöstl.): Das Renaissanceschloß liegt zwischen den Orten Heuilley-Cotton und Chalindrey.

Lannion 8/D 1
Die kleine, typisch bretonische Stadt besitzt zahlreiche Häuser aus dem 15./16. Jahrhundert, namentlich am „Place Leclerc", und zwei interessante Kirchen: Saint-Jacques-du-Baly (aus dem 16./17. Jh.) und die romanische Kirche von Brélévenez (12. Jahrhundert), die durch ein kleines Tal von der Stadt getrennt ist.
Corniche bretonne: Die Küste mit den rosa Granitfelsen reicht von Trebeurden bis **Perros-Guirec***, sie schließt Trégastel-Plage mit seinem wunderlichen rosa Felsenmeer und Ploumanac'h mit seinen phantastisch geformten Felsen sowie die Bucht mit dem Strand von Saint-Guirec ein.
Pleurmeur-Bodou (7 km nordwestl.): Hier befindet sich ein Raumforschungszentrum mit einem 50 m hohen Kuppelbau.

Lannion: *Die sonderbar geformten Felsen von Ploumanac'h sind einer der Reize dieses typisch bretonischen kleinen Fischerhafens.*

Château de Kergrist (6 km südl.): Das Schloß ist berühmt wegen der Vielfalt seiner Fassadengestaltungen. Die Nordfront ist gotisch, die Südseite mit skulpturengeschmückten Dachluken wurde im 14., 15. bis 18. Jh. dekoriert, und die Westfassade in klassischem Stil.

Laon 6/B 3
Die Stadt, auf einem Bergvorsprung hoch über der weiten Ebene der Champagne, wird gleichsam eingefaßt von den breiten Promenaden, die man bei den alten Stadtwällen angelegt hat.
Cathédrale Notre-Dame: Die Kathedrale mit sieben Türmen wurde gegen Ende des 12. und zu Beginn des 13. Jh. erbaut. Sie ist ein charakteristisches Werk der Übergangszeit von der Romanik zur Gotik. Der 110 m lange Innenraum wächst in 4 Etagen in die Höhe. Sehenswert sind auch der reiche Domschatz, der Kapitelsaal und ein eleganter Kreuzgang (13. Jh.).

Hôtel-Dieu: Der dreischiffige gotische Krankensaal aus dem 13. Jh., im ehemaligen Hospital, liegt heute unterirdisch.
Palais de Justice: Das jetzige Gerichtsgebäude war einst Bischöflicher Palast. Es besteht aus drei Bauten des 13. und 17. Jahrhunderts und hat eine hübsche, zweistöckige Kapelle aus der 2. Hälfte des 12. Jahrhunderts.
Musée Municipal: Das Museum zeigt archäologische Sammlungen und Gemälde des 17. und 18. Jh. Im Garten steht eine achteckige Kapelle des Templerordens.
Église Saint-Martin: Die ehemalige Abteikirche stammt aus dem 12./13. Jahrhundert.
Porte de Soissons: Das Stadttor aus dem 13. Jh. ist durch eine Mauer mit einem schiefen Turm aus dem 13. Jh. verbunden.
Liesse (14 km nordöstl.): In der schönen Kirche Notre-Dame (14./15. Jh.) sind ein prachtvoller Lettner in weißem Marmor aus dem

Laon: *Die Bogenfelder in den drei Portalen der Kathedrale zeigen im Detail ausdrucksvolle, herrlich zueinander stimmende Figurengruppen.*

16. Jahrhundert und Fenster von Despierre zu sehen.
Cerny-en-Laonnois (17 km südl.): Östlich von diesem Ort ist die „Caverne du Dragon" mit einem Museum und einer unterirdischen Festung des Weltkriegs 1914/18 zu besichtigen (April bis Oktober □).

Corbeny (17 km südöstl.): Der Ort ist bekannt für seine Blumenzucht.

Larressingle 35/B 3
Das im 13. Jh. befestigte Dorf hat noch einen großen Teil seiner vieleckigen Wehrmauer, seiner Türme und alten Wassergräben sowie ein wehrhaftes Tor mit Brücke. Die Ruinen einer Burg aus dem 13. und 15. Jh. und die im Parterre eines schlichten Wachtturms untergebrachte Kirche sind weitere Zeugen der Stadtgeschichte.
Château de Beaumont 2 km westl.): Ein Schloß aus dem 17./18. Jahrhundert.

Causse du Larzac 37/A 3
Mehrere Strecken durchqueren das Gebiet dieses Hochplateaus in einem Kalksteinmassiv („Causse"), das von der Ausdehnung her zu den größten seiner Art gehört (103 000 ha). Man kann von **Millau*** aus über La Cavalerie (mit weitem Manövergelände) nach Le Caylar fahren oder zum Zoo in L'Hospitalet-du-Larzac. Von **Nantes*** läßt sich **La Couvertoirade*** erreichen. Abwechslungsreicher, aber auch schwieriger zu befahren, ist die Strecke von **Rocquefort-sur-Soulzon*** über Tournemire und den Pic de Cougouille (912 m), um dann wieder L'Hospitalet-du-Larzac zu erreichen.

Lascaux
(Grotte de) 29/D 3
Man hat diese 2 km südöstl. von Montignac gelegene Höhle die „Sixtinische Kapelle der Vorgeschichte" genannt. In ihr ist eine einzigartige Fülle von Höhlenmalereien versammelt. Seit 1963 kann man allerdings die Höhle nicht mehr besuchen, weil die Erhaltung der Bilder sonst gefährdet wäre. Doch eine Informationsstelle zeigt im Sommer ständig einen Film, der das Innere der Höhle vorführt und die einzelnen Bilder erklärt. – Ein Zentrum für Prähistorische Kunst ist in Le Thot entstanden.

Lassay 10/B 3
Das festungsartige Schloß, ein Beispiel für die Verteidigungsarchitektur des 15. Jh., liegt an einem Weiher. Es hat acht Türme, hohe Wehrmauern und andere Befestigungsanlagen aus alter Zeit. In den Wohnräumen sind Möbel, andere Einrichtungsgegenstände sowie Waffen des 16./17. Jh. zu sehen.

Laval 10/A 3
Die Altstadt wird von den Bauten des Neuen Schlosses („Nouveau Château", Renaissance, Mitte 16. Jh.), in dem heute das Gericht einlogiert ist, und des Alten Schlosses („Vieux Château") beherrscht, dieses erreicht man durch einen Portalvorbau (17. Jh.).
Schloß: Die ältesten Teile sind eine romanische Krypta (mit Skulpturenmuseum), die Säle des 13. und 15. Jh. sowie der runde Bergfried. Im Erdgeschoß ist das „Museum Henri Rousseau" für Naive Kunst untergebracht. Der 32 m lange Ehrensaal der Grafen von Laval hat besonders schöne Holzgewölbe.
Église Saint-Martin: Die Kirche stammt aus dem 11./12. Jh.
Église Saint-Vénérand: Die Kirche aus dem 15./16. Jh. besitzt eine schöne spätgotische Pforte.
Église Notre-Dame d'Avesnières: Der romanische Sakralbau aus dem 11./12. Jahrhundert hat eine prachtvolle Apsis mit einem Chorumgang und fünf strahlenförmig angeordneten Kapellen.
Église de la Trinité: Das romanische Langhaus der Kirche aus dem Ende des 12. Jh. ist mit gotischen Bögen überwölbt. Es enthält das Triptychon Saint-Jean-Baptiste (16. Jh.). Der Aufsatz des Hauptaltars stammt aus dem 17. Jh.
Porte Beucheresse: Das Tor hat noch die riesigen Türme des 15. Jh.

Lautaret (Col du) 32/C 3
Der Paß ist trotz seiner Höhe (2 058 m) stets eine vielbenutzte Verkehrsstraße gewesen. Die Alpenflora wächst hier ungewöhnlich reichhaltig und schön. So ist auch der in Verbindung mit dem Botanischen „Institut Marcel-Mirande" stehende „Alpengarten" besonders sehenswert. Der Rundblick nach allen Seiten ist herrlich. Der Paß ist ein wichtiger Straßenknotenpunkt. Man kommt nach Westen nach **Bourg-d'Oisans***, **Vizille*** und **Grenoble***, gegen Norden zum Col du Galibier, nach **Saint-Michel-de-Maurienne***, **Saint-Jean-de-Maurienne*** und **Chambéry*** und gegen Südosten nach **Briançon***.

Zöllner-Maler Rousseau: In der Grünanlage „Jardin de la Perrine" befindet sich das Grab des Zöllners und Malers naiver Bilder Rousseau.
Notre-Dame-de-Pritz (2 km nördl.): Die romanische Kirche enthält karolingische Bauteile aus dem 9./10. Jh. Sehenswert sind ein mit einer Kreuzigung (15. Jh.) gekrönter Lettner aus dem 16./17. Jh. und die Wandmalereien des 11. bis 13. Jh.
Abbaye de Clermont (16 km nordwestl.): Schöne Kirche im reinen Zisterzienser Stil (12. Jh.).

Le Lavandou 44/C 2

Der Sommer- und Winterferienort erstreckt sich am schönen Sandstrand der Bucht von Bormes.
Cap Bénat (10 km südl.): Zahlreiche Villen, Privatgüter und ein Militärbezirk liegen auf diesem Gelände. Vor der Südwestküste sieht man „Fort de Brégançon", eine Sommerresidenz des Präsidenten der Französischen Republik.
Massif des Maures (10 km nördl.): Dieses Bergland kann man von der Küstenstraße her erreichen, der „Corniche des Maures", die am Meer entlang führt, über Cavalière, Cap Nègre, Pramousquier bis Cavalaire-sur-Mer. Bei Le Rayol-Canadel führt eine monumentale, in Blumenschmuck strahlende Treppe vom Strand zu einer 150 m hoch gelegenen Terrasse.

Lavoûte-Chilhac 31/A 3

Der Ort liegt auf einer vom Fluß Allier eingefaßten Halbinsel. Interessant sind die Reste einer Benediktinerabtei und die Brücke (11. und 15. Jh.) sowie Teile der Ringmauer. Die Kirche aus dem 12. und 15. Jahrhundert mit einer wehrhaften Chorhaube ist aus Vulkangestein erbaut. Man beachte links im Kirchenschiff die kleine Kapelle Notre-Dame-Trouvée.

Lessay: Das Langhaus der Abteikirche zählt zu den besten Bauwerken normannischer Romanik.

Laval: Das Schloß und sein Bergfried mit dem gezimmerten Dachhut ragen über der alten, einst befestigten Brücke der Mayenne empor.

Lérins (Îles de) 45/A 1

Die Lerinischen Inseln sind von **Cannes*** aus mit dem Schiff zu erreichen. Auf der Insel Sainte-Marguerite steht das imposante Schloß („Fort Royal"), in dem noch die Zelle eines einst als „Mann mit der eisernen Maske" berühmt gewordenen Gefangenen gezeigt wird. Die Insel Saint-Honorat ist Sitz eines Zisterzienser-Klosters. (Ein Skulpturenmuseum und die Kirche sind zu besichtigen.) Hier gibt es einen „Burg" genannten, im 11. Jh. befestigten Teil des Klosters. In den Pinienwäldern ringsum stehen fünf Kapellen, die zum Kloster gehören. Aus dem 5. Jh. stammen einzelne Bauteile von zwei Kapellen, der „La Trinité"-Kapelle, die mit ihrer kleinen Kuppel der eigenartigste dieser Bauten ist – sie steht an der Ostspitze – und der Kapelle „Saint-Sauveur" (westl.). Die übrigen Kapellen entstanden im 12. Jh.

Langeac (12 km südöstl.): Mit einer Kirche aus dem 15. Jahrhundert.
Gorges de l'Allier (9 km nördl.): Über Ville neuve-d'Allier, das durch eine Hängebrücke mit dem mittelalterlichen Städtchen Saint-Ilpize verbunden ist, gelangt man zu diesen Schluchten des Allier-Flusses auf dem Weg nach **Brioude***.

Lectoure 35/C 3

In dieser Ortschaft, die auf einem Bergvorsprung über dem Tal des Gers liegt, hat man von der Promenade auf den alten Stadtwällen aus dem 15./16. Jh. eine herrliche Fernsicht auf die Pyrenäen.
Église Saint-Gervais-et-Saint-Protais: Die gotische Kirche entstand im 12. und im 13. Jh.
Musée lapidaire: Im Skulpturenmuseum sind reiche archäologische Sammlungen zu sehen, darunter 21 Altäre für Stieropfer aus dem 3. und 4. Jahrhundert.
Saint-Avit-Frandat (8 km nördl.): Bei diesem Ort steht das Schloß „Château de Lacassaigne" (17. Jahrhundert) mit einer Nachbildung des Großen Ratssaales der Johanniterritter in Malta. (Er existiert dort heute nicht mehr.)
Château de Gramont (16,5 km östl.): Das Schloß aus dem 14. Jahrhundert besitzt einen hübschen Renaissanceflügel.

Lescar 41/A 2

Cathédrale Notre-Dame: Die romanische Kathedrale mit einer Fassade aus dem 16. Jh. zeigt in der Apsis ausgefallene Mosaikarbeiten mit Darstellungen von Jagdszenen (1225 signiert). Bemerkenswert sind noch das geschnitzte Renaissance-Chorgestühl mit 34 Figuren (Apostel, Propheten und andere) sowie die Grabmäler der Fürsten von Navarra (15. und 16. Jahrhundert).
Lacq (18 km nordwestl.): Hier kann man die Anlagen zur Auswertung von Erdgasquellen besichtigen (Anmeldung am zur Straße gelegenen Schalter „Relations publiques".). Für die Mitarbeiter des Industriekomplexes von Lacq entstand die Ortschaft Mourenx-Ville-Nouvelle (8 km südl.).

Lessay 3/D 3

Die ehemalige Abteikirche, gegen Ende des 11. bis Anfang des 13. Jahrhunderts gebaut, zählt zu den hervorragenden Werken romanischer Architektur in der Normandie. Die Klosterbauten stammen aus dem 18. Jahrhundert.

Lille: „Grand-Place" heißt der belebte Mittelpunkt der Stadt. Eines ihrer wertvollsten Bauwerke ist die Alte Börse, errichtet im Stil des flämischen Barock; rechts ein Portal, Detail in der prunkreichen Fassade.

Lande de Lessay (5,5 km südl.): In dem von Binsen, Gras und Heidekraut bedeckten Gebiet (5 000 ha) hat die 700 ha große „Domaine du Buisson" mit ihren Äckern und Pflanzungen nur wenige Veränderungen hervorgerufen. In Lessay-Lande wird vom 9. bis 12. September ein großer (im 13. Jh. ins Leben gerufener) Jahrmarkt abgehalten („Foire de Sainte-Croix").

Libourne 29/B 3
Der heute so rege Verschiffungshafen für die Weine der Landschaft ringsum, war im 13. Jh. eine Grenzfeste am Zusammenfluß der Isle und der Dordogne. Zeugen der Geschichte sind das „Hôtel de ville" (Rathaus) aus dem 16. Jh., Reste von Befestigungsbauten und Häuser des 16. bis 19. Jh. Ein Wehrturm aus dem 13. Jahrhundert („Tour du Grand Port") steht am Quai de l'Isle.
Château de Vayres* (10 km südwestl.).
Saint-Emilion (6,5 km südöstl.).

Lichtenberg
(Château de) 14/A 1
Nur wenige Adelsbauten aus dem mittelalterlichen Elsaß machen einen so starken Eindruck wie dieses Schloß, das gegen Ende des 13. Jh. erneuert worden ist. Über die Wehrmauern, die im 16./17. Jh. erweitert wurden, erheben sich ein Bergfried und zwei Türme.

Liessies 6/B 1
Église Saint-Lambert: In der Kirche aus dem 16. Jh. sieht man eine interessante Kollektion von Statuen, die von Laien gearbeitet sind.
Vallée de l'Helpe (3 km östl.): Eine schöne Fahrt kann man durch das Helpe-Tal, um den Wald von Trélon herum zum See „Lac du Val-Joly" (östl.), dann weiter nach Trélon (südl.) oder nach **Avesnes-sur-Helpe*** unternehmen.

Lille 2/A 3
Die Hauptstadt von Französisch-Flandern bildet ein gewaltiges Industriegebiet mit Armentières (nach 1918 neu aufgebaut), Tourcoing und Roubaix. Sie hat noch viele Zeugen ihrer bedeutenden geschichtlichen Vergangenheit.
La Grand-Place: Zwischen diesem weiten Platz und einem kleineren benachbarten Platz (Petite Place, Place du Théâtre) steht die Alte Börse, ein flämischer Barockbau aus Natur- und Backstein (17. Jh.) mit reichem Skulpturenschmuck und einem schönen Innenhof. An der Ecke der Rue de la Bourse befindet sich der „Rang du Beau Regard", eine Zeile von Häusern des 17. Jh. mit pilaster- und kartouchengezierten Fassaden.
Kirchen: Sehenswert sind die Sakralbauten Église Sainte-Marie-Madeleine (Anfang 18. Jh.), geschaffen nach einem ungewöhnlichen Grundriß, mit einer kuppelgekrönten Rotunde, sowie die Église Saint-Maurice, eine Hallenkirche mit flämischen Bildern aus dem 14./15. Jh., die Église Sainte-Catherine (16./17. Jh.) mit dem Gemälde „Martyrium der Hl. Katharina" von Rubens, sowie die Église Saint-André, ein eleganter Bau des 18. Jh. mit prachtvoller Kanzel, und die Chapelle Notre-Dame-de-la-Réconciliation, eine Kapelle des 13. Jh., das älteste religiöse Bauwerk der Stadt.
Alte Hospitäler: Im „Hospice-Comtesse" mit Bauten aus dem 15. bis 18. Jh. ist das „Museum für Volkstum und Volkskunst Nordfrankreichs" untergebracht. Das „Hospice gantois" mit weitem Eßraum wurde 1664 gegründet. Ein „Hospice général" von 1739 wie das ehemalige „Hôpital Saint-Sauveur", von dem nur noch ein Pavillon aus dem 17. Jh. steht, ist ebenfalls bemerkenswert.

Zitadelle: Die von Vauban erbaute Festung, die am besten erhaltene in Frankreich, war einst vom Deule-Fluß umspült. Durch das Tor „Porte Royale" kann man den nur an einem Tag im Jahr für jedermann zugänglichen Platz „Place d'Armes" betreten und die um ihn liegenden Bauten (Haus des Gouverneurs, Kapelle, Generalstabsgebäude, Zeughaus) betrachten. An die alten Stadtbefestigungen erinnern noch die Tore „Porte de Gand" (Anfang 17. Jh.), „Porte de Roubaix" (1625 gebaut) sowie die monumentale „Porte de Paris" (1682 bis 1695), die zugleich ein Triumphbogen für Ludwig XIV. war.
Bürger- und Adelshäuser: Von den zahlreichen Bauwerken dieser Art sind das „Hôtel Bidé de la Granville" von 1773 (Rue du Lombard), das „Maison de Gilles de le Boe" in flämischer Renaissance (Place Louise de Bettignies), das „Hôtel d'Avelin" aus dem Ende des 18. Jh. (Rue Saint-Jacques) und das „Hôtel Petitpas de Walle" (Rue de l'Hôp. Militaire) zu erwähnen.
Palais des Beaux-Arts: Das Kunstmuseum (Place de la République) hat einen der reichsten Kunstbestände Frankreichs. Es zeigt bedeutende Sammlungen von frühen Franzosen und Flamen, flämischer Malerei des 16. und 17. Jh. (5 Rubens, 11 Jordaens, 2 Van Dyck, u. a.) sowie Gemälde von Holländern und Italienern (Veronese, Tizian), Spaniern (2 Greco, 2 Goya). Auch ein sehr umfangreiches graphisches Kabinett mit rund 3 000 Handzeichnungen und ein Saal mit einer Sammlung flandrischer Archäologie enthalten kostbare Bestände, die einen ausgedehnten Besuch lohnen.
Hem (10 km östl.): Die Kapelle Sainte-Thérèse-de-l'Enfant-Jésus ist ein hervorragendes Werk moderner Sakralbaukunst.

Lillebonne 4/D 3
Die Ruinen einer Burg (12. Jh.) und ein Bergfried (13. Jh.) der Feste Wilhelms des Eroberers sowie das Römische Theater (110 m zu 80 m groß), das wichtigste antike Bauwerk der Normandie, verdienen einen Besuch.
Port-Jerôme (5,5 km südl.): Mit einer Gruppe von Bauten zur Erdölraffinerie. An dem Seine-Ufer, das diesem Komplex gegenüberliegt, in der Ortschaft Quillebeuf steht eine Kirche des 12. bis 14. Jh. mit romanischem Glockenturm.

Lillers 1/C 3
Collégiale Saint-Omer: Die Stiftskirche aus der Mitte des 12. Jh. blieb trotz einiger Umbauten vom 16. bis 19. Jh. die einzige bedeutende romanische Kirche Nordfrankreichs. Man verehrt hier das eigenartige Kruzifix „Saint-Sang du Miracle" (Anfang 12. Jh.).
Ham-en-Artois (3,5 km nordwestl.): Die ehemalige Abtei Saint-Sauveur wurde im 11. Jahrhundert gegründet.

Limoges 30/A 1
Cathédrale Saint-Étienne: Die Kathedrale aus dem 13. bis 16. Jh. besitzt ein prachtvolles spätgotisches Portal aus dem Anfang des 16. Jahrhunderts und einen 62 m hohen Portalturm.
Église St.-Pierre-du-Queyroix: Kirche aus dem 14. und 15. Jh.
Église Saint-Michel-des-Lions: Der 65 m hohe Turm ragt hoch über dem Kirchbau aus dem 13. bis 16. Jahrhundert empor.
Musée: Das im ehemaligen Bischofspalast untergebrachte Museum besitzt eine ungewöhnlich wertvolle Sammlung von Émail-Arbeiten des Limousin vom 12. Jahrhundert bis zur Gegenwart.
Musée National Adrien-Dubouché: Dieses Keramik-Museum verfügt über einen Bestand von mehr als zehntausend Stücken.
Abtei-Krypta: Die Krypta der ehemaligen Abtei Saint-Martial wurde erst 1960 freigelegt. Ihre ältesten Teile stammen aus dem 4. Jh. Ein Mosaik wird auf das 9. Jh. datiert.
Rue de la Boucherie: In dieser Straße mit den uralten Schlachterläden steht auch eine der Innung zugehörige Kapelle („Saint-Aurélien") aus dem 15. Jahrhundert.
Pont Saint-Étienne: Die Sattelbrücke wurde im 13. Jh. angelegt.
Solignac (11,5 km südl.): Eine der schönsten Kuppelkirchen des Südwestens (Mitte des 12. Jh.).
Oradour sur Glane (23 km nordwestl.): Die Ruinen des 1944 von der SS in Brand gesteckten Dorfes, dessen Bevölkerung vernichtet wurde, stehen noch. Ein neues Dorf wurde gebaut.

Limoux 42/B 3
In der reizvollen kleinen Stadt an der Aude mit ihrer Kirche Saint-Martin (14. bis 16. Jh.) und einer schönen Brücke aus dem 14. Jh. befindet sich ein originelles Museum der „Belle Époque" mit Gemälden, die von Malern dieser Gegend um die Jahrhundertwende geschaffen wurden.
Notre-Dame-de-Marceille (1 km nordöstl.): Die Kirche aus dem 14. Jh. mit schönem Hochaltar und geschnitztem Holzzierrat aus dem 18. Jh. ist eine Wallfahrtsstätte. Eine „Wundertätige Quelle" liegt in sehr romantischer Umgebung.
Saint-Polycarpe (8 km südöstl.): Außer der schönen romanischen Kirche und den Klosterbauten aus dem 17./18. Jahrhundert kann man hier wertvolle Goldschmiedearbeiten besichtigen.
Alet-les-Bains (8,5 km südl.): Inmitten des Friedhofs stehen die imposanten Ruinen der früheren Abteikirche und späteren Kathedrale Notre-Dame aus dem Ende des 12. Jh. Die Kirche Saint-André, im Stil südfranzösischer Gotik zu Ende des 14. Jh. gebaut, sowie malerische alte Häuser (Place de la République) und Reste der alten Stadtbefestigung sind auch sehenswert.

Le Lioran 30/D 3
Der Sommerkurort und Wintersportplatz liegt 1 150 m hoch inmitten schöner Tannenwaldungen. Von hier kann man Ausflüge ins Cantal-Massiv und in dessen Täler mit den zahlreichen Sennhütten unternehmen.
Buron de Belles-Aygues (1,5 km nördl.): Hier besteht im Sommer ein Informationsamt, das über das Leben der Bergbauern und die Herstellung des Cantal-Käses unterrichtet.
Super-Lioran (2 km südl.): Von der neuen Station kann man mit der Schwebebahn auf den „Plomb du Cantal" (1 858 m) fahren.
Puy Griou (5 km westl.): Ein 1 694 m hoher Berg, von dem man eine außergewöhnlich schöne Rundsicht über die Auvergne hat.

Lisieux 10/C 1
Die kleine Stadt ist berühmt geworden durch die Wallfahrt zur Heiligen Theresia vom Kinde Jesu. In der Kapelle „Chapelle du Carmel" steht der reichgeschmückte Schrein mit den Reliquien der Heiligen († 1897). Die „Villa des Buissonnets", in der Theresia ihre Kindheit verbrachte, ist im ursprünglichen Zustand erhalten.
Église Saint-Pierre: Die ehemalige Kathedrale aus dem 12./13. Jh. besitzt am rechten Querschiff ein schönes, mit Skulpturen verziertes Portal „Portail du Paradis" (12. Jh.).
Palais épiscopal: Im früheren Bischofspalast, im Stil Ludwig XIII., ist der Empfangssaal „Chambre dorée" besonders sehenswert.
Église Saint-Jacques: Die Kirche, spätgotisch, stammt aus dem Ende des 15. Jahrhunderts.
Musée du Vieux-Lisieux: Das Heimatmuseum der Stadt.
Musée de la mer: Museum für Meereskunde.
Ausflüge: Lisieux eignet sich gut als Ausgangspunkt für Fahrten ins Tal der Touque. In Quilly-le-Vicomte steht eine der ältesten Normandie-Kirchen (10./11. Jh.).

Limoges: Das gotische Schiff der Kathedrale Saint-Étienne zeugt für das große Können der Baumeister.

Die Granitlöwen gaben der Kirche St.-Michel-des Lions den Namen.

Le Breuil-en-Auge (9 km nördl.): Das Schloß des 16. Jh. mit Holzaufbauten, zwei Pavillons und einem Eingangstor des 18. Jahrhunderts sieht sehr pittoresk aus.
Pont-l'Évêque (17 km nördl.): Hier sind die Kirche aus dem 15./16. Jh., die alten Häuser in der Rue Saint-Michel und der Landsitz der „Dames Dominicaines" aus dem 16. Jahrhundert sehenswert.
Abbaye du Val Richer (11 km westl.): Über die D 59 erreicht man diese ehemalige Abtei, die 1840 zum Schloß umgebaut wurde.
Clermont-en-Auge (23 km nordwestl.): Am Chorbau der Kirche, 500 m vom Dorf entfernt, befindet sich ein Aussichtsplatz, von dem man einen Ausblick in das ganze Gebiet des „Pays d'Auge" hat. Man kann von dort über Criqueville-en-Auge (mit einem Schloß des 16. Jh., nicht zu besichtigen) weiterfahren nach Dives-sur-Mer
St.-Germain-de-Livet* (8 km südlich): Hier liegt ein reizvolles Schloß aus dem 15./16. Jh.

Liverdun 13/B 2

In der Stadt, die auf einem von der Mosel umflossenen Bergvorsprung liegt, sind noch einige Reste der alten Wehrbefestigungen zu sehen.
Église: Die Kirche, im Stil romanisch-gotischer Zisterzienserarchitektur erbaut, enthält das Grab von Saint Euchaire.

Loches 17/D 3

Das Schloß, eine imposante Festung, beherrscht das Stadtbild. Man betritt den Schloßbereich durch die von zwei Türmen des 13. Jh. flankierte „Porte Royale" aus dem 15. Jh. Im Torbau ist auch der Eingang zu den Museen „Musée du Terroir" und „Musée Lansyer" (Malerei des 19. Jahrhunderts und Fernöstliche Kunst).

Logis Royal: In dem Bau des 14./15. Jh. liegt die reizvoll dekorierte Betkapelle der Anne de Bretagne. Die Säle sind gefüllt mit interessanten Kunstwerken, darunter ist auch das Grabmal von Agnes Sorel, der Favoritin von Karl VII. († 1450). Es stammt aus der Schule des Jean Fouquet.
Befestigungsanlagen: Die „Donjon" genannte Wehranlage mit dem romanischen Bergfried (11. Jh.), dem Turm „Tour Ronde" und dem „Martelet" (15. Jahrhundert) erinnert an den ehemaligen Festungscharakter der Stadt.
Église Saint-Ours: Die Kirche aus dem 12. Jh. ist mit zwei spitzen Helmtürmen und Dachbauten in Pyramidenform versehen. Sie hat ein verziertes romanisches Portal.
Beaulieu-les-Loches (1,5 km östl.): Ein majestätischer Turm aus dem 12. Jh. steigt über der geräumigen, zum Teil eingestürzten, romanischen Abteikirche des 11. Jh. empor. Außer der Abtswohnung sieht man das sogenannte „Haus der Agnès Sorel" (15. Jh.).
Le Liget (10 km östl.): Über die D 760 erreicht man durch den Wald von Loches die Ruinen der einstigen Kartause von Liget mit einer Kirche aus dem Ende des 12. Jh. und Klosterbauten des 17. Jh.

Locronan 8/B 3

Der Ort ist charakteristisch für die alte Bretagne. Der Platz in seiner Mitte bildet mit der Kirche aus dem 15. Jh., der Bußkapelle, mit Granithäusern der Renaissance (16./17. Jh.) und dem Ziehbrunnen eine reizvolle Einheit. Das Städtchen und sein 289 m hoher Berg „Plas-ar-C'horn" sind Schauplatz einer „Petite Tromenie" genannten Sankt-Ronan-Prozession am 2. Julisonntag und alle 6 Jahre Ort der Prozession „Grande Tromenie".

Chapelle du Pénity: Hier befinden sich das Grab des Heiligen Ronan, die Plastik einer Grablegung (16. Jh.) und andere Kunstwerke.
Chapelle Notre-Dame-de-Bonne-Nouvelle: Die Kapelle stammt aus der Mitte des 16. Jahrhunderts.
Chapelle Sainte-Anne-la-Palud (8 km nordwestl.): Die Wallfahrtskapelle in der Heide ist am letzten Augusttag Ziel von Wallfahrern.

Lodève 43/A 1

Cathédrale Saint-Fulcran: Die Kirche aus dem 14. Jh. hat eine wehrhaft ausgebaute Front. Im Innenraum sind das Chorgestühl und der Hochaltar sehenswert (beide 18. Jh.). Der Kreuzgang wurde im 15. bis 17. Jh. erbaut.
Musée de préhistoire: Das prähistorische Museum in der ehemaligen Karmeliterkapelle.
Pont de Montifort: Eine gotische Brücke über die Soulondres.
Saint-Michel-de-Grandmont (6 km östl.): In der stattlichen Klosteranlage mit romanischen und gotischen Teilen befindet sich eine sehr schöne romanische Kirche (13. Jahrhundert) mit einem Kreuzgang.
Cirque de Gourgas (9 km nordöstl.): Ein malerischer Talkessel.
Pas de l'Escalette (15 km nördl.): Eine Straßenführung in Felswänden, die 300 m hoch über dem Fluß Lergue verläuft.

Lombez 41/D 1

Cathédrale: Die alte Kathedrale aus dem 14. Jh. hat zwei ungleich breite Schiffe und einen prachtvollen achteckigen Glockenturm mit fünf Stockwerken im Toulouser Stil. Unter den Kunstwerken im Innern sind das Chorgestühl (17. Jh.), der Hochaltar aus dem 18. Jh. und eine liegende Christusgestalt aus dem 15. Jh. bemerkenswert.

Loches: *Vom Ufer der Indre aus hat man diesen Blick auf die Stadt, überragt vom Schloß. Der Ort hat noch viel vom Charakter eines Festungsortes bewahrt. Rechts: Treppe zur Betkammer der Anne de Bretagne.*

Lourdes

Locronan: Breit und mächtig, von Steinflechten verkrustet, steht der Turm der „Église de Pénity".

Simorre (17 km westl.): Hier steht die schönste Wehrkirche der Gascogne aus dem 14./15. Jh.
Cazaux-Savès (9 km nordöstl.): Ein türmebewehrtes Renaissanceschloß mit schönem Ehrenhof.

Longwy 7/B 3
Die Industriestadt besteht aus drei Ortsteilen: „Longwy-Bas", das im Halbrund an den steilen Hängen des rechten Cher-Ufers emporklettert, „Longwy-Haut", das um die alte, von Vauban geschaffene Festung gelagert ist (Eingang durch das Tor „Porte de France") und aus dem Industrie-Vorort „Gouraincourt" im Nordosten.
Mont-Saint-Martin (5 km nördl.): Bemerkenswerte Kirche im Stil deutscher Romanik.
Cons-la-Grandville (9 km südwestl.): Mit einem prachtvollen Renaissanceschloß aus dem Ende des 16. Jahrhunderts.
Longuyon (18 km südwestl.): Mit schöner Kirche aus dem 13. Jh.

Lons-le-Saunier 26/B 2
Zwischen dem Hôtel de ville (Rathaus), in dem das Museum eingerichtet ist, und dem Spitalbau aus dem 18. Jh. verläuft die „Rue du Commerce" mit ihren Arkadenhäusern aus dem 18. Jh. Sie verbindet diese bedeutenden Bauten mit dem Hauptplatz („Place de la Liberté").
Église Saint-Désiré: Die Kirche aus dem 11. Jh. ist einer der ältesten Sakralbauten der „Franche-Comté". In der schönen, dreischiffigen Krypta mit gewölbten Jochen steht der Sarkophag des Heiligen Desideratus (5. Jahrhundert).
Thermalbad: Die Einrichtungen für Kuren mit Salzwasser und ein Kurpark von 7 ha (mit zwei kleinen Seen) werden viel besucht.
Montaigu (3 km südöstl.): Mit dem Heimathaus des Dichters der Marseillaise, Rouget de l'Isle. – Kleines Museum.
Baume-les-Messieurs* (18 km nordöstl.): Interessant sind die alte Abtei und der Talkessel „Cirque de Baume".

Lorient 15/D 1
Der Stadtkern dieses wichtigen Flottenstützpunktes und Fischereihafens, 1940/1945 zerstört, ist neu gebaut worden. Am rechten Ufer des Scorff erstrecken sich die Anlagen des Arsenals. (Zugang nur für französische Staatsbürger.) An dessen Eingang stehen zwei elegante Pavillons im Stil Ludwig XV. Auf einem Hügel sind der Turm „Tour de la Découverte" (Ende 18. Jh.) und zwei Pulvermühlen der Admiralität aus dem 17. Jh. zu sehen. In einem der Bauten ist ein Marine-Museum eingeordnet.
Keroman (2 km südl.): In diesem Fischerhafen liegt die von Deutschen 1941/43 errichtete U-Boot-Basis (Besichtigung in der Saison.).
Île de Groix (14 km südwestl.): Die Insel erreicht man mit dem Schiff, wobei man in **Port-Louis*** zwischenlanden kann. In der schönen Landschaft der Insel stehen mehrere Megalithe (Groß-Steine). Im Nordteil, wild und zerklüftet, liegt der Hafen von Port-Tudy. Beste Sandstrände gibt es im Osten und im Süden der Insel.

Loudun 23/B 1
Die von Boulevards umgebene Altstadt hat noch viel vom Aussehen in alten Zeiten. Unter den Häusern aus früheren Jahrhunderten befindet sich das Haus des berühmten Mediziners Théophraste Renaudot (16./17. Jahrhundert).
Musée Charbonneau-Lassay: Das Museum hat eine bedeutende Sammlung von Waffen (vom Frühmittelalter bis 19. Jh.). Es zeigt außerdem heimatkundlichen Besitz.
Église Saint-Hilaire-du-Martray: An diese Kirche aus dem 14. – 16. Jh. ist an der linken Südseite die Notre-Dame-de-Recouvrance aus dem Ende des 15. Jh. angebaut.
Saint-Jouin-de-Marnes (18 km südwestl.): Die schöne romanische Kirche aus dem 11./12. Jh. überrascht durch ihre Größe (72 m lang, 15 m hoch). Fassade und Gewölbe sind im Stil des Anjou ausgeführt.
Airvault (27 km südwestl.): Außer der romanischen Kirche aus dem Anfang des 12. Jh. mit einer stämmigen Vorhalle vor dem Langhaus im Anjou-Stil sind Reste eines Kreuzgangs (15. Jh.) und des Kapitelsaals (12. Jh.) einer ehemaligen Abtei zu besichtigen.
Saint-Généroux (23,5 km südwestl.): Mit einer Kirche aus karolingischer Zeit.
Saint-Loup-Lamairé (36 km südwestl.): Bei dem malerischen Städtchen, das zahlreiche alte Backsteinhäuser mit Holzteilen (15./16. Jh.) besitzt, liegt ein Schloß im Stil Ludwig XIII. mit einem Bergfried aus dem 15. Jh. und einem merkwürdigen Empfangssaal des 15. Jh. mit drei Rängen.

Louhans 26/A 2
Hôtel-Dieu: Das alte Spital besitzt eine schöne Apotheke des 17. Jh. mit Gefäßen (Fayencen) aus Lyon und Nevers. An der Grande-Rue stehen hübsche arkadengezierte Häuser des 17. und 18. Jahrhunderts. Das Rathaus stammt aus dem 18. Jahrhundert.

Lourdes 41/B 2
Der berühmte Wallfahrtsort der katholischen Christenheit am Gave-Fluß besteht aus dem Ortsteil Alt-Lourdes um die Burgfeste und dem Gelände der „Cité religieuse".
Château fort: Die Burgfeste, ein eindrucksvolles Beispiel der Wehr-

Lodève: Der Turm der ehemaligen Kathedrale Saint-Fulcran ist das Wahrzeichen der Stadt am Zusammenfluß von Lergue und Soulondres.

Lourmarin: *Der gelbe Stein des Schlosses steht in schönem Kontrast zu den dunklen Zypressen und Pinien.*

baukunst des Mittelalters, steht auf einer isolierten, 70 m hohen Felsenkuppe. Man gelangt mit dem Lift oder über Treppen hinauf.

Musée pyrénéen: Das Pyrenäen-Museum, eines der sehr gut ausgestatteten Regionalmuseen, befindet sich in diesem Schloß.

Place du Rosaire: Die Straße „Esplanade des Processions" führt zu diesem Platz mit drei übereinander geordneten Kirchen. Da stehen die neobyzantinische „Église du Rosaire", die Krypta und die mit Votivtafeln gleichsam tapezierte neugotische Basilika (1876), und unter der Esplanade befindet sich die gewaltige Basilika Saint-Pie X.

Grotte de Massabielle: Zur Rechten der Kirche am Gave-Fluß liegt die Grotte, in der die kleine Bernadette Soubirous 1858 eine Erscheinung der Muttergottes wahrnahm.

Museen: Interessant für Pilger und Kunstfreunde sind, das Musée Bernadette und ihr Geburtshaus, das Musée de cire (religiöse Wachsfiguren) und das Musée de Gemmail.

Lac de Lourdes (3 km westl.): Hier kann man Boote mieten und angeln.

Pic du Jer (1,5 km südl.): Auf den Berg fährt man mit einer Seilbahn (alle 30 Minuten). Der Gipfel liegt in einer Höhe von 948 m.

Lourmarin 44/A 1

Die auf einem Hügel gelegene Schloßanlage besteht aus zwei Teilen, dem Alten Schloß („Château Vieux") aus dem 15./16. Jh., im Osten gelegen, und dem Haupthaus im Westen, einem eleganten Renaissancebau, in dem die „Stiftung Laurent-Vibert", ein Hilfswerk für Schriftsteller und Künstler, ihre Räume hat. Das Schloß, in dem interessante Kunstsammlungen zu sehen sind, ist von schönen Gartenterrassen umgeben.

Combe de Lourmarin (5 km nördl.): Eine tiefe Senke, die den Großen vom Kleinen Lubéron trennt (siehe **Lubéron***).

Cadenet (4,5 km südl.): Mit einer Kirche des 14. Jh. und dem Denkmal des „Tambour von Arcole" (Napoleons Trommlerbub bei der Eroberung der Brücke von Arcole, im Jahre 1796).

Louveciennes 11/C 2

Die Stadt liegt auf dem linken Seine-Ufer mit der Kirche Saint-Martin aus dem 12./13. Jh. und mit Schlössern aus dem 17. und 18. Jh., die in ihren Parks versteckt bleiben und nicht zu besichtigen sind. Es stehen noch Reste eines Aquäduktes, der Seinewasser nach Versailles transportiert hat.

Grab von Marschall Joffre: An der Rue du Maréchal-Joffre sieht man durch ein Gartengitter den kleinen Rundtempel, der das Grab des 1931 verstorbenen Marschalls Joffre, Heerführer Frankreichs im Weltkrieg 1914/18, birgt.

Bougival (2 km östl.): Auch hier liegen einige schöne, weitläufige Besitzungen und Güter, doch hat die Landschaft noch weite bäuerliche Bezirke. Die Kirche von Bougival besitzt einen romanischen Turm und einen Chor (13. Jh.).

Louviers 11/A 1

Die Stadt wird von mehreren Armen der Eure durchflossen.

Église Notre-Dame: Die schöne Kirche aus dem 12./13. Jh. wurde im 15./16. Jh. an den Außenfronten mit dem Schmuck zahlreicher Figuren versehen. Die rechte Seite und der dortige Portalvorbau erhielten besonders reizvollen spätgotischen Zierrat.

Musée: Das Museum zeigt archäologische Kollektionen und Dokumentationen zur regionalen Volkskunde.

Acquigny (5 km südl.): Das prächtige Renaissanceschloß steht am Ufer der Eure.

Lucéram 39/B 3

Église: In der Kirche aus dem 15. Jahrhundert, die im 18. Jh. nach dem Stil des italienischen Rokoko umgebaut wurde, sind bedeutende Kunstwerke, darunter drei Altaraufsätze des 15./16. Jh. von Bréa und ein reicher Kirchenschatz anzuschauen. Die kleine Andachtskapelle von Saint-Grat ist vollständig ausgemalt mit Bildern des 15. Jahrhunderts.

Chapelle Notre-Dame-de-Bon-Coeur (1,8 km): Mit Fresken aus dem 15. Jahrhundert.

Coaraze (19 km südwestl.): Der Ort, der auf einer Felsspitze liegt, ist ein Zentrum für das Kunsthandwerk der Region.

Contes (17,5 km südwestl.): In der gegen Ende des 16. Jh. gebauten Kirche des auf einem Steilfelsen ruhenden Dorfes steht eines der Hauptwerke der „Schule von Nizza", der „Retable de Sainte-Madeleine", ein Altarbildwerk mit zwei Flügeln, das um 1525 geschaffen wurde. Von Contes gelangt man zum Col de Nice (14 km nordöstl.).

Luçon 22/D 2

Cathédrale Notre-Dame: Die gotische Kathedrale aus dem 13./14. Jh. hat eine klassizistische Fassade aus dem Ende des 17. Jh. und am nördlichen Querschiff einen romanischen Giebel (Ende 11. Jh.). Bei der Besichtigung des Innenraums achte man auf den schönen holzgearbeiteten Schmuck im Chor (Mitte 18. Jh.), die Stuckdekorationen im Rocaillestil (südliches Querschiff) und die bemalte Kanzel (Anfang des 17. Jh.), genannt „Chaire de Richelieu", Kanzel von Richelieu. Der spätere Kardinal war von 1608 bis 1623 Bischof von Luçon.
Palais épiscopal: Der Bischofspalast lagert sich um einen Kreuzgang der Chorherren mit mehreren Galerien, darunter sind drei gotische.
Saint-Michel-en-l'Herm (16 km südwestl.): Von der ehemaligen Abtei kann man weiterfahren nach L'Aiguillon-sur-Mer, einem Hauptzentrum der Austern- und Miesmuschelzucht.
La Tranche-sur-Mer: Der Badeort hat einen herrlichen, weiten Strand mit Dünen. Hier befinden sich zahlreiche Blumenzwiebel-Pflanzungen. Im April werden große Blumenausstellungen veranstaltet.
Sainte-Hermine (16 km nordöstl.): Mit einem eigenartigen Denkmal von Präsident Clémenceau, der unter Soldaten an der Front dargestellt ist.

Le Lude 17/C 2

Das Schloß, eines der schönsten der französischen Renaissance, präsentiert sich als ein von vier dikken Rundtürmen flankiertes Viereck. Der Nordflügel aus dem Ende des 15. Jh. zeigt eine gotische Fassade, der Südflügel ist im Stil Franz I. mit Medaillons und Skulpturen geziert. Die das Schloß einfassenden Wallgräben wurden in Gartenanlagen umgewandelt. (Geöffnet von Ostern bis 1. November).
Champmarin (13 km nordöstl.): Mit Landschloß der Renaissance.

Lunéville 13/C 2

Église Saint-Jacques: Die Kirche aus der Mitte des 18. Jh. ist ein kostbares Beispiel reiner Rokoko-Architektur. Im Innenraum sind sehr schön gearbeitete Holzeinrichtungen im Stil der Régence-Zeit (1715 – 1729) mit Tribüne und Orgelgehäuse zu sehen.
Le Château: Vor dem Schloß aus dem 18. Jahrhundert liegt ein weiter Ehrenhof. Der majestätische Mittelbau steht zwischen zwei kleinen Flügeltrakten. Außer einem Museum mit Sammlungen von historischen Erinnerungen, Porzellan, Bildern und Skulpturen des 18. und 19. Jh., befindet sich im Schloß noch ein militärkundliches Museum. Die Schloßgärten hinter dem Schloß („à la française") sind besonders schön.

Lubéron (Montagne du) 44/A 1

Westlich von **Apt*** sieht man bei einer Fahrt über die N 100 eine der am besten erhaltenen römischen Brücken in Frankreich („Pont Julien"), die über den Coulon führt. Eine Besichtigung lohnen die romanische Kirche in Goult, 2 km nordwestl. davon die mit Sarkophagen ausgestattete karolingische Kirche von Saint-Pantaléon, dann die in einem schönen Park gelegene Wallfahrtskirche Notre-Dame-de-Lumière (17. Jh.). Von hier fährt man nach **Oppède-le-Vieux*** und **Ménerbes***. Die D 109 geht dann nach Lacoste (6 km östl.), wo man ein teilweise zerfallenes Schloß (15. Jh.) und, 3 km nordwestl. von diesem, die ehemalige romanische Abtei Saint-Hilaire besuchen kann. Von Lacoste gelangt man auch nach Bonnieux, einem malerischen Dorf auf einem Bergvorsprung mit Resten einer Wehrmauer hinter der alten Kirche (13. – 15. Jh.). Von Bonnieux fährt man über die kurvenreichen Straßen D 36 und D 943 zurück nach **Apt***, vorüber an der einstigen Propstei Saint-Symphorien und am ehemaligen Fort von Buoux. Südlich geht es nach **Lourmarin***, durch die herrliche Landschaft „Combe de Lourmarin" und nach **La Tour-d'Aigues***. Die schönste Route dieses Gebiets, die prachtvolle Ausblicke bietet, folgt von **Cavaillon*** bis Bonnieux der Forststraße, die über die Höhenkämme durch die „Hautes Plaines" und durch das „Massif des Cèdres" geht und eine sehr abwechslungsreiche Strecke ist.

Lunéville: *Der von Versailles inspirierte Schloßbau aus dem Beginn des 17. Jahrhunderts ist vom Geist machtbewußter Repräsentation geprägt.*

Le Lude: *Die im Stil von „François I." geschmückte Südfront, zugleich stämmig und elegant, ist der prächtigste Teil des gotischen Bauwerks.*

Luxeuil-les-Bains 20/C 1

In dem bekannten Thermalbad gibt es eine Reihe interessanter historischer Bauwerke, so das „Maison Jouffroy", eleganter Herrensitz des 15. Jh. mit Wachtturm aus der Mitte des 16. Jh., in dem sehr schöne Kamine stehen, oder das „Maison François I.", ein Renaissance-Haus. Im ehemaligen Haus des Abts logiert jetzt die Stadtverwaltung.

Basilique Saint-Pierre: Die einstige Abteikirche aus dem 14. Jh. besitzt einen Kreuzgang aus rosa Sandstein (14./15. Jh.).

Musée Tour des Echevins: Ein Heimatmuseum befindet sich in dem auch „Maison carrée" genannten Stadtturm (Mitte 15. Jh.).

Faucogney (15,5 km nordöstl.): Die einst befestigte Stadt liegt sehr malerisch unterhalb des „Mont Saint-Martin", einem mächtigen Sandsteinfelsen, auf dem eine Kapelle steht. Zwischen Faucogney und Le Thillot erstreckt sich das Plateau von Esmoulières, eine von Weihern durchsetzte, zum Teil bebaute, zum Teil unberührte Landschaft, über der sich in der Ferne die blauen Schatten der Vogesenberge in den Himmel heben.

Luynes 17/C 2

Oberhalb des Ortes steht eine schöne Burg des 13.–15. Jh. (Kein Zutritt.) Sehenswert sind einige Häuser des 16. Jh., die Markthalle in gezimmerter Form (15. Jh.) und (in nordöstl. Richtung, 1,5 km entfernt) die Ruinen eines gallo-römischen Aquäduktes.

Luzech 36/A 2

Das alte Städtchen liegt kurios in einer Schleife des Lot, auf einer Landenge, die an ihrer schmalsten Stelle nur 200 m breit ist. Malerische Gassen und alte Häuser sowie die Ruinen eines Schlosses mit einem Wehrturm aus dem 13. Jh. verleihen dem Ort einen eigenen Reiz. Sehenswert sind auch die Büßerkapelle aus dem 12. Jh., die Kirche Saint-Pierre aus dem 14. Jahrhundert und die Reste einer antiken Siedlung („L'Impernal") im Norden der Stadt.

Luz-Saint-Sauveur 41/B 3

Der kleine Ort Luz (685 m) und der Ort Saint-Sauveur (731 m), in dem sich die größeren Hotels befinden, bilden zusammen eine Gemeinde, die in einer für das Pyrenäengebiet typischen Bauweise angelegt ist.

Église de Luz: Die Kirche von Luz, entstanden im 12./13. Jahrhundert, und im 14. Jahrhundert wehrhaft ausgebaut, ist von einer Mauer mit Schießscharten umgeben. Sie besitzt ein romanisches Seitenportal, dessen Bogenfeld mit Skulpturen geschmückt ist.

Pont Napoléon (2,5 km südl.): Die 1861 gebaute Brücke erhebt sich

Luz-Saint-Sauveur: „Von Luz nach Gavarnie herrscht das reine Chaos, es ist die Hölle" schrieb die Schriftstellerin George Sand unter dem Eindruck der wilden Schönheit der Hochpyrenäen.

Luz-Saint-Sauveur: Der Bergkessel „Cirque de Gavarnie" ist für seine Wasserfälle zwischen gewaltigen Felsenmassiven berühmt.

65 m hoch über dem „Gave du Pau" und führt in die enge Schlucht „Gorge de Saint-Sauveur".
Gèdre (11 km südl.): Von hier kann man Ausflüge machen zur Kapelle Notre-Dame-de-Héas (1 522 m hoch gelegen) oder zum „Chaos" (Felsenmeer) von Coumély.
Gavarnie (20 km südl.): Von dem schlichten Bergdorf mit einer Kirche aus dem 14. Jh. geht es zum Talkessel „Cirque de Gavarnie", einer der berühmtesten Sehenswürdigkeiten der Pyrenäen: gewaltige, steil aufragende Schneewände und Wasserfälle bieten hier unvergeßliche Eindrücke.

Lyon 31/D 1

In der an Kunst reichen Stadt am Zusammenfluß von Rhône und Saône sind die alten Ortsteile („Croix-Rousse", „Saint-Jean") ebenso sehenswert wie einzelne repräsentative Bauwerke.
Place Bellecour: Der Platz mit einer Fläche von 310 m mal 200 m einer der größten in Frankreich, wird im Osten wie im Westen von Bauten mit symmetrischen Fronten im Stil Ludwig XVI. eingerahmt. In der Platzmitte steht ein Reiterstandbild Ludwig XIV.
Quartier d'Ainay: Zwischen „Place Bellecour" und „Place Carnot" erstreckt sich dieses Viertel, in dem das bekannte Historische Stoffmuseum, das „Musée des Arts décoratifs" und die romanische Basilika Saint-Martin-d'Ainay liegen.
Place des Terreaux: Hier befinden sich das Hôtel de ville (Rathaus) aus dem 17. Jh. und das Kunstmuseum (im Palais Saint-Pierre).
Quartier de la Croix-Rousse: Vom Platz „Place Tolozan" erreicht man am besten die Altstadtgäßchen („Traboules") mit ihren malerischen Winkeln, durch die man zum Viertel der „Canuts", der Seidenweber gelangt, dessen schmale hohe Häuser mit ihren unzähligen Fenstern das Bild dieses Stadtteils bestimmen. Auf die Höhe des „Boulevard de la Croix-Rousse" führt vom Platz „Place Croix-Paquet" eine Bergbahn. Dort sind im Botanischen Garten die Reste eines römischen Amphitheaters zu sehen. In der Rue d'Isly befindet sich ein interessantes und besuchenswertes „Musée des Canuts" (Museum der Seidenweber).
Quartier Saint-Jean: Der auch als „Vieux-Lyon" (Alt-Lyon) bezeichnete Stadtteil an der Saône unterhalb des Hügels von Fourvière. Hier bietet die frühere Hauptstraße Rue Saint-Jean, die gesäumt wird von gotischen Häusern und Renaissancebauten, ein eindrucksvolles Beispiel für eine städtebauliche Anlage des 15./16. Jh.
Cathédrale Saint-Jean: Die Kathedrale (12. bis 15. Jh.) wird zur Rechten durch die Mauer eines Kreuzgangs aus dem 11. Jh. be-

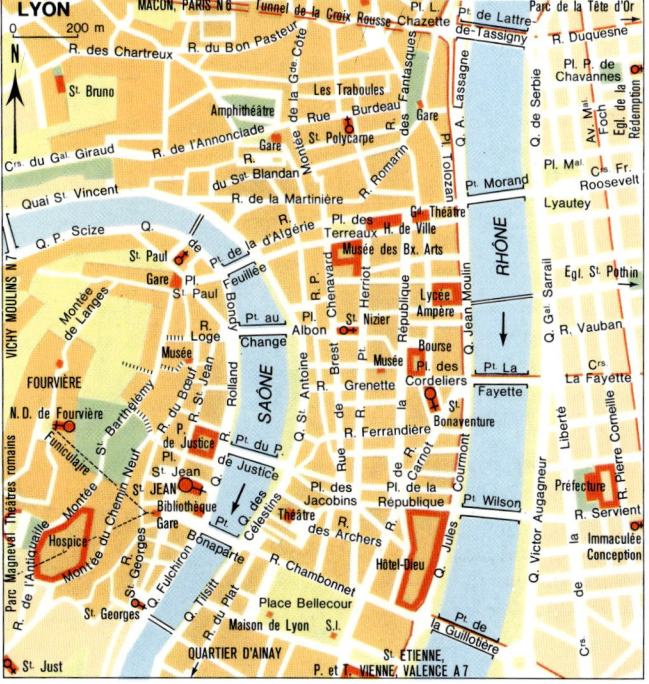

Lyon: *In den Altstadtvierteln wechseln enge Durchgangstore und steile Gassen einander ab und bescheren immer wieder reizvolle Bilder.*

grenzt, die einst zu einer Singschule gehörte. Am Unterteil der Kirchenportale in der Front befinden sich 350 sehr ausdrucksvolle gotische Reliefs. Im Innern sind sehenswert die Glasfenster des 12. und 13. Jh. und (im südl. Seitenschiff) die reichgeschmückte Kapelle der Bourbonen (Ende 15. Jh.).
Adelsbauten in Alt-Lyon: Von den zahlreichen herrschaftlichen Bauten sind besonders bemerkenswert in der Rue Juiverie (Nr. 8) das „Hôtel Bulliond" mit einer Galerie von Philibert Delorme (1515–1570) und (Nr. 4) „Hôtel Patherin", ein meisterlicher Bau der Lyoner Renaissance sowie in der Rue de Gadagne (Nr. 8) „Hôtel de Gadagne" mit dem Stadtgeschichtlichen Museum von Lyon und einem Marionettenmuseum.
Colline de Fourvière: Man kann diesen Stadtteil auf der Anhöhe mit einer Drahtseilbahn (genannt „La ficelle", die Schnur) vom Platz „Place Saint-Jean" oder über eine kurvenreiche Bergstraße erreichen.
Basilique Notre-Dame-de-Fourvière: Die Basilika ist außen und innen mit der Vorliebe für Pomp in der Architektur und dekorativen Kunst des ausgehenden 19. Jh. gestaltet.
Parc Magneval: Über die Rue de l'Antiquaille gelangt man hier oben zum „Parc Magneval", in dem die freigelegten römischen Bauten zu besichtigen sind: das Große Theater mit einem Durchmesser von 108 m und das Kleine Theater (auch „Odeon" genannt). Ein Geschäftsviertel und Fundamente eines Tempels der Cybèle sind außerdem zu sehen. Ein Archäologisches Museum mit hervorragendem Bestand, gebaut 1974 bis 1976, ist unterirdisch angelegt.
Musée des Beaux-Arts: Das Kunstmuseum in einer ehemaligen Benediktinerabtei des 17. Jh. hat eine reiche Sammlung von Plastiken (griechische Antike, Mittelalter, Renaissance) und Gemäldesäle (Rheinländer, Holländer, Italiener, Franzosen, Lyoner Schule des 19. Jh., Gegenwartskunst).
Musée lyonnais des Arts décoratifs: Ein Kunstgewerbe-Museum.
Musée historique des Tissus: Ein Museum zur Geschichte der Stoffe und ihrer Verarbeitung.
Musée des Hospices civils: Das im Spital („Hôtel-Dieu") untergebrachte Krankenhaus-Museum zeigt eine interessante Apothekeneinrichtung des 17. Jahrhunderts.
Musée Guimet: Fernöstl. Kunst.
Musée de la Marionette: Das Puppenspiel-Museum im „Hôtel de Gadagne" lohnt ebenso einen Besuch wie die Puppenspiel-Vorstellungen im Konservatorium.
Parc de la Tête-d'Or: Hier liegen am linken Rhône-Ufer Treibhäuser, Rosengärten und der Zoo.
Île Barbe (6 km nordwestl.): Auf der kleinen Insel in der Saône befinden sich ländliche Restaurants, schattige Promenaden und die Restbauten eines Klosters (16. Jh.).
Château de Rochetaillée (11 km nördl.): Im Park dieses Schlosses befindet sich das Französische Automobilmuseum.
Charbonnières-les-Bains (10 km westl.): Das Thermalbad besitzt schöne Kuranlagen, ein Kasino und einen weitläufigen Park.
L'Arbresle (27 km nordwestl.): Hier steht das Dominikanerkloster Sainte-Marie-de-La-Tourette, eines der letzten Werke des berühmten Architekten Le Corbusier.
Beaunant (10 km südwestl.): Man kommt über Oullins und durch das Tal der Yzeron zu diesem Ort, bei dem man die Restbauten eines römischen Aquäduktes sehen kann.
Rundfahrt durch die Gebiete des Mont d'Or (nördl.): Über Saint-Cyr-au-Mont-d'Or nach dem Berg „Mont Cindre" (467 m), dann zur Höhe des „Mont Thou" (612 m) und nach Poleymieux-au-Mont-d'Or mit dem „Maison d'Ampère", einem Museum für Elektrizität.

Lyons-la-Forêt 5/A 3
Die Ortschaft inmitten der Wälder Lyons besitzt eine Markthalle des 18. Jh. und eine Kirche, die in einem Stilgemisch von Romanik und Renaissance gebaut wurde.
Forêt domaniale de Lyons: Die Forste um die Stadt gelten als schönste Buchenwälder Frankreichs. Hirschjagden finden hier vom 15. September bis 15. April an jedem Samstag statt.
Abbaye de Mortemer (7,5 km südl.): Hier sind Klosterruinen des 13. Jh. zu sehen.
Vallée de l'Andelle (7 km westl.): Mit „Château Vascœuil", einem Schloß, das zu einem internationalen Kulturzentrum wurde.

Lyon: *Die Kirche von Notre-Dame-de-Fourvière, nach 1870 gebaut, ragt über den Stadtteilen am Fluß empor.*

Mâcon 25/D 3
Die Heimatstadt des Dichters Lamartine besitzt mehrere schöne Adelshäuser, etwa das „Hôtel Sénecé" (Anfang 18. Jh.), das zum „Lamartine-Museum" wurde, das „Hôtel de la Baume-Montrevel" im Stil Ludwig XVI. (jetzt Rathaus), das „Hôtel de Pierreclos" (1660) und das „Hôtel d'Ozeray", in dem der Dichter wohnte.
Musée des Beaux-Arts: Das Kunstmuseum wurde in einem ehemaligen Ursulinerinnen-Kloster eingerichtet.
Hôtel-Dieu: Das Spital zeigt eine wertvolle Apotheke aus der Zeit Ludwigs XV. mit einer bedeutenden Sammlung von Fayencen des 18. Jahrhunderts.
Milly-Lamartine (12 km nordwestl.): Hier steht das Haus, in dem der Dichter aufwuchs. Von Milly kommt man zu dessen Lieblingsort, nach Saint-Point, mit einer Kirche im Stil von Cluny. Lamartine und seine Frau ruhen in einer Kapelle bei der Kirche. Das Schloß, im 19. Jh. umgebaut, hat Räume, in dem Erinnerungsstücke an den Dichter gezeigt werden. (An Sonn- und Feiertagen nachm. geschlossen.)
Weindörfer (9 km südwestl.): Besonders bekannt sind Pouilly, Fuissé und Chasselas (Weißwein).
Solutré (9 km südwestl.): Hier hat man wichtige prähistorische Funde gemacht, darunter über 100 000 Pferdegerippe, und Ausgrabungen, vor allem im „Cros du Charnier", durchgeführt. Ein Museum dokumentiert die Arbeit.

Magny-en-Vexin 11/B 1
Die Kirche aus dem Anfang des 16. Jh. (mit einer Renaissancepforte) enthält eine sehr schön gestaltete Taufkapelle und einige interessante Kunstwerke. In der umliegenden Altstadt stehen mehrere Häuser des 16. und 18. Jh.
Château de la Villarceaux (7,5 km südwestl.): Das Schloß wurde im 18. Jh. erbaut. (Kein Zutritt.)
Château d'Ambleville (7 km westl.): Das Schloß mit Bauteilen der Renaissance und des 17. Jh. ist von schönen Gärten „à la française" umgeben.

Maguelone 43/B 1
Cathédrale Saint-Pierre: Die wehrhaft ausgestattete ehemalige romanische Kathedrale erhebt sich 4 km südwestl. von Palavas-les-Flots zwischen Meer und Haff mit einem gewaltigen Baukörper über dem Gutsgelände von Maguelone. Das einschiffige Langhaus wird in halber Höhe durch eine Empore aus Stein aufgeteilt (16. Jh.). Im Chor sind Gräber des 15. Jh., ein Sarkophag des 5. Jh. und viele Grabplatten zu besichtigen. Vom Bischofspalast und vom Kapitelsaal stehen nur Ruinen.
Palavas-les-Flots: Der Fischerhafen und sehr beliebte Badeort hat einen ausgedehnten Strand. Man kann von hier über die Nehrung nach **La Grande-Motte*** und Grau-du-Roi (19 km östl.) gelangen. Zwischen La Grande-Motte und Carnon-Plage dehnt sich der „Étang de Mauguio" („Étang d'Or"), ein Haff, in dem Tausende von Meeresvögeln leben.

Maîche 20/D 3
Der Ferienort und Wintersportplatz liegt auf einem Plateau zwischen zwei Tälern. Alte Häuser, eine Kirche aus dem 18. Jh., die Burgruine und schöne Tannenwälder machen den Ort sehr anziehend.

Maîche: Die Kirche von Les Bréseux, dem Nachbarort von Maîche, hat der Maler Manessier mit herrlichen Fenstern ausgestattet.

Fournet-Blancheroche (11 km südöstl.): Hier stehen die „Échelles de la Mort" (Todesleitern), eiserne Treppengerüste, über die man emporklettert zum „Belvédère", von dem man eine großartige Aussicht in die Schluchten des Doubs hat.
Les Bréseux (3 km nördl.): Mit einer modernen Kirche (1950), deren Fenster berühmt sind.

Maillezais 23/A 2
Im Herzen der Marschen-Landschaft „Marais Poitevin" erheben sich die grandiosen Ruinen der Abtei Saint-Pierre.
Abbaye Saint-Pierre: Die im 11. Jh. gegründete Abtei haben schon Rabelais und Agrippa d'Aubigné, der gegen Ende des 16. Jh. die rechteckige Wehrmauer bauen ließ, bewundert. Von der Abteikirche des 11. und 14. Jh. stehen noch die Vorhalle, zwei viereckige Türme und einige Bogenführungen an der Nordwand. Nach 1955 wurden der Boden der romanischen Abtei und der Unterbau des Kreuzgangs freigelegt. Von den gotischen Abteibauten des 14. Jh. existieren noch zwei Gebäude. Einen Besuch verdienen der weite gewölbte Keller, die alte Küche, das Refektorium und der mit einer gezimmerten Decke versehene Krankensaal.
Église Saint-Nicolas: Die Kirche im Ort, mit schönem Portal, stammt aus dem 12. Jahrhundert.
Bootsfahrten: Vom Anlegeplatz

Maillezais: Das Marschen-Land des Poitou-Gebiets („Marais Poitevin") durchziehen zahllose Wasserläufe, auf denen die Bewohner mit Barken fahren. Das Gebiet „La Venise verte" (Venedig in Grün) ist 15 000 ha groß.

Maintenon: Bei den Fronten zum Schloßhof kontrastiert der strenge Fassadenteil des 17. Jh. mit dem reich dekorierten, eleganten Renaissancetrakt aus rötlichen Backsteinen und hellen Natursteinen.

Mantes: Die gotische Kathedrale Notre-Dame besitzt drei schöne, mit Skulpturen versehene Portale.

bei der Abtei kann man mit Booten in das Marschen-Land des „Marais Poitevin" hinausfahren.

Maintenon
(Château de) 11/B 2

Das sehr schöne Bauwerk der Renaissance und des 17. Jh. ist umgeben von Gräben mit fließendem Wasser. Sehenswert sind die Wohnräume der Madame de Maintenon (heimlich getraute Frau Ludwig XIV.), sowie die Betkapelle des 16. Jh. mit schönen Glasfenstern und die Große Galerie mit Bildnissen der Familie De Noailles. Im Hintergrund des von Kanälen durchzogenen Parks steht der unvollendete Bau eines Aquädukts, der Wasser von der Eure nach Versailles bringen sollte.

Nogent-le-Roi (8 km nördl.): Ein malerisches altes Städtchen mit Holzhäusern des 16. Jh. und einer schönen Kirche, in deren Bau sich Elemente der Spätgotik und Renaissance mischen.

Maisons-Laffitte
(Château de) 11/C 1

Der um die Mitte des 17. Jh. von François Mansart errichtete Bau ist eines der schönsten Schlösser der Gegend um Paris. Die Ostfront öffnet sich zur Seine und zu den Gärten „à la française". Bemerkenswert ist auch die Innenausstattung im klassizistischen Stil. Die Gemächer des Grafen von Artois im Erdgeschoß sind im Stil Ludwig XVI. (um 1780) eingerichtet.

Malesherbes 11/C 3

In dem Schloßbau des 15. Jh. befindet sich die Kapelle mit dem berühmten Grabmal des François d'Entraygues. (Die Figur des Ritters kehrt der Gestalt seiner untreuen Frau den Rücken zu.) Unter den Nebengebäuden sind das sogenannte „Maison Chateaubriand", der Turm „Tour des Redevances", der Zehntenspeicher und ein imposantes Taubenhaus sehenswert.

Vallée de l'Essonne (2 km nördl. u. südl.): Das waldige Tal ist ein beliebtes Ausflugsziel.

Château de Rouville (2 km nördl.): Der stolze, türmebewehrte Bau stammt aus gotischer Zeit. (Kein Zutritt möglich.)

Puiseaux (12 km südl.): Mit schöner Kirche des 13. Jahrhunderts, die einen eigenartig gestalteten Turmhelm trägt.

Malle
(Château de) 35/A 1

Der reizende Bau im italienischen Geschmack des beginnenden 17. Jh. ist eines der anmutigsten Schlösser in der Gegend um Bordeaux. Er steht inmitten von Weinbergen bei Preignac und hat sehr schöne Gärten „à la française". Die Innenräume sind mit einer raffinierten Eleganz ausgestattet.

Verdelais (6 km nordöstl.): Auf dem Friedhof dieses Ortes, dessen Basilika Notre-Dame aus dem 17. Jh. stammt, liegt das Grab des Malers Toulouse-Lautrec († 1901).

Langon (8 km südwestl.): Von hier kommt man zum Schloß „Château de Roquetaillade". Siehe **Bazas***.

Manosque 38/B 3

Die kleine Stadt liegt in einer für die Hoch-Provence typischen Landschaft, am Fuß von Hügeln, die mit Ölbäumen bepflanzt sind. Sie ist von Boulevards umgürtet. Von der ehemaligen Stadtmauer sind die Tore „Porte Saunerie" und „Porte Soubeyran" (14. Jh.) noch erhalten.

Église Saint-Sauveur: Mittel- und Querschiff der Kirche sind romanisch, die Seitenschiffe stammen aus dem 17. Jahrhundert.

Le Mans: Ein Abschnitt der Autorennbahn, die jedes Jahr im Juni Zehntausende von Besuchern zum berühmten 24 Stunden-Rennen lockt.

Église Notre-Dame: Die Kirche, ebenfalls romanischen Ursprungs, wurde im 16./17. Jh. neu eingewölbt. In ihr befindet sich eine sonderbare „Schwarze Madonna" aus dem 12. Jahrhundert.

Le Mans   17/C 1
Cathédrale Saint-Julien: Die Kathedrale, die das malerische Altstadtviertel überragt, ist ein prächtiger, teils romanischer teils gotischer Bau. Ihr bedeutendster Teil ist der Chor aus dem 13. Jh. Im Kirchenraum verdienen die Glasfenster des 12., 13. und 15. Jh., Wandteppiche aus dem 16. Jh. und in der Kapelle „Chapelle des Fonts" die imposanten Grabmäler im Stil der italienischen Renaissance besondere Beachtung.
Weitere sehenswerte Kirchen: „Église Notre-Dame-de-la-Couture", eine frühere Abteikirche (11., 12. und 16. Jh.) mit einem schönen Portal aus dem Ende des 13. Jh. und einem weiträumigen Langhaus im Stil des Anjou, „Église Sainte-Jeanne-d'Arc", ein romanischer Bau aus dem 12. Jh. mit bemerkenswerten Kapitellen im Innern, und „Église Notre-Dame-du-Pré", noch ein romanischer Bau aus dem Ende des 11., Anfang des 12. Jh.
Altstadt („Le Vieux Mans"): Hier befindet sich der Bischofssitz in dem reizvollen Renaissancebau „Hôtel du Grabatoire" („Place du Cardinal-Grente"). Unter den zahlreichen Adelshäusern ist besonders erwähnenswert das „Maison de la reine Bérengère" (15./16. Jh.) an der Rue de la Reine Bérengère, in dem das „Museum für Geschichte und Volkskunst" logiert.
Musée de Tessé: Hier sind italienische und französische Meister des 15. bis 19 Jh. zu sehen. Ein kostbarer Museumsbesitz ist die berühmte Émail-Platte vom Grab des Geoffroy Plantagenêt (12. Jahrhundert).
Auto-Rennbahn (4 km südl.): Der berühmte „Ring der 24-Stunden von Le Mans". – 2 km entfernt befindet sich ein Automobilmuseum.
Abbaye de l'Épau (3,5 km östl.): Die ehemalige Abtei des 13. Jh. mit Kirche, Kapitelsaal, Kellereien und Küche ist zu besichtigen.
„Alpes mancelles" (46 km nordwestl.): Ziel für schöne Ausflüge.

Mantes   11/B 1
Église Notre-Dame: Die Kirche aus dem 12./13. Jh. ist eines der schönsten gotischen Sakralwerke der Île-de-France mit einem herrlichen Hauptportal, das mit Darstellungen zur Verherrlichung Mariens versehen ist. Im Innern befindet sich die „Chapelle de Navarre", eine Kapelle aus dem 16. Jh.
Alte Befestigungsanlagen: Als Restbauten der ehemaligen Wehranlagen stehen noch die Stadttore „Porte aux Prêtres" und „Porte de l'Étape".

Musée Duhamel: Museum mit Sammlungen alter Keramik.
Rosny-sur-Seine (7 km westl.): Das von Sully gegen Ende des 15. und zu Beginn des 16. Jh. gebaute Schloß hat schöne Appartements, in denen auch Erinnerungsstücke an die Herzogin du Berry gezeigt werden (Besichtigung im August).

Marcilhac-sur-Célé   36/B 1
Die noch vorhandenen Abteibauten sind die Ringmauer, das Eingangstor und das Vorwerk, sowie das „Haus des Königs" und die romanische Abteikirche, die im 15./16. Jahrhundert erneuert worden ist. Neben der heutigen Kirche steht ein Kapitelsaal aus dem 12. Jahrhundert mit Spitzbogengewölbe.
Grottes de Bellevue (3 km nordwestl.): Drei Tropfsteinhöhlen mit drei saalartigen Räumen laden zu einem Besuch ein.

Marennes   28/D 1
Die Hauptstadt der Austernzucht hat einen schönen, 85 m hohen Glockenturm mit hakengeschmückter Spitze. In Marennes werden portugiesische und japanische Austern gezüchtet. Die Aufteilung der „Austernparks" kann man an der Mündung der Seudre besonders gut beobachten.
Bourcefranc (5 km nordwestl.): Ein Zentrum der Austernzucht.
Le Chapus (6 km nordwestl.): Hier werden im Sommer Austern-Ausstellungen abgehalten.
Château de la Gataudière (1,5 km nördl.): Eine für den Schloßbau zur Zeit Ludwig XV. typische Anlage.

Marly-le-Roi   11/C 2
Vom großartigen Schloß Ludwig XIV. sieht man nur noch die Trassierung in der Mitte des Parks, mit drei Wasserbecken und dem imposanten Bassin der Tränke. Im ehemaligen Hundezwinger ist ein Museum untergebracht, das eine umfangreiche Sammlung von Musikinstrumenten zeigt.
Église: Die Kirche wurde von Mansart im 17. Jahrhundert geschaffen.
Port-Marly (3 km nordöstl.): Mit dem Schloß „Château de Monte-Cristo", einem phantasievollen Bau, den Alexandre Dumas (Verfasser des Romans „Der Graf von Monte-Christo") im Jahre 1848 errichten ließ.

Marmoutier   14/A 2
Église: Die ehemalige Benediktiner-Abteikirche ist ein bemerkenswertes Beispiel für romanische Bauten im Elsaß. Sehr schön ist die Fassade (Mitte 12. Jh.) aus rotem Vogesen-Sandstein. Im Chor kann

Marmoutier: Unter einem Bogen aus dem 7. Jh. ist dieses archaische Relief in die Westfassade der romanischen Abteikirche eingefügt worden.

man wertvolle Holzarbeiten im Stil Ludwig XV. sehen.

Marseille   44/A 2
Die modernen Hafenanlagen befinden sich im Nordwesten. Eine Hafenrundfahrt kann man bis zum Schiffstunnel von „Le Rove" unternehmen. Interessant ist eine Wanderung über die Außenmole.
Der alte Hafen („Vieux Port"): Yachten, Fischer- und Sportboote drängen sich in diesem berühmtesten Hafenbecken des Mittelmeers, das von der Altstadt und von den

Marseille: Von Notre-Dame-de-la-Garde geht der Blick über den alten Hafen zur Kathedrale und zum Joliette-Hafenbecken (oben).
Das vom Turm des Königs René überragte Fort Saint-Jean wacht an der Einfahrt des Alten Hafens Vieux Port (unten).

Forts „Saint-Nicolas" (17. Jh.) und „Saint-Jean" (17. Jh.) mit einem Viereckturm aus dem 15. Jh. eingerahmt wird. An der Nordseite liegt der „Quai du Port" mit dem barocken Rathaus (Ende 17. Jh.) und dem Bau „Maison Diamantée" (16. Jh.), in dem das Museum „Musée du Vieux-Marseille" (Heimatmuseum) untergebracht ist. Nicht weit entfernt ist das „Musée des Docks romains et commerce antique", in dem die im Hafenbereich von Archäologen gemachten Ausgrabungsfunde zur Schiffahrt der Römerzeit ausgestellt sind.

La Major: Diese neue Kathedrale, im romanisch-byzantinischen Stil des 19. Jh. ausgeführt, wirft ihren Schatten auf die rechts neben ihr stehende alte Kathedrale aus dem 12. Jh., ein gutes Beispiel romanischer Baukunst in der Provence.

Basilique Saint-Victor: Die Basilika ist ein festungsartiger Bau (13./14. Jh.) über den Katakomben, die zu den ältesten christlichen Bauten Galliens zählen.

Basilique Notre-Dame-de-la-Garde: Von dieser im 19. Jh. gebauten Wallfahrtskirche auf einem 192 m hohen Berg hat man eine weite Aussicht über die Stadt.

Hôtel-Dieu: Das Spital aus dem 18. Jh. und der Hof der „Accoules" mit der Kapelle des „Calvaire", einem kuppelgekrönten Rundbau, fallen bei einem Bummel durch das malerische Viertel am Alten Hafen besonders auf.

Quartier du Panier: In diesem Stadtviertel umdrängen hohe schwärzliche Häuser, die gleichsam zusammengehalten werden von Leinen mit bunter Wäsche, die alte „Charité" (1640 bis 1720 ge-

baut). In deren Bau befinden sich jetzt Ausstellungssäle und ein Kulturzentrum.

Bürger- und Adelshäuser: Im Stadtviertel jenseits des alten Hafens, wo die Fischrestaurants sich aneinander reihen, stehen mehrere alte Bürger- und Adelsbauten aus dem 18. Jahrhundert sowie die Basiliken Saint-Victor und Notre-Dame-de-la-Garde.

La Bourse: Im „Haus der Börse" an der berühmten Straße „La Canebière" ist ein interessantes Marine-Museum eingerichtet (Di. u. Mi. morgens ⊠). Hinter der Börse haben neue Ausgrabungen bedeutende Funde aus Marseilles frühgeschichtler Zeit zutagegebracht.

Palais de Longchamp: Das Kunstmuseum („Palais des Beaux-Arts") ist in diesem pompösen Bau aus dem Second Empire untergebracht. Im Großen Treppenhaus hängen Bilder von Puvis de Chavannes zur Verherrlichung von Marseille (1869). In der reichhaltigen Gemäldesammlung sind Werke von Perugino, Rubens, Ribera, Zubaran, Hubert Robert, Chardin, Courbet, Corot, Millet, u. a. vertreten. In besonderen Sälen sind

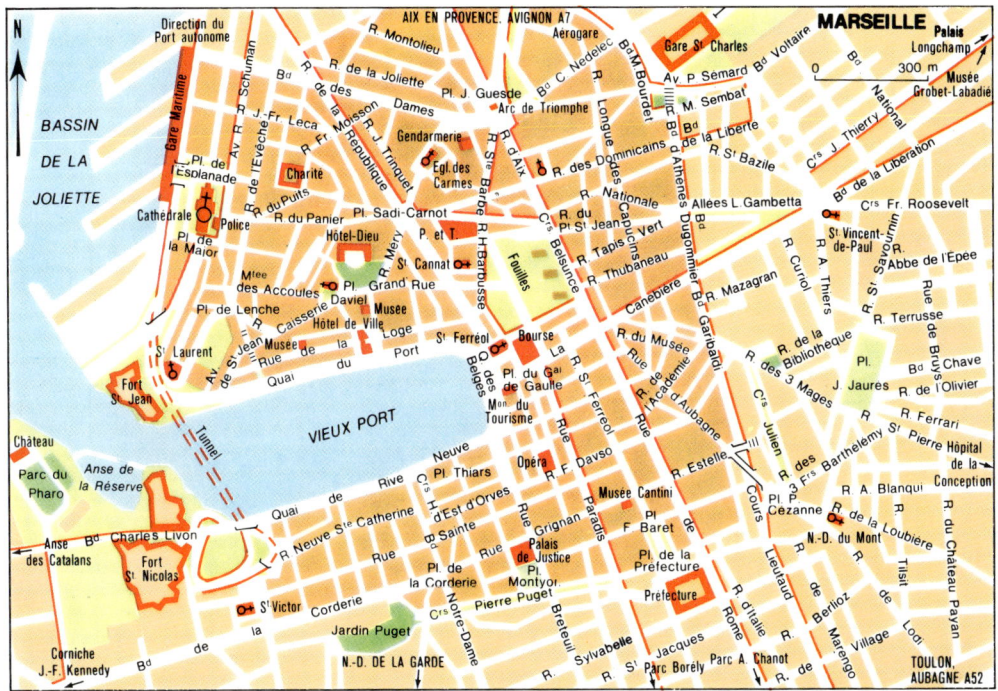

Puget- und Daumier ausgestellt. Außerdem kann man Arbeiten von provenzalischen Malern des 18./19. Jh. sehen. Die Abteilung der Gegenwartskunst soll durch die Sammlungen aus dem „Museum Cantini" vergrößert werden. Erwähnenswert ist das 1948 gegründete „Kinder-Museum".

Weitere Museen: Interessante Bestände bieten noch das „Musée Grobet-Labadié" (Möbel, Fayencen, Wandteppiche, Kunstgegenstände des 16. bis 18. Jh.), das „Musée Cantini" (Dekorative Kunst, Gegenwartskunst, Fayencen) und das „Musée Borély" (Ar-

Martel: *Die Kirche und ihr Glockenturm, der als Wehrturm mit Schießscharten versehen ist.*

chäologie, ägyptische Kunst Handzeichnungen des 17. bis Anfang des 20. Jahrhunderts).

Corniche Präsident J. F. Kennedy: Die herrliche Höhenstraße am Meeresufer beginnt bei der kleinen Bucht „Anse des Catalans" (Strandbad). Sie führt durch das malerische kleine Tal „Vallon des Auffes", läßt mit einer Abkürzung die Landzunge „Pointe d'Endoume", auf der das Aquarium liegt, außerhalb ihres Bereichs und gelangt dann zu dem weitläufigen „Parc Borély". Nach dem „Prado" geht sie in eine Straße über, die um das „Cap Croisette" läuft und nach 12,5 km in Callelongue endet.

Château d'If: Zu dieser Inselfestung, die Alexandre Dumas dadurch berühmt gemacht hat, daß er auf ihr Szenen seines Romans „Der Graf von Monte-Christo" spielen ließ, fährt man vom „Quai des Belges" im Alten Hafen ab. Die Burg auf der im 17. Jahrhundert befestigten Insel stammt aus dem 16. Jahrhundert.

Chaîne de l'Étoile (12 km nordöstl.): Die Kammhöhe des Kalksteinmassivs liegt bei 731 m. Fußwege führen zum „Pilon du Roi" (670 m), zum „Sommet de l'Étoile" (652 m) und zum „Grande-Étoile", wo sich der Fernsehturm befindet.

La Sainte-Baume* (30 km östl.).
Aix-en-Provence* (29 km n.-östl.).

Martel 30/A 3

Die Stadt, die viel von ihrem Ortsbild in früheren Jahrhunderten bewahrt hat, besitzt zahlreiche Häuser aus dem 14., 15. und 16. Jh. Die schöne Ortskirche, wehrhaft befestigt, stammt aus dem 15. Jh. Sie hat ein romanisches Portal, das mit einem schön skulptierten Giebelfeld geschmückt ist. Sehenswert sind auch das „Hôtel de la Raymondie" aus dem 14. Jh., jetzt ein Museum mit imposanten, aus Holz gearbeiteten und reich geschnitzten Kaminen des 17. und 18. Jh. sowie eine alte Markthalle und Reste der Ringmauer aus dem 13. Jahrhundert.

Cirque de Montvalent (5,5 km südöstl.): Ein schöner Talkessel.

Gluges (4 km südl.): Die Ortschaft liegt am Fuß hoher Felswände und hat eine romanische, zur Hälfte unterirdische Kirche. Von hier gelangt man (1 km östl.) zum „Belvédère" von Copeyre mit herrlicher Fernsicht. Nahebei auf einer Höhe liegt das Schloß de Mirandol.

Martigues 44/A 2

Der Ort, den man „Das Venedig der Provence" nannte, hat durch die industrielle Entwicklung viel von seiner Eigenart eingebüßt. Seine drei Stadtteile sind voneinander durch Kanäle getrennt, die man über bewegliche Brücken überquert. Das mittlere „Quartier de l'Île" hat malerisch aussehende Kai-Anlagen. Vom Hafen Saint-Sébastien lohnt ein schöner Blick auf die bunten Barken und bemalten Häuser. Die korinthische Fassade der Kirche „Église de la Madeleine" (17. Jh.) spiegelt sich hier im Wasser des „Miroir aux Oiseaux". Das schöne Rathaus stammt aus dem 17. Jahrhundert.

Quartier de Ferrières: Einen Besuch verdienen in diesem nördlichen Stadtteil die Kapelle „Chapelle de la Miséricorde" und das Museum „Vieux-Martigues" mit archäologischen Beständen.

Quartier de Jonquières: Im Südteil sind sehenswert die Kirche Église Saint-Geniès (17. Jh.) und die „Chapelle de l'Annonciade", eine im Innern mit barocker Dekoration reichgeschmückte Kapelle aus dem Anfang des 17. Jh.
Chapelle Notre-Dame-des-Marins (3,5 km nordwestl.): Von der Höhe dieser Kapelle hat man eine hervorragende Rundsicht.
Chaîne de l'Estaque (10 km südöstl.): Diese Bergkette wird von der D 5 durchquert, die nach Carry-le-Rouet und Le Rove weiterführt.
Fos-sur-Mer* (10 km westl.): Zu erreichen über Port-de-Bouc.
Étang de Berre (1 km nordöstl.): Das Gelände mit der weiten Wasserfläche von 15 000 ha und einer einst typisch provenzalischen Landschaft ringsum hat sich durch die industrielle Entwicklung sehr verändert. Ein Umfahren des Sees lohnt sich dennoch. Die Strecke führt über Saint-Mitre-les-Remparts (1 km nordnordwestl.): dieses Orts liegt die Ausgrabungsstätte **Saint-Blaise***), über Istres, Miramas, **Saint-Chamas***, Mauran (wo man bei Ausgrabungen gallo-römische Funde gemacht hat) und Berre-l'Étang nach Marignane.

Martres-Tolosane 41/D 2
In der Umgebung dieser kleinen Stadt, die durch ihre Fayencen bekannt wurde, sind sechs gallo-römische Villen freigelegt worden. Unter ihnen ist die „Villa Chiragan" aus dem 2. Jh. die wichtigste. Viele Kunstwerke wurden gefunden, darunter eine Reihe von römischen Büsten aus Marmor, die heute im Museum Saint-Raymond in Toulouse zu besichtigen sind.
Palaminy (4 km östl.): Mit einigen alten Häusern und einem imposanten Renaissanceschloß, dessen befestigtes Torwerk breitbeinig über der Straße steht.
Saint-Martory (10 km südwestl.): An den Seiten der Brücke aus dem 18. Jh. stehen zwei Tore aus der gleichen Zeit und ein Kreuz aus dem 15. Jahrhundert.
Abbaye de Bonnefont (15 km südwestl.): Von der ehemaligen Abtei aus dem Anfang des 13. Jh. sieht man nur noch Ruinen.

Marvejols 37/A 1
Die Stadt mit Wehrmauern und engen Gassen hat noch drei Tore ihrer Befestigungsanlagen aus dem 14. Jh., die von Türmen mit Pechnasen behütet werden, und auch einige Bürger- und Adelshäuser aus dem 17. Jahrhundert.
Sehenswerte Plastiken: Zwei Werke des Bildhauers Auricoste verdienen Beachtung: die Darstellung des sagenhaften Ungeheuers „Bête du Gévaudan" („Place des Cordeliers") und die Statue Heinrichs IV. vor dem Tor „Porte Soubeyran".

Château de la Beaume (16 km nordwestl.): Der mit Schiefer gedeckte Schloßbau des 16./17. Jh. kann besichtigt werden.
La Canourgue (18 km südwestl.): Ein malerisches Dorf am Fuß der Felsklippen des „Causse de Sauveterre" mit einer Kirche aus dem 12. und 14. Jh. und zahlreichen alten Häusern und Adelssitzen.

Mas-d'Azil
(Grotte du) 42/B 3
Die Höhle ist eines der großen Naturwunder Südfrankreichs. Der Zugang zu diesem weitläufigen, 420 m langen Naturtunnel geschieht durch ein mächtiges, 80 m hohes Felsengewölbe. In der Höhle wurden auf vier Etagen Galerien eingerichtet. An den Felswänden sind zahlreiche Eingravierungen und Zeichnungen von prähistorischen Tieren zu sehen. In einer der Höhlen wird ein Teil der Ausgrabungsfunde gezeigt. Besonders sehenswert sind die „Galerie des Ours", wo Schädel von Höhlenbären und Mammutknochen gefunden wurden. Zu sehen sind auch eine christliche Kapelle aus dem 3. Jahrhundert, sowie Verstecke der Katharer-Sekte und der Protestanten des 18. Jahrhunderts.
Musée: Das prähistorische Museum befindet sich im Rathaus.

Le Mas Soubeyran 37/B 3
Musée du Désert: Mit „Désert" bezeichneten die Hugenotten ihre in Einsamkeit liegenden Fluchtverstecke, und dieses Museum ist eine bekannte Gedenkstätte des Protestantismus in Frankreich. Im „Haus des Protestanten Roland" zeigt man zahlreiche Andenken an die Geschichte der Kämpfe des französischen Protestantismus.

Maubeuge 6/B 1
Die Stadt bietet mit der „Porte de Mons" noch eine Erinnerung an die Befestigungsanlagen von Vauban (1685 geschaffen) und präsentiert mit der Kirche Saint-Pierre (1958 erbaut) ein gutes Beispiel für den modernen Sakralbau.
Musée: Das heimatkundliche Museum ist in einem ehemaligen Damenstift untergebracht.
Zoo: Der Tierpark liegt inmitten schön gepflegter Grünanlagen.

Maule 11/B 1
Die Kirche Saint-Nicolas besitzt einen Renaissance-Glockenturm und eine Krypta aus dem 11. Jh.
Musée du Vélocipède: Ein Fahrradmuseum zählt neben dem Ortsmuseum zu den interessanten Einrichtungen des Ortes.

Mauléon-Licharre 40/D 2
In der kleinen Stadt in einem grünen Tal, mit den Ruinen einer Burg aus dem 15. Jh. und Wehrgängen aus alter Zeit, gibt es ein schönes Re-

naissancegebäude mit vier Ecktürmen, das „Hôtel d'Andurrain". (Besuch im Sommer nachmittags, außer an Regentagen).
Tardets-Sorholus (13 km südl.): Der Ort wird durch das Tal „Vallée du Saison" erreicht.

Mauriac 30/C 3
Église: Die Kirche Notre-Dame-des-Miracles aus dem 12. Jahrhundert ist die schönste romanische Kirche des Cantal. An der Seite ist eine kleine Totenlaterne des 14. Jahrhunderts zu sehen.
Barrage de l'Aigle (10 km westl.): Über Chalvignac gelangt man zu dieser 290 m langen und 90 m hohen Talsperre.
Anglards-de-Salers (9 km südöstl.): Die dreischiffige romanische Kirche des Orts ist mit drei Apsiden und einer Kuppel versehen.
Le Falgoux (37 km südöstl.): Der Ort liegt am Eingang des Talkessels, den die höchsten Berge des Cantal umrahmen.

Mayenne 10/A 3
Die ehemalige Brückenstadt, einst beherrscht von der Burg des 11. Jh., hat einige Ruinen aus alten Zeiten und eine Basilika (12. bis 16. Jh.), deren Chor im 19. Jh. in gotischem Stil erneuert wurde.
Jublains (10 km südöstl.): Mit Ruinen einer römischen Festung und Resten eines befestigten Lagers aus dem 3. Jahrhundert.

Mazamet 42/C 1
Das wichtige Industriezentrum ist auch Ausgangsstation für interessante Ausflüge in die Bergwelt „Montagne Noire", hauptsächlich über die D 118 zu erreichen. Sie führt 47 km südlich nach der Festungsstadt **Carcassonne***.

Meaux 11/D 1
Cathédrale Saint-Étienne: Die Kathedrale ist ein machtvolles gotisches Bauwerk aus dem 13. Jh., das im 15. Jh. umgebaut wurde. Die Fassade und die Front sind spätgotisch. Im Kircheninnern befindet sich das Grab von Bossuet, der im 17. Jahrhundert als Erzieher des Dauphins und religiöser Freund Ludwigs XIV. sehr einflußreich war und von 1682 bis 1704 als Bischof in Meaux amtierte.
Musée Bossuet: Im ehemaligen Bischofshaus aus dem 16./17. Jh. (mit einer Kapelle aus dem 12. Jh.) ist dieses Museum untergebracht. Der schöne Bau verfügt im Innenhof über einem ehemaligen Kapitelbau aus dem 13. Jh. über eine Außentreppe, die im 16. Jh. errichtet wurde. Im Garten, den der berühmte Gartengestalter Le Nôtre im 17. Jahrhundert anlegte, steht der Pavillon, der Bossuet als Arbeitsraum diente.
Trilport (3 km östl.): Der Ort an der Marne hat einen schönen Strand.

Meaux: *Der weiträumige gotische Chor der Kathedrale, in dem viele Kunstwerke zu bewundern sind, fesselt durch seine Würde und die Eleganz der edlen Linien der Architektur (oben und links).*

Meillant: *Beim Schmücken der Fassade von La Celle-Bruère verwandte man das vorromanische Relief zweier Kämpfer (unten).*

Megève 32/D 1
Der Ort hat einen großen Ruf als Wintersportplatz. Seine interessantesten Bauwerke sind die Kirche Saint-Jean-Baptiste mit einer gotischen Chorhaube (15. Jh.), dem Langhaus aus dem Ende des 17. Jh. und einem Glockenturm von 1754. Das Kircheninnere wurde mit volkstümlichen Bildern und schlichtem Holzwerk (18. Jahrhundert) ausgestaltet.
Le Jaillet: Auf den 1 600 m hohen Berg fährt ein Kabinenlift.
Mont-d'Arbois: Eine Schwebebahn führt auf die Höhe dieses Gebirges (1760 m).
Mont de Rochebrune: Das Gipfelgebiet des Berges (1 753 m) erreicht man ebenfalls mit einer Schwebebahn.

Meillant (Château de) 24/C 1
Der schöne Schloßbau aus dem Ende des 15. Jh., der im 16. Jh. umgebaut wurde, steht auf dem Grund einer alten Feste. Bei ihm mischen sich Elemente der Spätgotik und der Renaissance. Die östliche Fassade hat einen reichen bildhauerischen Schmuck, bei dem besonders die Skulptur ,,Tour du Lion" auffällt, die ein wahres Spitzenmuster aus Stein ist. In den Innenräumen sieht man schöne Möbel, Gemälde, Kunstgegenstände und Wandteppiche. Die Kapelle hat einen rheinischen Altaraufsatz mit einer Passionsdarstellung (15. Jh.) und Glasfenster (16. Jh.).
La Celle-Bruère (6 km südwestl.): Mit einer romanischen Kirche, die im Innern das eigenartig gestaltete Grab Saint Sylvain enthält (16. Jh.).
Bruère-Allichamps (7 km südwestl.): Hier liegt ein gallo-römischer Meilenstein, der geographische Mittelpunkt Frankreichs.
Dun-sur-Auron (13 km nordöstl.): Durch den Wald ,,Forêt de Maulne" kommt man zu diesem Ort, der eine interessante romanische Kirche mit gotischen Gewölben (15. Jh.), mit Glasfenstern (14. Jh.) und mit einer ,,Heilig-Grab"-Gestaltung (16. Jh.) besitzt. Der Uhrturm stammt aus dem 16. Jahrhundert.

Meilleraye -de-Bretagne 16/C 2
Das heutige Trappistenkloster, einst Zisterzienserabtei, befindet sich 2,5 km außerhalb der Ortschaft. Die Abteikirche aus dem 12. Jh. (restauriert) und die Hauptgebäude aus dem Ende des 18. Jh. sind nachmittags zu besuchen (außer sonntags). In der Gartenanlage ,,à la française" steht ein schönes, mit Statuen geschmücktes Portal aus rosa Granit (12. Jh.).
Vioreau (6 km südwestl.): Stausee.

Melle 23/B 3
Église Saint-Hilaire: Die Kirche aus dem 12. Jh. ist innen und außen

gleich schön mit Skulpturen geschmückt. Das Nordportal ist von einer Nische gekrönt, in der sich eine Reiterfigur befindet, vermutlich eine Darstellung von Kaiser Konstantin. Im Innenraum gibt es sehr ungewöhnliche Kapitelle zu sehen.
Église Saint-Pierre: Auch diese Kirche aus der Mitte des 12. Jh. besitzt interessante Skulpturen.
Église Saint-Savinien: Die Kirche telle im Schiff, den Kapitelsaal (14. Jh.) und die Reste des Kreuzgangs aus dem 15. Jahrhundert.
Le-Pont-de-Menat (1,5 km südöstl.): Hier überquert die N 143 an einem reizvollen Platz die Sioule, in deren Tal man gut wandern kann.
Viaduc des Fades (30 km südwestl.): Zum Viadukt, einem Metallbauwerk, 132 m hoch, gelangt man über Châteauneuf-les-Bains.

Melle: Die Reiterfigur am Nordportal der Kirche Saint-Hilaire (12. Jh.) soll nach der Überlieferung eine Darstellung von Kaiser Konstantin sein.

aus dem Anfang des 12. Jahrhunderts wird als Gefängnis benutzt.
Celles-sur-Belle (7 km nordwestl.): Die gotische Kirche mit drei Schiffen wurde im 17. Jh. neu aufgebaut. Hinter dem Chor stehen noch Abteigebäude im klassizistischen Stil des 17. Jahrhunderts.

Ménars (Château de) 18/A 2
Das Schloß aus dem 17./18. Jh. gehörte Madame de Pompadour, Favoritin Ludwigs XV. Die schönen, terrassenförmig angelegten Gärten mit einem Liebestempel, mit einer Grotte und mit Statuen ausgestattet, erheben sich oberhalb des rechten Loire-Ufers (Besichtigung Sa. und So. im Sommer).
Suèvres (5 km nordöstl.): In diesem Ort mit Häusern aus dem 13. bis 16. Jh. sind zwei Kirchen beachtenswert: Saint-Lubin (12. Jh.) und Saint-Christophe (12. und 16. Jh.) – mit einem bizarr dekorierten Westgiebel (10. Jahrhundert).

Menat 24/D 3
Église: Die romanische Kirche der ehemaligen Benediktinerabtei aus dem 12. Jh. ist trotz der schlechten Restaurierung im 19. Jh. einen Besuch wert. Man beachte die Kapi-

Mende 37/A 2
Die alte Stadt mit einer Brücke über den Lot aus dem 14. Jh. hat viel von ihrem mittelalterlichen Erscheinungsbild bewahrt. Schmale Gassen und alte Häuser umgeben die Kathedrale Saint-Pierre (14. – 16. Jahrhunderts). In deren Innenraum sind die geschnitzten Chorstühle aus dem Ende des 17. Jahrhunderts, Holztäfelungen und acht Wandteppiche aus Aubusson besonders sehenswert.
Musée: Im Museum wird ein kostbarer Schatzfund aus der Bronzezeit gezeigt.
Mont-Mimat (4 km südwestl.): Auf dem 1 060 m hohen Berg ist eine Einsiedelei „Ermitage de Saint-Privat", deren Räume zum Teil in den Felsen gehauen sind.
Sauveterre (19 km südl.): Das schöne Dorf ist in einem für die Landschaft typischen Stil gebaut, mit Häusern, die Steinplattendächer mit Dachluken haben, dazu gewölbte Ställe.
Chastel-Nouvel (7,5 km nördl.): Hier befindet sich der Zoologische Garten des Gévaudan. (Im Sommer geöffnet.)
Lanuejols (7 km östl.): Mit einer romanischen Kirche und Resten eines römischen Mausoleums aus dem 3. Jahrhundert.
Bagnols-les-Bains (21 km östl.): Die schwarzen Schieferhäuser des Badeortes mit Thermalquellen klettern am Berg der „Montagne de la Pervenche" empor. Von hier steigt man zum Mont Lozère auf, der in 1 702 m Höhe das „Signal de Finiels" trägt.

Ménerbes 38/A 3
Das außergewöhnlich reizvolle Dorf liegt auf einem Felsvorsprung im Berggebiet der „Montagne du Lubéron"*. Malerische Schloßruinen stehen oberhalb des Ortes, in dem sich zahlreiche herrschaftliche Adels- und Bürgerhäuser aus früheren Jahrhunderten befinden. Die Kirche aus dem 14. Jh. sieht man auf der äußersten Spitze des Bergvorsprungs. Tief unter dem Ort liegt im Schatten von Pinien das Schloß „Le Castelet" (16. Jh.).

Menez-Hom 8/B 3
Fern vom Massiv der „Montagnes Noires" erhebt sich dieser Berg bis zu einer Höhe von 300 m. Er ist ein vielbesuchter Aussichtspunkt in der Bretagne. Die Kirche Sainte-Marie-du-Menez-Hom besitzt eine Kapelle mit drei Altarbildern und einen „Kalvarienberg" (16. Jh.) in einem eingefriedeten Kirchplatz.

Menton 39/B 3
Die Altstadt, die in Stufen an der Bucht von Garavan emporsteigt, erstreckt sich auf einer Anhöhe über den modernen Ortsvierteln.
Place Saint-Michel: Dieser mit einem Mosaik belegte Platz und die Kirche Saint-Michel bilden mit der Büßerkapelle („Chapelle des Pénitents-Blancs") und den benachbarten Häusern eine höchst reizvolle architektonische Gruppierung in italienischem Stil.
Cimetière: Zum alten Friedhof der Stadt führen schmale Gassen hinauf. In vier übereinander geordneten Terrassen, deren jede einer Religionsgemeinschaft gewidmet ist, ruhen hier die Toten.
Musée Jean Cocteau: Das Jean Cocteau-Museum befindet sich in der Neustadt, am Hafen, in einem kleinen Fort des 16. Jh., genannt „Le Bastion" (Mo. u. Di. ⊠). Cocteau hat auch den Saal im Rathaus, in dem Vermählungen geschlossen werden, ausgemalt.
Musée du palais Carnolès: Haus im italienischen Stil (18. Jh.) mit ital. und franz. Gemälden vom 14./17. Jh., ⊠ Gegenwartskunst.
Castellar (8 km nördl.): Über eine sehr kurvenreiche Straße gelangt man hinauf zu diesem einst befestigten Dorf mit dem sehenswerten Bau „Palais des Lascaris".

Metz 13/C 1
Rund um die Kirche Sainte-Ségolène (13. Jh.) sind in einem alten

Stadtteil sehr schöne Gebäude (12. bis 14. Jh.) zu sehen. Besondere Bauten stehen auch bei den Plätzen „Place Sainte-Croix" und „Place Saint-Louis". Unterhalb der Terrasse der „Esplanade" liegt der Schwanensee, von dem man zum Tor „Porte Serpenoise" (im 19. Jh. rekonstruiert), weiter zum mächtigen Torwerk der „Porte des Allemands" (13. – 16. Jh.) gehen und dann, dieser gegenüber, die Kirche Saint-Eucaire (14./15. Jh.) besuchen kann. Links am „Boulevard Maginot" steht die Kirche Saint-Maximin aus dem Ende des 12. Jahrhunderts mit einem Glasfenster von Jean Cocteau.

Cathédrale Saint-Étienne: Die Kathedrale ist ein mächtiges Bauwerk der Gotik, gebaut vom Beginn des 13. bis 16. Jh. Sie hat eine Länge von 123 m und eine Höhe von 41,79 m. Von großer Schönheit sind alle Glasfenster: im südlichen Querschiff aus dem 13. Jh., in der Fassade aus dem 14. Jh., im Langhaus aus dem 15. Jh. und im weiteren Querschiff aus dem 16. Jh. Außer diesen Werken aus alter Zeit sind noch die zwischen 1957 und 1970 geschaffenen modernen Glasfenster von Villon, Bissière und Chagall bewundernswerte Arbeiten. Der Kirchenschatz befindet sich in der Sakristei und ist zu besichtigen.

Église Saint-Martin: Die Kirche aus dem Beginn des 13. Jh. besitzt ebenfalls schöne Glasfenster (15. bis 19. Jahrhundert).

Chapelle des Templiers: Die bei der „Esplanade" gelegene achtek-

Ménars: *Die großartige Fassade des Schlosses, mit Natur- und Backsteinen erbaut, erhebt sich hinter weiten Terrassengärten über der Loire.*

Metz: *Das mächtige Tor „Porte des Allemands" (13. bis 16. Jh.) steht breitbeinig quer über der Seille, ein Zeuge kriegerischer Vergangenheit.*

Merveilles (Vallée des) 39/B 3

Die Bergtour in das Merveilles-Tal beginnt man in Saint-Dalmas-de-Tende. Von dort geht es über die D 91 nach „Les Mesces" und weiter drei Stunden zu Fuß, bis zum Berghaus „Refuge des Merveilles". Das ist der Ausgangsplatz für eine Rundwanderung durch das ganze Massiv in zwei Tagen. (Von Saint-Dalmas ist zunächst ein organisierter Jeep-Dienst zu benutzen.) Die Bergregion im Westen von Saint-Dalmas und **Tende*** ist besonders herb und einsam. Der höchste Berg ist hier der „Mont Bego" (2 873 m), den mehrere Seen umlagern. Vom Berghaus „Refuge des Merveilles" (2 100 m) kann man schöne Ausflüge machen zum „Mont Bego", „Grand Capelet", „Cime du Diable", und ins Tal „Vallée de la Gordolasque". Das im Norden der Region gelegene kleine Tal „Vallon des Merveilles" hat steile Wände, die mit ungefähr 45 000 Felszeichnungen bedeckt sind. Sie werden einem ligurischen Volk der Bronze- und Eisenzeit (3 400 bis 1 400 vor Christus) zugeschrieben und dürften zweifellos Darstellungen und Zeichen einer symbolreichen Sprache sein. Die Ausflüge darf man nicht allein unternehmen; die Gebiete sind nur in den drei Sommermonaten normal zugänglich; dann sind die Felszeichnungen von Schnee frei und sichtbar. Schlüssel zu den Berghäusern sind in Saint-Dalmas-de-Tende erhältlich.

kige Kapelle des Templerordens stammt aus dem Ende des 12. Jh.
Église Saint-Pierre-aux-Nonnains: Die Kirche gehört zu den ältesten christlichen Sakralbauten Frankreichs. Ein Teil ihrer Mauern war Bestand einer römischen Basilika des 4. Jh., die im 7. Jh. in eine Abteikirche umgebaut wurde. Das Langschiff ist im ottonischen Stil um das Jahr 1000 erbaut.
Église Saint-Vincent: Die Kirche auf der „Île Chambière" präsentiert eine Fassade des 18. Jh. vor einem gotischen Langhaus des 13. Jh.
Musée: Das Museum verfügt über eine ungewöhnliche Sammlung gallo-römischer Altertümer im Unterbau der römischen Thermen und zeigt außerdem in mehreren Sälen Gemälde des 15. bis 20. Jh. Im „Grenier de la ville", einem merkwürdigen Kornhaus des 15. Jh., präsentiert das Museum außerdem eine bedeutende Skulpturen-Kollektion, im wesentlichen Werke aus merowingischer Zeit.
Metz-Plage: Strandbad nahe der Mosel liegend.
Mont Saint-Quentin (5 km westl.): Ein 357 m hoher Aussichtsberg.
Scy-Chazelles (8 km westl.): Bei der Ortskirche steht eine wehrhafte Kapelle aus dem 13. Jh. In ihr befindet sich das Grab des Politikers Robert Schuman (✝ 1963), eines großen Europäers.
Vallée de la Seille (10 km südl.): Das Flußtal der Seille entdeckt man am besten bei einer Fahrt über Sillegny (mit einer schönen gotischen Kirche) und Cheminot.

Meudon 11/C 2

Durch eine großartige Lindenallee gelangt man zur Terrasse des Schlosses, das heute nicht mehr existiert. Von dort hat man herrliche Fernblicke auf Paris.
Château-Neuf: Das Neue Schloß dient heute als Institut der „Astronomie physique". (Besuch nur auf Anfragen.)
Musée de Meudon: Das Städtische Museum logiert in der Villa Molière, einem Landhaus des 17. Jh., das die Frau des Bühnendichters, Armande Béjard, nach dem Tod ihres Mannes erwarb.
Musée de l'Air: Luftfahrtmuseum.
Musée Rodin: Im Garten dieses Museums liegt der Bildhauer Auguste Rodin unter seiner Plastik „Der Denker" begraben.

Meyrueis 37/A 3

Das malerische Städtchen liegt am Eingang des Cañon de la Jonte zwischen den Bergplateaus „Causse Noir" und „Causse Méjean". Von ihm erreicht man drei besondere Sehenswürdigkeiten dieser Gegend, den Abgrund **„Aven Armand"***, den unterirdischen Flußlauf von **Bramabiau*** und die „Grotte de Dargilan", eine Höhle mit gewaltigen Sälen und Gängen, in denen es die wunderlichsten Tropfsteingebilde gibt. (Geöffnet von Palmsonntag bis Ende September.)
Mont Aigoual (32 km südöstl.): Auf dem Gipfel des 1 567 m hohen Berges befinden sich ein Observatorium und ein Hüttenlager des C. A. F. (Französischer Alpenclub).

Mézières-en-Brenne 24/A 1

Église: In der Kirche aus dem 14. Jahrhundert ist eine Kapelle mit besonders gut gearbeitetem Renaissanceschmuck.
La Brenne (5 km südl.): Die von zahllosen Weihern und Mooren durchsetzte Landschaft zwischen der Creuse und der Claise, ein Reich der Wasservögel, durchziehen viele kleine Wanderwege.
Étang de la Gabrière (7 km südlich): Ein See, der zahlreiche Wassersportmöglichkeiten bietet.
Château du Bouchet (14 km südl.): Das Schloß oberhalb des Sees „Étang de la Mer Rouge" ist eine mittelalterliche Burg, die im 17. Jahrhundert vergrößert wurde.

Millau 36/D 3

Die Stadt bietet einige sehr interessante Bauwerke, so einen imposanten, 48 m hohen Wachtturm aus dem 12. und 17. Jh., die Kirche Notre-Dame aus dem 16./17. Jh. und das Schloß Sambucy aus dem 17. Jahrhundert. Sie ist ein idealer Ausgangsort für Ausflüge zu den Tarnschluchten.
Musée de la Graufesenque (oder „Du Vieux-Moulin"): Ein heimatkundliches Museum.

Millevaches 30/B 1

Der Ort gab dem Granit-Plateau, auf dem er sich befindet, seinen Namen. Er liegt auf einer Höhe von 981 m und bietet wunderbare Fernsichten.
Signal d'Audouze (3 km nördl.): Der 954 m hoch gelegene Aussichtspunkt gewährt eine weite Rundsicht. Man kommt von hier zur Quelle der Vienne.
Peyrelevade (10,5 km nordwestl.): Von dem Ort über dem grünen, von Wäldern umschlossenen Tal der Vienne kann man zum Stausee von Chammet (oberhalb der Chandouille) gelangen.
Château des Cars (7,5 km südwestl.): Mit Resten einer gallo-römischen Siedlung.

Millau: Zwei der wichtigsten Sehenswürdigkeiten dieser Stadt sind der eigenartige Beifried aus dem 12 Jh., einst Teil des Rathauses, und eine alte Mühle über dem Tarn. In ihr zeigt ein Heimatmuseum römische und gallo-römische Tonwaren, vornehmlich Funde der Ausgrabungen im regionalen Bereich von La Graufesenque.

Mirepoix: Gezimmerte Träger mit Holzdecken, auf denen Hausteile ruhen, am Zentralplatz (13. u. 15. Jh.).

Moissac: Der vom Teufel geplagte Wucherer, Detail vom linken Seitenpfeiler am Portal von Saint-Pierre.

Meymac (17 km südl.): Vorbei am „Mont Bessou" (978 m) führt die Straße zu diesem Ort mit einer ehemaligen Benediktiner-Abtei. Die romanisch-gotische Kirche aus dem 12. Jh. mit einer Vorhalle aus dem 11. Jh. und mit sehr alten Bildkapitellen (10./11. Jh.) ist besonders zu beachten.

Milly-la-Forêt 11/C 3
Außer einer interessanten gotischen Kirche (15. Jh.) und einem Markthallen-Holzbau (von 1479) ist die Kapelle Saint-Blaise-des-Simples interessant, die von Jean Cocteau ausgemalt wurde. In ihr befindet sich das Grab des Dichters (†1963).
Château de Courances (4 km nördlich): Das Schloß, herrlich gelegen zwischen grünen Hügeln und Bächen, wurde aus Natursteinen und Ziegeln im Stil Ludwig XIII. erbaut. Die Gartenanlagen hat der berühmte Gartenbaumeister Le Nôtre entworfen.

Minerve 42/D 2
Der Ort liegt auf einer Felsenplattform am Zusammenfluß von Cesse und Briant. Das Dorf war eine Hochburg der Religionsgemeinschaft der Katharer. Daran und an die Belagerung von 1210 und an den Scheiterhaufen, auf dem fast alle Einwohner verbrannt wurden, erinnert ein Gang durch die Stadt. Sehenswert sind außer Resten von Wehrbefestigungen die romanische Kirche sowie die in eine Steilwand über der Talschlucht eingehauene Straße und die zwei Naturtunnels der Cesse, welche der Fluß in einen tiefen Cañon des Kalksteinbodens eingegraben hat. Die Felswände der Berge sind von Höhlen durchsetzt, die in vorgeschichtlicher Zeit bewohnt waren. Im versteinerten Lehm wurden Spuren (u. a. Fußspuren) von Menschen gefunden.
Olonzac (9,5 km südl.): Über Azillanet gelangt man durch die Weinberge des Minervois hinab zu diesem Ort.

Miolans
(Château de) 32/C 2
In einer herrlichen Lage steht das Schloß 300 m hoch über dem Tal der Isère. Die ältesten Teile des Baus stammen aus dem 10. Jh., der Bergfried und die alten Verliese aus dem 14. Jh. (Besichtigung vom 1. April bis 30. September).
Saint-Pierre d'Albigny (3,5 km südwestl.): In dem reizenden Städtchen am Fuß der Berge „Montagnes des Bauges" sind in einer Kirche einige interessante Kunstwerke zu sehen.

Mirepoix 42/B 2
Der breite Zentralplatz sieht noch aus wie im Mittelalter. Er ist umgeben von Häusern aus dem 13./14. Jahrhundert, bei denen Bauteile auf gezimmerten „Couverts" (Stützen mit Decken) ruhen.

Cathédrale: Die Kathedrale aus dem 15. Jh. mit einem Glockenturm aus dem 16. Jh. hat das breiteste gotische Schiff Südfrankreichs.
Vals (11 km westl.): Die Kirche Notre-Dame, halb in Felswände gehauen, besitzt eine karolingische Krypta im Felsen, deren Apsis mit byzantinisch beeinflußten Fresken dekoriert ist. Die Krypta ist durch Treppen mit der Oberkirche verbunden. Der Glockenturm stammt aus dem 13. Jh. Die ganze Anlage ist von einer Wehrmauer umgeben.

Moissac 35/D 3
Église Saint-Pierre: Das Portal und der Kreuzgang dieser Kirche, einer ehemaligen Benediktiner-Abtei aus Naturstein und Ziegeln, die gegen Ende des 12. Jahrhunderts geweiht, dann mit Chor und Gewölben des Schiffes bis zum 15. Jahrhundert vollendet wurde, gehören zu den Meisterwerken romanischer Kunst. Das Südportal, zwischen 1110 und 1115 geschaffen, eines der frühesten Werke romanischer Bildhauerei im Languedoc, zeigt im Feld des Bogens die Vision des Weltgerichts mit dem Höchsten Richter, der über den Wolken thront, umgeben von den Symbolen der Evangelisten und 24 Ältesten. Der Portalbalken hat eine Zier von drei Rosen in antikem Stil. Ein aus einem Stück gearbeiteter Mittelpfeiler ist mit Löwen und (an den Seiten) mit ausdrucksvoll gestalteten Greisenfiguren geschmückt. An

den Nebenpfeilern sind der Apostel Petrus und der Prophet Jesaias zu sehen.
Le Cloître: Beim Kreuzgang bewundert man die Leichtigkeit und Eleganz der Säulen ebenso wie den farblichen Wohlklang der Kombination von weißem, rosa, grünem und grauem Marmor. In vier Kapellenräumen aus dem 13. Jahrhundert befindet sich ein Museum. In der Kirche sind eine „Grablegung" (15. Jahrhundert) sowie eine romanische Christusgestalt (12. Jahrhundert) zu sehen.

Molsheim 14/A 2
In der typisch elsässischen Kleinstadt sind beachtenswert „Der Metzig", das ehemalige Zunfthaus der Metzger (Renaissance) und die gotische Kirche aus dem 17. Jh. mit einer Orgel des berühmten Orgelbauers Silbermann. An alte Zeiten erinnern Häuser aus dem 16. und 17. Jh., ein Stadttor und andere Reste von Wehranlagen.

Monaco und Monte Carlo 45/B 1
Monaco, die Hauptstadt des Fürstentums Monaco, wurde auf einem steilen Felsen über dem Meer erbaut. Das Fürstliche Palais aus dem 13./14. Jh. sieht aus wie eine zinnenbewehrte Festung, aber es enthält einen eleganten Ehrenhof, aus dem eine hufeisenförmige Treppe aus Marmor (17. Jh.) emporführt zur „Galerie d'Hercule" von 1552. Ihre gewölbten Decken sind mit Fresken des 17. Jh. geschmückt. Besonders prächtig sind die großen Aufenthaltsräume eingerichtet. (Im Sommer täglich zu besichtigen.) Im neuen Flügel existiert ein Napoleon-Museum. – Im älteren Teil der Stadt, nahe zum Schloß, befinden sich außer einer Kapelle (17. Jh.) („Chapelle des Pénitents") nur moderne Bauwerke.
Musée océanographique: Das 1906 auf einem Plateau über dem Meer angelegte Museum besitzt ganz hervorragende meereskundliche Bestände mit Dokumentationen zur Zoologie, Physik und Chemie des Meeres, sowie die reichhaltigsten Aquarien Europas. Außerdem gibt es hier ein „Zentrum für Mittelmeerstudien" und einen vor allem an Menschenaffen reichen Tiergarten.
Musée d'Anthropologie préhistorique: Das Vorgeschichtliche Museum des Fürstentums.
Musée National de Monaco: Das Museum ist in der „Villa Sauber" untergebracht. In seinem Garten stehen Plastiken von Rodin, Maillol, Bourdelle, Zadkine. Im Innern ist eine bedeutende Sammlung von 87 historischen Automatenfiguren, Spielautomaten und 2 000 Puppen des 18. und 19. Jh. zu besichtigen.
Musée d'art iranien: Dieses Museum für iranische Kunst in der „Villa Ispahan" entstand durch die Stiftung von Sammlungen des Reza Khan.
Les Jardins Saint-Martin: In den terrassenförmig über dem Meer gelagerten Gärten sind besondere Anziehungspunkte der „Jardin exotique" mit einer reichen Kakteensammlung und die „Grottes de l'Observatoire" (Tropfsteinhöhlen).
Le Port: Der Hafen bietet sich dar als ein Quadrat von 400 m Seitenlänge, das zwischen dem Felsen von Monaco und der Stadt Monte-Carlo liegt. Der pompöse Kasinobau ist typisch für die üppig den Barockstil imitierende Bauweise des späten 19. Jh.
Palais du Sporting-Club: In dem palastartigen Bau des Sportclubs befindet sich das Theater „Théâtre de la Lumière".
Altstadt: Die alten Viertel von Monaco, auf der Berghöhe, haben stille, von provinzieller Atmosphäre erfüllte Straßen.

Le Monastier -sur-Gazeille 31/B 3

Église Saint-Chaffre: Die ehemalige Abteikirche (11. bis 15. Jh.), die aus mehrfarbigem Steinmaterial erbaut wurde, präsentiert in der Fassade Mosaik-Dekorationen, Arkaden und Säulen mit Bildkapitellen. Das romanische Langhaus hat vier Joche und einen gotischen Chor. Der Wohnbau des Abts aus dem 14. Jh. wurde verändert.
Lac d'Issarlès (25 km südöstl.): Ein See mit einem Badestrand.
Saint-Julien-Chapteuil (16 km nördl.): Erwähnenswert sind die romanische Kirche mit interessanten Kapitellen, die Schloßruinen auf einem Basaltkegel (1 035 m), und die Möglichkeit, von hier aus schöne Ausflüge in das Vulkangebiet des „Mont Meygal" zu veranstalten.

Monastir-del-Camp 4/D 3

Der Sage nach wurde diese Priorei von Karl dem Großen gegründet. Die Kirche aus Flußkieseln (Ende des 11. Jh.) hat ein Westportal aus weißem Marmor, um die Mitte des 12. Jh. geschaffen. Das Gitterwerk stammt aus dem 14. Jahrhundert.
Le Cloître: Der Kreuzgang, 1307 vollendet, ist von raffinierter Eleganz und besteht aus 27 Drei-Blatt-Bögen über zierlichen Säulen.
Klosterbauten: Die übrigen Baulichkeiten aus dem 13./14. Jh. sind in privatem Besitz.

Moncley
(Château de) 20/B 3

Das prachtvolle Schloß im Stil Ludwig XVI. besitzt eine in Bogenform gekrümmte Front, in deren Mitte ein prachtvoller Giebelportikus steht. Durch eine sehr schöne Eingangshalle gelangt man über eine doppelt gewundene Treppe zu den Gemächern empor, die im Stil des 18. Jh. dekoriert und möbliert sind.

Moncontour
-de-Bretagne 9/A 2

Die einst befestigte Stadt liegt auf einem Hügel, bei dem zwei Täler zusammentreffen.
Place Penthièvre: Der Platz wird eingefaßt von Granithäusern des 18. Jh. und der Kirche Saint-Mathurin mit einigen sehr schönen Fenstern aus dem 16. Jahrhundert.
Château des Granges: Das Schloß aus dem 18. Jahrhundert, auf einem Hügel gelegen, und ein Turm („Tour Moguet") erinnern an frühere kriegerische Zeiten.
Chapelle Notre-Dame-du-Haut (2 km westl.): In der Kapelle stehen die Statuen der volkstümlichen „Sieben heilenden Heiligen".

Mondoubleau 17/D 1

Auf dem Hang über dem linken Ufer der Grenne erheben sich die imposanten Ruinen eines mittelalterlichen Schlosses mit dem Rest eines

Montal: *Ein Renaissance-Dachfenster des Schlosses mit reichem bildhauerischem Schmuck.*

stämmigen, 35 m hohen Bergfrieds aus rotem Sandstein.
Château de Saint-Agil (8 km nördl.): Das Schloß aus dem 18. Jh., das nur von außen besichtigt werden kann, hat einen Eingangspavillon aus dem 16. Jh. zwischen Türmen, die sich mit einem schmucken rautenförmigen Verbund aus roten und braunen, glasierten Ziegelsteinen präsentieren.
Arville (11 km nordöstl.): Mit einem ehemaligen Sitz der Tempelritter (Komturei). Das mit Türmchen bewehrte Tor stammt aus dem Ende des 15. Jh., die Kapelle aus dem 12. Jahrhundert.
Souday (6,5 km nördl.): Die Kirche aus dem 14./15. Jh. besitzt ein vorromanisches Schiff und eine Krypta mit Spitzbogengewölbe.

Monflanquin 35/D 1

Die alte Festungsstadt des 13. Jh. auf einem Hügel über dem Tal der Lède ist heute ein Handwerkerdorf der Töpfer. Besucher erfreuen sich an den malerischen, steilen Gassen, an dem schönen Zentralplatz mit Gängen unter vorkragenden Häusern und Bogenhallen, an der gotischen Kirche mit der wehrhaften Fassade und einem reich mit Skulpturen verzierten Portal aus dem 16. Jahrhundert.

Monistrol-sur-Loire 31/C 2

In der während des 17. Jh. wiederaufgebauten Kirche blieb ein eigenartiges romanisches Langhaus erhalten. Das Schloß (15. und 17. Jh.) ist Altersheim und Schule.

Bas-en-Basset (7 km westl.): Hier stehen die mächtigen Ruinen eines Schlosses aus dem 15. Jh. („Château de Rocheberon") mit drei Ringmauern und dicken Türmen.
Saint-Étienne* (29 km nordöstl.): Zu erreichen durch das Loiretal.
Le Puy* (45 km südwestl.): Dorthin gelangt man über Retournac, Chamalières-sur-Loire (mit schöner romanischer Kirche), Lavoûte-sur-Loire und Lavoûte-Polignac.

Monpazier 35/D 1

Der befestigte Grenzort des 13./14. Jh. ist mit den reizvollen Gebäuden um den Zentralplatz, mit seinen hölzernen Markthallen und der Kirche, die wehrhafte Portale aus dem 14.–16. Jh. hat, ein Beispiel für den mittelalterlichen Städtebau. Außer alten Häusern verdient das Chorherrenstift aus dem 13. Jh. besondere Beachtung.

Montaigne
(Château de) 29/B 3

Das Schloß steht beim Ort Saint-Michel-de-Montaigne. Der berühmte Philosoph und Schriftsteller Montaigne wurde in dem Schloß geboren und verbrachte hier den größten Teil seines Lebens (1533 bis 1592). Aus seiner Zeit stammen nur noch der Turm mit der Kapelle, Montaignes Zimmer und seine Bibliothek. Die übrigen Teile des Schlosses wurden im 19. Jh. durch Feuer zerstört und dann wiederaufgebaut. In dem „Librairie" genannten Kabinett, in dem Montaigne seine berühmten „Essais" schrieb, sind einige Leitsprüche und Erkenntnis-Sätze des großen Moralisten auf Deckenbalken gemalt. (Mo. und Di. morgens keine Bes.).
Montcaret (4 km südl.): Hier wurden 1921 Restbauten einer gallo-römischen Villa entdeckt, und Unterbauten von Thermen sowie Reste einer Begräbnisstätte aus dem 5./13. Jh. Ein kleines Museum zeigt die Ausgrabungsergebnisse.

Montal
(Château de) 36/B 1

Das 1,5 km westl. von **Saint-Céré*** gelegene Schloß ist einer der bedeutenden Renaissance-Bauten in Mittelfrankreich. Er wurde nach 1908 sehr gut restauriert. Auch die Innenräume hat man ausgezeichnet möbliert. Der Innenhof ist in meisterlicher Art nach dem italienischen Geschmack des 16. Jh. gestaltet. Sehenswert ist vor allem die große Ehrentreppe (Besichtigung von April bis 1. November).
Grotte de Presque (3 km südwestl.): Schöne Tropfsteinhöhle.

Montargis 18/D 1

Die bemerkenswerten Bauten der Stadt sind die Kirche („Église de la Madeleine") mit einem Langhaus des 12. Jh. und Renaissancechor sowie, im Westen der Stadt, auf einer Höhe, das alte Schloß aus dem 12. und 15. Jahrhundert.

Musée Girodet: Ein heimatkundliches Museum mit Skulpturen und Gemälden des 16. bis 19. Jh.

Ferrières-en-Gâtinais (14 km nordöstl.): Mit einer Kirche aus dem 12./13. Jh., in der schöne Fenster aus dem 16. Jh. und ein monumentaler Grabbau des Louis de Blanchefort aus dem Anfang des 16. Jh. zu sehen sind. In der Kapelle bei der Kirche (15. Jahrhundert) steht eine interessante „Schwarze Madonna" aus dem Ende des 15. Jahrhunderts.

Montauban   36/A 3

Die aus Naturstein und Ziegeln erbauten Häuser, die Alte Brücke („Pont-Vieux") aus dem 14. Jh. und die Kathedrale Notre-Dame aus dem 17. Jh., einer der seltenen klassizistischen Sakralbauten Frankreichs, fallen einem Besucher bei einem Bummel durch die Stadt besonders auf.

Musée Ingres: Das im ehemaligen Bischöflichen Palast befindliche Museum ist dem in Montauban (1780) geborenen Maler Dominique Ingres gewidmet. Es besitzt mehrere Bilder des berühmten Künstlers, von dem in der Kathedrale noch das Gemälde „Das Gelöbnis Ludwig XIII." hängt. Von den über 4 000 Zeichnungen des Malers wird ein Teil ständig in Wechselausstellungen gezeigt. Das Museum besitzt auch eine schöne Gruppe von Werken des Bildhauers Bourdelle, der ebenfalls in Montauban geboren wurde (Mo. ⊠).

Montbard   19/C 2

Im „Parc Buffon", der seinen Namen nach dem großen, hier geborenen Naturforscher Georges L. Buffon erhielt, stehen die Ruinen des ehemaligen Schlosses der Herzöge von Burgund (14. Jh.). An die Geschichte der Stadt erinnern auch die Reste der Stadtmauern, ein 40 m hoher Wehrturm („Tour de l'Aubespin") und der Turm „Saint-Louis". Die Kirche Saint-Urse stammt aus dem 12. bis 15. Jh.

Abbaye de Fontenay* (2,5 km nordöstlich).

Château de Montfort (3 km südlich): Zwischen den Ruinen des Schlosses aus dem 14. Jh., auf einem Hügel gelegen, stehen drei achteckige Türme, sowie die Restbauten eines Wohnhauses, der Kapelle und noch ein merkwürdiger Saalbau „Salle de la Monnaie".

Montbéliard   20/D 2

Über der Stadt ragt das Schloß der ehemaligen Grafen von Montbéliard empor. Zu dem Bau aus dem 17./18. Jh. gehören auch zwei ältere Türme (15./16. Jh.). Ein Museum für Archäologie und Naturgeschichte ist im Schloß untergebracht. Interessante Bauten sind das „Maison des Princes" (Renaissance) und Markthallen aus dem 16. Jahrhundert.

Musée historique du pays: Das heimatkundliche Landesmuseum befindet sich im Haus des „Hôtel Beurnier" (18. Jh.).

Audincourt (4,5 km südöstl.): Die Kirche „Église du Sacré-Coeur" ist eines der bedeutendsten Werke der sakralen Baukunst unserer Zeit. Die Front ist mit Mosaiken von Bazaine belegt, die Glasfenster sind zum Teil von Léger und von Bazaine (Taufkapelle). Von Audincourt kann man durch das Tal des Doubs nach Saint-Hippolyte fahren, wo bei Mandeure Reste von römischen Bauten entdeckt wurden.

Montbenoît
(Abbaye de)   26/C 1

Église: Die Kirche entstand im 12., 14. und 16. Jh. Sie hat herrlich geschnitzte, mit grotesken Motiven verzierte Chorstühle aus dem 16. Jh. Im Kreuzgang aus dem 15. Jh. sind interessante Kapitelskulpturen zu entdecken.

Montbrison   31/B 2

Die Stadt wurde im Kreis um einen vulkanischen Hügel erbaut. Bemerkenswert sind einige Adels- und Bürgerhäuser des 15. – 18. Jh.

Église Notre-Dame-d'Espérance: Die Kirche ist ein imposantes gotisches Bauwerk aus dem 13./14. Jh. mit einem spätgotischen Portal aus dem 15. Jh. Gegenüber dem Chor liegt der Bau des ehemaligen Dekanats, genannt „La Diana", ein weiträumiger Saal aus dem 13. Jh. mit Holzgewölben des 14. Jahrhunderts, der um 1700 mit heraldischen Bemalungen der Decke geschmückt wurde.

Musée d'Allard: Mit einer bedeutenden Sammlung französischer und ausländischer Puppen.

Champdieu (5 km nordwestl.): Mit einer romanischen Kirche des 12. Jh. innerhalb einer im 12. und 16. Jh. erbauten Priorei.

Saint-Romain-le-Puy (8 km südöstl.): Über dem Ort am Fuß eines Basaltkegels erhebt sich auf der Berghöhe die Granitkirche (10., 11. und 15. Jh.) einer ehemaligen, befestigten Priorei.

Monts du Forez (25 km west-nordwestl.): Siehe **Ambert***. Empfehlenswert ist ein Aufstieg zum Berg Pierre-sur-Haute (1 640 m).

Montbard: Ein 242 km langer Kanal („Canal de Bourgogne") verbindet die Saône mit der Yonne und durchfließt dabei stille, weite Landschaften.

Montbéliard: *Die Taufkapelle der Kirche von Audincourt wird mit einer Fensterwand von Bazaine umfaßt.*

Montbenoît: *Kapitelle des Kreuzgangs mit Motiven aus der Tier- und Pflanzenwelt der Berge.*

Mont-Cenis 32/D 2
Siehe **Saint-Jean-de-Maurienne***.

Mont-Dauphin 38/D 1
Die kleine, einst befestigte Stadt, heute nur wenig bewohnt, erinnert mit einigen Bauten noch an ihre Vergangenheit. Sie wurde von Festungsbaumeister Vauban angelegt. Von den Wehranlagen stehen noch Bastionen aus rötlichem Marmor, Tore, Ziehbrücken und einzelne Militärbauten. Der Stadtbereich wird durch zwei einander rechtwinklig sich schneidende Straßen in vier Stadtteile gegliedert. Von der Kirche Saint-Louis ist nur der Chor ausgeführt.
Promenade de la Plantation: Diese Promenade wird von 1 050 uralten Ulmen gesäumt.
Guillestre (3 km östl.): Die gotische Kirche aus rosa Marmor (16. Jahrhundert) besitzt einen schönen Portikus mit Säulen, von denen zwei, wie in **Embrun***, auf liegenden Löwen stehen.
Le Queyras (20 km nordöstl.): Die Landschaft des Guil-Tals bis **Château-Queyras*** ist sehr reizvoll.
Enbrun* (20 km südwestl.): Tal der Durance.
Col de Vars (24 km südöstl.): Berg.
Vallouise (25 km nordwestl.): Naturschutzgebiet „Parc national des écrins".

Mont-de-Marsan 35/A 3
In der Stadt gibt es zwei interessante Museen. Das Museum „Musée Despiau-Wlérick" befindet sich in dem Wachtturm „Lacataye" (13. Jh.). Es zeigt Werke der in Mont-de-Marsan geborenen Bildhauer Despiau und Wlérick. Das Museum „Dubalen", in einem romanischen Haus aus dem 12. Jahrhundert, präsentiert eine prähistorische Sammlung und naturkundliche Bestände.
Saint-Pierre-du-Mont (2 km südwestl.): Die Kirche mit romanischem Chorabschluß hat eine schöne Innendekoration.
Uchacq (6 km nordwestl.): Mit romanischer Kirche, Portal aus dem 11. Jahrhundert.
Saint-Sever (16 km südwestl.): Die Kirche der Benediktinerabtei ist der schönste romanische Sakralbau der Gegend. Der Chorabschluß wird von einer Apsis (17. Jh.) und von romanischen Apsidiolen flankiert. Die Klostergebäude (17. Jh.)

Mont Blanc 32/D 1
Den höchsten Berggipfel in Europa kann man in Begleitung eines Führers und eines Trägers in zwei Tagen besteigen. Dabei wird der Gletscher „Glacier des Bossons" überquert. Einmal übernachtet man in der Hütte von „Les Grands-Mulets" (3 050 m). Man erreicht den Gipfel nach achteinhalb Stunden Marsch (4 807 m). Der Abstieg nach **Chamonix*** erfolgt noch am gleichen Tag. Auskünfte über Einzelheiten der Tour erhält man über das Verkehrsbüro von Chamonix („Syndicat d'Initiative").

Le Mont-Dore 30/D 2

Der als Thermalbad und als Wintersportplatz berühmte Ort liegt in 1 050 m Höhe am Fuß des „Puy de Sancy". Von hier kann man sehr schöne Ausflüge machen, so zum „Salon du Capucin" (südl., 1 286 m) mit einer Seilbahn. Von dort steigt man in 30 Minuten zum „Pic du Capucin" (1 465 m) auf, oder zum „Puy de Sancy" (4 km südl., Schwebebahn), dessen Gipfelhöhe 1 886 m beträgt und eine herrliche Rundsicht beschert. Am See „Lac de Guéry" vorbei und über den „Col de Guéry" (1 264 m) gelangt man zum Gebiet der „Roches Tuilière et Sanadoire", zwei gigantischen Mauern aus Vulkangestein, die sich am Eingang eines Talkessels erheben und eines der schönsten landschaftlichen Bilder in der Auvergne bieten. Sehr reizvoll sind auch Fahrten nach Osten und Südosten. Über Chambon und durch das eindrucksvolle, von bewaldeten Höhen und phantastischen Felsgipfeln eingerahmte Tal „Vallée de Chaudefour", geht die Strecke weiter über Courbanges und beim Berg „Rocher de l'Aigle" vorüber nach **Besse-en-Chandesse***.

La Tour-d'Auvergne (16 km südwestl.): Der Ort liegt, amphitheaterförmig erbaut, zu Füßen von Basaltfelsen, von denen einige wie Orgelpfeifen in die Höhe ragen. Einen Besuch lohnen auch die gotische Kirche von Chastreix und der 54 ha große See „Lac Chauvet".

Montfort-l'Amaury: *Der alte Ortskern mit der Kirche erinnert an den Charme friedlicher Provinzstädtchen in längst vergangenen Zeiten.*

beherbergen jetzt die Stadtverwaltung und die Pfarrei.
Samadet (18 km südöstl.): Fayencemuseum in einem Renaissancehaus.

Montélimar 37/D 1

Auf einem Hügel im Osten der Stadt liegt oberhalb des Roubion-Tales ein Schloßbau (15. Jh.), der im 17. Jh. ausgebaut wurde. Zu ihm gehören ein Bergfried aus dem 12. Jahrhundert und die Ruinen einer romanischen Kapelle.
Trappe d'Aiguebelle (17,5 km südöstl.): Mit einer im 19. Jh. restaurierten Abtei (12. Jh.). Die Kirche und die anliegende Galerie des Kreuzgangs stammen aus dem 12. Jahrhundert.
Marsanne (15 km nordöstl.): Das zerfallene Burgdorf aus dem Mittelalter mit romanischer Kirche und pittoresken Häusern des 15./16. Jh. lohnt einen Besuch.
Rochemaure (5 km nordwestl.): Jenseits der Rhône, auf vulkanischen Basalthöhen, sieht man die Ruinen eines Dorfes. In der Nähe liegt der Stausee von Rochemaure mit dem Kraftwerk Henri-Poincaré.
Cruas (14 km nördl.): Mit einer romanischen Kirche und den Restbauten einer Benediktiner-Abtei (11./12. Jh.), die über zwei Krypten erbaut wurde. Im Chor ein Mosaikboden (Ende des 11. Jh.).

Montfort-l'Amaury 11/B 2

In dem alten Städtchen unterhalb der Ruinen eines Schlosses aus dem 11.–15. Jh. steht eine Kirche (Ende 15. Jh.) mit Renaissanceteilen. Die schönen Glasfenster stammen aus dem 16. Jh. Beim Friedhof befindet sich ein Beinhaus aus dem 16.–18. Jh.
Musée Ravel: Die „Villa Belvédère", in der der Komponist Maurice Ravel lebte († 1937), ist heute ein kleines Museum.

Montgeoffroy (Château de) 17/B 2

Der schöne Bau, dessen einzelne Teile besonders gut aufeinander abgestimmt sind, wurde im 18. Jh. gebaut. (Zu besuchen jeden Tag von Palmsonntag bis Allerheiligen.) Sehenswert in der Inneneinrichtung sind besonders das Mobiliar im Stil Ludwig XVI. und die Aubusson-Wandteppiche.

Montier-en-Der 12/D 3

Église Notre-Dame: Die Kirche mit einem Langhaus mit Obergaden und Seitenschiffen (Ende 10. Jh.), hat einen Chor mit Umgang (Ende des 12. Jh.), der zu den bedeutendsten Werken der frühen Gotik der Champagne zählt.
Forêt du Der (10 km nördl.): Wald.
Lentilles (14,5 km westl.): Mit einer eigenartigen ländlichen Kirche aus dem 16. Jahrhundert; interessante Holzverschalungen.

Montlhéry 11/C 2
Der sogenannte Turm Ludwig des Dicken („Tour de Louis le Gros"), 32 m hoch, ist der einzige Überrest der früheren Burg. Im nahen Linas-Bezirk befinden sich die nach Montlhéry benannte Autorennbahn und eine Straßenrennstrecke.
Longpont-sur-Orge (2 km nordöstl.): Die Kirche Notre-Dame (11., 12. und 13. Jh.) besitzt ein skulpturengeschmücktes, leider verstümmeltes Portal aus dem 13. Jh.

Mont-Louis 43/B 3
Das frühere Festungsstädtchen wurde ein Sommerkurort und Wintersportplatz. Es liegt 1 600 m hoch. Die Festungswälle, die man durch das Tor „Porte de France" erreicht, und die Zitadelle, die Vauban errichtet hat, zeugen noch für die frühere Festungsarchitektur. In dem Bollwerk kann man das erste seit 1953 funktionierende Sonnenkraftwerk besichtigen.
Planès (6,5 km südl.): Die Kirche Notre-Dame-de-la Merci (11. oder 12. Jh.) wurde nach einem sehr seltenen Grundriß erbaut. Der kuppelgekrönte Rundbau mit drei vorspringenden Absiden ist in ein gleichseitiges Dreieck eingefügt. Im Innern sind eine romanische Madonnenfigur und interessante Altaraufsätze zu besichtigen.
Col de la Perche (5 km südwestl.): Mit schöner Aussicht vom „Signal de la Perche".
Ilo (10 km südwestl.): Das alte katalanische Dorf liegt sehr reizvoll am Eingang zu den Sègre-Schluchten.
Les Angles (10 km nordwestl.): Ein Ferienort und Wintersportplatz.
Lac des Bouillouses (14 km nordwestl.): Der Stausee in einer herrlichen Lage, auf 2 013 m Höhe, ist ein wichtiges Wasserreservoir, das 16,5 Millionen Kubikmeter faßt. Von hier kann man zahlreiche Ausflüge machen: zum „Lac d'Aude" (2 135 m), zur Talsperre des „Étang de Lanoux" (2 176 m), zum „Pic de Carlit" (2 921 m) mit einem gewaltigen Trümmerfeld aus Granitsteinen.
Haute vallée de l'Aude (20 km nördl.): Ausflugsziel im Tal der Aude.

Montluçon 24/C 2
Die von modernen Wohn- und Geschäftsvierteln eingeengte Altstadt liegt auf einem Hügel, auf dessen Höhe sich das Schloß aus dem 15./16. Jh. erhebt. An den steilen krümmungsreichen Gassen stehen alte Häuser aus dem 15./16. Jh.
Kirchen: Die Bauten von Notre-Dame und Saint-Pierre entstanden im 15. Jh. und enthalten einige wertvolle Kunstwerke.
Huriel (12 km nordwestl.): Die frühere Stiftskirche Notre-Dame ist ein prachtvoller Bau des 12. Jh. In ihm befinden sich bemerkenswerte Kunstgegenstände. Sehr reizvoll sind die Ruinen eines Schlosses (11. – 16. Jh.) und ein Wachtturm aus grauem Granit (12. Jh.).
Néris-les-Bains (8 km südöstl.): In dem bekannten Thermalbad findet man eine romanische Kirche und eine merowingische Gräberstadt mit Trümmern auch aus römischer Zeit (Arena, Bäder).

Montmajour (Abbaye de) 43/D 1
Die Abtei, einer der schönsten Sakralbauten in der Provence, steht 4 km nordöstl. von Arles. (Dienstags nicht zu besichtigen.) Die majestätische, streng gegliederte Abteikirche erhebt sich über einer Krypta, Unterkirche (1150). Der wunderbar harmonisch gestaltete Kreuzgang vom Ende des 12. Jh. besitzt prächtige Kapitelle (12. und 14. Jh.). Über den im 18. Jh. zerstörten Klostergebäuden ragt der 30 m hohe „Tour de l'Abbé" empor, ein Wehrturm aus dem Jahr 1369. Die zum Teil unterirdisch angelegte Kapelle „Chapelle Saint-Pierre" schuf man im 10. Jh., die „Chapelle Sainte-Croix" (auf einem nahegelegenen Felsplateau) im 12. Jh.
Fontvieille (2,5 km nordöstl.): Die Mühle von Alphonse Daudet, die in ein kleines Museum verwandelt wurde.

Montmédy 7/A 3
Aus der Unterstadt („Ville basse") am rechten Chiers-Ufer gelangt

Montlhéry: Eine weite Sicht genießt man vom Turm Louis le Gros.

Montmajour: Der Kreuzgang der Abtei wurde in reinstem romanischen Stil erbaut (unten).

Die Mühle von Daudet in Fontvieille; (rechts) er schrieb hier die „Briefe aus meiner Mühle"

man über die sehr steile Rue de Chiny zur Oberstadt, die mehr als 100 m über der Unterstadt liegt und einst von Vauban mit einem bedeutenden Verteidigungssystem ausgestattet wurde. Man betritt die Oberstadt durch zwei Stadttore mit Zugbrücken. Bei einem Spaziergang über die Wälle hat man sehr schöne Fernblicke.

Marville (12 km südöstl.): Ort mit malerischen Häusern aus spanischer Zeit (16./17. Jh.). In der im nördl. Bezirk gelegenen Kapelle Saint-Hilaire (11., 12. und 15. Jh.) sind sehr interessante, skulpturengeschmückte Gräber (16. und 17. Jh.). Auf dem anliegenden Friedhof gibt es weitere schöne Grabmäler zu sehen.

Montoire-sur-le-Loir 17/D 2

Chapelle Saint-Gilles: Die im Vorort am linken Loir-Ufer zu findende Kapelle aus dem 11. Jh. ist mit kostbaren romanischen Fresken (12. Jh.) versehen. Berühmt ist die Darstellung des richtenden Christus in der Ostapsis. In den Querschiffen sieht man Bilder mit Motiven von der Schlüsselübergabe an Petrus und der Verbreitung des Heiligen Geistes; am Triumphbogen ist der Sieg der Tugenden über die Laster geschildert.

Lavardin (2 km südöstl.): Kirche Saint-Genest mit Wandmalereien (12. bis 16. Jh.), die die Entwicklung dieser Kunst von der romanischen, stilisierenden Form bis zum expressiven Realismus der Gotik vorführen. Unter den mächtigen Ruinen der Burg der Grafen von Vendôme steht ein 26 m hoher Wachtturm aus dem 11./12. und 14. Jh.

Montpellier 43/B 1

Die schöne Hauptstadt des südlichen Languedoc ist reich an Kunstwerken und interessanten Bauten. In ihrem belebten Zentrum

Montpellier-le-Vieux 37/A 3
Die karstartige, aber bewachsene Felsenlandschaft, die man zu Fuß in etwa einer und einer Viertelstunde durchwandern kann, erstreckt sich über ein Gelände von 120 ha, auf dem phantastisch geformte Dolomitblöcke und Steingruppen stehen. Die eigenartige Landschaft war bis 1870 von Wald überwuchert, galt vorher als „Geisterstadt" und wurde erst nach der Rodung des Waldes in ihren bizarren Reizen sichtbar. Durch das Gebiet führen markierte Fußwege.

(„Place de la Comédie") mit dem Brunnen der drei Grazien steht das Theater. Hier beginnt auch die „Esplanade", eine schattige, im 18. Jh. angelegte Promenade.

Cathédrale Saint-Pierre: Die Kathedrale, vor der eine mächtige gotische Vorhalle liegt, wurde im 14. Jh. begonnen und im 19. Jh. vollendet. Die anliegenden Bauten der ehemaligen Abtei Saint-Benoît aus dem 16. Jahrhundert, die man später erneuerte und vergrößerte, werden heute von der Medizinischen Fakultät genutzt.

Musée Atger: Im Abteibereich befindet sich das Atger-Museum.

Musée Fabre (Montags geschlossen): Das Museum besitzt bedeutende Gemäldesammlungen; unter den Künstlern sind vertreten: Italiener (Veronese), Spanier (Zurbaran, Ribera), Flamen, Holländer und vor allem Franzosen des 17. Jh. (S. Bourdon), des 18. Jh. (11 Bilder von Greuze), des 19. Jh. (David, Géricault, Delacroix, Bazille, 15 Courbets) und des 20. Jh. Im Graphik-Kabinett gibt es 2 000 Blätter, darunter drei von Raphaël. In einem anliegenden Gebäude findet man sehr schöne Einrichtungen im Stil Ludwig XV., Ludwig XVI. und Napoleon III.

Montpellier: *Der Wasserturm von Le Peyrou wurde im 17. Jh. erbaut.*

Montrésor: *Das stark mit Türmen bewehrte Schloß spiegelt sich mit seinen Mauern im ruhig fließenden Wasser des Indrois.*

Musée archeologique: Das archäologische Museum logiert in dem herrlichen Bau des „Hôtel de Lunaret" (17. Jh.).
Quartier universitaire: Im alten Universitätsviertel mit dem Einhornbrunnen aus dem 18. Jh. („Place de la Canourgue") findet man das Rathaus („Hôtel de ville") aus dem 18. Jh. Hier sind auch zahlreiche Adelsbauten und Patrizierhäuser zu sehen, wie das „Hôtel Cambacérès-Murle" (18. Jh.), „Maison à la Coquille" (um 1700), das „Hôtel du conseiller Jean Deydé" (Rue du Cannau Nr. 8), in der gleichen Straße das „Hôtel de Beaulac" mit schönem Hof und Treppenaufgang (Anfang 17. Jh.) und an der „Place Aristide Briand" das „Hôtel Bonaric" (17. Jh.). Schöne herrschaftliche Häuser liegen auch noch an der Rue Jean Moulin.
Promenade du Peyrou: Diese weiträumige klassizistische Anlage besteht aus zwei Etagen von Terrassen, über denen auf einer Höhe ein eleganter Wasserturm liegt. Bei diesem endet ein 800 m langer Aquädukt, der im 18. Jh. von Saint-Clément bis zu dieser Höhe gebaut wurde. In der Mitte der Gesamtanlage steht ein Reiterstandbild von Ludwig XIV., zu dessen Ehren man auch den Triumphbogen „Porte du Peyrou" 1691 errichtete.
Jardin des Plantes: Im Jahr 1593 wurde dieser älteste botanische Garten Frankreichs angelegt.
Schlösser, östl. der Stadt: „Château d'O", „Château d'Alco", „Château de la Piscine", „Château de la Mosson", „Château d'Engarran".
Château de la Mogère (5 km östl.): Im Park dieses Schlosses aus dem 18. Jh. ist ein prachtvolles, mit Muschelwerk verziertes Wasserspiel-Bauwerk zu sehen.
Le Vignogoul (10 km westl.): Die Zisterzienserkirche der ehemaligen Abtei „Abbaye de l'Assomption" (12. Jahrhundert) ist eines der seltenen Beispiele der Gotik im Süden der Ile-de-France.
Palavas-les-Flots und Maguelone* (11,5 km südlich).
La Grande-Motte* (23 km s.-östl.).

Montpezat
-de-Quercy 36/A 2
Die kleine, alte Stadt liegt hoch auf einem Hügel über den Tälern des Quercy. Ihr Hauptplatz wird von Häusern mit Laubengängen (14./15. Jh.) eingerahmt.
Collégiale Saint-Martin: In der stattlichen Stiftskirche aus dem 14. Jh. sind kostbare Kunstgegenstände zu besichtigen, darunter fünf flandrische Wandteppiche, gotische Steinskulpturen und englische Alabasterarbeiten aus dem 14. Jahrhundert.
Notre-Dame-de-Saux (4 km nordwestlich): Mit einer ländlichen Kirche (12.–16. Jh.), die zwei Kuppeln trägt und im Innenraum interessante Wandmalereien aus dem 14. Jahrhundert besitzt.
Castelnau-Montratier (12 km nordwestlich): Ein malerisches, einst befestigtes Dorf.

Montrésor
(Château de) 18/A 3
Das Schloß aus der Zeit Ludwig XII. wurde inmitten der Ruinen einer mittelalterlichen Burg an einem friedlichen Ort in einer Schleife des Indrois erbaut. In seinen Räumen ist eine Sammlung von polnischen Kunstwerken und Erinnerungen an Polen zu besichtigen. In der Kirche (Renaissance) befindet sich ein schönes Grabmal der Familie Bastarnay (16. Jh.) mit drei liegenden Figuren.
Nouans-les-Fontaines (8,5 km östl.): Im Besitz der Kirche ist eine bemerkenswerte Kreuzabnahme-Darstellung aus der Schule des Jean Fouquet (2. Hälfte 15. Jh.).

Montreuil 11/C 2
Musée de l'Histoire vivante: Das Geschichtsmuseum zeigt Sammlungen, die über die sozialen Kämpfe des 18. Jh. bis zur Gegenwart informieren. (Montags, mittwochs und freitags geschlossen.)
Église Saint-Pierre-Saint-Paul: Mit einem Chor (12. Jh.) und einem Kirchenschiff aus dem 15. Jh.
Le Raincy (8 km nordöstl.): Die Kirche Notre-Dame, ein 1922/23 von Auguste Perret aus armiertem Beton geschaffener Bau, dessen Wände aus Glas komponiert sind, stellt ein originales Werk moderner Sakralbaukunst dar.

Montreuil-Bellay 17/B 3
Das Schloß wurde im 11. Jh. errichtet, im 15. Jh. erneuert und erweitert. Man betritt es durch ein von zwei Türmen geschütztes Vorwerk. Im Hof, links vom Eingang, liegt die Küche mit einer zentralen Feuerstelle. Zum „Petit Château" gehören vier Wohnbauten, von denen jeder mit einem Treppentürmchen versehen ist. Das bildhauerisch reich dekorierte „Château-Neuf" hat eine spätgotische Kapelle. (Besichtigung in der Saison.)
Stadttore: Am nördl. und südl. Ende der Rue Nationale stehen als letzte Zeugen der alten Stadtbefestigung die Tore „Porte Nouvelle" und „Porte Saint-Jean".
Église Notre-Dame: Die ehemalige Stiftskirche wurde im 15. Jahrhundert gebaut.
Abbaye d'Asnières (8 km nordwestl.): In den Abteiruinen (12./13. Jahrhundert) ist noch eine schöne Kirche zu sehen.
Doué-la-Fontaine (12 km nordwestl.): Mit den Ruinen der romanischen Stiftskirche Saint-Denis im Stil des Anjou (Ende 12. Jh.), der Kirche Saint-Pierre (15. Jahrhundert) und dem Platz „Les arènes", einem Steinbruch, der im Mittelalter in einen Festspielplatz umgewandelt wurde.
Le Puy-Notre-Dame (7 km südwestl.): Stiftskirche der ehemaligen Propstei, im 13. Jh. im Stil des Anjou errichtet; hier zeigt man als Reliquie einen „Gürtel Mariens".

Montreuil-sur-Mer 1/B 3
Der alte Festungsort hat noch seine Wallmauern und die Zitadelle aus dem 16. Jahrhundert.
Église Saint-Saulve: Die Kirche zählt zu den schönsten gotischen Bauten im Pas-de-Calais. Im Innern birgt sie Gräber und Taufbecken des 13. Jh. und Bilder des 17. Jahrhunderts.
Vallée de la Course (9 km nördl.): Die malerische Landschaft ist bekannt für die hier betriebene Forellenzucht und Kresse-Pflanzungen.

Montreuil-Bellay: Die einstige Festungsburg, hier von der Thouet-Brücke gesehen, wurde im 15. Jh. zu einer wohnlichen Residenz umgebaut.

Mont-Saint-Michel 9/C 2

Dies ist einer der berühmtesten und bemerkenswertesten Orte Frankreichs. Der kegelförmige Inselfelsen wird von einer Abtei gekrönt. Der einzige Zugang zu ihren Bauten besteht durch das Tor „Porte du Roi" (15. Jh.), dem Eingang zum einst befestigten Bezirk. Die Grande Rue, an der Giebelhäuser des 15. Jh. und Andenkenläden einander abwechseln, führt zur Pfarrkirche (11. bis 16. Jh.) und, um den Berg herum zu den Treppen, auf denen man zum Kloster emporsteigt. Die Abteikirche besitzt ein romanisches Langhaus und Querschiff sowie einen prächtigen spätgotischen Chor (15./16. Jh.), der über einer Krypta „Crypte des Gros Piliers" liegt. Vom ersten Klosterbau existieren nur noch die romanischen Säle, die einst in den Felsen hineingehauen wurden (11./12. Jh.). Das gotische Kloster besteht vornehmlich aus dem „Merveille" genannten Bau, der die Nordseite des Inselberges beherrscht. Er wurde 1203 bis 1228 errichtet. In seinen drei Stockwerken sind untergebracht (von unten nach oben): Kaplanei und Kellerei, Gästesaal und Rittersaal, Speisesaal und Kreuzgang. Dieser, ein Meisterwerk, ebenso elegant wie harmonisch gestaltet, umfaßt vier Galerien mit 227 kleinen Säulen aus rotem Granit, die einander spannungsreich zugeordnet sind. Von den an der Westseite des Bauwerks liegenden Gartenterrassen hat man eine herrliche Aussicht. Sehr schön ist ein Rundgang über die Festungsmauern aus dem 13. bis 15. Jh. Auch eine Fahrt mit dem Boot rund um den Inselberg ist bei Flut zu empfehlen. Wanderungen auf den Sandbänken sind gefährlich, da die Flut rasch vordringt.

Montségur
(Château de) 42/B 3

Auf steiler Höhe liegen die Ruinen dieses Schlosses, das einst Mittelpunkt der Katharersekte war. Es wurde 1244 belagert und durch die Hinrichtung der „Ketzer", die man verbrannte, als Schreckensort bekannt. Vom Dorf Montségur steigt man auf zum „Pic Saint-Barthélemy" (2 349 m).
Lavelanet (12 km nördl.): Von der kleinen Industriestadt aus kann man einen Ausflug zum Schloß „Château de Roquefixade" (13./14. Jh.) oder nach Bélesta und zum Springbrunnen von Fontestorbes machen (Siehe **Puivert***).

Montsoreau 17/B 3

Das Schloß aus dem 15. Jh. am Fuß einer Anhöhe am linken Ufer der Loire ist halb Feudalburg, halb Residenz. Im rechts gelegenen Turm (16. Jh.) gibt es eine sehenswerte monumentale Treppe.
Musée des Goums: Das Museum im Schloß ist den „Goums", den afrikanischen Soldaten der französischen Kolonialzeit gewidmet.
Gotische Kapelle: Die „Chapelle Saint-Michel", durch eine Brücke mit dem Schloß verbunden, und der frühere Wohnsitz des Seneschalls sowie zahlreiche Häuser des Ortes (15. und 16. Jh.) verdienen außerhalb des Schlosses einen Besuch.
Candes-Saint-Martin (1,5 km östlich): Das Dorf liegt sehr schön am Zusammenfluß der Vienne und der Loire. Es hat eine schmucke Kirche im Stil des Anjou (Anfang 13. Jh.), die im 15. Jh. befestigt wurde. Sie steht an der Stelle, an der 397 der Heilige Martin starb. An ihrer Fassade fällt das skulpturengeschmückte Portal aus dem 13. Jh. besonders auf. In der Kirche sind zahlreiche Statuetten im Stil eines ausdrucksvollen Realismus zu beachten.
Saint-Germain-sur-Vienne (4 km ost-südöstl.): Mit einer romanischen Kirche, deren bildhauerisch gut dekoriertes Portal und deren schöne Gewölbe im Plantagenêt-Stil sehr reizvoll sind.
Abbaye de Fontevrault* (4 km südlich): Abtei.

Moret-sur-Loing 11/D 3

Das hübsche, kleine Städtchen war Lieblingsaufenthalt von Malern, namentlich von Alfred Sisley, dessen Haus neben der Kirche steht, und Pissarro.
Église Notre-Dame: Am Türsturz des schönen spätgotischen Portals der Kirche (13./14. Jh.) beachte man die Skulptur „Maria mit Kind".
Maison de François I.: Das sogenannte „Haus Franz I." mit einer Renaissancefassade im Garten nahe dem Bürgermeisteramt (Mairie) zählt zu den zahlreichen interessanten Häusern der Stadt.
Pont sur le Loing: Von der Loing-Brücke hat man einen sehr schönen Blick auf Kirche, Wachtturm und Reste der Stadtmauer.

Morez 26/C 2

Der Ort, Sommerfrische und Wintersportplatz, liegt in einem Talgrund des Bienne-Flusses, durch den nur eine Straße führt. Ein schönes Ausflugsziel ist der Berg „Roche au Dade" (2 Stunden hin und zurück).
Les Rousses (8 km südöstl.): Nördl. dieses Ferienorts und Wintersportplatzes liegt, 2 km entfernt, der See „Lac des Rousses". Die

Montségur: *Die Bergfeste war im Jahr 1244 die letzte Zuflucht der Katharer-Sekte (heute eine Ruine).*

Montsoreau: *Im Feudalschloß besteht ein „Museum der Goum-Truppen" Frankreichs.*

N 5 geht durch das Tal „Val de Dappes" (Ostabweichung führt zur Grenze), zum „Col de la Faucille" (1 320 m) und nach **Gex***.

Morimond
(Abbaye de) 20/B 1
Die Reste dieser Zisterzienserabtei, die zu Beginn des 12. Jh. gegründet wurde, liegen tief im Wald beim See von Morimond.
Fresnoy-en-Bassigny (3 km südwestlich): Mit einer gotischen Kirche (Anfang 16. Jh.).

Golfe du Morbihan 16/A 2
Das kleine Binnenmeer ist von Inseln durchsetzt und durch eine enge Passage von 1 km Breite mit dem Atlantik verbunden. Die Uferlandschaft hat zahllose tiefe Buchten und Einschnitte an den Küsten. Bootsrundfahrten können von **Vannes***, Locmariaquer, Port-Navalo oder **Auray*** unternommen werden. Sie sind sehr reizvoll und bescheren dem Besucher Eindrücke von oft packender Schönheit. Sehenswert sind besonders die Insel „Île d'Arz" mit einer Kirche, deren Teile aus dem 12. bis 17. Jahrhundert stammen, die Landzunge „Pointe d'Arradon", die Insel „Île aux Moines", der Ort Larmor-Baden und die Insel „**Île de Gavrinis**"*.

Morlaix 8/C 2
Ein gewaltiger Eisenbahnviadukt aus Granit (285 m lang, 58 m hoch) trennt den Hafen von der Stadt. Sie hat viele alte Häuser, vornehmlich in den Straßen Rue Ange-de-Guernisac, Rue Basse, Rue Haute. In der Rue du Mur steht das „Maison dite de la duchesse Anne", das sogenannte Haus der Herzogin Anne (Ende 15 Jh.), mit Heiligenstatuen und grotesken Figuren dekoriert.
Église Saint-Mathieu: Mit Madonnenstatue aus Holz (15. Jh.).
Musée: Das Museum in der ehemaligen Dominikanerkirche zeigt Volkskunst aus der Léon-Region und Gemälde des 19. und 20..Jh.
Carantec (14 km nordwestl.): Mit einem Strand im Mündungsgebiet des Dossen, dem „Fluß von Mor-

Moret-sur-Loing: *Der Hauptreiz dieser kleinen Stadt besteht in ihrer schönen Lage am Loing-Fluß. Um die gotische Kirche stehen viele Häuser (15. und 16. Jh.), von denen manche noch ihre alten Holzverkleidungen tragen.*

laix", und dem weiten Küstenstreifen der Landzunge „Pointe de Castel Bian", auf dem sich ein eigenartiger „Sessel des Priesters" genannter Felsen befindet.

Mortagne-au-Perche 10/D 2

In der kleinen Stadt sind erwähnenswert: die schöne spätgotische Kirche Notre-Dame (15./16. Jh.) mit Holzarbeiten und Chorgestühl aus dem 18. Jh., das Stadttor „Porte Saint-Denis" (12. Jh.) mit einem kleinen Heimatmuseum und das aus dem 18. Jahrhundert stammende frühere „Palais des Comtes du Perche".
Abbaye de la Grande Trappe (15 km nördl.): Siehe **Aigle (L')***.
Tourouvre (11 km nordöstl.): Sehenswerte Kirche.
Longny-au-Perche (17 km östl.): Zu dieser hübsch gelegenen Ortschaft gelangt man durch den Wald von Réno-Valdieu. Die Kirche Saint-Martin (15./16. Jahrhundert) ist mit einem wuchtigen quadratischen Turm bewehrt, der mit Statuen und anderem Bildhauerschmuck verziert ist.
Senonches (40,5 km östl.): Durch die Wälder von Longny und Senonches kommt man in den Ort mit einem Schloß (15. bis 17. Jh.). 12 km nordwestl. liegt die Ortschaft La Ferté-Vidame mit einem neuen, im 19. Jh. erbauten Schloß, das zwischen älteren Schloßbauten errichtet wurde und von Parkanlagen und Waldungen umgeben ist.

Mortain 10/A 2

Das Städtchen liegt an einem malerischen Hang über der Schlucht der Cance. Seine Kirche Saint-Évroult (13. Jh.) hat einen Turm aus dem 14. Jh. mit einem eindrucksvollen romanischen Portal.
Abbaye Blanche (1 km nördl.): Auf dem früheren Abteigelände stehen noch die Kapelle und eine Galerie des Kreuzgangs aus dem 12. Jh., der Kapitelsaal (13. Jh.) und die Kellerei (11. Jh.). Hier befindet sich ein Museum der Afrika-Missionen. Sehenswert sind die nahgelegenen zwei Wasserfälle und in einem Felsenkessel die hübsche Kapelle Saint-Michel.
Vallée de la Sée (12 km nördl.): Das malerische Tal am Oberlauf der Sée ist ein gutes Ausflugsziel.

Morzine 26/D 3

Der bedeutende Ferienort und Wintersportplatz liegt am Schnittpunkt von sechs Tälern. Die Schwebebahnen von „Le Pléney" (1 600 m) und „Pointe de Nyon" (2 020 m) führen zu Aussichtspunkten mit herrlicher Fernsicht.
Avoriaz: Eine Schwebebahn (Talstation bei „Les Prodains") führt zur neuen Bergstation (1 800 m).
Lac de Montriond (nordöstl.): Der See liegt auf 1 049 m Höhe, der

Morvan 19/B 2; B 3

Der regionale Naturschutzpark bietet zahlreiche Erholungsmöglichkeiten. Man kann Fußwanderungen oder Ausflüge zu Pferd machen, auch Wassersport betreiben (Segeln, Rudern, Motorbootfahren auf den Seen) und die Strandbäder benutzen. Die Flüsse im Parkgebiet eignen sich für Kanu- und Kajakfahrten. Fischen und Jagd sind ebenfalls möglich. – Siehe auch **Château-Chinon***, **Quarré-les-Tombes***, **Vézelay***, **Lac des Settons***, Orte mit schönen Ausflugszielen.

Moulins: Der Uhrturm besitzt einen volkstümlichen „Jaquemart", eine Figur, die die Stunden schlägt.

Wasserfall „Cascade d'Ardent" etwas weiter talaufwärts.
Notre-Dame-d'Aulps (12,5 km nordwestl.): Zwischen den Ruinen der ehemaligen Zisterzienser-Abtei steht eine romanische Kirche (12./13. Jh.).

Mouchamps 22/D 1

In dieser Ortschaft sind die Einwohner seit dem 17. Jh. zum größten Teil protestantisch geblieben.
Grab Georges Clemenceau: Neben dem Gut „Le Colombier", 4 km nordöstl., befindet sich in einem Wäldchen das Grab des Politikers Clemenceau († 1929).
Château du Parc-Soubise (3 km nordwestl.): Das Schloß (16./17. Jahrhundert) wurde 1794 niedergebrannt, danach jedoch zum Teil gut restauriert.

Mouilleron-en-Pareds 22/D 1

Musée: Der Ort hat ein Museum mit Erinnerungen und Dokumenten zum Leben von Georges Clemenceau und Marschall de Lattre de Tassigny, die beide hier geboren wurden. Das Geburtshaus des Marschalls ist heute ein Museum. Sein Grab befindet sich neben dem Grab seines in Indochina gefallenen Sohnes auf dem Friedhof aus dem 15. Jahrhundert.
Église: Kirche mit einem schönen Glockenspiel.

Moulins 25/A 2

Cathédrale Notre-Dame: Die Kathedrale aus dem 15./16. und 19. Jh. birgt in ihrer Sakristei ein Meisterwerk der französischen Malerei, das berühmte Triptychon des „Meisters von Moulins" (Ende 15. Jh.). Die sehr schönen Glasfenster der Kirche stammen aus dem 15. und 16. Jahrhundert.
Museen: Im „Pavillon der Anne de Beaujeu" (Renaissance) ist der Eingang zu dem in einem Schloßgebäude eingerichteten archäologischen Museum. Das Heimatmuseum „Musée du Folklore" wurde in einem Haus des 15. Jahrhunderts untergebracht.
Vieux Quartier: Die Altstadt um die Kathedrale bietet viele malerische Bilder, vor allem in der Rue des Orfèvres, der Rue und Place „de l'Ancien-Palais" sowie am Rathaus.

Cirque de Mourèze 43/A 1

Das sehr malerische alte Dorf Mourèze, das schmale Gassen, einige Schloßruinen und eine romanische Kirche hat, ist von einem großen Felsenmeer umgeben, einem „Chaos" von Dolomit-Trümmern. Sie bilden einen Kessel, der ein Gelände von etwa 345 ha bedeckt. Einige der Felstrümmer haben phantastische Formen und bilden Gruppen von höchst bizarrem Aussehen.

Der Belfried oder Uhrenturm aus dem 15. Jh. hat einen „Jacquemart" (Stundenschläger-Figur) aus dem 17. Jahrhundert.
Chapelle du lycée Banville: In dieser Kapelle befindet sich das monumentale Mausoleum des Henry de Montmorency, ein Hauptwerk der französischen Bildhauerei aus der Mitte des 17. Jahrhunderts.

Yzeure (1,5 km östl.): Mit einer interessanten romanischen Kirche (12. Jahrhundert).

Château de Pommay (11,5 km östl.): Das Schloß wurde erbaut gegen Ende des 16. Jh. In seiner Nähe liegt, in Lusigny, eine romanische Kirche.

Château-de-Toury (28,5 km ostsüdöstl.): Über Dompierre-sur-Besbre kommt man zu diesem eleganten Herrensitz, eher einer kleinen Festung, aus dem 15. Jh., erbaut aus rosa Granit.

Souvigny* (12 km südwestl.).

Moustiers -Sainte-Marie 38/C 3

Das Dorf bildet den Eingang zu einer breiten Felsenschlucht. Zwischen deren Steilwänden hängt oben eine 227 m lange Kette mit einem vergoldeten Stern. Kleine Gassen und Gewölbegänge schaffen zwischen den Häusern ein Labyrinth. Von der romanisch-gotischen Kirche gelangt man zur Kapelle Notre-Dame-de-Beauvoir (12. – 14. Jh.), die unter der Sternkette liegt. In einer Felsenwand führt ein kleiner gesimsartiger Weg zur Kapellengrotte „La Madeleine" empor, von deren Terrasse man eine schöne Aussicht hat.
Musée historique de la Fayence: Das Museum im ehem. Pfarrhaus ist von Ostern bis 1. Nov. geöffnet.

Le Moutier-d'Ahun 24/B 3

Die ehemalige Abteikirche (12. bis 15. Jh.) zeigt im Chor ein einzigartiges Ensemble von Holztäfelungen und geschnitzten Chorstühlen des 17. Jh. und mehrfarbige Statuen aus dem 12. Jh. sowie wertvolle Reliquiare.

Ahun (1,5 km südl.): In der Kirche mit romanischen Bauteilen sind die Krypta aus dem 9. Jh. und die Holzarbeiten im Chor aus dem 17. Jahrhundert beachtenswert.

Moutiers-Tarentaise 32/D 2

Cathédrale Saint-Pierre: Die Kathedrale besitzt ein Langhaus aus dem 15. Jh. sowie eine Apsis und Krypta aus dem 11. Jh. Der besonders reiche Kirchenschatz verdient eine Besichtigung.
Skigebiet (15 km süd-südöstl.): Die Orte Belleville, Méribel und **Courchevel*** verfügen mit einem Gelände, auf dem über 300 km Skipisten angelegt sind, über Europas größtes Wintersport- und Skigebiet.

Mouzon: Die sehenswerten Skulpturen am Portal der Kirche Notre-Dame.

Mouzon 6/D 2

Das Städtchen liegt auf einer Insel zwischen der Meuse (Maas) und dem „Canal de l'Est" (Ostkanal).
Église Notre-Dame: Die schönste Kirche der Ardennen gehörte einst zu einer Benediktinerabtei. Die mit zwei Seitentürmen ausgestattete Fassade hat ein mit wundervollen Skulpturen geschmücktes Hauptportal aus dem 13. Jh. Chorumgang mit fünf Kapellen.
Porte de Bourgogne: Das Tor aus dem 14./15. Jh. ist sehenswert.

Mulhouse 21/A 1

Sehenswert im „Temple Saint-Étienne" ist ein bedeutendes En-

Mulhouse: *Allegorische Bilder schmücken die Fassade des Rathauses.*

semble von Glasfenstern (14. Jh.). In der Kapelle Saint-Jean sind Wandmalereien (16. Jh.) zu besichtigen. Zu beachten sind die alten Türme „Tour du Bollwerk", „Tour du Diable" und „Tour de Nesle".
In der Stadt kann man fünf sehr unterschiedliche Museen besuchen:
Musée de l'Impression sur étoffes: Das einzigartige Museum für Stoffdruck (Freitagmorgens ⊠) bietet Beispiele des maschinellen Stoffdruckens, Ausstellungen von Hals- und Taschentüchern.
Musée des Beaux-Arts: Das im Haus Steinbach befindliche Kunstmuseum zeigt französische und elsässische Malerei des 19./20. Jh.
Musée français des Chemins de fer: Hier wird man über die Entwicklung der Eisenbahn von 1844 bis 1937 informiert (täglich geöffnet, mit einem Speisewagen).
Musée française de l'Automobile: Zu sehen sind über 400 fahrbereite Wagen von 1890 bis 1974.
Musée historique: Das Museum im Rathaus, einem prachtvollen Renaissancebau, hat Bestände zur Geschichte und Heimatkunde.
Jardin Zoologique, Jardin botanique: Der Zoo und der sehr reichhaltige Botanische Garten liegen im Südosten der Stadt.

Munster 21/A 1
Der wegen seiner Käseprodukte berühmte Ort Munster (Münster) ist ein guter Ausgangspunkt für Ausflüge. In der Stadt sind das ehemalige „Palais der Äbte" und das Rathaus (beide 16. Jh.) sehenswert.
Route du Fromage: Die „Käsestraße" ist eine (markierte) Strecke durch das Munstertal.
Metzeral (6,5 km südwestl.): Über Muhlbach-sur-Munster kommt man zu diesem Ort, von dem man hübsche Ausflüge zu den künstlichen Seen des „Fischboedle" und des „Schießrothried" am Fuß des Hohneck machen kann.

Munster: *Der Marktplatz von Munster erinnert an die Vergangenheit der alten elsässischen Stadt.*

Hohrodberg (7,5 km nördl.): Kurort mit prachtvoller Sicht auf die Vogesen in 800 m Höhe.
Soultzbach-les-Bains (6 km östlich): Von der gotischen Kirche (14. Jh.) und der Kapelle Sainte-Catherine kann man die Burgen Haneck und Schrankenfels besuchen.

Murat 30/D 3
In der alten Stadt, die im Halbrund oberhalb des Alagnon-Tales erbaut wurde, gibt es Häuser aus dem 15. und 16. Jh. sowie eine Kirche aus dem 15. Jh., Notre-Dame-des-Oliviers, mit der Statue einer „Schwarzen Madonna".
Bredons (2 km südl.): Die romanische Wehrkirche hat eine romanische Pforte aus dem 11. Jh. und bemerkenswerte geschnitzte Altaraufsätze. (Ende bis Mitte 18. Jh.).

Mur-de-Barrez 36/C 1
Die Ortschaft liegt auf einem Felsengrat über dem Tal der Bromme, hoch über einer weiten Landschaft. Einen Besuch verdienen die Kirche (12. Jh.) mit einem Portal aus dem 14. Jh. und eigenartigen Kapitellen sowie einer liegenden Ritterfigur im Innern, auch der Uhrturm (früher Stadttor), die alten Häuser und, oberhalb des Orts, die Ruinen einer Burg.
Barrage de Sarrans (12,5 km östl.): Der Stausee über der Truyère gibt Gelegenheit zum Baden.
Raulhac (8,5 km nördl.): Siehe **Vic-sur-Cère***.

Mur-de-Bretagne 9/A 3
Der Ort ist ein beliebtes Ausflugszentrum.
Barrage de Guerlédan (2 km westl.): Der 13 km lange Stausee in den Schluchten des Bavet (400 ha) faßt 70 Millionen Kubikmeter Wasser. Eine Rundfahrt führt durch den schönen Wald von Quénécan. In der Nähe von Forges-des-Salles, am See „Étang des Salles", liegt die Ruine des Stammschlosses der Familie Rohan. Die Ruinen einer Abtei mit Resten der Kapelle (13. Jh.) und weitläufigen anderen Bauten, befinden sich auf einem Gutsgelände und können besichtigt werden.
Vallée du Poulancre (6 km nördl.): In diesem Flußtal kann man in den Orten Saint-Mayeux und Corlay interessante Kirchen besuchen.

La Mure 32/B 3
Von der kleinen Industriestadt geht es ins Valjouffrey-Gebiet.
Valbonnais (12 km östl.): Der Ort oberhalb des rechten Ufers der Bonne besitzt ein Schloß aus dem 17. Jahrhundert.
Entraigues (17 km östl.): Ein hübscher Ort auf einer Terrasse am Zusammenfluß von Bonne und Malsane.
La-Chapelle-en-Valjouffrey (24 km östl.): Von hier macht man Ausflüge zum Weiler von Valsenestre (1 302 m) am Eingang zu einem weiten Felsenkessel oder nach dem einsamen Berggebiet von „Le Désert" (1 267 m).

Murol 30/D 2
Über dem malerischen Städtchen, das auf einer Höhe von 833 m liegt, erhebt sich ein Basaltkegel, den die Ruinen einer Burg mit schwarzem und rötlichem Lavagestein krönen. Die Feste stammt aus dem 12.–14. und 15. Jh. Ein Herrenhaus (Renaissance) und zwei Kapellen aus dem 13. bis 15. Jh. sowie ein Bergfried (15. Jh.) sind gut erhalten.
Lac Chambon (2 km westl.): Ein See für Wassersportler und Angler zu Füßen des Berges „Dent du Marais" (1 068 m).
Lac d'Aydat 17 km nördl.): Der schöne See, auf dem man fischen und kanufahren kann, breitet sich in einer herrlichen Landschaft aus.
Mont-Dore* (19 km westl.).

Murat: *Die kleine Handelsstadt liegt mit ihren graublau bedachten Häusern reizvoll an einem Berghang des schönen Alagnon-Tales.*

N

Najac 36/B 2
Das Dorf findet man auf einem Felsengrat hoch über einer Schleife des Aveyron. Die Ruinen einer Burg (12./13. Jh.) überragt ein 30 m hoher, runder Bergfried, in dem sich drei Gewölbesäle befinden. An der einzigen Straße des Ortes, Rue du Bariou, stehen noch zahlreiche alte Häuser.

Nancy 13/C 2
Place Stanislas: Der um die Mitte des 18. Jh. geschaffene Platz ist ein prachtvolles Werk klassizistischer Baukunst. Zu seinem schönsten Schmuck gehören die herrlichen, goldverzierten schmiedeeisernen Gitter von Jean Lamour. Zwei von ihnen rahmen den Brunnen mit Statuen-Gruppen ein. In der Mitte der Anlage erhebt sich das Standbild von König Stanislas von Polen, Herzog von Lothringen. An der Ostseite des Platzes befindet sich das „Hôtel de ville" (Rathaus), an der Westseite das Kunstmuseum („Musée des Beaux-Arts") vornehmlich mit Werken der Französischen Schule des 18. Jh. und bedeutenden Sammlungen italienischer, flämischer und holländischer Malerei des 19./20. Jahrhunderts.
Place de la Carrière: Der langgestreckte Platz, den man durch die Rue Hervé und bei dem zum Ruhm Ludwig XV. errichteten Triumphbogen erreicht, stellt mit eleganten Adelshäusern aus dem 18. Jh. und dem „Palais du Gouvernement" (18. Jh.) eine weitere schöne architektonische Anlage dar. Rechts vom Platz liegt der 23 ha große „Parc de la Pépinière".
Musée historique lorrain: Das Museum zur Geschichte Lothringens ist in dem schönen „Palais Ducal" aus dem 16. Jahrhundert untergebracht.
Eglise des Cordeliers: Die Kirche war für die Herzöge von Lothringen, was Saint-Denis für die französischen Könige bedeutete. Im Innern ist eines der schönsten Werke von Ligier Richier zu sehen: die liegende Gestalt der Philippe von Geldern, der zweiten Frau von Herzog René II. († 1547). Links vom Chor stehen in der achteckigen herzoglichen Kapelle (1607) sieben Totengedenkmale von lothringischen Herzögen, die anderswo beigesetzt wurden.
Cathédrale: Die Kathedrale (18. Jh.) hat eine schöne Ausstattung im Stil der Zeit ihres Entstehens (Gitter von Jean Lamour).
Église Notre-Dame-du-Bon-Secours: In der Kirche besucht man das Grab von König Stanislas und das Mausoleum seiner Frau. Ein Denkmal umschließt das Herz ihrer Tochter Maria Leszczynska, der Frau von Ludwig XV.
Musée de l'École de Nancy: Das Museum zeigt Mobiliar und dekorative Kunstwerke der lothringischen Künstler des Jugendstils um 1900.
Chartreuse de Bosserville (6 km östl.): Über die N 4, am Eisen-Museum („Musée de l'Histoire du Fer") vorbei, geht es zu dieser Kartause, die im 17. Jh. in reinem klassizistischen Stil erbaut wurde und heute eine Technische Schule beherbergt. (Besichtigung nur in der Ferienzeit.)
Château de Fléville (9 km südöstl.): Das Renaissanceschloß, hat einen Bergfried des 12. Jh.
Schlachtfelder von 1914: Im Norden von Nancy liegen der „Grand Couronné", Schauplatz schwerer Kämpfe im Jahr 1914, das Plateau von **Amance*** und der Berg Mont Sainte-Geneviève (390 m).

Nant 37/A 3
Das alte Städtchen breitet sich reizvoll am Eingang zum Canyon der

Najac: Die phantastische Ruine steigt über einem der merkwürdigsten Dörfer im Aveyrontal empor.

Nancy: Die prunkvollen Gitter von Jean Lamour (18. Jh.) am „Place Stanislas" rahmen die Brunnen mit allegorischen Skulpturen, hier der Neptunbrunnen, von dem Bildhauer Barthélemy Guibal, glänzend ein.

Die Gitter schmücken die Ecken des Platzes, der als ein mächtiges Rechteck von 124 m mal 106 m angelegt wurde. Sie sind Meisterwerke der Schmiedekunst.

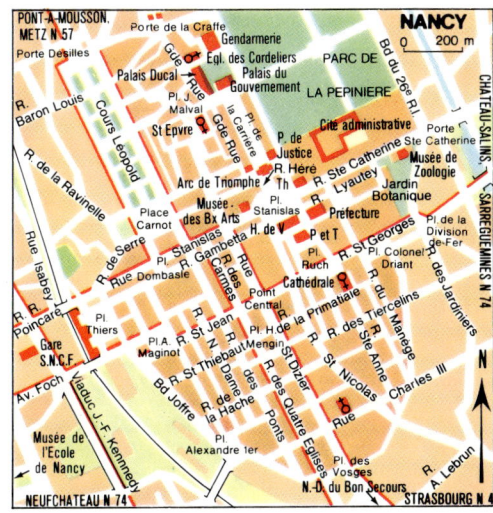

Dourbie aus. Sehenswert sind die alte Benediktinerabtei (12. Jh., romanisch) mit einer merkwürdigen, altertümlichen Vorhalle, die Markthalle aus dem 17. Jh., die ehemalige Kirche Saint-Jacques (Stil südfranzösischer Gotik), die alten Häuser und die „Promenade du Claux".
Château d'Algues: (6 km südöstl.): Das in Ruinen liegende Schloß und das Dorf in sehr reizvoller Umgebung verdienen einen Besuch.
Gorges de la Dourbie (7 km nordöstl.): Die malerischen Schluchten sind ein beliebtes Ausflugsziel.
Causse du Larzac* (14 km westl.).

Nantes 16/C 3

Die Stadt an der Loire ist reich an interessanten historischen Bauten, Museen und schönen Parkanlagen in der Innenstadt.
Château ducal: Die prachtvolle, von dicken Türmen flankierte Burgfeste stammt aus dem 15. Jh. In starkem Kontrast zu den nüchtern-wuchtigen Außenfronten stehen die elegant dekorierten Fassaden der Gebäude zum inneren Hof des Schlosses. Drei Museen sind in einzelnen Trakten untergebracht: das „Musée d'Art populaire régional" (Regionale Volkskunst), „Musée des Arts décoratifs" (Angewandte Kunst) und das „Musée des Salorges et de la Marine" (Seefahrtsmuseum). In dem Turm „Tour du Fer à Cheval" (15. Jh.) finden Ausstellungen statt.
Cathédrale Saint-Pierre: Die erst im 19. Jh. vollendete Kirche aus dem 15. Jh. birgt eines der Hauptwerke der französischen Bildhauerei: das Grab Franz II., Herzog der Bretagne, und seiner Frau, von Michel Colombe (Beginn 16. Jh.). Im nördl. Querschiff liegt noch das schöne Grabmal des Generals Lamoricière (Ende 19. Jahrhundert).
Église Sainte-Croix: Diese Kirche ist das Zentrum des mittelalterlichen Teiles der Stadt, in dem noch zahlreiche Häuser aus dem 15. und 16. Jahrhundert stehen.
Musée des Beaux-Arts: Das Museum hat einen der reichhaltigsten Kunstbesitze französischer Städte. Die Sammlungen umfassen ältere italienische, flämische (Rubens) und französische Malerei (drei Werke von La Tour, weitere von Le Nain, Ingres, Courbet, Delacroix) sowie Gegenwartskunst und einen Saal mit unterschiedlich wertvollen Bildern, die um die Jahrhundertwende geschaffen worden sind.
Musée Dobrée: Neben Sammlungen von Kunst des Mittelalters und der Renaissance sind hier in einigen Sälen Dokumentationen zur Großen Revolution und zu den Vendée-Kriegen ausgestellt. In einem anliegenden Adelshaus (15. Jahrhundert) zeigt man vorgeschichtliche, römische und merowingische Sammlungen sowie griechische Keramik.

Musée Jules Verne: Ein Museum, 3rue de l'Hermitage, ist dem in Nantes geborenen Schriftsteller gewidmet.
Place Royale: Um diesen Platz gruppieren sich Bauten aus dem 18. Jahrhundert.
Parkanlagen: Schöne Gärten entlang dem Tal der Erdre, der „Parc de Procé" und in Doulon der „Parc du Grand-Blottereau" mit großen Treibhäusern und einem exotischen Garten werden viel besucht.

Nantua 26/B 3

Das Städtchen liegt in einer Schlucht am Ende des gleichnamigen Sees. Hier steht eine Kirche (12. Jahrhundert) mit romanischem Portal, die einst zu einer Benediktinerabtei gehörte und einige wertvolle Kunstwerke besitzt. Eine örtliche Spezialität sind die „Quenelles" (Knödel) und Krebse. Für Fahrten auf dem See kann man Ruderboote oder Tretboote mieten.
Lac de Sylans (8 km östl): Ein ebenfalls hübsch gelegener See.
Lac Genin (15 km nordöstl.): Der See ist ein bekanntes und beliebtes Ausflugsziel.
Meyriat (12 km südl.): Das Forsthaus ist eine ehemalige, 1116 gegründete Kartause.

Narbonne 42/D 2

Die Stadt bildet mit **Béziers*** das bedeutendste Zentrum des Weinhandels in Südfrankreich.
Cathédrale Saint-Just: Von dem großartig entworfenen Bau wurde gegen Ende des 13. und zu Anfang des 14. Jh. nur der Chor vollendet.

Narbonne: *Neben der Kathedrale Saint-Just, die wie ein unvollendetes Schiff aus Stein wirkt, erhebt sich der massive Turm der alten erzbischöflichen Festung.*

Narbonne: *Afrikanische Tiere im Freigehege eines 60 ha großen Tierparkgeländes in Sigean.*

Der Innenraum mit 40 m hohem Gewölbe strahlt eine ernste Würde aus. Die Glasfenster stammen aus dem 15. Jh., die an der Apsis aus dem 16. Jh. Im Chor liegen die Gräber von Kardinälen (14. und 16. Jh.). Nordöstlich der Kathedrale steht die im 17. Jh. erweiterte spätgotische Kirche Saint-Sébastien.
Palais des Archevêques: Der an die Kathedrale gebaute Erzbischofsitz ist eine starke, mit Türmen bewehrte Burgfeste, in die im 19. Jahrhundert das „Hôtel de ville" (Rathaus) hineingebaut wurde.

Naours (Souterrains de) 5/C 1

Die unterirdischen Anlagen sind eine ganz ungewöhnliche Einrichtung: ein Netz von Fluchthöhlen und Verstecken, die teils natürlich entstanden sind, teils in die Kreidefelsen hineingehauen wurden. (Führungen finden täglich statt.) In dem Gelände, dessen 30 Galerien und Gänge sich über 3 km erstrecken, gibt es 300 Kammern, drei Kapellen, dazu Stallungen, Bäckereien mit Plätzen für Öfen und Kornlager u. a. m. Die Besucher können sich in einem heimatkundlichen Museum über Volkstum und Gewerbe der Region unterrichten.

Musée d'Art et d'Histoire: Das im "Palais Neuf" der erzbischöflichen Burg untergebrachte Museum präsentiert bedeutende Sammlungen flämischer, niederländischer, italienischer und französischer Malerei sowie eine Keramikkollektion.
Musée archéologique: Das im "Vieux Palais" und in einer Kapelle aus dem 13. Jh. eingerichtete Museum zeigt Ausgrabungsfunde der Region. In der früheren Kirche Notre-Dame-de-Lamourguier (13. Jh.) sind außerdem interessante alte Steinskulpturen ausgestellt.
Cimetière paléo-Chrétien: Ein vorchristlicher Friedhof bei der Kirche Saint-Paul-Serge (12./13. Jh.). In seiner Nähe steht das Haus "Maison des trois nourrices" (Haus der drei Ammen), dessen Fassade mit nacktbusigen Karyatiden geschmückt ist (16. Jh.).
Narbonne-Plage (15 km östl.): Das neue Touristenzentrum mit weiten Strandbädern liegt jenseits des wildromantischen Kalksteingebirges der "Montagne de la Clape".
Gruissan-Plage (17 km südöstl.): Badeort. Siehe **Gruissan***.
Bages (7 km südl.): Das alte Dorf liegt auf einer felsigen Halbinsel über dem See "Étang de Bages et de Sigean", einem beliebten Wassersportzentrum.
Abbaye de Fontfroide* (14 km südwestl.): Ehemalige Zisterzienserabtei.
Sigean (21 km südl.): Großes Freigehege von 60 ha, ein Reservat für afrikanisches Wild (Bären- und Rhinozerospark, Löwen, Wassertiere, Alligatorenfarm).
Étang de Lapalme (30 km südl.): See, vielbesuchtes Ausflugsziel.
Étang de Leucate (36 km südl.): See, mit Wanderwegen am Ufer.
La Franqui (34,5 km südöstl.): Mit mehreren Strandbädern.
Port-Barcarès* (49 km südöstl.).

Navarrenx 40/D 1
Von diesem ehemaligen Festungsstädtchen ist die Ringmauer noch gut erhalten. Das Stadttor "Porte Saint-Antoine" (1647) steht gegenüber einer wehrhaft befestigten Brücke (15. Jh.). Aus dem 15. Jahrhundert stammen auch die Kirche und der für sich stehende Turm "Tour Herrère" oberhalb des linken Ufers des Gave d'Oloron.
Château d'Audaux (5 km nordwestlich): Ein imposantes Schloß im typischen Baustil Ludwig XIII.
Gurs (5,5 km südl.): Hier wurde 1940 ein Konzentrationslager eingerichtet, Gedenkstätte.
Hôpital Saint-Blaise: Die Kirche aus dem 12. Jh. besitzt eine eigenartig konstruierte Mittelkuppel, deren Grate einen achtstrahligen Stern bilden. Die Fenster sind mit durchbrochenen Steinfliesen ausgefüllt, deren geometrische Muster an spanisch-maurische Vorbilder erinnern.

Nemours 11/D 3
Sehenswert sind die Kirche aus dem 12. Jh. (Gotik und Renaissance) und ein Lokalmuseum im Schloß aus dem 12., 15. und 17. Jh., sowie ein Museum der Frühgeschichte der "Ile-de-France" (1972). Schöner Waldpark der "Rochers Gréau".
Larchant (8 km nordwestl.): In der Kirche Saint-Mathurin (12., 13. und 14. Jh.), die teilweise verfallen ist, sind einige interessante Kunstwerke (Skulpturen) zu sehen.
Château Landon (15 km südl.): In der einst befestigten, hübsch gelegenen alten Stadt stehen die romanisch-gotische Kirche Notre-Dame mit ihrem prächtigen Turm (13. Jh.) sowie die ehemalige Abtei Saint-Séverin (heute Altersheim). Unter den Ruinen einer Abteikirche des 16. Jh. befindet sich eine Unterkirche aus dem 11. Jh. Hier wurden wertvolle Fresken aus dem 12. Jh. entdeckt, die heute im Bau "Salles des Gardes" ausgestellt sind; Beachtung verdienen auch die Klosterbauten aus dem 13./14. Jh.
Égreville (19 km südöstl.): Mit Markthallen aus dem 15. Jh. und einer Kirche aus dem 13.–15. Jh.

Nérac 35/C 2
Von dem Schloß (15./16. Jh.) ist nur der Nordflügel erhalten geblieben. In ihm ist das örtliche Museum eingerichtet. Auf der Hofseite ist eine elegante Galerie mit Säulen (Bildkapitelle) zu beachten (Montag ⊠).
Petit-Nérac: Die Altstadt auf dem rechten Ufer der Baïse hat viel von ihrem mittelalterlichen Aussehen bewahrt und auch mehrere schöne Renaissance-Häuser.

Neuf-Brisach 21/A 1
Die von Vauban ausgebaute Festung von Neu-Breisach ("Neuf-Brisach") liegt gegenüber der Zitadelle von Alt-Brisach (am deutschen Rheinufer). Sie ist eine typische Flachland-Festung des 17. Jahrhunderts. Im Torbau "Porte de Belfort" ist ein Vauban-Museum.
Vogelgrün (4 km östl.): Das Kraftwerk wird gespeist von der vierten Staustufe des "Grand Canal d'Alsace". Es kann besichtigt werden.

Neufchâteau 13/B 3
Die Stadt ruht auf dem Hang eines Hügels, mit den Kirchen Saint-Christophe (12. bis 15. Jh.) und Saint-Nicolas (13. Jh.).

Navacelles (Cirque de) 37/A 3
Der Felsenkessel ist eine der eindrucksvollsten Landschaften im Causse-Gebiet. Die Schleife des Tals der Vis ist 400 m tief in den Kalksteinboden des Larzac eingegraben. Am Fuß weißer Felsen liegt hier ein halbmondförmiges Gelände von angeschwemmter Erde, dem in dieser Gegend einzigen bebaubaren Stück Land, auf dem der Weiler Navacelles entstand. Von einem Aussichtspunkt bei Blandas führt eine kleine, gewundene Straße (sehr gefährlich) in die Tiefe und durchquert den "Cirque". Sie klettert auf der Gegenseite nach La-Baume-Auriol empor. Von der Straße führt rechts ein Fußweg entlang der Schlucht zur Quelle der Foux und zu dem Dorf Vissec, das auf zwei steilen Bergvorsprüngen erbaut wurde.

Nevers: Die Loire umspült die alten Stadtviertel zu Füßen der Kathedrale (10. – 16. Jh.), die eine für Frankreich ungewöhnliche Architektur zeigt.

Église Saint-Nicolas: Die Kirche steht auf einer romanischen Unterkirche. Die Kapellen stammen aus dem 14./15. Jh. Im Hauptraum befindet sich ein „Heiliges Grab" deutscher Arbeit aus bemaltem Stein mit neun Figuren aus dem 15. Jahrhundert.
Pompierre (11 km südl.): An der Kirche ist ein wundervolles romanisches Portal erhalten, dessen Figuren in einem ausdrucksvollen Realismus gestaltet sind.
La Motte (15 km südl.): Durch das Mouzon-Tal gelangt man zu dem 506 m hohen Berg, auf dem die Ruinen einer im 17. Jh. zerstörten Ortschaft liegen.

Neufchâtel-en-Bray 5/A 2
Musée Mathon: Zum Bereich dieses Museums gehören ein Heimatmuseum „Musée du Pays de Bray" und ein Freilichtmuseum („Musée de Plein Air"), in dem eine Apfelmühle, Saftpresse, Holzschuhmacher-Werkstatt und dergleichen zu sehen sind.
Église Notre-Dame: Mit einem Chor aus dem 13 Jh. und einem Langhaus aus dem 16. Jh.
Château de Mesnières-en-Bray (5,5 km nordwestl.): Ein prachtvoller Renaissancebau aus dem 15. Jh. mit sehr schön ausgestatteten Innenräumen.

Neuvic-d'Ussel 30/C 2
Ein freundliches Touristenzentrum in der Nähe des Oberlaufs der Dordogne. Siehe **Bort-les-Orgues**.
Lac de la Triouzoune (2,5 km östl.): Stausee mit Strandbädern und Wassersportmöglichkeiten.
Château de Ventadour (19 km westl.): Bei der Fahrt über die Straße nach Egletons erblickt man nach der Vianonschlucht die Burg auf einem Felsengrat über der Schlucht der Luzège. Die Feste, im 11./12. Jh. angelegt, im 14./15. Jh. erweitert, war eine der mächtigsten Burgen im Limousin. Man sieht noch einen Rundturm aus dem 12. und einen Bergfried des 15. Jh. Auf dieser Burg wurde Bernard de Ventadour, der berühmte Troubadour des 12. Jh. geboren. Uhland erwähnt die Feste in seiner Ballade „Bertrand de Born".

Nevers 25/A 1
Die durch die Herstellung von Fayencen berühmte Stadt ist auf hohem Loire-Ufer gebaut. Ihre Altstadt wird von der Kathedrale (10. – 16. Jh.) überragt.
Cathédrale Saint-Cyr-et-Sainte-Julitte: Die Kathedrale, deren Langhaus aus dem 13. Jh., Chor aus dem 14. Jh. und Turm aus dem 16. Jh. stammen, hat noch ein romanisches Querschiff und eine Apsis aus dem 11. Jahrhundert.
Palais ducal: Die herzogliche Residenz (Ende 15./16. Jahrhundert) ist ein eleganter Bau, halb spätgotisch, halb Renaissance.
Église Saint-Étienne: Die Kirche stellt ein schönes Beispiel für den romanischen Sakralbau am Ende des 11. Jahrhunderts dar.
Chapelle du couvent Saint-Gildard: In der Kapelle des Klosters Saint-Gildard steht der Schrein der Bernadette Soubirous, der Seherin von Lourdes († 1879).
Église Sainte-Bernadette-du-Banlay: Der 1966 geschaffene Bau ist ein interessantes Werk moderner Sakralarchitektur.
Musée municipal: Museum mit schönen Beständen von einheimischen Fayencen des 16. bis 18. Jahrhunderts.
Porte du Croux: Archäologisches Museum des „Nivernais".
Saint-Parize-le-Châtel (14,5 km südl.): Die Kirche (12. Jh.) besitzt eine bemerkenswerte Krypta mit sehenswerten Bildkapitelln.

Nice 45/A 1
Das Stadtzentrum von Nizza, das sehr schön an der berühmten „Baie des Anges" (Engelsbucht) liegt, bildet der Platz „Place Masséna". Vor ihm breiten sich die „Jardins Albert I." aus. Gartenanlagen mit einem Freilichttheater, die in die „Promenade des Anglais", eine der berühmtesten Strandpromenaden der Welt, übergehen.
Altstadt: An den belebten Gassen, Straßen und Plätzen gibt es hier viele interessante Bauten zu besichtigen, etwa in der Rue Droite das „Palais Lascaris" aus dem 17.

Grotte de Niaux 42/A 3
Die Grotte zählt zu den schönsten vorgeschichtlichen Höhlen mit Felsenmalereien. (Sie ist von Juli bis September täglich zu besichtigen.) Durch eine Folge von Saal-Höhlen mit gewaltigen Ausmaßen gelangt man (nach 800 m) zu einem „Salon noir" genannten, runden Raum. Die Wände sind mit Darstellungen von Bisons, Pferden, Steinböcken, Auerochsen, Hirschen, und zwar in schwarzer und roter Farbe, mit kräftigem, doch elegantem Stil, in realistischer Manier bemalt. Die großartigen Gruppen von Bildern sind meisterliche Arbeiten der Kunst des Magdalénien (12 000 vor Chr.).
Vallée du Vicdessos (5 km südwestl.): Über Capoulet-Junac mit den Ruinen des Schlosses „Château de Miglos" (14. Jh.) und den Ort Laramade gelangt man durch den Wald von Teillet nach Vicdessos unterhalb der Ruinen des Schlosses „Château de Montréal". Von dem Industriedorf Auzat kann man viele Ausflüge, etwa zum Stausee von Bassiès, zum „Pic de Montcalm" (3 078 m) und „Pic d'Estats" (3 115 m) oder zum See „Lac d'Izourt" unternehmen.

Jh. mit schönen Innenräumen im genuesischen Stil des 17. und 18. Jahrhunderts, einer monumentalen Treppe und prunkvollen Empfangssalons.

Église du Gésu: Die Kirche, die mit ihrem barocken Stil an die Mutterkirche der Jesuiten in Rom erinnern soll, ist dem Apostel Jakobus geweiht. Ein weiteres Bauwerk von barocker Pracht ist die Kapelle „Chapelle de la Miséricorde" (Mitte 18. Jh.), in der ein Juwel der Malerschule von Nizza aus dem 15. Jh. zu sehen ist: die Altartafel „Vierge de la Miséricorde".

Cours Saleya: Hier wird der berühmte Blumenmarkt abgehalten.

Château: Über der Altstadt erhebt sich der Hügel auf dem einst das Schloß stand. Zum „Château" und einem Aussichtsplateau, führt ein Fahrstuhl empor. Von hier kann man den Hafen mit den nach Korsika ausfahrenden Schiffen und den Berg „Mont Boron" überschauen.

Musée Masséna: In diesem Museum sind prunkvoll eingerichtete Empfangsräume im Empirestil mit Sammlungen einheimischer Kunst, darunter wertvollen Stücken der Nizzaer Malerschule des 15. Jh., sowie die Bilder der „Stiftung Dufy" ausgestellt, Impressionisten und Maler der Gegenwart.

Musée des Beaux-Arts: Das auch „Musée Chéret" genannte Museum zeigt italienische und französische Malerei des 16. und 17. Jh., Bilder der „Belle Époque", Werke von Chéret, Carpeaux, Van Dongen und Gegenwartskunst.

Musée mémorial Chagall: Mit der großen Bilderfolge der „Message biblique" (Biblische Botschaft) und anderen Werken von Marc Chagall.

Cimiez: In der „Villa des arènes" kann man ein Matisse-Museum und ein Museum mit Ausgrabungsfunden besuchen. (Montags und im Nov. ✕). Im „Parc des Arènes" sind Reste von römischen Bädern (2./3. Jh.) und Wohnanlagen mit gepflasterten Straßen sowie von einer christlichen Basilika und einer Taufkapelle aus dem 5. Jh. zu be-

Nice: *Der Hafen von Nizza mit den hohen Häusern aus dem 18. Jh. und dem Felsenberg „Colline du Château", in dessen Flanke ein Gefallenen-Ehrenmal eingebaut ist. Hinter dem Berg erstreckt sich der moderne Teil der Stadt, die auch durch die besondere Attraktion ihres farbenprächtigen Blumenmarktes weltbekannt ist.*

sichtigen, dazu ein Amphitheater aus dem 1. Jh., das Plätze für 4 000 Zuschauer bot. Die Pfarrkirche von Cimiez, Notre-Dame-de-l'Annonciation, mit einer kuriosen Fassade in gotischem Troubadour-Stil (1845 gebaut) und einer Vorhalle aus dem Jahr 1662 besitzt drei sehr schöne Altartafeln der Brüder Brea aus dem 15. Jh. Die Kirche und der Friedhof, auf dem die Maler Matisse und Dufy ruhen, sind von einem schönen Garten nach italienischer Art umgeben.

Saint-Pons (5 km nördl.): Die ehemalige Benediktinerabtei besitzt eine Barockkirche (Anfang 18. Jh.), die ein elliptisches Langhaus und einen Chor mit vier reich dekorierten, strahlenförmig angeordneten Kapellen hat.

Falicon (10 km nördl.): Von diesem hübschen Dorf, aus dem man eine herrliche Aussicht auf Nizza hat, kann man Ausflüge machen zum Berg „Mont Chauve d'Aspremont" (854 m) und nach Aspremont, einem eigenartig auf einem Bergkegel angelegten Dorf (mit einer Kirche aus dem 13. Jahrhundert).

Levens (23 km nördl.): Mit einer Kirche aus dem 13./14. Jh. und einem Aussichtspunkt, von dem man auf die Schluchten von Var und **Vésubie*** sehen kann.

Peille (25 km nordöstl.): Über „La Trinité" und „Drap" gelangt man zunächst nach Peillon, einem reizvoll auf einem Felsengrat liegenden Dorf, und dann nach Peille, einem kleinen Ort in herrlicher Lage, mit romanisch-gotischer Kirche und zahlreichen Häusern (14./15. Jh.). Im Osten liegen die Berge „Mont Boron" und „Mont Alban" (mit einer Festung aus dem 16. Jahrhundert).

Corniches: Drei Höhenstraßen führen von Nizza nach Menton: die „Corniche inférieure" (33 km), die „Moyenne Corniche" (31 km) und die „Grande Corniche" (31 km). Sie führen an zahllosen reizvollen Plätzen der Riviera vorüber.

Nîmes: *Dieser Kopf einer Venus (links oben), Symbol der römischen Vergangenheit der Stadt, gehört zur Antiken-Sammlung im Museum „Maison carrée" (rechts oben), einem der am besten erhaltenen Bauwerke aus römischer Zeit. Vom Turm der römischen Stadtbefestigung des ersten vorchristlichen Jahrhunderts „Tour Magne" hat man eine großartige Aussicht auf die Stadt und ihre Umgebung (unten).*

Niederbronn-les-Bains 14/A 1

Das als Sommerfrische beliebte Mineralbad dehnt sich mit seinen Kuranlagen und Parks zwischen bewaldeten Höhen aus. Die schon zur Römerzeit bekannte Quelle wirkt bei Magen-, Leber- und rheumatischen Leiden, die Kelten-Quelle bei Nieren- und Blasenleiden. Im Ort befindet sich ein kleines archäologisches Museum.

Château de la Wasenbourg (2 km westl.): Von der Burgruine (Ende

13. Jh.) und dem Aussichtspunkt Wasenkoepfel (521 m) bieten sich schöne Fernsichten. Auf dem nordwestlich gelegenen Ziegenberg befinden sich Ruinen einer ovalen Wehranlage („Keltisches Lager").

Château de Falkenstein (10 km nordwestl.): Die Burgruine krönt einen steilen, von Höhlen durchsetzten roten Sandsteinfelsen. Ein Fußweg führt zum See „Étang de Hanau" in einer waldigen Umgebung und zur Burg Waldeck.

Reichshoffen (3 km südöstl.): Der Ort hat seinen Namen von einer einst berühmten Kürassierattacke im Krieg von 1870.

Nieul-sur-l'Autise 23/A 2

Die einstige Abtei, eine Gründung des 11. Jh., besitzt eine dreischiffige Kirche (Mitte 12. Jh.). Der im romanischen Stil des Poitou ausgeführte Bau hat interessante Kapitelle. An der Südseite der Kirche liegt ein romanischer Kreuzgang des 12. Jh., der einzige vollständig erhaltene seiner Art im Poitou.

Nîmes 43/C 1

Das „französische Rom" hat noch prachtvolle Denkmale seiner Vergangenheit. Die Arena, der Tempel „Maison carrée", der Diana-Tempel und der Turm „Tour Magne" künden davon. Weitere Zeugen der römischen Vergangenheit von Nîmes sind das Tor „Porte d'Arles" und das „Castellum", ein ehemaliger römischer Wasserturm unterhalb der Zitadelle aus dem 17. Jahrhundert.

Les Arènes: Das Amphitheater, 131 m lang und 100 m breit, gehört zu den bedeutendsten Zeugnissen

Niort: Die 70 m hohen neugotischen Türme von Saint-André steigen über den roten Dächern der alten Stadt im Gebiet des Poitou empor.

der Römerzeit in Gallien. Es konnte 21 000 Zuschauer fassen und diente Spielen und Wettkämpfen.

Maison Carrée: Das „viereckige Haus" war ein den Enkeln des Augustus gewidmeter Tempel, heute ein Antiken-Museum.

Jardin de la Fontaine: Der im Sommer bis 23 Uhr geöffnete und beleuchtete Park, im 18. Jh. angelegt, erstreckt sich über die Hänge des Berges „Mont Cavalier". In seinem Gelände gibt es manchen architektonischen Schmuck, dazu die Ruinen des mit Raffinement dekorierten „Diana-Tempels", eigentlich wohl Thermen aus der Zeit des 1. Jh. vor Chr. Ein Fußweg führt zum Turm „Tour Magne" (Ende 1. Jh. vor Chr.), von dessen Höhe man bis zum **Mont Ventoux*** sehen kann.

Vieux-Nîmes: In der Altstadt von Nîmes sind sehenswert: einige schöne Häuser (17./18. Jh.), das „Hôtel de ville" (Rathaus, 17. Jh.) und die Kathedrale Saint-Castor (1096 begonnen, verschiedentlich umgebaut). Im alten Bischofspalais befindet sich ein Heimatmuseum.

Musée archéologique: Das archäologische Museum in einem früheren Jesuitenstift (18. Jh.) zeigt keltische, gallo-römische und römische Altertümer.

Musée des Beaux-Arts: Kunstmuseum mit bemerkenswertem Bestand (So. nachmittags ⊠).

Garrigues (10 km nördl.): Die einsame Landschaft zwischen Nîmes und den Schluchten des **Gardon*** ist ein schönes Ausflugsziel.

Pont-du-Gard* (20 km nordöstl.).

Nages (16 km südöstl., 15 Minuten zu Fuß): Ausgrabungen förderten hier Reste einer Siedlung mit Funden aus neusteinzeitlicher und keltischer Zeit zutage.

Niort 23/A 2

Die wichtigsten Sehenswürdigkeiten sind das ehemalige Rathaus, ein Renaissancebau, in dem jetzt das Museum „Musée du Pilori" untergebracht ist, ein Bergfried (12./13. Jh.) und ein Museum mit Waffen und Trachten des Poitou-Gebiets sowie die Kirche Notre-Dame (Ende 15. Jh.).

Musée des Beaux-Arts: Das Kunstmuseum zeigt seine Bestände in den Gebäuden eines ehemaligen Bethauses.

Marais poitevin: In dem früheren Sumpfland der Sèvre kann man mit Booten die schattigen Kanäle befahren. Start in Coulon, 11 km westl. von Niort. Siehe **Maillezais***.

Nogent-le-Rotrou 10/D 3

Die Stadt liegt am Fuß eines Berg-

Nogent-le-Rotrou: Ein Vorbau mit zwei Türmen bildet den Eingang zum Schloß Saint-Jean. Die Pforte ziert ein Reliefmedaillon aus Ton.

hanges, der von einem mächtigen Schloß, dem stark befestigten „Château Saint-Jean" (12./13. Jh.) beherrscht wird. Interessant sind der Wohnbau (15. Jh.) und ein enormer viereckiger Bergfried (11. Jh.), in dem ein Landesmuseum „Musée du Perche" untergebracht ist. Sehenswert sind außerdem die Kirchen Notre-Dame (13./14. Jh.), Saint-Laurent (spätgotisch) und Saint-Hilaire (13./14. Jh.) sowie im Hof des Hospitals „Hôtel Dieu" eine Kapelle mit dem Figuren- und Reliefschmuck tragenden Grabmal des Herzogs und der Herzogin von Sully. Die schönsten Häuser aus früheren Jahrhunderten findet man in den Straßen „Rue Bourg-le-Comte" und „Rue Saint-Laurent".
Thiron-Gardais (14 km östl.): Die halb zerfallene Abteikirche ist ein eindrucksvoller Bau des 13./14. Jahrhunderts. Er wird umgeben von den Gebäuden des ehemaligen Benediktinerklosters aus dem 17. Jahrhundert.

Noirlac (Abbaye de) 24/C 1
Die im 12. Jh. gegründete Abtei ist eine der geschlossensten Bauanlagen der Zisterzienser-Architektur aus dem Mittelalter: mit einer Kirche (Ende 12. Jh.), einem gotischen Kreuzgang, mit Kapitelsaal, Wärmestube, Speisesaal, Kellerei und Mönchszellen.

Notre-Dame-de Lorette (Crête de) 1/D 3
Der 166 m hohe Bergkamm bildet die höchste Stelle der „Collines de l'Artois" und war ein erbittert umkämpfter Kriegsschauplatz (1914/18). Der Nationalfriedhof umfaßt 18 000 Gräber, im Beinhaus („Ossuaire") sind die Gebeine von 16 000 unbekannten Soldaten beigesetzt.

Noyers 19/B 2
Die reizvolle kleine Stadt behielt ihr altertümliches Aussehen. Einen Rundgang beginnt man am besten beim befestigten Tor „Porte-Peinte" gegenüber der Brücke über den Serein. Am Rathausplatz stehen zahlreiche Häuser aus dem 15./16. Jh. Weitere Plätze und Straßen mit malerischen alten Häusern sind: „Place du Marché-au-Blé", „Place-de-la-Petite-Étape-aux-Vins", ferner „Rue de la Madeleine".
Église Notre-Dame: Die Kirche wurde im 15. und 16. Jh. erbaut.
Tête de Fer (1,5 km südwestl.): Mit Funden aus gallo-römischer Zeit.
Vallée du Serein (5 km nordwestl.): Ausflugsziel in Richtung **Chablis***.

Noyon 5/D 2
Cathédrale Notre-Dame: Zur Kathedrale, einem schönen gotischen Bau, der gegen Ende des 12. und zu Beginn des 13. Jh. gebaut wurde, gehören ein Kapitelsaal, eine Galerie des Kreuzgangs aus dem 13. Jh. und eine „Librairie" oder Bibliothek des Domkapitels, die in einem Haus des 16. Jahrhunderts untergebracht ist.
Musée Jean Calvin: Das als Museum eingerichtete Geburtshaus des berühmten Reformators.
Abbaye d'Ourscamp (6,5 km südl.): Die im 12. Jh. gegründete Abtei wurde im 18. Jh. in neuklassischem Stil erweitert. In der Zeit der Romantik machte man aus der während der Großen Revolution verwüsteten Kirche eine „falsche Ruine". Der Saal der Toten dient heute als Kapelle.
Château de Blérancourt (14 km südöstl.): Das Schloß aus dem 17. Jh. ist heute ein Museum zur Geschichte der französisch-amerikanischen Beziehungen.
Château de Tilloloy (22,5 km nordwestlich, 6 km südlich von Roye): Das weiträumige, aus Backstein und Naturstein errichtete Schloß (17. Jahrhundert) hat noch Stallungen und Wirtschaftsgebäude aus Fachwerk.

Nuits-Saint-Georges 19/D 3
In der Hauptstadt der Rotweine aus dem Gebiet der „Côtes de Nuits" sind die Kirche Saint-Symphorien (Ende 13. Jh.), der Turm „Tour du Beffroi", in dem sich ein Heimatmuseum befindet, und – im benachbarten Bolards – die Funde aus gallo-römischer und merowingischer Zeit, die man dort bei Ausgrabungen gemacht hat, sehenswert.
Weinstraße: Eine Fahrt über die „Route des Grands Crus" (N 74, dann D 122) führt in nördl. Richtung zunächst nach Vosne-Romanée. In Vougeot befindet sich das Renaissanceschloß „Château du Clos-de-Vougeot", das der Bruderschaft der „Confrérie des Chevaliers du Tastevin" gehört, die ihre Versammlungen in der großen Kellerei aus dem 12. Jh. abhält. Der weite Kapitelsaal beim Schloß stammt aus der Zeit der Mönche von Cîteaux (11./12. Jh.). Bei der Weiterfahrt gelangt man nach Chambole-Musigny, Gevrey-Chambertin (mit einer Burg aus dem 13. Jh.), nach Brochon und Fixin.
Cîteaux (13 km östl.): Von der 1098 gegründeten Abtei steht nur noch die Bibliothek (15. Jh.).

Nyons 38/A 2
Der Ferienort hat einen sehr pittoresken Stadtteil, genannt „Quartier des Forts", mit steilen, engen Gassen und Treppen. In den alten Bau „Tour de Randonne" (13. Jahrhundert) wurde eine Kapelle eingebaut.

Nuits-Saint-Georges: Bei diesem Ort liegt das abgebildete Winzerdorf Gevrey-Chambertin, dessen Gewächs „Chambertin" berühmt ist.

Île de Noirmoutier 16/B 3
Die 19 km lange Insel ist bei Ebbe mit dem Wagen über die „Passage du Gois" (4,5 km) zu erreichen. Der Hauptort „Noirmoutier-en-l'Île" gruppiert sich um einen von schönen Bürgerhäusern des 18. Jh. umrahmten Platz („Place d'Armes"). Über dem Schloß (15. Jh.) ragt ein Bergfried empor, in dem ein Heimatmuseum untergebracht ist. In der ehemaligen Stiftskirche der Benediktiner, Saint-Philibert befindet sich eine merowingische Krypta, im 11. Jh. erneuert. Die Insel ist durchweg kahl. Nur im Nordteil gibt es Wälder an der felsigen Küste mit dem „Bois de la Chaize" und „Bois de la Blanche". Der Ort „Bois de la Chaize" hat schöne Strände. Von hier aus gibt es Bootsverkehr nach **Pornic***. Der Ort „L'Herbaudière" ist ein Hafen der Sardinenfischer. Im Nordwesten liegt im Meer (4 km seewärts) die Insel „Île du Pilier" mit einem Leuchtturm.

O

Obernai: *Die malerischen Fachwerkhäuser mit ihren bunten Giebeln sind ein Hauptreiz der kleinen, typisch elsässischen Stadt.*

Obernai 14/A 2
Die malerische kleine Stadt gehört zu den hübschesten Orten im Esaß. Sie hat noch einen Teil ihres alten Stadtwalls, an dem eine Lindenallee entlangführt. Am Marktplatz stehen das ehemalige Kornhaus (Mitte 16. Jh.), das Rathaus aus dem Jahr 1523, ein Kapellenturm, der 13. und 16. Jh. entstand, der Glockenturm einer nach 1870 zerstörten Kapelle und eine Kirche mit schönen Fenstern (15. Jh.), dazu beachtenswerte alte Häuser.
Rosheim (8 km nordwestl.): Das „Heiden-Haus" (Maison païenne) (12. Jh.) ist eines der ältesten Privathäuser im Elsaß. Sehenswert ist außer den Resten der einstigen Stadtmauer die Peter- und Paulskirche, ein Werk rheinischer Baukunst des 12. Jh. mit einem stämmigen achteckigen Turm.

Oiron 23/B 1
Das Schloß (16./17. Jh.) ist ein sehr schöner Renaissancebau. Die zwei Geschosse des linken Flügeltraktes sind auf eine Galerie gesetzt, die von Säulen getragen wird und mit Arkaden und Medaillons geschmückt ist. Den Innenraum bildet eine 55 m lange Galerie mit einer bemalten Kassettendecke. Sie ist mit 14 Fresken verziert, die Szenen aus der „Äneis" darstellen. Sehenswert sind auch der Festsaal, die königliche Kammer und das sogenannte „Cabinet des Muses", ein Raum, der mit Schnitzwerk und Malereien reich dekoriert ist.
Église: Bei der ehemaligen Schloßkapelle (Anfang 16. Jh.) sind Elemente von Gotik und Renaissance harmonisch zueinandergefügt. Im Innern befinden sich die Gräber mit Figuren der „Gouffier", der Erbauer des Schlosses.

Olhain (Château d') 1/D 3
Die schöne Wasserburg (13. – 16. Jh.), deren hohe Türme mit spitzen Runddächern gedeckt sind, steigt über einem kleinen, von der Lawe gebildeten See empor. Eine Zugbrücke verbindet das stattliche Vorwerk mit dem Burgtor, das von gewaltigen Türmen beschützt wird. Auf die Plattform des ungewöhnlich konstruierten Wachtturms führen 100 Stufen empor.

Oloron-Sainte-Marie 40/D 2
Die Flüsse Aspe und Ossau teilen Oloron in drei Stadtbereiche.
Sainte-Croix: Das Viertel des Mittelalters erstreckt sich mit zahlreichen alten Häusern über die Höhen eines Hügels zwischen den beiden Flüssen. Sehenswert ist die romanische Kirche mit einer eigenartigen Kuppel, deren sich kreuzende Gewölbebögen einen achtstrahligen Stern bilden.
Cathédrale Sainte-Marie: Die Kathedrale in der Unterstadt stammt aus dem 13./14. Jahrhundert und verfügt über einen interessanten Domschatz.
Vallée d'Aspe (20 km südl.): Die N 134 verläuft durch das Aspe-Tal, das zum Nationalpark der westl. Pyrenäen gehört, nach Asasp. Von hier führt links die „Route des Pyrenées" nach Eaux-Bonnes und **Bagnères-de-Luchon***, und nach rechts die Straße nach Saint-Jean-de-Luz und **Biarritz*** und nach Sarrance (Kirche 17. Jh.), nach Bedous, Accous, Etsaut und zum Fort Portalet, das 1941 bis 1945 ein politisches Gefängnis war, sowie nach Urdos und zum Paß „Col du Somport" (1 632 m), dem französisch-spanischen Grenzort, von wo die Straße nach Jaca führt.
Arette-Pierre-Saint-Martin (43km südwestl.): Zu diesem Wintersportplatz gelangt man über Asasp und Issor, durch das „Vert d'Arette"-Tal. Vom Ort aus wandert man zum „Gouffre de la Pierre-Saint-Martin" (1 760 m), einem phantastischen, 346 m tief senkrecht abfallenden Abgrund im Felsenberg. Weitere Schächte aus diesem „Gouffre" münden in 782 m Tiefe in eine 200 m mal 100 m große Höhle.

Omaha Beach 4/A 3
Siehe **Vierville-sur-Mer***.

Oppède-le-Vieux 44/A 1
Der Ort lehnt sich mit einem ungewöhnlichen Gewirr von Felsen und Ruinenbauten an den Hang des **Lubéron***. Einige mittelalterliche Häuser im unteren Ortsteil sind von Künstlern restauriert worden. Auf der Höhe des Dorfes liegen eine Kirche (16. Jh.) und gespenstisch wirkende Reste einer Burg (13. Jahrhundert).

Île d'Orléron 22/C 3; 22/D 3
Diese nach Korsika größte Insel Frankreichs ist heute mit dem Festland durch eine Brücke verbunden, für deren Benutzung Gebühren zu zahlen sind. Der Nordteil wird von langen Wellen bewaldeter Dünen durchzogen. Die Westküste wirkt durch ihre wilde, einsame Schönheit anziehend. Die D 734 führt durch den Ort „Le Château-d'Oléron", der bedeutendsten Ortschaft der Insel. Auf dem Alten Friedhof steht eine 20 m hohe Toten-Laterne aus dem 13. Jh., die einen im 18. Jh. gebauten Pyramidenaufsatz hat. In der Straße Rue Pierre-Loti liegt das Haus „Maison des Aïeules" (Nr. 13). In ihm verbrachte der weltreisende Romanschriftsteller Loti die Ferien. Im Garten des Hauses befindet sich Lotis Grab. (Museumsbesichtigungen vom 15. Juni bis 15. September möglich.) 8 km südl. von „Château-d'Oléron" liegt der Ort „Saint-Trojan-les-Bains". Der kleine Hafen und Badeort ist umgeben vom Domänenwald von „Saint-Trojan", einem prachtvollen Föhrenbestand, der sich über ein Gelände von 1 758 ha ausbreitet. 4 km südwestl. von „Saint-Pierre" gibt es einen weiteren kleinen Fischerhafen mit Strand, „La Cotinière". 7 km nordöstl. von „Saint-Pierre" liegt „Boyardville" mit seinem Strand und den bewaldeten Dünen von „Les Saumonards". Zur Insel Oléron bestehen im Sommer Bootsverbindungen von der „Île d'Aix" und von „Fouras". Von „Saint-Pierre" nach Nordwesten erreicht man „Saint-Georges-d'Oléron" mit dem Strand von Domino (3 km westl.) sowie „Saint-Denis-d'Oléron" und den Leuchtturm von Chassiron.

Orange 37/D 3

Die Stadt war einst eine blühende und reiche römische Kolonie. Sie besitzt aus jener Zeit noch einige prachtvolle Bauwerke, namentlich das antike Theater.

Théâtre antique: Hier finden im Sommer die berühmten Festspiele statt. Der Bau ist das einzige römische Theater, von dem noch die Fassade (103 m lang und 37 m hoch) und die riesige Bühnenwandung erhalten sind, auf der eine Kolossalstatue des Augustus steht.

L'arc de triomphe: Der Triumphbogen ist einer der am besten erhaltenen seiner Art in der römischen Welt. Er wurde 49 v. Chr., nach dem Sieg Cäsars über die Gallier, errichtet. Daran erinnert der bildhauerische Schmuck mit Bildern von Beute und Trophäen.

Cathédrale: Die ehemalige Kathedrale, im romanischen Stil der Provence geschaffen, hat man zu Anfang des 17. Jh. in gewissen Teilen, so Apsis und Glockenturm, völlig neu aufgebaut.

Musée: Das Museum stellt u. a. ein röm. Grundbuch aus Marmor aus.

Sérignan (8 km nördl.): Das Gut und der „Harmas" (ein Brachfeld für Insekten-Beobachtungen) des Insektenforschers J. H. Fabre lohnen einen Besuch.

Orbais 12/B 1

Die Kirche (Ende 12. Jh.) umfaßt Teile (Querschiff und Chor) der

Orange: Der Triumphbogen, ein stolzes Zeugnis für die römischen Eroberungen, ist mit Kriegsszenen und Siegestrophäen reich geschmückt.

ehemaligen Benediktiner-Abteikirche. Der Chor mit seinem Chorumgang und den strahlenförmig angeordneten Kapellen gilt als Vorbild für den Chor der Kathedrale von Reims. Das Chorgestühl stammt aus dem 16. Jahrhundert.

Mareuil-en-Brie (3 km östl.): Die Kirche besitzt einen Altaraufsatz mit Figuren (16. Jh.).

Orcival 30/D 1

Die Kirche (Mitte 12. Jh.) wird von einem prachtvollen Turm überragt, dessen zwei Stockwerke schöne Fensterreihen haben. Sie ist eine der bedeutenden romanischen Bauwerke in der Auvergne. Im Innern sind schöne Kapitelle und beim Hochaltar eine Sitzende Madonna „Notre-Dame-d'Orcival" (12. Jh.) zu sehen, eine Skulptur aus Holz, mit Silber- und vergoldeten Silberplatten beschlagen.

Rochefort-Montagne (5,5 km westl.): Ein Ausflug in das Tal „Vallée de Rochefort" kann weiter zu den Felsengebieten von Tuilière und Sanadoire führen.

Château de Cordès (2 km nördl.): Das malerische Landschloß (15. und 17. Jahrhundert) ist täglich zu besuchen. Sehenswert sind vor allem seine Gärten „à la française", deren Laubengänge nach einem Entwurf des Gartenbaumeisters Le Nôtre angelegt wurden.

Orléans 18/B 1

Place du Matroi: Der Platz mit der Statue der Jeanne d'Arc bildet das Zentrum der Stadt. Durch die Rue Jeanne-d'Arc und die Rue Royale, die nach 1945 im Stil des 18. Jahrhunderts neu aufgebaut wurde, gelangt man zur Kathedrale.

Cathédrale Sainte-Croix: Die Kathedrale, vom 13. bis 16. Jh. gebaut, mit einer Fassade aus dem 18. Jh., verfügt über einen Chor, der mit besonders schönen Holzvertäfelungen (18. Jh.) ausgestattet ist. In der Krypta sind Reste von früheren Kirchen des 4. und 10./11. Jh. freigelegt worden. Der Kirchenschatz ist sehr wertvoll.

Sehenswerte Kirchen: Zu ihnen gehören Saint-Aignan mit Chor und Querschiff (15. Jh.) sowie einer Krypta (11. Jh.), Saint-Euverte (12. – 15. und 17. Jh.), Saint-Pierre-le-Puellier (romanisch) und Saint-Paul, eine nach 1945 wiederhergestellte Kirche mit der Kapelle „Notre-Dame-des-Miracles", die von Jeanne d'Arc zum Gebet aufgesucht wurde.

Musée des Beaux-Arts: Das Museum im „Hôtel des Créneaux" (15./16. Jh.) bietet eine prachtvolle Sammlung von Bildnissen der französischen Schulen des 17. und 18. Jahrhunderts sowie von Pastellbildern und Büsten des 18. Jahrhunderts.

Musée historique et archéologique: Im archäologischen und geschichtlichen Museum im „Hôtel Cabu", einem Renaissance-Bau, ist vor allem der Ausgrabungsfund „Trésor de Neuvy-en-Sullias" mit römischen und gallischen Bronzearbeiten interessant.

Alte Häuser und Adelswohnungen: Eine Besichtigung lohnen das „Maison de François Ier", „Maison de la Coquille" und „Maison Alibert" (Renaissance-Bauten).

Place De-Gaulle: An diesem Platz steht das im Stil des 15. Jh. (Fassade aus Holz und Backsteinen) wiederhergestellte Haus „Maison Jacques Boucher", in dem Jeanne d'Arc gewohnt hat.

Île d'Ouessant

Orbais: *Das Querschiff der Kirche, ein schönes Beispiel gotischer Baukunst, ist mit Fensterrosen geziert.*

Orléans: *Die Kathedrale trägt ungewöhnliche Aufbauten: die zwei neugotischen, im 18. Jh. erbauten Türme.*

Centre Jeanne d'Arc: Das Jeanne d'Arc gewidmete Museum befindet sich in der gleichnamigen Straße.

Aéroport d'Orly 11/C 2
Die internationalen Flughäfen Orly-Süd und Orly-West sind für Besucher geöffnet. Man kann hier auch Rundfahrten mit Autobussen sowie Rundflüge mit Touristikflugzeugen unternehmen.

Ornans 20/C 3
Sehenswert sind die Kirche (16. Jh.) und im Rathaus Werke des Malers Courbet mit Erinnerungen an den in dieser Stadt geborenen Künstler.
Source de la Loue (20 km südöstl.): Quelle der Loue in einem pittoresken Talkessel.
Cléron (9 km südl.): Eine Feudalburg aus dem Mittelalter.

Orthez 40/D 1
Die kleine Stadt, heute ein wichtiger Handelsplatz für Geflügel und Gänseleber, hat aus alten Zeiten noch die Wehr-Brücke (13./14. Jh.), den imposanten Turm „Tour Moncade" (12. – 14. Jahrhundert), die Kirche (13. – 15. Jahrhundert) und viele alte Häuser bewahrt.

Ottmarsheim 21/A 1
Am Rand des ausgedehnten Harth-Waldes erhebt sich eine eigenartige achteckige Kirche (Mitte 11. Jh.). Sie ist ein wertvolles Zeugnis karolingischer Architektur.

Île d'Ouessant 8/A 2
Die Insel ist von Brest aus mit einer zweistündigen Bootsfahrt zu erreichen. Anlegen kann man in Le Conquet und auf der Insel Molène. Ouessant und Molène gehören zum regionalen Naturschutzgebiet von **Armorique***.
Die Insel Ouessant, 8 km lang und 3 bis 5 km breit, hat eine wild zerklüftete, von steilen Klippen starrende Küste, die dem Wanderer abwechslungsreiche Bilder beschert. Ein Touristenzentrum bildet Lampaul, das über einen gut geschützten Strand verfügt.
Niou-Hella: Einen Besuch verdienen der „Phare de Créac'h" (Bes. des Leuchtturms im Sommer), das mächtigste Bauwerk dieser Art in der Bretagne, und die ungewöhnliche, bizarre Felsenlandschaft am nördlichen Küstenstreifen.

Ornans: *Im klaren Wasser der Loue spiegeln sich die alten Häuser und die Brücke des Ortes, in dem der Maler Courbet geboren wurde.*

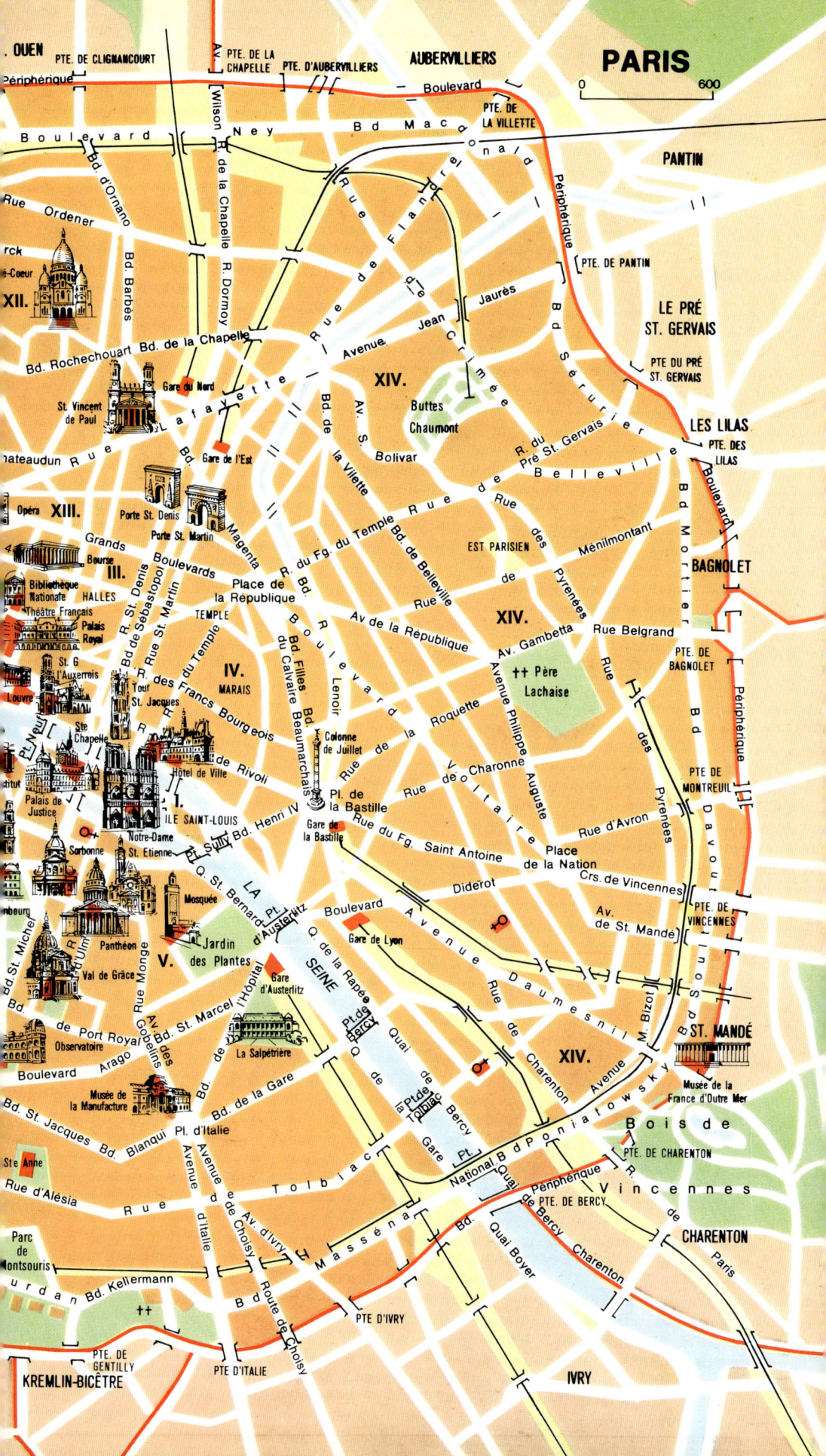

Paris

I. Île de la Cité, Île Saint-Louis.

Cathédrale Notre-Dame: Die Kathedrale Notre-Dame steht auf einer Insel („Île de la Cité") im Herzen von Paris, an einem weiten Platz („Parvis"). Sie wurde 1163 begonnen, im Rohbau 1345 vollendet und ist eines der großartigsten Werke der Gotik. In der Hauptfront liegen drei mit bedeutenden Skulpturen geschmückte Portale: links die Marienpforte („Portail de la Vierge"), rechts die Sankt-Annenpforte („Portail de Sainte-Anne") und in der Mitte die Pforte des „Jüngsten Gerichts" („Jugement Dernier"). Am Nordportal („Portail du Cloître"), um 1250 geschaffen, steht am Türsturz eine bezaubernde Madonnenfigur. Die Südseite mit der Stefanspforte („Portail de Saint-Étienne"), die um 1258 gearbeitet wurde, geschmückt. Die Chorhaube der Kathedrale und ihre Strebebögen bilden eine architektonische Einheit von hoher Eleganz. Im Kirchenraum wird man vor allem gebannt von dem herrlichen Ensemble der Glasfenster im Querschiff, den Fensterrosen an der Nord- und der Südwand. Man kann außerdem zahlreiche Kunstwerke bewundern, darunter die prachtvollen Holzarbeiten im Chor (18. Jh.), 114 geschnitzte Chorstühle, ferner die steinerne Chorschranke mit 21 Reliefs (14. Jh.) und am Eingang zum Querschiff die berühmte „Notre-Dame-de-Paris" genannte Statue der Maria mit dem Kind (14. Jh.). Auch der reiche Domschatz lohnt einen Besuch (10 bis 17 Uhr, an Sonn- und Feiertagen keine Besichtigung). Der Schatz enthält u. a. Reliquien der Passion.

Musée Notre-Dame: Dombaumuseum im Haus Rue du Cloître-Notre-Dame 10.

Mémorial de la Déportation: Eine moderne Krypta an der Südostspitze der Insel.

Conciergerie: Das frühere „Palais du Concierge", d. h. des Verwalters des königlichen Haushalts, ist als Gefängnis der Großen Revolution bekanntgeworden. Von den alten Bauten bestehen die Uhrturm (Anfang 14. Jh.) und drei Rundtürme an der Nordfront zur Seine sowie einige dem Publikum zugängliche Räume: der Saal der „Gens d'Armes", die Gefängnisse von Marie-Antoinette (zur Kapelle umgebaut) und von Robespierre, sowie die große Halle für die Gefangenen und eine Kapelle.

La Sainte-Chapelle: Im Bereich des an die Conciergerie anschließenden „Palais de Justice" befindet sich der Kapellenbau, ein wahres Juwel gotischer Baukunst, das um die Mitte des 13. Jh. gebaut wurde, um Reliquien der Passion aufzubewahren. Der Innenraum ist in eine Unterkirche und eine Oberkirche aufgegliedert. Die herrlichen Glasfenster in der Oberkirche sind die ältesten von Paris. Sie verwandeln die Kapelle in einen riesigen Saal mit Glaswänden, die den Raum in ständig wechselnden Farben schimmern lassen. Die Szenen der 1134 geschaffenen Fenster bilden eine gewaltige Bilderbibel (618 qm).

Pont-Neuf: Die älteste Brücke von Paris überquert die Westspitze der Insel und verbreitert sich zu einer Terrasse, die mit einem Standbild Heinrich IV. geschmückt ist.

Île Saint-Louis: Eine Fußgängerbrücke verbindet die „Île de la Cité" mit der „Île Saint-Louis", deren Seine-Kais mit alten Bäumen und schönen Häuserfronten (17. Jh.) zum Bummeln einladen. Besonders reizvoll sind das „Hôtel Lauzun" (Mitte 17. Jh.) und das „Hôtel Lambert". Die Église Saint-Louis-en-l'Île", eine frühere Jesuitenkirche, ist mit der für den Stil dieses Ordens typischen reichen Innendekoration ausgestattet.

II. Louvre, Tuilerien.

Louvre: Die frühere Residenz der Könige von Frankreich ist heute eines der bedeutendsten Museen der Welt. Der Haupteingang liegt in der „Porte Denon". (Dienstags geschlossen, sonntags Eintritt frei.) Eine Auskunftstelle befindet sich in der „Salle du Manège". Der Museumsbesitz bietet einen Überblick über die Entwicklung der Künste vom Altertum des Orients bis zum 19. Jh. und ist in sieben Abteilungen gegliedert: Orientalisches und Ägyptisches Altertum, Griechisches und Römisches Altertum, Malerei, Skulptur, Kunstgegenstände, Mobiliar, Graphische Kunst.

Große Galerien: Man besuche vor allem die „Galerie du Bord de l'Eau" mit der längsten Bilderwand der Welt (über 422 m: Werke von Franzosen des 17./18. Jh., von Italienern des 14. und 15. Jh.), sowie die „Galerie d'Apollon", einen unter Ludwig XIV. erneuerten Saal, in dem die Kronjuwelen aufbewahrt werden.

Alter Louvre: Der alte Louvre der Renaissance und des 17. Jh. legt sich um einen mächtigen quadratischen Hof. Der Südflügel links vom „Pavillon de l'Horloge" ist der bedeutendste Teil (16. Jh.).

Colonnade du Louvre: Das berühmte Kolonnaden-Bauwerk aus der zweiten Hälfte des 17. Jh. erhebt sich am Platz „Place du Louvre" gegenüber der Kirche Saint-Germain-l'Auxerrois.

Église Saint-Germain-l'Auxerrois: Die im 13., 15. und 16. Jh. gebaute Kirche war einst die „Gemeindekirche der Könige Frankreichs". Ihre wertvollsten Teile sind der gotische Chor und die spätgotische Vorhalle mit einem Mittelportal (13. Jh.). Im Innern sind die reich mit Schnitzereien versehene Sitzbank mit einer als Triptychon ausgeführten Rückseite sowie die Glasfenster (15. Jh.) besonders sehenswert.

Jardin des Tuileries: Die Gartenanlagen wurden im 16. Jh. geschaffen und im 17. Jh. von Gartenbaumeister Le Nôtre neu gestaltet. Auf dem Gelände des „Carrousel" stehen Plastiken von Maillol. Die langen Terrassen zu beiden Seiten des Geländes, das sich zur „Place Concorde" hinzieht, tragen an ihren Abschlüssen zwei Pavillonbauten: Rechts steht das „Musée du Jeu de Paume", ein Museum, das Werke des Impressionismus und der Malerei des ausgehenden 19. Jh. zeigt, und links das „Musée de l'Orangerie", in dem Wechselausstellungen stattfinden. Zwei Säle im Erdgeschoß enthalten die riesigen Seerosenkompositionen („Les Nymphéas"), die der Maler Claude Monet dem Staat vermacht hat. (Die Museen sind dienstags geschlossen.)

Musée des Arts décoratifs: Das Museum, dessen Eingang im Haus 107, Rue de Rivoli, liegt, befindet sich im „Pavillon de Marsan" in einem Teil das Louvre-Nordflügels. Es zeigt Sammlungen französischer und ausländischer Möbel und Gegenstände des Kunsthandwerks vom Mittelalter bis zur Gegenwart. (Montags und dienstags ganztägig geschlossen.)

Place Vendôme: Der am Ende des 17. Jh. von J. Hardouin-Mansart entworfene Platz bildet mit den klassizistischen Fassaden der Häuser eine großartige architektonische Schöpfung im Stil des „Grand Siècle" Ludwig XIV. Die „Colonne Vendôme", eine Säule, die aus bei den Austerlitz eroberten Kanonen gegossen wurde, hat spiralförmig angeordnete Reliefs und trägt, in 43 m Höhe, eine Statue Napoleons.

Église Saint-Roch: In der im 17./18. Jh. gebauten Kirche ruhen Corneille, Diderot, Duguay-Trouin und Le Nôtre.

III. Palais-Royal, Bourse, Halles

Palais-Royal: Der von Richelieu angelegte, im 18. und 19. Jh. erweiterte Palast ist heute Sitz des Wirtschaftsrates und des Staatsrates. Der gepflegte Garten, ein weites, 225 m langes Rechteck, wird von Säulengängen (gebaut im 18. Jahrhundert) umgeben.

Notre-Dame de Paris: Ein Blick auf die Kathedrale von der Spitze der „Île de la Cité" (rechts).

Paris

Die Brücke „Pont-Neuf" besteht aus 12 mächtigen Bögen, die 1604 vollendet wurden (oben). Der Louvre ist das ehemalige Palais der Könige von Frankreich; hier der Uhr-Pavillon (Mitte). Vor ihm liegen die Gärten, in denen sich der Triumphbogen des Carrousel erhebt (links). Im Schloßbereich stehen 18 Plastiken des Bildhauers Maillol (unten).

Théâtre Français: Das Haus der berühmten „Comédie-Française" befindet sich im südwestlichen Teil des „Palais Royal".
Bibliothèque Nationale: Die Nationalbibliothek ist in mehreren Bauten des 17., 18. und 19. Jahrhunderts untergebracht.
Bourse (Place de la Bourse): Die Börse in dem neuklassizistischen Bau (1808–1826) ist zur Mittagszeit zwischen 12.30 Uhr und 14 Uhr am stärksten belebt.
Place des Victoires: Der runde Platz, Ende des 17. Jh. geschaffen, mit klassizistischen Fronten der Häuser, die Hardouin-Mansart entwarf, trägt in der Mitte ein Reiterstandbild Ludwig XIV. (1822).
Notre-Dame-des-Victoires (Place de Petits Pères): Die Basilika (17. Jh.) ist die ehemalige Kapelle eines heute verschwundenen Klosters mit Holztäfelungen (17. Jh.) im Chor und Gemälden von Van Loo.
Saint-Eustache (Rue Rambuteau): An der Kirche wurde von 1532 bis 1637 gebaut. Die Anlage ist gotisch, die Ausstattung Renaissancearbeit. Im Innern befindet sich das Grab von Colbert.
Centre National d'Art et de Culture Georges-Pompidou: Durch die Verlagerung der Markthallen nach Rungis wurde ein gewaltiges Gelände geschaffen, auf dem sich ein Bahnhof für die Métro R.E.R., das „Forum" und Gärten befinden. Vorhanden ist auch das Kulturzentrum Georges-Pompidou: ein moderner Bau mit bunten, formenreichen Trakten. In ihm sind das Museum der Gegenwartskunst „Musée national d'Art moderne" und das „Centre de Création industrielle et de Design" untergebracht, außerdem eine Bibliothek und eine Filmothek.
Fontaine des Innocents: Die Reliefs mit Najaden und Nymphen am Brunnen im „Square des Innocents" stammen von Jean Goujon, dem großen Bildhauer des 16. Jh. Vom Brunnen aus sind zwei Kirchen zu besuchen: Église Saint-Leu-Saint-Gilles (13./14. Jh.), mit interessanten Kunstwerken, und Église Saint-Merri, im spätgotischen Stil (16. Jh.) ausgeführt (mit Gemälden des 17. und 18. Jh.).
Tour Saint-Jacques: Der Glockenturm an „Square Saint-Jacques" gehörte zu einer 1802 verschwundenen Kirche „Saint-Jacques-de-la-Boucherie" (16. Jh.).

IV. Marais, Hôtel de Ville

Das Viertel des „Marais" (Sumpfgelände) besitzt aus früheren Zeiten noch zahlreiche Adelshäuser (16. bis 18. Jahrhundert).
Hôtel de Béthune-Sully (62, Rue Saint-Antoine): Der Bau wurde unlängst restauriert und ist eines der bedeutenden Bauwerke vom Anfang des 17. Jahrhunderts.
Hôtel de Lamoignon (24, Rue Pavée): In dem Renaissancegebäude befindet sich die „Bibliothèque historique" (Geschichtliche Bibliothek) der Stadt Paris.
Hôtel Carnavalet (23, Rue de Sévigné): Hier ist das „Musée historique de la Ville de Paris", das Historische Museum der Stadt Paris untergebracht (16. und 17. Jh.).
Hôtel de Marle (11, Rue Payenne): Das Haus (17. Jh.) beherbergt das schwedische Kulturzentrum.
Hôtel Guénégaud (60, Rue des Archives): Der um die Mitte des 17. Jh. von Mansart geschaffene Bau ist heute ein Jagd-Museum.
Archives Nationales (60, Rue des Francs-Bourgeois): Dieses reichste Archiv der Welt ist in zwei der schönsten Hôtel-Bauten des 18. Jh. untergebracht: Im „Palais Soubise", in dem auch das Museum zur Geschichte Frankreichs einquartiert ist („Musée de l'Histoire de France") und im „Hôtel de Rohan", in dessen 2. Hof das berühmte Relief von Le Lorrain „Apollo, seine Pferde tränkend" (18. Jh.) betrachtet werden kann.
Manoir d'Olivier de Clisson: Der mit zwei Türmchen bewehrte Landsitz (Ende des 14. Jh.) liegt hinter dem „Palais Soubise".
Hôtel de Sens (1, Rue du Figuier): Mit dem „Hôtel de Cluny" ist dies die einzige Privatresidenz des Mittelalters, die in Paris erhalten blieb. Die „Bibliothèque Forney" (zu den Bereichen „Angewandte Kunst", „Industrielle Technik") ist hier eingerichtet. (Sonntags und auch montags geschlossen.)
Place des Vosges: Der Platz im Herzen des „Marais" ist eine der schönsten architektonischen Anlagen im Stil Ludwig XIII. Im Haus Nr. 6 lebte Victor-Hugo (Museum).
Place de la Bastille: In der Mitte steht das Bauwerk „Colonne de la Bastille" mit der Plastik „Genius der Freiheit". (Zum Aussichtsbalkon steigt man 238 Stufen empor.)
Saint-Jean-Saint-François: In der Kirche (Anfang 17. Jh.) ist das reiche Holzwerk im Chor (vergoldet), mit dem die Kirche im 18. Jahrhundert geschmückt wurde, besonders sehenswert.
Notre-Dame-des-Blancs-Manteaux (Rue de Blanc-Manteaux): Die Kirche (17. Jahrhundert) besitzt eine Front, die im 18. Jahrhundert erbaut wurde. Im Innern ist eine großartig gearbeitete flämische Kanzel (Mitte 18. Jahrhundert) zu bewundern.
Saint-Gervais-Saint-Protais (Am Place St. Gervais): Die spätgotische Kirche besitzt eine klassizistische Fassade, die 1616 bis 1621 geschaffen wurde. Unter den bemerkenswerten Kunstwerken im Innern befinden sich Chorstühle und Glasfenster aus dem 16. Jh. und das Grabmal des Kanzlers Le Tellier von 1686.
Temple et Cloître des Billettes (24, Rue des Archives): Die frühere Karmeliterkirche (Mitte 17. Jh.) ist heute eine lutherische Kirche. Sie besitzt den einzigen mittelalterlichen Kreuzgang (1415), der in Paris noch vorhanden ist.
Mémorial du Martyr Juif inconnu (17, Rue Geoffroy-l'Asnier): Eine Gedenkstätte für den unbekannten jüdischen Märtyrer.
Hôtel de Ville (Place de l'Hôtel-de-Ville): Der Renaissancebau des Rathauses wurde während des Aufstands der Commune zerstört und nach 1871 neu erbaut. Er erhielt eine prunkvolle, überladene Inneneinrichtung. (Führung montags 10.30 Uhr.)

V. Montagne Sainte-Geneviève, Panthéon, Quartier Latin

Panthéon (Place du Panthéon): Kirchenbau (Sainte-Geneviève), vom berühmten Architekten Soufflot in der 2. Hälfte des 18. Jh. nach dem Vorbild antiker Tempel um- und neugebaut. Er wurde 1885 in eine Gedenkstätte für große Persönlichkeiten umgewandelt. Der nüchtern gehaltene Innenraum ist mit Skulpturen und anderen Kunstwerken geschmückt. In der Krypta liegen die Gräber oder Denkmäler für Rousseau, Voltaire, Hugo, Zola, Jaurès, Braille, Langevin u. a.
Saint-Étienne du Mont (Place Ste. Geneviève): In der Kirche, erbaut im 15., 16. und 17. Jh., befindet sich ein steinerner Renaissance-Lettner aus der Mitte des 16. Jh.
Quartier du Panthéon: Stadtteil mit den Straßen Rue de la Montagne-Sainte-Geneviève, Rue de l'Estrapade, Rue Lhomond und Rue Mouffetard.
Boulevard Saint-Michel: Dies ist die Hauptstraße des traditionsgemäß von Studenten bevölkerten Stadtteils „Quartier Latin". Herz dieser Studentenwelt ist die „Sorbonne", der Hauptsitz der heute über die ganze Bannmeile verstreuten Universität Paris. Innerhalb des Geländes liegt die Kirche „Église de la Sorbonne" (17. Jh.) mit dem Grabmal Richelieus.
Musée de Cluny (6, Place Paul Painlevé): Das Privatpalais (Ende 15. Jh.) zeigt reichhaltige Sammlungen zu Leben und Kunst im Mittelalter. Nahebei liegen Ruinen römischer Thermen (Anfang 3. Jahrhundert), sichtbar vom Boulevard St. Michel.
Saint-Séverin (Rue St. Séverin): Die im 13. und 15. Jh. erbaute Kathedrale ist eine der schönsten gotischen Kirchen von Paris. Der Chorumgang bietet ein Werk der Spätgotik von großartiger Harmonie. Der Raum wird farbig erhellt von modernen Glasfenstern, die der Maler Bazaine entworfen hat. Den

Saint-Eustache: Die ehem. Pfarrkirche des Marktviertels mit Teilen aus Gotik und Renaissance (links oben).

Hôtel de Sens: Der Adelssitz vom Ende des 15. Jh. ist ein besonders schöner mittelalterlicher Bau (oben).

Hôtel de Béthune-Sully: Das Haus (17. Jh.) zählt zu den schönsten Bauten im Stil Ludwig XIII. (links).

Palais Soubise: Hinter der Fassade, die mit Kopien von Statuen des Bildhauers Robert Le Lorrain geschmückt ist, liegt ein sehr schöner Ehrenhof (unten).

Kirchgarten umgeben teilweise noch Galerien des alten Beinhauses (15./16. Jahrhundert.)

Saint-Julien-le-Pauvre: Die ehrwürdige Kirche aus der 2. Hälfte des 12. Jh., halb verborgen hinter den Bäumen des „Square René Viviani", dient heute dem griechisch-katholischen Gottesdienst. Beachtenswert sind die phantasievollen Kapitelle im Chor.

Arènes de Lutèce: Das erst 1869 entdeckte Römische Theater stammt aus dem 2. oder 3. Jh. (Zirkus- und Bühnenspiele, 16 000 Zuschauer hatten hier Platz). Der Eingang erfolgt von der Rue Monge, der Rue de Navarre oder der Rue des Arènes.

Nouvelle Faculté des Sciences (zwischen Rue Jussieu und Quai Saint-Bernard): Der Bau der neuen Naturwissenschaftlichen Abteilung der Universität wird überragt von ihrem Verwaltungshochhaus. Zahlreiche Werke moderner Kunst fügen sich in die Architektur ein, so ein monumentales „Labyrinth" von Stahly, ein „Para Vista" genanntes Werk von Vasarely.

Jardin des Plantes: Bei dem im 17. Jahrhundert angelegten Botanischen Garten, der im 18. Jahrhundert ausgebaut wurde, steht das Naturkundemuseum („Musée d'Histoire naturelle"), das in der Zeit der Großen Revolution geschaffen wurde. Besondere Anziehungspunkte sind: Das von Buffon entworfene „Labyrinth der Pflanzen" und der Alpengarten (mit 3 000 Pflanzenarten aus den Alpen, Pyrenäen, Grönland, Himalaya u. a.) sowie das Haus von Cuvier und die Treibhäuser mit Pflanzen aus den früheren Kolonien.

Mosquée de Paris (Pl. du Puits de l'Ermite): Die 1923 bis 1927 im spanisch-maurischen Stil erbaute Moschee (täglich nachmittags geöffnet) hat einen vom Bau der „Alhambra" in Granada beeinflußten Innenhof. Gebetssaal mit einigen wundervollen Teppichen.

Hôpital de la Salpêtrière: Die von der Kirche und den Spitalgebäuden gebildete Gebäudegruppe gibt etwas von der strengen Größe des Zeitalters Ludwig XIV. wieder. Die Pläne für die Gesamtanlage stammen von Le Vau (Ende 17. Jh.), die merkwürdige Kirche, bei der vier Schiffe, kreuzförmig angelegt, von einem Rundbau ausgehen, den eine achteckige Kuppel krönt, wurde von Libéral Bruant errichtet. Ein Hof der Salpêtrière (einst Armen- und Irrenhaus) trägt den Namen „Manon Lescaut" nach der Romanheldin des Abbé Prévost.

VI. Luxembourg, Saint-Germain-des-Prés

Palais du Luxembourg (Rue de Vaugirard): Der Palast, den Maria von Medici 1615 erbauen ließ, ist heute Sitz des Senats. (Sonntags geöffnet.) Die Bibliothek ist mit Bildern von Delacroix geschmückt: interessant sind auch der Saal der Senats-Versammlung und andere im 19. Jahrhundert dekorierte prunkvolle Säle.

Jardin du Luxembourg: Der Park vor dem Palais ist einer der schönsten Gärten von Paris. Die Statuen haben keinen besonderen Rang, nur das Delacroix-Denkmal von Dalou und der bei den Studenten beliebte Medici-Brunnen haben Wert. Die Anlagen reichen bis zu dem im 17. Jh. erbauten „Observatoire" hinüber. Auf dem Wege dorthin beachte man den Brunnen „Fontaine des quatre parties du Monde" von Carpeaux und die Statue des Marschalls Ney, von Rude.

Val-de-Grâce (Place A. Laveran): Mansart entwarf die Pläne für diese im Stil der Jesuiten ausgeführte Kirche, deren prächtige Kuppel 1663 von Mignard ausgemalt wurde. Im Innern sind der reiche Skulpturenschmuck, der mächtige Baldachin über dem Hochaltar (17. Jh.), der klassizistische Kreuzgang, der Portikus des Pavillons der Anna von Österreich und das Museum sehenswert.

Saint-Sulpice (Place St. Sulpice): Die im 17. Jh. erbaute Kirche besitzt eine monumentale, von Servandoni nach antikem Vorbild gestaltete Fassade. Im Innern befinden sich zwei bedeutende Wandbilder von Eugène Delacroix.

Quartier Saint-Germain-des-Prés: Dieser Stadtteil auf dem linken Ufer der Seine („Rive gauche") ist immer voller Leben. Der Kirchplatz mit seinen Straßenecken und den Cafés „Flore", „Deux-Magots" und „Lipp" ist ein Treffpunkt für Studenten und Kunstschüler, Verleger, Antiquare, Kunst- und Buchhändler, Modeschöpfer.

Église Saint-Germain-des-Prés (Place St. Germain-de-Prés): Die älteste der Pariser Kirchen. Von der Abteikirche (11. Jh.) stehen nur noch der frontale Turmbau und das hinter einem schlechten Vorbau (17. Jh.) verborgene Portal. Im Kirchenraum sind der Chor und der Chorumgang (12. Jh.), mit bedeutenden Kapitellen, sowie die Gräber der Brüder Castellan (17. Jh.), des Abts Casimir Wasa, einst König von Polen (17. Jh.) bemerkenswert. – Links vom Eingang ist ein Frauenkopf zu sehen, den Picasso zu Ehren des Dichters Apollinaire im Jahre 1959 geschaffen hat.

Musée Eugène Delacroix (6, Place Fürstenberg): An diesem hübschen kleinen Platz befindet sich ein Museum, das in der Wohnung des Malers mit guten Dokumentationen eingerichtet wurde.

Hôtel des Monnaies et Musée monétaire: In einem imposanten Bau (18. Jh.) am Quai de Conti zeigt das Museum Münzen und Medaillen aus Altertum, Mittelalter und neueren Epochen.

Institut de France (23, Quai de Conti): Das Institut, in dem 1806 fünf Akademien zusammengeschlossen wurden, entstand aus dem „Collège des Quatre Nations", einer im Jahr 1661 von Kardinal Mazarin gegründeten Lehr- und Forschungsstätte. Zum Institut gehört heute die „Bibliothèque Mazarine". Der Sitzungssaal des Instituts befindet sich unter der großen „Coupole" (Kuppel). Vor dem Gebäude führt die Fußgängerbrücke „Pont des Arts" über die Seine.

École des Beaux-Arts: Die Akademie der Bildenden Künste befindet sich im früheren Kloster der „Petits-Augustins" (17. Jh.) und in weiteren Bauten des 18. und 19. Jh. Vom Hof, Eingang „Rue Bonaparte 14", sind interessante Skulpturen und Bruchstücke von Bauten sowie der Renaissancebau „Cour du Mûrier" zu besuchen. Ausstellungen in der Kapelle.

VII. Montparnasse, Gobelins, Montsouris

Der früher eher stille Stadtteil der Künstler ist durch den Bau der mächtigen Anlagen „Maine-Montparnasse" völlig verändert worden. Das 210 m hohe Turmhaus mit 56 Stockwerken ist das höchste in Europa. Auf dem Aussichtsplateau kann sich der Besucher mit einer Orientierungstafel und Erklärungen über Tonband (in sechs Sprachen) die unter ihm liegende Stadtlandschaft erklären lassen. Der neue Westbahnhof (Place Raoul-Dautry) zeigt in seiner großen Halle Bildwerke von Vasarely.

Carrefour Vavin: Bei der Kreuzung der Boulevards „Montparnasse" und „Raspail" liegen drei berühmte Cafés: „La Coupole", „La Rotonde" und „Le Dôme". Im Winkel zur Rue Vavin steht eines der Meisterwerke Rodins, die Statue Balzacs.

Cimetière Montparnasse: Auf diesem Friedhof sind die Gräber zahlreicher Künstler wie z. B. Baudelaire (Grab Aupick), Huysmans, Maupassant, Bourdelle, Soutine, Henri Laurens und Zadkine zu sehen. Sehenswert sind auch die Plastik „Der Kuß" von Brancusi (Grab Tania Rachevskaïa) und das Grab der Eheleute Pigeon.

Musée Bourdelle (16, Rue Antoine Bourdelle): Neben Haus, Garten und Atelier des berühmten Bildhauers (1861–1929) zeigt das Museum in neuen Bauten zahlreiche Werke des Künstlers.

Manufacture des Gobelins (42, Avenue des Gobelins): Eine 1662 gegründete Fabrik mit mehreren Gebäuden (17. Jh.). Wechselausstellungen von Wandteppichen. Die Werkstätten können mittwochs, donnerstags und freitags von 14

Der „Jardin du Luxembourg" und der Palast der Maria von Medici, heute Sitz des Senats (links oben). Das Panthéon, Gedenkstätte für große Persönlichkeiten (rechts oben). Der Invalidendom über Napoleons Grab (links unten). Das „Palais de Chaillot" mit der Brücke über die Seine, vom Eiffel-Turm gesehen (rechts unten).

Uhr bis 16 Uhr besucht werden.
Catacombes: Der Eingang zu den Katakomben liegt in einem der Pavillonbauten des Architekten Ledoux, die am Platz Denfert-Rochereau einst den Zugang zur Stadt bewachten. Die „Katakomben" sind in alten unterirdischen Steinbrüchen entstanden, als während der Großen Revolution mehrere Friedhöfe nicht mehr belegt werden durften. Über eine Fläche von 11 000 qm erstreckt sich dieses gewaltige Beinhaus der Revolution, von dem die Abteilung des „Cimetière des Innocents" (Friedhof der Unschuldigen) besonders bekannt ist. Die Gebeine sind mit makabrer Phantasie an den Felsmauern entlang geordnet. Besuchszeit ist an jedem Samstag um 14 Uhr vom 1. Juli bis 15. Oktober, sonst an jedem 1. und 3. Samstag im Monat. Eine Taschenlampe ist nützlich.
Parc Montsouris: Der Englische Garten von 16 ha Fläche wurde 1868 von Alphand entworfen. Hier gibt es viele malerische Winkel, einen Wasserfall, einen künstlichen See, zahlreiche Wege und Hügel. Auf einer Anhöhe steht der „Bardo", eine verkleinerte Wiedergabe des Palastes der „Beys" (Herrscher) von Tunis. Der Bau wurde bei der Weltausstellung von 1867 aufgestellt.
La Cité Universitaire: Überschreitet man vom „Parc de Montsouris" den Boulevard Jourdan, so kommt man zur Universitätsstadt. In einem 40 ha großen Park liegen 37 Pavillons (Studentenhäuser), deren Architektur an die Baukunst der verschiedenen Nationen erinnern, die diese Bauten gestiftet haben. Im Mittelpunkt der Cité steht das Gemeinschaftshaus „Maison internationale" (1936) mit Schwimmbad, Theater- und Vortragssälen, Aufenthaltsräumen.

VIII. Invalides, Champ-de-Mars, Tour Eiffel

Hôtel des Invalides (Place des Invalides): Das im 17. Jh. von Libéral Bruant geschaffene mächtige Bauwerk gruppiert sich um einen prächtigen Innenhof. (Im Sommer „Son et Lumière", Musik- und Lichtspiele). In den Trakten befindet sich das „Musée de l'Armée" (Armeemuseum), eines der reichhaltigsten Museen zur Heeresgeschichte auf der Welt. Das Museum „Musée des Plans-Reliefs" enthält Modelle französischer und ausländischer Städte und Forts. An der Westseite der Bautengruppe (Eingang Boulevard de Latour-Maubourg) befindet sich das „Musée de L'Ordre de la Libération" (Museum des Ordens der Befreiung). Jenseits des Ehrenhofs steht die klassizistische Kirche Saint-Louis, auch Kapelle der Soldaten genannt. In der „Chapelle Napoléon" liegen die Grabplatten von Sankt Helena und andere Erinnerungsstücke an den Kaiser Napoleon.
Dôme des Invalides (Av. de Tourville): Der gegen Ende des 17. Jh. hinter und über den Invalides-Trakten errichtete Bau von Hardouin-Mansart überwölbt die Krypta und das Grabmal Napoleon I., neben dem der Sarkophag seines Sohnes Napoleon II. (König von Rom) aufgestellt wurde. In den Kapellen des

Wahrzeichen der Pariser Architektur: Zwei Epochen verdeutlichen, der 300 m hohe Eiffel-Turm aus Stahl und der 210 m hohe Montparnasse-Turm aus Aluminium, Glas und Beton im einst romantischen Künstlerviertel.

Kuppelbaus liegen die Gräber von Turenne, Vauban, Foch, Lyauteyu.a.

Musée Rodin (77, Rue de Varenne): Das Museum zeigt im ,,Hôtel Biron" (18. Jh.) und in dessen Garten Werke des berühmten Bildhauers Auguste Rodin.

Faubourg Saint-Germain: In diesem Stadtteil zwischen der ,,Esplanade des Invalides" und Boulevard Saint-Germain findet man einige Botschaften, Gesandtschaften und Teile von Ministerien.

Palais de la Légion d'Honneur (2, Rue de Bellechasse): Im ,,Hôtel de Salm" (Ende 18. Jh.) befindet sich das Museum der Ehrenlegion.

Palais Bourbon (Rue A. Briand): Die Fassade dieses Palastes, der das Stadtbild vom ,,Place de la Concorde" aus gesehen bestimmt, wurde zu Beginn des 19. Jh. in griechischem Stil geschaffen und ist Sitz der Nationalversammlung. Der Saal stammt aus dem Jahr 1832.

École Militaire: Dieser meisterliche Bau der Militärakademie von Gabriel wurde im 18. Jh. errichtet. Gegenüber liegt das Champ-de-Mars (Marsfeld).

Palais de l'Unesco: Hinter der École militaire erstand von 1955 bis 1958 der riesige Komplex des Unesco-Palastes (Architekten: Breuer, Nervi und Zehrfuß) mit großartigen Werken moderner Künstler, unter anderem das 80 qm große Bildwerk ,,Der Sturz des Ikarus" von Picasso, an der Außenfront die Fayence-Kompositionen ,,Le Mur du Soleil" und ,,Le Mur de la Lune" von Mirò und Artigas, ferner in der unmittelbaren Umgebung ein großes Mobile von Calder und ein Garten von Noguchi.

Tour Eiffel: Der Eiffel-Turm, 1887 – 1889 gebaut, ist eine Metallkonstruktion von 320 m Höhe. (Der Lift verkehrt täglich von 10.30 Uhr bis 17.30 Uhr im Winter, bis 23 Uhr im Sommer.) Im 2. und im 3. Höhenabschnitt befinden sich Restaurants. (Postbüro Spezialabstempelung.)

Égouts: Das gigantische Netz der Pariser Abwässer-Anlagen umfaßt ein Gelände, auf dem sich über 2 100 km Galerien und Abflußkanäle hinziehen. Jede Pariser Straße hat ihren Kanal, der den Namen der Straße führt. (Eine Besichtigung ist Mo., Mi. und am 4. Sa., nachmittags, möglich.) Der Eingang zu diesem unterirdischen Paris befindet sich an der Ecke ,,Pont de l'Alma"/,,Quai d'Orsay". Von einem Dokumentationsraum aus kann man einen markierten Rundweg von 200 m gehen.

IX. Chaillot, Passy, Auteuil

Palais Chaillot: Die 1937 errichtete Gruppe von Bauten steht am Place du Trocadéro, auf dem sich die Statue von Marschall Foch erhebt. Zwischen den zwei Flügeltrakten breitet sich eine Terrasse aus, die eine weite Aussicht gewährt. In dem Gebäudekomplex befinden sich außer zwei Theatersälen vier Museen.

Musée de l'Homme (Palais Chaillot): Dieses Museum ist eines der bedeutendsten unter den völkerkundlichen und anthropologischen Museen Frankreichs. Es bietet eine Fülle Informationen über den Menschen (von der Urzeit bis zur Gegenwart).

Les Champs-Élysées: Die Avenue, eine der schönsten Straßen der Welt, führt zum Triumphbogen am „Étoile", der zur Verherrlichung von Napoleons „Grande Armée" errichtet wurde (oben). Er trägt auf einer Seite das Relief „Der Aufbruch der Freiwilligen von 1792" (oben links). Die Kirche La Madeleine ist hier durch das Teleobjektiv an den Concorde-Platz herangerückt (oben rechts).

Musée des Monuments français (Palais Chaillot): Mit Abgüssen von Kunstwerken und Denkmälern.
Musée de la Marine (Palais Chaillot): Ein Marine-Museum.
Musée du Cinéma (Palais Chaillot): Ein Film-Museum.
Musée Guimet (Place d'Iéna Nr. 6): Dieses Museum präsentiert asiatische Kunst aus Indien, Zentralasien, Kambodscha und aus dem Fernen Osten.
Ancien Musée d'Art moderne (13, Avenue du Président Wilson): In dem Bau finden jetzt nur noch wechselnde Ausstellungen statt. Einige Säle sind Künstlern gewidmet, die vor 1870 geboren sind, sowie einzelnen der Stadt Paris geschenkten Kollektionen.
Musée d'Art moderne de la Ville de Paris (Avenue du Président Wilson Nr. 11.): In diesem Museum findet man Skulpturen- und Gemäldesammlungen vornehmlich der Pariser Schule und die größte Wandmalerei der Welt (600 qm), geschaffen vom Maler Dufy.
Musée Clemenceau (8, Rue Franklin): Die Wohnung des ehemaligen Ministerpräsidenten wurde als Museum eingerichtet.

Maison de Balzac (47, Rue Raynouard): Das kleine ländliche Haus liegt in einem Garten, mit einer Front zur Rue Berton. Der Schriftsteller Balzac lebte hier von 1840 bis 1847. Manuskripte, Karikaturen, Möbel und Dokumente erinnern an das Leben des Künstlers (Mo. ⊠).
Maison de Radio-France (116, Av. du Prés. Kennedy): Ein mächtiges, von 1952 bis 1963 in Form einer Krone errichtetes Bauwerk (Architekt Henry Bernard), Durchmesser 500 m. Der Turm ist 70 m hoch. Die Säle, Foyers, Hallen und Studioräume wurden von zeitgenössischen Künstlern dekoriert, darunter Stahly, Bazaine, Mathieu, Soulages, Manessier, Leygue. Von diesem Bau gelangt man zum linken Seine-Ufer, wo sich eines der modernsten Pariser Stadtviertel bildet, genannt „Font de Seine", eine weite städtebauliche Anlage mit Fußgängerzonen.
Musée Marmottan (2, Rue Louis-Boilly): Hier gibt es mittelalterliche Kunstwerke und reiche Sammlungen von Mobiliar und Gemälden der Empire- und der Restaurationszeit sowie Bilder von Impressionisten zu besichtigen; darunter befindet sich eine schöne Gruppe von Arbeiten des Malers Monet. (Montags geschlossen.)
Bois de Boulogne: Der weite Park (872 ha) wurde im 19. Jh. eingerichtet. In ihm liegen ein großer See („Le Grand Lac") mit einer Wasserfläche von 11 ha, auf dem man bootfahren kann, und ein kleiner See („Petit Lac"), zahlreiche Restaurants, die Rennplätze von Longchamp und Auteuil sowie mehrere Gärten („Jardin d'Acclimatation", „Pré Catelan" und „Jardin Shakespeare"). Mit einzigartigen Rosenzucht-Anlagen im „Parc de Bagatelle". Sehenswert sind auch die Blumengärten der Stadt Paris mit exotischen und tropischen Treibhäusern. (Eingang: 3, Avenue de la Porte-d'Auteuil.)
Musée des Arts et Traditions populaires (Jardin d'Acclimatation): In dem Museum sind interessante Sammlungen über Sitten, Gebräuche und Technik des ländlichen Frankreichs zu sehen.

X. Champs-Elysées, Étoile

Die Pariser Triumphstraße der „Champs-Élysées" (1 880 m) führt von der „Place de la Concorde" zum Triumphbogen am „Étoile". Von dort verlängert sich ihre Bahn mit der Avenue de la Grande Armée und der Avenue Charles-de-Gaulle bis zum neuen Stadtviertel „Défense", in dem zahlreiche Turmhäuser und Hochbauten stehen. Zwischen den gewaltigen Bauten aus Glas und Stahl sieht man mehrere Großplastiken u. a. von Calder, Agam.

Place de la Concorde: Der Platz wurde 1755 bis 1775 von dem Architekten Gabriel entwickelt, der auch die beiden Bauwerke, die die Rue Royale einfassen, „Hôtel Crillon" und das Marineministerium, entworfen hat. In der Mitte des Platzes steht ein 23 m hoher ägyptischer Obelisk aus dem Tempel von Luxor. Am Anfang der Champs-Élysées sieht man die Skulpturen der „Pferde von Marly" des Bildhauers Coustou.

Grand-Palais: Der um 1900 gebaute gewaltige Bau an der Avenue Winston Churchill hat mehrere riesige Hallen, in denen große Ausstellungen und andere Veranstaltungen stattfinden. Außerdem befinden sich in ihm die „Galeries nationales", Stätte für internationale Begegnungen, und das „Palais de la Découverte", in dem über Entdeckungen berichtet wird.

Petit Palais: In dem benachbarten, ebenfalls um 1900 errichteten Gebäude ist das Kunstmuseum der Stadt Paris („Musée des Beaux-Arts de la Ville de Paris") eingerichtet, in dem Wechselausstellungen stattfinden. (Montags geschlossen.) Die Avenue Winston Churchill führt zur Brücke „Pont Alexandre III." (1900).

Rue du Faubourg-Saint-Honoré: Diese Straße, erreichbar über Avenue de Marigny/Place Beauvau, gilt als eine der Straßen mit den ersten Luxusgeschäften in Paris.

Palais de l'Élysées (Place Beauvau): Der Palast aus dem 18. Jh. ist die Residenz des Präsidenten der Republik.

L'arc de triomphe de l'Étoile: Die Avenue des Champs-Élysées endet am Triumphbogen, der auf dem Étoile steht. Unter dem 1806–1836 errichteten Bauwerk liegt das Grab des Unbekannten Soldaten aus dem Weltkrieg 1914/1918. Am Triumphbogen, gegenüber den Champs-Élysées, ist das Relief von Rude „Der Aufbruch der Freiwilligen von 1792", auch „Die Marseillaise" genannt, zu sehen.

XI. Saint-Augustin, Parc Monceau

Église Saint-Augustin (Bd. Malesherbes): Eine originelle Kirche, Eisenkonstruktion (1860 bis 1871).
Chapelle expiatoire (Square Louis XVI.): Das merkwürdige Bauwerk wurde an der Stelle errichtet, an der Ludwig XVI. und Marie-Antoinette während der Großen Revolution verscharrt wurden. Der Kreuzgang, die Kapelle und die Krypta sind täglich geöffnet.
Musée Jacquemart-André (158, Bd. Haussmann): Das Museum ist aus einer Privatsammlung hervorgegangen. Es zeigt einen wertvollen Besitz an italienischer Kunst des 15./16. Jh., an französischer Kunst des 18. Jh., dazu flämische und holländische Meisterwerke. (Rembrand, Fragonard, David, Goya, Uccello, Tiepolo u. a.)

Ein Spiel des Fotografen: Der Obelisk von Luxor aus dem 13. Jh. vor Chr., der in der Mitte des Concorde-Platzes steht, ragt so mit einer Höhe von 23 m über den im 19. Jh. errichteten Eiffel-Turm empor.

Basilika Sacré-Coeur: Die Kirche von Montmartre (oben) beherrscht die kleinen Straßen auf dem Stadthügel, zu denen die kuriose Rue Foyatier mit ihren 225 Stufen gehört (links). Die Plastik „Der Tanz" von Carpeaux, das Original steht im Louvre, schmückt die Front der Oper (unten).

Musée Nissim de Camondo (63, Rue de Monceau): Ein Museum mit Sammlungen von Kunstwerken des 18. Jahrhunderts.
Parc Monceau: In dem beliebten, von schönen Adelsbauten und Bürgerhäusern umgebenen Park gibt es eine eigenartige „Naumachie", ein Wasserbecken für Darstellungen von Seegefechten, aus dem 18. Jh., umgeben von Statuen berühmter Männer (Maupassant, Chopin, Gounod), die im Stil der Jahrhundertwende gestaltet sind.

XII. Montmartre

Das ehemalige Dorf, in dem viele Windmühlen standen, ist immer ein von buntem Leben und Treiben erfülltes Stadtviertel mit malerischen Winkeln und zahlreichen Vergnügungsstätten gewesen. Man erreicht Montmartre entweder über den Boulevard de Clichy, „Place Blanche" (mit dem von Toulouse-Lautrec unsterblich gemachten „Moulin Rouge") und „Place Pigalle", oder über den Boulevard Rochechouart.
Place du Tertre: Der Platz ist das Herz des Montmartre, das Reich der Maler. Neben der ländlich wirkenden Kirche Saint-Pierre aus dem 12. Jh. liegen ein „Garten des Kalvarienbergs" und, rechts vom Eingang, ein kleiner Friedhof.
Basilique du Sacré-Cœur: Das gewaltige, in byzantinisch-romanischem Stil ausgeführte Bauwerk wurde 1876 begonnen. Es ragt mit einer Kuppel von 83 m und einem Glockenturm von 84 m Höhe über Paris empor. Vom Platz vor der Kirche hat man eine herrliche, bisweilen über 30 km weite Aussicht.
Musée du Vieux-Montmartre: Das Museum befindet sich in einem alten Haus an der Rue Cortot, in dem der Maler Utrillo lebte. Weiter unten entdeckt man den Weinberg „Vigne de Montmartre", das malerische Cabaret-Haus „Lapin Agile" und im Bau Nr. 42 der Rue des Saules ein kleines „Museum für jüdische Kunst".
Moulin de la Galette: An der Ecke Rue Lepic und Rue Girardon steht die so häufig, auch von Renoir, Toulouse-Lautrec, Van Gogh, Utrillo und Picasso gemalte letzte Windmühle des Montmartre. Sie wurde inzwischen restauriert.
Place Émile-Godeau: Hier steht die Fassade des 1970 durch Brand zerstörten und heute wieder aufgebauten Bauwerks „Bateau-Lavoir", in dem zu Beginn des 20. Jh. Picasso, Van Dongen, Modigliani, Juan Gris, Max Jacob sowie andere Maler lebten und die Kunstrichtung des Kubismus geboren wurde.
Cimetière Montmartre: Auf dem Friedhof sind die Gräber von Stendhal, Vigny, Renan, Degas, Giraudoux, Sacha Guitry, Louis Jouvet, Alexandre Dumas. Auf dem Friedhof Saint-Vincent ruhen Utrillo, Marcel Aymé, Honnegger, Chéret, Gen Paul, Steinlen.

XIII. Opéra, Grands Boulevards, Temple

Die breiten Straßen der „Grands-Boulevards" erstrecken sich von der Kirche La Madeleine bis zur Kreuzung Richelieu-Drouot und weiter zur großen „Place de la République".
Église de la Madeleine (Place de la Madeleine): Die Kirche wurde 1806 bis 1842 im Stil eines griechischen Tempels errichtet. Der Innenraum wirkt streng und kalt.
Théâtre de l'Opéra (Place de l'Opéra): Die Pariser Oper wurde von dem Baumeister Garnier 1862 bis 1875 in barockem Stil und mit prunkvoller Ausstattung erbaut. Rechts an der Fassade die berühmte Plastik „Der Tanz" von Carpeaux. (Das Original steht im Louvre.) Die Innenräume sind mit üppiger Pracht ausgestaltet. Die Decke ist seit 1964 mit Malereien von Chagall geschmückt. Ein Museum „Musée de l'Opéra" besteht an der Rue Scribe im „Pavillon de l'Empereur".
Musée Cognac-Jay (25, Boulevard des Capucines): Das der Kunst und Dekoration des 18. Jh. gewidmete Museum besitzt eine interessante Auswahl kleinerer Werke von Rembrandt, Boucher, Fragonard, Guardi u. a. sowie Gegenstände, Möbel und Holzarbeiten im Stil Ludwig XV. und Ludwig XVI. (montags geschlossen).
Musée Grévin (10, Boulevard Montmartre): Das Wachsfigurenkabinett zeigt historische Szenen und Gruppen sowie Persönlichkeiten von heute.
Porte Saint-Denis: Das Tor wurde 1672 zur Feier der Siege Ludwig XIV. am Rhein errichtet und mit historischen und allegorischen Skulpturen ausgestattet.
Porte Saint-Martin: Dieses Tor erbaute man 1674 anläßlich der Einnahme von Besançon und der Eroberung der Freigrafschaft Burgund durch Ludwig XIV. Die Skulpturen zeigen Kriegsepisoden.
Conservatoire des Arts et Métiers (Musée national des Techniques): Die in einer früheren Kirche und in Nebengebäuden (Rue Saint-Martin Nr. 292) untergebrachten Sammlungen dieses Museums stellen die Entwicklung der wichtigsten Techniken in vielen Bereichen dar (Transportmittel mit ersten Autos und Flugzeugen, Physik, Elektrizität, Rundfunk, Film, Fernsehen, etc.). Umfangreich ist die Bibliothek in einem ehemaligen Speisesaal der Mönche.
Saint-Nicolas-des-Champs: Die Kirche entstand im 15., 16. und 17. Jh. An der rechten Seite befindet sich ein schönes Renaissanceportal (Ende 16. Jh.). Das Langhaus wird durch doppelte Reihen von Pfeilern in fünf Schiffe geteilt. Sehenswert ist der Hochaltar mit einem mächtigen Marmoraufbau aus dem 17. Jahrhundert.
Eines der ältesten Häuser von Paris: In der Rue Volta Nr. 3 hat man eines der ältesten Häuser in Paris (mit holzverschalter Fassade und Läden) aus dem 14./15. Jh. vor sich.

XIV. L'Est Parisien

Im Osten von Paris haben städtebauliche Umgestaltungen in Belleville und Ménilmontant nur noch wenige der einst ländlichen Bezirke des Gebiets unberührt gelassen. Reizvoll ist noch die Kirche Saint-Germain-de-Charonne mit ihrem gedrungenen Turm und ihrem bäuerlichen Friedhof.
Cimetière du Père-Lachaise: Der wichtigste und ausgedehnteste Friedhof von Paris enthält viele zuweilen kuriose Grabdenkmäler für berühmte Männer. Der interessanteste Teil befindet sich rechts von der Hauptallee, die Gräber sind über kleine Hügel und Böschungen verstreut. Unter ihnen die Gräber von Chopin, Monge, Molière, Champollion, La Fontaine, Corot, Ney, Masséna, Murat. An der Hauptallee liegt Musset begraben. Ganz rechts, in der Südostecke des Friedhofs, erinnert ein Gedenkstein an die letzten Verteidiger der Pariser Kommune, die 1871 hier getötet wurden.
Parc des Buttes-Chaumont: Die 25 ha große Parkfläche breitet sich um einen See und einen Aussichtstempel aus.
Musée des Arts africains et océaniens (293, Avenue Daumesnil): Mit vielseitigen Sammlungen zur Kunst in Schwarz-Afrika, im Maghreb und in Ozeanien.
Bois de Vincennes: Der große Park (934 ha) wurde im vergangenen Jahrhundert als Englischer Garten angelegt. In einem Bereich befinden sich ein Zoologischer Garten sowie der See „Lac des Minimes" mit drei kleinen Inseln und der See „Lac Daumesnil". Ein indonesischer Gedenktempel und ein Tropischer Garten sind weitere Sehenswürdigkeiten.
Parc floral de Paris (Bois de Vincennes): Im Botanischen Garten mit einer Größe von 28 ha finden ständig Blumenschauen statt. Sehr reizvoll ist das „Vallée des fleurs" (Blumen-Tal). Eine reichhaltige Anlage mit exotischen Pflanzen und der Dahliengarten liefern andere Anziehungspunkte für die Besucher. Im Park stehen zahlreiche Plastiken von Nicolas Schöffer, Tinguely, Calder, Giacometti, Agam, Gilioli sowie ein monumentaler Brunnen von Stahly.

Paimpol

P

Paimpol 9/A 1
Der Fischerhafen liegt anmutig in der Tiefe einer weiten Bucht.
Tour de Kerroc'h (2 km nördl.): Ein Aussichtsturm.
Chapelle de Kermaria-an-Isquit (3 km südl.): Die Kapelle (13. – 15. Jh.) ist mit Wandmalereien (15. Jh.) dekoriert, darunter gibt es eine Totentanz-Darstellung mit 47 Figuren und gereimten Texten.
Loguivy-de-la-Mer (4 km nordwestl.): Kleines Fischerdorf.
Pointe de l'Arcouest (6 km nordöstl.): Hier fährt man mit dem Schiff zur Insel **„Île de Bréhat*** ab.
Abbaye de Beauport (4 km südöstl.): Von den Ruinen der Abtei (13./14. Jh.) verdienen ein breiter Kapitelsaal, der Kreuzgang, die Kirche, das Refektorium, der Weinkeller und ein schöner Raum „Salle au Duc" mit Spitzbogengewölbe eine Besichtigung.
Lanloup (10 km südl.): Die schöne Kirche des 16. Jh. besitzt einen Portalvorbau, der mit Apostelfiguren aus Granit geschmückt ist.

Paimpont 9/B 3
In der Abteikirche (13. Jh.) sind zahlreiche Kunstwerke zu sehen.
Forêt de Brocéliande: Dieses 6 070 ha große Waldgelände ist in Ritterromanen als jener Wald von „Brocéliande" geschildert worden, der das Reich der Fee Viviane und des Zauberers Merlin war. Die Landschaft, durchsetzt von zahlreichen Teichen, ist mit einem Netz von Spazierwegen versehen. Man macht hier Ausflüge zu den Ruinen der Priorei „De Telhouët" und des Schlosses „De Comper" (14./15. Jh.), zum Brunnen „Fontaine-de Baranton" oder zum „Tréhorenteuc" (Megalith).
Château de Trécesson (11 km südwestl.): Bei dem Ort Campénéac steht das von Wassergräben umgebene Schloß. (Ende 14. Jh., keine Besichtigung.)

Pamiers 42/A 2
Église Notre-Dame-du-Camp: Die Kirche, im 14., 17. und 18. Jahrhundert erbaut, hat einen mächtigen Backsteinturm.
Cathédrale Saint-Antonin: Die Kathedrale (17. Jh.) besitzt einen schönen Kirchturm nach Toulouser Art (14. Jahrhundert).
Ausflüge: Pamiers ist ein guter Ausgangsort für Ausflüge in die Pyrenäen.

Paray-le-Monial 25/C 2
Église Notre-Dame: Die Herz-Jesu-Basilika („Basilique du Sa-

Gouffre de Padirac 36/B 1
Der großartige Felsenschacht („Aven") oder Naturbrunnen, gehört zu den bekanntesten seiner Art in Europa. Er ist 75 m tief und mündet unten über einem unterirdischen Fluß, von dem etwa 10 km erforscht sind. Ein Raum im Flußgebiet, sogenannter „Salle du Grand-Dôme", hat eine Höhe von 91 m. Die Höhlen werden von Ostern bis zum 2. Sonntag im Oktober besichtigt, und zwar zu Fuß oder mit Booten.

Paray-le-Monial: Die romanische Abteikirche Notre-Dame, seit dem 19. Jh. „Basilique du Sacré-Coeur", spiegelt sich in der Bourbince.

cré-Coeur") wurde in einer für die Cluniazenser charakteristischen Form der Romanik erbaut. Sie ist Zentrum einer bedeutenden Herz-Jesu-Wallfahrt. Im Kirchenraum sind die romanischen Kapitelle und Wandmalereien (15. Jh.) in der Apsis interessant. Im „Parc des Chapelains" befinden sich die Reliquienkammer der Heiligen Marguerite-Marie Alacoque, die im 17. Jahrhundert diese Wallfahrt ins Leben rief, und Pilger-Unterkünfte. In der „Chapelle de la Visitation" sind ein Reliquienkasten und Votivtafeln zu sehen.
Musée du Hiéron: Dieses eucharistische Museum ist einmalig in seiner Art und besitzt Gemälde von Lebrun, Mignard, Reni, Tiepolo.
Charolles (13 km östl.): Hier stehen noch die Ruinen des ehemaligen Schlosses der Grafen von Charolais.
Anzy-le-Duc (17,5 km südwestl.): Sehenswürdig sind die romanische Kirche (2. Hälfte 11. Jh.) und die benachbarte Priorei.

Paris 11/C 1 und 11/C 2
Siehe Seiten 262 bis 275.

Parthenay 23/B 1
Der ehemalige Festungsplatz hat zahlreiche alte Straßen. Unter ihnen ist die mit Holzhäusern aus dem 15. und 16. Jh. gesäumte Rue de la Vaux-Saint-Jacques besonders reizvoll. Sie verbindet das Zentrum („Place du 14. Juillet") mit dem wuchtigen Tor „Porte Saint-Jacques", das zwei mit Pechnasen bewehrte Türme (13. Jh.) hat.
Quartier de la Citadelle: Der Stadtteil mit seinen Wehrmauern und dem Uhrturm (Mitte 15. Jh.) liegt auf der äußersten Spitze der Bergnase. Hier sind die romanische Kirche Sainte-Croix, das schön gearbeitete Portal aus dem 12. Jh. der ehemaligen Stiftskirche Notre-Dame-de-la Couldre und drei Türme des Schlosses aus dem 13. Jahrhundert zu beachten.
Parthenay-le-Vieux (3 km südwestl.): Die Kirche (12. Jahrhundert) besitzt eine Fassade im Stil der Romanik des Poitou.
Château du Theil (7 km nordwestl.): Das Schloß (16. Jh.) liegt in einer Landschaft mit zahlreichen kleinen Gewässern und Gehölzen.

Pau 41/A 2
Der 1 800 m lange „Boulevard des Pyrénées" ist die Aussichtsterrasse dieser schönen Stadt, deren alte Stadtviertel das Schloß umschließen. Von dieser Straße hat man herrliche Fernblicke auf die Pyrenäen, die von den Gipfeln des „Pic du Midi d'Ossau" (2 885 m) und des „Pic du Midi de Bigorre" (2 865 m) überragt werden.
Le Château: Das auf einer Felsenspitze über dem Fluß Gave liegende Schloß stammt aus dem 13./14. Jh. Aus dieser Zeit stehen noch die Türme „Tour Montauzer" und „Donjon de Gaston Phoebus". Die alte Burg hat man im 16. Jh. umgebaut zu einem eleganten Wohnsitz mit einem schönen Ehrenhof (Renaissance). Hier wurde 1553 Heinrich IV. geboren.
Musée National: Das Museum ist in den Gemächern des südlichen und des westlichen Schloßflügels untergebracht.
Musée regional béarnais: Das Heimatmuseum des Béarn logiert im 3. Stockwerk des Südflügels.
Musée des Beaux-Arts: Das Kunstmuseum zeigt bedeutende Kollektionen spanischer Malerei (Greco), italienischer und französischer Maler des 19. Jh. (Devéria, Degas) und des 20. Jh. (Marquet, Bissière, Manessier, etc.).
Musée Bernadotte: Im Geburtshaus des Marschalls, der 1818 König von Schweden wurde.
Gan (8 km südl.): Über Jurançon, das durch seinen Wein berühmt wurde, gelangt man in diesen Ort, von dem man, 6 km südöstl., zur

Pau: Das romanische Portal der Kirche Sainte-Foy de Morlaas mit den Darstellungen der 24 Greise der Apokalypse und schönen Friesen.

Grotte du Pech-Merle 36/A 2
3 km südwestl. von Cabrerets liegt der malerische Ort zu Füßen hoher Felswände, auf denen die Restbauten einer Feudalburg, genannt „Château du Diable" (Schloß des Teufels), stehen. Die prähistorische Tempel-Höhle von Pech-Merle enthält ausgezeichnet gemalte Bilder von Pferden, neben denen sich Abdrücke von Händen befinden. Sicher war der Ort eine Kultstätte. Ein Museum unterrichtet über die einschlägigen Forschungen. Bei Cabrerets, im Schloß „Château de Gontaut-Biron" (15. Jh.), besteht ein Museum für afrikanische Prähistorie und Völkerkunde. (Besuch von März bis November.)

Pech-Merle: *In der Nähe von Cabrerets steht das Schloß „Château des Biron" mit Wohntrakt und rundem Eckturm.*

„Chapelle de Piétat", einer Kapelle mit einem Kalvarienberg-Bildwerk gelangt (Wallfahrtsstätte).
Arudy (23 km südl.): Der Ort hat eine Kirche (15. Jh.) mit spätgotischem Portal. In einem Rittersitz (17. Jh.) „Gentilhommière de Potz" ist ein Landschaftsmuseum der West-Pyrenäen eingerichtet.
Lescar* (7 km nordwestl.).

Penne-d'Agenais 35/D 2

Der wie ein Adlerhorst hoch über dem Lot-Fluß erbaute Flecken, einst befestigt, zählt zu den reizvollsten Ortschaften des Quercy. Die Ruinen einer Feudalburg und der Wehrmauer mit drei bewehrten Stadttoren, auch alte Häuser, erzählen von der Stadtgeschichte.
Basilique Notre-Dame-de-Peyragude: Die Basilika auf der Hügelspitze, gegen Ende des 19. Jh. in romanisch-byzanthinischem Stil gebaut, ist eine Wallfahrtskirche.

Périgueux 29/C 3

Über dem Altstadtviertel und den malerischen Ufern der Isle erhebt sich die weiße Kathedrale Saint-Front mit ihren Kuppeln und Glockentürmen (erbaut im 12. und unzulänglich restauriert im 19. Jh.). An ihre Südseite lehnt sich ein Kreuzgang (12., 13. und 16. Jh.) mit einem kleinen Skulpturenmuseum.
Église Saint-Étienne-de-la-Cité: Die Kirche im Stil der Romanik des Périgord trägt noch zwei von einst vier Kuppeldächern.
Alte Häuser: Bei einem Bummel durch die Altstadt sind zahlreiche Adelssitze und Wohnbauten aus dem 15. und 16. Jh. zu entdecken.
Les Arènes: Zu den Resten der römischen Arena aus dem 3. Jahrhundert führt die Straße Rue de l'Ancien-Évêché.
Schloßruinen: Von der im 15. Jh. über den Resten der römischen Befestigungsanlage erbauten Burg „Château Barrière" stehen im Stadtbereich nur noch Trümmer.
Tour Vésone: Teil eines römischen Tempels aus dem 2. Jahrhundert.
Musée du Périgord: Das Landesmuseum ist in einer ehemaligen Augustinerkapelle untergebracht. Es zeigt Sammlungen zur Vorgeschichte, römischen und mittelalterlichen Archäologie, und Beiträge zur Volkskunde der Region.
Abbaye de Chancelade (5 km nordwestl.): Eine in den einzelnen Teilen prachtvoll zueinander stimmende Anlage ist diese Augustinerabtei mit der Kirche (12. Jh.) und den übrigen Gebäuden (14. bis 17. Jh.), in denen auch ein kleines Museum sakraler Kunst besteht.
Église du prieuré de Merlande (10 km nordwestl.): Die Kirche (12. – 14. Jh.) wurde im 16. Jh. mit Wehranlagen versehen.

Pernes-les-Fontaines 38/A 3

Die hübsche kleine Stadt verdankt ihren Namen den 32 Brunnen im Ort. Zu ihnen gehört die „Fontaine du Cormoran" aus dem 18. Jh.
Église Notre-Dame-de-Nazareth: Die Kirche wurde teils im 12., teils im 14. Jahrhundert gebaut.

Périgueux: Die Kathedrale beherrscht das alte Viertel an der Isle.

Périgueux: Eine Spezialität des Périgord ist die Gänseleber-Pastete.

Pernes-les-Fontaines: Am Brunnen „La Fontaine du Cormoran".

Tour Ferrande: In diesem Turm (13. Jh.) sind eigenartige Malereien von 1275 zu sehen.
Bemerkenswerte Bauten: Beachtung verdienen das Tor „Porte Notre-Dame", im 16. Jh. befestigt, die Reste von drei Toren der Wehrmauern und des Schlosses der Grafen von Toulouse sowie das Rathaus (Hôtel de ville) im „Hôtel des ducs de Brancas" (17. Jh.).

Péronne 5/D 2

Das Schloß (13. Jh.), in dem der Herzog von Burgund „Charles le Téméraire" 1468 Ludwig XI. gefangensetzte, lehnt sich heute mit seiner Westseite an einen Festungsteil der alten Wallbauten (16./17. Jh.), der über einem schönen Teich und der „Promenade de Cam" emporragt. Von den Befestigungsanlagen (Anfang 16. Jh.) existiert noch der Torbau „Porte de Bretagne", der aus zwei Backsteinpavillons mit Schieferdächern und einer Zugbrücke besteht.
Musée Danicourt: Das Museum im Rathaus zeigt griechische und römische Münzen sowie gallische

und merowingische Goldschmiedearbeiten.
Gallo-römische Villa (10 km südlich): Bei Athies ist das Mauerwerk eines Hauses der Römerzeit (im Sommer) zu besichtigen.
Spezialität der Stadt: Aalpasteten und Räucheraal.

Pérouges 32/A 1
Die Stadt zählt zu den Orten in Frankreich, die noch am stärksten das mittelalterliche Stadtbild bewahrt haben: mit den Festungsmauern, den gewundenen Straßen, den Häusern (15./16. Jh.) und der Wehrkirche (13./15. Jh.). Man betritt die Altstadt durch zwei Tore „La Porte d'En-Haut" und „La Porte d'En-Bas". Die Hauptstraße Rue du Prince (mit dem Bau „Maison des Princes de Savoie") führt ins Zentrum („Place du Tilleul"), wo sich das Museum befindet. An der „Rue des Rondes" stehen zahlreiche Fachwerkbauten und alte Häuser.

Perpignan 43/D 3
Lebendiger Mittelpunkt der einstigen Hauptstadt von Französisch-Katalonien ist das alte Viertel zwischen der Festung „Le Castillet" (Ende 14. Jh.), in der sich das Museum „Casa Pairal" für katalanische Volkskunst befindet, und dem Platz „Place de la Loge" mit dem Bauwerk „Loge de Mer" (1388) und dem Hôtel de ville (Rathaus), dessen Bauteile aus dem 13., 16. und 17. Jh. stammen, sowie der Kathedrale Saint-Jean.
Cathédrale Saint-Jean: Die im Stil der Mittelmeer-Gotik errichtete Kirche hat ein breites Schiff (14. bis 16. Jh.), in dem reichgeschmückte Altaraufbauten in Holz und Marmor (15. bis 18. Jh.) zu sehen sind. Ein Gang führt zur Kapelle Notre-Dame-dels-Correchs (11. Jh.); der aus Kieselsteinen aufgeführte Bau ist Teil der Frühkirche Saint-Jean-le-Vieux. Nach Verlassen der Kirche durch die südl. Seitenpforte kommt man zur „Chapelle du Christ" mit der hölzernen Statue des „Dévot Christ", einem in realistischem Stil gearbeiteten Meisterwerk des ausgehenden 13. Jh. wahrscheinlich rheinischen Ursprungs.
Sehenswerte Kirchen: „Église Saint-Jacques", 14. und 18. Jh. mit dem monumentalen Altaraufbau von Notre-Dame-de-l'Espérance aus dem Ende des 15. Jh. und „Chapelle de la Sanch", 18. Jh. (berühmte Büßerprozession am Karfreitag), „Sainte-Marie-de-la-Réal", im Stil der Mittelmeer-Gotik (Anfang 14. Jahrhundert).
Palais des Rois de Majorque: Der im Bereich der Zitadelle liegende Palast der Könige von Mallorca aus dem 13./14. Jh. präsentiert sich nach einer Restaurierung wieder in der schönen Geschlossenheit seiner Architektur: mit dem Ehrenhof,

Perpignan: *Der „Dévot Christ", ergreifendes Beispiel des expressiven Réalismus im Mittelalter.*

der „Galerie du Paradis", der zweistöckigen Kapelle (14. Jh.), den Gemächern der Herrscher und dem Großen Saal.
Musée Hyacinthe-Rigaud: Das Museum enthält Gemälde des in Perpignan geborenen Malers Rigaud (18. Jh.) und katalanische, flämische, italienische und französische Bilder naiver Maler.
Cabestany (4 km südöstl.): Die Kirche besitzt ein kostbares romanisches Giebelfeld des „Meisters von Cabestany" (13. Jh.).
Canet-Plage (9,5 km östl.): Beliebter Badeort, von dem der „Boulevard de la Méditerranée" in eine Straße übergeht, die nach Saint-Cyprien-Plage führt, einem neuen Ferienzentrum, das, wie der südlichere Ort Argelès-Plage, zum großen Touristengebiet von Saint-Cyprien gehört.
Castelnou (23 km südwestl.): Das befestigte katalanische Dorf liegt unterhalb einer Burg aus dem 10. Jh. (keine Besichtigung).
Tautavel (28 km südwestl.): Über Estagel erreicht man prähistorische Ausgrabungen mit dem Museum des „Homme de Tautavel".

Perros-Guirec 8/D 1
Der Fischerhafen, zugleich ein hübscher Badeort, liegt auf einer felsigen Halbinsel, die zwei Strände hat, Trestraou und Trestrignel.
Chapelle - Notre - Dame - de - la - Clarté (3 km nordwestl.): Die Kapelle aus rosa Granit wurde im 15. Jahrhundert errichtet. (Wallfahrt am 15. August.)
Ploumanach: Siehe **Lannion***.

Tour des Sept-Îles: Im Sommer kann man mit Schiffen die „Sieben-Inseln"-Fahrt machen. Man sieht auf der „Île aux Moines" ein Fort und einen Leuchtturm (von Vauban gebaut) und auf den Inseln „Rouzic" und „Malban" die in Frankreich einzigartigen Vogelschutzgebiete.

Pesteils
(Château de) 30/C 3
Das Schloß mit einem berühmten viereckigen Bergfried (14. Jh.) steht bei Polminhac. Es gehört zu den schönsten Schlössern der Auvergne. Im ersten Stockwerk des Bergfrieds sind Fresken aus dem 15. Jh. und Kammern, die im 17. Jh. Ausstattungen und Deckenbemalungen erhielten, zu besichtigen. Von der Terrasse hat man eine herrliche Fernsicht ins Tal der Cère.
Château de Vixouze (3 km südöstl.): Das Schloß mit einem Bergfried aus dem 13. Jh. und einem wuchtigen Zentralgebäude aus dem 18. Jh., das auch eine schöne Innenausstattung hat, ist für Touristen zugänglich.

Pézenas 43/A 2
Die alte Stadt bietet eine bemerkenswert geschlossene Gruppierung von Bauwerken des 16., 17. und 18. Jahrhunderts.
Place du 14-Juillet: Vom Ortszentrum geht man zur Rue François-Oustrin, wo das „Hôtel de Lacoste" mit Gewölbegalerien und einer großen Treppe (15. Jahrhundert) sowie einem Innenhof (16. Jahrhundert) den Besuch lohnt.
Place Gambetta: Hier steht der Bau „Maison du Barbier Gély", Besitz eines Freundes von Molière, der in Pézenas bei dem Prinzen von Conti spielte (1650 – 1651 und 1653 – 1656). Gegenüber sieht man das „Maison des Consuls" (Mitte 15. Jh., Fassaden aus der Renaissance und dem 17. Jh.).
Musée de Vulliod-Saint-Germain: Ortsmuseum in einem schönen Adelshaus (16. und 18. Jh.).
Ghetto: Der Eingang zum ehemaligen Ghetto befindet sich in der Rue de la Foire, in der interessante Häuser zu sehen sind.
Église Saint-Jean: Die Kirche (Mitte 18. Jh.) besitzt schönes Mobiliar; an ihrem Vorplatz erhebt sich der einst zur Abtei gehörige Bau der „Commenderie de Saint-Jean-de-Jerusalem" aus dem 16. Jh.
Adelsbauten: Zu den zahlreichen vornehmen Häusern, die man beim Spaziergang durch die Stadt entdecken kann, gehört auch das „Hôtel d'Alfonce" (17. Jh.) mit einem schönen Hof, mit Loggien und Treppen. Molière hat hier gespielt.
Vallée de la Peyne (westl.-nordwestl.): Im Flußtal der Peyne liegen die Schlösser von Larzac (17. Jh.), Fondouce, Montpezat und Roquelune (17. Jahrhundert).

Picquigny: *Das Schloß der Vögte von Amiens faßt mit seinen mittelalterlichen Mauern den Renaissancepavillon der Madame de Sévigné ein.*

Pierrefonds: *Bei der Abteikirche Notre-Dame de Morienval wurde vor das karolingische Schiff mit zwei Türmen ein Glockenturm gesetzt.*

Montagnac (5,5 km nordöstl.): Das Schloß „Château de Lavagnac" ist im Stil eines italienischen Landhauses des 17. Jh. gebaut.
Abbaye de Valmagne (18,5 km nordöstl.): Mit einer weiträumigen gotischen Kirche, den Resten eines Kreuzganges und Klosterbauten liegt die Abtei unterhalb der „Dentelles de Valmagne", einer spitz emporstarrenden Felsengruppe.

Picquigny 5/C 2
In die mächtige Wallmauer eines Schlosses aus dem 14. Jh. sind die Kirche (13. – 15. Jh.), der Pavillon „de Sévigné" und verschiedene Restbauten aus dem 16./17. Jh. eingefügt, darunter eine große Küche der Renaissance.
Abbaye du Gard (3,5 km nordwestl.): In den Ruinen der Abtei werden das „Haus der Mönche" aus dem 18. Jh. und die Kapelle von einer Ordensgemeinschaft benutzt. In der Nähe liegt ein Vergnügungspark. (Besuch April bis Okt.)

Piedicroce 45/B 2
Das Dorf oberhalb des „Cirque d'Orezza", dem Talgrund in einem Gebirgskessel, liegt im Zentrum der „Castagniccia", einer Landschaft der Kastanienbäume.

Morosaglia (15,5 km nordwestl.): In diesem Dorf wurde der korsische Patriot Paoli geboren. Von hier gelangt man über kleine Straßen in südlicher Richtung zu den Dörfern auf Felsenspitzen San Lorenzo und Sermano, das eine Kapelle „Saint-Nicolas" mit Fresken aus dem 15. Jahrhundert besitzt.
Cervione (35,5 km südöstl.): Auf der D 71 und durch herrliche Landschaften kommt man über Valle-d'Alesani (mit einer Klosterkapelle) nach Cervione, einer kleinen Stadt, amphitheatralisch angelegt, mit der alten Kathedrale Sainte-Marie-et-Saint-Érasme aus dem 16. Jahrhundert.

Pierrefonds
(Château de) 5/D 3
Die gewaltige Festung (Anfang 15. Jh.) war zerstört. Sie wurde auf Wunsch und auf Kosten Napoleons III. durch Viollet-le-Duc im 19. Jh. vollständig wiederaufgebaut. Die frei gestalteten Innenräume sind von unpersönlicher Kühle: mit Herrenhaus, Kapelle, Bergfried und einem eigenartigen Raum, „Salle des Preuses". Kirche (11.-13. Jh.).
Morienval (7,5 km südwestl.): Die Kirche Notre-Dame (11./12. Jh.) gehört zu den interessantesten Sakralbauten der Region.

Pithiviers 11/C 3
Église Saint-Salomon: Die Kirche, deren Apsis, Querschiff und Glockenturm romanisch sind, ist ein gutes Beispiel für die Architektur und die Kunst der Renaissance.
Musée des Transports: Beim Bahnhof befindet sich ein Verkehrsmuseum. Hier kann man über 4 km mit einem Zug fahren, der von einer Dampflokomotive aus dem 19. Jahrhundert gezogen wird.
Yèvre-le-Chatel (6 km östl.): Das Schloß (13./14. Jh.) ist auf dem Grundriß eines weiten Rhombus' gebaut. Die Wachttürme sind durch Wehrgänge verbunden. (Besuch von März bis Oktober.) Aus der ehemaligen Kapelle wurde die Kirche Saint-Gault (12./13. Jh.).

La Plagne 32/D 2
Dieses Wintersportgelände mit sieben Plätzen wurde 1961 in einer Höhe von 1 980 m in herrlicher Umgebung geschaffen. Außer den 39 Skiliften steht eine Drahtseilbahn zur Verfügung, die „Télécabine de la Grande-Rochette", die auf eine Höhe von 2 500 m emporträgt.

Plestin-les-Grèves 8/C 1
Die schöne Kirche stammt aus dem 16. Jh.; 500 m östl. von ihr steht die Kapelle Saint-Roch, von der man eine sehr schöne Aussicht auf die Lannion-Bucht hat.
Locquirec (6 km nördl.): Von diesem kleinen Hafen und Badeort führt die „Corniche d'Armorique"

Pleyben: *Von den großen bretonischen Kalvarienbergen ist dieses Werk zuletzt entstanden (Mitte 16. Jh.).*

um eine Landzunge herum nach Saint-Efflam im äußersten Westen des Küstenstriches „La Lieue de Grève", eines gewaltigen Strandes, der sich in der Bucht von Saint-Michel 5 km weit erstreckt.
Lanmeur (8 km westl.): Die moderne Kirche besitzt an der Südseite eine romanische Pforte und eine vor-römische Krypta mit sonderbarem Skulpturenschmuck, die zu den ältesten Sakralbauten der Bretagne gehört. Die Kapelle „Chapelle de Kernitron" zeigt Bauteile aus dem 12. und 16. Jh.

Pleyben 8/C 3
Auf dem Kirchengelände steht eine Gruppe bemerkenswerter Bauten. Der Zugang erfolgt durch eine Triumphpforte des 17. Jh. Die Kirche (16. Jh.) besitzt neben dem kraftvollen Renaissance-Glockenturm, der von einem Kuppeldach mit Laternenaufsatz gekrönt wird, einen gotischen Glockenturm mit pfeilspitzem Turm. Dieser ist durch eine elegante, von zwei Bögen gestützte Brücke mit einem achteckigen Treppenbau verbunden. Das Innere des Kirchenschiffs wird von einer bemalten und skulptierten Deckenwölbung aus dem 16. Jahrhundert überdacht.
Chapelle ossuaire: Spätgotische Kapelle (Mitte 16. Jahrhundert).
Calvaire: Der Kalvarienberg (Mitte 16. Jh.) zählt zu den bedeutendsten Bauwerken dieser Art in der Bretagne. Er steht auf einem Unterbau, der die Form eines Triumphbogens hat. Die Darstellungen aus dem Leben Christi sind von einem altertümlichen, volksnahen Realismus geprägt.

Ploërmel 16/B 1
Église Saint-Armel: Die Kirche (16. Jh.) mit spätgotischem Nordportal hat zwei mit Skulpturen verzierte Doppeltüren und birgt im Innern das Grab von Philippe de Montauban und seiner Frau (Anfang 16. Jh.) sowie weitere Grabstatuen von Herzögen der Bretagne.
Étang du Duc (2,5 km nordwestl.): Am 5 km langen See gibt es Campinglager und Bootsvermietungen.

Malestroit (16 km südl.): Mit Häusern aus dem 15./16. Jh. und Kirche Saint-Gilles aus dem 15. Jh.

Plougastel-Daoulas 8/B 2
Der Kalvarienberg am Ort entstand im 17. Jh. und zeigt 150 ausdrucksvoll gestaltete Figuren. Es zählt zu den eigenwilligsten Werken dieser Art in der Bretagne.
Presqu'île de Plougastel (5 km südwestl.): Die Halbinsel stellt eine

Plougastel-Daoulas: *Detail der Abendmahlsszene am Kalvarienberg.*

Poitiers: Pforte von Notre-Dame-la-Grande (links oben) und Mittelportal der Kathedrale Saint-Pierre (links unten) sowie die Taufkirche Saint-Jean (rechts oben), der älteste, aus dem 4. Jh. stammende, christliche Sakralbau Frankreichs.

der Gegenden dar, in denen die landschaftliche Eigenart und das dörfliche Leben noch am stärksten ihren altbretonischen Charakter bewahrt haben. In südöstl. Richtung hat man die Aussichten auf Kernisi, die Bucht von Caro, das Panorama von Kerdeniel, mit den Kapellen Saint-Adrien und Saint-Guénolé (mit Heiligenfiguren aus Holz, bemalt).

Daoulas (12 km östl.): Das Pfarrgelände, von einer Mauer umschlossen, hat einen Eingangsbau, der mit Apostelfiguren geschmückt ist (16. Jh.). Die romanische Kirche stammt aus dem 12. Jh., die Kapelle Sainte-Anne aus der Renaissance. Die Abtei besitzt einen eleganten romanischen Kreuzgang aus dem 12. Jh. mit einem zentralen Waschbecken aus dem 14. Jh.

Irvillac (16 km östl.): Von der Kirche mit Bauelementen aus Gotik und Renaissance gelangt man (3 km weiter südöstl.) zu einem ungewöhnlich gearbeiteten Kalvarienberg, „Calvaire de Notre-Dame-de-Lorette".

Poissy 11/C 1
Église Notre-Dame: Die zum großen Teil romanische Kirche (11./12. Jh.) hat zwei romanische Glockentürme. Vor dem Doppelportal der rechten Seite liegt ein elegant verzierter spätgotischer Vorhallenbau (16. Jh.). Unter den interessanten Kunstwerken im Kircheninnern befindet sich ein Taufbecken, in dem angeblich der Heilige Ludwig getauft wurde.

Abbaye de Poissy: Von der Abtei steht nur noch ein Gebäude (14. Jh.) mit zwei Türmen, das ein einmaliges Spielzeugmuseum beherbergt.

Triel (11,5 km westl.): Die Kirche aus dem 12. u. 13. Jh. weist ein Renaissanceportal auf.

Poitiers 23/C 2
Die Stadt auf dem höchsten Gelände eines Plateaus, das zum Teil vom Clain umflossen wird, gehört zu den an Kunstwerken besonders reichen Städten Frankreichs.

Cathédrale Saint-Pierre: Bei der Kathedrale (12./13. Jh.) mischen sich Elemente der Romanik des Poitou und der Gotik des Anjou. Die Front hat drei schön skulptierte Portale aus dem 12. Jh., über denen eine prächtige Fensterrose, gegliedert durch 16 Strahlen, in das Mauerwerk gefügt ist. Im 90 m langen Innenraum ist eine Gruppe von 19 Fenstern (Anfang 13. Jh.) besonders sehenswert. Im Chor gibt es geschnitzte Eichenstühle (13. Jh.).

Baptistère Saint-Jean: Die Taufkapelle ist ein massiver rechteckiger Bau aus dem 4. Jh., in der Höhe verändert im 7. und erweitert im 11. Jh. Sie stellt wohl das älteste christliche Bauwerk Frankreichs dar. Im Innern Fresken aus dem 12. und 13. Jh. (Mittwochs kein Eintritt.)

Église Saint-Radegonde: Die hinter der Kathedrale liegende Kirche (11. – 13. und Anfang 14. Jh.) hat einen Turmvorbau (11./12. Jh.). Der einschiffige Innenraum ist ein schönes Beispiel der Romanik des Anjou. Die Krypta birgt das Grab der Heiligen Radegonde (587).

Notre-Dame-la Grande: Die Kirche (11./12. Jh.), ein Meisterwerk romanischer Baukunst, ist berühmt wegen der bildhauerisch großartig ausgearbeiteten, und harmonisch geschmückten Fassade.

Saint-Hilaire-le-Grand: Der Bau (12./13. Jh.) besitzt ein von drei Kuppeln gekröntes Hauptschiff, mit drei Seitenschiffen an jeder Seite.

Saint-Jean-de-Montierneuf: Die ehemalige Benediktinerabtei (11. Jahrhundert) wurde später höher und breiter ausgebaut.

Palais de Justice: Besondere Beachtung verdient der Raum „Salle des pas perdus" (14./15. Jh.), dessen Wirkung bestimmt wird durch eine Giebelwand aus dem 14. Jh., in welche

drei Kamine, zusammen mit einer herrlichen Fensteranlage, eingegliedert sind.
Donjon: Der Bergfried, auch „Tour Maubergeon", stammt aus dem 14. Jahrhundert.
Renaissancebauten: Schön sind besonders das „Hôtel Fumé" mit Fassade und Hof (Ende 15. Jh.), das „Hôtel Berthelot" aus dem Jahr 1529 und das „Hôtel Jehan-Beaucé". Im „Hôtel Rupert de Chièvres", einem Adelshaus (18. Jh.), sind Sammlungen der Archäologie sowie Möbel- und Handwerksarbeiten und ein reichhaltiges Graphik-Kabinett zu besichtigen.
Hypogée Martyrium: Über die Brücke „Pont-Neuf" und den „Boulevard Coligny" kommt man zu dem „Plateau des Dunes" mit der unterirdischen Kapelle aus dem 7. Jh. Sie ist mit eigenartigem symbolischem Skulpturenschmuck ausgestattet und war einst von einer Begräbnisstätte umgeben.
Abbaye de Ligugé: (6 km südlich) Durch das Clain-Tal erreicht man diese Abtei, die im 4. Jh. gegründet, im 19. Jh. rekonstruiert wurde. Einzelne Teile baute man im 16. und 17. Jh. In der Kirche (16. Jh., erneuert) sind Reste von Mauerwerk aus gallo-römischer und vor-romanischer Zeit. In der Abtei werden gute Émail-Arbeiten hergestellt. Die Messe wird in gregorianischem Ritus zelebriert.
Château de Montreuil-Bonnin (3 km westl.): Das Schloß liegt malerisch über dem Tal der Boivre bei den Grotten de la Norée.
Nouaillé-Maupertuis (10 km südöstl.): Hier stehen die Restbauten einer großen Benediktinerabtei (13. Jh.), die von Wassergräben und einer türmebewehrten Wehrmauer umgeben war. Die Kirche (11./12.

Poligny: In der kleinen Jura-Stadt gibt es mehrere Häuser mit prächtigen Eingängen aus alter Zeit.

Jh.) hat einen wehrhaften Glockenturm aus dem 12. Jh.

Poligny 26/B 1
Die kleine Stadt am Eingang eines Jura-Tals, berühmt für ihren Wein und ihren Käse („le Comté"), ist als Ausgangsort für Ausflüge gut geeignet.
Collégiale Saint-Hippolyte: In der Vorhalle dieser Kirche (15. Jh.) befindet sich ein aus Holz gearbeiteter Kalvarienberg. Im Innern gibt es mehrere Statuen der Burgundischen Schule (15./16. Jh.).
Hôtel-Dieu: Das Hospital (17. Jh.) besitzt eine sehenswerte Apothekeneinrichtung.
Culée de Vaux (2 km südöstl.): Über die Straße nach **Champagnole*** erreicht man diese malerische, felsige Schlucht, die in eine fruchtbare Gartenlandschaft verwandelt wurde.

Pompadour
(Château de) 30/A 2
Von dem Schloßbau, der im 11. Jh. angelegt, im 15. Jh. rekonstruiert und im 18. Jh. umgebaut wurde, existieren nur noch die Südfront, die von dicken, mit Pechnasen versehenen Ecktürmen eingefaßt wird, und ein interessantes Torschlößchen mit zwei Türmen. Das berühmte Gestüt hat man auf einem 350 ha großen Anwesen eingerichtet. (Besichtigung nachmittags, nicht an Renntagen.)

Poncé-sur-le-Loir 17/D 1
In dem eleganten, harmonisch gegliederten Schloß (Mitte 16. Jh.) befindet sich eines der schönsten Renaissance-Treppenhäuser mit sechs geraden Aufgängen und Kassettengewölben, die mit reizvollen Skulpturen verziert sind. In der Kirche (11./12. Jh.) sind romanische Mauerbilder (12. Jh.) zu sehen.
Couture-sur-Loir (3 km südöstl.): In der gotischen Kirche gibt es schöne Holztäfelungen (17. Jh.) und die Grabfiguren der Eltern des Dichters Pierre de Ronsard; 1 km entfernt, im Landhaus „Manoir de la Possonnière" (16. Jh.), wurde Ronsard 1524 geboren.

Pons 29/A 1
Ein rechteckiger Bergfried (Ende 12. Jh.) erhebt sich oberhalb der Stadt, die auf dem linken Ufer der Seugne liegt.
Église Saint-Vivien: Die Kirche mit der romanischen Fassade stammt aus dem 11. Jahrhundert.
Église Saint-Martin: Die Kirche ist durch einen kuriosen gewölbten Gang (12. Jh.) mit dem ehemaligen „Hospice des pèlerins" (Pilger-Krankenhaus) verbunden.
Château d'Usson (1,5 km südöstl.): In diesem eleganten Renaissancebau sind die Innenräume mit Holztäfelungen in Weiß und Gold im Stil Ludwig XV. ausgestattet.

Pérignac (8 km nordöstl.): Die Westfassade der romanischen Kirche ist mit besonders schön gegliederten Skulpturenreihen geschmückt, außer Gestalten von Christus und Aposteln sind Tugenden und Laster dargestellt.
Jonzac (18 km südöstl.): Das Schloß mit einem mächtigen Tor, mit Türmen und Bergfried stammt aus dem 14./15. Jh.

Pont-à-Mousson 13/B 1
In der bedeutenden Industriestadt stehen im alten Zentrum („Place Duroc") noch viele Häuser mit Arkaden aus dem 16., 17. und 18. Jh. Besonders sehenswert ist der Bau „Maison des Sept-Péchés capitaux" (Haus der 7 Todsünden) aus dem 16. Jh. in der Rue Victor-Hugo.
Église Saint-Laurent: In der Kirche (15./16. Jh.) sind mehrere gute Kunstwerke zu sehen, darunter ein flämischer Altaraufbau, geschnitzt und bemalt, aus dem 16. Jh.
Saint-Martin: Die Kirche (15. Jh.) besitzt eine „Grablegung" aus dem gleichen Jahrhundert.
Abbaye des Prémontrés: Die mächtige, klassische Bautengruppe der Prämonstratenser Abtei (13. Jh.) ist nach dem Brand von 1944 ausgezeichnet restauriert worden und heute ein Kulturzentrum. Sehenswert sind die Kirche, die Klostergebäude und die drei großen Treppen (oval, viereckig und rund).
Fontaine Rouge: Eine schwefel- und eisenhaltige Quelle.
Butte de Mousson (3,5 km östl.): Von der Höhe kann man nach Westen das Tal der Mosel, nach Osten das Tal der Seille überschauen.
Abbaye de Sainte-Marie-au-Bois (13 km nordwestl.): Zwischen den Ruinen der Abtei steht die romanische Kirche, in die ein schöner Renaissancekamin eingefügt wurde.
Dieulouard (6 km südl.): In der gotischen Kirche (Anfang 16. Jh.) befinden sich die Krypta Notre-Dame-des-Grottes, eine „Sitzende Madonna" aus dem 15. Jh. und andere Kunstwerke. Von der Festung (15./16. Jh.) werden einige Teile als Wohnungen genutzt.

Pontarlier 26/C 1
In der Stadt, malerisch am Ausgang einer Schlucht der Jura-Berge gelegen, findet man keine Bauwerke aus alter Zeit mit den Ausnahmen der „Chapelle des Annonciades", einer Kapelle mit Renaissanceportal, deren Flügeltüren aus Schnitzwerk sind, und eines Triumphbogens aus dem 18. Jahrhundert.
Grand-Taureau (11 km östl.): Über die strategische Straße an „Fort de Larmont-Supérieur" vorbei kommt man zu diesem Gipfel (1 328 m).
Défilé d'Entreportes (5 km östl.): Die Schlucht mit prachtvollen Felsen und einem schönen Tannenbestand lohnt einen Besuch.

Cluse-et-Mijoux (5,5 km südöstl.): Die Schlucht wird im Norden vom ,,Fort de Larmont-Inférieur" beherrscht und im Süden vom ,,Fort de Joux" (940 m hoch auf einem Felsen gelegen). Das ,,Fort de Joux", im 12.–13. Jh. angelegt, von Vauban im 17. Jh. umgebaut, ist gesichert durch fünf Mauerwälle.
Lac de Saint-Point (8 km südl.): Ein See mit dem hübschen Ferienort Malbuisson.

Pont-Audemer 4/D 3
In dem Städtchen entdeckt man mehrere alte Häuser an den Straßen und Seitenarmen der Risle.
Église Saint-Ouen: Die Kirche mit einem Chor aus dem 11. Jh., einem Schiff und der Fassade vom Ende des 15. Jh., hat eine Gruppe schöner Renaissancefenster.
Auberge du Vieux-Puits: Der Bau stammt aus dem 17. Jahrhundert.
Marais Vernier: Den Namen gab man einer eigenartigen Ebene von Schwemmland, die von der Straße D 103 durchquert wird.
Corneville-sur-Risle (5 km südöstl.): Das Glockenspiel der ,,Cloches de Corneville" ist von Ostern bis September in der ,,Hostellerie des Cloches" zu hören.

Pont-Aven 15/C 1
Der freundliche Ort in malerischer Lage am Aven wurde zu Ende des 19. Jh. von Gauguin und den Malern der ,,Schule von Pont-Aven" auf Bildern wiedergegeben. Die Plätze, an denen die Maler gearbeitet haben, hat man durch Plaketten gekennzeichnet. Besonders hübsch ist die ,,Promenade du bois d'Amour". Am 1. Sonntag im August findet die ,,Prozession der Ginsterblume" statt.
Nizon (2 km nördl.): Mit Kirche und einem Kalvarienberg.
Riec-sur-Bélon (4,5 km südöstl.): Ein Denkmal in Form von fünf konischen Menhiren aus Beton, das den Bretonischen Barden (Liedersängern) gewidmet ist.

Pontcharra 32/C 2
Bei dieser Ortschaft steht (1,5 km entfernt) das Schloß ,,Château Bayard" (Anfang 15. Jh.), eine Burg, in der der Ritter Bayard geboren wurde. Privatbesitz.

Pont-de-l'Arche 5/A 3
In der schönen, gotischen Kirche (16. Jh.) befinden sich berühmte Fenster (16./17. Jh.). Die Südseite ist sehr reich und schön in spätgotischem Stil verziert. Die Kircheninnern sind das Chorgestühl aus Eiche (18. Jh.) und ein Altaraufbau mit Statuen des 17. Jh. besonders sehenswert.

Pontécoulant (Château de) 10/A 1
Der Prachtbau (16.–18. Jh.) liegt in einem herrlichen Park. In ihm ist ein interessantes Museum mit Sammlungen von Renaissance-Möbeln, Möbeln des 18. Jh., Porträts und Kunstgegenständen unterschiedlicher Art zu besichtigen.

Pont-en-Royans 32/A 3
Die Ortschaft erstreckt sich am Ausgang der Bourne-Schluchten an einer Felsenwand über dem Fluß. Die alten Häuser mit Holzgalerien klammern sich an den Felsen und schauen über das Flußtal. Die enge ,,Grande Rue" durchquert die Stadt. Vom Platz an der ,,Porte de France" führen steile Pfade empor zum Aussichtsgelände ,,Trois Châteaux" mit den Ruinen von drei Feudalschlössern.
Saint-André-en Royans (4 km nördl.): Der Ort liegt auf einer Terrasse über der Tarze; man hat nach allen Seiten weite Aussicht.
Château de Beauvoir: Die Ruinen dieses Schlosses (13. Jh.) stehen auf einer isolierten Felsenspitze.
Châtelus (4 km östl.): Von hier geht es zur Höhle ,,Grotte de Cornouze".
Choranche (5 km östl.): In romantischer Umgebung verbergen sich die pittoresken Höhlen ,,Grottes de Choranche".

Pont-du-Gard 37/C 3
4 km von Remoulins entfernt, erhebt sich das großartige, römische Bauwerk, das im Jahr 19 vor Christus im Tal des Gardon errichtet wurde, um das Wasser der Eure-Quelle nach **Nîmes*** zu leiten. Die Eure entspringt in der Nähe von **Uzès***. Der Aquädukt besteht aus drei übereinander gelagerten Bogenreihen. Von ihnen sind die oberen Trakte jeweils vom unteren Baukörper etwas zurückgestuft. Gut zu sehen von den Wegen auf den nahen Hügeln.

Villard-de-Lans* (24 km östl.).
Les Grands Goulets (13 km südöstl.): Die enge Schlucht ist über die N 518 zu erreichen. Siehe **La Chapelle-en-Vercors***.

Pontigny
(Abbaye de) 19/B 1
Die Abtei wurde 1114 als zweite Niederlassung des im Mutterkloster Citeaux von Bernhard de Clairvaux reformierten Zisterzienserordens gegründet. Von den ersten Anlagen existiert nur noch ein Gebäude des 12. Jh. mit schönen Sälen, die Kreuzgurtgewölbe haben, und die Kirche, ein reines Werk der Baukunst im Zisterzienser Stil aus den Anfängen der Gotik. Man sehe sich auch das Chorgestühl (Ende 17. Jh.), die Chorgitter und den Altar (18. Jh.) an. Über diesem steigt das Monument mit dem Reliquienschrein des Heiligen Edme († 1240) empor.
Saint-Florentin (10 km nördl.): Die Renaissancekirche besitzt schöne Fenster, eine Chorschranke, einen Lettner mit drei Arkaden und ein „Saint-Sépulcre" (Heiliges Grab) aus dem 16. Jh.
Ligny-le-Châtel (5 km östl.): Sehenswert sind die Kirche (12. Jh.) mit romanischem Portal und Schiff, einem weiten Renaissancechor und wertvollen Kunstwerken (Großer Christus und Statuen aus dem 15. Jh.) sowie die Überreste von Stadtwällen, dazu einige Häuser (13./16. Jh.), genannt als Eigentum „der Königin Siziliens" („De la Reine de Sicile").

Pontivy 9/A 3
Die Stadt besteht aus zwei sehr unterschiedlichen Teilen, die durch einen Platz („Place Aristide Briand") miteinander verbunden sind. Im Norden liegt Alt-Pontivy um das Zentrum („Place du Matray") mit alten Häusern und der Basilika Notre-Dame-de-la-Joie (16. Jh.). Der Südteil der Stadt wurde nach geometrischer Planung unter Napoleon I. gebaut. Auf einer Anhöhe über dem Blavet steht, umgeben von breiten Gräben und Wallmauern, das Schloß „De Rohan" (Ende 15. Jh.), dessen Hauptfront nach Westen von zwei stämmigen dicken Türmen eingefaßt wird.
Stival (3,5 km nordwestl.): Bemerkenswert sind die gotische Kapelle (16. Jh.) und der Brunnen „Fontaine de saint Mériadec".
Sainte-Noyale (9,5 km östl.): In dem kleinen Ort sind mehrere bedeutende Sakralbauwerke um einen repräsentativen Platz gruppiert: die Chapelle Sainte-Noyale, eine gotische Kapelle mit einer Holzdecke im Innenraum, mit Darstellungen aus dem Leben der Heiligen bemalt ist, sodann eine Andachtskapelle, ein Kreuz mit Figuren, ein Brunnen und ein großer Kalvarienberg.

Chapelle Saint-Nicodème (12 km südwestl.): Bei der Kapelle (16. Jh.) steht der Brunnen „La Fontaine sacrée" (gut besuchte Prozession am 1. Sonntag im August).
Quelven (11,5 km südwestl.): Die Kapelle Notre-Dame (Ende des 16. Jahrhunderts) besitzt mehrere interessante Kunstwerke, darunter eine eigenartige Flügelmadonna. Eine Prozession findet am 15. August statt.
Melrand (8 km südöstl.): Ein typischer Ort der Bretagne, mit Granithäusern (Renaissance), einer Kirche (17. Jh.) und einem Kalvarienberg, der zu den originellsten in der Bretagne zählt.

Pont-l'Abbé 15/B 1
Die Stadt liegt im „Pays bigouden", einem Gebiet, das die Eigenarten der Bretagne gut repräsentiert. Ein Landschaftsmuseum ist in einem Turmbau des 13. Jahrhunderts untergebracht. Vom Schloß steht noch ein Gebäude aus dem 18. Jahrhundert, in dem die Stadtverwaltung (Mairie) logiert.
Église Notre-Dame-des-Carmes: Die Kirche hat Bauteile aus dem 12., 15. und 17. Jahrhundert.
Église de Lambour: Von der Kirche (13. – 15. Jahrhundert) existieren nur noch Ruinen.
Volksfest: Ein Fest der Spitzenstickerei („Fête des Broderies") findet am 2. Julisonntag statt.
Château de Kerazan (4 km südöstl.): Im Schloß (18. Jh.) ist eine interessante Kollektion von Malerei vom Ende der 19. und aus dem 20. Jahrhundert zu sehen.
Loctudy (6 km südöstl.): Die Kirche Saint-Tudy ist einer der schönsten romanischen Sakralbauten der Bretagne (Anfang 12. Jh., Fassade und Glockenturm 18. Jh.). – Gegenüber sieht man die Insel „Île-Tudy", ein Wassersportzentrum.

Pontoise 11/C 1
Die alte Stadt, deren enge Straßen häufig von Treppen unterbrochen werden, klettert mit ihren Häusern einen Hügel hinauf, auf dem die Kirche Saint-Maclou steht (12., 15. und 16. Jh.). Im Kircheninnern stellen der Lettner, die Chorschranke, das Chorgestühl und der Hauptaltar mit seinem Tafelwerk eine schön geschlossene Ausstattung und Dekoration im Stil des 17. Jh. dar.
Musée Tavet-Delacour: Das Heimatmuseum ist in einem hübschen Adelshaus aus dem 15. Jahrhundert eingerichtet.
Château de Vigny (13 km westl.): Das unter Ludwig XII. angelegte Schloß wurde im 19. Jahrhundert ausgebaut. Die Parkanlagen können von Anfang März bis Ende November besucht werden.)
Église Notre-Dame: Die gegen Ende des 16. Jh. erbaute Kirche verdient ebenfalls Beachtung.

Pont-Saint-Esprit 37/D 2
Die kleine Stadt liegt an der Rhône, die hier von einer mächtigen, 920 m langen Brücke aus dem 13./14. Jh. überquert wird. Von ihr hat man einen sehr schönen Blick auf die Ortschaft mit ihren alten Häusern und der Kirche. Sehenswert sind die Barock-Kapelle des Büßerordens sowie am Brückenanfang die Restbauten einer Zitadelle (Ende 16. Jh.), eines Hospitals, das im 14. Jh. gegründet wurde und der Stiftskirche „Collégiale du Saint-Esprit" (Chor 16. Jh., Portal 15. Jh.).
Chartreuse de Valbonne (10 km südwestl.): Die prächtige Barockkirche (17. Jh.) erhebt sich inmitten von Heideland und Olivenbäumen.
Saint-Martin-d'Ardèche (9,5 km nordwestl.): Der Flecken am Ausgang des tiefen Ardèche-Flußtals, des „Cañyon", ist Endpunkt der Bootsfahrten durch den Cañyon. Siehe **Vallon-Pont-d'Arc***.
Bollène (12 km ost-nordöstl.): In der kleinen Stadt vor den Toren der Provence hat man vom „Belvédère Pasteur" eine schöne Fernsicht auf Donzère-Mondragon, auf Pierrelatte und die Rhône.
Suze-la-Rousse (21 km ost-nordöstl.): Das Schloß (12. – 14. Jh.) besitzt einen prächtigen Innenhof (Mitte 16. Jh.) und schöne Renaissance-Räume. Auch die Kirche (17. Jh.) und das Hôtel de ville (Rathaus) sind Renaissance-Bauten.

Pornic 16/B 3
Von der Küstenstraße „Corniche de Gourmalon" hat man einen sehr schönen Blick auf die Bucht von Pornic und die kleine, amphitheatralisch angelegte Stadt, an deren Eingang ein Schloß aus dem 13./14. Jahrhundert steht.
Plage de Noëveillard: Der Strand erstreckt sich hier zwischen zwei felsigen Landspitzen.
Île de Noirmoutier* (13 km südwestl.): Pornic ist ein Ausgangspunkt für Fahrten zu dieser Insel.
Préfailles (12 km westl.): Von hier geht es zur „Pointe de Saint-Gildas", einer bizarr geformten Felsenlandschaft.

Port-Barcarès 42/D 3
Dieses neu gebaute Feriengebiet erstreckt sich über 700 ha und ist 8 km lang. Hier liegen die Badeorte Leucate, Port-Leucate und Grau-Saint-Ange-Barcarès.
Musée des Sables: Ein Museum für moderne Plastik.
Paquebot Lydia: Ein auf den Strand gesetztes Passagierschiff mit Spielcasino und Restaurant.

Port-Louis 15/D 1
Der Ort liegt am Eingang der Reede von **Lorient***. Von der Stadt, die mit Wallmauern und der Zitadelle ihren Festungscharakter behielt, geht eine Fähre zur 6 km langen Halbinsel Gâvres.

Porto 45/B 3

Der Golf von Porto, eingefaßt von roten Porphyrfelsen, bietet, besonders bei Sonnenuntergang, eines der schönsten Naturschauspiele Korsikas. Von Porto aus unternimmt man Seefahrten nach Girolata und zu den Küstenbuchten.
Piana (12 km südwestl.): Von Porto nach Piana führt die D 81 an den Meeresbuchten entlang, eine der schönsten Strecken auf der Insel mit herrlichen Bildern der Steilküsten, die mit phantastischen roten Granitfelsen am Meer aufragen. Der Ort Piana ist ein hübsches Dorf mit weißen Häusern um die Kirche Santa-Maria (18. Jh.).
Cargèse (32 km südwestl.): Die „griechische Stadt Korsikas" kann in der griechischen Kirche mehrere interessante Kunstwerke zeigen, darunter eine Ikone mit dem Bild des Heiligen Baptiste (16. Jh.). Die römisch-katholische Kirche ist mit perspektivisch gemalten Bildern reich dekoriert.

Porto-Vecchio 45/D 2

Der Handels- und Sporthafen liegt in der Tiefe einer weiten Bucht. Reste von Befestigungsanlagen erinnern an die Herrschaft der Genueser. In der Bucht gibt es Strände von paradiesischer Schönheit, etwa in Cala Rossa, Palombaggia (mit roten Felsen und schattenspendenden Zirbelkiefern) und in San Cipriano.
Solenzara (41 km nordöstl.): Hierher führt eine sehr schöne Bergstraße durch den Wald von Ospedale, über **Zonza*** und die Pässe „Col de Bavella" (1243 m) und „Col de Larone" (621 m).

Port-Royal -des-Champs 11/B 2

In einem abgeschiedenen, unberührten Tal stehen die Ruinen der berühmten Abtei der Jansénisten (Reformer in der katholischen Glaubenslehre). – Dienstags keine Besichtigung.
Musée national des Granges de Port-Royal: Über die D 91 kommt man nach 2 km zu diesem Museum in einem Schloß (16. Jh.), in dem einst Jansénisten-Schulen eingerichtet waren. (Montags und dienstags keine Besichtigung.)
Magny-les-Hameaux (3 km südl.): Das Innere der Kirche (12. und 15. Jh.) ist reich belegt mit Grabplatten aus der Abtei Port-Royal.
Saint-Lambert (3 km südl.): Die alte ländliche Kirche ist von einem Friedhof umgeben. Eine Pyramide bezeichnet die Stelle, an der sich das gemeinsame Grab der Nonnen und Einsiedler von Port-Royal befindet. 1944 wurde ein Kreuz errichtet, das „dem Menschen" („à la personne humaine") gewidmet ist.

Le Pouldu 15/C 1

Der Badeort an der Mündung der Laïta besitzt einen Hafen und einen großen Strand.
Chapelle Notre-Dame-de-la-Paix: Die Kapelle (15. bis 17. Jh.), 1959 von Nizon hierher verlegt, hat moderne Fenster. Im Ort steht ein Denkmal für den Maler Gauguin, der hier von 1889 bis 1894 lebte und zahlreiche Bilder schuf.
Larmor-Plage (16 km südöstl.): Eine prächtige Uferstraße führt zu diesem Ort, der am Anfang der Reede von **Lorient*** liegt und eine schöne Kirche aus dem 15./16. Jh. mit spätgotischer Vorhalle hat. Unter den sehenswerten Kunstgegenständen im Kircheninnern ist der Altaraufsatz, eine Darstellung der Kreuzigung (flämisches Werk, 15. Jh.), besonders zu erwähnen.

Pouzauges 22/D 1

Église Saint-Jacques: Die Granitkirche hat einen spätgotischen Chor mit drei Schiffen; Haupt- und Querschiff sind romanisch.
Schloßruinen: Die Reste einer Burg (13. Jh.) überragt ein mächtiger Viereckturm, der von kleineren Seitentürmen umgeben ist.

Porto: *Die Küstenstraße nach Piana führt über bizarr aussehende, zerklüftete Felsen aus rotem Granit, die jäh ins Meer abstürzen.*

Porto-Vecchio: *Der Strand von Palombaggia liegt in einer der schönsten Gegenden von Korsika, gegenüber den Cerbicale-Inseln.*

Pouzauges-le-Vieux (1 km südöstl.): Rund um die romanische Kirche mit gotischem Chor liegt ein Friedhof, der völlig mit Grabplatten belegt ist. Im Kircheninnern sind Mauerbilder mit Darstellungen des Marienlebens (13. Jh.) zu sehen.
Château de Puy-Papin: Das Schloß stammt aus dem 15. Jh.
Saint-Michel-Mont-Mercure* (7 km nordwestl.).
Réaumur (7 km südl.): Eine nähere Betrachtung verdienen die Wehrkirche (15. Jahrhundert), das „Château de la Haute-Cour" und der Brunnen „Fontaine miraculeuse Sainte-Marie".

Prats-de-Mollo 43/C 3
Die kleine katalanische Stadt, einst Festung, zeigt noch Wallmauern und ihre Wehrkirche aus dem 17. Jahrhundert mit einem gotischen Glockenturm (13. Jh.) und im Innern eine Kapelle von 1427 „Chapelle de la Pietà" mit einem monumentalen, skulptierten und vergoldeten Altaraufbau. Hinter der Kirche führt ein unterirdischer, gewölbter Gang zum alten „Fort de la Garde" aus dem 17. Jh. Bei einem Stadtbummel entdeckt man viele malerische Winkel („Place Del-Rey", Rue des Marchands (mit dem Bau „Maison des Rois d'Aragon"), Rue Nationale.
Ermitage Notre-Dame-du-Coral (11 km südl.): Neben einem Wachtturm (13. Jh.) („Tour de Mir") ist die Einsiedelei sehenswert: mit einer Kapelle und Bauten aus dem 17. Jh. sowie Statuen in den Innenräumen, darunter einem bekleideten Christus (12. Jh.) und einer „Sitzenden Madonna mit Kind" (13. Jh.).
La Preste (8 km westl.): Eine Thermalkurstation.

Prémery 19/A 3
In der Stadt stehen eine Kirche (13./14. Jh.) mit einer schönen, durch zwei Fensterreihen gelichteten Apsis sowie das ehemalige Schloß der Bischöfe von Nevers (14., 16. und 17. Jh.) mit wehrhafter Pforte (14. Jh.) Es sind bedeutende Reste der mittelalterlichen Wehrmauern zu sehen.
Montenoison (10 km nordöstl.): Die mächtigen Ruinen eines Schlosses (13. Jh.) befinden sich auf einem isolierten Berg (417 m), der die höchste Erhebung der Nivernais-Gegend ist. Die Täler ringsum bilden eine hübsche Landschaft mit Gehölzen, Bächen und kleinen Seen.
Saint-Gaulge (17 km südöstl.): Mit einer interessanten gotischen Kirche; von hier gelangt man nach Jailly, 4 km weiter westl., das eine romanische Kirche mit gemeißeltem Portal besitzt.

Privas 37/C 1
Der Ort liegt anmutig oberhalb der Talebene der Ouvèze.

Château d'Entrevaux (5 km südwestl.): Auf diesem Schloß wohnte Richelieu, und im „Logis du Roi", 2 km entfernt, war die Residenz Ludwig XIII. während der Belagerung von Privas (1629).

Provins 12/A 2
In der Oberstadt, auf einem Bergvorsprung gibt es mehrere interessante Bauwerke, so die Stiftskirche Saint-Quiriace mit einem schönen Chor (Ende 12. Jh.) und einer Kuppel (17. Jh.), dann „La Tour César", einen mächtigen Wehrturm (12.

Provins: Die Burg der Stadt wird beherrscht vom mächtigen Hauptturm.

Jh.), das Haus „La Grange aux Dîmes" (12. Jh.) und das Tor Saint-Jean (12./13. Jh.) sowie die schönen Wallmauern.
Unterstadt: Hier sind besonders sehenswert die Kirchen Sainte-Croix (Schiff aus dem 12., Chor aus dem 16. Jh.), die Kirche Saint-Ayoul (eine erneuerte Benediktinerabtei des 12. Jh.) und der Turm von Notre-Dame-du-Val, Restbau einer verschwundenen Kirche.
Chapelle de l'Hôpital: Ein elegantes Mausoleum, in dem das Herz des Ritters Thibault de Champagne beigesetzt ist.
Saint-Loup-de-Naud* (8km westl.):
Donnemarie-en-Montois (18 km südwestl.): Bemerkenswert sind die Kirche (13. Jahrhundert) mit romanischem Portal und der alte Friedhof mit Holzgalerien und einem Tor (16. Jahrhundert).

Puget-Théniers 39/A 3
Das alte Viertel in diesem typisch südländischen Städtchen hat viele Häuser mit pittoresk vorspringenden Dächern.
Église: Die Kirche (13. Jh.) mit einer Innenausstattung aus dem 17. Jh. besitzt mehrere Altar-Bildwerke der „Schule von Nizza" (15. Jh.) und mehrere holzgeschnitzte Altaraufbauten (15. und 18. Jh.).
„L'Action enchainée": Diese berühmte Plastik von Maillol, gewidmet dem in dieser Stadt geborenen Revolutionskämpfer von 1848, Blanqui, steht auf der Promenade.
Gorges du Cians (10 km nordöstl.): Die Talschlucht verläuft durch Felsen mit mehreren Schichten, die sich farbig voneinander abheben.
Beuil (30 km nordöstl.): Über diesen Ort mit einer Kirche (17. Jh.) kann man zum „Col de Valberg" und über Guillaumes (siehe **Saint-Sauveur-sur Tinée*)** zu den einsamen, groteske Felsbildungen zeigenden Schluchten „Gorges de Daluis" (siehe **Entrevaux*.**) gelangen.

Puivert 42/B 3
Der schöne Ort wird von einer Bergkuppe überragt, auf der sich die Schloßruinen (12. und 14. Jh.) mit einem mächtigen Wehrturm befinden („Saal der Musiker").
Bélesta (11 km westl.): Von diesem Ort gelangt man (1,5 km südl.)

zur intermittierenden (periodisch unterbrochenen) Quelle von Fontestorbes.
Espezel (25 km südl.): Hier beginnt man einen Ausflug zu den Schluchten „Gorges du Rebenty". Siehe **Ax-les-Thermes***.
Montségur* (24 km westl.).

Le Puy-en-Velay 31/B 3

Die Stadt liegt in einer einzigartigen Weise am Fuß vulkanischer Bergkuppen.
Cathédrale Notre-Dame: Die Kathedrale (2. Hälfte 12. Jh.) hat eine Bedachung mit sechs Kuppeln. Die Fassade besteht aus einem originellen mehrfarbigen Mauerwerk. Eine große Treppe mit 102 Stufen, die Verlängerung der Rue des Tables, führt in den gewaltigen gewölbten Unterbau der Kirche hinein, über dem das Hauptschiff errichtet ist. Man erreicht zunächst zwei Pforten (12. Jh.) mit herrlich gearbeiteten Flügeln. Im Innern befindet sich über dem Hauptaltar (18. Jh.) die Statue der Madonna „Notre-Dame-du-Puy". In einer Kapelle („Chapelle des Reliques") ist ein berühmtes Fresko „Les arts libéraux" (15. Jh.).
Le Porche du For: Durch diesen Portalvorbau (Ende 12. Jh.) kommt man auf eine Terrasse („Place du For"), an der zahlreiche herrschaftliche Häuser des 15. Jh. stehen.
Le Porche Saint-Jean: Diese Vorhalle hat ein bemerkenswert gearbeitetes Giebelfeld aus dem 12. Jh. Von hier geht man zum „Baptisterium Saint-Jean" (11. Jh.). Der Kreuzgang ist ein Meisterwerk romanischer Architektur und Dekoration, gesäumt von der Kapelle „Chapelle des Morts" (Kreuzigung, 13. Jh.), sakraler Kunstschatz.
„Statue Colossale de la Vierge": Die Kolossalstatue einer Madonna steht auf dem Plateau „Rocher Corneille", zu dem man über den Aufgang Notre-Dame-de-France emporsteigt.
Hôtel-Dieu: Der gotische Vorhallenbau des Hospitals hat zwei schöne romanische Tore.
Église Saint-Laurent: Die Kirche (14./15. Jh.) in der Altstadt birgt ein Grab (14. Jh.) mit Reliquien der Erinnerung an Guesclin.
Vieux Quartier: Im Altstadtviertel um die Kathedrale sind bei einem Bummel durch die Straßen viele alte Adelshäuser zu entdecken (Rue Pannessac, Rue du Chamarlenc, Place des Tables, Rue du Cardinal-de-Polignac).
Musée Crozatier: Zu Füßen der Altstadt, jenseits eines großen Platzes („Place du Breuil") befindet sich beim „Jardin Vinay" (Garten) das Museum. Es zeigt romanische und mittelalterliche Kunst, Dokumentationen zu Volkskunst, Völkerkunde und zur Geschichte der Spitzenherstellung vom 15. Jahrhundert bis zur Gegenwart.

> ### Puy-de-Dôme 30/D 1
> Zum Gipfel des Berges, der 16 km westlich von Clermont-Ferrand liegt, gelangt man über eine gebührenpflichtige Straße, die in Spiralen auf eine Höhe von 1440 m führt (Endpunkt). Die Bergspitze (1468 m) wird nach einem kurzen Fußmarsch erreicht. Auf der Höhe stehen ein Observatorium (Wetterwarte) und ein Fernsehturm mit Aussichtsbalkon nach allen Seiten. Ferner sind hier Reste eines Merkurtempels und Reste gallo-römischer Bauten zu besichtigen. Der Rundblick vom Gipfel ist großartig: in der vulkanischen Landschaft ringsum befinden sich 70 erloschene Krater. An der Ostseite kann man den Berg zu Fuß hinabsteigen.

Le Puy-en-Velay: *Zur romanischen Kapelle Saint-Michel auf der Spitze eines Bergkegels aus Vulkangestein führen 268 Treppenstufen empor.*

Chapelle Saint-Michel-d'Aiguilhe: Im Norden der Stadt steht die Kapelle (10./11. Jh.) auf einer riesigen Felsenspitze aus Lava. Man steigt zu ihr über 220 Stufen hinauf.
Orgues d'Espaly (3 km westl.): Basaltfelsen, wie Orgelpfeifen.
Château de Polignac (5 km nordwestl.): Außer den Ruinen dieses Schlosses (13./14. Jh.) sind hier auf einem weiten Plateau auch die Bauten des Château de Saint-Vidal (15./16. Jh.) zu besichtigen.
Château de la Rochelambert (15 km nordwestl.): Schloß mit zwei Türmchen aus purpurfarbenem Lavagestein, mit zahlreichen Kunstwerken.
Château de la Voûte-Polignac (13 km nördl.): Im Schloß bei Lavoûte, befinden sich zahlreiche Kunstwerke (geöffnet in der Saison).

Puy-l'Évêque 35/D 2

Die malerische alte Stadt, wie ein Amphitheater oberhalb des Lot auf der schmalen Stelle einer Halbinsel erbaut, hat noch einen Viereckturm (13. Jh.), eine Kirche (14./16. Jh.) und zahlreiche alte Häuser aus Gotik und Renaissance.
Martignac (3 km nördl.): Die Kirche ist mit sehenswerten Mauerbildern (15. Jahrhundert) geschmückt.
Duravel (6 km westl.): In der Kirche steht ein Steinsarg des Heiligen Hilarion aus dem 12. Jahrhundert.

Quarante 42/D 2
Die Dorfkirche gehört zu den kostbarsten Zeugnissen frühromanischer Kunst. Sie wurde 1053 geweiht. Einzelne Bauteile datieren jedoch auf das Ende des 10. Jh. Das Hauptschiff hat drei Bogenführungen, die durch Arkaden voneinander getrennt sind. Über der Vierung des Querschiffs wölbt sich eine achteckige Kuppel. Im Innern kann man einen interessanten antiken Sarkophag aus weißem Marmor mit zwei weiblichen Figuren (Büstenskulptur) in einem Medaillon sehen. Hier steht das Hauptreliquiar des Heiligen Jean-Baptiste aus Silber und vergoldetem Silber (1440 gearbeitet).
Cruzy (2 km nordwestl.): Mit einer Wehrkirche (14. Jh.) im Stil der Mittelmeer-Gotik.

Quarré-les-Tombes 19/B 3
Der Ort verdankt seinen Namen den zahlreichen Gräbern und Steinsarkophagen von umstrittener Herkunft, die die Kirche (15. Jahrhundert) umgeben.
La roche des Fées (2,5 km südl.): Ein kurioser Kamm von aufeinandergetürmten Granitfelsen.
Rocher de la Pérouse (12,5 km südöstl.): Ein 610 m hoher Felsenberg mit herrlicher Fernsicht.
Château de Chastellux (13 km nordwestl.): Ein Schloß in Form eines Dreiecks, das vom 13. bis 16. Jh. die heutige Form erhielt. Es gehört seit 1 000 Jahren derselben Familie. (Nicht zu besichtigen.)
Château de Bazoches (27,5 km westl.): Das Schloß (Ende 12. Jh.) mit dickem Viereckturm und Türmen mit Pechnasen wurde im 15. und 16. Jh. erneuert. Vauban kaufte es 1675. (Nicht zu besichtigen.)
Saint-Léger-Vauban (5,5 km nordöstl.): Hier wurde der berühmte Festungsbaumeister Frankreichs, Sébastien Vauban, 1633 geboren.

Le Quesnoy 6/B 1
Umschlossen von einem Festungsgürtel im Stile Vaubans, doch geschmückt mit Teichen und Grünanlagen ringsum, bietet Quesnoy zugleich den Eindruck eines befestigten Ortes und einer alten bürgerlichen Stadt. Die Seen „Pont-Rouge" und „Fer-à-Cheval" bieten Wassersportmöglichkeiten.

Halbinsel Quiberon 15/D 2
Einst eine Insel, ist Quiberon heute mit dem Festland durch einen schmalen, 6 km langen Geländestreifen verbunden. Die „Côte sauvage" genannte, wildromantisch aussehende Westküste mit ihren zerklüfteten Steilhängen, ist von einer packenden Schönheit. Saint-Pierre-Quiberon, ein Fischerhafen und Badeort, hat mehrere Strände. Bei dem Ort gibt es zahlreiche megalithische Bauwerke. Quiberon ist ein Hafen der Sardinenfischer, voller Leben, und das Fischerviertel Port-Maria beschert viele malerische Eindrücke. Im Süden der Halbinsel liegen die Landzungen Beg-er-Lan, Beg-er-Vil, Conguel, Fort-Neuf, Port-Haliguen. Ein „Institut für Salzwassertherapie Louison-Bobet" wird auf der Insel unterhalten. Ausflüge macht man zur Insel Houat, die durch ihre roten Granitklippen und durch schöne Strände bekannt ist, sowie zur Insel Hoedic, einem flachen, sandigen Eiland.

Forêt de Mormal (7 km östl.): Der 10 000 ha große Wald wird von mehreren Verkehrsstraßen durchquert. Man kann hier wandern, lagern, Spielplätze benutzen. Auch ist ein „arboretum" (Baumgarten) vorhanden. Mitten im Wald das hübsch gelegene Dorf Locquignol.

Quilinen
(Notre-Dame-de) 8/B 3
Die Kapelle, ein eleganter Bau des 16. Jh., hat zwei rechtwinklig zueinander gestellte Schiffe. Sie besitzt einige interessante Kunstwerke, so einen „Kalvarienberg" aus der Mitte des 16. Jh., eines der interessantesten Bildwerke der Bretagne, mit pyramidenförmigem Aufbau von drei Kreuzen auf zwei dreieckigen Gestellen. Die Derbheit der Figuren wird in ihrer Wirkung gesteigert durch den rötlichen Schimmer des Steins.
Chapelle de Saint-Venec (4 km nördl.): In der gotischen Kapelle gibt

Quarré-les-Tombes: Das Schloß „Château de Chastellux" gehört seit 1 000 Jahren der gleichen Familie.

es viele Heiligen-Statuen und einen Kalvarienberg vom Typ Quilinen.
Chapelle des Trois-Fontaines (8,5 km nordöstl.): Die Kapelle (15., 16. und 18. Jahrhundert) besitzt einige gute Kunstwerke, darunter einen großen, stark zerstörten Kalvarienberg.

Quillan 42/B 3
Von hier kann man schöne Ausflüge ins Tal der Aude, des Capcir und in die Pyrenäen unternehmen.
Forêt des Fanges (6 km südöstl.): Besonders herrlicher Tannenwald.
Puivert* (16 km nordwestl.).
Mont-Louis* (68 km südl.): Zu diesem hübsch gelegenen Ort gelangt man auf der D 117 und D 118 bei stets wechselnden, herrlichen Landschaftsbildern, und zwar durch die 600 m tiefe Enge von Pierre-Lys, über Axat, durch die engen Schluchten von Saint-Georges und des Aude-Tals, dann über Usson-les-Bains in die Bergwelt des Capcir. Dort liegt auf einer Höhe von 1 506 m der kleine Wintersportort Formiguères, von dem man über den Paß „Col de la Quillane" (1 714 m) hinabfährt nach Llagonne. In der Ortskirche ist ein bekleideter Christus am Kreuz (12. Jh.) vor einem katalanischen Altar (13. Jh.) zu sehen. Von Llagonne aus gelangt man nach Mont-Louis.

Quimper 8/B 3
Der für die Stadt charakteristische Teil erstreckt sich am rechten Ufer des Odet, rund um die Kathedrale Saint-Corentin. Sie ist im Stil bretonischer Gotik des 13./16. Jh. erbaut und besitzt Fenster aus dem 15. Jahrhundert.
Musée des Beaux Arts: Das Museum präsentiert französische und ausländische Maler.
Musée départemental breton: Ein bretonisches Landesmuseum zeigt heimatkundliche Dinge (Möbel, Trachten, Dokumentationen).
Alte Häuser: In der „Rue Keréon" und am „Place Terre-au-Duc".
Locmaria: Auf dem linken Ufer des Odet liegt die romanische Kirche (12./13. Jh.). Steingut-Manufaktur und Museum zu besichtigen.
Loctudy (22 km südwestl.): Diesen Ort direkt am Meer kann man mit einer schönen Schiffsfahrt auf dem Odet erreichen.
Kerfeunteun (1 km nordöstl.): Sehenswert sind die schöne Kirche (16. Jahrhundert) und die gotische Mutter-Gottes-Kapelle.
Kerdévot (9 km östl.): In der Kapelle (15. Jh.) ist ein prächtiger flämischer Altaraufbau aus Holz, bemalt und vergoldet, zu sehen (Ende 15. Jahrhundert).
Site du Stangala (7 km nordöstl.): In einer Flußwindung, umgeben von bewaldeten Hängen, steigt dieses steile Felsengebilde 70 m hoch über dem Odet auf.

Quimperlé 15/C 1
Die kleine alte Stadt liegt hübsch in grüner Landschaft.
Église Notre-Dame-de-l'Assomption: In der Oberstadt steht die Kirche (13. – 15. Jh.), deren nördlicher Portalvorbau und dicker Viereckturm reich mit spätgotischem Dekor versehen sind.
Église Sainte-Croix: Die Kirche in der am Uferhang über der Isole erbauten Unterstadt stammt aus dem 11. Jh. Sie ist der Jerusalemer Heilig-Grab-Kirche (als Rotunde) nachgebaut. Im Innern sind ein steinerner Renaissance-Lettner und eine Krypta aus dem 11. Jahrhundert eine Besichtigung wert.
Abbaye de Sainte-Croix: Sehenswert sind der Kreuzgang (18. Jh.) und eine Grablegung.
Alte Häuser: Stehen vor allem in den Straßen Rue Brémont-d'Ars (Reste der Kirche Saint-Colomban) und Rue Dom-Morice (Maison des Archers mit einem Regionalmuseum).
Roches du Diable (12,5 km nordöstl.): Ein gewaltiges, malerisch gelegenes Felsenmeer, oberhalb des kleinen Ellé-Flußtales.
Forêt de Carnoët (3,5 km südl.): Im 750 ha großen, prachtvollen Eichen- und Buchenwald liegt die Abtei Saint-Maurice-de-Carnoët, gegründet im 12. Jahrhundert, mit einem Kapitelsaal des 13. Jahrhunderts. (Nicht zu besichtigen.)
Le Poulda* (13 km südlich).

Quintin 9/A 2
In der typisch bretonischen Kleinstadt steht ein herzogliches Schloß (Mitte 17. Jh.), das „Château des Ducs de Lorges", oberhalb eines Teiches in städtischen Parkanlagen. Nicht weit davon ist der „Menhir de Roche-Longue" zu besichtigen (Höhe des Steins: 4,70 m).
Basilique Notre-Dame: In der Kirche (19. Jh.) sind Grabsteine von Geoffroy III. und Jean II. zu sehen.

Quillan: *Das Wildwasser der Aude hat sich einen Weg durch die steilen Felsen des Engpasses von Pierre-Lys gebahnt.*

Rambouillet
(Château de) 11/B 2
Das Schloß, im Mittelalter ein Herrenhaus, wurde vom 16. bis zum 18. Jh. mehrmals verändert und vergrößert. Es ist eine der Residenzen des Präsidenten der Französischen Republik. Nur der mächtige Turmbau „Tour François I.", in dem Franz I. starb, ist vom alten Schloß (14. Jh.) übriggeblieben. Er ist in die rechtwinklig zueinanderstehenden Bauten aus dem 17. Jahrhundert eingegliedert.
Innenräume: Man besichtige vor allem die mit herrlichen Holzarbeiten des 18. Jh. verzierten Empfangssalons, das bezaubernde Boudoir von Königin Marie-Antoinette, die Betkammer des Herzogs von Penthièvre sowie die Gemächer und das im pompeianischen Stil gestaltete Badezimmer von Napoleon I. und den Marmorsaal (16. Jh.) im Erdgeschoß.
Gärten und Park: Zu diesen Anlagen, die im 18. Jh. umgestaltet wurden, · gehören außer Blumenbeeten ein „Jardin d'eau", ein Wasser-Garten mit Teichen und Kanälen sowie ein Englischer Garten.
Laiterie de la Reine: Der für Marie Antoinette gebaute „Milchhof" ist mit grauen Reliefs, die Landschaften und Figuren vortäuschen, dekoriert. Auch der kuriose Muschel-Bau „Chaumière des Coquillages" ist als modischer Einfall des ausgehenden 18. Jahrhunderts von eigenem Reiz.
Bergerie Nationale: Von Ludwig XVI. gegründete Schäferei.
Forêt de Rambouillet (8 km nordwestl.): In dem 21 818 ha großen Waldgebiet, in dem es viel Hochwild gibt, kann man zahlreiche Wanderungen machen, etwa zum kleinen See „Étang de Saint-Hubert" oder zu den sechs Teichen „Étangs de Hollande", die sich (mit Stränden) im Wald dahinziehen.

Rambures
(Château de) 5/B 2
Der Bau aus Ziegeln und Kalksteinen ist ein gutes Beispiel für die Festungsarchitektur des 15. Jh. Seine zylindrischen Ecktürme sind durch Halbrund-Türme verbunden (Besichtigung von März bis Nov.).

Rampillon 12/A 2
Die Kirche aus der Mitte des 13. Jh. steht auf einer Anhöhe mitten im Dorf. Sie hat ein wundervoll gemeißeltes Portal (2. Hälfte 12. Jh.). Im Giebelfeld sind Christus als König zwischen zwei Engeln, Maria und der Heilige Johannes dargestellt. Auf dem Querriegel über der Pforte wird der Empfang der vom Tode Auferstandenen durch Abraham und den Heiligen Michael gezeigt. Im Kircheninnern sind ein sehr schöner Christus aus Holz (14. Jh.), eine Maria, farbig, aus Stein (14. Jh.) in einem hölzernen Altaraufbau (16. Jahrhundert) zu sehen.

Rampillon: *Kopf einer Apostelfigur aus der Reihe schöner Skulpturen am Portal der Kirche (12. Jh.).*

Raray
(Château de) 5/D 3
Das Schloß entstand im 17. und 18. Jh. Auf jeder Seite des Ehrenhofs sind in die arkadengeschmückten Mauern Nischen eingearbeitet, in denen sich Darstellungen von Jagdszenen befinden.

Redon 16/B 2
Der Ort an der Vilaine, in dem noch Häuser aus dem 15./16. Jahrhundert stehen, ist der Welt größter Markt für Gas-Feuerzeuge.
Église Saint-Sauveur: Die ehemalige Abteikirche mit Schiff und Querschiff aus romanischer Zeit.

Pointe du Raz 8/A 3
Dieser lange schmale Felsengrat, den die Stürme des Meeres wild zerklüftet haben, erhebt sich mehr als 70 m über dem Ozean. Er ist von einer wilden Schönheit, einer der erregendsten landschaftlichen Reize Frankreichs. Auf einem Pfad kann man die Felsspitze umgehen und dann das prachtvolle Küstenstück „Enfer de Plogoff" entdecken. Im Meer vor der Landzunge steht auf einem Felseneiland der Leuchtturm „Phare de la Vieille". Nach Norden öffnet sich die Bucht „Baie des Trépassés" mit der Felsküste „Pointe du Van" (65 m hoch). Nordöstlich, bei Castel-ar-Roc'h, leben Tausende von Meeresvögeln in ihren Kolonien.

Reims 6/B 3

Cathédrale Notre-Dame: Die Kathedrale (13./14. Jh.), ein Meisterwerk gotischer Architektur, präsentiert sich mit einer wirkungsvollen Front, über der zwei Türme (15. Jh.) emporsteigen. Das Mittelportal ist der Verehrung Mariens gewidmet: mit den berühmten Figurengruppen der Heimsuchung und der Vorstellung Jesu im Tempel. Das rechte Portal zeigt Christus und Propheten, das linke Portal ist versehen mit dem berühmten Schutzengel, genannt „l'Ange au sourire". Von den schön gearbeiteten Türen des linken Querschiffes ist besonders die linke Pforte sehenswert: mit einer packenden Darstellung des „Jüngsten Gerichts". Der fast 140 m lange Innenraum wirkt zugleich großartig und harmonisch. Auf der Innenseite der Kathedralenfront sind Nischen angebracht, in denen Statuen aus der Mitte des 13. Jh. stehen, darunter einige (wie „Der kommunizierende Ritter"), die zu den schönsten Werken gotischer Bildhauerei gezählt werden. Die Glasbilder aus dem 13. Jh. in der Fensterrose der Fassade, die Fenster im nördlichen Querschiff und in der „Galerie du Sacre" sind nach 1918 restauriert worden (Chorfenster von Chagall). In den Seitenschiffen werden 17 Wandteppiche (16. Jh.) mit Darstellungen aus dem Marienleben von April bis Oktober ausgestellt.

Trésor: Der Kirchenschatz ist ungewöhnlich kostbar, er enthält mehrere Gegenstände, die bei Königskrönungen benutzt wurden.

Basilique Saint-Rémi: Die ehemalige Abteikirche mit romanischem Querschiff und Hauptschiff (11. Jh.), sonst gotisch, liegt im Südosten der Stadt. Im Innenraum ist der zweistöckige Chor durch einen in der Renaissance geschaffenen Chorabschluß aus Marmor und Stein begrenzt. Im Chor ist das Grab eines Heiligen (Saint Denis), im 19. Jh. neu errichtet und mit Statuen aus dem 16. Jh. geschmückt worden. Der Gang um den Chor, mit den anliegenden Kapellen, in denen einige Stücke des Kirchenschatzes zu sehen sind, ist besonders zu empfehlen.

Chapelle-Notre-Dame-de-la-Paix: Die neuromanische Kapelle, am Platz „Place du Forum", hat der Maler Foujita ausgeschmückt, der darin begraben liegt (†1968).

Musée de la Sculpture et des Sacres: Das Museum logiert im „Palais du Tau", dem einstigen Erzbischöflichen Palast mit einer zweistöckigen Palatinat-Kapelle (13. Jh.). Hier kann man die Originale von kostbaren Figurengruppen der Kathedrale, die draußen nur in Kopien stehen, bewundern.

Musée des Beaux-Arts: Das Kunstmuseum in der früheren Abtei Saint-Denis verfügt über einen der reichsten Kunstbesitze Frankreichs: mit einmaligen Leinenmalereien (15., 16. Jh.), einem bedeutenden Cranach-Saal, mit holländischen, italienischen, französischen Gemälden des 17., 18. und 19. Jh. (Corot, Courbet, Gauguin, Renoir) sowie des 20. Jh. (Bonnard, Vuillard, Picasso).

Musée du Vieux Reims: Heimatmuseum im „Hôtel Le Vergeur" (16. Jh.) mit gotischem Saal (13. Jahrhundert).

La Place Royale: Der Platz, ein ausgezeichnetes Beispiel für den Städtebau im 18. Jh., ist von herrschaftlichen Häusern im Stil Ludwig XVI. eingefaßt.

Place du Forum: Hier sind die Reste unterirdischer römischer Säulenhallen freigelegt worden. Das Tor „Porte de Mars" ist einer der bedeutendsten Bogen-Bauten zur Totenehrung im römischen Gallien des ausgehenden 2. Jahrhunderts.

Kellereibesichtigung: Die Champagnerhersteller veranstalten Führungen durch ihre Betriebe. (Im „Quartier du Champs de Mars").

Montagne de Reims: Eine parkähnliche Landschaft, durch die eine abwechslungsreiche „Route du vin de Champagne" führt.

Épernay* (24 km südlich).

Chemin des Dames (41,5 km nordwestl.). Siehe **Laon***.

Remiremont 20/C 1

Die Straße „Grande Rue", auch Rue Charles de Gaulle, ist mit ihren Arkadenhäusern aus dem 13. Jh. sehr hübsch anzusehen.

Église Saint-Pierre: Eine Kirche (14.–16. Jahrhundert) mit Krypta (11. Jahrhundert).

Musée Charles Friry: Das Museum ist in einem der schönen Häuser für geistliche Würdenträger (17./18. Jahrhundert) am „Place Henri-Utard" einquartiert.

Palais abbatial: Im ehemaligen Palast des Abts (Mitte 18. Jh.) amtieren die Stadtverwaltung und das Gericht.

Forêt de Fossard (nordöstl.): Der Wald bietet Gelegenheit zu schönen Wanderungen und zum Besteigen des „Saint-Mont" (667 m), des „Tête des Cuveaux" (873 m).

Forêt de Longegoutte (5 km südöstl.): Ein großes Waldgebiet.

Plombières-les Bains (14 km südwestl.): Das bedeutende Thermalbad liegt inmitten von Parkanlagen und Wäldern. Eine Besichtigung der Überreste römischer Bäder ist möglich.

Rennes 9/C 3

Im Zentrum von Rennes („Place de la République") mit dem mächtigen „Palais du Commerce" führt die Rue d'Orléans zum Platz „Place de la Mairie", den das Rathaus (18. Jahrhundert) und das Theater eingrenzen.

Île de Ré 22/C 3

Die Insel ist ab La Pallice mit einer Autofähre zu erreichen (15 Minuten). Man kommt an der Landzunge „Pointe de Sablanceaux" an. Die D 735 durchquert die ganze Insel von Osten nach Westen. Vom Ankunftsplatz 3 km entfernt, liegt das „Fort de la Prée", sternförmig angelegt, ein interessantes Beispiel für den Festungsbau zu Beginn des 17. Jh. 1 km weiter sieht man die Ruinen der Zisterzienserabtei von Saint-Laurent, deren Kirche im 12., 13. und 14. Jh. erbaut wurde, sowie Reste eines Kreuzgangs.

La Flotte: Aus diesem hübschen kleinen Hafen für Fischer und Küstenschiffahrt hat man eine schöne Sicht auf das bretonische Festland.

Saint-Martin-de-Ré: Die kleine Stadt ist umschlossen von Festungsanlagen, die Vauban hat bauen lassen. Die Wehrmauern werden durchbrochen von zwei monumentalen Toren, der „Porte Toiras" im Südosten und der „Porte des Campani" im Südwesten. Die engen kleinen Straßen und der Hafen machen einen Bummel interessant. Sehenswert sind auch die Zitadelle (kein Eintritt), die Bastionen zum Meer hin und das Arsenal im ehemaligen Kloster aus dem 15./16. Jh. („Couvent de la Clerjotte") mit seinen schönen Renaissancegalerien im Innenhof und einem Seefahrt-Museum („Musée naval"). Im einstigen „Hôtel des Cadets-Gentilshommes de la Marine" ist ein Museum für Geschichte und Kunst der Region untergebracht („Musée Cognacq").

Ars-en-Ré: Über La Couarde-sur-Mer und durch ein Gebiet von Salzsteppen kommt man in diesen Ort, dessen enge und krumme Gassen sich um die Kirche Saint-Étienne drängen. Diese besteht aus zwei Gebäuden, dem Trakt des 12. Jh. mit einem schönen romanischen Portal, und dem Bau des 15. Jh., der einen Pfeilturm mit hübschem Zierrat hat.

Saint-Clément-des-Baleines: Von hier ist es nicht weit zum „Phare des Baleines" (Leuchtturm), 55 m hoch, im äußersten Westen der Insel.

Nordküste: An ihr erstreckt sich der Strand „Conche des Baleines" von dem man, der D 101 folgend, um die Meeresbucht „Fiers d'Ars" fahren und zum Wald von Trousse-Chemise gelangen kann.

Südküste: Hier liegen zahlreiche Badeorte mit schönen Sandstränden, so Ars, La Couarde, Le Bois-Plage und Sainte-Marie-de-Ré.

Palais de Justice: Das Justizgebäude (17. Jh.) war Sitz des Parlaments der Bretagne. Die Inneneinrichtung ist in reichem klassischen Stil ausgeführt, besonders im Großen Parlamentssaal „Grand Chambre", mit Holzvertäfelungen, Gemälden und Wandteppichen und im Raum der Ersten Zivilkammer „Ire Chambre Civile", mit Holzverkleidungen, Gemälden von Jouvenet.
Cathédrale Saint-Pierre: Die Kirche in neoklassischem Stil wurde gegen Ende des 18. Jh. erbaut.
Palais des Musées: In diesem Haus sind das Bretagne-Museum mit einer außergewöhnlichen Sammlung von bretonischen Möbeln und Trachten und ein Kunstmuseum eingerichtet, das besonders schöne französische Bilder vom 16. bis 19. Jh. besitzt (z. B. von de La Tour „Le Nouveau-né").
Sehenswerte Sakralbauten: Die Kirche Notre-Dame, eine romanische Abteikirche, die im 14. Jh. erneuert wurde, und die Bauten einer ehemaligen Abtei Saint-Melaine (17. Jh.) mit einem Kreuzgang; sie grenzen an den Park „Jardin de Thabor" (12 ha).
Musée automobile (2 km östl.): Automobilmuseum der Bretagne.
Forêt de Rennes (8 km nordöstl.).
Châteaugiron (16 km südöstl.): Hier stehen imposante Restbauten eines Schlosses (15. Jh.) mit einem Wehrturm (12./13. Jh.).
Château de Blossac (13 km südwestlich): Hinter dem Tal „Vallée de la Vilaine" erreicht man dieses von Quellwassern umgebene festungsartige Schloß aus dem 17. Jahrhundert.

Rennes-les-Bains 42/C 3
Der anmutige Kurort liegt an einem Bach, der seinen Weg tief in das Tal eingeschnitten hat.
Château de Blanquefort (3 km nördl.): Schloßruinen.
Bugarach (9,5 km südöstl.): Der Ort erstreckt sich auf einem Gelände unterhalb des Berges „Pic de Bugarach" (1 231 m).
Arques (9 km nordöstl.): Vom Schloß stehen noch der mächtige Viereckturm (Ende 13. Jh.), eingerahmt von vier kleinen Türmen, und Teile der Festungsmauern.
Couiza (8,5 km nordwestl.): Von dieser Stadt (siehe auch **Limoux***) führt eine kleine Straße nach Rennes-le-Château, einem halbzerstörten Dorf mit kleiner romanischer Kirche und einem Friedhof, sowie einem alten Schloßbau. Vom Ort hat man wunderbare Fernblicke auf das Tal der Aude und in die Corbières-Berge.

La Réole 35/B 1
Die Ortschaft liegt am Hang eines Hügels oberhalb der Garonne. Von der ehemaligen Abtei steht noch die Kirche Saint-Pierre aus dem

Reims: Die Krönungskirche Notre-Dame zeigt eine herrliche gotische Front, besetzt mit einem ganzen Volk von ebenso ausdrucksvoll wie elegant gearbeiteten Gestalten. Auf dem linken Bild sieht man die Madonna am Pfeiler des Mittelportals, rechts einen Engel am Nordportal.

13./14. Jh. In den Klosterbauten (18. Jh.) logiert die Stadtverwaltung. Sehenswert sind das alte Rathaus (Hôtel de ville) aus dem 12. Jahrhundert und die Ruinen eines Feudalschlosses.
Moulin (6 km nördl.): Die wehrhaft ausgebaute Mühle von Bagas stammt aus dem 15. Jahrhundert.
Duras (23 km nordöstl.): Die im Mittelalter errichtete Burg, die im 16. Jh. in eine elegante Residenz umgebaut wurde, hat aus alter Zeit noch ihre dicken runden Türme.

Revel   42/B 1
Der im 14. Jh. befestigte Ort, an dessen Hauptplatz noch Wehreinrichtungen zu sehen sind, besitzt hölzerne Markthallen aus dem 17. Jh. Ein mächtiger Wachtturm ragt über den Häusern empor.
Montagne Noire: (20 km östl.): In diese Berg- und Waldlandschaft werden von Revel aus viele Ausflüge unternommen. Siehe **Mazamet***, **Sorèze***.
Bassin de Saint-Ferréol (4 km südöstl.): Das im 17. Jh. konstruierte Wasserreservoir, das den Bedarf des Midi-Kanals sicherstellen sollte, ist zu einem weiten und großartig eingerichteten See ausgebaut worden: 89 ha, von Wäldern umgeben. Strandleben und Wassersport ziehen viele Besucher an.
Saint-Félix Lauragais (10 km westl.): In dem malerisch auf einem Hügelkamm liegenden Ort befinden sich ein Schloß aus dem 14./15. Jahrhundert und eine Kirche (14. – 18. Jahrhundert) mit einem Glockenturm im Toulouser Stil.

Ribeauvillé   14/A 3
Oberhalb der Stadt, die für ihre Weine berühmt ist, stehen am Vogesenhang die Ruinen der drei Schlösser Girsberg, Sankt-Ulrich und Hoch-Rappolstein.
Église du Couvent: Die Kirche stammt aus dem 15. Jh. Sehenswert ist auch die Pfarrkirche aus dem 13. – 15. Jh. mit skulptiertem Giebelfeld über dem Portal.
La Porte des Bouchers: Der ehemalige Torturm aus dem 13./16. Jh. steht breitbeinig über der Grande-Rue mit ihren alten Häusern.
Pfeiffertag: Ein hübsches Fest der Musikanten findet immer am ersten Sonntag im September statt.
Château de Saint-Ulrich (1 km westl.): Einst Festung und prachtvoller Herrensitz.
Notre-Dame-de-Dusenbach (2 km nordwestl.): Die sehr alte, im 19. Jh. rekonstruierte Kapelle ist als Wallfahrtsstätte berühmt.
Sainte-Marie-aux-Mines (19 km nordwestl.): Über den „Col du haut de Ribeauvillé" kommt man zur Kirche der Bergleute (15./16. Jh.) und zur alten Silbermine Saint-Barthélemy. Ribeauvillé liegt an der vielbesuchten Elsässischen Weinstraße „Route du **Vin d'Alsace***".

Les Riceys   19/C 1
Drei Ortsteile bilden die reizvolle Gemeinde: „Ricey-Bas" mit einer schönen Renaissance-Kirche, die Holzverkleidungen, Glasfenster und Skulpturen (16. und 17. Jh.) und zwei flämische Altarwerke (Mitte 16. Jh.) besitzt, sowie „Ricey-Haute-Rive", dessen Kirche aus dem 16. Jh. eine sehr schön gearbeitete Kanzel im Stil Ludwig XV. besitzt, und „Ricey-Haut" mit einer Kirche aus dem 16. Jh.

Richelieu   17/C 3
Eine der originellsten Stadtgründungen im Frankreich des 17. Jh. ist dieser Kardinals-Ort. Richelieu ließ ihn 1631 nach einem rechteckigen Grundriß auf einem Gelände von 700 m Länge und 530 m Breite anlegen und von Wassergräben und Wallmauern umschließen. Die „Grande Rue", an der 28 herrschaftliche Häuser stehen, alle im gleichen Stil gebaut, durchquert die Mitte der Stadt.
Place des Religieuses: An diesem Platz erhebt sich der Bau der 1640 gegründeten Akademie.
Place du Marché: Gegenüber der in jesuitischem Stil erbauten Kirche Notre-Dame sieht man auf diesem Platz die aus Holz gebauten Markthallen mit Schieferdächern.
Musée du Cardinal: Das Museum im Rathaus (Hôtel de ville) zeigt Erinnerungen an Kardinal Richelieu, von dessen Palast nur noch kleine Bauteile zeugen.
Champigny-sur-Veude (6 km nördl.): Von dem auf Befehl Richelieus zerstörten Schloß steht nur noch die Kapelle, ein Kleinod der Renaissance-Baukunst.

Rieux-Minervois   42/C 2
Die Kirche (Mitte 12. Jh.) gehört zu den reizvollsten in Südfrankreich. Sie besteht aus zwei konzentrisch angelegten Rundbauten mit siebeneckigem Chor in der Mitte, der von einer Kuppel bedeckt ist. Aus diesem Bau steigt ein Turm empor.
Caunes-Minervois (9 km nordwestl.): Im Ort stehen einige interessante Bauwerke, so das „Hôtel d'Alibert" (Mitte 16. Jh.) (mit einem Innenhof nach Manier der italienischen Renaissance) und die Abteikirche Saint-Pierre (romanisch und gotisch) mit Altären und Statuen aus Marmor von Caunes.
Azille (6 km östl.): 3 km westlich von diesem Ort steht eine ländliche romanische Kirche.

Rioux: *Die Apsis der romanischen Kirche von Rétaud ist bildhauerisch reich verziert. Sie wird von einem achteckigen Glockenturm überragt.*

Riez 38/C 3
Typische kleine Stadt der Provence mit einem Hauptplatz im Schatten von Platanen, mit alten Straßen und Adelshäusern (Hôtel de Mazan, Renaissance) sowie zwei Wehrtoren: Porte Aiguière und Porte Saint-Sols (13./14. Jh.).
Baptisterium: Der Viereckbau mit einer Kuppel (achteckiger Innenraum) stammt aus dem 6. Jh.
Apollotempel: Säulenreste mit korinthischen Kapitellen eines römischen Tempels aus dem 1. Jh.
Ermitage Sainte-Maxime: Von der Einsiedlerkapelle mit romanischer Apsis und Pilgerhaus hat man eine schöne Aussicht auf die Hochebene von Valensole und auf die Alpen der Provence.

Riom 31/A 1
Die Stadt besitzt noch zahlreiche schöne Bürger- und Herrschaftshäuser aus dem 16. und 17. Jh. Der Uhrenturm aus dem 15./16. Jh., das Hôtel Arnoux de Maison-Rouge und das Hôtel Guimoneau mit seiner schön gestalteten Treppe im Innenhof in der Rue de l'Horloge zählen zu den besonderen Sehenswürdigkeiten.
Notre-Dame-du-Marthuret: Die „Madonna mit dem Vogel" am Portal der Kirche (14./15. Jahrhundert) gilt als Meisterwerk der mittelalterlichen Bildhauerkunst (14. Jh.).
Sainte-Chapelle: Übriggebliebener Bauteil des Schlosses von Jean de Berry. Mit bemerkenswerten Glasfenstern (15. Jh.) und Wandteppichen (17. Jh.).
Museen: Ein „Musée Mandet" besteht im Hotel Dufraisse du Cheix (Mo. u. Di. geschlossen). Im Musée d'Auvergne ist alte Volkskunst ausgestellt (gleiche Öffnungszeiten). Im Hôtel de ville (Rathaus) befindet sich ein kleines Jeanne d'Arc-Museum.
Mozac: (1 km westl.): Mit der alten Abteikirche Saint-Pierre aus dem 12. Jh. Sehr schöne romanische Kapitelle mit figürlichen Darstellungen im Haupt- und im Seitenschiff. Im Kapitelsaal befindet sich der kostbare Reliquienschrein von Saint-Calmin, ein Meisterwerk der Emaillemalerei und Goldschmiedekunst des Limousin aus dem 12. Jahrhunderts.
Marsat (3 km südwestl.): In der romanischen Kirche ist eine der reizvollsten „schwarzen Madonnen" der Auvergne zu sehen (Holz, bemalt, 12. Jahrhundert).
Volvic (4,5 km westl.): Mit heißen Quellen, großen Lavasteinbrüchen und romanischer Kirche aus dem 11./12. Jahrhundert.
Château Tournoël (2 km nördl.): Eine interessante Schloßruine mit einem viereckigen (12. Jh.) und einem zylinderförmigen Wehrturm aus dem 13. Jh.
Châtelguyon* (6 km nordwestl.).
Ennezat* (9 km östl.).

Riquewihr: Weinstadt des berühmten Elsässer Riesling. Seit dem 16. Jh. hat sich der malerische Ort mit seinen alten, bunten Fachwerkhäusern und sehenswerten Zunftschildern und Gasthauszeichen kaum verändert.

Rioux 29/A 1
Église Notre-Dame: Eine romanische Kirche im Stil der Region Saintonge. Die Fassade ist reich geschmückt mit Bögen und Skulpturen, darunter die Jungfrau mit dem Kind. Die siebenseitige Apsis ist mit schönen geometrischen Mustern verziert. Im Chor befindet sich die „Mariage mystique de Sainte Catherine", ein in Polychromholz geschnitztes Bildwerk (15. Jh.).
Rétaud (5,5 km nördl.): Sehenswert ist die romanische Kirche Saint-Trojan (12. Jh.) mit schöner Chorhaube und Fassadenfries. Reich verzierte achtseitige Apsis.

Riquewihr 14/A 3
Eine charakteristische kleine Stadt im Elsaß. Zwischen Weinbergen gelegen, hat sich Riquewihr mit seinem Schloß, seinen alten Häusern, Brunnen und Gassen seit dem Mittelalter wenig verändert.
Place des Trois-Églises: Ein reizvoller Platz, der von drei alten Kirchen umgeben ist.
Alte Häuser: Eine Besichtigung verdienen das Haus Liebrich mit Holzgalerien auf dem Innenhof (17. Jh.), und das Preiss-Zimmer (17. Jh.). Sehenswert auch das Haus Kiener (Ende 16. Jh.), das Haus Dissler im rheinischen Renaissance-Stil (1610), das Haus Schwander (17. Jh.) mit Holzgalerien, die Straße und der Hof der Juden.
Musée postal: Postmuseum im Schloß der Stadt.
Dolder: Auch „Porte haute" genannt aus dem 13. Jh., umgebaut und befestigt im 15./16. Jh.
Obertor: Oder „Porte superieur", ein Stadttor aus dem Jahre 1500 mit einem Fallgitter.
Vin d'Alsace* (route du): Elsässische Weinstraße.

Roanne 25/B 3
Musée Joseph-Déchelette: Das Museum in einem Herrschaftshaus aus dem 18. Jh. beherbergt bemerkenswerte prähistorische, gallo-römische und mittelalterliche Sammlungen.
St. Maurice (15 km südl.): Ein Dorf auf schroffem Felsen mit den Ruinen einer Burg, zwischen einsamen und wilden Schluchten der Loire (Gorges de la Loire) gelegen.
Château de Boisy (8 km westl.): Ein Schloß aus dem 16. Jh., flankiert von viereckigen Türmen und einem Burgfried (keine Besichtigung), inmitten von Weinbergen.
Ambierle* (16 km nordwestl.).

Rocamadour 36/A 1
Tausendjähriger Wallfahrtsort in der engen Schlucht des Alzou am Fuß eines Felsens, auf dem sich die Wallfahrtsstätten befinden. Vom Dorf, das von einer einzigen Straße durchquert wird, führt eine große Treppe (143 Stufen) zum Fort bzw. Palais des Bischofs von Tulle, von wo man zu den verschiedenen Heiligtümern gelangt.
Église Saint-Sauveur: Kirche aus dem 11. – 13. Jh. mit der Krypta Saint-Amadour (im 12. Jh.).
Chapelle miraculeuse de la Vierge: Gnadenkapelle der Jungfrau (1749); sehenswert ist die hölzerne Marienstatue der „Notre-Dame-de-Rocamadour" aus dem 12. Jh.
Chapelle Saint-Michel: Mit alten Wandmalereien aus dem 13. Jh.
Schloß: Mit dem Wagen ab „Hospitalet" oder durch einen Tunnel und auf einem Pfad gelangt man zum Schloß aus dem 14. Jh., das im 19. Jh. erweitert wurde (keine Besichtigung). Von der Höhe hat man eine schöne Aussicht über das Dorf und die Wallfahrtsstätte.

Rochechouart

Sources de l'Ouysse (2 km westl.): Nicht weit von den Quellen der Ouysse liegt der „Gouffre de Saint-Sauveur", ein Abgrund in felsiger Landschaft.
Saut de la Pucelle (5 km östl.): Mit dem „Gouffre de l'Igue de Biau".
Gouffre du Réveillon (5 km nordöstl.): Abgrund.
Grottes de Lacave (9,5 km nordwestl.): Die Höhlen sind mit einer Bahn und mit einem Lift ausgestattet. Sehr schöne Steinbildungen.
Causse de Gramat* (18 km südl.).

Rochechouart 29/D 1

Das im 13. und 15. Jh. errichtete Schloß steht auf einem Bergvorsprung, von dem man eine herrliche Fernsicht hat. Die Bauten werden heute von der Stadtverwaltung und von Dienststellen der Provinzialverwaltung (Sous-Préfecture) benutzt. Hier ist ein kleines Museum mit heimatkundlichem Bestand untergebracht. Ein Saal des Schlosses („Salle des Chasses") ist mit ungewöhnlichen Mauermalereien (Anfang 16. Jh.) geschmückt. Beachtenswert sind noch die Beamtenhäuser (15. Jahrhundert „Maison des Consuls").
Chassenon (5,5 km nordwestl.): Mit Resten der gallo-römischen Stadt Cassinomagus (an der D 25), die man im Sommer besichtigen kann, und einer Kirche aus dem 11. Jahrhundert mit einer Apsis aus dem 14. Jahrhundert.
Château de Rochebrune (12 km nördl.): Das stolze Schloß (11., 13. und 16. Jh.) mit vier Türmen und Wassergräben ringsum ist auch im Innern gut ausgestattet und kann besichtigt werden.

La Roche-Courbon: *Aus der weiten Parkanlage mit ihren Teichen hat man den schönsten Blick auf diesen herrlichen Schloßbau.*

Roche-Courbon (Château de) 28/D 1

Das schöne Schloß mit Turm und Bergfried (15. Jh.) und anderen Bauten aus dem 16. und 17. Jh. wurde durch den Schriftsteller Pierre Loti (1850 – 1923) vor dem Verfall bewahrt. Im Innern des Baues, der von prachtvollen Gärten „à la française" umgeben ist, sind noch Teile der Einrichtung aus dem 17. Jh.

Pont-l'Abbé-d'Arnoult (7,5 km westl.): Mit einer Kirche, deren romanische Fassade im 13. Jahrhundert erneuert wurde.

Rochefort-en-Terre 16/B 1

Der hübsche kleine Ort wird besonders von Malern geschätzt. Er liegt auf einem Bergvorsprung in einer Hügellandschaft am Rand des Heidegebiets „Landes de Lanvaux". Sehenswert sind die alten Granithäuser des 15., 16. und 17. Jh., besonders in der „Grande-Rue", so-

Rocamadour: *Der berühmte Wallfahrtsort ist auch wegen seiner reizvollen Lage sehr anziehend.*

La Rochelle: *Der Turm „Tour Saint-Nicolas", Wächter am Alten Hafen, wurde im 14. Jh. errichtet.*

wie die Schloßruinen und Reste der ehemaligen Befestigungsanlagen (17. Jahrhundert).
Église Notre-Dame-de-la-Tronchaye: Die Kirche, erbaut im 14., 15. und 16. Jh., besitzt einen „Kalvarienberg" aus dem 14. Jh. und einen interessanten Altaraufsatz aus dem 17. Jh.

Rochefort-sur-Mer 22/D 3
Das Rathaus und die Kirche Saint-Louis, ein Bau des 19. Jh. mit einem Glockenturm aus dem 18. Jh., stehen am Platz „Place Colbert". In dessen Mitte erhebt sich ein mächtiger Brunnen aus dem Jahr 1750. Bei einem Stadtbummel beachte man das Tor „Porte du Soleil", die Pforte zum alten Arsenal (heute als Privatbetrieb genutzt), und das „Hôtel de Cheusses" (17. Jh.), in dem es ein Marine-Museum gibt, sowie das „Hôtel de la Marine" mit seiner monumentalen Pforte, die an den Glanz früherer Zeiten dieses Militärhafens erinnert.
Maison Pierre Loti: Das Haus des Schriftstellers, der 1923 starb, befindet sich in der Rue Pierre Loti (Nr. 141). Es ist mit einer japanischen Pagode, einer Moschee, einem mittelalterlichen Saal und anderen ungewöhnlichen Einrichtungen ausgestattet.
Musée municipal: Das Museum zeigt interessante Graphik-Kollektionen, archäologische Sammlungen und Kunstwerke aus dem Fernen Osten.
Fouras (13 km nordwestl.): Das Bild des Badeorts wird beherrscht durch die Bauten eines imposanten Schlosses aus dem 15. Jh., das nach Art der Befestigungen von Vauban mit einer dreifachen Wehranlage erbaut wurde.
Fort d'Enet (15 km nordwestl.): Festungswerk auf einer im Meer liegenden Felseninsel.
Ile d'Aix (20 km nordwestlich): Mit dem Schiff fährt man in 20 Minuten von Fouras zu dieser Insel, die von Vauban zu einer Festung ausgebaut wurde. Hier steht das Haus, in dem Napoleon I. vor seiner Abreise nach Sankt Helena (Juli 1815) zuletzt gewohnt hat. Ein kleines Napoleon-Museum erinnert daran. Interessant ist auch ein „Afrikanisches Museum".

La Roche-Guyon 11/B 1
Das Dorf liegt zu Füßen eines steilen Uferhanges, bewacht von einem Bergfried aus dem 12. Jh., der hoch über der Seine emporragt. Das Schloß der Herzöge von La Rochefoucauld kann leider nicht besichtigt werden.
Gasny (3 km westl.): Mit eigenartigen Pferdeställen und Höhlen, die als Keller genutzt werden.
Haute-Isle (2 km östl.): Ein Dorf mit Höhlenwohnungen. Von hier kann man die Seine entlang fahren, am Fuß hoher weißer Felsen vorbei nach Vetheuil, einem malerischen Flecken in einer Seine-Schleife, der eine gotische Kirche mit einer Renaissancefront besitzt.

La Rochelle 22/D 3
Von ihren Befestigungsanlagen hat die Stadt noch die Wehrmauern zum Meer mit drei mächtigen Türmen am Eingang zum alten Hafen. Der Turm „Saint-Nicolas" und gegenüber der Turm „Tour de la Chaîne" sind mit dem Turm „Tour de la Lanterne" durch die reizvolle Rue Sur-les-Murs verbunden, die auf den mittelalterlichen Wallmauern angelegt ist. Am alten Hafen steht der Torbau „Porte de la Grosse-Horloge", ein massiver Viereckbau des 13. Jh., vollendet im 18. Jh. Hier beginnt die Rue du Palais, die in die Rue Chaudrier übergeht. Beide Straßen sind gesäumt mit schönen Bauten aus dem 17. und 18. Jh., darunter das besonders interessante „Hôtel de la Bourse" und das „Palais de Justice". Durch die Rue des Augustins, in welcher das elegante Renaissancehaus Nr. 11 als ehemalige Wohnung der Diane de Poitiers gilt, gelangt man zum Hôtel de ville (Rathaus).
Hôtel de ville: Das Rathaus aus dem 15. und 16. Jh. ist das bedeutendste Bauwerk von La Rochelle. Die Front zum Hof, der von einer mit Zinnen und Pechnasen bewehrten Wehrmauer umschlossen ist, zeigt schöne bildhauerische Arbeiten, die unter Einfluß des italienischen Stils gegen Ende des 16. Jh. geschaffen wurden. Ein besonders reich dekorierter Renaissancepavillon mit einem Glockenturm nach italienischer Art, in dem eine Statue von Heinrich IV. steht.
Cathédrale Saint-Louis: Die Kathedrale („Place de Verdun"), stammt vom Ende des 18. Jh. In ihrer Nähe findet man zahlreiche alte Adelshäuser.
Drei Museen: La Rochelle besitzt drei Museen: „Musée d'Orbigny-Bernon" (mit sehr schönen Keramiksammlungen), „Muséum Lafaille" (Naturwissenschaften und Volkskunde) und das Kunstmuseum „Musée des Beaux-Arts" im ehemaligen Bischöflichen Palast (18. Jh.), das französische Malerei vom 17. bis 20. Jahrhundert präsentiert.
Strand: Der Strand und die 800 m lange „Promenade du Mail" mit Badeanstalt, Kasino und Park sind der beliebteste Treffpunkt in der Stadt. Nördlich und abseits vom Strand liegt der Park Charruyer, der an die Westseite der alten Festungsmauer von Vauban grenzt.
„Port de plaisance des Minimes" (2 km südwestl.): Ein Yachthafen, von dem man zum Park exotischer Vögel in der Ortschaft Périgny (3,5 km östl.) gelangt.
La Pallice (5 km westl.): Hier fahren Schiffe zur Insel „Ile de Ré" ab.
Châtelaillon-Plage (12 km südl.): Sehenswert in diesem hübschen Badeort sind die Muschel-Kulturen.

Roche-Racan (Château de la) 17/C 2
Das im 17. Jh. im Terrassenbau über dem kleinen Tal des Escotais errichtete Schloß, dessen hohe weiße Front von einem achteckigen Seitenturm bewacht wird, kann nicht besichtigt werden.
Abbaye de la Clarté-Dieu (5,5 km nordwestl.): Über Saint-Paterne-Racan, in dessen Kirche sich einige Kunstwerke aus dieser Abtei befinden, kommt man zu den Ruinen der ehemaligen Zisterzienser-Niederlassung, von der noch Gewölbebauten des 13. und 14. Jh. und in die Felsen gehauene Vorratskammern sowie Grundmauern der Abteikirche zu sehen sind.
Dissay-sous-Courcillon (11,5 km nordwestl.): Von diesem Ort, dessen Kirche einen schönen romanischen Chor aus dem 12. Jh. hat, sind die Ruinen des Schlosses de Courcillon und die Ortschaft Bueil-en-Touraine zu erreichen, mit einer Kirche (Ende 15. Jahrhundert) und einer Stiftskirche (14. Jahrhundert). In der Stiftskirche sind ein herrliches Baptisterium (1521) und Gräber mit Statuen der Familie Bueil zu sehen.

La Roche-sur-Yon 22/C 1
Diese Stadt ließ Napoleon I. auf dem Reißbrett entwerfen. Seine Statue steht auf dem Platz im Zentrum der Stadt. Der Platz wird umgrenzt von den Bauten der Kirche Saint-Louis, des Rathauses und des Justizgebäudes: alle sind in neo-klassischem Stil ausgeführt.
Musée: Im Museum sind Sammlungen zur Vor- und Frühgeschichte, Gemälde des 19. Jahrhunderts und ein Napoleon-Saal zu sehen.
Les haras: In der Stadt wird ein Gestüt unterhalten, das zu den bedeutendsten in Frankreich gehört.
Abbaye des Fontenelles (5 km westl.): Mit einer Abteikirche im gotischen Stil des Anjou und Ruinen eines gotischen Kreuzgangs und anderen Klostergebäuden.

Rocroi 6/C 2
Die von Vauban beendeten Verteidigungsanlagen sind mit der durch Bastionen verstärkten, fünfeckigen Wehrmauer ein sehr gutes Beispiel für die Festungsarchitektur des 16. und 17. Jahrhunderts.

Rodez 36/C 2
Cathédrale Notre-Dame: Die auf einer Anhöhe liegende und das Stadtbild bestimmende großartige Kathedrale stammt vom Ende des 13. Jh. Der in rotem Sandstein errichtete Bau besitzt einen 87 m hohen Turm, dessen reich geschmückte Spitze an einen Blumenstrauß aus Stein erinnert. Im

Kircheninnern sind der sehr schön ausgearbeitete Lettner vom Ende des 15. Jh., eine „Grablegung" aus Gestein von verschiedenen Farben (16. Jh.) und das reich mit Schnitzereien versehene Chorgestühl vom Ende des 15. Jh. sehenswert.
Musée Fenaille: Das in dem Stadtviertel um die Kathedrale in zwei Häusern aus dem 14. und 17. Jh. untergebrachte Museum zeigt interessante Sammlungen der Archäologie (Menhir-Säulen) und Keramik aus der Graufesenque.
Musée des Beaux-Arts: Das Museum zeigt Gemälde und Plastiken-Sammlungen.
Église Sainte-Radegonde (5 km südöstl.): Die Kirche des 13. Jh. wurde im 14. und 15. Jh. wehrhaft befestigt und hat einen Glockenturm mit sechs Stockwerken.

Roissy
-Charles-de-Gaulle 11/C 1
Der Flughafen Charles-de-Gaulle mit einem kreisförmigen Hauptgebäude und sieben Satellitentrakten ist einer der modernsten in Europa.

Romorantin-Lanthenay: Das Schloß du Moulin spiegelt sich mit Bauten aus roten und schwarzen Backsteinen im Wasser der Ringgräben.

Romans-sur-Isère 32/A 3
Église Saint-Barnard: In der ehemaligen Abteikirche aus dem 12./13. Jh. befinden sich acht prachtvolle flämische Bildwerke, auf Stoff gemalt, die Szenen der Passion wiedergeben (Mitte 16. Jh.). Hinter der Kirche liegt der ehemalige Palast der Erzbischöfe von Vienne (15./16. Jh.).
Altstadt: Hier sind malerische Häuser mit Holzgalerien, der Glockenturm mit einer kuriosen Stundenschläger-Figur und das alte „Bourg-de-Péage" sehenswert.
Musée international de la Chaussure: Ein internationales Schuh-Museum.

Romorantin
-Lanthenay 18/B 3
Die Stadt erstreckt sich an den zwei Ufern der Sauldre, die hier mehrere Inseln bildet. Hier stehen noch einige alte, mit Holzplatten verkleidete Bauten, vor allem in der Rue de la Résistance („La Chancellerie", „Carroir d'Orée", „Hôtel Saint-Pol"). Vom ehemaligen königlichen Schloß (15./16.Jahrhundert) findet man nur noch einige Reste.
Musée: Im Rathaus besteht ein Museum mit heimatkundlichen Sammlungen.
Église Saint-Étienne: Die Kirche, die auf der Insel „Île Marin" steht, wurde im 12. und 13. Jh. erbaut.
Château du Moulin (12 km nordwestl.): Der Herrensitz bei Lassay-sur-Croisne ist ein elegantes Landschloß aus roten und schwarzen Backsteinen, geziert mit Rautenmustern (15./16. Jh.). Wassergräben schützen den Zugang.
Loire-Schlösser: Vom Flughafen Sologne in Romorantin-Pruniers kann man Rundflüge über die Loire-Schlösser unternehmen.

Ronchamp 20/C-D 2
Chapelle-Notre-Dame-du-Haut: Die Kapelle liegt 1,5 km vom Ort Ronchamp entfernt. Sie wurde 1951 bis 1955 erbaut und ist eine der originellsten Schöpfungen des Architekten Le Corbusier, der hier von der bei ihm sonst üblichen strengen geometrischen Gliederung abgegangen ist und eine aus gerundeten Baukörpern gestaltete Kirche schuf. Der schmucklose Innenraum erhält Licht durch asymmetrische Fensteröffnungen.

Roquefort
-sur-Soulzon 36/D 3
Die hübsche Ortschaft an den Felswänden des „Causse de Combalou" ist berühmt durch den hier hergestellten Käse. Die Keller, in denen er reift und verfeinert wird, sind zu besichtigen.

Rosanbo
(Château de) 8/D 2
Der sehr schöne Rittersitz aus Granitsteinen wurde vom 15. bis 17. Jh. ausgebaut. In der Burg, die oberhalb des Bo-Tales steht, sind die Räume mit Einrichtungen des 17. und 18. Jh. ausgestattet. Sehr repräsentativ ist das Treppenhaus aus Holz (17. Jh.).
Plouzélambre (4 km nördl.): Mit einer Kirche aus dem 15. Jh., „Kalvarienberg" und Beinhaus.

Roscoff 8/C 1
Der Badeort, zugleich Fischer- und Handelshafen, hat einen besonderen Ruf als Stätte der Meerwasser-Therapie. Es gibt hier ein Biologisches Institut der Universität Paris. Interessant ist auch das Aquarium Charles-Pérez.
Église Notre-Dame-de-Kroaz-Baz: Die spätgotische Kirche mit einem schönen Renaissance-Kirchturm aus der Mitte des 16. Jh. besitzt einen Altaraufsatz mit sieben Reliefs aus Alabaster (15. Jh.) und ein Beinhaus (17. Jh.).
Couvent des Capucins: Im Klosterbereich steht der berühmte riesige Feigenbaum, gepflanzt um 1625, der sich über eine Fläche von 600 qm ausbreitet.
Port et Pointe de Bloscon: Hafen und Landzunge sind bekannt als Stätten der Hummer- und Langustenzucht.
Île de Batz (1 km nordwestl.): Mit dem Schiff erreicht man die 4 km lange, mit Sandstränden gesäumte Insel. Der Hafen liegt in der Bucht von Kernoc'h, ein „Garten der Kolonien" an der Südostspitze.

Rouen 5/A 3
Die Hauptstadt der oberen Normandie besitzt zahlreiche schöne Bauten und Kunstwerke. Die beste Aussicht auf die ganze Stadt hat man von der „Corniche de Rouen" (D 95), von der „Côte Sainte-Catherine" und vom „Belvédère" von Bonsecours.
Cathédrale Notre-Dame: Zu den schönsten Kirchen Frankreichs zählt diese Kathedrale aus dem 13./14. Jh. Sie steigt vor dem Betrachter mit einer großartigen Front auf, die mit zahllosen Türmchen besetzt ist, eingefaßt von zwei stattlichen Türmen, darunter der berühmte „Tour de Beurre" (77 m hoch). Ihre drei Portale sind bildhauerisch besonders prächtig ausgestattet. An der Südseite befindet sich die Pforte „Portail de la Calande", an der Nordseite das als Meisterstück dekorativer Kunst des 14. Jahrhunderts geltende „Portail des Libraires". Besonders sehenswert sind im Innenraum der Laternenturm von 51 m Höhe im riesigen Querschiff, die Fenster aus dem 15. Jh., die Gräber der Kardinäle von Amboise in der „Chapelle de la Vierge" (16. Jh.) sowie der Chorumgang mit fünf Fenstern (13. Jh.).
Église Saint-Maclou: Vor der Kirche aus dem 15./16. Jh. liegt ein

herrlicher spätgotischer Portalvorbau. Auf der linken Kirchenseite schließt sich zur Straße Rue Martainville hin das Beinhaus „L'aître de Saint-Maclou" an, ein Bau des 16./17. Jh. mit vier Galerien aus Holz, die auf Steinsäulen ruhen.

Église Saint-Ouen: Über der Kirche ragt ein 82 m hoher Turm empor („La Tour Couronnée"), ein prachtvoller spätgotischer Bau. Vor dem Portal „Portail des Marmousets" (14. Jh.) lagert eine Vorhalle aus dem 15. Jh. Den weiten, harmonisch gegliederten Innenraum erhellen schöne Fenster (14., 15. und 16. Jahrhundert).

Hôtel des Bourgtheroulde: Der elegant und reich verzierte Bau besteht aus spätgotischen Trakten und Renaissance-Teilen.

Palais de Justice: Das imposante gotische Bauwerk aus dem 15./16. Jh. besitzt eine besonders reich mit bildhauerischen Arbeiten dekorierte Fassade zum Ehrenhof.

Place du Vieux-Marché: Auf dem Marktplatz wurde Jeanne d'Arc im Jahr 1431 verbrannt.

Le Gros-Horloge: Der große Uhr-Turm aus dem 14. Jahrhundert ist das bekannteste Bauwerk in Rouen. Er steht in der Altstadt, wo die Fachwerkhäuser der Rue du Gros-Horloge besonders malerisch aussehen.

Musée des Beaux-Arts: Das Kunstmuseum besitzt sehr reichhaltige Gemäldesammlungen, darunter vornehmlich Bilder französischer Künstler des 19. Jh., wie Ingres, Delacroix, Géricault, sodann Impressionisten und Werke aus Flandern und Holland, auch Italiener sind vertreten (Veronese, Caravage). Wertvoll ist auch die Sammlung von Keramik aus Rouen (16. bis 19. Jahrhundert).

Musée Le Secq des Tournelles: Mit einer ungewöhnlich wertvollen Sammlung von Kunstschmiedearbeiten. Im „Musée départemental" sieht man schöne Kollektionen von Elfenbein- und Email-Arbeiten, dazu Wandteppiche aus dem Mittelalter und aus der Renaissance.

Musée Jeanne d'Arc: Ein Museum zur Erinnerung an Leben und Tod von Jeanne d'Arc.

Musée Corneille: Im Geburtshaus des Dramatikers und Dichters Corneille werden Erinnerungsstücke an den Künstler gezeigt.

Port de Rouen: Der Hafen von Rouen ist der viertgrößte Frankreichs. Man kann ihn bei Schiffsrundfahrten besichtigen.

Croisset (9 km nordwestl.): Mit Pavillon Flaubert sowie einem heimatkundlichen Museum.

Petit-Couronne (8 km südöstl.): Landhaus des Dichters Corneille.

Château de Robert le Diable (15 km südöstl.): Die Feudalburg von „Robert dem Teufel" aus dem 11. Jahrhundert beherbergt heute ein Wikinger-Museum.

Rouen: In einem Fußgängerzentrum der Altstadt, die ständig restauriert wird, steht der große Uhr-Turm, ein Wahrzeichen der Stadt.

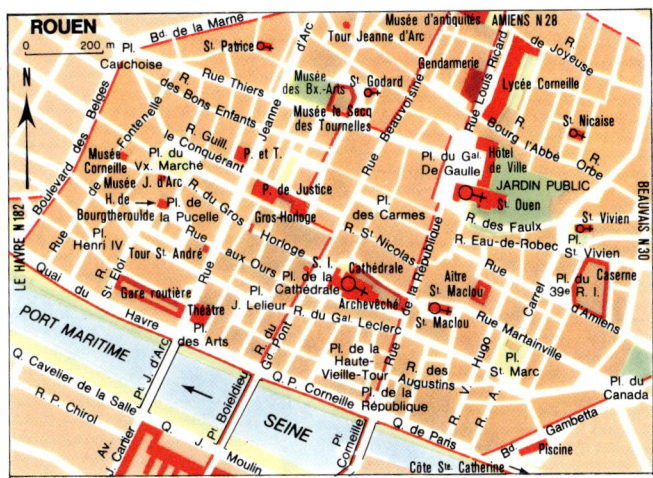

Château de Martainville (16 km östl.): In dem gegen Ende des 15. Jh. errichteten Schloß, das von Wassergräben umschlossen ist, befindet sich ein volkskundliches Museum der Haute-Normandie.

Rouffach 21/A 1
Die hübsche kleine Stadt inmitten von Weinbergen liegt an der Elsässischen Weinstraße.

Église Notre-Dame: Die Kirche (11./12. Jh.) gehört zu den interessantesten Sakralbauten im Elsaß. Sehenswert auch die Franziskanerkirche (14./15. Jh.), der Hexenturm (13. bis 15. Jh., mit Storchennestern) und das Rathaus.

> ### Grotte de Rouffignac 29/D 3
> Höhlen mit Gruppen von außergewöhnlich schönen prähistorischen Tierdarstellungen, Zeichnungen und Eingravierungen, befinden sich 5 km von Rouffignac entfernt in einer Felsenlandschaft. Die Besichtigung der Höhlen (mit einer elektrischen Bahn) dauert 50 Minuten.
> „Château de l'Herm": 4 km nordwestl. von Rouffignac stehen die Reste eines Schlosses aus dem 15. Jahrhundert mit drei Türmen und einem spätgotischen Tor.

Roussillon 38/A 3
Das Dorf liegt ungewöhnlich reizvoll, inmitten roter und ockerfarbener Felsen und Steinbrüche, in einer der schönsten Gegenden der Provence. Über den rötlich und gelblich schimmernden Häusern erhebt sich die Anhöhe „Plateforme du Rocher", auf der die Kirche steht. Vom Platz des „castrum" hat man eine herrliche Fernsicht.
Aiguilles du Val des Fées: In einem senkrechten und tiefen Einschnitt der Felslandschaft befindet sich eine mit bizarren Felsspitzen versehene „Straße der Giganten".

Royan 28/D 1
Die Stadt, 1945 zu drei Vierteln zerstört, wurde nach modischem Zeitgeschmack und unter besonderer Berücksichtigung der dem Meer zugewandten Seite wiederaufgebaut. Diese Bebauung der Küste folgt über 600 m dem Bogen der „Grande Conche".
Église Notre-Dame: Die originelle, in Ellipsenform angelegte Kirche aus Stahlbeton hat einen 60 m hohen, spitz zulaufenden Turm.
Phare de Cordouan: Der 66 m hohe Leuchtturm auf einer Insel in der Girondemündung galt gegen Ende des 16. Jh., als er erbaut worden war, als ein wahres Wunderwerk. Der Oberteil des Baus wurde im 18. Jh. erneuert. Im ersten Stock befinden sich die Gemächer des Königs. Zur Turmhöhe gelangt man auf einer Treppe mit 301 Stufen. Von Royan fährt man mit dem Schiff hierher.
Saint-Georges-de-Didonne (1,5 km südöstlich): Vom Ort kann man zur Landspitze und zum Strand von Suzac und nach Meschers-sur-Gironde gelangen, wo die Steilküste interessante, durch das Meer ausgewaschene Löcher und Höhlen hat.
Vaux-sur-Mer (4,5 km nordwestl.): Die ländliche romanische Kirche verdient einen Besuch.
Saint-Palais-sur-Mer (5,5 km nordwestl.): Hier kann man besonders schöne Spaziergänge entlang der Steilküste unternehmen.
Talmont* (7,5 km südöstl.).
La Grande Côte (10 km nordwestl.): In diesem sehr reizvollen Küstenbereich treten an die Stelle der Dünen steile Felsen, an denen die Straße entlang führt.
Phare de la Coubre (25 km nordwestl.): Leuchtturm und Landzunge von „La Coubre".
Presqu'île d'Arvert (22 km nordwestl.): Die einsame, wilde Küste der Halbinsel, die von der gefährlichen See umspült wird, ist reizvoll.

Royaumont (Abbaye de) 11/C 1
Die im Jahr 1228 vom Heiligen Ludwig gegründete Abtei ist heute Sitz eines Internationalen Kulturinstituts. Sehenswert sind der Kreuzgang aus dem 13. Jh., der den Garten der Mönche umgibt, sowie das mehr als 40 m lange Refektorium und die Küche, auch die Kapelle.

Rue 5/B 1
Chapelle du Saint-Esprit: Die Kapelle, die sich an die Nordseite der Kirche Saint-Wulphy lehnt, ist ein reich mit Zierrat versehenes spätgotisches Meisterwerk (15./16. Jh.). Die schön gemeißelten Gewölbebögen im Innern, die zwei Pforten der Schatzkammer und der bildhauerische Schmuck im „Hohen Saal" sind bemerkenswert.
Parc du Marquenterre (7 km westl.). Siehe **„Baie de Somme"***.

Rueil-Malmaison 11/C 1
Napoléon Bonaparte und Joséphine de Beauharnais, die hier bis zu ihrem Tod lebte, haben dem einfachen Schloß von Malmaison seinen eigenen Rang gegeben. Es ist heute das größte Napoleon-Museum. Die Empfangsräume des Ersten Konsuls und die Gemächer von Joséphine sind mit erlesenen Möbeln ihre Epoche ausgestattet. Im 6 ha großen Park findet man den Osiris-Pavillon, das Kaiserliche Museum („Musée impérial"), den Sankt-Helena-Saal und einen vielgerühmten Rosengarten.
Église de Rueil-Malmaison: In der Kirche liegen das Grab von Joséphine und ein Denkmal für ihre Tochter Hortense, Königin von Holland. Das florentinische Orgelgehäuse (Ende 15. Jahrhundert) ist eines der schönsten Werke dieser Art in Frankreich.
Château de Bois-Préau: In dem neben Schloß Malmaison stehenden Bau befindet sich ein Museum mit Erinnerungen an Kaiserin Marie-Louise und an ihren von Napoleon zum König von Rom erhobenen Sohn Napoleon II.
Louveciennes* (4 km westl.).
Marly-le-Roi* (6 km westl.).

Ruffec 23/B 3
Église: Die Kirche hat eine gut gearbeitete romanische Fassade aus dem 12. Jahrhundert und ein dreiteiliges Hauptschiff (15./16. Jh.).
Courcôme (7 km südwestl.): Mit einer romanischen Kirche (11./12. Jh.) im Stil des Poitou.
Verteuil (6 km südöstl.): In der Kirche des mit drei Türmen aus dem 15. Jh. versehenen Schlosses befindet sich ein Renaissance-Grab mit acht Figuren.

Ruoms 37/C 2
Der einst befestigte Ort hat noch Reste seiner alten Wallmauer mit sieben runden Türmen. Rings um die romanische Kirche stehen Häuser aus dem 14./15. Jh.
Défilé de Ruoms (2 km nördl.): In dieser Felsenenge fließt die Ardèche zwischen Wänden von Marmorfelsen hindurch, die bis zu 100 m hoch emporsteigen.
Balazuc (9 km nördl.): Das malerische Dorf hockt auf einer Felskuppe mit Ruinen einer Burg, einer Wehrkirche und Resten seiner alten Festungsmauern.
Château de Vogüé (14 km nordöstl.): Das mächtige Schloß mit Ecktürmen (16. Jh.) steht unterhalb einer Felswand, auf der noch die Ruinen einer Burg zu sehen sind.

Ruoms: Das Schloß „Château de Vogüé" (16. Jh.), bedeutend für die Geschichte des Vivarais-Landes, blieb stets Familienbesitz der De Vogüé.

S

Les Sables d'Olonne 22/C 2
Der Badeort und bedeutende Fischerhafen liegt auf einer mit Dünen besetzten Landzunge zwischen einer ehemaligen Lagune, die zu salzigem Land versteppt ist, und dem Ozean. Der schöne Sandstrand, mehr als 2 km lang, wird durch eine „Le Remblai" genannte hohe Promenadenstraße, an der die meisten Hotels und Villen liegen, umfaßt. Im Westteil des Ortes befinden sich das Kasino, das Schwimmbad und Deichanlagen. Die Remblai-Promenade geht zum „Puits d'Enfer", einer klippenreichen Stelle, an der das Meer hoch gegen die Küste brandet. Im hübschen Hafen herrscht, vor allem nach der Rückkehr der Fischer, buntes Leben und Treiben. Der Hafenkanal trennt das Wohnviertel der Fischer „La Chaume" rings um den Turm „Tour d'Arundel" und um das „Fort Saint-Nicolas" (17. Jh.) von der übrigen Stadt.
Abbaye Sainte-Croix: Einzigartiges Museum gegenwärtiger Kunst.
Forêt dominiale d'Olonne (8 km nördl.): Der 1291 ha große Wald erstreckt sich mit Kiefern über die Dünen zwischen „La Chaume" und „Le Havre de La Gachère".
Talmont (13,5 km südöstl.): Mit mächtigen Ruinen eines Schlosses aus dem 11. Jh., das im 15. und 16. Jh. erneuert wurde. Man sieht noch einen herrlichen Bergfried und eine romanische Kapelle.
Château de Pierre-Levée (5 km nordöstl.): Ein hübsches Lustschloß auf dem Lande (18. Jh.).

Sablé-sur-Sarthe 17/B 1
Der Ort dehnt sich auf beiden Ufern der Sarthe aus, die hier mehrere Inseln bildet.
Église Notre-Dame: Die Kirche (19. Jh.) hat zwei großartige Fensterwerke (15./16. Jh.).
Château: Schloß (18. Jh.) mit einem befestigten Torbau (14. Jh.). (Keine Besichtigung.)

Sabres 34/D 2
Das Freilichtmuseum von Marquèze (4 km von Sabres entfernt) ist das erste Umwelt-Museum, das in Frankreich geschaffen wurde. Es zeigt, wie man in dem Gebiet der „Landes" im 19. Jh. wohnte: mit Gemüse- und Obstgarten, Mühle und Müllerhaus, Weiher und Abwasserkanal. Vorgestellt werden auch verschiedene Haus-Typen dieser Landschaft. Von Zeit zu Zeit finden Ausstellungen in der Museumsanlage statt, die man mit der Kleinbahn erreichen kann (15. Juni–15. September ☐).

Solférino (7 km westl.): Museum Napoleon III., Regionalmuseum.
Commensacq (10 km nordwestl.): Vom Ausgangspunkt „Base Mexiko" kann man hier eine Fahrt mit dem Paddelboot unternehmen und die „Grande-Leyre" hinabfahren bis zur Einmündung in den See von Arcachon: 120 km.
Luxey (22 km nordöstl.): Museum der Kleinindustrie; Vogelpark.

Saint-Amand -de-Coly 30/A 3
Die stattliche romanische Wehrkirche aus gelblichem Kalkstein gehört zu den originellsten Sakralbauten im Périgord-Gebiet.

Sabres: Im Wald der Region „Les Landes", der sich über 950 000 ha erstreckt, sind die Kiefern mit Töpfen zum Einfangen des Harzes versehen.

La Cassagne (9 km südöstl.): Mit romanischer Kirche (12./13. Jh.).

Saint-Amand -les-Eaux 2/A 3
Von der blühenden Abtei des Mittelalters sind noch der „Pavillon de l'Échevinage", ein Bau der flämischen Renaissance („Grand Place") erhalten, dessen großen Salon Watteau 1782 ausgemalt hat, sowie die Fassade der ehemaligen Abteikirche mit einem großartigen, reich gezierten Barockturm (82 m hoch), in dem sich ein berühmtes Glockenspiel mit 44 Glocken befindet. (Es spielt an jedem Tag von 12.00 Uhr bis 12.30 Uhr und an den Sonntagen im Sommer von 19 bis 20 Uhr.) Auch ein kleines Glockenspiel-Museum ist vorhanden.
Parc naturel régional de Saint-Amand-Raismes (3 km südl.): Dieser Naturpark wird durch die Waldgebiete von Saint-Amand (767 ha) und „Forêt domaniale de Wallers" (3 207 ha) gebildet. In dem Schutzgebiet liegen Reservate für Wild, Vögel und Pflanzen, ein Museum für Holzflößer in Hergnies, ein Wassersportzentrum am See von Amaury. In einem Freigehege, das sich über 105 ha ausdehnt, kann man Wildschweine, Mufflons und Damwild beobachten.

Saint-Andiol 37/D 3
Mit einer bemerkenswerten romanischen Kirche, die im 13. Jh. befestigt wurde (im Kircheninnern sind ein Tabernakel aus Stein und Holzverarbeitungen des 18. Jh. beachtenswert), und mit einem Schloß aus der Mitte des 17. Jahrhunderts.
Verquières (2 km westl.): Die kleine Wehrkirche wurde im 17. Jahrhundert vergrößert.

Saint-Antoine (Abbaye de) 32/A 3
Oberhalb der Stadt am Hang des Furan-Tales steht die am Ende des 11. Jh. gegründete Abtei. Sie ist ein sehr interessantes Beispiel für den Klosterbau des Mittelalters. Drei mächtige Portalbauten liegen vor einem langen rechteckigen Hof, an dessen Seiten Wirtschaftsbauten und Ställe stehen. Sie sind ausgerichtet auf den zentralen Bau, ein großes Gebäude aus dem 17. Jh. In der Tiefe der gesamten Anlage steht die gotische Abteikirche, deren Fassade drei schön gemeißelte Portale besitzt. Das Kircheninnere ist weit und harmonisch gegliedert. Unter seinen Kunstwerken sind besonders die Fresken (Mitte 15. Jh.), die Chorstühle, der Hauptaltar und der Reliquienschrein des Heiligen Antonius (17. Jh.) sehenswert. Interessante Kunstgegenstände sind in der Sakristei zu besichtigen.
Saint-Marcellin (11,5 km südöstl.): Mit einer Kirche aus dem 15. Jh. und Schloßruinen aus dem 13. Jh.

Saint-Avold 13/D 1

Im Ort stehen eine ehemalige Abteikirche der Benediktiner (Ende 18. Jh.) und die Basilika Notre-Dame-du-Bon-Secours (19. Jh.).
Cimetière américain (2 km nördl.): Ein amerikanischer Soldatenfriedhof mit 16 000 Gräbern.
Carling (7 km nördl.): Das Dampf-Kraftwerk Emile Huchet gehört zu den größten seiner Art in Frankreich.
Freyming-Merlebach (8 km nordöstl.): Das Gebiet ist eines der bedeutendsten Zentren der Kohlegewinnung in Europa. Die „Route des puits" ist eine Straße, die durch eine Industrielandschaft mit zahlreichen Bergwerken und Hochöfen führt.

Saint-Benoît -sur-Loire 18/C 1

Vor der Basilika aus dem 11./12. Jh. steht als mächtiger Vorbau ein Kirchturm, typisch romanisch, bei dessen Bildkapitellen die Darstellungen von stilisierten Blättern, phantastischen Tieren und Szenen aus dem Evangelium einander abwechseln. Das Portal aus dem 13. Jh. ist bildhauerisch gut ausgearbeitet. Im Innern sind das Schiff aus der Mitte des 12. Jh., sowie das Querschiff und der Chor von 1065–1108, das Grab mit der Figur Philippe I., der Mosaik-Boden aus dem 4. oder 5. Jh. und das Chorgestühl, dazu die Bildkapitelle, besonders bemerkenswert. In der Krypta ruhen die Reliquien des Heiligen Benoît. Hier sind auch Reste einer frühen Andachtsstätte zu sehen.
Quartier du port: Das Hafenviertel mit den alten Häusern der Schiffer ist sehr hübsch und die Loire fließt hier in schönem Bogen durch eine Landschaft von sanftem Reiz.
Sully-sur-Loire* (8 km südöstl.).

Saint-Bertrand -de-Comminges 41/C 3

Cathédrale Notre-Dame: Über das von einer Stadtmauer umschlossene Dorf mit seinen engen Gassen steigt das prachtvolle Schiff der teils romanischen, teils gotischen Kathedrale empor. Im Innern sind besonders der Lettner, der Chorabschluß und das Chorgestühl (16. Jh.) zu beachten. Hinter dem Hauptaltar kommt man zur Totengedenkstätte für den Heiligen Bertrand in Form eines gewaltigen Reliquienschreins (15. Jh.). Der Kirchenschatz ist in zwei Kapitelsälen zu besichtigen.
Kreuzgang: An der Südseite der Kirche liegt der romanische Kreuzgang mit Bildkapitellen und Säulen der vier Evangelisten, die in altertümlich derber Form gestaltet sind.
Galerie du Trophée: In dem rechts von der Kathedrale gelegenen ehemaligen Benediktinerkloster befindet sich diese Galerie mit Statuen aus dem 1. und 2. Jh., die einmal am Siegesmal des Römischen Forums gestanden haben.
Musée du Comminges: Das Museum in einem Herrenhaus des 18. Jh. zeigt die bei den Ausgrabungen einer gallo-römischen Villa gemachten Funde. Das Gelände des einstigen „Lugdunum Convenarum" mit Theater, Markt, Thermen des Forums und Nord-Thermen, auch einer christlichen Basilika des 4. Jh., liegt in der Nähe der Unterstadt („Ville basse"). 600 m vom Museum entfernt, steht die hübsche romanische Kirche Saint-Just-de-Valcabrère in einem ländlichen Friedhof (11. Jh.).
Grottes de Gargas (6 km nordwestl.): In den Höhlen sieht man schöne Versteinerungen, Steinbildungen und Abdrücke von Menschenhänden, die aus prähistorischer Zeit stammen.
Barbazan (7 km östl.): Hübscher Kurort in weiten Parkanlagen.

Saint-Blaise 44/A 2

Auf einem Gelände, das 200 m von der romanischen Kapelle Saint-Blaise entfernt ist, brachten Ausgrabungen die Mauern einer griechischen Festung aus dem 4. Jh. vor Chr. ans Licht. Es wurden Fundamente einer Kirche aus dem 5. Jh., dazu Wohnplätze aus vorchristlicher Zeit sowie eine interessante frühchristliche Begräbnisstätte entdeckt.

Saint-Bonnet -le-Château 31/B 2

Die einst befestigte Stadt hat noch schöne gotische Häuser und Bauten aus der Renaissance. Ihre Granit-Kirche (15./16. Jh.) mit einem Renaissanceportal hat eine Krypta, in der es Fresken aus dem 15. Jh. sowie einen Mumienkeller gibt. Von der Stadt aus, hat man eine herrliche Aussicht auf die Foraz-Ebene und auf die Berge des Lyonnais. Der Ort ist als Fabrikationsstätte für Spitzen bekannt.
Luriecq (4 km nördl.): Mit einer spätgotischen Kirche, die ein Renaissanceportal besitzt.
Saint-Jean-Soleymieux (15 km nordwestl.): In der Kirche ist eine Krypta aus dem 12. Jh. zu sehen.
Saint-Hilaire-Cusson-la-Valmitte (9 km südwestl.): Über Usson-en-Forez (Kirche aus dem 15. Jh.), Saint-Pal-de-Chalençon (einst befestigter Ort) kann man zu dieser Ortschaft mit einer teilweise romanischen Kirche kommen, die im 15. und 19. Jh. erneuert wurde.

Saint-Bonnet -Tronçais 24/D 2

Das Touristenzentrum liegt am Rand des herrlichen Waldes „Forêt domaniale de Tronçais" (10 433 ha) mit den schönsten Eichenbeständen Frankreichs. Das gut gepflegte Waldgebiet wird von zahllo-

Saint-Benoît-sur-Loire: Hinter dem mächtigen Turmvorbau der Abtei sind im Kircheninnern ungewöhnliche, phantastische Kapitele zu finden.

sen Fußwegen durchkreuzt. Im Colbert-Hochwald stehen mehr als 300 Jahre alte Eichen. An mehreren Seen bietet sich Gelegenheit zum Wassersport.

Saint-Brieuc 9/A 2
Die alte Stadt, typisch bretonisch, hat noch viel von ihrem Erscheinungsbild in früheren Jahrhunderten, mit Adels- und Bürgerhäusern, vor allem in den Straßen Rue Fardel, Rue du Maréchal Foch und „Place de la Grille". Ein Rundgang über die Nordwesthöhe des Bergvorsprungs, auf dem die Stadt erbaut ist, bietet eine besondere, schöne Aussicht.
Cathédrale Saint-Étienne: Die Kathedrale aus dem 14./15. Jahrhundert ist eine stark befestigte Wehrkirche, deren zwei Türme Schießscharten haben.
Tour de Cesson (3,5 km nördl.): Mit Ruinen aus dem 14. Jh. oberhalb der Mündung des Gouët.
Port du Légué (5,5 km nordöstl.): Ein Hafenplatz an der Mündung des Gouët, den man nach einer abwechslungsreichen Fahrt durch das reizvolle Flußtal erreicht.
Plage des Rosaires (9,5 km nördl.): Der Strand unterhalb der Steilküste bietet Möglichkeiten zum Wassersport (Segelschule).
Binic (14 km nordwestl.): Ein Badeort und Fischerhafen.
Plédran (9 km südl.): Von diesem Ort mit einer Kirche aus dem 17. bis 19. Jh. und einem „Dolmen" (vorgeschichtliches bretonisches Kultdenkmal) in der „Grotte-aux-Fées" kann man zum „Château des Graffault" (3 km westl.) gelangen, einem Schloß aus dem 17. Jh., sowie zur Kapelle Saint-Nicolas (16. Jh.) mit einem holzgeschnitzten Lettner und einem Glasfenster (16. Jh.). Nördlich vom Schloß liegt das „Camp de Péran", mit einer 600 m langen Wallmauer aus dem 1./2. Jh. vor Chr.

Saint-Calais 17/D 1
Die originell angelegte kleine Stadt, bei der die zwei Rechtecke des bebauten Geländes durch zwei parallel zueinander laufende Achsenstraßen durchquert werden, besitzt eine sehenswerte Kirche (Notre-Dame), die teils in gotischer Zeit, teils in der Renaissance entstand. Die Fassade präsentiert sich mit einer ungewöhnlichen, geometrischen Aufgliederung der Flächen. An den Uferstraßen der Anille stehen viele malerische alte Häuser, und am linken Ufer Schloßruinen aus dem 11. Jahrhundert.
Savigny-sur-Braye (7,5 km südöstl.): Mit einer Kirche aus dem 12., 15. und 16. Jh. und Glockenturm aus dem 15. Jahrhundert.
Sargé-sur-Braye (11 km östl.): In der Kirche (11./12. Jh.) sind Mauermalereien aus dem 14. und 15. Jahrhundert zu sehen.

Saint-Céré 36/B 1
Der Ort ist Ausgangspunkt für Touristen, die ins Tal der Dordogne und in die Schluchten der Cère wollen. In der Stadt, die noch zahlreiche Häuser aus dem 15. und 16. Jh. hat, stehen die zwei Türme von Saint-Laurent (12. und 15. Jh.), in denen der Maler und Wandteppich-Gestalter Jean Lurçat gelebt hat. Ausstellungen mit Werken des Künstlers finden ständig im Kasino und im Rathaus statt.
Château de Castelnau (9 km nordwestl.) Siehe **Beaulieu-sur-Dordogne***.

Saint-Chamas 44/A 1
Im Ort findet man eine nach klassischen Regeln gebaute gallo-römische Brücke aus dem 1. Jh. („Pont Flavien") und eine Kirche aus dem 17. Jh. Das Wehr „Chute de Saint-Chamas" ist der Schlußbau der Begradigung der Dordogne.
Cornillon-Confoux (4 km nordöstl.): Ein hübsches provenzalisches Dorf auf einem Berg.
Acqueduc de Roquefavour (24,5 km östl.): Die Straße nach **Aix*** führt unter diesem Aquädukt hindurch, einem interessanten Bauwerk (geschaffen 1842–1847), das die Wasser der Durance nach **Marseille*** transportiert.

St.-Christophe -en-Oisans 32/C 3
Das Bergdorf liegt in einem bebauten Tal zwischen den Gebirgen „Massif du Pelvoux" und „La Meije". Von hier können zahlreiche Touren unternommen werden. Auf dem Friedhof ruhen mehrere Opfer der Berge, Führer und Alpinisten.
La Bérarde (11 km südöstl.): Am rechten Ufer des Vénéon entlang kommt man in diese Ortschaft, die ein Zentrum des französischen Alpinismus ist und eine Skischule hat. Der Ort ist umgeben von einer grandiosen Bergwelt, mit Hochtälern und strahlenden Gletschern. Über sie erheben sich die Gipfel des Gebirgszugs „La Barre des Écrins" (4 100 m) und die Höhen von „La Meije" (3 982 m).

Saint-Christophe-en-Oisans: Über dem Oisans erhebt sich das Meije-Gebirge, dessen höchster Gipfel „Grand Pic" 1877 bezwungen wurde.

Parc national des Écrins-Pelvoux: Der Nationalpark soll die Tier- und Pflanzenwelt dieser ungewöhnlichen Landschaft erhalten.

Saint-Cirq-Lapopie 36/A 2
Wegen seiner Lage und wegen des malerischen Anblicks seiner alten Häuser, von denen manche aus dem 15. und 16. Jahrhundert stammen, ist der Ort eines der reizvollsten Dörfer im Quercy-Gebiet. Der Kirchbau umfaßt Teile des 12. und 15. Jahrhunderts. Die Ruinen

Saint-Cirq-Lapopie: *In dem alten Dorf umgeben Fachwerkhäuser mit Erkervorbauten die schöne alte Kirche mit ihrem Glockenturm im Mittelpunkt des Ortes, der in reizvoller Landschaft liegt.*

eines Schlosses stehen oberhalb des Dorfes, in dem mehrere Künstler wohnen. Vom Felsen du Bancourel hat man eine herrliche Aussicht auf das Lot-Tal.

Saint-Claude 26/B 2
Die „Stadt der Pfeifen" liegt sehr schön in den Bergen und ist als Ausgangsort für Touren ins Gebiet des Oberen Jura sehr beliebt.
Cathédrale de Saint-Pierre: Die gotische Kathedrale ist der einzige noch vorhandene Bau einer großen Abtei des 13. Jh. Im Chor stehen 38 geschnitzte Sessel aus dem 15. Jh. Der monumentale Altaraufsatz (Renaissance), bildhauerisch reich gestaltet und bemalt, ist Sankt Peter gewidmet. Der Ortsteil um die alte Kirche ist mit den übrigen Vierteln durch die Rue de la Poyat verbunden, in der noch viele Häuser an frühere Zeiten erinnern.
Ausflüge: Zu Fuß kann man zu den nordöstlich gelegenen Wasserfällen „Cascades des Combes" und „Font de l'Abîmes" oder ostwärts zur „Cascade de la Queue-de-Cheval" wandern. Auch die Schluchten und Wasserfälle des Flumen sind gern besuchte Ausflugsziele.
Gorges de l'Ain (28 km westl.): Zu diesen Schluchten gelangt man durch das Tal der Brienne, über Dortan und Thoirette.

Saint-Cloud 11/C 2
Église Stella Matutina: Die Kirche ist eine ungewöhnliche Schöpfung der modernen sakralen Baukunst (1965 errichtet).
Park: Die 450 ha großen Parkanlagen auf den Hängen über der Seine werden von zahlreichen Waldstraßen durchquert, die an vielen Naturschönheiten vorüberführen. Von der Terrasse, auf der einst ein (1870 zerstörtes) Schloß stand und heute Gärten und Wasserbecken angelegt sind, hat man einen herrlichen Blick auf **Paris***. Unterhalb dieses Geländes, und zwar bei der N 187, die an der Seine entlang führt, liegen ein mächtiges Wasserwerk des 17. Jh. und große Wasserspiel-Bauten.
Manufacture de Sèvres* (5 km südl.): Produktionsstätte des berühmten Porzellans.
Marnes-la-Coquette (6 km südwestl.): Im nahgelegenen „Parc de Villeneuve l'Étang" steht ein Kolossaldenkmal von General La Fayette zum Gedenken an die amerikanischen Flieger des I. Weltkriegs.

Saint-Denis 11/C 1
Basilique Saint-Denis: Die Basilika, eine ehemalige Abteikirche und Begräbnisstätte von Königen seit dem 13. Jh., ist eines der bedeutendsten Bauwerke Frankreichs. Bei der 1137 begonnenen Kirche gehören die Jochbögen des Vorschiffes (1140) sowie der Chor mit seinem Umgang und die von ihm ausgehenden Kapellen zu den frühesten Werken der Gotik. (Sonntag morgens ist eine Besichtigung nicht möglich.)
Die Gräber in der Basilika zeigen die Entwicklung der Grabbaukunst vom Mittelalter (Grabplatten und liegende Gestalten) bis zur Renaissance. Aus der letzten Epoche sind besonders sehenswert: die Grabbauten von Ludwig XII. und Anne de Bretagne, Franz I. und Claude de France, Heinrich II. und Katharina de Medici, mit liegenden Gestalten, Statuen der knieenden Verstorbenen, Reliefs und anderen bildhauerischen Arbeiten. In der Krypta befindet sich der königliche Grabkeller („Caveau royale") der Bourbonen.
Musée d'Art et d'histoire: Das Museum im ehemaligen Karmeliterkloster (16. Jh.) zeigt archäologische und historische Sammlungen sowie eine Kollektion zeitgenössischer Werke und Erinnerungen an den surrealistischen Dichter Paul Éluard.

Saint-Dié 13/D 3
In der 1944 zerstörten und wiederaufgebauten Stadt ist ein hervorragendes Werk rheinisch-romanischer Architektur erhalten geblieben: die Kapelle Notre-Dame-de-Galilée aus dem 12. Jh. (auch genannt „La Petite Église").
Cathédrale: Die Kathedrale besteht zum Teil aus Elementen rheinisch-romanischer Architektur (Mitte 12. Jahrhundert) und zum Teil aus gotischem Bauwerk. Prachtvoll ist der Kreuzgang (14. bis 16. Jahrhundert) mit einer Außenkanzel (15. Jahrhundert).
Roche du Sapin-Sec (7 km nordöstl.): Der Aussichtsberg (895 m) liegt in einer bewaldeten Berglandschaft, in der man abwechslungsreiche Wanderungen unternehmen kann.
Moyenmoutier (12 km nördl.): Mit einer herrlichen Kirche aus dem 18. Jh., die zu den besten klassischen Sakralbauten der lothringischen Vogesen gehört.
Étival-Clairefontaine (12 km nordwestl.): Die schöne Kirche, einst Abteikirche, im Stil rheinischer Zisterzienserbauten, stammt aus dem 12. Jahrhundert.
Senones (17 km nordöstl.): Mit einer Benediktinerabtei (18. Jh.)

Saint-Émilion: *Seine Weine mit kräftiger Blume und herbem Charakter sind berühmt, aber auch der Ort selbst hat mit seinen Kirchen, alten Häusern und anderen Zeugen mittelalterlicher Vergangenheit viele Reize.*

Saint-Dizier 12/D 2

Église Notre-Dame: Die Kirche aus dem 18. Jh., mit einer Fassade aus dem 15. Jh., hat eine Innenausstattung, die mehrere Skulpturen aus der Schule der Champagne des 14. und 15. Jh. enthält.

Église Saint-Martin-de-la-Noue: Der Bau aus dem 13./14. Jh. wurde im 17. Jh. teilweise erneuert.

Wassy-sur-Blaise (18 km südl.): In der im Blaise-Tal gelegenen Ortschaft steht eine im Stil rheinischer Romanik erbaute Kirche, die im 17. Jh. in gotischem Stil verändert wurde. – Am Bürgermeisteramt (Mairie) ist eine eigenartige astronomische Uhr zu sehen.

Saint-Émilion 29/B 3

Der Ort liegt, amphitheaterförmig erbaut, auf einem Kalksteinberg, der das Dordogne-Tal beherrscht. Seine Hauptsehenswürdigkeit ist die im 11./12. Jh. geschaffene, monolithische Kirche, deren Räume aus einem Felsen herausgehauen wurden. Sie ist das älteste Werk dieser Art in Frankreich. Links neben ihr steht die Kapelle „Chapelle de la Trinité" aus dem Beginn des 13. Jh. Unter ihr liegt die schlichte Einsiedelei mit dem „Bett des Heiligen Émilion" (Lit de Saint Émilion). Zur Rechten erhebt sich, alleinstehend, ein Glockenturm aus dem 12. Jh., der, in der Form zugleich majestätisch und beschwingt, bis zu einer Höhe von 67 m emporsteigt.

Église collégiale: Die Stiftskirche mit einem romanischen Schiff und gotischem Chor, die in schlechten Proportionen zueinander gebaut wurden, besitzt einen Kreuzgang aus dem 14. Jahrhundert.

Cloître des Cordeliers: Dieser Kreuzgang sowie die Ruinen einer Kirche (14./15. Jh.) und die Gebäude einer ehemaligen Abtei mit einem eleganten Schatzmeisterhaus stehen heute auf dem Gelände einer Weinhandelsfirma.

Palais Cardinal: Die Reste eines Kardinalspalastes mit romanischer Fassade (12. Jh.) sind umgeben von zahlreichen alten Häusern.

Saint-Martin-de-Mazerat (600 m westl.): Mit einer eigenartigen Kirche aus dem 11./12. Jahrhundert.

Montagne (4 km nordöstl.): Im Ort stehen eine romanische Kirche aus dem 12. und ein Schloß („Château des Tours") aus dem 14. – 16. Jh.

Château de Montaigne* (21,5 km östlich).

Saint-Étienne 31/C 2

Die große Industriestadt hat wenige bedeutende Bauwerke außer dem „Palais des Arts", einem weitläufigen Gebäude, in dem das Kunstmuseum („Musée des Beaux-Arts") mit Sammlungen zeitgenössischer Malerei, das Waffenmuseum („Musée d'Armes") und das Bergbaumuseum („Musée des Mines") untergebracht sind. In den Gartenanlagen beim Palais sind moderne Plastiken aufgestellt.

Église Saint-Étienne: Die Kirche stammt aus dem 15. Jahrhundert.

Rochetaillée (7 km südöstl.): Die malerische alte Ortschaft liegt unterhalb der Ruinen eines Schlosses auf einem Gelände, das steil zum Furan-Tal abfällt.

Saint-Rambert-sur-Loire (14 km nordwestl.): Mit einer Kirche aus dem 11./12. Jh. und einem Museum, das regionale und afrikanische Kunst zeigt.

Le Pertuiset (17 km westl.): Nach einer Fahrt über Firminy, einem Ort mit einem Kulturhaus, mit Stadion und einer Wohnsiedlung, die Le Corbusier entworfen hat, kommt man zu diesem malerischen Landstrich am Ufer der Loire. In ihm ist durch das Stauwerk von Grangent eine weite, in vielfachen Windungen über 25 km sich dahinziehende Wasserfläche entstanden.

Massif du Pilat (20 km südöstl.): Gebirge mit Aussichtshöhe „Crêt de la Perdrix" (1 434 m).

Saint-Étienne-de-Tinée 39/A 2

In diesem Treffpunkt für Wintersportler und Bergsteiger steht eine Kirche des 17. Jh. mit einem gotischen Chor aus dem 16. Jh.

Kapellen: Sehenswerte Fresken gibt es in der „Chapelle du couvent des Trinitaires" (17. Jh.), in der „Chapelle Saint-Sébastien" (Arbeiten von Jean Canavesi und Jean Baleisoni, 15. Jh.) und in der „Chapelle Saint-Maur" (15. Jahrhundert) zu sehen.

Auron (7 km südl.): Ein Wintersportplatz in 1 600 m Höhe mit einer Seilbahn bis zur Höhe („Las Donnas", 2 300 m).

Isola (14 km südöstl.): Ein Wintersportplatz in herrlicher Lage (2 000 m). Von hier führt eine abwechslungsreiche Straße nach **Saint-Sauveur-sur-Tinée***.

Jausiers* (50 km nordwestl.): Zu dem Ort führt die „Route du Col de la Bonette" (2 802 m) eine über 58 km lange herrliche Strecke.

Saint-Florent 45/A 2

Das Bild des bedeutenden Badeorts und Sporthafens wird von der weitläufigen genuesischen Zitadelle beherrscht. In einer Entfernung von 1 km erhebt sich die ehemalige Kathedrale von Nebbio,

Saint-Florent: *An das Bild eines Dame-Spiels erinnert die Anordnung der grünen und weißen Steine bei der romanischen Kirche von Murato.*

zu Beginn des 13. Jh. im romanischen Stil von Pisa erbaut. Sie hat Kapitele mit Tierdarstellungen.
Murato (17 km südl.): Bei dem Ort (1 km entfernt) steht die Kirche San Michele, deren äußeres Mauerwerk in origineller Weise aus dunkelgrünen und weißen Steinen aufgeführt wurde. Die Seitenfenster sind mit sehr sorgfältig gearbeitetem bildhauerischem Schmuck verziert.
Santo-Pietro-di-Tenda (16 km südwestl.): Mit einer bemerkenswerten Kirche aus rötlichen Steinen. In deren Nähe stehen Ruinen der romanischen Kirche San Pietro (13. Jahrhundert).

Saint-Florent
-le-Vieil 16/D 2
Das hübsche Dorf mit schiefergedeckten Häusern liegt auf einem Hügel über dem Loiretal.
Église: In einer Kapelle der Kirche beachte man das Grab von Bonchamps, einem Führer der Aufständischen der Vendée im 18. Jahrhundert, ein von David d'Angers gearbeitetes Werk.

Musée des Guerres de Vendée: Das Museum über die Vendée-Kriege befindet sich in der Kapelle Sacré-Coeur (17. Jh.).
Château de la Bourgonnière* (6 km westlich).
Chalonnes-sur-Loire (22 km östlich): Von hier führt eine Straße („Corniche angevine") durch eine reizvolle Landschaft, an der Loire entlang, nach Rochefort-sur-Loire.

Saint-Flour 31/A 3
Die stille kleine Stadt ruht auf dem Plateau eines Basaltberges mehr als 100 m über dem Ander-Fluß. Sie hat noch schöne Adelshäuser aus früheren Jahrhunderten.
Cathédrale: In der gotischen Kathedrale (14./15. Jh.) befindet sich ein Bildwerk „Bon Dieu Noir" (Schöner schwarzer Gott, 15. Jh.).
Museen: Das Museum der „Haute-Auvergne" befindet sich im ehemaligen Bischofspalast und ein Heimatmuseum mit Möbeln, Gemälden und Email-Arbeiten aus dem Limousin im ehemaligen „Hôtel des Consuls" („Musée Douet").

Château de la Chaumette (2 km südöstl.): Ein Schloß des 17. Jh.
Viaduc de Garabit* (12 km südöstl.): Ein 95 m hohes Brückenwerk.
Roffiac (7 km nordwestl.): Mit einer romanischen Kirche, die einen mit Arkaden geschmückten Mauerturm hat. Südwestlich in Valuejols und Paulhac befinden sich ebenfalls noch interessante Kirchen.
Neussargues (23 km nordwestl.): Mit einer romanischen Kirche und einem Schloß (17. Jh.).
Mont Mouchet (39 km östl.): Ein 1 465 m hoher Berg mit einem Nationaldenkmal der französischen Widerstandsbewegung.

Saint-François
-Longchamp 32/C 2
Der Wintersportplatz erstreckt sich über die Hänge von drei Zentren: „Saint-François" (1 400 m), „Longchamp" (1 650 m) und „Col de la Madeleine" (2 000 m). Auf dem Gelände stehen zahlreiche Skilifts. Von den weiten Wiesenflächen des Gebiets „Col de la Madeleine" hat man einen schönen Blick auf die Südwestseite des **Mont Blanc***. Zum Berg „Cheval Noir" (2 837 m) steigt man in drei Stunden empor.

Saint-Gabriel
(Chapelle) 43/D 1
Umgeben von Zypressen und Olivenbäumen liegt diese Kapelle 5 km südöstl. von **Tarascon***: eine der schönsten romanischen Kapellen der Provence. Die Architektur der gegen Ende des 12. Jh. erbauten Kirche ist von Einflüssen der Antike bestimmt. Von besonderem Reiz ist der archaisch schlichte, sorgfältig gearbeitete bildhauerische Schmuck. Hinter der Kapelle findet man Ruinen eines Feudalschlosses und seiner Wehrmauern.

Saint-Gaudens 41/C 2
Église Saint-Pierre-et-Saint-Gaudens: Die ehemalige Stiftskirche (11./12. Jh.) ist ein romanischer Bau mit drei Schiffen und drei Apsiden. In der Stadt, die im Boulevard Jean Bepmale eine schöne Promenade besitzt, steht ein Denkmal zur Ehrung der drei Marschälle aus den Pyrenäen Foch, Joffre und Galliéni (1951).
Montmaurin (16 km nordwestl.): Hier wurden die Reste einer weiträumigen gallo-römischen Villa aus dem 4. Jh. auf einem Gelände von 18 ha im Save-Tal ausgegraben. In einem Museum sind die dabei gemachten Funde ausgestellt. Von Montmaurin führt eine Straße (D 9D) in und durch die Save-Schluchten, unter deren Felsüberhängen Spuren prähistorischen Lebens entdeckt wurden.

Saint-Geniez-d'Olt 36/D 2
Die alten Häuser am Ufer des Lot, den eine Brücke aus dem 18. Jh.

überquert, bieten einen malerischen Anblick, der durch einen hinter der Stadt emporsteigenden Felsen in seiner Wirkung vertieft wird.
Église des Pères: Die Kirche des 14. Jh. erinnert an das einst hier vorhandene Augustinerkloster, in dessen Bauten (17. Jh.) jetzt die Stadtverwaltung amtiert. In einem Raum ist ein sehr schönes Triptychon „Anbetung der drei Könige" (16. Jh.) zu sehen.
Église paroissiale: In der Pfarrkirche (18. Jh.) befindet sich ein Grabmal von Monseigneur de Frayssinous († 1842), das mit einem großen Relief von David d'Angers geschmückt ist.
Massif de l'Aubrac (56 km nördl.): Siehe **Marvejols*** und **Aubrac***.

Saint-Genis-des-Fontaines 43/D 3
Der Türsturz der Kirchenpforte wird als eines der ersten mit Figurenschmuck gearbeiteten Bildhauerwerke romanischer Zeit in Frankreich angesehen. Er entstand um 1020 und zeigt Christus als Herrscher, umgeben von den Aposteln.
Saint-André-de-Sorède (4,5 km östl.): Mit einer romanischen Benediktinerkirche aus dem 12. Jh.
Brouilla (3 km nordwestl.): Die romanische Kirche (12. Jh.) hat einen Chor in Kleeblattform.

Saint-Georges-de-Commiers 32/B 3
Beim Ort liegen ein Schloß mit einem Turm (14. Jh.) und, auf einer Anhöhe, eine romanische Kapelle („Notre-Dame-des-Autels") mit einer Krypta und Reste einer Priorei.
Notre-Dame-de-Commiers (3,5 km südlich): Die Kirche aus der Mitte des 16. Jh. steht beherrschend über dem Commiers-Deich, der zu einem weitläufigen Wasserwirtschaftskomplex gehört (mit den Fabriken und Werksanlagen von Champ und Saint-Georges-de-Commiers sowie dem Stauwerk von Monteynard).
Marcieu (23 km südl.): Von hier kann man zum „Mont Seneppi" (1 772 m) gelangen, der einen weiten Rundblick bietet.

Saint-Germain-de-Livet (Château de) 10/C 1
Eines der anmutigsten Schlösser des Auge-Gebiets. Sein äußeres Mauerwerk aus weißem Stein und Ziegelstein (15. und 16. Jh.), der mit rosa Ziegelsteinen nach Muster eines Schachbretts belegte Turm und die glasierten Dachziegel fügen sich zum Bild einer originellen architektonischen Anlage zusammen. Auch die Innenräume lohnen einen Besuch.

Saint-Germain-en-Laye 11/C 1
Château: Das Schloß, eine der bedeutendsten königlichen Residenzen, ist ein Renaissancebau. Es wurde unter Napoleon III. restauriert. Von einem vorher errichteten Gebäude, genannt „Château Vieux", stehen noch der Wehrturm von Karl V. und eine Kapelle, die bewundernswerte Sainte-Chapelle, erbaut vom Heiligen Ludwig, ein Wunderwerk gotischer Kunst des 13. Jh. Im alten Schloßbau befindet sich das „Musée des Antiquités nationales" (Nationalmuseum für Werke alter Kunst). Es zeigt hervorragende Sammlungen mit ungewöhnlich wertvollen Stücken aus vorgeschichtlicher Zeit bis zur Epoche des Hochmittelalters.
Place Gal.-de-Gaulle: Mit einer Kirche aus dem 18. Jahrhundert.
Weitere Sehenswürdigkeiten: Besondere Aufmerksamkeit verdienen noch das städtische Museum, das Musée du Prieuré (Symbolismus und Nabi) einige schöne Adelsbauten („Hôtel de Lauzun", „Hôtel de Maintenon") und die berühmten Terrassengärten von 2 400 m Länge, die Baumeister Le Nôtre angelegt hat. Von ihnen hat man einen weiten Rundblick über das Seinetal.
Forêt de Saint-Germain (8 km nördl.): In dem 3 500 ha großen Waldgelände liegen außer vielen schönen Ausflugszielen mehrere Schlösser und Lehrinstitute.
Château de Maisons-Laffitte* (8 km nordöstlich): Mit einem Museum der Flußschiffahrt.

Saint-Germain-Lembron 31/A 2
Der große Ort ist als Ausgangspunkt für Ausflüge sehr geeignet.
Nonette (5 km nordöstl.): Mit einer romanisch-gotischen Kirche, die ein archaisch-schlichtes Portal besitzt, und den weiträumigen Ruinen eines der mächtigsten Auvergneschlösser früherer Zeiten.
Château de Villeneuve-Lembron (6 km nordwestl.): Die Innenräume des Renaissanceschlosses (Anfang 16. Jh.) sind reich mit Holzarbeiten (Renaissance) und mit merkwürdigen allegorischen und satirischen Malereien (Ende 15. Jh.) dekoriert, besonders die Nordgalerie des Innenhofs, der Raum „Chambre de la Bergère" und das Gewölbe der Stallungen.
Lempdes (9 km südl.): Mit einer romanischen Kirche und Zugang zu den Schluchten „Gorges de l'Alagnon".
Ardes-sur-Couze (12 km südwestl.): Der Ort liegt am Eingang zum pittoresken Rentières-Tal, dem von mächtigen Basaltblöcken übersäten Obertal der Couze.

Saint-Germer-de-Fly 5/B 3
Von der im 17. Jh. gegründeten Abtei stehen noch ein Wehrtor (14. Jh.), das Eingangsgebäude (15. Jh.) und die in rein gotischem Stil errichtete Abteikirche aus der Mitte des 12. Jh., der bedeutendste Sakralbau des Bray-Landes. Der harmonisch gegliederte, zugleich imposante Chor ist 14 m lang. Ein überwölbter Gang verbindet die Kirche mit der „Sainte-Chapelle", einer eleganten Kapelle, die im 13. Jh. nach Vorbild der gleichnamigen Pariser Kapelle gebaut wurde.

Saint-Gervais-les-Bains-Le-Fayet 32/D 1
Von den zwei benachbarten Orten ist der eine, Le Fayet, ein Thermalbad in der Ebene, der andere ein Ferienort, der auch zum Wintersport Gelegenheit gibt.
Le Fayet: Das Kurhaus des dicht mit Hotels und Villen besetzten Ortes liegt in einem weiten Parkgelände von 32 ha, das durch den Bonnant-Bach und zwei Wasserfälle besonders reizvoll wirkt. Die Kirche Notre-Dame-des-Alpes wurde 1938 in modernem savoyardischem Stil erbaut.
Saint-Gervais-les-Bains: Hier steht eine Kirche mit einer schönen zeitgenössischen Ausstattung in italienischem Geschmack. Ausflüge kann man zum „Pont du Diable" und zum Weiler „Les Pratz" (Kapelle aus dem 18. Jahrhundert) und zu den Ruinen eines Schlosses unternehmen.
Glacier de Bionnassay (10 km südöstl.): Zu diesem Gletscher fährt man mit der „Mont-Blanc"-Zahnradbahn durch eine grandiose Landschaft; vom „Col de Voza" (1 654 m) erreicht man mit einem Sessellift die Höhe des „Prarion" (1 860 m). Siehe **Chamonix***.
Mont d'Arbois (6 km südwestl.): Mit einer Seilbahn führen über zwei Stationen auf diesen Berg, dessen höchstes Plateau in 1 827 m Höhe liegt.
Saint-Nicolas-de-Véroce (9 km südl.): Über die sehr schöne D 43 erreicht man den Ort, in dessen Kirche ein reichhaltiger Kirchenschatz zu besichtigen ist.
Les Contamines-Montjoie (8,5 km südlich): Ein Ferienort für den Sommer und für den Wintersport, in 1 200 m Höhe. Von hier führt eine Straße zu der modernen, in savoyardischem Barockstil erbauten Kapelle Notre-Dame-de-la-Gorge.

Saint-Gildas-de-Rhuys 16/A 2
Église: Die im 18. Jh. wiederaufgebaute romanische Abteikirche hat noch bedeutende Bauteile aus dem 11. Jh. und in ihrem Innern sehenswerte Kapitelle aus dem 12. Jh. An der Südseite stehen Abteigebäude des 18. Jh. mit einem Kreuzgang.
Port Navalo (10 km nordwestl.): Hafenort mit schönem Strand.

Saint-Gilles-du-Gard 43/C 1
Abbatiale Saint-Gilles: Die drei herrlich gemeißelten Portale der ehemaligen Abteikirche (Ende 12.

Saint-Gilles-du-Gard: *Die großartige Fassade der Abteikirche, ein Meisterwerk romanischer Bildhauerei, hat drei Portale, die mit Figuren der zwölf Apostel und mit Darstellungen des Lebens Christi geschmückt sind.*

Jh.) sind ausgestattet mit Darstellungen aus dem Leben Christi, Meisterwerken romanischer Bildhauerkunst. Besonders schön ist das Mittelportal mit einem Giebelfeld, das Christus als Herrscher zeigt, umgeben von den Symbolen der vier Evangelisten.
Crypte: Die Krypta, eine richtige unterirdische Kirche, hat prachtvolle Spitzbogengewölbe, die zu den ältesten in Frankreich gehören (Mitte 12. Jh.).
Vis de Saint-Gilles: Die Wendeltreppe im Nordturm ist eine ausgefallene architektonische Anlage.
Station de Pompage de Pichegru (4,5 km nördl.): An der Strecke nach Bellegarde liegt diese Pumpanlage, eine der bedeutendsten in Europa, die ein Kernstück der Wasserversorgung im Rhônetal ist.

Saint-Guénolé 15/B 1
Der Fischereihafen liegt, umgeben von einsamen Heidelandschaften, an einer Felsenküste.
Chapelle Notre-Dame-de-la-Joie (2 km südl.): Die Kapelle mit einem Kalvarienberg stammt aus dem 16. Jahrhundert.
Musée préhistorique (2 km nordöstl.): Das prähistorische Museum der Region Finistère.
Penmarc'h (2,5 km östl.): Mit der sehenswerten spätgotischen Kirche Saint-Nonna. Auf der felsigen Landzunge von Penmarc'h erhebt sich, von Klippen umgeben, der 67 m hohe Leuchtturm (Phare) von Eckmühl.
Le Guilvinec (5 km südöstl.): In diesem Hafen der Langustenfischer kommen die Boote allabendlich zwischen 15 und 17 Uhr heim.

Saint-Guilhem -le-Désert 43/A 1
Das Dorf zwischen steilen Felsen in den engen Schluchten des Verdus, überragt von den Ruinen eines Schlosses, gruppiert sich um zwei parallellaufende Straßen, die durch schmale, überwölbte Passagen miteinander verbunden sind.
Abbaye de Saint-Guilhem-le-Désert: Von der großen Abtei steht nur noch die Abteikirche. Der markanteste Teil ihres Außenbaus ist die romanische Apsis, die von zwei kleineren Apsiden eingerahmt wird und mit 18 bogenförmigen Nischen in Kronenform verziert ist. In dem Schiff aus dem 11. Jh., dessen Linienführung Ernst und Strenge ausstrahlt, sind kostbare Skulpturenreste des 12. Jh. zu sehen.
Cirque de l'Infernet (10 km westl.): Ein großartiger Bergkessel zwischen vielfarbigen Felssäulen, durch den der Verdus fließt.
Causse-de-la-Selle (14 km nordöstl.): In der Nähe liegen die „Gorges de l'Hérault", Schluchten mit phantastisch geformten Felsen.

Saint-Hippolyte 20/D 3
Der Ort am Zusammenfluß von Doubs und Dessoubre, unterhalb bewaldeter Steilhänge, hat noch viel von seinem Aussehen in früheren Zeiten bewahrt. Er ist heute ein typischer Sommerferienort und wird von Forellenfischern besonders geschätzt.
Vallée du Doubs (5 km nördl.): Das Tal des Doubs wird in Richtung **Montbéliard*** zu einer Schlucht, die von steilen Felsen eingeengt ist.
Vallée du Dessoubre (5 km südwestl.). Ein schönes Jura-Tal. Siehe „**Cirque de Consolation**"*.

Saint-Guilhem-le-Désert: *Am Zusammenfluß von Verdus und Hérault drängt sich das Dorf pittoresk um die berühmte Abteikirche (11. Jh.).*

Saint-Jean-Cap-Ferrat 45/B 1

Das frühere Fischerdorf ist ein bedeutender Wohn- und Badeort geworden. Er liegt an der Ostküste der Halbinsel, die vom Kap Ferrat gebildet wird und teilweise mit prachtvollen Privatbesitzungen belegt ist. Der Zoo und die Parkanlagen mit einem exotischen Garten, in dem in Freiheit gehaltene Reptilien zu sehen sind, lohnen einen Besuch.

Musée Ile-de-France: Das Museum in der ehemaligen Villa Ephrussi zeigt reichhaltige Sammlungen aus verschiedenen Bereichen: Naive Kunst, Möbel des 17. und 18. Jh., Kunst aus dem Fernen Osten, sowie Zeichnungen und Tuschbilder von Fragonard.

Beaulieu (1,5 km nördl.): In dem Sommer- und Wintersportplatz (mit bedeutendem Bootshafen) an einer kleinen Bucht steht die „Villa Kérylos", die Rekonstruktion eines prunkvollen Hauses im klassischen Griechenland. Sie wurde zu Beginn des 20. Jh. durch den Archäologen Théodore Reinach errichtet. (Montags geschlossen.)

Eze-Village* (7 km nordöstl.): Über die Küstenstraße und Eze-sur-Mer zu erreichen.

La Turbie* (15 km nordöstlich).

Saint-Jean-d'Angély 23/A 3

In der Altstadt mit ihren kleinen Plätzen und gewundenen Straßen gibt es noch viele alte Häuser mit Holzplattenverkleidung (15./16. Jh.) sowie schöne herrschaftliche Bauten (17./18. Jahrhundert).

Abbatiale: Die Front der einstigen Abteikirche (ein „Les Tours" genanntes Bauwerk des 18. Jh.) ist unvollendet geblieben.

Musée: Im Museum befinden sich archäologische Sammlungen.

Sehenswerte Profanbauten: Der Uhrturm, ein Wachtturm (14. Jh.) und der Springbrunnen „Fontaine du Pilori" (Renaissance).

Fenioux (9 km südwestl.): Mit einer romanischen Kirche, die einen von Fensteröffnungen durchbrochenen Glockenturm und eine bemerkenswerte romanische Toten-Laterne aus dem 12. Jh. besitzt. Im nahegelegenen Turm „Tour de Biracq" (2 km südwestl.) besteht ein Folklore-Museum der Saintonge.

Landes (8 km nordwestl.): In der romanischen Kirche sind Mauermalereien aus dem 13. Jh. zu sehen.

Saint-Jean-de-Luz 40/B 1

Der Hafen ist, besonders bei der Rückkehr der Fischerboote, sehr belebt. Das Zentrum der Stadt bilden die Nivelle-Quais, der Bau „Maison de l'Infante" aus Mauerwerk von roten Backsteinen, die mit weißen Steinen eingefaßt sind, sowie der Platz „Place Louis XIV." An ihm stehen das Rathaus (Mitte 17. Jh.) und das mit Türmchen ausgestattete Gebäude „Château Lohobiague", auch „Maison de Louis XIV" genannt, erbaut 1635.

Église Saint-Jean-Baptiste: In dieser Kirche (15. bis 17. Jh.) heiratete Ludwig XIV. die Infantin Marie-Thérèse. Sie ist eine typische Baskenkirche mit einem bildhauerisch prunkvoll gestalteten, monumentalen Altaraufsatz.

Casino: Am „Boulevard de la Plage", der an der Meeresbucht entlang führt, liegt das Casino.

Ciboure (1 km südwestl.): Die alte baskische Stadt am linken Ufer der Nivelle zeigt in ihren malerischen Straßen noch zahlreiche alte Häuser. Bemerkenswert ist die Kirche (16./17. Jh.) mit einem kuriosen achteckigen Glockenturm. Von Ciboure kann man einen Ausflug zur Landzunge „Pointe de Socoa" mit einem Fort (17. Jh.) unternehmen.

Bordagain (2 km westl.): Mit Kapelle und Observatorium.

Ascain (7 km südöstl.): Von dieser Ortschaft mit einer typisch baskischen Kirche geht es zum 900 m hoch gelegenen Bergort „La Rhune", in dreistündiger Fußwanderung oder mit der Zahnradbahn ab „Col de Saint-Ignace" (2 km von Ascain entfernt). Vom Col führt die D 4 hinab nach Sare, einem für das Baskenland besonders charakteristischen Dorf.

Saint-Jean-de-Maurienne 32/C 2

Cathédrale Saint-Jean-Baptiste: Die Kathedrale in der alten Stadt wurde vom 11. bis 15. Jh. gebaut. Im Innenraum, in dem sich mehrere Gräber befinden, kann man im Chor ein eigenartiges, fein gearbeitetes Ziborium aus Alabaster (15. Jh.) und 82 herrlich skulptierte Chorstühle (Ende 15. Jh.) besichtigen. Unter dem Bau wurde eine schlichte Frühkirche (6. Jh.) ausgegraben. Der Kreuzgang ist in spätgotischem Stil geschaffen.

Modane (31 km südöstl.): Der Internationale Bahnhof, über dem im Norden das 1 723 m hoch gelegene Fort de Sappey zu sehen ist, bildet den Ausgangsort für den Autotransport per Eisenbahn durch den Tunnel von Fréjus zwischen Modane und Bardonnechia.

Lanslebourg-Mont-Cenis (54 km östl.): Der 1 397 m hoch liegende Wintersportort ist verbunden mit dem Ort Landslevillard, dessen Kapelle Saint-Sébastien (15. Jh.) einen Besuch lohnt, da in ihr volkstümliche Wandmalereien aus der Mitte des 15. Jh. zu sehen sind. In der Pfarrkirche steht ein bemerkenswerter Altaraufsatz (Anfang 16. Jh.). Von Lanslebourg führt die Straße in Serpentinen zum Col du Mont-Cenis (2 038 m), zum neuen Hospiz (erbaut 1967), zum Stauwerk von Mont-Cenis (1963 – 1967) und zum See „Lac du Mont-Cenis" mit einer Gesamtfläche von 668 ha sowie zur französisch-italienischen Grenze, nach Suse.

Saint-Jean-de-Monts 22/B 1

Der Hauptstrand dieser Ortschaft ist mit dem Strandgebiet „Plage des Demoiselles" im Südosten durch eine prachtvolle 2 km lange und 70 m breite Dammstraße verbunden, die mit ihren modernen Bauten der Küste ein farbiges Aussehen verleiht.

Fromentine (16 km nördl.): Von hier geht ein regelmäßiger Schiffsdienst zur Insel **Noirmoutier***.

Croix-de-Vie (18 km südöstlich): Eine Höhenstraße „Corniche vendéenne" führt über Sion zu diesem Fischerhafen an der Mündung der Vie, zu Füßen steiler Felsen.

Saint-Jean-de-Luz: Fischerboote und Vergnügungsyachten liegen nebeneinander im Hafen vor den farbigen baskischen Häusern.

Saint-Jean-du-Doigt 8/C 1
In der typisch bretonischen Stadt, die 700 m vom Meer entfernt liegt, stehen im Pfarreibereich eine Triumphpforte und ein Springbrunnen aus der Renaissance.
Église: Neben der spätgotischen Kirche steht eine Begräbniskapelle (Mitte 16. Jh.). Im Kirchenschatz befinden sich mehrere Reliquiare, darunter eines mit dem Zeigefinger des Heiligen Jean-Baptiste (Wallfahrt am 23. und 24. Juni).
Lande de Primel (7 km nordwestl.): Über Plougasnou (mit einer Kirche aus dem 16. Jh.) und Primel-Trégastel erreicht man diese Heidelandschaft. Ihre prachtvollen rötlichen Felsen stoßen als gewaltige Klippen ins Meer vor.

Saint-Jean-Pied-de-Port 40/C 2
Die einst befestigte Stadt zählt zu den reizvollsten Orten des Baskenlandes. (Sie wird im Sommer mit einer Musik- und Licht-Schau präsentiert, „Son et Lumière".) Mauern aus dem 15. und 17. Jh. umgeben die Altstadt, in die man durch drei Tore eintritt („Porte de France", „Porte de Navarre" und „Porte Saint-Jacques").
Rue de la Citadelle: Die Straße, an der zahlreiche Häuser aus rotem Sandstein (16./17. Jh.) stehen, darunter das sonderbare Haus „Prison des Évêques", führt in mehreren Kurven zur Zitadelle aus dem 17. Jahrhundert.
Église Notre-Dame-du-Pont: An der roten Sandsteinkirche, die im 18. Jh. vollendet wurde, befindet sich ein Portal aus dem 16. Jh.
Quartier Neuf: Auf dem anderen Ufer der Nive dehnt sich dieses Stadtviertel des 17. Jh. aus. Es ist ebenfalls von Stadtmauern umgeben und wird durchquert von der Rue d'Espagne, mit vielen alten Häusern. Von der zwischen ihr und der Rue de la Citadelle liegenden alten Brücke hat man einen sehr schönen Blick auf die Stadt.
Esterençuby (8 km südöstl.): Durch das obere Tal der Nive und eine wilde Schlucht gelangt man zu diesem Ort.
Saint-Étienne-de-Baigorry (11 km westl.): Von hier führt eine Straße in das Tal „Nive des Aldudes", in dem die baskischen Bräuche noch lebendig sind. Von „Les Aldudes" geht es nach Spanien.
Iraty (27 km südöstl.): Über Saint-Jean-le-Vieux, Mendive, das Laurhibar-Tal und den „Col de Burdin-Curutcheta" (1 300 m) kommt man zum Wald und Ort von Iraty.

Saint-Junien 29/D 1
Collégiale: In der Stiftskirche, einem sehr schönen romanischen Bau im Stil des Limousin (11./12. Jh.), befindet sich das Grab des Heiligen Junien, ein Meisterwerk der Bildhauerei des 12. Jh.
Chapelle Notre-Dame-du-Pont: Kapelle mit bildhauerisch hervorragend gearbeiteten Teilen (15. Jh.).
Site Corot: Der „Platz des Malers Corot" verweist darauf, daß die Uferlandschaft der Glane viele Künstler zu Bildern angeregt hat.
Aixe-sur-Vienne (28 km südöstl.): Auf der D 32 kommt man durch das Tal der Vienne über Saint-Victurnien, dessen Kirche im 12. und 14. Jh. gebaut wurde, in den Ort, in dem eigenartige Ausstellungen von Reliquien (alle sieben Jahre) stattfinden; die nächste 1981. Der Ort hat eine romanische Wehrkirche aus dem 15. Jahrhundert.

Saint-Laurent-en-Grandvaux 26/B 2
Von dem Ort, der herrlich auf einem Plateau zwischen Berggipfeln liegt, gelangt man zum See „Lac de l'Abbaye" und zu der Abtei von Grandvaux mit einer Kirche aus der Mitte des 17. Jahrhunderts.

Saint-Léonard-de-Noblat 30/A 1
Église Saint-Léonard: In der alten Stadt oberhalb der Vienne entdeckt man die romanische Kirche (11./12. Jh.) mit einem herrlichen Glockenturm im Stil des Limousin. Im Innern befinden sich eine ungewöhnliche, kuppelgedeckte Taufkapelle in Rotundenform („Saint-Sépulcre") und über dem Hauptaltar ein vergitterter Käfig mit den Reliquien des Heiligen Léonard, Schutzpatron der Gefangenen.
Vallée de la Maulde (11 km südöstl.): Das Maulde-Tal. Siehe **Eymoutiers***.

Saint-Leu-d'Esserent 11/C 1
Église: Die wie ein großartiges Schiff romanischer Baukunst auf einem Felsenberg über der Oise erbaute Kirche besitzt einen weiten gotischen Chor. Er ist eines der markantesten Beispiele der Entwicklung im Sakralbau des 12./13. Jh. Eine wehrhafte Pforte bildet den Zugang zur Priorei, von deren Kreuzgang (12. Jh.) nur noch zwei Galerien vorhanden sind. Von einem unterirdischen, mit Spitzbogengewölbe versehenen Saal gelangt man in mehrere Kammern und Gänge, die in den Boden vorgetrieben wurden.

Saint-Lizier 41/D 3
Cathédrale: Die romanische Kathedrale des Orts, in dem noch Teile der römischen Wallmauer zu sehen sind, stammt vom Ende des 11. Jh. Sie wird überragt von einem achteckigen Glockenturm aus Backsteinen im Toulouser Stil des 14. Jh. Der bezaubernde, zweistöckige Kreuzgang mit Kapitellen, die mit Ornamenten oder szenischen Darstellungen verziert sind, entstand im 12. und 15. Jh.
Palais épiscopal: Im ehemaligen Bischofspalast (heute Psychiatrie) besitzt die bischöfliche Kapelle schöne Holzverkleidungen aus dem 17. Jahrhundert.
Saint-Girons (2 km südl.): Die Kirche hat eine romanische Fassade und einen zinnengekrönten Glockenturm.
Montjoie (2 km östl.): Von diesem im 14. Jh. befestigten, mit Stadtmauern, Toren, Türmen und einer Wehrkirche ausgestatteten Dorf gelangt man nach Montesquieu-Avantès mit den Höhlen „Grottes du Tuc d'Audoubert" und „Trois Frères", in denen man prähistorische Funde machte.

Saint-Loup-de-Naud: Die stämmig gebaute, ehemalige Prioratskirche hat ein herrliches, mit Säulen geschmücktes Portal aus dem 12. Jh.

Saint-Malo: *Die im Krieg schwer beschädigte Stadt wurde restauriert. Von den wiederaufgebauten alten Wällen des Festungsviertels „Ville close" hat man einen weiten Blick auf die Mündung der Rance.*

Saint-Lô 10/A 1
Die Stadt wurde im Krieg zu 80 Prozent zerstört. Ihre Kathedrale Notre-Dame (15./16. Jh.) hat auf der linken Außenseite noch eine gut gemeißelte Freiluftkanzel.
Musée: Im Rathaus zeigt das Museum schöne Wandteppiche (Ende 16. Jh.) und Gemälde des 19. Jh.
Gestüt: Bei dem bedeutenden Gestüt gibt es im Sommer Pferde-Vorführungen (Samstag morgens).
Mémorial: 2 km außerhalb der Stadt liegt eine Krankenhaus-Gedenkstätte „Hôpital mémorial France-USA" (1956 geschaffen) mit einem mächtigen Mosaik von Fernand Léger an der Außenwand.
Château de Canisy (9 km südwestl.): Das Schloß im Stil Ludwig XIII. liegt am Rand eines Sees.
Condé-sur-Vire (10 km südl.): Hier besteht die größte Milchwirtschaft-Kooperative Europas.
Torigni-sur-Vire (13,5 km südöstl.): Mit hübschem Schloß aus dem 16./17. Jh., in dem das Bürgermeisteramt untergebracht ist, und zwei interessante Kirchen.

Saint-Loup-de-Naud 12/A 2
Kirche: Der Bau ist eine der ältesten Kirchen der „Île-de-France" (Ende 11. Jh.) und hat ein sehr schön gearbeitetes, mit Säulenstatuen geschmücktes Portal (zwischen 1167 und 1170 erstellt). Das Giebelfeld zeigt Christus in seiner Herrlichkeit, umgeben von den Evangelisten. Im Innern kann man den Übergang von der romanischen zur frühen gotischen Kunst feststellen, und zwar zwischen dem Chor (Ende 11. Jh.) und dem Beginn des Schiffs; die ersten Gewölbefelder zwischen Pfeilern (12. Jh.) sind in Form von gekreuzten Spitzbogenwölbungen gearbeitet.

Saint-Maixent -l'École 23/B 2
Die Stadt mit einem Tor und einem Rathaus aus dem 18. Jh. besitzt noch mehrere Häuser aus früheren Jahrhunderten und Abteigebäude (17. Jh.), die als Kaserne dienen.
Église Saint-Maixent: Die im 16. Jh. teilweise zerstörte, im 17. Jh. in spätgotischem Stil erneuerte Kathedrale enthält Bauteile aus dem 11. und 13. Jh. In einer Krypta aus dem 11. Jh. befinden sich die Gräber des Heiligen Maixent und des Heiligen Léger (11. Jh.). Eine weitere Krypta aus dem 7. Jh. befindet sich unter der benachbarten Kirche Saint-Léger.
La Mothe-Saint-Héray (11 km südöstl.): Mit einer Kirche des 15. Jh., Resten eines Schlosses aus dem 16./17. Jh. und dem Haus „Maison des Rosières". (Rosières nannte man tugendhafte junge Mädchen, die einst mit Rosenkronen ausgezeichnet wurden.) Das Fest der Rosenmädchen findet am 2. Montag im September statt.
Sanxay (22 km nordöstl.): Mit Resten römischer Bauten (Tempel, Theater, Thermen).
Château du Couldray-Salbart (19,5 km westl.): Schloßruinen aus dem 13. Jahrhundert.

Saint-Malo 9/C 2
Saint-Malo, Saint-Servan, Paramé und Rothéneuf bilden eine Ortschaft. Nach ihrer Zerstörung (1944) wurde die alte Festungsstadt Saint-Malo im Stil früherer Zeiten wiederaufgebaut: mit Granithäusern nach Art des 17. und 18. Jh. innerhalb der Wallanlagen.
Château: In dem mächtigen, vieltürmigen Schloß des 15. Jh. liegen die beiden Wachttürme von 1393 und 1424 mit einem Museum.
Cathédrale: In der befestigten Altstadt ist allein die Kathedrale unzerstört geblieben. Der Bau mit Außenwänden der Renaissance und der klassizistischen Epoche besitzt ein romanisches Schiff und einen gotischen Chor mit Seitenschiffen und Kapellen (14./15. Jh.). Sehr schön sind die Fenster des Malers Le Moal (1972 – 1974).
Saint-Servan: Die Meeresbucht „Anse des Sablons" wird von zwei mit Befestigungen versehenen Landspitzen eingerahmt. Man kann die unterirdischen Verteidigungsanlagen nicht mehr besichtigen, die von den Deutschen 1942 – 1944 auf der Halbinsel „Presqu'île de la Cité" angelegt wurden. Im Turm „Tour Solidor" (14. Jh.) an der Rance-Mündung ist ein Museum eingerichtet. Sehenswert sind auch der Hafen „Port Solidor" und die Kirche Sainte-Croix (18./19. Jh.).
Paramé: Der Ort erstreckt sich an einem weiten Strand, an dem eine 1,5 km lange Promenade liegt.
Rothéneuf (4 km nordöstl.): In dem Badeort sind einige Felsen zu sehen, die zu Beginn des 20. Jahrhunderts von dem Abbé Fouré bildhauerisch bearbeitet wurden.
Fort National: Die aus dem 18. Jh. stammende Festung auf einer Insel im Meer kann man bei Ebbe zu Fuß erreichen; ebenso die Inseln „Grand Bé" und „Petit Bé".
Île de Cézembre (4 km nordwestl.): Mit dem Schiff zu erreichen.

Saint-Martin -aux-Bois 5/D 3
Abbatiale: Die imposante Abteikirche (13. Jh.), zu der man durch das wehrhafte Tor der einstigen Abtei gelangt, gehört zu den bemerkenswertesten Kirchen des „Île-de-France"-Gebiets. Steht man im

Kirchenraum, wirkt das Schiff, das fast so hoch (27 m) wie breit (31 m) ist, dank der elegant in die Höhe schießenden Führungslinien der Fenster so, als sei es von Lichtwänden gebildet. Im Chor ist ein sehr schönes Gestühl zu sehen.
Maignelay-Montigny (5 km nordwestl.): Der Ort besitzt eine interessante Kirche (16. Jh.), mit einem vieleckigen Vorhallenbau und einem spätgotischen Portal. Im Innern ist der eigenartige, aus Holz gearbeitete flämische Altaraufsatz (16. Jh.) zu beachten.

Saint-Martin -de-Boscherville 5/A 3
Siehe „Abbayes normandes"*.

Saint-Martin -de-Londres 43/B 1
Im Bereich der ehemaligen Priorei, den ein Kreis alter Häuser und zwei befestigte Tore umgrenzen, steht eine bedeutende romanische Kirche (Anfang 12. Jh.), die nach kleeblattförmigem Grundriß gebaut ist.
Ravins des Arcs (6 km nordwestl.): Einer der prachtvollsten Aussichtsplätze in den Cevennen, schwer zugänglich (nur über steile Bergpfade zu erreichen).
Pic Saint-Loup (9,5 km südöstl.): Ein 663 m hoher Berg, von dem man eine großartige Aussicht hat.

Saint-Martin-du-Canigou (Abbaye de) 43/C 3
Die im Jahr 1007 gegründete Abtei steht in einer Höhe von 1 095 m auf einem von steilen Abhängen begrenzten Felsenberg am Fuß des **Canigou***. Sie wurde zu Beginn des 20. Jh. stark restauriert. Zu ihr gehören eine Oberkirche, die dem Heiligen Martin geweiht ist (11. Jh.) und eine Krypta Notre-Dame-de-la-Souterraine. In dem rekonstruierten Kreuzgang kann man romanische Kapitelle (Anfang 11. Jh.) sehen. Die Klosterbauten sind in neuerer Zeit entstanden.

Saint-Martin -Vésubie 39/A 3
Der Ort wird Hauptstadt der „Suisse niçoise", der Nizzaer Schweiz genannt, einem von grünen Tälern und steilen Bergen gebildeten Gebiet mit zwei Bergsteigerschulen („Haut Boréon" und „Valdeblore"). Die enge, aufsteigende Straße Rue Droite hat in ihrer Mitte noch immer eine Gosse für den Wasserablauf.
Kirchen: Sehenswert sind die „Église de l'Assomption", reich ausgestattet mit Holztäfelungen und Skulpturenschmuck (Ende 17. Jh.) und die schöne Kapelle „Chapelle des Pénitents-Blancs" aus derselben Epoche.
Madone de Fenestre (13 km nordöstl.): Ein schlichter Sakralbau in herrlicher Landschaft. Hinter einer Schutzhütte führt ein Weg zum See „Lac de Fenestre" auf 2 266 m Höhe (1 Stunde Aufstieg) und weiter zum „Col de Fenestre" (2 474 m).
Le Boréon (8 km nördl.): Ein Höhenort, von dem man schöne Wanderungen in die „Nizzaer Schweiz" unternehmen kann.

Saint-Maximin -la-Sainte-Baume 44/B 1
Abbaye: Die Abtei im gotischen Stil des Nordens (13. – 15. Jh.) besitzt ein weiträumiges Kirchenschiff ohne Chorumgang und ohne Querschiff. Das Gewölbe hat schöne, mit Szenen geschmückte Gewölbe-Schlußsteine. Sehenswert sind besonders der mächtige Orgelbau (1773), der Altaraufsatz mit der Passionsdarstellung von 1520, der Hintergrund der Apsis mit reichem Marmorschmuck, Bildtafeln und allegorischen Figuren, sowie der Hauptaltar, eine Kanzel des 18. Jh. und schließlich die rechteckige frühchristliche Krypta aus dem 5. Jh. mit vier Sarkophagen aus dem 4. und 5. Jh. (angeblich des Heiligen Maximin, und der Heiligen Madeleine, Marcelle und Suzanne).
Couvent royal: Im ehemaligen Königlichen Kloster aus dem 14. – 18. Jh. ist ein Lehrinstitut „Collège d'Échanges contemporains" untergebracht. Im Bau bestehen ein Kreuzgang aus dem 15. Jh. und Säle mit gotischen Spitzbogengewölben.

Saint-Michel 6/C 2
Église: Die weiträumige Kirche mit Renaissanceschiff, gotischem Querschiff und Chor, dazu einer Fassade (18. Jh.) zählt zu den wertvollsten Sakralbauten im Nord-Osten. Der im klassischen Stil gebaute Kreuzgang ist umgeben von den aus Backsteinen und Natursteinen aufgeführten Bauten der ehemaligen Abtei (Anfang des 18. Jahrhunderts).
La forêt: Der wildreiche, von Forellenbächen durchflossene Wald ist 3 000 ha groß.

Saint-Michel -de-Cuxa 43/C 3
Abbaye bénédictine: Die Abteikirche Saint-Michel stammt zum großen Teil aus dem 10. Jh. Ihre von Bogenformen bestimmte Architek-

Saint-Martin-du-Canigou: *Die romanische Abtei lagert in großartiger Landschaft auf einer Felsenkuppe.*

Saint-Michel-de-Cuxa: *Die Kapitelle mit fein gearbeiteten pflanzlichen Motiven sind der schönste Zierrat des Kreuzgangs der Benediktinerabtei (oben).*

Prades: *Die gotische Kirche Saint-Pierre, die einen romanischen Glockenturm hat, birgt in den Innenräumen zahlreiche Kunstwerke (rechts).*

tur ist der islamischen Kunst entlehnt, der viereckige Glockenturm ist lombardischen Typs. In der Mitte der kreisförmigen Krypta (Anfang 11. Jh.) befindet sich die Kapelle „Chapelle Notre-Dame-de-la-Crèche". Zwei Galerien des stark zerfallenen Kreuzgangs wurden wieder instandgesetzt. Die kleinen Säulen und Kapitelle sind aus rosa Marmor (12. Jh.).

Prades (3 km nördl.): Mit einer interessanten gotischen Kirche und einem lombardischen Glockenturm. Der geschnitzte Altaraufsatz (17. Jh.) zeigt mehr als 40 Figuren.

Molitg-les-Bains (10 km nordwestl.): Der bekannte Thermalkurort in der malerischen Schlucht „Gorge de la Castillane" verfügt über einen 15 ha großen Park und über Kureinrichtungen verschiedener Art sowie einen See und Tennisplätze.

Vinça (13 km nordöstl.): Die Altstadt drängt sich mit ihren engen Gassen um eine Kirche aus dem 18. Jh., deren Innenraum ein wahres Museum der Sakralkunst ist. Mit überladenem Prunk ist der skulptierte Altaraufsatz der Kapelle „Saint-Sacrement" gestaltet.

Valmanya (29,5 km südöstl.): Den Ort mit dem gleichnamigen Wald erreicht man auf der D 13 durch die Schluchten des Lentilla.

Saint-Michel-de-Frigolet (Abbaye) 37/D 3

Die Abtei liegt im „Jagdgelände" der von Alphonse Daudet in seinem Roman „Tartarin" beschriebenen „Mützenjäger". Unter den neugotischen Bauten gibt es einige romanische Teile und eine kleine Kirche, Saint-Michel (1. Hälfte 12. Jh.). Die heutige Abteikirche enthält die im Stil der provenzalischen Romanik gebaute schöne Kapelle Notre-Dame-du-Bon-Remède; sie ist mit herrlichen Holzschnitzereien (17. Jh.) dekoriert, die 14 Bilder von Mignard einrahmen. – Das Gästehaus (Hotellerie) ist für Reisende geöffnet. (Anmeldung notwendig.)

Barbentane (5,5 km nördl.): Das Schloß aus ockergelben Steinen, erbaut im 17. Jh., mit einer Ausstattung der Innenräume aus dem 18. Jh., erhebt sich über einer in mehreren Stufen ausgebreiteten Terrassenanlage in einem schönen Park. Im Ort sind sehenswert: die romanisch-gotische Kirche, der wehrhafte Herrensitz Puget-Barbentane (15. und 16. Jh.), ein mächtiger Wachtturm und befestigte Torbauten.

Boulbon: Mit den Ruinen eines Schlosses und einer romanischen Kapelle auf dem Friedhof.

Saint-Michel-de-Maurienne 32/C 3

Die alte Stadt, Zentrum eines reizvollen Kessels in bergiger Landschaft, zeigt sich mit malerischen Straßen, die sich in wechselnder Höhenlage dahinschlängeln.

Route des Grands Cols: In südlicher Richtung ist die Straße sehr kurvenreich bis zum „Col du Télégraphe" („Fort du Télégraphe", 1 640 m). Sie führt zunächst durch schöne Tannenwälder, dann in das grüne Becken von Valloire, einem Sommer- und Winterkurort (mit einer Kirche aus dem 17. Jh.). Schwebebahnen fahren zum „Lac Thimel" und zu den Gipfeln „La Sétaz" (2 250 m) und „Crêt Rond" (2 200 m). Die Route führt weiter durch den „Tunnel du Galibier" zum „Pas du Galibier" (2 645 m), dann in Serpentinen hinab zum **„Col du Lautaret"***, weiter nach **„Bourg-d'Oisans"***; von dort über Rochetaillée zum „Col du Glandon" und „Col de la Croix-de-Fer" nach **Saint-Jean-du Maurienne***.

Saint-Michel -l'Observatoire 38/B 3

Zwei Kirchen lohnen in diesem Ort einen Besuch: „Église haute Saint-Michel" (12. Jh.) und die ehemalige Prioratskirche der Benediktiner „Saint-Paul" (12. und 13. Jahrhundert), deren Schiff und Kuppel romanisch sind. Die Apsis stammt aus der Mitte des 16. Jahrhunderts, ein Altartisch aus dem 9. Jahrhundert.

Observatoire (2,5 km nördl.): Auf einer Höhe von 650 m liegt das Nationale Observatorium der Astrophysik in der Haute-Provence. (Besichtigungen mittwochs, 15 Uhr, und an jedem 1. Sonntag, morgens, April bis September.)

Saint-Michel -Mont-Mercure 22/D 1

Der Ort liegt auf einer der höchsten Erhebungen der Gâtine-Landschaft (286 m). Auf einem Turm der Kirche (19. Jh.) steht eine Kolossalstatue des Hl. Michael (Kupfer).

La Flocellière (2 km östl.): Mit Kirche (12.–16. Jh.) und Turm (13. Jh.).

Saint-Mihiel 13/A 1

In der Stadt mit interessanten Häusern (gotische Renaissance und Renaissance) sowie einem schönen Rathaus mit einer Fassade im Stil Ludwig XVI. verdienen zwei Kirchen eine Besichtigung: Saint-Mihiel" (13. Jh., Abteikirche 17. Jh.) mit romanischer Pforte und „Saint-Étienne" (Ende 15. Jh.) mit dem berühmten Monument „Saint-Sépulcre" von Ligier Richier (geschaffen 1540).

Saint-Nazaire 16/B 2

Von der alten Stadt, die 1943 zer-

stört wurde, ist praktisch nichts mehr zu sehen. Das Hafenbecken von Saint-Nazaire wird beherrscht von den gewaltigen Betonbauten für U-Boote, die von der Deutschen Wehrmacht im Zweiten Weltkrieg errichtet wurden.
La Grande-Brière* (15 km nördl.).
La Baule* (16 km westl.): Über die D 292 erreicht man den Badeort Saint-Marc, die Landzunge ,,Pointe de Chemoulin" und Sainte-Marguerite, bevor man über Pornichet (Badeort) in den großen und mondänen Badeort La Baule mit seinem herrlichen Kiefernwald ,,Bois d'Amour" gelangt.

Saint-Nectaire 30/D 2

Die Oberstadt, auf einem Hügel angelegt, wird von der Kirche beherrscht, die einen der schönsten romanischen Sakralbauten der Auvergne aus der Mitte des 12. Jh. darstellt. Im Innern sind besonders sehenswert: 103 Bildkapitelle, ein reicher Kirchenschatz mit der Büste des Heiligen Baudime (ein Meisterwerk der Goldschmiedekunst des Limousin aus dem Ende des 12. Jh.) sowie der Statue ,,Notre-Dame-du-Mont-Cornadore", einer ,,Marienkönigin" des 12. Jh. und weiteren kostbaren Kunstgegenständen. Die Unterstadt ist ein schattiger Kurort mit schöner Brunnenanlage. Hier sind ein Dolmen (vorgeschichtliches Kultdenkmal) und in der weiteren Umgebung zahlreiche Steinzeichen der Megalithkultur zu sehen.
Puy de Mazeyres (4 km östl.): Ein 919 m hoher Aussichtsberg.
Grottes du Puy de Châteauneuf (westl.): Interessante Höhlen.
Cascades des Granges (5 km südwestl.): Wasserfälle.

Saint-Nicolas -de-Port 13/C 2

Basilique: Die prachtvolle Basilika in spätgotischem Stil, mit einem fein gearbeiteten Hauptportal, wurde im 15. und 16. Jh. erbaut. Der Innenraum präsentiert sich als ein herrliches Schiff, 32 m hoch und 97 m lang, gegliedert durch ein Querschiff mit zwei Gewölbefeldern. Fenster aus dem 16. Jh., Chorstühle aus dem 17. Jh.
Chapelle des Fonts: In der Taufkapelle sind besonders bemerkenswert die Taufbecken (16. Jh.) und der Renaissance-Altaraufsatz.

Saint-Omer 1/C 2

Basilique Notre-Dame: In der Kirche, die vom 13. bis 15. Jh. erbaut wurde (das Südportal stammt aus dem 12. und 14. Jh.), ist ein Bauwerk, in dem man zahlreiche kostbare Kunstwerke besichtigen kann, darunter das sehr realistisch gearbeitete Grab des Bischofs Eustache de Croy (16. Jh.), die Gruppe ,,Le Grand Dieu de Thérouanne" (13. Jh.), sowie eine Rubens zugeschriebene Kreuzabnahme.
Église Saint-Denis: Eine Kirche, an der im 13., 15. und 16. Jh. gebaut wurde, mit Ruinen von Saint-Bertin (14./15. Jh.).
Musée Henri-Dupuis: Sehr schöne Sammlung europäischer und exotischer Vögel.
Musée Sandelin: Das in einem Hôtel (18. Jh.) einlogierte Museum zeigt flämische, holländische und französische Gemälde des 15. bis 18. Jh. sowie Elfenbeinarbeiten, Wandteppiche, mittelalterliche Kunstgegenstände und Goldschmiedewerk aus dem Maasgebiet (12. Jh.).
Watergangs: Über die D 209 gelangt man im Nordosten in ein Gewirr von Wasserläufen in ungewöhnlichen Landschaft. Hier war einst Sumpfgelände; es wurde in Gärten umgewandelt und ist heute von Entwässerungskanälen und Gräben durchzogen, die mit Kähnen zu befahren sind. Besonders malerisch ist ,,Le Romelaëre".
Forêt de Clairmarais (5 km östl.): Schönes Waldgebiet.
Arques (4 km südöstl.): Von diesem Ort kann man zum Hebewerk für Lastkähne in ,,Les Fontinettes" gelangen.

Saint-Papoul 42/B 2

Église: Die ehemalige Abteikirche des im 8. Jh. gegründeten Benediktinerklosters, jetzt Pfarrkirche, besitzt nur ein breites Schiff (13. Jh.), das mit einer romanischen Apsis versehen ist. Im Innenraum liegt das Mausoleum des Bischofs François de Donnadieu mit Statue und Sarkophag aus Marmor (17. Jh.); interessant sind außerdem die altertümlich-schlichten Bildkapitelle im Chor, der Kreuzgang aus dem 14. Jh. und der Turm ,,Tour des Juels" aus dem 13. Jh. Im Bereich der Stadt sind noch Reste der Stadtbefestigungen (13./14. Jh.) und zahlreiche ältere Häuser zu sehen.

Saint-Paul 45/A 1

Der einst befestigte Ort liegt in einer der berühmtesten Gegenden der ,,Côte d'Azur", auf einem Felsengrat oberhalb von zwei Tälern, in denen Orangen- und Olivenbäume, Obst- und Weingärten Früchte tragen. In der aus dem 12. und 13. Jh. stammenden Kirche sind zahlreiche Kunstwerke und ein wertvoller Kirchenschatz zu besichtigen.
Fondation Marguerite et Aimé Maeght (800 m nordöstl.): Auf dem Hügel ,,Colline des Gardettes" liegt dieses ,,Haus für die Kunst", eine Stiftung, mit ständiger Ausstellung der Werke von Braque, Bonnard,

Saint-Pol-de-Léon: *Die spitzen Türme der in reinstem Stil normannischer Gotik erbauten Kathedrale sind die Wahrzeichen des Léon-Landes.*

Miró, Bazaine, Tapiès, Ubac, einem weiten Giacometti-Hof und, im Terrassengarten, Skulpturen, Keramiken oder Mosaike von Giacometti, Miró, Tal Coat, Chagall, Calder.

Saint-Paul
-de-Fenouillet 42/C 3
Die kleine Stadt ist ein guter Ausgangspunkt für Ausflüge.
Château de Quéribus (15 km nordöstl.): Die Festung aus dem 11./12. Jh. breitet sich wie ein phantastisches Adlernest hoch auf einem Berg aus und beherrscht weithin die Landschaft.
Château de Peyrepertuse (26 km nordöstl.): Die großartigen Ruinen mit einem mächtigen Bergfried bedecken ein Gelände von 7 000 qm.
Lapradelles (17 km westl.): Über dem Ort stehen auf steilem Hang die Ruinen von „Château de Puilaurens", einem Schloß aus dem 13. Jh. mit geschickt ausgeklügeltem Verteidigungssystem.
Gorges de Galamus (9,5 km nördlich): Die blendend weißen Steilhänge dieser Schlucht ragen über eine Strecke von 300 m oberhalb der Uferstraße der Agly empor.
Sournia (23 km südl.): In dem Ort, den man über eine sehr kurvenreiche, steile Höhenstraße erreicht, steht ein Schloß (14. – 17. Jh.).

Saint-Paul
-Trois-Châteaux 37/D 2
Cathédrale: Die Kirche (Ende 12. Jh.), harmonisch gestaltet, zählt zu den schönsten romanischen Sakralbauten der Provence. Sehr originell ist das unter Einfluß der Antike gearbeitete Westportal. In der Apsis sieht man ein Mosaik (13. Jh.), und Holzwerk aus dem 17. Jh.
Saint-Restitut (3 km südöstl.): Das Dorf am Rand eines Kalksteinplateaus besitzt eine interessante Kirche im Stil provenzalischer Romanik mit einem Turm aus dem 11./12. Jh. – 3 km nordwestl. steht eine sechseckige Heilig-Grab-Kapelle (Anfang 16. Jh.).
La-Baume-de-Transit (8 km östl.): Mit eigenartiger romanischer Kirche, die früher eine Kuppelbedachung hatte; Schiff (16. Jh.).
Pierrelatte (4 km nordwestl.): Mit einem bedeutenden Atomkraftwerk; nicht zu besichtigen.

Saint-Philbert
-de-Grand-Lieu 16/C 3
Église: Die ehemalige Abteikirche ist ein Bau aus karolingischer Zeit (9 Jh.), eine der ehrwürdigsten Kirchen Frankreichs. In der Krypta steht der Marmorsarkophag des Heiligen Philbert (7. Jh.). Das Priorhaus und die Klosterbauten stammen aus dem 16./17. Jh.
Machecoul (15 km südwestl.): Mit den Ruinen des Schlosses von Gilles de Rais, dem „Ritter Blaubart" aus dem 15. Jahrhundert. Siehe auch unter **Tiffauges***.

Saint-Raphaël: Der Kontrast und Glanz von dunklen Kiefern, Meer und roten Felsen macht den besonderen Reiz des Esterel-Gebirges aus, zu dessen Füßen sich der ebenfalls reizvolle Badeort Saint-Raphaël befindet.

Saint-Pierre
-sur-Dives 10/C 1
Église: Die Kirche, an der im 12., 13. und 14. Jh. gebaut wurde, ist mit ihrem Laternen-Turm über der Vierung und zwei Türmen in der Front (einem romanischen und einem gotischen) ein gutes Beispiel normannischer Gotik. Sehenswert sind auch die schön gezimmerten Hallen (11./12. Jh.).

Saint-Pol-de-Léon 8/C 1
Die alte Bischofsstadt ist berühmt wegen ihrer herrlichen Glockentürme. Die aus Steinen gefügten Turmspitzen der Kathedrale, 55 m hoch, geschaffen gegen Ende des 13. Jh., bestimmen die Wirkung des herrlichen Bauwerks im Stil normannischer Gotik. Am südlichen Querschiff befindet sich eine Rosette (15. Jh.) und eine Außenkanzel. Im Innern sind die 69 Chorstühle (16. Jh.) und Gräber aus dem 16./17. Jh. zu beachten.
Chapelle du Kreisker: Auch diese Kapelle, in der sich früher der Stadtrat versammelte, hat einen sehr schönen, 77 m hohen Turm (Anfang 15. Jh.).

Saint-Pons 42/D 1
Cathédrale: Die einst wehrhaft ausgebaute Abteikirche (Ende 12. Jh.) wurde im 18. Jh. durch Verlagerung der räumlichen Aufteilung völlig verändert. An der schlichten Westfassade ist noch ein schön gearbeitetes romanisches Portal zu sehen. Die prachtvolle Inneneinrichtung des Chors stammt aus dem 18. Jahrhundert.
Olargues (18 km nordöstl.): Ein malerisches Dorf mit gotischer Brücke, das in einer Schleife des Jaur liegt.

Saint-Pourçain
-sur-Sioule 25/A 3
Ein Städtchen, in dem schon in vorchristlicher Zeit Wein angebaut wurde. Spazierwege führen durch die ältesten Weingärten Frankreichs.
Église Sainte-Croix: Die Abteikirche der Benediktiner enthält Bauteile vom 11. bis 19. Jh. Früher umgaben Abteigebäude den Mönchshof. Daran erinnern der Eingangsbau (15. Jh.) und ein Wachtturm.
Saulcet (3,5 km nordwestl.): Romanische Kirche mit einem schönen achteckigen Glockenturm und Fresken (12., 13. und 14. Jh.).
Verneuil-en-Bourbonnais (6,5 km nordwestl.): Das für diese Landschaft typische Dorf wirkt mit den Resten eines Schlosses und der Stadtbefestigungen sehr malerisch. Es hat eine romanische Kirche (12. Jh.) und einen gewaltigen achteckigen Glockenturm.

Saint-Quentin 6/A 2
Besonders sehenswerte Bauten der Stadt sind die Stiftskirche Saint-Quentin (Ende 12. Jh. – 15. Jh.), ein Bauwerk von ungewöhnlicher Weiträumigkeit, sowie das „Hôtel de ville" (Rathaus) im spätgotischen Stil (15./16. Jh.) mit einem Glockenspiel mit 37 Glocken.
Musée Antoine-Lécuyer: Das Museum besitzt 87 Pastellporträts des Malers Quentin de La Tour.
Musée pour Enfant: Das erste, 1956 geschaffene Museum für Kinder in Frankreich.
Musée d'Entomologie: Mit einer Sammlung von 600 000 Schmetterlingen, dazu umfangreiche Insekten-Kollektionen.

Saint-Raphaël 44/D 2
Der freundliche Badeort liegt reiz-

Saint-Rémy

voll zu Füßen der Esterel-Berge und ist außerdem noch ein Vergnügungs-, Fischer- und Handelshafen. Interessant ist die Kirche „Église des Templiers", provenzalisch-romanisch, vom Beginn des 13. Jahrhunderts. Sehenswert ist ferner das Museum für Unterwasser-Funde („Musée d'archéologie sousmarine", So. ⊠).

Cannes* (40 km nordöstl.): Man erreicht Cannes über die „Corniche de l'Esterel", eine der schönsten Strecken Frankreichs, via Boulouris, Agay, vorbei an sehr reizvollen und abwechslungsreichen Landschaftsbildern mit roten Porphyrfelsen und dunklen Wäldern.

Valescure (3 km nördl.): Luftkurort in Kiefernhainen.

Saint-Rémy-de-Provence 43/D 1

In der typischen provenzalischen Kleinstadt, die von breiten Promenaden umschlossen wird, befindet sich in dem ehemaligen Adelshaus „Hôtel Mistral de Montdragon" (späte Renaissance) das heimatkundliche Museum „Musée de Folklore provencal des Alpilles".

Saint-Rémy-de-Provence: „Glanum" nennt man das Gelände, in dem Ausgrabungen die Reste einer bedeutenden römischen Stadt unterhalb einer Heiligen Quelle freilegten (oben).

Das Mausoleum ist eines der am besten erhaltenen Monumente in „Les Antiques". Es ist aus vier Bogentoren und einem Säulenrund zusammengesetzt. Der viereckige Sockelbau ist verziert mit Reliefs kriegerischer Szenen (links und unten).

Es ist durch eine Passage mit dem früheren Herrenhaus „Hôtel de Sade" verbunden, in dem die bei Ausgrabungen in Glanum und **Saint-Blaise*** gemachten Funde ausgestellt sind.
Tour du Cardinal (3 km südöstl.): Ein eleganter Renaissance-Wohnsitz (16. Jh.); zu besichtigen.
Glanum (1,5 km südl.): Die Siedlung besitzt Überreste von Bauten aus drei aufeinander folgenden Zeitabschnitten. Sie wurden mit verschiedenen Baumaterialien und Techniken geschaffen. Aus der griechischen Epoche stammt das elegante Haus „Maison des Antes" mit einem von dorischen Säulen umgebenen Peristyl (Innenhof). Von der ersten Periode der Romanisierung (102 vor Chr.) zeugen die Bäderanlagen, das Schwimmbad, die Ringkampfschule, große Thermensäle sowie der Bau „Maison du Capricorne" mit bedeutenden Mosaikarbeiten und das kleine Epona-Haus. Aus der zweiten römischen Periode (von 49 vor bis 270 nach Chr.), aus der die meisten Bauwerke stammen, stehen noch das Forum an der Hauptstraße und die Tempel. Die Ausgrabungen brachten auch sehr schöne Bruchstücke von Skulpturen und Reste vom Haus des Sulla (Anfang 1. Jh. vor Chr.) ans Licht. Dort, wo die Forumbauten enden, verlieren sich die Zeugnisse der Siedlung, sie verschwinden in einem engen Tal. Über eine Treppe in der Bergflanke gelangt man zu einem Nymphäum und einem Heiligtum des 6. Jh. vor Chr., das direkt in den Felsen eingearbeitet ist.
Plateau des Antiques (2 km südl.): Auf dem 200 m westl. von Glanum entfernten Gelände stehen der Bogenbau „Arc municipal" und ein Mausoleum zum Gedächtnis der Enkel des Augustus. Sie gehören zu den bedeutendsten Monumenten des römischen Galliens (1. Jh. vor Chr.).
Saint-Paul-de-Mausole (1 km südl.): In der ehemaligen Priorei (heute Klinik) kann man die romanische Kirche und den sehr schönen Kreuzgang besichtigen. Van Gogh wurde in der Nervenheilanstalt von 1889 – 1890 betreut. Er hat hier zahlreiche Bilder gemalt.

Saint-Renan 8/A 2
Eine alte Ortschaft über dem Tal des Aber-Ildut gelegen.
Menhir de Kerloas (5 km westl.): Der mit 12 m höchste Menhir in der Region Finistère.
Brèles (10 km nordwestl.): Bei dem Ort liegt das mächtige, aus Granit erbaute Schloß Kergroadès (17. Jh.). Besonders prächtig sind die Dachfenster der Hauptstraße.
Pointe de la Kersaint (26 km nordwestl.): Die mit Schloßruinen besetzte Landzunge erreicht man bei einer Fahrt an der rauhen, zerklüfteten Küste „Côte des abers" entlang, über Lanildut, Porspoder (mit zahlreichen Menhiren und Landsitzen in der Umgebung), Argenton und Landunvez.

Saint-Révérien 19/A 3
Église: Eine Kirche mit drei Schiffen ohne Querschiff aus dem 12. Jh. Im Innenraum sind Bildkapitelle und Grabplatten mit Eingravierungen zu sehen. Der Bau ist eines der bemerkenswertesten Sakralgebäude im Nivernais-Gebiet.
Étang de Vaux (13 km südöstl.): Die Seen von Vaux und Baye, durch einen Deich getrennt, sind von Wäldern umgeben.

Saint-Riquier 5/B 1
Von der berühmten Abtei, die im Mittelalter eine überragende Bedeutung besaß, ist nur noch die Kirche aus dem 13. Jh. (im 16. Jh. erneuert) mit reich geschmücktem Portal und Turm in spätgotischem Stil vorhanden. Im Innenraum sind besonders sehenswert: der Chor mit seiner schönen Ausstattung des 16. Jh. (Gitterwerk, Chorgestühl, Holztäfelungen) und ein mit Fresken dekorierter Saal des 16. Jh. Klostergebäude (17. Jh.), ein Wachtturm (13. und 15. Jh.) sowie ein Hospital (Beginn des 18. Jh.) mit einer interessanten Kapelle.

Saint-Sauveur -en-Puisaye 19/A 2
In der Stadt stehen eine Kirche (12. – 16. Jh.) und ein Schloß aus dem 17. Jh. Die Schriftstellerin Colette wurde hier 1873 geboren.
Saint-Fargeau (11 km westl.): Das Schloß ist ein weitläufiger Backsteinbau des 13. Jh., der mit sechs dicken Rundtürmen bewehrt ist. Der Innenhof wird von Bauten des 17. Jh. umlagert. Die in einem Turm befindliche Kapelle enthält die Gräber der Familie Le Pelletier. In der Ortskirche (Mitte 13. Jh., vergrößert im 15. und 16. Jh.) sind interessante Kunstwerke zu sehen.
Réservoir du Bourdon (7 km südwestl.): Der Stausee (220 ha) bietet Möglichkeiten zum Segeln.
Saint-Amand-en-Puisaye (15 km südwestl.): Von dem Ort mit einem Renaissanceschloß erreicht man nach 7 km in süd-südwestl. Fahrt den malerischen Ort Saint-Vérain mit Resten alter Befestigungsanlagen und den Ruinen eines Schlosses aus dem 12./13. Jh.
Treigny (10 km südl.): Die auch „Cathédrale de la Puisaye" genannte Kirche stammt aus dem 15. und 16. Jahrhundert.
Château de Ratilly: Das Schloß aus dem 13. Jh. ist heute ein Zentrum der Steingut-Herstellung, in dem auch Kurse und Ausstellungen gegenwärtiger Kunst im Sommer stattfinden.
Druyes-les-Belles-Fontaines (22 km südöstl.): Die Sehenswürdigkeiten des Ortes sind das Feudalschloß (12. Jh.) auf einem Hügel, die romanische Kirche, ein befestigtes Stadttor 14. Jh. und Reste der Wehrmauern sowie die hübsch gelegenen Quellwasser des Andryes-Baches.

Saint-Sauveur -le-Vicomte 3/D 3
Château: Das alte Schloß, in dem noch Teile der Feste des 12. Jh. erhalten sind, vor allem der mächtige Wachtturm, ist heute ein Altersheim. Im Schloß ist auch ein Museum untergebracht, das der Erinnerung an den in Saint-Sauveur geborenen Schriftsteller des 18. Jh. Barbey-d'Aurevilly gewidmet ist.
Sakralbauten: Die Kirche, erbaut im 15. und 18. Jh., und die ehemalige Benediktiner-Abtei, gegründet im 11. Jh. (im 19. Jh. restauriert), verdienen einen Besuch.
Bricquebec (14 km nordwestl.): Das Festungsschloß ist ein sehr wehrhafter Bau mit mächtigen Mauern aus dem 14. Jh., mit einem vieleckigen Wachtturm von 23 m Höhe, einem Uhrturm (in dem ein Regionalmuseum seinen Bestand zeigt) und Gewölbebauten mit Spitzbögen aus dem 14. Jh. Sehenswert ist auch ein anmutiger Renaissancebau „Château des Galeries", erneuert im 17. Jh.
Abbaye Notre-Dame-de-Grâce (16,5 km nordwestl.): In waldiger Gegend liegt diese Abtei aus der Mitte des 19. Jh. Hier kann man Gregorianische Gesänge in französischer Sprache hören. Nordwestl. der Abtei liegt der Ort Saint-Martin-le-Hébert mit einem schönen, von Wassergräben umgebenen Schloß aus dem 17. Jahrhundert.

Saint-Sauveur -sur-Tinée 39/A 3
In dem hübschen Dorf steht eine Kirche, die im 15. Jh. erbaut wurde, und einige interessante Kunstgegenstände besitzt.
Roure und Roubion (12 km westl.): Zwei Dörfer, die auf zwei felsigen Bergspitzen liegen. Die Kapelle Saint-Sébastien hat elegant gemalte Mauerbilder (16. Jh.).
Rimplas (13 km südöstl.): Nach einer Fahrt durch die Schluchten der Tinée (in Richtung **Nizza***) beginnt eine Folge von Serpentinen, die zu diesem Dorf führen. Es liegt auf einem Felsengrat zwischen dem Gebirge und einem Felsen mit der Kapelle Sainte-Madeleine.

Saint-Savin -sur-Gartempe 23/D 2
Église: Die ehemalige romanische Abteikirche besitzt eine Folge romanischer Fresken (11./12. Jh.) von ungewöhnlichem Rang. Die bedeutendsten befinden sich unter den Gewölben des Schiffes, in 15 m Höhe, und bedecken eine Fläche von 412 qm. Sie stellen in

beige und rosa Farbtönen die Genesis dar. In kräftigen Farben sind die Bilder in der Krypta gehalten. Sie zeigen die Heiligen Savin und Cyprien sowie Christus.
Montmorillon (17 km südl.): Die Fahrt zu diesem Ort führt durch das reizvolle Tal der Gartempe. Die Stadt auf beiden Ufern des Flusses hat eine Kirche aus dem 12./13. Jh., Notre-Dame, deren Krypta mit kostbaren Malereien (12./13. Jh.) geschmückt ist. Sehenswert sind auch das alte Gotteshaus der Augustiner („Maison Dieu") aus dem 18. Jh. und innerhalb der Wallanlagen die Kirche Saint-Laurent (romanisch) mit einer Küche aus dem 12./13. Jh. und einer achteckigen Grabkapelle (Ende 12. Jh.).

Saint-Seine -l'Abbaye 19/D 2
Église: Die ehemalige Benediktiner-Abteikirche (Anfang 13. Jh.) mit einer Fassade des 15. Jh. ist ein gutes Beispiel burgundischer Gotik. Bemerkenswert sind bei der Innenausstattung die Choreinfriedigung (Renaissance) und die Chorstühle aus dem 18. Jh.
Poncey-sur-l'Ignon (9 km nördl.): Mit dem kuriosen Landhaus „Manoir de Poncey", das vom Zeichner Charles Huard 1944 mit Steinen und Skulpturen aus zerfallenen oder zerbombten Schlössern erbaut wurde.
Sources de la Seine (10 km nordwestl.): Die Quellen der Seine.

Saint-Sulpice -de-Favières 11/C 2
Église: Die schöne gotische Kirche mit einer prächtigen Chorhaube wurde im 13. und 14. Jh. erbaut. Im Innenraum sind die Gebeine des Heiligen Sulpice in einer Kapelle des 12. Jh. beigesetzt.
Arpajon (9 km nordöstl.): Kirche aus dem 13. und 15. Jh., gezimmerte Markthallen aus dem 17. Jh.
Étrechy (5 km südl.): In der Umgebung dieser Ortschaft liegen mehrere Schlösser, darunter im Norden „Château de Chamarande" aus dem 17. Jh. in einem herrlichen, von der Juine durchflossenen Park, sodann im Nordwesten „Château Mesnil-Voisin" (17. Jh.) und „Château de Villeconin", mit einem mächtigen Eingangstor hinter Wassergräben. Der Wohnbau im Stil von Heinrich IV. wird von dem Wachtturm der früheren Feudalburg überragt.

Saint-Thégonnec 8/C 2
Auf dem Pfarreigelände stehen eine Triumph-Pforte (Ende 16. Jh.) und eine Beinhaus-Kapelle in reinem Stil bretonischer Renaissance (Ende 17. Jh.). Bedeutend sind

Saint-Savin: Die Abtei mit ihrem gewaltigen gotischen Pfeilturm.

weiter in der Krypta ein „Heiliges Grab" aus Eiche mit skulptierten und bemalten Figuren (Ende 17. Jh.), ein Kalvarienberg von 1610 und in der Kirche eine Kanzel, die ein Meisterwerk bretonischer Bildhauerei (Ende 17. Jh.) ist.

Saint-Thibault 19/C 3
Église: In dem kleinen Dorf steht eine Kirche von ungewöhnlichem Rang. Sie wurde im 13. Jh. erbaut und beherbergt die Reliquien des Heiligen Thibault. Ein Meisterwerk burgundischer Bildhauerei der Gotik ist die Gestaltung des Portals, in dessen Giebelfeld eine Gruppe von fünf Figuren, die Jungfrau Maria umgeben: der Heilige Thibault, Herzog Robert II. von Burgund, seine Frau, sein Sohn und Bischof Hugues d'Arcy. Die Türflügel aus Holz (Ende 15. Jh.) zeigen in 30 geschnitzten Bildern das Leben des

Saint-Savin: Die Arche Noah, eine Darstellung der romanischen Freskenmalereien, ist im linken Teil des Kirchenschiffes zu sehen.

Heiligen Thibault. Das Kirchenschiff, im 18. Jh. erneuert, ist bescheiden eingerichtet, aber der gotische Chor ist von einer mitreißenden Linienführung. Der Schrein des Heiligen Thibault (aus Holz) wurde im 14. Jh. gearbeitet.

Saint-Tropez 44/D 2
Das ehemalige provenzalische Dorf mit engen Gassen ist einer der Modeplätze der Côte d'Azur geworden. Am äußersten Ende des Hafens befindet sich in der Kapelle „Chapelle de l'Annonciade" (16. Jh.) ein Museum moderner Kunst mit Werken von Bonnard, Bracque, Dufy, Dunoyer, de Segonzac, Van Dongen, Matisse, Rouault, Despiau, Maillol etc. Auf der anderen Seite des Hafendamms erstreckt sich der Fischerhafen, von dem man einen schönen Blick auf die

Stadt und die Maures-Berge hat.
La Citadelle: Die Festung ist ein wuchtiger sechseckiger Bau aus dem 16. Jh., in dessen Wachtturm sich ein Marinemuseum befindet.
Plage de Salins (4,5 km östl.) und **Plage de Pampelonne** (5 km südöstl.). Zwei sehr schöne Sandstrände.
Ramatuelle (10,5 km südl.): Ein malerisches, einst befestigtes Dorf auf einem Hügel, von dem man nach Gassin gelangen kann, einem typisch provenzalischen Dorf.
Grimaud (8,5 km westl.): Über La Foux und Cogolin gelangt man in diesen Ort unterhalb der Ruinen des Schlosses der Grimaldi.

Saint-Valéry -sur-Somme 5/B 1
Der Ferienort hat noch einige Teile seiner Stadtwälle mit den Toren „Porte de Nevers" (14. – 15. Jh.) und „Porte Guillaume" (12. Jh.). Von der Abtei Saint-Valéry sind nur noch Restbauten der Kirche und Klosterbauten vorhanden.
Chapelle des Marins (1 km westl.): Mit dem Grab des Heiligen Valéry (Wallfahrtsstätte).
Le Crotoy (14 km nördl.): Ein malerischer Fischerhafen und Badeort an der Mündung der Somme. Von der Anhöhe „Butte aux Moulins" kann man die Bewegung der Gezeiten besonders gut beobachten.

Saint-Véran 38/D 1
Das malerische Dorf mit Galerien und Balkonen aus Holzwerk, die alle nach Süden gerichtet sind, ist die höchste Gemeinde Europas (zwischen 1990 m – 2042 m Höhe). Mit einer Kirche aus dem 17. Jh.
Chapelle Notre-Dame-de-Clausis (6 km südöstl.): Die Kapelle in

2 390 m Höhe ist eine Wallfahrtsstätte, zu der jeweils am 16. Juli eine französisch-italienische Wallfahrt unternommen wird.

Saint-Vincent-sur-Jard 22/C 2
Vor dem Strand von Belesbat steht das „La Bicoque" genannte, ehemalige Haus von Präsident Clemenceau, ein typischer Bau der Vendée, in dem seit dem Tod des Politikers nichts geändert wurde.

Jard-sur-Mer (2 km westl.): Von diesem Ort erreicht man nach einer Fahrt von 3 km in westlicher Richtung die ehemalige Abtei „Abbaye du Lieu-Dieu" mit einer Kapelle aus dem 12. – 15. Jh., Weinkeller und Kapitelsaal.

Saint-Wandrille 4/D 3
In die alte Benediktinerabtei sind die Mönche 1931 wieder eingezogen. Von der Abteikirche des 13./14. Jh. steht der Nordteil des Querschiffs. Der Kreuzgang, der von Frauen nicht betreten werden darf, hat noch drei Galerien. Die Kirche, in der die Messe nach Gregorianischer Art gelesen wird, ist ein alter Zehnthofbau von Canteloup, der 1969 von La Neuville-du-Bosc hierhergebracht wurde. Von der Abtei führt ein Pfad an der Einfriedung entlang zur Kapelle Saint-Saturnin (10. Jh.), die auf einem kleeblattförmigen Grundriß errichtet wurde.

Saint-Yrieix-la-Perche 30/A 2
Collégiale: Die Stiftskirche, genannt „Le Moustier", ist ein stattlicher Bau aus dem 12./13. Jh., vor dem eine romanische Vorhalle aus der Mitte des 12. Jh. liegt. Kirchenschatz mit dem berühmten „Kopf des Heiligen Yrieix" aus dem 15. Jh. (Silberschmiedearbeit) und anderen wertvollen Kunstwerken.

Le Chalard (8 km nordwestl.): Romanische Kirche und Restbauten einer Priorei des 12./13. Jh. mit interessantem Kirchenschatz.

Château de Jumilhac-le-Grand (16 km südwestl.): Das Schloß (Ende 15. Jahrhundert), erweitert im 17. Jahrhundert, ist mit zahlreichen spitzen Turmdächern, Bodenluken, Giebeln, Laternenaufsätzen und Türmchen verziert. Unter den schönen Innenräumen befindet sich ein Zimmer der Spinnerin („Chambre de la fileuse"), versehen mit naiven Bildern.

Château de Coussac-Bonneval (11 km östl.): Das Schloß, an dem im 12., 15. und 18. Jh. gebaut wurde, präsentiert in seinen Innenräumen Möbel, Wandteppiche und andere künstlerisch wertvolle Gegenstände früherer Zeiten.

Saint-Anne-d'Auray 15/D 1
Der Ort ist einer der bedeutendsten Wallfahrtsplätze der Bretagne (mit großer Prozession am 26. Juli). Die im 19. Jh. im Renaissancestil errichtete Basilika, ein mittelmäßiger Bau, ist mit Votivgaben überladen geschmückt. Das ehemalige Karmeliterkloster lagert um einen klassischen Kreuzgang des 17. Jh. Auf der Esplanade befinden sich der Springbrunnen „Fontaine miraculeuse", die „Scala Scanta" und ein großes Denkmal für die Toten der Kriege des 20. Jahrhunderts.

Musée de la Fontaine: Mit einer Sammlung von Puppen in bretonischer Tracht.

Chartreuse d'Auray: In den Bauten, heute eine Taubstummen-Schule, befindet sich eine Kapelle, in der die während der Vendée-Kriege auf dem nahen „Champs des Martyrs" erschossenen Royalisten beigesetzt sind.

Sainte-Énimie 37/A 2
Das sehr malerisch aussehende Dorf liegt am Fuß von Steilfelsen über einer Schleife des Tarn. Außer der romanischen Kirche ist die „Ermitage de Sainte-Énimie" (Kapelle und Grotte) sehenswert; Die Grotte ist mit einem Aufstieg von 25 Minuten zu erreichen.

La Malène (13,5 km südwestl.): Hier kann man Boote zur Fahrt auf dem Tarn (flußabwärts) besteigen.

Le Point sublime (22 km südwestl.): Vom Ort „Les Vignes" führt eine kurvenreiche Straße in starker Steigung auf dieses Aussichtsplateau über dem Bergkessel „Cirque des Baumes", von dem sich herrliche Fernblicke auf den Cañyon des Tarn und die Berge bieten.

Sainte-Lucie-de-Tallano 45/D 3
Das Dorf liegt herrlich unterhalb des alten Klosterbaus Saint-François (15. Jh.). Die Kirche besitzt zwei schöne Gemälde naiver Kunst (Ende 15. Jh.).

Castellu de Cucuruzzu (5,5 km nordöstl.): Siedlung aus dem Bronzezeitalter (2. Jahrtausend v. Chr.).

Sainte-Maure-de-Touraine 17/C 3
Innerhalb der Festungsmauern des

La Sainte-Baume 44/B 2
Von Gémenos führt die Straße in die Berge des „Massif de la Sainte-Baume", eine Strecke, die die Anlagen des „Parc de Saint-Pons" (mit der Kapelle Saint-Martin und Resten einer romanischen Abtei) durchquert. Über den Paß „Col de l'Espigoulier" (727 m) und „Plan-d'Aups" erreicht man das „Centre international de la Sainte-Baume" (mit Gasthof), das von Dominikanern geleitet wird. Die „Chapelle Thomas Gleb" enthält einen großen Wandteppich dieses Künstlers (gearbeitet 1970). In 45 Minuten führt dann ein Pfad zur „Grotte de Sainte-Madeleine" (oder „Sainte-Baume"), einer Höhle, die auf einer Höhe von 886 m liegt. In ihr befinden sich ein Altar und das Reliquiar der Heiligen Madeleine. In einer Stunde und 30 Minuten gelangt man weiter auf den Felsen Saint-Pilon (997 m), auf dem eine Kapelle steht. Mehrere Fußwege führen durch den Wald und die übrige Bergwelt des „Massif de la Sainte-Baume".

Sainte-Maxime: *Am Nordufer der Bucht von Saint-Tropez, vor den Mistral-Winden geschützt, liegt der kleine Hafen vor bewaldeten Hügeln.*

Schlosses (15. Jh.) mit einem Viereckturm (14. Jh.) steht eine Kirche (12. Jh.) im romanischen Stil des Poitou. Das Mittelschiff der Krypta soll aus dem Jahr 1000 stammen.
Saint-Epain (8 km nordwestl.): Mit einer Kirche aus dem 12.–16. Jh., einem Viereckturm aus dem 13. Jh. und einem wehrhaften Vogteitor.
Sainte-Catherine-de-Fierbois (8 km nördl.): In dem Ort gibt es ein 20 ha großes Freizeitgelände (Park, See, Strand, Wassersport). Die schöne spätgotische Kirche wird von einem 41 m hohen Glockenturm überragt. Sehenswert sind die Bauten „Maison du Dauphin" aus dem Jahr 1515 und „L'aumônerie", ein altes Almosenhaus, jetzt Pfarrhaus.

Sainte-Maxime 44/D 2
Ein Fischerhafen und Badeort an der Bucht von Saint-Tropez.
Le Vieux-Revest (14 km nordwestl.): Über den „Col de Gratteloup" (225 m) führt ein Pfad zu diesem verlassenen Dorf mit einer zerstörten romanischen Kirche.
Beauvallon (4,5 km südwestl.): Ein Badeort mit schönen Wohnsiedlungen inmitten von prächtigen Kiefernwaldungen.
Fréjus* (20 km nordöstl.): Über die Landzunge „Pointe des Sardinaux", die Orte „Les Issambres" und „Saint-Aygulf" führt eine sehr schöne Höhenstraße nach Fréjus.

Sainte-Menehould 12/D 1
Die Unterstadt hat viel von ihrem Aussehen im 18. Jh. bewahrt, vor allem in der Gegend der Rue Chanzy und Place Austerlitz. Die Oberstadt liegt auf dem ehemaligen Schloßhügel. Die für die Champagne typische Ortschaft (mit einer Kirche aus dem 13. Jh.) ist die Geburtsstadt von Dom Pérignon, dem „Erfinder" des Champagners.
Valmy (11 km westl.): Die Mühle, bei der die berühmte Schlacht (Sieg der franz. Revolutionstruppen über die Preußen, 1792) stattgefunden hat, wurde wiederaufgebaut.
La Neuville-au-Pont (6 km nordwestl.): Mit einer schönen Kirche (14.–16. Jahrhundert).
Clermont-en-Argonne* (15 km östl.). Mit einer Kirche des 16. Jh.

Sainte-Mère-Église 3/D 3
Église: Die Kirche, flankiert von einem stämmigen Viereckturm, stammt aus dem 13. Jh. Ihr gegenüber liegt der Stein „Zéro" der „Straße der Freiheit" („Voie de la Liberté"). Er kennzeichnet den „Punkt Null" dieser Strecke: In diesem Dorf landeten nämlich in der Nacht vom 5. zum 6. Juni 1944 die ersten Divisionen amerikanischer Luftlandetruppen.
Saint-Côme-du-Mont (9 km südlich): Mit interessanter Kirche.
Carentan (13 km südöstl.): An der Straße nach Bayeux gelegen.

Saintes: Der Bogen des Germanicus wurde auf Veranlassung des Schriftstellers Mérimée im 19. Jh. hoch und auf einen neuen Platz gesetzt.

Saintes: An einem Bogen der Charente spiegeln sich die alten Häuser von Saint-Savinien und die Ufermauern in den stillen Wassern des Flusses.

Die Kirche ist einen Besuch wert.
Sainte-Marie-du-Mont (8,5 km südöstl.): Die Kirche hat einen Viereckturm aus dem 14. Jh.

Sainte-Odile 14/A 3
Der Berg ist ein Wahrzeichen des Elsaß: 761 m hoch, mit Wäldern bedeckt, eine berühmte, vielbesuchte Wallfahrtsstätte.
Couvent: Zum Kloster, in dem es auch einen Gasthof gibt, gehören eine Kirche mit drei Schiffen (Ende 17. Jh. – die reichgeschnitzten Beichtstühle stammen aus dem 18. Jh. – und eine Kapelle aus dem 11. Jh. „Chapelle de la Croix", die mit der Kapelle „Chapelle Sainte-Odile" (romanisch-gotisch), verbunden ist. In dieser steht ein Steinsarkophag (8. Jh.) mit den Gebeinen der Heiligen Odile. Von der Terrasse hat man einen Rundblick über das Tal der Bruche, die elsässische Ebene und den Schwarzwald. Im Nordostteil der Terrasse steht eine Kapelle „Chapelle des Larmes".
Ausflüge: Man kann Wanderungen unternehmen zum Brunnen Sainte-Odile, zum Kreuzweg und zur Felsenkapelle (erbaut 1925) sowie zu den Ruinen eines Feudal-

schlosses (Burg Dreistein) und zur „Heidenmauer" (Mur Païen), einer alten Wallmauer, die mit einer Länge von 10 km einst eine Kelten-Siedlung umschloß.

Saintes 29/A 1
Die römischen Bauwerke und die Kirchen in dieser Stadt lohnen einen ausführlichen Besuch.
Cathédrale Saint-Pierre: In der spätgotischen Kirche des 15./16. Jh. gibt es noch zwei kuppelbedeckte romanische Querschiffarme zu sehen. Über der Fassade (Ende 15. Jh.) steigt ein schöner Turm mit Laternenaufsatz empor.
Église Saint-Eutrope: Die Kirche aus dem 11. Jh. mit einem Chor aus dem 14. Jh. zählt zu den bedeutenden romanischen Bauten in Westfrankreich. In der weiträumigen Krypta steht der Sarg des Heiligen Eutrope (4. Jh.).
Amphithéâtre romain: Ruinen der römischen Arena (1. Jh.).
L'arc de Germanicus: Der als Dank an die Götter errichtete römische Bogenbau (Anfang 1. Jh.) erhebt sich auf dem rechten Ufer der Charente, wo sich auch ein Museum mit einem Bestand von gallo-römischen Funden befindet.
Weitere Sakralbauten: Auf dem rechten Charente-Ufer liegt die im 11. Jh. gegründete Abtei „Abbaye aux Dames" neben der Kirche Saint-Pallais (12./13. Jh.). Im Vorhofgelände steht die ehemalige Abteikirche Sainte-Marie-des-Dames (romanisch, 11./12. Jh.). Die reich mit bildhauerischen Arbeiten geschmückte Fassade und der mächtige Viereckturm aus dem 12. Jh. sind besonders beachtenswert.
Altstadt: Der alte Stadtkern wird durchzogen von der Rue Alsace-Lorraine und der Rue Clemenceau, an der das Rathaus, ein Wachtturm aus dem 16. Jahrhundert, und das Haus „Hôtel d'Argenson" (18. Jahrhundert) liegen.
Musée des Beaux-Arts: Das Kunstmuseum befindet sich im „Hôtel du Présidial" (17. Jh.); es zeigt Keramik und Gemälde des 16., 17. und 18. Jh.
Musée Mestreau: Das Museum im „Hôtel Monconseil" informiert über heimatliche Geschichte und Kunst.
Saint-Savinien (18 km nordwestl.): Kirche aus dem 13./14. Jh.

Les Saintes-Marie-de-la-Mer 43/C 2
Église: Die wehrhaft befestigte Kirche, ein ernst und streng aussehender Bau, den ein wuchtiger Turm überragt, wurde am Ende des 12. Jh. erbaut. Sehenswert sind die Säulenkapitelle im Chor. In der Krypta aus der Mitte des 15. Jh., unter dem Chor, wird der Reliquienkasten der legendären Sara (schwarze Dienerin der drei Marien) aufbewahrt, von der man Reliquienreste seit 1448 in der Kapelle

Salers: Die dramatische Ausdruckskraft der aus Stein gearbeiteten, bemalten Grablegung zeigt sehr schön die Zeichen burgundischer Kunst.

„Chapelle Saint-Michel" über der Apsis aufbewahrt. Sie werden an den Wallfahrtstagen ins Kirchenschiff heruntergetragen, unter denen der 24. und 25. Mai mit der Wallfahrt der Zigeuner besonders eigenartig wirken.
Musée Baroncelli: Mit Dokumentationen zur Geschichte, Fauna und Flora der **Camargue***.

Sainte-Suzanne 10/B 3
Der auf einem felsigen Bergvorsprung über der Erve gebaute Ort war einst befestigt. Er hat noch seine im 11./13./15. Jh. angelegten Stadtmauern. Auf einem Felsgrat erhebt sich unter den Ruinen einer Zitadelle ein Wachtturm aus dem 11. Jh. Ein im Stil Ludwig XIII. erbautes Schloß ist im Sommer Schauplatz von Festspielen.
Vallée d'Erve (5 km südl.): Ausflüge in das Tal der Erve, mit Höhlen und den durch natürliche Erosion geschaffenen Felsbildungen, bieten viele malerische, manchmal phantastische Eindrücke.

Salers 30/C 3
Die kleine Stadt, einer der merkwürdigsten Orte in der Auvergne, ist aus dunklem Lavastein erbaut. Rings um den zentralen Platz „Grand-Place" stehen alte Bürger- und Adelsbauten mit Türmchen, Giebeln, Erkern, spitzen Turmdächern. Unter ihnen sind besonders sehenswert „Maison de Bargues" und in der Rue des Templiers „Maison des Templiers", mit sehr hübschen Giebelaufbauten.
Église: In der mit einer romanischen Vorhalle versehenen Kirche aus dem 15. Jh. steht die kostbare Plastik einer „Grablegung" von 1495 (bemalter Stein). Es sind auch Wandteppiche aus Aubusson (17. Jahrhundert) zu sehen.

Puy Mary (21 km südöstl.): Ein beliebter Aussichtsberg.

Salette (Notre-Dame-de-la-) 38/B 1
In dem Wallfahrtsort auf kahler Berghöhe steht die neuromanische Basilika. Sie erinnert an die Erscheinung Mariens vor zwei kleinen Hirten (im Jahr 1846).

Salies-de-Béarn 40/D 1
Das Thermalbad liegt im kleinen Tal des Saleys, der die Altstadt mit ihren krummen Gassen durchfließt. Man findet hier zahlreiche alte Häuser, die mit ihren vorkragenden Oberbauten auf Steinpfeilern ruhen. Die Kirche Saint-Vincent stammt aus dem 15. Jahrhundert.
Quartier balnéaire: Das Kurviertel umfaßt außer den Badeanlagen und dem Casino einen großen Park.
Sorde-l'Abbaye* (14 km nordwestlich).
Bellocq (6 km nördl.): Kirche aus dem 13. Jh. und Reste eines türmebewehrten Schlosses (14. Jh.).

Salignac-Eyvignes 30/A 3
Château de Salignac-Fénelon: Das Schloß, an dem vom 12. bis 17. Jh. gebaut wurde, hat noch seine mittelalterlichen Wehranlagen.
Château de la Forge (14 km südöstl.): Im Schloßpark sind prähistorische Höhlen zu besichtigen.

Salins-les-Bains 26/B 1
Die kleine Stadt war einst ein befestigter Ort. Sie ist heute ein Thermalbad, das sich in den Schluchten der Furieuse ausgebreitet hat. Die wichtigsten Bauwerke liegen (von Norden nach Süden) entlang der Hauptstraße oder in deren Nähe.
Église Saint-Maurice: Die Kirche wurde im 12., 14. und 17. Jahrhundert erbaut.

Hôtel de ville: Vom Rathaus (18. Jh.) kommt man zur Dankkapelle Notre-Dame-Libératrice (17. Jh.).
Hôtel-Dieu: Das Hospital (Ende 17. Jahrhundert) besitzt eine sehenswerte Apotheke.
Église Saint-Anatoile: Die Kirche (13. Jh.) zeigt ein romanisches Portal, dessen Türflügel aus Holz mit Schnitzereien versehen sind.
Salines: Die Gewölbe des Salzbergwerks aus dem 12. Jh. können täglich besichtigt werden.
Bergwanderungen: Man kann nach Osten emporsteigen zum Fort Belin (584 m) und nach Westen zum Fort Saint-André (586 m).
Le Bout-du-Monde (3,5 km östl.): Vor dem aus Felsen gebildeten, eigenartigen Halbrund liegen die Ruinen einer Abtei.
Mont Poupet (9 km nördl.): Der Aussichtsberg ist 853 m hoch.
Source du Lison (15 km nordöstl.): Über Nans-sous-Sainte-Anne gelangt man zur Quelle des Lison, und von dort zum Puits Billard, einem mächtigen, etwa 100 m tiefen Abgrund.
Forêt de la Joux (18 km südöstl.): Waldgebiet. Siehe **Champagnole***.

Salles-Curan 36/D 3

Das malerische Örtchen liegt unterhalb der Ruinen eines Schlosses, der ehemaligen Residenz der Bischöfe von Rodez. In der früheren Stiftskirche aus dem 15. Jh. sind spätgotische Chorstühle und ein interessanter Kirchenschatz eine Besichtigung wert.
Lac de Pareloup (3 km nordwestl.): In den 1 300 ha großen See stoßen mehrere Halbinseln vor. Der See bietet Möglichkeiten zu Wassersport verschiedener Art. Er ist auch auf kleinen Straßen zu umfahren oder zu umwandern.

Salon-de-Provence 44/A 1

In der kleinen, typisch provenzalischen Stadt steht die Festung „Château de l'Emperi", ein mächtiger Bau des 13./14. Jahrhunderts mit einem dicken viereckigen Turm (26 m). Links vom Eingangshof liegt ein elegantes Renaissance-Wohnhaus mit einer Schloßkapelle (12./14. Jahrhundert).
Musée national d'art et d'histoire militaire: Das Museum für Kunst im Bereich des Militärs und für Geschichte ist im Schloß der Stadt untergebracht.
Sakralbauten: Aus der ersten Hälfte des 13. Jh. stammen die mit einem romanischen Portal versehene Kirche Saint-Michel (14./15. Jh.) und die Kirche Saint-Laurent, in der sich das Grab des 1503 in Salon geborenen Gelehrten Nostradamus befindet.
Château de la Barben (12 km östl.): Die mittelalterliche Feste, die im 16. und 17. Jh. erweitert wurde, ist ein imposanter Bau, dessen Innenräume ausgezeichnet ausgestattet wurden, darunter ein sehenswertes Empire-Zimmer und ein Boudoir von Pauline Borghèse (Schwester Napoleons). Am Schloß Zoologischer Garten.

Fort de Salses 42/D 3

Dieser mächtige Wehrbau aus Backsteinen und Natursteinen (Anfang 16. Jh.), den Vauban im 17. Jh. verstärkt hat, ist eine der ältesten jener französischen Festungen, die Artilleriebeschießungen standhalten sollten. Die Anlagen des Forts bilden ein Rechteck mit vier Türmen, in dessen Mitte sich ein mächtiger Wachtturm erhebt. Alle zentralen Bauten werden von drei Festungsgürteln umgeben, vor denen noch einige vorgeschobene Postenwerke liegen.

Sancerre 18/D 3

Auf einem alleinstehenden Hügel am linken Ufer der Loire liegt dieser Ort, eine der reizvollsten Städte des Cher-Gebiets. Über dem Gürtel seiner Boulevards, über den krummen kleinen Straßen und alten Häusern, steigen ein zylindrischer Turm (15. Jh. „Tour des Fiefs") und der Glockenturm der Kirche Saint-Jean, einst ein Bergfried (15. Jh.), empor. Von der Promenade am Tor „Porte de César" hat man einen schönen Blick auf die Weinberge.
Château de Boucard (14,5 km nordwestl.): Der Bau aus der Feudalzeit, umgeben von Wassergräben, wurde in der Renaissance umgebaut. Die Innenräume hat man im 17. Jh. gut eingerichtet.
Morogues (17,5 km südöstl.): In der Kirche (14. Jh.) befindet sich ein monumentaler Holzbaldachin aus dem 15. Jh. 1 km westl. der Ortschaft liegt das Schloß „Château de Maupas" (14. Jh.), in dem sehr schöne Sammlungen zu sehen sind: 887 Fayence- und Steingutteller (15. – 18. Jh.), Wandteppiche (16. – 17. Jh.) und Erinnerungen an

Salses: *Im Roussillon liegt diese Festung mit ihren für die Wehrbauten des Mittelalters beispielhaften Anlagen.*

Sarlat-la-Canéda: *Nur wenige Städte in Frankreich haben eine so geschlossene Gruppe von Häusern aus dem 15. und 16. Jh. vorzuweisen wie dieser Ort. Abgebildet ist das Gerichtsgebäude.*

die Herzogin von Berry und an den Grafen von Chambord.

Sarlat-la-Canéda 30/A 3
Mit ihren malerischen Stadtvierteln und zahlreichen Häusern aus dem 15. und 16. Jh. verdient die Stadt eine ausführliche Besichtigung. Die „Rue de la République", genannt „la Traverse" verbindet die Plätze „Place de la Petite-Rigaudie" (im Norden) und „Place du 14-Juillet" sowie „Place de la Grande-Rigaudie" (im Süden).
Place du Peyrou: Um diesen Platz breitet sich die Altstadt aus. Hier stehen das ehemalige Haus des Bischofs aus dem 16. Jh. (heute Theater), die Kirche Saint-Sacerdos, eine einstige romanische Abteikirche, die im 16./17. Jh. neu gebaut wurde (mit einem Benediktiner-Friedhof und einer romanischen Kapelle) sowie das Geburtshaus des Schriftstellers La Boétie (16. Jh.). Hinter der Kirche befindet sich eine Toten-Laterne.
Place de la Liberté: Hier sind zu betrachten: das „Hôtel de ville" (Rathaus, 17. Jh.) mit einem Wachtturm und die alte Kirche Sainte-Marie (14. Jh.). Die Rue de la Salamandre (mit vielen alten Häusern) führt zum Gerichtsgebäude „Le Présidial" (Anfang 17. Jahrhundert).
Rue des Consuls: Besonders reizvoll ist diese Straße mit den Adelsbauten „Hôtel de Labrousse" (Nr. 14), „Hôtel de Selves de Plamon" (Nr. 10) und „Hôtel de Mirandol" (Nr. 7).
Colline de Temniac: Auf dem Hügel im Norden der Stadt findet man eine romanische Kirche (12. Jh.) und die Ruinen des Schlosses der Bischöfe von Sarlat.

Sartène (Korsika) 45/D 3
Die malerische alte Stadt hat noch viel von ihrem Aussehen im Mittelalter bewahrt. An ihren engen Straßen stehen hohe schwarze Häuser, zwischen denen sich bunte Wäscheleinen spannen.
Karfreitagsprozession: Die „Catenacciu"-Prozession am Karfreitag bietet ein besonderes Erlebnis.
Centre préhistorique: Der Ort ist ein Zentrum der vor- und frühgeschichtlichen Forschung. Im Musée de la Préhistoire corse sind interessante archäologische Sammlungen ausgestellt.
Tizzano (19 km südwestl.): Über die D 48 gelangt man zu diesem Ort, bei dem die „Alignements de Palaggiu", Steinreihen von 258 Monolithen, zu sehen sind. 5 km weiter gelangt man nach „Cauria", einer Siedlung aus der Megalithkultur.

Saulieu 19/C 3
Der Ort ist als Treffpunkt für Feinschmecker bekannt.
Basilique Saint-Andoche: Die Basilika (Ende 11. und 12. Jh.) besitzt ungewöhnlich ausdrucksvolle romanische Bildkapitele.
Musée bourguignon: Ein buntes Heimatmuseum mit Plastiken des Tierbildhauers Pompon.
Thoisy-la-Berchère (10 km östl.): Das prächtige Schloß (15. Jh.) mit einer Renaissancefassade ist mit Renaissancemöbeln und Gemälden des 17. und 18. Jh. ausgestattet. Es besitzt eine großartige Serie von Wandteppichen aus dem 15. Jh. und 18. Jh. Das Gewölbe der Kapelle ist mit Fresken im italienischen Geschmack des beginnenden 17. Jh. dekoriert. In der Ortskirche kann man Mauermalereien der gleichen Epoche sehen.
Mont-Saint-Jean (17,5 km nordöstl.): Mit den Restbauten eines Schlosses aus dem 12. und 15. Jh. sowie einer Kirche, in der interessante Kunstwerke zu sehen sind.
La Roche-en-Brénil (14 km nord-nordwestl.): Das Schloß, umgeben von Wassergräben, wurde im 15., 17. und 18. Jahrhundert erbaut.
Le Morvan* (10 km westl.).

Sault 38/A 3
Die Ortschaft mitten im Lavendelanbaugebiet ist Ausgangspunkt für zahlreiche Ausflüge. Zu sehen sind eine Kirche (romanisch, 14. Jh.) sowie ein Schloß aus dem 16. Jh. Kleines gallo-römisches Museum.
Le Ventoux* (35 km nordwestl.).

Saumur 17/B 3
Die alte Stadt wird beherrscht von der gewaltigen Masse des Schloßbaus mit seinen vier mächtigen wehrhaften Ecktürmen. Im Schloß, das schon im 14. Jh. erneuert und später mehrmals instandgesetzt wurde, befinden sich zwei Museen: das „Musée des Arts décoratifs" (mit Wandteppichen des 15. und 16. Jh., Steingut- und Porzellansammlungen, Emailarbeiten) und das eigenartige „Musée du Cheval" (Pferdemuseum).
Église Notre-Dame-de-Nantilly: Im Innern der romanischen, im 14. und 15. Jh. veränderten Kirche sind hervorragende Wandteppiche (16./17. Jh.) zu sehen.
Église Notre-Dame-des-Ardilliers: Eine Kirche, vor der eine weite Rundhalle liegt (17. Jh.).
Église Saint-Pierre: Die im Stil der Gotik des Anjou erbaute Kirche (Fassade, Ende 17. Jh.) besitzt Wandteppiche des 16. Jh. und Chorstühle aus dem 15. Jh.

Chapelle Saint-Jean: Die Kapelle (13. Jh.) ist in den Bau des Rathauses (Anfang 16. Jh.) einbezogen.
Altstadt: Rings um die Kirche Saint-Pierre breitet sich das von Balzac beschriebene Viertel der Stadt aus, mit interessanten alten Häusern; darunter ist der Bau „Maison du Roi" mit seiner schön verzierten Fassade (16. Jh.).
Quartier des Ponts: Dieser Stadtteil auf einer Insel zwischen zwei Loire-Armen wurde nach dem Krieg wiederaufgebaut. Hier steht ein eleganter Landsitz „Manoir de la reine de Sicile" (Anfang 15. Jh.).
Dolmen de Bagneux (2 km südwestl.): Prähistorischer Dolmen.
Château de Brézé (11 km südöstl.): Ein mächtiges, von Wassergräben umgebenes Renaissanceschloß. Besichtigung nach Vereinb.
Chenehutte-les-Tuffeaux (10 km nordwestl.): Mit einer romanischen Kirche und einem Schloß (heute Hotel), in dessen Bereich die Bautenreste einer Kapelle des 11. Jh. und einer Priorei des 16. Jh. liegen.
Château de Boumois (9 km nordwestl.): Auf dem rechten Loire-Ufer steht dieses Schloß, an dem im 15., 16. und 17. Jh. gebaut wurde.
Vernantes (17,5 km nordöstl.): Mit einem Schloß aus dem 16./17. Jh. („Château de Jalesne").

Saut du Doubs 20/D 3

Der Fall der Doubs-Wasser ist eine der Sehenswürdigkeiten im Jura-Gebiet. Man gelangt über einen Pfad zum Flußgelände mit dem herrlichen Wassersturz, und einem Fall von 28 m.
Villers-le-Lac: Von dieser Ortschaft kann man mit dem Boot zum Doubs-Fall fahren (1 Stunde 30 Minuten dauern Hin- und Rückfahrt) und passiert dabei den See „Lac de Chaillexon" und mehrere kleinere Wasserbecken.
Barrage du Châtelôt: In nordöstl. Richtung erreicht man durch die Schluchten des Doubs dieses Stauwerk beiderseits der französisch-schweizerischen Grenze.
Siehe auch **Saint-Hippolyte*** und **Maiche***.

La Sauve-Majeure 35/A 1

Im Ort stehen die imposanten Ruinen der ehemaligen Abteikirche Saint-Gérard (12. und 13. Jh.). Ihr bedeutendster Teil ist die Chorhaube: die Apsis ist seitlich mit zwei kleineren Apsiden versehen und zeigt weiteren architektonischen Schmuck (Nischen). Das halb zerstörte Haupthaus besaß drei Schiffe, davon ist das nördliche Querschiff am besten erhalten. Im Chor sind kostbare romanische Kapitelle zu sehen.
Église Saint-Pierre: Die gotische Ortskirche wurde gegen Ende des 12. Jh. erbaut. Sie enthält im Innern Fresken aus dem 14. Jh.

Sauveterre -de-Béarn 40/D 1

Die hübsche kleine Stadt ist stufenförmig am Hang oberhalb des Zusammenflusses von Mauléon und Oloron angelegt worden. An den Ufern beider Flüsse kann man sehr schöne Spaziergänge machen.
Église: Die romanische Kirche (Ende 12. Jh.), mit drei Schiffen, drei Apsiden und einem stämmigen, viereckigen Glockenturm, gehört zu den bedeutenden Kirchen im Béarn-Gebiet.
Château de Laàs: In der schönen Residenz des 17. Jh., die von Gärten umgeben sind, sind die Innenräume mit Sammlungen von Möbeln, Wandteppichen, Bildern und Kunstgegenständen (15. – 19. Jh.) gut ausgestattet.

Saverne 14/A 2

Das Schloß (Ende 18. Jh.), das von Napoleon I. erweitert wurde, ist ein weitläufiger Bau aus rotem Sandstein. Die Front zum Garten hat eine prächtige klassizistische Fassade mit gerillten flachen Wandpfeilern und einen von acht Säulen umgebenen Vorhof. (Im Sommer wird das Schloß mit einer Musik- und Licht-Schau präsentiert, „Son et Lumière".)
Musée: Im Schloß befindet sich ein Museum zur Archäologie und Geschichte der Region.
Église: Die Kirche im Ort stammt aus dem 14./15. Jh., hat aber einen romanischen Glockenturm aus dem 12. Jh. Im Innern sind interessante Kunstwerke zu sehen.
Château du Haut-Barr (5 km südwestl.): Von dem Schloß, an dem zwischen dem 12./16. und 18. Jh. gebaut wurde, stehen nur noch Ruinen. Sehr schöne Aussicht.
Saint-Jean-Saverne (4,5 km nördlich): Mit einer romanischen Kirche (früher Abteikirche) im rheinschen Stil des 12. Jahrhunderts.
Neuwiller-lès-Saverne (14 km nördl.): In der ehemaligen Abteikirche Saint-Pierre-et-Saint-Paul (12.–13. Jahrhundert) befindet sich eine zweistöckige Kapelle aus dem 11. Jh. Der obere Kapellenraum ist mit hervorragenden Wandteppichen (Ende 15. Jh.) geschmückt. Interessant ist auch der Bau der ehemaligen Stiftskirche St. Adelphe (12. Jahrhundert).
La Petite Pierre (22 km nördl.): Der kleine befestigte Bau liegt in einem Wald. In der Nähe befinden sich ein unterirdischer See sowie der See „Étang d'Imsthal".

Sceaux 11/C 2

In der Stadt nahe der Kirche Saint-Jean-Baptiste (16. Jh.) liegt der Park „Jardin des Félibres", in dem sich das Grab des Fabeldichters Florian (18. Jh.) befindet. Gegenüber befindet sich die Parkanlage „Jardin de la ménagerie" der Herzogin von Maine, in der diese unter Säulen oder Grabsteinen ihre Kanarienvögel, Zeisige und Katzen beerdigte.
Château: Das 1856 im Stil Ludwig XIII. wiedererrichtete Schloß dient heute der Arbeit des sehr lebendigen und reichhaltigen Landschaftsmuseums der „Île-de-France".
Der Park: Sehenswert sind im weiten Parkgebiet der große Kanal, das achteckige Wasserbecken und die Brunnen (jeden Sonntag, von April bis Oktober, werden die prächtigen Wasserspiele in Betrieb gesetzt), weiter verschiedene Pavillons, Terrassen und besondere gärtnerische Anlagen.
Châtenay-Malabry (1 km südl.): Mit einer der ehrwürdigsten Kirchen des „Île-de-France"-Gebiets, der

Saumur: *Das Schloß, das teils im Mittelalter, teils in der Renaissance entstand, beherbergt heute zwei interessante Museen.*

„Église Saint-Germain-l'Auxerrois" aus dem 11. – 13. Jahrhundert.
Vallée-aux-Loups: Einen Besuch lohnen der Rosengarten von „L'Haÿ-les-Roses" und das Rosen-Museum. (Geöffnet von Ende Mai bis Ende September.)

Sedan 6/D 2
Auf einem Felsensockel steht das Schloß, an dem im 15., 16. und 17. Jh. gebaut wurde. In ihm ist ein Militär-Museum untergebracht. Im unteren Schloßbau („Château-Bas"), einem Bau des 17. Jh., war der Wohnsitz der Fürsten von Sedan.
Bazeilles (3,5 km südöstl.): Mit einem Schloß aus dem 18. Jh.
Forêt des Ardennes (8 km nördl.): Wälder der Ardennen.

Sées 10/C 2
Cathédrale Notre-Dame: Die Kathedrale (13. und 14. Jh.) ist einer der schönsten Bauten normannischer Gotik. Das Schiff ist ein Wunder an Eleganz und Ausgewogenheit der Maße. Der Chor und das Querschiff sind aus dem 14. Jh. Die Fenster und die Fensterrose stammen aus dem 14. und 16. Jh. Im Chor sind der mit Reliefs geschmückte Hauptaltar und die Chorstühle (Ende 18. Jh.) besonders zu beachten.
Mortrée (7,5 km nordwestl.): 1 km nördl. der Ortschaft erhebt sich in einem kleinen See das „Château d'O", ein eleganter Bau, der vom 16. bis 18. Jh. erbaut wurde.

Seix 41/D 3
In der kleinen alten Stadt am linken Ufer des Salat befinden sich noch viele Häuser mit Holzgalerien. Auf der Höhe über dem Ort liegen die Ruinen eines Feudalschlosses.
Église: Im Innern der Kirche des 17. Jh., die einen Mauer-Turm hat, sind mächtige vergoldete Altaraufsätze, geschmückt mit Flachreliefs, und in zwei Stockwerken aufgeführte Sitzemporen zu sehen.
Pont-de-la Taule (5 km südl.): Der malerische Flecken liegt am Zusammenfluß von Alet und Salat.
Saint-Lizier* (20,5 km nordwestl.).

Sélestat 14/A 3
Vom alten Sélestat stehen in den engen Straßen noch viele Häuser und einige Zeugen der früheren Stadtbefestigung: der Uhrturm, ein wuchtiger Wehrturm des 14. Jh.,

Semur-en-Auxois: *Die über dem Armançon aufsteigende Stadt gehört zu den reizvollsten alten Orten in Burgund.*

dessen unterer Bau einst ein Tor in der mittelalterlichen Stadtmauer war, sowie das Tor „Porte de Strasbourg", ein Sandsteinbau der stattlichen Wehranlagen von Vauban.
Église Sainte-Foy: Bei der schönen romanischen Kirche (12. Jh.) erhebt sich über der Kreuzung des Querschiffs ein achteckiger Turm von 43 m Höhe.
Église Saint-Georges: Die Kirche, ein schöner gotischer Bau aus rotem Sandstein und grauem Granit, wurde zwischen dem 13. und 16. Jh. erbaut. Über dem Hauptportal steigt ein schöner viereckiger Turm 60 m hoch empor.
Profanbauten: Besondere Beachtung verdienen das Haus „Maison Weiller", ein von Gärten umgebener typisch elsässischer Bau, das „Maison Ziegler", (Renaissance, 16. Jh.) sowie das „Hôtel de l'abbaye d'Ebersmunster" (Mitte 16. Jh.) und das „Arsenal Sainte-Barbe" (14. Jh.), ein eleganter Bau mit bildhauerisch verzierter Fassade.
Châtenois (5 km westl.): Mit einem kuriosen romanischen Glockenturm und einem Hexenturm des 15. Jh. (Storchennest.)

Selles-sur-Cher 18/A 3
Château: Die einstige Feudalburg, von der noch einige Festungsmauern vorhanden sind, wurde im 16. Jh. zu einem herrschaftlichen Wohnsitz umgebaut. Unter den Innenräumen des Schlosses, das von Ostern bis Allerheiligen zu besichtigen ist, sind besonders der Raum „Salle des Gardes" und das Zimmer der Königin von Polen (eingerichtet im Stil des beginnenden 17. Jahrhunderts) und der Musiksaal sehenswert.
Église: Die Kirche Notre-Dame-de-la-Blanche, deren Apsis an der Außenwand mit einem romanischen Fries verziert ist, entstand im 12. und 14. Jahrhundert.
Château de Valençay* (14 km südl.).

Semur-en-Auxois 19/C 2
Die Stadt bietet einen ungewöhnlich malerischen Anblick. Sie liegt, überragt von den mächtigen Türmen eines Schlosses aus dem 13. Jh., hoch auf einem Felsenberg, den eine Schleife des Armançon umfließt. Im Schloßturm „L'Orle d'Or" besteht ein heimatkundliches Museum. Die Festung ist mit der anmutigen kleinen Provinzstadt durch die Straße Rue Févret und Rue du Rempart verbunden.
Église Notre-Dame: Die im Stil burgundischer Gotik erbaute Kirche aus dem 13./14. Jh. mit einem Portalvorbau des 15. Jh. birgt mehrere interessante Kunstwerke, darunter eine „Grablegung" (Ende 15. Jh.) und (in zwei Kapellen) Fenster von sehr seltener Art, die Schlachter und Tuchweber bei ihrer Arbeit zeigen. In der Wölbung der Apsis befindet sich ein sehr schöner Abschlußstein mit gemeißelter Darstellung der Krönung Mariens.
Lac-barrage de Pont (3 km südl.): Ein Stausee, der sich über 6 km

---

Sein (Île de) 8/A 3
Man kann die Insel mit einem Postschiff von **Audierne*** oder von „Port de Bestrée" und „Sainte-Evette" erreichen. Die flache und kahle Insel besteht aus 5,6 ha Heideland und zwei Inselchen, die durch einen schmalen Landstrich verbunden sind. Eine Ortschaft und ein Hafen liegen im östlichen Teil der Insel, mit einer Anzahl von Zeugnissen dafür, daß die Insel zur Zeit der Megalithkultur bewohnt war. An der Nordwestküste der Insel steht der Leuchtturm „Phare de Sein". Vor der Küste erhebt sich der Leuchtturm „Phare d'Ar Men".

hinzieht und Möglichkeiten für Wassersport bietet.
Château d'Époisses* (12,5 km westlich).

Sénanque
(Abbaye de) 38/A 3
Die Abtei wurde 1148 gegründet und galt als eine der drei „Zisterzienser-Schwesterabteien der Provence". (Siehe **Thoronet*** und **Silvacane***). Hier arbeiten ein Institut für Erforschung mittelalterlicher Fragen und ein Institut, das sich mit Sahara-Forschungen beschäftigt.
Église: Die Abteikirche ist ein bemerkenswerter romanischer Bau (Ende 12. Jh.). Bedeutend sind auch der Kreuzgang und der Kapitelsaal (Beginn 13. Jh.) sowie die Wärmehalle, das Refektorium, die Küchen- und Wirtschaftsbauten.

Senlis 11/D 1
Église Notre-Dame: In der freundlichen Provinzstadt erhebt sich diese Kirche des 12. Jh., eines der ersten grandiosen Bauwerke der französischen Gotik. In der Front, an deren Seite ein eleganter, 78 m hochschießender Pfeilturm steht, präsentiert sich ein gegen Ende des 12. Jh. gearbeitetes Hauptportal mit reichem, die Jungfrau Maria feierndem Skulpturenschmuck. Die Südseite des Bauwerks sieht man besonders gut vom Platz „Notre-Dame" her. Die reich dekorierte Fassade des Querschiffs kontrastiert mit der Strenge der frühen Gotik, und deutlich ist der Übergang von der Spätgotik zur Renaissance zu erkennen.
Weitere Kirchbauten: Von dem südlich der Apsis von Notre-Dame gelegenen, ehemaligen Bischofshaus (13./16. Jh.) gelangt man zur Kapelle Saint-Frambourg (12./13. Jh.) mit Fenstern von Miró und zur Kirche Saint-Pierre (11., 15. und 16. Jh.) mit einer spätgotischen Fassade.
Château royal: Im Bereich des Schlosses (13. Jh.) stehen noch Reste der Kapelle Ludwig VI. und des Herrenhauses vom 16. Jh.
Musée de la Vénérie: Ein Jagdmuseum ist in den aus dem 18. Jh. stammenden Bauten der Priorei Saint-Maurice eingerichtet.
Musée archéologique: Das Museum zeigt seinen Besitz in einem Bau aus dem 16. Jahrhundert („Maison du Haubergier").
Arènes romaines: Im Westen der Stadt liegen die Reste einer römischen Arena.
Abbaye Saint-Vincent: Die im 11. Jh. gegründete Abtei im Südosten der Stadt wurde im 17. Jh. wieder aufgebaut. Beachtenswert sind der in klassischem Stil gebaute Kreuzgang und der romanische Glockenturm. (Die Stadt veranstaltet Führungen zu den historischen Bauwerken.)
Abbaye de la Victoire (2,5 km südöstl.): Die Ruinen der Abtei aus dem 13. und 15. Jh. liegen in einer sehr malerischen Umgebung.
Château de Montepilloy (8 km östl.): Die Ruinen dieses Feudalschlosses befinden sich auf dem Gelände eines Gutshofs.
Forêt de Halatte: Im Bereich des 4 300 ha großen Waldes gelangt man zur ehemaligen Priorei Saint-Christophe und zum Berg „Mont Pagnotte".
Chantilly* (9,5 km westl.).

Sens 12/A 3
Cathédrale Saint-Étienne: Die erste der großen Kathedralen der Gotik, um 1140 gebaut, hat eine Fassade (Ende 12. Jh.) mit drei bildhauerisch reich geschmückten Portalen. Die Gestaltungen des mittleren und des linken Portals zählt man zu den besten Arbeiten aus den Anfängen der Gotik. Das rechte Portal ist ein Werk des 14. Jh. Die Fenster im Chorumgang links vom Chor sind Werke des 12. Jh. und sonst aus dem 13. und 14. Jh. Sie bilden eine herrliche Gruppe meisterlicher Arbeiten. Der Kirchenschatz stellt ein wahres Museum sakraler Kunst dar: Mit Wandbehängen des 15. Jh., liturgischen Gewändern, Elfenbeinarbeiten, Goldschmiedewerken aus drei Jahrhunderten (15. – 18. Jh.).
L'Officialité: In diesem Bau aus dem 13. Jh. sind mehrere interessante Kunstwerke ausgestellt (darunter Wandteppiche, Grabmonumente, etc.).
Église Saint-Pierre-le-Rond: Die Kirche entstand im 13., 14. und 15.

Senlis: Am Portal der Kathedrale Notre-Dame stehen diese Gestalten aus dem Alten Testament.

Sens: Die spätgotische Fensterrose im südlichen Querschiff der Kathedrale ist besonders schön.

Jh., das gegenüberliegende Hospital „Hôtel-Dieu" im 13. Jh.
Abbatiale Saint-Jean: Die ehemalige Abteikirche (heute Krankenhauskapelle) hat eine schöne Apsis-Kapelle im Stil der champagne-burgundischen Gotik des 13. Jahrhunderts.
Église Saint-Savinien: Die Kirche entstand vom 11. bis 13. Jh.
Château de Fleurigny (15 km nord-nordöstl.): Mit runden Seitentürmen versehenes Renaissanceschloß (14. Jh.), umgeben von Wassergräben. Bemerkenswert sind der Innenhof mit seinen Arkadengalerien und die Kapelle mit einer in Kassetten gegliederten Decke und schönem bildnerischem Schmuckwerk. (Besichtigung von Ostern bis 1. November, Samstag und Sonntag nachmittags).

Barrage de Serre-Ponçon 38/C 2

Das 1960 vollendete Stauwerk an der Durance ist ein gewaltiger Bau. Er hält die Wassermassen eines künstlichen Sees mit einem Umfang von 3 000 ha, der zu den größten seiner Art in Europa gehört. Auf dem See kann man Wassersport – Rudern, Segeln – betreiben. Von **Embrun*** führt die N 94 nach Savines. Eine Straße überquert dort den Stausee, geht eine Strecke am Stausee entlang und zweigt dann ab nach Chorges (mit einer Kirche aus dem 15. Jh.), La Bâtie-Neuve und **Gap***. Von Savines kann man bei einer Fahrt in süd-südöstlicher Richtung an dem hier mit zahlreichen Buchten versehenen See entlang in die Bergwelt mit Felsbildungen der **„Demoiselles coiffées"*** gelangen, vorüber an dem Ort La Sauze, der herrlich auf einem Terrassengelände oberhalb des Sees liegt.

Der 123 m hohe, in seiner Krone 600 m lange Staudamm wurde im Jahre 1960 fertiggestellt. Er staut heute 14 Millionen cbm Wasser.

Sept-Saints
(Chapelle des) 8/D 2
Die schlichte Kapelle wurde zu Beginn des 18. Jahrhunderts auf einem Felsenberg erbaut. Hier sollen die Bilder der „sieben schlafenden Jünglinge von Ephesus" aufgefunden worden sein, die nach der Legende im Jahr 250 in einer Grotte eingeschlafen waren und erst im Jahr 301, zur Zeit des Konzils von Ephesus, wieder erwachten. Die Kapelle ist eine Wallfahrtsstätte für Christen und Muselmanen. (Prozession am 4. Sonntag im Juli.)

Serrabone
(Prieuré de) 43/C 3
Die Prioreibauten liegen einsam in den Bergen, ein schönes Zeugnis der romanischen Kunst im Roussillon-Gebiet.
Priorale Sainte-Marie: In der Kirche aus dem 11./12. Jh. gibt es eine Sitzempore aus Marmor, bildhauerisch reich geschmückt, getragen von leichten, rosa Marmorsäulen und sechs kleinen Spitzbogenwölbungen. Die Kapitelle sind meisterliche Arbeiten der katalanisch-romanischen Bildhauerkunst. Das mit erlesenem Geschmack gestaltete Kunstwerk steht in starkem Kontrast zur Strenge des in Schiefergestein erbauten Kirchenschiffes.
Col de Fourtou (10 km südöstl.): Mit den Ruinen eines Schlosses (13. Jh.) und einer romanischen Kapelle mit byzantinischer Christus-Figur aus Holz, genannt „Santa Majestat", (12. Jh.).

Serrant
(Château de) 17/A 2
Der von breiten Wassergräben umgebene Renaissancebau wurde im 17. und 18. Jh. ausgebaut. In der Kapelle steht der großartige Grabbau des Marquis de Vaubrun († 1675), geschaffen von Lebrun und Coysevox. Außer den prachtvoll eingerichteten Sälen und Zimmern (18. Jh.) ist der Grand-Salon mit erlesenen Wandteppichen aus Brüssel sehenswert.

Sète 43/B 2
Die typische Hafenstadt am Mittelmeer wird von zahlreichen Kanälen durchzogen, an deren Quais stets buntes Leben und Treiben herrscht. Von der Saint-Louis-Mole am alten, im 17. Jh. geschaffenen Hafenbecken hat man einen schönen Blick auf die Stadt mit dem „Mont Saint-Clair". Auf seinen Hängen liegen die Zitadelle, der Leuchtturm und das Fort Saint-Pierre.
Cimetière marin: Auf dem Seemannsfriedhof, den er durch ein Gedicht unsterblich gemacht hat, ruht der Dichter Paul Valéry, der in Sète geboren wurde. Er starb 1945.
Musée Valéry: Das sehr modern gebaute Museum zeigt außer Erinnerungen an den Dichter zeitgenössische Kunst.

Silvacane: *Ernst und Kargheit des Zisterzienser-Stils bestimmen das Bild der romanischen Abtei (oben).*

Serrabone: *Mit phantastischer Bildersprache reden die Kapitelle an den Arkaden der Kirche aus dem 11./12. Jh. (links).*

Wettkampf der Fischer: Die Kämpfe der Fischer von Sète, bei denen jeder den Gegner aus dem Boot zu stoßen sucht, finden jeweils am 25. August statt.
Étang de Thau: Ein 7 021 ha großer See.
Étang des Eaux-Blanches: Ein Wassersportzentrum mit einer Segelschule.
Bouzigues (12 km nordwestl.): Die Austern dieses malerischen Fischerdorfs werden sehr geschätzt.
Mèze (17 km westl.): Von diesem Ort mit einer gotischen Kirche aus dem 15. Jh. kann man zum Schloß „Château de Creyssels" fahren, wo Latude, Gegner von Madame de Pompadour, geboren wurde.

Sèvres 11/C 2
Musée national de céramique: Das nur dienstags geschlossene Museum ist eines der bedeutendsten Keramikmuseen Frankreichs. Auch die Fabrikationsbetriebe der berühmten Porzellanmanufaktur können besichtigt werden. (Am 1. und 3. Donnerstag jeden Monats; im August geschlossen.)
Villa des Jardies: Das Haus, in dem Balzac und Corot lebten und Gambetta starb, ist ein Museum.

Seyssel 32/B 1
Die Rhône trennt diese Stadt in zwei Teile, von denen einer zum Département Ain, der andere zum Département Haute-Savoie gehört.
Château de Clermont (9 km nordöstl.): Ein sehr schönes Schloß (16./17. Jh.), mit Bauelementen des 13./14. Jh. Bemerkenswert sind der Innenhof mit zweistöckigen Galeriebauten (Bogengänge) und die Kapelle (16. Jh.).

Sézanne 12/B 2
Die freundliche kleine Provinzstadt ist mit einem Gürtel von Promenaden umgeben, in den Reste der alten Stadtbefestigung einbezogen sind (vornehmlich an der „Mail des Cordeliers").
Église Saint-Denis: Die Kirche (Anfang 16. Jh.) erhält ihr Licht von hohen spätgotischen Fenstern. Prächtig ist der dicke Viereckturm, 42 m hoch, der gegen Ende des 16. Jh. erbaut wurde.
Forêt de la Traconne (10 km südwestl.): 3 200 ha Waldgelände.
Villenauxe-la-Grande (22 km südwestl.): Schöne Kirche mit einem weiträumigen Chor (13. Jh.) und einem Schiff aus dem 15. Jh.

Settons (Lac des) 19/B 3
In sehr schöner, waldiger Gegend des **Morvan***-Gebiets erstreckt sich der See auf einer Höhe von 575 m über eine Fläche von 359 ha, gespeist von der Cure und einigen anderen kleinen Flüssen und Bächen. Er entstand nach der Anlage eines Staudamms quer durch das Tal der Cure. Eine Straße auf der Höhe beschert den Fahrern immer wieder schöne Fernblicke. Am See sind Strände, und es bieten sich Wassersportmöglichkeiten sowie ein regelmäßiger Dienst mit Seerundfahrten. Fischen und Jagd auf Wassergeflügel sind möglich.

Le Sidobre 42/C 1
Das Granitplateau der Sidobre-Landschaft, 56 km östl. von **Castres***, hat manche natürlichen Sehenswürdigkeiten und Schönheiten. Zu ihnen zählt das Felsenmeer, zu dem man über die D 58 entlang der Höhen des Agout-Tals gelangt. Da stehen Felsen mit so farbigen Namen wie „Les Trois Fromages" (Drei Käse), „Le Chapeau du Curé" (Hut des Pfarrers), weiter der „bebende Felsen" von Peyremoutou, Roc de Peyro Clabado, etc. In Burlats kann man die verfallene Kirche einer ehemaligen Priorei des 12. Jh. sehen. In Ferrières befinden sich ein Schloß (16. Jh.) mit reich geschmückter Fassade, ein Museum des Protestantismus sowie ein Geigenbauer-Atelier, das zu besichtigen ist. Auf der N 622 kommt man bei einer Fahrt in Richtung Castres zu weiteren interessanten Felsgebilden.

Signy-l'Abbaye 6/C 2
Von der im 12. Jh. gegründeten Zi-

sterzienser-Abtei sind nur einige im 18. Jh. gebauten Trakte übriggeblieben. Im Ortsbereich entspringt der Fluß Vaux.
Forêt de Signy (3 km südl.): Das malerische Waldgebiet von 3 525 ha wird durch das Tal des Vaux in zwei Teile gegliedert: „Petite forêt" im Südosten und „Grande forêt" im Nordwesten.

Sillé-le-Guillaume 10/B 3
In der amphitheaterförmig angelegten, ehemals befestigten Ortschaft steht noch ein schönes Schloß aus dem 15. Jh., das auf den Ruinen einer Festung des 11. Jh. errichtet wurde. Der 48 m hohe Bergfried und drei Türme mit Wehrgängen und Pechnasen erinnern an vergangene kriegerische Zeiten.
Église Notre-Dame: Die Kirche mit einem schön gearbeiteten Portal hat eine Krypta aus dem 13. Jahrhundert.
Forêt de Sillé (4 km nördl.): Aus dem 3 000 ha umfassenden Waldgebiet kommt man zum See „Étang de Defais", auf dem Segel- und Rudersport getrieben wird, und zum Strandort Sillé-Plage.

Silvacane
(Abbaye de) 44/A 1
Die Zisterzienser-Abtei (gegründet 1144) steht in einer grünen Umgebung oberhalb des Tales der Durance. Die Abteikirche aus dem 12. Jh. zeigt eine großartige Reinheit der Linienführung und Harmonie der Maße. Der Kapitelsaal und ein allgemeiner Saal wurden zu Anfang des 13. Jh., der Schlafsaal und der Kreuzgang um 1220 gebaut. Das Refektorium stammt vom Anfang des 15. Jahrhunderts.

Sion 13/B 3
Basilique Notre-Dame-de-Sion: Die Basilika auf einer der berühmtesten Höhen Lothringens, gebaut im 18. und 19. Jahrhundert, besitzt einen gotischen Chor des 14. Jahrhunderts.
Couvent des Oblats: In diesem Klosterbau befindet sich ein Museum der Missionen, in dem zugleich Skulpturen, Funde und Bruchstücke aus gallo-römischer Zeit zu sehen sind.
Signal de Vaudémont (3 km südwestl.): Auf dem 541 m hoch gelegenen Aussichtsplatz, den man über eine schöne Höhenstraße erreicht, steht eine 22 m hohe Toten-Laterne.
Thorey-Lyautey (6 km nordwestl.): Ein Schloß, in dem Marschall Lyautey gelebt hat, und heute bedeutende Sammlungen marokkanischer Kunst zu sehen sind. Das von Rabat nach Frankreich gebrachte Mausoleum des Marschalls steht im Park.
Charmes (24 km südöstl.): Mit dem Geburtshaus und Grab des Schriftstellers Maurice Barrès.

Sisteron 38/B 2
Über der Stadt in einem engen Tal der Durance, an der Route Napoléon, ragt eine mächtige Zitadelle empor. Die ältesten Teile stammen aus dem 13. Jahrhundert, die Gesamtanlage der Befestigungen wurde im 16. Jahrhundert umfangreich ausgebaut.
Chapelle Notre-Dame: Die Kapelle stammt aus dem 15. Jahrhundert.
Église Notre-Dame: Die im Innern sehr dunkle Kirche ist im Stil der provenzalischen Romanik errichtet.
Altstadt: Zahlreiche enge, steile Straßen sind hier miteinander durch Gewölbegänge, „Andrones" genannt, verbunden.
Forêt de Mélan: Das Waldgebiet, in dem eine kuriose „Grotte des Heiligen Vincent" liegt, erreicht man nach einer Fahrt durch das Tal des Vançon und über Saint-Géniez, Authon und den „Col de Fontbelle".

Sixt 26/D 3
Abbaye: Von der in der Mitte des 12. Jh. gegründeten Abtei stehen noch drei Gebäude. Sie werden zum Teil als Hotel genutzt. Das Refektorium mit einer bemalten Decke aus dem 17. Jh. dient heute als Speisesaal. Auch die gotische Kirche aus dem 13. Jahrhundert ist noch vorhanden. In der Sakristei ist ein interessanter Kirchenschatz zu besichtigen.
Samoëns (6,5 km nordwestl.): Mit einer Kirche aus dem 16. Jh. und einem Alpengarten, der sich über ein Gelände von 3 ha erstreckt. Von hier gelangt man nach Vercland (2,5 km südwestl.), wo die Seilbahn zum Saix-Gebiet (1 640 m) abfährt.
Plan du Lac (7,5 km nordöstl.): Hier liegt der „Cirque du Fer-à-Cheval", einer der großartigsten Gebirgskessel der französischen Alpen. Um ihn steigen gigantische Steilfelsen empor, von denen mehrere Wasserfälle herabstürzen.

Sizun 8/B 2
Der von einer Einfriedung umgrenzte Pfarrbereich gehört zu den typischen Anlagen dieser Art im Finisterre. Er umfaßt eine monumentale Eingangspforte und eine Beinhauskapelle (Ende 16. Jh.), in der sich ein kleines Museum sakraler Kunst befindet.
Kirche: Die Kirche aus dem 16./17. Jh. hat eine eigenartige vieleckige Apsis, die mit überdachten Nischen und einem gemeißelten Fries verziert ist. Im Innern gibt es mehrere interessante Altaraufbauten, Altäre und Statuen zu sehen.

Soissons 6/A 3
In dieser Stadt lohnen vier Kirchen einen Besuch.
Cathédrale Saint-Gervais et **Saint-Protais:** Der wunderbare gotische Bau (13. Jh.) besitzt in dem südl. Querschiff (Ende 12. Jh.) ein Meisterwerk aus den Anfängen gotischer Architektur.
Abbaye de Saint-Jean-des-Vignes: Von der ehemaligen Abtei stehen noch die prachtvolle Fassade aus dem 13./14. Jh., der wunderschön ausgearbeitete gotische Kreuzgang, das Refektorium (Ende 12. Jh.), der Keller und die Abtswohnung (14. Jh.).
Église Saint-Leger: Die ehemalige Abteikirche aus dem 13. Jh. mit einer Krypta aus dem 11. Jh. besitzt einen Kapitelsaal und einen Kreuzgang des 13. Jh., in denen ein kleines Museum untergebracht ist.
Abbaye Saint-Médard: Die Reste der ehemaligen, im 6. Jh. gegründeten Abtei sind in einen Schulbau eingegliedert: ein Kapitelsaal aus dem 13. Jh. und eine Krypta aus dem 9. Jh. (einst Begräbnisstätte merowingischer Könige).

Solesmes
(Abbaye de) 17/B 1
Die Anlagen der wegen der Erneuerung der Liturgie und des Gregorianischen Gesangs berühmt gewordenen Benediktinerabtei bestehen vornehmlich in Bauten, die im 19. Jh. in neugotischem Stil errichtet wurden. Man kann nur die zum Teil aus romanischer Zeit stammende Kirche besichtigen. In deren Querschiff steht eine schöne Gruppe wertvoller gotischer Figuren, „Les Saints de Solesmes". Außerdem sind im Innenraum die Plastiken „Sépulture du Christ" (Ende 15. Jh.) und „Sépulture de la Vierge" (16. Jh.) sehenswert.

Sommières 43/B 1
In der reizvollen kleinen Stadt sind die amphitheaterförmig angelegten Straßen mit alten Häusern und Patrizierbauten gesäumt. Die Hauptstraße liegt zum Teil auf den letzten Bögen einer Brücke aus der Römerzeit und erweitert sich an zwei Stellen zu Marktplätzen auf unterschiedlichem Geländeniveau („Marché haut" und „Marché bas"), die von Laubengassen umgeben sind. Die Ruinen eines Feudalschlosses und (auf einem steilen Hügel) der Renaissancebau „Château de Villevieille" mit schönen Türmen aus dem Mittelalter bestimmen das Stadtbild.

Sorde-l'Abbaye 40/C 1
Das einst befestigte Dorf mit Resten seiner Wälle aus dem 13. Jh. ist um eine sehr alte Benediktinerabtei erbaut worden. Die im 19. Jh. schlecht restaurierte Kirche hat noch Teile aus romanischer und gotischer Zeit. Im Abtshaus (16. Jh.) sind gallo-römische Mosaikarbeiten zu sehen.
Abbaye d'Arthous (6 km westl.): Mit einer Abteikirche aus dem 13. Jh. und Baulichkeiten des 16./17. Jh., in denen interessantes archäologisches Gut aufbewahrt wird.

Soissons: Von der Kirche Saint-Jean-des-Vignes steht nur noch die Front in majestätischer Eleganz.

Sospel: Die Schluchten im oberen Tal der Roya bieten Landschaftsbilder von einer wilden Schönheit.

Bidache (13 km südwestl.): Hier stehen imposante Ruinen des Schlosses der Herzöge von Gramont mit einem mächtigen Eingangstor und Wohnhaus (17. Jh.) sowie einem weiteren Wohngebäude aus der Renaissance (Mitte 16. Jh.) und einem Wachtturm aus dem 14. Jh.

Sorèze 42/B 2
Das im 17. Jh. von Benediktinern gegründete Schulinstitut ist in Gebäuden aus dem 18. Jh. untergebracht, die in einem großen Park liegen. Das Zimmer und das Grab des Dominikaners und bedeutenden Lehrers Lacordaire († 1861) sind hier zu sehen.
Ausflüge: Von Sorèze aus kann man zahlreiche Ausflüge in die Berge der „Montagne Noire" unternehmen: Nach Arfons, zum Stausee „Barrage des Cammazes", zum großen, von Tannenwäldern umgebenen See des „Bassin du Lampy" oder nach Saissac, einem Flecken auf einem Gebirgsvorsprung oberhalb der Ebene von Carcassonne.
Revel* (5 km westl.): Von hier ist es nicht weit zum See „Bassin de Saint-Ferréol".
Abbaye bénédictines d'En Calcat (11,5 km nordöstl.): Über Dourgne erreicht man diese Benediktiner-Abtei in neu-romanischem Stil, in der die Gottesdienste nach Gregorianischer Liturgie gehalten werden.

Sospel 39/B 3
Église Saint-Michel: Die gegen Ende des 17. Jahrhunderts erbaute Kirche besitzt ein Meisterwerk aus der „Schule von Nizza" des 15. Jahrhunderts „La Vierge immaculée" („Die unbefleckte Jungfrau") von François Brea.
Pont médiéval: An der malerischen Brücke, die aus dem Mittelalter stammt, steht noch der alte Zollturm.
Aution (29 km nordwestl.): Zu diesem Berg (2 082 m) gelangt man durch das Bévéra-Tal.
Col de Turini (25 km nordwestl.): Von der Paßhöhe kommt man in nördl. Richtung nach **Saint-Martin-Vésubie*** und bei einer Fahrt nach Süden zu den Schluchten „Gorges de la Vésubie".
Saorge (28 km nordöstl.): Der Ort liegt auf schwindelerregender Höhe über den Schluchten der Roya.
Nice* (43 km südwestl.).

Souillac 30/A 3
Église Sainte-Marie: Der wertvollste Besitz dieser Kirche aus dem 12. Jh., einer ehemaligen Abteikirche mit einem breiten Schiff und fünf Kuppeldächern, sind die Statuen des Patriarchen Josef und des Propheten Isaias, Meisterwerke romanischer Bildhauerei. Sie gehörten einst zum Portal einer älteren Kirche und haben jetzt ihren Platz auf der Rückseite des neuen Portals. Auch der aus der Frühzeit des Baus stammende Fensterpfeiler zur Rechten mit seiner ungewöhnlichen Fülle von Tierdämonen zählt zu den bedeutenden romanischen Plastiken des Languedoc um die Mitte des 12. Jh.
Rocamadour* (37 km südöstl.).
Martel* (15 km nordöstl.).
Cirque de Montvalent (18 km östl.): Unweit von Floirac.

Soulac-sur-Mer 28/D 2
Der Badeort liegt inmitten von Dünen und Kiefernwaldungen.
Basilique Notre-Dame-de-Findes-Terres: Die romanische Basilika (12. Jh.) war bis 1860 unter Sand verschwunden.
Musée d'art moderne.
L'Amélie-sur-Mer (4 km südwestl.): Ein Ort inmitten von Nadelholzwäldern.
Port-Bloc (11 km nordöstl.): Von diesem Ort an der Spitze der Landzunge „Pointe de Grave" besteht eine Autofährverbindung nach **Royan*** (im Sommer jede Stunde).

Souillac: Der Prophet Isaias, eine berühmte romanische Skulptur. Er sieht aus, als schreite er zum Tanz.

Straßburg: *Das Stadtviertel „La Petite France" hat mit seinen Häusern an den Ufern des Ill noch am meisten vom typischen Erscheinungsbild des alten Elsaß bewahrt. Nicht weit davon steigt der Spitzturm der gotischen Kathedrale Notre-Dame in die Höhe, im 13. und 14. Jh. aus rotem Sandstein erbaut.*

Sourches
(Château de) 17/B 1
Hinter einem gewaltigen Ehrenhof, den ausgetrocknete Wassergräben umschließen, erhebt sich in grüner Umgebung das ebenso elegant wie machtbewußt aussehende Schloß (18. Jh.). Seine Räume sind herrlich eingerichtet. Der Park wurde nach Plänen von Mansart angelegt.

La Souterraine 24/A 3
Église: Die Granit-Kirche aus dem 12./13. Jh., ausgeführt im Stil des Limousin, hat einen Glockenturm und ein wohlgegliedertes romanisches Portal. Im Kirchenschiff sind interessante Kapitelle, in der Krypta (11. Jh.) Reste eines gallo-römischen Heiligtums und eine Toten-Laterne zu sehen.
Stadtbefestigungen: Die kleine Stadt zeigt noch einige Teile der alten Wehranlagen, darunter das Tor „Porte Saint-Jean" (13.–15. Jh.), und zahlreiche alte Häuser.

Souvigny 25/A 2
Église Saint-Pierre: Die romanisch-gotische, ehemalige Propsteikirche ist eine der schönsten Kirchen im Bourbonnais-Gebiet und birgt die Grabstätten der Herzöge von Bourbon.
Chapelle Vieille: Die aus dem Ende des 14. Jh. stammende Kapelle (rechts vom Chor) enthält das Grab mit den ruhenden Figuren aus weißem Marmor von Louis II. de Bourbon († 1410) und seiner Frau.
Chapelle Neuve: In der um die Mitte des 12. Jh. gebauten Kapelle (links vom Chor) befindet sich das Grabmal von Charles I. de Bourbon († 1456) und seiner Frau. Es ist geschmückt mit der berühmten Statue der Heiligen Magdalena, die ein Gefäß mit Duftwasser in der Hand hält (Ende 15. Jh.). Unter dieser Kapelle sind größere Grabkeller, unter der Sakristei befindet sich ein kleines Museum mit dem „Kalender von Souvigny", einer Säule mit Tierkreiszeichen aus dem 12. Jh.

Stenay 7/A 3
Die einst befestigte Stadt an der Meuse (Maas) besitzt noch mehrere interessante Häuser mit Vorhöfen (17./18. Jh.). Sie stehen vor allem an den Plätzen „Place de la République" und „Place Poincaré".
Beaumont-en-Argonne (11,5 km nordwestl.): Mit eigenartigen spanischen Häusern (16./17. Jh.).
Forêt de Belval* (16 km westl.): Hier besteht ein großer Wildpark.

Strasbourg 14/B 2
Die an Kunst reiche Stadt wird vom Ill durchquert. Mit zwei breiten, in weiten Bögen zwischen den Häusern dahinziehenden Flußarmen füllt sein Wasser auch zahlreiche Kanäle im Stadtgebiet, vor allem im Altstadt-Viertel „La Petite France".
Cathédrale Notre-Dame: Die Kathedrale, im 13./14. Jh. aus rotem Vogesensandstein erbaut, ist ein herrlicher gotischer Bau. Aus der Westfassade steigt ein 142 m hoher spitzer Turm empor, das Wahrzeichen der Stadt. Die Portal-Figuren, Skulpturen aus dem 13./14. Jh., sind berühmt. Die Originale stehen im Museum „Musée de l'OEuvre Notre-Dame"; an der Kirche sind sie durch Kopien ersetzt. Besonders bekannt sind die Darstellungen der törichten und der klugen Jungfrauen. An der rechten Seite befindet sich das „Portal de l'Horloge", ein Portalbau des 13. Jh., mit zwei eng beieinander liegenden Pforten und hervorragend gearbeiteten Statuen, welche „Die Kirche", „Die Synagoge" sowie die Krönung und den Tod Mariens darstellen. Im Innenraum der Kathedrale, die mit prachtvollen Fenstern aus dem 13./14. Jh. versehen ist, wird das Querschiff geteilt durch den berühmten „Pfeiler der Engel" mit zahlreichen Skulpturen. Im südl. Querschiff befindet sich die Astronomische Uhr aus dem Jahr 1571.
Musée de l'OEuvre Notre-Dame: Das Museum ist im wesentlichen in zwei Gebäuden aus dem 14. Jh. (Gotik) und dem 16. Jh. (Renaissance) untergebracht. Doch gehören zu seinem Bereich auch das „Hôtel du Cerf" und mehrere benachbarte Häuser und Gartenanlagen. Gezeigt werden Sammlungen elsässischer Kunst vom Mittelalter bis zum 17. Jh., und zwar in Räumen mit Mobiliar der verschiedenen Epochen.
Musée des Beaux-Arts: Das Kunstmuseum ist im „Palais de Rohan" eingerichtet.
Palais de Rohan: Außer dem Kunstmuseum sind in diesem mächtigen Schloßbau (18. Jh.) das Kunstgewerbemuseum („Musée des Arts décoratifs") und das Archäologische Museum untergebracht. Von den Schloßräumen sind die Gemächer der Kardinäle, das Schlafzimmer des Königs, Empfangssäle und die Kapelle besonders sehenswert.
Musée historique: Das Geschichtliche Museum befindet sich im Bau der „Grande Boucherie" (16. Jh.).
Kirchen: An Kunstwerken in Straßburger Kirchen sind noch von

In der Kirche steht eine berühmte Astronomische Uhr, deren Figuren um 12.30 Uhr vorüberziehen.

besonderem Rang: in der Kirche „Saint-Thomas" das monumentale Mausoleum des Marschalls von Sachsen (geschaffen von Pigalle) und in „Saint-Pierre-le-Jeune" ein kostbarer Lettner (Ende 13. Jh.) sowie Holzverkleidungen im Chor (18. Jahrhundert).

Alt-Straßburg: In den alten Ortsvierteln stehen noch viele Fachwerkhäuser mit Erkern, Balkonen, geschnitzten Balustraden, und malerische Winkel, vor allem in der Rue de la Monnaie und Rue des Dentelles sowie im Bereich des von Kanälen durchzogenen Stadtteils „La Petite France". Hier sind auch noch Brücken mit Wehrgängen, Reste befestigter Torbauten u. a.

Palais du Conseil de l'Europe: Das Gebäude des Europarats; im Jahre 1950 erbaut.

Schiffsfahrten: Innerhalb des Stadtgebiets, zum Freihafen und auf dem Rhein kann man Fahrten unternehmen. Entsprechende Auskünfte erteilt der Verkehrsverein (Service d'Information).

Rhein-Brücke: Im Osten der Stadt liegt die Brücke über den Rhein. An der 1960 geschaffenen „Europa-Brücke" befinden sich die französisch-deutschen Zollstationen. Auf dem rechten Ufer liegt die deutsche Stadt Kehl.

Baggersee (5 km südl.): Der See bietet Gelegenheit zum Wassersport aller Art.

Bois de la Robertsau (6 km nordöstl.): In den Waldungen dieses Gebiets sind sehr schöne Spaziergänge zu unternehmen; besonders hübsch ist auch die Ortschaft „Fuchs-am-Buckel" am Rheinufer, wo Boote für Rheinfahrten zu mieten sind.

Molsheim* (21 km südwestl.): Hierhin fährt man durch das Tal der Bruche und kann die Fahrt fortsetzen bis Saales und weiter nach Mutzig, das bekannt ist für sein Bier, sowie nach Schirmeck, Rothau, **Struthof*** und **Sainte-Odile***.

Le Struthof 14/A 3
Hier befand sich ein Konzentrationslager der Nationalsozialisten, das durch die „Nacht- und Nebelaktionen" traurige Berühmtheit erlangt hat. Zeugnisse für die Geschehnisse jener schrecklichen Zeit, einzelne Bauten, sind erhalten geblieben. Die gesamte Anlage gilt als „Nationale Gedenkstätte der Deportationen".

Suippes 12/C 1
Im Nordosten der Stadt erstreckt sich die pittoreske Landschaft von Hurlus, die während des 1. Weltkriegs sehr stark verwüstet wurde. In dieser Gegend sieht man sehr viele Soldatenfriedhöfe und Denkmäler zur Erinnerung an den Krieg 1914/1918, von denen die meisten jedoch in künstlerischer Hinsicht unzulänglich sind.

Suisse normande
Siehe **Clécy***. 10/B 1

Sully-s.-Loire
(Château de) 18/C 2
Die mächtige mittelalterliche Festung ist von Wasserläufen umgeben. (Sie kann von März bis Ende November besichtigt werden.) Das Schloß besteht aus zwei Teilen, dem Wachtturm der Feudalzeit (15. Jh.) mit gezimmertem Dachstuhl, flankiert von vier Ecktürmen, und dem kleinen Schloß („Petit Château"), das im 17. Jh. von Sully restauriert wurde. Das Arbeitskabinett und der Salon Sullys, des Ministers und Freundes von Heinrich IV. ist zu besichtigen. Im Bautrakt aus der Feudalzeit befindet sich der große Saal der Wachen („Salle des Gardes"), und im Wachtturm sollte man es nicht versäumen, sich den obersten Raum anzusehen, um ein vielgerühmtes Dachgestühl zu besichtigen.

Abbaye de Saint-Benoît-sur-Loire* (8 km nordwestl.).

Suresnes 11/C 1
Musée Municipal: Hier wird die Erinnerung an das alte Weinbaugebiet und an die Traditionen der Rebenernte gepflegt.

Mont-Valérien: Von der Höhe hat man eine herrliche Rundsicht.

Mémorial national de la France combattante: Eine Gedenkstätte der Widerstandsbewegung gegen die Besatzung 1940/44.

Surgères 23/A 3
Von dem Schloß der Grafen von Surgères, erbaut im 16. Jahrhundert, sind nur noch ein halb zerstörter Festungswall und Türme einer 600 m langen Wehrmauer erhalten geblieben.

Église Notre-Dame: Die Kirche (12. Jh.) hat eine (sehr stark restaurierte) romanische Fassade, die im gesamten Entwurf wie in der Ausführung der schmückenden Details eine strenge Hoheit ausstrahlt.

Laiterie coopérative: Die Milchverwertungsgenossenschaft von Surgères, der „Hauptstadt der Charente-Butter", und die „Staatliche Milchwirtschafts-Schule" können besichtigt werden.

T

Talcy
(Château de) 18/A 2
Das Schloß wurde zu Beginn des 16. Jh. an einer Stelle gebaut, an der vorher ein einfaches Herrenhaus (13. Jh.) stand. Von außen sieht das Schloß mit seinem mächtigen Viereckturm, den zwei Seitentürmchen flankieren, ernst und düster aus, doch um den großen Innenhof, in dessen Mitte schöne überdachte Brunnen stehen, gruppieren sich elegante, harmonisch zueinander passende Bauten. In einem zweiten Hof steht ein großes Taubenhaus (14. Jh.) mit 1 500 Fluglöchern.
Innenräume: Die Gemächer sind mit prachtvollem Mobiliar aus dem 17./18. Jh. eingerichtet. Besonders sehenswert sind das Eßzimmer, geschmückt mit Malereien aus dem 18. Jh., und das sogenannte „Zimmer von Charles IX." mit Möbeln aus dem 17. Jh.

Tallard 38/C 2
Die Ortschaft mit halbzerfallenen Wällen wird von zwei einander rechtwinklig schneidenden Straßen durchquert, mit Häusern aus früheren Jahrhunderten.
Église: Die Kirche stammt aus dem 12. und 16. Jh., eine alte Kapelle der Templer aus dem 13. Jh.

Tancarville (Pont de) 4/C 3
Diese Brücke ist mit 1410 m Länge und einer größten Höhe von 47 m über dem Wasser der Seine eine der bedeutendsten Hängebrücken Europas. Die Benutzung ist gebührenpflichtig. Die Burg von Tancarville steht auf einem 50 m hohen Felsvorsprung („Nez de Tancarville") und präsentiert sich mit einem dreieckigen Festungsvorbau, der mit Türmen aus dem 13., 14. und 15. Jh. bewehrt ist. Ein neues Schloß (18. Jh.) ist vor einiger Zeit restauriert worden.

Château: Das Schloß (14. bis 16. Jh.) liegt auf einem Bergvorsprung oberhalb der Durance und besitzt auch mehrere Bauten aus der Renaissance. Erwähnenswert ist der 35 m lange Saal der Garden im Herrenhaus (keine Besichtigung).

Talmont
-sur-Gironde 28/D 1
Église Sainte-Radegonde: Die Kirche findet man außerhalb des Ortes mit seinen blumengezierten Häusern in kleinen Gassen, und zwar in der Mitte des Friedhofs, auf einem steilen Felsen über der Gironde. Sie ist ein schmuckes Beispiel für die romanischen Bauten im Saintonge-Gebiet und besitzt ein besonders schön gearbeitetes Portal. Die Kirche war lange Zeit gefährdet, weil die Strömung der Gironde den Kreidefelsen und die Unterbauten zerstörte. Vom Friedhof hat man einen weiten Blick auf die Gironde und auf die Felsen von Meschers.
Moulin du Fâ (4 km östl.): Mit Resten gallo-römischer Bauten.

Tanlay
(Château de) 19/C 1
Der herrliche Schloßbau aus der Renaissance und dem 17. Jh. besteht aus dem kleinen Schloß vor dem „Cour verte" („Grünen Hof") mit schönen Arkaden und dem großen Schloß. Der Hauptwohnbau ist mit den zwei Flügeltrakten durch Treppenhäuser verbunden und steht so in Verbindung zum Turm „Tour des Archives" und zur Kapelle. Nach den prunkvoll eingerichteten Gemächern sollte man sich in dem Eckürmchen „Tour de la Ligue" die Fresken ansehen, mit Gestalten der Religionskriege, unbekleidet oder in antiken Gewändern.
Park: Im Park gibt es einen Kanal von 526 m Länge, der zu einem Laubenbau („Gloriette") führt.

Tarascon 43/D 1
Das gewaltige Schloß, erbaut vom Ende des 14. bis zur Mitte des 15. Jh. durch die Grafen der Provence, ragt am Ufer der Rhône empor. Es besteht aus zwei Teilen. Im Nordabschnitt liegen die Wirtschaftsbauten, im Südgelände breitet sich

Talmont-sur-Gironde: *Die romanische Kirche Sainte-Radegonde liegt auf einem steilen Felsenvorsprung an der Gironde-Mündung. Den besonders schön gearbeiteten Portalbogen zieren Dämonentiere.*

Tanlay: Das um 1550 erbaute Schloß, dessen Räume mit großer Pracht eingerichtet sind, ist eines der schönsten Bauwerke der Renaissance in Burgund. Das stolze Portal öffnet sich zum Ehrenhof.

der mächtige Herrensitz aus: Mit einem nach spätgotischem Stil dekorierten Innenhof, mit Sälen und einer Kapelle, deren Decken gewölbt sind, und mit den ehemaligen Gemächern des Königs René.

Église Sainte-Marthe: Die Kirche (14. Jh.) hat ein fein gemeißeltes Portal (12. Jh.). Unter den Kunstwerken im Innern befindet sich der Grabbau mit der ruhenden Gestalt des Seneschalls der Provence Jean de Cossa, eines der frühsten Werke der italienischen Renaissance in Frankreich (Ende 15. Jh.). In der Krypta befinden sich das ehemalige Grab von Sainte-Marthe (16. Jh.) und das jetzige Grab mit dem Sarkophag aus dem 10. Jh., in dem die Heilige beigesetzt wurde. Dieses neuere Grab ist ein Genueser Werk des 17. Jh. und befindet sich im Apsisbereich.

Hôpital Saint-Nicolas: Die Kapelle stammt aus dem 15. Jh., die Apothekeneinrichtung aus dem Jahr 1742.

Tarascon -sur-Ariège 42/A 3

Die Stadt am Zusammenfluß von Ariège und Vicdessos besteht aus einer alten Oberstadt und einer neuen Unterstadt. Sehenswert ist die Kirche (17. Jh.) mit einem gotischen Portal.

Bompas (3 km nördl.): Ausgangspunkt der „Route des Corniches".
Grotte de Niaux (5 km südl.): Höhle im Tal des Vicdessos.
Ax-les Thermes (26 km südöstl.): Zu dieser Stadt gelangt man durch das Ariège-Tal, über Notre-Dame-Sabart (mit romanischer Wehrkirche), Ussat-les-Bains (mit der „Grotte de Lombrives", einer Höhle, in der 500 Katharer im Jahr 1228 lebendig eingemauert wurden) und Luzenac, mit dem Schloß Lordat aus dem 13./14. Jh.

Tarn (Gorges du) 37/A 2

Die Schluchten des Tarn gehören zu den besonderen Naturschönheiten Frankreichs. Über eine Strecke von 50 km folgt eine Sehenswürdigkeit der andern. Man kann die sehr reizvolle Straße 107 B fahren, die von Ispagnac an ständig durch die Schluchttiefe führt (Siehe **Florac*** und **Sainte-Énemie***). Man kann aber auch mit dem Boot von La Malène abwärts fahren. Der Tarn, der hier viele Stromschnellen hat, durchquert den „Détroit", eine Strecke von 1 km an der engsten Stelle des Cañyon, und fließt dann in den Bergkessel „Cirque des Baumes" mit seinen rötlichen Felswänden und später in den „Pas de Soucy" mit ungeheuren Kalksteinbrocken, darunter „L'Aiguilhe", ein 80 m hoher Monolith. Wer gut zu Fuß ist, kann auch über die Höhenstraße der „Causse Méjean" gehen, von Le Rozier aus, und das Gebiet auf markierten Wegen durchwandern. Die wichtigsten Plätze im Tarn-Tal werden im Sommer angestrahlt. Von Le Rozier führen die Schluchten der **Jonte*** zum Abgrund von **Armand*** sowie zur Grotte de Dargilan und nach **Meyrueis***.

Tarbes 41/B 2
Cathédrale: Die Kathedrale, genannt „La Sède". Das romanische Bauwerk wurde stark verändert.
Kreuzgang: Der Kreuzgang (Ende 14. Jahrhundert), der zu einer Abtei Saint-Sever-de-Rustan gehörte, ist erneuert worden.
Musée Massey: In diesem Museum befinden sich archäologische Sammlungen, eine Gemäldegalerie und ein „Internationales Husaren-Museum".
Jardin Massey: Die 14 ha große Gartenanlage ist einer der schönsten Parks in Südfrankreich.
Musée Maréchal Foch: Das Geburtshaus von Marschall Foch, Heerführer Frankreichs im 1. Weltkrieg, jetzt ein Museum.
Ibos (6 km westl.): Die Wehrkirche aus Ziegelsteinen und Kieseln, mit einem Wehrgang für die Wachen, stammt aus dem 14. Jh.
Montaner (17 km nordwestl.): Mit einem gewaltigen, 40 m hohen Wehrturm aus Ziegelsteinen, der von einer mächtigen Festungsmauer umschlossen ist. Das Ganze stellt den Rest einer einst stolzen Festung dar, die Gaston Phébus, Graf von Foix, während seines Kampfes gegen den Grafen von Armagnac bauen ließ.

Tavant 17/C 3
Église: In der Kirche (Ende 11. Jh.) sind wertvolle romanische Malereien zu sehen. In der Oberkirche blieb allerdings nur ein Teil der Fresken erhalten („Christus in seiner Herrlichkeit"). In der sehr engen Unterkirche (Krypta), deren Gewölbe auf acht zylindrischen Pfeilern ruhen, waren einst Wände und Decken vollständig bemalt. Auch hier sind nur noch Teile der Malereien erhalten, die aber zählen zu den schönsten Zeugnissen französischer Romanik mit den drei Darstellungen, die David zeigen, wie er Harfe spielt, wie er tanzt und wie er den Löwen bekämpft.

Tende 39/B 3
Die kleine Stadt, in Stufen an einem Berghang emporgebaut, hat mit ihren eigenartigen Häusern, die hohe schwärzliche Fassaden und Schieferdächer besitzen, ein pittoreskes Aussehen. Die Reste einer Burg und die aus dem 15. Jh. stammende Kirche Notre-Dame-de-l'Assomption lohnen den Besuch.
Sospel* (39 km südwestl.): Durch das Tal der Roya zu erreichen.
Vallée des Merveilles* (25 km südwestl.).

Thann 21/A 1
Eine hübsche Stadt, unterhalb der Schloßruine Engelbourg gelegen.
Église Saint-Thiébaut: Die Kirche ist ein prachtvoller spätgotischer Bau, dessen Westportal als Meisterwerk gotischer Bildhauerei im Elsaß des ausgehenden 14. Jh. gilt.

Théus 38/C 2
Im Nordosten von Théus, einem halb verlassenen Dorf, liegt, umgeben von seltsam geformten Felsgebilden, und Hängen mit ausgewaschenen Löchern und Trichtern im Boden, die Schlucht von Vallauria. Sie bietet einen wunderlichen Anblick mit zahlreichen Säulen und Felsspitzen, die einen Gesteinsblock wie einen Hut tragen. Die Erosion verlief an der Spitze anders als an den „Stämmen", so ergaben sich diese sonderbaren Formen. Auf diese Weise entstand auch die Gruppe, der man den Namen „Salle de bal des Demoiselles coiffées" („Ballsaal der wohlfrisierten Fräulein") gegeben hat. Naturerscheinungen dieser Art befinden sich auch auf dem Ostufer des Sees „Serre-Ponçon, an den Straßen nach **Saint-Veran*** und am Col de Vars.

Das Nordportal wurde im 15. Jh. gearbeitet. Der Chor ist reich ausgestattet mit geschnitztem Gestühl (15. Jh.). Auch die Fenster sind aus dem 15. Jahrhundert.
Musée historique: Ein historisches Museum mit heimatkundlichen Beständen befindet sich in einer Getreidehalle aus dem 16. Jh.
Routes des Crêtes* (8 km nordöstl.).

Thiers 31/A 1
Die kleine Industriestadt am Ufer der Durolle hat noch zahlreiche alte Häuser aus dem 15./16. Jh., darunter „Maison du Pirou", „Maison des Sept Péchés capitaux", „Maison de l'homme des bois". Sehenswert sind auch der merkwürdige „Coin des Hasards", der Turm „Tour de Maître Raymond" sowie die romanisch-gotische Kirche Saint-Genès und die Kirche Saint-Jean (15. Jh.), hoch über der Durolle.
Musée: Mit einer Sammlung zur Geschichte des Handwerks der Messerschmiede.
Route de la Vallée: Die Straße führt hinaus in das Tal der Durolle, die auf einer Strecke von 3 km rund 140 Gefällstellen hat.
Puy de Montoncel (20 km nordöstl.): Über Saint-Rémy-sur-Durolle gelangt man zu diesem Berg (1292 m) im Gebirge des „Massif des Bois-Noirs".
Lezoux (16 km westl.): In diesem ehemaligen Hauptplatz gallo-römischer Töpferkunst befindet sich ein Archäologisches Museum. Südlich davon liegt der Ort Ravel mit einer Kirche aus dem 13. Jahrhundert, einem türmebewehrten Schloß aus dem 17./18. Jh., sowie einem Bergfried aus dem 13. Jahrhundert. Die schönen Inneneinrichtungen lohnen einen Besuch.
Moissat-Bas (21,5 km südwestl.): In der Kirche besichtige man den Reliquienschrein von Saint Lomer, ein Meisterwerk aus dem 13. Jahrhundert.
Rochers des Margerides (östl.): Eine pittoreske Felsenlandschaft.

Thines 37/B 2
Das Dorf mit schiefergedeckten Häusern liegt in einer herrlichen, einsamen Landschaft. Es ist bereits zur Hälfte verlassen. In einem für die Gegend typischen Bau ist ein „Haus des Handwerks der Cevennen" eingerichtet.

Église: Die romanische Granit-Kirche stammt aus dem 12. Jh.

Thionville 7/B 3

In der ehemaligen Festungsstadt an der Mosel ist der Marktplatz von Häusern mit Arkaden umgeben. Historisch interessante Bauwerke sind der alte Wachtturm (16. Jh.), das „Hôtel des Seigneurs de Raville", ein Herrenhaus aus dem 15. Jh. und der Turm „Tour aux Puces", ein stämmiger vieleckiger Bau (12./13. Jh.), in dem sich das Museum befindet.
Jardin Thuillier fils: Sehr interessante Gartenanlage mit Hochblüten von August bis November.
Sierck-les-Bains (18 km nordöstl.): Mit den Ruinen des ehemaligen Schlosses der Herzöge von Lothringen. Von hier geht es zur Kapelle von Marienfloß, Rest eines Karthäuserklosters (12./13. Jh.).

Thoiry
(Château de) 11/B 2

Das Schloß wurde gegen Ende des 16. und im 17. Jh. gebaut. In den schön eingerichteten Gemächern sind Sammlungen von Porzellan aus dem Fernen Osten und wertvolle Gobelins zu besichtigen.
Parc zoologique: Den 30 ha großen Zoo durchstreift man auf markierten Wegen. Das Freigehege für die Raubtiere ist nur im geschlossenen eigenen Wagen oder mit Kleinbussen zu durchfahren.

Thônes 32/C 1

Von diesem Ferienort kann man viele Ausflüge machen.
Morette (3 km nordwestl.): Mit Nationalfriedhof der französischen Widerstandskämpfer bei Glières und dem 30 m herabstürzenden Wasserfall von Morette.
Saint-Jean-de-Sixt (8,5 km nordöstl.): Der Ort eignet sich gut als Ausgangsstation für Ausflüge, so zu den Höhen „Tête du Danay", „Mont Lachat", „Crêt de Forgeassoud"; 3 km südöstl. liegt der bekannte Wintersportplatz La Clusaz.

Thonon-les-Bains 26/C 2

Église Saint-Hyppolite: Im Thermalbad und Ferienort am Genfer See steht neben der im 19. Jh. in neugotischem Stil gebauten Basilika „Du Doctorat-de-Saint-François-de-Sales" diese Kirche aus dem 11. Jh. Sie wurde im 17. Jh. um- und ausgebaut. Ihre Krypta ist zum Teil romanisch. Das Innere wurde prunkvoll geschmückt mit Stuckarbeiten und Malereien im italienischen Stil des 17. Jh.
Musée du Chablais: Das interessante Landschaftsmuseum logiert im Schloß „Château de Sonnaz".
Château de Ripaille (3 km nordöstl.): Das vom Anfang des 15. Jh. stammende Schloß wurde gegen Ende des 19. Jh. umgebaut.
Châteaux des Allinges (6,5 km südl.): Zwischen den Ruinen dieser beiden Schlösser (11. bis 14. Jh.) steht eine Kapelle (Ende 11. Jh.).
Yvoire (16,5 km westl.): Über Sciez gelangt man zu diesem typisch savoyardischen Ort mit krummen Straßen, zwei gotischen Toren, mit alten Häusern, einem Schloß (14. Jh.) und einer Kirche aus dem 13. Jh., umgebaut im 17. und 19. Jh.

Le Thor 38/A 3

Sehenswert sind die romanische

Thoiry: Giraffen, Zebras, Löwen, Strauße und Elefanten leben hier in einem großen Freigehege.

Kirche Notre-Dame-du-Lac mit gotischem Spitzbogengewölbe, einem unter antikem Einfluß geschaffenen Vorhallenbau sowie einem achteckigen Glockenturm, außerdem die Stadtwälle mit einem Tor (14. Jh.). Der Ort ist ein Handelsplatz für Edeltrauben (Chasselas).
Grottes du Thouzon (1,5 km nördl.): Mit interessanten Felsbildungen.

Tende: Oberhalb des pittoresken Dorfes stehen die Ruinen eines Schlosses, das 1692 zerstört wurde.

Thoronet
(Abbaye de) 44/C 1
Abbatiale Saint-Laurent: Von Kiefern umgeben, liegt die alte Abteikirche mit einigen Klosterbauten (Ende 12. Jh.) in einer schönen Landschaft. Die Gruppe der Gebäude ist ein gutes Beispiel für die sachliche, schmucklose Art des Bauens der Zisterzienser. Wundervoll schlicht und harmonisch ist der romanische Kreuzgang mit der Waschgelegenheit für die Mönche. Sehenswert sind auch der Kapitelsaal mit gotischem Gewölbe, der Schlafsaal, Keller und andere Baulichkeiten sowie die Zehnten-Scheune und die Ölmühle.

Thouars 23/B 1
Die alte Stadt mit engen, gewundenen Gassen, den bunten, mit Erkern versehenen Häusern aus alten Zeiten (besonders in den Straßen Rue Saint-Médard, Rue du Château) hat auch noch Teile ihrer alten Befestigungsanlagen.
Kirchen: Beachtenswert sind die Kirche Saint-Laon (12. und 15. Jh.) und Saint-Médard (12. und 15. Jh.).
Château: Das Schloß wurde im 17. Jh. auf einer Terrassenanlage erbaut, deren einzelne Stufen durch Treppen miteinander verbunden sind. Die elegante Schloßkapelle „Sainte-Chapelle", mit Elementen der Spätgotik und der Renaissance, stammt vom Anfang des 16. Jahrhunderts.
Musée: Mit archäologischer Sammlung und Kollektionen von Steingut und Glaswaren.
Vallée de la Cascade (3 km westl.): Das Tal des Wasserfalls.
Cirque de Missé (5 km südöstl.): Ein Talgrund zwischen Felsen.
Château d'Oiron* (12 km östl.).

Thury-Harcourt 10/B 1
Vom Schloß der Herzöge von Harcourt, ausgebrannt 1944, sind nur noch einige Ruinen vorhanden.
Aunay-sur-Audon (14 km nordwestl.): Diese Stadt, wie das benachbarte Villers-Bocage, beide 1944 zerstört, liefern interessante Beispiele für den modernen Aufbau einer Stadt und die sakrale Architektur in unserer Zeit.

Tiffauges
(Château de) 16/D 3
Dies ist das Schloß vom „Ritter Blaubart", jenem Edelmann Gilles de Rais, dessen Grausamkeiten und dessen wildes Leben Charles Perrault in einer Geschichte geschildert hat. Die Ruinen bedecken mit einem Bergfried (12. Jh.), dem Turm Vidame (15. Jh.), einer Kapelle (15. Jh.) nebst einer Krypta aus dem 11. Jh. und anderen Gebäuden ein weites Gelände.

Tignes-les-Boisses 32/D 2
Das in 1 820 m Höhe auf dem linken Ufer der Isère neu gebaute Dorf entstand als Ersatz für das vom Wasser des Tignes-Stausees überflutete alte Dorf. Der Staudamm der „Barrage de Tignes", 1947 bis 1952 erbaut, ist 295 m lang und 180 m hoch.
Lac de Tignes (7 km südwestl.): An diesem See liegt der gleichnamige moderne Wintersportplatz in 2 100 m Höhe.

Til-Châtel 20/A 2
Die romanische Kirche (Mitte 12. Jh.) gehört zu den interessantesten Kirchen im Bereich der Côte d'Or. Sie besitzt in der Front ein reich skulptiertes Portal mit fünf Bögen und ein wohlgegliedertes, wenn gleich nicht so schön gestaltetes Süd-Portal.
Bèze* (9 km südöstl.): Von hier geht es in südöstl. Richtung weiter nach Mirebeau, einer einst befestigten Stadt mit einer Kirche aus dem 13. und 14. Jahrhundert.
See „de Marcilly" (2 km westl.).

Tinténiac 9/C 3
Église: In der Kirche aus dem 20. Jh. sind einige bemerkenswerte Teile eines älteren Baus aus den Epochen der Gotik und Renaissance verarbeitet. Im Innenraum ist ein seltsam geformtes Weihwassergefäß aus dem 14. Jh. mit der Bezeichnung „Der schöne Teufel von Tinténiac" zu sehen.
Les Iffs (5,5 km südwestl.): Die herrliche spätgotische Kirche aus dem 15./16. Jh. hat prachtvolle Kirchenfenster aus dem 16. Jh. In einer Entfernung von 1,5 km befindet sich ein Schloß aus dem 14. Jh. („Château de Montmuran") mit wehrhaften Türmen, Zugbrücke und Hauptwohnhaus aus dem 17. Jh. (Besichtigung nachmittags.)
Bécherel (8,5 km westl.): Von diesem Ort kommt man zum „Château de Cadareuc" (18. Jh.) mit schönen Gartenanlagen „à la française".
Château de Bourbansais (8 km nördl.): Bei Pleugueneuc steht dieses schöne Schloß (16. Jh.), umgeben von weiten Gärten „à la française", dessen Innenräume im 18. Jh. neu errichtet wurden. Mit einem großen Tiergarten, einem Gestüt sowie einem Zwinger für Hundezucht.

Tonnerre 19/B 1
Hôpital: Das im Jahr 1293 gegründete Krankenhaus ist mit einem hohen und mächtigen Dach (4 500 qm) gedeckt. Darunter liegt ein weiter Krankensaal, 101 m lang, mit getäfelten Gewölben und einem Dachgestühl aus Eichenholz. Die Betten reihten sich an den Wänden in hölzernen Alkoven aneinander. In den Krankenhauskapellen befinden sich das Grab des Louvois und ein „Heilig-Grab"-Monument aus Stein mit sieben lebensgroßen Figuren, eine meisterliche Arbeit burgundischer realistischer Bildhauerei des 15. Jh.
Église Notre-Dame: Die Kirche, erbaut im 13. und 15. Jh., hat eine Renaissancefront mit einem mächtigen Portal und einen Turm aus dem 17. Jahrhundert.
Hôtel d'Uzès: Ein ehemaliges Herrenhaus, in dem der Ritter d'Éon geboren wurde, der Agent Ludwig XV., der in Frauenkleidern am Hof der Zarin Elisabeth auftrat und deren „Lehrerin" wurde. Das Haus ist ein eleganter Renaissancebau (Anfang 16. Jahrhundert).
Abbaye Saint-Michel (1,5 km südöstl.): In der Abtei mit Restbauten aus dem 11. und 12. Jahrhundert, in einem weiten Park, ist heute ein Hotel eingerichtet.

Toucy 19/A 2
Église: Die merkwürdige, mit zwei Seitentürmen versehene Kirche

Le Thoronet: Jede Arkade des Kreuzgangs der Zisterzienser-Abtei ist durch eine Säule in der Mitte in zwei Bogendurchgänge aufgegliedert.

(16. Jh.) besitzt als Abschluß des Kirchenschiffs die ehemalige Front der früheren romanischen Kirche.
Villiers-Saint-Benoît (8,5 km nordwestl.): Mit einem Schloß aus dem 16.–18. Jh., das im 20. Jh. restauriert wurde („Château du Fort") und einem Landschaftsmuseum, das in einem Haus des 17. Jh. untergebracht ist. Wichtigste Sammlungen: Steingut und Fayencen, Skulpturen aus Burgund. In der Kirche aus dem 13. Jh. sind Mauermalereien aus dem 16. Jh. zu sehen.

Toul 13/B 2

Die Stadt hat aus dem 17. Jh. noch ihre alten Festungsmauern, durchbrochen von vier Toren, behalten.
Cathédrale Saint-Étienne: Die prachtvolle Kathedrale (13./14. Jh.) zeigt eine schöne Fassade im spätgotischen Stil (15. Jh.) mit zwei 65 m hohen achteckigen Türmen. An jeder Seite des Kirchenschiffs liegen Kapellen der Renaissance, „Chapelle Jeanne-d'Arc" (rechts) und die „Chapelle des Évêques". Der Chor ist mit kostbarem Marmorschmuck ausgestattet. Bemerkenswert ist auch der Kreuzgang (13./14. Jh.).
Église Saint-Gengoult: Die Kirche ist ein schönes Zeugnis der Gotik in der Champagne (13. bis 15. Jh.). Der Kreuzgang stammt aus dem 16. Jahrhundert.

Toul-Goulic
(Gorges de) 8/D 2
Eine der interessantesten Naturschönheiten der Bretagne ist dieses Felsenmeer aus Granitblöcken in einem Engpaß des oberen Tals des Blavet-Flusses. Man kann die Schluchttiefe auf einem Pfad (1 km) durchwandern.

Toulon 44/B 2
Die Stadt liegt in der Tiefe einer weiten Bucht, über der Bergkämme mit mehreren Forts emporragen. Um das alte Hafenbecken („Darse Vieille") erstreckt sich der Quai de Stalingrad mit den nach 1944 neu erbauten Häusern. Das Portal des alten Rathauses, gestützt von den berühmten Titanengestalten des Bildhauers Puget (Mitte 17. Jh.), wurde eingegliedert in die Front des „Musée Naval" („Marinemuseum"). Hinter diesem dehnt sich die Altstadt mit ihren malerischen Gäßchen aus. Auf dem Cours La Fayette wird morgens der Gemüse- und Früchtemarkt gehalten.
Cathédrale Sainte-Marie-de-la-Sède: Die Kirche mit einer üppigen Barockeinrichtung besteht aus Bauteilen des 12. bis 17. Jh.
Musée d'Art et d'Archéologie: Das Museum zeigt orientalische Kunst, regionale Archäologie; italienische, französische und flämische Malerei (17.–19. Jh.).
Arsenal maritime: Keine Besichtigung der Hafenanlagen.

Tonnerre: Die spitzen Dächer mit glasierten Dachpfannen sind ein Reiz der burgundischen Stadt, deren mittelalterliches Hospital berühmt ist.

Presqu'île du Mourillon: Halbinsel mit dem „Tour de la Mître" (16. Jahrhundert).
Cap Brun (3 km östl.): Am „Frédéric-Mistral"-Gestade entlang, gelangt man zu diesem Kap.
Les Sablettes (9 km südwestl.): Über La Seyne und die Küstenstraße „Corniche de Tamaris" erreicht man diesen Fischerhafen am Eingang des Isthmus von Saint-Mandrier. Auch von Toulon aus mit Schiffsverbindung zu erreichen.

Toulouse 42/A 1
Die Hauptstadt des Languedoc ist eine der schönsten Kunststädte Frankreichs. Die Tönung der Steine ihrer Häuser, verblichenes Rosa oder Orange, verleihen ihr einen eigentümlichen Schimmer. Unter den bedeutenden Bauwerken verdienen noch eine besondere Erwähnung: das schönste Renaissance-Gebäude von Toulouse „L'Hôtel d'Asséat", die Kirche mit Kloster der Jakobiner, ein schöner gotischer Bau, sowie eine Reihe von Bauten in dem Stadtviertel „Quartier de la Dalbade".
Hôtel de ville „Capitole": Eine Wanderung durch die Stadt beginnt man am besten beim „Capitole", dem Rathaus, dessen Hauptfassade (Mitte 18. Jh.) den weiten Capitole-Platz beherrscht, der von Ziegelsteinbauten eingefaßt ist. Der Innenhof des Rathauses „Cour Henri IV." wurde zu Beginn des 17. Jh. geschaffen. Im 1. Stockwerk befindet sich die „Galerie des Illustres" (62 m lang) in charakteristischer Ausstattung mit Gemälden und Dekorationen der akademischen Malerei (Ende 19. Jh.). Im Südteil des Bauwerks wurde ein Theater eingerichtet. Hinter dem Capitole steht ein mächtiger Wachtturm (Mitte 15. Jh.).
Basilique Saint-Sernin: Die Basilika, die gegen Ende des 11. bis zur Mitte des 12. Jh. gebaut wurde, zählt zu den schönsten romanischen Kirchen Frankreichs. Man betritt sie durch die „Porte Miégeville" (die Skulpturen an diesem Portal stammen aus der romanischen Schule des Midi) oder durch das Portal „Porte des Comtes" (mit romanischen Kapitellen). Der Innenraum, in Ziegelstein ausgeführt und 115 m lang, erinnert an eine Wallfahrtskirche. Im Raum hinter dem Chor befindet sich das monumentale Grab von Saint-Sernin (oder Saturnin) aus dem 18. Jh. Hier wurden in das Mauerwerk auch sieben Marmorreliefs aus dem Ende des 11. Jh. eingefügt. Die zweistöckige Krypta enthält eine stattliche Zahl von Reliquiaren (12.–13. Jh.).
Musée Saint-Raymond: Dieses Museum liegt gegenüber der Basilika in einem ehemaligen Schulstift (Anfang 16. Jh.). Es besitzt gute Sammlungen zur Vor- und Frühgeschichte der Region.
Quartier de la Dalbade: Hier stehen vor allem in den Straßen Rue de la Dalbade und Rue de la Fonderie prunkvolle Bauten aus Ziegelstein, bei denen die schönsten Fassaden allerdings häufig zu den Innenhöfen hin liegen. Zu diesen zählen etwa: „Hôtel des Chevaliers de Saint-Jean de Jérusalem" neben der Kirche von Dalbade (16. Jh.), das „Maison de Pierre" (Anfang 17. Jh.) oder das „Hôtel Guillaume Molinier" mit einem herrlich gearbeiteten Renaissance-Portal.
Cathédrale Saint-Étienne: Die in diesem Bezirk stehende Kathedrale hat eine architektonisch merkwürdige Anlage: das Kirchenschiff (Anfang 12. Jh.) und der Chor (Ende 13. und 14. Jh.) wurden nicht auf derselben Achse errichtet.
Adelshäuser: Im Quartier de la Dalbade verdienen die Adelswohnsitze einen Besuch: „Hôtel d'Ulmo" (Renaissance), 16. Rue Ninau, „Hôtel de Mansencal", 1. Rue Espinasse, „Hôtel d'Espic" (18. Jh.), 3. Rue Mage, „Hôtel du Vieux-Raisin", 26. Rue du Langue-

doc, dessen bildhauerischer Schmuck von erlesener Vielfalt ist, sowie das „Hôtel Dahus" und „La tour de Tournoer" aus dem Ende des 15. Jh. (9. Rue Ozenne).

Musée des Augustins: Das Museum in einem ehemaligen Augustinerkloster ist das an romanischen Bildhauerwerken reichste Museum Europas. Außerdem besitzt es bedeutende Bilder von flämischen (Rubens), holländischen, italienischen, spanischen und französischen Malern (Delacroix, Ingres, Toulouse-Lautrec, Vuillard, Picasso), sowie Werke der Toulouser Schule des 17. Jahrhunderts.

Musée Georges Labit: Sammlungen fernöstlicher Kunst.

Musée Paul-Dupuy: Mit Sammlungen zur Volkskunst der Region.

Musée du Vieux-Toulouse: Das Heimatmuseum der Stadt ist im „Hôtel du May", einem Bau vom Ende des 16. Jh., untergebracht.

Musée d'Histoire naturelle: Das Naturkundemuseum der Stadt.

Les Ponts-Jumeaux (nordwestl.): Am Zusammenfluß des „Canal du Midi" mit einem Seitenkanal der Garonne und dem „Canal de Brienne". An der Brücke befindet sich ein interessantes Flachrelief, das im 18. Jh. gearbeitet wurde.

Toulouse-Le-Mirail (5 km südl.): Diese „Cité residentielle" gehört zu den interessantesten neuen Stadtlandschaften in Europa.

Pibrac (14 km westl.): Das Schloß nahe dem Ort ist der schönste Renaissancebau der Toulouser Gegend. (Nach Anmeldung kann das Schloß besichtigt werden.). 300 m vom Schloß entfernt, steht ein Triumphbogen aus Ziegelsteinen aus dem Jahr 1578. In der Ortskirche befindet sich das Grab der Heiligen Germaine. (Die Wallfahrt zu ihr findet am 15. Juni statt.)

Villefranche-de-Lauragais (33 km südöstl.): Die Kirche (14. Jahrhundert) besitzt einen interessanten Mauer-Glockenturm, im Stil der Toulouser Gotik.

Le Touquet -Paris-Plage 1/B 3

Die heute zu den elegantesten Badeorten an der „Côte d'Opale" zählende Stadt wurde als Kur- und Vergnügungsstätte erst im vergangenen Jahrhundert zwischen Wald und Meer angelegt. In einem Waldgelände von 800 ha Umfang entstanden zahlreiche Villen, Hotels und prachtvolle Besitzungen. Heute bietet der Ort mit Flughafen, Golfplätzen, Kasinos, Pferderennbahn, Sportzentren verschiedener Art, mit Yacht-Hafen und seinem Strand eine Fülle von Möglichkeiten zur Erholung und zum Vergnügen der Gäste. Sehr schön ist auch die Deichpromenade.

Étaples (5 km südöstl.): Der Fischerhafen liegt am rechten Ufer der Mündung der Canche. Sehr hübsch ist das Altstadtviertel der Seeleute mit seinen engen Gassen und bunt bemalten Häusern.

Montreuil* (13 km südöstl.): Durch das Tal der Canche führt eine reizvolle Strecke in diese Stadt.

La Tour-d'Aigues 44/B 1

Vor den Ruinen des Schloßbaus (Ende 16. Jh.) erhebt sich ein monumentaler Torbau, der nach antikem Vorbild gestaltet ist. Zwei gewaltige gerippte Pfeiler tragen einen mächtigen Querriegel, über dem ein rechteckiges Giebelfeld liegt. Sie bilden so die Umrahmung für einen Triumphbogen, dessen Oberteile durch einen bildhauerisch reich geschmückten Fries gegliedert werden.

Église Notre-Dame: Die Kirche besitzt ein Schiff im Stil provenzalischer Romanik.

Ansouis (5,5 km westl.): Im Schloßbau der Grafen von Sabran, der zu Beginn des 17. Jh. errichtet wurde, gibt es noch Teile einer früheren mittelalterlichen Burg. In den Innenräumen sind Wandteppiche aus Flandern und Möbel aus dem 17./18. Jh. zu besichtigen, Mi. ⊠.

Tournon 31/D 3

Bei der alten Stadt auf dem rechten Ufer der Rhône, gegenüber von Tain-l'Hermitage, steht ein Schloß, das im 15./16. Jh. auf und mit den Ruinen einer einstigen Feste des Mittelalters erbaut wurde. Im Schloß befindet sich heute ein kleines Rhône-Museum.

Église: Die Kirche (15. Jh.) wurde im 17. Jh. restauriert und enthält Mauermalereien aus dem 16. Jh.

Lycée: Das im 16. Jh. entstandene, im 18. Jh. erneuerte Lehrinstitut zählt zu den interessantesten Schulbauten früherer Zeiten: mit einer Renaissance-Eingangshalle und einer Kapelle von 1721.

Gorges du Doux (7 km westl.): Malerische Fluß-Schluchten.

Toulouse: Die romanische Basilika Saint-Sernin aus rosa Ziegelsteinen mit fensterreichem Glockenturm. Kapitelle am Portal „Miégeville" zeigen den Kindermord zu Bethlehem und Szenen aus dem Marienleben.

Tournus: *Vor der ehemaligen Abteikirche Saint-Philibert stehen die runden Türme des Torwerks „Porte des Champs", einst Eingang zur Abtei.*

Tournus 25/D 2

Église Saint-Philibert: Die Kirche, erbaut vom 10. bis 12. Jh., ist ein schönes Bauwerk romanischer Kunst. Der Innenraum gliedert sich in drei klar voneinander unterscheidbare Teile: die massige, derbe Vorhalle mit Fresken (13. Jh.), das Schiff aus Gestein in rosa Farben, und das Querschiff mit Chor aus weißen Steinen in Kontrast zum Hauptschiff. Die Krypta (10. Jh.) ist mit Fresken (12./14. Jh.) geschmückt. Über der Vorhalle befindet sich die Kapelle Saint-Michel. An der rechten Seite des Bauwerks stehen die nördliche Galerie des Kreuzgangs, der Kapitelsaal und der Almosensaal (einst die Wärmehalle).

Abteibauten: Bei der Kirche stehen noch mehrere Gebäude der alten Abtei: der Wohnsitz des Schatzmeisters („Logis du Trésorier"), in dem ein Burgund-Museum untergebracht ist, das Wohnhaus des Abts (15. Jh.) und ein großer, 36 m langer Speisesaal (12. Jh.).

Musée Greuze: Ein Museum mit heimatkundlichen Sammlungen.

Hôtel-Dieu: Im alten Hospital ist eine elegant eingerichtete Apotheke aus dem 17. Jh. zu besichtigen.

Uchizy (8 km südl.): Mit einer romanischen Kirche (Ende 11. Jh.), die einen ungewöhnlichen Glockenturm mit fünf nach innen stufenweise zurückgesetzten Stockwerken besitzt.

Brancion (14 km westl.): Die malerische mittelalterliche Ortschaft liegt auf einem 400 m hohen Gebirgskamm unterhalb der Ruinen einer Burg aus dem 11. – 14. Jh. Hier stehen ferner eine romanische Kirche (12. Jh.) mit Wandmalereien aus dem 14. Jh. und Markthallen aus dem 15. Jh.

Romenay (16 km südöstl.): Die kleine einst befestigte Stadt hat noch zwei Stadttore (14. Jh.) und zahlreiche Fachwerkhäuser.

Tours 17/D 3

In der Hauptstadt der Touraine gibt es zwei besonders reizvolle Sehenswürdigkeiten: die Kathedrale Saint-Gatien mit dem Museum und das mittelalterliche Stadtviertel um das Zentrum „Place Plumereau.

Cathédrale: Das imposante gotische Bauwerk (13.–15. Jh.) besitzt eine Reihe kostbarer Kirchenfenster (13. Jh.) sowie einen Kreuzgang einer ehemaligen Chorschule des 15./16. Jh.

Musée des Beaux-Arts: Das Kunstmuseum im ehemaligen Haus des Erzbischofs (17./18. Jh.) präsentiert nicht nur eine Reihe prunkvoller Gemächer, die mit ihren Holztäfelungen und den mit Seiden bespannten Wänden kostbare Inneneinrichtungen haben, sondern auch einen sehenswerten Gemäldebesitz mit Werken von Mantegna, Rembrandt, Fouquet, mit Arbeiten aus frühen italienischen und flämischen Schulen, auch französischen Bildern des 17. und 18. Jh.

Musée du Compagnonnage: Das Museum, in dem über die Geschichte der Arbeiter- und Gesellenvereine informiert wird, befindet sich in der ehemaligen Abtei Saint-Julien, deren gotische Kirche (13. Jh.) einen romanischen Glockenturm hat.

Musée du vin: Weinmuseum.

Place Foire-du-Roi: An dem Platz stehen zahlreiche Giebelhäuser aus dem 15. und 16. Jh. sowie der Renaissancebau „Hôtel Babou de la Bourdaisière" (16. Jh.).

Place Plumerau: Der Platz liegt im mittelalterlichen Bereich der Stadt, in dem auch der Uhr-Turm und der Turm „Charlemagne" (beide aus dem 11./12. Jh.) bei der Basilika Saint-Martin (Nachahmung romanisch-byzantinischer Bauweisen) stehen. Hier findet man viele Fachwerkhäuser und schöne Adelsbau-

Tours: *Detail einer Holzschnitzerei an einer Renaissance-Pforte.*

Troyes: Die Kirche Saint-Nizier mit Bauteilen aus Gotik und Renaissance ist reich ausgestattet mit bedeutenden Plastiken. Sie erhebt sich im Altstadtviertel, an dessen Straßen viele Häuser aus dem 15. und 16. Jh. stehen.

ten verschiedener Jahrhunderte.
Musée de Gemmail (Rue du Mûrier): Das Museum für Kunst-Fenster ist im „Hôtel Raimbault" (Anfang 19. Jh.) untergebracht.
Herrschaftliche Bauten: Bemerkenswerte Wohnsitze des Adels sind vor allem im Bereich von „Place des Carmes" und Rue P. L. Courier „Hôtel Binet" (Ende 15. Jh.), „Hôtel Juste"(16. Jh.), „Hôtel Robin-Quantin" (Ende 16. Jh.). Sehr prunkvoll sind die Räume im „Hôtel Mame" (18. Jh.) in der Rue Émile-Zola.
Musée archéologique (Rue du Commerce): Das archäologische Museum befindet sich im „Hôtel Gouin" (15., 16., 17. Jh.).
Château de Plessis-lès-Tours (3 km südwestl.): In diesem Schloß (Ende 15. Jh.) befindet sich ein Museum für Erzeugnisse der Seidenindustrie und andere Gewerbe der Region um Tours.
Prieuré de Saint-Cosme (3 km westl.): Die restlichen Bauten einer Kirche (11., 12. und 15. Jh.), in welcher das Grab des Dichters Ronsard († 1585) liegt, und einige Bauten aus dem 12. und 15. Jh. erinnern an die alte Propstei.
Saint-Cyr-sur-Loire (3 km nordwestl.): Auf dem Landsitz „La Béchellerie" lebte und starb der Schriftsteller Anatole France.
Ferme de Meslay (10 km nordöstl.): In dem großen Vorratshaus für die Ablieferung des Zehnten (13. Jh.) finden die Musikfestspiele der Touraine statt, und zwar an den letzten Juni- und ersten Julitagen.
Abbaye de Marmoutier (4 km nordöstl.): Mit einzelnen Bauteilen (Portal, Turm) erinnern nur die Kapelle und einige schlichte Zellen an das im 4./6. Jh. vom Heiligen Martin gegründete Kloster.
Rochecorbon (3 km östl.): In dem Dorf am Fuß einer Felswand, das

einen hübschen Laternen-Kirchturm besitzt, befindet sich in einem Lustschloß aus dem 18. Jahrhundert ein Museum des Weins („Musée d'Espelosin ou du vin").
Saint-Avertin (5 km südöstl.): Der Ort am Cher ist ein bedeutendes Zentrum für Wassersportler (Kanufahrer) und Angler.
Montbazon (12 km südl.): Wahrzeichen des Orts ist ein gewaltiger rechteckiger Wachtturm aus dem 12. Jh., auf dessen Spitze eine Madonnenstatue steht.

Tréguier 8/D 1
Die alte Bischofsstadt am Zusammenfluß von Jaudy und Guindy ist der Geburtsort des Schriftstellers und Religionsdenkers Renan. Sein Elternhaus (17. Jh.) wurde in ein Museum verwandelt.
Cathédrale Saint-Tugdual: Die Kathedrale aus dem 14./15. Jh. ist eine der schönsten gotischen Kirchen der Bretagne. Besondere Beachtung verdienen die 46 aus Eiche geschnitzten Chorstühle (Mitte 17. Jh.) und der reizvolle Kreuzgang aus dem 15. Jh. auf der Nordseite.
Minihi-Tréguier (2 km südl.): Mit einer Kirche aus dem 15. Jh. Am 19. Mai findet hier eine „Wallfahrt der Armen" statt, veranstaltet von Rechtsanwälten und Juristen zu Ehren des Heiligen Yves, der auf dem heute nicht mehr vorhandenen Landsitz Kermartin geboren wurde.
Plougrescant (8 km nördl.): In dem Ort auf der gleichnamigen Halbinsel steht die Kapelle Saint-Gonéry (15./16. Jh.), dekoriert mit naiven Malereien und einer Granitkanzel sowie einem Kalvarienberg aus dem 16. Jh. Von hier führt ein schöner Ausflug zur Uferlandschaft von Pors-Scarff mit einem Felsenmeer.

Trémolat 29/D 3
In der Ortschaft steht eine interes-

sante Kirche im Stil der Romanik des Périgord, mit einem Glockenturm-Vorbau.
Single de Trémolat (2 km nordwestl.): Eine Höhenstraße führt vom Dorf zum „Belvédère" oberhalb der gewaltigen Seeanlage des „Single" an der Dordogne, die ein internationales Wassersportzentrum ist.

Le Tréport 5/A 1
Die Stadt auf dem linken Ufer der Bresle wird durch den Hafen vom Ort Mers-les-Bains getrennt. Die Kirche im Hafengebiet, Saint-Jacques (16. Jh., mit einem Renaissanceportal) zeigt im Innern sehr schön gearbeitete Schlußsteine der Gewölbebögen.
Promenade: An dem weiten Ufergelände mit Kasino, Schwimmbad und Strand zieht sich eine 850 m lange Promenade entlang. Zum Kalvarienberg auf den Terrassen (100 m) kann man mit einer Seilbahn emporfahren.
Nahe Badeorte: Criel-Plage (5 km südwestl.), Mesnil-Val (3,5 km südwestl.), Ault (8,5 km nordöstl.).

Treyne
(Château de la) 36/A 1
Das bei Pinsac liegende Schloß wurde im 17. Jh. auf einem Steilhang über der Dordogne erbaut. Unter den schön eingerichteten Gemächern sind besonders ein großer, im Stil Ludwig XIII. möblierter Salon und das sogenannte „Zimmer Karls V." zu beachten. Im Park gibt es eine Kapelle, in der das Grabmal mit der ruhenden Gestalt des Jean de Chabannes (15. Jh.) und eine „Grablegung" des 16. Jh. aufgestellt wurden.

Les Trois-Épis 21/A 1
In dem herrlich gelegenen Ferienort befindet sich ein Kloster mit einer

Tréboul (Pont de) 36/D 1
Die Brücke ist ein großartiges Bauwerk, das sich, 159 m lang und 39 m hoch, über den Fluß Truyère hinüberschwingt. Sie ist der Ersatz für die alte gotische Brücke aus dem 14. Jh., die, durchweg vom Stauwasser überschwemmt, bei Niedrigwasser zu sehen ist.

Wallfahrtskapelle („Chapelle des Trois-Épis"). Der „Belvédère", vom Ort mit einer Wanderung von 10 Minuten zu erreichen, bietet eine sehr schöne Aussicht auf die elsässische Ebene, den Schwarzwald und ins Munster-Tal.
Felskuppe des Galz (2 km nordöstl.): Zu Fuß kann man in 30 Minuten zu dieser 730 m hohen Felskuppe gehen, auf der sich eine monumentale Christus-Figur erhebt.
Col du Bonhomme (27,5 km nordwestl.): Zum Paß gelangt man über Linge (ein Schlachtfeld des Krieges 1914/18) und Orbey. Vom Col geht es zur Höhenstraße „**Route des Crêtes**"*.

Trôo 17/D 1
Die am Hang eines Bergvorsprungs emporgebauten Häuser der einst befestigten Stadt sind durch Gassen und teilweise unterirdische Gänge miteinander verbunden. Ein Besuch der „Caforts" (befestigte Kellergewölbe) ist recht interessant.
Collégiale Saint-Martin: Die ehemalige Stiftskirche (Ende 12. Jh.) wurde im 14. Jh. erneuert. Sie wird von einem herrlichen romanischen Turm überragt. Der Bau ist ein kurioses Gemisch von Elementen der Romanik und Gotik im Anjou-Stil und enthält im Innern romanische Bildkapitele.
Maladrerie Sainte-Catherine: Das Hospital für Aussätzige aus dem 12. Jh. findet man in der Unterstadt.
Église Saint-Jacques-des-Guérets: Die Kirche auf dem linken Ufer des Loir (12. Jh.) ist mit romanischen, unter byzantinischem Einfluß geschaffenen Wandmalereien versehen, deren Farbtönungen sehr reizvoll sind.
Sougé (4,5 km westl.): In der Kirche sind 37 geschnitzte Chorstühle aus dem 15. Jh. zu sehen.

Trouville-sur-Mer
Siehe **Deauville***. 4/C 3

Troyes 12/B 3
Die Hauptstadt der Champagne ist reich an gotischen Bauwerken und Bauten der Renaissance.
Cathédrale Saint-Pierre-et-Saint Paul: Die Kathedrale aus dem 13. – 17. Jh. zeigt eine reich dekorierte Renaissancefassade mit drei schön gearbeiteten Portalen und einer Fensterrose in spätgotischem Stil. Die „Beau Portail" (schönes Portal) genannte Pforte des nördl. Querschiffs ist besonders gut gearbeitet. Von ungewöhnlichem Rang sind die Fenster im Chor (13. und 14. Jh.) und im Schiff (15. und 16. Jh.), unter ihnen das berühmte Werk „Pressoir mystique" („Die mystische Kelter") von 1625.
Église Saint-Nizier: Die Kirche mit Bauelementen aus Gotik und Renaissance steht in einem Stadtviertel, in dem noch zahlreiche Holzhäuser des 16. und 17. Jh. zu sehen sind. Dieser Ortsteil und die Kathedrale sind von der Altstadt durch einen Kanal getrennt.
Abbaye de Saint-Loup: Im Stadtviertel Saint-Nizier steht diese ehemalige Abtei, in der sich ein Museum mit archäologischen Sammlungen und Gemälden aus dem 15. Jh. bis 20. Jh. befindet.
Basilique Saint-Urbain: Die auf dem anderen Seine-Ufer gelegene Basilika ist ein Meisterwerk der Gotik des 13. Jh. Ein riesiges Fensterwerk läßt den Innenraum elegant und leicht wirken. Die Fenster sind aus dem 13./14. Jh. Bezaubernd ist die Jungfrau mit der Rebe (16. Jh.).
Église Sainte-Madeleine: Die Kirche, deren Schiff und Querschiff aus dem 12. Jh. stammen, besitzt einen Renaissancechor und einen spätgotischen Lettner (Anfang 16. Jh.), ein fein ziseliertes wahres Spitzenwerk aus Stein. Sehenswert sind weiter die Fenster in der Chorrundung und die Statue der Heiligen Marthe, ein Meisterstück der Schule von Troyes des 15. Jh.
Église Saint-Jean: Die Kirche hat ein Schiff aus dem 14. Jh., einen sehr schönen Renaissancechor, einen Hauptaltar aus dem 17. Jh. mit Skulpturen von Girardon und einem Tafelbild von Mignard, dazu Fenster aus dem 16. Jh.
Église Saint-Nicolas: Die gotische Kirche (Anfang 16. Jh.) mit Zufügungen der Renaissance enthält eine ungewöhnliche Kalvarienberg-Kapelle, zu der man über eine monumentale, reich mit Skulpturen besetzte Treppe emporsteigt.
Maison de l'Outil et de la Pensée ouvrière des Compagnons du Tour de France: Das im „Hôtel de Mauroy" (Rue Trinité) untergebrachte Museum informiert über Frankreichs Wandergesellen und zeigt Handwerkszeug vom 15. Jh. bis zur Gegenwart.
Musée historique: Das Geschichtliche Landesmuseum und ein Kurzwaren-Museum befinden sich im „Hôtel de Vauluisant" (16. Jh.).
Kirchen in näherer Umgebung: In Saint-Martin-ès-Vignes (3 km nördl.), ein Renaissancebau, in Sainte-Savine (4 km westl.), eine Kirche aus dem 16. Jh. mit Malereien aus dem 16./17. Jh. und in Pont-Sainte-Marie (3 km östl.) eine Kirche mit besonders schön gearbeiteten Portalen, holzgeschnitztem Gestühl und interessanten Kunstgegenständen.
Forêt d'Orient (30 km östl.): Ein großer Naturpark.

Tulle 30/B 2
In der Stadt, die sich durch das schmale Tal der Corrèze hinzieht, steht eine Kathedrale aus dem 12. Jh., Notre-Dame, zu der ein Kreuzweg aus dem 13. Jh. und ein Kapitelsaal aus der gleichen Zeit (jetzt Museum) gehören. Im Viertel des Pfarreibereichs, das noch manches von seinem mittelalterlichen Aussehen bewahrt hat, gibt es noch viele alte Häuser; besonders schön ist das Haus „Maison de Loyac" aus dem 16. Jh.
Naves (6 km nördl.): In dem Ort, den man nach Fahrten durch die reizvollen Täler der Corrèze und der Vimbelle erreicht, liegt eine Kirche, die einen riesigen, mit zahlreichen Figuren besetzten holzgeschnitzten Altaraufbau aus dem 17. Jahrhundert besitzt.
Gimel* (12 km nordöstl.): Mit dem See von Ruffaud.

La Turbie 45/B 1
Über dem Dorf, auf einem Felsenkamm, erhebt sich die majestätische Ruine eines Siegestempels, genannt „Trophée des Alpes" oder „Trophée d'Auguste", erbaut im Jahr 5 vor Chr. Im Innern besteht ein kleines Museum. Vom Aussichtsplatz hat man einen großartigen Blick auf Monaco.
Mont-Agel (9 km nordöstl.): Ein 1146 m hoher Aussichtsberg.

La Turbie: *Das römische Siegesmal „Trophée des Alpes" ragt leuchtend über dem Dorf empor.*

La Turbie

Ussé: *Dieses Schloß soll der Märchenautor Perault gesehen und als Heim der Prinzessin Dornröschen im 17. Jahrhundert in seiner Geschichte geschildert haben (oben).*

Uzerche: *Der Glockenturm der Kirche Saint-Pierre besitzt die Würde und Strenge romanischer Kunst (links).*

Ussel: *Der römische Adler aus Granit ist eines der Monumente in dieser Stadt (unten).*

U

Ussé
(Château de) 17/C 3
Das Schloß bei Rigny-Ussé, ein eleganter Bau aus dem 15. – 17. Jh., erhebt sich mit zahlreichen Türmen und Türmchen, Dachfenstern und Kaminen über weiten Terrassen, die mit Gärten im französischen Stil versehen sind. An den Fronten der Bauten, die den Ehrenhof einfassen, mischen spätgotische Elemente sich mit Renaissancedekor. In den Innenräumen, vornehmlich im Zimmer des Königs, kann man viele Kunstgegenstände besichtigen. Gotische Kapelle und Bergfried aus dem 15. Jh. Besichtigung: 15. März bis 1. Nov.

Ussel 30/C 2
Die engen Gassen der alten Stadt, besonders die Stráße Rue du Quatre Septembre (auch „Place de la République"), sind gesäumt mit Türmchen tragenden Häusern aus dem 15./16. Jh. Besonderes Interesse verdienen der Bau „Hôtel des ducs de Ventadour" aus Granit (Ende 15. Jh.), eine Kirche, die im 12. und 15. Jh. erbaut wurde und ein römischer Adler (1,87 m hoch) aus Granit („Place Voltaire").
Saint-Angel (9 km südwestl.): Die Wehrkirche aus Granit hat einen dreischiffigen romanischen Innenraum und einen großen Chor aus dem 14. Jh. Es existieren noch ein Kapitelsaal und das ehemalige Priorhaus aus dieser Epoche.

Utah Beach 3/D 3
Zwischen dem Gebiet der „Dunes-de-Varreville" und „La Madeleine" wurde am 6. Juni 1944 der Landungsraum „Utah Beach" eingerichtet, ein Teil des Lande-Unternehmens der Alliierten, an dem heute die „Route des Alliés" entlangführt. Zu sehen ist ein kleines „Musée du Débarquement", Museum mit Zeugnissen der alliierten Truppenausladungen.

Uzerche 30/A 2
Die Stadt in schöner Lage oberhalb der Vézère, mit prachtvoller Aussicht von der Turgot-Brücke, zählt zu den reizvollsten Orten im Limousin. An ihrer Hauptstraße stehen zahlreiche Häuser mit Türmchen aus dem 15./16. Jh. Von der alten Stadtbefestigung existieren das Stadttor „Porte Bécharie" (14. Jh.) und der mit drei Türmen bewehrte Wohnsitz des Seneschalls.
Église Saint-Pierre: Die romanische Kirche aus dem 12. Jh. besitzt eine Krypta aus dem 11. Jh. und einen schönen Glockenturm im Stil des Limousin.

Uzès: Der Turm „Tour Fenestrelle" aus dem 12. Jh. ist mit seinen sechs nach innen zurückversetzten Etagen ein ungewöhnliches Bauwerk.

Saillant (30 km südwestl.): Durch die Schluchten der Vézère und über Vigeois mit einer ehemaligen Abteikirche (11./12. Jh.) gelangt man in diesen malerischen Ort.

Uzès 37/C 3
Der herzogliche Wohnsitz befindet sich im Zentrum der von Heidelandschaften umgebenen Stadt. Die Schloßanlage der Herzöge von Uzès, seit dem 10. Jh. im Besitz der Familie, erstreckt sich mit ihren Befestigungen über ein weites viereckiges Gelände. Über dem Innenhof ragen der Turm „Tour de la Vicomté" mit einem achteckigen Treppentürmchen und der viereckige Bergfried „Tour Bermonde" aus dem 11. Jh. empor. Bei der im 16. Jh. geschaffenen Renaissancefassade sind dorische, ionische und korinthische Säulen in drei Reihen verwendet. Sehenswert sind auch die gotische Kapelle und die Innenräume mit Mobiliar des 18. Jh. und aus der Restaurationszeit.
Cathédrale Saint-Théodorit: Das Bild der ehemaligen Kathedrale aus dem 17. Jh. wird beherrscht durch den prachtvollen Turm „Tour Fenestrelle". Der romanische Bau aus dem 12. Jh. ist 42 m hoch und steigt in sechs Stockwerken empor, wobei jede Etage etwas nach innen zurückversetzt ist.
Pavillon Racine: Die „Promenade Jean Racine", von der man eine schöne Aussicht auf die Landschaft hat, und der von ihr erreichbare „Pavillon Racine" erinnern an die Zeit, die der Dichter als Verbannter in Uzès verbracht hat.
Museon di Rodo: An der N 579 liegt dieses Museum, das über die Geschichte des Rades seit dem 19. Jahrhundert informiert, mit Modellen und Originalen.
Château de Montaren (4 km nordwestl.): Schloß des 16. Jh.

V W X Y Z

Vaison-la-Romaine 38/A 2
Die Ouvèze teilt die Stadt in zwei Bereiche. Am linken Flußufer liegt, überragt von den Ruinen des Schlosses der Grafen von Toulouse (12. Jh.), auf einem steilen Felsenhang die Altstadt. Hier lohnen die engen Straßen mit Häusern aus früheren Jahrhunderten, die Kirche (15. und 17. Jh.), das Pfarrhaus, die Vogtei (17./18. Jh.) und der ehemalige bischöfliche Palast einen Besuch.
Cité romaine: Am rechten Flußufer erstreckt sich der moderne Stadtteil auf dem Gelände der ehemaligen römischen Siedlung, und zwar zu beiden Seiten vom „Place du 11. Novembre" und „Place de l'Abbé-Sautel". Im östlichen Bezirk sind die ehemalige römische Patrizierresidenz „Maison des Messii" mit einer pompejanischen Säulenhalle und die Ausgrabungen im Puymin-Viertel zu besichtigen. Ein Museum stellt die hier gemachten Funde aus. Im westl. Bezirk sind die Ausgrabungen von „La Villasse" mit den Häusern „Maison du Buste d'Argent" und „Maison du Dauphin" sehenswert. Im nördl. Bereich dieses Stadtteils liegt das römische Theater aus dem 1. – 3. Jh.
Église Notre-Dame: Bei der im Stil provenzalischer Romanik erbauten einstigen Kathedrale sind römische Unterbauten und merowingische Mauern entdeckt worden. Der Kreuzgang stammt aus dem 11./12. Jahrhundert.
Chapelle Saint-Quenin: Die nordwestlich der Stadt stehende Kapelle stammt aus dem 12. Jh., ihr Schiff aus dem 17. Jh. (⊠).
Mont Ventoux* (24 km südöstl.): Von Vaison-la-Romaine kann man über Malaucène in die Bergwelt des Ventoux fahren.

Val
(Château de) 30/C 2
Die mit fünf runden Türmen bewehrte Burg aus dem 15. Jh. liegt herrlich auf einem spitzen Felsenberg, umflossen von den Wassern des Staubeckens von Bort, am rechten Ufer der Dordogne. In den Wohnräumen sind schöne Renaissancekamine zu sehen. Der nahe Strand gibt Gelegenheit zum Wassersport.

Val-d'Isère 33/A 2
Der bekannte Sommerkurort und Wintersportplatz (auf einer Höhe von 1 850 m) verfügt über Seilbahnen, die zum „Bellevarde" (2 774 m) und „Tête de Solaise" (2 551 m) führen.
Parc National de la Vanoise* (10 km südwestl.): Ein viel Abwechslung bietender, interessanter Naturschutzpark.
Lac de la Sassière (11 km nordöstl., 1 Stunde zu Fuß): Über dem 2 430 m hoch gelegenen See steigen die schwarzen Schieferberge der „Grande Sassière" (3 747 m) empor.
Bonneval-sur-Arc (30 km südöstl.): Über den 2 770 m hohen „Col de l'Iseran" gelangt man in dieses typische Alpendorf, das höchste im Gebiet der Maurienne (1734 m). Der Wintersportplatz ist auch bekannt für kunsthandwerkliche Arbeiten.

Valençay
(Château de) 18/A 3
Das majestätische Renaissanceschloß wurde auf weiten Terrassen oberhalb des Nahon-Tales erbaut. Es besteht aus zwei Gebäuden, die in rechtem Winkel zueinander angelegt und von stämmigen mit einer Kuppel bedeckten Seitentürmen eingefaßt werden. Der Westbau aus dem 16. Jh. umfaßt einen imposanten Zentralpavillon mit vier Türmchen. Der Mitteltrakt aus dem 17. Jh. wird abgeschlossen durch den Turm „Tour Neuve" (18. Jh.).
Musée Talleyrand: In Nebengebäuden besteht ein Museum zur Erinnerung an Minister Talleyrand, der 1803 Schloß Valençay erwarb. Sein Grab befindet sich im Bau „Maison de Charité". Im Park existiert ein zoologischer Garten.

Valence 31/D 3
Cathédrale Saint-Apollinaire: Die romanische Kathedrale in der Altstadt stammt aus dem 11./12. Jh. Sie wurde im 17. Jh. restauriert. Das alte Portal im nördl. Querschiff hat ein schönes, leider beschädigtes Giebelfeld. Ein eigenartiges Totendenkmal ist das „Pendentif" (Renaissance).
Sehenswerte Profanbauten: Unter den interessanten Häusern sind besonders zu beachten: in der Rue Pérollerie Nr. 7 das „Maison Dupré-Latour" mit einem Treppenturm (Renaissancepforte) und in der Grande Rue „Maison des Têtes" von 1532.
Musée: Das im ehemaligen Bischofshaus eingerichtete Museum besitzt eine schöne Folge von rund 90 Zeichnungen und Rötelzeichnungen des Malers Hubert Robert, ein schönes römisches Mosaik und interessante Dokumentationen zur Ortsgeschichte.
Château de Crussol (4 km nordwestl.): Die Ruine des Schlosses liegt wie ein Adlernest auf einem Felsen am rechten Rhône-Ufer.

Valenciennes 2/A 3
Musée des Beaux-Arts: Das Museum gehört zum wertvollsten Besitz der Stadt. Es zeigt bedeutende Werke der flämischen Schule des 16./17. Jh. (Rubens) und der französischen Schulen des 18. Jh. Ein Saal ist dem in Valenciennes geborenen Bildhauer Carpeaux gewidmet, der das Watteau-Denkmal am „Square Watteau" in Valenciennes geschaffen hat. Eine originelle Schöpfung moderner sakraler Baukunst ist das Karmeliterkloster, gestaltet von dem Bildhauer Szekely.
Kirchen: Sehenswert sind die Kirchen „Saint-Géry" (13. Jh.), „Saint-Nicolas" (ehemals Kapelle des Jesuitenstifts, Ende 18. Jh.) und „Notre-Dame-du-Saint-Cordon" (mit berühmter, im September stattfindender Prozession).
Anzin (3 km nordwestl.): Mit einem bemerkenswerten Museum für Bergbau und Hüttenwesen. (Geöffnet: mittwochs, samstags und sonntags morgens.)
Parc national de Saint-Amand-Raisme (10 km nordwestl.): Ein Naturschutzpark auf dem Weg nach **Saint-Amand-les-Eaux***.
Condé-sur-L'Escaut (13 km nordöstl.): In dem einst befestigten Ort steht das Schloß der Fürsten von Condé aus dem 15. Jh.

Vaison-la-Romaine: Das Standbild der Kaiserin Sabine, Frau des Kaisers Hadrian, aus dem 12. Jh.

Vallon-Pont-d'Arc: *Dieser Felsenbogen „Pont-d'Arc" ist die reizvollste Sehenswürdigkeit im Tal der Ardèche; einen Besuch lohnt aber auch die Madeleine-Grotte mit ihren phantastischen Steinbildungen.*

Vallauris   45/A 1
Die kleine, wegen ihrer Keramiken bekannte Stadt an der Côte d'Azur dankt ihren besonderen Ruf dem Maler Picasso, der in der Fabrik Madoura zahlreiche Werke geschaffen hat. Auf dem Platz „Place Paul-Isnard", vor der Kirche, steht Picassos berühmte Plastik „L'Homme au mouton". Die alte Kapelle des Schlosses der Mönche von Lérins (16. Jh.) ist mit zwei großen bedeutenden Kompositionen von Picasso „Der Krieg" und „Der Frieden" geschmückt. Der berühmte Maler lebte und starb (1973) in Mougins, einem 8 km nördlich gelegenen, kleinen Ort.

Valloires
(Abbaye de)   1/B 3
Die im 12. Jh. gegründete Abtei wurde im 18. Jh. erneuert. Die Kapelle, einst Abteikirche, besitzt eine ungewöhnlich schöne Barock-Ausstattung: mit Holztäfelungen, Skulpturen, Chorgitter, Ziborium, Statuen und anderen Kunstgegenständen, die der Österreicher Pfaff geschaffen hat. Auch der Empfangssaal, der Kapitelsaal und die Sakristei sind reich geschmückt.

Vallon-Pont-d'Arc   37/C 2
Der Ort eignet sich gut als Ausgangspunkt für Wanderungen in die Täler der Ardèche oder für Bootsfahrten, flußabwärts. Im Rathaus („Mairie") hängen sieben Aubusson-Teppiche aus dem 17. Jh.
Bootsfahrt: Über eine Bootsfahrt (30 km flußabwärts) informiert das „Syndicat d'Initiative".
Mazes (3 km nordöstl.): Hier wird Seidenraupenzucht betrieben.
Pont-d'Arc (5 km südöstl.): Unter diesem mächtigen natürlichen Bogen, 34 m hoch und 59 m breit, fließt die Ardèche dahin. Man kann auf Pfaden auch zum Fuß der Naturbrücke gelangen. Vom „Pont-d'Arc" aus fährt man durch den Cañyon des Ardèche-Tales, der zu den großen Naturschönheiten Frankreichs gehört. Besonders

Valençay: *In diesem Schloß gab der Diplomat Talleyrand zu Beginn des 19. Jh. seine rauschenden Feste.*

reizvoll ist die Landschaft beim „Belvédère de la Madeleine", wo auch eine interessante Höhle zu besichtigen ist und der Fluß in einer Schleife zwischen Steilfelsen dahinrauscht. Vom „Cirque de la Madeleine" kann man unten in der Schlucht die Höhlen „Grottes de Saint-Marcel" erreichen, in denen sehr schöne Steinbildungen und Versteinerungen zu sehen sind.
Ruoms* (7 km nordwestl.).
Aven de Marzal (18 km südöstl.): Höhle, deren Steinbildungen an phantastische Tiere denken läßt.
Aven d'Orgnac (21 km südl.): Eine Tropfsteinhöhle mit ungewöhnlich großen Stalagmiten.

Vallouise 38/C 1
Die alten Häuser mit Galerien und vorkragenden Bedachungen dieses typischen Alpendorfes sammeln sich um eine Kirche aus dem 15. Jh., deren Vorhalle (16. Jh.) von kleinen Marmorsäulen gestützt wird und über die Pforte ein mit einem Fresko geziertes Giebelfeld besitzt. Verschlossen wird die Pforte durch einen Riegel, der die Form eines dämonischen Tierkopfes hat. In der Kirche sind eine „Pietà" aus dem 16. Jh. und ein großer Altaraufsatz aus dem 18. Jh. sehenswert. Bedeutend ist noch die „Chapelle des Pénitents", eine Kapelle, deren Außenwände bemalt sind.
Ailefroide (8 km nordwestl.): Den Ort erreicht man nach einer Fahrt durch das mit zahlreichen kleinen Ortschaften besetzte Tal des Gyr und durch Lärchenwälder, die vom Gipfel des Mont Pelvoux (3 946 m) überragt werden. Von hier geht es zur Wiesenlandschaft „Pré de Madame-Carle" (1874 m), einem ehemaligen Flußbett mit einem Gewirr von Felsen und Steinen, sowie (für Bergwanderer) zu den Schutzhütten am „Glacier Blanc" und in den „Écrins"-Bergen.

Valognes 3/D 2
Unter den Adelshäusern, die aus früheren Jahrhunderten in dieser Stadt noch stehen, gilt der Bau des „Hôtel de Beaumont" im Stil Ludwig XV. als einer der schönsten seiner Art in der Normandie.
Église Saint-Malo: Eine wiederaufgebaute Kirche mit Chor und Seitenschiffen aus dem 15. Jh.
Abbaye de bénédictines: Das Hospital der ehemaligen Abtei entstand im 17. Jahrhundert.
Musée du Cidre: Ein Museum des Obstweins, vornehmlich des Apfelweins, befindet sich in einem Haus des 16. Jahrhunderts.
Römische Ruinen: Im Vorort Alleaume zu besichtigen.

Valréas 37/D 2
Die kleine alte Stadt hat eine Kirche, die im 12. Jh. im Stil provenzalischer Romanik erbaut und im 15. Jh. vergrößert wurde. Die Kapelle

Vallouise: *Das Alpendorf liegt in einer Region, in der die Strenge der Landschaft Savoyens durch das Licht des Mittelmeers gemildert wird.*

Vannes: *Vor den alten Wehrmauern mit drei Toren und runden Türmen, deren Steine gelblich schimmern, liegen heute schöne Gärten.*

„Chapelle des Pénitents Blancs" stammt vom Anfang des 16. Jh., das Bürgermeisteramt, einst ein Adelssitz, vom Anfang des 18. Jh.
Château de Grignan* (9 km nordwestl.).

Vals-les-Bains 37/C 1
Den Thermalkurort im schmalen Tal der Volane durchquert der Fluß von Norden nach Süden. Am rechten Ufer erstreckt sich mit Kurpark, Kasino und Kirche der ältere Ortsteil; über ihm liegen auf einer Anhöhe die Ruinen eines Feudalschlosses und ein Kalvarienberg. Am linken Flußufer dehnen sich die Bäder-Einrichtungen aus.
Gorges de la Volane (8 km nördl.): Flußenge der Volane.

Vannes 16/A 1
Die Stadt bietet noch viele malerische Bilder, die an das Mittelalter

erinnern. Bei der Kathedrale, beim Stadttor „Porte Prison" (Anfang 15. Jh.) und beim Marle-Bach, der an den einstigen Wehrmauern vorbeifließt, entdeckt man zahlreiche alte Häuser, vor denen sich heute schöne Gärten befinden. Auch der Pulverturm „Tour Poudrière" (14. Jh.) und der Turm „Tour du Connétable" (14./15. Jh.) erinnern an die Vergangenheit der Stadt.
Cathédrale Saint-Pierre: Die Kathedrale wurde im 13., 15. und 16. Jh. erbaut. Ihr nördl. Querschiff besitzt ein schönes spätgotisches Portal. In der Renaissancekapelle „Chapelle du Saint-Sacrement", links vom Hauptschiff, findet man das Grab des Heiligen Vincent Ferrier († 1419).
„**Cohue**" (Halle): In der „Rue des halles" steht dieser Bau, in dem die Präsidialregierung, danach das Parlament der Bretagne tagte.

Vanoise (Parc national de la) 32/D 2

Der bedeutendste französische Naturschutzpark erstreckt sich mit einem Gelände von 120 000 ha zu beiden Seiten der französisch-italienischen Grenze und soll dieser alpinen Landschaft ihren eigenartigen Charakter bewahren. Die Zufahrten erfolgen über die N 6 und N 202, die N 90 und die N 515. Berghäuser für Wissenschaftler gibt es am „Col de la Madeleine", zwischen Lansvillard, einem Ort, in dessen Sankt-Sebastianskapelle naive Wandmalereien aus dem 15. Jh. zu sehen sind, und dem Flecken Bessans (an der N 202). Im Naturschutzpark bestehen viele Schutzhütten und einfache Unterkünfte. Zelten ist verboten. In Lanslébourg (an der N 6) existiert ein internationales Freizeitzentrum, in Pralognan-la-Vanoise (N 515) ein Informationsdienst; er unterrichtet über die zahlreichen Besonderheiten dieser Landschaft, in der noch Gemsen und Steinböcke leben.

Vaux de Cernay 11/B 2

Das kleine Tal, durch das der Vaux-Bach fließt, ist eine sehr reizvolle Gegend. Teiche, kleine Wasserfälle, eigenwillige Strudel im Gewässer („Bouillons de Cernay") beleben die Landschaft. Die alte Zisterzienserabtei, im 12. Jh. gegründet, kann man nicht besichtigen. Die romanische Abteikirche, weitgehend zerstört, und die Klosterbauten liegen heute auf einem in Privatbesitz befindlichen Gelände.

Musée archéologique: Das Museum befindet sich im „Château Gaillard" (Anfang 15. Jh.).
Saint-Avé (4 km nordöstl.): Mit einer Kapelle Notre-Dame-du-Loc (15. Jh.), deren Innenraum mit Einrichtungen aus dem 15./16. Jh. reich ausgestattet ist.
Ile de Conleau (4 km südwestl.): Die Insel mit Strand, Schwimmbad, Restaurants, liegt reizvoll am Eingang der Bucht von Morbihan.
Port Blanc (südwestl.): Von diesem Hafen schifft man sich zur Fahrt nach der Insel „Île aux Moines" ein (siehe Golfe du **Morbihan***).

Les Vans 37/C 2

Der Ort ist Ausgangspunkt für Ausflüge in die Vans-Landschaft.
Bois de Païolive (5 km östl.): Eine der kuriosen Naturschönheiten dieser Gegend ist dieses Gewirr von Kalksteinfelsen in phantastischen Formen, bewachsen mit Eichen und Maulbeerbäumen. Man sollte in dem wahren Labyrinth nicht ohne Lageplan umherstreifen.
Vallée du Chassezac (15 km östl.): Eine markierte Felsenstraße verläuft im Tal des Chassezac, über dem sich die Burgruinen von Casteljau erheben, oberhalb einer wildschönen Schluchten durch eine sehr malerische Landschaft.

Varengeville-sur-Mer 5/A 2

Von der Kirche und dem ländlichen Friedhof, auf dem sich die Gräber des Malers Georges Braque, des Dramatikers de Porto-Riche und des Komponisten Albert Roussel befinden, blickt man weit in die Landschaft. Die Kirche, die im 12. und 16. Jh. entstand, besitzt ein prachtvolles Fenster von Braque.

Manoir d'Ango (1 km südl.): Der im Stil der Normandie-Renaissance gebaute Landsitz hat einen hübschen Hof, auf den man von einer arkadengeschmückten Loggia hinabschaut. In seiner Mitte steht ein mit roten und schwarzen Steinen bunt geschmücktes Taubenhaus.
Saint-Aubin-sur-Scie (7,5 km südöstl.): Nahe diesem Ort findet man das Schloß „Château de Miromesnil" (15.–18. Jh.) mit einem kleinen Museum für den Dichter Guy de Maupassant.

Varennes-en-Argonne 12/D 1

Der Uhrturm („Tour de l'Horloge"), vor dem Ludwig XVI. und seine Familie 1791 auf der Flucht verhaftet wurden, ist jetzt ein Museum.
Musée de l'Argonne: Argonne-Museum.
Lachalade (11,5 km südl.): Der im Wald gelegene Ort (unweit von Le Claon) hat eine schöne Kirche, eine ehemalige Abteikirche der Zisterzienser (Ende 13. Jh.), im gotischen Stil der Champagne.
Montfaucon (11 km nordöstl.): Mit einem amerikanischen Ehrenmal zur Erinnerung an Kämpfe im Ersten Weltkrieg.
Romagne-sous-Montfaucon (17 km nördlich): Ein riesiger amerikanischer Soldatenfriedhof (50 ha).
Grandpré (20 km nordwestl.): In der Kirche (15./16. Jh.) befindet sich das Grab von Claude de Joyeuse (17. Jh.).

Vassieux-en-Vercors 38/A 1

Das während der Kämpfe 1945 zerstörte Dorf wurde wiederaufgebaut. Ein Ehrenmal gedenkt der Gefallenen „Aux Martyrs du Vercors 1944". Hier liegt auch der Nationalfriedhof des Vercors.
Forêt de Lente (8 km nordwestl.): Ausgedehnte Waldungen.
Léoncel (43,5 km westl.): Zu dem Ort mit einer romanischen Kirche gelangt man über den 1 313 m hohen „Col de la Bataille", von dem man eine herrliche Fernsicht hat.
Saint-Jean-en-Royans (35 km nordwestl.): Über den Paß „Col de la Machine" und eine Höhenstraße mit mehreren Tunnels, die sehr schöne Ausblicke beschert, gelangt man in diesen Ferienort unterhalb der Felswände des Vercors. Von hier sind viele Ausflüge möglich.

Vaux-le-Vicomte (Château de) 11/D 2

Diese mächtige, von Baumeister Le Vau von 1657 bis 1661 für den Generalintendanten Fouquet erbaute Schloßanlage ist das in Architektur und Ausstattung bedeutendste französische Bauwerk des 17. Jh. vor der Errichtung des Versailler Schlosses. Die Innenräume sind prunkvoll dekoriert und möbliert. Die von Le Nôtre entworfenen Gartenanlagen kündigen bereits die Pracht der Parkanlagen von **Versailles*** an.
Blandy-les-Tours (5,5 km östl.): Das im 14. Jh. mehrfach instandgesetzte Schloß hat noch seine von fünf Türmen beschützten Festungsmauern und seinen 32 m hohen Bergfried. Die Kapelle stammt aus dem 16. Jh.
Champeaux (7,5 km östl.): Die Kirche (12.–14. Jh.) zählt zu den schönsten Sakralbauten der Île de France. Das Chorgestühl (Renais-

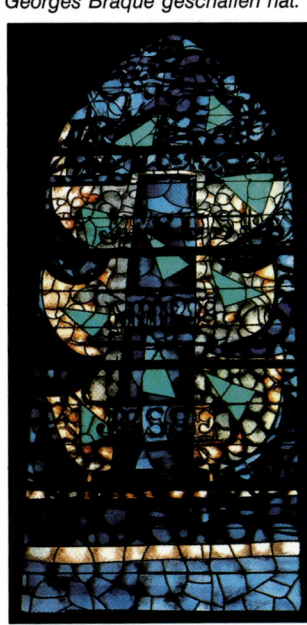

Varengeville-sur-Mer: Ein Fenster in der Kirche, das der Maler Georges Braque geschaffen hat.

Vaux-le-Vicomte: *Die klassizistischen Strukturen der Schloßarchitektur finden ihre Ergänzung im Muster der Gärten von Le Nôtre.*

sance) ist mit einem Schnitzwerk geschmückt, mit bisweilen sehr gewagten Themen bizarr gestaltet.

Vayres
(Château de) 29/A 3
Das Schloß (13./14. Jh.), erneuert im 16. Jh., liegt auf einer Höhe über der Dordogne. Es erinnert an eine prunkvolle italienische Villa. Der Ehrenhof (Renaissance) ist mit Nischen, Wandpfeilern und Galerien geschmückt. Vor die nordöstl. Fassade wurde gegen Ende des 17. Jh. ein eleganter Pavillonbau gesetzt, der eine Domkuppel trägt und eine von acht Säulen gestützte Vorhalle besitzt. Weite Gärten im französischen Stil umgeben das Schloß.
Izon (5 km nordwestl.): Mit einer Kirche, deren Portal und Apsis romanisch sind.

Venasque 38/A 3
Église Notre-Dame: Die Kirche in dem kleinen, auf einer Felsenkuppe gelegenen Dorf stammt aus dem 12. und Anfang des 13. Jh. Das im 12. Jh. erneuerte, aus dem 6. Jh. stammende Baptisterium (Taufkapelle) ist eines der ältesten religiösen Bauwerke Frankreichs.
Couvent Notre-Dame-de-Vie (2,5 km nördl.): In der Kapelle des Klosters befindet sich der Grabstein des Bischofs Boetius († 604), eines der seltenen Zeugnisse merowingischer Bildhauerei.
Saint-Didier-les-Bains (4,5 km westl.): In dem Schloß aus dem 16. Jh. mit spätgotischer Front zum Innenhof, schönen Holzdecken und Malereien in den Innenräumen, arbeitet ein Neurologisches Institut.

Vence 45/A 1
Der von seinen Wehrmauern eingeschlossene Ort zeigt noch viel vom Aussehen in früheren Zeiten. Durch den Haupteingang, neben dem ein Turm steht, gelangt man auf einen hübschen Platz aus dem 15. Jh. („Place du Peyra"), auf dem sich ein Springbrunnen befindet.
Église: In der Kathedrale, an der vom 11. bis 17. Jh. gebaut wurde, sind verschiedene Kunstwerke zu besichtigen. An der Kapelle Sainte-Anne (17. Jh.) beginnt der Weg der Kreuzweg-Stationen, der über sieben Kapellen mit szenischen Darstellungen der Passion führt.
Saint-Jeannet (4,5 km nordöstl.): Am Weg zu diesem Ort, der auf einem Felsenvorsprung zu Füßen des Baou-Massivs liegt, steht die „Chapelle du rosaire", die Rosenkranzkapelle eines Dominikanerinnen-Klosters, die von Matisse entworfen und ausgemalt wurde.
La Gaude (9 km östl.): Bei dem Dorf mit engen, steilen Gassen liegt ein IBM-Forschungsinstitut („Centre d'études et de recherches") ein interessanter Bau moderner Architektur (Marcel Breuer).

Tourette-sur-Loup (6 km westl.): In diesem einst befestigten Dorf bilden die Häuser den Wall der Verteidigungsanlage. Sehenswert ist das örtliche Handwerkshaus.

Vendôme 17/D 1
Das Bild der kleinen Stadt, die auf einer von zwei Armen des Loir umflossenen Insel erbaut wurde, beherrscht ein für sich stehender, 80 m hoher Glockenturm (12. Jh.).
Abbatiale de la Trinité: Die ehemalige Abteikirche (14. – 16. Jh.) hat eine elegant verzierte spätgotische Fassade. Bedeutend sind im Innern die romanischen Bildkapitelle und in einer Kapelle der Apsis ein berühmtes Kirchenfenster „Jungfrau mit dem Kind" (12. Jh.).
Chapelle Saint-Pierre la Motte: Volkskundemuseum.
Église de la Madeleine: Die Kirche stammt vom Ende des 15. Jh.
Interessante Profanbauten: Das Stadttor „Porte Saint-Georges" (14. Jh.) am Hauptarm des Loirflusses erhielt im 16. Jh. wehrhafte „Pechnasen" und bildhauerischen Schmuck. Das „Hôtel du Saillant" wurde im 15. Jh. gebaut. Ruinen des Schlosses der Grafen von Vendôme liegen oberhalb der Stadt.
Areines (3 km nordöstl.): In der Kirche (11./12. Jh.) befinden sich romanische Mauermalereien.
Villiers-sur-Loir (6 km nordwestl.): Die Kirche hat Wandmalereien aus dem 16. Jh.

La Verdière 44/B 1
In diesem Schloß auf einem bewaldeten Bergvorsprung sind die Innenräume sehenswert. In den Salons, mit schönen Stuck-Arbeiten dekoriert, hängen wertvolle Wandteppiche, in der großen Galerie Gemälde aus dem 17./18. Jh.

Verdun 13/A 1
Die alte Festungsstadt, die im Süden und Osten noch Reste der Wallanlagen von Vauban (17. Jh.) besitzt, wurde zum Symbol für eine der größten Schlachten der Geschichte. In ihrem Zentrum steht an der Rue Mazel ein gewaltiges Sie-

---

Mont Ventoux 38/A 2
Zu einer Rundfahrt durch die Bergwelt des Ventoux startet man am besten in **Carpentras*** über die N 574. Die Strecke ist sehr uneben, hat viele starke Steigungen, bietet aber herrliche Aussichtsstellen und führt zunächst nach Bédoin. Bei dem Weiler Saint-Estève beginnt die eigentliche Bergstraße, die durch den Wald von Bédoin läuft. Man erreicht „Châlet-Reynard", einen Wintersportplatz in 1460 m Höhe, dann „Fontaine de la Grave" (1515 m). In zahlreichen Kurven fährt man weiter empor zum Ventoux-Gipfel (1 912 m), wo eine Wetterwarte, Radarstationen und ein Fernsehturm stehen. Vom südl. Gelände des Aussichtsplateaus hat man eine großartige Fernsicht bis zum See „Étang de Berre", zum Mittelmeer und, wenn gute Sicht herrscht, bis zum Canigou-Berg. Die Abfahrt kann man auch hinunter nach **Vaison-la-Romaine*** machen, über den Berg „Mont Serein", ein Sommer- und Winterferiengebiet, vorbei an der hübsch gelegenen Kapelle „Notre-Dame-du-Grozeau" und am Ort Malaucène.

gesdenkmal. In einer Krypta liegt das „Goldene Buch" der Mitkämpfer aus (Livre d'or des Combattants).
Cathédrale Notre-Dame: Die Kathedrale im Stil rheinischer Romanik, mit zwei Apsiden und zwei einander gegenüberliegenden Querschiffen, wurde im 13./14. Jh. mit Gewölben versehen und im 18. Jh. ausgebessert. Sie besitzt eine schöne romanische Krypta. Der Kreuzgang in spätgotischem Stil stammt aus dem 16. Jh. Bemerkenswert ist das Löwenportal aus dem 12. Jh. Die „Porte Chatel" führt auf den Vorplatz „Esplanade de la Roche". Über dessen Gelände heben sich die Bauten der Zitadelle empor.
Rodin-Denkmal: Vor dem Torbau „Porte Saint-Paul" im Norden der Stadt steht eine bedeutende Plastik des Bildhauers Auguste Rodin „Défense de Verdun" (Die Verteidigung Verduns).
Rundfahrten über die Schlachtfelder von Verdun: 1) Am rechten Ufer der Meuse (Maas) gelangt man über die „Avenue de la 42. Division", über die „Faubourg-Pavé" und die N 18 in nord-nordöstl. Richtung zum „Fort de Vaux" (zu besichtigen), einem Schauplatz erbitterter Kämpfe von 1916; weiter zu den Ruinen des „Fort de Souville", mit dem Ehrenmal für Sergent Maginot, zur Verdun-Gedenkstätte, weiter zum Museum „Musée du Souvenir" (geöffnet vom 15. Januar bis zum 15. Dezember) sowie zum gewaltigen Gebeinhaus von Douaumont mit einer Toten-Laterne. In ihm stehen 46 Sarkophage; die Zahl entspricht den Hauptabschnitten der Schlacht von Verdun. Auf dem weiten Nationalfriedhof befinden sich 15000 Gräber. Auch das Fort Douaumont und die „Todesschlucht" sind zu besichtigen. Ein schlichter Gedenkbau überdeckt den erschütternden „Graben der Bajonette".
2) Auf dem linken Flußufer führen die N 64 und die D 38 in nord-nordwestl. Richtung zur Anhöhe „Le Mort-Homme" (Toter Mann), einem mit kleinem Gehölz bedeckten Gelände, das von 1916 – 1918 hart umkämpft wurde und zur Höhe 304. Beide Orte waren Eckpfeiler der Abwehrschlachten von Verdun.
Hattonchâtel (36 km südöstl.): Über die N 3 und die D 154 gelangt man, am Maasufer entlangfahrend, zu dieser kleinen Stadt. Sie besitzt eine Kirche aus dem 14. Jh. und einen Kreuzgang mit zwei Galerien aus dem 15. Jh. Im Innern ist ein herrlicher Altaraufsatz (Renaissance) von 1523 zu bewundern.

Vermenton 19/B 2
Eine alte Ortschaft am Ufer der Cure. Flußinseln und ein kleiner Hafen sind hier Mittelpunkte eines hübschen Freizeitgeländes.

Verdon (Grand Canyon du) 38/C D 3 – 44/C 1
Der tiefe Einschnitt des Verdon ist eine der ungewöhnlichsten Naturschönheiten Frankreichs. Seine Maße sind gewaltig: 400 m bis 700 m tief, 25 km lang. Der natürliche Graben ist am Grund wenige Meter breit; in der oberen Höhe schwankt die Breite zwischen 200 m und 1 000 m. In der Tiefe dieses Abgrunds braust der Strom in Kaskaden daher oder er läuft in kleinen Seen dahin. Man kann den Cañyon zu Fuß auf gut hergerichteten Wegen durchwandern. Eine Kanufahrt können nur sehr gut ausgebildete Fahrer unternehmen. Die Touristenroute, genannt „La Corniche sublime", folgt dem Cañyon-Rand auf dem linken Ufer des Flusses, vom Zufluß des Artuby bis zum Ende der Schluchten. Auf dem rechten Ufer berührt die N 552 den Cañyon nur an seinen äußersten Enden. Man kann auch eine dritte Strecke, eine Höhenstraße, benutzen, die 2 km von der Ortschaft La Palud-sur-Verdon beginnt und besonders schöne Ausblicke gewährt.

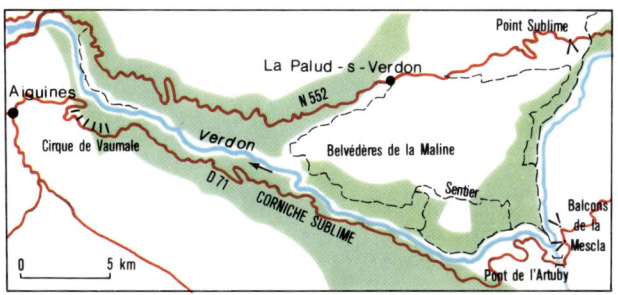

Église Notre-Dame: Turm und Portal der aus dem 12./13. Jahrhundert stammenden Kirche sind romanisch.
Cravant (5 km nordwestl.): Durch das Cure-Tal kommt man zu dieser einst befestigten Ortschaft am Zusammenfluß von Cure und Yonne. Sie hat eine im 15. und 16. Jh. erbaute Kirche mit einem schönen Renaissancechor und hübsche Häuser aus Holz (16. Jh.).
Arcy-sur-Cure (8 km südl.): Mit zahlreichen, häufig sehr malerischen Grotten über der Cure.
Saint-Moré (11 km südöstl.): In dem Dorf, auf dem linken Ufer der Cure stehen ein elegantes Schloß, an dem vom 16. bis 19. Jh. gebaut wurde, mit vier Rundtürmen und eine Kirche aus dem 14. Jh. Eine kleine Straße führt zum „Camp de Cora", einem befestigten gallo-römischen Stützpunkt.

Verneuil-sur-Avre 10/D 2
Église de la Madeleine: Über der kleinen, einst befestigten Stadt steigt der spätgotische Turm der Kirche empor. Im Innern ist eine schöne Grablegungs-Plastik (16. Jh.) zu sehen.
Église Notre-Dame: Die romanische, später veränderte Kirche (12. Jh.) besitzt eine großartige Gruppe von Statuen aus dem 13., 14., 15. und 16. Jh., die gleichsam ein kleines Museum der Bildhauerkunst dieser Region darstellt.
La tour Grise: Der zylindrische Bergfried aus dem 12. Jh. ist 35 m hoch. Er verdient ebenso eine Besichtigung wie die zahlreichen Häuser aus Holz, Ziegel- oder Kieselstein, die zwischen dem 15. und 18. Jh. erbaut wurden.
Vallée de l'Avre: Ins Flußtal des Avre kann man abwechslungsreiche Ausflüge unternehmen.

Vernon 11/A 1
Als Überrest eines Schloßbaus erhebt sich der Turm „Tour des Archives" aus dem 12. Jahrhundert über dem Seine-Tal.
Église Notre-Dame: Die Fassade und das Schiff dieser Kirche stammen aus dem 14. Jh., ihr Hauptturm ist aus dem 13. Jh. Im Innenraum findet man eine Orgeltribüne der Renaissance und Wandbehänge aus dem 17. Jh.
Vernonnet: Zu diesem Ortsteil auf dem rechten Seine-Ufer (mit einem Wachtturm des Schlosses „Château des Tourelles" aus dem 12. Jh.) führt eine Brücke.
Château de Bizy (1,5 km südwestl.): Das Schloß wurde im 18. Jh. erbaut und im 19. Jh. erneuert. Die prachtvollen, mit Holztäfelungen und Schnitzereien geschmückten Salons, die Stallungen, der Ehrenhof und zahlreiche Gebäude erinnern ebenso wie der weite Park mit seinen Wasserspielen an seine vergangene Größe und Bedeutung.

Versailles: *Allegorische Figuren, Symbole der Flüsse, lagern lässig am Rand der großen Wasserbecken (oben). In der Orangerie, einem Meisterwerk von Hardouin-Mansart, standen zur Zeit Ludwig XIV. 2 000 Orangenbäume in Kübeln (Mitte). Hardouin-Mansart schuf auch den Palast „Grand Trianon", einen mit Marmor verkleideten Bau, dessen Räume mit besonders prunkvollem Mobiliar eingerichtet sind (unten).*

Giverny (4 km südöstl.): Der Garten, in dem der Maler Monet seine berühmten Seerosenbilder malte, ist durch Gitter zu sehen.
Signal des Coutumes (8 km südl.): Von diesem Aussichtspunkt hat man einen schönen Rundblick über die Seine-Schleife bei Bonnières und die Seine-Inseln.
Gaillon (14 km nordwestl.): Von dem zu Beginn des 16. Jh. erbauten, prachtvollen Schloß des Kardinals von Amboise sind nur noch ein mächtiges Eingangstor (Renaissance) und ein Galeriebau zwischen zwei Türmen erhalten.

Versailles 11/C 2

Unter Versailles, diesem Inbegriff französischen Herrschertums in seiner höchsten Entfaltung, ist nicht nur ein Palast und ein Museum zu verstehen; die Gärten, die Trianon-Bauten und die Stadt selbst gehören dazu.
Palais de Versailles: Der Palast ist eines der berühmtesten Bauwerke Frankreichs. Vor ihm liegen der riesige Hof „Cour Royale", auf dem das Standbild Ludwig XIV. steht, und, ihn fortsetzend, der „Cour de Marbre" mit dem Schloßbau Ludwig XIII., der von den Baumeistern Le Vau und Mansart erneuert und ausgebaut wurde. Um den kleineren Hof „Cour de Marbre" hin liegen die Hauptgemächer des Königs (Grand Apartement) mit dem Zimmer Ludwig XIV. in der Mitte. Nach rückwärts, an der Gartenfront entlang, erstreckt sich in diesem Trakt die berühmte Spiegel-Galerie, eine glanzvolle Schöpfung des 17. Jh. In der Front nach vorn liegt neben den Hauptgemächern, rechts vom „Cour de Marbre", das kleine Apartement des Königs mit dem Arbeitszimmer Ludwig XV. Im Südtrakt des Palastes befinden sich die Räume der Königin. Am Ende des nördl. Flügelbaus, an der die Kapelle steht, ist die Königliche Oper eingerichtet, ein Werk des 18. Jh.
Musée: Ein Museum zur Geschichte Frankreichs wurde in den Sälen des Nordflügels untergebracht.
Gärten: An der Rückfront des Palastes sieht man, in der Achse hintereinander, das Wasserbecken „Bassin de Latone", Rasenflächen, das „Bassin d'Apollon" und den Großen Kanal. Links und rechts davon breiten sich weitere Parkanlagen mit Bassins und Rasenflächen aus. Zur Fahrt auf dem Großen Kanal kann man Boote mieten. Auf beiden Seiten des Kanals dehnt sich der „Petit Parc" aus, ein Gelände, das man zum Teil auch mit Wagen durchfahren kann. (Die großen Wasserspiele werden jeweils am 1. und 3. Sonntag jeden Monats von Juni bis September um 16.30 Uhr in Betrieb gesetzt.)
Trianon-Bauten: Der Palast „Le Grand Trianon" wurde gegen Ende des 17. Jh. mit üppigem Schmuck aus weißem und rosa Marmor erbaut. Nach seiner vollständigen Renovierung von 1963 bis 1966 hat man die Räume im Empire-Stil dekoriert und möbliert. In einem Trakt ist ein Wagen-Museum eingerichtet. Der Palast „Le Petit Trianon" ist ein eleganter Adelssitz aus dem Ende des 18. Jh. In seiner Gartenanlage wurde der reizende Schäferhof der Marie Antoinette erbaut.
Stadtzentrum: Bei einem Rundgang fallen dem Betrachter gegenüber dem Schloß die riesigen, von Mansart gegen Ende des 17. Jh. erbauten Stallungen auf. Von den zahlreichen, oft prunkvollen Adelshäusern sind besonders zu beachten: „Hôtel de Madame du Barry" im Stil Ludwig XV. (Jetzt „Chambre de Commerce", Handelskammer, Besuch auf Anfrage.), in der Avenue de Paris (Nr. 22), „Hôtel des Menus-Plaisirs" und (Nr. 41) „Maison de Madame Elisabeth" (Schwester Louis XVI.) sowie (Nr. 57) die Meierei mit Taubenhaus der Comtesse de Provence, eine Nachahmung des Schäferhofes in den Trianongärten. In der Straße Rue de l'Indépendance, Gebäude Nr. 5, ist die schöne Pforte des ehemaligen Ministeriums der Marine und des Auswärtigen besonders sehenswert. In diesem Bau befindet sich die Städtische Bibliothek in einer Folge von prachtvoll dekorierten und bemalten Räumen, die auch besichtigt werden können.
Église Notre-Dame: Die Kirche wurde von Mansart gegen Ende des 17. Jh. errichtet.
Cathédrale Saint-Louis: Kathedrale im Stil Ludwig XV.

Vertus 12/B 1

Der von mehreren Bächen durchflossene Ort liegt am Ende einer Route, die durch die Weißweinanbaugebiete führt, „Côte des Blancs" (Siehe auch **Épernay***). Alte Häuser und das einst zur Befestigung gehörende Tor „Porte Baudet" (13./14. Jh.) erinnern an die Vergangenheit.
Église Saint-Martin: Die Kirche aus dem 12. Jh. hat bemerkenswerte Spitzbogengewölbe und einen viereckigen Turm (romanisch).
Kirchen in der Umgebung: Einen Besuch lohnen die Kirchen in Oger, Mesnil-sur-Oger (nördl.) und Bergère-lès-Vertus (südl.).

Vervins 6/B 2

Die Stadt liegt mit malerischen Straßen und Resten früherer Befestigungsanlagen (12. Jh.) an einem Berghang. Ihre Kirche stammt aus dem 12./16. Jh. und das Rathaus („Hôtel de Ville") aus dem 16. Jh.
La Bouteille (6 km nordöstl.): Die aus Bruchsandstein gebaute Kirche stammt aus dem 16. Jh.
Burelles (6 km südl.): Die Kirche entstand im 16. Jahrhundert. Sie ist mit bunt versetzten Ziegelsteinen errichtet, der Chor aus Naturstein. Die obere Etage des Querschiffs ist als wehrhafte Waffenkammer hergerichtet.
Prisces (7 km südwestl.): Mit einer Kirche aus dem 12. Jh., zu der ein viereckiger Wehrturm und, schräg gegenüberliegend, zwei kleine Türme gehören.
Plomion (10,5 km südöstl.): Die Kirche (Ende 16. Jh.) besitzt einen viereckigen Wachtturm, neben dem zwei Rundtürme stehen.
La Thiérache (15 km südwestl.): Diese Landschaft ist ein beliebtes Ausflugsgebiet, in dem mehrere interessante Wehrkirchen stehen.

Vesoul 20/C 2

Der Ort besitzt eine Reihe schöner Adelsbauten, so das „Hôtel Thomassin" (15. Jh.), das „Maison Barressols", weitere Hôtels aus dem 17. und 18. Jh. am „Place du Grand-Puits" und gotische Häuser in der Rue Baron-Bouvier.
Grotte de la Baume (4 km südl.): Interessante Höhle.

Veules-les-Roses 4/D 2

Der hübsche Badeort liegt in einem grünen, mit kleinen Gehölzen bedeckten Tal.
Église Saint-Martin: Die gotische Kirche wurde im 16. Jh. erbaut. Sie hat drei Schiffe und seitlich einen viereckigen Glockenturm.
Cimétière Saint-Nicolas: Auf dem alten Friedhof stehen die Ruinen einer Kirche aus dem 12. Jh. Sehenswert ist die Plastik des „Kalva-

---

Vésubie (Gorges de la) 39/A 3

Durch die Schluchten der Vésubie fährt man von Plan-du-Var nach Saint-Jean-la-Rivière über die D 2565 immer auf dem Grund der engen und kurvenreichen Talstrecke zwischen steil aufragenden Felsen. Von Saint-Jean-la-Rivière führt die D 32 in zahlreichen, bisweilen schwindelerregenden Windungen bis nach Utelle. Hier steht die gotische Kirche Saint-Véran (14. Jh.). Der dreischiffige Bau wurde im 17. Jh. restauriert. Im Innern ist ein interessanter Altaraufbau der „Schule von Nizza" (15. Jh.) zu besichtigen. Mit seinen alten Häusern, engen Gassen und dem hübschen Hauptplatz hat der Ort manche malerischen Reize. In 3 km Entfernung liegt die Wallfahrtsstätte „La Madone d'Utelle". Empfehlenswert ist ein Ausflug nach **Saint-Martin-Vésubie*** über die D 19 durch das Tal der Vésubie und über Lantosque.

rienberges" mit Figuren aus Sandstein (16. Jh.).
Chapelle du Val (1,5 km südöstl.): Eine Kapelle aus dem 12./13. Jh.
Blosseville (2,5 km südl.): Mit einer Kirche (16. Jh.), die einen Glockenturm (12. Jh.) und schöne Fenster (15. Jh.) besitzt.
Bourg-Dun (7 km östl.): Die Kirche (11. – 16. Jh.) mit einem Turm aus dem 13. Jh. verfügt im spätgotischen südl. Querschiff über sehr schönes Gurtgewölbe und bildhauerisch besonders reich ausgearbeitete Bogen-Abschlußsteine.
Saint-Valéry-en-Caux (8 km westl.): Der Fischerhafen liegt an einem von hohen Felsen umgebenen Meereseinschnitt.

Vézelay 19/B 2

Auf dem Gipfel des Hügels, über den sich der Ort ausbreitet, steht die Basilika Sainte-Madeleine, ein Meisterwerk der mittelalterlichen Architektur.
Basilique Sainte-Madeleine: Der großartigste Bauteil dieser Kirche ist die romanische Vorhalle von der Größe einer Kirche (mit drei Bögen), die 22 m lang ist. Ihr Portal, das in das Hauptschiff hinüberleitet, ist mit einem Giebelfeld geschmückt, das die Verherrlichung Christi darstellt und zusammen mit dem berühmten Tympanon von Autun zu den schönsten Werken romanischer Bildhauerei in Burgund zählt. Es entstand zu Beginn des 12. Jh. Das Hauptschiff der Kirche, ausgeführt in weißem und bräunlichem Stein (11./12. Jh.), besitzt Bildkapitele mit Darstellungen in ausgeprägtem Expressionismus. Der Chor und das Querschiff stammen aus der Anfangszeit der Gotik; Kapitelsaal (12. Jh.).
Musée lapidaire: Mineralmuseum (geöffnet in der Saison).

Saint-Père (2 km östl.): Die Kirche zählt zu den interessantesten Bauten burgundischer Gotik, mit einer bildhauerisch hervorragend dekorierten Fassade, die eine Darstellung des Jüngsten Gerichts enthält.
Fontaines-Salées (4 km südöstl.): Hier findet man eines der bedeutendsten Ausgrabungsfelder Frankreichs. Man entdeckte weite keltische Anlagen, mit Rundwällen geschützte heilige Stätten aus dem 1. Jh. vor Chr. sowie gallo-römische Bautenreste. Darunter sind Thermen, die im 1. Jh. nach Chr. angelegt, und im 2. Jh. nach Chr. erweitert wurden. Sie sind durch einen Vorplatz und eine Säulenhalle mit einer für Kultzwecke errichteten Mauer verbunden, die sich mit einer Länge von 600 m in das Tal der Cure ausdehnt.
Pierre-Perthuis (6 km südöstl.): Die Kirche und die Ruinen eines Schlosses in dem hübsch gelegenen Ort ragen über dem engen Tal der Cure empor.

Vichy 25/A 3

Das Zentrum der Stadt ist die Gartenanlage „Parc des Sources". Hier liegen das Kasino, die wichtigsten Hotels und die beiden Kurhäuser. Die Gärten des „Parc de l'Allier" führen über 1 800 m in den Stausee „Lac d'Allier" entlang, einem sehr beliebten Wassersport-Gebiet.
Vieux Quartier: In der Altstadt stehen einige schöne alte Bauten, so der „Pavillon Sévigné" aus der Zeit Ludwig XIII., das Haus „Maison du Bailliage", auch „Chastel Franc" genannt (16. Jh.), mit dem örtlichen Museum.
Randan (14 km südl.): Durch den Boucharde-Wald erreicht man dieses Schloß aus dem 16. Jh., das im 19. Jh. restauriert und 1925 in Brand gesteckt wurde. Es ist nicht zur Besichtigung freigegeben.
Châteldon (22 km süd-südöstl.): Der alte Ort sieht sehr malerisch aus mit seiner Kirche aus dem 15. Jh., einem Uhrturm aus dem 14. Jh. und zahlreichen Häusern, die mit Holzplatten verkleidet sind (15./16. Jh.) sowie einem prächtigen Schloß (13. – 15. Jh.).
Château de Lapalisse (23 km nordöstl.): Der mächtige Schloßbau (15./16. Jh.) verfügt über sehr reich möblierte Innenräume, mit sechs wundervollen Teppichen (Ende 15. Jh.) und schön bemalten Decken.
Vallée de la Besbre (35 km nordöstl.): In diesem Tal gibt es eine ganze Reihe von Schloßruinen: „Chavroches" (13. Jh.), „Vieux-Chambord" (13. Jh.), „Jaligny" (Renaissance), „Beauvoir" aus dem 15./17. Jh. und „Thoury" (Siehe auch **Moulins***).

Vic-le-Comte 31/A 1

Ein Kleinod der Architektur des beginnenden 16. Jh. ist die „Sainte Chapelle", eine Kapelle, die in den Bau der modernen Kirche eingegliedert wurde. Sie gehörte einst einem gräflichen Schloß. An der Außenwand sind die fein gearbeiteten Bildhauerarbeiten an den Gesimsen, im Innenraum die Fenster und ein Altaraufsatz aus Stein (16. Jh.) besonders zu beachten.
Buron (4 km südl.): Von den auf einer Anhöhe liegenden Schloßruinen hat man einen sehr schönen Blick auf das Tal des Allier.
Busséol (6 km nördl.): Die Ruinen eines Schlosses (Ende 12. Jh.) liegen auf der Höhe einer Bergkuppe.

Vic-sur-Cère 30/C 3

Die Stadt ist ein Thermalkurbad und ein Ferienort. In ihrer Altstadt, rund um die Kirche, liegen einige schöne alte Häuser („Maison des princes de Monaco", 15. Jahrhundert, „Maison Laparra", 15./16. Jahrhundert). Die Kureinrichtungen befinden sich auf dem linken Ufer der Cère. Der Ort bietet Gelegenheit zu zahlreichen Ausflügen.
Rocher de Saint-Curial (westl. der Kirche): Das eigenartig geformte Basaltgebilde erreicht man über einen Weg, der, am „Trou de Conche" und Wasserfall vorbei, zunächst zum Felsen „Rocher de Maisonne" führt, wo der Aufstieg zum Gipfel beginnt.
Thiézac (6 km nordöstl.): Sehenswert sind die Kirche (15./16. Jh.) mit einem Altaraufsatz und einer Kanzel (18. Jh.) sowie die Kapelle „Notre-Dame-de-Consolation" (Mitte 17. Jh.), die mit ungewöhnlichen Gewölbe-Malereien versehen ist.
Château de Cropières (14 km südöstl.): Das Schloß (17. Jh.) hat eine mächtige Haupttreppe mit zwei Aufgängen und eine weite Terrasse, über die man zum großen, reich mit vielfarbigen Holztäfe-

Veules-les-Roses: Die Kreidefelsen des Caux-Gebiets ziehen sich, unterbrochen von kleinen Häfen und Badeorten, an der Küste entlang.

Vézelay: *Die romanische Basilika Sainte-Madeleine. In Saint-Père steht die gotische Kirche Notre-Dame.*

lungen geschmückten Empfangssaal gelangt.
Château de Pesteils* (5 km südwestlich).

Vic-sur-Seille   13/C 2
In der alten Stadt, deren Kirche im 15./16. Jh. erbaut wurde, sind sehenswerte, alte Häuser, unter ihnen das Bauwerk „Maison de la Monnaie" (Mitte 15. Jh.).
Musée du sel: Salzmuseum.
Marsal (13,5 km nordöstl.): Mit einer schönen Kirche im Stil rheinischer Romanik (Anfang 12. Jh., gotische Apsis) und Teilen der alten Stadtmauern.

Vieil-Armand   21/A 1
Siehe **Hartmannswillerkopf***.

Vienne   31/D 2
Die alte, am Rhône-Ufer gelegene Stadt, schon zur Römerzeit und im Mittelalter ein bedeutender Ort, ist reich an schönen Bauwerken.
Église Saint-Maurice: Die Bischofskirche (12. und 13. Jh.) besitzt drei spätgotische, besonders schön gearbeitete Portale. Im Innenraum, der 90 m lang ist, sieht man sieben romanische Spannbögen im gotischen Schiff. In dem mit Wandbehängen des 16. Jh. ausgestatteten Chor liegt der Grabbau der Erzbischöfe. In den Seitenportalen befindet sich ein Skulpturenschmuck aus der ältesten Bauzeit (12. Jh.), der hier wieder verwendet wurde. Am Place de Miremont liegt das Kunstmuseum („Musée des Beaux-Arts") mit Hauptbeständen aus den Bereichen Archäologie und Keramik sowie einer reichen Medaillensammlung.
Église Saint-Pierre: Der ehrwürdige Sakralbau ist eines der bedeutendsten Denkmale des christlichen Gallien (4./5. Jh.). Das hier eingerichtete Museum zeigt alte Skulpturen und Bruchstücke.
Église Saint-André-le-Bas: Die Kirche (11./12. Jh.) hat einen romanischen, sehr eleganten Kreuzgang, durch den man zu einem Museum christlicher Kunst gelangt.
Place du Palais: An diesem Platz steht der Tempel des Augustus und der Livia, der etwa um 25 vor Chr. errichtet wurde und eines der am besten erhaltenen römischen Bauwerke in Frankreich ist.
Weitere Römerbauten: Zeugen aus der römischen Epoche der Stadt sind noch die Säulenhalle des Forums, die Reste eines Cybele-Tempels und einer Theateranlage. Ein weiteres römisches Theater am Berg „Mont Pipet" (auf dem die Ruinen einer römischen Zitadelle liegen) hat einen Durchmesser von 115 m, seine 46 Sitzreihen konnten 13 000 Besucher aufnehmen.
Saint-Romain-en-Gal (2 km westlich): Am rechten Ufer der Rhône brachten Ausgrabungen hier eine bedeutende gallo-römische Siedlung ans Licht.

Vierville-sur-Mer   4/A 3
Der Badeort hat eine Kirche aus dem 13. Jh. Südwestlich (500 m) liegt der hübsche Landsitz Vaunicel (Renaissance).
Saint-Laurent (3 km südöstl.): Bei diesem Ort liegt ein amerikanischer Soldatenfriedhof mit 9 385 weißen Kreuzen und einem Mausoleum.
Englesqueville-la-Percée (4 km westl.): Mit einer Kirche aus dem 12./13. Jh. und einem Schloß (16. Jh.), das mit seinen kuppelbedeckten Rundtürmen jetzt auf einem Bauernhofgelände liegt.
Colleville (6 km südöstl.): Die Strände zwischen dieser Stadt und Vierville waren am 6. Juni 1944 Schauplatz heftiger Kämpfe. (Siehe auch **Omaha Beach***.)
La Cambe (13 km südwestl.): An der Straße N 13 liegt ein großer deutscher Soldatenfriedhof.
Port-en-Bessin (13 km südöstl.): In dem malerischen Fischerdorf, das sich in einer Bucht zwischen Felswänden ausstreckt, erhebt sich ein Festungsturm von Vauban aus dem 17. Jh. Man kann über die Steilküste oder bei Ebbe am Meer Wanderungen unternehmen.

Viaur (Viaduc du)   36/C 3
Diese kühne Eisenbahnbrücke aus Stahl wurde 1897 bis 1902 erbaut. Sie ist 460 m lang und überquert das Tal des Viaur in einer Höhe von 120 m. Der große Mittelbogen hat eine Weite von 220 m. Von der Brücke erreicht man in nordöstlicher Richtung das Schloß „Château du Bosc", in dem der Maler Toulouse-Lautrec seine Kindheit verbracht hat. 9 km nördlich liegt der Ort Naucelle-Ville, und weitere 7 km nordwestlich von diesem Flecken Sauveterre-de-Rouergue, ein im 13. Jh. befestigter Ort mit einer Stiftskirche aus dem 14. Jh. Reste von Stadtwällen und Mauern, ein Turm und befestigte Tore zeugen von der Geschichte der kleinen Gemeinde.

Villandry: Seine Terrassengärten, die nach den ersten Entwürfen des 16. Jh. neu angelegt wurden, machen den Reiz dieses Schlosses aus.

Villefranche-sur-Mer: Das mittelmeerisch bunte Leben und Treiben erhöht den Zauber dieser alten Stadt, die das Hafenbecken überragt.

Vignory 13/A 3
Église Saint-Étienne: Die romanische Kirche hat ein Schiff des 11. Jh. mit einem Dachgestühl nach karolingischer Art. Manche altertümlich geformten Kapitelle sind mit geometrischem oder figürlichem Schmuck versehen. Die im 15. und 16. Jh. angebauten Kapellen enthalten Statuen aus dem 15./16. Jh.

Villandry (Château de) 17/C 3
Das Schloß wurde um 1530 im Renaissancestil erbaut. Es ist von Wassergräben umgeben und hat im südlichen Westteil einen gewaltigen Wachtturm aus dem 14. Jh. Er ist der einzige erhaltene Zeuge für das einst hier vorhandene Feudalschloß. (Der Besuch des Schlosses ist von April bis November möglich; die Gärten sind stets geöffnet.) Im Schloß ist eine interessante Sammlung alter Kunst zu besichtigen.
Gärten: Herrliche Gartenanlagen befinden sich auf drei weiten Terrassen. Besonders hübsch sind ein Gemüsegarten, ein Garten mit ornamentaler Gestaltung der Beete und ein Wasser-Garten, zu dem ein 90 m langes und 75 m breites Bassin gehört. Westlich vom Schloß steht eine romanische Kirche aus dem 11./12. Jahrhundert.

Villard-de-Lans 32/B 3
Der Luftkur- und Wintersportplatz ist als Ausflugsort sehr beliebt.
La Moucherolle (9 km südl.): Zu erreichen über Corençon, dann mit einer Kabinenbahn und über einen Bergpfad. Anstieg zum Berggipfel (2290 m) mit Bergführer.
Col de l'Arc (10 km nordöstl.): Der 1 740 m hohe Bergpaß bietet eine schöne Rundsicht.
Pic Saint-Michel (10 km nordöstl.): Aussichtsberg (1972 m).

Ville-d'Avray 11/C 2
Église Saint-Nicolas: Die im Stil Ludwig XVI. erbaute Kirche besitzt mehrere Werke des Malers Corot, der an den umliegenden kleinen Seen viele Motive gemalt hat. Erholsame Spaziergänge im Wald „Bois de Fausse-Repose".

Villedieu-les-Poêles 9/D 1
In der Stadt mit einer Kirche aus dem 16. Jahrhundert stehen noch viele Häuser aus früheren Jahrhunderten und eine sehenswerte Glockengießerei. Der reizvolle Zoo von Champrepus befindet sich 7,5 km westlich.

Villefort 37/B 2
Die Stadt ist ein Zentrum für Ausflüge in die Cevennen.
La Garde-Guérin (7 km nördl.): Ein reizvoll aussehender, befestigter Weiler, von dem man zum „Belvédère" oberhalb der Schluchten des Chassezac gelangen kann.
Parc national du mont Lozère (15 km südwestl.): Ein nationaler Naturschutzpark.
Génolhac (18 km südl.): Den Ort erreicht man über die „Route du mont Lozère".

Villefranche-de-Conflent 43/C 3
Die Stadt ist von einem Festungsgürtel umgeben, der im 11. Jh. angelegt und im 15. Jh. von Vauban erneuert und verstärkt wurde, und hat somit noch viel von ihrem Aussehen im Mittelalter bewahrt. Die engen Straßen sind, vor allem die Rue Saint-Jean, mit alten katalanischen Häusern, romanischen und gotischen Bauten, gesäumt. In der Stadtmauer sind zwei Eingangstore (Ende 18. Jh.) „Porte de France" und „Porte d'Espagne".
Église: Die Kirche (11. Jh.) wurde im 12./13. Jh. vergrößert. Sie hat schöne romanische Portale aus rosa Marmor und ist im Innenraum reich geschmückt.
Montagne de Belloch (1 km nördl.): Auf dem Berg steht ein von Vauban erbautes Fort. Es ist heute in Privatbesitz.
Grotte des Canalettes (1 km südwestlich): Eine Tropfsteinhöhle.
Beinat (2 km südwestl.): Die Kirche aus dem 11. Jahrhundert gehört zu den ältesten Zeugnissen romanischer Kunst im Roussillon.
Corneilla-de-Conflent (3 km südl.): Hier steht eine sehenswerte romanische Kirche mit drei Schiffen und einem viereckigen Glockenturm

aus dem 11. Jh. Die Apsis aus Granit ist reich mit kleinen Marmorsäulen geschmückt. Das Portal, auch aus Marmor gearbeitet, hat ein schönes Giebelfeld. Im Innern stehen romanische Altäre und ein Altaraufsatz aus dem 14. Jh.

Villefranche-de-Rouergue 36/B 2

Über der alten Stadt ragt die Kirche Notre-Dame empor, vor der ein für die kleinen Mittelmeerstädte typischer Platz mit weit vorkragenden Häusern und Laubengängen liegt.
Église Notre-Dame: Zu der im Stil der Mittelmeer-Gotik gebauten Kirche gehört ein 58 m hoher Turmvorbau aus dem 15. Jh. Im Chor ist geschnitztes Gestühl aus dem gleichen Jahrhundert zu sehen.
Chapelle des Pénitents-Noirs: Die im nördl. Stadtteil liegende Kapelle (Mitte 17. Jh.) ist mit Chorstühlen aus dem 15. Jh. und mit einem Altaraufsatz (17. Jh.) ausgestattet.
Chartreuse Saint-Sauveur (1 km südl.): Das Kartäuserkloster (15. Jh.) am linken Ufer des Aveyron, ist das einzige vollständig erhaltene seiner Art in Frankreich. Es ist zu besichtigen. Die Anlagen umfassen zwei Kapellen („Chapelle des Étrangers" und „Grande Chapelle", mit schmückendem Holzwerk aus dem 15. und 16. Jh.) sowie den Kapitelsaal nebst dem großen und dem kleinen Kloster. Das ganze ist eine der bedeutendsten gotischen Bautengruppen im Midi.
Château de Graves (2 km nördl.): Bei diesem Schloß (Mitte 16. Jh.) sind die Fassaden zum Hof hin besonders elegant dekoriert.
Gorges de l'Aveyron (12 km südwestl.): Die Aveyron-Schluchten sind ein schönes Ausflugsziel.

Villefranche-sur-Mer 45/B 1

Der Ferienort mit Fischer- und Sporthafen liegt in der Tiefe einer sehr schönen Bucht. Die Stadt hat noch ihre engen, steilen, oft überwölbten Straßen aus alten Zeiten (Rue Obscure). Über dem Hafen ragt im Süden die Zitadelle aus dem 16. Jh. empor; an deren Bauten wandert man entlang zum Vergnügungshafen „La Darse".
Chapelle Saint-Pierre: Die Kapelle liegt am immer belebten „Quai des Pêcheurs"; sie wurde von Jean Cocteau gemalt.

Villefranche-sur-Saône 25/D 3
Église-Notre-Dame-des-Marais: Die Kirche mit einer spätgotischen Fassade und schönen holzgeschnitzten Pforten stammt aus dem 12. – 15. Jahrhundert.
Hôtel de ville: Das Rathaus der Stadt, in der noch alte Häuser stehen, ist ein Renaissancebau.
Rundfahrt durch die Weinberge des Beaujolais: In nord-nordwestl. Richtung führt die Strecke über Belleville-sur-Saône (Handelszentrum des Beaujolais), Brouilly, Beaujeu (mit einem volkskundlichen Museum), Chiroubles, Villié-Morgon, Fleurie, Chénas (mit Windmühle) und Juliénas.
Saint-Julien (10 km nordwestl.): Hier besteht ein kleines Museum im Haus des Physiologen Claude Bernard (Wissenschaftler des 19. Jh.).
Rivolet (10 km westl.): Mit einem Schloß, „Château de Montmelas", von dem Teile der zwei zinnenbewehrten Festungsgürtel, Tore und viereckige Türme sowie eine Kapelle des 14. Jh. erhalten sind (keine Besichtigung).
Salles (13 km nordwestl.): In dem malerischen Dorf stehen eine Kirche aus dem 12. Jh. und Restbauten einer Cluniazenserpriorei, mit einem Kapitelsaal (15. Jh.).

Villemagne 42/D 1

Die kleine Stadt wurde um eine Abtei angelegt, die Karl der Große gegründet hat. An die Vergangenheit erinnern die Kirche Saint-Majan, Abteikirche des 13./14. Jh., deren Apsis wehrhaft ausgebaut ist, und die Pfarrkirche Saint-Grégoire in reinem romanischen Stil des 12 Jh., dazu der Bau „Hôtel des Monnaies" (ein romanisches Haus) und die Wallmauern (13. Jh.).
Taussac (4 km westl.): Das Bild der Ortschaft wird bestimmt von den nahgelegenen eigenartigen, vertikal gespaltenen Felsensäulen, auch „Orgeln von Taussac" genannt.

Villemaur-sur-Vanne 12/B 3
Église: Die Kirche, deren Bauteile aus dem 13. und 16. Jh. stammen, besitzt einen ungewöhnlichen Glockenturm aus Holz mit drei

Villeneuve-lès-Avignon: *Über den Dächern der Stadt beherrscht der mächtige Festungsgürtel von Fort-Saint-André das Bild der Landschaft.*

übereinandergelagerten Dächern. Im Innern steht ein sehr schön gearbeiteter Lettner aus Holz (Gotik und Renaissance). Die Bildtafeln stellen Szenen aus dem Marienleben und aus der Passion dar.
Aix-en-Othe (4 km südl.): Mit einer Kirche, deren Renaissancechor dekoriert ist mit Malereien, die Landschaften vortäuschen.
Villeneuve-l'Archevêque (13 km westl.): Die Kirche wurde im 12., 13. und 16. Jh. erbaut. Sie hat ein Portal aus dem 13. Jh., dessen Giebelfeld eine Marienehrung darstellt. Im Innern sind Skulpturen der „Schule von Troyes" (16. Jh.) und ein „Heiliges Grab" von 1528 zu sehen.

Villeneuve-lès-Avignon 37/D 3

Wenn man, von **Avignon*** kommend, die Rhône überquert hat, führt die Straße vorüber am Turm „Tour de Philippe le Bel" (14. Jh.), der 32 m hoch ist. Von seiner Spitze hat man eine schöne Fernsicht.
Église Notre-Dame: Die ehemalige Stiftskirche am Zentralplatz (14. Jh.) besitzt einen reichgeschmückten Hauptaltar aus Marmor und, in der Sakristei, eine mehrfarbige Marienfigur aus Elfenbein (Anfang 14. Jh.); gotischer Kreuzgang.
Chartreuse du Val de Bénédiction: In der Kirche aus dem 14. Jh. befindet sich das Grab von Innozenz VI. mit einer liegenden Figur aus weißem Marmor. In der päpstlichen Kapelle sind interessante, zum Teil unvollständige Fresken des 14. Jh. zu sehen. Der große Kreuzgang Saint-Jean ist ein achteckiger Rundbau mit einem Springbrunnen (18. Jh.).
Musée de l'Hospice: Mit dem Meisterwerk „Couronnement de la Vierge" (Krönung der Jungfrau) von Charonton (Mitte 15. Jh.).

Villers-Cotterêts: *Die Ruinen der Zisterzienserabtei in Longpont mit dem Rund der Fensterrose in der Front.*

Vitré: *Ein Vorbau mit zwei Türmen bildet den Eingang zu dem bretonischen Festungsschloß.*

Fort Saint-André: Eine weitläufige Befestigungsanlage, deren mächtiges Eingangstor von zwei Türmen geschützt wird. Im Fort-Bereich liegen die Benediktinerabtei Saint-André, von der noch eine Eingangshalle und ein großer Bau aus dem 17. Jh. stehen, sowie die romanische Kapelle Notre-Dame-de-Belvézet (12. Jh.), dazu Reste des einstigen Weilers Saint-André. Von der großen Terrasse hat man einen schönen Blick auf **Avignon***, den **Ventoux***, die **Alpilles*** und den **Lubéron***.

Villeneuve-sur-Lot 35/C 2

Der Ort wurde um die Mitte des 13. Jh. wehrhaft angelegt. Von den Anlagen früherer Zeiten zeugen noch die Tore „Porte de Paris" (13. und 15. Jh.), „Porte de Pujols" und die Befestigungen am Platz „La Fayette". Am Ufer des Lot, über den eine Brücke aus dem 13. Jh. führt, liegen zahlreiche alte Häuser.

Pujols (1 km südwestl.): In der einst befestigten Ortschaft sind zwei Kirchen, Saint-Nicolas (16. Jh.) und Sainte-Foy-la Grande mit Fresken aus dem 15./16. Jh., eine Besichtigung wert.

Villeneuve-sur-Yonne 19/A 1

Das früher mit Verteidigungsanlagen versehene Dorf besitzt aus seiner Vergangenheit noch zwei gotische Wehrtore und, als letzten Zeugen des früheren Schlosses, den Turm „Tour Louis-le-Gros" (12. Jahrhundert).

Église Notre-Dame: Die Kirche mit einem Chor aus dem 13. und einem Schiff aus dem 14. Jahrhundert präsentiert sich mit einer reich dekorierten Renaissancefront.

Château de Passy (4 km nördl.): Nahe dem Schloß (17. Jh.) liegen Gärten, die Le Nôtre entworfen hat.

Château de Palteau (5 km südl.): Das bei Armeau liegende Schloß im Stil Ludwig XIII. hat einen Raum, der als „Zimmer des Mannes mit der Eisernen Maske" gezeigt wird.

Saint-Julien-du-Sault (8 km südwestl.): Mit einer Kirche (13./14. Jh.), die im 16. Jh. erneuert wurde, und einer Kapelle des ehemaligen Schlosses de Vauguillain.

Dixmont (10 km östl.): Die Kirche besteht aus romanischen und gotischen Bauteilen.

Villequier 4/D 3

Das hübsche Dorf liegt am rechten Seine-Ufer. Auf dem Friedhof bei der schlichten Kirche ruhen Leopoldine Hugo, die Tochter des Dichters Victor Hugo, die 1843 mit ihrem Mann Charles Vacquerie in der Nähe ertrank, sowie Adèle Hugo, die Frau des Dichters, und die Familie Vacquerie. Deren Haus wurde in ein „Victor-Hugo-Museum" umgewandelt.

Villeréal 35/C 1

An die wehrhafte Vergangenheit des Ortes erinnern der befestigte Hauptplatz und die Festungskirche (13./14. Jh., mit gotischem Portal). Häuser mit Holzbalkonen und die Markthallen, die von hölzernen Pfeilern getragen werden, sind besonders zu beachten.

Villers-Cotterêts 6/A 3

Das prachtvolle Renaissanceschloß, heute ein Altersheim, hat eine mit Loggien geschmückte Fassade und eine schöne Kapelle. Die Gärten wurden von Le Nôtre entworfen. Im Schloß erinnert ein Museum an den Romanschriftsteller Alexandre Dumas.

Vez (7 km westl.): Auf einem bewaldeten Hügel stehen eine Kirche aus dem 12./13. Jh. und ein herrlicher Schloßbau aus dem 14. Jahrhundert. In dessen imposantem Wachturm von 27 m Höhe ist ein Regionalmuseum „Musée du Valois" untergebracht.

Abbaye de Lieu-Restauré (9 km westl.): Von der im 12. Jh. gegründeten Abtei sind noch Ruinen einer Kirche (15. Jh.) mit einer spätgotischen Fensterrose zu sehen.

Abbaye de Longpont (11,5 km östl.): Zu den malerischen Abteiruinen zählen das von vier Türmchen überragte Wehrtor (14. Jh.) und die Reste der Abteikirche.

Villiers-Saint-Benoît

Siehe **Toucy***. 19/A 2

Vimoutiers 10/C 1

Der Ort ist ein Zentrum des Handels mit Äpfeln und mit den Käsesorten „Livarot" und „Camembert".

Camembert (4,5 km südwestl.): Mit einer Statue von Marie Harel, die hier den weltbekannt gewordenen Käse erfunden hat.

Lisores (3 km nördl.): Mit einem Fernand-Léger-Museum auf einem Bauernhof. Nördlich davon liegt „Château Fervaques" (16./17. Jh.).

Vincennes 11/C 2
Die große Schloßanlage (14. und 17. Jh.) wird von einer mächtig hinter einem breiten Graben aufsteigenden, rechteckigen Ringmauer umgeben. Ein prachtvoller viereckiger Wachtturm, 52 m hoch, von vier kleinen Türmen flankiert, ragt über die übrigen Bauten empor. Dem Wachtturm gegenüber steht eine anmutige Kapelle, „Sainte-Chapelle", die gegen Ende des 14. Jh. begonnen und im 16. Jh. vollendet wurde. Sie hat wunderschöne Glasfenster (16. Jh.).
Cour d'honneur: Der weite Innenhof wird von zwei parallelliegenden Säulenhallen eingefaßt. Rechts vom Hof erhebt sich der Pavillon des Königs. Links steht der Pavillon der Königin. Zutritt erlangt man durch den Turm „Tour du Village". Im Süden Zugang zur Esplanade durch den Turm „Tour du Bois".
Bois de Vincennes (2 km südl.): Im Wald von Vincennes befindet sich einer der größten zoologischen Gärten Europas mit einem Gelände von 934 ha.
Joinville-le-Pont (10 km südöstl.): Ein Ausflugsort an beiden Ufern der Marne mit Badestränden.
Saint-Maur-des-Fossés (13 km südöstl.): Die Kirche aus dem 11. – 13. Jh. hat einen romanischen Turm. Im nahen Charenton-le-Pont besteht ein Brot-Museum.

Vire 10/A 1
Die Stadt auf einem Hügel, den die Vire umfließt, wurde 1944 zum großen Teil zerstört und hat daher aus ihrer Vergangenheit nur noch wenige Bauwerke. Die bedeutendsten sind die Kirche „Notre-Dame" aus Granit (13. – 15. Jh.), der Uhrturm (15. Jh.) und ein Stadttor (13. Jh.).

Vitré 9/D 3
Die auf einem Bergvorsprung über der Vilaine erbaute Stadt hat ihr Aussehen seit dem Mittelalter nicht sehr viel verändert.
Le Château: Das mächtige Schloß, an dem im 13., 14. und 15. Jh. gebaut wurde, gilt als eines der besten Beispiele bretonischer Festungsarchitektur im Mittelalter. Ein gewaltiger Turmvorbau am Eingang und mehrere Türme an den Seiten bestimmen das Bild des Bauwerks.
Église Notre-Dame: Die Kirche (15./16. Jh.) ist reich verziert mit Zinnen, Giebeln, Wasserspeiern, und hat an der rechten Außenseite eine Kanzel. Bemerkenswert ist das Renaissanceportal. In der Sakristei kann man ein Triptychon aus 32 emaillierten Teilen sehen (aus Limoges, 16. Jh.).
Promenade du Val: Spazierwege über die alten Stadtwälle.
Château des Rochers (6 km südöstl.): Im Schloß aus dem 14., 17. und 18. Jh. werden Erinnerungen an die Schriftstellerin Madame de Sévigné aufbewahrt.
Champeaux (9 km nordwestl.): In der Kirche (15./16. Jh.) sind mehrere schöne Renaissance-Kunstwerke zu besichtigen, darunter das monumentale zweistöckige Mausoleum aus Stein und mehrfarbigem Marmor des Guy d'Espinay, ein Meisterwerk der Bildhauerei aus dem 16. Jh.

Vitry-le-François 12/C 2
Die einst unter François I. (Franz I.) genau nach Plan errichtete Stadt wurde 1940 zerstört und gemäß dem ursprünglichen Entwurf wiederaufgebaut. Die Kirche Notre-Dame stammt noch aus dem 17./18. Jh. Die Stadtverwaltung logiert in einem weiträumigen ehemaligen Klosterbau (17. Jh.).
Saint-Amand-sur-Fion (8 km nördl.): Die interessante Kirche in dieser Ortschaft ist sehenswert.

Vitteaux 19/C 3
Die besonderen Sehenswürdigkeiten der Stadt sind: die Kirche aus dem 12., 13. und 14. Jh. mit schön gearbeitetem Portal und einigen wertvollen Kunstwerken im Innern, sowie (an der Hauptstraße) der Bau „Maison Belime" (13. Jh.) und die Markthallen aus dem 15. Jh.
Posanges (3 km nördl.): Das Schloß (Mitte 15. Jh.) hat mit seinen

Vin d'Alsace (Route du) 14/A 2;
Elsässische Weinstraße 14/A 3 ; 21/A 1
Eine Rundfahrt führt von **Thann*** nach Cernay, dann auf der D 5 nach **Guebwiller***, Soultzmatt, Westhalten, einem sehr malerischen Dorf, weiter nach **Rouffach***, wo im Norden die Straße N 83 weiterführt nach Pfaffenheim. Über die D 1ᵛ und D 1 kommt man nach Husseren-les-Châteaux, beherrscht von den drei Türmen von Eguisheim, einem Ort mit alten Befestigungsanlagen. Weiter geht es nach Wettolsheim und **Colmar***. Die Weinstraße („Route du Vin") schlängelt sich dann westl. der N 83 über Turckheim, einer wehrhaften alten Stadt mit Häusern aus früheren Zeiten, weiter über Niedermorschwihr, Ammerschwihr, **Kaysersberg***, Mittelwihr nach Beblenheim, wo die Hänge des Sonnenglanz-Berges edle Gewächse liefern. **Riquewihr***, die „Perle unter den Weinbaugebieten" liefert den berühmten Riesling. Hunawihr (mit einer Wehrkirche) und **Ribeauvillé***, dessen Traminer und Riesling gleich berühmt sind, sowie Saint-Hippolyte liegen weiter an der Strecke. In Kintzheim benutzt man die D 35 über Châtenois (siehe **Sélestat***) und Dambach-la-Ville (mit holzbelegten Häusern und einer Kapelle aus dem 15. – 17. Jh.) nach **Andlau***. – Die D 62 führt nach Mittelbergheim (mit gerühmten Weinen und hübschen Renaissancehäusern). In **Barr***, wo Sylvaner, Riesling und vor allem der Gewürztraminer wächst, erreicht man wieder die D 35, die von Ottrott (siehe **Obernai***) und Rosheim (Rotweine) nach **Molsheim*** führt. Die Straße „Route du Vin" führt von hier nach Wangen, einem typischen Winzerdorf, und nach Marlenheim.

Die Loggia des alten Gasthofes „Les Deux-Clefs" (Zwei Schlüssel) in Turckheim hat noch ihre schön geschnitzten Tragbalken aus dem Mittelalter.

vier dicken Türmen und dem wehrhaften Toreingang noch ganz das schroffe Aussehen einer mittelalterlichen Feste.
Marigny-le-Cahouet (12 km nordnordwestl.): Mit einem türmebewehrten Schloß (Ende 12., Anfang 13. Jh.) sowie einer Kirche, in der Fresken und ein Renaissance-Altar zu sehen sind.

Vittel 13/B 3
Das Kurhaus, das Kasino und der Kongreß-Palast liegen beieinander am Rand eines 150 ha großen Parkgeländes, einem Zentrum für Sport und Vergnügen, mit Schwimmbädern, Tennis- und Golfplätzen und einer Pferderennbahn. Das Gebäude, in dem das Quellwasser abgefüllt wird, ist mit den modernsten technischen Einrichtungen Europas versehen.
Contrexéville (5,5 km südwestl.): Der Kurort ist durch sein Mineralwasser bekannt.
Darney (19 km südöstl.): Mit einem kleinen französisch-tschechischen Museum und dem weiträumigen Forstgelände „Forêt dominiale de Darney", in dem Ruinen einer im 12. Jh. gegründeten Abtei stehen.

Viviers 37/D 2
Die alte Bischofstadt breitet sich auf einem Felsenberg aus, der weithin das Rhônetal, die enge Schlucht von Donzère und die Industriezone der Fabriken Henri-Poincaré beherrscht. Es lohnt sich, einen Bummel durch die steilen Gassen mit zahlreichen alten Häusern zu unternehmen, besonders um den Rathausplatz („Maisons des Chevaliers", aus der Mitte des 16. Jh.) und in der Grand-Rue (Adelshäuser im Stil Ludwig XV.).
Cathédrale Saint-Vincent: Die Kathedrale, romanischen Ursprungs, wurde im 14. und 15. Jh. erneuert. Sie ist durch eine Säulenhalle mit einem Glockenturm (14. Jh.) verbunden, der über einem Festungstor des 11. Jh. erbaut wurde. Im Kircheninnern verdienen sechs Gobelins und Chorstühle aus dem 17. Jh. besondere Beachtung.
Chapelle romane (2 km westl.): In der romanischen Kapelle liegt das Grab des Heiligen Ostian.
Châteauneuf-du-Rhône (2 km östl.): Das Bild des Dorfes wird bestimmt von Ruinen des Schlosses von Montpensier (13. Jh.) und den Resten einer Stadtmauer.

Vizille
(Château de) 32/B 3
Der großartige Bau (Anfang 17. Jh.) ist zugleich Festung und Wohnsitz. Der Giebel der Ehrenpforte ist mit einem Reiterstandbild des Konnetabels de Lesdiguières von 1622

geschmückt. Die Fassade zum Park ist besonders schön. In den Innenräumen sieht man prachtvolle Kamine, Möbel und Wandbehänge aus dem 17. Jahrhundert.
Notre-Dame-de-Mésage (2 km südwestl.): Eine eigenartige vorromanische Kapelle (9./10. Jh.).
Laffrey (9 km südl.): Im Höhenkurort am See von Laffrey erinnert ein Reiterstandbild von Napoleon I. an dessen Begegnung mit Truppen, die von Ludwig XVIII. entsandt waren, um den Verbannten nach der Rückkehr von Elba zu verhaften (7. März 1815).
Bourg-d'Oisans* (32,5 km östl.).

Vizzavona 45/C 2
Ein für Touristenverkehr gut ausgestatteter Ort, der aber im Winter trotz seiner Nähe zur Straße und Bahn nach Ajaccio die Betriebe geschlossen hält. Schöne Kiefern- und Buchenwälder umgeben dieses beliebte Ausflugszentrum.
Bocognano (12 km südwestl.): Über den Paß „Col de Vizzavona" kommt man in diesen Ort, im Herzen des berühmten „Maquis", der einsamen Berglandschaft, in der die „Verbrecher aus Ehre" sich zu verstecken pflegen.
Ghisoni (29 km östl.): Von hier gelangt man zur Inzecca-Schlucht und nach **Aleria***.
Corte* (31 km nördl.): Den Ort erreicht man über Vivario.

Voiron 32/B 2
In der kleinen Handels- und Industriestadt stehen die große Kirche Saint-Bruno (19. Jh.) und eine 1920 erbaute Kirche, Saint-Pierre-de-Sermorens, in die eine Krypta des 8. Jh. sowie Kapellen des 14. Jh. eingegliedert sind.
Grande-Chartreuse: Die Brennerei und Kellerei der Grande-Chartreuse können besichtigt werden.
Charavines-les-Bains* (13 km nordwestl.).
Grande-Chartreuse* (27 km östl.).

Vouvant 23/A 2
Die pittoresk aussehende, einst befestigte Ortschaft wurde auf einem Bergvorsprung erbaut, den der Mère-Fluß mit einer Schleife umfließt. Von einem Feudalschloß zeugt noch der 30 m hohe Wachtturm aus dem 12. Jh., genannt „Tour Mélusine".
Église: Die romanische Kirche aus dem 11./12. Jh. ist sehenswert, interessant besonders die Fassade des nördlichen Querschiffs.
Mervent (9 km südl.): Der Ort liegt auf einem steilen Berghang im Waldgebiet von Vouvant (2 315 ha); in der Nähe befindet sich ein Stausee der Vendée mit Strand und einem Zoo.

Wissembourg 14/B 1
Bei einem Bummel durch die Altstadtstraßen, deren Häuser mit

Holzplatten belegt sind, wird man an das Elsaß früherer Jahrhunderte erinnert. Viele alte Häuser sieht man am Rand der Lauter und am Bruch-Kanal („Hôtel Vogelsberger", 16. Jahrhundert).
Église Saint-Pierre-et-Saint-Paul: Die weiträumige gotische Kirche aus dem 13. Jh. hat einen romanischen Turm und eine Kreuzgang-Galerie aus dem 14. Jh.
Musée Westercamp: Museum mit heimatkundlichen Sammlungen.
Gelsberg (3 km südl.): Ein 243 m hoher Ausflugsberg.
Lembach (15 km südwestl.): Von hier gelangt man nach 7 km in nördlicher Richtung zur Burgruine Flekkenstein aus dem 13. Jh.
Obersteinbach (25 km westl.): Oberhalb des Ortes liegen auf einer Felsenspitze die Ruinen des Schlosses Petit-Arnsbourg.

Yeu
(Île de) 22/A 1
Der zum Atlantik gewandte, 9,5 km lange Küstenstreifen ist zerrissen durch malerisch wirkende Felsenvorsprünge, zahlreiche Klippen und Meereseinbrüche.
Port-Joinville: In diesem Badeort und Fischerhafen starb im Haus „Maison Luco" im Jahr 1951 Marschall Pétain. Sein Grab befindet sich auf dem Friedhof.
Vieux-Château (4 km südwestl.): Die phantastischen Ruinen eines Schlosses aus dem 11., 14. und 15. Jh. stehen auf einem Felsen, gegen den der Ozean anbrandet.

Yssingeaux 31/C 3
Die Stadtverwaltung residiert in einem eleganten Herrensitz, der mit Zinnen und Pechnasen geschmückt ist (Ende 15. Jh.). Wenige Minuten von der Stadt entfernt ragt im Norden eine Berghöhe (922 m) empor, von der man einen weiten Blick auf das vulkanische Meygal-Massiv hat.
Le Chambon-sur-Lignon (9 km südl.): Ein Ferienort mit Strand.
Retournac (13 km nordwestl.): Von hier aus beginnt man die Fahrten in die Loire-Schluchten. (Siehe **Le Puy***, **Monistrol-sur-Loire*** und **Saint-Étienne***.)
Tence (19 km südöstl.): Eine malerische Ortschaft mit Dächern aus grauem Lavagestein. Die Kirche aus dem 17. Jahrhundert hat einen gotischen Chor (15. Jh.) und reich mit Schnitzwerk versehene Chorstühle (17. Jh.).

Zonza 45/C 2
Der Sommerkurort liegt auf einer Höhe von 764 m, umgeben von Wäldern. Er ist terrassenförmig oberhalb des Asinao angelegt.
Col de Bavella (9 km nordöstl.): Der 1 243 m hohe Paß bietet herrliche Fernsicht.
Serra-di-Scopamène (15,5 km westl.): 937 m hoher Bergpaß.

Zonza: Der Wald von l'Ospedale

Reisen und Verkehr
Geschichte

Frankreich – das ist zum größten Teil Cäsars Gallien. Aus dessen Gebiet sind im Lauf der Jahrhunderte Belgien und Luxemburg, das Rheinland, die Nord-, Ost- und Westschweiz ausgeschieden. Rund 1500 Jahre hat nach dem Untergang Roms die Herstellung der nationalen Einheit Frankreichs innerhalb der heute gültigen Grenzen gedauert. Eine noch nicht national begründete Einigung der Stämme und Landschaftsräume durch die Franken (um 771), bei der übrigens die Bretagne nie ganz bezwungen wurde, bildete nur ein Zwischenspiel.

Das Reich Karls des Großen wurde von dessen Sohn Ludwig I., dem Frommen, in drei Teile gegliedert und als Erbe weitergegeben. Durch den Vertrag von Verdun im Jahr 843 erhielten dabei Karl II., der Kahle, den Norden, Westen sowie Burgund, und Lothar I. das Gebiet zwischen Rhein und Saône. Das alte Gallien zerfiel weiter. Große Teile seiner Gebiete gelangten in fremde Abhängigkeit. Noch im 9. Jh. gingen der Norden an die Normannen und Teile der Südküste an die spanischen Mauren oder nordafrikanischen Sarazenen. Andere Regionen gerieten in die Hände von Feudalherren, die sich zunehmend unabhängiger gebärdeten. Wie überall trugen die Völker im Spiel der Mächte eine bloß leidende, bestenfalls besoldete Rolle.

Hugo Capet (frz. Hugues), der 987 zum König von „Francien" gekrönt wird, bringt als erster das Königtum wieder zu einigem Ansehen. Seine Nachfolger können die Erblichkeit der Thronfolge durchsetzen, aber die Hausmacht der Kapetinger bleibt noch lange viel zu gering, um die großen Vasallen und die Kirche (welche nach dem Untergang des römischen, dann des karolingischen Reiches oft die letzte ordnende Macht geblieben war) unter ihre Botmäßigkeit zu zwingen. Es fallen dann um 1150, durch Erbfolge oder Heirat, die Normandie und die Bretagne, Anjou, Maine und die Touraine, sowie ganz Aquitanien an England. Die Rückeroberung dieser Gebiete führt zum „Hundertjährigen Krieg" (1337–1453), in dessen vorletzter Phase Jeanne d'Arc, die Jungfrau von Orleans (1412–1431), zur Nationalheldin wird; Calais ist allerdings erst 1558 wieder eine französische Stadt.

Die ersten Bemühungen um ein zentralistisches Reich gehen auf Philipp II. Augustus (1180–1223) zurück. Er weiß sich geschickt der Kirche zu bedienen, um zum Beispiel den albigensischen Widerstand im Süden zu brechen, während Ludwig IX. („der Heilige", 1226–1270) die Rechtsreform einleitet. Alle diese Bewegungen gipfeln in der Epoche Ludwigs XIV. (1643–1715), der endlich den Land- und Feudaladel der Krone unterwirft. Er gestattet die Übernahme der Staatsverwaltung durch das Bürgertum und ist der Anreger der ersten wirklich „nationalen" kulturellen Epoche in Frankreich.

Zur Auslösung der Großen Revolution (1789–99) haben mehr als spezifische Mißstände (Land und Volk hatten unter der gloriosen Herrschaft Ludwigs des XIV. viele böse Zeiten erlebt) einerseit die Ideen der Aufklärer, von Rousseau und den Enzyklopädisten, andererseits die politische Ungeduld der Bourgoisie, und nicht zuletzt das amerikanische Beispiel beigetragen. (Unter Ludwig XVI. hatten französische Regimenter und Flottenabteilungen an der Seite der aufständischen Amerikaner gekämpft.) Als „Vollstrecker" der Revolution unterwarf Napoleon von 1796 bis 1812 praktisch ganz Europa.

Die Bretagne war schon 1498 durch die Heirat Ludwigs XII. mit Anna von der Bretagne wieder zu Frankreich gestoßen. Korsika kam unter Ludwig XV. dazu (1768), Savoyen mit Nizza sogar erst unter Napoleon III (1860).

Was die Republiken betrifft, in deren 5. die Franzosen heute leben, dauerte die erste von der Großen Revolution bis zu Napoleon I., die 2. von 1848 bis 1852, die 3. von etwa 1875 bis 1940, die 4. von 1944 bis 1958 (De Gaulle). Seit 1958 besteht die jetzige 5. Republik.

Ludwig XIV (Hyacinthe Rigaud)

„Die Freiheit führt das Volk" (Eugène Delacroix)

Im Salon französischer Künstler (J. Alexandre Grün)

Le Palais Bourbon (Nationalversammlung)

Land und Leute

Von den Ureinwohnern Frankreichs weiß man sehr wenig – wenn es überhaupt je irgendwo Ureinwohner gegeben hat, denn Paul Morand, der große Reisende, sagt gewiß mit Recht: „Es gibt keine Einheimischen, wir kommen alle anderswo her." Jedenfalls sind die Kelten, die seit etwa 1200 v. Chr. das heutige Frankreich und Mitteleuropa zu beherrschen beginnen, um nach Kleinasien, dem Balkan, Norditalien, der iberischen Halbinsel und den britischen Inseln auszuschwärmen, eine erobernde Völkergruppe gewesen. Sie bilden um 500 v. Chr. eine eigene Kultur aus, die nach einer Fundstätte am Neuenburgersee „La tène" genannt wird. Die Stämme hießen bei den Griechen Galater, bei den Römern Gallier, und ihr Land Gallien. Sprachliche, mehr als eigentlich kulturelle Nachklänge dieser Welt finden sich heute noch in der um 400–500 n. Chr. von keltischen Briten aus Wales und Cornwall neubesetzten Bretagne, die Jahrhunderte lang ein vom übrigen Frankenreich abgeschlossenes Eigenleben geführt hat.

Von bleibendem Einfluß auf das gegenwärtige Frankreich waren hingegen die Unterwerfung Galliens unter Julius Cäsar (58–51 v. Chr.), sowie die nachfolgende römische Kolonisation, die jedoch mehr eine Einführung neuer Lebens- und Verhaltensformen, auch anderer rechtlicher Verhältnisse bedeutete, als die Beherrschung durch einen fremden Staat.

Den Zustrom neuer Stämme brachte erst die Völkerwanderung. Sie folgte auf die Ansiedlung römischer Kriegsveteranen aus ganz Europa, und nach dem Zusammenbruch der römischen Reichsstruktur unter dem Ansturm der Kelten nachdrängenden Germanen: Vandalen, Goten, Franken, Burgunder und Alemannen haben das Land zwischen Rhein und Atlantik durchzogen und ihre Spuren in der Bevölkerung hinterlassen. Wenn Frankreich auch den Franken seinen Namen verdankt, seine Sprache blieb stets dem lateinischen Volksmund verpflichtet. Selbst die später einbrechenden Normannen lernten so rasch „Französisch", daß sie es schon im 11. Jahrhundert nach England brachten. Die bekannte Zweiteilung der Sprache in die Bereiche Nord und Süd – Langue d'Oc und Langue d'Oïl – der Hang zur Offizialität und die Neigung zum Partikularismus in religiös-kulturellen Dingen, Introversion und Extraversion beruhen weniger auf klimatischen als auf geschichtlichen Einflüssen: da gab es die Querverbindungen mit Germanien im Norden, mit Spanien und Italien im Süden, die germanische Herrschaftsstruktur im nördlichen Raum, dann die frühen Beziehungen zur griechischen Welt sowie ältere Romanität und westgotischen „Ketzergeist", der in den Gebieten südlich der Loire das geistige Leben aber auch den Alltag der Menschen geprägt hat.

Wenn heute an Land und Leuten in gewissen Landschaften deutliche Besonderheiten zu erkennen sind, steht dies mit Dauer einer freiwilligen Abkapselung in Zusammenhang. Das auf nationale Einheitlichkeit ausgerichtete Schulwesen nach der Großen Revolution (1789) hat vieles in den Regionen verändert. So ist das Flämische in Nordfrankreich nahezu ausgestorben, und die Lothringer sprechen nur noch selten deutsch. Hingegen ist das Katalanische im Roussillon, das Baskische im äußersten Südwesten zu hören, und manche gebürtigen Provenzalen sprechen noch Provenzalisch, die meisten Korsen Genuesisch und fast alle Elsäßer Alemannisch. Die von Paris ausgegangenen zentralistischen Bemühungen gegen die Sonderstrukturen sind etwa in der Bretagne und in Aquitanien (im weiteren Südwesten) so weit erfolgreich gewesen, daß die Wiederbelebungsversuche der heutigen Generation nur noch an wenige bestehende Traditionen, die von echtem Leben erfüllt sind, anknüpfen können. Im übrigen ist die Verstädterung auch in Frankreich weit vorgeschritten, daß das, was der Tourist als Brauchtum zu sehen bekommt, weniger echt Gewachsenes, Bewahrtes, vorstellt als von wohlmeinenden Menschen Wiedergewecktes.

Trachtengruppe in Quimper

Französischer Arbeiter

Binnenschiffer in Süd-Frankreich

Junges Paar in Paris

Kultur und Kunst

Nach dem Zerfall des römischen Galliens bleibt die Kunst noch eine Weile galloromisch, mit keltischen, westgotischen, fränkischen (erst merowingischen, dann karolingischen), burgundischen und italienischen Beiträgen. Schließlich entwickeln sich eigene französische Schulen in den Regionen, die sich hauptsächlich nach den Beziehungen unter den Kirchen- und Klosterbauleuten, Kunsthandwerkern und Malern richten. Romanik und Gotik sind daher weniger französisch als europäisch, mit landschaftlichen Abwandlungen in Île-de-France, Nord- und Südfrankreich, oder sie sind an den cluniazensischen, cisterziensischen oder prämonstratensischen Ordensgedanken ausgerichtet.

Paradoxerweise bringt erst die Renaissance des 16. Jahrhunderts mit ihren völlig von Italien und der Antike abhängigen Stilmustern recht eigentümliche französische Formen hervor. Der erste Klassizismus der Zeit Ludwigs XIV. ist jedoch als spezifisch französische Leistung anzusprechen, während anderswo in Europa der Barock seine volle Blüte hat. Der zweite Klassizismus gehört der Zeit Ludwigs XVI. und der Revolution, der Goethezeit und Romantik an. Spätbarock und Rokoko sind gesamteuropäische Erscheinungen, wobei letzterer allerdings in Frankreich eine besondere, elegante Hochblüte erlebt (Régence und Louis XV.). Der letzte originale französische Stil gehört der napoleonischen Zeit an (Empire).

Die Sprache hat in Frankreich schon vor dem Untergang Roms eine vom lateinischen Vorbild abweichende Entwicklung eingeschlagen; zu ihr haben die eingewanderten Barbaren höchstens ein paar Dutzend Lehnwörter beigetragen. Bereits anfangs des 9. Jahrhunderts verlangen zwei Konzile, das „romanisch" gepredigt werden solle. Dieses „Romanisch" bildet sich in zwei Zweigen aus: nördlich der Loire gilt die „langue d'oïl", die zur Sprache der „Trouvères" wird, südlich des Tals die „langue d'oc", die Sprache der „Troubadours" („oïl" und „oc" bedeuten heute „oui", ja); doch setzt sich im Lauf der Jahrhunderte die nördliche als Hof- und Verwaltungssprache immer mehr durch. Die ersten Sprachdenkmäler sind Urkunden (Schwur von Straßburg, 842), Heiligenleben (9. bis 11. Jh.), Minnesang (11. bis 13. Jh.) und Versromane („Rolandslied" um 1070; „Marie de France", Ende 12. Jh., „Erec", „Lancelot", „Yvain" und „Perceval" des Chretien de Troyes, Ende 13. Jh.). Die Literatur des Spätmittelalters ist vorwiegend bürgerlich. Sie artet in einer Art „Meistersingerei" aus und schließt mit der Vagantendichtung des François Villon ab (1431–1463). In der Renaissance blühen Lyrik (Ronsard und die Pléiade), religiöse Auseinandersetzung (Calvin) und erzählende Kunst (Margarete von Navarra, François Rabelais), sowie eine weltmännische Art Philosophie (Montaigne). Die Zeit Ludwigs XIV. wird besonders durch die Werke Pascals, der drei großen Dramatiker Corneille, Molière und Racine und der Baumeister Le Vau, Perrault, Le Nôtre, Bruant, Hardouin-Mansart und Vauban mitgestaltet. Das Zeitalter der Philosophen beginnt mit Descartes (1596–1650), wird weltgängig mit Montesquieu (1689–1755) und Voltaire (1694–1778), um mit Rousseau (1712–1778) und den Verfassern der Enzyklopädie (1751–1772) in die Romantik und in die technisch-wissenschaftliche Epoche überzuleiten. Die nachrevolutionäre Zeit verkörpern Musiker wie Berlioz (1803–69), Romanautoren und Memorialisten wie Châteaubriand (1768–1848), Stendhal (1783–1842) und Balzac (1799–1850), während Victor Hugo (1802–1885) und Claude Debussy (1862–1918) gleichsam das 19. Jahrhundert in Wendepunkten darstellen.

Vom ausgehenden 19. bis zur Mitte des 20. Jahrhunderts war Frankreich vor allem in der bildenden Kunst führend: mit Realismus, Impressionismus, Nachimpressionismus, Kubismus, abstrakter Malerei und Skulptur, „École de Paris" usw. Von 1910 bis etwa 1970 repräsentierten die Bühnendichtung u. a. Claudel, Giraudoux, Anouilh, Camus, Sartre, Jonesco.

Augustus-Statue in Vaison-la-Romaine

Gotische Westfassade der Kathedrale in Reims

Im Moulin Rouge (Henri de Toulouse-Lautrec)

Kirche von Ronchamp, erbaut von Le Corbusier

Die alten Provinzen

Die Kernprovinz des heutigen Landes ist die „Île de France" („Insel Frankreichs"), mit der Gegend um Paris und dem Valois. Die Stadt Paris selbst, älter als die Krone, hat seit je Sonderrechte beansprucht. Die heutige „Région parisienne" entspricht nicht ganz dem alten Raum der „Île". Alle heutigen Verwaltungsregionen, welche willkürlich geschaffene Departemente (Landkreise) wieder zu natürlicheren Verwaltungseinheiten zusammenschließen und alte Provinznamen tragen, sind nicht mit den früheren Landschaften identisch. Deren eigenes Wesen und ihre Namen haben sich jedoch nicht nur im Volksbewußtsein erhalten. Diese Gebiete bilden vielmehr teilweise noch heute kunst- und kulturgeschichtliche, wie auch touristische Einheiten. Ohne ins Einzelne zu gehen, lassen sich von Norden nach Süden und von Westen nach Osten gesehen (und mit den wichtigsten Städten in Klammern) folgende klassische Provinzen unterscheiden:

Der Norden (Lille) umfaßt die unter Ludwig XIV. eroberten Teile Flanderns und des Hennegaus. Im Südwesten schließt sich das Artois an (Arras), im Südosten liegen die Ausläufer der Ardennen (Sedan), während die folgende, hauptsächlich von der Somme durchflossene Großlandschaft, die Picardie (Amiens, St-Quentin, Laon), bereits an die Kleinlandschaften am rechten Seineufer grenzt: Pays de Caux (Le Havre, Rouen), Pays de Bray, Vexin, Brie, wobei das Vexin bereits halb der Normandie, die Brie halb der Champagne angehören. Die Champagne (Reims, Troyes) mit dem Marnetal wird im Norden von der Aisne, im Süden von den burgundischen Höhen begrenzt, im Osten liegen Maastal, Lothringen (Metz, Nancy) und Elsaß.

Nördlich der Loire liegt noch die Bretagne, mit dem gebirgigen Westen (Brest, Lorient) und dem flacheren Osten (Rennes, Nantes). Das Becken, das gegen die Loire abfließenden Mayenne heißt Maine (Le Mans), während der ganze Norden bis zur Seine von der Normandie gebildet wird, mit dem Cotentin (Cherbourg), dem Calvados (Caën) und dem Perche (Nogent-le-Rotrou). Das fruchtbare flache Land zwischen Pariser Becken und Loire heißt Beauce (Chartres), das hügelige weiter östlich Gâtinais.

An der Loire finden wir, zunächst südwärts an der Atlantikküste, die Vendée, dann das Anjou (Angers), die Touraine (Tours), das Orléanais (Orléans) mit der Wald- und Seenplatte der Sologne im Süden, an die sich das Berry (Bourges) anschließt.

Im Osten des Oberlaufs der Loire beginnt das Burgundische mit den Bergen des Morvan, dem Weingebiet von der Côte d'Or (Dijon); es folgen Beaujolais, Bresse, Franche-Comté (Besançon) und Jura.

Südöstlich der Vendée (La Roche-sur-Yon) erstrecken sich landeinwärts Poitou (Poitiers), Limousin (Limoges) und weiter südlich die Saintonge (Saintes), die Champagne Charentaise (Cognac) und das Périgord (Périgueux), die bereits „aquitanisch" sind.

Im Zentralmassiv erhebt sich die Auvergne, an die sich nördlich das Bourbonnais (Moulins), östlich Forez und Lyonnais, südöstlich Velay und Vivarais anschließen, sowie südlich die Causses und die Cevennen.

Im Alpenland bestehen Savoyen (Chambéry), Dauphiné (Grenoble), Haute-Provence und Alpes-Maritimes.

Den Südwesten bildet die Guyenne (Bassin d'Aquitaine mit Bordeaux). Sie umfaßt am Atlantik das Médoc, dazu die Landes und einen Teil des Baskenlandes, welches mit Béarn, Bigorre, Armagnac und Comminges zur Gascogne gehört. Die Gascogne bildet sozusagen den „atlantischen Fuß" der Pyrenäen, während den „mittelmeerischen Fuß" des Gebirges das Roussillon (Perpignan) darstellt.

Das Roussillon wird durch die Höhenlandschaft zwischen Toulouse und Narbonne vom Languedoc (Montpellier, Nîmes) getrennt. Das Rhônetal (Lyon, Avignon) ist die Grenzregion zwischen Languedoc und der Provence (Aix, Marseille) sowie der Côte d'Azur (Nizza, Monaco).

Nord-Picardie: Mühle

Bretagne: Menhire von Carnac

Savoyen: Mont-Blanc-Massiv

Provence: Calanque de Port-Miou

Besondere Reiseziele

Küsten

Aermelkanal und Atlantik (von Osten nach Westen, dann nach Süden): Côte d'Opale (Dünkirchen–Dieppe), d'Albâtre (Dieppe–St-Valéry-en-Caux), de Grâce (Honfleur–Trouville), de Nacre (Cabourg–Grandcamples-Bains), d'Émeraude (Granville–St-Briac-s/Mer), de Granite (St-Brieuc–St-Pol-de-Léon), des Légendes (Roscoff–Quimper), d'Amour (Piriac–St-Nazaire), de Jade (St-Brévin–Pornic), d'Argent (Royan–Biarritz).

Mittelmeer (von Westen nach Osten): Côte de Vermeil (Cerbère–Argelès-s/Mer), d'Améthyste (Béziers–Montpellier), des Calanques (Marseilles–Toulon), des Maures (Hyères–St-Raphaël), de l'Estérel (St-Raphaël–Cannes), d'Azur (Cannes–Menton).

Bretagne: Cap Sizun (Côte de Granite)

Kathedralen

Berühmte Kathedralen, Klöster und Kapellen. *Norden:* Amiens, Laon, Beauvais, Soissons; *Île de France:* Senlis, Mantes, St-Denis, Paris (Notre-Dame, Sainte-Chapelle u.a.), Chartres; *Normandie:* Mont-St-Michel, Bayeux, Caen, Rouen. *Bretagne:* Landkirchen mit „Kalvarienbergen"; *Loiregegend:* Angers, Le Mans, Tours, Orléans, Vendôme, Bourges; *Champagne:* Reims, L'Épine, Troyes. *Lothringen:* Toul, Mouzon; *Elsaß:* Straßburg; *Südwesten:* Poitiers, St-Savin, Aulnay, Saintes, Bordeaux, *im Landesinnern:* Fontgombault, Périgueux, Orcival, Le Puy, La Chaise-Dieu, Conques, Albi, Toulouse; *Burgund:* Auxerre, Vézelay, die Reste von Cluny und Cîteaux, Brou. *Languedoc:* Fontfroide, Narbonne; *Provence:* Avignon, Arles, Montmajour.

Kathedrale Notre Dame in Paris

Bedeutende Schlösser

Bedeutende Schlösser und Stadtfestungen. *Norden:* Montreuil-s/Mer, Le Quesnoy, Laon; *Île de France:* Versailles, Malmaison, Chantilly, Compiègne, Paris (Louvre), Fontainebleau, Vaux-le-Vicomte; *Normandie:* Château-Gaillard; *Bretagne:* St-Malo; *Loiregegend:* Laval, Angers, Saumur, Chinon, Ussé, Langeais, Amboise, Chenonceau, Chaumont, Cheverny, Blois, Chambord, Châteaudun; *Südwesten:* La Rochelle, La Rochefoucauld, Bonaguil, Cahors, Rocamadour; *Zentrum:* Tournoël, La Couvertoirade, Cordes; *Burgund:* Dijon, Langres, Pèrouges; *Osten:* Verdun, Lunéville, Saverne. *Alpengebiet:* Chambéry, Briançon, Mont-Dauphin, Conflans (Albertville); *Süden:* Carcassonne, Aigues-Mortes, St.-Maries-de-la-Mer, Avignon, Les Baux, Èze, Roquebrune-Cap-Martin.

Naturparks

Der Wald von „St-Amand" im Norden (westlich von Valenciennes) dient Zugvögeln als Rastplatz, ebenso der Wald „Forêt de Brotonne" an der Seinemündung. In der Bretagne sind der „Parc d'Armorique" und „La Brière" in erster Linie geschützte Landschaften, wie der „Parc de Normandie-Maine" in der normannischen Schweiz und der „Parc du Morvan" zwischen Vézelay und Autun in Burgund. Im Südwesten sind der Kern der „Landes de Gascogne" und die Pyrenäen südlich von Pau und Lourdes Schutzgebiete, im Zentralmassiv das Vulkangebiet südlich von Clermont-Ferrand, die Berge des Haut Languedoc östlich von Castres, die Cévennen zwischen Mende und Alès und die Bergwelt „Monts du Pilat" südöstlich von St-Étienne. In den Alpen sind Schutzgebiete der „Parc de la Vanoise" am Mont-Cenis-Pass, „Le Vercors" südwestlich von Grenoble und südöstlich davon der „Parc des Écrins", mit einem Ausläufer zur italienischen Grenze, dem „Parc du Queyras". In der Provence ist das Mündungsgebiet der Rhône, die Camargue, ein Vogelschutzgebiet und biologisches Reservat. Rings um die Inseln Ouessant (Bretagne) und Port-Cros (östlich vor Toulon) wird die Meeresfauna gehegt.

Loire-Schloß Azay-le-Rideau

Camargue: Saintes-Maries-de-la-Mer

Essen und Trinken

Die Besonderheit der großen französischen Küche besteht nicht in irgendwelchen Täuschungen, Tricks oder Mätzchen, obwohl es natürlich auch diese gibt und dann Gerichte serviert werden, bei denen man dem Gast etwas vormachen will. Bei ihnen sorgen dann bisweilen die Zutaten mit ihren wohlklingenden Namen für den Beweis des französischen Ursprungs etwa: Mayonnaise, Champignons, Sauce tartare, Sauce béarnaise oder hollandaise, Pommes-frites. Bezeichnend für die gute französische Küche ist aber immer noch, was einer ihrer großen Gastronomen der Vergangenheit als Regel gesetzt hat: „Was man ißt, schmeckt nach dem, was es ist".

Kenner zahlen nun in sehr wenigen erlesenen Restaurants mit weltbekannten Küchenchefs viel Geld für das Vergnügen, Fisch und Wild, Geflügel und Fleisch, Gemüse und Salat, Kartoffeln und Käse so zu genießen, wie sie von sich aus schmecken sollen, und dieses Essen mit einem Wein zu begleiten, der aus der jeweiligen Speise das Beste hervorlockt. Die Namen dieser Restaurants (sie halten sich nicht alle dauernd auf der einmal erreichten Höhe), erklären jedes Jahr Hotelführer wie z. B. der „Guide Michelin", der „Gault et Millau" oder der „Guide gastronomique de France" (dessen grün-weißes Schild am Eingang auch einfacherer Häuser zu sehen ist). Doch soll der Besucher solcher exclusiven Restaurants nicht erwarten, ohne Getränke mit hundert Mark pro Person auszukommen. Wer sparen will, trinkt Champagner, denn mit einem Wein allein kommt man sonst nicht aus, und der Preis der erlesenen Flaschen ist nicht jedermanns Sache.

Man kann aber in vielen Restaurants auch gut und preiswert essen. Vielgereiste Leute empfehlen für gute und reichliche Hausmannskost auch die Lokale, bei denen Lastwagenfahrer, oder in den Städten Taxichauffeure einkehren. (Siehe auch Hinweise auf Seite 7.)

Wer nicht zu sparen braucht, halte sich an die „Chaîne des Rôtisseurs", die Liste liegt bei jedem Mitglied auf. Autobahnraststätten sind meist praktisch, selten billig und fast nie Betriebe mit guter Küche (solche mit guten Nebenlokalen geben die genannten Führer an). Altertümlich oder im „Heimatstil" aufgemachte Häuser sind nicht besser als andere, meist nur teurer. Doch verraten Automobilklubschilder, daß zumindest früher einmal jemand hier zufrieden war. Die Nationalspeisen, die man überall und jederzeit haben kann, sind das „Steak-frites" und das Sandwich aus dem knusprigen französischen Langbrot („baguette") mit Schinken (jambon), Käse (Camembert oder Emmentaler) oder Fleischpastete (pâté oder rillettes).

Einige unter den zahlreichen Regionalplatten sind die „Carbonade" und die „Cochonnaille" (kalte Platte) im Norden, die „Choucroute garnie" (Sauerkrautplatte) und „Coq au vin gris" (Hähnchen in Lothringer Roséwein) im Osten, das „Cassoulet" (weiße Bohnen mit Fleisch und Würstchen) im Südwesten und die „Bouillabaisse" (Fischeintopf) in Marseille. Natürlich macht es auch Spaß, unter mehr als 50 Arten von Kartoffel-Zubereitungen wählen zu können, oder die zahlreichen regional unterschiedlichen Zubereitungen, etwa von Lammkeule („Gigot d'agneau") oder Rebhuhn („Perdreau") auszuprobieren.

Bier wird heute mehr getrunken als Wein. Es gibt gutes französisches, besonders aus dem Norden und dem Elsaß, aber meist ist auch ausländisches Bier zu haben, sehr oft deutsches. Durststillend mit Limonade gemischt, heißt es „panaché". Der Pastis ist ein stark alkoholischer Kräuterlikör mit Anisgeschmack und wird wie einst Absinthe mit etwa 5 Teilen Wasser getrunken.

Unter den alkoholfreien Getränken ist „Limonade" ein weißer künstlicher Sprudel; als Fruchtgetränke muß man z. B. „Orangina" verlangen. Frucht- und Gemüsesäfte sind in Mode, aber nicht billig. Bei Mineralwasser (L'eau minerale) unterscheidet man zwischen „gazeuse" (mit Kohlensäure) und „non gazeuse" (ohne Kohlensäure).

Fleischpasteten

Choucroute garnie

Cassoulet

Bouillabaisse

Die bekanntesten Käsesorten Frankreichs

In der französischen Gastronomie, über die auf Seite 367 unter „Essen und Trinken" einige allgemeine Informationen gegeben werden, spielen eine ganz besondere Rolle: die Käsesorten und die Weine. Die folgende Übersicht stellt rund 130 Käse vor und nennt die Landschaften, Provinzen, in denen sie produziert werden. Die Liste ist nicht ganz vollständig, unterrichtet aber über die wichtigsten Erzeugnisse. So erhält der Reisende die Möglichkeit, jeweils an Ort und Stelle den Käse einer Landesregion zu probieren. Die Hauptgruppen der gewaltigen französischen Käse-Familie sind dabei die Weichkäse mit weißen Schimmelpilzen auf der Kruste (wie Camembert oder Brie), die Weichkäse, deren Kruste gewaschen wird und die solchen Belag sind (etwa Livarot) sowie die Weichkäse mit natürlicher Kruste, die man austrocknet (meist Ziegen-Käse), dazu dann die große Reihe der ungekochten und gekochten Hartkäse (Beispiele: Cantal, Emmentaler) und schließlich die Blauschimmel-Käse (etwa Roquefort) und die zahlreichen Schmelzkäse-Arten (mit Zusätzen von Nüssen, Trauben und Beimengung anderer Ingredienzen).

Savoie – Dauphiné – Alpes

Käseart	Milchart	Käseart	Milchart
Beaufort Savoie-Dauphiné	Kuh	**Saint-Marcellin** Dauphiné	Kuh
Bleu de Sassenage Dauphiné	Kuh	**Tamié** Savoie	Kuh
Bleu de Saint-Foy Savoie	Kuh	**Tignard** Savoie	Kuh
Chevrotin Savoie	Ziege	**Tome au marc** Savoie	Kuh
Chevrotin persillé des Aravis Savoie	Ziege	**Tome de Praslin** Savoie	Ziege
Emmental Savoie	Kuh	**Tome de Romans** Dauphiné	Kuh
Fondu aux raisins Savoie	Kuh	**Tome de Savoie** Savoie	Kuh
Haute-Luce ou grataron Savoie	Ziege	**Vacherin** Savoie	Kuh
Picodon de Dieulefit Dauphiné	Ziege	**Vacherin des Bauges** Savoie	Kuh
Persillé de Savoie Savoie	Kuh	**Vacherin d'Abondance** Savoie	Kuh
Reblochon Savoie	Kuh		

Franche-Comté

Käseart	Milchart	Käseart	Milchart
Bleu de Bresse	Kuh	**Gruyère de Comté**	Kuh
Bleu du Haut-Jura (Gex. Septmoncel)	Kuh	**Morbier**	Kuh
		Vacherin de Joux	Kuh
Comté	Kuh	**Vacherin Mont-d'Or**	Kuh

Champagne – Bourgogne

Käseart	Milchart	Käseart	Milchart
Bouton de Culotte Bourgogne	Ziege	**Langres** Champagne	Kuh
Carré de l'Est Champagne	Kuh	**Mâcon** Bourgogne	Ziege
Cendrés Bourgogne	Kuh	**Saint-Florentin** Bourgogne	Kuh
Chaource Champagne	Kuh	**Séguin** Bourgogne	Ziege
Charolles Bourgogne	Ziege Ziege/Kuh	**Soumaintrain** Bourgogne	Kuh
Citeaux Bourgogne	Kuh	**Vézelay** Bourgogne	Ziege
Epoisses Bourgogne	Kuh		

Bretagne

Käseart	Milchart	Käseart	Milchart
Campénéac	Kuh	**Nantais** dit „du Curé"	Kuh

Treffen Sie lieber Ihre Wahl unter diesen . . .

. . . oder unter diesen französischen Käsesorten?

Alsace-Lorraine (Elsaß-Lothringen)

Käseart	Milchart	Käseart	Milchart
Carré de l'Est Lorraine	Kuh	Munster Alsace	Kuh
Géromé Lorraine	Kuh		

Normandie

Käseart	Milchart	Käseart	Milchart
Bondon de Neufchâtel	Kuh	Gournay	Kuh
		Livarot	Kuh
Bricquebec	Kuh	Pavé d'Auge	Kuh
Camembert	Kuh	Pont-l'Évêque	Kuh
Cœur de Bray	Kuh		

Île-de-France – Orléanais – Pays de Loire

Käseart	Milchart	Käseart	Milchart
Brie de Coulommiers Île-de-France	Kuh	Olivet Orléanais	Kuh
Brie de Meaux Île-de-France	Kuh	Pithiviers ou Pithiviers au foin Orléanais	Kuh
Brie de Melun Île-de-France	Kuh	Pyramide Pays de Loire	Ziege
Brie de Montereau Île-de-France	Kuh	Saint-Benoist Orléanais	Kuh
Chécy Orléanais	Kuh	Selles-sur-Cher Orléanais	Ziege
Feuille de Dreux Île-de-France	Kuh	Valençay Pays de Loire	Ziege
Gien Orléanais	Ziege/Kuh	Vendôme Orléanais	Kuh
Maquelines Île-de-France	Kuh	Villebarou Pays de Loire	Kuh

Flandres – Artois – Picardie

Käseart	Milchart	Käseart	Milchart
Boulette d'Avesnes Flandres	Kuh	Mimolette Flandres	Kuh
Boulette de Cambrai Flandres	Kuh	Monts des Cats Flandres	Kuh
Gris de Lille Flandres, Artois	Kuh	Rollot Picardie	Kuh
Maroilles Flandres, Hainault	Kuh	Vieux Lille Flandres	Kuh

Auvergne – Rouergue – Quercy – Causses

Käseart	Milchart	Käseart	Milchart
Bleu d'Auvergne	Kuh	Murols ou Murol Auvergne	Kuh
Bleu des Causses	Kuh		
Bleu de Laqueuille Auvergne	Kuh	Pélardon Vivarais	Ziege
Bleu du Quercy	Kuh	Picodon de St-Agrève Vivarais	Ziege
Cabécou Quercy	Ziege		
Cantal Auvergne	Kuh	Rocamadour Quercy	Schaf-Ziege
Echourgnac Guyenne	Kuh	Roquefort Causses	Schaf
Fourme d'Ambert Auvergne	Kuh	Saint-Nectaire Auvergne	Kuh
Fourme de Salers	Kuh	Salers Hte Montagne Auvergne	Kuh
Fourme de Laguiole Auvergne	Kuh	Hte Montagne Auvergne	Kuh
Caperon ou Gapron Auvergne	Kuh	Savaron Auvergne	Kuh

Lyonnais

Käseart	Milchart	Käseart	Milchart
Fourme de Montbrison	Kuh	Mont-d'Or	Kuh
		Rigotte	Kuh

Berry – Touraine – Poitou

Käseart	Milchart	Käseart	Milchart
Bougon Poitou	Ziege	Pyramide Poitou-Charentes	Ziege
Chabichou Poitou	Ziege	Ruffec Poitou	Ziege
Crottin de Chavignol Berry	Ziege	Sainte-Maure Touraine	Ziege
		Saint-Maixent Poitou	Ziege
Levroux Berry	Ziege	Sancerre Berry	Ziege
Mothais Poitou	Ziege	Valençay	Ziege
Pouligny-St-Pierre Berry	Ziege	Poitou-Charentes	

Provence

Käseart	Milchart	Käseart	Milchart
Banon de Provence	Schaf-Kuh oder Ziege	Poivre-d'âne	Ziege-Kuh
		Tome d'Arles	Schaf

Corse

Käseart	Milchart	Käseart	Milchart
Asco	Schaf-Ziege oder Ziege	Brocciu	Schaf-Ziege
		Niolo	Schaf-Ziege
Bleu de Corse	Schaf		

Béarn – Pays Basque

Käseart	Milchart	Käseart	Milchart
Arnégui Béarn	Schaf	Irraty Pays basque	Schaf
Fromage des Pyrénées	Kuh	Laruns Béarn	Schaf

Weitere in Frankreich hergestellte Sorten

Käseart	Milchart	Käseart	Milchart
Cheddar français	Kuh	Fromage à tartiner	Kuh
Crème de gruyère	Kuh	Gouda français	Kuh
Edam français	Kuh	Port-Salut	Kuh
Fondu aux noix	Kuh	Saingorlon	Kuh
Fromage fondu	Kuh	Saint-Paulin	Kuh

Welcher Wein zu welchem Käse?

Weichkäse, Kruste mit Pilzbelag	Leichte Rotweine
Weichkäse, Kruste gewaschen	Kräftige Rotweine
Weichkäse mit natürlicher Kruste	Trockene, fruchtige Weißweine
Fester Käse, nicht gekocht	Weißweine, Roséweine oder leichte, trockene Rotweine
Hartkäse, gekocht	Trockene Weiß- oder Roséweine
Blauschimmel-Käse	Kräftige Rotweine, süße Weißweine
Schmelzkäse	Weißweine oder leichte und trockene Roséweine

Frankreichs Weine

Beim Bordeaux wird das Château genannt, beim Burgunder das Dorf und beim Elsässer die Rebensorte. Solche und weitere Erläuterungen liefert die nachstehend genannte Aufstellung der Anbaugebiete.

In Frankreich unterscheidet man vier Kategorien von Weinen: Vin ordinaire (Tischwein), Vin de pays (Landwein, ohne Zusatz), Vin délimité de qualité supérieure, V.D.Q.S. (Wein höherer Qualität mit genauer Herkunftsangabe – Ort, Region), Vin „Appellation d'origine contrôlée" (Wein mit kontrollierter Ursprungsbezeichnung, der bestimmte Vorschriften und Anforderungen in Bezug auf Rebsorte, Höchstzahl der Rebstöcke, Qualität, Abfüllverfahren etc. erfüllt). Gute oder sehr gute Jahrgänge waren für Frankreich im allgemeinen: 1945, 1947, 1949, 1952, 1953, 1955, 1957, 1959, 1961, 1962, 1964, 1966, 1967, 1969, 1970, 1971, 1975, 1976, 1979, 1981, 1982.

Die wichtigsten Weine mit „Appellations d'origine contrôlée"

Bordeaux

Der Wein kommt aus dem Departement Gironde, in dem 3000 Weingut-Schlösser liegen. Unter ihnen haben 300 einen besonders guten Namen. Die Bezeichnung „Château" darf die Flasche nur tragen, wenn der Wein mit Herkunft, Wachstum, Jahrgangszahl klassifiziert ist, und wenn die Trauben auf dem Schloß gekeltert wurden. Ist auch die Abfüllung der Flasche auf dem Schloß erfolgt, steht auf dem Etikett „Mise en bouteille au château", entsprechend dem deutschen Vermerk „Schloßabfüllung".

Herkunftsangaben zu Weinen mit gerühmtem Wachstum

Rotweine (Vins rouge):

Médoc:
Allgemeine Bezeichnung (Appellation régionale): „Médoc" und „Haut-Médoc".
Nähere örtliche Herkunftsbezeichnung (Appellations communales):
Listrac, Margaux, Moulis, Pauillac, Saint-Estèphe, Saint-Julien.

Graves:
Lage von besonderem Rang (Premier grand cru classé): Château-Haut-Brion.

Saint-Émilion:
(Appellations d'origine contrôlée): Saint-Émilion, Lussac-Saint-Émilion, Montagne-Saint-Émilion, Parsac-Saint-Émilion, Puisseguin-Saint-Émilion, Saint-Georges-Saint-Émilion.
Premiers crus classés: Château-Ausone, Château-Cheval-Blanc, Château-Beauséjour, Château-Belair, Château-Canon, Clos-Fourtet, Château-Figeac, Château-La-Gaffelière, Château-Magdelaine, Château-Pavie, Château-Trottevieille.

Pomerol:
(Appellations d'origine contrôlée): Pomerol, Lalande-de-Pomerol.
Cru exceptionnel (Außergewöhnliches Wachstum): Château-Petrus.

Côtes-de-Fronsac, Canon-Fronsac, Côtes-de-Bourg, Bourgeais, Blaye (Blayais), Premières-Côtes-de-Blaye, Premières-Côtes-de-Bordeaux, Bordeaux-Côtes-de-Castillon.

Süße Weißweine (Vins blanc liquoreux):

Sauternes, Barsac
Bestes Wachstum (Premier grand cru): Château-Yquem.

Sainte-Croix-du-Mont, Loupiac, Cérons, Graves, Graves-Supérieurs, Graves-de-Vayres, Premières-Côtes-de-Bordeaux.

Trockene Weißweine (Vins blancs secs):

Entre-Deux-Mers, Bordeaux, Bordeaux-Supérieur, Blaye (Blayais), Côtes-de-Blaye, Côtes-de-Bordeaux-Saint-Macaire, Bourgeais, Côtes-de-Bourg, Sainte-Foy-Bordeaux.

Burgunder (Bourgogne)

Der Anbau der Burgunder-Weine geschieht in vier Départements: Yonne (Gebiet des Chablis), Côte-d'Or (mit den Weinen der Gebiete „Côte de Nuits" und „Côte de Beaune"), Saône-et-Loire (mit den Gebieten Mercurey und Mâconnais), Rhône (mit dem Gebiet Beaujolais).
In Burgund gibt es 113 Weinsorten mit kontrollierter Herkunftsbezeichnung und von Rang. Die allgemeine Bezeichnung für Weine aus den Anbaugebieten Burgunds lauten: Bourgogne, Bourgogne Passe-Tout-Grain, Bourgogne aligoté, Bourgogne ordinaire oder Bourgogne-grand-ordinaire, Crémant de Bourgogne. Große Weine einer ganz bestimmten Herkunft (Grands crus) sind etwa: Chambertin, Musigny, Corton, Richebourg oder Clos-de-Vougeot. Man darf sie nicht verwechseln mit den Dorfweinen, den „Chambertin" also nicht mit dem Wein „Gevrey-Chambertin", den „Corton" mit dem Wein „Aloxe-Corton", etc. Die großen Weine tragen auf dem Etikett den Vermerk „Premier cru", vor der der Dorfname steht.

Die wichtigsten Weine mit ihren Herkunftbezeichnungen nach Regionen und Ortschaften

Basse-Bourgogne:
Chablis: mit Chablis-grand-cru, Chablis (Weißweine).

Côte-d'Or:
Côte-de-Nuits mit Fixin, Gevrey-Chambertin, Morey-Saint-Denis, Chambolle-Musigny, Vougeot, Vosne-Romanée, Nuits-Saint-Georges (Rotweine, Musigny hat allerdings auch Weißweine).
Côte-de-Beaune mit Ladoix, Aloxe-Corton, Pernand-Vergelesse, Savigny, Chorey-les-Beaune, Beaune, Pommard, Volnay, Monthélie, Auxey-Duresses, Saint-Romain, Meursault (Weißweine), Blagny (Rot- und Weißweine), Puligny-Montrachet, Chassagne-Montrachet (Rot- und Weißweine), Saint-Aubin (Rot- und Weißweine), Saintenay (Rotweine), Cheilly-lès-Maranges, Dezize-lès-Maranges, Sampigny-lès-Maranges (Rot- und Weißweine).

Côte Chalonnaise oder Region von Mercurey:
Mercurey (Rot- und Weißweine), Givry (Rotweine), Rully (Weiß- und Rotweine).

Mâconnais:
Mâcon, Mâcon supérieur oder „Mâcon" mit anschließendem Ortsnamen (Weiß-, Rot- und Roséweine), Mâcon-Villages.
Bedeutende Lagen: Puilly-Fuissé, Pouilly-Vinzelles, Pouilly-Loché.

Beaujolais:
Beaujolais, Beaujolais supérieur, Beaujolais-Villages. Bedeutende Lagen: Brouilly, Chénas, Chiroubles, Côte-de-Brouilly, Fleurie, Juliénas Morgon, Moulin-à-vent, Saint-Amour.

Elsaß (Alsace)

Im Elsaß betreiben rund 100 Dörfer den Weinbau in einem Gebiet von 120 km Länge. Alle elsäßischen Weine werden in einer Flasche von typischer Form, der sogenannten „Flöte" (Flute d'Alsace) geliefert, die nur ihnen vorbehalten und gesetzlich geschützt ist. Sie werden stets in der Herkunftsregion abgefüllt, tragen aber, mit ganz seltenen Ausnahmen, nicht die Angabe der Lage, jedoch die der Rebsorte. An Rebsorten gibt es: Pinot noir (rosé) und Pinot blanc (weiß), Sylvaner, Riesling, Muscat d'Alsace, Tokay d'Alsace, Gewürztraminer.
Allgemeine Bezeichnungen: „Alsace" oder „Vin d'Alsace" gefolgt vom Namen der Rebsorte, „Alsace-Grand-Cru" oder „Grand vin", „Edelzwicker".

Champagner (Champagne)

Auf dem Etikett der Champagnerflasche steht nicht die Bezeichnung des Wachstums, sondern der Name des Produzenten. Die Weinanbauzone, bestimmt und begrenzt durch die Beschaffenheit des Bodens, ist durch Gesetz auf ein Gelände von 24 000 ha festgelegt. Sie umfaßt drei Produktionsgebiete bezeichnet als Champagne, Coteaux champenois, Les Riceys.

Produktionsgebiete der bedeutendsten Sorten:
Vallée de la Marne:
Mit Épernay, Ay, Mareuil, Dizy, Cumières, Hautvillers.
Montagne de Reims:
Mit Verzenay, Verzy, Mailly, Sillery, Louvois, Beaumont, Ambonnay, Bouzy.
Côte des Blancs:
Mit Cramant, Avize, Oger, Le-Mesnil-sur-Oger, Vertus. Im allgemeinen wird nur Wein in Champagnerart produziert, aber einige Dörfer stellen auch nicht moussierende Weine her. Rotweine: Bouzy, Cumières, Villedommange. Roséweine: Les Riceys.

Côtes du Rhône

Der Weinbau der „Côtes du Rhône" erstreckt sich über 200 km. Die allgemeinen Herkunftsbezeichnungen lauten: „Côtes-du-Rhône" und „Côtes-du-Rhône-Villages".
Produktionsgebiete und Herkunftsbezeichnungen:
Côtes du Rhône septentrionales, rive droite
(Rhône, nördlich, rechtes Ufer):
Côte Rôtie (Rotwein), Château Grillet (Weißwein), Condrieu (Weißwein), Saint-Joseph (Weiß- und Rotweine), Cornas (Rotwein), Saint-Péray (Weißweine), Saint-Péray-Mousseux (Weißweine).
Côtes du Rhône septentrionales, rive gauche:
(Rhône, nördlich, linkes Ufer):
Hermitage, Crozes-Hermitage (Weiß- und Rotweine), Clairette-de-Die, Châtillon-en-Diois (Weißweine).
Côtes du Rhône méridionales (Rhône, südlich):
Châteauneuf-du-Pape (Rot- und Weißweine) linkes Ufer, Tavel (Roséwein) rechtes Ufer, Lirac (Rosé- und Rotweine) rechtes Ufer, Gigondas (Weiß-, Rot- und Roséweine), Coteaux-du-Tricastin, Côtes-du-Ventoux (Weiß-, Rot- und Roséweine) linkes Ufer.

Jura-Savoyen (Jura-Savoie)

Weine mit Herkunftsbezeichnungen:
Côtes-du-Jura (Weiß-, Rot- und Roséweine, gelbliche Weine), Vin-de-Savoie) (Weiß-, Rot- und Roséweine), Arbois (Weiß-, Rot-, Roséweine und gelbliche Weine), Arbois-Mousseux (Weiß-, Rot- und Rosé weine), Arbois-Pupillon (Weiß-, Rot-, Roséweine und gelbliche Weine), Château-Chalon (gelblicher Wein), Côtes-du-Jura-Mousseux (Weiß-, Rot- und Roséweine), L'Étoile (Weißweine, gelbliche Weine), L'Étoile-Mousseux (Weißweine), Crépy (Weißweine), Vin-de-Savoie-Mousseux, Vin-de-Savoie-Pétillant (weißer Perlwein), Roussette-de-Savoie (Weißweine), Seyssel (Weißweine), Seyssel-Mousseux (Weißweine).

Val de Loire

Weine mit kontrollierter Herkunftsbezeichnung:
Muscadet:
Muscadet, Muscadet-de-Sèvre-et-Maine, Muscadet-des-Coteaux-de-la-Loire (Weißweine).
Anjou-Saumur:
Anjou (Weiß-, Rotweine), Rosé d'Anjou, Anjou-Coteaux-de-la-Loire (Weißweine), Coteaux-de-l'Aubance (Weißweine), Coteaux-du-Layon (Weißweine), Cabernet d'Anjou (Roséweine), Anjou-Mousseux (Weiß- und Roséweine), Saumur-Mousseux (Weißweine), Anjou-Pétillant (Weißer Perlwein), Rosé-d'Anjou-Pétillant, Saumur-Pétillant (Weißweine), Coteaux-de-Saumur (Weißweine), Saumur (Weiß- und Rotweine), Anjou-Gamay (Rot- und Roséweine), Saumur-Champigny (Rotweine), Savennières, Bonnezeaux, Quarts-de-Chaume (Weißweine), Rosé-de-Loire.
Touraine:
Chinon (Weiß-, Rot- und Roséweine), Bourgueil und Saint-Nicolas-de-Bourgueil (Rot- und Roséweine), Vouvray (Weißweine, natur, perlend, Schaumweine), Montlouis (Weißweine), Montlouis-Mousseux und Montlouis Pétillant (Weißweine), Touraine (Amboise, Azay-le-Rideau, Mesland (Rot-, Rosé- und Weißweine, Schaumweine), Rosé-de-Loire.
Weine aus Mittelfrankreich:
Coteaux du Loir (Weiß-, Rot- und Roséweine), Jasnières (Weißweine), Sancerre (Weißweine), Menetou-Salon (Weiß-, Rot- und Roséweine), Quincy (Weißweine), Reuilly (Weißweine), Pouilly-sur-Loire, Pouilly-Fumé, Pouilly-Blanc-Fumé (Weißweine).

Provence-Korsika

Wichtigste Weine mit Herkunftsbezeichnungen
(Principales Appellations):
Provence:
Cassis (Weiß-, Rosé- und Rotweine), Bandol (Weiß-, Rosé- und Rotweine), Bellet (Region Nizza, Rot- und Weißweine), Palette (Region Aix-en-Provence, Weiß-, Rot- und Roséweine).
Korsika:
Patrimonio, Sartène, Calvi, Coteaux du Cap Corse, Figari, Porto Vecchio, Ajaccio, Coteaux d'Ajaccio.

Südwestfrankreich-Béarn

Wichtigste Weine mit Herkunftsbezeichnungen
(Principales appelations):
Bergerac (Rot- und Roséweine), Côtes-de-Bergerac (Rotweine), Côtes-de-Bergerac-Moelleux (Weißweine), Pécharmant (Rotweine), Bergerac-Sec, Côtes-de-Bergerac-Côtes-de-Saussignac, Haut-Montravel, Côtes-de-Montravel, Montravel, Rosette, Montbazillac, Côtes-de-Duras, Gaillac, Gaillac-Premières-Côtes, Gaillac-Doux, Gaillac-Mousseux (Weißweine), Madiran (Rotweine), Jurançon, Pacherenc-du-Vic-Bilh (Weißweine), Côtes-du-Frontenais (Weiß-, Rot- und Roséweine), Béarn (Rotweine), Blanquette-de-Limoux (Weißer Schaumwein), Limoux-Nature, Vin-de-Blanquette, Pineau-des-Charentes (Weißweine).

Languedoc-Roussillon

Wichtigste Weine mit Herkunftsbezeichnungen
(Principales appelations):
Trockene Weine (Vins sec):
Clairette-de-Bellegarde, Clairette-du-Languedoc (Weißweine), Fitou, Collioure (Rotweine).
Liebliche Weine (Vin doux):
Banyuls, Maury, Grand-Roussillon, Rivesaltes, Muscat-de-Rivesaltes, Muscat-de-Lunel, Muscat-de-Frontignan, Muscat-de-Saint-Jean-de-Minervois.

Weine höherer Qualität aus genau begrenzter Gegend (Vins délimités de Qualité Supérieure):

Es gibt etwa 60 V.D.Q.S. = Weine mit regionaler oder örtlicher Herkunftsbezeichnung, die aus sechs Regionen kommen.
Lothringen (Lorraine):
Côtes-de-Toul, Vin-de-Moselle.
Burgund (Bourgogne) **und Bugey:**
Sauvignon-de-Saint-Bris, Vin-de-Bugey etc.
Loire-Tal (Val-de-Loire) **und Lyonnais:**
Vin d'Auvergne, Saint-Pourçain-sur-Sioule, Châteaumeillant, Vin-du-Haut-Poitou, Gros-Plant-Nantais, etc.
Rhône-Tal (Vallée du Rhône) **und Südostfrankreich:**
Coteaux-de-Pierrevert, Côtes-du-Lubéron, Côtes-du-Vivarais etc.
Languedoc und Roussillon:
Cabrières, Corbières, Costières-du-Gard, La-Clape, Minervois, Quatourze, Saint-Chinian, etc.
Südwestfrankreich (Sud-Ouest):
Côtes-du-Marmandais, Vin-d'Estaing, Vin-de-Lavilledieu, Tursan, etc.

Verkehrszeichen

 Kurve rechts

 Kurven auf 6 km (zunächst links)

 Unebene Fahrbahn

 Verengte Fahrbahn

 Schleudergefahr bei Nässe oder Schmutz (Rübenanbau)

 Beschrankter Bahnübergang (etwa 240 m)

 Beschrankter Bahnübergang mit automatischem Signal

 Bahnübergang mit Hochspannungsleitung

 Unbeschrankter Bahnübergang in 150 m

 Unbeschrankter Bahnübergang mit Hochspannungsleitung, Durchfahrtshöhe bis 4,50 m

 Fabrikausfahrt

 Lichtzeichenanlage

 Gegenverkehr

 Kreuzung oder Einmündung mit Vorfahrt von rechts

 Vorfahrt nur an der nächsten Kreuzung oder Einmündung

 Besonders gefährliche Kreuzung oder Einmündung mit Vorfahrt von rechts

 Besonders gefährliche Kreuzung oder Einmündung

 Vorfahrt nur an der nächsten Kreuzung oder Einmündung

 Vorfahrt gewähren

 Vorfahrtstraße

 Ende der Vorfahrtstraße

 Halt! Vorfahrt gewähren

 Vorfahrt gewähren nach 150 m

 Halt! Vorfahrt gewähren

 Verbot für Fahrzeuge aller Art

 Verbot der Einfahrt

 Links abbiegen verboten

 Wenden verboten

Überholverbot für Kraftfahrzeuge aller Art | Halt! Zahlstelle | Eingeschränktes Haltverbot | Haltverbot

Haltverbot vom 16. bis zum Ende des Monats auf der Straßenseite mit ungeraden Hausnummern | Halbmonatliches Alternativparkrecht | Haltverbot vom 1. bis zum 15. des Monats auf der Straßenseite mit geraden Hausnummern | Zulässige Höchstgeschwindigkeit

Zulässige Höchstgeschwindigkeit für LKW und PKW | Für Fußgänger verboten | Hupen verboten | Vorrang des Gegenverkehrs

Rechts fahren | Kreisverkehr | Schneeketten sind vorgeschrieben | Ende sämtlicher Streckenverbote

Ende des Halteverbots | Ende Hupverbot | Achtung Brandgefahr | Hinweisschild auf Paßdurchfahrt (geschlossen)

Autobahnhinweisschild | Wegweiser | Autobahnhinweisschild

Anfang und Ende einer geschlossenen Ortschaft | Anfang einer gebührenpflichtigen Autobahnstrecke nach 2000 m | Autobahnkreuz nach 2000 m

Wichtige Fremdenverkehrsämter (Syndicat d'Initiatives) in Frankreich

Syndicat d'Initiative im Ort/Straße	Syndicat d'Initiative im Ort/Straße	Syndicat d'Initiative im Ort/Straße
Agen, 3 rue des Héros-de-la-Résistance	**Châteauroux,** Gare routière	**Mulhouse,** 9 rue Maréchal-Foch
Aix-les-Bains, place Mollard	**Chaumont-s/Loire,** Garage Renault	**Nancy,** 14 place Stanislas
Aix-en-Provence, place Gén.-de-Gaulle	**Chenonceaux,** bureau tourisme	**Nantes,** place du Change
Ajaccio, Hôtel-de-Ville	**Chinon,** place Hôtel-de-Ville	**Narbonne,** Place Roger-Salengro
Albi, 19 place Ste-Cécile	**Clermont-Ferrand,** bd Gergovia	**Nevers,** rue Sabatiers
Alès, bd Louis-Blanc	**Colmar,** 4 rue d'Interlinden	**Nice,** Havas, 13 place Masséna
Alençon, 60 Grande-Rue	**Compiègne,** Hôtel-de-Ville	**Nîmes,** 6 rue Auguste
Amboise, sur le Mail	**Coutances,** bd Alsace-Lorraine	**Niort,** avenue Ernest-Pérochon
Amiens, rue Jean-Catelas	**Digne,** 2 bd Victor-Hugo	**Orléans,** place Albert-1er
Andorre, 1 place Pierre Benllach Andorre-la-Vieille	**Dijon,** place Darcy	**Paris,** Accueil de France, 127 Champs-Elysées
Angers, place gare St-Laud	**Dinan,** 6 rue de l'Horloge	**Pau,** place Royale
Angoulême, place de l'Hôtel-de-Ville	**Epinal,** 2 rue François-Blaudez	**Périgueux,** avenue d'Aquitaine
Annecy, place de l'Hôtel-de-Ville	**Evian,** 1 quai Baron-de-Blonay	**Perpignan,** Palais Consulaire
Arcachon, place Franklin-Roosevelt	**Evreux,** 35 rue Dr-Oursel	**Poitiers,** place Maréchal-Leclerc
Arles, 35 place de la République	**Foix,** Mairie, cours Gabriel-Fauré	**Quimper,** 3 rue du Roi-Gradlon
Arras, 11 bis rue Gambetta	**Fontainebleau,** 38 rue Grande	**Rambouillet,** 11 bis rue Gén.-Humbert
Auch, place de la Cathédrale	**Grenoble,** 14 rue de la République	**Reims,** 3 bd de la Paix
Aurillac, place du Square	**Guéret,** av. Ch.-de-Gaulle	**Rennes,** Pont-de-Nemours
Autun, 3 avenue Charles-de-Gaulle	**La Baule,** 8 place de la Victoire	**Rodez,** place Foch
Auxerre, 1 - 2 quai de la République	**Langres,** 1 rue de Chavannes	**Rouen,** 25 place de la Cathédrale
Avignon, 41 cours Jean-Jaurès	**Laon,** place du Parvis de la Cathédrale	**Saint-Lô,** 2 rue Havin
Avranches, rue Gén.-de-Gaulle	**La Rochelle,** place de Verdun	**Sens,** place Jean-Jaurès
Azay-le-Rideau, 26 rue Gambetta	**La Roche-s-Yon,** rue G.-Clemenceau	**St.-Brieuc,** bd Waldeck-Rousseau
Barbizon, Hall de la Mairie	**Laval,** place du 11-Novembre	**St-Etienne,** 12 place Chavanelle
Bar-le-Duc, Hôtel-de-Ville	**Le Havre,** place de l'Hôtel-de-Ville	**St-Germain-en-Laye,** place Maurice-Berteaux
Bastia, 35 bd Paoli	**Le Mans,** 38 place de la République	**St-Malo,** Esplanade St-Vincent
Bayeux, 1 rue des Cuisiniers	**Le Puy,** place du Breuil	**Strasbourg,** 2 place Marché-aux-Poissons
Beaune, face Hôtel-Dieu	**Les Eyzies,** place de la Mairie	Pont de l'Europe
Beauvais, 6 rue Malherbe	**Les Sables d'Olonne,** 146 place Navarin	place de la gare
Belfort, place Corbie	**Les Vans,** place Ollier	place Gutenberg
Besançon, place 1re-Armée-Française	**Lille,** Grand 'Place	**Tarbes,** place de Verdun
Béziers, 26 allée Paul-Riquet	**Limoges,** bd de Fleurus	**Toulon,** Palais de la Bourse
Biarrritz, cité Administrative	**Lisieux,** 11 rue d'Alençon	**Toulouse,** Donjon du Capitole
Blois, 3 avenue Dr-Laigret	**Loches,** place de la Mairie	**Tours,** place de la Gare
Bordeaux, 12 cours 30-juillet	**Lons-le-Saunier,** 1 rue Pasteur	**Troyes,** 16 bd Carnot
Bourg-en-Bresse, 1 place Pierre-Goujon	**Lorient,** 11 place Jules-Ferry	**Tulle,** place de la Cathédrale
Bourges, 14 place Etienne-Dolet	**Lourdes,** place de l'Eglise	**Valence,** place Gén.-Leclerc
Brest, place de la Liberté	**Lunéville,** place St-Rémy	**Valenciennes,** 1 rue Askièvre
Briançon, Porte de Pignerol	**Lyon,** place Bellecour	**Verdun,** place de la Nation
Caen, place de la Gare	**Mâcon,** av. de Lattre-de-Tassigny	**Versailles,** 7 rue des Réservoirs
Cahors, place Aristide-Briand	**Marseille,** 4 La Canebière	**Vesoul,** avenue Aristide-Briand
Calais, 12 bd Clemenceau	**Mende,** 16 bd du Soubeyran	**Vézelay,** Mairie
Carcassonne, bd Camille-Pelletan	**Metz,** Porte Serpenoise	**Vichy,** 19 rue du Parc
Chambéry, square de Lannoy-de-Bissy	**Montauban,** rue de la Mairie	**Vincennes,** 11 avenue de Nogent
Chambord, Bracieux	**Mont-de-Marsan,** 28 rue Victor-Hugo	
Chantilly, avenue Maréchal-Joffre	**Montpellier,** place de la Comédie	
Charleville, 2 rue de Mantoue	**Mont-St-Michel,** Corps de garde des Bourgeois	
Chartres, place de la Cathédrale	**Moulins,** Hôtel-de-Ville	

Die Verwaltungsbezirke (Departements) in Frankreich
Siehe auch Karte auf Seite 104

Nr./Name	Nr./Name	Nr./Name
01 Ain	31 Garonne (Haute)	65 Pyrénées (Hautes)
02 Aisne	32 Gers	66 Pyrénées-Orientales
03 Allier	33 Gironde	67 Rhin (Bas)
04 Alpes de Hte-Provence	34 Hérault	68 Rhin (Haut)
05 Alpes (Hautes)	35 Ille-et-Vilaine	69 Rhône
06 Alpes-Maritimes	36 Indre	70 Saône (Haute)
07 Ardèche	37 Indre-et-Loire	71 Saône-et-Loire
08 Ardennes	38 Isère	72 Sarthe
09 Ariège	39 Jura	73 Savoie
10 Aube	40 Landes	74 Savoie (Haute)
11 Aude	41 Loir-et-Cher	75 Paris
12 Aveyron	42 Loire	76 Seine-Maritime
13 B.-du-Rhône	43 Loire (Haute)	77 Seine-et-Marne
14 Calvados	44 Loire-Atlantique	78 Yvelines
15 Cantal	45 Loiret	79 Sèvres (Deux)
16 Charente	46 Lot	80 Somme
17 Charente-Maritime	47 Lot-et-Garonne	81 Tarn
18 Cher	48 Lozère	82 Tarn-et-Garonne
19 Corrèze	49 Maine-et-Loire	83 Var
20 Corse	50 Manche	84 Vaucluse
2A Corse-du-Sud	51 Marne	85 Vendée
2B Haute-Corse	52 Marne (Haute)	86 Vienne
21 Côte-d'Or	53 Mayenne	87 Vienne (Haute)
22 Côtes-du-Nord	54 Meurthe-et-Moselle	88 Vosges
23 Creuse	55 Meuse	89 Yonne
24 Dordogne	56 Morbihan	90 Belfort (Territoire-de-Belfort)
25 Doubs	57 Moselle	91 Essonne
26 Drôme	58 Nièvre	92 Hauts-de-Seine
27 Eure	59 Nord	93 Seine-St-Denis
28 Eure-et-Loir	60 Oise	94 Val-de-Marne
29 Finistère	61 Orne	95 Val-d'Oise
Nord-Finistère 29 N	62 Pas-de-Calais	
Sud-Finistère 29 S	63 Puy-de-Dôme	
30 Gard	64 Pyrénées-Atlantiques	

Verzeichnis der Orte und Sehenswürdigkeiten
Index of town and remarkable places · Index des villes et curiosités

I. Register der Städte, Orte und Ortschaften im Touristikkartenteil

Vor jedem Namen steht die Nummer des Verwaltungsbezirkes (Département), hinter dem Namen folgt die Kartenseitennummer mit Planquadratangabe. Die fettgedruckten Namen verweisen auf eine Beschreibung im Touristiktextteil.

A

60 Abancourt	5 B2	73 Aiton	32 C2	14 Amayé-sur-Orne	10 B1	77 Annet-sur-Marne	11 D1
33 Abatilles (Les)	34 C1	18 Aix-d'Angillon (Les)	18 C3	**87 Ambazac**	24 A3	50 Anneville-en-Saire	3 D2
55 Abaucourt-Hautecourt	13 A1	10 Aix-en-Othe	12 B3	27 Ambenay	10 D2	26 Anneyron	31 D3
44 Abbaretz	16 C2	**13 Aix-en-Provence**	44 A1	01 Ambérieu-en-Bugey	32 A1	59 Annoeullin	1 C1
80 Abbeville	5 B1	87 Aixe-sur-Vienne	29 C1	01 Ambérieu-en-Dombes	25 D3	39 Annoire	26 A1
54 Abbéville-lès-Conflans	13 B1	**73 Aix-les-Bains**	32 B1	16 Ambernac	23 C3	**07 Annonay**	31 D3
25 Abbévillers	20 D2	62 Aix-Noulette	1 D3	86 Amberre	23 C1	04 Annot	38 D3
71 Abergement (L')	25 D1	85 Aizenay	22 C1	**63 Ambert**	31 B2	89 Annoux	19 B2
71 Abergement-Ste-Colombe (L')	25 D1	27 Aizier	4 D3	33 Ambès	29 A3	50 Anneville	9 C1
29 Aber-Wrac'h	8 B1	11 Ajac	42 B3	**81 Ambialet**	36 C3	59 Anor	6 B1
24 Abjat	29 D2	**2A Ajaccio**	45 C3	**42 Ambierle**	25 B3	64 Anos	41 A2
78 Ablis	11 B2	23 Ajain	24 B3	37 Ambillou	17 C2	71 Anost	19 C3
57 Aboncourt	7 C3	24 Ajat	29 D3	60 Amblainville	11 C1	88 Anould	13 D3
74 Abondance	26 D3	31 Alan	41 D2	01 Ambléon	32 B1	54 Anoux	7 B3
64 Abos	41 A2	07 Alba	37 D2	38 Amblérieu	32 A1	16 Ansac-sur-Vienne	23 C3
57 Abreschviller	13 D2	81 Alban	36 C3	62 Ambleteuse	1 B2	60 Ansauvillers	5 C3
05 Abriès	38 D1	73 Albanne	32 C3	**37 Amboise**	17 D2	69 Anse	31 D1
79 Absie (L')	23 A1	13 Albaron	43 C1	56 Ambon	16 A2	66 Ansignan	42 C3
16 Abzac	23 C3	11 Albas	42 D3	51 Ambonnay	12 C1	84 Ansouis	44 A1
33 Abzac	29 B3	46 Albas	36 A2	36 Ambrault	24 B1	47 Antagnac	35 B2
89 Accolay	19 B2	73 Albens	32 B1	53 Ambrières-le-Grand	10 A3	51 Ante	12 D1
64 Accous	40 D2	15 Albepierre	30 D3	33 Ambrugeat	26 A3	58 Anthien	19 B3
57 Achen	14 A1	**80 Albert**	5 D1	33 Amélie (L')	28 D2	74 Anthy-sur-Léman	26 C2
18 Achères	18 C3	2B Albertacce	45 B3	66 Amélie-les-Bains-Palalda	42 C3	**06 Antibes**	45 A1
77 Achères-la-Forêt	11 C3	**73 Albertville**	32 C1	27 Amfreville-les-Champs	5 A3	31 Antignac	41 C3
80 Acheux-en-Amiénois	5 C1	57 Albestroff	13 C1	76 Amfreville-lès-Champs	4 C3	15 Antignac	30 C3
62 Achiet-le-Grand	5 D1	**81 Albi**	36 B3	**80 Amiens**	5 C1	86 Antigny	23 D2
60 Achy	5 B3	82 Albias	36 A3	02 Amifontaine	6 B3	65 Antin	41 B2
35 Acigné	9 C3	07 Albon	37 C1	02 Amigny-Rouy	6 A2	2B Antisanti	45 C2
62 Acq	1 D3	12 Albres (Les)	36 B2	77 Amillis	12 A2	24 Antonne-et-Trigonant	29 D2
27 Acquigny	11 A1	74 Alby	32 B1	28 Amilly	11 A3	07 Antraigues	37 C1
08 Acy-Romance	6 C3	64 Aldudes (Les)	40 C2	14 Ammeville	10 C1	35 Antrain	9 C2
60 Acy-en-Multien	11 D1	**61 Alençon**	10 C3	72 Amné	17 B1	86 Antran	23 C1
65 Adé	41 B2	66 Alénya	43 D3	70 Amoncourt	20 B2	16 Anville	29 B1
16 Adjots (Les)	23 B3	**2B Aleria**	45 C2	40 Amou	40 D1	62 Anvin	1 C3
45 Adon	18 D2	**30 Alès**	37 B3	21 Ampilly-le-Sec	19 C1	63 Anzat-le-Luguet	30 D2
86 Adriers	23 D3	11 Alet-les-Bains	42 C1	09 Amplaing	42 A3	23 Anzême	24 B3
69 Affoux	31 C1	53 Alexain	10 A3	69 Amplepuis	31 C1	47 Anzex	35 B2
83 Agay	44 D2	26 Aleyrac	37 D2	53 Ampoigné	17 A1	59 Anzin	2 A3
34 Agde	43 A2	94 Alfortville	11 C2	83 Ampus	44 C1	71 Anzy-le-Duc	25 B2
47 Agen	35 C2	2B Algajola	45 A3	60 Amy	5 D2	38 Aoste	32 B1
12 Agen-d'Aveyron	36 C2	81 Algans	42 B1	05 Ancelle	38 C1	08 Aouste	6 C2
52 Ageville	20 A1	57 Algrange	7 B3	55 Ancemont	13 A1	26 Aouste-sur-Sye	38 A1
05 Agnières-en-Dévoluy	38 B2	34 Alignan-du-Vent	43 A2	**44 Ancenis**	16 D2	57 Apach	7 C2
64 Agnos	40 D2	**21 Alise-Sainte-Reine**	19 C2	55 Ancerville	12 D2	15 Apchon	30 D3
50 Agon	9 C1	26 Alixan	32 A3	48 Ancette	37 B1	68 Appenwihr	21 A1
24 Agonac	29 C2	28 Allaines-Mervilliers	11 B3	86 Anché	23 C2	27 Appeville-Annebault	4 D3
03 Agonges	25 A2	28 Allainville	11 A2	70 Ancier	20 B2	89 Appoigny	19 A1
65 Agos-Vidalos	41 B2	45 Allainville-en-Beauce	11 C3	72 Ancinnes	10 C3	38 Apprieu	32 B2
16 Agris	29 C1	56 Allaire	16 B2	63 Ancizes-Comps (Les)	30 D1	01 Apremont	26 B3
12 Aguessac	36 D3	26 Allan	37 D2	**89 Ancy-le-Franc**	19 C2	18 Apremont	24 D1
64 Ahetze	40 B1	15 Allanche	30 D3	07 Andance	31 D3	70 Apremont	20 A3
23 Ahun	24 B3	88 Allarmont	13 D2	26 Andancette	31 D3	85 Apremont	22 C1
25 Aibre	20 D2	19 Allassac	30 A2	80 Andechy	5 D2	55 Apremont-la-Forêt	13 B2
64 Aïcirits	40 D2	13 Allauch	44 B2	52 Andelot	13 A3	**84 Apt**	38 A3
79 Aiffres	23 A1	30 Allègre	37 C2	39 Andelot-en-Montagne	26 B1	74 Arâches-les-Carroz	26 D3
61 Aigle (L')	10 D2	43 Allègre	31 B3	**27 Andelys (Les)**	5 A3	64 Aramits	40 D2
32 Aignan	41 B1	04 Allemagne-en-Provence	44 C1	33 Andernos-les-Bains	34 D1	30 Aramon	37 D3
21 Aignay-le-Duc	19 C2	47 Allemans-du-Dropt	35 C1	**52 Andilly**	20 A1	64 Arance	40 D2
16 Aignes-et-Puypéroux	29 B2	38 Allemont	32 C3	**67 Andlau**	14 A3	01 Arandas	32 A1
16 Aigre	29 B1	71 Allerey	25 D1	64 Andoins	41 A2	38 Arandon	32 A1
17 Aigrefeuille-d'Aunis	22 D3	49 Alleuds (Les)	17 A3	68 Andolsheim	21 A1	43 Araules	31 C3
44 Aigrefeuille-sur-Maine	16 C3	15 Alleuze	30 D3	06 Andon	44 D1	31 Arbas	41 D3
30 Aigremont	37 C3	**38 Allevard**	32 C2	45 Andonville	11 B3	70 Arbecey	20 B2
89 Aigremont	19 B2	74 Allèves	32 C1	**Andorre**	43 A3	2A Arbellara	45 D3
73 Aiguebelette-le-Lac	32 B2	26 Allex	37 D1	53 Andouillé	10 A3	65 Arbéost	41 B3
73 Aiguebelle	32 C2	43 Alleyrac	37 B1	62 Andres	1 C2	**39 Arbois**	26 B1
73 Aigueblanche	32 C2	57 Alleyras	37 B1	65 Andrest	41 B2	64 Arbonne	40 B1
69 Aigueperse	25 C3	10 Allibaudières	12 C2	42 Andrézieux-Bouthéon	31 C2	77 Arbonne	11 C3
63 Aigueperse	25 A3	58 Alligny-Cosne	18 D2	**30 Anduze**	37 B3	34 Arboras	43 A1
30 Aigues-Mortes	43 C1	58 Alligny-en-Morvan	19 C3	65 Anéran	41 C3	2A Arbori	45 C3
34 Aigues-Vives	42 D2	18 Allogny	18 C3	**28 Anet**	11 A2	69 Arbresle (L')	31 D1
05 Aiguilles	38 D1	60 Allonne	5 C3	64 Angaïs	41 A2	64 Arbus	41 A2
47 Aiguillon	35 C2	79 Allonne	23 A1	41 Angé	18 A3	**33 Arcachon**	34 C1
85 Aiguillon-sur-Vie (L')	22 B1	49 Allonnes	17 B3	**49 Angers**	17 A2	79 Arçais	23 A1
85 Aiguillon-sur-Mer (L')	22 C2	72 Allonnes	17 C1	91 Angerville	11 B3	46 Arcambal	36 A2
83 Aiguines	44 C1	47 Allons	35 B2	91 Angervilliers	11 C2	64 Arcangues	40 B1
36 Aigurande	24 B2	04 Allos	38 D2	76 Angiens	4 D2	21 Arcelot	20 A3
05 Aillefroide	38 C1	16 Alloue	23 C3	70 Angirey	20 B2	86 Arçay	23 B1
45 Aillant-sur-Milleron	18 D2	76 Allouville-Bellefosse	4 D3	33 Anglade	29 A2	21 Arcenant	19 D3
89 Aillant-sur-Tholon	19 A1	73 Allues (Les)	32 C2	15 Anglards	30 C3	52 Arc-en-Barrois	19 D1
33 Aillas	35 B1	78 Allues-le-Roi (Les)	11 B1	12 Anglars-Saint-Félix	36 C3	07 Arcens	37 C1
70 Aillevillers-et-Lyaumont	20 C1	15 Ally	30 C3	01 Anglefort	32 B1	89 Arces	19 B1
73 Aillon-le-Jeune	32 C2	43 Ally	31 A3	66 Angles (Les)	43 B1	17 Arces	28 D1
73 Aillon-le-Vieux	32 C2	81 Almayrac	36 B3	81 Angles	42 C1	**25 Arc-et-Senans**	26 B1
27 Ailly	11 A1	61 Almenèches	10 D3	85 Angles	22 C2	25 Arcey	20 D2
80 Ailly-le-Haut-Clocher	5 B1	09 Alos	41 D3	76 Anglesqueville	5 A2	88 Arches	20 C1
80 Ailly-sur-Noye	5 C2	**38 Alpe-d'Huez**	32 C3	86 Angles-sur-l'Anglin	23 D1	17 Archiac	29 A2
30 Aimargues	43 C1	68 Altkirch	21 A2	64 Anglet	40 B1	03 Archignat	24 C2
73 Aime	32 D2	57 Altwiller	13 D1	86 Angliers	23 B1	86 Archigny	23 C2
03 Ainay-le-Château	24 D2	46 Alvignac	36 B1	51 Anglure	12 B2	17 Archingeay	23 A3
18 Ainay-le-Vieil	24 C2	2B Alzi	45 B2	52 Anglus	12 D3	02 Archon	6 C2
64 Aïnhoa	40 B1	30 Alzon	37 A3	24 Angoisse	29 D2	74 Arcine	26 B3
88 Ainvelle	20 B1	11 Alzonne	42 B2	54 Angomont	13 D2	33 Arcins	28 D3
80 Airaines	5 B1	08 Amagne	6 C3	**16 Angoulême**	29 B1	51 Arcis-le-Ponsart	6 B3
14 Airan	10 B1	79 Amailloux	23 B1	17 Angoulins	22 D3	65 Arcisac-Adour	41 B2
40 Aire-sur-l'Adour	41 A1	10 Amance	12 C3	49 Angrie	16 D2	10 Arcis-sur-Aube	12 C2
62 Aire-sur-la-Lys	1 C3	70 Amance	20 B2	34 Aniane	43 A2	25 Arçon	26 C1
79 Aiserey	23 A1	**54 Amance**	13 B2	59 Aniche	2 A3	21 Arconcey	19 C3
21 Aiserey	20 A3	26 Amance	32 A3	02 Anizy-le-Château	6 A3	**73 Arcs (Les)**	32 D2
21 Aisey-sur-Seine	19 C2	70 Amance	20 B2	70 Anjeux	20 C1	83 Arcs (Les)	44 D1
02 Aisonville-et-Bernoville	6 A2	25 Amancey	26 C1	38 Anjou	31 D2	25 Arc-sous-Cicon	26 C1
25 Aissey	20 C3	39 Amange	20 B3	90 Anjoutey	20 D2	21 Arc-sur-Tille	20 A3
89 Aisy-sur-Armançon	19 C2	55 Amanty	13 B2	58 Anlezy	25 A1	89 Arcy	19 B2
				14 Annebault	4 D3	85 Ardelay	24 D1
				74 Annecy	32 C1	18 Ardenais	24 C2
				74 Annemasse	26 C3	72 Ardenay-sur-Mérize	17 C1
				17 Annepont	29 A1	25 Ardentes	24 B1

375

63 Ardes	31 A2	89 Arthonnay	19 C1	62 Auchy-au-Bois	1 C3	72 Auvers-le-Hamon	17 B1
50 Ardevon	9 D2	09 Artigat	42 A2	62 Auchy-lès-Hesdin	1 D3	72 Auvers-sur-Montfaucon	17 B1
17 Ardillières	22 D3	09 Artigue (L')	42 A3	59 Auchy-lez-Orchies	2 A3	**95 Auvers-sur-Oise**	11 C1
07 Ardoix	31 D3	41 Artins	17 D2	65 Aucun	41 A3	34 Auvezines	42 B1
45 Ardon	18 B1	64 Artix	41 A1	33 Audenge	34 D1	82 Auvillar	35 D3
73 Arèches	32 D1	02 Artonges	12 B1	50 Auderville	3 C2	60 Auvillers-les-Forges	6 C2
40 Arengosse	34 D3	68 Artzenheim	14 A2	03 Audes	24 C2	**89 Auxerre**	19 B1
33 Arès	34 C1	64 Arudy	41 A2	**29 Audierne**	8 B3	62 Auxi-le-Château	5 C1
64 Arette	40 D2	17 Arvert	28 D1	40 Audignon	41 A1	10 Auxon	19 B1
03 Arfeuilles	25 B3	33 Arveyres	29 A3	25 Audincourt	20 D2	70 Auxon	20 C2
81 Arfons	42 B2	12 Arvieu	36 C2	62 Audinghen	1 B2	**21 Auxonne**	20 A3
64 Argagnon	40 D1	05 Arvieux	38 D1	50 Audouville-la-Hubert	3 D3	71 Auxy	25 C1
09 Argein	41 D3	41 Arville	17 D1	24 Audrix	29 D3	23 Auzances	24 C3
65 Argelès-Gazost	41 B3	40 Arx	35 B3	62 Audruicq	1 C2	09 Auzat	42 A3
66 Argelès-Plage	43 D3	64 Arzacq-Arraziguet	41 A1	54 Audun-le-Roman	7 B3	63 Auzat-sur-Allier	31 A2
66 Argelès-sur-Mer	43 D3	56 Arzal	16 B2	57 Audun-le-Tiche	7 B3	85 Auzay	22 D2
40 Argelouse	35 A2	29 Arzano	15 D1	78 Auffargis	11 B2	63 Auzelles	31 A2
14 Argences	10 B1	58 Arzembouy	19 A3	76 Auffay	5 A2	12 Auzits	36 C2
60 Argenlieu	6 C3	11 Arzens	42 B2	77 Aufferville	11 D3	**43 Auzon**	31 A2
61 Argentan	10 B2	51 Arzillières	12 C2	64 Auga	41 A1	37 Auzouer-en-T.	17 D2
19 Argentat	30 B3	56 Arzon	16 A2	56 Augan	16 B1	87 Availles-Limouzine	23 C3
05 Argentera	39 A2	57 Arzviller	14 A2	08 Auge	6 C2	**89 Avallon**	19 B2
78 Argenteuil	11 C1	64 Asasp-Arros	40 D2	79 Augé	23 B2	08 Avançon	6 C3
89 Argenteuil-sur-Armançon	19 C2	64 Ascain	40 B1	63 Augerolles	31 B1	10 Avant-lès-Marcilly	12 B3
74 Argentière	26 D3	45 Aschères-le-Marché	18 B1	77 Augers-en-Brie	12 A2	10 Avant-lès-Ramerupt	12 C3
05 Argentière-la-Bessée	38 D1	2B Asco	45 B3	52 Augeville	13 A3	86 Avanton	23 C2
29 Argenton	8 A2	45 Ascoux	18 C1	70 Augicourt	20 B2	41 Avaray	18 A2
79 Argenton-Château	23 A1	59 Ascq	2 A3	24 Augignac	29 C1	14 Avenay	10 B1
79 Argenton-Eglise	17 B3	06 Ascros	39 A3	39 Augisey	26 A2	51 Avenay-Val-d'Or	12 B1
36 Argenton-sur-Creuse	24 C2	08 Asfeld	6 C3	57 Augny	13 B1	12 Avène	42 D1
53 Argentré	10 A3	86 Aslonnes	23 C2	61 Auguaise	10 D2	38 Avenières (Les)	32 B1
35 Argentré-du-Plessis	16 D1	58 Asnan	19 A3	30 Aujac	37 B2	33 Avensan	28 D3
18 Argent-sur-Sauldre	18 C2	14 Asnelles	4 B3	30 Aujargues	43 C1	54 Aventignan	41 C2
18 Argenvières	18 D3	89 Asnières-sous-Bois	19 B2	52 Aujeurres	20 A2	95 Avernes	11 B1
70 Argillières	20 B2	86 Asnières-sur-Blour	23 C3	2A Aullène	45 C2	53 Avernes	10 B3
29 Argol	8 B2	**92 Asnières-sur-Seine**	11 C1	63 Aulnat	31 A1	62 Avesnes-le-Comte	5 C1
50 Argouges	9 D2	**72 Asnières-sur-Vègre**	17 B1	12 Aulnay	12 C3	**59 Avesnes-sur-Helpe**	6 B1
76 Argueil	5 B3	68 Aspach-le-Bas	21 A2	**17 Aulnay**	23 B2	44 Avessac	16 B2
36 Argy	24 A1	68 Aspach-le-Pont	21 A2	86 Aulnay	23 B1	72 Avessé	17 B1
39 Arinthod	26 B2	31 Aspet	41 C3	45 Aulnay-la-Rivière	11 C3	30 Avèze	37 A1
63 Arlanc	31 B2	05 Aspremont	38 B2	93 Aulnay-sous-Bois	11 C1	30 Avèze	30 C2
39 Arlay	26 B1	06 Aspremont	45 B2	88 Aulnois	13 B3	72 Avezé	10 D3
07 Arlebosc	31 D3	61 Aspres (Les)	10 D2	59 Aulnoy	2 A3	**84 Avignon**	37 D3
43 Arlempdes	37 B1	05 Aspres-sur-Buech	38 B2	59 Aulnoye-Aymeries	6 B1	38 Avignonet	32 B3
13 Arles	43 D1	12 Asprières	36 B1	23 Aulon	24 B3	31 Avignonet-Lauragais	42 B2
66 Arles-sur-Tech	43 C3	79 Assais-les-Jumeaux	23 B1	31 Aulon	41 C2	73 Avillers	7 B3
58 Arleuf	25 B1	34 Assas	43 B1	80 Ault	5 B1	25 Avilley	20 C2
31 Arlos	41 C3	64 Assat	41 A2	**09 Aulus-les-Bains**	42 A3	01 Avion	1 D3
49 Armaillé	16 D1	53 Assé-le-Bérenger	10 B3	76 Aumale	5 B2	**55 Avioth**	7 A3
54 Armaucourt	13 C2	72 Assé-le-Boisne	10 B3	57 Aumetz	7 B3	49 Aviré	17 A2
59 Armentières	1 D2	44 Assérac	16 B2	50 Aumeville-Lestre	3 C2	51 Avize	12 B1
12 Arnac-sur-Dourdou	42 D1	46 Assier	36 B1	39 Aumont	26 B1	55 Avocourt	13 A1
15 Arnac	30 C3	34 Assignan	42 D2	48 Aumont-Aubrac	37 A1	02 Avoine	17 C3
87 Arnac-la-Poste	24 A3	02 Assis-sur-Serre	6 A2	11 Aunat	42 B3	77 Avon	D3
19 Arnac-Pompadour	30 A2	64 Assson	41 A2	81 Aunay	36 B3	18 Avord	24 D1
72 Arnage	17 C1	47 Astaffort	35 C3	58 Aunay-en-Bazois	19 B3	74 Avoriaz	26 D3
69 Arnas	25 D3	31 Astau	41 C3	14 Aunay-sur-Odon	10 A1	72 Avosnes	19 D3
21 Arnay-le-Duc	19 C3	65 Aste	41 A3	28 Auneau	11 B3	21 Avot	19 D2
64 Arnéguy	40 C2	34 Astis	41 A1	60 Auneuil	5 B3	20 Avoudrey	20 C3
59 Arneke	1 C2	21 Athée	20 A3	61 Aunou-sur-Orne	10 C2	**50 Avranches**	9 D2
95 Arnouville-lès-Mantes	11 C1	37 Athée-sur-Cher	17 D3	76 Auppegard	5 A2	54 Avricourt	13 D2
88 Aroffe	13 B3	70 Athesans-Etroitefontaine	20 C2	83 Aups	44 C1	73 Avrieux	32 D3
53 Aron	10 A3	21 Athie	19 C2	32 Auradé	41 D1	54 Avril	7 B3
64 Aroue-Ithorots-Olhaiby	40 D2	80 Athies	5 D3	**56 Auray**	15 D1	49 Avrillé	17 A2
30 Arpaillargues-et-Aureillac	37 C3	02 Athies-sous-Laon	6 B3	43 Aurec	31 B2	85 Avrillé	22 C2
91 Arpajon	11 C2	51 Athis	12 C1	65 Aureilhan	41 B2	27 Avrilly	11 A1
15 Arpajon-sur-Cère	30 C3	61 Athis-de-l'Orne	10 B2	84 Aurel	38 C2	17 Avy	29 A2
70 Arpenans	20 C2	62 Attaques (Les)	1 C2	12 Aurelle-Verlac	36 D2	11 Axat	42 B3
18 Arpheuilles	24 C1	60 Attichy	6 A3	32 Aurensan	41 A1	09 Axiat	42 B3
36 Arpheuilles	24 A1	01 Attignat	26 A3	31 Aureville	42 A1	**09 Ax-les-Thermes**	42 B3
11 Arques	42 B3	73 Attignat-Oncin	32 B2	11 Auriac	42 C3	51 Ay	12 B1
62 Arques	1 C2	88 Attignéville	13 B3	24 Auriac-du-Périgord	29 D3	57 Ay-sur-Moselle	7 C3
76 Arques-la-Bataille	5 A2	08 Attigny	6 C3	15 Auriac-l'Église	31 A2	64 Aydius	41 A3
58 Arquian	18 D2	54 Atton	13 B1	31 Auriac-sur-Vendinelle	42 B1	88 Aydoilles	13 C3
54 Arracourt	13 C2	45 Attray	18 C1	40 Aurice	35 A3	19 Ayen	30 A2
56 Arradon	16 A1	30 Attuech	37 B3	31 Aurignac	41 D2	32 Ayguetinte	35 C3
55 Arrancy-sur-Crusnes	7 A3	40 Aubagnan	41 A1	**15 Aurillac**	30 C3	46 Aynac	36 B1
21 Arrans	19 C2	13 Aubagne	44 A1	13 Auriol	44 A1	15 Ayrens	30 C3
62 Arras	5 D1	03 Aubais	43 C1	06 Ayron	39 A2	65 Ayros	41 B3
07 Arras-sur-Rhône	31 D3	19 Aubazine	30 B3	33 Auros	35 B3	17 Aytré	22 D2
64 Arraute-Charitte	40 C2	61 Aube	10 D2	03 Aurouër	25 A2	55 Azannes-Soumazannes	7 A3
54 Aaray-et-Han	13 C2	**07 Aubenas**	37 C1	48 Auroux	37 B1	31 Azas	42 A1
30 Arre	37 A3	02 Aubenton	6 C2	81 Aussillon	42 C1	87 Azat-le-Riz	23 D2
65 Arreau	41 B3	77 Aubepierre-Ozouer-le-Repos	11 D2	73 Aussois	32 D2	**36 Azay-le-Ferron**	23 D1
10 Arrelles	19 C3	52 Aubepierre-sur-Aube	19 D1	08 Aussonce	6 C3	**37 Azay-le-Rideau**	17 C3
65 Arrens-Marsous	41 A3	59 Auberchicourt	2 A3	31 Aussonne	42 A1	37 Azay-sur-Cher	17 D3
10 Arrentières	12 D3	51 Aubérive	12 B1	28 Autels (Les)	10 D3	79 Azay-sur-Thouet	23 A2
80 Arrest	5 B1	52 Aubérive	19 D2	31 Auterne	42 A2	41 Azé	17 D1
57 Arriance	13 C1	38 Auberives-sur-Varèze	31 D2	32 Auterive	41 C1	71 Azé	25 D2
09 Arrien-en-Bethmale	41 D3	59 Aubers	1 D3	60 Auteuil	5 C3	23 Azerablezs	24 A2
51 Arrigny	12 D2	93 Aubervilliers	11 C1	27 Autheuil	11 A1	54 Azerailles	13 D3
2A Arro	45 C3	10 Aubeterre	12 C3	80 Authie	5 C1	43 Azérat	31 B1
14 Aromanches	4 A1	**16 Aubeterre-sur-Dronne**	29 B2	27 Authieux (Les)	10 D1	34 Azillanezt	42 B2
14 Aromanches-les-Bains	4 B3	47 Aubian	35 C2	04 Authon	38 C2	11 Azille	42 C2
03 Arronnes	25 B3	79 Aubiers (Les)	23 A1	41 Authon	17 D2	62 Azincourt	1 C3
64 Arros	41 A2	84 Aubignan	38 C3	17 Authon-Ebéon	29 A1	85 Aziré	23 A2
28 Arrou	18 A1	49 Aubigné	17 A3	28 Authon-du-Perche	10 C3	57 Azoudange	13 D2
32 Arrouède	41 C2	79 Aubigné	23 B3	91 Authon-la-Plaine	11 B3	40 Azur	34 C3
57 Arry	13 B1	72 Aubigné-Racan	17 C1	46 Autoire	36 B1	32 Azy	18 D3
80 Arry	5 B1	85 Aubigny	22 C2	38 Autrans	32 B3	58 Azy-le-Vif	25 A2
43 Arsac-en-Velay	31 B3	59 Aubigny-au-Bac	6 A1	37 Autrèche	18 A3	02 Azy-sur-Marne	12 A1
40 Arsague	40 D1	62 Aubigny-en-Artois	1 D3	02 Autremencourt	6 B2	
17 Ars-en-Ré	22 C3	21 Aubigny-en-Plaine	20 A3	76 Autretot	4 D2	**B**
63 Ars-les-Favets	24 D3	08 Aubigny-les-Pothées	6 C2	02 Autreville	6 A2	
10 Arsonval	12 D3	**18 Aubigny-sur-Nère**	18 C3	88 Autreville	13 B3	55 Baâlon	7 A3
01 Ars-sur-Formans	25 D3	12 Aubin	36 C2	88 Autrey	13 B3	**54 Baccarat**	13 D3
57 Ars-sur-Moselle	13 B1	62 Aubin-Saint-Vaast	1 B3	70 Autrey-lès-Gray	20 A2	45 Baccon	18 B1
39 Arsures (Les)	26 B1	32 Aubiet	41 C1	21 Autricourt	19 D1	46 Bach	36 A2
38 Artas	32 A2	54 Aubouté	13 B1	03 Autry	18 A2	24 Bachellerie (La)	29 D3
01 Artemare	32 B1	**12 Aubrac**	36 D1	45 Autry-le-Châtel	18 C2	59 Bachy	2 A3
45 Arthenay	18 B1	55 Aubréville	12 D1	45 Autruy-sur-Juine	11 C3	50 Bacilly	9 D2
81 Arthès	36 B3	08 Aubrives	6 D1	**71 Autun**	25 C1	53 Baconnière (La)	10 A3
64 Arthez-d'Asson	41 A2	68 Aubure	14 A3	82 Auty	36 A2	27 Bacquepuis	11 A1
64 Arthez-de-Béarn	41 A1	**23 Aubusson**	30 C1	51 Auve	12 C1	54 Bacqueville	11 A3
95 Arthies	11 B1	82 Aucamville	35 D3	91 Auvernaux	11 C2	76 Bacqueville-en-Caux	5 A2
44 Arthon-en-Retz	16 B3	**32 Auch**	41 C1	43 Auvers	31 A3	48 Badaroux	37 A2
		62 Auchel	1 C3	49 Auverse	17 B2		

376

36 Badecon-le-Pin 24 A2
24 Badefols-d'Ans 30 A2
56 Baden 16 A1
54 Badonviller 13 D2
63 Baffie 31 B2
33 Bagas 35 B1
01 Bâgé-le-Châtel 25 D3
11 Bages 42 D2
66 Bages 43 D3
46 Bagnac-sur-Célé 36 B1
65 Bagnères-de-Bigorre 41 B2
31 Bagnères-de-Luchon 41 C3
03 Bagneux 25 A2
51 Bagneux 12 B2
61 Bagnoles-de-l'Orne 10 B2
63 Bagnols 30 C2
69 Bagnols 31 C3
83 Bagnols-en-Forêt 44 D1
48 Bagnols-les-Bains 37 B2
30 Bagnols-sur-Cèze 37 D3
21 Bagnot 26 A1
35 Baguer-Pican 9 C2
28 Baigneaux 18 B1
33 Baigneaux 35 B1
41 Baigneaux 18 A1
16 Baignes-Sainte-Radegonde 29 B2
21 Baigneux-les-Juifs 19 D2
40 Baigts 40 D1
64 Baigts-de-Béarn 40 D1
35 Baillé 9 D3
28 Bailleau-le-Pin 11 A3
28 Bailleau-l'Évêque 11 A2
33 Baillet 34 D1
59 Bailleul 1 D2
76 Bailleul-la-Vallée 10 C1
80 Bailleul-le-Soc 5 D3
62 Bailleul-Sir-B. 1 D3
41 Baillou 17 D1
76 Bailly-en-Rivière 5 A2
35 Bain-de-Bretagne 16 C1
62 Baincthun 1 B2
43 Bains 31 B3
11 Bains-d'Escouloubre 42 B3
40 Bains-d'Huchet 34 C3
88 Bains-les-Bains 20 C1
54 Bainville-sur-Madon 13 B2
35 Bais 16 D1
53 Bais 10 B3
59 Baisieux 2 A3
52 Baissey 20 A2
07 Baix 37 D1
66 Baixas 42 D3
46 Baladou 30 A3
08 Balan 6 D2
34 Balaruc-les-Bains 43 B2
35 Balazé 9 D3
42 Balbigny 31 C1
67 Balbronn 14 A2
67 Baldensheim 14 A3
68 Baldersheim 21 A1
65 Baleix 41 B2
31 Balesta 41 C2
10 Balignicourt 12 C2
33 Balizac 35 A1
91 Ballancourt-sur-Essonne 11 C2
37 Ballan-Miré 17 C3
14 Balleroy 4 A3
72 Ballon 10 C3
53 Ballots 16 D1
38 Balme-de-Rencurel (La) 32 A3
74 Balme-de-Sillingy (La) 32 C1
74 Balme-de-Thônes (La) 32 C1
38 Balme-les-Grottes (La) 32 A1
21 Balot 19 C1
48 Balsièges 37 A2
64 Banca 40 C2
83 Bandol 44 B2
56 Bangor 15 D2
65 Banios 41 B2
29 Bannalec 8 C3
18 Bannay 18 D3
18 Bannegon 24 D1
51 Bannes 12 B2
08 Banogne-Recouvrance 6 C3
04 Banon 38 B2
55 Bantheville 6 D3
59 Bantigny 6 A1
68 Bantzenheim 21 A1
66 Banyuls-sur-Mer 43 D3
62 Bapaume 5 D1
08 Bar 6 D3
12 Bar 36 B2
49 Baracé 17 B2
12 Baraqueville 36 C2
81 Barat 36 B3
11 Barbaira 42 C2
54 Barbas 13 D2
85 Barbâtre 16 B3
47 Barbaste 35 B2
31 Barbazan 41 C3
65 Barbazan-Debat 41 B2
13 Barben (La) 44 A1
13 Barbentane 37 D3
14 Barbery 10 B1
16 Barbezières 29 B1
16 Barbezieux-St-Hilaire 29 B2
26 Barbières 32 A3
21 Barbirey-sur-Ouche 19 D3
77 Barbizon 11 D3
51 Barbonne-Fayet 12 B2
32 Barbotan-les-Thermes 35 B3
2B Barcaggio 45 A2
66 Barcarès (Le) 42 D3
32 Barcelonne-du-Gers 41 A1
04 Barcelonnette 38 D2
05 Barcillonnette 38 B2
64 Barcus 40 D2
77 Barcy 11 D1
82 Bardigues 35 D3
21 Bard-le-Régulier 19 C3
64 Bardos 40 C1
76 Bardouville 4 D3
65 Barèges 41 B3
76 Barentin 4 D3
50 Barenton 10 A2
50 Barfleur 3 D2
83 Bargemon 44 D1
52 Barisey-la-Côte 13 B2
02 Barisis 6 A3
30 Barjac 37 C2
48 Barjac 37 A2
83 Barjols 44 C1
55 Bar-le-Duc 13 A2
04 Barles 38 C2
80 Barleux 5 D1
18 Barlieu 18 D2
62 Barlin 1 D3
80 Barly 5 C1
07 Barnas 37 C1
26 Barnave 38 A1
71 Barnay-Dessous 19 C3
50 Barneville-Carteret 3 C3
50 Barneville-Plage 3 C3
53 Baroche-Gondoin (La) 10 B2
30 Baron 37 C3
60 Baron 11 D1
57 Baronville 13 C1
10 Baroville 12 D3
67 Barr 14 A3
32 Barran 41 C1
32 Barraques (Les) 41 D1
26 Barraques-en-Vercors (Les) 32 A3
83 Barre (La) 44 C1
85 Barre-de-Monts (La) 22 B1
48 Barre-des-Cévennes 37 B2
27 Barre-en-Ouche (La) 10 D1
04 Barrême 38 C3
16 Barret 29 B2
81 Barrières (Les) 36 B3
37 Barrou 23 D1
33 Barsac 35 A1
57 Barst 13 D1
10 Bar-sur-Aube 12 D3
10 Bar-sur-Seine 19 C1
68 Bartenheim 21 A2
33 Barthe (La) 35 B1
65 Barthe-de-Neste (La) 41 C2
65 Bartres 41 B2
45 Barville-en-Gâtinais 18 C1
64 Barzun 41 A2
43 Bas-en-Basset 31 C2
40 Bascons 35 A3
34 Bassan 43 A2
59 Bassée (La) 1 D3
57 Basse-Ham 7 C3
57 Basse-Yutz 7 C3
15 Bassignac 30 C2
19 Bassignac-le-Haut 30 B3
57 Bassing 13 D1
89 Bassou 19 A1
32 Bassoues 41 B1
51 Bassu 12 D2
64 Bastanes 40 D1
2A Bastelica 45 C3
2B Bastia 45 A2
83 Bastide (La) 44 D1
09 Bastide-de-Boussignac (La) 42 B3
09 Bastide-de-Lordat (La) 42 A2
09 Bastide-de-Sérou (La) 42 A3
84 Bastide-des-Jourdans (La) 44 A1
09 Bastide-du-Salat (La) 41 D3
12 Bastide-l'Évêque (La) 36 B2
48 Bastide-Puylaurent (La) 37 B1
73 Bathie (La) 32 C1
38 Batie-Montgascon (La) 32 B2
05 Bâtie-Neuve (La) 38 C1
26 Bâtie-Rolland (La) 37 D2
70 Bâties (Les) 20 B2
05 Bâtie-Vieille (La) 38 C1
25 Battenans-Varin 20 D3
44 Batz-sur-Mer 16 A2
56 Baud 15 D1
83 Baudinard 44 C1
70 Baudoncourt 20 C2
52 Baudrecourt 12 D3
55 Baudrémont 13 A2
36 Baudres 18 A3
28 Baudreville 11 B3
83 Bauduen 44 C1
49 Baugé 17 B2
18 Baugy 18 D3
44 Baule-Escoublac (La) 16 B2
35 Baulon 16 C1
25 Baume-les-Dames 20 C3
39 Baume-les-Messieurs 26 B1
50 Baupte 3 D3
35 Bausaine (La) 9 C3
13 Baux (Les) 43 D1
27 Baux (Les) 11 A1
27 Baux-de-Breteuil (Les) 10 D1
25 Bavans 20 D2
59 Bavay 2 B3
90 Bavilliers 20 D2
59 Bavinchove 1 C2
52 Bayard 13 A2
29 Baye 15 C1
51 Baye 12 B2
10 Bayel 12 D3
14 Bayeux 4 A3
54 Bayon 13 C3
64 Bayonne 40 C1
04 Bayons 38 C2
52 Bay-sur-Aube 19 D1
51 Bazancourt 6 C3
60 Bazancourt 5 B3
33 Bazas 35 B2
17 Bazauges 23 B3
08 Bazeilles 6 D2
23 Bazelat 24 A2
65 Bazet 41 B2
60 Bazicourt 5 D3
31 Baziège 42 A1
65 Bazillac 41 B2
28 Bazoche-Gouët (La) 10 C3
58 Bazoches 19 B3
61 Bazoches-au-Houlme 10 B2
77 Bazoches-les-Bray 12 A3
45 Bazoches-les-Gallérandes 11 B3
61 Bazoches-sur-Hoëne 10 C2
02 Bazoches-sur-Vesle 6 B3
72 Bazoge (La) 17 C1
85 Bazoges-en-Paillers 22 D1
85 Bazoges-en-Pareds 22 D1
58 Bazolles 19 B3
53 Bazouge-de-Chéméré (La) 17 A1
53 Bazouge-les-Alleux (La) 10 A3
53 Bazougers 17 A1
35 Bazouges-la-Pérouse 9 C2
72 Bazouges-sur-le-Loir 17 B2
31 Bazus 42 A1
58 Béard 25 A1
71 Beaubéry 25 C2
30 Beaucaire 43 D1
80 Beaucamps-le-Vieux 5 B2
35 Beaucé 9 D3
65 Beaucens 41 B3
31 Beauchalot 41 D2
50 Beauchamps 9 D1
80 Beauchamps 5 B1
45 Beauchamps-sur-Huillard 18 C1
07 Beauchastel 37 D1
28 Beauche 10 D2
41 Beauchêne 17 D1
77 Beauchery 12 A2
55 Beauclair 7 A3
90 Beaucourt 20 D2
80 Beaucourt-en-Santerre 5 D2
65 Beaudéan 41 B3
60 Beaudéduit 5 C2
59 Beaudignies 6 B1
59 Beaufort 26 A2
73 Beaufort 32 D1
49 Beaufort-en-Vallée 17 B2
26 Beaufort-sur-Gervanne 38 A1
85 Beaufou 22 C1
76 Beaufresne 5 B2
45 Beaugency 18 B1
69 Beaujeu 25 C3
70 Beaujeu-St-Vallier-Pierrejux-et-Quitteur 20 B2
33 Beaulac 35 A2
07 Beaulieu 37 C2
21 Beaulieu 19 D2
43 Beaulieu 31 B3
45 Beaulieu 18 D2
61 Beaulieu 10 D2
79 Beaulieu 23 A1
55 Beaulieu-en-Argonne 12 D1
60 Beaulieu-les-Fontaines 5 D2
37 Beaulieu-lès-Loches 17 D3
85 Beaulieu-sous-la-Roche 22 C1
79 Beaulieu-sous-Parthenay 23 B2
19 Beaulieu-sur-Dordogne 30 B3
49 Beaulieu-sur-Layon 17 A3
06 Beaulieu-sur-Mer 45 A1
16 Beaulieu-sur-Sonnette 29 C1
03 Beaulon 25 B2
26 Beaume (La) 38 B1
84 Beaumes-de-Venise 38 A3
14 Beaumesnil 10 A1
27 Beaumesnil 10 D1
80 Beaumetz 5 C1
62 Beaumetz-lès-Aire 1 C3
62 Beaumetz-lès-Loges 5 D1
54 Beaumont 13 B2
82 Beaumont-de-Lomagne 35 D3
84 Beaumont-de-Pertuis 44 B1
77 Beaumont-du-Gâtinais 18 D1
87 Beaumont-du-Lac 30 B1
24 Beaumont-du-Périgord 35 C1
08 Beaumont-en-Argonne 6 D3
14 Beaumont-en-Auge 4 C3
50 Beaumont-Hague 3 C2
80 Beaumont-Hamel 5 D1
58 Beaumont-la-Ferrière 19 A3
37 Beaumont-la-Ronce 17 D2
27 Beaumont-le-Roger 10 D1
28 Beaumont-les-Autels 10 C3
26 Beaumont-lès-Valence 37 D1
72 Beaumont-Pied-de-Bœuf 17 C1
72 Beaumont-sur-Dême 17 C2
95 Beaumont-sur-Oise 11 C1
72 Beaumont-sur-Sarthe 10 C3
21 Beaune 25 D1
73 Beaune 32 C2
45 Beaune-la-Rolande 18 C1
21 Beaunotte 19 D2
01 Beaupont 26 A2
49 Beaupréau 16 D3
82 Beaupuy 42 A1
80 Beauquesne 5 C1
62 Beaurains 5 D1
62 Beaurainville 1 B3
01 Beauregard 25 D3
46 Beauregard 36 B2
24 Beauregard-et-Bessac 29 C3
85 Beaurepaire 22 D1
38 Beaurepaire-d'Isère 32 A2
71 Beaurepaire-en-Bresse 26 A2
02 Beaurevoir 6 A1
26 Beaurières 38 B2
02 Beaurieux 6 B3
79 Beaussais 23 B2
76 Beaussault 5 B2
49 Beausse 16 D3
83 Beausset (Le) 44 B2
33 Beautiran 35 A1
60 Beauvais 5 C3
17 Beauvais-sur-Matha 29 B1
80 Beauval 5 C1
83 Beauvallon 44 D2
49 Beauvau 17 B2
04 Beauvezer 38 D3
47 Beauville 35 D2
50 Beauvoir 9 C2
72 Beauvoir 10 C3
85 Beauvoir 22 B1
76 Beauvoir-en-Lyons 5 B3
79 Beauvoir-sur-Niort 23 A3
10 Beauvoir-sur-Sarce 19 C1
02 Beauvois-en-Vermandois 6 A2
59 Beauvois-en-Cambrésis 6 A1
30 Beauvoisin 43 C1
43 Beaux 31 C3
43 Beauzac 31 C3
55 Beauzée-sur-Aire 13 A1
68 Beblenheim 14 A3
76 Bec-de-Mortagne 4 C2
79 Béceleuf 23 A2
35 Bécherel 9 C3
49 Bécons-les-Granits 17 A2
34 Bédarieux 43 A1
84 Bédarrides 37 D3
18 Beddes 24 C2
35 Bédée 9 C3
09 Bédeilhac-et-Aynat 42 A3
04 Bédejun 38 C3
17 Bédenac 29 A3
84 Bédoin 38 A3
13 Bédoule (La) 44 B2
64 Bedous 40 D3
46 Béduer 36 B1
39 Beffia 26 B2
33 Bégadan 28 D2
56 Béganne 16 B2
22 Bégard 8 D2
29 Beg-Meil 15 B1
88 Begnécourt 13 C3
49 Bégrolles-en-Mauges 16 D3
04 Bégude-Blanche (La) 38 C3
26 Bégude-de-Mazenc (La) 37 D2
64 Béguios 40 C2
80 Béhencourt 5 C1
49 Béhuard 17 A2
56 Beignon 16 B1
89 Beine 19 B1
51 Beine-Nauroy 6 C3
67 Beinheim 14 B1
21 Beire-le-Châtel 20 A2
36 Bélâbre 24 A2
64 Belair 41 A2
21 Belan-sur-Ource 19 D1
34 Bélarga 43 A1
11 Belcaire 42 B3
12 Belcastel 36 C2
09 Bélesta 42 B3
24 Beleymas 29 C3
70 Belfahy 20 D1
90 Belfort 20 D2
46 Belfort-du-Quercy 36 A2
2B Belgodère 45 B3
40 Belhade 34 D2
28 Belhomert-et-Guéhouville 11 A2
33 Beliet 34 D1
33 Belin 34 D1
40 Bélis 35 A3
87 Bellac 23 D3
89 Bellechaume 19 B1
73 Bellecombe 32 C1
26 Bellecombe-Tarendol 38 A2
78 Belle-Côte 11 B1
39 Bellefontaine 26 C2
88 Bellefontaine 20 C1
26 Bellegarde 38 A2
30 Bellegarde 43 C1
45 Bellegarde-du-Loiret 18 C1
42 Bellegarde-en-Forez 31 C1
23 Bellegarde-en-Marche 24 C3
01 Bellegarde-sur-Valserine 26 B3
25 Belleherbe 20 D3
22 Belle-Isle-en-Terre 8 D2
61 Bellême 10 C3
03 Bellenaves 24 D3
76 Bellencombre 5 A2
02 Bellenglise 6 A2
14 Bellengreville 10 B1
73 Bellentre 32 D2
03 Bellerive-sur-Allier 25 A3
02 Belleu 6 A3
80 Belleuse 5 C2
74 Bellevaux 26 C3
71 Bellevesvre 26 A1
18 Belleville 18 D2
76 Belleville-sur-Mer 5 A1
69 Belleville-sur-Saône 25 D3
85 Belleville-sur-Vie 22 C1
02 Bellevue 6 C2
43 Bellevue-la-Montagne 31 B3
01 Belley 32 B1
01 Belleydoux 26 B3
02 Bellicourt 6 A2
44 Belligné 16 D2
59 Bellignies 6 B1
09 Belloc 41 D3
32 Belloc 41 B1
64 Bellocq 40 D1

77 Bellot	12 A2	03 Bessay-sur-Allier	25 A2	**24 Biron**	35 D1	17 Boisredon	29 A2
14 Bellou	10 C1	38 Besse	32 C3	40 Biscarrosse	64 C2	71 Bois-Ste-Marie	25 C1
61 Bellou-en-Houlme	10 B2	30 Bessèges	37 C2	40 Biscarrosse-Plage	34 C1	34 Boisseron	43 B1
80 Belloy-sur-Somme	5 C1	**63 Besse-en-Chandesse**	30 D2	67 Bischheim	14 B2	43 Boisset	31 B2
76 Belmesnil-les-Hameaux	5 A2	83 Besse-sur-Issole	44 C2	67 Bischwiller	14 B2	15 Boisset	36 C1
32 Belmont	41 B1	69 Bessenay	31 C1	2A Bisinao	45 A3	78 Boissets	11 B2
39 Belmont	26 B1	72 Bessé-sur-Braye	17 D1	57 Bisping	13 D2	17 Boisseuil	23 A3
42 Belmont-de-la-Loire	25 C3	09 Besset	42 B2	21 Bissey-la-Pierre	19 C1	14 Boissey	10 C1
46 Belmont-Ste-Foi	36 A2	31 Bessières	36 A3	71 Bissy-la-Mâconnaise	25 D2	27 Boissey-le-Châtel	4 D3
12 Belmont-sur-Rance	36 B3	87 Bessines-sur-Gartempe	24 A3	57 Bitche	14 A1	81 Boissezon	42 C1
11 Belpech	42 B2	03 Besson	25 A2	68 Bitschwiller-lès-Thann	20 B1	14 Boissière (La)	10 C1
40 Bélus	40 C1	90 Bessoncourt	20 D2	**50 Biville**	3 C2	85 Boissière-de-	
51 Belval-en-Argonne	12 D1	09 Bessous	42 B2	76 Biville-la-Baignarde	4 D2	Montaigu (La)	22 D1
70 Belverne	20 D2	09 Bestiac	42 B3	76 Biville-sur-Mer	5 A1	85 Boissière-des-Landes (La)	22 D1
24 Belvès	35 D1	46 Bétaille	30 B3	11 Bizanet	42 D2	44 Boissière-du-Doré (La)	16 D3
11 Belvèze-du-Razès	42 B2	23 Bétête	24 B2	52 Bize	20 B1	77 Boissy-le-Châtel	12 A2
56 Belz	15 C1	60 Béthancourt-en-Valois	6 C3	34 Bize-Minervois	42 D2	91 Boissy-le-Cutté	11 C3
65 Bénac	41 B2	51 Bétheniville	12 D2	03 Bizeneuille	24 D2	91 Boissy-le-Sec	11 C3
54 Bénaménil	13 D2	60 Béthines	23 D2	61 Bizou	10 D2	61 Boissy-Maugis	10 D3
76 Bénarville	4 D2	60 Béthisy-St-Pierre	5 D3	31 Blagnac	42 A1	94 Boissy-St-Léger	11 C2
86 Benassay	23 B2	72 Béthon	10 C3	33 Blagon	34 D1	28 Boisville-la-St-Père	11 B3
19 Benayes	30 A2	51 Bethon	12 B2	33 Blaignac	35 B1	25 Bolandoz	26 C1
64 Bénéjacq	41 A2	**62 Béthune**	1 D3	44 Blain	16 C2	76 Bolbec	4 C2
14 Bénesse-sur-Mer	4 C3	77 Beton-Bazoches	12 A2	50 Blainville	9 C1	84 Bollène	37 D2
40 Bénesse-lès-Dax	40 D1	32 Betplan	41 B1	76 Blainville-Crevon	5 A3	06 Bollène-Vésubie (La)	39 A3
40 Benesse-Maremme	40 C1	52 Bettaincourt-sur-Rognon	19 B1	54 Blainville-sur-l'Eau	13 C2	50 Bolleville	3 C3
16 Benest	23 C3	57 Bettange	7 C3	14 Blainville-sur-Orne	4 B3	06 Bolline	39 A3
57 Bénestroff	13 C1	88 Bettegney	13 C3	52 Blaise	12 B3	68 Bollwiller	20 A1
85 Benet	23 A2	57 Bettelainville	7 C3	52 Blaiserives	12 B3	52 Bologne	13 A1
23 Bénévent-l'Abbaye	24 B3	59 Bettignies	2 B3	51 Blaise-sous-Arzillières	12 C2	66 Bompas	42 D3
67 Benfeld	14 A3	88 Bettoncourt	13 C3	51 Blaise-sous-Hauteville	12 D2	58 Bona	25 A1
18 Bengy-sur-Craon	24 D1	60 Betz	11 D1	21 Blaisy-Bas	19 D3	09 Bonac	41 D3
42 Bénisson-Dieu (La)	25 B3	02 Beugneux	6 A3	31 Blajan	41 C2	**47 Bonaguil**	35 D1
29 Bénodet	15 B1	79 Beugnon (Le)	23 A2	48 Blajoux	37 A2	70 Bonboillon	20 B3
17 Benon	22 D3	89 Beugnon	19 B1	25 Blamont	20 D3	28 Boncé	11 A3
01 Bénonces	32 A1	62 Beugny	5 D1	54 Blâmont	13 D2	31 Bondigoux	36 A3
76 Bénouville	4 C2	06 Beuil	39 A3	81 Blan	42 B1	93 Bondy	11 C1
14 Bény-sur-Mer	4 B3	25 Beure	20 B3	36 Blanc (Le)	23 B2	22 Bonen	8 B2
89 Béon	19 A1	10 Beurey	12 C3	18 Blancafort	18 C2	47 Bon-Encontre	35 C2
38 Bérarde (La)	32 C3	17 Beurlay	28 D1	08 Blanchefosse	6 C2	68 Bonhomme (Le)	14 A3
31 Bérat	41 D2	52 Beurville	12 D3	30 Blandas	37 A3	2A **Bonifacio**	45 D2
32 Béraut	35 C3	62 Beussent	1 B3	77 Blandy	11 D2	2B Bonifato	45 B3
28 Berchères-les-Pierres	11 B3	33 Beutre	35 A1	62 Blangy-sur-Ternoise	1 C3	39 Bonlieu	26 C2
62 Berck	1 B3	02 Beuvardes	12 A1	14 Blangy-le-Château	4 C3	09 Bonnac	42 A2
62 Berck-Plage	1 B3	54 Beuveille	7 B3	76 Blangy-sur-Bresle	5 B2	23 Bonnat	24 B3
61 Berd'huis	10 C3/C1	54 Beuvillers	7 B3	89 Blannay	19 B2	71 Bonnay	25 D2
32 Berdoues	41 C1	14 Beuvron-en-Auge	4 C3	33 Blanquefort	29 A3	74 Bonne	26 C3
59 Berelles	6 B1	62 Beuvry	1 D3	16 Blanzac-Porcheresse	29 B2	14 Bonnebosq	4 C3
64 Bérenx	40 D1	57 Beux	13 C1	86 Blanzay	23 B3	19 Bonnefond	30 B2
01 Béréziat	26 A2	86 Beuxes	17 C3	17 Blanzay-sur-Boutonne	23 A3	65 Bonnefont	41 B2
72 Berfay	17 D1	29 Beuzec-Cap-Sizun	8 B3	71 Blanzy	25 B2	16 Bonnes	29 B2
24 Bergerac	29 C3	27 Beuzeville	4 C3	08 Blanzy-la-Salonnaise	6 C3	86 Bonnes	23 C2
51 Bergères-lès-Vertus	12 B2	50 Beuzeville-la-Bastille	3 D3	12 Blaquière (La)	37 A3	02 Bonnesvalyn	12 A1
71 Bergesserin	25 C2	76 Beuzeville-le-Grenier	4 C2	**33 Blasimon**	35 B1	55 Bonnet	13 A2
68 Bergheim	14 A3	28 Béville-le-Comte	11 B3	43 Blavozy	31 B3	72 Bonnétable	10 C3
08 Bergnicourt	6 C3	33 Beychac-et-Caillau	29 A3	**33 Blaye**	29 A3	86 Bonneuil	24 A2
64 Bergouey-Arancou-		34 Beylongue	34 D1	81 Blaye-les-Mines	36 B3	02 Bonneuil-en-Valois	5 D3
Viellenave	40 D1	**24 Beynac-et-Cazenac**	35 D1	89 Bleigny-le-Carreau	19 B1	86 Bonneuil-Matours	23 C1
59 Bergues	1 C2	19 Beynat	30 B3	89 Bléneau	18 D2	26 Bonneval	38 B2
02 Bergues-sur-Sambre	6 B1	78 Beynes	11 B2	54 Blénod-lès-Toul	13 B2	28 Bonneval	11 A3
50 Bérigny	10 A1	57 Beyren-lès-Sierck	7 C3	02 Blérancourt	6 A3	43 Bonneval	31 B2
24 Bérig-Vintrange	13 D1	81 Bez (Le)	42 C1	37 Bléré	17 D3	73 Bonneval-les-Bains	32 D1
59 Berlaimont	6 B1	45 Bézards (Les)	18 D1	**43 Blesle**	31 A2	73 Bonneval-sur-Arc	33 A2
34 Berlou	42 C1	**21 Bèze**	20 A3	18 Blet	24 D1	25 Bonnevaux	26 C1
57 Bermering	13 D1	03 Bézenet	24 D3	39 Bletterans	26 A1	70 Bonnevent-Velloreille	20 B3
80 Bermesnil	5 C1	32 Bézéril	41 D1	88 Bleurville	20 B1	74 Bonneville	26 C3
27 Bernay	10 C1	**34 Béziers**	43 A2	72 Blèves	10 C3	14 Bonneville-sur-Touques	4 C3
72 Bernay	17 B1	32 Bezolles	35 C3	28 Blévy	11 A2	14 Bonneville-la-Louvet	4 C3
54 Bernécourt	13 B2	12 Bezonne	36 C2	48 Bleymard (Le)	37 B2	62 Bonnières	5 C1
44 Bernerie-en-Retz (La)	16 B3	27 Bézu-la-Forêt	5 B3	67 Blienschwiller	14 A3	78 Bonnières-sur-Seine	11 B1
14 Bernesq	4 A3	5 Bézu-Saint-Éloi	5 B3	57 Bliesbruck	14 A1	84 Bonnieux	38 A3
17 Berneuil	29 A1	86 Biard	23 C2	10 Bligny	12 D3	62 Bonningues-lès-Ardres	1 C2
87 Berneuil	23 D3	50 Biards (Les)	9 D2	21 Bligny-les-Beaune	25 D1	14 Bonnœil	10 B1
60 Berneuil-en-Bray	5 C3	**64 Biarritz**	40 B1	21 Bligny-le-Sec	19 D2	44 Bonnœuvre	16 D2
60 Berneuil-sur-Aisne	5 D3	40 Biarrotte	40 C1	21 Bligny-sur-Ouche	19 D3	45 Bonny-sur-Loire	18 D2
76 Berneval-le-Grand	5 A1	40 Bias	34 C2	58 Bismes	19 B3	56 Bono (Le)	15 D1
74 Bernex	26 D2	5 Bibiche	7 C3	**41 Blois**	18 A2	74 Bonrepos	36 A3
14 Bernières-sur-Mer	4 B3	58 Biches	25 B1	03 Blomard	24 D3	82 Bons	26 C3
38 Bernin	32 B2	54 Bicqueley	13 B2	87 Blond	23 D3	60 Bonvillers	5 C3
30 Bernis	43 C1	64 Bidache	40 C1	70 Blondefontaine	20 B1	67 Boofzheim	14 B3
10 Bernon	19 B1	64 Bidarray	40 C1	14 Blonville-sur-Mer	4 C3	76 Boos	5 A3
27 Bernouville	5 B3	64 Bidart	40 B1	76 Blosseville	4 D2	22 Boquého	9 A2
68 Bernwiller	21 A2	07 Bidon	37 C2	50 Blosville	3 D3	60 Boran-sur-Oise	11 C1
02 Berny-Rivière	6 A3	39 Bief-des-Maisons	26 C2	63 Blot-l'Église	24 D3	**33 Bordeaux**	29 A3
32 Berrac	35 C3	64 Bielle	41 D3	67 Blotzheim	21 A2	65 Bordères-Louron	41 C3
13 Berre-l'Étang	44 A1	64 Bielle	41 C1	49 Blou	17 B2	65 Bordères-sur-l'Echez	41 B1
56 Berric	16 A1	55 Biencourt-sur-Orge	13 A2	22 Bobital	9 B2	36 Bordes (Les)	24 B1
29 Berrien	8 C2	53 Biermes	6 C3	2A Bocognano	45 D2	64 Bordes (Les)	18 C3
18 Berry-Bouy	18 C3	53 Bierné	17 A1	29 Bodilis	8 B2	65 Bordes	41 B2
87 Bersac-sur-Rivalier	24 A3	21 Bierre	21 A1	61 Bocée	10 C2	89 Bordes (Les)	19 A1
33 Berson	29 A2	52 Biesles	20 A1	74 Boëge	26 C3	09 Bordes-sur-Lez (Les)	41 C3
80 Berteaucourt-les-Dames	5 C1	31 Biganos	34 D1	64 Boeil-Bezing	41 A2	17 Bords	22 D3
86 Berthegon	23 C1	33 Biganos	34 D1	42 Boën	31 B1	23 Bord-Saint-Georges	24 C3
57 Berthelming	13 D2	44 Bignon (Le)	16 A1	59 Boeschèpe	1 D2	07 Borée	37 C1
06 Berthemont-les-Bains	39 A3	86 Bignoux	23 C2	59 Boëste	18 C1	06 Boréon (Le)	39 A3
27 Berthenonville	11 B1	44 Bignan (Le)	16 C3	02 Bohain-en-Vermandois	6 A1	70 Borey	20 C2
36 Berthenoux (La)	24 B2	18 Bignon-Mirabeau (Le)	18 D1	78 Boinville-en-Mantois	11 B1	2B Borgo	45 B3
12 Bertholène	36 D2	33 Billaux (Les)	23 C2	62 Boiry-St-Martin	5 D1	48 Borie (La)	37 A2
63 Bertignat	31 B2	87 Billanges (Les)	24 A3	83 Boiry-St-Martin	18 C1	**83 Bormes-les-Mimosas**	44 C2
62 Bertincourt	5 D1	33 Billaux (Les)	29 B3	39 Bois-d'Amont	26 C2	83 Bormettes	44 C2
58 Bertins (Les)	19 A3	35 Billé	9 D2	85 Bois-de-Céné	16 B3	47 Born	35 C1
24 Bertric-Burée	29 C2	01 Billiat	26 B3	85 Bois-de-la-Chaise	16 B3	07 Borne	37 B1
54 Bertrichamps	13 D2	73 Billième	32 B1	16 Boisdinghem	1 C2	18 Borne (La)	18 D3
59 Bertry	6 A1	**63 Billom**	31 A1	69 Bois-d'Oingt (Le)	31 C1	43 Borne	31 B3
10 Bérulle	12 B3	03 Billy	25 A3	12 Bois-du-Four	36 D2	24 Borrèze	30 A2
29 Berven	8 B2	41 Billy	18 A3	95 Boisemont	11 B1	**19 Bort-les-Orgues**	30 C2
76 Berville-sur-Mer	4 C2	58 Billy-Chevannes	25 A1	35 Boisgervilly	9 B3	17 Boscamnant	29 B2
07 Berzème	37 C1	55 Billy-sous-Mangiennes	7 C3	59 Bois-Grenier	1 D2	76 Bosc-Bordel	5 A2
39 Besain	26 B1	03 Billy-sur-Oisy	19 A2	76 Bois-Guilbert	5 A2	76 Bosc-Hyons	5 A3
25 Besançon	20 B3	51 Binarville	6 D3	76 Bois-Guillaume	4 A3	76 Bosc-le-Hard	5 A2
26 Besayes	38 A1	41 Binas	18 A1	80 Boisle (Le)	5 B1	27 Bosguérard-de-Marcouville	4 D3
44 Beslé	16 C1	22 Binic	9 A2	77 Bois-le-Roi	11 D2	02 Bosmont	6 B2
44 Besné	16 B1	38 Biol	32 A2	79 Boismé	23 A1	23 Bosmoreau-les-Mines	24 B3
12 Bessades (Les)	36 D2	**06 Biot**	45 A1	54 Boismont	7 B3	35 Bosse-de-Bretagne (La)	16 C1
35 Bessais-le-Fromental	24 D1	74 Biot (Le)	26 D3	27 Boisney	10 D1	37 Bossée	17 C3
34 Bessan	43 A2	12 Biounac	36 D2	78 Bois-Normand-près-Lyre	10 D2	54 Bosserville	13 C2
95 Bessancourt	11 C1	03 Biozat	25 A3	17 Bois-Plage-en-Ré (Le)	22 C3	74 Bossons (Les)	32 D1
58 Bessans	33 A2	16 Birac	29 B2	17 Bois-Plage-en-Ré (Le)	22 C3	03 Bost	25 A3

76 Bosville 4 D2
27 Bouafles 11 A1
44 Bouaye 16 C3
64 Boucau 40 B1
03 Boucé 25 A3
61 Boucé 10 B2
38 Bouchage (Le) 32 B1
59 Bouchain 6 A1
80 Bouchavesnes-Bergen 5 D1
49 Bouchemaine 17 A2
57 Boucheporn 13 C1
74 Bouchet (Le) 32 C1
43 Bouchet-St-Nicolas (Le) 37 B1
80 Bouchoir 5 D2
39 Bouchoux (Les) 26 B3
07 Boucieu-le-Roi 31 D3
25 Bouclans 20 C3
30 Boucoiran-et-Nozières 37 C3
55 Bouconville-sur-Madt 13 B2
54 Boucq 13 B2
21 Boudreville 19 D1
53 Bouère 17 A1
53 Bouessay 17 B1
36 Bouesse 24 B2
16 Bouëx 29 C1
35 Bouëxière (La) 9 D2
85 Bouffère 16 C3
80 Bougainville 5 C2
36 Bouges 24 B1
28 Bouglainval 11 A2
47 Bouglon 35 B2
17 Bougneau 29 A1
40 Bougue 35 A3
44 Bouguenais 16 C3
17 Bouhet 22 D3
58 Bouhy 19 A2
12 Bouillac 36 B1
82 Bouillac 35 D3
21 Bouilland 19 D3
30 Bouillargues 43 C1
76 Bouille (La) 4 D3
79 Bouillé-Loretz 17 B3
49 Bouillé-Ménard 16 D1
22 Bouillie (La) 9 B2
10 Bouilly 12 B3
79 Bouin 23 B3
85 Bouin 16 B3
21 Bouix 19 C1
25 Boujailles 26 C1
34 Boujan-sur-Libron 43 A2
10 Boulages 12 B2
32 Boulaur 41 C1
37 Boulay (Le) 17 D2
27 Boulay-Morin (Le) 11 A1
57 Boulay-Moselle 13 C1
24 Boulazac 29 D3
13 Boulbon 37 D3
26 Boulc 38 B1
66 Boule d'Amont 43 C3
66 Bouleternère 43 C3
55 Bouligny 7 B3
28 Boullay-Mivoye (Le) 11 A2
18 Boulleret 18 D3
12 Bouloc 36 D3
31 Bouloc 42 A1
82 Bouloc 35 D2
60 Boulogne 5 D2
85 Boulogne 22 C1
92 Boulogne-Billancourt 11 C2
31 Boulogne-sur-Gesse 41 C2
62 Boulogne-sur-Mer 1 B2
72 Bouloire 17 C1
66 Boulou (Le) 43 D3
83 Boulouris 44 D2
70 Boult 20 B3
51 Boult-sur-Suippe 6 C3
08 Boulzicourt 6 D2
24 Bouniagues 35 C1
85 Boupère (Le) 22 D1
27 Bouquelon 4 C3
80 Bouquemaison 5 C1
34 Bouquet-d'Orb (Le) 43 A1
91 Bouray-sur-Juine 11 C2
71 Bourbon-Lancy 25 B2
03 Bourbon-l'Archambault 24 D2
52 Bourbonne-les-Bains 20 B1
63 Bourboule (La) 30 D2
59 Bourbourg 1 C2
22 Bourbriac 8 D2
17 Bourcefranc-le-Chapus 28 D1
08 Bourcq 6 C3
76 Bourdainville 5 A2
26 Bourdeaux 38 A1
24 Bourdeilles 29 C2
10 Bourdenay 12 B3
31 Bourdette (La) 42 A1
52 Bourdon-sur-Rognon 13 A3
86 Bouresse 23 C2
33 Bourg 29 A3
46 Bourg (Le) 36 B1
49 Bourg 17 A2
27 Bourg-Achard 4 D3
23 Bourganeuf 30 B1
86 Bourg-Archambault 23 D2
42 Bourg-Argental 31 C2
27 Bourg-Beaudoin 5 A3
29 Bourg-Blanc 8 B2
67 Bourg-Bruche 14 A3
26 Bourg-de-Péage 32 A3
35 Bourg-des-Comptes 16 C1
82 Bourg-de-Visa 35 D2
24 Bourg-des-Maisons 29 C2
38 Bourg-d'Oisans (Le) 32 C3
31 Bourg-d'Oueil 41 C3
24 Bourg-du-Bost 29 C2
76 Bourg-Dun 4 D2
01 Bourg-en-Bresse 26 A3
18 Bourges 18 C3
93 Bourget (Le) 11 C1
02 Bourg-et-Comin 6 B3
73 Bourget-du-Lac (Le) 32 B1
08 Bourg-Fidèle 6 C2
63 Bourg-Lastic 30 C1
71 Bourg-le-Comte 25 B3
49 Bourg-l'Évêque 16 D1
66 Bourg-Madame 43 B3
07 Bourg-St-Andéol 37 D2
31 Bourg-St-Bernard 42 A1
61 Bourg-Saint-Léonard (Le) 10 C2
73 Bourg-St-Maurice 32 D1
17 Bourgneuf 22 D3
49 Bourgneuf 17 B2
49 Bourgneuf-en-Mauges 17 A3
44 Bourgneuf-en-Retz 16 B3
53 Bourgneuf-la-Forêt (Le) 10 A3
51 Bourgogne 6 B3
38 Bourgoin-Jallieu 32 A2
53 Bourgon 9 D3
27 Bourgtheroulde 4 D3
37 Bourgueil 17 C3
33 Bourideys 35 A2
11 Bouriège 42 B3
52 Bourmont 13 B3
37 Bournan 17 D3
86 Bournand 17 B3
85 Bourneau 23 A2
27 Bourneville 4 D3
85 Bournezeau 22 D1
47 Bourran 35 C2
82 Bourret 35 D3
77 Bourron-Marlotte 11 D3
65 Bours 41 B2
41 Boursay 17 D1
22 Bourseul 9 B2
59 Boursies 6 A1
27 Bourth 10 D2
62 Bourthes 1 B3
59 Bousies 6 B1
11 Bousquet (Le) 42 B3
23 Boussac 24 C2
35 Boussac (La) 9 C2
79 Boussais 23 B1
31 Boussan 41 D2
57 Bousse 7 C3
47 Boussès 35 B2
25 Boussières 20 B3
02 Bouteille (La) 6 B2
16 Bouteville 29 B1
91 Boutigny-sur-Essonne 11 C3
28 Boutigny-sur-Opton 11 B2
26 Bouvante-le-Haut 32 A3
08 Bouvellemont 6 D2
26 Bouvières 38 A2
91 Bouville 11 C3
44 Bouvron 16 C2
67 Bouxwiller 14 A2
51 Bouy 12 C1
06 Bouyon 39 A3
52 Bouzancourt 12 D3
21 Bouze-lès-Beaune 25 D1
46 Bouzies 36 A2
34 Bouzigues 43 B2
49 Bouzillé 16 D2
80 Bouzincourt 5 D1
57 Bouzonville 7 C3
55 Bovée-sur-Barboure 13 A2
35 Bovel 16 B1
80 Boves 5 C2
02 Bovette (La) 6 A2
55 Boviolles 13 A2
17 Boyardville 22 D3
62 Boyelles 5 D1
12 Boyne 37 A2
45 Boynes 18 C1
73 Bozel 32 D2
12 Bozouls 36 D2
55 Brabant-le-Roi 12 D2
33 Brach 28 D3
52 Brachay 12 D3
76 Brachy 5 A2
41 Bracieux 18 A2
39 Bracon 26 B1
76 Bracquemont 5 A2
31 Bragayrac 41 D1
71 Bragny-en-Charollais 25 C2
81 Brâgards (Les) 36 A3
21 Brain 19 C2
02 Braine 6 A3
44 Brains 16 C3
49 Brain-sur-Allonnes 17 B3
49 Brain-sur-L'Authion 17 B2
49 Brain-sur-Longuenée 17 A2
53 Brains-sur-les-Marches 16 D1
11 Bram 42 B2
06 Bramafan 45 A1
73 Bramans 32 D3
02 Brancourt-en-Laonnois 6 A3
56 Brandérion 15 D1
71 Brandon 25 C2
38 Brangues 32 B1
89 Brannay-St-Sératin 12 A3
33 Branne 35 B1
24 Brantôme 29 C2
55 Braquis 13 B1
83 Bras 44 B1
04 Bras-d'Asse 38 C3
29 Brasparts 8 C2
09 Brassac 42 A3
81 Brassac 42 C1
82 Brassac 35 D2
40 Brassempouy 40 D1
55 Bras-sur-Meuse 13 A1
58 Brassy 19 B3
52 Braucourt 12 D2
33 Braud-et-St-Louis 29 A2
08 Braux 6 D2
10 Braux 12 C2
47 Brax 35 C2
59 Bray-Dunes 1 C1
95 Bray-et-Lû 11 B1
14 Bray-la-Campagne 10 B1
80 Bray-lès-Mareuil 5 B1
77 Bray-sur-Seine 12 A3
80 Bray-sur-Somme 5 D1
21 Brazey-en-Plaine 20 A3
35 Bréal-sous-Montfort 9 C3
51 Bréban 12 C2
90 Brebotte 20 D2
50 Brécey 9 D2
56 Brech 15 D1
18 Brécy 18 C3
15 Bredons 30 D3
60 Brégy 11 D1
50 Bréhal 9 D1
22 Bréhand 9 A2
22 Bréhec 9 A1
55 Bréhéville 7 A3
57 Breidenbach 14 A1
49 Breil 17 C2
49 Breille-les-Pins (La) 17 B3
72 Breil-sur-Mérize (Le) 17 C1
06 Breil-sur-Roya 39 B3
67 Breitenbach 14 A3
22 Brélidy 8 D2
29 Brélès 8 A2
54 Bréménil 13 D2
25 Brémoncourt 20 D3
01 Brénaz 32 B1
29 Brennilis 8 C2
01 Brénod 26 B3
48 Brenoux 37 A2
81 Brens 36 B3
02 Breny 12 A1
04 Bréole (La) 38 C2
60 Bresles 5 C3
03 Bresnay 25 A2
88 Bresse (La) 20 D1
71 Bresse-sur-Grosne 25 D2
82 Bressols 36 A3
79 Bressuire 23 A1
29 Brest 8 B2
36 Bretagne 24 B1
27 Bretagne (La) 10 D1
35 Breteil 9 C3
21 Bretenière 20 A3
25 Bretenière (La) 20 C3
46 Bretenoux 30 B3
27 Breteuil 10 D2
60 Breteuil-sur-Noye 5 C2
03 Brethon (Le) 24 D2
25 Brétigny-N.-Dame 20 C3
85 Brétignolles-sur-Mer 22 B1
60 Brétigny 6 A3
91 Brétigny-sur-Orge 11 C2
61 Bretoncelles 10 C3
85 Bretonnière (La) 22 D2
72 Brette-les-Pins 17 C1
14 Bretteville-le-Rabet 10 B1
14 Bretteville-l'Orgueilleuse 4 B3
50 Bretteville-sur-Ay 3 C3
14 Bretteville-sur-Laize 10 B1
14 Bretteville-sur-Odon 10 B1
70 Breuches 20 C1
03 Breuil (Le) 25 B3
41 Breuil (Le) 18 A2
51 Breuil (Le) 12 B1
85 Breuil-Barret 23 A1
14 Breuil-en-Auge (Le) 4 C3
78 Breuil-en-Vexin 11 B1
17 Breuillet 28 D1
17 Breuil-Magné 22 D3
27 Breuilpont 11 A1
63 Breuil-sur-Couze (Le) 31 A2
70 Breurey-lès-Faverney 20 C2
52 Breuvannes 20 B1
41 Brévainville 18 A1
78 Bréviaires (Les) 11 B2
10 Bréviandes 12 C3
16 Bréville 29 B1
10 Brévonnes 12 C3
49 Brézé 17 B3
05 Bréziers 38 C2
38 Brézins 32 A2
28 Brézolles 11 A2
15 Brezons 30 D3
05 Briançon 32 D3
06 Briançonnet 38 D3
36 Briantes 24 B2
45 Briare 18 D2
45 Briarres-sur-Essonne 11 C3
81 Briatexte 42 B1
52 Briaucourt 13 A3
52 Bricon 19 D1
50 Bricquebec 3 C3
14 Bricqueville 4 A3
50 Bricqueville-sur-Mer 9 D1
45 Bricy 18 B1
73 Brides-les-Bains 32 D2
09 Brie 42 A2
80 Brie 5 D1
29 Briec 8 C3
77 Brie-Comte-Robert 11 D2
10 Briel-sur-Barse 12 C3
71 Brienne 25 D2
10 Brienne-le-Château 12 C3
08 Brienne-sur-Aisne 6 B3
89 Brienon-sur-Armançon 19 B1
91 Brières-les-Scellés 11 C3
16 Brie-sous-Barbezieux 29 B2
17 Brie-sous-Matha 29 B1
08 Brieulles-sur-Bar 6 D3
55 Brieulles-sur-Meuse 7 A3
54 Briey 7 B3
63 Briffons 30 C1
19 Brignac-la-Plaine 30 A3
69 Brignais 31 D1
29 Brigneau 15 C1
29 Brignognan-Plage 8 B1
83 Brignoles 44 C2
38 Brignoud 32 B2
06 Brigue (La) 39 B3
16 Brigueil 23 D3
91 Briis-sous-Forges 11 C2
16 Brillac 23 D3
04 Brillanne (La) 38 B3
55 Brillon-en-Barrois 13 A2
69 Brindas 31 D1
18 Brinon-sur-Sauldre 18 C2
58 Brinon-sur-Beuvron 19 A3
54 Brin-sur-Seille 13 C2
49 Briollay 17 A2
36 Brion 24 B1
89 Brion 19 A1
27 Brionne 10 D1
70 Brion-près-Thouet 17 B3
21 Brion-sur-Ource 19 D1
43 Brioude 31 A2
79 Brioux-sur-Boutonne 23 B3
61 Briouze 10 B2
80 Briquemesnil-Floxicourt 5 C2
08 Briquenay 6 D3
64 Briscous 40 C1
34 Brissac 37 B3
49 Brissac-Quincé 17 A2
02 Brissay-Choigny 6 A2
19 Brive-la-Gaillarde 30 A3
17 Brives-sur-Charente 29 A1
43 Brives-Charensac 31 B3
50 Brix 3 D2
17 Brizambourg 29 A1
37 Brizay 17 C3
55 Brizeaux 12 D1
06 Broc (Le) 39 A3
49 Broc 17 C2
40 Brocas 35 A3
27 Broglie 10 D1
21 Broin 20 A3
12 Brommat 36 D1
63 Bromont-Lamothe 30 D1
22 Broons 9 B3
12 Broquiès 36 C3
16 Brossac 29 B2
70 Brotte-lès-Luxeuil 20 C2
28 Brou 11 A3
17 Brouage 28 D1
24 Brouchaud 29 D3
26 Broué 11 B3
32 Brouilh (Le) 41 C1
66 Brouilla 43 D3
81 Brousse 42 B1
11 Brousses-et-Villaret 42 C2
52 Brousseval 12 D3
51 Broussy-le-Grand 12 B2
03 Broût-Vernet 25 A3
88 Brouvelieures 13 D3
30 Brouzet-lès-Alès 37 C3
85 Brouzils (Les) 22 C1
83 Brovès 44 D1
71 Broye 25 C1
70 Broye-lès-Pesmes 20 A3
51 Broyes 12 B2
62 Bruay-en-Artois 1 D3
59 Bruay-sur-l'Escaut 2 A3
47 Bruch 35 C2
83 Brue-Auriac 44 B1
68 Bruebach 21 A2
18 Bruère-Allichamps 24 C1
63 Brugeron (Le) 31 B1
64 Bruges-Capbis-Mifaget 41 A2
32 Brugnens 35 C3
35 Brûlais (Les) 16 B1
57 Brulange 13 C1
72 Brûlon 17 B1
67 Brumath 14 B2
02 Brumetz 12 A1
55 Buzy 13 B1
64 Buzy 41 A2
68 Brunstatt 21 A2
83 Brusc (Le) 44 B3
12 Brusque 42 D1
04 Brusquet (Le) 38 C2
80 Brutelles 5 B1
88 Bruyères 13 D3
02 Bruyères-et-Montberault 6 B3
91 Bruyères-le-Châtel 11 C2
35 Bruz 16 C1
59 Bry 2 B3
62 Bryas 1 C3
50 Buais 10 A2
40 Buanes 41 A1
56 Bubry 8 D3
11 Buc 42 C3
10 Buchères 12 C3
76 Buchy 5 A2
62 Bucquoy 5 D1
02 Bucy-le-Long 6 A3
02 Bucy-lès-Pierrepont 6 B2
23 Budelière 24 C3
27 Bueil 11 A1
37 Bueil-en-Touraine 17 C2
71 Buffières 25 C2
11 Bugarach 42 C3
19 Bugeat 30 B2
40 Buglose 34 D3
59 Bugnicourt 6 A1
24 Bugue (Le) 29 D3
67 Buhl 14 B1
68 Buhl 21 A1
22 Buhulien 8 D1
62 Buire-le-Sec 1 B3
02 Buironfosse 6 B1
26 Buis-les-Baronnies (Le) 38 A2

38 Buisse (La) 32 B2
38 Buissière (La) 32 B2
51 Buisson (Le) 12 D2
84 Buisson 37 D2
24 Buisson-de-Cadouin (Le) 35 D1
87 Bujaleuf 30 A1
65 Bulan 41 B2
22 Bulat-Pestivien 8 D2
58 Bulcy 18 D3
88 Bulgnéville 13 B3
25 Bulle 26 C1
60 Bulles 5 C3
78 Bullion 11 B2
62 Bully-les-Mines 1 D3
62 Bunéville 1 C3
84 Buoux 38 A3
77 Burcy 11 C3
55 Bure 13 A2
21 Bure-les-Templiers 19 D2
02 Burelles 6 B2
76 Bures-en-Bray 5 A2
65 Burg 41 B2
31 Burgaud (Le) 41 D1
87 Burgnac 30 A1
17 Burie 29 A1
81 Burlats 42 C1
09 Burret 42 A3
60 Bury 5 C3
07 Burzet 37 C1
59 Busigny 6 A1
41 Busloup 18 A1
62 Busnes 1 C3
17 Bussac 29 A2
24 Bussac 29 C2
88 Bussang 20 D1
79 Busseau (Le) 23 A2
03 Busset 25 A3
45 Bussière (La) 18 D2
24 Bussière-Badil 29 C1
87 Bussière-Boffay 23 D3
23 Bussière-Dunoise 24 B3
87 Bussière-Galant 29 D1
87 Bussière-Poitevine 23 D3
77 Bussières 12 A1
23 Bussière-St-Georges 24 C2
52 Bussières-les-Belmont 20 A2
52 Busson 13 A3
18 Bussy 24 C1
60 Bussy 5 D2
42 Bussy-Albieux 31 B1
89 Bussy-en-Othe 19 A1
51 Bussy-le-Château 12 C1
51 Bussy-le-Repos 12 D1
51 Bussy-Lettrée 12 C2
36 Buxerette (La) 24 B2
36 Buxeuil 18 B3
36 Buxières-d'Aillac 24 B2
03 Buxières-les-Mines 24 D2
10 Buxières-sur-Arce 19 C1
71 Buxy 25 D1
36 Buzançais 24 A1
08 Buzancy 6 D3
47 Buzet-sur-Baïse 35 C2
55 Buzy 13 B1
64 Buzy 41 A2
25 Byans-sur-Doubs 20 B3

C

33 Cabanac-et-Villagrains 35 A1
81 Cabanes 42 B1
11 Cabanes-de-Fitou (Les) 42 D3
11 Cabanes-de-Lapalme (Les) 42 D3
09 Cabannes (Les) 42 A3
13 Cabannes 37 D3
81 Cabannes (Les) 36 B3
83 Cabasse 44 C2
83 Cabasson 44 C2
14 Cabourg 4 B3
46 Cabrerets 36 A2
11 Cabrespine 42 C2
30 Cabrières 37 C3
34 Cabrières 43 A1
84 Cabrières-d'Aigues 44 B1
06 Cabris 45 A1
81 Cadalen 36 B3
56 Caden 16 B2
84 Cadenet 44 A1
84 Caderousse 37 D3
30 Cadière (La) 37 B3
83 Cadière-d'Azur (La) 44 B2
33 Cadillac 35 A1
33 Cadillac-en-Fronsadais 29 A3
64 Cadillon 41 B1
81 Cadix 42 B1
24 Cadouin 35 D1
31 Cadours 41 D1
14 Caen 4 B3
81 Cagnac-les-Mines 36 B3
06 Cagnes-sur-Mer 45 A1
40 Cagnotte 40 D1
14 Cagny 10 B1
14 Cahagnes 10 A1
46 Cahors 36 A2
32 Cahuzac 41 D1
47 Cahuzac 35 C1
81 Cahuzac-sur-Vère 36 B3
11 Cailhau 42 B2
85 Caillère (La) 22 D1
76 Cailleville 4 D2
27 Cailly 11 A1
76 Cailly 5 A2
14 Caine (La) 10 B1
84 Cairanne 37 D2
04 Caire (Le) 38 C2
14 Cairon 4 B3
30 Caissargues 43 C1
80 Caix 5 D2
46 Cajarc 36 B2
2B Calacuccia 45 B3
62 Calais 1 B2
22 Calanhel 8 D2
2A Cala Rossa 45 D2
2A Calcatoggio 45 C3
2B Calenzana 45 B3
46 Calès 36 A1
47 Calignac 35 C2
22 Callac 8 D2
83 Callas 44 D1
13 Callelongue 44 A2
40 Callen 35 A2
32 Callian 41 B1
83 Callian 44 D1
30 Calmette (La) 37 C3
12 Calmont 36 C2
31 Calmont 42 A2
70 Calmoutier 20 C2
2B Calvi 45 B3
46 Calviac 30 B3
15 Calvinet 36 C1
30 Calvisson 43 C1
2B Calzarello 45 C2
12 Camarès 36 D3
84 Camaret-sur-Aigues 37 D3
29 Camaret-sur-Mer 8 A2
81 Cambards (Les) 42 B1
14 Cambe 4 A3
33 Cambes 35 A1
65 Cambieill 41 B3
33 Camblanes-et-Meynac 35 A1
62 Cambligneul 1 D3
64 Cambo-les-Bains 40 C1
34 Cambon 42 D1
12 Camboulazet 36 C2
59 Cambrai 6 A1
62 Cambrin 1 D3
80 Cambron 5 B1
46 Camburat 36 B1
64 Came 40 C1
61 Camembert 10 C1
62 Camiers 1 B3
12 Camjac 36 C2
81 Cammazes (Les) 42 B2
56 Camoël 16 B2
13 Camoins-les-Bains 44 B2
09 Camon 42 B3
56 Camors 15 D1
12 Campagnac 36 D2
81 Campagnac 36 B3
40 Campagne 35 A3
32 Campagne-d'Armagnac 35 B3
62 Campagne-lès-Boulonnais 1 C3
62 Campagne-les-Hesdin 1 B3
09 Campagne-sur-Arize 42 A2
65 Campan 41 B3
44 Campbon 16 B2
83 Camp du Castellet 44 B2
14 Campeaux 10 A1
35 Campel 16 B1
56 Campénéac 16 B1
27 Campigny 4 D3
2B Campile 45 B2
50 Camp Maneyrol 3 C2
2A Campomoro 45 D3
50 Camprond 9 D1
82 Campsas 36 A3
24 Campsegret 29 C3
80 Camps-en-Amiénois 5 B2
46 Camy 36 A2
82 Canals 36 A3
80 Canaples 5 C1
14 Canapville 4 C3
35 Cancale 9 C2
80 Canchy 5 B1
47 Cancon 35 C1
12 Candas 36 D3
80 Candas 5 C1
49 Candé 16 D2
37 Candés-St-Martin 17 B3
41 Candé-sur-Beuvron 18 A2
34 Candillargues 43 B1
40 Canenx-et-Réaut 35 A3
33 Canet 35 A1
66 Canet 43 D2
13 Canet (Le) 44 B1
66 Canet-Plage 43 D3
50 Canisy 9 D1
06 Cannes 45 A1
06 Cannet (Le) 45 A1
83 Cannet-des-Maures (Le) 44 C2
48 Canourgue (La) 37 A2
49 Cantenay-Épinard 17 A2
59 Cantin 6 A1
12 Cantobre 37 A3
12 Cantoin 36 D1
33 Cantois 35 A1
76 Cany-Barville 4 D2
22 Caouënnec 8 D1
47 Caoulet 35 C2
40 Capbreton 40 C1
06 Cap-d'Ail 45 B2
34 Cap-d'Agde (Le) 43 A2
12 Capdenac-Gare 36 B1
40 Cap-de-Pin 34 D2
47 Cap-du-Bosc 35 B2
12 Capelle-Balaguier (La) 36 B2
12 Capelle-Bleys (La) 36 B2
02 Capelle-en-Thiérache (La) 6 B1
62 Capelle-les-Boulogne (La) 1 B2
11 Capendu 42 C2
31 Capens 41 D2
32 Cap-Pelat 35 B3
83 Capte (La) 44 C3
33 Captieux 35 A2
65 Capvern 41 B2
31 Caraman 42 B1
29 Carantec 8 C1
50 Carantilly 9 D1
2A Carbini 45 D2
33 Carbon-Blanc 29 A3
31 Carbonne 41 D2
2A Carbuccia 45 C3
33 Carcans 28 D3
33 Carcans-Plage 28 C3
11 Carcassonne 42 C2
12 Carcenac-Peyralès 36 C2
83 Carcès 44 C1
46 Cardaillac 36 B1
64 Cardesse 41 A2
46 Carennac 30 B3
50 Carentan 3 D3
56 Carentoir 16 B1
2A Cargèse 45 C3
29 Carhaix-Plouguer 8 C3
08 Carignan 7 A2
89 Carisey 19 B1
09 Carla-Baye 42 A2
15 Carlat 36 C1
60 Carlepont 5 D3
57 Carling 13 C1
46 Carlucet 36 A1
81 Carlus 36 B3
24 Carlux 30 A3
81 Carmaux 36 B3
56 Carnac 15 D2
56 Carnac-Plage 15 D2
61 Carneille (La) 10 B2
34 Carnon-Plage 43 B1
83 Carnoules 44 C2
50 Carolles 9 C2
84 Carpentras 38 A3
14 Carpiquet 4 B3
83 Carqueiranne 44 C2
72 Carrefour-St-Hubert 17 C1
80 Carrépuis 5 D2
64 Carresse 40 D1
13 Carro 44 A2
61 Carrouges 10 B2
51 Carroy 12 B2
13 Carry-le-Rouet 44 A2
87 Cars (Les) 29 D1
24 Carsac 36 A1
68 Carspach 21 A2
50 Carteret 3 C3
59 Cartignies 6 B1
62 Carvin 1 D3
2B Casamozza 45 B2
31 Cassagnabère-Tournas 41 C2
48 Cassagnas 37 B2
24 Cassagne (La) 30 A3
12 Cassagnes-Bégonnès 36 C3
32 Cassaigne 35 C3
15 Cassaniouze 36 C1
59 Cassel 1 C2
47 Casseneuil 35 C2
11 Casses (Les) 42 B2
13 Cassis 44 B2
44 Casson 16 C2
12 Cassuejouls 36 D1
29 Cast 8 B3
2A Castagna (La) 45 C3
31 Castagnac 42 A2
40 Castaignos-Soulens 40 D1
31 Castanet-Tolosan 42 A1
65 Castelbajac 41 B2
31 Castelbiague 41 D3
82 Castelferrus 35 D3
46 Castelfranc 36 A2
32 Casteljaloux 41 C1
47 Casteljaloux 35 B2
04 Castellane 38 D3
04 Castellet (Le) 38 C3
84 Castellet 38 B3
04 Castellet-St-Cassien 38 D3
31 Castelmaurou 42 A1
82 Castelmayran 35 D3
33 Castelmoron-d'Albret 35 B1
47 Castelmoron-sur-Lot 35 C2
33 Castelnau 35 B2
40 Castelnau 34 D2
32 Castelau-Barbarens 41 C1
40 Castelnau-Chalosse 40 D1
11 Castelnaudary 42 B2
32 Castelnau-d'Auzan 35 B3
47 Castelnaud-de-Gratecambe 35 C2
81 Castelnau-de-Brassac 42 C1
81 Castelnau-de-Lévis 36 B3
33 Castelnau-de-Médoc 28 D3
81 Castelnau-de-Montmiral 36 B3
31 Castelnau-d'Estrétefonds 36 A3
24 Castelnaud-la-Chapelle 35 D1
34 Castelnau-le-Lez 43 B1
65 Castelnau-Magnoac 41 C2
46 Castelnau-Montratier 36 A2
65 Castelnau-Rivière-Basse 41 B1
11 Castelreng 42 B3
82 Castelsagrat 35 D2
82 Castelsarrasin 35 D3
31 Castera (Le) 42 D1
32 Castèra-Verduzan 35 C3
32 Castéron 35 D3
64 Castétis 40 D1
40 Castets 34 C3
33 Castets-en-Dorthe 35 B1
32 Castex 41 B2
2B Castifao 45 B2
14 Castillon 4 A3
64 Castillon 41 B1
06 Castillon 39 B3
09 Castillon-en-Couserans 41 D3
33 Castillon-la-Bataille 29 B3
32 Castillon-Massas 41 C1
47 Castillonnès 35 C1
81 Castres 42 C1
34 Castries 43 B1
59 Cateau (Le) 6 A1
02 Catelet (Le) 6 A1
60 Catenoy 5 C3
2B Cateraggio 45 C2
2B Cateri 45 B3
14 Cathéoles 10 A1
59 Catillon-sur-Sambre 6 B1
66 Catllar 43 C3
57 Cattenom 7 C3
46 Catus 36 A1
62 Cauchy-à-la-Tour 1 C3
56 Caudan 15 D1
76 Caudebec-en-Caux 4 D3
76 Caudebec-les-Elbeuf 5 A3
47 Caudecoste 35 C3
66 Caudiès-de-Fenouillèdes 42 C3
33 Caudos 34 D1
33 Caudrot 35 B1
59 Caudry 6 A1
31 Caujac 42 A2
22 Caulnes 9 B3
09 Caumont 41 D3
82 Caumont 35 D3
14 Caumont-L'Éventé 10 A1
84 Caumont-sur-Durance 37 D3
47 Caumont-sur-Garonne 35 B2
40 Cauna 35 A3
11 Caunes-Minervois 42 C2
11 Caunette-sur-Lauquet 42 C3
22 Caurel 8 D3
2A Cauro 45 C3
08 Cauroy 6 C3
82 Caussade 36 A2
34 Causse-de-la-Selle 43 B1
32 Caussens 35 C3
34 Caussiniojouls 43 A1
65 Cauterets 41 B3
14 Cauville 10 A1
76 Cauville 4 C2
34 Caux 43 A1
47 Cauzac 35 D2
84 Cavaillon 38 A3
83 Cavalaire-sur-Mer 44 D2
12 Cavalerie (La) 37 A3
83 Cavalière 44 C2
22 Cavan 8 D1
33 Cavignac 29 A3
30 Cavillargues 37 C3
09 Cayanes 42 A3
80 Cayeux-sur-Mer 5 B1
34 Caylar (Le) 37 A3
82 Caylus 36 B2
43 Cayres 31 B3
82 Cayrlech 36 A2
12 Cayrol (Le) 36 D1
33 Cazalis 35 A2
46 Cazals 36 A1
32 Cazaubon 35 B3
31 Cazaunous 41 C3
33 Cazaux 34 C1
31 Cazaux-Layrisse 41 C3
32 Cazaux-Savès 41 D1
09 Cazavet 41 D3
09 Cazenave 42 A3
31 Cazères 41 D2
40 Cazères-sur-l'Adour 35 A3
82 Cazes-Mondenard 35 D2
34 Cazouls-lès-Béziers 42 D2
61 Ceaucé 10 A2
86 Ceaux-en-Loudon 17 C3
34 Cébazan 42 D2
52 Ceffonds 12 D3
34 Ceilhes-de-Rocozels 42 D1
05 Ceillac 38 D1
54 Ceintrey 13 C2
83 Celle (La) 44 C2
16 Cellefrouin 29 C1
34 Celleneuve 43 B1
23 Celle-Duhoise (La) 24 B3
71 Celle-en-Morvan (La) 25 C1
37 Celle-Guénand (La) 23 D1
78 Celle-les-Bordes (La) 11 B2
09 Celles 42 A3
24 Celles 29 C2
37 Celle-Saint-Avant (La) 23 C1
79 Celles-sur-Belle 23 B3
10 Celles-sur-Ource 19 C1
58 Celle-sur-Loire (La) 18 D2
88 Celles-sur-Plaine 13 D3
23 Cellette (La) 24 B2
41 Cellettes 18 A2
73 Celliers 32 C2
36 Celon 24 A2
77 Cély 11 C3
24 Cénac-et-St-Julien 36 A1
70 Cendrecourt 20 B1
25 Cendrey 20 C3
46 Cénevières 36 B2
12 Cenomes 42 D1
39 Censeau 26 C1
21 Censerey 19 C3
2B Centuri 45 A2
31 Cepet 42 A1
45 Cepoy 18 D1
32 Céran 35 C3
72 Cérans-Fouilletourte 17 B1
66 Cerbère 43 D3
45 Cercottes 18 B1
17 Cercoux 29 B3
58 Cercy-la-Tour 25 B1
45 Cerdon 18 C2
37 Céré-la-Ronde 18 A3
50 Cérences 9 D1
04 Céreste 38 B3
66 Céret 43 D3

95 Cergy 11 C1
89 Cérilly 12 B3
03 Cérilly 24 D2
89 Cerisiers 19 A1
09 Cérisols 41 D2
50 Cerisy-la-Forêt 4 A3
50 Cerisy-la-Salle 9 D1
79 Cerisay 23 A1
68 Cernay 21 A1
86 Cernay 23 C1
51 Cernay-en-Dormois 12 D1
78 Cernay-la-Ville 11 B2
51 Cernay-les-Reims 6 C3
77 Cerneux 12 A2
39 Cernon 26 B2
51 Cernon 12 C2
45 Cernoy-en-Berry 18 D2
02 Verny-en-Laonnois 6 B3
33 Cérons 35 A1
79 Cersay 17 B3
88 Certilleux 13 B3
05 Cervières 38 D1
54 Cerville 13 C2
2B Cervione 45 B2
58 Cervon 19 B3
64 Cescau 41 A1
14 Cesny-Bois-Halbout 10 B1
34 Cessenon 42 D2
73 Cessens 32 B1
34 Cesseras 42 C2
02 Cessières 6 A3
38 Cessieu 32 A2
77 Cesson 11 D2
33 Cestas 35 A1
81 Cestayrols 36 B3
61 Céton 10 D3
05 Céüze 38 B2
73 Cevins 32 C2
63 Ceyrat 30 D1
13 Ceyreste 44 B2
63 Ceyssat 30 D1
01 Ceyzériat 26 A3
01 Ceyzérieu 32 B1
33 Cézac 29 A3
32 Cézan 35 C3
42 Cezay 31 B1
15 Cezens 30 D3
16 Chabanais 29 D1
03 Chabanne (La) 25 B3
04 Chabannes (Les) 38 B3
05 Chabestan 38 B2
26 Chabeuil 37 D1
89 Chablis 19 B1
38 Châbons 32 A2
17 Chabosse 23 A3
05 Chabottes 38 C1
16 Chabrac 29 D1
63 Chabreloche 31 B1
36 Chabris 18 B3
02 Chacrise 6 A3
25 Chaffois 26 C1
71 Chagny 25 D1
72 Chahaignes 17 C2
79 Chail 23 B3
36 Chaillac 24 A2
53 Chailland 10 A3
85 Chaillé-les-Marais 22 D2
41 Chailles 18 A2
85 Chaillé-sous-les-Ormeaux 22 C2
17 Chaillevette 28 D1
89 Chailley 19 B1
55 Chaillon 13 B1
61 Chailloué 10 C2
77 Chailly-en-Bière 11 D3
77 Chailly-en-Brie 12 A2
45 Chailly-en-Gâtinais 18 C1
21 Chailly-sur-Armançon 19 C3
77 Chaintreaux 11 D3
51 Chaintrix-Bierges 12 C1
43 Chaise-Dieu (La) 31 B2
85 Chaize-Giraud (La) 22 B1
85 Chaize-le-Vicomte (La) 22 D1
11 Chalabre 42 B3
16 Chalais 29 B2
38 Chalais 32 B2
01 Chalamont 26 A3
52 Chalancey 20 A2
26 Chalançon 38 A2
86 Chalandray 23 B1
87 Chalard (Le) 29 D1
58 Chalaux 19 B3
48 Chaldette (La) 36 D1
07 Chalençon 37 C1
05 Chalets-de-Laval 32 D3
45 Chalette-sur-Loing 18 D1
15 Chaliers 31 A3
15 Chalinargues 30 D3
52 Chalindrey 20 A1
18 Chalivoy-Milon 24 D1
49 Challain-la-Potherie 16 D2
85 Challans 22 B1
72 Challes 17 C1
73 Challes-les-Eaux 32 B2
42 Chalmazel 31 B1
71 Chalmoux 25 B2
49 Chalonnes-sur-Loire 17 A2
71 Chalon-sur-Saône 25 D1
51 Châlons-sur-Marne 12 C1
91 Châlo-St-Mars 11 C3
91 Chalou-Moulineux 11 B3
87 Châlus 29 D1
15 Chalvignac 30 C3
52 Chalvraines 13 A3
88 Chamagne 13 C3
38 Chamagnieu 32 A1
43 Chamalières-sur-Loire 31 B3
26 Chamaloc 38 A1
91 Chamarande 11 C2
26 Chamaret 37 D2
49 Chambellay 17 A2
23 Chamberaud 24 B3
19 Chamberet 30 B2
39 Chambéria 26 B2
73 Chambéry 32 B2
89 Chambeugle 18 D1
71 Chambilly 25 B3
39 Chamblay 26 B1
42 Chambles 31 C2
03 Chamblet 24 D2
54 Chambley-Bussières 13 B1
60 Chambly 11 C1
61 Chambois 10 C2
17 Chambon 22 D3
18 Chambon 24 C1
03 Chambonchard 24 C3
42 Chambon-Feugerolles (Le) 31 C2
42 Chambonie (La) 31 B1
45 Chambon-la-Forêt 18 C1
48 Chambon-le-Château 37 B1
23 Chambon-Sainte-Croix 24 B2
41 Chambon-sur-Cisse 18 A2
63 Chambon-sur-Lac 30 D2
43 Chambon-sur-Lignon (Le) 31 C3
23 Chambon-sur-Voueize 24 C3
27 Chambord 10 D1
41 Chambord 18 A2
87 Chamborêt 23 D3
30 Chamborigaud 37 B2
69 Chambost-Allières 25 C3
69 Chambost-Longessaigne 31 C1
73 Chambotte (La) 32 B1
19 Chamboulive 30 B2
37 Chambourg-sur-Indre 17 D3
27 Chambray 11 A1
73 Chambre (La) 32 C2
51 Chambrecy 12 B1
50 Chambres (Les) 9 D2
02 Chambry 6 B2
69 Chamelet 31 C1
52 Chameroy 20 A1
25 Chamesey 20 D3
25 Chamesol 20 D3
21 Chamesson 19 C2
53 Chammes 17 B1
74 Chamonix-Mont-Blanc 32 D1
02 Chamouille 6 B3
73 Chamoux-sur-Gelon 32 C2
15 Champagnac 30 C2
17 Champagnac 29 A2
24 Champagnac-de-Belair 29 C2
43 Champagnac-le-Vieux 31 A2
07 Champagne 31 D2
72 Champagné 17 C1
01 Champagne-en-Valmorey 32 B1
86 Champagné-le-Sec 23 B3
85 Champagné-les-Marais 22 D2
16 Champagne-Mouton 23 C3
86 Champagné-St-Hilaire 23 C2
77 Champagne-sur-Seine 11 D3
39 Champagney 20 A3
70 Champagney 20 D2
39 Champagnole 26 B1
17 Champagnolles 29 A2
73 Champagny-la-Vanoise 32 D2
51 Champaubert 12 B2
89 Champcevrais 18 D2
79 Champdeniers-St-Denis 23 A2
42 Champdieu 31 B1
21 Champ-d'Oiseau 19 C2
01 Champdor 26 B3
21 Champdôtre 20 A3
14 Champ-du-Boult 10 A2
67 Champ-du-Feu 14 A3
35 Champeaux 9 D3
77 Champeaux 11 D2
63 Champeix 31 A2
36 Champenoise (La) 24 B1
54 Champenoux 13 C2
48 Champerboux 37 A2
10 Champfleury 12 B2
71 Champforgueil 25 D1
53 Champgenéteux 10 B3
80 Champien 5 D2
38 Champier 32 A2
49 Champigné 17 A2
89 Champignelles 19 A2
54 Champigneulles 13 C2
10 Champignol-lez-Mondeville 19 D1
89 Champigny 12 A3
41 Champigny-en-Beauce 18 A2
86 Champigny-le-Sec 23 C1
10 Champigny-sur-Aube 12 B2
37 Champigny-sur-Veude 17 C3
36 Champillet 24 B2
89 Champlay 19 A1
58 Champlemy 19 A3
08 Champlin 6 C2
70 Champlitte-et-le-Prélot 20 A2
25 Champlive 20 C3
89 Champlost 19 B1
91 Champmotteux 11 C3
16 Champniers 29 B1
05 Champoléon 38 C1
50 Champrepus 9 D1
28 Champrond-en-Gâtine 11 A3
85 Champ-Saint-Père (Le) 22 C2
50 Champs-de-Losque (Les) 3 D3
28 Champseru 11 B3
49 Champ-sur-Layon (Le) 17 A3
15 Champs-sur-Tarentaine 30 C2
89 Champs-sur-Yonne 19 B2
49 Champtoceaux 16 D2
49 Champtocé-sur-Loire 17 A2
70 Champvans 20 B3
38 Chamrousse 32 B3
48 Chanac 37 A2
43 Chanaleilles 37 A1
38 Chanas 31 D2
63 Chanat-la-Mouteyre 30 D1
73 Chanaz 32 B1
21 Chanceaux 19 D2
24 Chancelade 29 C3
61 Chandat 10 D2
01 Chaneins 25 D3
53 Changé 10 A3
72 Changé 17 C1
24 Change (Le) 29 D3
42 Changy 25 B3
51 Changy 12 D2
17 Chaniers 29 A1
37 Channay-sur-Lathan 17 C2
10 Channes 19 C1
26 Chanos-Curson 31 D3
03 Chantelle 25 A3
49 Chanteloup 17 A3
79 Chanteloup 23 A1
38 Chantelouve 32 B3
26 Chantemerle-les-Blés 31 D3
05 Chantemerle 32 D3
58 Chantenay-St-Imbert 25 A1
72 Chantenay-Villedieu 17 B1
60 Chantilly 11 C1
85 Chantonnay 22 D1
25 Chantrans 26 C1
16 Chantrezac 29 C1
16 Chantrezac 29 C1
53 Chantrigné 10 A3
61 Chanu 10 A2
57 Chanville 13 C1
41 Chaon 18 C2
54 Chaoulley 13 B3
10 Chaource 19 C1
71 Chapaize 25 D2
38 Chapareillan 32 B2
63 Chapdes-Beaufort 30 D1
03 Chapeau 25 A2
03 Chapelaude (La) 24 C2
08 Chapelle (La) 6 D2
73 Chapelle (La) 32 C2
44 Chapelle-Achard (La) 22 C2
71 Chapelle-au-Mans (La) 25 B2
61 Chapelle-au-Moine (La) 10 A2
53 Chapelle-au-Riboul (La) 10 B3
88 Chapelle-aux-Bois (La) 20 C1
03 Chapelle-aux-Chasses (La) 25 A2
72 Chapelle-aux-Choux (La) 17 C2
60 Chapelle-aux-Pots (La) 5 B3
44 Chapelle-Basse-Mer (La) 16 D3
79 Chapelle-Bertrand (La) 23 B2
35 Chapelle-Bouëxic (La) 16 C1
56 Chapelle-Caro (La) 16 B1
72 Chapelle-d'Aligné (La) 17 B1
61 Chapelle-d'Andaine (La) 10 B2
18 Chapelle-d'Angillon (La) 18 C3
71 Chapelle-de-Guinchay (La) 25 D3
25 Chapelle-des-Bois (La) 26 C2
44 Chapelle-des-Marais (La) 16 B2
25 Chapelle-d'Huin 26 C1
72 Chapelle-du-Bois (La) 10 D3
53 Chapelle-du-Chêne (La) 10 A3
60 Chapelle-en-Serval (La) 11 C1
05 Chapelle-en-Valgaudemar (La) 38 C1
38 Chapelle-en-Valjouffrey (La) 32 C3
26 Chapelle-en-Vercors (La) 32 A3
95 Chapelle-en-Vexin 11 B1
72 Chapelle-Gaugain (La) 17 D1
77 Chapelle-Gauthier (La) 11 D2
44 Chapelle-Glain (La) 16 D2
07 Chapelle-Graillouse (La) 37 B1
28 Chapelle-Guillaume (La) 17 D1
85 Chapelle-Hermier (La) 22 C1
44 Chapelle-Heulin (La) 16 D3
77 Chapelle-la-Reine (La) 11 C3
51 Chapelle-Lasson (La) 12 B2
15 Chapelle-Laurent (La) 31 A3
28 Chapelle-Montigeon (La) 10 D2
86 Chapelle-Montreuil (La) 23 B2
56 Chapelle-Neuve (La) 16 A1
36 Chapelle-Orthemale (La) 24 A1
85 Chapelle-Palluau (La) 22 C1
53 Chapelle-Rainsouin (La) 10 A3
49 Chapelle-Rousselin (La) 17 A3
28 Chapelle-Royale (La) 11 A3
58 Chapelle-Saint-André (La) 19 A3
49 Chapelle-Saint-Florent (La) 16 D2
72 Chapelle-Saint-Fray (La) 10 C3
19 Chapelle-Saint-Géraud (La) 30 B3
79 Chapelle-Saint-Laurent (La) 23 A1
10 Chapelle-Saint-Luc (La) 12 B3
23 Chapelle-Saint-Martial (La) 24 B3
41 Chapelle-Saint-Martin-en-Plaine (La) 18 A2
70 Chapelle-Saint-Quillain (La) 20 B2
72 Chapelle-Saint-Rémy (La) 17 C1
44 Chapelle-Saint-Sauveur (La) 16 D2
71 Chapelle-Saint-Sauveur (La) 26 A1
45 Chapelle-
Saint-Sépulcre (La) 18 D1
18 Chapelle-Saint-Ursin (La) 24 C1
71 Chapelle-sous-Dun (La) 25 C3
90 Chapelle-sous-Rougemont (La) 20 D2
45 Chapelle-sur-Aveyron (La) 18 D1
44 Chapelle-sur-Erdre (La) 16 C2
39 Chapelle-sur-Furieuse (La) 26 B1
89 Chapelle-sur-Oreuse (La) 12 A3
23 Chapelle-Taillefer (La) 24 B3
71 Chapelle-Thècle (La) 26 A2
85 Chapelle-Thémer (La) 22 D2
79 Chapelle-Thireuil (La) 23 A2
10 Chapelle-Vallon 12 B3
41 Chapelle-Vendômoise (La) 18 A2
41 Chapelle-Vicomtesse (La) 17 D1
86 Chapelle-Viviers (La) 23 C2
18 Chapelotte (La) 18 C3
39 Chapois 26 B1
69 Chaponnay 31 D2
03 Chappes 24 D2
63 Chappes-Lussat 31 A1
17 Chapus (Le) 28 D1
38 Charavines-les-Bains 32 B2
08 Charbogne 6 C3
71 Charbonnat 25 C1
69 Charbonnières-les-Bains 31 D1
63 Charbonnières-les-Vieilles 24 D3
26 Charce 38 A2
70 Charcenne 20 B3
53 Charchigné 10 B3
39 Charchilla 26 B2
39 Charcier 26 B2
55 Chardogne 13 A2
71 Chardonnay 25 D2
54 Charency-Vezin 7 A3
63 Charensat 24 D3
89 Charentenay 19 A2
18 Charenton-sur-Cher 24 D1
18 Charentonnay 18 D3
71 Charette 26 A1
37 Chargé 17 D2
70 Chargey-lès-Gray 20 B2
58 Charité-sur-Loire (La) 18 D3
13 Charleval 44 A1
27 Charleval 5 A3
51 Charleville 12 B2
08 Charleville-Mézières 6 D2
57 Charleville-sous-Bois 13 C1
42 Charlieu 25 C3
17 Charluzac 29 A2
02 Charly 12 A1
45 Charme (Le) 18 D1
02 Charmel (Le) 12 A1
02 Charmes 6 A2
52 Charmes 20 A1
88 Charmes 13 C3
07 Charmes-sur-Rhône 37 D1
70 Charmoille 20 C2
88 Charmois-devant-Bruyères 13 C3
88 Charmois-l'Orgueilleux 20 C1
45 Charmont 11 C3
51 Charmont 12 D2
51 Charmontois (Les) 12 D1
10 Charmont-sous-Barbuise 12 C3
37 Charnizay 23 D1
21 Charny 19 C3
77 Charny 11 D1
89 Charny 19 A1
10 Charny-le-Bachot 12 B2
55 Charny-sur-Meuse 13 A1
71 Charolles 25 C2
18 Chârost 24 C1
55 Charpentry 6 D3
25 Charquemont 20 D3
16 Charras 29 C2
28 Charray 18 A1
71 Charrecey 25 D1
21 Charrey-sur-Saône 20 A3
59 Charrière 1 D1
17 Charron 22 D2
23 Charron 24 C3
03 Charroux 25 A3
86 Charroux 23 C3
95 Chars 11 B1
45 Charsonville 18 B1
28 Chartres 11 A3
72 Chartre-sur-le-Loir (La) 17 C2
77 Chartronges 12 A2
79 Charzay 23 B3
35 Chasné-sur-Illet 9 C3
43 Chaspuzac 31 B3
39 Chassal 26 B2
28 Chassant 11 A3
72 Chassé 10 C3
71 Chasselas 25 D3
02 Chassemy 6 A3
03 Chassenard 25 B2
16 Chasseneuil-sur-Bonnieure 29 C1
16 Chassenon 29 D1
48 Chasseradès 37 B2
69 Chasse-sur-Rhône 31 D2
36 Chassignolles 24 B2
52 Chassigny 20 A2
72 Chassillé 17 B1
89 Chastellux-sur-Cure 19 B3
48 Chastel-Nouvel 37 A1
63 Chastreix 30 D2
86 Chatain 23 C3
85 Châtaigneraie (La) 23 A1

04 Château-Arnoux 38 C3
16 Châteaubernard 29 A1
77 Châteaubleau 12 A2
35 Châteaubourg 9 D3
44 Châteaubriant 16 D1
39 Château-Chalon 26 B1
87 Château-Chervix 30 A2
58 Château-Chinon 19 B3
17 Château-d'Oléron (Le) 22 C3
72 Château-du-Loir 17 C2
28 Châteaudun 18 A1
78 Châteaufort 11 C2
86 Château-Garnier 23 C3
35 Châteaugiron 9 C3
53 Château-Gontier 17 A1
70 Château-Grenouille 20 C2
70 Château-Lambert 20 D1
77 Château-Landon 11 D3
37 Château-la-Vallière 17 C2
24 Château-L'Évêque 29 C2
29 Châteaulin 8 B3
18 Châteaumeillant 24 C2
21 Châteauneuf 19 D3
71 Châteauneuf 25 C3
85 Châteauneuf 22 B1
26 Châteauneuf-de-Galaure 31 D3
48 Châteauneuf-de-Randon 37 B1
35 Châteauneuf-d'Ille-et-Vilaine 9 C2
29 Châteauneuf-du-Faou 8 C3
84 Châteauneuf-du-Pape 37 D3
28 Châteauneuf-en-Thymerais 11 A2
84 Châteauneuf-Gadagne 37 D3
87 Châteauneuf-la-Forêt
63 Châteauneuf-les-Bains 24 D3
13 Châteauneuf-lès-Martigues 44 A2
16 Châteauneuf-sur-Charente 29 B1
18 Châteauneuf-sur-Cher 24 C1
26 Châteauneuf-sur-Isère 31 D3
45 Châteauneuf-sur-Loire 18 C1
49 Châteauneuf-sur-Sarthe 17 A2
58 Châteauneuf-Val-de-Bargis 19 A3
87 Châteauponsac 24 A3
08 Château-Porcien 6 C3
05 Château-Queyras 38 D1
04 Châteauredon 38 C3
08 Château-Regnault 6 D2
13 Châteaurenard 37 D3
45 Châteaurenard 18 D1
37 Château-Renault 17 D2
05 Châteauroux 38 D1
36 Châteauroux 24 B1
57 Château-Salins 13 C2
03 Château-sur-Allier 24 D1
63 Château-sur-Cher 24 C3
44 Châteauthébaud 16 C3
02 Château-Thierry 12 A1
83 Châteauvert 44 C1
41 Châteauvieux 18 A3
52 Châteauvillain 19 D1
88 Châtel-sur-Moselle 13 C3
74 Châtel 26 D3
17 Châtelaillon 22 D3
73 Châtelard (Le) 32 C1
22 Châtelaudren 9 A2
89 Châtel-Censoir 19 B2
08 Châtel-Chéhéry 6 D3
39 Châtel-de-Joux 26 B2
03 Châtel-de-Neuvre 25 A2
63 Châteldon 25 A3
18 Châtelet (Le) 24 C2
77 Châtelet-en-Brie 11 D3
08 Châtelet-sur-Retourne (Le) 6 C3
89 Châtel-Gérard 19 C2
63 Châtelguyon 30 D1
61 Châtelier (Le) 10 A2
86 Châtellerault 23 C1
03 Châtel-Montagne 25 B3
23 Châtelus-le-Marcheix 24 A3
26 Châtelus-Malvaleix 24 B3
77 Châtenay-sur-Seine 12 A3
87 Châtenet-en-Dognon (Le) 30 A1
67 Châtenois 14 A3
88 Châtenois 13 B3
90 Châtenois-les-Forges 20 D2
45 Châtenoy 18 C1
39 Châtillon 26 B2
45 Châtillon-Coligny 18 D1
01 Châtillon-de-Michaille 26 B3
58 Châtillon-en-Bazois 25 B1
26 Châtillon-en-Diois 38 A1
28 Châtillon-en-Dunois 18 A1
35 Châtillon-en-Vendelais 9 D3
45 Châtillon-le-Roi 11 C3
26 Châtillon-St-Jean 32 A3
55 Châtillons-sous-les-Côtes 13 A1
08 Châtillon-sur-Bar 6 D3
01 Châtillon-sur-Chalaronne 25 D3
74 Châtillon-sur-Cluses 26 D3
53 Châtillon-sur-Colmont 10 A3
36 Châtillon-sur-Indre 24 A1
45 Châtillon-sur-Loire 18 D2
51 Châtillon-sur-Marne 12 B1
21 Châtillon-sur-Seine 19 C1
88 Châtillon-sur-S. 20 B1
38 Châtonnay 32 A2
36 Châtre (La) 24 B2
36 Châtre-d'Anglin (La) 24 A2
10 Châtres 12 B3
24 Châtres 30 A3
53 Châtres-la-Forêt 10 B3
41 Châtres-sur-Cher 18 B3
38 Chatte 32 A3
26 Chatuzange-le-Goubet 32 A3
48 Chauchailles 36 D1
85 Chauché 22 D1
25 Chaudefontaine 20 C3
52 Chaudenay 20 A1
15 Chaudes-Aigues 36 D1
48 Chaudeyrac 37 B1
10 Chaudrey 12 C3
49 Chaudron-en-Mauges 16 D3
04 Chaudron-Norante 38 C3
02 Chaudun 6 A3
71 Chauffailles 25 C3
05 Chauffayer 38 C1
10 Chauffours-lès-Bailly 12 C3
78 Chaufour-les-Bonnières 11 A1
72 Chaufour-N.-D. 17 C1
80 Chaulnes 5 D2
58 Chaumard 19 B3
21 Chaume (La) 19 D1
85 Chaume (La) 22 B2
70 Chaumercenne 20 B3
39 Chaumergy 26 A1
77 Chaumes-en-Brie 11 D2
10 Chaumesnil 12 C3
52 Chaumont 20 A1
74 Chaumont 26 B3
60 Chaumont-en-Vexin 5 B3
08 Chaumont-Porcien 6 C2
55 Chaumont-sur-Aire 13 A1
41 Chaumont-sur-Loire 18 A2
41 Chaumont-sur-Tharonne 18 B2
58 Chaumot 19 B3
86 Chaunay 23 B3
02 Chauny 6 A2
41 Chaussée-Saint-Victor (La) 18 A2
51 Chaussée-sur-Marne (La) 12 C2
39 Chaussin 26 A1
80 Chaussoy-Epagny 5 C2
95 Chaussy 11 B1
45 Chaussy 11 B3
18 Chautay (Le) 24 D1
44 Chauvé 16 B3
35 Chauvigné 9 D3
86 Chauvigny 23 C2
41 Chauvigny-en-Perche 18 A1
70 Chauvirey-le-Chatel 20 B1
71 Chaux (La) 26 A1
25 Chaux (La) 26 C1
21 Chaux 19 D3
70 Chaux-lès-Port 20 B2
25 Chaux-Neuve (La) 26 C2
24 Chavagnac 30 A3
35 Chavagne 9 C3
79 Chavagné 23 B2
85 Chavagnes-en-Paillers 22 D1
85 Chavagnes-les-Redoux 22 D1
23 Chavanat 30 B1
10 Chavanges 12 C2
43 Chavaniac-Lafayette 31 B3
18 Chavannes 24 C1
01 Chavannes-sur-Suran 26 A3
38 Chavanoz 32 A1
03 Chavenon 24 D2
02 Chavignon 6 A3
36 Chavin 24 B2
69 Chazay-d'Azergues 31 C3
05 Chazelet (Le) 32 C3
16 Chazelles 29 C1
42 Chazelles-sur-Lyon 31 C2
03 Chazemais 24 C2
49 Chazé-sur-Argos 17 A2
03 Chazeuil 25 A3
21 Chazeuil 20 A2
01 Chazey-Bons 32 B1
01 Chazey-sur-Ain 32 A1
25 Chazot 20 C3
45 Chécy 18 B1
79 Chef-Boutonne 23 B3
49 Cheffes 17 A2
85 Cheffois 23 A1
87 Cheissoux 30 B1
63 Cheix (Le) 31 A1
32 Chélan 41 C2
65 Chelle-Debat 41 B2
60 Chelles 6 A3
77 Chelles 11 D1
35 Chelun 16 D1
53 Chemazé 17 A1
49 Chemellier 17 B3
44 Chéméré 16 B3
53 Chéméré-le-Roi 17 B1
41 Chemery 18 A3
08 Chémery-sur-Bar 6 D2
39 Chemilla 26 B2
49 Chemillé 17 A3
37 Chemillé-sur-Dême 17 D2
37 Chemillé-sur-Indrois 18 A3
03 Chemilly 25 A2
89 Chemilly 19 B1
89 Chemilly-sur-Serein 19 B2
39 Chemin 26 A1
57 Cheminot 13 B1
72 Chemiré-en-Charnie 17 B1
72 Chemiré-le-Gaudin 17 B1
25 Chenalotte (La) 20 D3
79 Chenay 23 B2
71 Chenay-le-Châtel 25 B3
10 Chêne (Le) 12 C2
25 Chenecey-Buillon 20 B3
28 Chêne-Chenu 11 A2
49 Chênehutte-les-Tuffeaux 17 B3
69 Chênelette 25 C3
23 Chénérailles 24 C3
51 Cheniers 12 C1
23 Chéniers 24 B2
88 Cheniménil 13 C3
27 Chennebrun 10 D2
10 Chennegy 12 B3
94 Chennevières-sur-Marne 11 C2
77 Chenoise 12 A2
37 Chenonceaux 17 D3
72 Chenu 17 C2
89 Cheny 19 A1
17 Chepniers 29 A2
51 Cheppe (La) 12 C1
51 Chepy 12 C1
80 Chépy 5 B1
72 Chérancé 10 C3
64 Chéraute 40 D2
17 Cherbonnières 23 A3
50 Cherbourg 3 D2
50 Chérence-le-Héron 9 D2
50 Chérence-le-Roussel 10 A2
69 Chères (Les) 31 D1
28 Cherisy 11 A2
17 Chermignac 29 A1
88 Chermisey 13 B3
02 Chermizy-Ailles 6 B3
89 Chéroy 11 D3
49 Cherré 17 A2
35 Cherrueix 9 C2
86 Cherves 23 B1
16 Cherves-Châtelars 29 C1
16 Cherves-Richemont 29 A1
17 Chervettes 23 A3
79 Cherveux 23 A1
02 Chéry-Chartreuse 6 B3
02 Chéry-lès-Pouilly 6 B2
10 Chesley 19 C1
08 Chesne (Le) 6 D3
08 Chesnois-Auboncourt (Le) 6 C3
69 Chessy 31 D1
77 Chessy 11 D2
10 Chessy-les-Prés 19 B1
08 Chestres 6 D3
03 Chevagnes 25 A2
35 Chevaigné 9 C3
44 Chevallerais (La) 16 C2
17 Chevanceaux 29 B2
91 Chevannes 11 C2
58 Chevannes-Changy 19 A3
58 Chevenon 25 A1
41 Cheverny 18 A2
21 Chevigny-St-Sauveur 20 A3
52 Chevillon 13 A2
45 Chevilly 18 B1
69 Chevinay 31 D1
49 Cheviré-le-Rouge 17 B2
77 Chevrainvilliers 11 D3
02 Chevresis 6 B2
78 Chevreuse 11 B2
60 Chevrières 5 D3
44 Chevrolière (La) 16 C3
01 Chevroux 25 D2
77 Chevru 12 A2
77 Chevry-Cossigny 11 D2
79 Chey 23 B2
15 Cheylade 30 D3
07 Cheylard (Le) 37 C1
48 Cheylard-L'Évêque (Le) 37 B1
18 Chezal-Benoît 24 C1
22 Chèze (La) 9 A3
52 Chézeaux 20 B1
36 Chézelles 24 A1
01 Chézery-Forens 26 B3
02 Chézy-en-Orxois 12 A1
02 Chézy-sur-Marne 12 A1
2B Chiatra 45 B2
2A Chiavari 45 C3
79 Chiché 23 B1
51 Chichey 12 B2
38 Chichilianne 38 B1
02 Chierry 12 A1
49 Chigné 17 B2
89 Chigy 12 A3
16 Chillac 29 B2
45 Chilleurs-aux-Bois 18 C1
37 Chinon 17 C3
16 Chirac 29 C1
48 Chirac 37 A2
86 Chiré-en-Montreuil 23 B2
38 Chirens 32 B2
41 Chissay-en-Touraine 18 A3
71 Chissey-en-Morvan 19 C3
71 Chissey-lès-Mâcon 25 D2
41 Chitenay 18 A2
17 Chives 23 B3
21 Chivres 26 A1
02 Chivy-les-Étouvelles 6 B3
79 Chizé 23 A3
62 Chocques 1 D3
52 Choiseul 20 B1
74 Choisy 26 C3
60 Choisy-au-Bac 5 D3
77 Choisy-en-Brie 12 A2
49 Cholet 16 D3
54 Choloy-Ménillot 13 B2
43 Chomelix 31 B3
07 Chomérac 37 D1
43 Chomette (La) 31 A3
55 Chonville-Malaumont 13 A2
38 Choranche 32 A3
05 Chorges 38 C1
03 Chouvigny 24 D3
45 Choux (Les) 18 D1
02 Chouy 12 A1
37 Chouzé-sur-Loire 17 C3
41 Chouzy-sur-Cisse 18 A2
70 Choye 20 B3
45 Chuelles 18 D1
30 Chusclan 37 D3
38 Chuzelles 31 D2
31 Ciadoux 41 C2
64 Ciboure 40 B1
31 Cierp 41 C3
17 Cierzac 29 A1
65 Cieutat 41 B2
87 Cieux 23 D3
58 Ciez 19 A2
37 Cigogné 17 D3
03 Cindré 25 A3
37 Cinq-Mars-la-Pile 17 C3
31 Cintegabelle 42 A2
35 Cintré 9 C3
70 Cintrey 20 B2
13 Ciotat (La) 44 B2
61 Ciral 10 B2
37 Ciran 17 D3
17 Ciré-d'Aunis 22 D3
60 Cires-les-Mello 5 C3
52 Cirey-les-Mareilles 13 A3
52 Cirey-sur-Blaise 12 D3
54 Cirey-sur-Vezouze 13 D2
36 Ciron 24 A2
71 Ciry-le-Noble 25 C2
33 Cissac-Médoc 28 D2
63 Cisternes-la-Forêt 30 D1
43 Cistrières 31 B2
80 Citerne 5 B1
70 Citers 20 C2
86 Civaux 23 C2
42 Civens 31 C1
33 Civrac-de-Dordogne 35 B1
33 Civrac-en-Médoc 28 D2
18 Civray 24 C1
86 Civray 23 C3
37 Civray-de-Touraine 17 D3
69 Civrieux-D'Azergues 31 D1
50 Clairefontaine 3 C2
78 Clairefontaine-en-Yvelines 11 B2
70 Clairegoutte 20 C2
59 Clairfayts 6 C1
10 Clairvaux 12 D3
12 Clairvaux-d'Aveyron 36 C2
39 Clairvaux-les-Lacs 26 B2
80 Clairy-Saulchoix 5 C2
76 Clais 5 A2
17 Clam 29 A2
58 Clamecy 19 A2
21 Clamerey 19 C3
06 Clans 39 A3
55 Claon (Le) 12 D1
33 Claouey 34 C1
17 Clapet (Le) 28 D1
12 Clapier (Le) 37 A3
74 Clarafond 26 B3
30 Clarensac 37 C3
34 Claret 37 B3
59 Clary 6 A1
88 Claudon 20 B1
15 Claux (Le) 30 D3
05 Claux (Les) 38 D1
38 Clavans 32 C3
69 Claveisolles 25 C3
47 Clavier 35 B2
15 Clavières 31 A3
27 Claville 11 A1
76 Claville-Motteville 5 A2
08 Clavy-Warby 6 C2
77 Claye-Souilly 11 D1
78 Clayes-sous-Bois (Les) 11 B2
71 Clayette (La) 25 C3
79 Clazay 23 A1
14 Clécy 10 B1
29 Cléden-Cap-Sizun 8 A3
29 Cléden-Poher 8 C3
29 Cléder 8 C1
40 Clèdes 41 A1
52 Clefmont 20 A1
49 Clefs 17 B2
56 Cléguérec 8 D3
38 Clelles 38 B1
62 Clenleu 1 B3
26 Cléon-d'Andran 37 D1
17 Clérac 29 B3
36 Cléré-du-Bois 23 D1
37 Cléré-les-Pins 17 C2
76 Clères 5 A2
49 Cléré-sur-Layon 17 A3
10 Clérey 12 C3
19 Clergoux 30 B2
26 Clérieux 31 D3
89 Clérimois (Les) 12 A3
09 Clermont 42 A3
40 Clermont 40 D1
60 Clermont 5 C3
74 Clermont 32 B1
72 Clermont-Créans 17 B2
24 Clermont-de-Beauregard 29 C3
55 Clermont-en-Argonne 12 D1
63 Clermont-Ferrand 31 A1
02 Clermont-lès-Fermes 6 B2
34 Clermont-l'Hérault 43 A1
25 Cléron 20 B3
25 Clerval 20 C3
21 Cléry 20 A3
45 Cléry-St-André 18 B1
80 Cléry-sur-Somme 5 D1
79 Clessé 23 A1
71 Clessy 25 C2
62 Cléty 1 C3
28 Clévilliers 11 A2
67 Climbach 14 B1
36 Clion 24 A1
44 Clion-sur-Mer (Le) 16 B3
26 Cliousclat 37 D1
17 Clisse (La) 29 A1
44 Clisson 16 D3
29 Clohars-Carnoët 15 C1
29 Cloître-Pleyben (Le) 8 C3
29 Cloître-Saint-Thégonnec (Le) 8 C2

17 Clotte (La) **29** B2
85 Clouzeaux (Les) **22** C1
28 Cloyes-sur-le-Loir **18** A1
23 Clugnat **24** B3
36 Cluis **24** B2
71 Cluny **25** D2
74 Clusaz (La) **32** C1
05 Cluse (La) **38** B1
25 Cluse-et-Mijoux (La) **26** C1
74 Cluses **26** D3
06 Coaraze **39** A3
64 Coarraze **41** A2
29 Coat-Méal **8** B2
10 Coclois **12** C3
47 Cocumont **35** B2
30 Codognan **43** C1
30 Codolet **37** D3
35 Coësmes **16** C1
02 Coeuvres-et-Valsery **6** A3
85 Coëx **22** C1
2A Coggia **45** C3
35 Coglès **9** D2
16 Cognac **29** A1
87 Cognac-le-Froid **29** D1
03 Cognat-Lyonne **25** A3
72 Cogners **17** D1
38 Cognin-les-Gorges **32** A3
83 Cogolin **44** D2
22 Cohiniac **9** A2
52 Coiffy-le-Haut **20** B1
78 Coignières **11** B2
02 Coincy **12** A1
36 Coings **24** B1
51 Coizard-Joches **12** B2
62 Colembert **1** B2
01 Coligny **26** A2
89 Collan **19** B1
04 Colle-Saint-Michel (La) **38** D3
06 Colle-sur-Loup (La) **45** A1
38 Collet-d'Allevard (Le) **32** C2
14 Colleville-sur-Mer **4** A3
30 Collais **37** C3
22 Collinée **9** B3
66 Collioure **43** D3
83 Collobrières **44** C2
01 Collonges **26** B3
19 Collonges **30** A3
06 Collongues **38** D3
30 Collorgues **37** C3
68 Colmar **21** A1
04 Colmars **38** D2
57 Colmen **7** C3
58 Colméry **19** A3
52 Colmier-le-Bas **19** D2
52 Colmier-le-Haut **19** D2
30 Colognac **37** B3
32 Cologne **41** D1
06 Colomars **45** A1
10 Colombe-la-Fosse **12** D3
41 Colombe (La) **18** A1
54 Colombey-les-Belles **13** B2
52 Colombey-les-deux-Églises **12** D3
26 Colombier (Le) **37** D2
25 Colombier-Fontaine **20** D2
07 Colombier-le-Vieux **31** D3
17 Colombiers **29** A1
86 Colombiers **23** C1
38 Colombier-Saugnieu **32** A1
12 Colombiès **36** C2
50 Colomby **3** D3
31 Colomiers **42** A1
61 Colonard-Corubert **10** D3
23 Colondannes **24** A3
56 Colpo **16** A1
15 Coltines **30** D3
24 Coly **30** A3
26 Combe (La) **38** B2
70 Combeaufontaine **20** B2
05 Combe-Brémont **38** D1
82 Comberouger **35** D3
16 Combiers **29** C2
80 Combles **5** D1
35 Comblessac **16** B1
74 Combloux **32** C3
35 Combourg **9** C2
35 Combourtillé **9** D3
26 Combovin **38** A1
63 Combrailles **30** C1
49 Combrée **16** D1
28 Combres **11** A3
43 Combres **31** B3
45 Combreux **18** C1
63 Combronde **31** A1
77 Combs-la-Ville **11** D2
59 Comines **2** A2
29 Commana **8** C2
21 Commarin **19** D3
39 Commenailles **26** A1
40 Commensacq **34** D2
03 Commentry **24** D3
85 Commequiers **22** B1
53 Commer **10** A3
55 Commercy **13** A2
63 Compains **30** D2
23 Compas (Le) **24** C3
23 Compeix (Le) **30** B1
60 Compiègne **5** D3
89 Compigny **12** A3
12 Compolibat **36** C2
87 Compreignac **24** A3
30 Comps **37** D3
83 Comps-sur-Artuby **44** D1
41 Conan **18** A2
01 Conand **32** A1
2A Conca **45** D2
29 Concarneau **15** C1
27 Conches-en-Ouche **10** D1
64 Conchez-de-Béarn **41** A1
62 Conchil-le-Temple **1** B3
60 Conchy-les-Pots **5** D2
46 Concots **36** A2
49 Concourson-sur-Layon **17** B3
18 Concressault **18** C2
71 Condal **26** A2
01 Condamine **26** B3
04 Condamine-Chatelard (La) **38** D2
15 Condat **30** D2
95 Condécourt **11** B1
02 Condé-en-Brie **12** B1
01 Condeissiat **26** A3
08 Condé-lès-Autry **6** D3
57 Condé-Northon **13** C1
16 Condéon **29** B2
61 Condé-sur-Huisne **10** D3
59 Condé-sur-l'Escaut **2** B3
51 Condé-sur-Marne **12** C1
14 Condé-sur-Noireau **10** A1
78 Condé-sur-Vesgre **11** B2
50 Condé-sur-Vire **10** A1
32 Condom **35** C3
69 Condrieu **31** D2
51 Conflans **12** B2
73 Conflans **32** C1
54 Conflans-en-Jarnisy **13** B1
78 Conflans-Sainte-Honorine **11** C1
70 Conflans-sur-Lanterne **20** C1
16 Confolens **23** C3
19 Confolent-Port-Dieu **30** C2
29 Confort **8** B3
01 Confort **26** B3
51 Congy **12** B2
28 Conie-Molitard **18** A1
73 Conjux **32** B1
72 Conlie **10** B3
39 Conliège **26** B2
51 Connantray-Vaurefroy **12** B2
51 Connantre **12** B2
30 Connaux **37** C3
72 Connerré **17** C1
44 Conquereuil **16** C2
12 Conques **36** C1
11 Conques-sur-Orbiel **42** C2
29 Conquet (Le) **8** A2
06 Conségudes **39** A3
55 Consenvoye **7** A3
52 Consigny **13** A3
54 Cons-la-Grandville **7** B3
25 Consolation-Maisonnettes **20** C3
74 Contamines-Montjoie (Les) **32** D1
74 Contamines-sur-Arve **26** C3
06 Contes **39** A3
62 Contes **1** B3
14 Conteville **10** B1
60 Conteville **5** C2
76 Conteville **5** B2
57 Conthil **13** C1
49 Contigné **17** A1
40 Contis-Plage **34** C2
18 Contres **24** C1
41 Contres **18** A2
08 Contreuve **6** C3
01 Contrevoz **32** B1
88 Contrexéville **13** B3
80 Conty **5** C2
51 Coole **12** C2
85 Copechagnière (La) **22** C1
14 Coquainvilliers **4** C3
24 Coquille (La) **29** D2
29 Coray **8** C3
2B Corbara **45** A3
69 Corbas **31** D1
91 Corbeil-Essonnes **11** C2
45 Corbeilles **18** C1
73 Corbel **32** B2
70 Corbenay **20** C1
02 Corbeny **6** B3
21 Corberon **25** D1
80 Corbie **5** C2
73 Corbier (Le) **32** C3
04 Corbières **44** B1
58 Corbigny **19** B3
14 Corbon **10** C1
01 Corbonod **32** B1
91 Corbreuse **11** B3
25 Corcelles-Ferrières **20** B3
21 Corcelles-lès-Cîteaux **20** A3
21 Corcelles-les-Monts **19** D3
88 Corcieux **13** D3
30 Corconne **37** B3
44 Corcoué-sur-Logne **16** C3
02 Corcy **6** A3
38 Cordéac **38** B1
42 Cordelle **31** B1
44 Cordemais **16** C2
22 Corderie (La) **9** A2
81 Cordes **36** B3
71 Cordesse **25** C1
14 Cordey **10** B1
24 Corgnac-sur-l'Isle **29** D2
21 Corgoloin **19** D3
22 Corlay **8** D2
01 Corlier **26** B3
28 Cormainville **18** B1
01 Cormaranche-en-Bugey **32** B1
71 Cormatin **25** D2
17 Corme-Écluse **28** D1
76 Cormeilles **4** C3
95 Cormeilles-en-Parisis **11** C1
95 Cormeilles-en-Vexin **11** B1
41 Cormeray **18** A2
37 Cormery **17** D3
72 Cormes **10** D3
51 Cormicy **6** B3
14 Cormolain **10** A1
51 Cormontreuil **12** B1
01 Cormoranche-sur-Saône **25** D3
10 Cormost **12** C3
01 Cormoz **26** A2
46 Corn **36** B1
14 Corne (La) **10** C1
49 Corné **17** B2
31 Cornebarrieu **42** A1
34 Corneilhan **43** A2
27 Corneuil **11** A1
27 Corneville-sur-Risle **4** D3
19 Cornil **30** B3
26 Cornillon-sur-l'Oule **38** A2
88 Cornimont **20** D1
46 Cornouiller (Le) **36** B1
49 Cornuaille (La) **16** D2
12 Cornus **37** A3
18 Cornusse **24** D1
82 Cornusson **36** B2
57 Corny-sur-Moselle **13** B1
49 Coron **17** A3
38 Corps **38** B1
35 Corps-Nuds **16** C1
2A Corrano **45** C3
70 Corre **20** B1
38 Corrençon **32** B3
83 Correns **44** C1
19 Corrèze **30** B2
66 Corsavy **43** C3
22 Corseul **9** B2
66 Cortalets **43** C3
2B Corte **45** B2
71 Cortevaix **25** D2
28 Corvées-les-Yys (Les) **11** A3
01 Corveissiat **26** A3
58 Corvol-l'Orgueilleux **19** A2
03 Cosne-d'Allier **24** D2
58 Cosne-Cours-sur-Loire **18** D3
50 Cosqueville **3** D2
58 Cossaye **25** A1
53 Cossé-en-Champagne **17** B1
53 Cossé-le-Vivien **17** A1
43 Costaros **37** B1
42 Coteau (Le) **25** C3
74 Côte-d'Arbroz (La) **26** D3
38 Côtes-de-Corp (Les) **38** B1
38 Côte-Saint-André (La) **32** A2
2A Coti-Chiavari **45** C3
83 Cotignac **44** C1
17 Cotinière (La) **22** C3
80 Cottenchy **5** C2
17 Couarde (La) **22** C3
77 Coubert **11** D2
52 Coublanc **20** A2
38 Coublevie **32** B2
71 Couches **25** C1
26 Coucourde (La) **37** D1
07 Coucouron **37** B1
02 Coucy-le-Château **6** A3
02 Coucy-lès-Eppes **6** B3
41 Couddes **18** A3
59 Coudekerque-Branche **1** C2
63 Coudes **31** A2
11 Coudrons **42** B3
53 Coudray **17** A1
28 Coudray-au-Perche **10** C3
49 Coudray-Macouard (Le) **17** B3
79 Coudre (La) **23** A1
79 Coudreceau **10** C3
27 Coudres **11** A1
40 Coudures **41** A1
31 Coueilles **41** D2
44 Couëron **16** C3
53 Couesmes-en-Froulay **10** A2
44 Couffé **16** D2
41 Couffi **18** A3
48 Couffinet **37** A1
19 Couffy-sur-Sarsonne **30** C1
09 Couflens **41** D3
81 Coufouleux **36** B3
86 Couhé **23** B2
77 Couilly-Pont-aux-Dames **11** D1
11 Couiza **42** C3
89 Coulanges-la-Vineuse **19** B2
89 Coulanges-sur-Yonne **19** A2
72 Coulans-sur-Gée **17** B1
25 Coulans-sur-Lison **26** B1
24 Coulaures **29** D2
03 Couleuvre **24** D2
16 Coulgens **29** C1
80 Coullemelle **5** C2
45 Coullons **18** C2
21 Coulmier-le-Sec **19** C2
45 Coulmiers **18** B1
62 Coulogne **1** B2
86 Coulombiers **23** B2
77 Coulombs-en-Valois **12** A1
08 Coulommes-et-Marqueny **6** C3
77 Coulommiers **12** A2
17 Coulonges **29** A1
02 Coulonges-en-Tardenois **12** B1
79 Coulonges-sur-l'Autize **23** A2
70 Coulonges-Thouarsais **23** B1
79 Coulon-Sansais **23** A2
80 Coulonvillers **5** C1
89 Coulours **12** B3
58 Couloutre **19** A3
50 Couloucray-Boisbenâtre **9** D2
57 Coume **13** C1
12 Coupiac **36** C3
52 Coupray **19** D1
53 Couptrain **10** B2
91 Courances **11** C3
17 Courant **23** A3
21 Courban **19** D1
02 Courboin **12** A1
03 Courçais **24** C2
72 Courcebœufs **10** C3
45 Courcelles **18** C1
57 Courcelles-Chaussy **13** C1
37 Courcelles-de-Touraine **17** C2
72 Courcelles-la-Forêt **17** B1
62 Courcelles-le-Comte **5** D1
21 Courcelles-lès-Semurs **19** C2
57 Courcelles-sur-Nied **13** C1
27 Courcelles-sur-Seine **11** A1
72 Courcemont **10** C3
21 Courchamp **20** A2
77 Courchamp **12** A2
70 Courchaton **20** C2
73 Courchevel **32** D2
41 Cour-Cheverny **18** A2
53 Courcité **10** B3
16 Courcôme **23** B3
17 Courçon **22** D2
37 Courcoué **17** C3
91 Courcouronnes **11** C2
70 Courcuire **20** B3
45 Courcy-aux-Loges **18** C1
38 Cour-et-Buis **31** D2
72 Courgains **10** C3
72 Courgenard **10** D3
89 Courgenay **12** A3
89 Courgis **19** B2
51 Courgivaux **12** A2
63 Courgoul **30** D2
79 Courlay **23** A1
49 Courléon **17** B2
41 Courmemin **18** B2
02 Courmont **12** B1
63 Cournon-d'Auvergne **31** A1
34 Cournonterral **43** B1
13 Couronne (La) **44** A2
16 Couronne (La) **29** B1
77 Courpalay **11** D2
63 Courpière **31** A1
17 Courpignac **29** A2
32 Courrensan **35** B3
62 Courrières **1** D3
46 Cours **36** A2
69 Cours-la-Ville **25** C3
11 Coursan **42** D2
24 Cours-de-Pile **35** C1
06 Coursegoules **39** A3
14 Courseulles-sur-Mer **4** B3
18 Cours-les-Barres **24** D1
89 Courson-les-Carrières **19** A2
28 Courtalain **18** A1
10 Courtavant **12** B2
68 Courtavon **21** A2
61 Courteilles **10** B2
19 Courteix **30** C1
02 Courtemont **12** A1
51 Courtémont **12** D1
45 Courtenay **19** A1
10 Courtenot **12** C3
84 Courthezon **37** D3
50 Courtils **9** D2
23 Courtine-le-Trucq (La) **30** C1
51 Courtisols **12** C1
61 Courtomer **10** C2
14 Courtonne-les-Deux-Églises **10** C1
91 Court-Plain **11** C3
28 Courville-sur-Eure **11** A3
39 Cousance **26** A2
55 Cousances-les-Forges **13** A2
59 Cousolre **6** C1
87 Coussac-Bonneval **30** A2
86 Coussay **23** C1
86 Coussay-les-Bois **23** D1
10 Coussegrey **19** B1
12 Coussergues **36** D2
88 Coussey **13** B3
18 Coust **24** C2
11 Coustouge **42** D3
66 Coustouges **43** C3
50 Coutainville **9** C1
50 Coutances **9** D1
77 Coutençon **11** D3
09 Coutens **42** B3
61 Couterne **10** B2
47 Couthures-sur-Garonne **35** B1
79 Coutières **23** B2
42 Coutouvre **25** C3
33 Coutras **29** B3
16 Couture **23** C3
24 Couture **35** C1
27 Couture-Boussey (La) **11** A1
79 Couture-d'Argenson **23** B3
41 Couture-sur-Loir **17** D2
12 Couvertoirade (La) **37** A3
55 Couvonges **12** D2
02 Couvron-et-Aumencourt **6** A2
24 Coux-et-Bigaroque **35** D1
18 Couy **18** D3
24 Couze-et-St-Front **35** C1
03 Couzon **25** A2
46 Couzou **36** A1
31 Cox **41** D1
62 Coyecques **1** C3
60 Coye-la-Forêt **11** C1
17 Cozes **28** D1
2A Cozzano **45** C2
56 Crach **15** D1
42 Craintilleux **31** C2
88 Crainvilliers **13** B3
51 Cramant **12** B1
39 Crançot **26** B2
12 Cransac **36** C2
53 Craon **17** A1
02 Craonne **6** B3
43 Craponne-sur-Arzon **31** B2

83 Crau (La) **44** C2
45 Cravant **18** B1
89 Cravant **19** B2
37 Cravant-les-Côteaux **17** C3
17 Crazannes **29** A1
50 Créances **3** D3
79 Crèche (La) **23** B3
71 Crèches-sur-Saône **25** D3
28 Crécy-Couvé **11** A2
77 Crécy-en-Brie **11** D2
80 Crécy-en-Ponthieu **5** B1
02 Crécy-sur-Serre **6** B2
46 Crégols **36** B2
60 Creil **5** C3
42 Crémeaux **31** B1
38 Crémieu **32** A1
10 Creney **12** C3
52 Creney **20** A1
33 Créon **35** A1
40 Créon-d'Armagnac **35** B3
71 Créot **25** D1
54 Crépey **13** B2
69 Crépieux-la-Pape **31** D1
26 Crépol **32** A3
02 Crépy **6** A2
62 Crépy **1** C3
60 Crépy-en-Valois **5** D3
62 Créquy **1** C3
70 Crésancey **20** B3
30 Crespian **37** C3
78 Crespières **11** B1
03 Créssanges **25** A2
23 Cressat **24** B3
12 Cresse (La) **37** A3
46 Cressensac **30** A3
39 Cressia **26** A2
76 Cressy **5** A2
71 Cressy-sur-Somme **25** B2
26 Crest **37** D1
07 Crestet (Le) **31** D3
94 Créteil **11** C2
14 Creully **4** B3
71 Creusot (Le) **25** C1
57 Creutzwald **7** C3
36 Crevant **24** B2
63 Crevant-Laveine **31** A1
54 Crèvechamps **13** C2
59 Crèvecœur-sur-l'Escaut **6** A1
14 Crèvecœur-en-Auge **10** C1
60 Crèvecœur-le-Grand **5** C2
60 Crèvecœur-le-Petit **5** C3
54 Crévic **13** C2
35 Crévin **16** C1
05 Crévoux **38** D1
24 Creysse **29** C3
02 Crézancy **12** A1
14 Cricquebœuf **4** C3
14 Cricqueville-en-Auge **4** B3
76 Criel-Plage **5** A1
76 Criel-sur-Mer **5** A1
60 Crillon **5** B3
21 Crimolois **20** A3
27 Criquebeuf-la-Campagne **11** A1
76 Criquetot-l'Esneval **4** C2
37 Crissay-sur-Manse **17** C3
2A Cristinacce **45** B3
23 Crocq **30** C1
14 Crocy **10** B1
62 Croisette **1** C3
44 Croisic (Le) **16** A2
62 Croisilles **5** D1
87 Croisille-sur-Briance (La) **30** A1
14 Croissanville **10** B1
60 Croissy-sur-Celle **5** C2
56 Croisty-
Saint-Caradec (Le) **8** D3
76 Croisy-sur-Andelle **5** A3
08 Croix-aux-Bois (La) **6** D3
88 Croix-aux-Mines (La) **13** D3
50 Croix-Avranchins (La) **9** D2
47 Croix-Blanche (La) **35** C2
17 Croix-Chapeau **22** D3
17 Croix-Comtesse (La) **23** A3
21 Croix-de-Molphey (La) **19** C3
77 Croix-en-Brie (La) **12** A2
51 Croix-
en-Champagne (La) **12** D1
37 Croix-en-Touraine (La) **17** D3
53 Croixille (La) **9** D3
76 Croix-Mare **4** D2
80 Croix-Moligneaux **5** D2
27 Croix-Saint-Lenfroy (La) **11** A1
83 Croix-Valmer (La) **44** D2
38 Crolles **32** B2
43 Cronce **31** A3
71 Cronat **25** B1
34 Cros (Le) **37** A3
06 Cros-de-Cagnes **45** A1
44 Crossac **16** B2
18 Crosses **24** C1
39 Crotenay **26** B1
80 Crotoy (Le) **5** B1
65 Crouhens **41** C3
86 Croutelle **23** C2
89 Croûtes (Les) **19** B1
80 Crouy-St-Pierre **5** C1
02 Crouy **6** A3
41 Crouy-sur-Cosson **18** B2
77 Crouy-sur-Ourcq **12** A1
23 Crozant **24** B2
23 Croze **30** C1
39 Crozets (Les) **26** B2
23 Croze **30** C1
29 Crozon **8** B2
07 Cruas **37** D1
41 Crucheray **18** A2
12 Cruéjouls **36** D2
73 Cruet **32** C2
21 Crugey **19** D3
51 Crugny **6** B3
04 Cruis **38** B3
61 Crulai **10** D2
74 Cruseilles **26** C3
58 Crux-la-Ville **19** A3
34 Cruzy **42** D2
89 Cruzy-le-Châtel **19** C1
24 Cubas **29** D2
11 Cubières-sur-Cinoble **42** C3
24 Cubjac **29** D3
69 Cublize **25** C3
84 Cucuron **44** A1
62 Cucq **1** B3
89 Cudot **19** A1
83 Cuers **44** C2
18 Cuffy **24** D1
85 Cugand **16** D3
13 Cuges-les-Pins **44** B2
31 Cugnaux **42** A1
02 Cugny **6** A2
35 Cuguen **9** C2
53 Cuillé **16** D1
42 Cuinzier **25** C3
51 Cuis **12** B1
71 Cuiseaux **26** A2
21 Cuiserey **20** A3
71 Cuisery **25** D2
61 Cuissai **10** B2
02 Cuisy-en-Almont **6** A3
18 Culan **24** C2
63 Culhat **31** A1
01 Culoz **3** B1
49 Cunault **17** B3
24 Cunèges **35** C1
55 Cunel **7** A3
10 Cunfin **19** D1
63 Cunlhat **31** A2
49 Cuon **17** B2
51 Cuperly **12** C1
47 Cuq **35** C3
64 Cuqueron **41** A2
46 Curade **36** B1
12 Curan **36** D2
86 Curçay-sur-Dive **17** B3
01 Curciat-Dongalon **26** A2
52 Curel-Autigny **13** A3
26 Curnier **38** A2
16 Cursac **29** B2
38 Curtillard (Le) **32** C2
71 Curtil-sous-Buffières **25** C2
38 Curtin **32** A1
85 Curzon **22** C2
52 Cusey **20** A2
87 Cussac **29** D1
10 Cussangy **19** C1
37 Cussay **23** D1
03 Cusset **25** A3
21 Cussey-les-Forges **20** A2
71 Cussy-en-Morvan **19** C3
21 Cussy-le-Châtel **19** C3
89 Cussy-les-Forges **19** B2
54 Custines **13** B2
74 Cusy **32** C1
60 Cuts **6** A3
70 Cuve **20** C1
50 Cuves **9** D2
39 Cuvier **26** C1
60 Cuvilly **5** D2
11 Cuxac-Cabardès **42** C2
11 Cuxac-d'Aude **42** D2
89 Cuy **12** A3
36 Cuzion **24** B2
47 Cuzorn **35** D1
59 Cysoing **2** A3

D

57 Dabo **14** A2
24 Daglan **35** D1
77 Dagny **12** A2
49 Daguenière (La) **17** A2
33 Daignac **35** A1
73 Daille (La) **33** A2
52 Daillecourt **20** A1
62 Dainville **5** D1
55 Dainville-Bertheléville **13** A3
09 Dalou **42** A3
57 Dalstein **7** C3
06 Daluis **38** D3
88 Damas-aux-Bois **13** C3
47 Damazan **35** B2
67 Dambach-la-Ville **14** A3
25 Dambelin **20** D3
88 Damblain **20** B1
14 Damblainville **10** B1
54 Damelevières **13** C2
61 Dame-Marie **10** C3
37 Dame-Marie-les-Bois **17** D2
60 Daméraucourt **5** B2
71 Damerey **25** D1
56 Damgan **16** A2
28 Dammarie **11** A3
45 Dammarie-en-Puisaye **18** D2
77 Dammarie-les-Lys **11** D2
55 Dammarie-sur-Saulx **13** A2
77 Dammartin-en-Goële **11** D1
78 Dammartin-en-Serve **11** B1
59 Damousies **6** B1
10 Dampierre **12** C2
14 Dampierre **10** A1
39 Dampierre **20** B3
52 Dampierre **20** A1
78 Dampierre **11** B2
76 Dampierre-en-Bray **5** B3
45 Dampierre-en-Burly **18** C2
21 Dampierre-et-Flée **20** A2
51 Dampierre-le-Château **12** D1
28 Dampierre-sur-Blévy **11** A2
17 Dampierre-sur-Boutonne **23** A3
70 Dampierre-sur-Linotte **20** C2
70 Dampierre-sur-Salon **20** B2
02 Dampleux **6** A3
25 Damprichard **20** D3
27 Damville **11** A1
55 Damvillers **7** A3
85 Damvix **23** A2
42 Dancé **31** B1
52 Dancevoir **19** D1
64 Dancharia **40** C2
28 Dancy **11** A3
86 Dangé-St-Romain **23** C1
28 Dangeau **11** A3
28 Dangers **11** A2
72 Dangeul **10** C3
27 Dangu **5** B3
50 Dangy **9** D1
68 Dannemarie **21** A2
89 Dannemoine **19** B1
62 Dannes **1** B3
14 Danvou-la-Ferrière **10** A1
41 Danzé **17** D1
53 Daon **17** A1
29 Daoulas **8** B2
80 Daours **5** C2
19 Darazac **30** B3
07 Darbres **37** C1
21 Darcey **19** C2
60 Dargies **5** B2
48 Dargilan **37** A2
87 Darnac **23** D3
76 Darnétal **5** A3
88 Darney **20** B1
88 Darnieulles **13** C3
21 Darois **19** D3
27 Daubeuf-près-Vatteville **5** A3
40 Daugnague **34** D2
09 Daumazan-sur-Arize **42** A2
49 Daumeray **17** B2
47 Dausse **35** D2
63 Dauzat-sur-Vodable **30** D2
63 Davayat **31** A1
11 Davejean **42** C3
80 Davenescourt **5** D2
40 Dax **34** C3
14 Deauville **4** C3
12 Decazeville **36** C1
59 Dechy **2** A3
58 Decize **25** A1
46 Degagnac **36** A1
70 Delain **20** B2
50 Delasse **3** D2
90 Delle **20** D2
57 Delme **13** C1
04 Demandoix **38** D3
71 Demigny **25** D1
32 Dému **35** B3
80 Demuin **5** C2
59 Denain **2** A3
03 Deneuille-les-Mines **24** D2
49 Dénezé-sous-Doué **17** B3
50 Denneville **3** C3
50 Denneville-Plage **3** C3
28 Denonville **11** B3
36 Déols **24** B1
02 Dercy **6** B2
44 Derval **16** C2
07 Désaignes **31** C3
37 Descartes **23** D1
39 Deschaux (Le) **26** A1
38 Désert (Le) **38** C1
03 Désertines **24** C2
53 Désertines **10** A2
73 Déserts (Les) **32** B2
25 Déservillers **26** C1
68 Dessenheim **21** A1
13 Destet (Le) **43** D1
13 Destrousse (La) **44** B2
62 Desvres **1** B2
71 Dettey **25** C1
67 Dettwiller **14** A2
59 Deulémont **1** D2
38 Deux-Alpes (Les) **32** C3
03 Deux-Chaises **24** D2
53 Deux-Evailles **10** A3
08 Deux-Villes (Les) **7** A2
58 Devay **25** A1
25 Devecey **20** B3
07 Devesset **31** C3
47 Devillac **35** D1
76 Deville-lès-Rouen **5** A3
88 Deycimont **13** D3
88 Deyvillers **13** C3
48 Dèze **37** B2
50 Dézert (Le) **3** D3
41 Dhuizon **18** B2
54 Diarville **13** C3
71 Diconne **26** A1
26 Die **38** A1
67 Diebolsheim **14** B2
50 Diélette **3** C2
67 Diemeringen **14** A1
38 Diémoz **32** A2
21 Diénay **19** D2
15 Dienne **30** D3
10 Dienville **12** C3
76 Dieppe **5** A2
10 Dierrey-St-Pierre **12** B3
55 Dieue **13** A1
26 Dieulefit **38** A2
54 Dieulouard **13** B2
82 Dieupentale **36** A3
57 Dieuze **13** D2
62 Diéval **1** C3
16 Dignac **29** C2
04 Digne **38** C3
28 Digny **11** A2
71 Digoin **25** B2
21 Dijon **19** D3
22 Dinan **9** B2
35 Dinard **9** B2
29 Dinéault **8** B3
74 Dingy-St-Clair **32** C1
52 Dinteville **19** D1
30 Dions **37** C3
36 Diors **24** B1
03 Diou **25** B2
36 Diou **24** B1
16 Dirac **29** C1
29 Dirinon **8** B2
86 Dissay **23** C1
72 Dissay-sous-Courcillon **17** C2
49 Distré **17** B3
60 Dives **5** D2
14 Dives-sur-Mer **4** B3
62 Divion **1** C3
01 Divonne-les-Bains **26** C2
89 Dixmont **19** A1
51 Dizy **12** B1
02 Dizy-le-Gros **6** B2
40 Doazit **41** A1
29 Doëlan **15** C1
88 Dogneville **13** C3
80 Doingt **5** D1
85 Doix **22** D2
10 Dolancourt **12** C3
35 Dol-de-Bretagne **9** C2
39 Dole **20** A3
72 Dollon **17** C1
89 Dollot **12** A3
47 Dolmayrac **35** C2
17 Dolus **22** C3
37 Dolus-le-Sec **17** D3
35 Domagné **9** D3
35 Domalain **16** D1
80 Domart-en-Ponthieu **5** C1
80 Domart-sur-la-Luce **5** C2
89 Domats **19** A1
55 Dombasle-en-Argonne **13** A1
54 Dombasle-sur-Meurthe **13** C2
88 Dombrot-le-Sec **13** B3
89 Domecy-sur-Cure **19** B3
38 Domène **32** B3
03 Domérat **24** C2
54 Domèvre-sur-Vezouze **13** D2
43 Domeyrat **31** A3
23 Domeyrot **24** C3
64 Domezain-Berraute **40** D2
61 Domfront **10** A2
72 Domfront-en-Champagne **10** B3
35 Dominelais (La) **16** C1
50 Domjean **10** A1
88 Domjulien **13** B3
08 Dom-le-Mesnil **6** D2
52 Dommarien **20** A2
58 Dommartin **25** B1
52 Dommartin-le-Franc **12** D3
52 Dommartin-le-St-Père **12** D3
71 Dommartin-les-Cuiseaux **26** A2
51 Dommartin-Lettrée **12** C2
88 Dommartin-sur-Vraine **13** B3
51 Dommartin-Varimont **12** D1
24 Domme **36** A1
08 Dommery **6** C2
88 Dompaire **13** C3
55 Dompcevrin **13** A1
61 Dompierre **10** A2
55 Dompierre-aux-Bois **13** A1
80 Dompierre-Becquincourt **5** D2
35 Dompierre-du-Chemin **9** D3
87 Dompierre-les-Eglises **24** A3
71 Dompierre-les-Ormes **25** C2
25 Dompierre-les-Tilleuls **26** C1
71 Dompierre-sous-Sanvignes **25** C2
03 Dompierre-sur-Besbre **25** B2
17 Dompierre-sur-Charente **29** A1
17 Dompierre-sur-Mer **22** D3
39 Dompierre-sur-Mont **26** B2
58 Dompierre-sur-Nièvre **19** A3
01 Dompierre-sur-Veyle **26** A3
85 Dompierre-sur-Yon **22** C1
25 Domprel **20** C3
87 Domps **30** B1
02 Domptin **12** A1
88 Domrémy-la-Pucelle **13** B3
80 Domvast **5** B1
44 Donges **16** B2
52 Donjeux **13** A3
03 Donjon (Le) **25** B2
14 Donnay **10** B1
77 Donnemarie-Dontilly **12** A3
11 Donos **42** D3
23 Dontreix **24** C3
50 Donville-les-Bains **9** C1
82 Donzac **35** D3
40 Donzacq **40** D1
19 Donzenac **30** A3
26 Donzère **37** D2
58 Donzy **19** A3
71 Donzy-le-National **25** C2
71 Donzy-le-Pertuis **25** D2
87 Dorat (Le) **23** D3
53 Dorée (La) **10** A2
63 Dore-l'Église **31** B2
67 Dorlisheim **14** A2
51 Dormans **12** B1
77 Dormelles **11** D3
07 Dornas **37** C1
58 Dornecy **19** B2
58 Bornes **25** A1
01 Dortan **26** B3

10 Dosches 12 C3
45 Dossainville 11 C3
67 Dossenheim-sur-Zinsel 14 A2
36 Douadic 23 D1
59 Douai 2 A3
29 Douarnenez 8 B3
45 Douchy 19 A1
59 Douchy-les-Mines 6 A1
39 Doucier 26 B2
62 Doudeauville 1 B3
76 Doudeauville 5 B3
76 Doudeville 4 D2
77 Doue 12 A2
49 Doué-la-Fontaine 17 B3
33 Douence 35 A1
52 Doulaincourt-Saucourt 13 A3
25 Doulaize 26 B1
55 Doulcon 7 A3
80 Doullens 5 C1
88 Dounoux 20 C1
30 Dourbies 37 A3
35 Dourdain 9 D3
91 Dourdan 11 B2
81 Dourgne 42 B1
62 Douriez 1 B3
59 Dourlers 6 B1
87 Dournazac 29 D1
74 Doussard 32 C1
74 Douvaine 26 C3
27 Douville-sur-Andelle 5 A3
76 Douvrend 5 A2
14 Douvres-la-Délivrande 4 B3
79 Doux 23 B1
24 Douze (La) 29 D3
24 Douzillac 29 C3
08 Douzy 6 D2
03 Doyet 24 D3
14 Dozulé 4 C3
67 Drachenbronn-Birlenbach 14 B1
89 Dracy 19 A2
71 Dracy-St-Loup 25 C1
83 Draguignan 44 C1
08 Draize 6 C2
02 Dravegny 12 B1
71 Drée (La) 25 C1
44 Drefféac 16 B2
28 Dreux 11 A2
18 Drévant 24 C2
59 Drincham 1 C2
62 Drionville 1 C3
78 Drocourt 11 B1
27 Droisy 11 A2
88 Droiteval 20 B1
51 Drosnay 12 C2
41 Droué 18 A1
87 Droux 24 A3
52 Droyes 12 D2
67 Drulingen 14 A1
67 Drusenheim 14 B2
89 Druyes-les-Belles-Fontaines 19 A2
58 Druy-Parigny 25 A1
22 Duault 8 D2
50 Ducey 9 D2
76 Duclair 4 D3
69 Duerne 31 C1
32 Duffort 41 C2
55 Dugny-sur-Meuse 13 A1
40 Duhort-Bachen 41 A1
11 Duilhac 42 C3
74 Duingt 32 C1
40 Dumes 41 A1
09 Dun 42 B3
82 Dunes 35 C3
36 Dunet 24 A2
43 Dunières 31 C2
59 Dunkerque 1 C1
23 Dun-le-Palestel 24 B3
36 Dun-le-Poëlier 18 B3
58 Dun-les-Places 19 B3
18 Dun-sur-Auron 24 C1
55 Dun-sur-Meuse 7 A3
47 Durance 35 B2
27 Duranville 10 D1
47 Duras 35 B1
46 Duravel 35 D1
11 Durban-Corbières 42 D3
09 Durban-sur-Arize 42 A3
03 Durdat-Lareguille 24 D3
12 Durenque 36 C3
82 Durfort-Lacapelle 35 D2
30 Durfort-et-St-Martin-de-Sassenac 37 B3
67 Durstel 14 A1
49 Durtal 17 B2
80 Dury 5 C2
24 Dussac 29 D2
67 Duttlenheim 14 A2

E

35 Eancé 16 D1
64 Eaux-Bonnes 41 A3
64 Eaux-Chaudes (Les) 41 A3
32 Eauze 35 B3
59 Ebblinghem 1 C2
67 Ebersheim 14 A3
67 Ebersmunster 14 A3
57 Ebersviller 7 C3
02 Ebouleau 6 B2
03 Ébreuil 25 A3
27 Ecaquelon 4 D3
16 Echallat 29 B1
01 Echallon 26 B3
21 Echalot 19 D2
05 Echalp (L') 39 A1
69 Echarmeaux (Les) 25 C3
03 Echassières 24 D3
61 Echauffour 10 C2
70 Echavanne 20 D2
17 Echebrune 29 A1
73 Echelles (Les) 32 B2
79 Echiré 23 A2
24 Echourgnac 29 B3
10 Eclance 12 D3
52 Eclaron-Brancourt-Ste-Livière 12 D2
28 Eclimont 11 B2
38 Eclose 32 A2
08 Ecly 6 C3
73 Ecole 32 C1
41 Ecoman 18 A1
72 Ecommoy 17 C1
27 Ecos 11 B1
52 Ecot-la-Combe 13 A3
61 Ecouché 10 B2
95 Écouen 11 C1
27 Écouis 5 A3
62 Ecourt-St-Quentin 6 A1
62 Ecoust-St-Mein 5 D1
55 Ecouviez
17 Ecoyeux 29 A1
78 Ecquevilly 11 B1
77 Ecrennes (Les) 11 D3
70 Ecromagny 20 C1
51 Ecueil 12 B1
36 Ecueillé 18 A3
70 Ecuelle 20 A2
71 Ecuelles 26 A1
49 Ecuillé 17 A2
50 Eculleville 3 C2
16 Ecuras 29 C1
55 Ecurey-en-Verdunois 7 A3
51 Ecury-sur-Coole 12 C1
29 Edern 8 C3
17 Eduts (Les) 23 B3
63 Effiat 25 A3
89 Egleny 19 A1
19 Egletons 30 B2
63 Egliseneuve-d'Entraigues 30 D2
24 Eglise-Neuve-de-Vergt 29 C3
17 Eglises-d'Argenteuil (Les) 23 A3
63 Eglisolles 31 B2
77 Egreville 11 D3
89 Egriselles-le-Bocage 19 A1
45 Egry 18 C1
17 Eguille (L') 28 D1
13 Eguilles 44 A1
10 Eguilly-sous-Bois 19 C1
68 Eguisheim 21 A1
36 Eguzon 24 A2
54 Einville-au-Jard 13 C2
55 Eix 13 A1
76 Elbeuf 5 A3
76 Eletot 4 C2
60 Elincourt-Ste-Marguerite 5 D3
29 Elliant 8 C3
66 Elne 43 D3
88 Eloyes 20 C1
67 Elsenheim 14 A3
57 Elvange 13 C1
56 Elven 16 A1
27 Emanville 10 D1
54 Emberménil 13 D2
16 Embourie 23 B3
05 Embrun 38 C1
81 Encalcat 42 B1
31 Encausse-les-Thermes 41 C3
57 Enchenberg 14 A1
95 Enghien-les-Bains 11 C1
38 Engins 32 B3
59 Englefontaine 6 B1
63 Ennezat 31 A1
62 Enquin-les-Mines 1 C3
68 Ensisheim 21 A1
13 Ensuès-la-Redonne 44 A2
38 Entraigues 32 B3
84 Entraigues-sur-Sorgues 37 D3
58 Entrains-sur-Nohain 19 A2
53 Entrammes 17 A1
06 Entraunes 38 D2
12 Entraygues-sur-Truyère 36 C1
83 Entrecasteaux 44 C1
84 Entrechaux 38 A2
74 Entremont 32 C1
73 Entremont-le-Vieux 32 B2
04 Entrevaux 38 D3
67 Entzheim 14 B2
76 Envermeu 5 A2
27 Epaignes 4 C3
79 Epannes 23 A3
55 Eparges (Les) 13 A1
17 Epargnes 28 D1
02 Epaux-Bézu 12 A1
80 Epehy 6 A1
37 Epeigné-les-Bois 18 A3
16 Epenède 23 C3
51 Épernay 12 B1
28 Epernon 11 B2
25 Epeugney 20 B3
67 Epfig 14 A3
41 Epiais 18 A1
02 Epieds 12 A1
49 Epieds 17 B3
45 Epieds-en-Beauce 18 B1
73 Epierre 32 C2
71 Epinac-les-Mines 25 C1
88 Épinal 13 C3
61 Epinay-le-Comte (L') 10 A2
05 Epine (L') 38 B2
50 Epine (L') 9 D2
51 Épine (L') 12 C1
18 Epineuil-le-Fleuriel 24 C2
53 Epineux-le-Séguin 17 B1
35 Epiniac 9 C2
26 Epinouze 31 D2
62 Epinoy 6 A1
80 Eplessier 5 B2
21 Époisses 19 C2
76 Epouville 4 C2
51 Epoye 6 C3
02 Eppes 6 B3
59 Eppe-Sauvage 6 C1
76 Epreville 4 C2
41 Epuisay 17 D1
14 Equemauville 4 C3
80 Equennes-Eramécourt 5 B2
50 Equeurdreville-Hainneville 3 C2
62 Equihen-Plage 1 B2
60 Eragny-sur-Epte 5 B3
14 Eraines 10 B1
2B Erbajolo 45 B2
2B Erbalunga 45 A2
54 Erbéviller-sur-Amezule 13 C2
44 Erbray 16 D2
09 Ercé 42 A3
35 Ercé-en-Lamée 16 C1
35 Ercé-près-Liffré 9 C3
80 Ercheu 5 D2
60 Ercuis 5 C3
56 Erdeven 15 D1
22 Eréac 9 B3
67 Ergersheim 14 A2
62 Ergny 1 C3
29 Ergué-Armel 8 B3
55 Erize-la-Brûlée 13 A2
55 Erize-la-Petite 13 A1
55 Erize-St-Dizier 13 A2
60 Ermenonville 11 D1
28 Ermenonville-la-Grande 11 A3
28 Ermenonville-la-Petite 11 A3
53 Ernée 10 A3
59 Erquinghem-Lys 1 D2
60 Erquinvillers 5 C3
22 Erquy 9 B2
2B Ersa 45 A2
67 Erstein 14 B2
45 Ervauville 18 D1
62 Ervillers 5 D1
10 Ervy-le-Châtel 19 B1
77 Esbly 11 D1
62 Escalles 1 B2
89 Escamps 19 A2
06 Escarène (L') 39 B3
82 Escatalens 35 D3
33 Escaudes 35 B2
88 Escles 20 C1
62 Escœuilles 1 B2
89 Escolives-Sainte-Camille 19 B2
65 Escondeaux 41 B2
64 Escos 40 D1
09 Escosse 42 A2
64 Escot 40 D2
64 Escoubès 41 A1
44 Escoublac 16 B2
26 Escoulin (L') 38 A1
40 Escource 34 D2
33 Escoussans 35 A1
06 Escragnolles 44 D1
11 Escueillens 42 B2
03 Escurolles 25 A3
88 Esley 13 B3
80 Esmery-Hallon 5 D2
17 Esnandes 22 D2
64 Esnassou 40 C2
59 Esnes 6 A1
55 Esnes-en-Argonne 13 A1
52 Esnoms-au-Val 20 A2
46 Espagnac-Sainte-Eulalie 36 B1
12 Espalion 36 D2
82 Espanel 36 A2
83 Esparron 44 B1
46 Espédaillac 36 B1
64 Espelette 40 C2
26 Espeluche 37 D2
11 Espéraza 42 B3
31 Esperce 42 A2
85 Espesses (Les) 22 D1
11 Espezel 42 B3
63 Espinasse 24 D3
03 Espinasse-Vozelle 25 A3
63 Espinchal 30 D2
43 Esplantas 37 A1
64 Espoey 41 A2
34 Espondeilhan 43 A2
70 Esprels 20 C2
02 Esquehéries 6 B1
59 Esquelbecq 1 C2
60 Esquennoy 5 C2
64 Esquiule 40 D2
37 Essards (Les) 17 C3
39 Essards-Taignevaux (Les) 26 A1
21 Essarois 19 D2
76 Essarts (Les) 5 A3
85 Essarts (Les) 22 D1
78 Essarts-le-Roi (Les) 11 B2
51 Essarts-le-Vicomte (Les) 12 A2
76 Essarts-Varimpré (Les) 5 B2
61 Essay 10 C2
16 Esse 23 C3
35 Essé 16 C1
80 Essertaux 5 C2
70 Essertenne-et-Cevey 20 A3
42 Essertines-en-Châteneuf 31 B2
54 Essey-et-Maizerais 13 B1
54 Essey-la-Côte 13 C3
02 Essigny-le-Grand 6 A2
02 Essigny-le-Petit 6 A2
02 Essômes-s.-M. 12 A1
10 Essoyes 19 C1
43 Estables (Les) 37 C1
48 Estables 37 A1
26 Establet 38 A2
66 Estagel 42 C3
12 Estaing 36 C1
59 Estaires 1 D3
40 Estampon 35 B3
32 Estang 35 B3
13 Estaque (L') 44 A2
64 Esterençuby 40 C2
51 Esternay 12 A2
40 Estibeaux 40 D1
40 Estigarde 35 B3
47 Estillac 35 C2
10 Estissac 12 B3
03 Estivareilles 24 C2
42 Estivareilles 31 B2
04 Estoublon 38 C3
45 Estouy 11 C3
80 Estrebœuf 5 B1
62 Estrée-Blanche 1 C3
02 Estrées 6 A1
80 Estrées-Mons 5 D2
60 Estrées-St-Denis 5 D3
80 Estrées-sur-Noye 5 C2
14 Estry 10 A1
37 Esvres 17 D3
22 Etables-sur-Mer 9 A2
16 Etagnac 29 D1
55 Etain 13 B1
62 Etaing 5 D1
21 Etais 19 C2
89 Etais-le-Sauvin 19 A2
25 Etalans 20 C3
21 Etalante 19 D2
91 Étampes 11 C3
50 Etang-Bertrand (L') 3 D3
57 Etangs (Les) 13 C1
71 Etang-sur-Arroux 25 C1
62 Etaples 1 B3
33 Etauliers 29 A2
08 Eteignières 6 C2
56 Etel 15 D1
14 Eterville 10 B1
21 Etevaux 20 A3
50 Etienville 3 D3
89 Etigny 19 A1
28 Etilleux (Les) 10 C3
39 Etival 26 B2
88 Etival-Clairfontaine 13 D3
72 Etival-lès-Le Mans 17 C1
89 Etivey 19 C2
51 Etoges 12 B1
80 Etoile (L') 5 C1
26 Etoile-sur-Rhône 37 D1
10 Etourvy 19 C1
76 Etoutteville 4 D2
14 Etouvy 10 A1
60 Etouy 5 C3
02 Etréaupont 6 B2
30 Estréchure (L') 37 B3
18 Etréchy 18 D3
91 Etréchy 11 C3
10 Etrelles-sur-Aube 12 B2
27 Etrépagny 5 B3
77 Etrépilly 11 D1
76 Étretat 4 C2
02 Etreux 6 B1
62 Etré-Wamin 5 C1
49 Etriché 17 A2
80 Etricourt-Manancourt 5 D1
59 Etrœungt 6 B1
03 Etroussat 25 A3
64 Etsaut 41 A3
67 Ettendorf 14 A2
90 Etueffont 20 D2
70 Etuz 20 B3
76 Eu 5 A1
40 Eugénie-les-Bains 41 A1
52 Eurville-Bienville 12 D2
55 Euville 13 B2
51 Euvy 12 B2
72 Evaillé 17 D1
23 Evaux-les-Bains 24 C3
83 Evenos 44 B2
90 Evette-Salbert 20 D2
74 Évian-les-Bains 26 D2
62 Evin-Malmaison 2 A3
2A Évisa 45 B3
66 Evol 43 C3
22 Evran 9 C2
57 Evrange 7 C3
14 Evrecy 10 B1
55 Evres 13 A1
27 Évreux 11 A1
56 Evriguet 9 B3
53 Évron 10 B3
91 Evry 11 C2
74 Excenevex 26 C2
24 Excideuil 29 D2
61 Exmes 10 C2
38 Eybens 32 B3
87 Eybouleuf 30 A1
19 Eyburie 30 A2
26 Eygalayes 38 B2
13 Eygalières 43 D1
26 Eygaliers 38 A2
05 Eyguians 38 B2
13 Eyguières 44 A1
19 Eygurande 30 C1
24 Eygurande-et-Cardefeuil 29 B3
87 Eyjeaux 30 A1
24 Eymet 35 C1
87 Eymoutiers 30 B1
66 Eyne 43 B3
13 Eyragues 37 D3

24 Eyrenville 35 C1
64 Eysus 41 A2
24 Eyzies-de-Tayac (Les) 29 D3
06 Èze 45 B1
27 Ezy-sur-Eure 11 A1

F

11 Fa 42 B3
09 Fabas 41 D2
65 Fabian 41 B3
34 Fabrègues 43 B1
11 Fabrezan 42 C2
33 Facture 34 D1
48 Fage-Montivernoux (La) 37 A1
55 Fagny 7 A2
51 Faguières 12 C1
21 Fain-lès-Montbard 19 C2
28 Fains-la-Folie 11 B3
55 Fains-Véel 13 A2
08 Faissault 6 C2
11 Fajolle (La) 42 B3
08 Falaise 6 D3
14 Falaise 10 B1
15 Falgoux (Le) 30 C3
24 Falgueyrat 35 C1
06 Falicon 45 A1
76 Fallencourt 5 B2
85 Falleron 22 C1
70 Fallon 20 C2
11 Fanjeaux 42 B2
29 Faou (Le) 8 B2
56 Faouët (Le) 8 C3
57 Farébersviller 13 D1
13 Fare-les-Oliviers (La) 44 A1
77 Faremoutiers 11 D2
18 Farges-Allichamps 24 C1
18 Farges-en-Septaine 18 D3
02 Fargniers 6 A2
47 Fargues-sur-Oubize 35 B2
52 Farincourt 20 B2
83 Farlède (La) 44 C2
15 Fau (Le) 30 C3
81 Fauch 36 C3
70 Faucogney-et-la-Mer 20 C1
84 Faucon 38 A2
48 Fau-de-Peyre (Le) 37 A1
82 Faudoas 35 D3
34 Faugères 43 A1
47 Fauguerolles 35 B2
47 Fauillet 35 C2
57 Faulquemont 13 C1
62 Fauquembergues 1 C3
05 Faurie (La) 38 B1
85 Faute-sur-Mer (La) 22 C2
21 Fauverney 20 A3
76 Fauville-en-Caux 4 D2
24 Faux 35 C1
51 Faux-Fresnay 12 B2
23 Faux-la-Montagne 30 B1
10 Faux-Villecerf 12 B3
74 Faverges 32 C1
70 Faverney 20 B2
90 Faverois 20 D2
15 Faverolles 31 A3
28 Faverolles 11 B2
36 Faverolles 18 A3
21 Faverolles-lès-Lucey 19 D1
41 Faverolles-sur-Cher 18 A3
54 Favières 13 B3
80 Favières 5 B1
2A Favone 45 C2
51 Favresse 12 D2
78 Favrieux 11 B1
71 Fay (Le) 26 A2
46 Faycelles 36 B1
44 Fay-de-Bretagne 16 C2
45 Faye-aux-Loges 18 C1
49 Faye-d'Anjou 17 A3
79 Faye-l'Abbesse 23 B1
83 Fayence 44 D1
12 Fayet 42 D1
74 Fayet (Le) 32 D1
52 Fayl-la-Forêt 20 B2
85 Faymoreau 23 A3
43 Fay-sur-Lignon 31 C3
64 Féas 40 D2
76 Fécamp 4 C2
90 Fêche-L'Église 20 D2
73 Féclaz (La) 32 B1
70 Fédry 20 B2
67 Fegersheim 14 B2
59 Feignies 6 B1
01 Feillens 25 D3
2B Felce 45 B2
68 Feldbach 21 A2
43 Félines 31 B3
68 Fellering 20 D1
23 Felletin 30 C1
11 Fendeille 42 B2
79 Fénery 23 A1
57 Fénétrange 13 D1
49 Feneu 17 A2
23 Feniers 30 B1
17 Fenioux 29 A1
79 Fenioux 23 A2
44 Fercé 16 C1
88 Ferdrupt 20 D1
02 Fère (La) 6 A2
51 Fère-Champenoise 12 B2
02 Fère-en-Tardenois 12 A1
56 Férel 16 B2
50 Fermanville 3 D2
01 Ferney-Voltaire 26 C3
59 Féron 6 B1
11 Ferrals-les-Corbières 42 D2
34 Ferrals-les-Montagnes 42 C2
26 Ferrassières 38 A3
47 Ferrensac 35 C1
68 Ferrette 21 A2
10 Ferreux 12 B3
22 Ferrière (La) 9 A3
37 Ferrière (La) 17 D2
38 Ferrière (La) 32 C2
85 Ferrière (La) 22 D1
61 Ferrière-aux-Étangs (La) 10 B2
61 Ferrière-Béchet (La) 10 C2
79 Ferrière-en-Parthenay (La) 23 B1
37 Ferrière-Larçon 23 D1
45 Ferrières 18 D1
80 Ferrières 5 C2
81 Ferrières 42 C1
17 Ferrières 22 D3
76 Ferrières-en-Bray 5 B3
27 Ferrières-Haut-Clocher 11 A1
61 Ferrières-la-Verrerie 10 C2
15 Ferrières-St-Mary 30 D3
03 Ferrières-sur-Sichon 25 B3
27 Ferrière-sur-Risle (La) 10 D1
02 Ferté (La) 6 B2
91 Ferté-Alais (La) 11 C3
41 Ferté-Beauharnais (La) 18 B2
72 Ferté-Bernard (La) 10 D3
61 Ferté-Frênel (La) 10 C2
77 Ferté-Gaucher (La) 12 A2
03 Ferté-Hauterive (La) 25 A2
41 Ferté-Imbault (La) 18 B3
89 Ferté-Loupière (La) 19 A1
61 Ferté-Macé (La) 10 B2
02 Ferté-Milon (La) 12 A1
45 Ferté-Saint-Aubin (La) 18 B2
41 Ferté-Saint-Cyr (La) 18 B2
77 Ferté-sous-Jouarre (La) 12 A1
28 Ferté-Vidame (La) 10 D2
28 Ferté-Villeneuil (La) 18 A1
58 Fertrève 25 B1
14 Fervaques 10 C1
68 Fessenheim 21 A1
24 Festalemps 29 C2
11 Festes-et-St-André 42 B3
02 Festieux 6 B3
47 Feugarolles 35 C2
50 Feugères 3 D3
10 Feuges 12 C3
29 Feuillée (La) 8 C2
76 Feuillie (La) 5 B3
60 Feuquières 5 B2
42 Feurs 31 C1
36 Feusines 24 B2
18 Feux 18 D3
57 Fey 13 B1
87 Feytiat 30 A1
69 Feyzin 31 D1
26 Fiancey 37 D1
27 Fidelaire (Le) 10 D1
62 Fiennes 1 B2
80 Fienvillers 5 C1
33 Fieu (Le) 29 B3
02 Fieulaine 6 A2
2A Figari 45 D2
31 Figarol 41 D2
46 Figeac 36 B1
70 Filain 20 C2
2A Filitosa 45 D3
72 Fillé 17 C1
62 Fillièvres 1 C3
74 Findrol 26 C3
48 Finiels 37 B2
25 Fins (Les) 20 D3
80 Fins 6 A1
27 Fiquefleur 4 C3
24 Firbeix 29 D2
12 Firmi 36 C1
42 Firminy 31 C2
51 Fismes 6 B3
60 Fitz-James 5 C3
21 Fixin 19 D3
43 Fix-St-Geneys 31 B3
28 Flacey 11 A3
71 Flacey-en-Bresse 26 A2
89 Flacy 12 B3
52 Flagey 20 A2
70 Flagy 20 C2
74 Flaine 26 D3
50 Flamanville 3 C2
32 Flamarens 35 C3
31 Flambans (Les) 42 A2
21 Flammerans 20 A3
52 Flammerécourt 12 D3
27 Flancourt-Catelon 4 D3
83 Flassans-sur-Issole 44 C2
30 Flaux 37 C3
60 Flavacourt 5 B3
07 Flaviac 37 D1
54 Flavigny-sur-Moselle 13 C2
21 Flavigny-sur-Ozerain 19 C2
12 Flavin 36 C2
02 Flavy-le-Martel 6 A2
23 Flayat 30 C1
83 Flayosc 44 C1
17 Fléac-sur-Seugne 29 A2
72 Flèche (La) 17 B2
21 Flée 19 C2
74 Flégère (La) 26 D3
24 Fleix (Le) 29 B3
36 Fléré-la-Rivière 24 D1
61 Flers-de-l'Orne 10 A2
59 Flers-en-Escrébieux 2 A3
80 Flesselles 5 C1
59 Flêtre 1 D2
24 Fleurac 29 D3
32 Fleurance 35 C3
23 Fleurat 24 B3
86 Fleuré 23 C2
21 Fleurey-sur-Ouche 19 D3
69 Fleurie 25 D3
89 Fleurigny 12 A3
11 Fleury 42 D2
60 Fleury 5 B3
77 Fleury-en-Bière 11 C3
27 Fleury-la-Forêt 5 B3
51 Fleury-la-Rivière 12 B1
89 Fleury-la-Vallée 19 A1
45 Fleury-les-Aubrais 18 B1
55 Fleury-sur-Aire 13 A1
27 Fleury-sur-Andelle 5 A3
58 Fleury-sur-Loire 25 A1
14 Fleury-sur-Orne 10 B1
08 Fléville 6 D3
54 Fléville-devant-Nancy 13 C2
54 Fléville-Lixières 7 B3
57 Flévy 7 C3
58 Flez-Cuzy 19 B3
59 Flines 2 A3
78 Flins 11 B1
54 Flirey 13 B1
80 Flixecourt 5 C1
08 Flize 6 D2
85 Flocellière (La) 22 D1
76 Flocques 5 A1
89 Flogny 19 B1
46 Floirac 30 A3
33 Floirac 29 A3
48 Florac 37 A2
57 Florange 7 B3
34 Florensac 43 A2
81 Florentin 36 B3
17 Flotte (La) 22 C3
50 Flottemanville 3 C2
59 Floyon 6 B1
73 Flumet 32 C1
02 Fluquières 6 A2
18 Foëcy 18 C3
89 Foissy-lès-Vézelay 19 B2
89 Foissy-sur-Vanne 12 A3
09 Foix 42 A3
2B Folelli 45 B2
02 Folembray 6 A3
68 Folgensbourg 21 A2
29 Folgoët (Le) 8 B2
87 Folles 24 A3
50 Folligny 9 D1
79 Fomperron 23 B2
39 Foncine-le-Bas 26 C2
39 Foncine-le-Haut 26 C2
62 Foncquevillers 5 D1
12 Fondamente 36 D3
38 Fond-de-France 32 C2
17 Fondelay (La) 22 D3
47 Fongrave 35 C2
24 Fonroque 35 C1
31 Fonsorbes 41 D1
90 Fontaine 20 D2
77 Fontainebleau 11 D3
60 Fontaine-Bonneleau 5 C2
17 Fontaine-Chalendray 23 B3
51 Fontaine-Denis-Nuisy 12 B2
84 Fontaine-de-Vaucluse 38 A3
21 Fontaine-Française 20 A2
14 Fontaine-Henry 4 B3
27 Fontaine-Heudebourg 11 A1
89 Fontaine-la-Gaillarde 12 A3
28 Fontaine-la-Guyon 11 A3
27 Fontaine-la-Soret 10 D1
76 Fontaine-le-Bourg 5 A3
76 Fontaine-le-Dun 4 D2
70 Fontaine-lès-Luxeuil 20 C1
10 Fontaine-Mâcon 12 A3
49 Fontaine-Milon 17 B2
59 Fontaine-N.D. 6 A1
71 Fontaines 25 D1
85 Fontaines 22 D2
72 Fontaine-Saint-Martin (La) 17 B1
41 Fontaines-en-Sologne 18 A2
21 Fontaines-les-Seches 19 C2
27 Fontaine-sous-Jouy 11 A1
77 Fontaine-sous-Montaiguillon 12 A2
80 Fontaine-sous-Montdidier 5 C2
51 Fontaine-sur-Coole 12 C2
02 Fontaine-Uterte 6 A2
46 Fontanes-du-Causse 36 A1
42 Fontanès 31 C2
11 Fontanès-de-Sault 42 B3
15 Fontanges 30 C3
21 Fontangy 19 C3
23 Fontanières 24 C3
43 Fontannes 31 A2
48 Fontans 37 A1
81 Fontasse (La) 42 C1
11 Fontcouverte 42 C2
26 Font d'Urle 38 A1
95 Fontenay-en-Parisis 11 C1
85 Fontenay-le-Comte 23 A2
14 Fontenay-le-Pesnel 4 B3
78 Fontenay-St-Père 11 B1
28 Fontenay-sur-Eure 11 A3
89 Fontenay-sous-Fouronnes 19 B2
50 Fontenay-sur-Mer 3 D2
77 Fontenay-Tresigny 11 D2
02 Fontenelle 12 A1
21 Fontenelle 20 A2
14 Fontenermont 9 D1
89 Fontenoy 19 A2
88 Fontenoy-le-Château 20 C1
39 Fontenu 26 B2
33 Fontet 35 B1
10 Fontette 19 C1
49 Fontevrault-l'Abbaye 17 B3
05 Fontgillarde 38 D1
36 Fontgombault 23 D2
62 Fontinettes (Les) 1 C2
57 Fontoy 7 B3
17 Fontpatour 22 D3
66 Fontpédrouse 43 B3
66 Font-Romeu 43 B3
10 Fontvannes 12 B3
13 Fontvieille 43 D1
57 Forbach 13 D1
83 Forcalqueiret 44 C2
04 Forcalquier 38 B3
24 Force (La) 29 C3
53 Forcé 17 A1
02 Foreste 6 A2
51 Forestière 12 B2
80 Forest-l'Abbaye 5 B1
23 Forêt-du-Temple (La) 24 B2
29 Forêt-Fouesnant (La) 8 C3
91 Forêt-le-Roi (La) 11 C3
91 Forêt-Sainte-Croix (La) 11 C3
79 Forêt-sur-Sèvre (La) 23 A1
17 Forges 22 D3
19 Forges 30 B3
56 Forges (Les) 9 A3
35 Forges-la-Forêt 16 D1
76 Forges-les-Eaux 5 B2
55 Forges-sur-Meuse 7 A3
21 Forléans 19 C2
60 Formerie 5 B2
14 Formigny 4 A3
66 Formiguères 43 B3
79 Fors 23 A3
41 Fortan 17 D1
56 Fort-Bloqué 15 C1
38 Forteresse (La) 32 A2
80 Fort-Mahon-Plage 1 B3
31 Fos 41 C3
09 Fossat (Le) 42 A2
41 Fossé 18 A2
24 Fossemagne 29 D3
13 Fos-sur-Mer 43 D2
76 Foucarmont 5 B2
80 Foucaucourt 5 D2
88 Fouchécourt 20 B1
10 Fouchères 19 C1
29 Fouesnant 15 B1
54 Foug 13 B2
09 Fougax-et-Barrineuf 42 B3
49 Fougeré 17 B2
35 Fougères 9 D3
41 Fougères-sur-Bièvre 18 A2
36 Fougerolles 24 B2
70 Fougerolles 20 C1
53 Fougerolles-du-Plessis 10 A2
12 Fouillade (La) 36 B2
42 Fouillouse (La) 31 C2
60 Fouilloy 5 B2
80 Fouilloy 5 C2
52 Foulain 20 A1
27 Foulbec 4 C3
57 Fouligny 13 C1
60 Fouquerolles 5 C3
16 Fouqueure 29 B1
17 Fouras 22 D3
32 Fources 35 B3
58 Fourchambault 25 A1
80 Fourdrinoy 5 C2
25 Fourgs (Les) 26 C1
03 Fourilles 25 A3
59 Fourmies 6 B1
14 Fourneaux 10 B1
73 Fourneaux 32 D3
48 Fournels 37 A1
25 Fournet-Blancheroche 20 D3
60 Fournival 5 C3
63 Fournols 31 B2
66 Fourques 43 D3
31 Fourqueveaux 42 A1
04 Fours 38 D2
58 Fours 24 B1
85 Foussay-Payré 23 A2
90 Foussemagne 20 D2
31 Fousseret (Le) 41 D2
16 Foussignac 29 B1
70 Fouvent-le-Haut 20 B2
83 Foux (La) 44 D2
04 Foux (La) 38 D3
79 Foye-Montjault (La) 23 A3
54 Fraimbois 13 C2
88 Frain 20 B1
24 Fraisse 29 C3
11 Fraissé-des-Corbières 42 D3
34 Fraisse-sur-Agout 42 D1
48 Fraissinet 37 A1
48 Fraissinet-de-Fourques 37 A2
88 Fraize 13 D3
25 Frambouhans 20 D3
41 Français 18 A2
57 Francaltroff 13 D1
2B Francardo 45 B2
60 Francastel 5 C2
47 Francescas 35 C3
14 Franceville-Plage 4 B3
03 Franchesse 24 D2
08 Francheval 6 D2
21 Francheville 19 D2
54 Francheville 13 B2
69 Francheville 31 D1
36 Francillon 24 A1
74 Frangy 26 B3
71 Frangy-en-Bresse 26 A1
25 Franois 20 B3
31 Franquevielle 41 C2
11 Franqui-Plage (La) 42 D3
80 Franvillers 5 C1
25 Frasne 26 C1
70 Frasne-le-Château 20 B2
39 Frasnois (Le) 26 B2

2A Frasseto **45** C3
46 Frayssinet **36** A1
46 Frayssinet-le-Gélat **35** D1
28 Frazé **11** A3
52 Frécourt **20** A1
36 Frédille **24** A1
22 Fréhel **9** B2
49 Freigné **16** D2
81 Fréjairolles **36** C3
83 Fréjus **44** D2
80 Frémontiers **5** C2
62 Frencq **1** B3
88 Frenelle-la-Grande **13** B3
38 Freney-d'Oisans (Le) **32** C3
60 Fréniches **5** D2
10 Fresnay **12** D3
44 Fresnay-en-Retz **16** B3
72 Fresnaye-
sur-Chédouet (La) **10** B3
61 Fresnay-le-Samson **10** C1
28 Fresnay-l'Évêque **11** B3
72 Fresnay-sur-Sarthe **10** B3
51 Fresne (Le) **12** C1
14 Fresne-la-Mère **10** B1
50 Fresne-Poret (Le) **10** A2
89 Fresnes **19** B2
70 Fresne-St-Mamès **20** B2
55 Fresnes-en-Wœvre **13** B1
51 Fresnes-lès-Reims **6** C3
52 Fresnes-sur-Apance **20** B1
59 Fresnes-sur-l'Escaut **2** B3
80 Fresneville **5** B2
27 Fresney **11** A1
52 Fresnoy-en-Bassigny **20** B1
76 Fresnoy-Folny **5** A2
02 Fresnoy-le-Grand **6** A2
80 Fresnoy-les-Roye **5** D2
76 Fresquiennes **5** A2
02 Fressancourt **6** A2
70 Fresse **20** D2
23 Fresselines **24** B2
80 Fressenneville **5** B1
62 Fressin **1** C3
79 Fressines **23** B2
05 Fressinières **38** D1
29 Fret (Le) **8** B2
41 Fréteval **18** A1
28 Frétigny **10** C3
70 Frétigney-et-Velloreille **20** B2
76 Frétils (Les) **5** B2
60 Frétoy-le-Château **5** D2
38 Frette (La) **32** A2
52 Frettes **20** B2
08 Fréty (Le) **6** C2
62 Frévent **5** C1
76 Fréville **4** D2
57 Freyming-Merlebach **13** D1
54 Friauville **13** B1
15 Fridefont **36** D1
02 Frières-Faillouel **6** A2
68 Friesen **21** A2
51 Frignicourt **12** C2
80 Friville-Escarbotin **5** B2
80 Frohen **5** C1
70 Froideconche **20** C1
39 Froidefontaine **26** C1
02 Froidestrées **6** B2
25 Froidevaux **20** D3
85 Froidfond **22** C1
02 Froidmont **6** B2
60 Froissy **5** C3
59 Fromelles **1** D3
61 Fromentel **10** B2
51 Fromentières **12** B1
85 Fromentine **22** B1
77 Fromont **11** C3
52 Froncles **13** A3
33 Fronsac **29** A3
33 Frontenac **35** B1
71 Frontenard **26** A1
38 Frontenas **32** A1
79 Frontenay-Rohan-Rohan **23** A3
34 Frontignan **43** B2
31 Frontignan-Saves **41** D2
31 Fronton **36** A3
52 Fronville **13** A3
44 Frossay **16** B3
70 Frotey-lès-Vesoul **20** C2
54 Frouard **13** B2
34 Frouzet **43** B1
62 Fruges **1** C3
25 Fuans **20** C3
04 Fugeret (Le) **38** D3
49 Fuilet (Le) **16** D3
71 Fuissé **25** D3
76 Fultot **4** D2
08 Fumay **6** D1
47 Fumel **35** D2
67 Furdenheim **14** A2
38 Fures **32** A2
13 Fuveau **44** B2
72 Fyé **10** C3
89 Fyé **19** B1

G

40 Gabarret **35** B3
64 Gabas **41** A3
34 Gabian **43** A1
12 Gabriac **36** D2
61 Gacé **10** C2
56 Gacilly (La) **16** B1
35 Gaël **9** B3
30 Gagnières **37** C2
35 Gahard **9** C3
30 Gailhan **37** B3
81 Gaillac **36** B3
31 Gaillac-Toulza **42** A2
74 Gaillard **26** C3
76 Gaillefontaine **5** B2
27 Gaillon **11** A1
11 Gaja-la-Selve **42** B2
30 Gajan **37** C3
65 Galan **41** C2
47 Galapian **35** C2
34 Galargues **43** B1
2B Galeria **45** B3
33 Galgon **29** A3
28 Gallardon **11** B2
80 Gamaches **5** B1
27 Gamaches-en-Vexin **5** B3
40 Gamarde-les-Bains **34** D3
78 Gambais **11** B2
46 Gambes **36** B1
67 Gambsheim **14** B2
64 Gan **41** A2
04 Ganagobie **38** B3
34 Ganges **37** B3
03 Gannat **25** A3
03 Gannay-sur-Loire **25** B1
05 Gap **38** C1
78 Garancières **11** B2
64 Garaybie **40** D2
58 Garchy **19** A3
13 Gardanne **44** B2
48 Garde (La) **37** A1
83 Garde (La) **44** C2
26 Garde-Adhémar (La) **37** D2
18 Gardefort **18** D3
83 Garde-Freinet **44** D2
65 Gardères **41** B2
24 Gardonne **35** C1
31 Gardouch **42** A2
40 Garein **34** D3
27 Garennes-sur-Eure **11** A1
83 Gareoult **44** C2
82 Garganvillar **35** D3
2A Gargiaca **45** D3
36 Gargilesse-Dampierre **24** B2
18 Garigny **18** D3
31 Garin **41** C3
64 Garlin **41** A1
85 Garnache (La) **22** C1
03 Garnat-sur-Engièvre **25** B2
81 Garrigues **42** B1
28 Gas **11** B2
27 Gasny **11** B1
83 Gassin **44** D2
40 Gastes **34** C2
77 Gastins **11** D2
50 Gathemo **10** A2
50 Gatteville-le-Phare **3** D2
06 Gattières **45** A1
85 Gaubretière (La) **22** D1
40 Gaujacq **40** D1
32 Gaujan **41** C2
51 Gault-la-Forêt (Le) **12** B2
41 Gault-Perche (Le) **17** D1
28 Gault-Saint-Denis (Le) **11** A3
22 Gautier **8** D1
65 Gavarnie **41** B3
50 Gavray **9** D1
44 Gâvre (Le) **16** C2
56 Gâvres **15** D1
51 Gaye **12** B2
33 Gazinet **34** D1
40 Geaune **41** A1
17 Geay **29** A1
79 Geay **23** B1
65 Gèdre **41** B3
50 Geffosses **3** D3
36 Gehée **24** A1
67 Geispolsheim **14** B2
10 Gélannes **12** B3
63 Gelles **30** D1
25 Gellin **26** C1
64 Gélos **41** A2
40 Geloux **35** A3
57 Gelucourt **13** D2
21 Gemeaux **20** A2
13 Gémenos **44** B2
31 Gemil **42** A1
17 Gémozac **29** A1
16 Genac **29** B1
69 Genas **31** D1
86 Gençay **23** C2
88 Gendreville **13** B3
39 Gendrey **20** B3
82 Genébrières **36** A3
71 Génelard **25** C2
30 Générac **43** C1
61 Geneslay **10** B2
50 Genêts **9** D2
85 Genétouze (La) **22** C1
25 Geneuille **20** B3
77 Genevraye (La) **11** D3
52 Genevrières **20** B2
42 Geniac **31** C2
55 Génicourt-sur-Meuse **13** A1
37 Genillé **18** A3
24 Genis **29** D2
33 Génissac **29** A3
21 Genlis **20** A3
49 Gennes **17** B3
53 Gennes-sur-Glaize **17** A1
35 Gennes-sur-Seiche **16** D1
49 Genneteil **17** B2
79 Genneton **17** A3
14 Genneville **4** C3
30 Génolhac **37** B2
31 Genos **41** C3
23 Genouillac **24** B2
86 Genouillé **23** C3
17 Genouillé **23** A3
18 Genouilly **18** B3
71 Genouilly **25** C2
33 Gensac **35** B1
23 Gentioux-Pigerolles **30** B1
60 Genvry **6** A3
50 Ger **10** A2
88 Gérardmer **20** D1
10 Géraudot **12** C3
57 Gerbécourt **13** C2
88 Gerbépal **13** D3
60 Gerberoy **5** B2
54 Gerbéviller **13** C2
02 Gercy **6** B2
71 Gercy **25** D1
21 Gerland **19** D3
51 Germaine **12** B1
52 Germay **13** A3
28 Germignonville **11** B3
89 Germiny **19** B1
45 Germiny-des-Prés **18** C1
18 Germiny-l'Exempt **24** D1
51 Germinon **12** C2
08 Germont **6** D3
67 Gerstheim **14** B3
76 Gerville **4** C2
63 Gerzat **31** A1
72 Gesnes-le-Gandelin **10** B3
08 Gespunsart **6** D2
49 Gesté **16** D3
53 Gesvres **10** B3
74 Gets (Les) **26** D3
35 Gévezé **9** C3
70 Gevigney-et-Mercey **20** B1
21 Gevrey-Chambertin **19** D3
21 Gevrolles **19** D1
01 Gex **26** C2
2B Ghisonaccia **45** C2
2B Ghisoni **45** C2
59 Ghyvelde **1** C1
2A Giamannacce **45** C2
63 Giat **30** C1
71 Gibles **25** C3
17 Gibourne **23** B3
17 Gicq (Le) **23** B3
45 Gien **18** D2
83 Giens **44** C3
21 Gien-sur-Cure **19** C3
38 Gières **32** B3
73 Giettaz (La) **32** C1
51 Giffaumont-
Champaubert **12** D2
91 Gif-sur-Yvette **11** C2
34 Gigean **43** B1
13 Gignac **44** A2
34 Gignac **43** A1
46 Gignac **30** A3
39 Gigny **26** A2
89 Gigny **19** C1
51 Gigny-Bussy **12** C2
71 Gigny-sur-Saône **25** D2
84 Gigondas **37** D3
04 Gigors **38** C2
26 Gigors **38** A1
07 Gilhoc-sur-Ormèze **31** D3
52 Gillancourt **12** D3
39 Gillois **26** B1
73 Gilly-sur-Isère **32** C1
71 Gilly-sur-Loire **25** B2
72 Gimat **35** D3
19 Gimel **30** B2
32 Gimont **41** D1
83 Ginasservis **44** B1
11 Gincla **42** C3
55 Gincrey **7** A3
11 Ginoles **42** B3
03 Gipcy **24** D2
88 Girancourt **13** C3
60 Giraumont **5** D3
88 Girecourt-sur-Durbion **13** C3
88 Girmont **13** C3
2A Girolata **45** B3
90 Giromagny **20** D2
01 Giron **26** B3
88 Gironcourt-sur-Vraine **13** B3
33 Gironde-sur-Dropt **35** B1
77 Gironville **11** C3
55 Gironville-sous-les-Côtes **13** B2
91 Gironville-sur-Essonne **11** C3
81 Giroussens **42** B1
58 Giry **19** A3
33 Giscos **35** B2
12 Gissac **36** D3
27 Gisors **5** B3
89 Gisy-les-Nobles **12** A3
18 Givardon **24** D1
27 Giverny **11** B1
27 Giverville **10** D1
08 Givet **6** D1
08 Givonne **6** D2
69 Givors **31** D2
45 Givraines **18** C1
08 Givron **6** C2
08 Givry **6** C3
71 Givry **25** D1
51 Givry-en-Argonne **12** D1
86 Gizay **23** C2
37 Gizeux **17** C2
25 Glainans **20** C3
25 Glamondans **20** C3
26 Glandage **38** B1
23 Glénic **24** B3
25 Glère **20** D3
14 Glos **10** C1
61 Glos-la-Ferrière **10** D1
07 Glun **31** D3
58 Glux **25** B1
76 Goderville **4** C2
59 Godewaersvelde **1** D2
88 Golbey **13** C3
68 Goldbach **21** A1
06 Golfe-Juan **45** A1
41 Gombergean **18** A2
22 Goméné **9** B3
91 Gometz-la-Ville **11** C2
38 Goncelin **32** B2
52 Goncourt **13** B3
55 Gondrecourt-le-Château **13** A2
45 Gondreville **18** D1
54 Gondreville **13** B2
54 Gondrexon **13** D2
32 Gondrin **35** B3
83 Gonfaron **44** C2
76 Gonfreville-l'Orcher **4** C3
50 Gonneville **3** D2
76 Gonneville-la-Mallet **4** C2
49 Gonnord **17** A3
25 Gonsans **20** C3
47 Gontaud-de-Nogaret **35** C2
84 Gordes **38** A3
33 Gornac **35** B1
87 Gorre **29** D1
53 Gorron **10** A3
57 Gorze **13** B1
35 Gosné **9** C3
64 Gotein-Libarrenx **40** D2
77 Gouaix **12** A3
22 Gouarec **8** D3
30 Goudargues **37** C2
22 Goudelin **9** A2
13 Goudes (Les) **44** A2
43 Goudet **37** B1
65 Goudon **41** B2
35 Gouesnière (La) **9** C2
29 Gouesnou **8** B2
86 Gouex **23** C2
29 Gouézec **8** C3
26 Gougne **37** D2
28 Gouillons **11** B3
47 Goulens **35** C3
27 Goulet (Le) **11** A1
29 Goulien **8** A3
19 Goulles **30** B3
58 Gouloux **19** B3
84 Goult **38** A3
29 Goulven **8** B1
25 Goumois **20** D3
22 Gouray (Le) **9** B3
40 Gourbera **34** D3
06 Gourdon **45** A1
07 Gourdon **37** C1
46 Gourdon **36** A1
71 Gourdon **25** C2
19 Gourdon-Murat **30** B2
64 Gourette **41** A3
51 Gourgançon **12** B2
79 Gourgé **23** B1
56 Gourin **8** C3
27 Gournay **10** D2
76 Gournay-en-Bray **5** B3
79 Gournay-Loizé **23** B3
60 Gournay-sur-Aronde **5** D3
34 Gourniou **42** D1
16 Gourville **29** B1
54 Goussaincourt **13** B2
63 Goutelle (La) **30** D1
12 Goutrens **36** C2
40 Gouts **34** D3
63 Gouttières **24** D3
32 Goutz **35** C3
60 Gouvieux **11** C1
27 Gouville **10** D2
50 Gouville-sur-Mer **9** C1
62 Gouy-St-André **1** B3
59 Gouzeaucourt **6** A1
23 Gouzon **24** C3
54 Goviller **13** B2
34 Grabels **43** B1
18 Graçay **18** B3
33 Gradignan **35** A1
52 Graffigny-Chemin **13** B3
27 Grainville **5** A3
14 Grainville-Langannerie **10** B1
76 Grainville-la-Teinturière **4** D2
34 Graissessac **42** D1
42 Graix **31** C2
46 Gramat **36** B1
84 Grambois **44** B1
82 Gramont **35** C3
10 Grancey **12** B2
21 Grancey-le-Château **19** D2
21 Grancey-sur-Ource **19** C1
88 Grand **13** A3
01 Grand-Abergement (Le) **26** B3
44 Grand-Auverné **16** D2
83 Grand-Avis (Le) **44** D3
74 Grand-Bornand (Le) **32** C1
23 Grand-Bourg (Le) **24** B3
24 Grand-Brassac **29** C2
14 Grandcamp-Maisy **4** A3
24 Grand-Castang **29** C3
56 Grand-Champ **16** A1
89 Grandchamp **19** A1
44 Grandchamp-
des-Fontaines **16** C2
30 Grand-Colombe (La) **37** B2
76 Grand-Couronne **5** A3
76 Grandcourt **5** B2
73 Grand-Croix **33** A3
42 Grand-Croix (La) **31** C2
17 Grande-Côte (La) **28** D1
89 Grande-Jarronnée (La) **19** B1
34 Grande-Motte (La) **43** B1
39 Grande-Rivière **26** B2
08 Grandes-Armoises (Les) **6** D3
10 Grandes-Chapelles (Les) **10** B3
05 Grande-Serenne **38** D1
51 Grandes-Loges (Les) **12** C1

76 Grandes-Ventes (Les) 5 A2
59 Grande-Synthe 1 C2
71 Grande-Verrière (La) 25 C1
62 Grand Fort-Philippe 1 C2
35 Grand-Fougeray (Le) 16 C1
60 Grandfresnoy 5 D3
30 Grand-Gallargues 43 C1
17 Grandjean 29 A1
85 Grand-Landes 22 C1
38 Grand-Lemps (Le) 32 A2
72 Grand-Lucé (Le) 17 C1
02 Grandlup-et-Fay 6 B2
16 Grand-Madieu (Le) 23 C3
14 Grandmesnil 10 C1
08 Grandpré 6 D3
37 Grand Pressigny (Le) 23 D1
48 Grandrieu 37 B1
69 Grandris 25 C3
76 Grand-Quevilly 5 A3
Grandru 6 A2
62 Grand-Rullecourt 5 C1
58 Grandry 19 B3
87 Grands Chézeaux (Les) 24 A2
12 Grand-Vabre 36 C1
48 Grandvals 36 D1
71 Grandvaux 25 C2
70 Grandvelle-et-le-Perrenot 20 B2
90 Grandvillars 20 D2
88 Grandvillers 13 D3
27 Grandvilliers 11 A2
60 Grandvilliers 5 B2
26 Grane 37 D1
17 Grange (La) 23 A3
89 Grange-le-Bocage 12 A3
10 Grange-L'Évêque 12 B3
45 Grangermont 11 C3
10 Granges (Les) 12 B2
26 Granges-Gontardes (Les) 37 D2
91 Granges-le-Roi (Les) 11 B2
88 Granges-sur-Vologne 13 D3
25 Grangettes (Les) 26 C1
13 Grans 44 A1
50 Granville 9 C1
25 Gras (Les) 26 C1
16 Grassac 29 C1
06 Grasse 45 A1
31 Gratens 41 D2
34 Grau-d'Agde 43 A2
30 Grau-du-Roi (Le) 43 C1
81 Graulhet 42 B1
66 Grau-Saint-Ange 42 D3
05 Grave (La) 32 C3
59 Gravelines 1 C2
53 Gravelle (Le) 9 D3
57 Gravelotte 13 B1
13 Graveson 37 D3
27 Gravigny 11 A1
70 Gray 20 B2
33 Grayan-et-Hôpital 28 D2
14 Graye-sur-Mer 4 B3
43 Grazac 31 C3
81 Grazac 36 A3
53 Grazay 10 B3
46 Gréalou 36 B1
13 Gréasque 44 B2
72 Gréez-sur-Roc 10 D3
76 Grémonville 4 D2
31 Grenade 42 A1
40 Grenade-sur-l'Adour 35 A3
52 Grenant 20 A2
62 Grenay 1 D3
43 Grenier-Montgon 31 A2
38 Grenoble 32 B3
06 Gréolières 39 A3
04 Gréoux-les-Bains 44 B1
31 Grépiac 42 A2
21 Grésigny-Ste-Reine 19 C2
38 Gresse-en-Vercors 32 B3
73 Grésy-sur-Aix 32 B1
73 Grésy-sur-Isère 32 C2
77 Gretz-Armainvilliers 11 D2
88 Greux 13 B3
17 Grève-sur-Mignon (La) 23 A2
50 Gréville-Hague 3 C2
46 Grezels 35 D2
53 Grez-en-Bouère 17 A1
46 Grèzes 36 B1
69 Grezieu-le-Marché 31 C1
49 Grez-Neuville 17 A2
42 Grézolles 31 B1
67 Gries 14 B2
26 Grignan 37 D2
33 Grignols 35 B2
84 Grillon 37 D2
84 Grillon-le-Braye 38 A3
83 Grimaud 44 D2
86 Grimaudière (La) 23 B1
54 Gripport 13 C3
79 Gript 23 A3
54 Griscourt 13 B2
21 Griselles 19 C1
45 Griselles 18 D1
02 Grisolles 12 A1
82 Grisolles 36 A3
95 Grisy-les-Plâtres 11 C1
80 Grivesnes 5 C2
59 Groise (La) 6 B1
18 Groises 18 D3
56 Groix 15 C1
24 Grolejac 36 A1
57 Grosbliederstroff 13 C3
21 Grosbois-en-Montagne 19 C3
21 Grosbois-lès-Tichey 26 A1
85 Grosbreuil 22 C2
01 Groslée 32 B1
2A Grossa 45 D3
18 Grossouvre 24 D1
57 Grostenquin 13 D1
27 Gros-Theil (Le) 4 D3
50 Grosville 3 C2
85 Grues 22 C2
88 Gruey-lès-Surance 20 C1
74 Gruffy 32 C1
49 Grugé-l'Hôpital 16 D1
76 Grugny 5 A2
11 Gruissan 42 D2
71 Grury 25 B2
17 Gua (Le) 28 D1
38 Gua (Le) 32 B3
2A Guagno 45 C3
65 Guchen 41 B3
68 Guebwiller 21 A1
72 Guécélard 17 C1
61 Gué-de-la-Chaîne (Le) 10 C3
28 Gué-de-Longroi (Le) 11 B3
49 Guédéniau (Le) 17 B2
85 Gué-de-Velluire (Le) 22 D2
08 Gué-d'Hossus 6 C2
41 Gué-du-Loir (Le) 17 D1
56 Guégnon 16 A1
56 Guéhenno 16 A1
56 Gueltas 9 A3
68 Guémar 14 A3
44 Guémené-Penfao 16 C2
56 Guéméné-sur-Scorff 8 D3
57 Guénange 7 C3
29 Guengat 8 B3
22 Guenroc 9 B3
44 Guenrouet 16 B2
56 Guer 16 B1
44 Guérande 16 A2
80 Guerbigny 5 D2
37 Guerche (La) 23 D1
35 Guerche-de-Bretagne (La) 16 D1
18 Guerche-sur-l'Aubois (La) 24 D1
89 Guerchy 19 A1
01 Guéreins 25 D3
23 Guéret 24 B3
71 Guerfand 25 D1
58 Guérigny 19 A3
85 Guérinière (La) 16 B3
29 Guerlesquin 8 C2
57 Guermange 13 D2
56 Guern 8 D3
27 Guernanville 10 D1
76 Guerville 5 B1
80 Gueschart 5 C1
59 Guesnain 2 A3
86 Guesnes 23 C1
57 Guessling-Hemering 13 C1
64 Guéthary 43 B1
71 Gueugnon 25 B2
76 Gueures 5 A2
51 Gueux 6 B3
68 Guewenheim 20 D2
88 Gugney-aux-Aulx 13 C3
64 Guiche 40 C1
71 Guiche (La) 25 C2
35 Guichen 16 C1
29 Guiclan 8 C2
56 Guidel 15 C1
72 Guierche (La) 10 C3
35 Guignen 16 C1
77 Guignes 11 D2
45 Guigneville 11 C3
02 Guignicourt 6 B3
29 Guilers 8 B2
56 Guillac 16 A1
06 Guillaumes 38 D3
03 Guillermie (La) 31 B1
05 Guillestre 38 D1
56 Guilliers 9 B3
89 Guillon 19 C2
28 Guillonville 18 B1
33 Guillos 35 A1
36 Guilly 18 B3
29 Guilvinec 15 B1
29 Guimiliau 8 C2
52 Guindrecourt-aux-Ormes 12 D3
62 Guines 1 B2
22 Guingamp 8 D2
57 Guinglange 13 C1
29 Guipavas 8 B2
35 Guipel 9 C3
78 Guiperreux 11 B2
35 Guipry 16 C1
58 Guipy 19 B3
60 Guiscard 6 A2
56 Guiscriff 8 C3
02 Guise 6 B2
29 Guissény 8 B1
81 Guitalens 42 B1
33 Guitres 29 B3
80 Guizancourt 5 C2
33 Gujan-Mestras 34 D1
67 Gundershoffen 14 B1
68 Gundolsheim 21 A1
67 Gungwiller 14 A1
2A Gurgazo 45 D2
21 Gurgy-la-Ville 19 D1
64 Gurmençon 41 A2
64 Gurs 40 D2
22 Gurunhuel 8 D2
70 Gy 20 B3
10 Gyé-sur-Seine 19 C1
89 Gy-l'Évêque 19 A2

H

62 Habarcq 5 D1
40 Habas 40 D1
54 Hablainville 13 D2
68 Habsheim 21 A2
88 Hadol 20 C1
68 Hagenthal 21 A2
64 Hagetaubin 41 A1
40 Hagetmau 41 A1
54 Hagéville 13 B1
57 Hagondange 7 C3
67 Haguenau 14 B2
69 Haies (Les) 31 D2
88 Haillainville 13 C3
33 Haillan (Le) 29 A3
86 Haims 23 D2
50 Hainneville 3 C2
55 Haironville 12 D2
62 Haisnes 1 D3
80 Hallencourt 5 B1
69 Halles (Les) 31 C1
59 Halluin 2 A2
14 Ham (Le) 10 B1
80 Ham 6 A2
14 Hamars 10 B1
57 Hambach 13 D1
50 Hambye 9 D1
02 Hamégicourt 6 A2
62 Ham-en-Artois 1 C3
57 Hampont 13 C2
80 Hancourt 6 A2
80 Hangest-en-Santerre 5 D2
80 Hangest-sur-Somme 5 C1
08 Hannogne-St-Rémy 6 C2
55 Hannonville-sous-les-Côtes 13 B1
51 Hans 12 D1
57 Han-sur-Nied 13 C1
29 Hanvec 8 B2
28 Happonvilliers 11 A3
02 Haramont 6 A3
54 Haraucourt 13 C2
57 Haraucourt-sur-Seille 13 C2
80 Harbonnières 5 D2
02 Harcigny 6 B2
27 Harcourt 10 D1
53 Hardanges 10 B3
62 Hardelot-Plage 1 B3
60 Hardivillers 5 C2
76 Harfleur 4 C3
08 Hargnies 6 D1
62 Harnes 1 D3
54 Haroué 13 C3
52 Harréville-les-Chanteurs 13 B3
88 Harsault 20 C1
67 Harskirchen 13 D1
02 Hartennes-et-Taux 6 A3
02 Hary 6 B2
59 Hasnon 2 A3
64 Hasparren 40 C1
59 Haspres 6 A1
67 Hatten 14 B1
80 Hattencourt 5 D2
57 Hattigny 13 D2
55 Hattonchâtel 13 B1
68 Hattstatt 21 A1
59 Haubourdin 1 D3
54 Haucourt-Moulaine 7 B3
55 Haudainville 13 A1
55 Haudiomont 13 A1
60 Haudivillers 5 C3
57 Haut-Clocher 13 D2
62 Haute-Avesnes 1 D3
01 Hautecourt 26 A3
24 Hautefort 29 D2
73 Hauteluce 32 D1
61 Hauterive 10 C2
89 Hauterive 19 B1
26 Hauterives 32 A3
08 Hautes-Rivières (Les) 6 D2
01 Hauteville-Lompnès 32 B1
40 Haut-Mauco 35 A3
59 Hautmont 6 B1
88 Hautmougey 20 C1
55 Hauts-de-Chée (Les) 13 A2
51 Hautvillers 12 B1
27 Hauville 4 D3
57 Havange 7 B3
80 Havernas 5 C1
76 Havre (Le) 4 C3
57 Hayange 7 B3
08 Haybes 6 D1
76 Haye (La) 5 A3
50 Haye-du-Puits (La) 3 D3
27 Haye-du-Teil (La) 4 D3
27 Haye-Malherbe (La) 5 A3
50 Haye-Pesnel (La) 9 D1
76 Hayons (Les) 5 A2
59 Hazebrouck 1 C2
65 Héas 41 B3
27 Hébécourt 5 B3
85 Hebergement (L') 22 C1
80 Hédauville 5 D1
35 Hédé 9 C3
67 Heidolsheim 14 A3
51 Heiltz-le-Hutier 12 D2
51 Heiltz-le'Maurupt 12 D2
68 Heimsbrunn 21 A2
55 Heippes 13 A1
68 Heiteren 21 A1
59 Hélesmes 2 A3
64 Helette 40 C2
83 Héliopolis 44 D3
57 Hellimer 13 D1
61 Héloup 10 C3
59 Hem 2 A2
57 Héming 13 D2
22 Hénanbihen 9 B2
64 Hendaye 40 B1
62 Hénin-Beaumont 1 D3
56 Hennebont 15 D1
88 Hennecourt 13 C3
88 Hennezel 20 C1
22 Hènon 9 A2
60 Hénonville 11 C1
18 Henrichemont 18 C3
29 Henvic 8 C2
85 Herbaudière (L') 16 B3
41 Herbault 18 A2
80 Herbécourt 5 D1
85 Herbiers (Les) 22 D1
10 Herbisse 12 C2
67 Herbitzheim 13 D1
67 Herbsheim 14 B3
32 Heréchou 41 C1
34 Hérépian 42 D1
59 Hergnies 2 A3
44 Heric 16 C2
70 Héricourt 20 D2
02 Hérie-la-Vieille (Le) 6 B2
25 Hérimoncourt 20 D2
03 Hérisson 24 D2
59 Herlies 1 D3
40 Herm 34 C3
48 Hermaux (Les) 37 A2
77 Hermé 12 A3
85 Hermenault (L') 22 D2
63 Herment 30 C1
60 Hermes 5 C3
62 Hermies 6 A1
35 Hermitage (L') 9 C3
22 Hermitage-Lorge (L') 9 A3
37 Hermites (Les) 17 D2
14 Hermival-les-Vaux 10 C1
51 Hermonville 6 B3
76 Héronchelles 5 A3
95 Hérouville 11 C1
51 Herpont 12 D1
67 Herrlisheim 14 B2
68 Herrlisheim 21 A1
18 Herry 18 D3
62 Hersin 1 D3
59 Herzeele 1 C2
62 Hesdin 1 C3
62 Hesdin-l'Abbé 1 B2
68 Hésingue 21 A2
59 Hestrud 6 C1
60 Hètomesnil 5 C2
57 Hettange-Grande 7 B3
62 Heuchin 1 C3
27 Heudebouville 11 A1
55 Heudicourt-sous-les-Côtes 13 B1
52 Heuilley-Cotton 20 A2
27 Heuqueville 5 A3
55 Hévilliers 13 A2
38 Heyrieux 32 A2
38 Hières-sur-Amby 32 A1
80 Hiermont 5 C1
16 Hiersac 29 B1
16 Hiesse 23 C3
22 Hillion 9 A2
67 Hilsenheim 14 A3
22 Hinglé (Le) 9 B2
40 Hinx 34 D3
35 Hirel 9 C2
67 Hirschland 13 D2
68 Hirsingue 21 A2
02 Hirson 6 B2
68 Hirtzfelden 21 A1
67 Hochfelden 14 A2
76 Hode (Le) 4 C3
56 Hoëdic 15 D2
67 Hoerdt 14 B2
68 Hohrodberg 21 A1
67 Hohwald (Le) 14 A3
80 Hombleux 5 D2
02 Homblières 6 A2
57 Hombourg-Budange 7 C3
57 Hombourg-Haut 13 D1
54 Homécourt 7 B3
37 Hommes 17 C2
11 Homps 42 D2
77 Hondevilliers 12 A1
14 Honfleur 4 C3
59 Hon-Hergies 2 B3
57 Hôpital (L') 13 D1
29 Hôpital-Camfrout 8 B2
64 Hôpital-d'Orian (L') 40 D1
25 Hôpital-du-Grosbois (L') 20 C3
64 Hôpital-Saint-Blaise (L') 40 D3
42 Hôpital-sous-Rochefort (L') 31 B1
25 Hôpitaux-Vieux (Les) 26 C1
27 Hopsores (Les) 4 C3
65 Horgues 41 B2
80 Hornoy 5 B2
53 Horps (Le) 10 B3
52 Hortes 20 A1
73 Hospice 32 D2
31 Hospice-de-France 41 C3
12 Hospitalet-du-Larzac (L') 37 A3
46 Hospitalet (L') 36 A1
09 Hospitalet-près-l'Andorre (L') 43 B3
40 Hossegor 40 C1
64 Hosta 40 C2
33 Hostens 35 A1
26 Hostun 32 A3
14 Hôtellerie (L') 10 C1
61 Hôtellerie-Farault (L') 10 C1
01 Hotonnes 26 B3
56 Houat 15 D2
74 Houches (Les) 32 D1
62 Houdain 1 C3
78 Houdan 11 B2
55 Houdelaincourt 13 A2
76 Houdetot 4 D2
88 Houécourt 13 B2
47 Houeillès 35 B2
27 Houetteville 11 A1

32 Houga (Le) 35 B3
14 Houlgate 4 B3
17 Houmeau (L') 22 D3
59 Houplines 1 D2
76 Houppeville 5 A3
64 Lahourcade 40 D2
80 Hourdel (Le) 5 B1
33 Hourtin 28 D2
33 Hourtin-Plage 28 D2
53 Houssay 17 A1
76 Houssaye-Béranger 5 A2
54 Housselmont 13 B2
68 Houssen 14 A3
88 Houssière (La) 13 D3
60 Houssoye (La) 5 B3
59 Houtkerque 1 D2
28 Houville-la-Branche 11 B3
62 Hucqueliers 1 B3
29 Huelgoat 8 C2
52 Huilliécourt 13 A3
51 Huiron 12 C2
37 Huismes 17 C3
45 Huisseau-sur-Mauves 18 B1
53 Huisserie (L') 17 A1
51 Humbauville 12 C2
52 Humbècourt 12 D2
18 Humbligny 18 D3
52 Humes-Jorquenay 20 A1
62 Humières 1 C3
68 Hunawihr 14 A3
57 Hundling 13 D1
68 Huningue 21 A2
67 Hunspach 14 B1
12 Huparlac 36 D1
03 Huriel 24 C2
54 Hussigny-Godbrange 7 B3
72 Hutte (La) 10 C3
03 Hyds 24 D3
50 Hyenville 9 D1
83 Hyères 44 C2
83 Hyères-Plage 44 C2

I

35 Iffendic 9 B3
35 Iffs (Les) 9 C3
61 Igé 10 C3
18 Ignol 24 D1
51 Igny-Comblizy 12 B1
27 Igoville 5 A3
71 Iguerande 25 B3
64 Iholdy 40 C2
37 Ile-Bouchard (L') 17 C3
17 Ile-d'Elle (L') 22 D2
85 Ile-d'Olonne (L') 22 C2
2B Ile Rousse (L') 45 A3
29 Ile-Tudy 15 B1
64 Ilharre 40 D1
33 Illats 35 A1
66 Ille-sur-Tet 43 C3
68 Illfurth 21 A2
68 Illhaeusern 14 A3
28 Illiers-Combray 11 A3
56 Illifaut 9 B3
67 Illkirch-Graffenstaden 14 B2
76 Illois 5 B2
68 Illzach 21 A1
67 Imbsheim 14 A2
58 Imphy 25 A1
62 Inchy-en-Artois 6 A1
25 Indevillers 20 D3
44 Indre 16 C3
68 Ingersheim 21 A1
36 Ingrandes 23 D2
49 Ingrandes 16 D2
86 Ingrandes 23 C1
37 Ingrandes-de-Touraine 17 C3
56 Inguiniel 8 D3
67 Ingwiller 14 A1
01 Injoux-Génissiat 26 B3
55 Inor 7 A3
57 Insming 13 D1
45 Intville-la-Guétard 11 C3
56 Inzinzac 15 D1
55 Ippécourt 13 A1
55 Iré-le-Sec 7 A3
64 Irissarry 40 C2
35 Irodouër 9 C3
29 Irvillac 8 B2
62 Isbergues 1 C3
45 Isdes 18 C2
58 Isenay 25 B1
50 Isigny-le-Buat 9 D2
14 Isigny-sur-Mer 4 A3
95 Isle-Adam (L') 11 C1
32 Isle-Arné (L') 41 C1
10 Isle-Aumont 12 C3
32 Isle-Bouzon (L') 35 C3
32 Isle-de-Noé (L') 41 C1
55 Isle-en-Barrois (L') 13 A1
31 Isle-en-Dodon (L') 41 C2
32 Isle-Jourdain (L') 41 D1
86 Isle-Jourdain (L') 23 C3
84 Isle-sur-la-Sorgue (L') 38 A3
25 Isle-sur-le-Doubs (L') 20 C2
89 Isle-sur-Serein (L') 19 B2
51 Isles-sur-Suippe 6 C3
55 Islettes (Les) 12 D1
06 Isola 39 A2
2B Isolaccio-di-Fiumorbo 45 C2
48 Ispagnac 37 A2
24 Issac 29 C3
33 Issac 28 D3
83 Issambres (Les) 44 D2
07 Issarlès 37 B1
44 Issé 16 C2
63 Isserteaux 31 A1
24 Issigeac 35 C1
63 Issoire 31 A2
55 Issoncourt 13 A1
64 Issor 40 D2
36 Issoudun 24 B1
21 Is-sur-Tille 20 A2
71 Issy-l'Évêque 25 B2
13 Istres 43 D1
51 Istres-et-Bury (Les) 12 B1
64 Isturitz 40 C2
02 Itancourt 6 A2
67 Itterswiller 14 A3
91 Itteville 11 C2
64 Itxassou 40 C2
77 Iverny 11 D1
02 Iviers 6 C2
27 Iville 10 D1
60 Ivors 11 D1
18 Ivoy-le-Pré 18 C3
94 Ivry 11 C2
21 Ivry-en-Montagne 25 C1
27 Ivry-la-Bataille 11 A1
59 Iwuy 6 A1
31 Izaut-de-l'Hôtel 41 C3
65 Izaux 41 C2
62 Izel-les-Hameaux 1 C3
01 Izernore 26 B3

J

49 Jaille-Yvon (La) 17 A1
21 Jailly-lès-Moulins 19 C2
03 Jaligny 25 B2
49 Jallais 17 A3
25 Jallerange 20 B3
18 Jalognes 18 D3
51 Jâlons 12 C1
46 Jamblusse 36 B2
55 Jametz 7 A3
38 Janneyrias 32 A1
28 Janville 11 B3
35 Janzé 16 C1
38 Jarcieu 31 D2
86 Jardres 23 C2
85 Jard-sur-Mer 22 C2
45 Jargeau 18 C1
16 Jarnac 29 B1
17 Jarnac-Champagne 29 A2
23 Jarnages 24 B3
54 Jarny 13 B1
73 Jarrier 32 C2
18 Jars 18 D3
49 Jarzé 17 B2
70 Jasney 20 C1
01 Jassans-Riottier 31 D1
01 Jasseron 26 A3
33 Jau 28 D2
85 Jaudonnière (La) 22 D1
28 Jaudrais 11 A2
33 Jauge 34 D1
07 Jaujac 37 C1
16 Jauldes 29 C1
02 Jaulgonne 12 A1
37 Jaulnay 23 C1
54 Jaulny 13 B1
86 Jaunay-Clan 23 C1
04 Jausiers 38 D2
24 Javerlhac-et-la-Chapelle-St-Robert 29 C2
04 Javie (La) 38 C2
48 Javols 37 A1
16 Javrezac 29 A1
53 Javron 10 B3
43 Jax 31 B3
64 Jaxu 40 C2
86 Jazeneuil 23 B2
17 Jazennes 29 A1
54 Jeandelaincourt 13 C2
88 Jeanménil 13 D3
02 Jeantes 6 B2
68 Jebsheim 14 A3
32 Jégun 41 C1
24 Jemaye (La) 29 C3
59 Jenlain 6 B1
03 Jenzat 25 A3
68 Jettingen 21 A2
10 Jeugny 19 B1
36 Jeu-les-Bois 24 B2
36 Jeu-Maloches 24 A1
59 Jeumont 6 B1
50 Jobourg 3 C2
54 Joeuf 7 B3
89 Joigny 19 A1
52 Joinville 13 A3
94 Joinville 11 C2
69 Jonage 32 A1
87 Jonchère-Saint-Maurice (La) 24 A3
90 Joncherey 20 D2
52 Jonchery 20 A1
51 Jonchery-sur-Vesle 6 B3
02 Joncourt 6 A2
71 Joncy 25 C2
27 Jonquerets-de-Livet (Les) 10 D1
84 Jonquières 37 D3
30 Jonquières-et-St-Vincent 37 C3
70 Jonvelle 20 B1
17 Jonzac 29 A2
74 Jonzier-Epagny 26 B3
42 Jonzieux 31 C2
14 Jort 10 B1
63 Joserand 25 A3
41 Josnes 18 A1
40 Josse 40 C1
56 Josselin 16 A1
77 Jossigny 11 D2
77 Jouarre 12 A1
78 Jouars-Pontchartrain 11 B2
11 Joucou 42 B3
61 Joué-du-Bois 10 B2
72 Joué-en-Charnie 17 B1
49 Joué-Etiau 17 A3
37 Joué-les-Tours 17 D3
44 Joué-sur-Erdre 16 C2
18 Jouet-sur-l'Aubois 24 D1
21 Jouey 19 C3
25 Jougne 26 C1
86 Jouhet 23 D2
13 Jouques 44 B1
86 Journet 23 D2
24 Journiac 29 D3
62 Journy 1 C2
21 Jours-les-Baigneux 19 C2
86 Joussé 23 C3
89 Joux-la-Ville 19 B2
28 Jouy 11 B2
89 Jouy 11 D3
78 Jouy-en-Josas 11 C2
77 Jouy-le-Châtel 12 A2
45 Jouy-le-Potier 18 B2
55 Jouy-sous-les-Côtes 13 B2
60 Jouy-sous-Thelle 5 B3
27 Jouy-sur-Eure 11 A1
07 Joyeuse 37 C2
63 Joze 31 A1
06 Juan-les-Pins 45 A1
53 Jublains 10 B3
22 Jugon 9 B2
44 Juigné-des-Moutiers 16 D2
49 Juigné-sur-Loire 17 A2
27 Juignettes 10 D2
19 Juillac 30 A2
65 Juillan 41 B2
77 Juilly 11 D1
69 Juliénas 25 D3
43 Jullianges 31 B2
50 Jullouville 9 C2
10 Jully-sur-Sarce 19 C1
63 Jumeaux 31 A2
49 Jumelière (La) 17 A3
76 Jumièges 4 D3
24 Jumilhac-le-Grand 29 D2
65 Juncalas 41 B2
15 Junhac 36 C1
08 Juniville 6 C3
72 Jupilles 17 C1
64 Jurançon 41 A2
42 Juré 31 B1
16 Jurignac 29 B2
14 Jurques 10 A1
79 Juscorps 23 A3
15 Jussac 30 C3
70 Jussey 20 B1
02 Jussy 6 A2
18 Jussy-Champagne 24 D1
18 Jussy-le-Chaudrier 18 D3
09 Justiniac 42 A2
14 Juvigny 4 A3
51 Juvigny 12 C1
53 Juvigné 9 D3
55 Juvigny-en-Perthois 13 A2
50 Juvigny-le-Tertre 10 A2
61 Juvigny-sous-Andaine 10 B2
02 Juvincourt-et-Damary 6 B3
91 Juvisy 11 C2
10 Juzanvigny 12 C3
52 Juzennecourt 12 D3
31 Juzet-d'Izaut 41 C3
78 Juziers 11 B1

K

50 Kairon-Plage 9 C1
67 Kaltenhouse 14 B2
68 Kappelen 21 A2
68 Kaysersberg 14 A3
57 Kédange-sur-Canner 7 C3
68 Kembs 21 A2
22 Kerbors 8 D1
29 Kerfani-les-Pins 15 C1
29 Kerfot 9 A1
29 Kergoat 8 B3
22 Kergrist-Moëlou 8 D2
22 Kérien 8 D2
22 Kérity 9 A1
29 Kerlaz 8 B3
29 Kerlouan 8 B1
22 Kermaria 9 A2
22 Kermaria-Sulard 8 D1
56 Kernascléden 8 D3
29 Kernilis 8 B2
22 Kerpert 8 D2
29 Kersaint 8 A2
56 Kervignac 15 D1
67 Keskastel 13 D1
68 Kiffis 21 A2
67 Kintzheim 14 A3
67 Klingenthal 14 A2
57 Knutange 7 B3
57 Koenigsmacker 7 C3
68 Koetzingue 21 A2
55 Koeur-la-Grande 13 A2
67 Kogenheim 14 A3
68 Kruth 20 D1

L

64 Laà-Mondrans 40 D1
64 Laas 40 D1
01 Labalme 26 A3
33 Labarde 29 A2
32 Labarrère 35 B3
31 Labarthe-Rivière 41 C2
64 Labastide-Clairence 40 C1
11 Labastide-d'Anjou 42 B2
40 Labastide-d'Armagnac 35 B3
07 Labastide-de-Virac 37 C2
11 Labastide-en-Val 42 C3
46 Labastide-Murat 36 A1
81 Labastide-Rouairoux 42 C1
82 Labastide-St-Pierre 36 A3
32 Labastide-Savès 41 D1
65 Labatut-Rivière 41 B1
11 Labecède-Lauragais 42 B2
31 Labège 42 A1
07 Labègude 37 C1
40 Labenne 40 C1
21 Labergement-Foigney 20 A3
25 Labergement-Ste-Marie 26 C1
15 Labesserette 36 C1
07 Lablachère 37 C2
65 Laborde 41 B3
26 Laborel 38 B2
40 Labouheyre 34 D2
81 Laboutarie 42 B1
33 Labrède 35 A1
40 Labrit 35 A2
15 Labrousse 36 C1
62 Labroye 5 C1
81 Labruguière 42 C1
21 Labruyère 26 A1
54 Labry 13 B1
46 Laburgade 36 A2
81 Lacabarède 42 C1
12 Lacalm 36 D1
33 Lacanau 28 D3
33 Lacanau-Océan 28 C3
21 Lacanche 19 C3
15 Lacapelle-Barrès 30 D3
47 Lacapelle-Biron 35 D1
15 Lacapelle-del-Fraisse 36 C1
82 Lacapelle-Livron 36 B2
46 Lacapelle-Marival 36 B1
15 Lacapelle-Viescamp 30 C3
64 Lacarre 40 C2
64 Lacarry-Arhan-Charitte-le-Haut 40 D2
81 Lacaune 42 C1
47 Lacaussade 35 D2
46 Lacave 36 A1
73 Lac-de-Tignes 32 D2
19 Lacelle 30 B1
61 Lacelle (La) 10 B2
47 Lacépède 35 C2
16 Lachaise 29 B2
48 Lachamp 37 A1
07 Lachamp-Raphaël 37 C1
07 Lachapelle-sous-Aubenas 37 C1
90 Lachapelle-sous-Rougemont 20 D2
05 Lachau 38 B2
63 Lachaux 25 B3
64 Lacommande 41 A2
84 Lacoste 38 A3
81 Lacougotte-Cadoul 42 B1
09 Lacourt 41 D3
82 Lacourt-Saint-Pierre 36 A3
64 Lacq 41 A1
12 Lacroix-Barrez 36 C1
31 Lacroix-Falgarde 42 A1
60 Lacroix-Saint-Ouen 5 D3
55 Lacroix-sur-Meuse 13 A1
24 Lacropte 29 D3
81 Lacrouzette 42 C1
23 Ladapeyre 24 B3
45 Ladon 18 C1
11 Ladern 42 C2
32 Ladevèze-Rivière 41 B1
47 Ladignac 35 D2
87 Ladignac-le-Long 29 D1
39 Ladoye-sur-Seille 26 B1
19 Lafage-sur-Sombre 30 B2
81 Lafenasse 42 C1
52 Laferté-sur-Aube 19 D1
52 Laferté-sur-Amance 20 B1
39 Lafette (La) 26 C1
15 Lafeuillade-en-Vézie 36 C1
38 Laffrey 38 B3
65 Lafitole 41 B1
82 Lafitte 35 D3
47 Lafitte-sur-Lot 35 C2
82 Lafrançaise 36 A3
34 Lagamas 43 A1
57 Lagarde 13 D2
19 Lagarde-Enval 30 B3
31 Lagardelle-sur-Lèze 42 A2
81 Lagardiolle 42 B1
81 Lagarrigue 42 C1
51 Lagery 12 B1
06 Laghet 45 B1
19 Lagleygeolle 30 B3
62 Lagnicourt-Marcel 5 D1
01 Lagnieu 32 A1
77 Lagny-sur-Marne 11 D1
64 Lagor 40 D2
07 Lagorce 37 C2
33 Lagorce 29 B3
31 Lagrâce-Dieu 42 A2
40 Lagrange 35 B3
11 Lagrasse 42 C2
31 Lagraulet-Saint-Nicolas 35 D3
19 Lagraulière 30 A2
19 Laguenne 30 B3
82 Laguépie 36 B3
32 Laguian-Mazous 41 B1
64 Laguinge-Restoue 40 D2
12 Laguiole 36 D1
47 Lagupie 35 B1
31 Lahage 41 D1
40 Laharie 34 D3

55 Laheycourt-le-Ch. 12 D1
65 Lahitte-Toupière 41 B1
64 Lahourcade 40 D2
08 Laifour 6 D2
17 Laigne (La) 23 A3
53 Laigné 17 A1
72 Laigné-en-Belin 17 C1
21 Laignes 19 C1
60 Laigneville 5 C3
45 Lailly-en-Val 18 B2
55 Laimont 12 D2
89 Lain 19 A2
39 Lains 26 A2
89 Lainsecq 19 A2
85 Lairoux 22 D2
12 Laissac 36 D2
25 Laissey 20 C3
71 Laives 25 D2
54 Laix 7 B3
71 Laizé 25 D2
14 Laize-la-Ville 10 B1
39 Lajoux 26 B2
60 Lalandelle 5 B3
67 Lalaye 14 A3
46 Lalbenque 36 A2
07 Lalevade 37 C1
24 Lalinde 35 C1
03 Lalizolle 24 D3
59 Lallaing 2 A3
35 Lalleu 16 C1
38 Lalley 38 B1
64 Lalonguette 41 A1
07 Lalouvesc 31 C3
40 Laluque 34 D3
2B Lama 45 B2
03 Lamaids 24 C3
82 Lamagistère 35 D3
34 Lamalou-les-Bains 42 D1
66 Lamanère 43 C3
13 Lamanon 44 A1
88 Lamarche 20 B1
21 Lamarche-sur-Saône 20 A3
21 Lamargelle 19 D2
33 Lamarque 28 D3
07 Lamastre 31 D3
46 Lamativie 30 B3
19 Lamazière-Basse 30 C2
29 Lambader 8 C2
22 Lamballe 9 B2
13 Lambesc 44 A1
04 Lambruisse 38 C3
58 Lamenay-sur-Loire 25 A1
72 Lamnay 17 D1
81 Lamontélarié 42 C1
63 Lamontgie 31 A2
47 Lamontjoie 35 C3
24 Lamonzie-Montastruc 29 C3
56 Lamor-Plage 15 D1
55 Lamorville 13 A1
43 Lamothe 31 A2
84 Lamotte 37 D2
41 Lamotte-Beuvron 18 B2
39 Lamoura 26 B2
29 Lampaul 8 A2
29 Lampaul-Guimiliau 8 C2
29 Lampaul-Plouarzel 8 A2
69 Lamure-sur-Azergues 25 C3
25 Lanans 20 C3
07 Lanarce 37 B1
80 Lanchères 5 B1
22 Lancieux 9 B2
08 Lançon 6 D3
13 Lançon-Provence 44 A1
56 Landaul 15 D1
82 Lande (La) 35 D3
35 Landéan 9 D3
29 Landéda 8 B1
61 Lande-de-Goult (La) 10 B2
61 Lande-de-Lougé (La) 10 B2
29 Landeleau 8 C3
49 Landemont 16 D3
27 Landepereuse 10 D1
29 Landerneau 8 B2
33 Landerrouat 35 B1
17 Landes 23 A3
85 Landes-Génusson (Les) 16 D3
41 Landes-le-Gaulois 18 A2
14 Landes-sur-Ajon 10 A1
61 Lande-sur-Eure (La) 10 D2
56 Landevant 15 D1
29 Landévennec 8 B2
02 Landifay 6 B2
61 Landigou 10 B2
33 Landiras 35 A1
61 Landisacq 10 A2
29 Landivisiau 8 C2
53 Landivy 10 A2
43 Landos 37 B1
02 Landouzy-la-Ville 6 B2
17 Landrais 22 D1
44 Landreau (Le) 16 D3
59 Landrecies 6 B1
54 Landres 7 B3
25 Landresse 20 C3
62 Landrethun-le-Nord 1 B2
10 Landreville 19 C1
57 Landroff 13 C1
73 Landry 32 D2
29 Landudec 8 B3
35 Landujan 9 B3
29 Landunvez 8 A2
56 Lanester 15 D1
54 Laneuveville-devant-Nancy 13 C2
52 Laneuville 12 D2
60 Laneuvilleroy 5 D3
55 Laneuville-sur-Meuse 7 A3
22 Langast 9 A3
43 Langeac 31 A3
37 Langeais 17 C3
37 Langennerie 17 D2
28 Langey 18 A1
56 Langoëlan 8 D3
48 Langogne 37 B1
33 Langoiran 35 A1
29 Langolen 8 C3
33 Langon 35 A1
35 Langon 16 C1
85 Langon (Le) 22 D2
56 Langonnet 8 C3
22 Langourla 9 B3
52 Langres 20 A1
14 Langrune-sur-Mer 4 B3
22 Languédias 9 B2
22 Languénan 9 B2
22 Langueux 9 A2
56 Languidic 15 D1
35 Lanhélin 9 C2
29 Lanhouarneau 8 B2
29 Lanildut 8 A2
22 Laniscat 8 D3
22 Lanloup 9 A1
29 Lanmeur 8 C1
22 Lanmodez 9 A1
64 Lanne 40 D2
29 Lannéanon 8 C2
29 Lannédern 8 C2
32 Lannemaignan 35 A3
65 Lannemezan 41 C2
32 Lannepax 35 B3
28 Lanneray 18 A1
47 Lannes 35 B3
29 Lannilis 8 B2
22 Lannion 8 D1
59 Lannoy 2 A3
60 Lannoy-Cuillère 5 B2
15 Lanobre 30 C2
33 Lanot 34 D1
24 Lanouaille 29 D2
56 Lanouée 9 A3
24 Lanquais 35 C1
22 Lanrélas 9 B3
29 Lanrivoaré 8 A2
38 Lans-en-Vercors 32 B3
34 Lansargues 43 B1
73 Lanslebourg-Mt-Cenis 32 D2
73 Lanslevillard 32 D2
31 Lanta 42 A1
10 Lantages 19 C1
21 Lantenay 19 D3
70 Lantenot 20 C2
19 Lanteuil 30 A3
41 Lanthenay 18 B3
06 Lantosque 39 A3
58 Lanty 25 B1
30 Lanuéjols 37 A3
48 Lanuéjols 37 A2
56 Lanvaudan 15 D1
22 Lanvellec 8 D2
29 Lanvéoc 8 B2
22 Lanvollon 9 A2
46 Lanzac 36 A1
02 Laon 6 B3
28 Laons 11 A2
03 Lapalisse 25 B3
84 Lapalud 37 D2
18 Lapan 24 C1
12 Lapanouse-de-Cernon 36 D3
40 Lapeyrade 35 B3
31 Lapeyre 42 A1
63 Lapeyrouse 24 D3
19 Lapleau 30 C2
47 Laplume 35 C3
68 Lapoutroie 14 A3
33 Lapouyade 29 A3
02 Lappion 6 B2
03 Laprugne 25 B3
63 Laps 31 A1
63 Laqueuille 30 D1
05 Laragne-Montéglin 38 B2
64 Larceveau-Arros-Cibits 40 C2
53 Larchamp 10 A3
61 Larchamp 10 A2
77 Larchant 11 D3
04 Larche 38 D2
19 Larche 30 A3
04 Lardiers 38 B3
24 Lardin-St-Lazare (Le) 30 A3
11 Laredorte 42 C2
79 Largeasse 23 A1
07 Largentière 37 C2
56 Larmor-Baden 16 A2
46 Larnagol 36 B2
58 Larochemillay 25 B1
89 Laroche-St-Cydroine 19 A1
63 Larodde 30 C2
11 Laroque-de-Fa 42 C3
15 Laroquebrou 30 C3
66 Laroque-des-Albères 43 D3
46 Laroque-des-Arcs 36 A2
09 Laroque-d'Olmes 42 B3
47 Laroque-Timbaut 35 C2
15 Laroquevieille 30 C3
64 Larrau 40 D2
82 Larrazet 35 D3
61 Larré 10 C2
32 Larressingle 35 B3
31 Larroque 41 C2
81 Larroque 36 A3
33 Larrouy 34 D1
33 Lartigue 35 B2
64 Laruns 41 A3
33 Laruscade 29 A3
33 Las 34 D1
30 Lasalle 37 B3
46 Lascabanes 36 A2
15 Lascelle 30 C3
81 Lasgraisses 36 B3
66 Las Illas 43 D3
65 Laslades 41 B2
53 Lassay-les-Châteaux 10 B3
41 Lassay-sur-Croisne 18 B3
49 Lasse 17 B2
09 Lasserre 41 D2
31 Lasserre 41 D1
11 Lasserre-de-Prouille 42 B2
64 Lasseube 41 A2
60 Lassigny 5 D3
12 Lassouts 36 D2
35 Lassy 16 C1
15 Lastic 31 A3
63 Lastic 30 C1
11 Lastours 42 C2
87 Lastours 29 D1
25 Latenne-Vertière 20 B3
86 Lathus 23 D2
86 Latillé 23 B2
31 Latoue 41 C2
46 Latouille-Lentillac 36 B1
63 Latour-d'Auvergne 30 D2
66 Latour-de-France 42 C3
31 Latrape 42 A2
46 Latronquière 36 B1
34 Lattes 43 B1
48 Laubert 37 B1
53 Laubrières 16 D1
30 Laudun 37 D3
47 Laugnac 35 C2
32 Laujuzan 35 B3
50 Laulne 3 D3
21 Laumes (Les) 19 C2
57 Laumesfeld 7 C3
31 Launac 41 D1
08 Launois-sur-Vence 6 C2
11 Lauraguel 42 B2
12 Lauras 36 D3
40 Laurède 34 D3
11 Laure-Minervois 42 C2
22 Laurenan 9 B3
34 Laurens 43 A1
87 Laurière 24 A3
84 Lauris 44 A1
81 Laussier 36 B3
43 Laussonne 31 B3
47 Laussou 35 D1
68 Lautenbach 21 A1
67 Lauterbourg 14 B1
81 Lautrec 42 B1
68 Lauw 20 D2
26 Laux-Montaux 38 B2
82 Lauzerte 35 D2
31 Lauzerville 42 A1
46 Lauzès 36 A1
04 Lauzet-Ubaye (Le) 38 C2
47 Lauzun 35 C1
60 Lavacquerie 5 C2
53 Laval 10 A3
48 Laval-Atger 37 B1
38 Lavaldens 32 B3
48 Laval-du-Tarn 37 A2
11 Lavalette 42 C2
55 Lavallée 13 A2
30 Laval-Saint-Roman 37 C2
51 Laval-sur-Tourbe 12 D1
19 Laval-sur-Luzège 30 C3
83 Lavandou (Le) 44 C2
39 Lavans-lès-Saint-Claude 26 B2
47 Lavardac 35 C2
32 Lavardens 41 C1
41 Lavardin 17 D2
72 Lavaré 17 D1
15 Lavastrie 30 D3
89 Lavau 18 D2
43 Lavaudieu 31 A3
81 Lavaur 42 B1
86 Lavausseau 23 B2
44 Lavau-sur-Loire 16 B2
23 Lavaveix-les-Mines 24 B3
15 Laveissière 30 D3
09 Lavelanet 42 B3
62 Laventie 1 D3
13 Lavéra 43 D2
46 Lavercantière 36 A1
46 Lavergne 36 B1
72 Lavernat 17 C1
31 Lavernose-Lacasse 41 D2
52 Lavilleneuve 20 A1
07 Laviolle 37 C1
25 Laviron 20 C3
82 Lavit 35 D3
70 Lavoncourt 20 B2
43 Lavoûte-Chilhac 31 A3
43 Lavoûte-sur-Loire 31 B3
86 Lavoux 23 C2
05 Laye 38 C1
47 Layrac 35 C2
31 Layrac-sur-Tarn 36 A3
29 Laz 8 C3
14 Léaupartie 10 C1
52 Lecey 20 A1
73 Léchère-les-Bains (La) 32 C2
29 Lechiagat 15 B1
24 Lèches (Les) 29 C3
59 Lécluse 6 A1
83 Lecques (Les) 44 B2
32 Lectoure 35 C3
12 Lédergues 36 C3
59 Lederzeele 1 C2
30 Lédignan 37 C3
08 Leffincourt 6 C3
70 Leffond 20 A2
52 Leffonds 20 A1
33 Lège 34 C1
44 Legé 22 C1
31 Léguevin 41 D1
86 Leigné-les-Bois 23 D1
86 Leigné-sur-Usseau 23 C1
86 Leignes-sur-Fontaine 23 D2
01 Lelex 26 B3
67 Lembach 14 B1
57 Lemberg 14 A1
64 Lembeye 41 B1
55 Lemmes 13 A1
57 Lemoncourt 13 C1
43 Lempdes 31 A2
39 Lemuy 26 B1
86 Lencloitre 23 C1
40 Lencouacq 35 A2
50 Lengronne 9 D1
51 Lenharrée 12 C2
62 Lens 1 D3
26 Lens-Lestang 32 A2
01 Lent 26 A3
83 Lentier 44 C1
46 Lentillac-Lauzès 36 A1
10 Lentilles 12 C3
2B Lento 45 B2
33 Léognan 35 A1
40 Léon 34 C3
26 Léoncel 38 A1
17 Léoville 29 A2
23 Lépaud 24 C3
08 Lépron 6 C2
90 Lepuix-Neuf 21 A2
09 Léran 42 B3
18 Léré 18 D2
33 Lerm-et-Musset 35 B2
37 Lerné 17 B3
55 Lérouville 13 A2
88 Lerrain 13 C3
27 Léry 5 A3
64 Lescar 41 A2
02 Leschelles 6 B2
73 Lescheraines 32 C1
26 Lesches-en-Drôme 38 B2
29 Lesconil 15 B1
64 Lescun 40 D2
59 Lesdain 6 A1
02 Lesdins 6 A2
40 Lesgor 34 D3
77 Lésigny 11 D2
86 Lésigny 23 D1
10 Lesmont 12 C3
29 Lesneven 8 B2
33 Lesparre-Médoc 28 D2
40 Lespéron 34 C3
30 Lespérou 37 A3
34 Lespignan 43 A2
11 Lespinassière 42 C2
31 Lespiteau 41 C2
65 Lesponne 41 B3
64 Lespourcy 41 B2
59 Lesquin 2 A3
16 Lessac 23 C3
50 Lessay 3 D3
19 Lestards 30 B2
31 Lestelle 41 D2
64 Lestelle-Bétharram 41 A2
16 Lesterps 23 D3
12 Lestrade-et-Thouels 36 C3
53 Levaré 10 A3
11 Leuc 42 C2
15 Leucamp 36 C1
11 Leucate 42 D3
11 Leucate-Plage 42 D3
21 Leuglay 19 D1
89 Leugny 19 A2
52 Leurville 13 A3
40 Leuy (Le) 34 D3
06 Levens 39 A3
28 Lèves 11 A3
33 Lèves-et-Thoumeyragues (Les) 35 B1
28 Levesville-la-Chenard 11 B3
18 Levet 24 C1
2A Levie 45 D2
25 Levier 26 C1
31 Lévignac 41 D1
47 Lévignac-de-Guyenne 35 B1
40 Lévignacq 34 C3
60 Levignen 11 D1
10 Lévigny 12 D3
36 Levroux 24 B1
46 Leyme 36 B1
68 Leymen 21 A2
15 Leynhac 36 C1
54 Leyr 13 C2
23 Leyrat 24 C2
38 Leyrieu 32 A1
33 Leyssac 28 D2
22 Lézardrieux 9 A1
09 Lézat-sur-Lèze 42 A2
79 Lezay 23 B3
59 Lezennes 2 A3
52 Lezéville 13 A3
57 Lezey 13 C2
11 Lézignan-Corbières 42 D2
34 Lézignan-la-Cèbe 43 A1
89 Lézinnes 19 B1
63 Lezoux 31 A1
60 Lhéraule 5 B3
31 Lherm 41 D2
86 Lhommaizé 23 C2
01 Lhopital 26 B3
46 Lhospitalet 36 A2
01 Lhuis 32 B1
10 Lhuître 12 C2
65 Liac 41 B1
60 Liancourt 5 C3
80 Liancourt-Fosse 5 D2
08 Liart 6 C2
47 Libos 35 D2

33 Libourne	29 B3	25 Lizine	20 B3	56 **Lorient**	15 D1	18 Lugny-Champagne	19 D3
89 Lichères-près-Aigremont	19 B2	77 Lizy-sur-Ourcq	11 D1	17 Lorignac	29 A2	33 Lugon-l'Ile-du-Carney	29 A3
67 **Lichtenberg**	14 A1	66 Llauro	43 C3	26 Loriol-sur-Drôme	37 D1	33 Lugos	34 D1
64 Licq-Athérey	40 D2	66 Llivia	43 B3	19 Lormes	19 B3	24 Luhier (Le)	20 C3
62 Licquos	1 B2	66 Llo	43 B3	44 Loroux-Botteneau (Le)	76 D3	28 Luigny	10 C3
37 Liège (Le)	18 A3	57 Lobsann	14 B1	57 Lorquin	13 D2	35 Luitré	9 D3
62 Liencourt	5 C1	10 Locarn	8 D2	28 Lorrez-le-Bocage	11 D3	74 Lully	26 C3
68 Liepvre	14 A3	29 Loc-Eguiner	8 C2	45 Lorris	18 C1	38 Lumbin	32 B2
21 Liernais	19 C3	37 **Loches**	17 D3	57 Lorry-Mardigny	13 B1	62 Lumbres	1 C2
03 Liernolles	25 B2	37 Loché-sur-Indrois	18 A3	40 Losse	35 B3	55 Lumeville-en-Ornois	13 A3
60 Lierville	11 B1	56 Locmaria	15 D2	72 Louailles	17 B1	77 Lumigny	11 D2
25 Liesle	26 B1	56 Locmaria	15 C1	77 Louan	12 A2	2B Lumio	45 B3
02 Liesse	6 B2	56 Locmariaquer	15 D2	22 Louannec	8 D1	12 Lunac	36 B2
59 **Liessies**	6 B1	56 Locminé	16 A1	22 Louans	17 D3	34 Lunas	43 A1
50 Liesville-sur-Douve	3 D3	56 Locmiquelic	15 D1	03 Loudéac	8 D2	03 Luneau	25 B2
70 Lieucourt	20 B3	56 Locoal-Mendon	15 D1	22 Louargat	8 D2	34 Lunel	43 C1
09 Lieurac	42 B3	62 Locon	1 D3	15 Loubaresse	31 A3	43 Lunel-Viel	43 B1
27 Lieurey	4 C3	56 Locqueltas	16 A1	02 Loubéjac	36 A3	76 Luneray	4 D2
50 Lieusaint	3 C2	22 Locquémau	8 D1	33 Loubens	35 B1	18 Lunery	24 C1
77 Lieusaint	11 C2	29 Locquénolé	8 C2	32 Loubersan	41 C1	54 **Lunéville**	13 C2
15 Lieutadès	36 D1	59 Locquignol	6 B1	63 Loubeyrat	30 D1	32 Lupiac	41 B1
62 Liévin	1 D3	29 Locquirec	8 C1	64 Loubieng	40 D1	28 Luplanté	11 A3
02 Liez	6 A2	29 **Locronan**	8 B3	79 Loubigné	23 B3	57 Luppy	13 C1
85 Liez	23 A2	29 Loctudy	15 B1	79 Loubillé	23 B3	65 Luquet	41 B2
88 Liffol-le-Grand	13 B3	29 Locunolé	15 C2	46 Loubressac	36 B1	64 Lurbe	40 D2
35 Liffré	9 C3	31 Lodes	41 C2	65 Loucrup	41 B2	58 Lurcy-le-Bourg	19 A3
32 Ligardes	35 C3	34 **Lodève**	43 A1	65 Loudenvielle	41 C3	03 Lurcy-Lévis	24 D1
80 Ligescourt	5 B1	25 Lods	26 C1	43 Loudes	31 B3	70 Lure	20 C2
19 Liginiac	30 C2	80 Loeuilly	5 C2	57 Loudrefing	13 D1	36 Lureuil	23 D1
86 Liglet	23 D2	62 Loge (La)	1 C3	86 **Loudun**	23 B1	2B Luri	45 A2
36 Lignac	24 A2	10 Loge-aux-Chèvres (La)	12 C3	72 Loué	17 B1	42 Luriecq	31 B2
34 Lignan	43 A2	76 Loges (Les)	4 C2	33 Louens	29 A3	04 Lurs	38 B3
44 Ligné	16 C2	50 Loges-Marchis (Les)	9 D2	40 Louer	34 D3	18 Lury-sur-Arnon	18 B3
21 Lignerolles	19 D1	83 Logis (Le)	44 C1	49 Louerre	17 D2	44 Lusanger	16 C1
61 Lignerolles	10 D2	06 Logis-du-Pin (La)	44 D1	21 Louesme	19 D1	86 Lusignan	23 B2
88 Lignéville	13 B3	30 Logrian-et-Comiac	37 B3	47 Lougratte	35 C1	03 Lusigny	25 A2
18 Lignières	18 C1	28 Logron	11 A3	71 **Louhans**	26 A2	10 Lusigny	12 C3
16 Lignières-Sonneville	29 B2	22 Loguivy-de-la-Mer	8 A1	64 Louhossoa	40 C2	21 Lusigny-sur-Ouche	19 D3
80 Lignières-Châtelain	5 B2	22 Loguivy-Poulgras	8 D2	70 Loulans-les-Forges	20 C2	33 Lussac	29 B3
37 Lignières-de-Touraine	17 C3	35 Lohéac	16 C1	17 Loulay	23 A3	86 Lussac-les-Châteaux	23 D2
53 Lignières-la-Douzelle	10 B2	64 Lohitzun-Oyhercq	40 D2	2A Loupe (La)	11 A3	87 Lussac-les-Églises	24 A2
56 Lignol	8 D3	67 Lohr	14 A1	02 Loupeigne	6 A3	64 Lussagnet-Lusson	41 A1
10 Lignol-le-Château	12 D3	53 Loigné-sur-Mayenne	17 A1	53 Loupfougères	10 B3	30 Lussan	37 C3
89 Lignorelles	19 B1	49 Loiré	16 D2	05 Loupia	42 B3	31 Lussan-Adeilhac	41 D2
55 Ligny-en-Barrois	13 A2	17 Loiré-sur-Nie	23 B3	12 Loupiac	36 B1	17 Lussant	22 D3
71 Ligny-en-Brionnais	25 C3	69 Loire-sur-Rhône	31 D2	34 Loupian	43 B2	07 Lussas	37 C1
59 Ligny-Haucourt	6 A1	53 Loiron	17 A1	72 Louplande	17 B1	53 Lussault-sur-Loire	17 D3
89 Ligny-le-Châtel	19 B1	55 Loisey-Culey	13 A2	10 Louptière-Thénard (La)	12 A3	58 Luthenay-Uxeloup	25 A1
45 Ligny-le-Ribault	18 B2	39 Loisia	26 A2	79 Lourches	6 B3	68 Lutterbach	21 A1
37 Ligueil	17 D3	62 Loison-sur-Créquoise	1 B3	**65 Lourdes**	41 B2	57 Lutzelbourg	14 A2
86 Ligugé	23 C2	51 Loivre	6 B3	17 Loix	22 C3	21 Lux	20 A2
29 Lilia	8 B1	25 Lombard	20 B3	36 Lourdoueix-Saint-Michel	24 B2	16 Luxé	29 B3
59 **Lille**	2 A3	32 **Lombez**	41 D2	84 **Lourmarin**	44 A1	**70 Luxeuil-les-Bains**	20 C1
76 **Lillebonne**	4 D3	45 Lombreuil	18 D1	37 Louroux (Le)	17 D3	40 Luxey	35 A2
62 **Lillers**	1 C3	72 Lombron	17 C1	49 Louroux-Béconnais (Le)	17 A2	10 Luyères	12 C3
04 Limans	38 B3	59 Lomme	1 D3	03 Louroux-Bourbonnais	24 D2	13 Luynes	44 A1
78 Limay	11 B3	01 Lompnas	32 B1	03 Louroux-de-Bouble	24 D3	**37 Luynes**	17 C2
64 Limendous	41 A2	83 Londe-les-Maures (La)	44 C2	03 Louroux-Hodement	24 D2	95 Luzarches	11 C1
24 Limeuil	29 D3	76 Londinières	5 A2	45 Loury	18 C1	70 Luze	20 D2
18 Limeux	18 C3	80 Long	5 B1	32 Loussous-Débat	41 B1	**46 Luzech**	36 A2
54 Limey-Remeauville	13 B1	31 Longages	41 D2	35 Loutehel	16 B1	09 Luzenac	42 B3
24 Limeyrat	29 D3	21 Longchamp	20 A3	**78 Louveciennes**	11 C2	36 Luzeret	24 B2
87 Limoges	30 A1	52 Longchamp	20 A1	08 Louvergny	6 D3	37 Luzillé	17 D3
46 Limogne	36 B2	88 Lonchamp	13 C3	10 Louvières	10 A3	58 Luzinay	31 D2
03 Limoise	24 D2	02 Longchamps	6 B2	64 Louvie-Juzon	41 A2	**65 Luz-Saint-Sauveur**	41 B3
69 Limonest	31 C3	27 Longchamps	5 B3	11 Louvière-Lauragais (La)	42 B2	58 Luzy	25 B1
63 Limons	31 A1	10 Longchamp-sur-Aujon	12 D3	**27 Louviers**	11 A1	36 Lye	18 A3
91 Limours	11 C2	71 Longchaumois	26 B2	35 Louvigné-de-Bais	16 D1	70 Lyoffans	20 C2
11 Limousis	42 C2	21 Longecourt-en-Plaine	20 A3	35 Louvigné-du-Désert	9 D2	**69 Lyon**	31 D1
11 Limoux	42 B3	25 Longemaison	20 C3	72 Louvigny	10 C3	**27 Lyons-la-Forêt**	5 A3
44 Limouzinière (La)	16 C3	17 Longèves	22 D3	28 Louvilliers-lès-Perche	11 A2	59 Lys	2 A2
85 Limouzinière (La)	22 C1	10 Longeville-sur-la-Laine	12 C3	95 Louvres	11 C1	36 Lys-Saint-Georges (Le)	24 B2
87 Linards	30 A1	85 Longeville	22 C2	59 Louvroil	6 B1	
08 Linchamps	6 C2	55 Longeville-en-Barrois	13 A2	52 Louze	12 D3	**M**
89 Lindry	19 A1	70 Longevelle	20 C1	56 Loyat	9 B3	
36 Lingé	23 D1	91 Longjumeau	11 C2	39 Loye (La)	26 B1	33 Macau	29 A3
67 Lingolsheim	14 B2	78 Longnes	11 B1	01 Loyettes	32 A1	08 Machault	6 C3
50 Lingreville	9 C1	61 Longny-au-Perche	10 D2	69 Lozanne	31 D1	77 Machault	11 D3
86 Liniers	23 C2	02 Longpont	6 B2	2B Lozzi	45 B3	85 Maché	22 C1
36 Liniez	24 B1	91 Longpont-sur-Orge	11 C2	31 Luant	24 A1	44 Machecoul	16 C3
40 Linxe	34 D2	80 Longpré-les-Corps-Saints	5 B1	72 Luart (Le)	17 C1	42 Machézal	31 C1
57 Liocourt	13 C2	80 Longpré-le-Sec	12 D3	65 Luby-Belmont	41 B2	58 Machine (La)	25 A1
80 Liomer	5 B2	16 Longré	23 B3	12 Luc	36 C2	80 Machy	5 B1
49 Lion-D'Angers (Le)	17 A2	49 Longué-Jumelles	17 D2	48 Luc	37 B2	2B Macinaggio	45 A2
14 Lion-sur-Mer	4 B3	80 Longueau	5 C2	65 Luc	41 B2	42 Maclas	31 D2
24 Liorac-sur-Louyre	29 C3	60 Longueil-Annel	5 D3	83 Luc (Le)	44 C2	51 Maclaunay	12 A2
15 Lioran (Le)	30 D3	60 Longueil-Sainte-Marie	5 D3	36 Luçay-le-Libre	18 B3	**71 Mâcon**	25 D3
40 Liposthey	34 D2	14 Longues-sur-Mer	4 A3	36 Luçay-le-Mâle	18 A3	52 Maconcourt	13 A3
49 Liré	16 D2	80 Longueval	5 D1	21 Lucenay-le-Duc	19 C2	39 Mâcornay	26 B2
08 Liry	6 D2	14 Longueville	10 A3	45 Lucenay-les-Aix	25 A1	73 Macot	32 D2
14 Lisieux	10 C1	59 Longueville (La)	6 B1	71 Lucenay-l'Évêque	19 C3	17 Macqueville	29 B1
24 Lisle	29 C2	76 Longueville-sur-Scie	5 A2	26 Luc-en-Diois	38 A1	59 Madeleine (La)	2 A2
81 Lisle-sur-Tarn	36 B3	54 Longuyon	7 A3	**06 Lucéram**	45 A1	61 Madeleine-Bouvet (La)	10 C3
14 Lison	4 A3	**54 Longwy**	7 B3	73 Lucey	32 B1	34 Madières	37 A3
14 Lisores	10 C1	61 Lonlay-l'Abbaye	10 A2	72 Luché-Pringé	17 B2	65 Madiran	41 B1
18 Lissay-Lochy	24 C1	61 Lonlay-le-Tesson	10 B2	79 Luché-sur-Brioux	23 B3	13 Madrague (La)	44 A2
77 Lissy	11 D2	08 Lonny	6 D2	80 Lucheux	5 C1	19 Madranges	30 B2
33 Listrac-de-Durèze	35 B1	54 Lonrai	10 C2	60 Luchy	5 C3	22 Maël-Carhaix	8 D2
33 Listrac-Médoc	28 B3	64 Lons	41 A2	33 Lucmau	35 A2	22 Maël-Pestivien	8 D2
40 Lit-et-Mixe	34 C3	**39 Lons-le-Saunier**	26 B2	**85 Luçon**	22 D2	67 Maennolsheim	14 A2
50 Lithaire	3 D3	17 Lonzac	29 A1	64 Lucq-de-Béarn	40 D2	06 Magagnosc	45 A1
61 Livaie	10 B2	19 Lonzac (Le)	30 B2	85 Lucs-sur-Boulogne (Les)	22 C1	34 Magalas	43 A2
14 Livarot	10 C1	59 Looberghe	1 C2	14 Luc-sur-Mer	4 B3	61 Mage (Le)	10 D2
54 Liverdun	13 B2	59 Loon-Plage	1 C2	57 Lucy	13 C1	30 Mages (Les)	37 C2
77 Liverdy-en-Brie	11 D2	59 Loos	2 A3	89 Lucy-le-Bois	19 B2	31 Magdelaine-	
46 Livernon	36 B2	62 Loos-en-Gohelle	1 D3	89 Lucy-sur-Cure	19 B2	sur-Tarn (La)	36 A3
38 Livet	32 B3	29 Lopérec	8 C2	**72 Lude (Le)**	17 C2	40 Magescq	34 C3
53 Livet	10 B3	29 Loperhet	8 B2	51 Ludes	6 B3	74 Magland	26 D3
34 Livinière (La)	42 C2	22 Loquéffret	8 C2	40 Lue	34 D2	87 Magnac-Bourg	30 A1
53 Livré	16 D1	02 Lor	6 B3	56 Lugarde	30 D2	87 Magnac-Laval	24 A1
35 Livré-sur-Changeon	9 D3	50 Loray	20 C3	15 Lugarde	30 D2	16 Magnac-Lavalette-Villars	29 C2
26 Livron-sur-Drôme	37 D1	45 Lorcy	18 C1	40 Luglon	34 D2	32 Magnan	35 B3
58 Livry	25 A1	09 Lordat	42 A3	02 Lugny	6 B2	10 Magnant	12 C3
93 Livry-Gargan	11 C1	50 Loreur (Le)	9 D1	71 Lugny	25 C2	23 Magnat	30 C1
51 Livry-Louvercy	12 C1	41 Loreux	18 B2	18 Lugny-Bourbonnais	24 D1	52 Magneux	12 D2
57 Lixheim	13 D2	83 Lorgues	44 C1	57 Lixing-lès-Saint-Avold	13 D1	10 Magnicourt	12 C3
57 Lixing-lès-Saint-Avold	13 D1	83 Lorgues	44 C1			
86 Lizant	23 C3					

391

62 Magnicourt-en-Comté **1** C3
54 Magnières **13** C3
28 Magny **11** A3
57 Magny **13** C1
58 Magny-Cours **25** A1
95 Magny-en-Vexin **11** B1
10 Magny-Fouchard **12** C3
14 Magny-la-Campagne **10** B1
61 Magny-le-Désert **10** B2
21 Magny-Montarlot **20** A3
34 Maguelonne **43** B1
25 Maîche **20** D3
60 Maignelay-Montigny **5** C3
87 Mailhac-sur-Benaize **24** A2
13 Maillane **37** D3
40 Maillas **35** B2
01 Maillat **26** B3
85 Maillé **23** A2
76 Mailleraye-sur-Seine (La) **4** D3
40 Maillères **35** A3
70 Mailleroncourt-Charette **20** C2
70 Mailley-et-Chazelot **20** B2
85 Maillezais **23** A2
89 Mailly-la-Ville **19** B2
10 Mailly-le-Camp **12** C2
89 Mailly-le-Château **19** B2
80 Mailly-Maillet **5** D1
80 Mailly-Raineval **5** C2
21 Maillys (les) **20** A3
08 Mainbressy **6** C2
27 Mainneville **5** B3
23 Mainsat **24** C3
62 Maintenay **1** B3
28 Maintenon **11** B2
45 Mainvilliers **11** C3
16 Mainzac **29** C2
51 Mairy-sur-Marne **12** C1
44 Maisdon-sur-Sèvre **16** C3
21 Maisey-le-Duc **19** D1
72 Maisoncelles **17** C1
53 Maisoncelles-du-Maine **17** A1
58 Maison-Dieu (La) **19** B3
23 Maison-Feyne **24** B2
10 Maison-lès-Chaource **19** C1
18 Maisonnais **24** C2
87 Maisonnais-sur-Tardoire **29** C1
77 Maison-Rouge **12** A2
11 Maisons **42** C3
78 Maisons-Laffitte **11** C1
79 Maisontiers **23** B1
91 Maisse **11** C3
62 Maizicourt **5** C1
54 Maizières **13** B2
57 Maizières-lès-Metz **13** C1
57 Maizières-lès-Vic **13** D2
32 Malabat **41** B1
21 Mâlain **19** D3
55 Malançourt **7** A3
56 Malansac **16** B1
26 Malataverne **37** D2
84 Malaucène **38** A3
76 Malaunay **5** A3
82 Malause **35** D3
89 Malay-le-Grand **12** A3
70 Malbouhans **20** C2
48 Malbouzon **37** A1
25 Malbuisson **26** C1
84 Malemort **38** A3
48 Malène (La) **37** A2
45 Malesherbes **11** C3
56 Malestroit **16** B1
61 Malétable **10** D2
03 Malicorne **24** D3
72 Malicorne-sur-Sarthe **17** B1
21 Maligny **19** C3
89 Maligny **19** B1
04 Malijai **38** C3
04 Mallefougasse-Augès **38** B3
04 Mallemoisson **38** C3
13 Mallemort **44** A1
38 Malleval **32** A3
85 Mallièvre **22** D1
02 Malmaison (La) **6** B3
59 Malo-Les-Bains **1** C1
43 Malrevers **31** B3
57 Malroy **13** C1
71 Maltat **25** B2
44 Malville **16** C2
54 Malzéville **13** C2
48 Malzieu-Ville (Le) **37** A1
72 Mamers **10** C3
25 Mamirolle **20** C3
28 Mancelière (La) **10** D2
45 Manchécourt **11** C3
32 Manciet **35** B3
31 Mancioux **41** D2
51 Mancy **12** B1
06 Mandelieu **45** A1
57 Manderen **7** C3
25 Mandeure **20** D2
88 Mandres **13** B3
52 Mandres-en-Barrois **13** A3
52 Mandres-la-Côte **20** A1
30 Manduel **43** C1
04 Mane **38** B3
31 Mane **41** D2
32 Manent-Montané **41** C2
14 Manerbe **10** C1
55 Mangiennes **7** A3
63 Manglieu **31** A2
74 Manigod **32** C1
62 Maninghem **1** B3
40 Mano **35** A2
04 Manosque **38** B3
16 Manot **23** C3
28 Manou **10** D2
08 Manre **6** D3
72 Mans (Le) **17** C1
72 Mansigné **17** C1
16 Mansle **29** B1
2B Manso **45** B3
68 Manspach **21** A2
22 Mantallot **8** D1
07 Mantenay-Montlin **26** A2
78 Mantes **11** B1
37 Manthelan **17** D3
70 Mantoche **20** A2
57 Many **13** C1
24 Manzac-sur-Vern **29** C3
63 Manzat **30** D1
01 Manziat **25** D2
52 Marac **20** A1
54 Marainviller **13** C2
32 Marambat **35** B3
17 Marans **22** D2
49 Marans **17** A2
52 Maranville **19** D1
63 Marat **31** B1
55 Marats-la-Grande **13** A1
52 Marault **13** A3
10 Maraye-en-Othe **12** B3
54 Marbache **13** B2
59 Marbaix **6** B1
28 Marboué **18** A1
01 Marboz **26** A2
18 Marçais **24** C2
33 Marcenais **29** A3
03 Marcenat **25** A3
15 Marcenat **30** D2
21 Marcenay **19** C1
61 Marchainville **10** D2
02 Marchais **6** B3
69 Marchampt **25** C3
48 Marchastel **36** D1
25 Marchaux **20** C3
80 Marché-Allouarde **5** D2
80 Marchélepot **5** D2
41 Marchenoir **18** A1
33 Marcheprime **34** D1
21 Marcheseuil **19** C3
73 Marches (Les) **32** B2
80 Marcheville **5** B1
55 Marcheville-en-Woëvre **13** B1
59 Marchiennes **2** A3
32 Marciac **41** B1
38 Marcieu **32** B3
71 Marcigny **25** B3
46 Marcilhac-sur-Célé **36** B1
33 Marcillac **29** A2
19 Marcillac-la-Croisille **30** B2
19 Marcillac-la-Croze **30** B3
16 Marcillac-Lanville **29** B1
12 Marcillat-Vallon **36** C2
03 Marcillat-en-Combraille **24** C3
53 Marcillé-la-Ville **10** B3
35 Marcillé-Robert **16** D1
38 Marcilloles **32** A2
58 Marcilly **19** B3
61 Marcilly **10** C3
41 Marcilly-en-Gault **18** B2
45 Marcilly-en-Villette **18** B2
10 Marcilly-le-Hayer **12** B3
42 Marcilly-le-Pavé **31** B1
27 Marcilly-sur-Eure **11** A2
51 Marcilly-sur-Seine **12** B2
62 Marck **1** B2
67 Marckolsheim **14** A3
19 Marc-la-Tour **30** B3
59 Marcoing **6** A1
15 Marcolès **36** C1
72 Marçon **17** C2
11 Marcorignan **42** D2
58 Marcy **19** A3
45 Mardié **18** B1
61 Mardilly **10** C2
17 Marennes **28** D1
62 Maresquel **1** B3
02 Marest **6** A2
59 Maretz **6** A1
16 Mareuil **29** B1
24 Mareuil **29** C2
51 Mareuil-en-Brie **12** B1
51 Mareuil-sur-Ay **12** B1
18 Mareuil-sur-Arnon **24** C1
41 Mareuil-sur-Cher **18** A3
85 Mareuil-sur-Lay-Dissais **22** D2
60 Mareuil-sur-Ourcq **12** A1
21 Marey-sur-Tille **19** D2
51 Marfaux **12** B1
02 Marfontaine **6** B2
33 Margaux **29** A3
51 Margerie-Hancourt **12** C2
26 Marges **32** A3
60 Margny-lès-Compiègne **5** D3
50 Margueray **9** D1
30 Marguerittes **37** C3
33 Margueron **35** B1
08 Margut **7** A3
2B Mariana-Plage **45** B2
80 Maricourt **5** D1
67 Mariental **14** B2
80 Marieux **5** C1
17 Marignac **29** A2
13 Marignane **44** A2
39 Marigna-sur-Valouse **26** B2
49 Marigné **17** A1
74 Marignier **26** C3
50 Marigny **9** D1
51 Marigny **12** B2
71 Marigny **25** C2
79 Marigny **23** A3
86 Marigny-Brizay **23** C1
02 Marigny-en-Orxois **12** A1
21 Marigny-le-Cahouët **19** C2
10 Marigny-le-Châtel **12** B3
37 Marigny-Marmande **23** C1
57 Marimont-lès-Bénestroff **13** D1
2B Marinca **45** A2
2B Marine d'Albo **45** A2
2B Marine de Luri **45** A2
2B Marine de Pietracorbara **45** A2
2B Marine de Porticciolo **45** A2
2B Marine de Sisco **45** A2
95 Marines **11** B1
63 Maringues **31** A1
71 Marizy **25** C2
68 Markstein **20** D1
02 Marle **6** B2
08 Marlemont **6** C2
67 Marlenheim **14** A2
77 Marles-en-Brie **11** D2
42 Marlhes **31** C2
01 Marlieux **26** A3
73 Marlioz **32** B1
59 Marly **2** B3
02 Marly-Gomont **6** B2
78 Marly-le-Roi **11** C2
71 Marly-sur-Arroux **25** C2
18 Marmagne **18** C3
21 Marmagne **19** C2
71 Marmagne **25** C1
47 Marmande **35** B1
15 Marmanhac **30** C3
46 Marminiac **35** D1
67 Marmoutier **14** A2
81 Marnaves **36** B3
70 Marnay **20** B3
86 Marnay **23** C2
74 Marnaz **26** D3
44 Marne (La) **16** C3
79 Marnes **23** B1
62 Maroeuil **1** D3
59 Maroilles **6** B1
41 Marolle-en-Sologne (La) **18** B2
28 Marolles **11** B2
51 Marolles **12** C2
72 Marolles-les-Braults **10** C3
10 Marolles-sous-Lignières **19** B1
77 Marolles-sur-Seine **11** D3
76 Maromme **5** A3
36 Mâron **24** B1
54 Maron **13** B2
22 Maroué **9** B2
24 Marquay **29** D3
62 Marquion **6** A1
62 Marquise **1** B2
80 Marquivillers **5** D2
66 Marquixanes **43** C3
39 Marre (La) **26** B1
55 Marre **13** A1
12 Marroule **36** B2
07 Mars **31** C3
42 Mars **25** C3
11 Marsa **42** B3
16 Marsac **29** B1
82 Marsac **35** D3
63 Marsac-en-Livradois **31** B2
44 Marsac-sur-Don **16** C2
24 Marsac-sur-l'Isle **29** C3
17 Marsais **23** A3
57 Marsal **13** C2
24 Marsaneix **29** D3
89 Marsangis **19** A1
21 Marsannay-la-Côte **19** D3
26 Marsanne **37** D1
34 Marseillan **43** A2
34 Marseillan-Plage **43** A2
13 Marseille **44** A2
60 Marseille-en-Beauvaisis **5** B3
11 Marseillette **42** C2
34 Marsillargues **43** C1
54 Mars-la-Tour **13** B1
51 Marson **12** C1
31 Marsoulas **41** D2
81 Marssac-sur-Tarn **36** B3
58 Mars-sur-Allier **25** A1
71 Martailly-lès-Brancion **25** D2
76 Martainville-Epreville **5** A3
86 Martaizé **23** B1
46 Martel **30** A3
16 Marthon **29** C1
12 Martiel **36** B2
33 Martignas-sur-Jalle **28** D3
01 Martignat **26** B3
53 Martigné **10** A3
49 Martigné-Briand **17** A3
35 Martigné-Ferchaud **16** D1
71 Martigny-le-Comte **25** C2
88 Martigny-les-Bains **20** B1
88 Martigny-les-Gerbonvaux **13** B3
13 Martigues **44** A2
76 Martin-Église **5** A2
85 Martinet **22** C1
30 Martinet (Le) **37** B2
36 Martizay **23** D1
31 Martres-de-Rivière **41** C2
63 Martres-de-Veyre **31** A1
31 Martres-Tolosane **41** D2
12 Martrin **36** C3
17 Martron **29** B2
29 Martyre (La) **8** B2
30 Maruéjols-lès-Gardon **37** C3
87 Marval **29** D1
48 Marvejols **37** A1
55 Marville **7** A3
28 Marville-les-Bois **11** A2
28 Marville-Moutier-Brûlé **11** A2
77 Mary-sur-Marne **11** D1
56 Marzan **16** B2
06 Mas (Le) **38** D3
11 Mas **42** B2
23 Masbaraud-Mérignat **24** B3
11 Mas-Cabardès **42** C2
47 Mas-d'Agenais (Le) **35** B2
23 Mas-d'Artige (Le) **30** C1
32 Mas-d'Auvignon (Le) **35** C3
09 Mas-d'Azil (Le) **42** A3
11 Mas-des-Cours **42** C2
68 Masevaux **20** D1
82 Mas-Grenier **35** D3
64 Maslacq **40** D1
87 Masléon **30** A1
81 Masnau-Massuguiès (Le) **42** C1
13 Mas Méjeanne **43** C1
59 Masnières **6** A1
64 Masparraute **40** C1
11 Massac **42** C3
11 Mas-Saintes-Puelles **42** B2
79 Massais **17** B3
89 Massangis **19** B2
09 Massat **42** A3
18 Massay **18** B3
48 Massegros **37** A2
44 Massérac **16** C1
19 Masseret **30** A2
32 Masseube **41** C1
15 Massiac **31** A3
51 Massiges **12** D1
16 Massignac **29** C1
71 Massilly **25** D2
21 Massoult **19** C2
13 Mas Thibert **43** D1
34 Matelles (Les) **43** B1
31 Matet (Le) **41** C2
17 Matha **29** A1
25 Mathay **20** D2
17 Mathes (Les) **28** D1
14 Mathieu **4** B3
22 Matignon **9** B2
80 Matigny **5** D2
51 Matougues **12** C1
71 Matour **25** C3
88 Mattaincourt **13** C3
54 Mattexey **13** C3
08 Maubert-Fontaine **6** C2
59 Maubeuge **6** B1
65 Maubourguet **41** B1
33 Maubuisson **28** D3
80 Maucourt **5** D2
55 Maucourt-sur-Orne **7** A3
34 Mauguio **43** B1
52 Maulain **20** A1
86 Maulay **23** C1
78 Maule **11** B1
79 Mauléon **23** A1
65 Mauléon-Barousse **41** C3
32 Mauléon-d'Armagnac **35** B3
64 Mauléon-Licharre **40** D2
49 Maulévrier **17** A3
44 Maumusson **16** D2
21 Maupas (Le) **19** C3
86 Mauprévoir **23** C3
32 Mauran **41** B1
35 Maure-de-Bretagne **16** B1
02 Mauregny-en-Haye **6** B3
34 Maureilhan **42** D2
66 Maureillas **43** D3
78 Maurepas **11** B2
15 Mauriac **30** C3
40 Mauries **41** A1
40 Maurin **35** A3
56 Mauron **9** B3
46 Mauroux **35** D2
15 Maurs **36** C1
51 Maurupt-et-le-Montois **12** D2
66 Maury **42** C3
13 Maussane **43** D1
23 Mautes **30** C1
55 Mauvages **13** A2
07 Mauves **31** D3
61 Mauves-sur-Huisne **10** C3
44 Mauves-sur-Loire **16** C3
32 Mauvezin **41** D1
65 Mauvezin **41** B2
47 Mauvezin-sur-Gupie **35** B1
21 Mauvilly **19** D2
79 Mauzé-sur-le-Mignon **23** A3
63 Mauzun **31** A1
41 Maves **18** A2
35 Maxent **16** B1
54 Maxéville **13** C2
55 Maxey-sur-Vaise **13** B2
21 Maxilly-sur-Saône **20** A3
77 May-en-Multien **11** D1
53 Mayenne **10** A3
72 Mayet **17** C1
03 Mayet-d'École (Le) **25** A3
03 Mayet-de-Montagne (Le) **25** B3
83 Mayons (Les) **44** C2
07 Mayres **37** C1
38 Mayres-Savel **38** B1
49 May-sur-Evre (Le) **16** D3
08 Mazagran **6** C3
81 Mazamet **42** C1
84 Mazan **38** A3
41 Mazangé **17** D1
07 Mazan-l'Abbaye **37** B1
13 Mazargues **44** A2
83 Mazaugues **44** B2
85 Mazeau (Le) **23** A2
49 Mazé **17** B2
88 Mazeley **13** C3
09 Mazères **42** A2
33 Mazères **35** A1
08 Mazerny **6** C2
64 Mazerolles **41** A1
43 Mazet-Saint-Voy **31** C3
24 Mazeyrolles **35** D1
16 Mazières **29** C1
37 Mazières-de-Touraine **17** C2
79 Mazières-en-Gâtine **23** B2

47 Mazières-Naresse 35 C1
71 Mazille 25 D2
62 Mazingarbe 1 D3
03 Mazirat 24 C3
08 Mazures (Les) 6 C2
04 Méailles 38 D3
38 Méaudre 32 B3
50 Meauffe (La) 3 D3
03 Meaulne 24 C2
77 Meaux 11 D1
82 Meauzac 36 A3
55 Mécrin 13 A2
61 Médavy 10 C2
25 Médière 20 C2
17 Médis 28 D1
35 Médréac 9 B3
04 Mées (Les) 38 B3
72 Mées (Les) 10 C3
74 Megève 32 D1
74 Mégevette 26 C3
64 Méharin 40 C2
54 Méhoncourt 13 C2
18 Mehun-sur-Yèvre 18 C3
49 Meignanne (La) 17 A2
49 Meigné-le-Vicomte 17 C2
77 Meigneux 12 A2
32 Meilhan 41 C2
40 Meilhan 34 D3
47 Meilhan-sur-Garonne 35 B1
19 Meilhards 30 B2
35 Meillac 9 C2
18 Meillant 24 C1
77 Meilleray 12 A2
44 Meilleraye-de-Bretagne (La) 16 C2
74 Meillerie 26 D2
03 Meillers 25 A2
67 Meistratzheim 14 A3
12 Mélagues 42 D1
04 Mélan 38 C2
52 Melay 20 B1
61 Mêle-sur-Sarthe (La) 10 C2
29 Melgven 15 C1
27 Mélicourt 10 C1
70 Melisey 20 C2
89 Mélisey 19 B1
29 Mellac 15 C1
79 Melle 23 B3
71 Melecey 25 D1
45 Melleroy 18 D1
22 Mellionnec 8 D3
56 Melrand 8 D3
77 Melun 11 D2
04 Melve 38 C2
41 Membrolles 18 A1
37 Membrolle-sur-Choisille (La) 17 D2
49 Membrolle-sur-Longuenée (La) 17 A2
12 Memer 36 B2
41 Ménars 18 A2
63 Menat 24 D3
55 Ménaucourt 13 A2
48 Mende 37 A2
64 Mendive 40 C2
56 Ménéac 9 B3
26 Menée 38 B2
84 Ménerbes 38 A3
45 Ménestreau-en-Villette 18 B2
18 Menetou-Couture 24 D1
18 Menetou-Râtel 18 D3
18 Menetou-Salon 18 C3
18 Ménétréol-sur-Sauldre 18 C2
36 Ménétréols-sous-Vatan 24 B1
39 Ménétrux-en-Joux 26 B2
79 Ménigoute 23 B2
08 Ménil-Annelles 6 C3
53 Menil 17 A1
55 Ménil-aux-Bois 13 A2
61 Ménil-Broût (Le) 10 C2
61 Ménil-Guyon (Le) 10 C2
61 Menil-Hermel 10 B2
55 Ménil-la-Horgne 13 A2
54 Ménil-la-Tour 13 B2
27 Menilles 11 A1
88 Ménil-sur-Belvitte 13 D3
61 Ménil-Scelleur (Le) 10 B2
91 Mennecy 11 C2
41 Mennetou-sur-Cher 18 B3
76 Ménonval 5 B2
58 Menou 19 A3
70 Menoux 20 C1
38 Mens 38 B1
57 Mensberg 7 C3
24 Mensignac 29 C2
74 Menthon-Saint-Bernard 32 C1
06 Menton 39 B3
36 Méobecq 24 A1
04 Meolans-Revel 38 D2
83 Méounes-lès-Montrieux 44 C2
41 Mer 18 A2
64 Méracq 41 A1
53 Méral 16 D1
35 Mercé 9 D3
25 Mercey-le-Grand 20 B3
19 Mercoeur 30 B3
48 Mercoire 37 B1
46 Mercuès 36 A2
71 Mercurey 25 D1
09 Mercus-Garrabet 42 A3
54 Mercy-le-Haut 7 B3
22 Merdrignac 9 B3
18 Méreau 18 B3
09 Mérens-les-Vals 43 B3
91 Méréville 11 C3
73 Méribel-les-Allues 32 D2
80 Méricourt-sur-Somme 5 D1
16 Mérignac 29 B1
17 Mérignac 29 A2
33 Mérignac 29 A3
36 Mérigny 23 D2
09 Mérigon 41 D2
23 Mérinchal 30 C1
84 Mérindol 44 A1
10 Mériot (Le) 12 A3
67 Merkwiller-Pechebronn 14 B1
85 Merlatière (La) 22 C1
61 Merlerault (Le) 10 C2
55 Merles-sur-Loison 7 A3
56 Merlevenez 15 D1
62 Merlimont 1 B3
62 Merlimont-Plage 1 B3
19 Merlines 30 C1
28 Mérouville 11 B3
16 Merpins 29 A1
52 Merrey 20 B1
89 Merry-Sec 19 A2
80 Mers-les-Bains 5 A1
36 Mers-sur-Indre 24 B2
57 Merten 7 C3
67 Mertzwiller 14 B1
60 Méru 5 C3
71 Mervans 26 A1
85 Mervent 23 A2
27 Merville 11 A2
59 Merville 1 D3
14 Merville-Franceville-Plage 4 B3
54 Merviller 13 D2
18 Méry-ès-Bois 18 C3
60 Méry-la-Bataille 5 D3
18 Méry-sur-Cher 18 B3
95 Méry-sur-Oise 11 C1
10 Méry-sur-Seine 12 B2
68 Merxheim 21 A1
22 Merzer (Le) 9 A2
25 Mésandans 20 C2
44 Mésanger 16 D2
17 Meschers-sur-Gironde 28 D1
56 Meslan 8 D3
41 Mesland 18 A2
53 Meslay-du-Maine 17 A1
28 Meslay-le-Vidame 11 A3
85 Mesnard-la-Barotière 22 D1
76 Mesnières-en-Bray 5 A2
77 Mesnil-Amelot (Le) 11 D1
14 Mesnil-Auzouf (Le) 10 A1
14 Mesnil-Clinchamps 10 A1
49 Mesnil-en-Vallée (Le) 16 D2
50 Mesnil-Eury (Le) 3 D3
50 Mesnil-Garnier (Le) 9 D1
14 Mesnil-Guillaume (Le) 10 C1
50 Mesnil-Herman (Le) 9 D1
76 Mesnil-Réaume (Le) 5 A1
50 Mesnil-Rogues (Le) 9 D1
78 Mesnil-Saint-Denis (Le) 11 B2
10 Mesnil-Saint-Père 12 C3
10 Mesnil-Sellières 12 C3
28 Mesnil-Simon (Le) 11 B1
51 Mesnil-sur-Oger 12 B1
60 Mesnil-Théribus 5 B3
28 Mesnil-Thomas (Le) 11 A2
76 Mesnil-Val 5 A1
50 Mesnil-Vigot (Le) 3 D3
78 Mesnuls (Les) 11 B2
03 Mesples 24 C2
91 Mespuits 11 C3
44 Mesquer 16 A2
35 Messac 16 C1
40 Messanges 34 C3
61 Messei 10 B2
63 Messeix 30 C2
71 Messey-sur-Grosne 25 D2
21 Messigny 19 D3
08 Messincourt 7 A2
19 Mestes 30 C2
18 Mesves-sur-Loire 18 D3
71 Mesvres 25 C1
59 Météren 1 D2
84 Méthamis 38 A3
57 Metting 14 A2
57 Metz 13 C1
62 Metz-en-Couture 6 A1
57 Metzervisse 7 C3
56 Meucon 16 A1
92 Meudon 11 C2
78 Meulan 11 B1
14 Meulles 10 C1
36 Meunet-Planches 24 B1
45 Meung-sur-Loire 18 B1
62 Meurchin 1 D3
70 Meurcourt 20 C2
17 Meursac 28 D1
21 Meursault 25 D1
10 Meurville 12 D3
52 Meuse 20 A1
39 Meussia 26 B2
17 Meux 29 A2
87 Meuzac 30 A2
26 Mévouillon 38 A2
01 Meximieux 32 A1
68 Meyenheim 21 A1
42 Meylieu 31 C2
19 Meymac 30 B2
30 Meynes 37 C3
30 Meyrannes 37 C2
13 Meyrargues 44 B1
38 Meyrieu-les-Étangs 32 A2
46 Meyronne 30 A3
04 Meyronnes 38 D2
48 Meyrueis 37 A3
19 Meyssac 30 B3
07 Meysse 37 D1
87 Meyze (La) 30 A1
69 Meyzieu 31 D1
53 Mézangers 10 B3
34 Mèze 43 A2
04 Mézel 38 C3
72 Mézeray 17 B1
01 Mézériat 26 A3
14 Mézidon-Canon 10 B1
35 Mézière (La) 9 C3
36 Mézières-en-Brenne 24 A1
72 Mézières-sous-Lavardin 10 B3
35 Mézières-sur-Couesnon 9 D3
87 Mézières-sur-Issoire 23 D3
78 Mézières-sur-Seine 11 B1
07 Mézilhac 37 C1
89 Mézilles 19 A2
41 Mézin 35 B3
40 Mézos 34 C2
2A Mezzavia 45 C3
24 Mialet 29 D2
30 Mialet 37 B3
80 Miannay 5 B1
89 Michery 12 A3
32 Miélan 41 B1
46 Miers 36 B1
74 Mieussy 26 C3
89 Migennes 19 A1
36 Migné 24 A1
86 Migné-Auxances 23 C2
45 Mignerette 18 D1
17 Migron 29 A1
01 Mijoux 26 B2
72 Milesse (La) 17 C1
24 Milhac-de-Montron 29 D2
81 Milhars 36 B3
30 Milhaud 43 C1
41 Millançay-en-Gault 18 B2
66 Millas 43 C3
12 Millau 36 D3
13 Milles (Les) 44 A1
19 Millevaches 30 B1
49 Milly-le-Meugon 17 B3
91 Milly-la-Forêt 11 C3
71 Milly-Lamartine 25 D2
40 Mimizan 34 C2
40 Mimizan-Plage 34 C2
51 Minaucourt-le-Mesnil-lès-Hurlus 12 D1
44 Mindin 16 B2
34 Minerve 42 D2
35 Miniac-Morvan 9 C2
06 Minière-de-Vallaure (La) 39 B3
21 Minot 19 D2
2B Miomo 45 A2
01 Mionnay 31 D1
69 Mions 31 D1
33 Mios 34 D1
84 Mirabeau 44 B1
07 Mirabel 37 C1
26 Mirabel-aux-Baronnies 38 A2
82 Mirabel 36 A2
32 Miradoux 35 C3
06 Miramar 45 A1
13 Miramas 43 D1
17 Mirambeau 29 A2
32 Miramont-d'Astarac 41 C1
47 Miramont-de-Guyenne 35 C1
40 Miramont-Sensacq 41 A1
32 Mirande 41 C1
81 Mirandol-Bourgougnac 36 B3
80 Miraumont 5 D1
49 Miré 17 A1
21 Mirebeau 20 A3
86 Mirebeau 23 C1
39 Mirebel 26 B2
88 Mirecourt 13 C3
31 Miremont 42 A2
63 Miremont 30 D1
09 Mirepoix 42 B2
32 Mirepoix 41 C1
31 Mirepoix-sur-Tarn 36 A3
34 Mireval 43 B1
01 Miribel 31 D1
71 Miroir (Le) 26 A2
26 Miscon 38 B2
27 Miserey 11 A1
04 Mison 38 B2
21 Missery 19 C3
44 Missillac 16 B2
02 Missy-sur-Aisne 6 A3
77 Misy-sur-Yonne 12 A3
77 Mitry-Mory 11 D1
68 Mittelwihr 14 A3
57 Mittersheim 13 D1
33 Mitton 35 B2
2A Moca-Croce 45 C3
73 Modane 32 D3
29 Moëlan-sur-Mer 15 C1
59 Moëres (Les) 1 D2
68 Moernach 21 A2
51 Moeurs-Verdey 12 B2
17 Moëze 22 D3
56 Mohon 9 A3
91 Moigny-sur-l'École 11 C3
85 Moilleron-le-Captif 22 C1
42 Moingt 31 B2
38 Moirans 32 B2
39 Moirans-en-Montagne 26 B2
47 Moirax 35 C2
51 Moiremont 12 D1
44 Moisdon-la-Rivière 16 D2
80 Moislains 5 D1
82 Moissac 35 D3
83 Moissac-Bellevue 44 C1
63 Moissat 31 A1
95 Moisselles 11 C1
39 Moissey 20 A3
41 Moisy 18 A1
2B Moïta 45 B2
51 Moivre 12 D1
31 Molas 41 C2
70 Molay 20 B2
14 Molay-Littry (Le) 4 A3
83 Môle (La) 44 D2
28 Moléans 18 A1
21 Molesmes 19 C1
60 Moliens 5 B2
82 Molières 36 A2
91 Molières (Les) 11 C2
40 Moliets-et-Maa 34 C3
40 Moliets-Plage 34 C3
48 Molines 37 A2
05 Molines-en-Queyras 38 D1
03 Molinet 25 B2
41 Molineuf 18 A2
89 Molinons 12 A3
21 Molinot 25 C1
66 Molitg-les-Bains 43 C3
70 Mollans 20 C2
26 Mollans-sur-Ouvèze 38 A2
13 Mollègès 43 D1
80 Molliens-Vidame 5 C2
67 Mollkirch 14 A2
15 Molompize 31 A3
21 Moloy 19 D2
67 Molsheim 14 A2
67 Mommenheim 14 A2
2A Monacia-d'Aullène 45 D3
Monaco 45 B1
43 Monastier-sur-Gazeille (Le) 31 B3
33 Monbadon 29 B3
47 Monbahus 35 C1
24 Monbazillac 35 C1
82 Monbéqui 36 A3
32 Monblanc 41 D1
64 Moncaup 41 B1
64 Moncayolle-Larroy-Mendibieu 40 D2
02 Monceau-le-Neuf 6 B2
61 Monceaux 10 D2
54 Moncel-sur-Seille 13 C2
51 Moncetz-l'Abbaye 12 D2
25 Moncey 20 C3
59 Monchecourt 6 A1
62 Monchel-sur-Canche 5 C1
62 Monchy-au-Boy 5 D1
60 Monchy-Humières 5 D3
62 Monchy-le-Preux 5 D1
32 Monclar 35 B3
47 Monclar 35 C2
82 Monclar-de-Quercy 36 A3
25 Moncley 20 B3
22 Moncontour 9 A2
86 Moncontour 23 B1
79 Moncoutant 23 A1
47 Moncrabeau 35 C3
31 Mondavezan 41 D2
57 Mondelange 7 C3
51 Mondement-Mongivroux 12 B2
14 Mondeville 4 B3
62 Mondicourt 5 C1
08 Mondigny 6 C2
31 Mondonville 42 A1
41 Mondoubleau 17 D1
84 Mondragon 37 D2
02 Mondrepuis 6 B2
77 Mondreville 18 D1
64 Monein 40 D2
03 Monestier 25 A3
24 Monestier 35 C1
38 Monestier-de-Clermont 32 B3
19 Monestier-Port-Dieu 30 C2
81 Monestiès-sur-Cérou 36 B3
03 Monétay-sur-Lodde 25 B2
89 Monéteau 19 B1
05 Monêtier-les-Bains (Le) 32 D3
32 Monferran-Savès 41 D1
47 Monflanquin 35 D1
32 Monfort 35 C3
33 Mongauzy 35 B1
40 Monget 41 A1
65 Mongie (La) 41 B3
32 Monguilhem 35 A3
84 Monieux 38 A3
43 Monistrol-d'Allier 31 B3
43 Monistrol-sur-Loire 31 C2
65 Monléon-Magnoac 41 C2
32 Monlezun-d'Armagnac 35 B3
65 Monlong 41 C2
61 Monnai 10 C1
37 Monnaie 17 D2
63 Monnerie-le-Montel (La) 31 B1
91 Monnerville 11 B3
60 Monneville 11 B1
44 Monnières 16 C3
30 Monoblet 37 B3
24 Monpazier 35 D1
74 Mons 26 B3
83 Mons 44 D1
33 Monségur 35 B1
40 Monségur 41 A1
59 Mons-en-Baroeul 2 A3
59 Mons-en-Pévèle 2 A3
69 Monsols 25 C3
95 Monsoult 11 C1
38 Monstéroux-Milieu 31 D2
71 Mont 25 B2
89 Montacher 11 D3
34 Montady 42 D2
04 Montagnac 44 C1
30 Montagnac 37 C3
34 Montagnac 43 A1
33 Montagne 29 B3
38 Montagne 32 A3
44 Montagne (La) 16 C3
12 Montagnol 36 D3
73 Montagnole 32 B2

42 Montagny 25 C3
60 Montagny-en-Vexin 11 B1
24 Montagrier 29 C2
19 Montaignac-Saint-Hyppolite 30 B2
85 Montaigu 16 D3
82 Montaigu-de-Quercy 35 D2
03 Montaiguet-en-Forez 25 B3
50 Montaigu-la-Brisette 3 D2
63 Montaigut-en-Combrailles 24 D3
23 Montaigut-le-Blanc 24 B3
63 Montaigut-le-Blanc 30 D2
31 Montaigut-sur-Save 41 D1
73 Montaimont 32 C2
28 Montainville 11 B3
66 Montalba-le-Château 43 C2
38 Montalieu-Vercieu 32 A1
33 Montalivet-les-Bains 28 D2
58 Montambert 25 B1
25 Montancy 20 D3
64 Montaner 41 B2
81 Montans 36 B3
45 Montargis 18 D1
31 Montrastruc-la-Conseillère 42 A1
60 Montataire 5 C3
35 Mautauban 9 B3
82 Montauban 36 A3
53 Montaudin 10 A3
10 Montaulin 12 C3
40 Montaut 34 D3
47 Montaut 35 C1
32 Montaut-les-Créneaux 41 C1
24 Montazeau 29 B3
21 Montbard 19 C2
39 Montbarrey 26 B1
82 Montbartier 36 A3
12 Montbazens 36 C2
34 Montbazin 43 B1
37 Montbazon 17 D3
48 Montbel 37 B1
25 Montbéliard 20 D2
25 Montbenoît 26 C1
31 Montberon 42 A1
44 Montbert 16 C3
82 Montbeton 36 A3
03 Montbeugny 25 A2
72 Montbizot 10 C3
04 Montblanc 38 D3
34 Montblanc 43 A2
38 Montbonnot 32 B3
54 Mont-Bonvillers 7 B3
23 Montboucher 30 B1
16 Montboyer 29 B2
70 Montbozon 20 C2
05 Montbrand 38 B2
55 Montbras 13 B2
50 Montbray 9 D1
02 Montbrehain 6 A1
42 Montbrison 31 B2
16 Montbron 29 C1
46 Montbrun 36 B2
31 Montbrun-Bocage 41 D2
31 Montbrun-Lauragais 42 A1
26 Montbrun-les-Bains 38 A2
24 Montcaret 29 B3
38 Montcarra 32 A2
71 Montceau-les-Mines 25 C2
77 Montceaux-lès-Provins 12 A2
71 Montcenis 25 C1
71 Montchanin-les-Mines 25 C1
51 Mont-Chenot 12 B1
08 Montcheutin 6 D3
61 Montchevrel 10 C2
11 Montclar 42 C2
46 Montcléra 36 A1
71 Montcony 26 A2
45 Montcorbon 19 A1
02 Montcornet 6 B2
08 Montcornet 6 C2
77 Montcourt 11 D3
45 Montcresson 18 D1
46 Montcuq 35 D2
30 Montdardier 37 A3
05 Mont-Dauphin 38 D1
40 Mont-de-Marsan 35 A3
73 Mont-Denis 32 C2
80 Montdidier 5 D2
63 Mont-Dore (Le) 30 D2
41 Monteaux 18 A2
50 Montebourg 3 D2
Monte-Carlo (Monaco) 45 B1
82 Montech 35 D3
31 Montégut-Lauragais 42 B1
23 Monteil-au-Vicomte (Le) 30 B1
12 Monteils 36 B2
30 Monteils 37 C3
63 Montel-de-Gelat 30 C1
26 Montélier 31 D3
26 Montélimar 37 D1
23 Montel-la-Donne 24 C3
01 Montellier (Le) 32 A1
09 Montels 42 A3
2B Montemaggiore 45 B3
16 Montemboeuf 29 C1
17 Montendre 29 A2
56 Monteneuf 16 B1
77 Montenils 12 A2
58 Montenoison 19 A3
45 Montereau 18 C1
77 Montereau-Faut-Yonne 11 D3
35 Monterfil 9 B3
56 Monterrein 16 B1
02 Montescourt-Lizerolles 6 A2
66 Montesquieu 43 D3
31 Montesquieu-Volvestre 41 D2
32 Montesquiou 41 B1
32 Montestruc-sur-Gers 35 C3
03 Montet (Le) 24 D2
84 Monteux 37 D3
38 Montfalcon 32 A3
50 Montfarville 3 D2
46 Montfaucon 36 A1
49 Montfaucon 16 D3
55 Montfaucon 7 A3
43 Montfaucon-en-Velay 31 C3
83 Montferrat 44 D1
63 Montferrand 31 A1
24 Montferrand-du-Périgord 35 D1
09 Montferrier 42 B3
53 Montflours 10 A3
25 Montfort 26 B1
40 Montfort-en-Chalosse 40 D1
78 Montfort-l'Amaury 11 B2
72 Montfort-le-Rotrou 17 C1
11 Montfort-sur-Boulzane 42 C3
35 Montfort-sur-Meu 9 C3
27 Montfort-sur-Risle 4 D3
30 Montfrin 37 D3
09 Montgaillard 42 A3
40 Montgaillard 35 A3
81 Montgaillard 36 A3
82 Montgaillard 35 D3
61 Montgaroult 10 B2
05 Montgenèvre 32 D3
91 Montgeron 11 C2
25 Montgesoye 20 C3
31 Montgiscard 42 A1
50 Montgothier 9 D2
49 Montguillon 17 A1
17 Montguyon 29 B2
71 Monthelon 25 C1
52 Montheries 12 D3
08 Monthermé 6 D2
37 Monthodon 17 D2
86 Monthoiron 23 C1
08 Monthois 6 D3
41 Monthou-sur-Cher 18 A3
50 Monthuchon 9 D1
88 Monthurreux-sur-Sec 20 B1
10 Montiéramey 12 C3
36 Montierchaume 24 B1
52 Montier-en-Der 12 D3
60 Montiers 5 D3
55 Montiers-sur-Saulx 13 A2
16 Montignac 29 B1
24 Montignac 29 D3
49 Montigné-les-Rairies 17 B2
18 Montigny 18 D3
54 Montigny 13 D2
58 Montigny-aux-Amognes 25 A1
55 Montigny-devant-Sassey 7 A3
02 Montigny-l'Allier 12 A1
89 Montigny-la-Resle 19 B1
28 Montigny-le-Chartif 11 A3
02 Montigny-le-Franc 6 B2
77 Montigny-Lencoup 12 A3
21 Montigny-sur-Armançon 19 C2
21 Montigny-sur-Aube 19 D1
58 Montigny-sur-Canne 25 B1
02 Montigny-sur-Crécy 6 B2
77 Montigny-sur-Loing 11 D3
51 Montigny-sur-Vesle 6 B3
49 Montilliers 17 A3
89 Montillot 19 B2
03 Montilly 25 A2
17 Montils 29 A1
81 Montirat 36 B3
76 Montivilliers 4 C2
12 Montjaux 36 D3
05 Montjay 38 B2
16 Montjean 23 B3
53 Montjean 17 A1
49 Montjean-sur-Loire 17 A2
11 Montjoi 42 C3
50 Montjoie-Saint-Martin 9 D2
31 Montjoire 42 A1
28 Montlandon 11 A3
52 Montlandon 20 A1
11 Montlaur 42 C2
21 Montlay-en-Auxois 19 C3
25 Montlebon 26 D1
88 Mont-lès-Lamarche 20 B1
88 Mont-lès-Neufchâteau 13 B3
60 Mont-l'Évêque 11 D1
36 Montlevicq 24 B2
91 Montlhéry 11 C2
17 Montlieu-la-Garde 29 B2
41 Montlivault 18 A2
66 Mont-Louis 43 B3
37 Montlouis-sur-Loire 17 D3
03 Montluçon 24 C2
01 Montluel 32 A1
77 Montmachoux 11 D3
21 Montmançon 20 A3
03 Montmarault 24 D3
80 Montmarquet 5 B2
50 Montmartin-sur-Mer 9 C1
05 Montmaur 38 B2
31 Montmaurin 41 C2
55 Montmédy 7 A3
73 Montmélian 32 C2
01 Montmerle-sur-Saône 25 D3
61 Montmerrei 10 C2
83 Montmeyan 44 C1
26 Montmeyran 37 D1
09 Montmija 42 B3
51 Montmirail 12 A2
72 Montmirail 17 D1
39 Montmirey-le-Château 20 A3
16 Montmoreau-Saint-Cybard 29 B2
95 Montmorency 11 C1
86 Montmorillon 23 D2
05 Montmorin 38 B2
51 Montmort 12 B1
71 Montmort 25 C1
02 Mont-Notre-Dame 6 B3
44 Montoir-de-Bretagne 16 B2
41 Montoire-sur-le-Loir 17 D2
26 Montoison 37 D1
11 Montolieu 42 C2
63 Monton 31 A1
64 Montory 40 D2
85 Montournais 23 A1
73 Montpascal 32 C2
34 Montpellier 43 B1
07 Montpezat 37 C1
30 Montpezat 37 C3
32 Montpézat 41 D2
82 Montpezat-de-Quercy 36 A2
55 Montplonne 13 A2
24 Montpon-Menestérol 29 B3
71 Montpont-en-Bresse 26 A2
41 Mont-près-Chambord 18 A2
31 Montrabé 42 A1
11 Montréal 42 B2
89 Montréal 19 B2
32 Montréal-du-Gers 35 B3
13 Montredon 44 A2
81 Montredon-Labessonnié 42 C1
43 Montregard 31 C2
31 Montréjeau 41 C2
80 Montrelet 5 C1
37 Montrésor 18 A3
71 Montret 26 A2
53 Montreuil 10 A3
93 Montreuil 11 C2
02 Montreuil-aux-Lions 12 A1
49 Montreuil-Belfroy 17 A2
49 Montreuil-Bellay 17 B3
37 Montreuil-en-Touraine 17 D2
61 Montreuil-la-Cambe 10 C1
27 Montreuil-l'Argillé 10 C1
72 Montreuil-le-Chétif 10 B3
35 Montreuil-le-Gast 9 C3
35 Montreuil-sur-Ille 9 C3
49 Montreuil-sur-Loir 17 B2
49 Montreuil-sur-Maine 17 A2
62 Montreuil-sur-Mer 1 B3
58 Montreuillon 19 B3
54 Montreux 13 D2
68 Montreux-Vieux 20 D2
49 Montrevault 16 D3
38 Montrevel 32 A2
01 Montrevel-en-Bresse 26 A2
74 Montriond 26 D3
41 Montrichard 18 A3
82 Montricoux 36 A3
83 Montrieux 44 C2
26 Montrigaud 32 A3
16 Montrollet 23 D3
69 Montromant 31 C1
39 Montrond 26 B1
25 Montrond-le-Château 20 B3
42 Montrond-les-Bains 31 C1
69 Montrottier 31 C1
92 Montrouge 11 C2
37 Monts 17 C3
49 Montsabert 17 B2
62 Mont-Saint-Éloi 1 D3
21 Mont-Saint-Jean 19 C3
72 Mont-Saint-Jean 10 B3
54 Mont-Saint-Martin 7 B3
50 Mont-Saint-Michel 9 C2
02 Mont-Saint-Père 12 A1
08 Mont-Saint-Rémy 6 C3
71 Mont-Saint-Vincent 25 C2
15 Montsalvy 36 C1
58 Montsauche 19 B3
31 Montsaunès 41 D2
74 Mont-Saxonnex 26 C3
09 Monts-d'Olmes 42 B3
55 Montsec 13 B1
61 Monsecret 10 A2
09 Montségur 42 B3
26 Montségur-sur-Lauzon 37 D2
11 Montséret 42 D2
70 Montseugny 20 A3
49 Montsoreau 17 B3
95 Montsoult 11 C1
39 Mont-sous-Vaudrey 26 B1
86 Monts-sur-Guesnes 23 C1
53 Montsurs 10 A3
50 Montsurvent 9 D1
46 Montvalent 30 A3
15 Montvert 30 B3
55 Montzéville 13 A1
76 Monville 5 A3
11 Monze 42 C2
68 Moos 21 A2
68 Moosch 20 D1
58 Moraches 19 A3
51 Morains 12 B2
69 Morance 31 D1
28 Morancez 11 A3
37 Morand 17 D2
49 Morannes 17 B1
59 Morbecque 1 C2
40 Morcenx 34 D3
80 Morchain 5 D2
35 Mordelles 9 C3
56 Moréac 16 A1
41 Morée 18 A1
85 Moreilles 22 D2
38 Moreste 32 A1
77 Moret-sur-Loing 11 D3
80 Moreuil 5 C2
39 Morez 26 C2
54 Morfontaine 7 B3
29 Morgat 8 B2
27 Morgny 5 B3
02 Morgny-en-Thièrache 6 B2
76 Morgny-la-Pommeraye 5 A3
57 Morhange 13 C1
2B Moriani-Plage 45 B2
85 Moricq 22 C2
60 Morienval 5 D3
22 Morieux 9 A2
74 Morillon 26 D3
88 Moriville 13 C3
64 Morlaàs 41 A2
18 Morlac 24 C1
29 Morlaix 8 C2
80 Morlancourt 5 D1
64 Morlanne 41 A1
55 Morley 13 A2
85 Mormaison 22 C1
77 Mormant 11 D2
85 Mormeison 22 C1
17 Mornac-sur-Seudre 28 D1
69 Mornant 31 D2
84 Mornas 37 D2
21 Mornay 20 A2
26 Mornay 31 D2
18 Mornay-Berry 24 D1
18 Mornay-sur-Allier 24 D1
18 Morogues 18 C3
2B Morosaglia 45 B2
02 Morsain 6 A3
51 Morsains 12 A2
67 Morsbronn-les-Bains 14 B1
68 Morschwiller 21 A2
61 Mortagne-au-Perche 10 D2
17 Mortagne-sur-Gironde 28 D2
85 Mortagne-sur-Sèvre 16 D3
50 Mortain 10 A2
77 Mortcerf 11 D2
38 Morte (La) 32 B3
25 Morteau 20 D3
14 Morteaux-Couliboeuf 10 B1
02 Mortefontaine 6 A3
60 Mortefontaine 11 D1
87 Mortemart 23 D3
76 Mortemer 5 B2
87 Morterolles-sur-Semme 24 A3
77 Mortery 12 A2
86 Morthemer 23 C2
86 Morton 17 B3
61 Mortrée 10 C2
28 Morvilette 11 A2
90 Morvillars 20 D2
45 Morville-en-Beauce 11 C3
60 Morvillers 5 B2
10 Morvilliers 12 C3
60 Mory-Montcrux 5 C2
74 Morzine 26 D3
14 Mosles 4 A3
17 Mosnac 29 A2
36 Mosnay 24 B2
66 Mosset 43 C3
48 Mothe (La) 37 A2
85 Mothe-Achard (La) 22 C1
46 Mothe-Fénelon (La) 36 A1
24 Mothe-Montravel (La) 29 B3
79 Mothe-Saint-Héray (La) 23 B2
04 Motte (La) 38 C2
22 Motte (La) 9 A3
26 Motte (La) 31 D3
38 Motte (La) 32 B3
52 Motte (La) 13 B3
83 Motte (La) 44 D1
26 Motte-Chalançon (La) 38 A2
21 Motte-Ternant (La) 19 C3
10 Motte-Tilly (La) 12 A3
76 Motteville 4 D2
44 Mouais 16 C1
85 Mouchamps 22 D1
39 Mouchard 26 B1
50 Mouche (La) 9 D2
59 Mouchin 2 A3
80 Mouflers 5 C1
06 Mougins 45 A1
79 Mougon 23 B2
64 Mouguerre 40 C1
33 Mouillac 29 A3
82 Mouillac 36 A2
39 Mouille (La) 26 B2
25 Mouillère 20 B3
85 Mouilleron-en-Pareds 22 D1
53 Moulay 10 A3
28 Moulhard 11 A3
49 Mouliherme 17 B2
47 Moulinet 35 C1
45 Moulinet-sur-Solin (Le) 18 D1
81 Moulin-Mage 42 C1
09 Moulin-Neuf 42 B3
03 Moulins 25 A2
35 Moulins 16 D1
58 Moulins-Engilbert 25 B1
89 Moulins-en-Tonnerois 19 B2
61 Moulins-la-Marche 10 C2
55 Moulins-Saint-Hubert 7 A3
36 Moulins-sur-Céphons 24 A1
18 Moulins-sur-Yèvre 18 C3
09 Moulis 41 D3
86 Moulismes 23 D2
62 Moulle 1 C2
33 Moulleau (Le) 34 C1
33 Moulon 29 B3
45 Moulon 18 C1
17 Moulons 29 A2
55 Moulotte 13 B1
14 Moult 10 B1
12 Mounès-Prohencoux 42 D1
33 Mourens 35 B1
64 Mourenx-Ville-Nouvelle 40 D2
34 Mourèze 43 A1
13 Mouriès 43 D1
23 Mourioux 24 B3

51 Mourmelon-le-Grand 12 C1
51 Mourmelon-le-Petit 12 C1
77 Mouroux 11 D2
30 Moussac 37 C3
86 Moussac 23 C3
15 Moussages 30 C3
27 Mousseaux-Neuville 11 A1
78 Mousseaux-sur-Seine 11 B1
57 Moussey 13 D2
61 Moussonvilliers 10 D2
58 Moussy 19 A3
22 Moustéru 8 D2
40 Moustey 34 D2
47 Moustier 35 C1
85 Moustiers-des-Mauxfaits (Les) 22 C2
04 Moustiers-Sainte-Marie 38 C3
22 Moustoir (La) 8 D3
22 Moustoir-Remnugol 9 A3
16 Moutardon 23 C3
33 Moutchic 28 D3
57 Mouterhouse 14 A1
25 Mouthe 26 C1
16 Mouthiers-sur-Boëme 29 B2
11 Mouthoumet 42 C3
23 Moutier-d'Ahun (Le) 24 B3
23 Mouthier-Malcard 24 B2
28 Moutiers 11 B3
35 Moutiers 16 D1
44 Moutiers (Les) 16 B3
61 Moutiers-au-Perche 10 D2
14 Moutiers-en-Auge (Les) 10 B1
79 Moutiers-sous-Argenton 23 A1
85 Moutiers-sur-le-Lay (Les) 22 D2
73 Moutiers-Tarentaise 32 D2
16 Moutonneau 29 C1
54 Moutrot 13 B2
11 Moux 42 C2
58 Moux 19 C3
73 Mouxy 32 B1
60 Mouy 5 C3
55 Mouzay 7 A3
85 Mouzeuil-Saint-Martin 22 D2
08 Mouzon 6 D2
90 Moval 20 D2
02 Moy-de-l'Aisne 6 A2
54 Moyen 13 C2
88 Moyenmoutier 13 D3
80 Moyenneville 5 B1
57 Moyenvic 13 C2
57 Moyeuvre 7 B3
12 Moyrazès 36 C2
63 Mozac 31 A1
35 Muel 9 B3
40 Mugron 34 D3
68 Muhlbach-sur-Munster 20 D1
41 Muides-sur-Loire 18 A2
27 Muids 5 A3
51 Muizon 6 B3
67 Mulhausen 14 A1
68 Mulhouse 21 A1
72 Mulsanne 17 C1
68 Munchhouse 21 A1
62 Muncq-Nieurlet 1 C2
57 Munster 13 D1
68 Munster 21 A1
83 Muraires (Les) 44 C2
15 Murat 30 D3
46 Murat 36 A1
2B Murato 45 B2
81 Murat-sur-Vebre 42 D1
74 Muraz (La) 26 C3
68 Murbach 21 A1
12 Mur-de-Barrez 36 C1
22 Mur-de-Bretagne 9 A3
41 Mur-de-Sologne 18 B2
38 Mure (La) 32 B3
60 Mureaumont 5 B2
78 Mureaux (Les) 11 B1
31 Muret 42 A1
40 Muret (Le) 34 D2
12 Muret-le-Château 36 C2
38 Murinais 32 A3
2B Muro 45 B3
63 Murol 30 D2
17 Muron 22 D3
36 Murs 24 A1
84 Murs 38 A3
01 Murs-et-Gélinieux 32 B1
55 Murvaux 7 A3
34 Murviel-lès-Béziers 42 D2
34 Murviel-lès-Montpellier 43 B1
64 Musculdy 40 D2
21 Musigny 19 C3
24 Mussidan 29 C3
10 Mussy-sur-Seine 19 C1
67 Muttersholtz 14 A3
67 Mutzig 14 A2
83 Muy (Le) 44 D1
56 Muzillac 16 A2
73 Myans 32 B2
25 Myon 26 B1

N

64 Nabas 40 D2
24 Nadaillac 30 A3
27 Nagel-Séez-Mesnil 10 D1
81 Nages 42 D1
23 Naillat 24 B3
31 Nailloux 42 A1
89 Nailly 12 A3
86 Naintré 23 C1
25 Naisey 20 C3
55 Naives-Rosières 13 A2
55 Naix-aux-Forges 13 A2
56 Naizin 9 A3
12 Najac 36 B2
85 Nalliers 22 D2
86 Nalliers 23 D2
09 Nalzen 42 B3
60 Nampcel 6 A3
02 Nampcelles-la-Cour 6 B2
80 Nampont-Saint-Martin 1 B3
80 Namps-au-Mont 5 C2
18 Nançay 18 C3
17 Nancras 28 D1
25 Nancray 20 C3
45 Nancray 18 C1
73 Nancroix 32 D2
54 Nancy 13 C2
42 Nandax 25 C3
77 Nandy 11 C2
77 Nangis 11 D2
74 Nangy 26 C3
83 Nans-les-Pins 44 B2
25 Nans-sous-Sainte-Anne 26 B1
12 Nant 37 A3
44 Nantes 16 C3
16 Nanteuil-en-Vallée 23 C3
60 Nanteuil-le-Haudouin 11 D1
77 Nanteuil-sur-Marne 12 A1
24 Nantheuil 29 D2
87 Nantiat 24 A3
55 Nantillois 7 A3
01 Nantua 26 B3
80 Naours 5 C1
06 Napoule (La) 45 A1
25 Narbief 20 D3
11 Narbonne 42 D2
11 Narbonne-Plage 42 D2
58 Narcy 19 A3
64 Narp 40 D2
48 Nasbinals 36 D1
27 Nassandres 10 D1
40 Nassiet 40 D1
12 Naucelle 36 C2
15 Naucelles 30 C3
33 Naujac-sur-Mer 28 D2
33 Naujan-et-Postiac 35 B1
24 Naussannes 35 C1
12 Nauviale 36 C2
30 Navacelles 37 C3
64 Navarrenx 40 D1
41 Naveil 17 D1
19 Naves 30 B2
74 Naves 32 C1
71 Navilly 26 A1
64 Nay-Bourdette 41 A2
37 Nazelles-Négron 17 D2
56 Néant-sur-Yvel 9 B3
53 Neau 10 B3
78 Neauphle-le-Vieux 11 B2
34 Nébian 43 A1
11 Nébias 42 B3
63 Nébouzat 30 D1
61 Nécy 10 B1
87 Nedde 30 B1
34 Neffiès 43 A1
82 Nègrepelisse 36 A3
50 Nègreville 3 D2
24 Négrondes 29 D2
77 Nemours 11 D3
62 Nempont-Saint-Firmin 1 B3
55 Nepvant 7 A3
47 Nérac 35 C2
17 Néré 23 B3
03 Néris-les-Bains 24 D3
42 Néronde 31 C1
18 Nérondes 24 D1
16 Nersac 29 B1
42 Nervieux 31 C1
60 Néry 5 D3
63 Neschers 31 A2
80 Nesle 5 D2
21 Nesle-et-Massoult 19 C2
02 Nesles 12 B1
95 Nesles-la-Vallée 11 C1
85 Nesmy 22 C2
55 Nettancourt 12 D1
39 Neublans 26 A1
67 Neubois 14 A3
27 Neubourg (Le) 10 D1
59 Neuf-Berquin 1 D2
68 Neuf-Brisach 21 A1
88 Neufchâteau 13 B3
76 Neufchâtel-en-Bray 5 A2
72 Neufchâtel-en-Saosnois 10 C3
62 Neufchâtel-Hardelot 1 B3
02 Neufchâtel-sur-Aisne 6 B3
54 Neufmaisons 13 D3
76 Neuf-Marché 5 B3
65 Neuilh 41 B2
17 Neuillac 29 A2
36 Neuillay-les-Bois 24 A1
37 Neuillé-Pont-Pierre 17 C2
58 Neuilly 19 A3
89 Neuilly 19 A1
92 Neuilly-sur-Seine 11 C1
03 Neuilly-en-Donjon 25 B3
18 Neuilly-en-Dun 24 D1
18 Neuilly-en-Sancerre 18 D3
60 Neuilly-en-Thelle 11 C1
03 Neuilly-le-Réal 25 A2
53 Neuilly-le-Vendin 10 B2
52 Neuilly-L'Évêque 20 A1
02 Neuilly-Saint-Front 12 A1
61 Neuilly-sur-Eure 10 D2
42 Neulise 31 C1
56 Neulliac 9 A3
41 Neung 18 B2
57 Neunkirch 13 D1
15 Neussargues 30 D3
70 Neuvelle-lès-Champlitte 20 A2
70 Neuvelle-lès-la-Charité 20 B2
70 Neuvelle-lès-Cromary 20 C3
27 Neuve-Lyre (La) 10 D1
24 Neuvic 29 C3
19 Neuvic 30 C2
72 Neuvillalais 10 B3
03 Neuville 24 D2
51 Neuville-au-Pont (La) 12 D1
45 Neuville-aux-Bois 18 B1
86 Neuville-de-Poitou 23 C1
27 Neuville-du-Bosc (La) 10 D1
08 Neuville-en-Tourne-à-Fuy (La) 6 C3
60 Neuville-Garnier (La) 5 C3
01 Neuville-les-Dames 25 D3
58 Neuville-lès-Decize 25 A1
76 Neuville-lès-Dieppe 5 A2
62 Neuville-Saint-Vaast 1 D3
80 Neuville-Sire-Bernard (La) 5 C2
62 Neuville-sous-Montreuil 1 B3
69 Neuville-sur-Saône 31 D1
59 Neuvilly 6 A1
55 Neuvilly-en-Argonne 12 D1
03 Neuvy 25 A2
51 Neuvy 12 A2
79 Neuvy-Bouhain 23 A1
28 Neuvy-en-Beauce 11 B3
71 Neuvy-Grandchamp 25 B2
18 Neuvy-le-Barrois 24 D1
37 Neuvy-le-Roi 17 C2
36 Neuvy-Pailloux 24 B1
36 Neuvy-Saint-Sépulcre 24 B2
89 Neuvy-Sautour 19 B1
18 Neuvy-sur-Barangeon 18 C3
58 Neuvy-sur-Loire 18 D2
67 Neuwiller-lès-Saverne 14 A2
05 Névache 32 D3
58 Nevers 25 A1
29 Névez 15 C1
76 Néville 4 D2
50 Néville-sur-Mer 3 D2
39 Nevy-lès-Dole 26 A1
87 Nexon 30 A1
07 Neyrac-les-Bains 37 C1
01 Neyrolles 26 B3
27 Nézé 11 B1
78 Nézel 11 B1
09 Niaux 42 A3
45 Nibelle 18 C1
04 Nibles 38 C2
06 Nice 45 A1
21 Nicey 19 C1
57 Niderviller 13 D2
67 Niederbetschdorf 14 B1
67 Niederbronn-les-Bains 14 A1
68 Niederhergheim 21 A1
67 Niedersteinbach 14 B1
62 Nielles-lès-Bléquin 1 C2
59 Nieppe 1 D2
59 Nieppe (Le) 1 C2
16 Nieuil 29 C1
86 Nieuil-l'Espoir 23 C2
87 Nieul 30 A1
85 Nieul-le-Dolent 22 C2
17 Nieul-les-Saintes 29 A1
17 Nieul-le-Virouil 29 A2
85 Nieul-sur-l'Autise 23 A2
17 Nieul-sur-Mer 22 D3
36 Niherne 24 A1
57 Nilvange 7 B3
30 Nîmes 43 C1
79 Niort 23 A2
34 Nissan-lez-Enserune 42 D2
65 Nistos 41 C3
89 Nitry 19 B2
02 Nizy-le-Comte 6 B3
33 Noaillac 35 B1
33 Noaillan 35 A1
19 Noailles 30 A3
60 Noailles 5 C3
81 Noailles 36 B3
42 Noailly 25 B3
58 Nocle-Maulaix (La) 25 B1
25 Nods 20 C3
31 Noé 42 A2
27 Noë-Poulain (La) 4 D3
62 Noeux-les-Mines 1 D3
32 Nogaro 35 B3
27 Nogent-de-Sec 11 A1
52 Nogent-en-Bassigny 20 A1
10 Nogent-en-Othe 19 B1
02 Nogent-l'Artaud 12 A1
72 Nogent-le-Bernard 10 C3
28 Nogent-le-Phaye 11 B3
28 Nogent-le-Roi 11 B2
28 Nogent-le-Rotrou 10 D3
60 Nogent-sur-Oise 5 C3
10 Nogent-sur-Seine 12 A3
45 Nogent-sur-Vernisson 18 D1
39 Nogna 26 B2
64 Noguères 40 D2
36 Nohant 24 B2
82 Nohic 36 A3
70 Noidans-le-Ferroux 20 B2
32 Noilhan 41 D1
60 Nointel 5 C3
02 Noircourt 6 B2
25 Noirefontaine 20 D3
42 Noirétable 31 B1
79 Noirlieu 23 A1
85 Noirmoutier-en-l'Ile 16 B3
21 Noiron-sous-Gevrey 20 A3
79 Noirterre 23 A1
93 Noisy-le-Grand 11 D2
24 Nojals-et-Clottes 35 C1
21 Nolay 25 D1
58 Nolay 19 A3
76 Nolleval 5 B3
47 Nomdieu 35 C3
52 Nomécourt 13 A3
54 Nomeny 13 C1
88 Nomexy 13 C3
88 Nompatelize 13 D3
27 Nonancourt 11 A2
61 Nonant-le-Pin 10 C2
07 Nonières (Les) 31 C3
55 Nonsard 13 B1
24 Nontron 29 C2
28 Nonvilliers-Grandhoux 11 A3
2B Nonza 45 A2
62 Nordausques 1 C2
21 Norges-la-Ville 20 A3
51 Normée 12 B2
70 Noroy-le-Bourg 20 C2
62 Norrent-Fontes 1 C3
54 Norroy-le-Sec 7 B3
44 Nort-sur-Erdre 16 C2
76 Norville 4 D3
56 Nostang 15 D1
13 Notre-Dame 44 A2
49 Notre-Dame-d'Allençon 17 A3
22 Notre-Dame-de-Bel-Air 9 A3
73 Notre-Dame-de-Bellecombe 32 C1
50 Notre-Dame-de-Cenilly 9 D1
38 Notre-Dame-de-Commiers 32 B3
14 Notre-Dame-de-Courson 10 C1
14 Notre-Dame-de-Fresnay 10 C1
22 Notre-Dame-de-la Cour 9 A2
27 Notre-Dame-de-l'Isle 11 A1
34 Notre-Dame-de-Londres 43 B1
85 Notre-Dame-de-Monts 22 B1
73 Notre-Dame-des-Millières 32 C1
85 Notre-Dame-de-Riez 22 B1
29 Notre-Dame-de-Tronoën 15 B1
24 Notre-Dame-de-Sanilhac 29 C3
72 Notre-Dame-du-Pé 17 B1
50 Notre-Dame-du-Touchet 10 A2
86 Nouaillé-Maupertuis 23 C2
41 Nouan-le-Fuzelier 18 B2
37 Nouans-les-Fontaines 18 A3
08 Nouart 6 D3
37 Nouâtre 17 C3
31 Noueilles 42 A2
32 Nougaroulet 41 C1
87 Nouic 23 D3
17 Nouillers (Les) 23 A3
62 Nouvelle-Église 1 C2
80 Nouvion 5 B1
02 Nouvion-en-Thiérache 6 B1
02 Nouvion-et-Catillon 6 A2
02 Nouvion-le-Vineux 6 B3
23 Nouzerines 24 B2
23 Nouziers 24 B2
37 Nouzilly 17 D2
08 Nouzonville 6 D2
73 Novalaise 32 B2
57 Novéant-sur-Moselle 13 B1
74 Novel 26 D2
13 Noves 37 D3
54 Noviant-aux-Prés 13 B2
08 Novion-Porcien 6 C2
08 Novy-Chevrières 6 C3
22 Noyal 9 B2
56 Noyal-Muzillac 16 A2
56 Noyalo 16 A2
56 Noyal-Pontivy 9 A3
44 Noyal-sur-Brutz 16 D1
35 Noyal-sur-Seiche 9 C3
35 Noyal-sur-Vilaine 9 C3
49 Noyant 17 C2
03 Noyant-d'Allier 25 A2
37 Noyant-de-Touraine 17 C3
02 Noyant-et-Aconin 6 A3
49 Noyant-la-Plaine 17 B3
62 Noyelles 1 D3
80 Noyelles-en-Chaussée 5 B1
80 Noyelles-sur-Mer 5 B1
77 Noyen 12 A3
72 Noyen-sur-Sarthe 17 B1
18 Noyer (Le) 18 D3
73 Noyer (Le) 32 C1
27 Noyer-en-Ouche (Le) 10 D1
08 Noyers 6 D2
52 Noyers 20 A1
89 Noyers 19 B2
14 Noyers-Bocage 10 B1
60 Noyers-Saint-Martin 5 C3
41 Noyers-sur-Cher 18 A3
04 Noyers-sur-Jabron 38 B2
60 Noyon 5 D2
10 Nozay 12 C2
44 Nozay 16 C2
39 Nozeroy 26 B1
07 Nozières 31 C3
49 Nuaillé 17 A3
17 Nuaillé-d'Aunis 22 D3
17 Nuaillé-sur-Boutonne 23 A3
58 Nuars 19 B3
55 Nubécourt 13 A1
79 Nueil-sur-Argent 23 A1
49 Nueil-sur-Layon 17 B3
53 Nuillé-sur-Vicoin 17 A1
51 Nuisement-sur-Coole 12 C2
89 Nuits 19 C2
21 Nuits-Saint-Georges 19 D3
52 Nully-Trémilly 12 D3
62 Nuncq-Hautecôte 5 C1
36 Nuret-le-Ferron 24 A2
80 Nurlu 5 D1
26 Nyons 38 A2

O

68 Oberbruck	20 D1
67 Oberhaslach	14 A2
68 Oberhergheim	21 A1
67 Obermodern	14 A1
67 Obernai	**14** A2
67 Oberseebach	14 B1
67 Obersteinbach	14 A1
19 Objat	30 A2
2A Ocana	45 C3
61 Occagnes	10 B2
80 Occoches	5 C1
54 Ochey	13 B2
01 Ochiaz	26 B3
50 Octeville	3 C2
76 Octeville-sur-Mer	4 C2
34 Octon	43 A1
69 Odenas	25 D3
68 Oderen	20 D1
52 Odival	20 A1
88 Oëlleville	13 B2
67 Oermingen	13 D1
51 Oger	12 B1
54 Ogéviller	13 D2
59 Ohain	6 C1
62 Oignies	2 A3
41 Oigny	17 D1
79 Oiron	**23** B1
70 Oiselay-et-Grachaux	20 B2
80 Oisemont	5 B1
45 Oison	18 B1
53 Oisseau	10 A3
76 Oissel	5 A3
58 Oisy	19 A2
62 Oisy-le-Verger	6 A1
72 Oizé	17 C1
18 Oizon	18 C2
34 Olargues	42 D1
2B Oletta	45 A2
66 Olette	43 C3
2A Olivese	45 C3
45 Olivet	18 B1
28 Ollé	11 A3
60 Ollencourt	5 D3
83 Ollières	44 B1
07 Ollières-sur-Eyrieux (Les)	37 D1
63 Olliergues	31 B1
83 Ollioules	44 B2
63 Olloix	30 D2
2A Olmeto	45 C3
2B Olmi-Cappella	45 B3
85 Olonne-sur-Mer	22 C2
34 Olonzac	42 D2
64 Oloron-Sainte-Marie	**40** D2
68 Oltingue	21 A2
26 Omblèze	38 A1
04 Omergues (Les)	38 B2
80 Omiécourt	5 D2
27 Omonville	10 D1
50 Omonville-la-Rogue	3 C2
66 Oms	43 C3
40 Onard	34 D3
14 Ondefontaine	10 A1
31 Ondes	42 A1
40 Ondres	40 C1
40 Onesse-et-Laharie	34 D3
04 Ongles	38 B2
39 Onglières	26 B1
80 Onival	5 B1
10 Onjon	12 C3
58 Onlay	25 B1
74 Onnion	26 C3
39 Onoz	26 B2
41 Onzain	18 A2
59 Oost-Cappel	1 D2
63 Opme	31 A1
66 Opoul-Périllos	42 D3
84 Oppède	38 A3
84 Oppède-le-Vieux	**44** A1
04 Oppedette	38 B3
38 Optevoz	32 A1
64 Oraas	40 D1
15 Oradour	30 D3
16 Oradour-Fanais	23 D1
87 Oradour-Saint-Genest	23 D1
87 Oradour-sur-Glane	29 D1
87 Oradour-sur-Vayres	29 D1
21 Orain	20 A2
04 Oraison	38 B3
84 Orange	**37** D3
51 Orbais	**12** B1
14 Orbec	10 C1
68 Orbey	14 A3
37 Orbigny	18 A3
01 Orcay	18 A3
41 Orchaise	18 A2
39 Orchamps	20 B3
25 Orchamps-Vennes	26 C2
86 Orches	23 C1
59 Orchies	2 A3
74 Orcier	26 C3
05 Orcières	38 C1
63 Orcines	30 D1
63 Orcival	**30** D1
51 Orconte	12 D2
32 Ordan-Larroque	41 C1
65 Ordizan	41 B2
81 Ordonnaz	32 B1
39 Orgelet-le-Bourget	26 B2
28 Orgères-en-Beauce	11 B3
78 Orgerus	11 B2
78 Orgeval	11 B1
09 Orgibet	41 D3
50 Orglandes	3 D2
07 Orgnac-l'Aven	37 D2
13 Orgon	44 A1

65 Orignac	41 B2
02 Origny-en-Thiérache	6 B2
10 Origny-le-Sec	12 B3
02 Origny-Sainte-Benoîte	6 A2
64 Orin	40 D2
76 Orival	5 A3
80 Orival	5 A3
45 Orléans	**18** B1
09 Orlu	42 B3
94 Orly	**11** C2
45 Ormes	18 B1
86 Ormes (Les)	23 C1
89 Ormes (Les)	19 A1
77 Ormes-sur-Voulzie (Les)	12 A3
28 Ormoy	11 A2
91 Ormoy-la-Rivière	11 C3
60 Ormoy-Villers	11 D1
11 Ornaisons	42 D2
25 Ornans	**20** C3
65 Oroix	41 B2
57 Oron	13 C1
78 Orphin	11 B2
05 Orpierre	38 B2
26 Orquevaux	13 A3
05 Orres (Les)	38 D2
05 Orres-Pramouton	38 D2
17 Ors	28 D1
30 Orsan	37 D3
25 Orsans	20 C3
91 Orsay	11 C2
36 Orsennes	24 B2
59 Orsinval	6 B1
2B Ortale	45 B2
64 Orthez	**40** D1
10 Ortillon	12 C2
2B Ortiporio	45 B2
18 Orval	24 C1
76 Orvault	16 C3
21 Orville	20 A2
36 Orville	18 B3
10 Orvilliers-St-Julien	12 B3
78 Orvilliers	11 B2
40 Orx	40 C1
2A Orsani	45 B3
18 Osmery	24 D1
76 Osmoy-Saint-Valéry	5 A2
52 Osne-le-Val	13 A3
04 Ospedale (L')	45 D2
40 Ossages	40 D1
64 Osserain-Rivareyte	40 D2
64 Ossès	40 C2
65 Ossun	41 B2
67 Ostheim	14 A3
2A Ota	45 B3
57 Ottange	7 B2
68 Ottmarsheim	**21** A1
67 Ottrott	14 A2
70 Ouagne	19 A3
89 Ouanne	19 A2
28 Ouarville	11 B3
41 Oucques	18 A1
44 Oudon	16 D2
39 Ougney	20 B3
70 Ouhans	26 C1
14 Ouilly-le-Vicomte	4 C3
14 Ouistreham	4 B3
36 Oulches	24 A2
02 Oulchy-le-Château	12 A1
25 Oulins	11 A1
85 Oulmes	23 A2
39 Ounans	26 B1
58 Ourgneaux (Les)	25 B1
18 Ourouër	25 A1
18 Ourouer-les-Bourdelins	24 D1
50 Ourouy-sur-Morvan	19 B3
69 Ouroux	25 C3
71 Ouroux-sur-Saône	25 D1
76 Ourville-en-Caux	4 D2
40 Ousse	41 A2
40 Ousse-Suzan	34 D3
45 Oussoy-en-Gâtinais	18 D1
09 Oust	41 D3
45 Outarville	11 B3
79 Outines	12 D2
11 Ouveillan	42 D2
76 Ouville-la-Rivière	5 A2
70 Ouzilly	23 C1
28 Ouzouer-le-Doyen	18 A1
28 Ouzouer-le-Marché	18 A1
45 Ouzouer-sur-Loire	18 C2
45 Ouzouer-sur-Trézée	18 D2
71 Oyé	25 C3
25 Oye-et-Pallet	26 C1
62 Oye-Plage	1 C2
01 Oyonnax	26 B3
86 Oyré	23 C1
01 Oze	38 B2
71 Ozenay	25 D2
16 Ozières	C3 A2
17 Ozillac	29 A2
77 Ozoir-la-Ferrière	11 D2
28 Ozouer-le-Breuil	18 A1
40 Ozourt	40 D1

P

42 Pacaudière (La)	25 B3
38 Pact	31 D2
27 Pacy-sur-Eure	11 A1
11 Padern	42 C3
46 Padirac	36 B1
88 Padoux	13 C2
21 Pagny-le-Château	26 A1
55 Pagny-sur-Meuse	13 B2
54 Pagny-sur-Moselle	13 B1
09 Pailhès	42 A2
60 Paillart	5 C2

33 Paillet	35 A1
26 Paillette (La)	38 A2
52 Pailly (Le)	20 A2
89 Pailly	12 A3
44 Paimbœuf	16 B2
22 Paimpol	**9** A1
35 Paimpont	**9** B3
79 Paizay-le-Chapt	23 B3
86 Paizay-le-Sec	23 D2
38 Pajay	32 A2
38 Paladru	32 B2
56 Palais (Le)	15 D2
91 Palaiseau	11 C2
87 Palais-sur-Vienne (Le)	30 A1
11 Palaja	42 C2
34 Palavas-les-Flots	43 B1
71 Palinges	25 C2
10 Pâlis	12 B3
19 Palisse	30 C2
63 Palladuc	31 B1
44 Pallet (Le)	16 D3
17 Pallice (La)	22 D3
85 Palluau	22 C1
16 Palluaud	29 C2
36 Palluau-sur-Indre	24 A1
12 Palmas	36 D2
2A Palneca	45 C2
2A Palombaggia	45 D2
04 Palud-sur-Verson (La)	44 C1
09 Pamiers	**42** A2
79 Pamplie	23 A2
79 Pamproux	23 B2
32 Panassac	41 C2
2B Pancheraccia	45 B2
52 Pancey	13 A3
57 Pange	13 C1
42 Panissières	31 C1
32 Panjas	35 B3
44 Pannecé	16 D2
45 Pannes	18 D1
54 Pannes	13 B1
93 Pantin	11 C1
35 Paramé	9 C2
17 Parançay	23 A3
18 Parassy	18 C3
72 Paray-Douaville	11 B3
71 Paray-le-Monial	**25** C2
49 Parçay-les-Pins	17 C2
35 Parcé	9 D3
72 Parcé-sur-Sarthe	17 B1
39 Parcey	26 A1
24 Parcoul	29 B2
62 Parcq (Le)	1 C1
64 Pardies-Piétat	41 A2
72 Parennes	10 B3
63 Parentignat	31 A2
40 Parentis-en-Born	34 D2
62 Parenty	1 B3
80 Pargny	5 D2
51 Pargny-les-Reims	12 B1
88 Pargny-sous-Mureau	13 B3
51 Pargny-sur-Saulx	12 D2
10 Pargues	19 C1
72 Parigné-l'Évêque	17 C1
75 Paris	**11** C1/2
81 Parisot	36 B3
82 Parisot	36 B3
89 Parly	19 A2
95 Parmain	11 C1
36 Parnac	24 A2
26 Parnans	32 A3
60 Parnes	11 B1
52 Parnoy-en-Bassigny	20 B1
55 Parois	13 A1
54 Parroy	13 C2
81 Parrouqual (La)	36 B3
10 Pars-lès-Romilly	12 B3
23 Parsac	24 D2
79 Parthenay	**23** B2
27 Parville	11 A1
53 Pas (Le)	10 A3
79 Pas-de-Jeu	23 B1
79 Pas-en-Artois	5 C1
89 Pasilly	19 B2
21 Pasques	19 D3
61 Passais	10 A2
51 Passavant-en-Argonne	12 D1
70 Passavant-la-Rochère	20 B1
38 Passins	32 A1
16 Passirac	29 B2
74 Passy	32 D1
2A Pastricciola	45 C3
45 Patay	18 B1
2B Patrimonio	45 A2
64 Pau	**41** A2
45 Paucourt	18 D1
36 Paudy	24 B1
33 Paulhac	28 D2
15 Paulhac	30 D3
48 Paulhac-en-Margeride	31 A3
43 Paulhaguet	31 A3
34 Paulhan	43 A1
15 Paulhenc	36 D1
24 Paulin	30 A3
37 Paulmy	23 D1
36 Paulnay	24 A1
44 Paulx	16 C3
08 Pauvres	6 C3
42 Pavezin	31 D2
32 Pavie	41 C1
10 Pavillon-Sainte-Julie (Le)	12 B3
76 Pavilly	4 D2
46 Payrac	36 A1
07 Payzac	37 C2
24 Payzac	30 A2
11 Paziols	42 C3
38 Péage-de-Roussillon (Le)	31 D2

07 Peaugres	31 D2
56 Péaule	16 B2
43 Pébrac	31 A3
82 Pech-Bernou	36 B2
31 Pechbusque	42 A1
11 Pech-Luna	42 B2
59 Pecquencourt	2 A3
77 Pécy	12 A2
22 Pédernec	8 D2
44 Pégréac	16 B2
52 Peigney	20 A1
56 Peillac	16 B1
06 Peille	39 B3
06 Peillon	39 B3
06 Peira-Cava	39 B3
73 Péisey-Nancroix	32 D2
47 Péjouans	35 B2
46 Pélacoy	36 A1
13 Pélissanne	44 A1
38 Pellafol	38 B1
05 Pelleautier	38 C2
33 Pellegrue	35 B1
31 Pelleport	41 D1
21 Pellerey	19 C2
44 Pellerin (Le)	16 C3
49 Pellerine (La)	17 C2
53 Pellerine (La)	9 D3
36 Pellevoisin	24 A1
49 Pellouailles-les-Vignes	17 A2
48 Pelouse	37 A1
42 Pélussin	31 D2
05 Pelvoux (Commune de)	38 C1
77 Penchard	11 D1
29 Pencran	8 B2
56 Péneste	16 A2
29 Penhors	8 B3
29 Penmarch	15 B1
81 Penne	36 B3
47 Penne-d'Agenais	**35** D2
13 Pennes-Mirabeau (Les)	44 A1
13 Penne-sur-Huveaune	44 B2
38 Penol	32 A2
87 Pensol	29 D1
29 Pentrez-Plage	8 B3
22 Penvénan	8 D1
56 Penvins	16 A2
29 Penzé	8 C2
06 Péone	38 D2
36 Pérassay	24 D2
50 Percy	9 D1
32 Pergain-Taillac	35 C3
38 Périer (Le)	32 B3
2B Pero-Casevecchie	45 B2
34 Pérols	43 B1
80 Péronne	**5** D2
28 Péronville	18 B1
19 Pérols-sur-Vézère	30 B2
01 Pérouges	**32** A1
36 Pérouille (La)	24 A1
19 Perpezac-le-Blanc	30 A3
19 Perpezac-le-Noir	30 A2
66 Perpignan	**43** D3
52 Perrancey	20 A1
78 Perray-en-Yvelines (Le)	11 B2
69 Perréon (Le)	25 D3
22 Perret	8 D3
89 Perreuse	19 A2
42 Perreux	25 C3
85 Perrier (Le)	22 B1
71 Perrigny-sur-Loire	25 B2
52 Perrogney	20 A1
22 Perros-Guirec	**8** D1
37 Perrusson	17 D3
86 Persac	23 C3
95 Persan	11 C1
56 Persquen	8 D3
08 Perthes	6 C3
52 Perthes	12 D2
77 Perthes	11 C3
10 Perthes-lès-Brienne	12 C3
66 Perthus (Le)	43 D3
35 Pertre (Le)	9 D3
43 Pertuis	31 B3
84 Pertuis	44 B1
42 Pertuiset (Le)	31 C2
61 Pervenchères	10 C3
19 Pescher (Le)	30 B3
39 Peseux	26 A1
70 Pesmes	20 B3
33 Pessac	29 A3
32 Pessan	41 C1
17 Pessines	29 A1
67 Petersbach	14 A1
44 Petit Auverné	16 D2
74 Petit-Bornand (Le)	26 C3
76 Petit-Couronne	5 A3
79 Petite-Boissière (La)	23 A1
67 Petite-Pierre (Le)	14 A1
57 Petite-Rosselle	7 D3
76 Petites-Dalles (Les)	4 D2
51 Petites-Loges (Les)	12 C1
59 Petite-Synthe	1 C2
68 Petit-Landau	21 A2
44 Petit-Mars	16 C2
39 Petit-Noir	26 A1
29 Petit-Port	8 A2
37 Petit-Pressigny (Le)	23 D1
76 Petit-Quevilly	5 A3
76 Pétiville	4 D3
85 Petosse	22 D2

2A Petreto-Bicchisano **45** C3
57 Pettoncourt **13** C2
53 Peuton **17** A1
11 Pexiora **42** B2
54 Pexonne **13** D2
23 Peyrabout **24** B3
23 Peyrat-la-Nonière **24** C3
87 Peyrat-le-Château **30** B1
46 Peyrebrune **36** A1
34 Peyrefiche **42** C2
11 Peyrefitte-du-Razès **42** B3
40 Peyrehorade **40** C1
19 Peyrelevade **30** B1
11 Peyrens **42** B2
11 Peyriac-Minervois **42** C2
11 Peyriac-de-Mer **42** D2
01 Peyrieu **32** B1
87 Peyrilhac **23** D3
24 Peyrillac-et-Millac **30** A3
26 Peyrins **32** A3
19 Peyrissac **30** B2
13 Peyrolles-en-Provence **44** B1
31 Peyrouliès **36** A3
65 Peyrouse **41** B2
04 Peyruis **38** B3
26 Peyrus **38** A1
15 Peyrusse **30** D3
12 Peyrusse-le-Roc **36** B2
32 Peyrusse-Vieille **41** B1
77 Pézarches **11** D2
72 Pezé-le-Robert **10** B3
34 Pézenas **43** A2
34 Pézènes-lès-Mines **43** A1
11 Pezens **42** C2
41 Pezou **18** A1
24 Pézuls **29** D3
28 Pézy **11** B3
68 Pfaffenheim **21** A1
67 Pfaffenhoffen **14** A1
68 Pfastatt **21** A1
68 Pfetterhouse **21** A2
57 Phalsbourg **14** A2
57 Philippsbourg **14** A1
66 Pia **42** D3
2A Piana **45** B3
33 Pian-Médoc (Le) **29** A3
2A Pianottoli-Caldarello **45** D3
05 Piarre (La) **38** B2
31 Pibrac **42** A1
2A Piccovagia **45** D2
63 Picherande **30** D2
80 Picquigny **5** C2
2B Piedicorte-di-Gaggio **45** B2
2B Piedicroce **45** B2
2B Piedra-di-Verde **45** B2
24 Piégut-Pluviers **29** C1
54 Piennes **7** B3
87 Pierre-Buffière **30** A1
38 Pierre-Châtel **32** B3
70 Pierrecourt **20** B2
71 Pierre-de-Bresse **26** A1
83 Pierrefeu-du-Var **44** C2
48 Pierrefiche **37** B1
45 Pierrefitte-ès-Bois **18** D2
65 Pierrefitte-Nestalas **41** B3
55 Pierrefitte-sur-Aire **13** A1
03 Pierrefitte-sur-Loire **25** B2
41 Pierrefitte-sur-Sauldre **18** C2
60 Pierrefonds **5** D3
25 Pierrefontaine-les-Varans **20** C3
15 Pierrefort **30** D3
26 Pierrelatte **37** D2
95 Pierrelaye **11** C1
77 Pierre-Levée **11** D1
54 Pierre-Percée **13** D2
89 Pierre-Perthuis **19** B2
02 Pierrepont **6** B2
54 Pierrepont **7** B3
80 Pierrepont-sur-Avre **5** C2
34 Pierrerue **42** D2
44 Pierric **16** C1
33 Pierroton **34** D1
51 Pierry **12** B1
2B Pietracorbara **45** A2
2B Pietralba **45** B2
2B Pietrapola **45** C2
2B Pietroso **45** C2
50 Pieux (Les) **3** C2
89 Piffonds **19** A1
23 Pigerolles **30** B1
34 Pignan **43** B1
83 Pignans **44** C2
2A Pila-Canale **45** A3
33 Pilat-Plage **34** C1
26 Pilhon (Le) **38** B1
26 Pilles (Les) **38** A2
40 Pimbo **41** A1
89 Pimelles **19** C1
03 Pin (Le) **25** B2
14 Pin (Le) **4** C3
70 Pin **20** B3
77 Pin (Le) **11** D1
79 Pin (Le) **23** A1
65 Pinas **41** C2
61 Pin-au-Haras (Le) **10** C2
47 Pindères **35** B2
85 Pineaux (Les) **22** D2
49 Pin-en-Mauges (Le) **17** A3
10 Piney **12** C3
61 Pin-la-Garenne (Le) **10** C3
2B Pino **45** A2
43 Pinols **31** A3
02 Pinon **6** A3
31 Pinsaguel **42** A1
38 Pinsot **32** C2
55 Pintheville **13** B1
84 Piolenc **37** B3
23 Pionnat **24** B3
63 Pionsat **24** D3
35 Pipriac **16** B1
33 Piquey-Plage **34** C1
35 Piré-sur-Seiche **16** D1
44 Piriac-sur-Mer **16** A2
50 Pirou **3** C3
50 Pirou-Plage **3** C3
17 Pisany **28** D1
27 Piseux **10** D2
60 Pisseleu **5** C3
40 Pissos **34** D2
85 Pissotte **23** A2
45 Pithiviers **11** C3
01 Pizay **32** A1
24 Pizou (Le) **29** B3
29 Plabennec **8** B2
53 Placé **10** A3
64 Place (La) **40** C2
83 Plage de Pampelonne **44** D2
85 Plage-des-Demoiselles **22** B1
83 Plage de Tahiti **44** D2
17 Plage-du-Vert-Bois **28** C1
73 Plagne (La) **32** D2
11 Plaigne **42** B2
60 Plailly **11** D1
18 Plaimpied-Givaudins **24** C1
49 Plaine (La) **17** A3
44 Plaine-sur-Mer (La) **16** B3
22 Plaintel **9** A2
12 Plaisance **36** C3
32 Plaisance **41** B1
34 Plaisance **42** D1
86 Plaisance **23** D2
31 Plaisance-du-Touch **42** A1
78 Plaisir **11** B2
34 Plaissan **43** A1
31 Plan (Le) **41** D2
26 Planaux (Les) **38** A1
21 Planay **19** C2
48 Planchamp **37** B2
70 Plancher-Bas **20** D2
70 Plancher-les-Mines **20** D2
61 Planches **10** C2
39 Planches-en-Montagne (Les) **26** B2
58 Planchez **19** B3
22 Plancoët **9** B2
10 Plancy-l'Abbaye **12** B2
26 Plan-de-Baix **38** A1
13 Plan-de-Cuques **44** B2
83 Plan-de-la-Tour **44** D2
13 Plan-d'Orgon **43** D1
31 Plan-du-Rey **41** C3
06 Plan-du-Var **39** A3
73 Planey (Le) **32** D1
42 Planfoy **31** C2
22 Planguenoual **9** A2
27 Planquay (Le) **10** C1
01 Plantay (Le) **26** A3
10 Planty **12** B3
07 Planzolles **37** C2
39 Plasne **26** B1
17 Plassay **29** A1
74 Plateau-d'Assy **26** D3
24 Plazac **29** D3
15 Pléaux **30** C3
22 Plédran **9** A2
32 Pléhaut **41** C1
35 Pleine-Fougères **9** C3
02 Pleine-Selve **6** A2
33 Pleine-Selve **29** A2
35 Plélan-le-Grand **16** B1
22 Plélan-le-Petit **9** B2
22 Plélo **9** A2
22 Plémet **9** A3
22 Plémy **9** A3
22 Plenée-Jugon **9** B2
22 Pléneuf-Val-André **9** B2
35 Plerguer **9** C3
56 Plescop **16** A1
22 Plésidy **8** D2
22 Pleslin-Trigavou **9** B2
52 Plesnoy **20** A1
22 Plessala **9** A3
44 Plessé **16** C2
80 Plessier-Rozainvillers **5** D2
29 Plessis (Le) **8** C2
60 Plessis-Belleville (Le) **11** D1
41 Plessis-Dorin (Le) **17** D1
49 Plessis-Grammoire (Le) **17** A2
27 Plessis-Hébert (Le) **11** A1
50 Plessis-Lastelle (Le) **3** D3
49 Plessis-Macé (Le) **17** A2
22 Plessix-Balisson **9** B2
22 Plestan **9** B2
22 Plestin-les-Grèves **8** C1
22 Pleubian **8** D1
56 Pleucadeuc **16** B1
22 Pleudaniel **8** D1
22 Pleudihen-sur-Rance **9** C2
35 Pleugueneuc **9** C2
86 Pleumartin **23** D1
22 Pleumeur-Bodou **8** D1
22 Pleumeur-Gautier **8** D1
51 Pleurs **12** B2
29 Pleuven **8** B3
16 Pleuville **23** C3
22 Pléven **9** B2
22 Plévenon **9** B2
29 Pleyben **8** C3
29 Pleyber-Christ **8** C2
51 Plivot **12** B1
29 Plobannalec **15** B1
67 Plobsheim **14** B2
56 Ploërmel **16** B1
56 Ploëmeur **15** C1
56 Ploërdut **8** D3
22 Ploeuc-sur-Lié **9** A2
29 Ploéven **8** B3
29 Plogastel-Saint-Germain **8** B3
29 Plogoff **8** A3
29 Plogonnec **8** B3
88 Plombières-les-Bains **20** C1
21 Plombières-lès-Dijon **19** D3
29 Plomelin **8** B3
29 Plomeur **15** B1
02 Plomion **6** B2
29 Plomodiern **8** B3
29 Plonéour-Lanvern **8** B3
29 Plonévez-du-Faou **8** C3
29 Plonévez-Porzay **8** B3
74 Plot (Le) **26** C3
22 Plouagat **9** A2
22 Plouaret **8** D2
29 Plouarzel **8** A2
22 Plouasne **9** B3
56 Plouay **15** D1
22 Ploubalay **9** B2
22 Ploubezre **8** D1
29 Ploudalmézeau **8** A2
29 Ploudaniel **8** B2
29 Ploudiry **8** B2
22 Plouëc-du-Trieux **8** D2
29 Plouédern **8** B2
29 Plouégat-Moysan **8** C2
22 Plouër-Langrolay-sur-Rance **9** C2
29 Plouescat **8** B1
22 Plouézec **9** A1
29 Plouézoch **8** C2
22 Ploufragan **9** A2
29 Plougasnou **8** C1
29 Plougastel-Daoulas **8** B2
29 Plougonvelin **8** A2
29 Plougonven **8** C2
22 Plougonver **8** D2
56 Plougoumelen **16** A1
22 Plougras **8** C2
22 Plougrescant **8** D1
22 Plouguenast **9** A3
29 Plouguerneau **8** B1
22 Plouguernevel **8** D3
22 Plouguiel **8** D1
22 Plouha **9** A2
56 Plouharnel **15** D1
29 Plouhinec **8** B3
56 Plouhinec **15** D1
29 Plouigneau **8** C2
22 Ploumanach **8** D1
29 Ploumoguer **8** A2
29 Plounéour-Menez **8** C2
29 Plounéour-Trez **8** B1
22 Plounérin **8** D2
29 Plounéventer **8** B2
29 Plounévez-Lochrist **8** B1
22 Plounévez-Quintin **8** D3
22 Plourac'h **8** C2
56 Plouray **8** D3
29 Plourin-lès-Morlaix **8** C2
22 Plourivo **9** A1
29 Plouvien **8** B2
29 Plouvorn **8** C2
29 Plouyé **8** C2
29 Plouzané **8** A2
29 Plouzévédé **8** B2
29 Plozévet **8** B3
29 Pluguffan **8** B3
22 Plumaugat **9** B3
56 Plumelec **16** A1
56 Pluméliau **16** A1
56 Plumelin **16** A1
56 Plumergat **16** A1
22 Plumieux **9** A3
22 Plurien **9** B2
22 Plusquellec **8** D2
56 Pluvigner **15** D1
22 Pluzunet **8** D2
51 Pocancy **12** C1
37 Pocé-sur-Cisse **17** D2
33 Podensac **35** A1
04 Poët (Le) **38** B2
2B Poggio-di-Nazza **45** B3
51 Pogny **12** C2
78 Poigny-la-Forêt **11** B2
08 Poilcourt-Sydney **6** C3
72 Poillé-sur-Vègre **17** B1
35 Poilley **9** D2
45 Poilly-lez-Gien **18** C2
89 Poilly-sur-Serein **19** B2
21 Poinçon-lès-Larrey **19** C1
36 Poinçonnet (Le) **24** B1
52 Poinson-lès-Fayl **20** B1
13 Pointe-Rouge **44** A2
85 Poiré-sur-Vie (Le) **22** C1
85 Poiroux (Le) **22** C2
21 Poiseul-la-Grange **19** D2
18 Poisieux **24** C1
39 Poisoux **26** A2
71 Poisson **25** C2
52 Poissons **13** A3
78 Poissy **11** C1
86 Poitiers **23** C2
10 Poivres **12** C2
80 Poix-de-Picardie **5** B2
08 Poix-Terron **6** C2
01 Poizat (Le) **26** B3
70 Polaincourt-et-Clairefontaine **20** B1
31 Polastron **41** D2
69 Poleymieux **31** D1
17 Polignac **29** A2
43 Polignac **31** B3
35 Poligné **16** C1
05 Poligny **38** C1
39 Poligny **26** B1
10 Polisy **19** C1
01 Polliat **26** A3
69 Pollionnay **31** D1
2B Polveroso **45** B2
46 Pomarède **35** D1
40 Pomarez **40** D1
05 Pomet **38** B2
85 Pommeraie-sur-Sèvre (La) **23** A1
49 Pommeraye (La) **17** A2
76 Pommeréval **5** A2
22 Pommerit-Jaudy **8** D1
22 Pommerit-le-Vicomte **8** D2
62 Pommier **5** D1
02 Pommiers **6** A3
36 Pommiers **24** B2
42 Pommiers-en-Forez **31** B1
70 Pomoy **20** C2
44 Pompas **16** B2
54 Pompey **13** B2
48 Pompidou (Le) **37** B2
88 Pompierre **13** B3
30 Pompignan **37** B3
47 Pompogne **35** B2
24 Pomport **35** C1
72 Poncé-sur-le-Loir **17** D1
21 Poncey-lès-Athée **20** A3
01 Poncin **26** A3
18 Pondy (Le) **24** D1
31 Ponlat-Taillebourg **41** C2
17 Pons **29** A1
02 Pont-à-Bucy **6** A2
64 Pontacq **41** B2
21 Pontaillier-sur-Saône **20** A3
59 Pont-à-Marcq **2** A3
54 Pont-à-Mousson **13** B1
71 Pontanevaux **25** D3
23 Pontarion **24** B3
25 Pontarlier **26** C1
60 Pontarmé **11** C1
50 Pontaubault **9** D2
89 Pontaubert **19** B2
27 Pont-Audemer **4** D3
63 Pontaumur **30** D1
29 Pont-Aven **15** C1
02 Pontavert **6** B3
46 Pont-Carral **36** A1
77 Pontcarré **11** D2
70 Pontcey **20** B2
38 Pontcharra **32** C2
69 Pontcharra-sur-Turdine **31** C1
23 Pontcharraud **30** C1
78 Pontchartrain **11** B2
44 Pontchâteau **16** B2
29 Pont-Croix **8** B3
01 Pont-d'Ain **26** A3
26 Pont-de-Barret **37** D1
38 Pont-de-Beauvoisin (Le) **32** B2
29 Pont-de-Buis **8** B2
38 Pont-de-Chéruy **32** A1
38 Pont-de-Claix **32** B3
06 Pont-de-Clans **39** A3
63 Pont-de-Dore **31** A1
07 Pont-de-Labeaume **37** C1
12 Pont-de-la-Madelaine **36** B1
27 Pont-de-l'Arche **5** A3
81 Pont-de-Larn **42** C1
26 Pont-de-l'Isère **31** D3
48 Pont-de-Montvert **37** B2
21 Pont-de-Pany **19** D3
39 Pont-de-Poitte **26** B2
26 Pont-de-Quartz **38** A1
25 Pont-de-Roide **20** D3
46 Pont-de-Rhodes **36** A1
12 Pont-de-Salars **36** D2
65 Pont-d'Espagne **41** A3
47 Pont-des-Sables **35** B2
01 Pont-de-Vaux **24** D2
01 Pont-de-Veyle **25** D3
39 Pont-d'Héry **26** B1
14 Pont-d'Ouilly **10** B1
63 Pont-du-Château **31** A1
05 Pont-du-Fossé **38** C1
39 Pont-du-Navoy **26** B1
14 Pontécoulant **10** A1
2B Ponte Leccia **45** B2
38 Pont-en-Royans **32** A3
40 Pontenx-les-Forges **34** C2
33 Pontet (Le) **29** A2
84 Pontet (Le) **37** D3
50 Pontfarcy **10** A1
51 Pontfaverger-Moronvilliers **6** C3
63 Pontgibaud **30** D1
28 Pontgouin **11** A2
50 Pont-Hébert **3** D3
72 Ponthibault **17** C1
77 Ponthierry **11** C2
49 Pontigné **17** B2
89 Pontigny **19** B1
56 Pontivy **9** A3
29 Pont-l'Abbé **15** B1
17 Pont-l'Abbé-d'Arnoult **28** D1
52 Pont-la-Ville **19** D1
25 Pont-les-Moulins **20** C3
14 Pont-l'Évêque **4** C3
38 Pont-l'Évêque **31** D2
41 Pontlevoy **18** A3
35 Pontmain **9** D2
22 Pont-Melvez **8** D2
95 Pontoise **11** C1
40 Pontonx-sur-l'Adour **34** D3
50 Pontorson **9** C2
60 Pontpoint **5** D3
80 Pont-Rémy **5** B1
22 Pontrieux **8** D1
13 Pont-Royal **44** A1
73 Pont-Royal **32** C2

10 Pont-Sainte-Marie	12 B3	29 Poulmic	8 B2	70 Provenchère	20 C2	51 Queudes	12 B2
60 Pont-Sainte-Maxence	5 D3	30 Poulx	37 C3	88 Provenchères-lès-Darney	20 B3	78 Queue-lès-Yvelines (La)	11 B2
30 Pont-Saint-Esprit	**37** D2	89 Pourrain	19 A2	88 Provenchères-sur-Fave	13 D3	63 Queuille	30 D1
02 Pont-Saint-Mard	6 A3	83 Pourrières	44 B1	89 Provency	19 B2	80 Quevauvillers	5 C2
44 Pont-Saint-Martin	16 C3	76 Pourville-sur-Mer	5 A2	**77 Provins**	12 A2	56 Quéven	15 D1
27 Pont-Saint-Pierre	5 A3	34 Poussan	43 B1	80 Proyart	5 D1	33 Queyrac	28 D2
54 Pont-Saint-Vincent	13 B2	88 Pouxeux	20 C1	72 Pruillé-l'Éguillé	17 C1	43 Queyrières	31 C3
43 Pont-Salomon	31 C2	65 Pouyastruc	41 B2	10 Prunay-Belleville	12 B3	19 Queyssac-les-Vignes	30 B3
56 Pont-Scorff	15 D1	31 Pouy-de-Touges	41 D2	41 Prunay-Cassereau	17 D2	15 Quézac	30 C1
49 Ponts-de-Cé (Les)	17 A2	65 Pouzac	41 B2	2B Prunelli-di-Fiumorbo	45 C2	56 Quiberon	15 D2
74 Ponts-de-la-Caille	26 C3	**85 Pouzauges**	22 D1	2B Prunete-Cervione	45 B2	76 Quiberville	4 D2
10 Pont-sur-Seine	12 B3	37 Pouzay	17 C3	36 Pruniers	24 B1	62 Quiéry-la-Motte	1 D3
89 Pont-sur-Yonne	11 D3	30 Pouzilhac	37 C3	41 Pruniers	18 B3	02 Quierzy	6 A3
72 Pontvallain	17 C1	30 Pouzin (Le)	37 D1	2B Pruno	45 A2	59 Quiévrechain	2 B3
57 Porcelette	13 C1	34 Pouzols	43 A1	21 Prusly-sur-Ource	19 D1	59 Quiévy	6 A1
87 Porcherie (La)	30 A2	34 Pouzols	42 D2	74 Publier	26 D2	**11 Quillan**	42 B3
38 Porcieu-Amblagnieu	32 A1	03 Pouzy-Mésangy	24 D2	39 Publy	26 B2	27 Quillebeuf	4 D3
22 Pordic	9 A2	89 Poyanne	34 D3	44 Puceul	16 C2	44 Quilly	16 B2
33 Porge (Le)	28 D3	70 Poyans	20 A2	33 Puch (Le)	35 B1	56 Quily	16 B1
44 Pornic	16 B3	26 Poyols	38 A1	27 Puchay	5 B3	29 Quimerch	8 B2
44 Pornichet	16 B2	80 Pozières	5 D1	80 Puchevillers	5 C1	**29 Quimper**	8 B3
83 Porquerolles	44 C3	06 Pra (Le)	38 D2	34 Puéchabon	43 B1	**29 Quimperlé**	15 C1
29 Porspoder	8 A2	33 Prade (La)	35 A1	83 Puget-sur-Argens	44 D1	18 Quincy	18 C3
01 Port	26 B3	37 Pradelles	37 B1	**06 Puget-Théniers**	39 A3	77 Quincy-Voisins	11 D1
2B Porta (La)	45 B2	11 Pradelles-Cabardès	42 C2	83 Puget-Ville	44 C2	50 Quinéville	3 D2
51 Port-à-Binson	12 B1	09 Prades	42 B3	25 Pugey	20 B3	25 Quingey	20 B3
34 Port-Ambonne	43 A2	43 Prades	31 B3	33 Pugnac	29 A3	60 Quinquempoix	5 C3
50 Portbail	3 C3	48 Prades	37 A2	11 Puichéric	42 C2	33 Quinsac	35 A1
66 Port-Barcarès	42 D3	66 Prades	43 C3	11 Puilaurens	42 B3	04 Quinson	44 C1
22 Port-Blanc	8 D1	81 Prades	42 B1	04 Puimichel	38 C3	03 Quinssaines	24 C3
53 Port-Brillet	10 A3	12 Prades-d'Aubrac	36 D2	04 Puimoisson	38 C3	72 Quinte (La)	17 B1
30 Port-Camargue	43 C2	34 Prades-le-Lez	43 B1	45 Puiseaux	11 C3	07 Quintenas	31 D3
83 Port-Cros	44 C3	11 Prades-Salars	36 D2	49 Puiset-Doré (Le)	16 D3	**22 Quintin**	9 A2
12 Port-d'Agrès	36 C1	15 Pradiers	30 D2	28 Puiseux	11 A2	22 Quiou (Le)	9 B3
13 Port-de-Bouc	43 D2	07 Pradons	37 C2	60 Puiseux-le-Hauberger	5 D1	30 Quissac	37 B3
2B Port-de-Campoloro	45 B2	04 Prads	38 C2	62 Puisieux	5 D1	46 Quissac	36 B1
2A Port-de-Chiavari	45 C2	79 Prahecq	23 A3	33 Puisseguin	29 B3	56 Quistinic	15 D1
44 Port-de-Donges	16 B2	73 Pralognan-la-Vanoise	32 D1	34 Puisserguier	42 D2	27 Quittebeuf	11 A1
13 Port-de-Fos	43 D2	04 Pra-Loup	38 D2	52 Puits-des-Mèzes (Le)	13 A2		
56 Port-de-Goulphar	15 D2	83 Prangey	20 A2	**11 Puivert**	42 B3		
85 Port-de-la-Meule	22 A1	16 Prangey	20 A2	30 Pujaut	37 D3	**R**	
40 Port-de-Lanne	40 C1	16 Pranzac	29 C1	32 Pujaudran	41 D1		
11 Portel	42 D3	52 Praslay	20 A2	65 Pujo	41 B2	65 Rabastens-de-Bigorre	41 B2
62 Portel (Le)	1 B2	25 Prasville	11 B3	33 Pujols	35 B1	81 Rabastens	36 B3
14 Port-en-Bessin-Huppain	4 A3	09 Prat-et-Bonrepaux	41 D3	68 Pulversheim	21 A1	85 Rabatelière (La)	22 D1
66 Porté-Puymorens	43 B3	**66 Prats-de-Mollo**	43 C3	65 Puntous	41 C2	61 Rabodanges	10 B2
17 Portes (Les)	22 C2	35 Prats-du-Périgord	35 D1	70 Purgerot	20 B2	66 Rabouillet	42 C3
26 Portes-lès-Valence	37 D1	52 Prauthoy	20 A2	91 Pussay	11 B3	88 Racécourt	13 A2
64 Portet	41 A1	24 Pray	18 A2	61 Putanges-Pont-Écrépin	10 B2	52 Rachecourt-sur-Marne	13 A2
33 Portets	35 A1	54 Praye	13 B3	92 Puteaux	11 C2	59 Raches	2 A3
31 Portet-sur-Garonne	42 A1	39 Prayols	42 A3	57 Puttelange-aux-Lacs	13 D1	71 Raconney	19 D3
83 Port-Grimaud	44 D2	46 Prayssac	35 D2	**43 Puy (Le)**	31 B3	70 Raddon-et-Chapendu	20 C1
2A Porticcio	45 C3	25 Prayssas	35 C2	46 Puybrun	30 B3	61 Radon	10 C2
88 Portieux	13 B2	74 Praz (Les)	32 D1	32 Puycasquier	41 C1	10 Radonvilliers	12 B3
34 Portiragnes	43 A2	74 Praz-de-Lys (Le)	26 D3	19 Puy-d'Arnac	30 B3	06 Rague (La)	45 A1
56 Portivy	15 D2	74 Praz-sur-Arly	32 D1	46 Puydarrieux	41 C2	29 Raguenès-Plage	15 C1
85 Port-Joinville	22 A1	61 Préaux-du-Perche	10 D3	85 Puy-de-Serre	23 A2	57 Rahling	14 A1
11 Port-la-Nouvelle	42 D3	36 Préaux	24 A1	86 Puye (La)	23 D2	25 Rahon	20 C3
29 Port-Launay	8 B3	35 Préchac	35 C1	24 Puyguilhern	35 C1	50 Raids	3 D3
80 Port-le-Grand	5 B1	33 Préchac	35 A2	63 Puy-Guillaume	31 A1	66 Railleu	43 B3
11 Port-Leucate	42 D3	32 Préchac-sur-Adour	41 B1	79 Puyhardy	23 A2	39 Rainans	20 A3
56 Port-Louis	15 D1	17 Précigné	17 B1	82 Puylagarde	36 B2	80 Rainneville	5 C1
29 Port-Manech	15 C1	18 Précy	19 C2	84 Puylaroque	36 A2	88 Rainville	13 B3
56 Port-Navalo	16 A2	89 Précy-le-Sec	19 B2	11 Puylaurens	42 B1	49 Raires (Les)	17 B2
2A Porto	45 C3	10 Précy-Notre-Dame	12 C3	**46 Puy-l'Évêque**	35 D2	59 Raismes	2 A3
2A Porto Pollo	45 C3	21 Précy-sous-Thil	19 C3	13 Puyloubier	44 B1	83 Ramatuelle	44 D2
2A Porto-Vecchio	45 D2	60 Précy-sur-Oise	11 C1	84 Puyméras	38 A2	88 Rambervillers	13 C2
47 Port-Sainte-Marie	35 C2	89 Précy-sur-Vrin	19 A1	47 Puymiclan	35 C1	**78 Rambouillet**	11 B2
13 Port-Saint-Louis-du-Rhône	43 D2	53 Pré-en-Pail	10 B2	47 Puymirol	35 C2	**80 Rambures**	5 B1
76 Port-Saint-Ouen (Le)	5 A3	44 Préfailles	16 B3	16 Puymoyen	29 B1	81 Ramel (Le)	42 B1
44 Port-Saint-Père	16 C3	44 Préfontaines	18 D1	79 Puynormand	29 B3	10 Ramerupt	12 C2
70 Port-sur-Saône	20 B2	40 Préhacq	34 D3	33 Puy N.-D. (Le)	17 B3	32 Ramouzens	35 B3
56 Port-Tudy	15 C1	70 Preigney	20 B2	40 Puyoô	40 D1	**77 Rampillon**	12 A2
66 Port-Vendres	43 D3	70 Preigney	20 B2	13 Puy-Ste-Réparade (Le)	44 A1	25 Ranchal	25 C3
21 Posanges	19 C2	54 Preixan	42 C3	63 Puy-Saint-Gulmier	30 C1	71 Ranchot	20 B3
21 Possesse	12 D2	86 Preste (La)	43 C3	26 Puy-Saint-Martin	37 D1	87 Rancon	24 A3
89 Postolle	12 A3	3 Prétot	3 D3	66 Py	43 C3	52 Rançonnières	20 A1
22 Poterie (La)	9 B2	18 Preuilly	18 C3	33 Pyla-sur-Mer	34 C1	55 Rancourt-sur-Ornain	12 D2
21 Pothières	19 C1	37 Preuilly-sur-Claise	23 D1			71 Rancy	26 A2
14 Potigny	10 B1	76 Preuseville	5 B2	**Q**		86 Randan	25 A3
49 Pouancé	16 C1	72 Préval	10 D3			63 Randanne	30 D1
10 Pouan-les-Vallées	12 B2	85 Préverrages	24 C2	**34 Quarante**	42 D2	61 Randonnai	10 D2
86 Pouant	23 C1	27 Prey	11 A1	**89 Quarré-les-Tombes**	19 B3	61 Rânes	10 B2
47 Poudenas	35 B3	52 Prez-sous-Lafauche	13 A3	70 Quarte (La)	20 B2	35 Rannée	16 D1
29 Pouëze (La)	17 A2	52 Prez-sur-Marne	12 D2	40 Quartier-Neuf	40 C1	67 Ranrupt	14 A3
23 Pouge (La)	24 D3	17 Priaire	22 C3	08 Quatre-Champs	6 D3	39 Rans	20 B3
79 Pougne-Hérisson	23 A1	01 Pressiat	26 B3	27 Quatremare	11 A1	62 Ransart	5 D1
58 Pougny	18 D2	66 Preste (La)	43 C3	19 Quatre-Routes	30 B3	60 Rantigny	5 C3
58 Pougues-les-Eaux	19 A3	37 Prétot	3 D3	46 4 Routes (Les)	30 A3	88 Raon-aux-Bois	20 C1
10 Pougy	12 C3	76 Preuseville	5 B2	86 Queaux	23 C2	88 Raon-l'Étape	13 D3
17 Pouillac	29 B2	72 Préval	10 D3	35 Quédillac	9 B3	88 Raon-sur-Plaine	13 D2
01 Pouillat	26 B3	27 Prey	11 A1	73 Queige	32 C1	2B Rapale	45 B2
41 Pouillé	18 A3	52 Prez-sous-Lafauche	13 A3	53 Quelaines-Saint-Gault	17 A1	13 Raphèle-lès-Arles	43 D1
85 Pouillé	22 D2	52 Prez-sur-Marne	12 D2	21 Quemigny-Poisot	19 D3	09 Rappy	42 B3
44 Pouillé-les-Côteaux	16 D2	17 Prignac	29 A1	21 Quemigny-sur-Seine	19 D2	**60 Raray**	5 D3
21 Pouillenay	19 C2	33 Prignac-et-Marcamps	29 A3	22 Quemper-Guézennec	9 A1	71 Ratenelle	26 A2
25 Pouilley-les-Vignes	20 B3	12 Primaube (La)	36 C2	80 Quend	1 B3	71 Ratte	26 A2
40 Pouillon	40 C1	29 Primel-Trégastel	8 D1	80 Quend-Plage	1 B3	08 Raucourt-et-Flaba	6 D2
71 Pouilloux	25 C2	70 Quenoche	20 B2	54 Raucourt	13 C1
02 Pouilly	6 B2	81 Pringnac	29 C1	2A Quenza	45 C2	15 Raulhac	36 C1
21 Pouilly-en-Auxois	19 C3	09 Prinquiau	16 C2	62 Quercamps	1 C2	50 Rauville-la-Bigot	3 C2
42 Pouilly-sous-Charlieu	25 C3	09 Querigut	43 B2	67 Rauwiller	13 D2
58 Pouilly-sur-Loire	19 A3	48 Prinsuejols	37 A1	50 Querqueville	3 C2	33 Rauzan	35 B1
21 Pouilly-sur-Saône	26 A1	22 Prinquiau	8 B2	49 Querré	17 A2	60 Ravenel	5 C3
34 Poujol-sur-Orb (Le)	42 D1	02 Prisces	6 B1	29 Querrien	15 C1	50 Ravenoville	3 D3
36 Poulaines	18 B3	59 Prisches	6 B1	80 Querrieu	5 C1	50 Ravenoville-Plage	3 D3
81 Poulan-Pouzols	36 B3	36 Prissac	24 A2	14 Quesnay (Le)	10 B1	89 Ravières	19 C2
52 Poulangy	20 A1	71 Prissé	25 D3	50 Quesnel (Le)	5 D2	62 Raye-sur-Authie	5 B1
22 Pouldouran	8 D1	79 Prissé-La-Charrière	23 A3	**59 Quesnoy (Le)**	6 B1	18 Raymond	24 D1
29 Pouldreuzic	8 B3	**07 Privas**	37 D1	80 Quesnoy-sur-Airaines	5 B1	83 Rayol-Canadel-sur-Mer	44 D2
29 Pouldu (Le)	15 C1	56 Priziac	8 D3	59 Quesnoy-sur-Deule	1 D2	70 Raye-sur-Saône	20 B2
36 Pouligny-Saint-Martin	24 B2	26 Propiac-les-Bains	38 A2	22 Quessoy	9 B2	24 Razac-sur-l'Isle	29 C3
36 Pouligny-Saint-Pierre	23 D2	2A Propriano	45 C2	29 Quessy	6 A2	70 Raze	20 B2
44 Pouliguen (Le)	16 A2	69 Propières	25 C3	50 Questembert	16 A1	87 Razès	24 A3
29 Poullan-sur-Mer	8 B3	51 Prosnes	12 C1	50 Quettehou	3 D2	47 Razimet	35 B2
58 Poullaouen	8 C2	28 Prouais	11 B2	50 Quettetot	3 C2	66 Réal	43 B3
21 Pouilly-sur-Saône	26 A1	14 Proussy	10 B1	50 Quettreville-sur-Sienne	9 D1	76 Réalcamp	5 B2
						81 Réalmont	42 B1

398

82 Réalville 36 A3
77 Réau 11 D2
85 Réaumur 23 A1
47 Réaup 35 B3
26 Réauville 37 D2
17 Réaux 29 A2
77 Rebais 12 A2
64 Rébénacq 41 A2
76 Rebets 5 A3
65 Rebouc 41 B3
45 Rebréchien 18 B1
21 Recey-sur-Ource 19 D2
90 Réchésy 21 A2
57 Réchicourt-le-Château 13 D2
71 Reclesne 25 C1
25 Recologne 20 B3
26 Recoubeau 38 A1
12 Recoules-Prévinguières 36 D2
55 Récourt-le-Creux 13 A1
30 Redessan 37 C3
35 Redon 16 B1
79 Reffannes 23 B1-2
55 Reffroy 13 A2
50 Reffuveille 9 D2
62 Regnauville 1 C3
50 Regnéville-sur-Mer 9 C1
08 Regniowez 6 C2
42 Regny 31 C1
56 Réguiny 16 A1
68 Réguisheim 21 A1
83 Régusse 44 C1
88 Rehaincourt 13 C3
54 Réhon 7 B3
67 Reichshoffen 14 B1
16 Reignac 29 B2
33 Reignac 29 A2
37 Reignac-sur-Indre 17 D3
46 Reilhac 36 B1
04 Reillanne 38 B3
60 Reilly 5 B3
51 Reims 6 B3
67 Reinhardsmunster 14 A2
68 Reiningue 21 A2
67 Reipertswiller 14 A1
32 Réjaumont 35 C3
88 Relanges 20 B1
29 Relecq (Le) 8 C2
29 Relecq-Kerhuon (Le) 8 B2
61 Rémalard 10 D3
55 Rembercourt 13 A1
60 Rémérangles 5 C3
54 Réméréville 13 C2
17 Rémigeasse (La) 22 C3
71 Remigny 25 D1
57 Rémilly 13 C1
58 Rémilly 25 B1
08 Remilly-Aillicourt 6 D2
21 Remilly-sur-Tille 20 A3
56 Réminiac 16 B1
88 Remiremont 20 C1
88 Remoncourt 13 B3
41 Remonnerie (La) 18 A1
08 Rémonville 6 D3
25 Remoray 26 C1
44 Remouille 16 C3
30 Remoulins 37 C3
76 Remuée (La) 4 C3
56 Remungol 16 A1
26 Rémuzat 38 A2
60 Rémy 5 D3
35 Renac 16 B1
42 Renaison 25 B3
53 Renazé 16 D1
38 Rencurel 32 A3
72 René 10 C3
35 Rennes 9 C3
11 Rennes-les-Bains 42 C3
08 Renneville 6 C2
63 Rentières 31 A2
08 Renwez 6 C2
33 Réole (La) 35 B1
88 Repel 13 B3
74 Reposoir (Le) 26 D3
12 Réquista 36 C3
60 Ressons 5 C3
60 Ressons-sur-Metz 5 D2
37 Restigné 17 C3
17 Rétaud 29 A1
08 Rethel 6 C3
60 Rethondes 5 D3
35 Retiers 16 D1
43 Retournac 31 B3
62 Réty 1 B2
03 Reugny 24 C2
37 Reugny 17 D2
36 Reuilly 18 B3
60 Reuil-sur-Brèche 5 C3
51 Reuves 12 B2
31 Revel 42 B1
04 Revest-du-Bion 38 B3
83 Revest-les-Eaux 44 B2
06 Revest-les-Roches 39 A3
14 Reviers 4 B3
55 Revigny-sur-Ornain 12 D2
50 Réville 3 D2
08 Revin 6 C2
59 Rexpoëde 1 C2
52 Reynel 13 A3
18 Rezay 24 C2
44 Rezé 16 C3
57 Rezonville 13 B1
67 Rhinau 14 B3
05 Riaille (La) 38 D1
44 Riaillé 16 D2
81 Rialet (Le) 42 C1
18 Rians 18 C3
83 Rians 44 B1
56 Riantec 15 D1
53 Ribay (Le) 10 B3
68 Ribeauvillé 14 A3
60 Ribécourt 5 D3
02 Ribemont 6 A2
24 Ribérac 29 C2
04 Ribiers 38 B2
42 Ricamarie (La) 31 C2
10 Riceys (Les) 19 C1
35 Richardais (La) 9 C2
54 Richardménil 13 C2
52 Richebourg 20 A1
78 Richebourg 11 B2
55 Richecourt 13 B1
37 Richelieu 17 C3
76 Richemont 5 B2
67 Richtolsheim 14 A3
29 Riec-sur-Belon 15 C1
67 Riedseltz 14 B1
31 Rieumes 41 D2
12 Rieupeyroux 36 C2
34 Rieussec 42 D2
07 Rieutord 37 C1
48 Rieutort-de-Randon 37 A1
31 Rieux 41 D2
60 Rieux 5 C3
76 Rieux 5 B2
11 Rieux-Minervois 42 C2
04 Riez 38 C3
06 Rigaud 39 A3
12 Rignac 36 C2
25 Rigney 20 C3
10 Rigny-la-Nonneuse 12 B3
10 Rigny-le-Ferron 12 B3
55 Rigny-Saint-Martin 13 B2
71 Rigny-sur-Arroux 25 B2
37 Rigny-Ussé 17 C3
32 Riguepeu 41 C1
19 Rilhac-Treignac 30 B2
19 Rilhac-Xaintrie 30 C3
37 Rillé 17 C2
01 Rillieux-la-Pape 31 D1
10 Rilly-Sainte-Syre 12 B3
41 Rilly-sur-Loire 18 A2
52 Rimaucourt 13 A3
68 Rimbach-près-Masevaux 20 D1
48 Rimeize 37 A1
57 Rimling 14 A1
08 Rimogne 6 C2
09 Rimont 41 D3
06 Rimplas 39 A3
33 Riocaud 35 B1
34 Riols 42 D1
81 Riols (Le) 36 B3
63 Riom 31 A1
15 Riom-ès-Montagne 30 C2
40 Rion-des-Landes 34 D3
43 Riotord 31 C2
17 Rioux 29 A1
16 Rioux-Martin 29 B2
70 Rioz 20 B2
68 Riquewihr 14 A3
32 Riscle 41 B1
91 Ris-Orangis 11 C2
05 Ristolas 39 A1
14 Riva-Bella 4 B3
36 Rivarennes 24 A2
37 Rivarennes 17 C3
42 Rive-de-Gier 31 D2
17 Rivedoux 22 C3
64 Rivehaute 40 D2
34 Rives (Les) 37 A3
38 Rives 32 A2
66 Rivesaltes 42 D3
38 Rivière (La) 32 B3
14 Rivière-Saint-Sauveur 4 C3
52 Rivières-lès-Fossés 20 A2
69 Rivolet 25 D3
58 Rix 19 A2
68 Rixheim 21 A2
39 Rixouse (La) 26 B2
52 Rizaucourt 12 D2
33 Roaillan 35 A1
84 Roaix 37 D2
42 Roanne 25 B3
15 Roannes-Saint-Mary 36 C1
62 Robecq 1 D3
55 Robert-Espagne 12 D2
30 Robiac 37 C2
84 Robion 38 A3
46 Rocamadour 36 A1
83 Rocbaron 44 C2
2A Roccapina 45 D3
25 Roche 20 C3
29 Roche (La) 8 B2
24 Rochebeaucourt-
et-Argentine (La) 29 C2
38 Roche-Béranger 32 B3
56 Roche-Bernard (La) 16 B2
19 Roche-Canillac (La) 30 B3
24 Roche-Chalais (La) 29 B3
87 Rochechouart 29 D1
05 Roche-de-Rame (La) 38 D1
22 Roche-Derrien (La) 8 D1
05 Roche-des-Arnauds (La) 38 B1
21 Roche-en-Brénil (La) 19 C3
43 Roche-en-Régnier 3 B3
70 Roche-et-Raucourt 20 B2
17 Rochefort 22 D3
21 Rochefort 19 D2
30 Rochefort-du-Gard 37 D3
56 Rochefort-en-Terre 16 B1
78 Rochefort-en-Yvelines 11 B2
63 Rochefort-Montagne 30 D1
26 Rochefort-Samson 32 A3
17 Rochefort-sur-Mer 22 D3
49 Rochefort-sur-Loire 17 A2
39 Rochefort-sur-Nenon 20 B3
16 Rochefoucauld (La) 29 C1
26 Rochegude 37 D2
30 Rochegude 37 C2
95 Roche-Guyon (La) 11 B1
87 Roche-l'Abeille (La) 30 A2
42 Roche-la-Molière 31 C2
17 Rochelle (La) 22 D3
61 Roche-Mabile (La) 10 B2
07 Rochemaure 37 D1
70 Roche-Morey (La) 20 B2
07 Rochepaule 31 C3
86 Roche-Posay (La) 23 D1
21 Rochepot (La) 25 D1
26 Roche-Saint-Secret-
Béconne 37 D2
85 Rocheservière 22 C1
88 Rochesson 20 D1
74 Roche-sur-Foron (La) 26 C3
85 Roche-sur-Yon (La) 22 C1
38 Rochetaillée 32 C3
69 Rochetaillée 31 D1
85 Rochetrejoux 22 D1
05 Rochette (La) 38 C1
73 Rochette (La) 32 C2
71 Roche-Vineuse (La) 25 D2
02 Rocourt-Saint-Martin 12 A1
08 Rocroi 6 C2
56 Roc-Saint-André 16 A1
12 Rodelle 36 C2
12 Rodez 36 C2
53 Roë (La) 16 D1
62 Roëllecourt 1 C3
15 Roffiac 30 D3
2B Rogliano 45 A2
13 Rognac 44 A1
13 Rognes 44 A1
25 Rognon 20 C2
13 Rognonas 37 D3
89 Rogny 18 D2
56 Rohan 9 A3
67 Rohr 14 A2
57 Rohrbach-lès-Bitche 14 A1
86 Roiffé 17 B3
80 Roisel 6 A2
38 Roissard 38 B1
95 Roissy-en-France 11 C1
08 Roizy 6 C3
52 Rolampont 20 A1
76 Rolleville 4 C2
79 Rom 23 B2
35 Romagné 9 D3
49 Romagne (La) 16 D3
86 Romagne 23 C3
55 Romagne-Gesnes 6 D3
51 Romain 6 B3
77 Romainvilliers 11 D2
71 Romanèche-Thorins 25 D3
26 Romans-sur-Isère 32 A3
67 Romanswiller 14 A2
35 Romazy 9 C3
57 Rombas 7 B3
51 Romigny 12 B1
17 Romégoux 28 D1
71 Romenay 26 A2
32 Romieu (La) 35 C3
35 Romillé 9 C3
41 Romilly 17 D1
28 Romilly-sur-Aigre 18 A1
10 Romilly-sur-Seine 12 B2
88 Romont 13 C3
41 Romorantin-Lanthenay 18 B3
17 Ronce-les-Bains 28 D1
50 Roncey 9 D1
70 Ronchamp 20 C2
76 Roncherolles 5 A3
59 Ronchin 2 A3
59 Roncq 2 A2
17 Ronde (La) 23 A2
69 Rontalon 31 D1
90 Roppe 20 D2
06 Roquebilière 39 A3
34 Roquebrun 42 D1
06 Roquebrune-Cap-Martin 45 B1
83 Roquebrune-sur-Argens 44 D2
83 Roquebrussanne 44 C2
81 Roquecourbe 42 C1
13 Roque-d'Anthéron (La) 44 A1
13 Roquefavour 44 A1
32 Roquefort 41 C1
40 Roquefort 35 A3
76 Roquefort-sur-Héricourt 4 D2
12 Roquefort-sur-Soulzon 36 D3
30 Roquemaure 37 D3
24 Roquepine 35 C1
34 Roqueredonte (La) 43 A1
31 Roques 42 A1
12 Roque-
Sainte-Marguerite (La) 37 A3
31 Roqueserière 42 A1
06 Roquesteron 39 A3
84 Roque-sur-Pernes (La) 38 A3
13 Roquevaire 44 B2
22 Rosaires (Les) 9 A2
05 Rosans 38 A2
2A Rosazia 45 C3
29 Roscanvel 8 B2
29 Roscoff 8 C1
13 Rose (La) 44 A2
73 Roselend 32 D1
70 Rosey 20 B2
67 Rosheim 14 A2
73 Rosière (La) 32 D1
43 Rosières 31 B3
54 Rosières-aux-Salines 13 C2
55 Rosières-en-Blois 13 A2
54 Rosières-en-Haye 13 B2
80 Rosières-en-Santerre 5 D2
49 Rosiers (Les) 17 B2
19 Rosiers-d'Egletons 30 B2
36 Rosnay 24 A1
51 Rosnay 6 B3
10 Rosnay-l'Hôpital 12 C3
29 Rosnoën 8 B2
78 Rosny-sur-Seine 11 B1
89 Rosoy 19 A1
29 Rosporden 8 C3
86 Rossay 23 B1
57 Rosselange 7 B3
01 Rossillon 32 B1
46 Rostassac 36 A1
22 Rostrenen 8 D3
67 Rothau 14 A3
67 Rothbach 14 A1
35 Rothéneuf 9 C2
10 Rothière (La) 12 C3
14 Rots 4 B3
67 Rott 14 B1
81 Rouairoux 42 C1
44 Rouans 16 C3
59 Roubaix 2 A2
11 Roubia 42 D2
06 Roubion 39 A3
56 Roudouallec 8 C3
61 Rouelle 10 A2
76 Rouelles 4 C3
76 Rouen 5 A3
72 Rouessé-Fontaine 10 C3
72 Rouësse-Vassé 10 B3
72 Rouez 10 B3
68 Rouffach 21 A1
11 Rouffiac-d'Aude 42 C2
24 Rouffignac-Saint-Cernin-
de-Reillac 29 D3
50 Rouffigny 9 D1
44 Rougé 16 C1
25 Rougemont 20 C2
90 Rougemont 20 D2
41 Rougeou 18 A3
83 Rougiers 44 B2
04 Rougon 44 C1
88 Rouges-Eaux (Les) 13 D3
15 Rouget (Le) 36 C1
16 Rouillac 29 B1
86 Rouillé 23 B2
34 Roujan 43 A1
25 Roulans 20 C3
16 Roullet-Saint-Estèphe 29 B1
15 Roumégoux 36 C1
04 Roumoules 38 C3
61 Rouperroux 10 B2
02 Roupy 6 A2
87 Roussac 24 A3
60 Rousseloy 5 C3
12 Roussenac 36 C2
39 Rousses (Les) 26 C2
48 Rousses 37 B2
26 Rousset 38 A1
26 Rousset-les-Vignes 38 A2
38 Roussillon 31 D2
84 Roussillon 38 A3
16 Roussines 29 C1
57 Roussy-le-Village 7 C3
27 Routot 4 D3
11 Rouvenac 42 B3
76 Rouville 4 D2
21 Rouvray 19 C2
76 Rouvray-Catillon 5 B2
28 Rouvray-Saint-Denis 11 B3
28 Rouvray-Saint-Florentin 11 B3
28 Rouvres 11 A2
52 Rouvres-Arbot 19 D1
21 Rouvres-en-Plaine 20 A3
88 Rouvres-en-Xaintois 13 B3
36 Rouvres-les-Bois 18 B3
21 Rouvres-sous-Meilly 19 C3
55 Rouvrois-sur-Othain 7 B3
62 Rouvroy 1 D3
08 Rouvroy-sur-Audry 6 C2
44 Rouxière (La) 16 D2
58 Rouy 25 A1
09 Rouze 43 B2
37 Rouziers-de-Touraine 17 D2
13 Rove (Le) 44 A2
88 Roville-aux-Chênes 13 C3
54 Roville-devant-Bayon 13 C3
38 Rovon 32 A3
17 Royan 28 D1
63 Royat 30 D1
38 Roybon 32 A3
70 Roye 20 C2
80 Roye 5 D2
23 Royère 30 B1
60 Roye-sur-Metz 5 D2
26 Roynac 37 D1
77 Rozay-en-Brie 11 D2
50 Rozel (Le) 3 C2
54 Rozelieures 13 C3
48 Rozier (Le) 37 A2
88 Rozières-sur-Mouzon 20 B1
35 Roz-Landrieux 9 C2
02 Rozoy-sur-Serre 6 C2
58 Ruages 19 B3
72 Ruaudin 17 C1
80 Rubempré 5 C1
46 Rudelle 36 B1
88 Rue (La) 13 C3
80 Rue 5 B1
92 Rueil-Malmaison 11 C1
16 Ruelle 29 C1
60 Rue-Saint-Pierre 5 C3
16 Ruffec 23 B3
36 Ruffec 24 A2
56 Ruffiac 16 B1
01 Ruffieu 26 B3
73 Ruffieux 32 B1
44 Ruffigné 16 C1
27 Rugles 10 D2

53 Ruillé-Froid-Fonds 17 A1
62 Ruisseauville 1 C3
60 Rully 11 D1
59 Rumegies 2 A3
29 Rumengol 8 B2
67 Rumersheim 14 A2
68 Rumersheim-le-Haut 21 A1
08 Rumigny 6 C2
74 Rumilly 32 B1
10 Rumilly-lès-Vaudes 19 C1
55 Rumont 13 A2
48 Runes 37 B2
07 Ruoms 37 C2
88 Ruppes 13 B3
55 Rupt-devant-Saint-Michel 13 A1
88 Rupt-sur-Moselle 20 D1
70 Rupt-sur-Saône 20 B2
25 Rurey 20 B3
25 Russey (Le) 20 D3
84 Rustrel 38 B3
38 Ruy 32 A2
15 Ruynes-en-Margeride 31 A3
76 Ry 5 A3
39 Rye 26 A1
14 Ryes 4 A3

S

67 Saales 13 D3
09 Sabarat 42 A2
85 Sableau (Le) 22 D2
29 Sables-Blancs (Les) 8 B3
85 Sables d'Olonne (Les) 22 C2
22 Sables-d'Or-les-Pins 9 B2
72 Sablé-sur-Sarthe 17 B1
84 Sablet 37 D2
83 Sablettes (Les) 44 B3
07 Sablières 37 B2
77 Sablonnières 12 A2
38 Sablons 31 D2
30 Sabran 37 C3
40 Sabres 34 D2
37 Saché 17 C3
08 Sachy 7 A2
91 Saclas 11 C3
91 Saclay 11 C2
02 Saconin-et-Breuil 6 A3
21 Sacquenay 20 A2
60 Sacy-le-Grand 5 C3
32 Sadeillan 41 B2
24 Sadillac 35 C1
19 Sadroc 30 A2
44 Saffré 16 C2
2A Sagone 45 C3
18 Sagonne 24 D1
71 Sagy 26 A2
66 Sahorre 43 C3
26 Sahune 38 A2
15 Saignes 30 C2
80 Saigneville 5 B1
84 Saignon 38 A3
46 Saillac 36 B2
66 Saillagouse 43 B3
26 Saillans 38 A1
19 Saillant (Le) 30 A2
71 Saillenard 26 A2
42 Sail-les-Bains 25 B3
71 Sailly 25 C2
80 Sailly-Laurette 5 D1
80 Sailly-Saillisel 5 D1
42 Sail-sous-Couzan 31 B1
69 Sain-Bel 31 C1
58 Saincaize-Meauce 25 A1
59 Sainghin-en-Weppes 1 D3
89 Sainpuits 19 A2
59 Sains-du-Nord 6 B1
80 Sains-en-Amiénois 5 C2
62 Sains-en-Gohelle 1 D3
62 Sains-les-Marquion 6 A1
02 Sains-Richaumont 6 B2
44 Saint (Le) 16 B2
56 Saint (Le) 8 C3
12 Saint-Affrique 36 D3
41 Saint-Agil 17 D1
58 Saint-Agnan 19 C3
71 Saint-Agnan 25 B2
89 Saint-Agnan 12 A3
26 Saint-Agnan-en-Vercors 32 A3
17 Saint-Agnant 28 D1
23 Saint-Agnant 24 A3
23 Saint-Agnant-près-Crocq 30 C1
40 Saint-Agnet 41 A1
63 Saint-Agoulin 25 A3
07 Saint-Agrève 31 C3
56 Saint-Aignan 8 D3
82 Saint-Aignan 35 D3
53 Saint-Aignan-de-Couptrain 10 B3
14 Saint-Aignan-de-Cramesnil 10 B1
18 Saint-Aignan-des-Noyers 24 D1
41 Saint-Aignan-sur-Cher 18 A3
53 Saint-Aignan-sur-Roë 16 D1
17 Saint-Aigulin 29 B3
71 Saint-Albain 25 D2
22 Saint-Alban 9 B2
07 Saint-Alban-d'Ay 31 D3
73 Saint-Alban-le-Montbel 32 B2
07 Saint-Alban-sous-Sampzon 37 C2
48 Saint-Alban-sur-Limagnole 37 A1
56 Saint-Allouestre 16 A1
24 Saint-Alvère 29 D3
63 Saint-Alyre-d'Arlanc 31 B2
63 Saint-Alyre-ès-Montagne 30 D2
09 Saint-Amadou 42 A2
23 Saint-Amand 24 C3
50 Saint-Amand 10 A1
24 Saint-Amand-de-Coly 22 C2
41 Saint-Amand-de-V. 17 D2
24 Saint-Amand-de-Vergt 29 C3
58 Saint-Amand-en-Puisaye 19 A2
15 Saint-Amandin 30 D2
59 Saint-Amand-les-Eaux 2 A3
18 Saint-Amand-Montrond 24 C1
51 Saint-Amand-sur-Fion 12 C2
79 Saint-Amand-sur-Sèvre 23 A1
48 Saint-Amans 37 A1
81 Saint-Amans 42 C1
12 Saint-Amans-des-Cots 36 C1
82 Saint-Amans-du-Pech 35 D2
16 Saint-Amant-de-Boixe 29 B1
63 Saint-Amant-Roche-Savine 31 B2
63 Saint-Amant-Tallende 31 A1
68 Saint-Amarin 20 D1
18 Saint-Ambroix 24 C1
30 Saint-Ambroix 37 C2
88 Saint-Amé 20 D1
39 Saint-Amour 26 A2
07 Saint-Andéol-de-Vals 37 C1
69 Saint-Andéol-le-Château 31 D2
13 Saint-Andiol 37 D3
38 Saint-André 32 A3
81 Saint-André 42 B1
42 Saint-André-d'Apchon 25 B3
01 Saint-André-de-Corcy 31 01
07 Saint-André-de-Cruzières 37 C2
33 Saint-André-de-Cubzac 29 A3
24 Saint-André-de-Double 29 C3
27 Saint-André-de-l'Eure 11 A1
17 Saint-André-de-Lidon 29 A1
30 Saint-André-de-Majencoules 37 B3
12 Saint-André-de-Najac 36 B2
34 Saint-André-de-Sangonis 43 A1
44 Saint-André-des-Eaux 16 B2
40 Saint-André-de-Seignanx 40 C1
30 Saint-André-de-Valborgne 37 B3
33 Saint-André-du-Bois 35 B1
07 Saint-André-en-Vivarais 31 C3
01 Saint-André-le-Bouchoux 26 A3
71 Saint-André-le-Désert 25 C2
04 Saint-André-les-Alpes 38 D3
85 Saint-André-Treize-Voies 22 C1
01 Saint-André-Vieux-Jonc 26 A3
33 Saint-Androny 29 A2
16 Saint-Angeau 29 C1
03 Saint-Angel 24 D2
19 Saint-Angel 30 C2
63 Saint-Anthême 31 B2
2B Saint-Antoine 45 C2
25 Saint-Antoine 26 C1
32 Saint-Antoine 35 C3
33 Saint-Antoine 29 A3
38 Saint-Antoine 32 A3
47 Saint-Antoine 35 C2
24 Saint-Antoine-de-Breuilh 35 B1
33 Saint-Antoine-sur-l'Isle 29 B3
82 Saint-Antonin-Noble-Val 36 B2
36 Saint-Août 24 B1
24 Saint-Aquilin 29 C3
56 Saint-Armel 16 A2
41 Saint-Arnoult 17 D2
76 Saint-Arnoult 4 D2
28 Saint-Arnoult-des-Bois 11 A2
78 Saint-Arnoult-en-Yvelines 11 B2
65 Saint-Arroman 41 C2
24 Saint-Astier 29 C3
04 Saint-Auban 38 D3
26 Saint-Auban-sur-l'Ouvèze 38 A2
10 Saint-Aubin 12 B3
36 Saint-Aubin 24 B1
39 Saint-Aubin 26 A1
40 Saint-Aubin 40 D1
89 Saint-Aubin 19 A1
35 Saint-Aubin-d'Aubigné 9 C3
79 Saint-Aubin-de-Baubigné 23 A1
24 Saint-Aubin-de-Lanquais 35 C1
28 Saint-Aubin-des-Bois 11 A3
44 Saint-Aubin-des-Châteaux 16 C1
72 Saint-Aubin-des-Coudrais 10 D3
50 Saint-Aubin-de-Terregatte 9 D2
35 Saint-Aubin-du-Cormier 9 D3
50 Saint-Aubin-du-Perron 3 D3
71 Saint-Aubin-en-Charollais 25 C2
76 Saint-Aubin-le-Cauf 5 A2
79 Saint-Aubin-le-Cloud 23 A1
37 Saint-Aubin-le-Dépeint 17 C2
76 Saint-Aubin-les-Elbeuf 5 A3
58 Saint-Aubin-les-Forges 19 A3
76 Saint-Aubin-Routot 4 C3
60 Saint-Aubin-sous-Erquery 5 C3
55 Saint-Aubin-sur-Aire 13 A2
14 Saint-Aubin-sur-Mer 4 B3
76 Saint-Aubin-sur-Scie 5 A2
17 Saint-Augustin 28 D1
19 Saint-Augustin 30 B2
49 Saint-Augustin-des-Bois 17 A2
24 Saint-Aulaye 29 B2
85 Saint-Avaugourd-des-Landes 22 C2
37 Saint-Avertin 17 D3
63 Saint-Avit 30 C1
24 Saint-Avit-Rivière 35 D1
24 Saint-Avit-Sénieur 35 D1
57 Saint-Avold 13 D1
45 Saint-Ay 18 B1
83 Saint Aygulf 44 D2
63 Saint-Babel 31 A2
23 Saint-Bard 30 C1
40 Saint-Berthélemy 40 C1
56 Saint-Barthélemy 15 D1
77 Saint-Barthélemy 12 A2
47 Saint-Barthélemy-d'Agenais 35 C1
49 Saint-Barthélemy-d'Anjou 17 A2
24 Saint-Barthélemy-de Bellegarde 29 B3
26 Saint-Barthélemy-de-Vals 31 D3
07 Saint-Barthélemy-le-Meil 37 C1
07 Saint-Barthélemy-le-Plain 31 D3
42 Saint-Barthélemy-Lestra 31 C1
18 Saint-Baudel 24 C1
37 Saint-Bauld 17 D3
34 Saint-Bauzille-de-la-Sylve 43 A1
34 Saint-Bauzille-de-Montmel 43 B1
34 Saint-Bauzille-de-Putois 37 B3
31 Saint-Béat 41 C3
12 Saint-Beauzély 36 D3
43 Saint-Beauzire 31 A2
63 Saint-Beauzire 31 A1
58 Saint-Benin d'Azy 25 A1
85 Saint-Benoist-sur-Mer 22 C2
01 Saint-Benoit 32 B1
11 Saint-Benoit 42 B3
86 Saint-Benoît 23 C2
26 Saint-Benoit-en-Diois 38 A1
81 Saint-Benoît-de-Carmaux 36 B3
35 Saint-Benoît-des-Ondes 9 C2
14 Saint-Benoît-d'Hébertot 4 C3
36 Saint-Benoît-du-Sault 24 A2
55 Saint-Benoît-en-Woëvre 13 B1
88 Saint-Benoît-la-Chipotte 13 D3
45 Saint-Benoît-sur-Loire 18 C1
10 Saint-Benoît-sur-Seine 12 B3
43 Saint-Berain 31 B3
71 Saint-Bérain-sous-Sanvignes 25 C2
71 Saint-Bérain-sur-Dheune 25 D1
38 Saint-Bernard 32 B2
73 Saint-Béron 32 B2
31 Saint-Bertrand-de-Comminges 41 C3
67 Saint-Blaise 14 A3
52 Saint-Blin-Semilly 13 A3
71 Saint-Boil 25 D2
01 Saint-Bois 32 B1
28 Saint-Bomer 10 C3
05 Saint-Bonnet 38 C1
30 Saint-Bonnet 37 C3
63 Saint-Bonnet 31 A1
19 Saint-Bonnet-Avalouze 30 B2
87 Saint-Bonnet-de-Bellac 23 D3
15 Saint-Bonnet-de-Condat 30 D2
71 Saint-Bonnet-de-Joux 25 C2
48 Saint-Bonnet-de-Montauroux 37 B1
03 Saint-Bonnet-de-Rochefort 25 A3
15 Saint-Bonnet-de-Salers 30 C3
42 Saint-Bonnet-des-Quarts 25 B3
26 Saint-Bonnet-de-Valclérieux 32 A3
71 Saint-Bonnet-en-Bresse 26 A1
63 Saint-Bonnet-le-Chastel 31 B2
42 Saint-Bonnet-le-Château 31 B2
42 Saint-Bonnet-le-Courreau 31 B1
07 Saint-Bonnet-le-Froid 31 C3
17 Saint-Bonnet-sur-Gironde 29 A2
03 Saint-Bonnet-Tronçais 24 D2
18 Saint-Bouize 18 D3
37 Saint-Branchs 17 D3
44 Saint-Brévin-les-Pins 16 B3
44 Saint-Brévin-l'Océan 16 B3
35 Saint-Briac-sur-Mer 9 B2
33 Saint-Brice 35 B1
35 Saint-Brice-en-Coglès 9 D2
22 Saint-Brieuc 9 A2
17 Saint-Bris-des-Bois 29 A1
89 Saint-Bris-le-Vineux 19 B2
58 Saint-Brisson 19 C3
45 Saint-Brisson-sur-Loire 18 D2
70 Saint-Broing 20 B2
21 Saint-Broingt-les-Moines 19 D2
35 Saint-Broladre 9 C2
38 Saint-Bueil 32 B2
72 Saint-Calais 17 D1
13 Saint-Cannat 44 A1
18 Saint-Caprais 24 C1
24 Saint-Capraise-de-Lalinde 35 C1
22 Saint-Caradec-Tregomel 8 D3
22 Saint-Carreuc 9 A2
22 Saint-Cast-le-Guildo 9 B2
72 Saint-Célerin 10 C3
53 Saint-Cénéré 10 A3
61 Saint-Céneri-le-Gérei 10 B3
46 Saint-Céré 36 B1
74 Saint-Cergues 26 C3
19 Saint-Cernin-de-Larche 30 A3
46 Saint-Cevet 36 A2
06 Saint-Cézaire 44 D1
05 Saint-Chaffrey 32 D3
15 Saint-Chamant 30 C3
19 Saint-Chamant 30 B3
13 Saint-Chamas 44 A1
42 Saint-Chamond 31 C2
30 Saint-Chaptes 37 C3
36 Saint-Chartier 24 B2
38 Saint-Chef 32 A2
48 Saint-Chély-d'Apcher 37 A1
12 Saint-Chély-d'Aubrac 36 D1
91 Saint-Chéron 11 C2
34 Saint-Chinian 42 D2
64 Saint-Christau-Lurbe 41 A2
42 Saint-Christo-en-Jarez 31 C2
84 Saint-Christol 38 B3
30 Saint-Christol-lès-Alès 37 B3
33 Saint-Christoly-de-Baye 29 A3
33 Saint-Christoly-Médoc 28 D2
03 Saint-Christophe 25 B3
16 Saint-Christophe 23 D3
33 Saint-Christophe-de-Double 29 B3
35 Saint-Christophe-des-Bois 9 D3
49 Saint-Christophe-du-Bois 16 D3
72 Saint-Christophe-du-Jambet 10 B3
85 Saint-Christophe-du-Ligneron 22 C1
53 Saint-Christophe-du-Luat 10 A3
36 Saint-Christophe-en-Bazelle 18 B3
71 Saint-Christophe-en-Brionnais 25 C3
38 Saint-Christophe-en-Oisans 32 C3
18 Saint-Christophe-le-Chaudry 24 C2
61 Saint-Christophe-le-Jajolet 10 C2
37 Saint-Christophe-sur-le-Nais 17 C2
12 Saint-Christophe-Vallon 36 C2
52 Saint-Ciergues 20 A1
17 Saint-Ciers-Champagne 29 A2
33 Saint-Ciers-d'Abzac 29 A3
17 Saint-Ciers-du-Taillon 29 A2
33 Saint-Ciers-sur-Gironde 29 A2
46 Saint-Cirgues 36 B1
07 Saint-Cirgues-en-Montagne 37 B1
19 Saint-Cirgues-la-Loutre 30 B3
82 Saint-Cirq 36 A2
46 Saint-Cirq-Lapopie 36 A2
36 Saint-Civran 24 A2
14 Saint-Clair 10 B1
86 Saint-Clair 23 B1
61 Saint-Clair-de-Halouze 10 A2
95 Saint-Clair-sur-Epte 11 B1
14 Saint-Clair-sur-l'Elle 4 A3
32 Saint-Clar 35 C3
31 Saint-Clar-de-Rivière 41 D1
16 Saint-Claud 29 C1
39 Saint-Claude 26 B2
05 Saint-Clément 38 D1
07 Saint-Clément 31 C3
19 Saint-Clément 30 B2
54 Saint-Clément 13 C2
89 Saint-Clément 12 A3
49 Saint-Clément-de-la-Place 17 A2
79 Saint-Clémentin 23 A1
69 Saint-Clément-sur-Valsonne 31 C1
22 Saint-Clet 8 D2
92 Saint-Cloud 11 C2
44 Saint-Colomban 16 C3
73 Saint-Colomban-des-Villards 32 C2
12 Saint-Côme-d'Olt 36 D2
47 Saint-Côme 35 C2
50 Saint-Côme-du-Mont 3 D3
56 Saint-Congard 16 B1
15 Saint-Constant 36 C1
61 Saint-Cornier-des-Landes 10 A2
72 Saint-Cosme-de-Vairais 10 C3
11 Saint-Couat-d'Aude 42 C2
35 Saint-Coulomb 9 C2
17 Saint-Coutant-le-Grand 23 A3
05 Saint-Crépin 38 D1
17 Saint-Crépin 23 A3
60 Saint-Crépin-Ibouvillers 5 C3
40 Saint-Cricq-Chalosse 40 D1
24 Saint-Cyprien 29 D3
66 Saint-Cyprien 43 D3
66 Saint-Cyprien-Plage 43 D3
12 Saint-Cyprien-sur-Dourdou 36 C1
39 Saint-Cyr 26 B1
87 Saint-Cyr 29 D1
85 Saint-Cyr-des-Gats 22 D2
50 Saint-Cyr-du-Bailleul 10 A2
41 Saint-Cyr-du-Gault 17 D2
49 Saint-Cyr-en-Bourg 17 B3
85 Saint-Cyr-en-Talmondais 22 C2
45 Saint-Cyr-en-Val 18 B1
61 Saint-Cyr-la-Rosière 10 C3
69 Saint-Cyr-le-Chatoux 25 C3
78 Saint-Cyr-l'École 11 C2

89 Saint-Cyr-les-Colons **19** B2
42 Saint-Cyr-les-Vignes **31** C1
37 Saint-Cyr-sur-Loire **17** C2
01 Saint-Cyr-sur-Menthon **25** D3
83 Saint-Cyr-sur-Mer **44** B2
77 Saint-Cyr-sur-Morin **12** A1
06 Saint-Dalmas-de-Tende **39** B3
06 Saint-Dalmas-Valdeblore **39** A3
11 Saint-Denis **42** C2
63 Saint-Denis **31** A1
93 Saint-Denis **11** C1
53 Saint-Denis-d'Anjou **17** B1
28 Saint-Denis-d'Authou **10** C3
53 Saint-Denis-de-Gastines **10** A3
45 Saint-Denis-de-l'Hôtel **18** C1
36 Saint-Denis-de-Jouhet **24** B2
33 Saint-Denis-de-Pile **29** B3
28 Saint-Denis-des-Puits **11** A3
17 Saint-Denis-d'Oléron **22** C3
72 Saint-Denis-d'Orques **17** B1
27 Saint-Denis-du-Béhélan **10** D1
85 Saint-Denis-du-Payré **22** D2
17 Saint-Denis-du-Pin **23** A3
01 Saint-Denis-en-Bugey **32** A1
48 St-Denis-en-Margeride **37** A1
85 Saint-Denis-la-Chevasse **22** C1
50 Saint-Denis-le-Gast **9** D1
61 Saint-Denis-sur-Sarthon **10** B2
22 Saint-Denoual **9** B2
71 Saint-Désert **25** D1
03 Saint-Désiré **24** C2
19 Saint-Dezéry **30** C2
84 Saint-Didier **38** A3
01 Saint-Didier-d'Aussiat **26** A3
43 Saint-Didier-en-Velay **31** C2
03 Saint-Didier-la-Forêt **25** A3
01 Saint-Didier-sur-Chalaronne **25** D3
88 Saint-Dié **13** D3
63 Saint-Dier **31** A1
05 Saint-Disdier **38** B1
17 Saint-Dizant-du-Gua **29** A2
52 Saint-Dizier **12** D2
23 Saint-Dizier-Leyrenne **24** B3
56 Saint-Dolay **16** B2
35 Saint-Domineuc **9** C3
22 Saint-Donan **9** A2
63 Saint-Donat **30** D2
26 Saint-Donat-sur-l'Herbasse **31** D3
64 Saint-Dos **40** D1
34 Saint-Drézéry **43** B1
43 Saint-Eble **31** A3
22 Saint-Efflam **8** C1
38 Saint-Egrève **32** B3
28 Saint-Eliph **11** A3
31 Saint-Élix **41** D2
32 Saint-Élix-Theux **41** C1
53 Saint-Ellier-du-Maine **9** D3
29 Saint-Éloy **8** B2
63 Saint-Éloy-la-Glacière **31** B2
63 Saint-Éloy-les-Mines **24** D3
71 Saint-Émiland **25** C1
33 Saint-Émilion **29** B3
03 Saint-Ennemond **25** A2
37 Saint-Épain **17** C3
35 Saint-Erblon **16** C1
91 Saint-Escobille **11** B3
64 Saint-Esteben **40** C2
24 Saint-Estèphe **29** C1
33 Saint-Estèphe **28** D2
66 Saint-Estève **47** D2
84 Saint-Estève **38** A3
42 Saint-Étienne **31** C2
08 Saint-Étienne-à-Arnes **6** C3
62 Saint-Étienne-au-Mont **1** B2
51 Saint-Étienne-au-Temple **12** C1
19 Saint-Étienne-aux-Clos **30** C2
34 Saint-Étienne-d'Albagnan **42** D1
64 Saint-Étienne-de-Baigorry **40** C2
85 Saint-Étienne-de-Beugné **22** D2
44 Saint-Étienne-de-Corcoué **16** C3
73 Saint-Étienne-de-Cuines **32** C2
07 Saint-Étienne-de-Fontbellon **37** C1
23 Saint-Étienne-de-Fursac **24** A3
07 Saint-Étienne-de-Lugdarès **37** B1
44 Saint-Étienne-de-Mer-Morte **16** C3
38 Saint-Étienne-de-Saint-Geoirs **32** A2
69 Saint-Étienne-des-Oullières **25** D3
06 Saint-Étienne-de-Tinée **39** A2
82 Saint-Étienne-de-Tulmont **36** A3
34 Saint-Étienne-d'Issensac **37** B3
40 Saint-Étienne-d'Orthe **40** C1
01 Saint-Étienne-du-Bois **26** A3
13 Saint-Étienne-du-Grés **43** D1
76 Saint-Étienne-du-Rouvray **5** A3
71 Saint-Étienne-en-Bresse **26** A2
05 Saint-Étienne-en-Dévoluy **38** B1
04 Saint-Étienne-les-Orgues **38** B3
48 Saint-Étienne-Vallée-Française **37** B3
51 Saint-Eulien **12** D2
61 Saint-Evroult-Notre-Dame-du-Bois **10** C2
19 Saint-Exupéry **30** C2
89 Saint-Fargeau **19** A2
07 Saint-Félicien **31** D3
66 Saint-Féliu-d'Avall **43** D3
16 Saint-Félix **29** B2
17 Saint-Félix **23** A3
74 Saint-Félix **32** B1
24 Saint-Félix-de-Bourdeilles **29** C2
33 Saint-Félix-de-Foncaude **35** B1
34 Saint-Félix-de-Lodez **43** A1
24 Saint-Félix-de-Reillac-et-Mortemart **29** D3
09 Saint-Félix-de-Rieutord **42** A3
12 Saint-Félix-de-Sorgues **36** D3
31 Saint-Félix-Lauragais **42** B1
08 Saint-Fergeux **6** C3
70 Saint-Ferjeux **20** C2
33 Saint-Ferme **35** B1
31 Saint-Ferréol **42** B2
74 Saint-Ferréol **32** C1
43 Saint-Ferréol-d'Aurbure **31** C2
26 Saint-Ferréol-Trente-Pas **38** A2
23 Saint-Feyre-la-Montagne **24** B3
22 Saint-Fiacre **9** A2
56 Saint-Fiacre **8** C3
44 Saint-Fiacre-sur-Maine **16** C3
05 Saint-Firmin **38** C1
45 Saint-Firmin-des-Bois **18** D1
2B Saint-Florent **45** B1
45 Saint-Florent **18** C2
85 Saint-Florent-des-Bois **22** C2
89 Saint-Florentin **19** B1
49 Saint-Florent-le-Vieil **16** D2
30 Saint-Florent-sur-Auzonnet **37** C2
18 Saint-Florent-sur-Cher **24** C1
15 Saint-Flour **31** A3
48 Saint-Flour-de-Mercoire **37** B1
37 Saint-Flovier **23** D1
42 Saint-Forgeux-l'Espinasse **25** B3
16 Saint-Fort **29** A1
17 Saint-Fort-sur-Gironde **29** A2
07 Saint-Fortunat-sur-Eyrieux **37** D1
31 Saint-Foy-de-Peyrolières **41** D1
16 Saint-Fraigne **23** B3
61 Saint-Fraimbault-sur-Pisse **10** A2
31 Saint-Frajou **41** C2
73 Saint-François-Longchamp **32** C2
50 Saint-Fromond **3** D3
16 Saint-Front **29** C1
43 Saint-Front **31** C3
24 Saint-Front-d'Alemps **29** D2
47 Saint-Front-sur-Lémance **35** D1
17 Saint-Froult **22** D3
85 Saint-Fulgent **22** D1
80 Saint-Fuscien **5** C2
14 Saint-Gabriel-Brécy **4** B3
42 Saint-Galmier **31** C2
14 Saint-Gatien-des-Bois **4** C3
31 Saint-Gaudens **41** C2
11 Saint-Gaudéric **42** B2
36 Saint-Gaultier **24** A2
40 Saint-Gein **35** A3
79 Saint-Gelais **23** A1
34 Saint-Gély-du-Fesc **43** B1
53 Saint-Gemme-le-Robert **10** B3
87 Saint-Gence **30** A1
79 Saint-Généroux **23** B1
63 Saint-Genès-Champespe **30** D2
33 Saint-Genès-de-Castillon **29** B3
03 Saint-Genest **24** C3
42 Saint-Genest-Lerpt **31** C2
42 Saint-Genest-Malifaux **31** C2
87 Saint-Genest-sur-Roselle **30** A1
71 Saint-Gengoux-le-National **25** D2
24 Saint-Geniès **30** A3
30 Saint-Geniès-de-Malgoires **37** C3
34 Saint-Geniès-des-Mourgues **43** B1
34 Saint-Geniès-le-Bas **43** A1
04 Saint-Geniez **38** C2
12 Saint-Geniez-d'Olt **36** D2
66 Saint-Génis-des-Fontaines **43** D3
17 Saint-Genis-de-Saintonge **29** A2
16 Saint-Genis-d'Hiersac **29** B1
33 Saint-Genis-du-Bois **35** B1
69 Saint-Genis-Laval **31** D1
01 Saint-Genis-Pouilly **26** B3
73 Saint-Genis-sur-Guiers **32** B2
36 Saint-Genou **24** A1
38 Saint-Geoire-en-Valdaine **32** B2
57 Saint-Georges **13** D2
62 Saint-Georges **1** C3
82 Saint-Georges **36** A2
53 Saint-Georges-Buttavent **10** A3
43 Saint-Georges-d'Aurac **31** A3
42 Saint-Georges-de-Baroille **31** C1
38 Saint-Georges-de-Commiers **32** B3
17 Saint-Georges-de-Didonne **28** D1
76 Saint-Georges-de-Gravenchon **4** D3
35 Saint-Georges-de-Grehaigne **9** C2
12 Saint-Georges-de-Luzençon **36** D3
63 Saint-Georges-de-Mons **30** D1
85 Saint-Georges-de-Montaigu **22** D1
79 Saint-Georges-de-Noisné **23** B2
85 Saint-Georges-de-Pointindoux **22** C1
35 Saint-Georges-de-Reintembault **9** D2
69 Saint-Georges-de-Reneins **25** D3
79 Saint-Georges-de-Rex **23** A1
17 Saint-Georges-d'Oléron **22** C3
17 Saint-Georges-du-Bois **23** A3
72 Saint-Georges-du-Bois **17** C1
85 Saint-Georges-du-Mesnil **16** D3
72 Saint-Georges-du-Rosey **10** C3
27 Saint-Georges-du-Vièvre **4** D3
42 Saint-Georges-en-Couzan **31** B1
42 Saint-Georges-Haute-Ville **31** C2
43 Saint-Georges-Lagricol **31** B2
23 Saint-Georges-la-Pouge **24** B3
72 Saint-Georges-le-Gaultier **10** B3
86 Saint-Georges-les-Baillargeaux **23** C2
27 Saint-Georges-Motel **11** A2
89 Saint-Georges-sur-Baulche **19** A1
41 Saint-Georges-sur-Cher **18** A3
28 Saint-Georges-sur-Eure **11** A3
18 Saint-Georges-sur-la-Prée **18** B3
49 Saint-Georges-sur-Layon **17** A2
40 Saint-Geours-de-Maremne **40** C1
56 Saint-Gérand **9** A3
03 Saint-Gérand-de-Vaux **25** A2
03 Saint-Gérand-le-Puy **25** A3
47 Saint-Géraud **35** B1
12 Saint-Germain **36** D3
17 Saint-Germain **23** A3
28 Saint-Germain **11** A2
54 Saint-Germain **13** C3
70 Saint-Germain **20** C2
23 Saint-Germain-Beaupré **24** A3
58 Saint-Germain-Chassenay **25** A1
72 Saint-Germain-d'Arcé **17** C2
48 Saint-Germain-de-Calberte **37** B2
61 Saint-Germain-de-Clairefeuille **10** C2
16 Saint-Germain-de-Confolens **23** C3
35 Saint-Germain-de-Coulamer **10** B3
01 Saint-Germain-de-Joux **26** B3
61 Saint-Germain-de-la-Coudre **10** D3
14 Saint-Germain-de-Livet **10** C1
79 Saint-Germain-de-Longue-Chaume **23** B1
85 Saint-Germain-de-Prinçay **22** D1
18 Saint-Germain-des-Bois **24** C1
89 Saint-Germain-des-Champs **19** B3
03 Saint-Germain-des-Fossés **25** A3
45 Saint-Germain-des-Prés **18** D1
49 Saint-Germain-des-Prés **17** A2
33 Saint-Germain-d'Esteuil **28** D2
14 Saint-Germain-de-Tallevende **10** A1
46 Saint-Germain-du-Bel-Air **36** A1
71 Saint-Germain-du-Bois **26** A1
71 Saint-Germain-du-Plain **25** D2
33 Saint-Germain-du-Puch **29** A3
24 Saint-Germain-du-Salembre **29** C3
48 Saint-Germain-du-Teil **37** A2
71 Saint-Germain-en-Brionnais **25** C2
35 Saint-Germain-en-Coglès **9** D3
78 Saint-Germain-en-Laye **11** C1
39 Saint-Germain-en-Montagne **26** B1
27 Saint-Germain-la-Campagne **10** C1
14 Saint-Germain-Langot **10** B1
42 Saint-Germain-Laval **31** B1
19 Saint-Germain-Lavolps **30** C2
50 Saint-Germain-le-Gaillard **3** C2
63 Saint-Germain-Lembron **31** A2
39 Saint-Germain-lès-Arlay **26** B1
87 Saint-Germain-les-Balles **30** A1
42 Saint-Germain-Lespinasse **25** B3
63 Saint-Germain-l'Herm **3** A2
50 Saint-Germain-Plage **3** C3
50 Saint-Germain-sur-Ay **3** C3
32 Saint-Germé **41** B1
60 Saint-Germer-de-Fly **5** B3
26 Saint-Gervais **37** D1
30 Saint-Gervais **37** C2
38 Saint-Gervais **32** A3
85 Saint-Gervais **22** B1
87 Saint-Gervais **29** D1
63 Saint-Gervais-d'Auvergne **24** D3
74 Saint-Gervais-les-Bains-le-Fayet **32** D1
86 Saint-Gervais-les-Trois-Cloches **23** C1
63 Saint-Gervais-sous-Meymont **31** B1
34 Saint-Gervais-sur-Mare **42** D1
30 Saint-Gervasy **37** C3
24 Saint-Géry **29** C3
24 Saint-Geyrac **29** D3
56 Saint-Gildas-de-Rhuys **16** A2
44 Saint-Gildas-des-Bois **16** B2
30 Saint-Gilles-du-Gard **43** C1
35 Saint-Gilles **9** C3
50 Saint-Gilles **9** D1
71 Saint-Gilles **25** D1
85 Saint-Gilles-Croix-de-Vie **22** B1
22 Saint-Gilles-Pligeaux **8** D2
74 Saint-Gingolph **26** D2
09 Saint-Girons **41** D3
40 Saint-Girons-en-Marensin **34** C3
40 Saint-Girons-Plage **34** C3
22 Saint-Glen-Penguily **9** B2
02 Saint-Gobain **6** A2
45 Saint-Gondon **18** C2
35 Saint-Gondran **9** C3
35 Saint-Gonlay **9** B3
40 Saint-Gor **35** A3
25 Saint-Gorgon-Main **26** C1
22 Saint-Gouéno **9** A3
16 Saint-Gourson **23** C3
23 Saint-Goussaud **24** A3
56 Saint-Gravé **16** B1
35 Saint-Grégoire **9** C3
29 Saint-Guénolé **8** B2
29 Saint-Guénolé **15** B1
34 Saint-Guilhem-le-Désert **43** A1
38 Saint-Guillaume **32** B3
35 Saint-Guinoux **9** C2
43 Saint-Haon **37** B1
42 Saint-Haon-le-Châtel **25** B3
42 Saint-Héand **31** C2
44 Saint-Herblain **16** C3
44 Saint-Herblon **16** D2
29 Saint-Herbot **8** C2
29 Saint-Hernin **8** C3
29 Saint-Hernot **8** B3
22 Saint-Hervé **9** A3
03 Saint-Hilaire **24** D2
11 Saint-Hilaire **42** C2
38 Saint-Hilaire **32** B2
63 Saint-Hilaire **24** C3
87 Saint-Hilaire-Bonneval **30** A1
42 Saint-Hilaire-Cusson-la-Valmitte **31** B2
44 Saint-Hilaire-de-Chaléons **16** B3
44 Saint-Hilaire-de-Clisson **16** D3
18 Saint-Hilaire-de-Court **18** B3
33 Saint-Hilaire-de-la-Noaille **35** B1
85 Saint-Hilaire-de-Loulaye **16** C3
85 Saint-Hilaire-de-Riez **22** B1
35 Saint-Hilaire-des-Landes **9** D3
85 Saint-Hilaire-des-Loges **23** A2
17 Saint-Hilaire-de-Villefranche **29** A1
85 Saint-Hilaire-de-Voust **23** A2
49 Saint-Hilaire-du-Bois **17** A3
50 Saint-Hilaire-du-Harcouët **9** D2
53 Saint-Hilaire-du-Maine **10** A3
38 Saint-Hilaire-du-Rosier **32** A3
18 Saint-Hilaire-en-Lignières **24** C1
58 Saint-Hilaire-Fontaine **25** B1
85 Saint-Hilaire-la-Fôret **22** C2
79 Saint-Hilaire-la-Palud **23** A1
87 Saint-Hilaire-la-Treille **24** A3
23 Saint-Hilaire-le-Château **24** B3
51 Saint-Hilaire-le-Grand **12** C1
45 Saint-Hilaire-les-Andrésis **18** D1
19 Saint-Hilaire-les-Courbes **30** B2
85 Saint-Hilaire-le-Vouhis **22** D1
49 Saint-Hilaire-Saint-Florent **17** B3
45 Saint-Hilaire-Saint-Mesmin **18** B1
36 Saint-Hilaire-sur-Benaize **23** D2
28 Saint-Hilaire-sur-Yerre **18** A1
12 Saint-Hippolyte **36** C1
25 Saint-Hippolyte **20** D3
37 Saint-Hippolyte **18** A3
68 Saint-Hippolyte **14** A3
30 Saint-Hippolyte-de-Montaigu **37** C3
30 Saint-Hippolyte-du-Fort **37** B3
58 Saint-Honoré-les-Bains **25** B1
43 Saint-Hostien **31** B3
14 Saint-Hymer **4** C3
31 Saint-Ignan **41** C2
15 Saint-Illide **30** C3
62 Saint-Inglevert **1** B2
06 Saint-Isidore **45** A1
12 Saint-Izaire **36** D3
35 Saint-Jacques-de-la-Lande **9** C3

50 Saint-Jacques-de-Néhou 3 C3
15 Saint-Jacques-des-Blats 30 D3
22 Saint-Jacut-de-la-Mer 9 B2
22 Saint-Jacut-du-Mené 9 B3
19 Saint-Jal 30 B2
50 Saint-James 9 D2
31 Saint-Jean 42 A1
84 Saint-Jean 38 A3
60 Saint-Jean-aux-Bois 5 D3
56 Saint-Jean-Brévelay 16 A1
06 Saint-Jean-Cap-Ferrat 45 B1
17 Saint-Jean-d'Angély 23 A3
17 Saint-Jean-d'Angle 28 D1
69 Saint-Jean-d'Ardières 25 D3
72 Saint-Jean-d'Assé 10 C3
74 Saint-Jean-d'Aulps 26 D3
11 Saint-Jean-de-Barrou 42 D3
73 Saint-Jean-de-Belleville 32 C2
85 Saint-Jean-de-Beugné 22 D2
33 Saint-Jean-de-Blaignac 35 B1
10 Saint-Jean-de-Bonneval 12 B3
38 Saint-Jean-de-Bournay 32 A2
34 Saint-Jean-de-Buèges 37 B3
24 Saint-Jean-de-Côle 29 D2
50 Saint-Jean-de-Daye 3 D3
47 Saint-Jean-de-Duras 35 C1
34 Saint-Jean-de-Fos 43 A1
27 Saint-Jean-de-Frenelles 5 B3
81 Saint-Jean-de-Jeannes 36 C3
34 Saint-Jean-de-la-Blaquière 43 A1
72 Saint-Jean-de-la-Motte 17 B1
40 Saint-Jean-de-Lier 34 D3
49 Saint-Jean-de-Linières 17 A2
12 Saint-Jean-Delnous 36 C3
21 Saint-Jean-de-Losne 20 A3
64 Saint-Jean-de-Luz 40 B1
40 Saint-Jean-de-Marsacq 40 C1
30 Saint-Jean-de-Maruéjols-er-Avejan 37 C2
73 Saint-Jean-de-Maurienne 32 C2
34 Saint-Jean-de-Minervois 42 D2
85 Saint-Jean-de-Monts 22 B1
01 Saint-Jean-de-Niost 32 A1
86 Saint-Jean-de-Sauves 23 B1
67 Saint-Jean-de-Saverne 14 A2
14 Saint-Jean-de-Savigny 4 A3
50 Saint-Jean-des-Baisants 10 A1
74 Saint-Jean-de-Sixt 32 C1
01 Saint-Jean-de-Thurigneux 31 D1
34 Saint-Jean-de-Védas 43 B1
09 Saint-Jean-de-Verges 42 A3
33 Saint-Jean-d'Illac 34 D1
12 Saint-Jean-du-Bruel 37 A3
76 Saint-Jean-du-Cardonnay 5 A3
50 Saint-Jean-du-Corail 10 A2
29 Saint-Jean-du-Doigt 8 C1
30 Saint-Jean-du-Gard 37 B3
26 Saint-Jean-en-Royans 32 A3
12 Saint-Jean-et-Saint-Paul 36 D3
43 Saint-Jean-Lachalm 31 B3
06 Saint-Jean-la-Rivière 39 A3
45 Saint-Jean-le-Blanc 18 B1
07 Saint-Jean-le-Centenier 37 C1
71 Saint-Jean-le-Priche 25 D2
77 Saint-Jean-les-Deux-Jumeaux 11 D1
46 Saint-Jean-Lespinasse 36 B1
50 Saint-Jean-le-Thomas 9 C2
01 Saint-Jean-le-Vieux 26 A3
64 Saint-Jean-le-Vieux 40 C2
87 Saint-Jean-Ligoure 30 A1
06 Saint-Jeannet 45 A1
64 Saint-Jean-Pied-de-Port 40 C2
32 Saint-Jean-Poutge 41 C1
42 Saint-Jean-Soleymieux 31 B2
35 Saint-Jean-sur-Couesnon 9 D3
53 Saint-Jean-sur-Erve 17 B1
53 Saint-Jean-sur-Mayenne 10 A3
51 Saint-Jean-sur-Moivre 12 C1
01 Saint-Jean-sur-Reyssouze 26 A2
35 Saint-Jean-sur-Vilaine 9 D3
29 Saint-Jean-Trolimon 15 B1
74 Saint-Jeoire 26 C3
07 Saint-Jeure-d'Ay 31 D3
43 Saint-Jeures 31 C3
44 Saint-Joachim 16 B2
50 Saint-Jores 3 D3
74 Saint-Jorioz 32 C1
24 Saint-Jory-de-Chalais 29 D2
50 Saint-Joseph 3D2
07 Saint-Joseph-des-Bancs 37 C1
62 Saint-Josse 1 B3
22 Saint-Jouan-de-l'Isle 9 B3
35 Saint-Jouan-des-Guérets 9 C2
76 Saint-Jouin-Bruneval 4 C2
61 Saint-Jouin-de-Blavou 10 C3
79 Saint-Jouin-de-Marnes 23 B1
87 Saint-Jouvent 24 A3
25 Saint-Juan 20 C3
12 Saint-Juéry 36 C3
48 Saint-Juéry 36 D1
81 Saint-Juéry 36 C3
85 Saint-Juire-Champgillon 22 D2
21 Saint-Julien 20 A3
22 Saint-Julien 9 A2
31 Saint-Julien 41 D2
39 Saint-Julien 26 A2
57 Saint-Julien 13 C1
69 Saint-Julien 31 C1
19 Saint-Julien-aux-Bois 30 B3
33 Saint-Julien-Beychevelle 28 D3
07 Saint-Julien-Boutières 31 C3
71 Saint-Julien-de-Civry 25 C2
44 Saint-Julien-de-Concelles 16 D3
15 Saint-Julien-de-Jordanne 30 C3
27 Saint-Julien-de-la-Liègue 11 A1
24 Saint-Julien-de-Lampon 36 A1
85 Saint-Julien-des-Landes 22 C1
34 Saint-Julien-des-Molières 42 C2
44 Saint-Julien-de-Vouvantes 16 D2
07 Saint-Julien-du-Gua 37 C1
89 Saint-Julien-du-Sault 19 A1
53 Saint-Julien-du-Terroux 10 B2
05 Saint-Julien-en-Beauchêne 38 B1
40 Saint-Julien-en-Born 34 C3
74 Saint-Julien-en-Genevois 26 C3
26 Saint-Julien-en-Quint 38 A1
81 Saint-Julien-Gaulène 36 C3
07 Saint-Julien-Labrousse 31 C3
86 Saint-Julien-l'Ars 23 C2
42 Saint-Julien-la-Vêtre 31 B1
23 Saint-Julien-le-Châtel 24 C3
14 Saint-Julien-le-Faucon 10 C1
19 Saint-Julien-le-Vendomois 30 A2
43 Saint-Julien-Molhesabate 31 C3
19 Saint-Julien-près-Bort 30 C2
41 Saint-Julien-sur-Cabonne 18 B3
01 Saint-Julien-sur-Reyssouze 26 A2
01 Saint-Julien-sur-Veyle 25 D3
07 Saint-Julien-Vocance 31 C3
87 Saint-Junien 29 D1
23 Saint-Junien-la-Bregère 30 B1
07 Saint-Just 37 D2
17 Saint-Just 28 D1
18 Saint-Just 24 C1
24 Saint-Just 29 C2
35 Saint-Just 16 B1
60 Saint-Just-en-Chaussée 5 C3
42 Saint-Just-en-Chevalet 31 B1
30 Saint-Just-et-Vasquières 37 C3
64 Saint-Just-Ibarre 40 C2
32 Saint-Justin 41 B1
40 Saint-Justin 35 A3
42 Saint-Just-la-Pendue 31 C1
87 Saint-Just-le-Martel 30 A1
43 Saint-Just-Malmont 31 C2
51 Saint-Just-sur-Seine 12 B2
08 Saint-Juvin 6 D3
06 Saint-Lambert 45 A1
78 Saint-Lambert 11 B2
49 Saint-Lambert-du-Lattay 17 A3
49 Saint-Lambert-la-Potherie 17 A2
65 Saint-Lary 41 B3
09 Saint-Lary 41 D3
32 Saint-Lary 41 C1
38 Saint-Lattier 32 A3
22 Saint-Launeuc 9 B3
14 Saint-Laurent 10 C1
31 Saint-Laurent 41 C2
58 Saint-Laurent 18 D3
74 Saint-Laurent 26 C3
85 Saint-Laurent 16 D3
88 Saint-Laurent 13 C3
30 Saint-Laurent-d'Aigouze 43 C1
30 Saint-Laurent-de-Carnois 37 C2
66 Saint-Laurent-de-Cerdans 43 C3
69 Saint-Laurent-de-Chamousset 31 C1
14 Saint-Laurent-de-Condel 10 B1
50 Saint-Laurent-de-Cuves 9 D2
40 Saint-Laurent-de-Gosse 40 C1
86 Saint-Laurent-de-Jourdes 23 C2
11 Saint-Laurent-de-la-Cabrerisse 42 C2
66 Saint-Laurent-de-la-Salanque 42 D3
69 Saint-Laurent-de-Mûre 32 A1
65 Saint-Laurent-de-Neste 41 C2
30 Saint-Laurent-des-Arbres 37 D3
49 Saint-Laurent-des-Autels 16 D3
24 Saint-Laurent-des-Bâtons 29 C3
27 Saint-Laurent-des-Bois 11 A2
41 Saint-Laurent-des-Bois 18 A1
41 Saint-Laurent-des-Eaux 18 B2
24 Saint-Laurent-des-Hommes 29 B3
53 Saint-Laurent-des-Mortiers 17 A1
50 Saint-Laurent-de-Terregatte 9 D2
48 Saint-Laurent-de-Trèves 37 B2
05 Saint-Laurent-du-Cros 38 C1
07 Saint-Laurent-du-Pape 37 D1
38 Saint-Laurent-du-Pont 32 B2
12 Saint-Laurent-d'Olt 36 D2
06 Saint-Laurent-du-Var 45 A1
76 Saint-Laurent-en-Caux 4 D2
37 Saint-Laurent-en-Gâtines 17 D2
39 Saint-Laurent-en-Grandvaux 26 B2
26 Saint-Laurent-en-Royans 32 A3
33 Saint-Laurent-et-Benon 28 D3
39 Saint-Laurent-la-Roche 26 A2
24 Saint-Laurent-la-Vallée 35 D1
30 Saint-Laurent-la-Vernède 37 C3
07 Saint-Laurent-les-Bains 37 B1
87 Saint-Laurent-sur-Gorre 29 D1
24 Saint-Laurent-sur-Manoire 29 D3
14 Saint-Laurent-sur-Mer 4 A3
85 Saint-Laurent-sur-Sèvre 22 D1
17 Saint-Léger 29 A1
76 Saint-Léger-aux-Bois 5 B2
79 Saint-Léger-de-la-Martinière 23 B3
86 Saint-Léger-de-Montbrillais 17 B3
37 Saint-Léger-des-Près 9 C3
58 Saint-Léger-des-Vignes 25 A1
48 Saint-Léger-du-Malzieu 37 A1
78 Saint-Léger-en-Yvelines 11 B2
87 Saint-Léger-Montagne 24 A3
71 Saint-Léger-sous-Beuvray 25 C1
49 Saint-Léger-sous-Cholet 16 D3
71 Saint-Léger-sur-Dheune 25 D1
89 Saint-Léger-Vauban 19 B3
86 Saint-Léomer 23 D2
03 Saint-Léon 25 B2
31 Saint-Léon 42 A2
88 Saint-Léonard 13 D3
87 Saint-Léonard-de-Noblat 30 A1
72 Saint-Léonard-des-Bois 10 B3
24 Saint-Léon-d'Issigeac 35 C1
03 Saint-Léopardin-d'Augy 25 A2
60 Saint-Leu-d'Esserent 11 C1
95 Saint-Leu-la-Forêt 11 C1
65 Saint-Lezer 41 B2
09 Saint-Lizier 41 D3
50 Saint-Lô 9 D1
40 Saint-Lon-les-Mines 40 C1
39 Saint-Lothain 26 B1
33 Saint-Loubès 29 A3
13 Saint-Louis 44 A2
68 Saint-Louis 21 A2
11 Saint-Louis-et-Barahou 42 C3
03 Saint-Loup 25 A2
23 Saint-Loup 24 C3
41 Saint-Loup 18 B3
08 Saint-Loup-Champagne 6 C3
71 Saint-Loup-de-la-Salle 25 D1
77 Saint-Loup-de-Naud 12 A2
18 Saint-Loup-des-Chaumes 24 C1
71 Saint-Loup-de-Varennes 25 D1
53 Saint-Loup-du-Dorat 17 B1
14 Saint-Loup-Hors 4 A3
79 Saint-Loup-Lamarié 23 B1
52 Saint-Loup-sur-Aujon 20 A1
70 Saint-Loup-sur-Semouse 20 C1
41 Saint-Lubin-en-Vergonnois 18 A2
51 Saint-Lumier-la-Populeuse 12 D2
44 Saint-Lumine-de-Clisson 16 C3
44 Saint-Lumine-de-Coutais 16 C3
35 Saint-Lunaire 9 B2
28 Saint-Luperce 11 A3
10 Saint-Lupien 12 B3
10 Saint-Lyé 12 B3
45 Saint-Lyé-la-Forêt 18 B1
44 Saint-Lyphard 16 B2
31 Saint-Lys 41 D1
33 Saint-Macaire 35 A1
49 Saint-Macaire-en-Mauges 16 D3
27 Saint-Maclou 4 C3
76 Saint-Maclou-la-Brière 4 C2
33 Saint-Magne 35 A1
17 Saint-Maigrin 29 A2
04 Saint-Maime 38 B3
72 Saint-Maixent 17 D1
79 Saint-Maixent-l'École 23 B2
85 Saint-Maixent-sur-Vie 22 B1
35 Saint-Malo 9 C2
56 Saint-Malo-de-Beignon 16 B1
50 Saint-Malo-de-la-Lande 9 D1
56 Saint-Malo-des-Trois-Fontaines 9 B3
85 Saint-Malo-du-Bois 22 D1
58 Saint-Malo-en-Donzies 19 A3
35 Saint-Malon-sur-Mel 9 B3
30 Saint-Mamert-du-Gard 37 C3
15 Saint-Mamet-la-Salvetat 36 C1
83 Saint-Mandrier-sur-Mer 44 B3
44 Saint-Marc 16 B3
23 Saint-Marc-à-Loubaud 30 B1
21 Saint-Marc-sur-Seine 19 C2
35 Saint-Marcan 9 C2
72 Saint-Marceau 10 C3
11 Saint-Marcel 42 D2
26 Saint-Marcel 37 D1
36 Saint-Marcel 24 A2
71 Saint-Marcel 25 D1
73 Saint-Marcel 32 D2
26 Saint-Marcel-lès-Valence 31 D3
38 Saint-Marcel-Bel-Accueil 32 A1
30 Saint-Marcel-de-Careizet 37 C3
71 Saint-Marcelin-de-Cray 25 C2
38 Saint-Marcellin 32 A3
42 Saint-Marcellin-en-Forez 31 C2
31 Saint-Marcet 41 C2
50 Saint-Marcouf 3 D3
17 Saint-Mard 23 A3
61 Saint-Mard-de-Reno 10 D2
51 Saint-Mard-sur-le-Mont 12 D1
10 Saint-Mards-en-Othe 12 B2
44 Saint-Mars-de-Coutais 16 C3
61 Saint-Mars-d'Egrenne 10 A2
72 Saint-Mars-d'Outillé 17 C1
44 Saint-Mars-du-Désert 16 C2
53 Saint-Mars-du-Désert 10 B3
44 Saint-Mars-la-Jaille 16 D2
72 Saint-Mars-la-Brière 17 C1
53 Saint-Mars-sur-La-Futaie 10 A2
07 Saint-Martial 37 C1
87 Saint-Martial 23 D3
24 Saint-Martial-d'Artenset 29 B3
15 Saint-Martin 30 C3
56 Saint-Martin 16 B1
87 Saint-Martin 30 A1
60 Saint-Martin-aux-Bois 5 D3
76 Saint-Martin-aux-Buneaux 4 D2
74 Saint-Martin-Bellevue 32 C1
15 Saint-Martin-Cantalès 30 C3
51 Saint-Martin-d'Ablois 12 B1
07 Saint-Martin-d'Ardèche 37 C2
50 Saint-Martin-d'Audouville 3 D2
18 Saint-Martin-d'Auxigny 18 C3
73 Saint-Martin-de-Belleville 32 C2
76 Saint-Martin-de-Boscherville 5 A3
10 Saint-Martin-de-Bossenay 12 B3
85 Saint-Martin-de-Brem 22 B1
09 Saint-Martin-de-Caralp 42 A3
17 Saint-Martin-de-Coux 29 B3
13 Saint-Martin-de-Crau 43 D1
14 Saint-Martin-de-Fontenay 10 B1
43 Saint-Martin-de-Fugères 31 B3
40 Saint-Martin-de-Hinx 40 C1
14 Saint-Martin-de-la-Lieue 10 C1
50 Saint-Martin-de-Landelles 9 D2
49 Saint-Martin-de-la-Place 17 B3
34 Saint-Martin-de-Londres 43 B1
06 Saint-Martin-d'Entraunes 38 D2
05 Saint-Martin-de-Queyras 38 D1
17 Saint-Martin-de-Ré 22 C3
71 Saint-Martin-de-Salencey 25 C2
14 Saint-Martin-des-Besaces 10 A1
41 Saint-Martin-des-Bois 17 D2
40 Saint-Martin-de-Seignanx 40 C1
85 Saint-Martin-des-Noyers 22 D1
42 Saint-Martin-d'Estréaux 25 B3
07 Saint-Martin-de-Valamas 31 C3
30 Saint-Martin-de-Valgalgues 37 B3
46 Saint-Martin-de-Vers 36 A1
06 Saint-Martin-Vésubie 39 A3
40 Saint-Martin-d'Oney 35 A3
89 Saint-Martin-d'Ordon 19 A1
09 Saint-Martin-d'Oydes 42 A2
76 Saint-Martin-du-Bec 4 C2
49 Saint-Martin-du-Bois* 17 A2
77 Saint-Martin-du-Boschet 12 A2
79 Saint-Martin-du-Fouilloux 23 B2
58 Saint-Martin-du-Puy 19 B3
06 Saint-Martin-du-Var 39 A3
71 Saint-Martin-en-Bresse 26 A1
76 Saint-Martin-en-Campagne 5 A1
71 Saint-Martin-en-Gâtinois 25 D1
69 Saint-Martin-en-Haut 31 C1
26 Saint-Martin-en-Vercors 32 A3
27 Saint-Martin-la-Campagne 11 A1
19 Saint-Martin-la-Méanne 30 B3
86 Saint-Martin-la-Rivière 23 C2
86 Saint-Martin-l'Ars 23 C3
85 Saint-Martin-Lars-en-Sainte-Hermine 22 D2
Saint-Martin-la-Sauveté 31 B1
37 Saint-Martin-le-Beau 17 D3
50 Saint-Martin-le-Gréard 3 C2
87 Saint-Martin-le-Mault 24 A2
46 Saint-Martin-le-Redon 35 D1
11 Saint-Martin-le-Vieil 42 B2
51 Saint-Martin-l'Heureux 6 C3
07 Saint-Martin-l'Intérieur 37 D1
76 Saint-Martin-Omonville 5 A2
23 Saint-Martin-Sainte-Catherine 24 A3
15 Saint-Martin-sous-Vigouroux 30 D3
89 Saint-Martin-sur-Armançon 19 B1
89 Saint-Martin-sur-Ocre 19 A1
31 Saint-Martory 41 D2
16 Saint-Mary 29 C1
51 Saint-Masmes 6 C3
87 Saint-Mathieu 29 D1
49 Saint-Mathurin 17 B2
85 Saint-Mathurin 22 C2
46 Saint-Matré 35 D2
18 Saint-Maur 24 C2
60 Saint-Maur 5 B2
94 Saint-Maur 11 C2
42 Saint-Maurice 31 B1
58 Saint-Maurice 19 B3
63 Saint-Maurice 24 C3
89 Saint-Maurice-aux-Riches-Hommes 12 A3
07 Saint-Maurice-d'Ardèche 37 C2
30 Saint-Maurice-de-Cazevieille 37 C3
01 Saint-Maurice-de-Gourdans 32 A1
43 Saint-Maurice-de-Lignon 31 C3
16 Saint-Maurice-des-Lions 23 C3
85 Saint-Maurice-des-Noues 23 A2
48 Saint-Maurice-de-Ventalon 37 B2
07 Saint-Maurice-d'Ibie 37 C2
42 Saint-Maurice-en-Gourgois 31 C2
46 Saint-Maurice-en-Quercy 36 B1
79 Saint-Maurice-la-Fougereuse 17 A3
87 Saint-Maurice-les-Brousses 30 A1
61 Saint-Maurice-lès-Charencey 10 D2
34 Saint-Maurice-Navacelles 37 A3
23 Saint-Maurice-près-Pionsat 24 A3
55 Saint-Maurice-sous-les-Côtes 13 B1
45 Saint-Maurice-sur-Aveyron 18 D1
69 Saint-Maurice-sur-Dargoire 31 D2
26 Saint-Maurice-sur-Eygues 37 D2
45 Saint-Maurice-sur-Fessard 18 D1
88 Saint-Maurice-sur-Moselle 20 D1
47 Saint-Maurin 35 D2
54 Saint-Max 13 C2
80 Saint-Maxent 5 B1
83 Saint-Maximin-la-Sainte-Baume 44 B1

79 Saint-Maxire 23 A1
22 Saint-Mayeux 9 A3
24 Saint-Méard-de-Dronne 29 C2
24 Saint-Méaed-de-Gurçon 29 B3
33 Saint-Médard-de-Guizières 29 B3
33 Saint-Médard-en-Jalles 28 D3
35 Saint-Méen-le-Grand 9 B3
35 Saint-Méloir-des-Ondes 9 C2
17 Saint-Même 29 A1
44 Saint-Même-le-Tenu 16 C3
16 Saint-Même-les-Carrières 29 B1
51 Saint-Memmie 12 C1
08 Saint-Menges 6 D2
03 Saint-Menoux 25 A2
19 Saint-Merd-de-Lapleau 30 B2
19 Saint-Merd-les-Oussines 30 B1
10 Saint-Mesmin 12 B3
85 Saint-Mesmin 23 A1
19 Saint-Mexant 30 B2
35 Saint-M'Hervé 9 D3
71 Saint-Micaud 25 C2
02 Saint-Michel 6 C2
16 Saint-Michel 29 B1
32 Saint-Michel 41 C1
34 Saint-Michel 37 A3
44 Saint-Michel-Chef-Chef 16 B3
33 Saint-Michel-de-Castelnau 35 B2
07 Saint-Michel-de-Chabrillanoux 37 D1
24 Saint-Michel-de-Double 29 C3
11 Saint-Michel-de-Lanes 42 B2
73 Saint-Michel-de-Maurienne 32 C3
24 Saint-Michel-de-Montaigne 29 B3
33 Saint-Michel-de-Rieufret 35 A1
61 Saint-Michel-des-Andaines 10 B2
24 Saint-Michel-de-Villadeix 29 C3
18 Saint-Michel-de-Volangis 18 C3
36 Saint-Michel-en-Brenne 24 A1
76 Saint-Michel-en-Caux 4 D2
22 Saint-Michel-en-Grève 8 C1
85 Saint-Michel-en-l'Herm 22 D2
49 Saint-Michel-et-Chanveaux 16 D2
38 Saint-Michel-les-Portes 38 B1
04 Saint-Michel-l'Observatoire 38 B3
85 Saint-Michel-Mont-Mercure 22 D1
91 Saint-Michel-sur-Orge 11 C2
26 Saint-Michel-sur-Savasse 32 A3
55 Saint-Mihiel 13 A1
13 Saint-Mitre-les-Remparts 44 A2
44 Saint-Molf 16 A2
32 Saint-Mont 41 B1
07 Saint-Montant 37 D2
23 Saint-Moreil 30 B1
08 Saint-Morel 6 D3
63 Saint-Myon 25 A3
67 Saint-Nabor 14 A3
24 Saint-Naixent 35 C1
82 Saint-Nauphary 36 A3
44 Saint-Nazaire 16 B2
34 Saint-Nazaire-de-Ladarez 42 D1
82 Saint-Nazaire-de-Valentane 35 D2
26 Saint-Nazaire-en-Royans 32 A3
26 Saint-Nazaire-le-Désert 38 A1
17 Saint-Nazaire-sur-Charente 22 D3
63 Saint-Nectaire 30 D2
02 Saint-Nicolas-aux-Bois 6 A2
82 Saint-Nicolas-de-la-Grave 35 D3
54 Saint-Nicolas-de-Port 13 C2
44 Saint-Nicolas-de-Redon 16 B2
03 Saint-Nicolas-des-Biefs 25 B3
61 Saint-Nicolas-des-Laitiers 10 C2
37 Saint-Nicolas-des-Motets 17 D2
74 Saint-Nicolas-de-Véroce 32 D1
22 Saint-Nicolas-du-Pélem 8 D3
21 Saint-Nicolas-lès-Cîteaux 19 D3
38 Saint-Nizier 32 B3
01 Saint-Nizier-le-Bouchoux 26 A2
71 Saint-Nizier-sur-Arroux 25 C1
78 Saint-Nom-la-Bretèche 11 B2
62 Saint-Omer 1 C2
60 Saint-Omer-en-Chaussée 5 B3
61 Saint-Opportune 10 B2
23 Saint-Oradoux-de-Chirouze 30 C1
24 Saint-Orse 29 D3
51 Saint-Ouen 12 C2
35 Saint-Ouen-des-Alleux 9 D3
53 Saint-Ouën-des-Toits 10 A3
76 Saint-Ouen-du-Breuil 5 A2
72 Saint-Ouen-en-Belin 17 C1
35 Saint-Ouen-la-Rouerie 9 D2
95 Saint-Ouen-l'Aumône 11 C1
88 Saint-Ouen-lès-Parey 13 B3
37 Saint-Ouen-les-Vignes 17 D2
63 Saint-Ours 30 D1
50 Saint-Ovin 9 D2
76 Saint-Paër 4 D3
50 Saint-Pair-sur-Mer 9 C1
64 Saint-Palais 40 D2
33 Saint-Palais-et-Cornemps 29 B3
17 Saint-Palais-sur-Mer 28 D1
43 Saint-Pal-de-Chalençon 31 B3
43 Saint-Pal-de-Mons 31 C2
43 Saint-Pal-de-Senouire 31 B3
46 Saint-Pantaléon 36 A2
11 Saint-Papoul 42 B2
63 Saint-Pardoux 24 D3
79 Saint-Pardoux 23 B2
87 Saint-Pardoux 24 A3
19 Saint-Pardoux-la-Croisille 30 B3
24 Saint-Pardoux-la-Rivière 29 D2
19 Saint-Pardoux-le-Vieux 30 C2
23 Saint-Pardoux-Morterolles 30 B1
34 Saint-Pargoire 43 A1
58 Saint-Parize-le-Châtel 25 A1
10 Saint-Parres-aux-Tertres 12 C3
10 Saint-Parres-lès-Vaudes 12 C3
47 Saint-Pastour 35 C2
72 Saint-Paterne 10 C3
37 Saint-Paterne-Racan 17 C2
50 Saint-Patrice-de-Claids 3 D3
04 Saint-Paul 38 D2
06 Saint-Paul 45 A1
74 Saint-Paul 26 D2
81 Saint-Paul-Cap-de-Joux 42 B1
66 Saint-Paul-de-Fenouillet 42 C3
15 Saint-Paul-des-Landes 30 C3
82 Saint-Paul-d'Espis 35 D2
43 Saint-Paul-de-Tartas 37 B1
87 Saint-Paul-d'Eyljeaux 30 A1
01 Saint-Paul-de-Varax 26 A3
31 Saint-Paul-d'Oueil 41 C3
49 Saint-Paul-du-Bois 17 A3
14 Saint-Paul-du-Vernay 4 A3
40 Saint-Paul-en-Born 34 C2
42 Saint-Paul-en-Cornillon 31 C2
42 Saint-Paul-en-Jarez 31 C2
34 Saint-Paul-et-Valmalle 43 B1
43 Saint-Paulien 31 B2
24 Saint-Paul-la-Roche 29 D2
72 Saint-Paul-le-Gaultier 10 B3
07 Saint-Paul-le-Jeune 37 C2
40 Saint-Paul-lès-Dax 34 C3
13 Saint-Paul-lès-Durance 44 B1
31 Saint-Paul-sur-Save 41 D1
26 Saint-Paul-Trois-Châteaux 37 D2
65 Saint-Pé-de-Bigorre 41 A2
64 Saint-Pée 40 B1
35 Saint-Péran 9 B3
45 Saint-Péravy-la-Colombe 18 B1
07 Saint-Péray 31 D3
40 Saint-Perdon 35 A3
89 Saint-Père 19 B2
44 Saint-Père-en-Retz 16 B3
35 Saint-Pern 9 C3
22 Saint-Péver 8 D2
33 Saint-Pey-d'Armens 29 B3
10 Saint-Phal 19 B1
85 Saint-Philbert 22 D1
85 Saint-Philbert-de-Bouaine 16 D3
44 Saint-Philbert-de-Grand-Lieu 16 C3
49 Saint-Philbert-du-Peuple 17 B2
33 Saint-Philippe-d'Aiguille 29 B3
28 Saint-Piat 11 B2
05 Saint-Pierre 38 B2
09 Saint-Pierre 42 A3
12 Saint-Pierre 36 D3
62 Saint-Pierre 1 C3
83 Saint-Pierre 44 B1
79 Saint-Pierre-à-Champ 17 B3
14 Saint-Pierre-Canivet 10 B1
73 Saint-Pierre-d'Albigny 32 C2
38 Saint-Pierre-d'Allevard 32 C2
05 Saint-Pierre-d'Argençon 38 B2
27 Saint-Pierre-d'Autils 11 A1
42 Saint-Pierre-de-Bœuf 31 D2
38 Saint-Pierre-de-Chartreuse 32 B2
24 Saint-Pierre-de-Chignac 29 D3
24 Saint-Pierre-de-Côle 29 D2
07 Saint-Pierre-de-Colombier 37 C1
36 Saint-Pierre-de-Jards 18 B3
34 Saint-Pierre-de-la-Fage 43 A1
86 Saint-Pierre-de-Maillé 23 D2
48 Saint-Pierre-de-Nogaret 37 A2
61 Saint-Pierre-d'Entremont 10 A2
73 Saint-Pierre-d'Entremont 32 B2
35 Saint-Pierre-de-Plesguen 9 C2
72 Saint-Pierre-des-Bois 17 B1
11 Saint-Pierre-des-Champs 42 C3
27 Saint-Pierre-des-Fleurs 4 D3
53 Saint-Pierre-des-Landes 9 D3
53 Saint-Pierre-des-Nids 10 B3
81 Saint-Pierre-de-Trivisy 42 C1
30 Saint-Pierre-de-Vacquière 37 C3
76 Saint-Pierre-de-Varengeville 4 D3
86 Saint-Pierre-d'Excideuil 23 C3
17 Saint-Pierre-d'Oléron 22 C3
85 Saint-Pierre-du-Chemin 23 A1
72 Saint-Pierre-du-Lorouër 17 C1
50 Saint-Pierre-Église 3 D2
74 Saint-Pierre-en-Faucigny 26 C3
76 Saint-Pierre-en-Port 4 D2
63 Saint-Pierre-la-Bourlhonne 31 B1
53 Saint-Pierre-la-Cour 9 D3
46 Saint-Pierre-La-Feuille 36 A1
50 Saint-Pierre-Langers 9 D2
14 Saint-Pierre-la-Vieille 10 A1
58 Saint-Pierre-le-Moûtier 25 A1
18 Saint-Pierre-les-Bois 24 C2
76 Saint-Pierre-les-Elbeuf 5 A3
88 Saint-Pierremont 13 C3
49 Saint-Pierre-Montlimart 16 D3
56 Saint-Pierre-Quiberon 15 D2
14 Saint-Pierre-sur-Dives 10 C1
53 Saint-Pierre-sur-Erve 17 B1
11 Saint-Pierre-sur-Mer 43 A2
53 Saint-Pierre-sur-Orthe 10 B3
07 Saint-Pierreville 37 C1
03 Saint-Plaisir 24 D2
31 Saint-Plancard 41 C2
36 Saint-Plantaire 24 B2
25 Saint-Point 26 C1
50 Saint-Pois 9 D2
53 Saint-Poix 16 D1
29 Saint-Pol-de-Léon 8 C1
62 Saint-Pol-sur-Ternoise 1 C3
42 Saint-Polgues 31 B1
79 Saint-Pompain 23 A2
24 Saint-Pompon 35 D1
15 Saint-Poncy 31 A3
34 Saint-Pons 42 D1
34 Saint-Pons-de-Mauchiens 43 A1
17 Saint-Porchaire 29 A1
82 Saint-Porquier 35 D3
03 Saint-Pourçain 25 B2
03 Saint-Pourçain-sur-Sioule 25 A3
43 Saint-Préjet-d'Allier 31 B3
69 Saint-Priest 31 D1
19 Saint-Priest-de-Gimel 30 B2
63 Saint-Priest-des-Champs 24 D3
18 Saint-Priest-la-Marche 24 C2
42 Saint-Priest-la-Prugne 31 B1
24 Saint-Priest-les-Fougères 29 D2
87 Saint-Priest-Ligoure 30 A1
87 Saint-Priest-Taurion 30 A1
07 Saint-Privat 37 C1
19 Saint-Privat 30 B3
34 Saint-Privat 43 A1
43 Saint-Privat-d'Allier 31 B3
48 Saint-Privat-de-Vallongue 37 B2
57 Saint-Privat-la-Montagne 13 B1
89 Saint-Privé 18 D2
03 Saint-Prix 25 B3
07 Saint-Prix 31 C3
71 Saint-Prix 25 B1
15 Saint-Projet-de-Salers 30 C3
85 Saint-Prouant 22 D1
32 Saint-Puy 35 C3
22 Saint-Quay-Portrieux 9 A2
02 Saint-Quentin 6 A2
49 Saint-Quentin-en-Mauges 16 D3
30 Saint-Quentin-la-Poterie 37 C3
53 Saint-Quentin-les-Anges 17 A1
37 Saint-Quentin-sur-Indrois 17 D3
38 Saint-Quentin-sur-Isère 32 B2
50 Saint-Quentin-sur-le-Homme 9 D2
09 Saint-Quirc 42 A2
24 Saint-Rabier 29 D3
26 Saint-Rambert-d'Albon 31 D2
01 Saint-Rambert-en-Bugey 32 A1
42 Saint-Rambert-sur-Loire 31 C2
83 Saint-Raphaël 44 D2
42 Saint-Régis-du-Lion 31 C2
07 Saint-Remèze 37 C2
88 Saint-Remimont 13 B3
12 Saint-Rémy 36 B2
14 Saint-Rémy 10 B1
19 Saint-Rémy 30 C1
21 Saint-Rémy 19 C2
24 Saint-Rémy 29 B3
70 Saint-Rémy 20 C1
02 Saint-Rémy-Blanzy 6 A3
13 Saint-Rémy-de-Provence 43 D1
72 Saint-Rémy-des-Monts 10 C3
35 Saint-Rémy-du-Plain 9 C3
72 Saint-Rémy-du-Val 10 C3
57 Saint-Rémy-en-Bouzemont-Saint-Genest et Isson 12 D2
86 Saint-Rémy-en-Mont 23 D2
03 Saint-Rémy-en-Rollat 25 A3
55 Saint-Rémy-la-Calonne 13 B1
49 Saint-Rémy-la-Varenne 17 B2
28 Saint-Rémy-sur-Avre 11 A2
51 Saint-Rémy-sur-Bussy 12 C1
63 Saint-Rémy-sur-Durolle 31 B1
29 Saint-Renan 8 A2
22 Saint-René 9 A2
26 Saint-Restitut 37 D2
58 Saint-Révérien 19 A3
80 Saint-Riquier 5 B1
29 Saint-Rivoal 8 C2
19 Saint-Robert 30 A2
31 Saint-Roch 42 A1
16 Saint-Romain 29 B2
21 Saint-Romain 25 D1
82 Saint-Romain 36 A2
86 Saint-Romain 23 C3
76 Saint-Romain-de-Colbosc 4 C3
07 Saint-Romain-de-Lerps 31 D3
69 Saint-Romain-en-Gal 31 D2
42 Saint-Romain-en-Jarez 31 C2
89 Saint-Romain-le-Preux 19 A1
41 Saint-Romain-sur-Cher 18 A3
38 Saint-Romans 32 A3
12 Saint-Rome-de-Cernon 36 D3
12 Saint-Rome-de-Tarn 36 D3
76 Saint-Saëns 5 A2
76 Saint-Saire 5 B2
14 Saint-Samson 4 B3
22 Saint-Samson 9 B2
56 Saint-Samson 9 A3
60 Saint-Samson-la-Poterie 5 B2
82 Saint-Sardos 35 D3
18 Saint-Satur 18 D3
18 Saint-Saturnin 24 C2
63 Saint-Saturnin 31 A1
72 Saint-Saturnin 17 C1
84 Saint-Saturnin-d'Apt 38 A3
12 Saint-Saturnin-de-Lot 36 D2
84 Saint-Saturnin-lès-Avignon 37 D3
24 Saint-Saud-Lacoussière 29 D2
80 Saint-Sauflieu 5 C2
58 Saint-Saulge 19 A3
59 Saint-Saulve 2 A3
15 Saint-Saury 36 B1
17 Saint-Sauvant 29 A1
86 Saint-Sauvant 23 B2
63 Saint-Sauves-d'Auvergne 30 D2
29 Saint-Sauveur 8 C2
33 Saint-Sauveur 28 D2
65 Saint-Sauveur 41 B3
80 Saint-Sauveur 5 C2
85 Saint-Sauveur 22 A1
17 Saint-Sauveur-d'Aunis 22 D3
50 Saint-Sauveur-de-Carrouges 10 A2
07 Saint-Sauveur-de-Cruzières 37 C2
49 Saint-Sauveur-de-Flée 17 A1
76 Saint-Sauveur-d'Emalleville 4 C2
07 Saint-Sauveur-de-Montagut 37 C1
89 Saint-Sauveur-en-Puisaye 19 A2
42 Saint-Sauveur-en-Rue 31 C3
46 Saint-Sauveur-la-Vallée 36 A1
50 Saint-Sauveur-Lendelin 9 D1
50 Saint-Sauveur-le-Vicomte 3 D3
06 Saint-Sauveur-sur-Tinée 39 A3
03 Saint-Sauvier 24 C2
32 Saint-Sauvy 41 C1
33 Saint-Savin 29 A3
65 Saint-Savin 41 B3
86 Saint-Savin 23 D2
17 Saint-Savinien 29 A1
13 Saint-Savournin 44 B2
23 Saint-Sébastien 24 A2
38 Saint-Sébastien 38 B1
44 Saint-Sébastien 16 C3
86 Saint-Secondin 23 C2
35 Saint-Séglin 16 B1
58 Saint-Seine 25 B1
21 Saint-Seine-en-Bâche 20 A3
21 Saint-Seine-l'Abbaye 19 D2
21 Saint-Seine-sur-Vingeanne 20 A2
33 Saint-Selve 35 A1
37 Saint-Senoch 23 D1
71 Saint-Sernin-du-Bois 25 C1
12 Saint-Sernin-sur-Rance 36 C3
89 Saint-Sérotin 12 A3
22 Saint-Servais 8 D2
35 Saint-Servan 9 C2
33 Saint-Seurin-de-Cadourne 28 D2
17 Saint-Seurin-d'Uzet 28 D2
33 Saint-Seurin-sur-l'Isle 29 B3
40 Saint-Sever 35 A3
65 Saint-Sever 41 B2
12 Saint-Sever-du-Moustier 42 C1
14 Saint-Sever-Calvados 10 A1
16 Saint-Sévère 29 B1
36 Saint-Sévère 24 B2
16 Saint-Séverin 29 C2
45 Saint-Sigismond 18 B1
27 Saint-Siméon 4 D3
61 Saint-Siméon 10 A2
77 Saint-Siméon 12 A2
38 Saint-Siméon-de-Bressieux 32 A2
02 Saint-Simon 6 A2
15 Saint-Simon 30 C3
22 Saint-Solen 9 C2
01 Saint-Sorlin 32 A1
73 Saint-Sorlin-d'Arves 32 C3
17 Saint-Sorlin-de-Conac 29 A2
38 Saint-Sorlin-de-Morestel 32 A2
26 Saint-Sorlin-en-Valloire 31 D2
16 Saint-Sornin 29 C1
17 Saint-Sornin 28 D1
87 Saint-Sornin-la-Marche 23 D3
87 Saint-Sornin-Leulac 24 A3
77 Saint-Soupplets 11 D1
46 Saint-Sozy 30 A3
35 Saint-Suliac 9 C2
46 Saint-Sulpice 36 B1
49 Saint-Sulpice 17 A2
17 Saint-Sulpice-d'Arnoult 28 D1
81 Saint-Sulpice 42 A1
91 Saint-Sulpice-de-Favières 11 C2
24 Saint-Sulpice-de-Mareuil 29 C2
17 Saint-Sulpice-de-Royan 28 D1
35 Saint-Sulpice-des-Landes 16 C1
44 Saint-Sulpice-des-Landes 16 D2
85 Saint-Sulpice-en-Pareds 22 D2
33 Saint-Sulpice-et-Cameyrac 29 A3
23 Saint-Sulpice-les-Champs 24 B3
87 Saint-Sulpice-les-Feuilles 24 A3
85 Saint-Sulpice-le-Verdon 22 C1
31 Saint-Sulpice-sur-Lèze 42 A2
14 Saint-Sylvain 10 B1
49 Saint-Sylvain-d'Anjou 17 A2
07 Saint-Sylvestre 31 D3
63 Saint-Sylvestre 25 A3
87 Saint-Sylvestre 24 A3
59 Saint-Sylvestre-Cappel 1 D2
47 Saint-Sylvestre-sur-Lot 35 D2
27 Saint-Symphorien 4 C3
33 Saint-Symphorien 35 A2
72 Saint-Symphorien 17 B1
42 Saint-Symphorien-de-Lay 31 C1
69 Saint-Symphorien-d'Ozon 31 D2
37 Saint-Symphorien-les-Ponceaux 17 C2
69 Saint-Symphorien-sur-Coise 31 C2
29 Saint-Thégonnec 8 C2
30 Saint-Théodorit 37 B3
73 Saint-Thibaud-de-Couz 32 B2
21 Saint-Thibault 19 C3
34 Saint-Thibéry 43 A2

52 Saint-Thiébault 13 B3
29 Saint-Thois 8 C3
31 Saint-Thomas 41 D1
17 Saint-Thomas-de-Conac 29 A2
07 Saint-Thomé 37 D2
29 Saint-Thonan 8 B2
35 Saint-Thurial 9 C3
29 Saint-Thurien 8 C3
42 Saint-Thurin 31 B1
84 Saint-Trinit 38 A3
01 Saint-Trivier-de-Courtes 26 A2
01 Saint-Trivier-sur-Moignans 25 D3
17 Saint-Trojan-les-Bains 28 D1
83 Saint-Tropez 44 D2
56 Saint-Tugdual 8 D3
29 Saint-Tugen 8 A3
68 Saint-Ulrich 21 A2
68 Saint-Ulrich 14 A3
29 Saint-Urbain 8 B2
52 Saint-Urbain 13 A3
85 Saint-Urbain 22 B1
81 Saint-Urcisse 36 A3
15 Saint-Urcize 36 D1
10 Saint-Usage 19 D1
71 Saint-Usuge 26 A2
76 Saint-Vaast-d'Equiqueville 5 A2
59 Saint-Vaast-en-Cambrésis 6 A1
50 Saint-Vaast-la-Hougue 3 D2
17 Saint-Vaize 29 A1
36 Saint-Valentin 24 B1
85 Saint-Valérien 22 D2
89 Saint-Valérien 12 A3
76 Saint-Valéry-en-Caux 4 D2
80 Saint-Valéry-sur-Somme 5 B1
26 Saint-Vallier 31 D3
71 Saint-Vallier 25 C2
06 Saint-Vallier-de-Thiey 44 D1
79 Saint-Varent 23 B1
23 Saint-Vaury 24 B3
62 Saint-Venant 1 C3
05 Saint-Véran 38 D1
41 Saint-Viâtre 18 B2
03 Saint-Victor 24 C2
47 Saint-Victor 35 D2
12 Saint-Victor-et-Melvieu 36 D3
76 Saint-Victor-l'Abbaye 5 A2
30 Saint-Victor-la-Coste 37 D3
42 Saint-Victor-sur-Rhins 25 C3
87 Saint-Victurnien 29 D1
27 Saint-Vigor 11 A1
07 Saint-Vincent-de-Barrès 37 D1
24 Saint-Vincent-de-Connezac 29 C3
33 Saint-Vincent-de-Paul 29 A3
40 Saint-Vincent-de-Tyrosse 40 C1
72 Saint-Vincent-du-Lorouër 17 C1
71 Saint-Vincent-en-Bresse 26 A2
79 Saint-Vincent-la-Chatre 23 B3
85 Saint-Vincent-Sterlanges 22 D1
85 Saint-Vincent-sur-Graon 22 C2
04 Saint-Vincent-sur-Jabron 38 B2
85 Saint-Vincent-sur-Jard 22 C2
25 Saint-Vit 20 B3
73 Saint-Vital 32 C1
18 Saint-Vitte 24 C2
33 Saint-Vivien-de-Médoc 28 D2
33 Saint-Vivien-de-Monségur 35 B1
03 Saint-Voir 25 A2
29 Saint-Vougay 8 B2
91 Saint-Vrain 11 C2
22 Saint-Vran 9 B3
01 Saint-Vulbas 32 A1
76 Saint-Wandrille 4 D3
17 Saint-Xandre 22 D3
40 Saint-Yaguen 34 D3
71 Saint-Yan 25 B2
09 Saint-Ybars 42 A2
03 Saint-Yorre 25 A3
23 Saint-Yrieix-la-Montagne 30 B1
87 Saint-Yrieix-la-Perche 30 A2
19 Saint-Yrieix-le-Déjalat 30 B2
16 Saint-Yrieix-sur-Charente 29 B1
29 Saint-Yvy 8 C3
33 Saint-Yzans-de-Médoc 28 D2
83 Saint-Zacharie 44 B2
76 Sainte-Adresse 4 C3
42 Sainte-Agathe-en-Donzy 31 C1
39 Sainte-Agnès 26 A2
44 Sainte-Anne 16 B2
61 Sainte-Anne 10 D2
56 Sainte-Anne-d'Auray 15 D1
29 Sainte-Anne-du-Portzic 8 A2
29 Sainte-Anne-la-Palud 8 B3
77 Sainte-Aulde 12 A1
83 Sainte-Baume (La) 44 B2
47 Sainte-Bazeille 35 B1
69 Sainte-Catherine 31 C2
37 Sainte-Catherine-de-Fierbois 17 D3
71 Sainte-Cécile 25 D2
85 Sainte-Cécile 22 D1
30 Sainte-Cécile-d'Andorge 37 B2
84 Sainte-Cécile-les-Vignes 37 D2
72 Sainte-Cérotte 17 D1
32 Sainte-Christie-d'Armagnac 35 B3
47 Sainte-Colombe 35 C2
58 Sainte-Colombe 19 A3
11 Sainte-Colombe-sur-Guette 42 C3
09 Sainte-Colombe-sur-l'Hers 42 B3
26 Sainte-Croix 38 A1
71 Sainte-Croix 26 A2
68 Sainte-Croix-aux-Mines 14 A3
34 Sainte-Croix-de-Quintillargues 43 B1
33 Sainte-Croix-du-Mont 35 A1
42 Sainte-Croix-en-Jarez 31 D2
68 Sainte-Croix-en-Plaine 21 A1
14 Sainte-Croix-Grand'Tonne 4 B3
76 Sainte-Croix-sous-Buchy 5 A3
48 Sainte-Croix-Vallée-Française 37 B3
09 Sainte-Croix-Volvestre 41 D2
64 Sainte-Engrâce 40 D2
48 Sainte-Enimie 37 A2
12 Sainte-Eulalie 36 C2
24 Sainte-Eulalie-d'Ans 29 D2
40 Sainte-Eulalie-en-Born 34 C2
24 Sainte-Eulalie-Eymet 35 C1
26 Sainte-Euphémie-sur-Ouvèze 38 A2
36 Sainte-Fauste 24 B1
19 Sainte-Féréole 30 A3
85 Sainte-Flaive-des-Loups 22 C1
19 Sainte-Fortunade 30 B3
85 Sainte-Foy 22 C2
24 Sainte-Foy-de-Longas 29 C3
33 Sainte-Foy-la-Grande 35 B1
33 Sainte-Foy-la-Longue 35 B1
69 Sainte-Foy-l'Argentière 31 C1
73 Sainte-Foy-Tarentaise 32 D2
61 Sainte-Gauburge-Sainte-Colombe 10 C2
18 Sainte-Gemme 18 D3
36 Sainte-Gemme 24 A1
85 Sainte-Gemme-la-Plaine 22 D2
60 Sainte-Geneviève 5 C3
91 Sainte-Geneviève-des-Bois 11 C2
12 Sainte-Geneviève-sur-Argence 36 D1
33 Sainte-Hélène 28 D3
56 Sainte-Hélène 15 D1
73 Sainte-Hélène 32 C2
88 Sainte-Hélène 13 D3
85 Sainte-Hermine 22 D2
14 Sainte-Honorine-des-Pertes 4 A3
61 Sainte-Honorine-la-Guillaume 10 B2
26 Sainte-Jalle 38 A2
01 Sainte-Julie 32 A1
17 Sainte-Lheurine 29 A2
47 Sainte-Livrade-sur-Lot 35 C2
36 Sainte-Lizaigne 24 B1
2A Sainte-Lucie-de-Tallano 45 D3
89 Sainte-Magnance 19 C2
43 Sainte-Marguerite 31 B3
76 Sainte-Marguerite-sur-Duclair 4 D3
11 Sainte-Marie 42 D2
15 Sainte-Marie 36 D1
2A Sainte-Marie 45 B3
44 Sainte-Marie 16 B3
65 Sainte-Marie 41 C3
66 Sainte-Marie 42 D3
51 Sainte-Marie-à-Py 6 C3
76 Sainte-Marie-au-Bosc 4 C2
68 Sainte-Marie-aux-Mines 14 A3
65 Sainte-Marie-de-Campan 41 B3
17 Sainte-Marie-de-Ré 22 C3
50 Sainte-Marie-du-Mont 3 D3
21 Sainte-Marie-la-Blanche 25 D1
CS Sainte-Marie-Siché 45 C3
37 Sainte-Maure-de-Touraine 17 C3
83 Sainte-Maxime 44 D2
51 Sainte-Menehould 12 D1
32 Sainte-Mère 35 C3
50 Sainte-Mère-Église 3 D3
78 Sainte-Mesme 11 B2
18 Sainte-Montaine 18 C2
24 Sainte-Nathalène 30 A3
79 Sainte-Ouënne 23 A2
44 Sainte-Pazanne 16 C3
50 Sainte-Pience 9 D2
85 Sainte-Radegonde-des-Noyers 22 D2
24 Sainte-Sabine-Born 35 C1
10 Sainte-Savine 12 B3
61 Sainte-Scolasse-sur-Sarthe 10 C2
43 Sainte-Sigolène 31 C2
13 Saintes-Marie-de-la-Mer (Les) 43 C2
18 Sainte-Solange 18 C3
79 Sainte-Soline 23 B3
17 Sainte-Soulle 22 D3
53 Sainte-Suzanne 10 B3
82 Sainte-Thècle 35 D2
18 Sainte-Thorette 18 C3
04 Sainte-Tulle 44 B1
89 Sainte-Vertu 19 B2
50 Sainteny 3 D3
17 Saintes 29 A1
28 Sainville 11 B3
11 Saissac 42 B2
71 Saisy 25 C1
79 Saivres 23 B2
05 Saix (Le) 38 B2
31 Sajas 41 D2
38 Salagnon 32 A1
34 Salasc 43 A1
09 Salau 41 D3
07 Salavas 37 C2
41 Salbris 18 B2
34 Salces 43 A1
48 Salces (Les) 37 A2
17 Saleignes 23 B3
05 Salerans 38 B2
83 Salernes 44 C1
15 Salers 30 C3
38 Salette (La) 38 B1
43 Salettes 37 B1
12 Salgues 36 D1
2A Salice 45 C3
13 Saliers 43 C1
64 Salies-de-Béarn 40 D1
31 Salies-de-Salat 41 D2
24 Salignac-Eyvignes 30 A3
85 Saligny 22 C1
03 Saligny-sur-Roudon 25 B2
13 Salin-de-Badon 43 D1
13 Salin-de-Giraud 43 D2
30 Salindres 37 C3
77 Salins 11 D3
39 Salins-les-Bains 26 B1
73 Salins-les-Thermes 32 D2
21 Salives 19 D2
74 Sallanches 32 D1
62 Sallaumines 1 D3
38 Salle (La) 38 B1
71 Salle (La) 25 D2
33 Sallebœuf 29 A3
49 Salle-de-Vihiers (La) 17 A3
11 Sallèles-d'Aude 42 D2
74 Sallenoves 26 B3
85 Sallertaine 22 B1
33 Salles 34 D1
47 Salles 35 D1
81 Salles 36 B3
12 Salles-Courbatiers 46 B2
12 Salles-Curan 36 D3
16 Salles-d'Angles 29 A1
32 Salles-d'Armagnac 35 B3
11 Salles-d'Aude 42 D2
24 Salles-de-Belvès 35 D1
16 Salles-de-Ville-Fagnan 23 B3
12 Salles-la-Source 36 C2
16 Salles-Lavalette 29 B2
87 Salles-Lavauguyon (Les) 29 C1
26 Salles-sous-Bois 37 D2
11 Salles-sur-l'Hers 42 B2
17 Salles-sur-Mer 22 D3
83 Salles-sur-Verdon (Les) 44 C1
55 Salmagne 13 A2
67 Salmbach 14 B1
12 Salmiech 36 C2
10 Salon 12 B2
13 Salon-de-Provence 44 A1
71 Salornay-sur-Guye 25 C2
66 Salses 42 D3
81 Salvagnac 36 A3
82 Salvetat-Belmontet (La) 36 A3
12 Salvetat-Peyralès (La) 36 C2
31 Salvetat-Saint-Gilles (La) 41 D1
34 Salvetat-sur-Agout (La) 42 C1
46 Salviac 36 A1
40 Samadet 41 A1
32 Samatan 41 D1
41 Sambin 18 A2
13 Sambuc (Le) 43 D1
62 Samer 1 B3
64 Sames 40 C1
77 Sammeron 12 A1
74 Samoëns 26 D3
55 Samogneux 7 A3
77 Samois 11 D3
77 Samoreau 11 D3
31 Samouillan 41 D2
02 Samoussy 6 B3
39 Sampans 20 A3
55 Sampigny 13 A2
83 Sanary-sur-Mer 44 B2
18 Sancergues 18 D3
18 Sancerre 18 D3
25 Sancey-le-Grand 20 C3
28 Sancheville 11 B3
18 Sancoins 24 D1
77 Sancy 11 D1
67 Sand 14 A3
45 Sandillon 18 B1
62 Sangatte 1 B2
2A San-Gavino-di-Carbini 45 D2
40 Sanguinet 34 D1
30 Sanilhac-et-Sagriès 37 C3
2B San-Lorenzo 45 B2
2B San-Martino-di-Lota 45 A2
23 Sannat 24 C3
2B San-Nicolao 45 B2
15 Sansac 36 C1
79 Sansais 23 A1
2B Santa-Lucia 45 A2
2B Santa-Lucia-di-Moriani 45 B2
2B Sant'Antonino 45 B3
29 Santec 8 C1
21 Santenay 25 D1
41 Santenay 18 A2
52 Santenoge 19 D2
89 Santigny 19 C2
28 Santilly 11 B3
2B Santo-Pietro-di-Tenda 45 A2
12 Sanvensa 36 B2
76 Sanvic 4 C3
71 Sanvignes-les-Mines 25 C2
86 Sanxay 23 B2
25 Saône 20 C3
06 Saorge 39 B3
26 Saou 38 A1
61 Sap (Le) 10 C1
02 Saponay 12 A1
70 Saponcourt 20 B1
74 Sappey (Le) 26 C3
38 Sappey-en-Chartreuse (Le) 32 B2
32 Saramon 41 C1
72 Sarcé 17 C2
95 Sarcelles 11 C1
69 Sarcey 31 C1
60 Sarcus 5 B2
23 Sardent 24 B3
63 Sardon 31 A1
58 Sardy-les-Epiry 19 B3
64 Sare 40 B2
41 Sargé-sur-Braye 17 D1
09 Sarguet 42 A3
2A Sari-d'Orcino 45 C3
24 Sarlat-la-Canéda 30 A3
24 Sarliac-sur-l'Isle 29 D2
2A Sarrala-Carcopino 45 C3
57 Sarralbe 13 D1
57 Sarraltroff 13 D2
64 Sarrance 40 D2
65 Sarrancolin 41 C3
32 Sarrant 41 D1
07 Sarras 31 D3
24 Sarrazac 29 D2
57 Sarrebourg 13 D2
57 Sarreguemines 13 D1
31 Sarremezan 41 C2
67 Sarre-Union 13 D1
52 Sarrey 20 A1
84 Sarrians 37 D3
49 Sarrigné 17 B2
40 Sarron 41 A1
65 Sarrouilles 41 B2
89 Sarry 19 B2
62 Sars (Le) 5 D1
59 Sars-Poteries 6 B1
2A Sartène 45 D3
88 Sartes 13 B3
28 Sartilly 11 B3
50 Sartilly 9 D2
78 Sartrouville 11 C1
36 Sarzay 24 B2
56 Sarzeau 16 A2
41 Sasnières 17 D2
38 Sassenage 32 B3
71 Sassenay 25 D1
76 Sassetot-le-Malgardé 4 D2
36 Sassierges-Saint-Germain 24 B1
07 Satillieu 31 D3
40 Saubrigues 40 C1
40 Saubusse 40 C1
33 Saucats 35 A1
64 Saucède 40 D2
12 Sauclières 37 A3
52 Saucourt-sur-Rognon 13 A3
52 Saudron 13 A3
33 Saugon 29 A2
43 Saugues 31 A3
17 Saujon 28 D1
04 Saulce (La) 38 C2
08 Saulces-Champenoises 6 C3
08 Saulces-Moncin 6 C3
26 Saulce-sur-Rhône 37 D1
10 Saulcy 12 D3
25 Saules 20 C3
86 Saulgé 23 D2
53 Saulges 17 B1
16 Saulgond 23 D3
46 Sauliac-sur-Célé 36 B2
21 Saulieu 19 C3
55 Saulmory-et-Villefranche 7 A3
36 Saulnay 24 A1
35 Saulnières 16 C1
70 Saulnot 20 D2
57 Saulny 13 B1
21 Saulon-la-Rue 20 A3
10 Saulsotte (La) 12 A2
84 Sault 38 A3
59 Saultain 2 B3
01 Sault-Brénaz 32 A1
64 Sault-de-Navailles 40 D1
62 Saulty 5 C1
33 Saulve (La) 35 A1
55 Saulvaux 13 A2
70 Saulx 20 C2
52 Saulxures 20 A1
18 Saulzais-le-Potier 24 C2
03 Saulzet 25 A3
59 Saulzoir 6 A1
04 Saumane 38 B3
30 Saumane 37 B3
84 Saumane 38 A3
47 Sauméjean 35 B2
28 Saumeray 11 A3
33 Saumos 28 D3
49 Saumur 17 B3
76 Sauqueville 5 A2
79 Saurais 23 B2
09 Saurat 42 A3
63 Saurier 30 D2
81 Saurs 36 B3
27 Saussay-la-Champagne 5 B3
50 Saussemesnil 3 D2
13 Sausset-les-Pins 44 A2
21 Saussey 19 D3
21 Saussy 19 D2
33 Sauternes 35 A1
44 Sautron 16 C3
61 Sauvagère (La) 10 B2
63 Sauvagnat 30 C1
30 Sauve 37 B3
33 Sauve (La) 35 A1
01 Sauverny 26 C3
63 Sauvessenges 31 B2
32 Sauvetat (La) 35 C3
43 Sauvetat (La) 37 B1
47 Sauvetat-de-Savères (La) 35 D2
47 Sauvetat-du-Dropt (La) 35 C1
47 Sauvetat-sur-Lède (La) 35 C2
30 Sauveterre 37 D3
48 Sauveterre 37 A2
64 Sauveterre-de-Béarn 40 D1
31 Sauveterre-de-Comminges 41 C3
33 Sauveterre-de-Guyenne 35 B1
12 Sauveterre-de-Rouergue 36 C2
47 Sauveterre-la-Lémance 35 D1

47 Sauveterre-Saint-Denis 35 C2
34 Sauvian 43 A2
87 Sauviat-sur-Vige 30 A1
89 Sauvigny-le-Bois 19 B2
58 Sauvigny-les-Bois 25 A1
08 Sauville 6 D3
63 Sauxillanges 31 A2
04 Sauze (Le) 38 C2
26 Sauzet 37 D1
46 Sauzet 36 A2
79 Sauzé-Vaussais 23 B3
56 Sauzon 15 D2
46 Savanac 36 A2
38 Savas-Mépin 32 A2
44 Savenay 16 B2
09 Saverdun 42 A2
31 Savères 41 D2
67 Saverne 14 A2
47 Savignac-de-Duras 35 B1
24 Savignac-les-Églises 29 D2
47 Savignac-sur-Leyze 35 D2
30 Savignargues 37 B3
72 Savigné-l'Évêque 17 C1
72 Savigné-sous-Le Lude 17 B2
37 Savigné-sur-Lathan 17 C2
60 Savignies 5 B3
52 Savigny 20 B2
71 Savigny-en-Revermont 26 A2
18 Savigny-en-Sancerre 18 D2
18 Savigny-en-Septaine 24 C1
89 Savigny-en-Terre-Plaine 19 C2
21 Savigny-lès-Beaune 19 D3
21 Savigny-le-Sec 19 D2
51 Savigny-sur-Ardres 6 B3
41 Savigny-sur-Braye 17 D1
91 Savigny-sur-Orge 11 C2
05 Savines-le-Lac 38 C2
21 Savoisy 19 C2
37 Savonnières 17 C3
05 Savournon 38 B2
62 Savy-Berlette 1 D3
63 Sayat 30 D1
29 Scaër 8 C3
04 Scaffarels (Les) 38 D3
07 Sceautrès 37 D1
92 Sceaux 11 C2
45 Sceaux-du-Gâtinais 18 C1
72 Sceaux-sur-Huisne 17 C1
70 Scey-sur-Saône-et-Saint-Albin 20 B2
67 Scherwiller 14 A3
67 Schiltigheim 14 B2
67 Schirmeck 14 A2
67 Schirrhein 14 B2
67 Schoenau 14 B3
57 Schreckling 7 C3
67 Schweighouse-sur-Moder 14 B2
74 Sciez 26 C2
74 Scionzier 26 D3
86 Scorbé-Clairvaux 23 C1
29 Scrignac 8 C2
57 Scy-Chazelles 13 B1
43 Seauve-sur-Semène 31 C2
12 Sébazac-Concourès 36 C2
27 Sébécourt 10 D1
70 Secenans 20 C2
08 Séchault 6 D3
07 Sécheras 31 D3
08 Secheval 6 D2
38 Séchilienne 32 B3
59 Seclin 2 A3
79 Secondigné-sur-Belle 23 B3
79 Secondigny 23 A2
08 Sedan 6 D2
05 Séderon 38 B2
64 Sedzère 41 A2
61 Sées 10 C2
73 Séez 32 D1
15 Ségalassière (La) 30 C3
56 Séglien 8 D3
16 Segonzac 29 B1
19 Segonzac 30 A2
49 Segré 17 A2
72 Ségrie 10 B3
36 Ségry 24 B1
12 Ségur 36 D2
19 Ségur-le-Château 30 A2
15 Ségur-les-Villas 30 D3
49 Seiches-sur-le-Loir 17 B2
89 Seignelay 19 B1
40 Seignosse 40 C1
40 Seignosse-le-Penor 34 C3
31 Seilh 42 A1
19 Seilhac 30 B2
83 Seillans 44 D1
83 Seillons-Source-d'Argens 44 B1
32 Seissan 41 C1
09 Seix 41 D3
35 Sel-de-Bretagne (Le) 16 C1
67 Sélestat 14 A3
53 Selle-Craonnaise (La) 16 D1
45 Selle-en-Hermoy (La) 18 D1
62 Selles 1 B2
70 Selles 20 B1
41 Selles-Saint-Denis 18 B3
41 Selles-sur-Cher 18 A3
45 Selle-sur-le-Bied (La) 18 D1
39 Sellières 26 B1
41 Selommes 18 A2
25 Seloncourt 20 D2
21 Selongey 20 A2
04 Sélonnet 38 C2
67 Seltz 14 B1
67 Seltz 14 B1
02 Selve (La) 6 B3
12 Selve (La) 36 C3
81 Semalens 42 B1
43 Sembadel-Gare 31 B2
37 Semblançay 17 C2
17 Semillac 29 A2
10 Semoine 12 C2
38 Semons 32 A2
52 Semoutiers-Montsaon 19 D1
62 Sempy 1 B3
21 Semur-en-Auxois 19 C2
71 Semur-en-Brionnais 25 C3
72 Semur-en-Vallon 17 D1
17 Semussac 20 D1
08 Semuy 6 D3
40 Sen (Le) 35 A2
46 Senaillac-Latronquière 36 B1
46 Sénaillac-Lauzès 36 A1
89 Senan 19 A1
80 Sénarpont 5 B2
13 Sénas 44 A1
12 Senergues 36 C1
04 Senez 38 C3
60 Senlis 11 D1
71 Sennecey-le-Grand 25 D2
45 Sennely 18 C2
37 Sennevières 18 A3
76 Senneville 4 C2
55 Senon 7 B3
28 Senonches 11 A2
70 Senoncourt 20 B1
55 Senoncourt-les-Maujouy 13 A1
88 Senones 13 D3
53 Senonnes 16 D1
81 Senouillac 36 B3
89 Sens 12 A3
18 Sens-Beaujeu 18 D3
35 Sens-de-Bretagne 9 C3
71 Sens-sur-Seille 26 A1
80 Sentelie 5 C2
08 Senuc 6 D3
22 Senven-Léhart 9 A2
65 Séoube (La) 41 B3
89 Sépeaux 19 A1
37 Sepmes 17 D3
68 Seppois 21 A2
38 Septème 31 D2
78 Septeuil 11 B1
82 Septfonds 36 A2
89 Septfonds 19 A2
25 Septfontaines 26 C1
61 Sept-Forges 10 A2
76 Sept-Meules 5 A1
39 Septmoncel 26 B2
02 Septmonts 6 A3
51 Sept-Saulx 12 C1
02 Septvaux 6 A3
02 Serain 6 A1
08 Seraincourt 6 C2
95 Seraincourt 11 B1
02 Séraucourt-le-Grand 6 A2
88 Sercœur 13 C3
59 Sercus 1 C2
88 Sérecourt 20 B1
87 Séreilhac 29 D1
57 Sérémange-Erzange 7 B3
81 Sérénac 36 C3
56 Sérent 16 A1
65 Sère-Rustaing 41 B2
69 Serezin-du-Rhône 31 D2
89 Sergines 12 A3
60 Sérifontaine 5 B3
47 Sérignac-sur-Garonne 35 C2
34 Sérignan 43 A2
84 Sérignan-du-Comtat 37 D2
34 Sérignan-Plage 43 A2
17 Sérigny 22 D2
86 Sérigny 23 C1
41 Séris 18 A2
58 Sermages 25 B1
49 Sermaise 17 B2
45 Sermaises 11 C3
51 Sermaize-les-Bains 12 D2
90 Sermamagny 20 D2
39 Sermange-Peintre 20 B3
2B Sermano 45 B2
71 Sermesse 26 A1
51 Sermiers 12 B1
02 Sermoise 6 A3
01 Sermoyer 25 D2
65 Séron 41 B2
52 Serqueux 20 B1
76 Serqueux 5 B2
27 Serquigny 10 D1
2A Serra-di-Scopamone 45 C2
66 Serralongue 43 C3
74 Serraval 32 C1
05 Serre-Chevalier 32 D3
05 Serres 38 B2
11 Serres 42 C3
54 Serres 13 C2
07 Serrières 31 D2
01 Serrières-de-Briord 32 A1
54 Serrouville 7 B3
16 Sers 29 C1
70 Servance 20 D1
24 Servanches 29 B3
01 Servas 26 A3
48 Serverette 37 A1
26 Serves-sur-Rhône 31 D3
34 Servian 43 A2
30 Serviers-et-Labaume 37 C3
11 Serviès-en-Val 42 C2
62 Servins 1 D3
51 Servon-Melzicourt 12 D1
35 Servon-sur-Vilaine 9 C3
74 Servoz 32 D1
08 Sery 6 C3
02 Séry-lès-Mézières 6 A2
67 Sessenheim 14 B2
34 Sète 43 B2
58 Settons (Les) 19 B3
08 Seuil 6 C3
55 Seuil-d'Argonne 12 D1
37 Seuilly 17 C3
21 Seurre 26 A1
90 Sevenans 20 D2
44 Séverac 16 B2
12 Séverac-le-Château 36 D2
12 Séverac-l'Église 36 D2
70 Seveux 20 B2
22 Sévignac 9 B3
64 Sévignacq-Thèze 41 A1
08 Sevigny-Waleppe 6 B2
92 Sèvres 11 C2
74 Sevrier 32 C1
68 Sewen 20 D1
19 Sexcles 30 B3
54 Sexey-aux-Forges 13 B2
52 Sexfontaines 12 D3
04 Seyne 38 C2
30 Seynes 37 C3
83 Seyne-sur-Mer (La) 44 B2
74 Seyssel 32 B1
31 Seysses 42 A1
38 Seyssins 32 B3
51 Sézanne 12 B2
43 Siaugues-Saint-Romain 31 B3
58 Sichamps 19 A3
18 Sidiailles 24 C2
17 Siecq 29 B1
89 Sièges (Les) 12 A3
57 Sierck-les-Bains 7 C3
68 Sierentz 21 A2
38 Siévoz 32 B3
06 Sigale 39 A3
11 Sigean 42 D3
83 Signes 44 B2
08 Signy-l'Abbaye 6 C2
08 Signy-le-Petit 6 C2
16 Sigogne 29 B1
04 Sigonce 38 B3
24 Sigoulès 35 C1
04 Sigoyer 38 B2
09 Siguer 42 A3
56 Silfiac 8 D3
07 Silhac 37 D1
38 Sillans 32 A2
57 Sillegny 13 C1
72 Sillé-le-Guillaume 10 B3
72 Sillé-Plage 10 B3
51 Sillery 12 C1
67 Siltzheim 13 D1
2B Silvareccio 45 B2
64 Simacourbe 41 A1
01 Simandre 26 A3
71 Simandre 25 D2
71 Simard 26 A1
04 Simiane-la-Rotonde 38 B3
32 Simorre 41 C1
54 Sion 13 B3
74 Sion 32 B1
44 Sion-les-Mines 16 C1
85 Sion-sur-l'Océan 22 B1
24 Siorac-en-Périgord 35 D1
50 Siouville-Hague 3 C2
15 Siran 30 B3
2B Sisco 45 A2
02 Sissonne 6 B3
02 Sissy 6 A2
82 Sistels 35 C3
04 Sisteron 38 B2
77 Sivry-Courtry 11 D2
51 Sivry-sur-Ante 12 D1
55 Sivry-sur-Meuse 7 A3
83 Six-Fours-la-Plage 44 B2
74 Sixt 26 D3
56 Sixt-sur-Alf 16 B1
29 Sizun 8 B2
76 Smermesnil 5 B2
2A Soccia 45 B3
25 Sochaux 20 D2
59 Socx 1 C2
49 Sœurdres 17 A1
77 Soignolles-en-Brie 11 D2
70 Soing 20 B2
41 Soings-en-Sologne 18 A2
02 Soissons 6 A3
21 Soissons-sur-Nacey 20 A3
51 Soisy-aux-Bois 12 B2
77 Soisy-Bouy 12 A2
28 Soizé 10 D3
2B Solaro 45 C2
2A Solenzara 45 C2
59 Solesmes 6 A1
66 Soler (Le) 43 D3
40 Solférino 34 D2
57 Solgne 13 C1
87 Solignac 30 A1
43 Solignac-sur-Loire 31 B3
63 Solignat 31 A2
61 Soligny-la-Trappe 10 C2
10 Soligny-lès-Étangs 12 A3
74 Solitude (La) 26 D3
2A Sollacaro 45 D3
73 Sollières-Sardières 32 D2
83 Solliès-Pont 44 C2
32 Solomiac 35 D3
59 Solre-le-Château 6 B1
45 Solterre 18 D1
71 Solutré-Pouilly 25 D3
59 Somain 2 A3
25 Sombacour 26 C1
21 Sombernon 19 D3
62 Sombrin 5 C1
49 Somloire 17 A3
59 Sommaing 6 A1
08 Sommauthe 6 D3
51 Somme-Bionne 12 D1
89 Sommecaise 19 A1
55 Sommedieue 13 A1
55 Sommeilles 12 D1
51 Sommepy-Tahure 6 C3
08 Sommerance 6 D3
60 Sommereux 5 B2
76 Sommery 5 A2
51 Sommesous 12 C2
51 Somme-Suippes 12 C1
51 Somme-Tourbe 12 D1
25 Sommette (La) 20 C3
10 Sommeval 12 B3
51 Somme-Vesle 10 C1
52 Sommevoire 12 D3
51 Somme-Yèvre 12 D1
30 Sommières 43 B1
86 Sommières-du-Clain 23 C3
51 Sompuis 12 C2
51 Somsois 12 C2
78 Sonchamp 11 B2
52 Soncourt-sur-Marne 13 A3
68 Sondernach 20 D1
60 Songeons 5 B3
51 Songy 12 C2
38 Sonnay 31 D2
37 Sonzay 17 C2
40 Soorts-Hossegor 40 C1
68 Soppe-le-Bas 21 A2
57 Sorbey 13 C1
03 Sorbier 25 B2
55 Sorcy 13 B2
40 Sorde-l'Abbaye 40 C1
40 Sore 35 A2
65 Soréac 41 B2
80 Sorel-en-Vimeu 5 B1
81 Sorèze 42 B2
24 Sorges 29 D2
84 Sorgues 37 D3
37 Sorigny 17 D3
44 Sorinières (Les) 16 C3
89 Sormery 19 B1
19 Sornac-Saint-Germain-Lavolps 30 C1
70 Sornay 20 B3
71 Sornay 26 A2
47 Sos 35 B3
06 Sospel 39 B3
86 Sossais 23 C1
65 Sost 41 C3
2A Sotta 45 D2
50 Sottevast 3 C2
76 Sotteville-lès-Rouen 5 A3
76 Sotteville-sur-Mer 4 D2
51 Souain-Perthes-lès-Hurlus 12 C1
81 Soual 42 B1
28 Souancé-au-Perche 10 C3
62 Souastre 5 D1
34 Soubès 43 A1
47 Soubirous 35 C2
17 Soubise 22 D3
17 Soubran 29 A2
49 Soucelles 17 B2
62 Souchez 1 D3
69 Soucieu-en-Jarrest 31 D1
89 Soucy 12 A3
44 Soudan 16 D1
79 Soudan 23 B2
41 Souday 17 D1
30 Soudorgues 37 B3
51 Soudron 12 C2
09 Soueix 41 D3
81 Souel 36 B3
65 Soues 41 B2
80 Soues 5 C2
41 Souesmes 18 C2
67 Soufflenheim 14 B1
36 Sougé 24 A1
72 Sougé-le-Ganelon 10 B3
89 Sougères-en-Puisaye 19 A2
45 Sougy 18 B1
46 Souillac 30 A3
55 Souilly 13 A1
33 Souis 35 A2
33 Soulac-sur-Mer 28 D2
52 Soulaincourt 13 A3
10 Soulaines-sur-Dhuys 12 D3
28 Soulaires 11 B2
49 Soulaise 17 A2
09 Soulan 41 D3
49 Soulanger 17 B3
18 Soulangis 18 C3
11 Soulatgé 42 C3
52 Soulaucourt 13 B3
53 Soulgé-le-Bruant 17 A1
34 Soulié (Le) 42 C1
72 Souligné-Flacé 17 B1
72 Souligné-sous-Ballon 10 C3
17 Soulignonne 29 A1
85 Soullans 22 B1
88 Soulosse-sous-Saint-Elophe 13 B3
68 Soultz 21 A1
68 Soultzeren 21 A1
67 Soultz-les-Bains 14 A2
68 Soultzmatt 21 A1
67 Soultz-sous-Forêts 14 B1
23 Soumans 24 C3
64 Soumoulou 41 A2
77 Souppes-sur-Loing 11 D3
40 Souprosse 34 D3
40 Souquet 34 D3
50 Sourdeval 10 A2
80 Sordon 5 C2
77 Sourdun 12 A2
56 Sourn (Le) 9 A3
66 Sournia 42 C3
28 Sours 11 B3
19 Soursac 30 C2
46 Sousceyrac 36 B1

33 Soussac 35 B1
21 Soussey-sur-Brionne 19 C3
40 Soustons 34 C3
23 Souterraine (La) 24 A3
34 Soutayrol 37 B3
16 Souvigné 23 B3
37 Souvigné 17 C2
79 Souvigné 23 B2
03 Souvigny 25 A2
41 Souvigny-en-Sologne 18 C2
64 Souye 41 A2
49 Souzay-Champigny 17 B3
91 Souzy-la-Briche 11 C2
25 Soye 20 C2
18 Soye-en-Septaine 24 C1
67 Sparsbach 14 A1
72 Spay 17 C1
68 Spechbach 21 A2
29 Spézet 8 C3
55 Spincourt 7 B3
10 Spoy 12 D3
21 Spoy 20 A2
59 Spyker 1 C2
55 Stainville 13 A2
59 Steenvoorde 1 D2
67 Steige 14 A3
67 Steinbourg 14 A2
68 Steinsoultz 21 A2
55 Stenay 7 A3
08 Stonne 6 D3
68 Stosswihr 21 A1
67 Stotzheim 14 A3
67 Strasbourg 14 B2
59 Strazeele 1 D2
57 Sturzelbronn 14 A1
90 Suarce 21 A2
70 Suaucourt-et-Pisseloup 20 B2
37 Sublaines 17 D3
18 Subligny 18 D3
89 Subligny 12 A3
14 Subles 4 A3
09 Suc 42 A3
44 Sucé 16 C2
94 Sucy-en-Brie 11 C2
41 Suèvres 18 A2
63 Sugères 31 A1
58 Suilly-la-Tour 19 A3
51 Suippes 12 C1
01 Sulignat 25 D3
60 Sully 5 B3
71 Sully 25 C1
45 Sully-la-Chapelle 18 C1
45 Sully-sur-Loire 18 C2
30 Sumène 37 B3
31 Superbagnères 41 C3
63 Super-Besse 30 D2
04 Super-Sauze 38 D2
67 Surbourg 14 B1
61 Suré 10 C3
92 Suresnes 11 C1
72 Surfonds 17 C1
02 Surfontaine 6 A2
17 Surgères 23 A3
58 Surgy 19 A2
86 Surin 23 C3
16 Suris 29 C1
14 Surrain 4 A3
50 Surtainville 3 C3
18 Sury-ès-Bois 18 D2
42 Sury-le-Comtal 31 C2
56 Surzur 16 A2
87 Sussac 30 B1
01 Sutrieu 32 B1
26 Suze-la-Rousse 37 D2
72 Suze-sur-Sarthe (La) 17 B1
02 Suzy 6 A3
39 Syam 26 B1
12 Sylvanès 36 D3
34 Sylveréal 43 C1

T

32 Tachoires 41 C1
71 Tagnière (La) 25 C1
08 Tagnon 6 C3
68 Tagsdorf 21 A2
33 Taillan-Médoc (Le) 29 A3
17 Taillant 29 A1
61 Taillebois 10 B2
33 Taillecavat 35 B1
02 Taillefontaine 6 A3
35 Taillis 9 D3
89 Taingy 19 A2
26 Tain-l'Hermitage 31 D3
80 Taisnil 5 C2
79 Taizé 23 B1
16 Taizé-Aizie 23 C3
08 Taizy 6 C3
11 Talairan 42 C3
33 Talais 28 D2
57 Talange 7 C3
21 Talant 19 D3
29 Tal-Ar-Groas 8 B2
42 Talaudière (La) 31 C2
41 Talcy 18 A2
33 Talence 35 A1
35 Talensac 9 C3
15 Talizat 30 D3
71 Tallant 25 D2
05 Tallard 38 C2
40 Taller 34 C3
74 Talloires 32 C1
2B Tallone 45 B2
80 Talmas 5 C1
21 Talmay 20 A3
17 Talmont-sur-Gironde 28 D1
85 Talmont-Saint-Hilaire 22 C2
60 Talmontiers 5 B3
83 Tamaris 44 B2
34 Tamarissière (La) 43 A2
58 Tamnay-en-Bazois 25 B1
76 Tancarville 4 C3
49 Tancoigné 17 A3
39 Tancua 26 B2
62 Tangry 1 C3
74 Taninges 26 D3
89 Tanlay 19 C1
08 Tannay 6 D3
58 Tannay 19 B3
55 Tannois 13 A2
54 Tantonville 13 C3
81 Tanus 36 C3
16 Taponnat-Fleurignac 29 C1
31 Tarabel 42 A1
83 Taradeau 44 C1
69 Tarare 31 C1
13 Tarascon 43 D1
09 Tarascon-sur-Ariège 42 A3
65 Tarbes 41 B2
25 Tarcenay 20 C3
64 Tardets-Sorholus 40 D2
33 Targon 35 A1
19 Tarnac 30 B1
40 Tarnos 40 C1
21 Tarsul 19 D2
40 Tartas 34 D3
60 Tartigny 5 C2
04 Tartonne 38 C3
39 Tassenières 26 A1
69 Tassin-la-Demi-Lune 31 D1
17 Taugon 22 D2
29 Taulé 8 C2
43 Taulhac 31 B3
26 Taulignan 37 D2
66 Taulis 43 C3
56 Taupont 16 B1
12 Tauriac-de-Naucelle 36 C3
81 Tauriac 36 A3
12 Tauriac-de-Camarès 42 D1
66 Taurinya 43 C3
09 Taurignan-Castet 41 D3
33 Taussat 34 D1
66 Tautavel 42 D2
63 Tauves 30 C2
37 Tauxigny 17 D3
37 Tavant 17 C3
39 Tavaux 26 A1
02 Tavaux-et-Fontséricourt 6 B2
30 Tavel 37 D3
2A Tavera 45 C3
83 Tavernes 44 C1
95 Taverny 11 C1
39 Taxenne 20 B3
58 Tazilly 25 B1
66 Tech (Le) 43 C3
33 Teich (Le) 34 D1
07 Teil (Le) 37 D2
63 Teilhet 24 D3
35 Teillay 16 C1
44 Teillé 16 D2
81 Teillet 36 C3
03 Teillet-Argenty 24 C3
50 Teilleul (Le) 10 A2
29 Telgruc-sur-Mer 8 B2
54 Tellancourt 7 B3
21 Tellecey 20 A3
72 Téloché 17 C1
33 Temple (Le) 28 D3
41 Temple (Le) 17 D1
44 Temple-de-Bretagne (Le) 16 C2
59 Templeuve 2 A3
01 Tenay 32 A1
43 Tence 31 C3
38 Tencin 32 B2
06 Tende 39 B3
88 Tendon 20 D1
72 Tennie 10 B3
86 Tercé 23 C2
23 Tercillat 24 B2
40 Tercis-les-Bains 40 C1
02 Tergnier 6 A2
32 Termes-d'Armagnac 41 B1
73 Termignon 32 D2
28 Terminiers 18 B1
21 Ternant 19 D3
58 Ternant 25 B1
41 Ternay 17 D2
15 Ternes (Les) 30 D3
70 Ternuay-Melay-et-Saint-Hilaire 20 D1
02 Terny-Sorny 6 A3
42 Terrasse-sur-Dorley (La) 31 C2
24 Terrasson-la-Villedieu 30 A3
32 Terraube 35 C3
52 Terre Natale 20 B1
42 Terrenoire 31 C2
12 Terrisse (La) 36 D1
46 Terrou 36 B1
87 Tersannes 23 D3
80 Tertry 6 A2
17 Tesson 29 A1
49 Tessouale (La) 17 A3
50 Tessy-sur-Vire 10 A1
33 Teste (La) 34 C1
57 Téterchen 7 C3
50 Teurtheville-Hague 3 C2
46 Teyssieu 30 B3
19 Thalamy 30 C2
68 Thann 21 A1
68 Thannenkirch 14 A3
67 Thanvillé 14 A3
14 Thaon 4 B3
88 Thaon-les-Vosges 13 C3
44 Tharon-Plage 16 B3
18 Thaumiers 24 D1
03 Theil (Le) 25 A2
61 Theil (Le) 10 D3
35 Theil-de-Bretagne (Le) 16 C1
41 Theillay 18 B3
89 Theil-sur-Vanne 12 A3
56 Theix 16 A1
54 Thélod 13 B2
46 Thémines 36 B1
17 Thénac 29 A1
41 Thenay 18 A3
03 Theneuille 24 D2
79 Thénezay 23 B1
18 Thénioux 18 B3
21 Thenissey 19 D2
80 Thennes 5 C2
24 Thenon 29 D3
06 Théoule-sur-Mer 45 A1
65 Thermes-Magnoac 41 C2
62 Thérouanne 1 C3
39 Thervay 20 B3
05 Théus 38 C2
36 Thévet-Saint-Julien 24 B2
50 Théville 3 D2
38 Theys 32 B2
17 Thézac 28 D1
11 Thézan 42 D2
04 Thèze 38 B2
64 Thèze 41 A1
41 Thézée 18 A3
30 Théziers 37 D3
01 Thézillieu 32 B1
87 Thiat 23 D3
54 Thiaucourt-Regniéville 13 B1
27 Thiberville 10 C1
51 Thibie 12 C1
60 Thibivillers 5 B3
54 Thiébauménil 13 C2
51 Thiéblemont-Farémont 12 D2
10 Thieffrain 12 C3
70 Thieffrans 20 C2
03 Thiel-sur-Alcolin 25 B2
80 Thiepval 5 D1
63 Thiers 31 A1
55 Thierville-sur-Meuse 13 A1
60 Thiescourt 5 D3
80 Thieulloy-l'Abbaye 5 B2
80 Thieulloy-la-Ville 5 B2
60 Thieuloy-Saint-Antoine 5 B2
60 Thieux 5 C3
15 Thiézac 30 C3
10 Thil 12 D3
31 Thil 41 D1
27 Thilliers-en-Vexin (Les) 5 B3
55 Thillombois 13 A1
88 Thillot (Le) 20 D1
45 Thimory 18 C1
07 Thines 37 B2
08 Thin-le-Moutier 6 C2
57 Thionville 7 B3
28 Thiron 10 C3
28 Thivars 11 A3
24 Thiviers 29 D2
37 Thizay 17 C3
79 Thizy 25 C3
04 Thoard 38 C3
39 Thoirette 26 B3
73 Thoiry 32 C2
78 Thoiry 11 B2
01 Thoissey 25 D3
39 Thoissia 26 A2
21 Thoisy-la-Berchère 19 C3
86 Thollet 23 D2
74 Thollon 26 D2
13 Tholonet (Le) 44 B1
88 Tholy (Le) 20 D1
27 Thomer-la-Sogne 11 A1
77 Thomery 11 D3
24 Thonac 29 D3
55 Thonelle 7 A3
74 Thônes 32 C1
52 Thonnance-lès-Joinville 13 A3
52 Thonnance-les-Moulins 13 A3
55 Thonne-le-Thil 7 A3
74 Thonon-les-Bains 26 C2
84 Thor (Le) 38 A3
25 Thoraise 20 B3
04 Thorame-Basse 38 D3
04 Thorame-Haute 38 D3
72 Thorée-les-Pins 17 B2
06 Thorenc 38 D3
74 Thorens-Glières 26 C3
54 Thorey-Lyautey 13 B3
21 Thorey-sur-Ouche 19 D3
49 Thorigné-d'Anjou 17 A2
35 Thorigné-sur-Vilaine 9 C3
53 Thorigné-en-Charnie 17 B1
72 Thorigné-sur-Due 17 C1
79 Thorigny 23 A3
85 Thorigny 22 D2
89 Thorigny-sur-Oreuse 12 A3
83 Thoronet (Le) 44 C1
17 Thors 29 A1
10 Thors 12 D3
21 Thostes 19 C2
17 Thou (Le) 22 D3
45 Thou 18 D2
49 Thouarcé 17 A3
44 Thouaré-sur-Loire 16 C3
47 Thouars 35 C2
79 Thouars 23 B1
85 Thouarsais-Bouildroux 22 D1
06 Thouët-sur-V. 39 A3
51 Thoult-Trosnay (Le) 12 B2
08 Thour (Le) 6 B3
35 Thourie 16 C1
41 Thoury 18 B2
77 Thoury-Ferottes 11 D3
66 Thuès-entre-Valls 43 C3
07 Thueyts 37 C1
54 Thuilley-aux-Groseilles 13 B2
88 Thuillières 13 B3
66 Thuir 43 D3
27 Thuit (Le) 5 A3
86 Thurageau 23 C1
86 Thuré 23 C1
63 Thuret 31 A1
71 Thurey 26 A1
58 Thurigny 19 A3
69 Thurins 31 D1
21 Thury 25 C1
89 Thury 19 A2
14 Thury-Harcourt 10 B1
61 Ticheville 10 C1
21 Tichey 26 A1
67 Tiefenbach 14 A1
49 Tiercé 17 A2
12 Tiergue 36 D3
48 Tieule (La) 37 A2
85 Tiffauges 16 D3
73 Tignes-les-Boisses 32 D2
45 Tigy 18 C1
21 Til-Châtel 20 A2
40 Tilh 40 D1
65 Tilhouse 41 B2
32 Tillac 41 B1
28 Tillay-le-Peneux 11 B3
60 Tillé 5 C3
55 Tilleuls-Vaudoncourt 7 B3
49 Tillières 16 D3
27 Tillières-sur-Avre 11 A2
59 Tilloy 2 A3
51 Tilloy-Bellay 12 C1
62 Tilloy-les-Mofflaines 5 D1
27 Tilly 11 B1
36 Tilly 24 A2
14 Tilly-sur-Seulles 4 A3
61 Tinchebray 10 A2
62 Tincques 1 C3
51 Tinqueux 6 B3
35 Tinténiac 9 C3
71 Tintry 25 C1
43 Tiranges 31 B2
50 Tirepied 9 D2
89 Tissey 19 B1
33 Tizac-de-Curton 35 A1
2A Tizzano 45 D3
24 Tocarne-Saint-Apre 29 C2
50 Tocqueville 3 D2
76 Tocqueville-sur-Eu 5 A1
2A Tolla 45 C3
77 Tombe (La) 12 A3
47 Tombebœuf 35 C1
81 Tonnac 36 B3
17 Tonnay-Boutonne 23 A3
17 Tonnay-Charente 22 D3
47 Tonneins 35 C2
89 Tonnerre 19 B1
22 Tonquédec 8 D1
53 Torcé-en-Charnie 10 B3
72 Torcé-en-Vallée 10 C3
52 Torcenay 20 A1
02 Torcy-en-Valois 12 A1
76 Torcy-le-Grand 5 A2
49 Torfou 16 D3
50 Torigni-sur-Vire 10 A1
16 Torsac 29 B2
18 Torteron 24 D1
10 Torvilliers 12 B3
40 Tosse 40 C1
01 Tossiat 26 A3
65 Tostat 41 B2
76 Tôtes 5 A2
14 Tôtes 10 C1
44 Touches (Les) 16 C2
17 Touches-de-Périgny (Les) 29 B1
89 Toucy 19 A2
06 Toudon 39 A3
82 Touffailles 35 D2
21 Touillon 19 C2
54 Toul 13 B2
83 Toulon 44 B2
12 Toulonjac 36 B2
03 Toulon-sur-Allier 25 A2
71 Toulon-sur-Arroux 25 C2
31 Toulouse 42 A1
40 Toulouzette 34 D3
23 Toulx-Sainte-Croix 24 C3
14 Touques 4 C3
62 Touquet-Paris-Plage (Le) 1 B3
77 Touquin 11 D2
29 Tourch 8 C3
24 Tour-Blanche (La) 29 C2
59 Tourcoing 2 A2
84 Tour-d'Aigues (La) 44 B1
66 Tour-de-Carol (La) 43 B3
39 Tour-du-Meix (La) 26 B2
56 Tour-du-Parc (Le) 16 A2
38 Tour-du-Pin (La) 32 A2
14 Tour-en-Bessin 4 A3
06 Tourette-Levens 45 A1
06 Tourette-sur-Loup 45 A1
49 Tourlandry (La) 17 A3
50 Tourlaville 3 D2
39 Tourmont 26 B1
77 Tournan-en-Brie 11 D2
17 Tournay 23 A3
65 Tournay 41 B2
33 Tourne (Le) 35 A1
32 Tournecoupe 35 C3
31 Tournefeuille 42 A1
06 Tournefort 39 13
15 Tournemire 30 C3
08 Tournes 6 C2
14 Tourneur (Le) 10 A1
14 Tournières 4 A3
45 Tournoisis 18 B1

07 Tournon 31 D3
47 Tournon-d'Agenais 35 D2
37 Tournon-Saint-Martin 23 D1
71 Tournus 25 D2
27 Tourny 11 B1
61 Tourouvre 19 D2
37 Tours 17 D3
73 Tours-en-Savoie 32 C1
80 Tours-en-Vimeu 5 B1
51 Tours-sur-Marne 12 C1
63 Tours-sous-Meymont 31 B1
34 Tour-sur-Orb (La) 43 A1
79 Tourtenay 17 B3
08 Tourteron 6 D3
24 Tourtoirac 29 D2
83 Tourves 44 B2
76 Tourville-la-Rivière 5 A3
50 Tourville-sur-Sienne 9 D1
28 Toury 11 B3
58 Toury-Lurcy 25 A1
76 Toussaint 4 C2
69 Toussieu 31 D1
77 Tousson 11 C3
73 Toussuire (La) 32 C2
78 Toussus-le-Noble 11 C2
27 Toutainville 4 C3
80 Toutencourt 5 C1
49 Toutlemonde 17 A3
21 Toutry 19 C2
38 Touvet (Le) 32 B2
44 Touvois 22 C1
16 Touvre 29 C1
46 Touzac 35 D2
19 Toy-Viam 30 B1
58 Tracy-sur-Loire 18 D3
10 Trainel 12 A3
45 Trainou 18 C1
71 Tramayes 25 C3
71 Trambly 25 C3
65 Tramezaygues 41 B3
88 Trampot 13 A3
85 Tranche-sur-Mer (La) 22 C2
28 Trancrainville 11 B3
36 Tranger (Le) 24 A1
10 Trannes 12 C3
35 Trans 9 C2
53 Trans 10 B3
83 Trans-en-Provence 44 D1
80 Translay (Le) 5 B1
62 Transloy (Le) 5 D1
44 Trans-sur-Erdre 16 D2
78 Trappes 11 B2
68 Traubach 21 A2
70 Traves 20 B2
81 Travet (Le) 36 C3
83 Trayas (Le) 45 A1
29 Trébabu 8 A2
03 Tréban 25 A2
81 Tréban 36 C3
81 Trébas 36 C3
11 Trèbes 42 C2
22 Trébeurden 8 D1
65 Trébons 41 B2
29 Tréboul 8 B3
56 Trédion 16 A1
44 Treffieux 16 C2
01 Treffort-Cuisiat 26 A3
22 Trégastel-Plage 8 D1
22 Tregenestre 9 A2
56 Trégomel 8 D3
22 Trégomeur 9 A2
22 Trégon 9 B2
29 Trégourez 8 C3
29 Tréguennec 8 B3
22 Tréguidel 9 A2
22 Tréguier 8 D1
29 Trégunc 15 C1
35 Tréhorenteuc 9 B3
29 Tréhou (Le) 8 B2
19 Treignac 30 B2
03 Treignat 24 C2
89 Treigny 19 A2
11 Treilles 42 D3
44 Treillières 16 C2
85 Treize-Septiers 16 D3
49 Trélazé 17 A2
22 Trélévern 8 D1
59 Trélon 6 B1
22 Trémargat 8 D2
17 Tremblade (La) 28 D1
35 Tremblay 9 D2
28 Tremblay-le-Vicomte 11 A2
93 Tremblay-les-Gonesse 11 C1
54 Tremblecourt 13 B2
22 Trémel 8 C2
22 Treméloir 9 A2
49 Trémentines 17 A3
38 Tréminis 39 B1
24 Trémolat 29 D3
55 Trémont 12 D2
22 Trémorel 9 B3
22 Trémuson 9 A2
40 Trensacq 34 D2
47 Trentels 35 D2
22 Tréogan 8 C3
29 Tréogat 8 B3
28 Tréon 11 A2
51 Trépail 12 C1
76 Tréport (Le) 5 A1
25 Trépot 20 C3
14 Trépreł 10 B1
38 Trept 32 A1
35 Tresbœuf 16 C1
05 Trescléoux 38 B2
70 Trésilley 20 B2
30 Tresques 37 D3
72 Tresson 17 C1
22 Trestel 8 D1
13 Trets 44 B2
22 Tréveneuc 9 A2
55 Tréveray 13 A2
30 Trèves 37 A3
49 Trêves 17 B3
69 Trèves 31 D2
14 Trévières 4 A3
34 Tréviers 43 B1
66 Trévillach 42 C3
25 Trévillers 20 D3
29 Trévoux (Le) 15 C1
01 Trévoux 31 D1
03 Trézelles 25 B3
29 Trez-Hir (Le) 8 A2
85 Triaize 22 D2
50 Tribehou 3 D3
10 Trichey 19 C1
60 Tricot 5 D3
60 Trie-Château 5 B3
78 Triel-sur-Seine 11 B1
65 Trie-sur-Baise 41 C2
54 Trieux 7 B3
83 Trigance 44 C1
44 Trignac 16 B2
51 Trigny 6 B3
45 Triguères 18 D1
77 Trilbardou 11 D1
77 Trilport 11 D1
67 Trimbach 14 B1
86 Trimouille (La) 23 D2
45 Trinay 18 B1
56 Trinité-sur-Mer (La) 15 D2
76 Trinité-du-Mont (La) 4 D2
22 Trinité-Porhoët (La) 9 A3
56 Trinité-Surzur (La) 16 A2
59 Trith-Saint-Léger 2 A3
81 Trivalle (La) 42 D1
15 Trizac 30 C2
17 Trizay 28 D1
14 Troarn 4 B3
21 Trochères 20 A3
37 Trogues 17 C3
68 Trois-Epis (Les) 21 A1
23 Trois-Fonds 24 C3
51 Trois-Fontaines 12 D2
50 Troisgots 10 A1
60 Troissereux 5 C3
51 Troissy 12 B1
58 Trois-Vèvres 25 A1
64 Trois-Villes 40 D2
03 Tronçais 24 D2
38 Tronche (La) 32 B3
80 Tronchoy 5 B2
54 Trondes 13 B2
03 Tronget 24 D2
27 Tronquay (Le) 5 B3
55 Tronville-en-Barrois 13 A2
41 Trôo 17 D1
60 Trosly-Breuil 5 D3
02 Trosly-Loire 6 A3
10 Trouan-le-Grand 12 C2
21 Trouhans 20 A3
66 Trouillas 43 D3
76 Trouville 4 D2
27 Trouville-la-Haule 4 D3
14 Trouville-sur-Mer 4 C3
18 Trouy 24 C1
10 Troyes 12 B3
67 Truchtersheim 14 A2
12 Truel (Le) 36 D3
48 Truel (Le) 37 A2
14 Trun 10 C1
34 Truscas 42 D1
14 Truttemer-le-Petit 10 A2
11 Tuchan 42 C3
54 Tucquegnieux 7 B3
19 Tudeils 30 B3
72 Tuffé 10 C3
02 Tugny-et-Pont 6 A2
42 Tuilière (La) 31 B1
26 Tulette 37 D2
19 Tulle 30 B2
38 Tullins 32 A2
44 Turballe (La) 16 A2
06 Turbie (La) 45 B1
21 Turcey 19 D3
68 Turckheim 21 A1
19 Turenne 30 A3
57 Turquestein 13 D2
04 Turriers 38 C2
24 Tursac 29 D3
16 Tusson 23 B3
33 Tuzan (Le) 35 A2

U

04 Ubraye 38 D3
40 Uchacq-et-Parentis 35 A3
30 Uchaud 43 C1
71 Uchon 25 C1
57 Uckange 7 B3
73 Ugine 32 C1
55 Ugny-sur-Meuse 13 B2
64 Uhart-Mixe 40 D2
60 Ully-Saint-Georges 5 C3
28 Umpeau 11 B3
21 Uncey-le-Franc 19 C3
64 Undurein 40 D2
28 Unverre 11 A3
66 Ur 43 B3
67 Urbeis 14 A3
68 Urbès 20 D1
42 Urbise 25 B3
03 Urçay 24 C2
02 Urcel 6 A3
21 Urcy 19 D3
64 Urdos 41 A3
64 Urepel 40 C2
38 Uriage-les-Bains 32 B3
67 Urmatt 14 A2
64 Urrugne 40 B1
64 Urt 40 C1
54 Uruffe 13 B2
50 Urville-Nacqueville 3 C2
77 Ury 11 D3
95 Us 11 B1
09 Ussat-les-Bains 42 A3
79 Usseau 23 A3
86 Usseau 23 C1
15 Ussel 30 D3
19 Ussel 30 C2
09 Usson 42 B3
86 Usson-du-Poitou 23 C3
42 Usson-en-Forez 31 B2
77 Ussy-sur-Marne 12 A1
14 Ussy 10 B1
64 Ustaritz 40 C1
06 Utelle 39 A3
04 Uvernet-Fours 38 D2
40 Uza 34 C3
18 Uzay-le-Venon 24 C1
46 Uzech 36 A1
64 Uzein 41 A1
22 Uzel 9 A3
25 Uzelle 29 C2
88 Uzemain 20 C1
07 Uzer 37 C2
19 Uzerche 30 A2
30 Uzès 37 C3
33 Uzeste 35 A2

V

72 Vaas 17 C2
81 Vabre 42 C1
12 Vabres-l'Abbaye 36 D3
04 Vachères 38 B3
74 Vacheresse 26 D3
14 Vacquerie (La) 10 A1
34 Vacquerie-et-Saint-Martin de-Castries (La) 34 A1
84 Vacqueyras 37 D3
34 Vacquières 37 B3
31 Vacquiers 42 A1
80 Vadencourt 5 C1
07 Vagnas 37 C2
88 Vagney 20 D1
57 Vahl-Ebersing 13 D1
53 Vaiges 17 A1
52 Vaillant 20 A2
10 Vailly 12 C3
74 Vailly 26 D3
02 Vailly-sur-Aisne 6 A3
18 Vailly-sur-Sauldre 18 D2
85 Vairé 22 C1
84 Vaison-la-Romaine 38 A2
82 Vaissac 36 A3
70 Vaîte 20 B2
70 Vaivre-et-Montoille 20 C2
83 Val (Le) 44 C2
12 Valady 36 C2
22 Val-André (Le) 9 B2
70 Valay 20 B3
04 Valbelle 38 B3
06 Valberg 39 A3
38 Valbonnais 32 B3
01 Valbonne (La) 32 A1
06 Valbonne 45 A1
63 Valcivières 31 B2
25 Valdahon (Le) 20 C3
88 Val-d'Ajol (Le) 20 C1
70 Val-de-Gouhenans (Le) 29 C2
52 Val-de-Meuse (Le) 20 A1
81 Valderiès 36 C3
06 Valderoure 38 D3
76 Val-de-Saône 5 A2
05 Val-des-Prés 32 D3
83 Val d'Esquières 44 D2
68 Valdieu-Lutran 20 D2
73 Val-d'Isère 33 A2
35 Val-d'Izé 9 D3
90 Valdoie 20 D2
26 Valdrôme 38 B1
82 Valeilles 35 D2
36 Valençay 18 A3
26 Valence 31 D3
82 Valence-d'Agen 35 D3
81 Valence-d'Albigeois 36 C3
77 Valence-en-Brie 11 D3
32 Valence-sur-Baise 35 C3
59 Valenciennes 2 A3
72 Valennes 17 D1
04 Valensole 38 C3
25 Valentigney 20 D2
31 Valentine 41 C2
83 Valescure 44 D1
54 Val-et-Châtillon 13 D2
15 Valette 30 C2
38 Valette (La) 32 B3
33 Valeyrac 28 D2
17 Valin 29 B3
67 Valff 14 A3
39 Valfin-lès-Saint-Claude 26 B2
34 Valflaunès 43 B1
42 Valfleury 31 C2
61 Valframbert 10 C2
88 Valfroicourt 13 B3
27 Val-Gallerand (Le) 10 D1
07 Valgorge 37 C1
54 Valhey 13 C2
62 Valhuon 1 C3
03 Valigny 24 D2
30 Vallabrègues 37 D3
30 Vallabrix 37 C3
89 Vallan 19 A2
95 Vallangoujard 11 C1
06 Vallauris 45 A1
2B Valle-d'Alesani 45 B2
31 Vallègue 42 B2
74 Valleiry 26 B3
18 Vallenay 24 C1
30 Valleraugue 37 B3
89 Vallery 11 D3
31 Vallesvilles 42 A1
17 Vallet 29 A2
44 Vallet 16 D3
23 Vallières 30 B1
74 Vallières 32 B1
41 Vallières-les-Grandes 18 A2
30 Valliguières 37 C3
52 Vallinot (Le) 20 A2
73 Valloire 32 C3
03 Vallon-en-Sully 24 C2
07 Vallon-Pont-d'Arc 37 C2
72 Vallon-sur-Gée 17 B1
74 Vallorcine 26 D3
05 Vallouise 38 C1
66 Valmanya 43 C3
11 Valmigère 42 C3
76 Valmont 4 D2
51 Valmy 12 D1
50 Valognes 3 D2
25 Valonne 20 D3
43 Valprivas 31 B2
34 Valras-Plage 43 A2
84 Valréas 37 D2
34 Valros 43 A2
46 Valroufie 36 A2
09 Vals 42 B2
14 Valsemé 4 C3
38 Valsenestre 32 C3
05 Valserres 38 C2
07 Vals-les-Bains 37 C1
69 Valsonne 31 C1
21 Val-Suzon 19 D3
88 Valtin (Le) 20 D1
15 Valuéjols 30 D3
51 Vanault-les-Dames 12 D2
72 Vancé 17 D1
54 Vandeléville 13 B3
58 Vandenesse 25 B1
21 Vandenesse-en-Auxois 19 D3
54 Vandœuvre-lès-Nancy 13 C2
51 Vandières 12 B1
17 Vandré 23 A3
08 Vandy 6 D3
48 Vanels (Les) 37 A2
10 Vanlay 19 B1
79 Vanneau (Le) 23 A1
56 Vannes 16 A1
45 Vannes-sur-Cosson 18 C2
07 Vanosc 31 C3
07 Vans (Les) 37 C2
21 Vanvey 19 D1
17 Vanzac 29 A2
79 Vanzay 23 B3
81 Vaour 36 B3
38 Varacieux 32 A3
44 Varades 16 D2
83 Varages 44 C1
24 Varaignes 29 C1
46 Varaire 36 B2
17 Varaize 23 A3
21 Varanges 20 A3
54 Varangeville 13 C3
14 Varaville 4 B3
23 Vareilles 24 A3
76 Varengeville-sur-Mer 5 A2
37 Varennes 17 D3
82 Varennes 36 A3
55 Varennes-en-Argonne 12 D1
45 Varennes-en-Gâtinais 18 D1
71 Varennes-le-Grand 25 D1
58 Varennes-lès-Narcy 18 D3
71 Varennes-Saint-Sauveur 26 A2
03 Varennes-sur-Allier 25 A3
36 Varennes-sur-Fouzon 18 B3
49 Varennes-sur-Loire 17 B3
19 Varetz 30 A3
09 Varilhes 42 A3
28 Varize 18 A1
57 Varize 13 C1
76 Varneville 5 A2
21 Varois-et-Chaignot 20 A3
49 Varrains 17 B3
77 Varreddes 11 D1
05 Vars 38 D1
16 Vars 29 B1
58 Varzy 19 A3
27 Vascoeuil 5 A3
79 Vasles 23 B2
26 Vassieux-en-Vercors 38 A1
14 Vassy 10 A1
89 Vassy 19 C2
50 Vast (Le) 3 D2
36 Vatan 18 B3
51 Vatry 12 C2
76 Vatteville 4 D3
14 Vaubadon 4 A3
55 Vaubécourt 13 A1
51 Vauchamps 12 B1
10 Vauchassis 12 B3
70 Vauchoux 20 B2
58 Vauclaix 19 B3
70 Vauconcourt-Nervezain 20 B2
76 Vaucottes 4 C2
55 Vaucouleurs 13 B2
60 Vaudancourt 5 B3
71 Vaudebarrier 25 C2
49 Vaudelnay 17 B3
54 Vaudémont 13 B3
89 Vaudeurs 19 A1

77 Vaudoy-en-Brie **12** A2
27 Vaudreuil (Le) **5** A3
14 Vaudry **10** A1
25 Vaufrey **20** D3
69 Vaugneray **31** D1
38 Vaujany **32** C3
49 Vaulandry **17** B2
15 Vaulmier (Le) **30** C3
87 Vaulry **23** D2
74 Vaulx **32** B1
38 Vaulx-Milieu **32** A2
60 Vaumain (Le) **5** B3
03 Vaumas **25** B2
79 Vausseroux **23** B2
53 Vautorte **10** A3
13 Vauvenargues **44** B1
30 Vauvert **43** C1
50 Vauville **3** C2
70 Vauvillers **20** C1
31 Vaux (Le) **42** B1
86 Vaux **23** C2
02 Vaux-en-Vermandois **6** A2
25 Vaux-et-Chantegrue **26** C1
55 Vaux-la-Grande **13** A2
39 Vaux-lès-Saint-Claude **26** B2
52 Vaux-sous-Aubigny **20** A2
17 Vaux-sur-Mer **28** D1
78 Vaux-sur-Seine **11** B1
55 Vavincourt **13** A2
44 Vay **16** C2
46 Vayrac **30** B3
33 Vayres **29** A3
87 Vayres **29** D1
91 Vayres-sur-Essonne **11** C3
82 Vazerac **36** A2
42 Veauche **31** C2
18 Veaugues **18** D3
57 Veckring **7** C3
15 Vedrines-Saint-Loup **31** A3
21 Veilly **19** C3
55 Velaines **13** A2
70 Velesmes **20** B2
24 Vélines **29** B3
78 Vélizy-Villacoublay **11** C2
86 Vellèches **23** C1
70 Vellefaux **20** C2
84 Velleron **38** A3
25 Vellerot-lès-Belvoir **20** C3
36 Velles **24** B2
90 Vellescot **20** D2
25 Vellevans **20** C3
70 Vellexon **20** B2
85 Velluire-les-Marais **22** D2
55 Velosnes **7** A3
88 Velotte-et-Tatignecourt **13** C3
62 Vélu **5** D1
15 Velzic **30** C3
95 Vémars **11** D1
27 Venables **11** A1
2B Venaco **45** B2
44 Venansault **22** C1
84 Venasque **38** A3
06 Vence **45** A1
34 Vendargues **43** B1
03 Vendat **25** A3
33 Vendays-Montalivet **28** D2
34 Vendémian **43** A1
71 Vendenesse-lès-Charolles **25** C2
67 Vendenheim **14** B2
02 Vendeuil **6** A2
86 Vendeuvre-du-Poitou **23** C1
10 Vendeuvre-sur-Barse **12** C3
31 Vendine **42** B1
62 Vendin-le-Vieil **1** D3
36 Vendœuvres **24** A1
41 Vendôme **18** A1
42 Vendranges **31** C1
85 Vendrennes **22** D1
34 Vendres **43** A2
08 Vendresse **6** D2
17 Vénérand **29** A1
70 Venère **20** B3
02 Vénérolles **6** B1
31 Venerque **42** A2
81 Venès **42** B1
18 Venesmes **24** C1
77 Veneux-les-Sablons **11** D3
50 Vengeons **10** A2
70 Venisey **20** B1
69 Vénissieux **31** D1
89 Venizy **19** B1
45 Vennecy **18** B1
27 Venon **11** A1
38 Venosc **32** C3
89 Venouse **19** B1
33 Vensac **28** D2
13 Ventabren **44** A1
05 Ventavon **38** B2
51 Ventelay **6** B3
09 Ventenac **42** A3
11 Ventenac **42** D2
51 Venteuil **12** B1
2B Ventiseri **45** C2
88 Ventron **20** D1
16 Vents (Les) **29** C1
60 Verberie **5** D3
25 Vercel-Villedieu-le-Camp **20** C3
26 Vercheny **38** A1
49 Verchers-sur-Layon (Les) **17** B3
80 Vercourt **1** B3
04 Verdaches **38** C2
33 Verdelais **35** A1
41 Verdes **18** A1
64 Verdets **40** D2
81 Verdier (Le) **36** B3
83 Verdière (La) **44** B1
16 Verdille **29** B1
24 Verdon **35** C1
33 Verdon (Le) **28** D1
21 Verdonnet **19** C2
55 Verdun **13** A1
82 Verdun-sur-Garonne **35** D3
71 Verdun-sur-le-Doubs **25** D1
18 Vereaux **24** D1
37 Véretz **17** D3
82 Verfeil **36** B2
31 Verfeil **42** A1
30 Verfeuil **37** C3
62 Verton **1** B3
43 Vergezac **31** B3
32 Vergoignan **41** A1
04 Vergons **38** D3
83 Vérignon **44** C1
24 Vergt **29** C3
24 Vergt-de-Biron **35** D1
39 Véria **26** A2
28 Vérigny **11** A2
17 Vérines **22** D3
02 Vermand **6** A2
89 Vermenton **19** B2
49 Vern-d'Anjou **17** A2
49 Vernantes **17** B2
43 Verne **31** C3
72 Verneil-le-Chétif **17** C2
36 Vernelle (La) **18** A3
31 Vernet (Le) **42** A2
09 Vernet (Le) **42** A2
63 Vernet-la-Varenne **31** A2
66 Vernet-les-Bains **43** C3
63 Verneugheol **30** C1
51 Verneuil **12** B1
58 Verneuil **25** A1
03 Verneuil-en-Bourbonnais **25** A2
37 Verneuil-le-Château **17** C3
87 Verneuil-Moustiers **24** A2
27 Verneuil-sur-Avre **10** D2
37 Verneuil-sur-Indre **17** D3
78 Verneuil-sur-Seine **11** B1
25 Vernierfontaine **20** C3
09 Verniolle **42** A3
50 Vernix **9** D2
49 Vernoil **17** B2
21 Vernois-lès-Vesvres **20** A2
27 Vernon **11** A1
86 Vernon **23** C2
10 Vernonvilliers **12** D3
21 Vernot **19** D2
37 Vernou **17** D2
41 Vernou-en-Sologne **18** B2
28 Vernouillet **11** A2
79 Vernoux-en-Gatiné **23** A1
07 Vernoux-en-Vivarais **37** D1
35 Vern-sur-Seiche **9** C3
57 Verny **13** C1
2A Vero **45** C3
89 Véron **19** A1
38 Verpillière (La) **32** A2
21 Verrey-sous-Salmaise **19** D2
49 Verrie **17** B3
10 Verrières **12** C3
51 Verrières **12** D1
61 Verrières **10** C3
86 Verrières **23** C2
25 Verrières-du-Grosbois **20** C3
79 Verrines-sous-Celles **23** B3
46 Vers **36** A2
78 Versailles **11** C2
01 Versailleux **32** A1
39 Vers-en-Montagne **26** B1
12 Versols-et-Lapeyre **36** D3
14 Verson **10** B1
39 Vers-sous-Sellières **26** B1
60 Ver-sur-Launette **11** D1
14 Ver-sur-Mer **4** B3
40 Vert **35** A3
78 Vert **11** B1
24 Verteillac **29** C2
47 Verteuil-d'Agenais **35** C2
16 Verteuil-sur-Charente **23** C3
33 Vertheuil **28** D2
89 Vertilly **12** A3
91 Vert-le-Grand **11** C2
44 Vertou **16** C3
51 Vertus **12** B1
55 Vertuzey **13** B2
02 Vervins **6** B2
71 Verzé **25** D2
51 Verzenay **12** C1
51 Verzy **12** C1
39 Vescles **26** B2
2B Vescovato **45** B2
18 Vesdun **24** C2
78 Vésinet (Le) **11** C1
27 Vesly **5** B3
70 Vesoul **20** C2
07 Vesseaux **37** C1
50 Vessey **9** D2
91 Vétheuil **11** B1
76 Veules-les-Roses **4** D2
76 Veulettes-sur-Mer **4** D2
03 Veurdre (Le) **24** D1
38 Veurey-Voroize **32** B2
51 Veuve (La) **12** C1
41 Veuves **18** A2
21 Veuvey-sur-Ouche **19** D3
05 Veynes **38** B2
12 Veyreau **37** A2
63 Veyre-Monton **31** A1
74 Veyrier-du-Lac **32** C1
19 Veyrières **30** C2
38 Veyrins-Thuellin **32** B2
60 Vez **5** D3
15 Vezac **36** C1
89 Vézannes **19** B1
02 Vezaponin **6** A3
15 Vèze **30** D3
89 Vézelay **19** B2
54 Vézelise **13** B3
30 Vézenobres **37** C3
51 Vézier (Le) **12** A2
02 Vézilly **12** B1
49 Vezins **17** A3
12 Vézins-de-Lévézou **36** D2
2B Vezzani **45** B2
28 Viabon **11** B3
48 Vialas **37** B2
19 Viam **30** B2
81 Viane **42** C1
47 Vianne **35** C2
95 Viarmes **11** C1
12 Viarouge **36** D2
34 Vias **43** A2
12 Vibal (Le) **36** D2
16 Vibrac **29** B1
72 Vibraye **17** D1
09 Vicdessos **42** A3
65 Vic-en-Bigorre **41** B2
32 Vic-Fezensac **35** B3
03 Vichy **25** A3
63 Vic-le-Comte **31** A1
2A Vico **45** C3
80 Vicogne (La) **5** C1
22 Vicomté-s.-Rance (La) **9** C2
03 Vicq **25** A3
36 Vicq-Exemplet **24** B2
86 Vicq-sur-Gartempe **23** D1
36 Vicq-sur-Nahon **18** A3
15 Vic-sur-Cère **30** C3
57 Vic-sur-Seille **13** C2
83 Vidauban **44** C2
60 Viefvillers **5** C2
02 Vieil-Arcy **6** B3
32 Viella **41** B1
40 Vielle **34** C3
65 Vielle-Aure **41** B2
43 Vieille-Brioude **31** A3
39 Vieille-Loye (La) **26** B1
27 Vieille-Lyre (La) **10** D1
15 Vieillespesse **31** A3
15 Vieillevie **36** C1
44 Vieillevigne **16** C3
62 Vieil-Moutier **1** B2
64 Viellepinte **41** B2
64 Viellesegure **40** D1
81 Vielmur-sur-Agout **42** B1
02 Viels-Maisons **12** A1
21 Vielverge **20** A3
48 Vielvic **37** B2
38 Vienne **31** D2
45 Vienne-en-Val **18** C1
51 Vienne-la-Ville **12** D1
51 Vienne-le-Château **12** D1
84 Viens **38** B3
23 Viersat **24** C3
14 Vierville-sur-Mer **4** A3
18 Vierzon **18** B3
18 Vierzon-Forges **18** C3
02 Vierzy **6** A3
14 Viessoix **10** A1
03 Vieure **24** D2
34 Vieussan **42** D1
59 Vieux-Berquin **1** D2
40 Vieux-Boucau-les-Bains **34** C3
35 Vieux-Bourg (Le) **9** C2
56 Vieux-Bourg **16** B1
59 Vieux-Condé **2** B3
77 Vieux-Maisons **12** A2
60 Vieux-Moulin **5** D3
27 Vieux-Port **4** D3
59 Vieux-Reng **2** B3
80 Vieux-Rouen-sur-Bresle **5** B2
27 Vieux-Villez **11** A1
06 Viève **39** B3
21 Viévigne **20** A2
21 Viévy **25** C1
38 Vif **32** B3
02 Viffort **12** A1
15 Vigean (Le) **30** C3
30 Vigan (Le) **37** B3
46 Vigan (Le) **36** A1
86 Vigeant (Le) **23** C3
19 Vigeois **30** A2
45 Viglain **18** C2
80 Vignacourt **5** C1
2A Vignalella **45** D2
31 Vignaux **41** D1
05 Vigneaux (Les) **38** D1
48 Vignes (Les) **37** A2
55 Vigneulles-
lès-Hattonchâtel **13** B1
44 Vigneux-de-Bretagne **16** C2
02 Vigneux-Hocquet **6** B2
11 Vignevieille **42** C3
52 Vignory **13** A3
18 Vignoux-sur-Barangeon **18** C3
95 Vigny **11** B1
36 Vigoux **24** A2
57 Vigy **13** B3
49 Vihiers **17** A3
36 Vijon **24** B2
22 Vildé-Guingalan **9** B2
03 Vilhain (Le) **24** D2
18 Villabon **18** D3
24 Villac **30** A3
10 Villacerf **12** B3
10 Villadin **12** B3
33 Villagrains **35** A1
21 Villaines-en-Duesmois **19** C2
53 Villaines-la-Juhel **10** B3
37 Villaines-les-Rochers **17** C3
95 Villaines-sous-Bois **11** C1
24 Villamblard **29** C3
33 Villandraut **35** A2
37 Villandry **17** C3
05 Villard (Le) **38** C1
74 Villard **26** C3
38 Villard-Bonnot **32** B3
11 Villardebelle **42** C3
38 Villard-de-Lans **32** B3
73 Villard-Léger **32** C2
38 Villard-N.D. **32** C3
38 Villard-Reymond **32** C3
73 Villard-sur-Doron **32** D1
74 Villards-sur-Thônes (Les) **32** C1
05 Villar-Loubière **38** C1
24 Villars **29** C2
84 Villars **38** A3
52 Villars-en-Azois **19** D1
25 Villars-lès-Blamont **20** D3
01 Villars-les-Dombes **26** A3
06 Villars-sur-Var **39** A3
11 Villasavary **42** B2
31 Villaudric **36** A3
67 Villé **14** A3
41 Ville-aux-Clercs (La) **18** A1
50 Villebaudon **9** D1
77 Villebéon **11** D3
21 Villebichot **19** D3
01 Villebois **32** A1
16 Villebois-Lavalette **29** C2
37 Villebourg **17** C2
03 Villebret **24** C3
82 Villebrumier **36** A3
77 Villecerf **11** D3
41 Villechauve **17** D2
69 Villechenève **31** C1
89 Villechétive **19** A1
12 Villecomtal **36** C2
32 Villecomtal-sur-Arros **41** B2
91 Villeconin **11** C2
83 Villecroze **44** C1
11 Villedaigne **42** D2
92 Ville-d'Avray **11** C2
55 Ville-devant-Chaumont **7** A3
17 Villedieu (La) **23** A3
21 Villedieu **19** C1
23 Villedieu (La) **30** B1
48 Villedieu (La) **37** A1
86 Villedieu-du-Clain (La) **23** C2
82 Ville-Dieu-du-Temple (La) **35** D1
70 Villedieu-
en-Fontenette (La) **20** C2
49 Villedieu-la-Blouère **16** D3
61 Villedieu-les-Bailleul **10** C2
50 Villedieu-les-Poêles **9** D1
36 Villedieu-sur-Indre **24** A1
2B Ville-di-Paraso **45** B3
37 Villedômain **18** A3
51 Ville-Dommange **12** B1
17 Villedoux **22** D2
51 Ville-en-Tardenois **12** B1
16 Villefagnan **23** B3
89 Villefargeau **19** A2
11 Villefloure **42** C2
48 Villefort **37** B2
89 Villefranche **19** A1
81 Villefranche-d'Albigeois **36** C3
03 Villefranche-d'Allier **24** D2
**66 Villefranche-
de-Conflent** **43** C3
31 Villefranche-de-Lauragais **42** A2
24 Villefranche-de-Lonchat **29** B3
12 Villefranche-de-Panat **36** D3
**12 Villefranche-
de-Rouergue** **36** B2
24 Villefranche-du-Périgord **35** D1
47 Villefranche-du-Queyran **35** B2
41 Villefranche-sur-Cher **18** B3
06 Villefranche-sur-Mer **45** B1
**69 Villefranche-sur-
Saône** **25** D3
11 Villegailhenc **42** C2
18 Villegenon **18** C2
11 Villegly **42** C2
36 Villegongis **24** A1
33 Villegouge **29** A3
36 Villegouin **24** A1
52 Villegusien **20** A2
94 Villejuif **11** C2
84 Villelaure **44** A1
82 Villemade **36** A3
34 Villemagne **42** D1
45 Villemandeur **18** D1
10 Villemaur-sur-Vanne **12** B3
60 Villembray **5** B3
77 Villemer **11** D3
49 Villemoisan **17** A2
66 Villemolaque **43** D3
93 Villemomble **11** C1
42 Villemontais **31** B1
10 Villemorien **19** C1
17 Villemorin **23** B3
31 Villemur-sur-Tarn **36** A3
10 Villenauxe-la-Grande **12** A2
77 Villenauxe-la-Petite **12** A3
40 Villenave **34** D3
33 Villenave-d'Ornon **35** A1
01 Villeneuve **25** D2
12 Villeneuve **36** B2
13 Villeneuve **43** D1
33 Villeneuve **29** A3
10 Villeneuve-au-Chemin **19** B1
43 Villeneuve-d'Allier **31** A3
25 Villeneuve-d'Amont **26** B1
07 Villeneuve-de-Berg **37** C2
47 Villeneuve-de-Duras **35** B1
40 Villeneuve-de-Marsan **35** A3
31 Villeneuve-de-Rivière **41** C2
09 Villeneuve-du-Paréage **42** A2
71 Villeneuve-en-Montagne **25** D1
11 Villeneuve-la-Comptal **42** B2
17 Villeneuve-la-Comtesse **23** A3

89 Villeneuve-la-Dondagre **19** A1
77 Villeneuve-la-Guyard **12** A3
89 Villeneuve-l'Archevêque **12** B3
77 Villeneuve-le-Comte **11** D2
31 Villeneuve-Lécussan **41** C2
30 Villeneuve-lès-Avignon **37** D3
77 Villeneuve-les-Bordes **11** D3
21 Villeneuve-les-Convers (La) **19** C2
11 Villeneuve-les-Corbières **42** D3
90 Villeneuve-les-Genêts **19** A2
34 Villeneuve-lès-Maguelonne **43** B1
06 Villeneuve-Loubet **45** A1
11 Villeneuve-Minervois **42** C2
51 Villeneuve-Renneville-Chevigny **12** B1
94 Villeneuve-Saint-Georges **11** C2
95 Villeneuve-Saint-Martin (La) **11** B1
21 Villeneuve-sous-Charigny **19** C2
03 Villeneuve-sur-Allier **25** A2
77 Villeneuve-sur-Bellot **12** A2
18 Villeneuve-sur-Cher **24** C1
45 Villeneuve-sur-Conie **18** B1
02 Villeneuve-sur-Fère **12** A1
47 Villeneuve-sur-Lot **35** C2
60 Villeneuve-sur-Verberie **5** D3
89 Villeneuve-sur-Yonne **19** A1
31 Villeneuve-Tolosane **42** A1
17 Villenouvelle **23** A3
31 Villenouvelle **42** A2
36 Villentrois **18** A3
77 Villeparisis **11** D1
37 Villeperdue **17** C3
11 Villepinte **42** B2
44 Villepot **16** D1
76 Villequier **4** D3
02 Villequier-Aumont **6** A2
18 Villequiers **24** D1
41 Villerbon **18** A2
47 Villeréal **35** C1
41 Villermain **18** A1
41 Villeromain **18** A2
11 Villerouge-Termenès **42** C3
80 Villiers-Faucon **6** A1
55 Villers-sur-Marne **13** A1
88 Villers **13** C3
02 Villers-Agron **12** B1
51 Villers-Allerand **12** B1
51 Villers-aux-Bois **12** B1
14 Villers-Bocage **10** A1
80 Villers-Bocage **5** C1
70 Villers-Bouton **20** B2
80 Villers-Bretonneux **5** C2
80 Villers-Carbonnel **5** D2
25 Villers-Chief **20** C3
02 Villers-Cotterêts **6** A3
55 Villers-devant-Dun **7** A3
08 Villers-devant-le-Thour **6** B3
08 Villers-devant-Mouzon **6** D2
51 Villers-en-Argonne **12** D1
59 Villers-en-Cauchies **6** A1
61 Villers-en-Ouche **10** C1
70 Villersexel **20** C2
39 Villers-Farlay **26** B1
59 Villers-Guislain **6** A1
54 Villers-la-Chèvre **7** B3
54 Villers-la-Montagne **7** B3
25 Villers-le-Lac **20** D3
02 Villers-le-Sec **6** A2
55 Villers-le-Sec **13** A2
02 Villers-lès-Guise **6** B2
36 Villers-les-Ormes **24** B1
21 Villers-les-Pots **20** A3
08 Villers-le-Tilleul **6** D2
59 Villers-Outréaux **6** A1
21 Villers-Patras **19** C1
80 Villers-sous-Mareuil **5** B1
60 Villers-sur-Auchy **5** B3
14 Villers-sur-Mer **4** C3
52 Villers-sur-Marne **13** A3
54 Villerupt **7** B3
14 Villerville **4** C3
84 Villes-sur-Auzon **38** A3
86 Villesalem **23** D2
77 Ville-Saint-Jacques **11** D3
51 Villeseneux **12** C2
30 Villesèque **37** B3
46 Villesèque **36** A2
11 Villesèquelande **42** B2
34 Villespassans **42** D2
55 Ville-sur-Cousances **13** A1
88 Ville-sur-Illon **13** C3
08 Ville-sur-Retourne **6** C3
10 Ville-sur-Terre **12** D3
51 Ville-sur-Tourbe **12** D1
23 Villetelle (La) **30** C1
89 Villethierry **12** A3
41 Villetrun **18** A1
38 Villette-d'Anthon **32** A1
89 Villevallier **19** A1
51 Villevenard **12** B2
34 Villeveyrac **43** A1
07 Villevocance **31** C3
41 Villexanton **18** A2
17 Villexavier **29** A2
54 Villey-le-Sec **13** B2
21 Villey-sur-Tille **20** A2
69 Villié-Morgon **25** D3
36 Villiers **24** A1
86 Villiers **23** B1
37 Villiers-au-Bouin **17** C2
52 Villiers-aux-Chênes **12** D2
53 Villiers-Charlemagne **17** A1
79 Villiers-en-Bois **23** A3
27 Villiers-en-Désœuvre **11** A1
79 Villiers-en-Plaine **23** A2
10 Villiers-Herbisse **12** C2
52 Villiers-le-Sec **19** D1
58 Villiers-le-Sec **19** A3
89 Villiers-Nonains **19** B2
89 Villiers-Saint-Benoît **19** A2
77 Villiers-Saint-Georges **12** A2
77 Villiers-sous-Grez **11** D3
41 Villiers-sur-Loir **17** D1
94 Villiers-sur-Marne **11** D2
77 Villiers-sur-Seine **12** A3
16 Villognon **29** B1
89 Villon **19** C1
55 Villotte-sur-Aire **13** A2
21 Villy-en-Auxois **19** D2
21 Villy-le-Moutier **25** D1
55 Vilosnes **7** A3
53 Vimarcé **10** B3
12 Vimenet **36** D2
14 Vimont **10** B1
45 Vimory **18** D1
61 Vimoutiers **10** C1
62 Vimy **1** D3
11 Vinassan **42** D2
17 Vinax **23** B3
38 Vinay **32** A3
66 Vinca **43** C3
89 Vincelles **19** B2
94 Vincennes **11** C2
88 Vincey **13** C3
10 Vinets **12** C2
36 Vineuil **24** B1
66 Vingrau **42** D3
61 Vingt-Hanaps **10** C2
18 Vinon **18** D3
83 Vins-sur-Caramy **44** C2
81 Vintrou (Le) **42** C1
74 Vinzier **26** D2
42 Violay **31** C1
34 Viols-le-Fort **43** B1
88 Vioménil **20** C1
07 Vion **31** D3
32 Viozan **41** C2
03 Viplaix **24** C2
09 Vira **42** B3
14 Vire **10** A1
71 Viré **25** D2
54 Virecourt **13** C3
72 Viré-en-Champagne **17** B1
08 Vireux-Wallerand **6** D1
10 Virey-sous-Bar **19** C1
38 Virieu **32** A2
01 Virieu-le-Grand **32** B1
01 Virignin **32** B1
38 Viriville **32** A2
76 Virville **4** C2
39 Viry **26** B3
71 Viry **25** C2
74 Viry **26** C3
91 Viry-Châtillon **11** C2
84 Visan **37** D2
62 Vis-en-Artois **5** D1
21 Viserny **19** C2
30 Vissec **37** A3
35 Visseiche **16** D1
46 Vitarelle (La) **36** B1
24 Vitrac **36** A1
19 Vitrac-sur-Montane **30** B2
28 Vitray-en-Beauce **11** A3
35 Vitré **9** D3
70 Vitrey-sur-Mance **20** B1
13 Vitrolles **44** A2
84 Vitrolles **44** B1
45 Vitry-aux-Loges **18** C1
62 Vitry-en-Artois **1** D3
51 Vitry-en-Perthois **12** C2
51 Vitry-la-Ville **12** C2
10 Vitry-le-Croisé **19** C1
51 Vitry-le-François **12** C2
71 Vitry-sur-Loire **25** B2
94 Vitry-sur-Seine **11** C2
55 Vittarville **7** A3
21 Vitteaux **19** C3
76 Vittefleur **4** D2
88 Vittel **13** B3
74 Viuz-en-Sallaz **26** C3
02 Vivaise **6** B2
42 Vivans **25** B3
2B Vivario **45** B2
63 Viverols **31** B2
52 Vivey **19** D2
08 Vivier-au-Court **6** D2
07 Viviers **37** D2
73 Viviers-du-Lac **32** B1
35 Vivier-sur-Mer (Le) **9** C2
12 Viviez **36** C1
86 Vivonne **23** C2
21 Vix **19** C1
85 Vix **22** D2
38 Vizille **32** B3
2B Vizzavona **45** C2
07 Vocance **31** C3
16 Voeuil **29** B1
07 Vogué **37** C2
55 Void-Vacon **13** B2
51 Voilemont **12** D1
52 Voillecomte **12** D2
38 Voiron **32** B2
28 Voise **11** B3
52 Voisey **20** B1
52 Voisines **20** A1
89 Voisines **12** A3
78 Voisins-le-Bretonneux **11** C2
39 Voiteur **26** B1
89 Volgré **19** A1
63 Vollore-Montagne **31** B1
63 Vollore-Ville **31** B1
57 Volmerange-les-Mines **7** B3
57 Volmunster **14** A1
21 Volnay **25** D1
72 Volnay **17** C1
70 Volon **20** B2
04 Volonne **38** C3
2B Volpajola **45** B2
63 Volvic **30** D1
04 Volx **38** B3
88 Vomécourt **13** C3
08 Voncq **6** D3
21 Vonges **20** A3
01 Vonnas **25** D3
70 Voray-sur-Ognon **20** B3
38 Voreppe **32** B2
43 Vorey **31** B3
18 Vorly **24** C1
18 Vornay **24** C1
21 Vosne-Romanée **19** D3
10 Vosnon **19** B1
37 Vou **17** D3
51 Vouarces **12** B2
21 Voudenay **19** C3
10 Voué **12** C3
52 Vouécourt **13** A3
70 Vougécourt **20** B1
21 Vougeot **19** D3
42 Vougy **25** C3
16 Vouharte **29** B1
17 Vouhé **23** A3
79 Vouillé **23** A1
86 Vouillé **23** B2
36 Vouillon **24** B1
21 Voulaines **19** D1
86 Voulème **23** C3
02 Voulpaix **6** B2
07 Voulte-sur-Rhône (La) **37** D1
77 Voulx **11** D3
86 Vouneuil-sur-Vienne **23** C1
03 Voussac **24** D3
89 Voutenay-sur-Cure **19** B2
19 Voutezac **30** A2
54 Vouthon-Haut **13** B2
53 Voutré **10** B3
85 Vouvant **23** A2
37 Vouvray **17** D2
86 Vouzailles **23** B1
18 Vouzeron **18** C3
08 Vouziers **6** D3
41 Vouzon **18** B2
28 Voves **11** B3
88 Vrécourt **13** B3
80 Vrély **5** D2
79 Vrère **23** B1
50 Vrétot (Le) **3** C3
08 Vrigne-aux-Bois **6** D2
08 Vrizy **6** D3
51 Vroil **12** D2
80 Vron **1** B3
44 Vue **16** B3
10 Vulaines **12** B3
77 Vulaines-lès-Provins **12** A2
70 Vy-lès-Lure **20** C2

W

08 Wagnon **6** C2
62 Wail **1** C3
62 Wailly **5** D1
62 Wailly-Beaucamp **1** B3
67 Walbourg **14** B1
57 Waldwisse **7** C3
59 Walincourt-Selvigny **6** A1
59 Wallers **2** A3
57 Walscheid **14** A2
55 Waly **13** A1
59 Wambrechies **2** A2
67 Wangenbourg **14** A2
62 Wanquetin **5** D1
67 Wantzenau (La) **14** B2
55 Warcq **13** B1
80 Warfusée-Abancourt **5** D1
80 Warloy-Baillon **5** C1
60 Warluis **5** C3
80 Warlus **5** B2
08 Warnécourt **6** D2
08 Wasigny **6** C2
59 Wasnes-au-Bac **6** A1
67 Wasselonne **14** A2
68 Wasserbourg **21** A1
02 Wassigny **6** B1
52 Wassy **12** D2
59 Watten **1** C2
59 Wattignies **2** A3
60 Wavignies **5** C3
54 Waville **13** B1
59 Wavrin **1** D3
59 Waziers **2** A3
67 Weitbruch **14** B2
67 Weiterswiller **14** A1
60 Welles-Pérennes **5** C2
68 Werentzhouse **21** A2
67 Weyersheim **14** B2
02 Wiège **6** B2
68 Wihr-au-Val **21** A1
68 Willer-sur-Thur **21** A1
67 Willgottheim **14** A2
62 Wimereux **1** B2
62 Wimille **1** B2
67 Wimmenau **14** A1
02 Wimy **6** B2
67 Wingen-sur-Moder **14** A1
67 Wingersheim **14** A2
62 Wingles **1** D3
68 Winkel **21** A2
67 Wintzenbach **14** B1
68 Wintzenheim **21** A1
62 Wirwignes **1** B2
80 Wiry-au-Mont **5** B1
67 Wisches **14** A2
88 Wisembach **13** D3
62 Wissant **1** B2
67 Wissembourg **14** B1
51 Witry-lès-Reims **6** C3
68 Wittelsheim **21** A1
68 Wittenheim **21** A1
62 Wittes **1** C2
67 Wittisheim **14** A3
67 Wiwersheim **14** A2
62 Wizernes **1** C2
55 Woël **13** B1
67 Woerth **14** B1
55 Woimbey **13** A1
80 Woincourt **5** B1
55 Woinville **13** B1
68 Wolfgantzen **21** A1
59 Wormhoudt **1** C2
57 Wuisse **13** C1

X

47 Xaintrailles **35** B2
16 Xambes **29** B1
85 Xanton-Chassenon **23** A2
54 Xermaménil **13** C2
88 Xertigny **20** C1
54 Xeuilley **13** B2
54 Xivry-Circourt **7** B3
88 Xonrupt-Longemer **20** D1

Y

76 Yainville **4** D3
40 Ychoux **34** D2
76 Yébleron **4** D2
73 Yenne **32** B1
76 Yerville **4** D2
45 Yèvre-le-Châtel **11** C3
28 Yèvres **11** A3
22 Yffiniac **9** A2
40 Ygos-Saint-Saturnin **34** D3
03 Ygrande **24** D2
28 Ymonville **11** B3
76 Yport **4** C2
89 Yrouerre **19** B1
43 Yssingeaux **31** C3
15 Ytrac **30** C3
57 Yutz **7** C3
76 Yvetot **4** D2
22 Yvignac **9** B3
76 Yville-sur-Seine **4** D3
74 Yvoire **26** C2
41 Yvoy-le-Marron **18** B2
61 Yvrandes **10** A2
72 Yvré-le-Pôlin **17** C1
72 Yvré-l'Évêque **17** C1
49 Yzernay **17** A3
69 Yzeron **31** C1
37 Yzeures-sur-Creuse **23** D1

Z

2B Zalana **45** B2
59 Zeggers-Cappel **1** C2
57 Zetting **13** D1
2A Zicavo **45** C2
68 Zillisheim **21** A2
67 Zinswiller **14** A1
2A Zonza **45** C2
62 Zoteux **1** B3
57 Zoufftgen **7** B3
2A Zoza **45** D3

II. Register der geographischen Namen, touristischen und Natursehenswürdigkeiten.

Jeweils nach Sachgruppen geordnet. Die fettgedruckten Namen verweisen auf eine Beschreibung im Touristiktextteil.

Châteaux	Schlösser
Forts	Festungen
Oppidums	Prähist.Siedlungen
Ruines	Ruinen
Villes et Villages fortifiés	Befestigte Städte und Dörfer

30 Aigues-Mortes (ville fortifiée) **43** C1
18 Ainay-le-Viel (château d') **24** C2
74 Allinges (château d') (ruines) **26** C2
21 Alise-Sainte-Reine (oppidum d'Alésia) **19** C2
48 Altier (château d') **37** B2
37 Amboise (château d') **17** D2
89 Ancy-le-Franc (château d') **19** C2
57 Andilly (ruines) **20** A1
67 Andlau (château d') (ruines) **14** A3
28 Anet (château d') **11** A2
49 Angers (château d') **17** A2
86 Angles-sur-l'Anglin (château d') (ruines) **23** D1
76 Ango (manoir d') **5** A2
15 Anjony (château d') **30** C3
36 Argy (château d') **24** A1
76 Arques-la-Bataille (château d') (ruines) **5** A2
80 Arry (château d') **5** B1
46 Assier (château d') **36** B1
41 Avaray (château d') **18** B2
84 Avignon (Palais des Papes) **37** D3
37 Avoine (centrale atomique) **17** C3
36 Azay-le-Ferron (château d') **23** D1
37 Azay-le-Rideau (château d') **17** C3
76 Bailleul (château de) **4** C2
07 Balazuc (tour) (ruines) **37** C2
14 Balleroy (château de) **4** A3
13 Barben (château de la) **44** A1
84 Barroux (château du) **38** A3
42 Bastie-d'Urfé (château de la) **31** B1
49 Baugé (château de) **17** B2
48 Baume (château de) **37** A1
13 Baux (les) **43** D1
40 Bavignan (château de) **35** A3
52 Bayard (ruines) **12** D2
51 Baye (château de) **12** B2
08 Bazeilles (château de) **6** D2
58 Bazoches (château de) **19** B3
72 Bazouges-sur-le-Loir (château de) **17** B2
27 Beaumesnil (château du) **10** D1
41 Beauregard (château de) **18** A2
03 Beauvoir (château de) **25** B2
12 Belcastel (château de) (ruines) **36** C2
14 Bellou (manoir de) **10** C1
59 Bergues (ville fortifiée) **1** C2
64 Betharram (église) **41** A2
24 Beynac-et-Cazenac (château de) **35** D1
22 Bienassis (château de) **9** B2
03 Billy (château de) (ruines) **25** A3
24 Biron (château de) **35** D1
27 Bizy (château de) **11** A1
41 Blois (château de) **18** A2
35 Blossac (château de) **9** C3
47 Bonaguil (château de) (ruines) **35** D1
12 Bosc (château du) **36** C3
36 Bouchet (château du) **24** A1
36 Bouges (château de) **24** B1
07 Boulogne (château de) (ruines) **37** C1
49 Boumois (château de) **17** B3
35 Bourbansais (château de) **9** C2
03 Bourbon-l'Archambault (château de) (ruines) **24** D2
24 Bourdeilles (château de) **29** C2
49 Bourgonnière (château de la) **16** D2
88 Bourlémont (château de) **13** B3
61 Bourg-Saint-Léonard (Le) (château) **10** C2
12 Bournazel (château de) **36** C2
23 Boussac (château de) **24** C2
17 Boyard (fort de) **22** D3
71 Brancion (château de) (ruines) **25** D2
14 Brécy (château de) **4** B3
83 Brégançon (fort de) **44** C2
29 Brennilis (centrale atomique) **8** C2
10 Brienne-le-Château **12** C3
49 Brissac-Quincé (château de) **17** A2
17 Brouage **28** D1
51 Brugny (château de) **12** B1
18 Buranlure (château de) **18** D3
84 Buoux (fort de) **44** A1
45 Bussière (La) (château de) **18** D2
21 Bussy-Rabutin (château de) **19** C2
13 Cadarache (château de) **44** B1
33 Cadillac (château de) **35** A1
55 Calonne (tranchée de) **13** A1
51 Camp d'Attila **12** C1
14 Canapville (manoir de) **4** C3
35 Caradeuc (château de) **9** C3
11 Carcassonne (cité de) **42** C2
44 Careil (château de) **16** B2
56 Carnac (menhirs) **15** D2
61 Carrouges (château de) **10** B2
19 Cars (ruines romaines des) **30** B2
48 Castan (château de) **37** B2
46 Castelnau (château de) **30** B3
24 Castelnaud-et-Fayrac (château de) (ruines) **35** D1
66 Castelnou (château de) **43** C3
34 Castries (château de) **43** B1
2A Cauria (menhir de) **45** D3
81 Cayla (château du) **36** B3
48 Caze (château de) **37** A2
85 Chabotterie (château de la) **22** C1
87 Châlus (château de) (ruines) **29** D1
87 Chalusset (château de) (ruines) **30** A1
61 Chambois (château de) **10** C2
41 Chambord (château de) **18** A2
27 Champ-de-Bataille (château du) **10** D1
35 Champ Dolent (menhir de) **9** C2
60 Champieu (ruines) **5** D3
37 Champigny-sur-Veude (château de) **17** C3
72 Champmarin (château de) **17** C2
77 Champs (château de) **11** D2
37 Chanteloup (pagode de) **17** D3
50 Chanteloup (château de) **9** D1
60 Chantilly (château de) **11** C1
16 Chassiron (ruines romaines) **29** C1
89 Chastellux-sur-Cure (château de) **19** B3
44 Châteaubriant (château de) **16** D1
27 Château Gaillard (ruines) **5** A3
63 Châteldon (château de) **25** A3
41 Chaumont-sur-Loire (château de) **18** A2
43 Chavaniac-Lafayette (château de) **31** A3
02 Chemin-des-Dames **6** B3
37 Chenonceaux (château de) **17** D3
41 Cheverny (château de) **18** A2
37 Chinon (château de) **17** C3
08 Chooz (centrale atomique) **6** D1
37 Cinq-Mars-la-Pile (château de) (ruines) **17** C3
60 Clairière de l'Armistice **5** D3
76 Clères (château de) **5** A2
74 Clermont (château de) **32** B1
25 Cléron (château de) **20** B3
44 Clisson (château de) (ruines) **16** D3
52 Colmier-le-Bas (ruines) **19** D2
35 Combourg (château de) **9** C2
60 Compiègne (château de) **5** D3
02 Condé-en-Brie (château de) **12** B1
73 Conflans (ville fortifiée) **32** C1
12 Conques (bourg fortifié) **36** C1
54 Cons-la-Grandville (château de) **7** B3
63 Cordès (château de) **30** D1
82 Cornusson (château de) **36** B2
55 Côte 304 **7** A3
02 Coucy-le-Château (ruines) **6** A3
37 Coudray (château du) **17** C3
79 Couldray-Salbart (château du) (ruines) **23** A2
14 Coupesarte (manoir de) **10** C1
91 Courances (château de) **11** C3
72 Courtanvaux (château de) **17** D1
85 Court d'Aron (château de la) **22** C2
53 Craon (château de) **17** A1
14 Creully (château de) **4** B3
07 Crussol (château de) (ruines) **31** D3
2A Cucuruzzu (oppidum) **45** D2
18 Culan (château de) **24** C2
08 Dames-de-Meuse (Les) **6** D2
78 Dampierre (château de) **11** B2
17 Dampierre-sur-Boutonne (château de) **23** A3
37 Devinière (ferme de) **17** C3
52 Donjeux (château de) **13** A3
55 Douaumont (fort de) **13** A1
47 Duras (château de) (ruines) **35** B1
49 Durtal (château de) **17** B2
63 Effiat (château d') **25** A3
56 Elven (tours d') (ruines) **16** A1
34 Ensérune (oppidum d') **42** D2
13 Entremont (oppidum d') **44** A1
21 Epoisses (château d') **19** C2
89 Escolives-Sainte-Camille (fouilles) **19** B2
04 Entrevaux (village fortifié) **38** D3
47 Estillac (château d') **35** C2
51 Etoges (château d') **12** B1
76 Eu (château d') **5** A1
57 Falkenstein (château de) (ruines) **14** A1
91 Farcheville (château de) **11** C3
24 Fénelon (château de) **36** A1
02 Fère (château de la) **6** A2
02 Ferté-Milon (château de la) (ruines) **12** A1
45 Ferté-Saint-Aubin (La) (château de la) **18** B2
2A Filitosa (station préhistorique) **45** D3
50 Flamanville (château de) **3** C2
32 Flamarens (château de) **35** C3
67 Fleckenstein (château de) (ruines) **14** B1
89 Fleurigny (château de) **12** A3
54 Fléville (château de) **13** C2
77 Fontainebleau (palais de) **11** D3
21 Fontaine-Française (château de) **20** A2
14 Fontaine-Henry (château de) **4** B3
35 Fougères (château de) **9** D3
41 Fougères-sur-Bièvre (château de) **18** A2
53 Foulletorte (château de) **10** B3
72 Gallerande (château de) **17** B2
40 Gaujacq (château de) **40** D1
45 Gien (château de) **18** D2
55 Gombervaux (château de) (ruines) **13** B2
76 Gonfreville-l'Orcher (terrasse) **4** C3
84 Gordes (château de) **38** A3
44 Goulaine (château de) **16** C3
21 Grancey-le-Château **19** D2
88 Grand (ruines) **13** A3
72 Grand-Lucé (château du) **17** C1
37 Grand-Pressigny (ruines) **23** D1
77 Grange-Bléneau (château de la) **11** D2
26 Grignan (château de) **37** D2
94 Gros-Bois (château de) **11** C2
41 Gué-Péan (château du) **18** A3
37 Guerche (La) (château de) **23** D1
77 Guermantes (château de) **11** D2
02 Guise (château de) **6** B2
50 Hague (cap de la) (usine atomique) **3** C2
51 Hans **12** D1
27 Harcourt (château d') **10** D1
54 Haroué (château d') **13** C3
67 Haut-Barr (château du) **14** A2
24 Hautefort (château de) **29** D2
26 Hauterives (palais idéal) **32** A3
67 Haut-Kœnigsbourg (château du) **14** A3
41 Herbault (château d') **18** B2
03 Hérisson (château d') (ruines) **24** D2
22 Hunaudaye (château de la) (ruines) **9** B2
13 If (château d') **44** A2
49 Jalesne (château de) **17** B2
03 Jaligny (château de) **25** B2
49 Jarzé (château de) **17** B2
54 Jaulny (château de) **13** B1
55 Jean-d'Heurs (château de) **11** D2
52 Joinville (château de) **13** A3
56 Josselin (château de) **16** A1
53 Jublains (ruines) **10** B3
24 Jumilhac-le-Grand (château de) **29** D2
29 Kerouartz (château de) **8** B2
22 Kergrist (château de) **8** D1
29 Kerjean (château de) **8** B2
64 Laàs (château de) **40** D1
33 Labrède (château de) **35** A1
37 Langeais (château de) **17** C3
24 Lanquais (château de) **35** C1
03 Lapalisse (château de) **25** B3
77 Larchant (château de) **11** D3
32 Larressingle (village fortifié) **35** B3
53 Lassay-Châteaux **10** B3
11 Lastours (châteaux de) (ruines) **42** C2
22 Latte (fort de) **9** B2
32 Lavardens (château de) **35** C3
43 Lavoûte-sur-Loire (château de) **31** B3
43 Léotoing (château de) (ruines) **31** A2
09 Léran (château de) **42** B3
67 Lichtenberg (château de) **14** A1
14 Lisores **10** C1
37 Loches (château de) **17** D3
09 Lordat (château de) (ruines) **42** B3
84 Lourmarin (château de) **44** A1
37 Luynes (château de) **17** C2
66 Lydia (bateau ensablé) **42** D3
16 Maine-Giraud (château du) **29** D3
28 Maintenon (château de) **11** B2
78 Maisons-Laffitte (château de) **11** C1
45 Malesherbes (château de) **11** C3
33 Malle (château de) **35** A1
92 Malmaison (château de) **11** C2
91 Marais (château du) **11** C2
30 Marcoule (centre atomique) **37** D3
76 Martainville-Epreville (château de) **5** A3
30 Mas-Soubeyran (Le) (musée) **37** B3
64 Mauléon-Licharre (château de) (ruines) **40** D2
18 Meillant (château de) **24** C1
41 Ménars (château de) **18** A2
16 Mercerie (château de la) **29** C2
76 Mesnières (château de) **5** A2
14 Mesnil-Guillaume **10** C1
73 Miolans (château de) **32** C2
76 Miromesnil (château de) **5** A2
24 Monbazillac (château de) **35** C1
25 Moncley (château de) **20** B3
24 Montaigne (château de) **29** B3
46 Montal (château) **36** B1
37 Montbazon (donjon ruiné) **17** D3
55 Montbras (château de) **13** B2
08 Montcornet (château de) (ruines) **6** C2
21 Montculot (château) **19** D3
53 Montecler (château) **10** B3
60 Montépilloy (château de) **11** D1
49 Montgeoffroy (château de) **17** B2
21 Montigny-sur-Aube (château de) **19** D1
91 Montlhéry (tour ruinée) **11** C2
55 Montmédy **7** A3
72 Montmirail (château de) **17** D1
51 Montmort (château de) **12** B1
35 Montmuran (château de) **9** C3
41 Montoire-sur-le-Loir (château de) (ruines) **17** D2
37 Montrésor (château de) **18** A3
49 Montreuil-Bellay (château de) **17** B3
74 Montrottier (château de) **32** C1
49 Montsabert (château de) **17** B2
09 Montségur (château de) (ruines) **42** B3
49 Montsoreau (château de) **17** B3
64 Morlanne (château de) **41** A1
84 Mornas (château de) (ruines) **37** D2
55 Mort-Homme **7** A3
53 Mortier-Crolles (château de) **17** A1
52 Motte (La) (ruines) **13** B3
41 Moulin (château du) **18** B3
33 Mouton-Rothschild (château de) **28** D2
34 Muriel-lès-Montpellier (ruines romaines) **43** B1
63 Murol (château de) (ruines) **30** D2
12 Najac (château de) (ruines) **36** B2
44 Nantes (château de) **16** C3
95 Nantouillet (château de) **11** D1
51 Navarin (monument) **12** C1
77 Nemours (château de) **11** D3
02 Nesles (château de) (ruines) **12** B1
68 Neuf-Brisach (ville fortifiée) **21** A1
67 Neuwiller (château de) (ruines) **14** A2
67 Nideck (château du) **14** A2
36 Nohant (château de) **24** B2
72 O (château d') **10** C2
67 Obersteinbach (château d') (ruines) **14** B1
79 Oiron (château d') **23** B1
62 Olhain (château d') **1** D3
63 Opme (château de) **31** A1
87 Oradour-sur-Glane (ruines) **29** D1
86 Ormes (Les) (château) **23** C1
52 Pailly (château du) **20** A1
36 Palluau-sur-Indre (château de) **24** A1
2A Parata (tour de la) **45** C3
81 Penne (château de) (ruines) **36** B3
15 Pesteils (château de) **30** C3
11 Peyrepertuse (château de) (ruines) **42** C3
12 Peyrusse-le-Roc (tour de) (ruines) **36** B2
80 Picquigny (château de) (ruines) **5** C2
60 Pierrefonds (château de) **5** D3
54 Pierre-Percée (château de) (ruines) **13** D3
49 Plessis-Bourré (château du) **17** A2
37 Plessis-lès-Tours (château de) **17** D3
49 Plessis-Macé (château du) **17** A2
22 Plédran (camp antique) **9** A2
22 Pleumeur-Bodou (station de télécommunications

spatiales) **8** D1
43 Polignac (château de) (ruines) **31** B3
19 Pompadour (château de) **30** A2
51 Pompelle (fort de) (ruines) **6** C3
72 Poncé-sur-le-Loir (château de) **17** D1
54 Pont-à-Mousson (château de) (ruines) **13** B1
14 Pontécoulant (château de) **10** A1
30 Pont-du-Gard (pont romain) **37** C3
47 Poudenas (château de) **35** B3
11 Puilautens (château de) (ruines) **42** C3
2A Punta (château de la) (ruines) **45** C3
32 Puntous (table d'orientation des) **41** B1
66 Quéribus (château de) (ruines) **42** C3
78 Rambouillet (château de) **11** B2
80 Rambures (château de) **5** B2
35 Rance (barrage de l'usine marémotrice) **9** C2
60 Raray (château de) **5** D3
63 Ravel (château de) **31** A1
68 Ribeauvillé (château de) (ruines) **14** A3
63 Richard-de-Bas (moulin) **31** B2
74 Ripaille (château de) **26** C2
27 Robert-le-Diable (château de) (ruines) **4** D3
16 Rochebrune (château de) **29** D1
87 Rochechouart (château de) **29** D1
17 Roche-Courbon (château de la) **28** D1
16 Rochefoucauld (château de la) **29** C1
95 Roche-Guyon (château de la) **11** B1
22 Roche-Jagu (château de la) **8** D1
43 Rochelambert (château de la) **31** B3
07 Rochemaure (château de) (ruines) **37** D1
21 Rochepot (château de la) **25** D1
53 Rocher (château du) **10** B3
37 Roche-Racan (château de la) **17** C2
35 Rochers (château des) **9** D3
42 Rochetaillée (château de la) **31** C2
33 Roquetaillade (château de) **35** A1
22 Rosanbo (château de) **8** D2
78 Rosny-sur-Seine (château de) **11** B1
38 Roussillon (château de) **31** D2
30 Rousson (château de) **37** C2
52 Rouvres-sur-Aube (château de) **19** D1
10 Rumilly-lès-Vaudes (château de) **19** C1
40 Sabres (musée des Landes) **34** D2
37 Saché (château de) **17** C3
41 Saint-Agil (château de) **17** D1
41 Saint-Aignan-sur-Cher (château de) **18** A3
31 Saint-Bertrand-de-Comminges (ruines romaines) **41** C3
13 Saint-Blaise (fouilles de) **44** A2
42 Saint-Bonnet-le-Château (ville fortifiée) **31** B2
89 Saint-Fargeau (château de) **18** D2
14 Saint-Germain-de-Livet (château de) **10** C1
78 Saint-Germain-en-Laye (château de) **11** C1
81 Saint-Géry (château de) **36** B3
53 Saint-Ouen (château de) **17** A1
13 Saint-Rémy-de-Provence (les antiques) **43** D1
66 Salses (fort de) **42** D3
86 Sanxay (ruines romaines) **23** B2
49 Saumur (château de) **17** B3
04 Sauvan (château de) **38** B3
86 Scorbé-Clairvaux (château de) **23** C1
38 Septème (château de) **31** D2
02 Septmonts (château de) (ruines) **6** A3
49 Serrant (château de) **17** A2
54 Sion (colline de) **13** B3
55 Sorcy (ruines) **13** B2
72 Sourches (château de) **17** B1
55 Stainville (château de) **13** A2
56 Sucinio (château de) (ruines) **16** A2
45 Sully-sur-Loire (château de) **18** C2
26 Suze-la-Rousse (château de) **37** D2
41 Talcy (château de) **18** A2
05 Tallard (château de) **38** C2
89 Tanlay (château de) **19** C1
11 Termes (château de) (ruines) **42** C3
41 Thésée (ruines romaines) **18** A3
78 Thoiry (château de) **11** B2
54 Thorcy-Lyautey (château de) **13** B3
50 Thorigni-sur-Vire (château de) **10** A1
79 Thouars (château de) **23** B1
22 Thoury (château de) (ruines) **8** D1
85 Tiffauges (château de) **16** D3
80 Tilloloy (château de) **5** D2
86 Touffou (château de) **23** C2
50 Tourlaville (château de) **3** D2
19 Tours-de-Merle (ruines) **30** B3
56 Trecesson (château de) **16** B1
49 Trèves (ruines) **17** B3
46 Treyne (château de la) **36** A1
19 Turenne (château de) (ruines) **30** A3
37 Ussé (château d') **17** C3
30 Uzès (château d') **37** C3
84 Vaison-la-Romaine (ruines) **38** A2
15 Val (château de) **30** C2
36 Valençay (château de) **18** A3
51 Valmy (monument) **12** D1
14 Val-Richer (château du) **4** C3
55 Vaucouleurs (château de) (ruines) **13** B2
37 Vaujours (château de) (ruines) **17** C2
13 Vauvenargues (château de) **44** B1
55 Vaux (fort de) **13** A1
77 Vaux-le-Vicomte (château de) **11** D2
33 Vayres (château de) **29** A3
19 Ventadour (château de) (ruines) **30** B2
72 Verdelles (château de) **17** B1
83 Verdière (château de la) **44** B1
18 Verrerie (château de la) **18** C2
78 Versailles (château de) **11** C2
63 Veyre-Mouton (tour) (ruines) **31** A1
60 Vez (château de) **6** A3
03 Vieux-Chambord (château du) **25** A2
33 Villandrant (château de) (ruines) **35** A2
37 Villandry (château de) **17** C3
21 Villedieu (ruines) **19** C1
76 Villequier **4** D3
02 Villers-Cotterêts (château de) **6** A3
41 Villesavin (château de) **18** A2
30 Villevieille (château de) **43** C1
94 Vincennes (château de) **11** C2
38 Virieu (château de) **32** A2
35 Vitré (château de) **9** D3
38 Vizille (château de) **32** B3
55 Voie Sacrée **13** A1
37 Vonne (château de) **17** C3
57 Waldeck (château de) **14** A1
67 Wasenbourg (château de) **14** A1
45 Yèvre-le-Châtel (château de) (ruines) **11** C3
69 Yzeron (aqueducs d') (ruines) **31** D1

Abbayes — Abteien
Calvaires — Kalvarienberge
Eglises — Kirchen
Memorials — Gedenkstätten
Monuments — Denkmäler

52 Amberive (abbaye) **19** D2
14 Ardenne (abbaye d') (ruines) **4** B3
41 Areines (église) **18** A1
40 Arthous (abbaye d') **40** C1
49 Asnières (ancienne abbaye d') (ruines) **17** B3
82 Beaulieu (abbaye d') **36** B2
39 Baume-les-Messieurs (abbaye de) **26** B1
22 Beaufort (abbaye de) (ruines) **9** A1
82 Beaulieu (abbaye de) **36** B2
27 Bec-Hellouin (abbaye du) **4** D3
23 Bénévent-l'Abbaye (église) **24** B3
64 Bétharram (Notre-Dame-de) **41** A2
49 Boissière (abbaye de la) **17** C2
12 Bonnecombe (trappe de) **36** C2
08 Bonnefontaine (abbaye de) **6** C2
22 Bon-Repos (abbaye de) (ruines) **8** D3
22 Boquen (ancienne abbaye de) **9** B3
54 Bosserville (ancienne chartreuse de) **13** C2
82 Boulbonne (abbaye de) **42** A2
76 Bourg-Dun (église) **4** D2
27 Breuil-Benoît (abbaye du) **11** A2
01 Brou (église) **26** B3
2B Canonica (La) (église) **45** B2
46 Carennac (ancien prieuré de) **30** B3
52 Ceffonds (église) **12** D3
02 Cerny-en-Laonnais (église) **6** B3
86 Civaux (cimetière mérovingien) **23** C2
60 Chaâlis (ancienne abbaye de) **11** D1
43 Chaise-Dieu (abbaye de la) **31** B2
42 Charlieu (abbaye de) **25** C3
37 Chartreuse-de-Liget **18** A3
21 Cîteaux (abbaye de) **20** A3
10 Clairvaux (ancienne abbaye de) **19** D1
22 Clarté (La) (chapelle) **8** D1
53 Clermont (abbaye de) **10** A3
71 Cluny **25** D2
12 Conques (église) **36** C1
07 Cruas (chapelle) (ruines) **37** D1
88 Domrémy-la-Pucelle (basilique) **13** B3
51 Dormans (chapelle) **12** B1
55 Douaumont (ossuaire) **13** A1
27 Douville-sur-Andelle (abbaye de) **5** A3
70 Droiteval (abbaye de) **20** B1
76 Duclair (église) **4** D3
27 Ecouis (église) **5** A3
72 Epau (abbaye de l') **17** C1
51 Épine (Notre-Dame-de-l') **12** C1
65 Escaladieu (ancienne abbaye de l') **41** B2
89 Escolives-Sainte-Camille **19** B2
76 Eu (église) **5** A1
06 Fenestre (madone de) **39** A2
32 Flaran (abbaye de) **35** C3
80 Folleville (abbaye de) **5** C2
21 Fontenay (abbaye de) **19** C2
49 Fontevrault-l'Abbaye **17** B3
11 Fontfroide (abbaye de) **42** D2
36 Fontgombault (abbaye de) **23** D2
28 Gallardon (église) **11** B2
04 Ganagobie (prieuré de) **38** B3
80 Gard (abbaye du) **5** C1
38 Grande-Chartreuse (monastère de la) **32** B2
72 Grande Trappe (abbaye de la) **10** D2
29 Guimiliau (calvaire) **8** C2
50 Hambye (abbaye de) (ruines) **9** D1
68 Hartmanswillerkopf (Vieil-Armand) **21** A1
73 Hautecombe (abbaye de) **32** B1
35 Iffs (Les) (église) **9** C3
76 Jumièges (abbaye de) (ruines) **4** D3
22 Keramanac'h **8** D2
22 Kerfons (chapelle de) **8** D1
22 Kermaria (chapelle) **9** A2
56 Kernascléden (chapelle) **8** D3
11 Lagrasse (ancienne abbaye) **42** C2
29 Lambader (église) **8** C2
35 Langon (chapelle de) **16** C1
22 Langonnet (abbaye de) **8** D3
43 Lavaudieu (cloître) **31** A3
10 Lentilles (église) **12** C3
50 Lessay (abbaye de) **3** D3
02 Liesse (église) **6** B2
12 Locdieu (ancienne abbaye de) **36** B2
02 Longpont (ancienne abbaye de) **6** A3
50 Lucerne (abbaye de) (ruines) **9** D2
21 Lugny (ancienne chartreuse) **19** D1
2B Madona della Serra **45** B3
34 Maguelonne **43** B1
85 Maillezais (ancienne abbaye de) (ruines) **23** A2
67 Mariental (église) **14** B2
37 Marmoutier (abbaye de) (ruines) **17** D2
57 Marsal (église) **13** C2
55 Marville (église) **7** A3
51 Mémorial Américain **6** C3
80 Mémorial Australien **5** C2
80 Mémorial Britannique **5** D1
62 Mémorial Canadien **1** D3
52 Mémorial Charles-de-Gaulle **12** D3
48 Mercoire (ancienne abbaye) (ruines) **37** B1
47 Moirax (église) **35** C2
66 Monastir-del-Camp (ancien prieuré) **43** D3
14 Mondaye (abbaye de) **4** A3
25 Montbenoît (abbaye de) **26** C1
52 Montier-en-Der (église) **12** D3
13 Montmajour (abbaye de) (ruines) **43** D1
50 Mont-Saint-Michel (Le) (abbaye) **9** C2
74 Morette (cimetière de) **32** C1
60 Morienval (abbaye de) **5** D3
52 Morimond (abbaye de) (ruines) **20** B1
27 Mortemer (abbaye de) (ruines) **5** B3
08 Mouzon (église) **6** D2
68 Murbach (église) **21** A1
2B Nebbio (église) **45** A2
18 Noirlac (ancienne abbaye) **24** C1
12 Nonnenque (abbaye de) **36** D3
40 Notre-Dame-de-Buglose **34** D3
38 Notre-Dame-de-la-Salette **38** B1
62 Notre-Dame-de-Lorette (mémorial) **1** D3
83 Notre-Dame-des-Anges **44** C2
29 Notre-Dame-de-Tronoën (calvaire) **15** A1
29 Notre-Dame-du-Crann **8** C3
83 Notre-Dame-du-Mai **44** B3
51 Orbais **12** B1
60 Ourscamps (abbaye d') (ruines) **5** D3
89 Pierre-Qui-Vire (abbaye de la) **19** B3
29 Pleyben (calvaire) **8** C3
29 Plougonven (calvaire) **8** C2
88 Pompierre (église) **13** B3
89 Pontigny (abbaye de) **19** B1
10 Pont-Sainte-Marie (église) **12** C3
78 Port-Royal-des-Champs (ancienne abbaye) (ruines) **11** B2
02 Prémontré (abbaye de) **6** A3
77 Preuilly (abbaye de) (ruines) **12** A3
29 Quilinen (calvaire) **8** B3
77 Rampillon **12** A2
70 Ronchamp (église) **20** D2
95 Royaumont (abbaye de) **11** C1
29 Rumengol (église) **8** B2
24 Saint-Amand-de-Coly (église) **30** A3
38 Saint-Antoine (abbaye de) **32** A3
45 Saint-Benoît-sur-Loire (église) **18** C1
31 Saint-Bertrand-de-Comminges (église) **41** C3
56 Saint-Cado (chapelle) **15** D1
38 Saint-Chef (église) **32** A2
13 Saint-Gabriel (chapelle) **43** D1
14 Saint-Gabriel (ancien prieuré) **4** B3
29 Saint-Herbot **8** C2
67 Saint-Jean-Saverne (église) **14** A2
14 Saint-Laurent (cimetière de) **4** A3
77 Saint-Loup-de-Naud (église) **12** A2
60 Saint-Martin-aux-Bois (abbaye) **5** D3
76 Saint-Martin-de-Boscherville (abbaye de) **5** A3
66 Saint-Martin-de-Fenollar (église) **43** D3
66 Saint-Martin-du-Canigou (abbaye de) **43** C3
49 Saint-Maur (abbaye de) **17** B2
02 Saint-Michel (abbaye de) **6** C2
66 Saint-Michel-de-Cuxa (abbaye de) **43** C3
13 Saint-Michel-de-Frigolet (abbaye de) **37** D3
56 Saint-Nicodème **8** D3
54 Saint-Nicolas-de-Port (basilique de) **13** C2
44 Saint-Philbert-de-Grand-Lieu (église) **16** C3
42 Saint-Romain-le-Puy (église) **31** C2
Saint-Seine-l'Abbaye **19** D2
29 Saint-Thégonnec (calvaire) **8** C2
29 Saint-Tugen (église) **8** A3
29 Saint-Vennec (calvaire) **8** B3
40 Saint-Vincent-de-Paul (berceau de) (chapelle) **34** D3
76 Saint-Wandrille-Rancon (abbaye de) **4** D3
29 Sainte-Anne-le-Palud (église) **8** B3
56 Sainte-Avoye (chapelle) **15** D1
56 Sainte-Barbe **8** C3
74 Sainte-Marie-d'Aulps (abbaye) **26** D3
56 Sainte-Noyale (chapelle) **9** A3
67 Sainte-Odile **14** A3
38 Salette (Notre-Dame de la) **38** B1
84 Sénanque (abbaye de) **38** A3
52 Sept-Fontaines (ancienne abbaye) **13** A3
22 Sept-Saints (Les) (chapelle) **8** D2
66 Serrabone (prieuré de) **43** C3
57 Scy-Chazelles (église) **13** B1
08 Signy-l'Abbaye **6** C2
13 Silvacane (abbaye de) **44** A1
72 Solesmes (abbaye de) **17** B1
40 Sorde-l'Abbaye **40** C1
67 Struthof (Le) (mémorial) **14** A3
12 Sylvanès (abbaye) **36** D3
74 Tamié (abbaye de) **32** C1
55 Thonne-le-Thil (église) **7** A3
83 Thoronet (abbaye du) **44** C1
49 Trèves (église) **17** B3
2A Trinité (La) (ermitage) **45** D2
29 Trois-Fontaines **8** C3
50 Utah-Beach **3** D3
30 Valbonne (chartreuse de) **37** C2
38 Valchevrière (calvaire de) **32** B3
21 Val-des-Choues (abbaye du) **19** D2
80 Valloires (abbaye de) **1** B3

76 Valmont (abbaye de) 4 C2
89 Vauluisant (ancienne abbaye) 12 A3
78 Vaux-de-Cernay (abbaye des) 11 B2
83 Verne (chartreuse de la) (ruines) 44 C2
89 **Vézelay** (basilique de) 19 B2
68 **Vieil-Armand** (Hartmanswillerkopf) 21 A1
34 Vignogoul (église) 43 B1
52 **Vignory** (église) 13 A3
86 Villesalem (église) 23 D2
21 Vix (église) 19 C1

Phares	Leuchttürme
Ponts	Brücken
Tunnels	Tunnel
Viaducs	Talbrücken
Aéroports et Aérodromes	Flugplätze und Flughäfen

80 **Abbeville** (aérodrome) 5 B1
47 **Agen-la-Garenne** (aérodrome) 35 C2
76 Ailly (phare de la pointe d') 5 A2
40 **Aire-sur-l'Adour** (aérodrome) 41 A1
13 Aix-les-Milles (aérodrome) 44 A1
17 Aix (phare de l'île d') 22 D3
2A **Ajaccio-Campo-Dell'oro** (aéroport) 45 C3
80 **Albert-Bray** (aérodrome) 5 D1
81 Albi-le-Séquestre (aérodrome) 36 B3
30 **Alès-Deaux** (aérodrome) 37 B3
2A Alistro (phare d') 45 B2
62 Alprech (phare du cap d') 1 B2
01 Ambérieu (aérodrome) 26 A3
37 **Amboise-Dierre** (aérodrome) 17 D2
80 **Amiens-Glisy** (aérodrome) 5 C2
49 **Angers-Avrillé** (aérodrome) 17 A2
74 **Annecy-Meythet** (aérodrome) 82 C1
74 Annemasse (aérodrome) 26 C3
76 Antifer (phare du cap d') 4 C2
29 Ar-Men (phare d') 8 A3
83 Armes (phare du cap d') 44 C2
80 Ault (phare d') 5 B1
15 **Aurillac** (aérodrome) 30 C3
71 **Autun-Bellevue** (aérodrome) 25 C1
89 **Auxerre-Branches** (aérodrome) 19 B1
84 **Avignon-Caumont** (aérodrome) 37 D3
17 Baleines (phares des) 22 C2
68 Bâle-Mulhouse (aéroport) 21 A2
04 **Barcelonnette-Saint-Pons** (aérodrome) 38 D2
50 Barfleur (phare de la pointe de) 3 C2
2B **Bastia-Poretta** (aéroport) 45 A2
29 **Batz** (phare de l'île de) 8 C1
44 **Baule-Escoublac (La)** (aérodrome) 16 B2
66 Béar (phare du cap) 43 D3
13 Beauduc (phare de la) 43 C1
60 **Beauvais-Tillé** (aéroport) 5 C3
90 **Belfort-Fontaine** (aéroport) 20 D2
83 Bénat (phare du cap) 44 C2
24 **Bergerac-Roumanière** (aérodrome) 29 C3
13 Berre-le-Fare (aérodrome) 44 A1
25 **Besançon-la-Vèze** (aérodrome) 20 B3
34 **Béziers-Vias** (aérodrome) 43 C2
64 **Biarritz-Bayonne-Anglet** (aéroport) 40 B1
44 Blanche (phare de la) 16 A3
41 **Blois-le-Breuil** (aérodrome) 18 A2
33 **Bordeaux-Mérignac** (aéroport) 29 A3
18 **Bourges** (aéroport) 18 C3
22 Bréhat (phare de Rosédo de) 9 A1
34 Brescou (phare de l'îlot) 43 D2
29 **Brest-Guipavas** (aéroport) 8 B2
91 Brétigny-sur-Orge (aérodrome) 11 C2
19 **Brive-la-Roche** (aérodrome) 30 A3
14 **Caen-Carpiquet** (aéroport) 4 B3
46 **Cahors-Lalbenque** (aérodrome) 36 B2
62 **Calais-Marck** (aéroport) 1 B2
Calais-Dunkerque (nouveau nom)
2B **Calvi-Sainte-Catherine** (aéroport) 45 B3
83 Camarat (phare du cap) 44 D2
59 **Cambrai-Niergnies** (aérodrome) 6 A1
06 **Cannes-Mandelieu** (aérodrome) 45 A1
2B Cap-Corse (phare du) 45 A2

11 **Carcassonne-Salvaza** (aérodrome) 42 C2
84 **Carpentras** (aérodrome) 38 A3
83 Castellet (Le) (aérodrome) 44 B2
82 Castelsarrasin-Moissac (aérodrome) 35 D3
81 **Castres-Mazamet** (aérodrome) 42 C1
80 Cayeux (phare de) 5 B1
83 Cépet (phare du cap) 44 B3
51 **Châlons-Vatry** (aérodrome) 12 C1
73 Chambéry-Aix-les-Bains (aérodrome) 32 B1
73 **Chambéry-Challes-les-Eaux** (aérodrome) 32 B2
08 **Charleville-Mézières** (aérodrome) 6 C2
28 **Chartres-Champhol** (aérodrome) 11 A3
17 Chassiron (phare de) 22 C3
28 **Châteaudun** (aéroport) 18 A1
36 **Châteauroux-Déols** (aéroport) 24 B1
52 **Chaumont-Semoutiers** (aérodrome) 20 A1
50 Chausey (phare des îles) 9 C1
50 **Cherbourg-Maupertus** (aéroport) 3 C2
2A Chiappa (phare de la pointe de la) 45 D2
49 **Cholet-le-Pontreau** (aérodrome) 16 D3
63 **Clermont-Ferrand-Aulnat** (aéroport) 31 A1
16 **Cognac-Châteaurenard** (aérodrome) 29 A1
68 **Colmar-Houssen** (aérodrome) 21 A1
60 **Compiègne-Margny** (aérodrome) 5 D3
40 Contis (phare de) 34 C2
33 Cordouan (phare de) 28 D1
17 Coubre (phare de la) 28 C1
77 **Coulommiers-Voisins** (aérodrome) 12 A2
13 Couronne (phare du cap) 44 A2
29 Créac'h (phare du) 8 A2
48 Crueize (viaduc de la) 37 A1
83 Cuers-Pierrefeu (aéroport) 44 C2
88 Damblain (aérodrome) 20 B1
40 **Dax-Seyresse** (aérodrome) 34 C3
14 **Deauville-Saint-Gatien** (aérodrome) 4 C3
76 **Dieppe-Saint-Aubin** (aérodrome) 5 A2
21 **Dijon-Longvic** (aéroport) 19 D3
22 **Dinan-Trélivan** (aérodrome) 9 B2
35 **Dinard-Pleurtuit-Saint-Malo** (aéroport) 9 B2
39 Dole-Tavaux (aéroport) 26 A1
29 Eckmühl (phare d') 15 B1
19 Egletons (aérodrome) 30 B2
88 **Épinal-Mirecourt** (aérodrome) 13 C3
30 Espiguette (phare de l') 43 C1
55 Etain-Rouvres (aérodrome) 7 B3
76 **Eu-Mers-le-Tréport** (aérodrome) 5 A1
27 **Évreux-Fauville** (aéroport) 11 A1
63 Fades (viaduc des) 30 D1
13 Faraman (phare de) 43 D2
06 Ferrat (phare du cap) 45 A1
33 Ferret (phare du cap) 34 C1
46 **Figeac-Livernon** (aérodrome) 36 B1
61 **Flers-Saint-Paul** (aérodrome) 10 A2
29 Four (phare du) 8 A2
22 Fréhel (phare du cap) 9 B2
83 **Fréjus-Saint-Raphaël** (aérodrome) 44 D2
73 Fréjus (tunnel du) 32 D3
13 Gachole (phare de la) 43 C2
05 **Gap-Tallard** (aérodrome) 38 C1
15 **Garabit** (viaduc de la) 31 A3
30 Gard (pont du) 37 C3
85 Gois (passage du) 22 B1
83 Grand-Ribaud (phare du) 44 D2
50 **Granville** (aérodrome) 9 C1
33 Grave (phare de la pointe de) 28 D1
38 **Grenoble-Saint-Geoirs** (aérodrome) 32 B3
38 **Grenoble-le-Versoud** (aérodrome) 32 B3
78 Guyancourt (aérodrome) 11 C2
50 Hague (phare du cap de la) 3 C2
67 **Haguenau** (aérodrome) 14 B2
76 **Havre-Octeville (Le)** (aéroport) 4 C3
22 Héaux (phare des) 9 A1
76 Hève (phare de la) 4 C3
83 **Hyères-le-Palyvestre** (aéroport) 44 C3
13 Istres-le-Tubé (aéroport) 43 D1
22 **Lannion-Servel** (aérodrome) 8 B1
53 **Laval-Entrammes** (aérodrome) 10 A3
11 Leucate (phare du cap) 42 D3

59 **Lille-Lesquin** (aéroport) 2 A3
87 **Limoges-Bellegarde** (aéroport) 30 A1
15 **Lioran** (tunnel du) 30 D3
56 **Lorient-Lann-Bihoué** (aéroport) 15 C1
56 Lorois (pont du) 15 D1
29 Louppe (pont Albert) 8 B2
83 Luc-le-Cannet (Le) (aérodrome) 44 C2
54 **Lunéville-Croismare** (aérodrome) 13 C2
70 Lure-Malbouhans (aérodrome) 20 C2
70 **Luxeuil-Saint-Sauveur** (aéroport) 20 C1
69 **Lyon-Bron** (aéroport) 31 D1
69 Lyon-Satolas (aéroport) 32 A1
71 **Mâcon-Charnay** (aérodrome) 25 D3
72 **Mans-Arnage (Le)** (aérodrome) 17 C1
51 Marigny-le-Grand (aérodrome) 12 B2
47 Marmande-Virazeil (aérodrome) 35 B1
13 **Marseille-Marignane** (aéroport) 44 A2
77 Melun-Villaroche (aérodrome) 11 D2
63 **Menat** (pont de) 24 D1
48 Mende-Brénoux (aérodrome) 37 A2
62 Merville-Calonne (aérodrome) 1 D3
57 **Metz-Frescaty** (aéroport) 13 B1
12 **Millau-Larzac** (aérodrome) 36 D3
82 **Montauban** (aérodrome) 36 A3
25 **Montbéliard-Courcelles** (aérodrome) 20 D2
74 Mont-Blanc (tunnel du) 32 D1
71 Montceau-les-Mines-Pouilloux (aérodrome) 25 C2
40 Mont-de-Marsan (aérodrome) 35 A3
03 **Montluçon-Doméral** (aéroport) 24 C2
34 **Montpellier-Fréjorgues** (aéroport) 43 B1
34 Mont-Saint-Clair (phare du) 43 B2
29 **Morlaix-Ploujean** (aérodrome) 8 C1
78 Mureaux (Les) (aérodrome) 11 B1
54 **Nancy-Essey** (aérodrome) 13 C2
54 Nancy-Ochey (aérodrome) 13 B2
77 Nangis-les-Loges (aérodrome) 11 D2
44 **Nantes-Château-Bougon** (aéroport) 16 C3
58 **Nevers-Fourchambault** (aérodrome) 25 A1
06 Nice-Côte-d'Azur (aéroport) 45 A1
30 **Nîmes-Garons** (aérodrome) 43 C1
79 Niort-Souché (aérodrome) 23 A2
84 **Orange-Caritat** (aérodrome) 37 D3
84 **Orange-Plan-de-Dieu** (aérodrome) 37 D3
45 **Orléans-Bricy** (aérodrome) 18 B1
45 **Orléans-Saint-Denis-de-l'Hôtel** (aérodrome) 18 B1
01 Oyonnax-Arbent (aérodrome) 26 B3
95 **Paris-Charles-de-Gaulle (Roissy)** (aéroport) 11 C1
95 Paris-le-Bourget (aéroport) 11 C1
91 **Paris-Orly** (aéroport) 11 C2
64 **Pau-Pont-Long-Uzein** (aéroport) 41 A2
29 Penfret (phare de l'île de) 15 B1
56 Pen-Men (phare de) 15 C1
24 **Périgueux-Bassillac** (aérodrome) 29 C3
66 Perpignan-Rivesaltes Perpignan-Llabanère (ancien nom) (aéroport) 43 D3
95 Persan-Beaumont (aérodrome) 11 C1
57 Phalsbourg-Bourscheid (aérodrome) 14 A2
29 Pierres-Noires (phare des) 8 A2
2B Pietra (phare de la) 45 A3
24 Pilier (phare du) 16 B3
13 Planier (phare du) 44 A2
86 **Poitiers-Biard** (aéroport) 23 C2
25 **Pontarlier** (aérodrome) 26 C1
30 Pont-du-Gard 37 C3
95 **Pontoise-Cormeilles-en-Vexin** (aérodrome) 11 C1
43 **Puy-Loudes (Le)** (aérodrome) 31 B3
56 **Quiberon** (aérodrome) 15 D1
29 **Quimper-Pluguffan** (aéroport) 8 B3
35 **Redon-Bains-sur-Oust** (aérodrome) 16 B1

(aérodrome) 16 B1
51 **Reims-Champagne** (aéroport) 6 B3
35 **Rennes-Saint-Jacques** (aéroport) 9 C3
2B Revellata (phare de la pointe) 45 B3
31 **Revel-Montgey** (aérodrome) 42 B1
42 **Roanne-Renaison** (aérodrome) 25 B3
50 Roc (phare de la pointe du) 9 C1
17 **Rochelle-Laleu (La)** (aéroport) 22 D3
22 Roches-Douvres (phare des) 9 A1
85 **Roche-sur-Yon-les-Ajoncs (La)** (aérodrome) 22 C1
08 **Rocroi-Regniowez** (aérodrome) 6 C2
12 **Rodez-Marcillac** (aérodrome) 36 C2
76 **Rouen-Boos** (aérodrome) 5 A3
17 **Royan-Médis** (aérodrome) 28 D1
85 **Sables-d'Olonne-Talmont (Les)** (aérodrome) 22 C2
22 **Saint-Brieuc** (aérodrome) 9 A2
52 **Saint-Dizier-Robinson** (aérodrome) 12 D2
42 **Saint-Étienne-Bouthéon** (aéroport) 31 C2
64 **Saint-Jean-de-Luz** (phare de) 40 B1
64 **Saint-Martin** (phare de la pointe) 40 B1
44 **Saint-Nazaire-Montoir** (aéroport) 16 B2
62 **Saint-Omer-Wizernes** (aérodrome) 1 C2
02 Saint-Simon-Clastres (aérodrome) 6 A2
76 **Saint-Valéry-Vittefleur** (aérodrome) 4 D2
17 Saintes-Thénac (aérodrome) 29 A1
74 Sallanches-Mont-Blanc (aérodrome) 32 D1
13 **Salon** (aérodrome) 44 A1
49 **Saumur-Saint-Florent** (aérodrome) 17 B3
08 **Sedan-Douzy** (aérodrome) 6 D2
29 Sein (phare de) 8 A3
21 **Semur-en-Auxois** (aérodrome) 10 C2
2A Senetosa (phare de la pointe) 45 D3
83 Sicié (phare du) 44 B3
2B Solenzara (aérodrome) 45 B3
29 Stiff (phare du) 8 A2
67 **Strasbourg-Entzheim** (aéroport) 14 B2
76 **Tancarville** (pont de) 4 C3
65 **Tarbes-Ossun-Lourdes** (aéroport) 41 B2
57 **Thionville-Yutz** (aérodrome) 7 B3
83 Titan (phare du) 44 D3
31 **Toulouse-Blagnac** (aéroport) 42 A1
31 **Toulouse-Francazal** (aérodrome) 42 A1
31 **Toulouse-Lasbordes** (aérodrome) 42 A1
31 **Toulouse-Montaudran** (aérodrome) 42 A1
62 **Touquet-Paris-Plage (Le)** (aéroport) 1 B3
37 **Tours-Saint-Symphorien** (aéroport) 17 D2
78 Toussus-le-Noble (aérodrome) 11 C2
15 Tréboul (pont de) 36 D1
76 Tréport (phare du) 5 A1
10 **Troyes-Barberey** (aéroport) 12 B3
19 **Ussel-Thalamy** (aérodrome) 30 C2
26 **Valence-Chabeuil** (aérodrome) 31 D3
59 **Valenciennes-Denain** (aéroport) 2 A3
56 **Vannes-Meucon** (aérodrome) 16 A1
55 **Verdun-le-Rozelier** (aérodrome) 13 A1
12 Viaur (viaduc du) 36 C3
03 **Vichy-Charmel** (aérodrome) 25 A3
29 Vierge (phare de l'île) 8 B1
78 Villacoublay-Vélizy (aérodrome) 11 C2
47 **Villeneuve-sur-Lot** (aérodrome) 35 C2

| Régions-physiques | Landschaftsregionen |

47 Agenais 35 C2
2B Agriates (désert des) 45 A2
81 Albigeois
61 Alençon (campagne d') 10 C2
53 Alpes Mancelles 10 B3
13 **Alpilles** 43 D1
16 Angoumois 29 B2
49 Anjou 17 A3-B2

55 Argonne 12 D1
32 Armagnac 35 B3
62 Artois 1 C3
17 Aunis 22 D3
71 Autunois 25 C1
15-63 Auvergne
(Monts d') 30 D2-D3
2B Balagne 45 B3
38 Bas-Dauphiné 32 A2
52 Bassigny 20 A1
73 Bauges 32 D1
58 Bazois 19 B3
64 Béarn 41 A1
73 Beaufort 32 D1
60 Beauvaisis 5 C3
38 Belledonne 32 C2
36 Berry 24 B1
65 Bigorre 41 B2
49 Bocage angevin 16 D2-17 A2
61 Bocage normand 10 A2
85 Bocage vendéen 22 D1
26 Bochaine 38 B1
36 Boischaut 24 B1-B2
62 Boulonnais 1 B2
36 Brenne 24 A1
05 Briançonnais 32 D3
01 Bugey 26 A3
14 Caen (campagne de) 10 B2
30 Camargue 43 C1
2B Cap Corse 45 A2
66 Cerdagne 43 B3
48 Cévennes 37 B2
40 Chalosse 41 A1
08-51 Champagne 6 B3-C3
18-36 Champagne
berrichonne 24 B1-C1
05 Champsaur 38 C1
71 Charolais 25 C2-D1
38 Chartreuse 32 B2
53 Coëvrons (Les) 10 B3
07 Coiron 37 D1
23 Combrailles 24 C3
31 Comminges 41 C3
84 Comtat 37 D3
66 Conflent 43 C3
11 Corbières 42 C3-D3
55 Côtes de Meuse 13 A2
54 Côtes de Moselle 13 B2
21 Côte d'Or 19 D3
09 Couserans 41 D3
13 Crau (La) 43 D1
05 Dévoluy 38 B1
26 Diois 38 A1
01 Dombes 32 A1
24 Double 29 B3-C3
66 Fenouillèdes 42 C3
59 Flandre 1 C2
42 Forez (bassin du) 31 C1
05 Gapençais 38 C2
34 Gardiole
(montagne de la) 43 B1
30 Garrigues 37 C3
45 Gâtinais 18 C1-D1
86 Gâtine 23 A2-B2
48 Gévaudan 37 A1
44 Grande Brière 16 B2
38 Grésivaudan 32 B2
40 Landes 34 D3-35 A2
56 Landes de Lanvaux 16 A1
50 Landes de Lessay 3 D3
34 Languedoc (plaine du) 43 A2
31 Lauragais 42 A2
25 Laveron 26 C1
63 Limagne 31 A1
16 Limousin 29 C1-D1
63 Livradois 31 A2
32 Lomagne 41 D1
84 Lubéron 44 A1-B1
71 Mâconnais 25 D2
42 Madeleine
(monts de la) 25 B-C
85 Marais poitevin 22 D2
23-87 Marche 24 A3
80 Marquenterre 5 B1
49 Mauges 16 D3
73 Maurienne 32 C3
33 Médoc 28 D2-D3
11 Minervois 42 C2
19 Monédières (monts de) 30 B2
73 Mont-Cenis (massif du) 32 D2
21-58-89 Morvan 19 B3-C2
2B Nebbio 45 B2
2B Niolo 45 B3
58 Nivernais 25 A1
45 Orléanais 18 B1-C1
10 Othe 12 B3
89 Othe 19 B1
27 Ouche 10 D1
64 Pays basque 40 C2
14 Pays d'Auge 10 C1
76 Pays de Bray 5 B2
76 Pays de Caux 4 D2
09 Pays de Foix 42 A3
29 Pays de Léon 8 B2
11 Pays de Sault 42 B3
61 Perche 10 C1-C2-D2
24 Périgord 29 C3-D3
80 Picardie 5 B2-C1-D1
38 Plaine de Bièvre 32 A2
11 Plaine du Languedoc 43 A2
66 Plaine du Roussillon 42 D3
15 Planèze de Saint Flour 30 D3
88 Plateau lorrain 20 B1-C1
86 Poitou 23 B1-C1
04 Provence (Alpes de) 38 D3
45-58-89 Puisaye 18 D2-19 A2
63 Puys (chaîne des) 30 D1
05 Queyras 38 D1
12 Rouergue 36 C2
73 Rousses (Grandes) 32 C3
29 Saint-Michel (montagne) 8 C2
17 Saintonge 29 A2
74 Salève 26 C3
12 Ségala 36 C3
34 Séranne 43 A1
81 Sidobre 42 C1
54 Sion (colline de) 13 B3
41 Sologne 18 B2-C2
58 Sologne bourbonnaise 25 A1
14 Suisse Normande 10 B1
38 Taillefer 32 B3
73 Tarentaise 32 C2
02 Thiérache 6 B2
31 Toulousain 42 A1
37 Touraine 17 D3
22 Trégorrois 8 D2
26 Tricastin 37 D2
38 Trièves 38 B1
73 Trois-Vallées 32 D2
66 Vallespir 43 C3
01 Valromey 26 B3
56 Vannetais 16 A1
73 Vanoise 32 D2
84 Vaucluse (monts de) 38 A3
07 Vivarais 31 D3
55 Woëvre 13 A1

Bois, Forêts	Wälder
Camps	Lager
Parcs	Parks
Réserves	Reservate
Zoos	Zoos

57 Abreschwiller (forêt d') 13 D2
2A Aïtone (forêt d') 45 B3
37 Amboise (forêt d') 17 D3
61 Andaine (forêt d') 10 B2
58 Anost (forêt d') 19 B3
64 Arbailles (forêt d') 40 C2
55 Argonne (forêt d') 12 D1
77 Armainvilliers (forêt d') 11 D2
29 Armorique (parc d') 8 B2-C2
64 Asson (zoo) 41 A2
51 Attila (camp d') 12 C1
73 Bauges (réserve
nationale des) 32 C1
02 Belleau (bois) 12 A1
61 Bellême (forêt de) 10 C3
08 Belval (forêt de) 6 D3
72 Bercé (forêt de) 17 C1
42 Bois Noirs (Les) 31 B1
40 Biscarrosse (forêt de) 34 C2
41 Blois (forêt de) 18 A2
22 Boquen (forêt de) 9 B3
63 Boucharde (forêt de) 25 A3
41 Boulogne (forêt de) 18 B2
16 Braconne (forêt de la) 29 C1
27 Breteuil (forêt de) 10 D1
44 Brière (parc de) 16 B2
76 Brotonne (parc de la
forêt de) 4 D3
41 Brouard (forêt de) 18 A3
13 Camargue (parc de) 43 C1-D1
56 Capnoët (forêt de) 15 C1
34 Caroux (parc naturel de) 42 D1
2B Carozzica (forêt de) 45 B3
2B Castagniccia 45 B2
2B Cervello (forêt de) 45 B2
48 Cévennes
(parc national des) 37 B2
25 Chailluz (forêt de) 20 C3
49 Chandelais (forêt de) 17 B2
49 Chambiers (forêt de) 17 B2
60 Chantilly (forêt de) 11 C1
88 Charmes (forêt de) 13 C3
36 Châteauroux (forêt de) 24 B1
52 Chateauvillain et d'Arc
(forêt de) 19 D1
21 Châtillon (forêt de) 19 D1
21 Chaume (forêt de la) 19 D1
39 Chaux (forêt de) 20 B3
70 Cherimont (forêt du) 20 D2
36 Cheurs (forêt de) 24 B1
35 Chevré (forêt de) 9 D3
37 Chinon (forêt de) 17 C3
79 Chizé (forêt de) 23 A3
21 Citeaux (forêt de) 20 A3
10 Clairvaux (forêt de) 19 D1
76 Clères (parc zoologique) 5 A2
56 Coëtquidan (camp de) 16 B1
03 Colettes (forêt des) 24 D3
88 Cornimont (forêt de) 20 D1
60 Compiègne (forêt de) 5 D3
2A-2B Corse (parc de) 45 B3-C2
17 Coubre (forêt de la) 28 C1
02 Coucy (forêt de) 6 A3
29 Cranou (forêt du) 8 B2
77 Crécy (forêt de) 11 D2
80 Crécy (forêt de) 5 B1
58 Dames (forêt des) 19 A2
88 Darney-Martinvelle
(forêt de) 20 C1
58 Donzy (forêt de) 19 A3
28 Dreux (forêt de) 11 A2
76 Eawy (forêt d') 5 A2
51 Ecouves (forêt d') 10 C2
05 Ecrins (parc
national des) 38 C1
54 Elieux (forêt des) 13 D2
60 Ermenonville (forêt d') 11 D1
52 Etoile (forêt d') 12 D3
76 Eu (forêt d') 5 B2
51 Faux-de-Verzy 12 C1
71 Ferté (forêt de la) 25 D3
2B Filosarma (forêt de) 45 B3
49 Flèche (forêt de la) 17 B2
77 Fontainebleau (forêt de) 11 D3
10 Forêt-d'Orient
(parc de la) 12 C3
88 Fossard (forêt de) 20 D1
41 Fréteval (forêt de) 18 A1
89 Frétoy (forêt de) 19 A2
72 Futaie des Clos 17 C1
44 Gâvre (forêt du) 16 C2
71 Gercy (forêt de) 25 D1
48 Gévaudan (zoo du) 37 A1
21 Grand-Jailly (forêt du) 19 C2
72 Grande Charnie
(forêt de la) 17 B1
21 Grand Hâ (forêt du) 19 D3
10 Grand-Orient (forêt du) 12 C3
70 Grange (forêt de) 20 C2
58 Grands-Bois (Les) 19 A3
81 Grésigne (forêt de la) 36 B3
35 Guerche (forêt de la) 16 D1
86 Guerche (forêt de la) 23 C1
67 Haguenau (forêt de) 14 B1
60 Halatte (forêt d') 5 D3
57 Hanau (forêt de) 14 A1
22 Hardouinais (forêt de la) 9 B3
68 Harth (forêt de la) 21 A1-A2
67 Haslach (forêt de) 14 A2
25-39 Haute-Joux
(forêt de la) 26 C1
34-81 Haut-Languedoc
(parc du) 42 C1-D1
52 Heu (forêt du) 13 A3
67 Hochwald 14 B1
33 Hourtin (forêt d') 28 D2
29 Huelgoat (forêt de) 8 C2
67 Ingwiller (forêt d') 14 A1
64 Iraty (forêt d') 40 C2
18 Ivoy (forêt d') 18 C3
39 Joux (forêt de la) 26 B1
49 Juigné (forêt de) 16 D1
60 Laigue (forêt de) 5 D3
36 Lancosme (forêt de) 24 A1
17 Lande (forêt de la) 29 A2
40 Landes de Gascogne
(parc des) 34 D2
56 Lanouée (forêt de) 9 A3
26 Lente (forêt de) 38 A1
37 Loches (forêt de) 17 D3
88 Longegoutte (forêt de) 20 D1
22 Lorge (forêt de) 9 A2
54-55-57 Lorraine
(parc de) 13 C2-D2
22 Loudéac (forêt de) 9 A3
84 Lubéron (parc du) 44 A1-B1
27 Lyons (forêt de) 5 A3
10 Mailly (camp de) 12 C2
50 Maneyrol (camp de) 3 C2
41 Marchenoir (forêt de) 18 A1
26 Marsanne (forêt de) 37 D1
18 Maulne (forêt de) 24 C1
89 Merry-Vaux (forêt de) 19 A1
40 Mimizan (forêt de) 34 C2
58 Minimes (forêt des) 25 A1
51 Montagne de Reims
(forêt de la) 12 B1
45 Montargis (forêt de) 18 D1
03 Montpensier (forêt de) 25 A3
58 Montreuillon (forêt de) 19 B3
59 Mormal (forêt de) 6 B1
88 Mortagne (forêt de) 13 D3
21-58-89 Morvan
(parc du) 19 B3-C2
61 Motte (forêt de la) 10 B2
86 Moulière (forêt de) 23 C2
57 Mouterhouse (forêt de) 14 A1
52 Mureau (forêt de) 13 A3
33 Nézer (forêt de) 34 D1
67 Niederbronn (forêt de) 14 A1
59 Nieppe (forêt de) 1 D2
61 Normandie-Maine
(parc de) 10 B2
67 Obernai (forêt d') 14 A3
85 Olonne (forêt d') 22 B2
45 Orléans (forêt d') 18 C1
2A Ospedale (forêt d') 45 D2
89 Othe (forêt d') 19 B1
35 Paimpont (forêt de) 9 B3
53 Pail (forêt de) 10 B3
54 Parroy (forêt de) 13 C2
21 Pasques (forêt de) 19 D2
72 Perche (forêt du) 10 D2
58 Perray (forêt du) 25 A1
72 Perseigne (forêt de) 10 C3
71 Planoise (forêt
nationale de) 25 C1
39 Poligny (forêt de) 26 B1
13 Pont-de-Gau
(parc zoologique du) 43 C1
22 Pontkallec (forêt de) 8 D3
83 Port-Cros (parc de) 44 C3
64-65 Pyrénées (parc
national des) 41 A3-B3
22 Quénécan (forêt de) 8 D3
59 Raismes (forêt de) 2 A3
88 Rambervillers (forêt de) 13 D3
78 Rambouillet (forêt de) 11 B2
54 Reine (forêt de la) 13 B2
35 Rennes (forêt de) 9 C3
39 Risoux (forêt de) 26 C2
16 Rochebeaucourt
(forêt de) 29 C2
70 Saint-Antoine (forêt de) 20 D1
78 Saint-Germain (forêt de) 11 C1
02 Saint-Gobain (forêt de) 6 A2
58 Saint-Laurent (forêt de) 18 C3
57 Saint-Louis (forêt de) 14 A1
64 Saint-Pée (forêt de) 40 C1
40 Sainte-Eulalie (forêt de) 34 C2
26 Saou (forêt de) 38 A1
67 Saverne (forêt de) 14 A2
86 Scevolles (forêt de) 23 C1
67 Schirmeck (forêt de) 14 A2
28 Senonches (forêt de) 10 D2
88 Senones (forêt de) 13 D3
02 Sissonne (camp de) 6 B3
29 Sizun (réserve du cap) 8 A3
2B Sorba (forêt de) 45 C2
2B Tartagine (forêt de) 45 B3
2B Tavignano (forêt de) 45 B2
78 Thoiry (parc zoologique) 11 B2
1B Toux (forêt de) 24 C1
51 Traconne (forêt de la) 12 B2
03 Tronçais (forêt de) 24 D2
06 Turini (forêt de) 39 B3
52 Val (forêt du) 12 D2
2B Valdo-Niello (forêt de) 45 B3
73 Vanoise (parc
national de la) 32 D2
38 Vercors (parc du) 32 B3
26 Vercors (forêt du) 38 A1
72 Vibraye (forêt de) 17 D1
18 Vierzon (forêt de) 18 B3
02 Villers-Cotterêts
(forêt de) 6 A3
2A Vizzavona (forêt de) 45 C2
15 Volcans d'Auvergne
(parc des) 30 C3-D2
55 Woëvre (forêt de) 7 A3

Aiguilles	Bergspitzen
Ballons	Belchen
Chaînes	Gebirgsketten
Cîmes	Gipfel
Cols	Pässe
Crêts, Crêtes	Bergkämme
Dent	Horn, Zacke
Dômes	Bergkuppen
Massifs	Gebirge
Montagnes	Berge
Monts	Berge
Pas	Engpässe
Pics	Bergspitzen
Pointes	Bergspitzen
Ports	Pässe
Puys	Bergkuppen
Rocs	Felsen
Roches	Felsen
Rochers	Felsen
Sommets	Gipfel
Têtes	Bergspitzen

21 Afrique (mont) 19 D3
06 Agel (mont) 45 B1
05 Agneaux (pic des) 32 C3
48 Aigoual (mont) 37 A3
30 Aigoual (montagne de l') 37 A3
38 Aiguille (mont) 38 B1
05 Aiguilles (crête des) 38 B1
51 Aimé (mont) 12 B2
66 Albères (monts) 43 D3
04 Allos (col d') 38 D2
85 Alouettes (mont des) 22 D1
04 Alpes de Provence 38 D3
88 Alsace (ballon d') 20 D1
87 Ambazac (monts d') 24 A3
73 Ambin (mont d') 32 D3
2B Ambrica (monte) 45 A2
14 Ancre (mont d') 10 A1
64 Anie (pic d') 40 D3
74 Aravis (chaîne des) 32 C1
74 Aravis (col des) 32 C1
65 Arbizon (pic d') 41 B3
74 Arbois (mont d') 32 D1
73 Archeboc (pointe d') 32 D2
31 Ares (col des) 41 C3
66 Arès (col d') 43 C3
65 Aret (pic d') 41 B3
74 Argentière (aiguille d') 33 A1
09 Arize (massif de l') 42 A3
29 Arrée (monts d') 8 C2
2B Artica (punta) 45 B3
64 Artzamendi 40 C2
73 Arves (aiguilles d') 32 C3
65 Aspin (col d') 41 B3
2B Asto (monte) 45 B2
73 Assaly (Grand) 32 D1
64 Aubisque (col d') 41 A3
48 Aubrac (massif de l') 36 D1
83 Aurélien (mont) 44 B2
05 Autane (Grande) 38 C1
06 Aution (mont) 39 B3
53 Avaloirs (mont des) 10 B3
65 Ayré (pic d') 41 B3
31 Bacanère (pic) 41 C3
2A Bacino (col de) 45 D2
65 Balaïtous (pic) 41 A3
68 Ballon (Grand) 21 A1
63 Banne d'Ordanche 30 D2
05 Bans (Les) 38 C1
63 Barbier (puy du) 30 D2
74 Bargy (Le) 26 C3
06 Barrot (cime de) 39 A3
26 Bataille (col de la) 38 A1
2A Bavella (aiguilles de) 45 C2
2A Bavella (col de) 45 C2
05 Bayard (col) 38 C1
69 Beaujolais (monts du) 25 C3
06 Bego (mont) 39 B3
04 Bérard (Grand) 38 D2
07 Berg (montagne de) 37 C2
04 Bernardez 38 C2
19 Bessou (mont) 30 B2
18 Beuvray (mont) 25 B1
64 Biscarce (pic) 40 C3

04 Blanche (montagne de la) **38** C2
87 Blond (monts de) **23** D3
74 Bluffy (col de) **32** C1
73 Bochor (mont) **32** D2
71 Bois-du-Roi (Le) **25** C1
06 Bollofre **38** D2
09 Bonet (port de) **43** A3
88 Bonhomme (col du) **13** D3
48 Bonnecombe (col de) **37** A1
48 Bougès (montagne du) **37** B2
09 Bouirex (cap de) **41** D3
09 Bouirex (col de) **41** D3
06 Braus (col de) **39** B3
06 Brech-d'Utelle **39** A3
73 Breguin (mont) **32** D2
06 Bresses (tête de) **39** A2
74 Brévent (Le) **26** D3
05 Bric Froid (mont) **38** D1
69 Brouilly (mont) **25** D3
06 Brouis (col de) **39** B3
74 Buet (Le) **26** D3
34 Cabaretou (col du) **42** D1
64 Caboce (pic de) **40** C2
26 Cabre (col de) **38** B2
83 Cabrière (La) **44** C1
2B Caldane (punta de) **45** B2
2A Calva (monte) **45** D2
66 Campcardos (pic de) **43** B3
66 Canigou **43** C3
15 Cantal (massif du) **30** C3
15 Cantal (plomb du) **30** D3
2B Cardo (monte) **45** B2
66 Carlit (pic) **43** B3
04 Carton (mont du) **38** C2
73 Casse (Grande) **32** D2
50 Castre (mont) **3** D3
06 Castillon (col de) **39** B3
59 Cats (mont des) **1** D2
04 Cayolle (col de la) **38** D2
72 Cerisi (mont de) **10** A2
65 Cestrède **41** B3
05 Céuze (pic de) **38** B2
05 Chabrières **38** C1
05 Chabrières (pic de) **38** D1
05 Chaillol **38** C1
04 Chambeyron (aiguille de) **38** D2
63 Chambourguet (puy) **30** D2
04 Champs (col des) **38** D2
38 Charmant-Som **32** B2
43 Charousse (col de la) **31** C3
74 Charvin (mont) **32** C1
26 Chaudière (col de la) **38** A1
63 Chaumont (puy de) **30** D1
07 Chavade (col de la) **37** B1
06 Cheiron (montagne du) **39** A3
04 Cheval Blanc (montagne du) **38** D3
73 Chible (Grande) **32** C3
63 Chopine (puy) **30** D1
2A Cielo (capo al) **45** B3
2A Cimatella **45** B3
69 Cindre (mont) **31** D1
2B Cinto (monte) **45** B3
11 Clape (montagne de la) **42** D2
06 Clapier (mont) **39** B3
26 Claps (Le) (chaos) **38** A1
06 Colle Longue **39** A2
73 Colombier (le Grand) **32** C1
74 Colombière (col de la) **26** C3
63 Combegrasse (puy de) **30** D1
63 Coquille (puy de la) **30** D1
2A Coralli (col de) **45** D3
51 Cornillet (mont) **12** C1
66 Costabonne (pic de) **43** C3
55 Cote 304 **7** A3
73 Couz (col de) **32** B2
31 Crabère (pic de) **41** C3
73 Croix de Fer (col de la) **32** C3
42 Croix de l'Homme mort (col de la) **31** B2
38 Croix-Haute (col de la) **38** B1
63 Croix Morand (col de) **30** D2
38 Cucheron (col du) **32** B2
65 Cuje (pic) **41** A3
05 Demoiselles Coiffées (Les) **38** C2
04 Denjuan (Le) **38** D2
73 Dent du Chat **32** B1
84 Dentelles de Montmirail **38** A2
73 Dent-Parrachée (La) **32** D2
43 Devès **31** B3
06 Diable (cime du) **39** B3
35 Dol (mont) **9** C2
2A Don Giovanni (monte) **45** C2
67 Donon **14** A2
67 Donon (col du) **14** A2
66 Donya (pic de la) **43** C3
04 Dromon (rocher de) **38** C2
01 Eau (grand crêt d') **26** B3
05 Ecrins (Les) **32** C3
74 Enfer (roc d') **26** D3
66 Envalira (port d') **43** A3
34 Escalette (pas de l') **43** A1
64 Escaliers (pic des) **40** C2
07 Escrinet (col de l') **37** C1
34 Espinouse (monts de l') **42** D1
13 Estaque (chaîne de l') **44** A2
83 Esterel **44** D1
38 Etendard (pic de l') **32** C3
13 Etoile (chaîne de l') **44** B2
15 Fageole (col de la) **30** D3
07 Fans (col des) **31** D3
83 Faron (mont) **44** B2
01 Faucille (col de la) **26** C2
07 Fayolle (col de la) **37** C1
48 Fenestre (roc de) **37** A1
38 Ferrand (Grand) **38** B1
05 Festre (col du) **38** B1
48 Finiels (mont) **37** B2
2B Follicce (cima delle) **45** A2
09 Fontargente (port de) **43** A3
04 Fontbelle (col de) **38** C2
42 Forez (monts de) **31** B2
2A Formicola (monte) **45** C2
83 Fourche (col de) **44** C2
63 Fourches (col des) **31** B2
66 Fourtou (col de) **43** C3
73 Frêne (pic du) **32** C2
73 Fuz (pointe du mont de) **32** C2
64 Gabizio (pic de) **41** A3
05 Galibier (col du) **32** C3
58 Genièvre (mont) **25** B1
64 Ger (pic de) **41** A3
07 Gerbier-de-Jonc (mont) **37** C1
05 Glaiza (Grand) **38** D1
26 Glandasse (dôme de) **38** A1
73 Glandon (col du) **32** C2
48 Goulet (montagne du) **37** B2
73 Grand Arc (Le) **32** C2
42 Grand Bois (col du) ou de la République **31** C2
83 Grand Cap **44** C2
73 Grand Colombier (Le) **32** B1
05 Grande Aiguillette **39** A1
73 Grande Casse **32** D2
73 Grande Motte (La) **32** D2
73 Grand Mont (Le) **32** D1
38 Grand Pic **32** B3
73 Grands Moulins (Les) **32** C2
05 Granero (mont) **39** A1
04 Granges Communes (col des) **38** D2
73 Granier (col du) **32** B2
83 Gratteloup (col de) **44** D2
15 Griou (puy) **30** D3
15 Gros (puys) **30** D3
2B Grosso (monte) **45** B3
63 Guéry (col de) **30** D2
66 Guillem (pic) **43** C3
50 Ham (rochers de) **10** A1
52 Haut du Sec (Le) **20** A1
68 Hohneck (Le) **20** D1
29 Huelgoat (rochers) **8** C2
2A Illarata (col d') **45** D2
2A Incudine (L') **45** C2
73 Iseran (col de l') **33** A2
05 Izoard (col d') **38** D1
66 Jau (col de) **43** C3
65 Jer (pic du) **41** B2
74 Joly (mont) **32** D1
74 Jorasses (Grandes) **32** D1
73 Jovet (mont) **32** D2
64 Labigouer (pic de) **40** D3
34 Lacaune (monts de) **40** D1
83 Lachens (montagne de) **44** D1
73 Lamet (mont) **33** A2
83 Laquina **44** C2
04 Larche (col de) **38** D2
38 Larmet (pointe de) **32** B3
2A Larone (col de) **45** C2
63 Laschamps (puy de) **30** D1
05 Lautaret (col du) **32** C3
04 Lèques (col des) **38** C3
74 Leschaux (col de) **32** C1
68 Linge (col du) **21** A1
43 Lizieux (pic de) **31** C3
06 Lombarde (col de la) **39** A2
65 Long (pic) **41** B3
05 Longet (tête de) **39** A1
83 Loube (montagne de) **44** C2
63 Louchadille (puy de) **30** D1
48 Lozère (mont) **37** B2
84 Lubéron (montagne du) **44** A1
04 Luens (col de) **38** D3
42 Luère (col de la) **31** C1
63 Luguet (signal du) **30** D2
04 Lure (signal de) **38** B3
04 Lure (montagne de) **38** B3
65 Lustou (pic de) **41** B3
69 Lyonnais (monts du) **31** C2
26 Machine (col de la) **32** A3
73 Madeleine (col de la) **32** C2
42 Madeleine (monts de la) **31** B1
66 Madrès (pic) **43** B3
64 Mail (pic) **40** D2
04 Malaup **38** C2
09 Malcaras (route de) **43** A3
06 Malinvern (tête) **39** A2
07 Marchand (col du) **31** C3
48 Margeride (monts de la) **37** A1
09 Marrous (col des) **42** A3
88 Martimpré (col de) **20** D1
15 Mary (puy) **30** D3
09 Mauberme (pic de) **41** D3
31 Maupas (mont) **41** C3
83 Maures (massif des) **44** C2
09 May (pic de la) **41** D3
38 Menée (col de) **38** B1
29 Ménez-Hom **8** B3
22 Ménez-Bré **8** D2
06 Mercantour (mont) **39** A2
63 Mercoeur (puy de) **30** D1
43 Meygal (mont) **31** C3
07 Meyrand (col de) **37** B1
43 Mézenc (mont) **37** C1
74 Midi (aiguille du) **32** D1
65 Midi de Bigorre (pic du) **41** B3
64 Midi d'Ossau (pic du) **41** A3
64 Moines (pic des) **41** A3
74 Môle (Le) **26** C3
04 Monges (Les) **38** C2
74 Mont Blanc **32** D1
74 Mont Blanc (massif du) **32** D1
69 Mont Brouilly **25** D3
15 Montbrun (puy) **30** D3
09 Montcalm **43** A3
73 Mont-Cenis (col du) **32** D2
73 Mont Coin **32** D1
74 Mont d'Arbois **32** D1
25 Mont d'Or (Le) **26** C1
63 Monténard (puy de) **30** D1
58 Montendison (butte de) **19** A3
74 Montets (col des) **26** D3
55 Montfaucon (butte de) **7** A3
05 Montgenèvre (col du) **32** D3
08 Montthermé (rochers) **6** D2
48 Montmirat (col de) **37** A2
63 Montoncel (puy de) **31** B1
12 Montpellier-le-Vieux **37** A3
73 Mont Pourri **32** D2
09 Mont Rouch (pic de) **41** D3
55 Montsec (butte de) **13** B1
09 Montvalier (pic de) **41** D3
55 Mort Homme **7** A3
38 Moucherolle **32** B3
43 Mouchet (mont) **31** A3
06 Mounier (mont) **39** A2
04 Mourre de Chanier **38** C3
05 Mourre Froid **38** C1
04 Mourre Gros **38** D2
64 Mousté (pic de) **41** A2
04 Moyse (tête de) **38** D2
2B Mozza (punto) **45** C2
14 Myrrha (mont) **10** B1
65 Né (mont) **41** C3
66 Nègre (mont) **43** C3
01 Neige (crêt de la) **26** B3
65 Néouvielle (pic de) **41** B3
38 Néron **32** B3
73 Nivolet (dent du) **32** B2
59 Noir (mont) **1** D2
81 Nore (pic de) **42** C2
66 Noulos (pic) **43** D3
65 Noun Né **41** A3
05 Noyer (col du) **38** B1
01 Nu (crêt du) **26** B3
63 Nugère (puy de la) **30** D1
38 Obiou (mont) **38** B1
64 Occabé (pic) **40** C2
74 Oche (dent d') **26** D2
38 Olan (pic d') **38** C1
64 Orhy (pic d') **40** C3
38 Ornon (col d') **32** B3
2B Oro (monte d') **45** C2
64 Osquich (col d') **40** D2
06 Ours (pic de l') **45** A1
2A Ovace (punta d') **45** D2
2B Padro (monte) **45** B3
09 Pailhères (port de) **42** B3
07 Pal (suc du) **37** C1
63 Pallaret (puy) **30** D2
63 Pariou (puy de) **30** D1
74 Parmelan (Le) **32** C1
05 Parpaillon (massif du) **38** D2
34 Pas de l'Escalette **43** A1
74 Pas de Morgins **26** D3
07 Païolive (bois de) **37** C2
73 Péchet (aiguille de) **32** D2
04 Pelat (mont) **38** D2
05 Pelvas (tête du) **39** A1
05 Pelvoux (massif du) **32** C3
05 Pelvoux (mont) **32** C3
15 Pendus (rocher des) **30** C3
06 Pépouiri (mont) **39** A3
74 Percée (pointe) **26** D3
66 Perche (col de la) **43** B3
42 Perdrix (crest de la) **31** C2
63 Perdrix (puy de la) **30** D2
73 Perron des Encombres **32** C2
43 Pertuis (col du) **31** B3
26 Perty (col de) **38** B2
05 Pétarel (pic de) **38** C1
68 Petit Ballon (Le) **21** A1
88 Petit Drumont **20** D1
73 Petit Saint Bernard (col du) **32** D1
2A Petralina (punta) **45** C3
31 Peyresourde (col de) **41** C3
65 Pibeste **41** B2
38 Pic du Lac Blanc **32** C3
38 Pic Vert **32** C3
42 Pierre la Bauche **31** C2
42 Pierre sur Haute **31** B1
42 Pilat (massif du) **31** D2
38 Placette (col de la) **32** B2
73 Plainpalais (col de) **32** C1
09 Plantaurel (montagne du) **42** A3
09 Port (col de) **42** A3
56 Port Coton (aiguille de) **15** D2
38 Porte (col de) **32** B2
31 Portet d'Aspet (col de) **41** C3
64 Pourtalet (col du) **41** A3
04 Pouzenc (Le) **38** D2
73 Pré (col du) **32** D1
32 Puntous (table d'orientation) **41** B1
63 Puy de Dôme **30** D1
66 Puygmal **43** B3
66 Puymorens (col de) **43** B3
66 Quillane (col de la) **43** B3
48 Randon (signal de) **37** A1
01 Reculet (mont) **26** B3
2A Renoso (monte) **45** C2
04 Restefond (Le) **38** D2
04 Restefond (col de) **38** D2
05 Reugnoux (pointes de) **38** C1
73 Revard (mont) **32** B1
73 Rey (crêt du) **32** D2
2A Riccio (capo di) **45** B3
04 Robines (col des) **38** C3
09 Roc Blanc (Le) **43** B3
53 Rochard (mont) **10** B3
35 Roche aux Fées (La) **16** D1
05 Rochebrune (grand pic de) **38** D1
61 Roche d'Oëtre **10** B1
29 Roche du Diable **8** C3
63 Roche Sanadoire **30** D1
63 Roche Tuilière **30** D2
73 Roignais (Le) **32** D1
2B Rotondo (monte) **45** B3
05 Rougnoux (pointes de) **38** C1
26 Rousset (col de) **38** A1
66 Roussillon (pic du) **43** C2
88 Route des Crêtes **20** D1
06 Saccarello (mont) **39** B3
64 Sagette (pic de la) **41** A3
66 Sailfort (pic) **43** D3
09 Saint-Barthélemy (pic de) **42** B3
13 Saint-Cyr (chaîne de) **44** B2
64 Saint-Ignace (col de) **40** B2
34 Saint-Loup (pic) **43** B1
06 Saint-Martin (col) **39** A3
69 Saint-Rigaud **25** C3
06 Saint-Sauveur (mont) **39** A2
83 Sainte-Baume (montagne de la) **44** B2
88 Sainte-Marie (col de) **14** A3
67 Sainte-Odile (mont) **14** A3
13 Sainte-Victoire (montagne) **44** B1
73 Saisies (col des) **32** D1
09 Salau (port de) **41** D3
74 Sambuy (pointe de la) **32** C1
63 Sancy (puy de) **30** D2
2B San Pietro (monte) **45** B2
2B San Quilico (col) **45** B2
09 Saquet (Le) **43** B3
73 Sassière (Grande) **33** A2
26 Sauce (col de la) **38** A2
89 Saussois (Le) (rochers) **19** B2
57 Saverne (col de) **14** A2
88 Schlucht (col de la) **20** D1
73 Scolette (aiguille de) **32** D3
74 Semnoz (Le) **32** C1
04 Séolane (Grande) **38** D2
38 Sept Laux (massif des) **32** C3
09 Serembarre (pic de) **42** B3
05 Serre-Chevalier **38** D1
88 Servance (ballon de) **20** D1
64 Sesques (pic) **41** A3
2A Sevi (col de) **45** B3
48 Signal (mont) **37** B2
09 Siguer (pic de) **43** A1
54 Sion (colline) **13** B3
04 Siron **38** C3
63 Snidre (puy) **31** B1
65 Som de Matte **41** B3
2B Sorba (col de) **45** C2
64 Soulor (col de) **41** A3
74 Sous-Dine (montagne de) **26** C3
2B Stello (monte) **45** A2
38 Sure (Grand) **32** B2
38 Tabor (Le) **32** B3
38 Taillefer **32** B3
73 Tamié (col de) **32** C1
07 Tanargue (Le) **37** C1
06 Tanneron **44** D1
26 Tay (Le) **38** B3
1B Teghine (col de) **45** A2
73 Télégraphe (col du) **32** C3
06 Tende (col de) **39** B2
05 Ténibre (mont) **39** A2
05 Tête de Couleau **38** C1
74 Tête Pelouse **26** D3
73 Thabor (mont) **32** D3
73 Torches (cime des) **32** C3
22 Toul Goulic (chaos de) **8** D2
65 Tourmalet (col du) **41** B3
74 Tournette (La) **32** C1
73 Tournier (mont) **32** B1
04 Toutes-Aures (col de) **38** D3
2B Traimato (monte) **45** B2
13 Trévaresse (chaîne de la) **44** A1
29 Trévezel (roc) **8** C2
34 Tribale (col de la) **37** B3
2A Tritore (monte) **45** C3
05 Trois Évêchés (Les) **32** C3
04 Trois Évêchés (massif des) **38** C2
04 Trois Évêchés (mont) **38** C2
04 Trois Évêques (pic des) **38** D2
09 Trois Seigneurs (pic des) **42** A3
66 Trois Vents (pic des) **43** C3
09 Turgulla (pic de) **42** A3
06 Turini (col de) **39** B3
09 Tute de l'Ours **43** B3
2A Uomo di Cagna (L') **45** D3
2A Vaccia (col de la) **45** C2
63 Vache (puy de la) **30** D1
06 Valferrière (col de) **44** D1
06 Vaquet (mont) **39** B3
04 Vars (col de) **38** D1
84 Vaucluse (monts de) **38** A3
54 Vaudémont (signal de) **13** B3
64 Vautours (pic des) **40** D2
43 Velay (monts du) **31** B3
31 Venasque (port de) **41** C3
06 Ventabren (mont) **39** B3
63 Ventouse (col de la) **30** D1
84 Ventoux (mont) **38** A2
2A Verde (col de) **45** C2
2A Vergio (col de) **45** B3
38 Vert (pic) **38** C1
74 Verte (aiguille) **32** D1
38 Veymont (Grand) **38** B1
26 Veyou (Le) **38** A1
68 Vieil Armand **21** A1
05 Vieux Chaillol **38** C1

65 Vignemale (pic de) **41** B3
15 Violent (puy) **30** C3
05 Viso (belvédère du) **39** A1
2A Vitullo (capo-dello) **45** B3
2B Vizzavona (col de) **45** C2
64 Zaboze (pic de) **40** C2

Avens	Abgründe
Canyons	Schluchten
Causses	Hochebenen
Cirques	Gebirgskessel
Clues, Cluses	Schluchten
Combes	Erosionstäler
Corniches	Steilufer
Défilés	Engpässe
Gorges	Schluchten
Gouffres	Abgründe
Grottes	Höhlen
Plateaux	Hochebenen
Vallées	Täler
Vaux	Täler

39 Ain (gorges de l') **26** B2
01 Albarine (cluse de l') **32** A1
43 Allagnon (gorges de l') **31** A2
56 Apothicairerie (grotte de l') **15** D2
77 Apremont (gorges d') **11** D3
07 Arc (pont d') **37** C2
89 Arcy (grottes d') **19** B2
07 Ardèche (canyon de l') **37** C2
73 Arly (gorges de l') **32** C1
48 Armand (aven) **37** A2
83 Artuby (canyon de l') **44** C1
74 Assy (plateau d') **32** D1
09 Aston (vallée de l') **42** A3
11 Aude (gorges de l') **42** B3
65 Aure (vallée d') **41** B3
46 Autoire (gorges d') **36** B1
12 Aveyron (gorges de l') **36** B2
81 Aveyron (gorges de l') **36** B3
04 Barles (clues de) **38** C2
39 Baume (cirque de) **26** B2
09 Bedeilhac et Aynat (grotte de) **42** A3
64 Bétharram (grottes de) **41** A2
86 Biard (grottes de) **23** C2
2B Bonifato (cirque de) **45** B3
82 Bosc (grotte du) **36** B2
38 Bourne (gorges de la) **32** A3
12 Bozouls (trou de) **36** D2
30 Bramabiau (grottes de) **37** A3
55 Calonne (tranchée de) **13** A1
83 Canjuers (plan de) **44** C1
56 Castennec (site de) **15** D1
06 Caussols (plan de) **45** A1
15 Cère (gorges de la) **30** B3
04 Chabrières (clue de) **38** C3
38 Chambarand (plateau) **32** A3
38 Choranche (grottes de) **32** A3
06 Cians (gorges du) **39** A3
34 Clamouse (grotte de) **43** A1
26 Claps (chaos du) **38** A1
30 Cocalière (grotte de la) **37** C2
26 Combe-Laval (cirque de) **32** A3
12 Comtal (causse du) **36** C2
25 Consolation (cirque de) **20** C3
49 Corniche Angevine **17** A3
48 Corniche des Cévennes **37** B3
22 Corong (gorges du) **8** D2
46 Cougnac (grotte de) **36** A1
63 Courgoul (gorges de) **30** D2
06 Daluis (gorges de) **38** D3
08 Dames de Meuse **6** D2
22 Daoulas (gorges du) **8** D3
48 Dargilan (grotte de) **37** A2
34 Demoiselles (grotte des) **37** B3
24 Domme (grottes de) **36** A1
26 Donzère (défilé de) **37** D2
02 Dragon (grotte du) **6** B3
73 Echelles (grottes des) **32** B2
74 Ecluse (défilé de l') **26** B3
38 Ecouges (route des) **32** A3
07 Eyrieux (gorges de l') **37** C1
15 Falgoux (vallée du) **30** C3
01 Fauconnière (cirque de la) **26** B3
39 Fer à Cheval (cirque du) **26** B1
74 Fer à Cheval (cirque du) **26** D3
74 Fier (gorges du) **32** B1
07 Forestière (aven de la) **37** C2
77 Franchard (gorges de) **11** D3
11 Galamus (gorges de) **42** C3
30 Gardon (gorges du) **37** C3
65 Gargas (grotte de) **41** C2
65 Gavarnie (cirque de) **41** B3
23 Gentioux (plateau de) **30** B1
63 Gergovie (plateau de) **31** A1
74 Glières (plateau des) **31** C1
34 Gourniou (grotte de) **42** D1
46 Gramat (causse de) **36** B1
26 Grands Goulets **32** A3
73 Guiers Mort (gorges du) **32** D2
46 Hospitalet (grotte de l') **36** A1
2B Inzecca (défilé de) **45** C2
64 Isturitz (grotte d') **40** C2
63 Jonas (grotte de) **30** D2
12 Jonte (gorges de la) **37** A3
64 Kakouetta (gorges de) **40** D3
65 Labat de Bun (vallée de) **41** A3
46 Lacave (grottes de) **36** A1
2B Lancone (défilé de) **45** A2
12-30-34 Larzac (causse du) **37** A3
24 Lascaux (grotte de) **29** D3
11 Limousis (grotte de) **42** C2
42 Loire (gorges de la) **31** B1
43 Loire (gorges de la) **31** C2
43 Loire (gorges de la) **31** B3
12 Lot (gorges du) **36** C1
06 Loup (gorges du) **41** C3
26 Luire (grotte de la) **38** A1
65 Luz (gorge de) **45** A1
31 Lys (vallée du) **41** B3
15 Mandailles (val de) **30** C3
07 Marzal (aven de) **37** C2
09 Mas d'Azil (grotte du) **42** A3
87 Maulde (vallée de la) **30** A1
73 Maurienne (vallée de la) **32** C3
65 Médous (grotte de) **41** B2
48 Méjean (causse) **37** A2
60 Mer de Sable **11** D1
06 Merveilles (vallée des) **39** B3
19 Millevaches (plateau de) **30** C1
46 Montvalent (cirque de) **30** A3
29 Morgat (grottes marines) **8** B2
34 Mourèze (cirque de) **43** A1
34 Navacelles (cirque de) **37** A3
84 Nesque (gorges de la) **38** A3
09 Niaux (grotte de) **42** A3
08 Nichet (grotte de) **6** D1
12 Noir (causse) **37** A3
04 Oppedette (canyon d') **38** B3
07 Orgnac (aven d') **37** C2
64 Ossau (vallée d') **41** A2
31 Oueil (vallée d') **41** C3
46 Padirac (gouffre de) **36** B1
46 Pech-Merle (grotte de) **36** A2
11 Pierre-Lys (défilé de) **42** B3
64 Pierre-Saint-Martin (gouffre de la) **40** D3
39 Planches (reculée des) **26** B1
83 Plans (les) **44** D1
22 Poulancre (gorges de la) **9** A3
05 Pré de Madame Carle **32** C3
46 Presque (grotte de) **36** B1
24 Proumeyssac (gouffre de) **29** D3
34 Ravin des Arcs **43** B1
11 Rebenty (gorges du) **42** B3
63 Rentières (vallée de) **30** D2
2B Restonica (gorges de) **45** B2
15 Rhue (gorges de la) **30** C2
38 Romanche (gorges de la) **32** B3
24 Rouffignac (grotte de) **29** D3
06 Roya (vallée de la) **39** B3
07 Ruoms (défilé de) **37** C2
11 Saint-Georges (défilé de) **42** B3
73 Saint-Même (cirque de) **32** B2
19 Saint-Nazaire (site de) **30** C2
83 Saint-Pilon (grotte) **44** B2
65 Saint-Sauveur (gorges de) **41** B3
09 Saquet (le) **43** B3
64 Sare (grottes de) **40** B2
53 Saulges (grotte de) **17** B1
48 Sauveterre (causse de) **37** A2
2B Scala di Santa Régina **45** A2
12 Séverac (causse de) **36** D2
73 Sierroz (gorges du) **32** B1
63 Sioule (gorges de la) **24** D3
01 Sous-Balme (défilé de) **26** B3
2A Spelunca (cirque de la) **45** B3
88 Straiture (défilé de) **13** D3
22 Talbert (sillon de) **9** A1
73 Tarentaise (vallée de la) **32** D2
48 Tarn (gorges du) **37** A2
2B Tavignano (gorges du) **45** B2
22 Toul Goulic (gorges de) **8** D2
12 Truyère (gorges de la) **36** D1
04 Valensole (plateau de) **38** C3
05 Valgaudemar **38** C1
38 Valjouffrey **38** C1
78 Vaux de Cernay (les) **11** B2
04 Verdaches (clues de) **38** C2
04 Verdon (corniche sublime) **44** C1
04 Verdon (grand canyon du) **44** C1
06 Vésubie (gorges de la) **39** A3
19 Vézère (gorges de la) **30** A2
12 Viadène (plateau de la) **36** D1
34 Vis (gorges de la) **37** B3

Abers	Flußmündungen
Anses	Einbuchtungen
Baies	Buchten
Caps	Landspitzen
Corniches	Steilufer
Embouchures	Mündungen
Golfes	Buchten
Goulets	Hafeneinfahrten
Iles	Inseln
Pertuis	Verengung
Pointes	Landzungen
Punta	Landspitze
Presqu'îles	Halbinseln
Rades	Reeden
Sillons	Rinnen

29 Abers (côte des) **8** A1
29 Aber-Wrac'h (l') **8** B1
64 Adour (barre de l') **40** C1
34 Aigues-Mortes (golfe d') **43** B1
85 Aiguillon (anse de l') **22** D3
85 Aiguillon (pointe de l') **22** D3
76 Ailly (pointe d') **5** A2
17 Aix (île d') **22** D3
2A Ajaccio (golfe d') **45** C3
76 Albâtre (côte d') **4** D2
62 Alprech (cap d') **1** B2
44 Amour (côte d') **16** A3
06 Antibes (cap d') **45** A1
76 Antifer (cap d') **4** C2
17 Antioche (pertuis d') **22** C3
33 Arcachon (bassin d') **34** C1
85 Arçay (pointe d') **22** C2
22 Arcouest (pointe de l') **9** A1
64 Argent (côte d') **40** B1
83 Armes (cap d') **44** C3
29 Armorique (pointe de l') **8** B2
17 Ars (fier d') **22** C2
56 Arz (île d') **16** A2
29 Audierne (baie d') **8** B3
50 Barfleur (pointe de) **3** D2
29 Batz (île de) **8** C1
66 Béar (cap de) **43** D3
13 Beauduc (golfe de) **43** C2
13 Bec de l'Aigle (cap) **44** B2
56 Belair (île de) **16** A2
56 Belle-Ile **15** D2
83 Bénat (cap) **44** C2
83 Bendor (île de) **44** B2
29 Béniguet (île de) **8** A2
29 Bénodet (anse de) **15** B1
2B Bianco (capo) **45** A2
62 Blanc-Nez (cap) **1** B2
83 Bormes (rade de) **44** C2
44 Bourgneuf (baie de) **16** B3
22 Bréhat (île de) **9** A1
29 Brest (goulet de) **8** A2
29 Brest (rade de) **8** A2
85 Breton (pertuis) **22** C2
29 Brézellec (pointe de) **8** A3
85 But (pointe du) **22** B1
2A Calanche **45** B3
13 Calanques (les) **44** B2
2B Calvi (golfe de) **45** B3
83 Camarat (cap) **44** D2
40 Capbreton (gouf de) **40** C1
2A Capicciola (punta) **45** D2
2A Cargèse (punta di) **45** C3
83 Cartaya (cap) **44** D2
50 Carteret (cap de) **3** C3
2A Castagna (punta di a) **45** C3
44 Castelli (pointe de) **16** A2
2A Cavallo (île de) **45** D2
83 Cépet (cap) **44** B3
2A Cerbicale (îles) **45** D2
22 Cézembre (île de) **9** B2
17 Chassiron (pointe de) **22** C3
22 Château (pointe du) **8** D1
50 Chausey (îles) **9** C1
17 Chay (pointe du) **22** D3
44 Chémoulin (pointe du) **16** B3
29 Chèvre (cap de la) **8** B3
2A Chiappa (punta di a) **45** D2
83 Ciotat (baie de la) **44** B2
56 Conquel (pointe du) **15** D2
85 Corbeaux (pointe des) **22** B1
2B Corse (cap) **45** A2
17 Cordouan (île de) **28** D1
22 Corniche bretonne **8** D1
29 Corsen (pointe de) **8** A2
85 Cou (pointe du) **22** C2
17 Coubre (pointe de la) **28** C1
83 Couronne (cap) **44** A2
44 Croisic (pointe du) **16** A2
44 Croisic (rade du) **16** A2
2B Curza (punta de) **45** A2
29 Dinan (anse de) **8** B2
29 Dinan (pointe de) **8** A2
29 Douarnenez (baie de) **8** B3
06 Dramont (cap du) **44** D2
56 Dumet (île) **16** A2
50 Ecalgrain (baie d') **3** C2
56 Echelle (pointe de l') **15** D2
83 Embiez (île des) **44** B3
22 Emeraude (côte d') **9** B2
22 Er (île d') **8** D1
22 Erquy (cap d') **9** B2
29 Espagnols (pointe des) **8** B2
76 Etretat (falaises d') **4** C2
2A Feno (capo di) **45** C3
06 Ferrat (cap) **45** A1
33 Ferret (cap) **34** C1
2A Figari (golfe de) **45** D3
50 Flamanville (cap de) **3** C2
14 Fleurie (côte) **4** C3
05 Fonte-Sancte (pointe de la) **38** D1
29 Forêt (baie de la) **15** C1
13 Fos (golfe de) **43** D2
13 Fos (port de) **43** D2
85 Fosse (pointe de la) **16** B3
22 Fréhel (cap) **9** B2
83 Fréjus (golfe de) **44** D2
2B Galeria (golfe de) **45** B3
56 Gavrinis (île de) **16** A2
83 Giens (presqu'île de) **44** C2
83 Giens (golfe de) **44** C3
2A Girolata (golfe de) **45** B3
33 Gironde (golfe de) **28** D2
29 Glénan (îles de) **15** B1
22 Grande (île) **8** C1
14 Grâce (côte de) **4** C3
14 Grandcamp (rochers de) **4** A3
29 Granit Rose (côte du) **8** C1
13 Grau-d'Orgon **43** C2
17 Grave (pointe de) **28** D1
62 Gris-Nez (cap) **1** B2
56 Groix (île de) **15** C1
35 Grouin (pointe du) **9** C2
22 Guettes (pointe des) **9** A2
50 Hague (cap de la) **3** C2
76 Hève (cap de la) **4** C3
14 Hoc (pointe du) **4** A3
56 Hoëdic (île de) **15** D2
56 Houat (île de) **15** D2
83 Hyères (îles d') **44** C3
83 Hyères (rade d') **44** C3
44 Jade (côte de) **16** B3
50 Jobourg (nez de) **3** C2
29 Jument (pointe de la) **15** C1
56 Kerdonis (pointe de) **15** D2
22 Lannion (baie de) **8** C1
83 Lardier (cap) **44** D2
06 Lérins (îles de) **45** A1
29 Lervily (pointe de) **8** A3
83 Levant (île du) **44** D3
50 Lévy (cap) **3** D2
17 Loix (pointe de) **22** C2
17 Madame (île) **22** D3
13 Maire (île) **44** A2
06 Martin (cap) **45** B1
17 Maumusson (pertuis de) **28** C1
81 Merle (bassin du) **42** C1
22 Milliau (île de) **8** C1
22 Minard (pointe de) **9** A1
2B Minervio (punta) **45** A2
56 Moines (île aux) **16** A2
29 Molène (île) **8** A2
35 Mont-Saint-Michel (baie du) **9** C2
56 Morbihan (golfe du) **16** A2
29 Morgat (grottes marines) **8** B2
29 Morlaix (baie de) **8** C1
2B Morsetta (capo della) **45** B3
29 Mousterlin (pointe de) **15** B1
29 Moutons (île aux) **15** B1
2A Muro (capo di) **45** D3
14 Nacre (côte de) **4** A3-B3
06 Napoule (golfe de la) **45** A1
83 Nègre (cap) **44** D2
85 Noirmoutier (île de) **16** B3
33 Oiseaux (île aux) **34** C1
17 Oléron (île d') **22** C3
14 Omaha Beach **4** A3
2A Omignia (punta d') **45** D2
62 Opale (côte d') **1** B3
2A Orchino (punta d') **45** B3
29 Ouessant (île d') **8** A2
2A Palazzo (punta) **45** B3
2A Parata (punta de la) **45** C3
85 Payre (pointe du) **22** C2
76 Pays de Caux (falaises du) **4** C2
50 Pelée (île) **3** D2
29 Penfret (île de) **15** B1
29 Pen-Hir (pointe de) **8** A2
29 Penmarc'h (pointe de) **15** B1
14 Percée (pointe de la) **4** A3
2A Perfusato (capo) **45** D2
33 Pilat (dune du) **34** C1
2A Pinarello (île de) **45** D2
13 Planier (île de) **44** A2
22 Plouézec (pointe de) **9** A1
13 Pomègues (île) **44** A2
29 Pontusval (pointe de) **8** B1
83 Porquerolles (île de) **44** C3
83 Port-Cros (île de) **44** C3
2A Porto (golfe de) **45** B3
2A Porto-Pollo (punta di) **45** D3
2A Porto-Vecchio (golfe de) **45** D2
56 Poulains (pointe des) **15** D2
29 Primel (pointe de) **8** C1
56 Quiberon (baie de) **15** D2
56 Quiberon (presqu'île de) **15** D2
13 Ratonneau (île) **44** A2
29 Raz (pointe du) **8** A3
17 Ré (île de) **22** C3
2B Revellata (punta de) **45** B3
13 Riou (île de) **44** A2
50 Roc (pointe du) **9** D1
76 Roque (pointe de la) **4** C3
2A Rosso (capo) **45** B3
13 Sablon (pointe du) **43** C2
2A Sagone (golfe de) **45** C3
22 Saint-Brieuc (baie de) **9** A2
22 Saint-Cast (pointe de) **9** B2
2B Saint-Florent (golfe de) **45** A2
22 Saint-Gildas (île) **8** D1
44 Saint-Gildas (pointe de) **16** B3
06 Saint-Honorat (île) **45** A1
50 Saint-Marcouf (îles) **3** D3
64 Saint-Martin (pointe) **40** B1
29 Saint-Mathieu (pointe de) **8** A2
83 Saint-Tropez (golfe de) **44** D2
06 Sainte-Marguerite (île) **45** A1
50 Saire (pointe de) **3** D2
2A Sanguinaires (îles) **45** C3
2A Santa-Giulia (golfe de) **45** D2
2A Santa-Manza (golfe de) **45** D2
2A Scandola (punta) **45** A2
29 Sein (île de) **8** A3
29 Sein (raz de) **8** A3
14 Seine (baie de la) **4** A3-B3
2A Senetosa (punta di) **45** D3
22 Sept-Iles (les) **8** D1
2A Sette Naye (punta di) **45** C3
83 Sicié (cap) **44** B3
29 Sieck (île de) **8** C1
80 Somme (baie de) **5** B1
29 Tas de Pois (les) **8** A2
50 Tatihou (île de) **3** D2
50 Tombelaine (îlot) **9** D2
29 Trépassés (baie des) **8** A3
29 Trévignon (pointe de) **15** C1
29 Trévors (île) **8** A1
22 Triagoz (îles) **8** C1
50 Utah Beach **3** D3
2A Valinco (golfe de) **45** D3
29 Van (pointe du) **8** A3
2B Vegno (capo di) **45** B3
22 Verdelet (îlot) **9** A2
66 Vermeille (côte) **43** D3
29 Verte (île) **8** A2
29 Vierge (île) **8** B1
64 Vierge (rocher de la) **40** B3

85 Yeu (île d') 22 B1

Barrages	Talsperren
Cascades	Wasserfälle
Etangs	Weiher
Fontaines	Quellen
Lacs	Seen
Marais	Sümpfe
Réservoirs	Reservoire
Sources	Quellen
Sources-minérales	Mineral-quellen
Stations-thermales	Thermal-Kurbadeorte

39 Abbaye (lac de l') 26 B2
19 Aigle (barrage de l') 30 C3
73 Aiguebelette (lac d') 32 B1
13 Aix-en-Provence (station thermale) 44 A1
73 Aix-les-Bains (station thermale) 32 B1
11 Alet-les-Bains (station thermale) 42 C3
68 Alfed (lac d') 20 D1
38 Allevard (station thermale) 32 C2
05 Allos (lac d') 38 D2
46 Alvignac (station thermale) 36 B1
66 Amélie-les-Bains (station thermale) 43 C3
84 André Blondel (barrage) 37 D2
74 Annecy (lac d') 32 C1
33 Arcachon (les Abatilles) (station thermale) 34 C1
65 Argelès-Gazost (station thermale) 41 B3
64 Artouste (lac d') 41 A3
09 Aulus-les-Bains (station thermale) 42 A3
40 Aureilhan (lac d') 34 C2
32 Aurensan (station thermale) 41 A1
34 Avène (station thermale) 42 D1
09 Ax-les-Thermes (station thermale) 42 B3
63 Aydat (lac d') 30 D1
11 Ayrolle (étang de l') 42 D3
12 Bage (réservoir du) 36 D2
65 Bagnères-de-Bigorre (station thermale) 41 B2
31 Bagnères-de-Luchon (station thermale) 41 C3
61 Bagnoles-de-l'Orne (station thermale) 10 B2
48 Bagnols-les-Bains (station thermale) 37 B2
11 Bains-d'Escouloubre (station thermale) 42 B3
88 Bains-les-Bains (station thermale) 20 C1
08 Bairon (lac de) 6 D3
34 Balaruc-les-Bains (station thermale) 43 B2
31 Barbazan (station thermale) 41 C3
32 Barbotan-les-Thermes (station thermale) 35 B3
65 Barèges (station thermale) 41 B3
65 Beaucens (station thermale) 41 B3
22 Beaulieu (étang de) 9 B2
13 Berre (étang de) 44 A1-A2
06 Berthemont-les-Bains (station thermale) 39 A3
25 Besançon (la Mouillère) (station thermale) 20 B3
2B Biguglia (étang de) 45 B2
13 Bimont (barrage de) 44 B1
64 Bious-Artigues (barrage de) 41 A3
40 Biscarrosse (lac de) 34 C2
88 Blanc (lac) 13 D3
65 Bleu (lac) 41 B3
15 Bort-les-Orgues (barrage de) 30 C2
43 Bouchet (lac du) 31 B3
66 Bouillouses (lac des) 43 B3
35 Boulet (étang de) 9 C3
66 Boulou (le) (station thermale) 43 D3
71 Bourbon-Lancy (station thermale) 25 B2
03 Bourbon-l'Archambault (station thermale) 24 D2
52 Bourbonne-les-Bains (station thermale) 20 B1
63 Bourboule (la) (station thermale) 30 D2
89 Bourdon (réservoir du) 19 A2
63 Bourdouze (lac de) 30 D2
73 Bourget (lac du) 32 B1
73 Brides-les-Bains (station thermale) 32 D2
88 Bussang (station thermale) 20 D1
64 Cambo-les-Bains (station thermale) 40 C1
11 Cammazes (barrage des) 42 B2
13 Camoins-les-Bains (station thermale) 44 B2
66 Canet (étang de) 43 D3
65 Cap-de-Long (lac de) 41 B3
65 Capvern (station thermale) 41 B2
33 Carcans (lac de) 28 D3
04 Castellane (barrage de) 38 D3
12 Castelnau-Lassouts (barrage de) 36 D2
32 Castéra-Verduzan (station thermale) 35 C3
04 Castillon (barrage de) 38 D3
65 Cauterets (station thermale) 41 B3
33 Cazaux et de Sanguinet (lac de) 34 C1
25 Chaillexon (lac de) 20 D3
39 Chalain (lac de) 26 B2
73 Challes-les-Eaux (station thermale) 32 B2
38 Chambon (lac du) 32 C3
63 Chambon (lac) 30 D2
69 Charbonnières-les-Bains (station thermale) 31 D1
26 Charmes (barrage de) 37 D1
52 Charmes (réservoir des) 20 A1
30 Charnier (étang de) 43 C1
48 Charpal (lac de) 37 A1
19 Chastang (barrage du) 30 B3
63 Châteauneuf-les-Bains (station thermale) 24 D3
63 Châtelguyon (station thermale) 30 D1
15 Chaudes-Aigues (station thermale) 36 D1
58 Chaumeçon (barrage de) 19 B3
63 Chauvet (lac) 30 D2
73 Chevril (lac du) 32 D2
39 Coiselet (barrage de) 26 B3
60 Commelles (étangs de) 11 C1
88 Contrexéville (station thermale) 13 B3
22 Coroncq (étang de) 8 D3
38 Cos (lac du) 32 C3
12 Couesque (barrage de) 36 C1
12 Cransac (station thermale) 36 C2
89 Crescent (barrage du) 19 B3
40 Dax (station thermale) 34 C3
51 Der (lac du) 12 D2
48 Déroc (cascade du) 36 D1
2B Diana (étang de) 45 C2
04 Digne (station thermale) 38 C3
01 Divonne-les-Bains (station thermale) 26 C2
25 Doubs (saut du) 20 D3
56 Duc (étang au) 16 B1
64 Eaux-Bonnes (station thermale) 41 A3
64 Eaux-Chaudes (les) (station thermale) 41 A3
36 Eguzon (barrage d') 24 A2
31 Encausse-les-Thermes (station thermale) 41 A3
15 Enchanet (barrage d') 30 C3
95 Enghien-les-Bains (station thermale) 11 C1
04 Escale (barrage de l') 38 C3
65 Estaing (lac d') 41 A3
40 Eugénie-les-Bains (station thermale) 41 A1
23 Evaux-les-Bains (station thermale) 24 C3
74 Evian-les-Bains (station thermale) 26 D2
64 Fabrèges (barrage de) 41 A3
84 Fontaine de Vaucluse 38 A3
09 Fontestorbes (fontaine du) 38 A3
10 Forêt d'Orient (lac de la) 12 C3
53 Forge (étang de la) 16 D1
76 Forges-les-Eaux (station thermale) 5 B2
30 Fumades-les-Bains (les) (station thermale) 37 C2
25 Frasne (étang de) 26 C1
07 Gage (réservoir du) 37 C1
65 Gaube (lac de) 41 A3
01 Génin (lac) 26 B3
01 Génissiat (barrage de) 26 H3
11 Ginoles (station thermale) 42 B2
13 Giraud (salin de) 43 D2
73 Girotte (lac de la) 32 D1
57 Gondrexange (étang de) 13 D2
50 Gorges (marais de) 3 D3
42 Gouffre-d'Enfer (barrage du) 31 C2
44 Grande-Brière (la) 16 B2
44 Grand-Lieu (lac de) 16 C3
15 Grandval (barrage de) 30 D3
42 Grangent (barrage de) 31 C2
04 Gréoux (barrage de) 44 B1
04 Gréoux-les-Bains (station thermale) 44 B1
21 Grosbois (réservoir de) 19 C3
22-56 Guerlédan (lac de) 8 D3
63 Guéry (lac de) 30 D2
19 Hautepage (barrage de) 30 B3
39 Hérisson (cascades du) 26 B2
78 Hollande (étangs de) 11 B2
40 Hossegor (lac d') 40 C1
33 Hourtin (lac d') 28 D2
83 Hyères (station thermale) 44 C2
07 Issarlès (lac d') 37 B1
22 Jugon (étang de) 9 B2
09 Laboniche (rivière de) 42 A3
33 Lacanau (lac de) 28 D3
81 Lacaune (station thermale) 42 C1
38 Laffrey (lac de) 32 B3
34 Lamalou-les-Bains (station thermale) 42 D1
66 Lanoux (lac de) 43 B3
81 Laouzas (barrage de) 42 D1
11 Lapalme (étang de) 42 D3
68 Lauch (lac de la) 20 D1
38 Lauvitel (lac) 32 C3
23 Lavaud-Gelade (lac de) 30 B1
52 Lecey (réservoir de) 20 A1
73 Léchère-les-Bains (la) (station thermale) 32 C2
33 Lède-Basse (étang de) 28 D3
74 Léman (lac) 26 C2/D2
40 Léon (étang de) 34 C3
66 Leucate (étang de) 42 D3
25 Lison (source du) 26 B1
07 Loire (sources de la) 37 C1
45 Loiret (source du) 18 B1
39 Lons-le-Saunier (station thermale) 26 B2
26 Loriol (barrage de) 37 D1
65 Lourdes (lac de) 41 B2
70 Luxeuil-les-Bains (station thermale) 20 C1
65 Luz-St-Sauveur (station thermale) 41 B3
57 Madine (étang) 13 B1
43 Malaguel (lac de) 31 B3
85 Marais Breton 16 B3, 22 B1
85 Marais Poitevin 22 D2
19 Marèges (barrage de) 30 C2
73 Marlioz (station thermale) 32 B1
88 Martigny-les-Bains (station thermale) 20 B1
66 Matemale (barrage de) 43 B3
34 Maugio (étang de) 43 B1
67 Merkwiller-Pechelbronn (station thermale) 14 B1
66 Molitg-les-Bains (station thermale) 43 C3
87 Mont-Arron (barrage du) 30 B1
73 Mont-Cenis (lac du) 32 D2
63 Montcineyre (lac de) 30 D2
63 Mont-Dore (le) (station thermale) 30 D2
38 Monteynard (barrage de) 32 B3
42 Montrond-les-Bains (station thermale) 31 C1
67 Morsbronn-les-Bains (station thermale) 14 B1
35 Murin (lac de) 16 B1
09 Naguiles (lac de) 43 B3
01 Nantua (lac de) 26 B3
03 Néris-les-Bains (station thermale) 24 D3
19 Neuvic (barrage de) 30 C2
07 Neyrac-les-Bains (station thermale) 37 C1
67 Niederbronn-les-Bains (station thermale) 14 A1
88 Noir (lac) 13 D3
65 Orédon (lac d') 41 B3
38 Paladru (lac de) 32 B2
07 Palisse (réservoir de la) 37 B1
58 Pannesière (barrage de) 19 B3
12 Pareloup (réservoir de) 36 D2
35 Pas-du-Houx (étang du) 9 B3
63 Pavin (lac) 30 D2
42 Perron (saut du) 31 B1
03 Pirot (étang de) 24 D2
88 Plombières-les-Bains (station thermale) 20 C1
21 Pont (lac de) 19 C2
22 Pontkallek (étang de) 8 D3
12 Pont de Salars (réservoir de) 36 D2
58 Pougues-les-Eaux (station thermale) 19 A3
40 Préchacq (station thermale) 34 D3
66 Preste (la) (station thermale) 43 C3
66 Puyvalador (barrage de) 43 B3
83 Quinson (barrage de) 44 C1
06 Rabuons (lac de) 39 A2
35 Rance (barrage de l'usine marémotrice de la) 9 C2
81 Rassisse (barrage de) 36 C3
81 Raviège (barrage de) 42 C1
07 Ray-Pic (cascade du) 37 C1
11 Rennes-les-Bains (station thermale) 42 C3
17 Rochefort 22 D3
07 Rochemaure (barrage de) 37 D1
86 Roche-Posay (la) (station thermale) 23 D1
22 Rophemel (barrage de) 9 B3
73 Roselend (barrage de) 32 D1
74 Rouget (cascade du) 26 D3
63 Royat (station thermale) 30 D1
42 Sail-les-Bains (station thermale) 25 B3
59 Saint-Amand-les-Eaux (station thermale) 2 A3
03 Saint-Bonnet (étang de) 24 D2
83 Saint-Cassien (barrage de) 44 D1
64 Saint-Christau (station thermale) 41 A2
15 Saint-Etienne-Cantalès (barrage de) 30 C3
42 Saint-Galmier (source minérale) 31 C2
74 Saint-Gervais-les-Bains (station thermale) 32 D1
51 Saint-Gond (marais de) 12 B2
73 Saint-Guérin (barrage de) 32 D1
58 Saint-Honoré-les-Bains (station thermale) 25 B1
78 Saint-Hubert (étangs de) 11 B2
07 Saint-Laurent-les-Bains (station thermale) 37 B1
29 Saint-Michel (réservoir de) 8 C2
63 Saint-Nectaire (station thermale) 30 D2
81 Saint-Peyres (réservoir de) 42 C1
25 Saint-Point (lac) 26 C1
03 Saint-Yorre (source minérale) 25 A3
04 Sainte-Croix (barrage de) 44 D1
34 Salagou (barrage de) 43 A1
64 Salies-de-Béarn (station thermale) 40 D1
31 Salies-du-Salat (station thermale) 41 D2
39 Salins-les-Bains (station thermale) 26 B1
73 Salins-les-Thermes (station thermale) 32 D2
22 Salles (étang des) 8 D3
21 Santenay (station thermale) 25 D1
12 Sarrans (barrage de) 36 D1
40 Saubusse (station thermale) 40 C1
17 Saujon (station thermale) 28 C1
25 Saut du Doubs 20 D3
42 Saut du Perron 31 B1
38 Sautet (lac de) 38 B1
30 Scamandre (étang de) 43 C1
21 Seine (sources de la) 19 D2
12 Selves (réservoir de la) 36 C1
05 Serre-Ponçon (barrage de) 38 C2
63 Servière (lac) 30 D1
58 Settons (lac des) 19 B3
11 Sigean (étang de) 42 D3
71 Sorme (barrage de) 25 C1
40 Soustons (étang de) 34 C3
57 Stock (étang de) 13 D2
01 Sylans (lac de) 26 B3
63 Tazenat (gour de) 30 D1
40 Tercis-les-Bains (station thermale) 40 C1
34 Thau (étang de) 43 A2
74 Thonon-les-Bains (station thermale) 26 C2
73 Tignes (barrage de) 32 D2
73 Tignes (lac de) 32 D2
19 Treignac (barrage de) 30 B2
2B Urbino (étang d') 45 C2
38 Uriage-les-Bains (station thermale) 32 B3
09 Ussat-les-Bains (station thermale) 42 A3
13 Vacarès (étang de) 43 C1
07 Vals-les-Bains (station thermale) 37 C1
23 Vassivière (lac de) 30 B1
58 Vaux (étang de) 19 B3
66 Vernet-les-Bains (station thermale) 43 C3
27 Vernier (marais) 4 C3
68 Vert (lac) 21 A1
74 Vert (lac) 26 D3
34 Vic (étang de) 43 B1
03 Vichy (station thermale) 25 A3
12 Villefranche (réservoir de) 36 D3
44 Vioreau (réservoir de) 16 C2
19 Virole (barrage de la) 30 B2
88 Vittel (station thermale) 13 B3
63 Volvic (source minérale) 30 D1
39 Vouglans (barrage de) 26 B2

Entfernungstabelle in Kilometern

	Tours	Toulouse	Toulon	Stuttgart	Strasbourg	Rouen	Rotterdam	Rennes	Reims	Poitiers	Perpignan	Pau	Paris	Orléans	Nimes	Nice	Nantes	Nancy	Mulhouse	München	Montpellier	Metz	Marseille	Le Mans	Lyon	Limoges	Lille
Aix-en-Provence	708	406	80	886	729	906	1106	921	770	704	320	577	766	665	107	188	883	684	636	1014	159	741	31	775	295	589	967
Amiens	351	827	964	679	522	116	330	414	168	453	1043	873	131	262	830	1072	488	374	561	888	882	350	915	309	589	521	117
Amsterdam	723	1169	1334	634	674	502	72	800	387	825	1379	1363	488	604	1200	1402	882	493	641	857	1252	436	1249	703	882	863	276
Angers	106	552	894	908	751	281	742	123	454	128	762	548	304	227	732	1008	90	603	724	1110	690	623	845	89	538	248	508
Antwerpen	581	1027	1195	564	479	376	92	674	237	683	1271	1103	346	462	953	1195	740	393	570	787	1005	336	1130	561	712	721	121
Avignon	649	341	155	818	661	843	1031	853	702	646	255	537	703	652	42	253	825	616	648	1039	94	673	106	731	227	528	899
Bayonne	506	277	761	1251	1094	776	1175	613	880	402	439	107	743	619	567	854	507	993	976	1460	531	1017	695	588	726	396	970
Berlin	1302	1748	1591	615	780	1139	694	1428	913	1404	1668	1942	1067	1183	1395	1521	1461	928	880	569	1447	901	1533	1282	1214	1442	913
Besançon	473	748	583	383	226	527	612	666	312	509	662	832	387	382	449	619	669	201	133	524	501	258	534	520	208	469	509
Béziers	646	175	311	956	799	873	1169	814	840	563	89	369	843	674	124	460	1043	774	706	1097	72	811	262	728	365	445	1071
Bordeaux	327	250	736	1124	967	602	1000	435	705	225	460	195	562	443	549	844	329	819	814	1284	497	839	661	409	549	219	795
Bourges	148	494	640	722	565	304	658	361	312	184	719	551	220	105	506	748	344	417	468	859	558	459	591	215	284	188	455
Brest	455	884	1245	1201	1044	500	1010	244	732	484	1094	829	605	528	1111	1358	305	885	1025	1487	1046	898	1196	390	989	602	726
Brügge	534	980	1145	659	528	297	151	595	268	636	1224	1056	299	415	1011	1253	669	446	619	882	1063	385	1179	514	761	674	71
Brüssel	533	979	1147	562	431	328	145	626	189	635	1223	1055	298	414	905	1147	692	345	522	794	957	288	1082	513	664	673	102
Caen	232	739	1005	842	685	130	598	173	362	334	949	754	227	261	871	1113	279	537	695	1109	877	544	956	150	649	433	356
Calais	487	967	1127	788	631	212	292	510	277	589	1206	1009	277	402	993	1235	584	483	660	993	1045	438	1078	405	752	661	104
Cannes	863	561	126	979	822	1061	1258	1076	925	859	475	732	921	820	262	33	1038	829	729	757	314	896	165	930	450	744	1122
Cherbourg	349	872	1172	954	797	246	714	208	478	429	1065	836	342	389	1039	1267	314	646	806	1228	1094	670	1111	267	796	552	474
Clermont-Ferrand	296	389	515	731	574	498	792	507	463	290	464	511	382	299	344	623	469	472	481	872	367	529	466	378	180	184	617
Dijon	397	664	572	465	312	454	607	572	278	433	651	764	323	288	438	680	593	192	219	610	490	249	523	426	197	401	475
Frankfurt	781	1182	1034	213	225	721	463	942	451	884	1113	1283	581	665	900	1070	975	326	333	392	952	269	968	796	659	916	513
Gent	525	1011	1200	614	484	293	146	591	250	637	1193	1057	295	446	958	1208	665	398	575	841	1010	341	1135	486	717	705	67
Grenoble	536	534	329	662	505	715	908	749	579	532	448	705	575	493	235	340	711	493	412	714	287	550	280	603	104	468	776
Le Havre	290	850	1072	829	672	86	554	269	318	392	1060	812	226	285	938	1180	387	524	694	1108	990	500	1023	208	697	544	289
Hamburg	1122	1577	1511	685	728	989	518	1257	759	1233	1616	1771	896	1012	1403	1573	1290	876	830	770	1455	696	1452	1290	1162	1271	763
Hannover	967	1422	1362	542	573	834	419	1102	604	1078	1461	1616	741	857	1248	1418	1135	721	681	627	1300	541	1297	1135	1007	1116	608
Köln	709	1155	1066	362	367	498	274	801	346	811	1217	1231	474	590	1004	1246	868	302	475	576	1056	245	1089	689	763	849	308
Liege	594	1040	1023	472	363	383	173	686	231	696	1102	1116	359	475	889	1131	753	259	436	696	941	202	974	574	648	734	193
Lille	458	944	1047	688	551	226	213	524	197	570	1126	990	228	379	913	1155	598	403	580	889	965	354	998	419	672	638	
Limoges	201	306	669	852	695	458	813	365	500	118	516	363	375	259	486	777	297	605	602	993	444	647	620	283	364		638
Lyon	432	540	375	591	434	611	804	645	475	428	454	711	471	389	241	483	607	389	341	751	293	446	326	499		364	672
Le Mans	82	589	855	819	662	193	653	146	365	184	799	604	215	138	721	963	179	514	635	1097	727	534	806		499	283	419
Marseille	739	411	65	917	760	937	1222	952	801	735	325	582	797	696	138	198	914	715	667	998	164	772		806	326	620	998
Metz	512	913	821	318	161	414	428	680	182	615	900	1010	312	396	687	929	713	57	234	527	739		772	534	446	647	354
Montpellier	645	247	239	884	727	904	1097	813	768	562	161	418	764	663	52	347	971	702	634	1195		739	164	727	293	444	965
München	1004	1272	1014	220	366	1022	885	1243	720	1043	1186	1356	882	890	1143	785	1276	514	391		1195	527	998	1097	751	993	889
Mulhouse	613	881	716	285	108	668	662	781	383	652	795	965	468	497	582	752	814	177		391	634	234	667	635	341	602	570
Nancy	492	856	764	305	148	438	485	660	206	594	843	968	308	376	630	872	693		177	514	682	57	715	514	389	605	403
Nantes	196	579	963	998	841	372	832	106	544	179	789	524	394	317	783	1071		693	814	1276	741	713	914	179	607	297	598
Nice	896	594	159	1002	845	1094	1287	1109	958	892	500	764	954	853	295		1071	872	752	785	347	929	198	963	483	777	1155
Nimes	654	299	187	832	675	1021	1045	867	716	604	213	470	712	611		295	783	630	582	1143	52	687	138	721	241	486	913
Orléans	116	565	745	681	524	199	554	284	262	218	775	622	116		611	853	317	376	497	890	663	396	696	138	389	259	379
Paris	235	681	846	613	456	140	438	361	154	337	925	757		116	712	954	394	308	468	882	764	312	797	215	471	375	228
Pau	522	194	657	1215	1058	797	1195	630	863	420	331		757	622	470	765	524	968	965	1356	418	1010	582	604	711	363	990
Perpignan	717	210	400	1045	888	974	1363	895	929	634		331	925	775	213	508	789	843	795	1186	161	900	325	799	454	516	1126
Poitiers	102	424	784	899	742	377	775	251	480		634	420	337	218	604	892	179	594	652	1043	562	615	735	184	428	118	570
Reims	378	806	850	511	354	232	329	511		480	929	863	154	262	716	958	544	206	383	720	768	182	801	365	475	500	197
Rennes	211	685	1001	965	808	298	766		511	251	895	630	361	284	867	1109	106	660	781	1243	813	680	952	146	645	365	524
Rotterdam	673	1119	1287	635	571	468		766	329	775	1363	1195	438	554	1045	1287	832	485	662	885	1097	428	1222	653	804	813	213
Rouen	275	764	986	743	586		468	298	232	377	974	797	140	199	852	1094	372	438	668	1022	904	414	937	193	611	458	226
Strasbourg	640	974	809	157		586	571	808	354	742	888	1058	456	524	675	845	841	148	108	366	727	161	760	662	434	695	551
Stuttgart	797	1131	966		157	743	635	965	511	899	1045	1215	613	681	832	1002	998	305	285	220	884	318	917	819	591	852	688
Toulon	788	486		966	809	986	1287	1001	850	784	400	657	846	745	187	159	963	764	716	1014	239	821	65	855	375	669	1047
Toulouse	507		486	1131	974	764	1119	685	806	424	210	194	681	565	299	594	579	856	881	1272	247	913	411	589	540	306	944
Tours		507	788	797	640	275	673	211	378	102	717	522	235	116	654	896	196	492	613	1004	645	512	739	82	432	201	458

Die angegebenen Entfernungen sind die günstigsten Verbindungen bei vorwiegender Benutzung der Autobahnen.